ARS KUNST A-Z

500 KÜNSTLER – 500 BILDER

arsEdition

Text: Adam Butler, Claire Van Cleave, Susan Stirling

99 98 97 96 95 5 4 3 2 1

Titel der Originalausgabe: »The Art Book«

Aus dem Englischen von Rolf Legler

Printed in Singapore
ISBN 3-7607-1134-0

Die Deutsche Bibliothek – CIP-Einheitsaufnahme

Ars Kunst A-Z / [Text: Adam Butler ... Aus dem Engl. von Rolf Legler]. – München : ars ed., 1995
Einheitssacht.: The art book <dt.>
ISBN 3-7607-1134-0
NE: Butler, Adam; Legler, Rolf [Übers.]; EST

ARS KUNST A-Z bietet eine originelle, frische Art der Kunstbetrachtung. Leicht zu benutzen, informativ und unterhaltsam ist es ein alphabetischer Führer zu großen Werken der Kunst vom ausgehenden Mittelalter bis heute. Es lockert kunsthistorische Klassifizierungen auf, indem es großartige Beispiele aus allen Epochen, Schulen und Techniken nebeneinander vorstellt. Nur hier kann man Grosz und Grünewald, Lichtenstein und Limburg, Vasarely und Velázquez gegenübergestellt sehen. Jeder Künstler wird durch eine ganzseitige Abbildung vorgestellt, begleitet von Erklärungen und Informationen. Die Einführungen sind durch Querverweise ergänzt.
Im Anhang werden wichtige Kunstbewegungen, Epochen und Fachbegriffe erklärt.
Ein Buch zum Blättern, Stöbern und Verweilen ...

Agasse Jacques-Laurent

Die nubische Giraffe

Eine Giraffe reckt ihren langen dünnen Hals, um eine Schale zu erreichen, die von ihren arabischen Wärtern gehalten wird. Mit dem Ausbau der Verkehrsverbindungen konnten die Händler des frühen 19. Jahrhunderts immer weiter reisen und mit immer exotischeren Waren zurückkehren. Giraffen, Löwen und Leoparden waren ein beliebtes Geschenk für reiche Landbesitzer. Agasse, berühmt für seine Detailfreudigkeit, wurde oft beauftragt, diese zu malen. König Georg IV. zahlte Agasse 200 Pfund für das Bild einer Giraffe mit Wärtern. Der Mann mit dem Zylinder ist Edward Cross, ein bekannter Importeur exotischer Tiere für den königlichen Zoo. Der gebürtige Schweizer Agasse lebte seit 1800 in England, wo er mit seinen Bildern von Sportereignissen und exotischen Tieren großen Erfolg hatte. Nebenbei malte er auch Reiterporträts für adelige Auftraggeber.

☛ Audubon, Landseer, Longhi, Stubbs

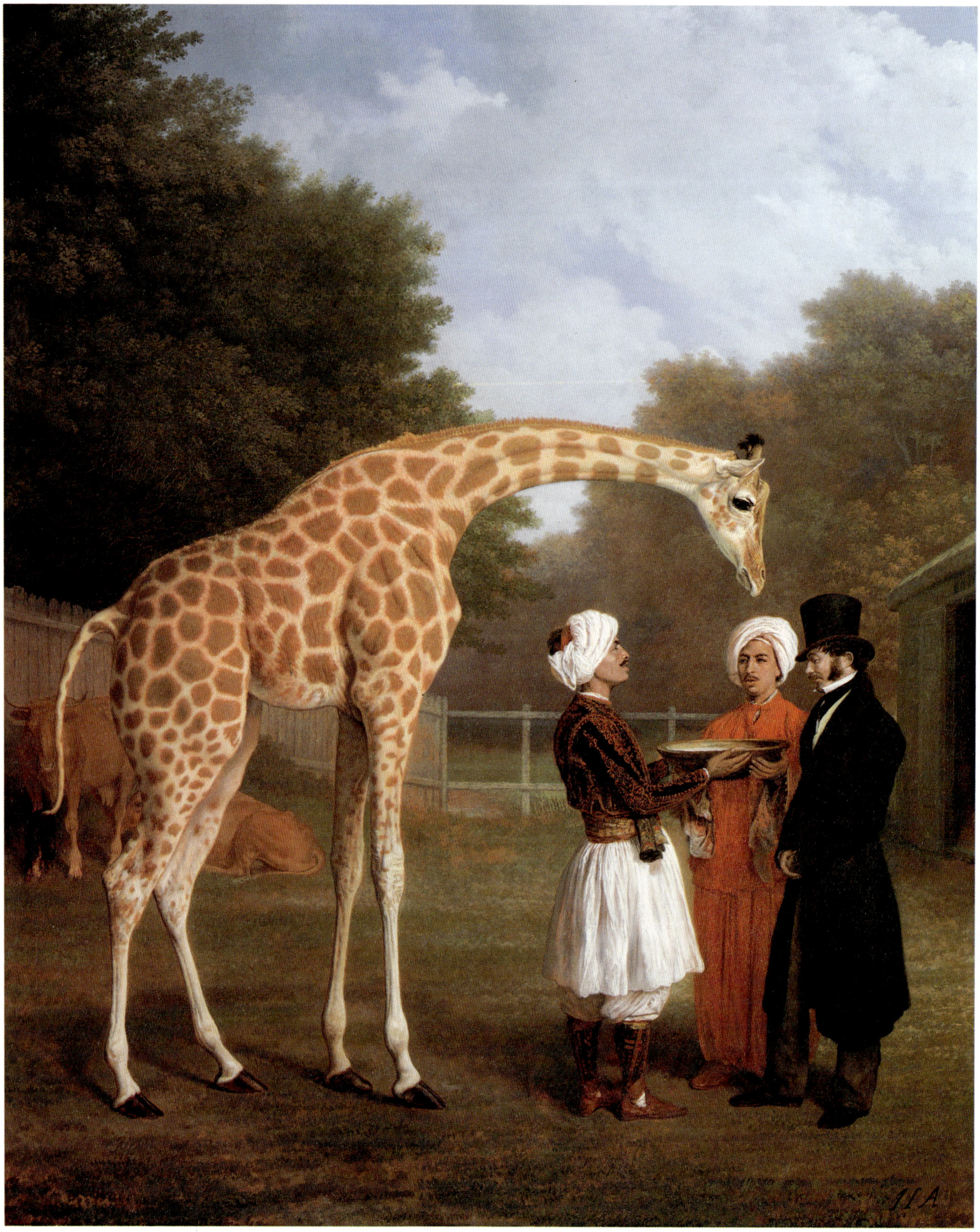

Jacques-Laurent Agasse. * Genf, 1767. † London, 1848. Die nubische Giraffe. 1827. Öl auf Leinwand. H 127 x B 101,5 cm. The Royal Collection, Windsor.

Albers Josef

Huldigung des Quadrates

Vier gelbe Quadrate sind ineinander verschachtelt. Trotz des strengen Formats bewegen sie sich frei und schaffen so die Illusion einer anderen Dimension. Jede Form wurde in einer einzigen Farbe gemalt. Die Farbe wurde direkt aus der Tube mit einer Spachtel aufgetragen. Albers berühmteste Bildserien zeigen Quadrate in reinen Farben. Die erzielte optische Illusion verbindet dieses Bild mit der Op Art. Jedoch die Art und Weise des Farbauftrages verbindet das Bild mit den Postabstrakten. Zwischen 1920 und 1923 studierte Albers am Bauhaus. Er schloß sich 1923 dem Lehrkörper an. Der gebürtige Holländer emigrierte 1933 in die USA, wo er am Black Mountains College und an der Yale-Universität zahlreiche später bekannte Künstler ausbildete. 1963 erschien sein einflußreiches Buch »Interaktion der Farben«. Darin erforscht er die Farbwahrnehmung, die für ihn zeitlebens ein bestimmendes Thema blieb.

☛ Andre, Van Doesburg, Kelly, Klee, Reinhardt, Vasarely

Josef Albers. * Bottrop, 1888. † New Haven, 1976. Huldigung des Quadrates. 1964. Öl auf Tafel. H 76,2 x B 76,2 cm. Tate Gallery, London.

Algardi Alessandro

Büste des Kardinals Paolo Emilio Zacchia

Die edle Kleidung, die Spitzenmanschetten und der betonte Bart des Kardinals weisen diesen als eine besondere Persönlichkeit aus. Das Marmorporträt sprüht vor Leben, was Algardi als genauen Beobachter der Gesichtszüge des Kardinals ausweist. Wie es damals üblich war, fertigte Algardi zunächst eine Terrakotta-Büste an. Diese diente als Vorstudie für die teure Marmorfassung. Obwohl Algardi dem Barockzeitalter zugehört, ist sein Stil zurückhaltender als die bewegtere Art seines Zeitgenossen Bernini. Dies mag an seiner Bologneser Ausbildung unter Lodovico Carracci liegen. Als einer der führenden italienischen Künstler seiner Zeit erhielt Algardi während seiner Tätigkeit in Rom zahlreiche bedeutende Aufträge, darunter den für das Grabmal von Papst Leo XI. im Petersdom und eine Bronzestatue von Papst Innozenz X.

☛ Bacon, Bernini, Carracci, Houdon, Manzù

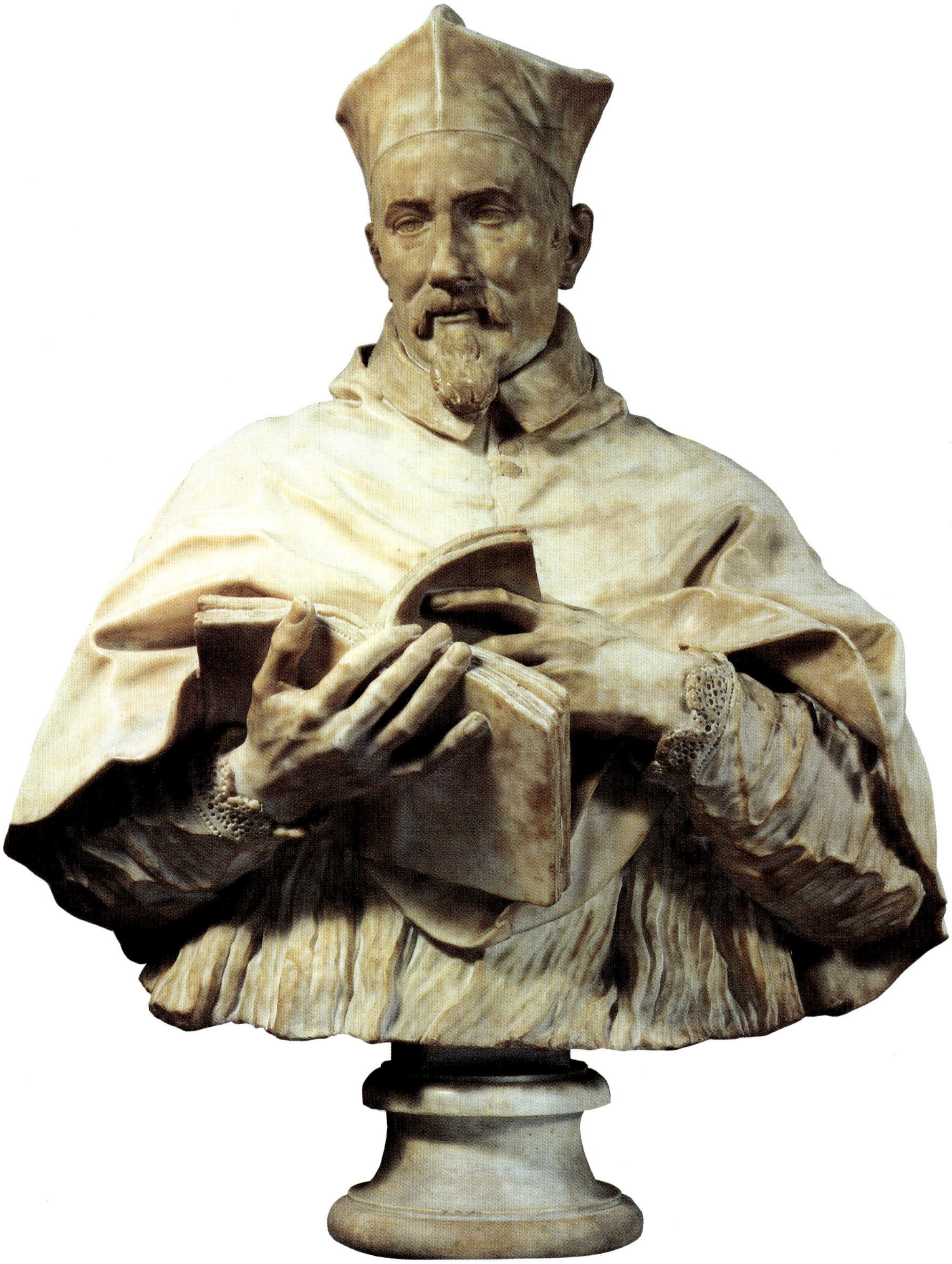

Alessandro Algardi. * Bologna, 1595. † Rom, 1654. Büste des Kardinals Paolo Emilio Zacchia. Um 1625/30. Marmor. H 121 cm. Museo Nazionale del Bargello, Florenz.

Allston Washington

Landschaft mit See

Ein Pfad mit einem Menschen an einem See führt den Betrachter in eine verlassene Landschaft, die eine bedrohliche Leere kennzeichnet. Die Pflanzen im Vordergrund, die Bäume und die knorrigen Stämme sind mit großer Detailtreue wiedergegeben. Allston war der bedeutendste Maler der nordamerikanischen Romantik. Seine Landschaften verherrlichen die Naturwunder der Neuen Welt. Er studierte in London (bei seinem Landsmann Benjamin West) und in Rom. Seine frühen Landschaften standen noch unter dem Einfluß von Claude Lorrain, der damals in England sehr bewundert wurde. Allston entwickelte jedoch bald eine erhabenere melodramatische Vorstellung von Landschaftsmalerei in der Art von Turner und Martin. Seine Porträts und Bilder zu literarischen Vorlagen brachten ihm großen Beifall, während seine eigenen Gedichte weniger Anklang fanden.

☛ Bierstadt, Claude Lorrain, Cozens, Hodler, Martin, Turner, West

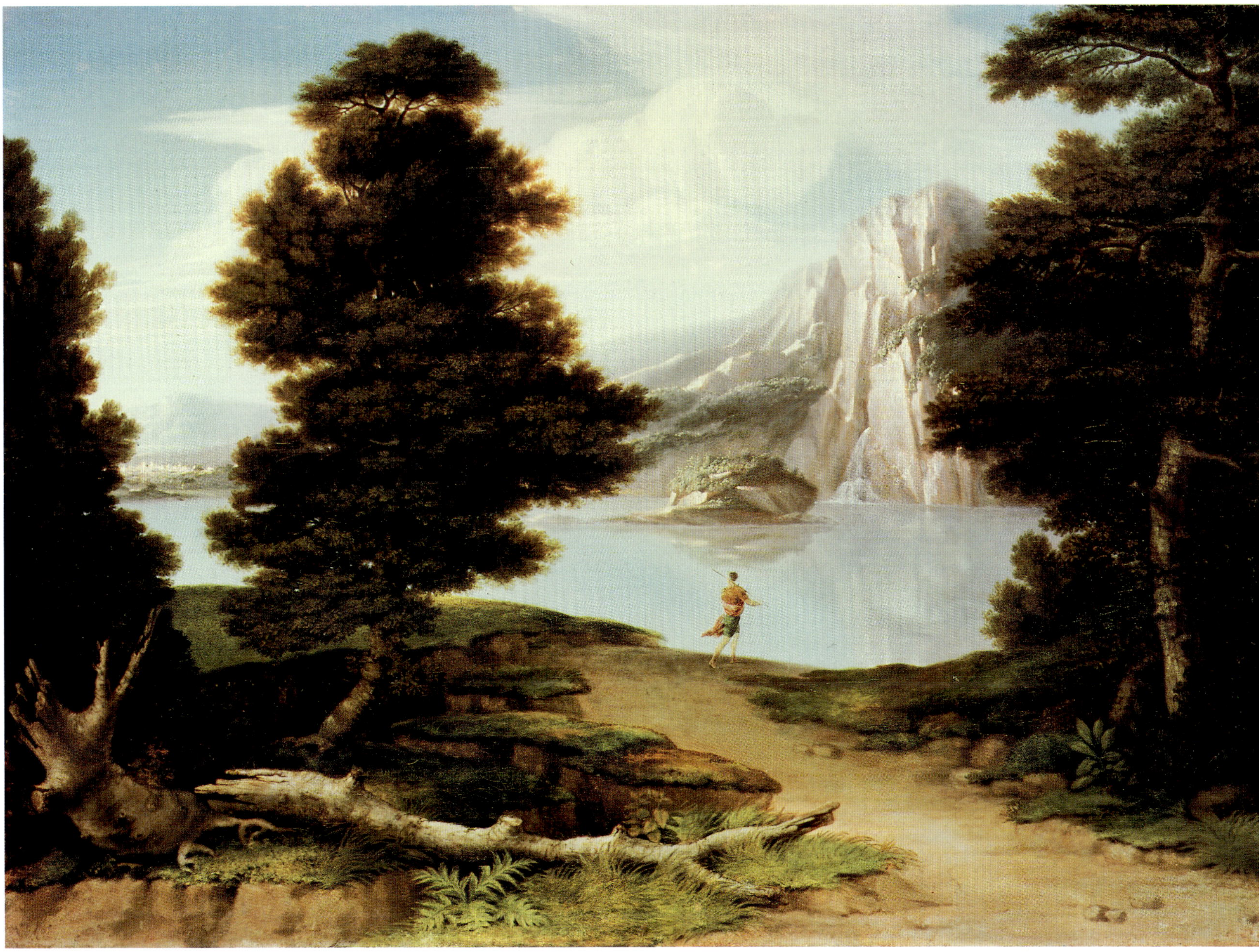

Washington Allston. * Georgetown, 1779. † Cambridge, Massachusetts, 1843. Landschaft mit See. 1804. Öl auf Leinwand. H 96,5 x B 130,2 cm. Museum of Fine Arts, Boston.

Alma-Tadema Sir Lawrence Ein guter Aussichtspunkt

Drei römische Frauen betrachten von einem günstigen Aussichtspunkt aus das Einlaufen von Schiffen. Das bezaubernde Bild vermittelt das Gefühl des Hervorgehobenseins und warmer Sonnenstrahlen. Die Kleiderstoffe, die Marmorbrüstung und die Bronzefigur sind bis ins letzte Detail wiedergegeben. In der Ausführung der Frauen und des Meeres zeigt der Künstler sein perspektivisches Geschick. Alma-Tadema, von Geburt Holländer, siedelte 1870 nach England um, wo er Karriere machte und mit Ehren überhäuft wurde. Seine neoklassizistischen Darstellungen des Lebens im alten Rom, in Griechenland und Ägypten waren bei der viktorianischen Oberschicht sehr beliebt. Sie bestätigten auch seine archäologischen und sozialgeschichtlichen Kenntnisse. Bei zahlreichen Gelegenheiten wurde Alma-Tadema auch für Bühnenbilder herangezogen, insbesondere 1901 für Sir Henry Irvings Inszenierung des Coriolan am Lyceum Theater in London.

☛ Carpaccio, Leighton, Poussin, Waterhouse

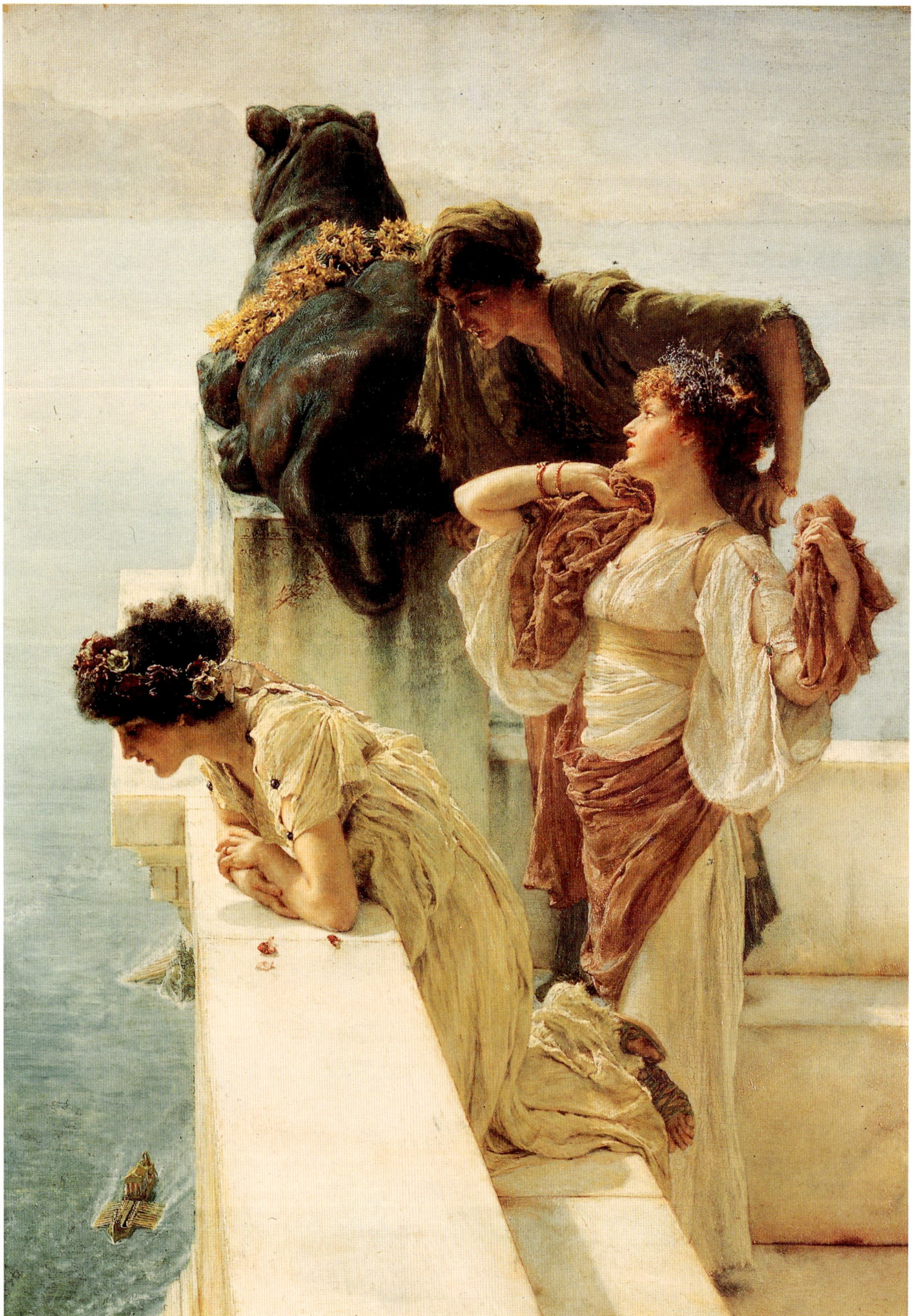

Sir Lawrence Alma-Tadema. * Drontyp, 1836. † Wiesbaden, 1912. Ein guter Aussichtspunkt. 1895. Öl auf Leinwand. H 64,2 x B 45 cm. Privatsammlung.

Altdorfer Albrecht

Alexanderschlacht

Eine bewegte Berglandschaft überragt eine Schlachtszene. Die weite Sicht betont die Bedeutung der Schlacht, die gerade begonnen hat, ohne diese besonders herauszuheben. Indem er sie zum Hauptthema eines Bildes machte, war Altdorfer einer der ersten Maler, der die Landschaft als solche betonte. Eine große Schrifttafel hängt über Alexander d. Gr. in seinem Kampfwagen links von der Bildmitte. Sie erzählt dem Betrachter, daß Alexander einen großen Sieg über Darius davongetragen hat. Die Schlacht selbst wird in lebhaften Einzelheiten, in denen Altdorfer ein Meister war, dargestellt. Er war ein hochgeehrter Bürger und beliebter Architekt in Regensburg. Von Altdorfer ist bekannt, daß er 1511 eine Donau- und Alpenreise unternahm, deren Eindrücke ihn zweifellos in seinem Hang zur Landschaftsmalerei bestätigten. Er schuf zahlreiche Zeichnungen und Radierungen, von denen viele nur die reine Landschaft ohne zugehörige Geschichte wiedergeben.

☛ Dossi, Dürer, Leonardo da Vinci, Patenier, Uccello

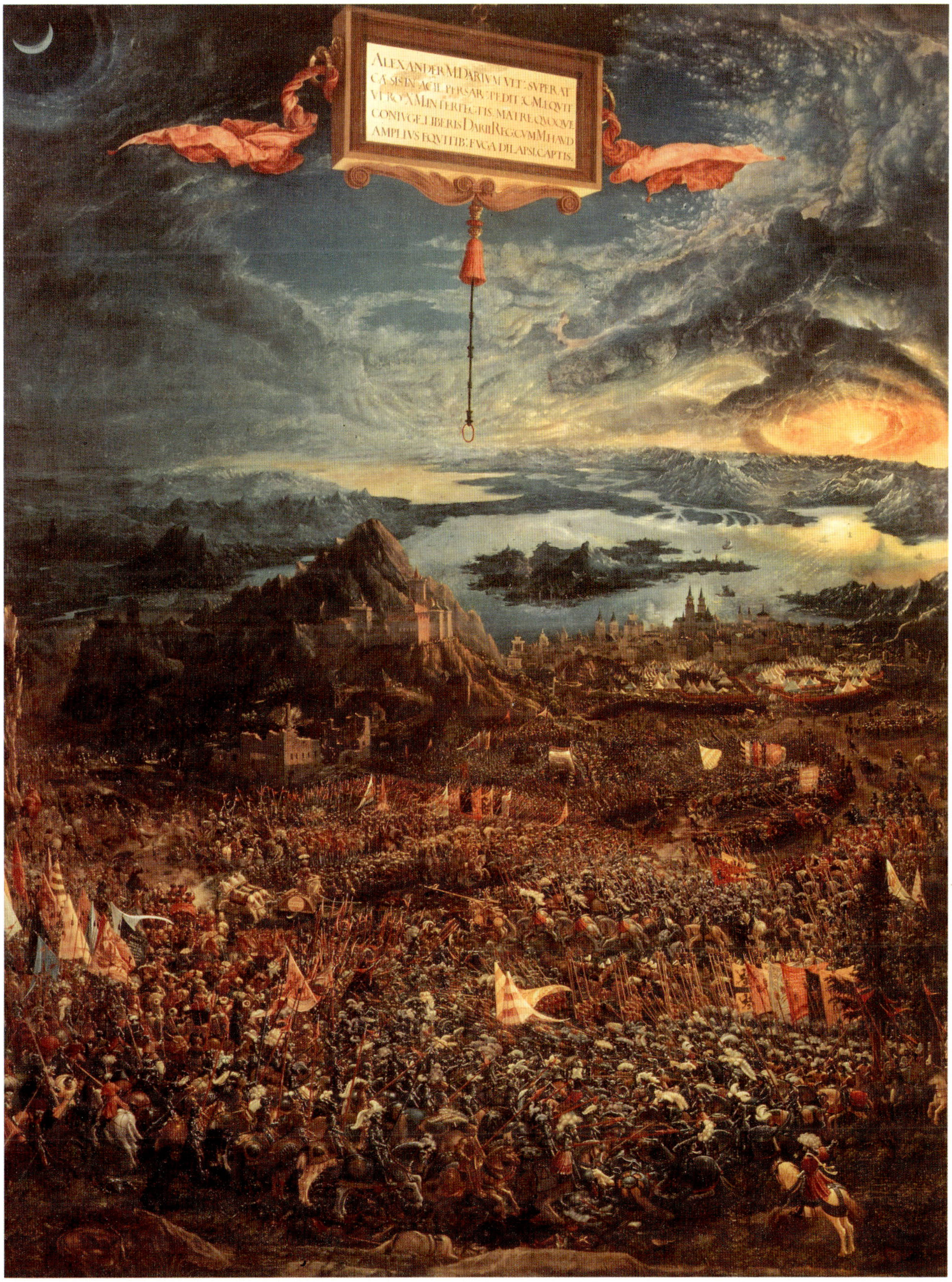

Albrecht Altdorfer. * Regensburg, um 1480. † Regensburg, 1538. Alexanderschlacht. 1529. Öl auf Holz. H 132,7 x B 120 cm. Alte Pinakothek, München.

Amigoni Jacopo

Juno empfängt das Argushaupt

Juno, die Gattin des Jupiter, beauftragte den hundertäugigen Riesen Argus damit, Jo zu bewachen, die sie zu recht verdächtigte, die Geliebte ihres Gatten zu sein. Im Auftrag von Jupiter wurde Argus von Merkur getötet. Zur Erinnerung versetzte Juno die Augen des Argus ins Schwanzgefieder ihres Pfaus. Das Bild zeigt Juno, wie sie gerade das Haupt des Argus empfängt. Der weiche sinnliche Stil, die brillante Farbigkeit und die grazile Linienführung sind typisch für das Rokoko. Amigoni war ein berühmter Porträt- und Historienmaler. Wie viele Rokokokünstler arbeitete er in ganz Europa, besonders oft aber in England. Er hat vermutlich nach seiner Rückkehr in seine Geburtsstadt Venedig Canaletto dazu überredet, 1746 nach England zu fahren. Amigoni hat Dekorationen für Covent Garden und Moorpark geschaffen. Danach lebte er luxuriös von einträglichen eleganten Porträts, die er für die königliche Familie und den englischen Adel schuf.

☛ Boucher, Fragonard, Gentileschi, Luini, Tiepolo

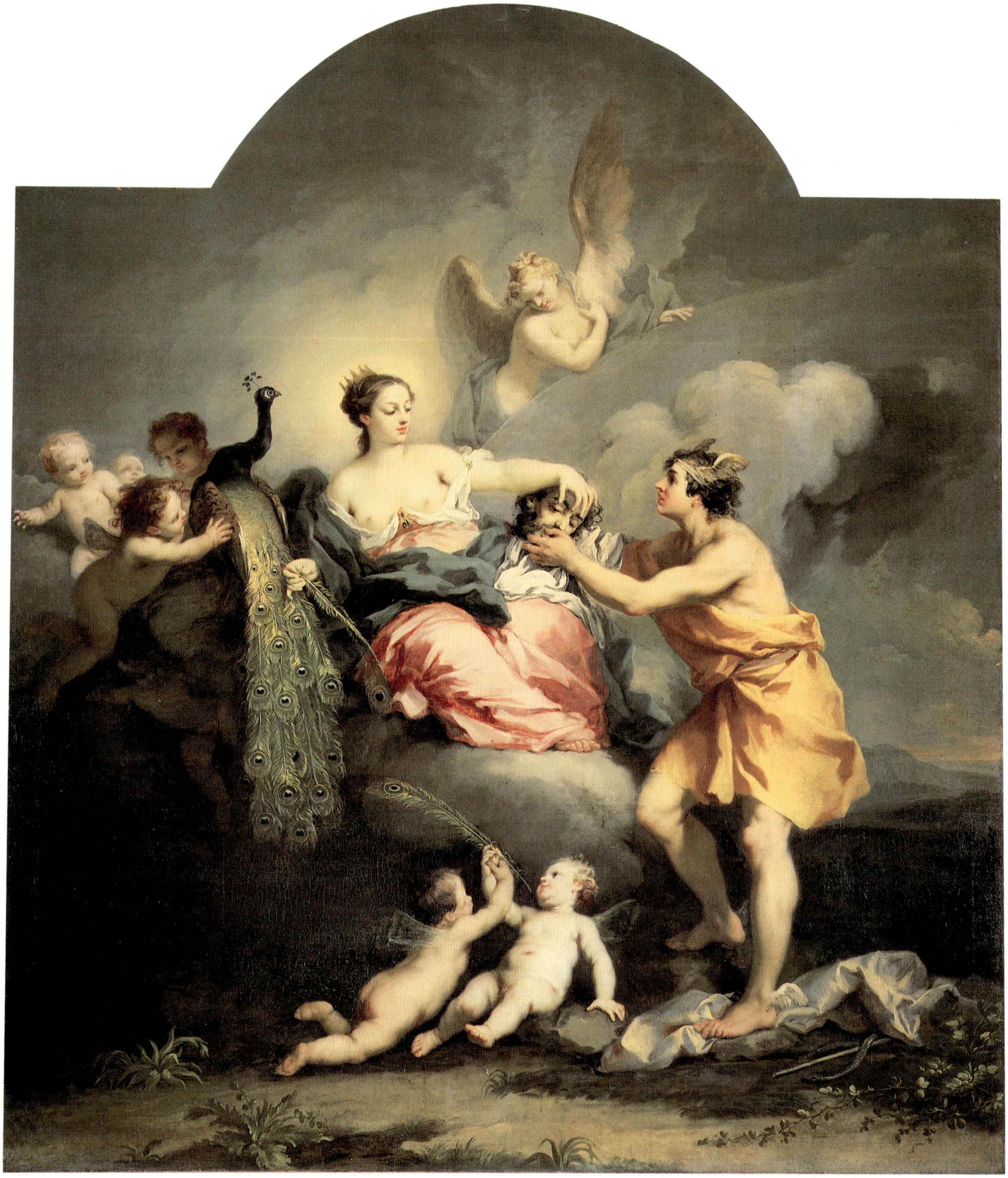

Jacopo Amigoni. * Venedig, um 1675 (oder Neapel, 1682). † Madrid, 1752. Juno empfängt das Argushaupt. Um 1730. Öl auf Leinwand. H 396,2 x B 304,8 cm. Moor Park, Rickmansworth.

Andre Carl

Zink-Magnesium-Ebene

36 industriell gefertigte quadratische Platten aus reinem Magnesium und Zink sind abwechselnd auf dem Boden ausgebreitet. Im Gegensatz zur herkömmlichen Plastik sind diese Platten in keiner Weise miteinander verbunden; jede kann weggenommen und durch eine andere ausgetauscht werden. Sie bilden keinerlei vertikale Struktur; sie liegen einfach flach auf dem Boden. Sie machen nicht auf sich aufmerksam, sondern vereinen sich mit dem Boden, damit man darüber laufen kann. Ursprünglich von Brancusi und Stella beeinflußt, arbeitete Andre von 1960 bis 1964 für die Pennsylvania-Bahn, die damit beschäftigt war, standardisierte und austauschbare Einheiten zu nutzen. Seit der Mitte der 60er Jahre stellte er Gruppen von Ziegelsteinen, Styroporbrettern und Betonblöcken zusammen, die er waagrecht auf dem Boden ausbreitete. Die Anordnung dieser gleichen Formen wird von einfachen mathematischen Regeln bestimmt.

☛ Albers, Brancusi, Judd, LeWitt, Long, Serra, Stella

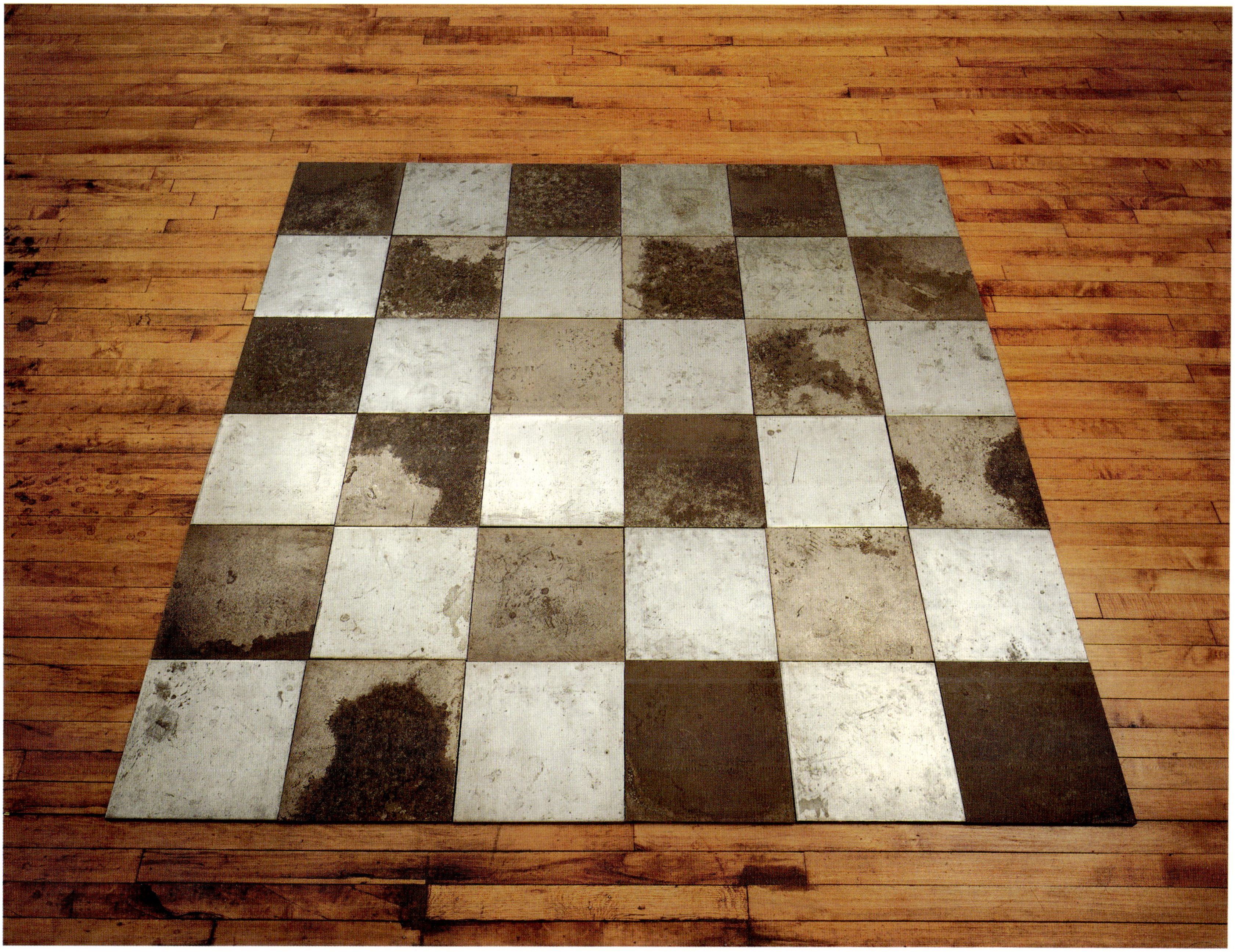

Carl Andre. * Quincy, 1935. Zink-Magnesium-Ebene. 1969. Zink und Magnesium. H 182,9 x B 182,9 cm. Baltimore Museum of Art, Baltimore.

Andrea del Sarto

Himmelfahrt Mariens

Himmel und Erde teilen das Bild in zwei Teile. Oben fährt die Jungfrau Maria, begleitet von einer Engelsgruppe, in den Himmel. Unten bestaunen die Apostel das Geschehen, und der hl. Thomas blickt in das Grab Mariens, um sicher zu sein, daß ihr Leib nicht mehr da ist. Vor der Szene knien der hl. Nikolaus und die hl. Margarethe, die Patrone des Stifters und der Stadt, für die das Altarblatt gemalt wurde. Das Bild in seiner strengen Komposition ist ein typisches Werk der Hochrenaissance. Florentiner Künstler waren allgemein hervorragende Zeichner und Andrea del Sarto bildete da keine Ausnahme. Für ein Altarbild wie dieses wird er wohl zahlreiche Einzelstudien angefertigt haben. Der zu seiner Zeit als »perfekter Maler« bekannte Andrea studierte bei Piero di Cosimo und schuf viele wichtige Fresken. Nur wenige seiner Zeitgenossen erreichten Pieros Farbigkeit und technisches Können.

☛ Fra Bartolomeo, Murillo, Perugino, Piero di Cosimo, Pontormo

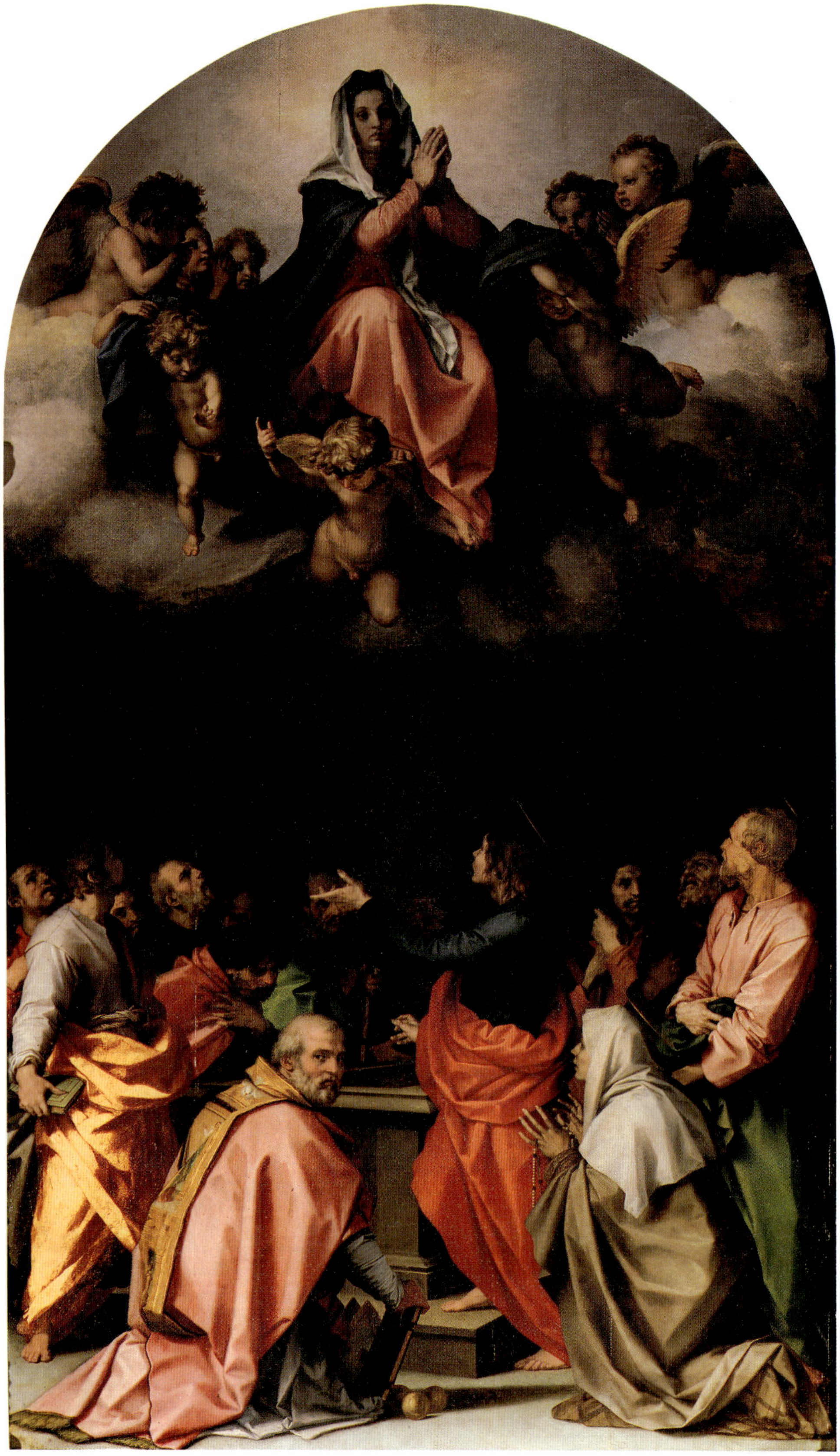

Andrea del Sarto. * Florenz, 1486. † Florenz, 1530. Himmelfahrt Mariens. Um 1526. Öl auf Holz. H 379 x B 222 cm. Palazzo Pitti, Florenz.

Fra Angelico

Verkündigung

Gabriel verkündet der hl. Jungfrau, daß sie Gottes Sohn gebären wird. Ruhe, Ordnung und Einfachheit kennzeichnen das Bild. Knieend und mit gebeugtem Kopf nimmt Maria demütig die Botschaft an. Das Fresko wurde an eine Zellenwand des Klosters San Marco gemalt, wo Angelico seit 1407 Mönch war. Links betet der hl. Petrus Märt., der die Szene verfolgt; er wurde ins Bild einbezogen, um den Betrachter einzuladen, der Verkündigung ebenfalls beizuwohnen. Fra Angelicos zugleich mächtige und einfache Formen und seine gefühlvolle Behandlung von Licht und Farbe sind charakteristisch für die damalige Entwicklung der Florentiner Kunst. Als gefeierter Kirchenmaler erhielt er den Beinamen Angelico, weil seine Gestaltung christlicher Themen so harmonisch und visionär war. Er hatte Aufträge in ganz Italien und starb, als er gerade dabei war, eine Privatkapelle im Vatikan auszumalen.

☛ Martini, Piero della Francesca, Tintoretto

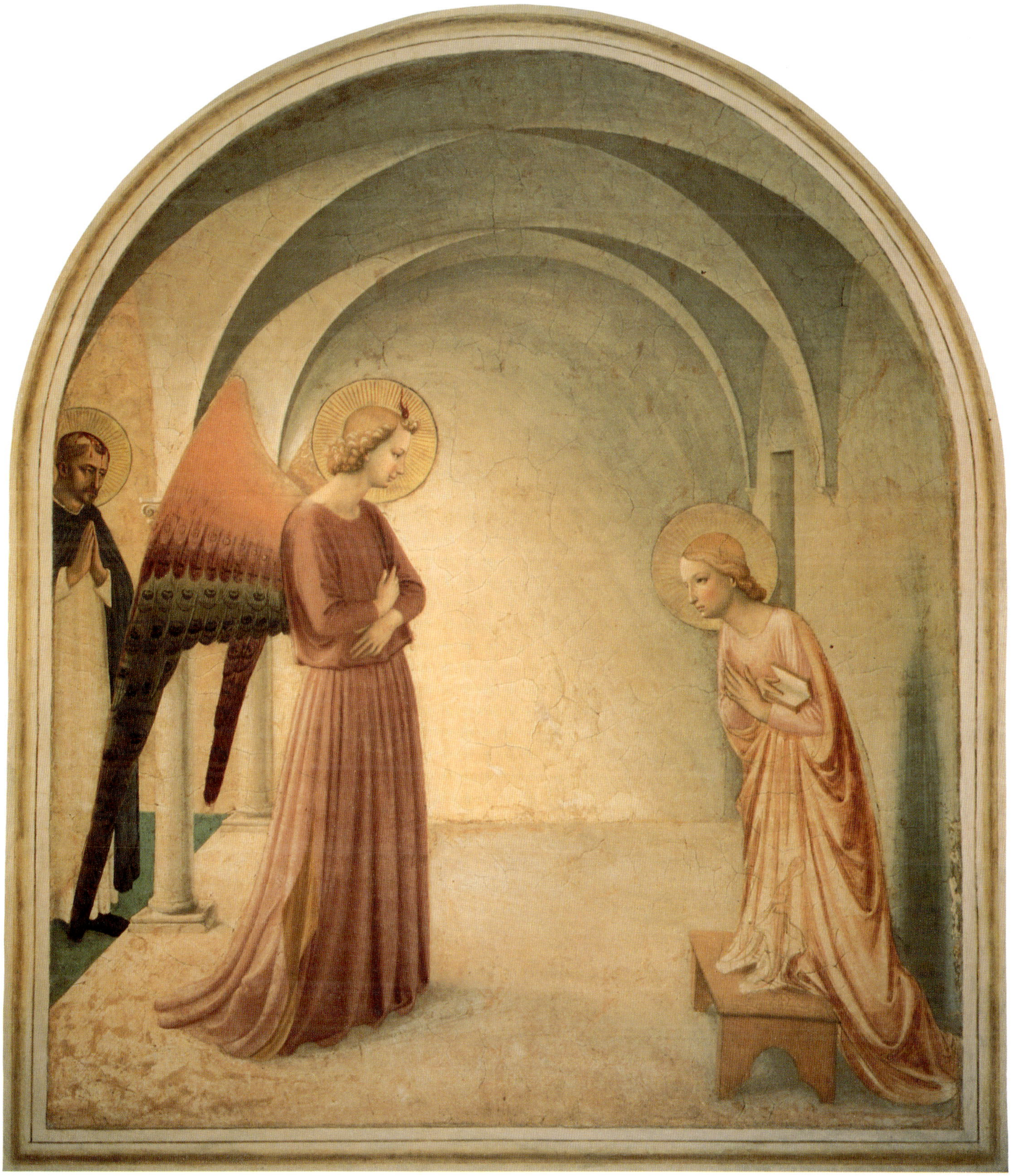

Fra Angelico. * Vicchio di Mugello, um 1387. † Rom, 1455. Verkündigung. Um 1441-43. Fresko. H 187 x B 157 cm. Museo di San Marco, Florenz.

Anguissola Sofonisba

Selbstporträt

Die Künstlerin hat sich selbst als eine honorige und fromme Frau dargestellt; sie schaut mit offenem Blick auf uns und berührt mit den Fingern ihr Umhängekreuz. Anguissola war eine gefragte Porträtistin in Genua und Palermo – damals eine ungewöhnliche Position für eine Frau. Von adeliger Herkunft begann Anguissola noch ganz jung eine dreijährige Lehrzeit. Der berühmte Herzog von Alba sorgte dafür, daß der spanische Hof auf sie aufmerksam wurde. Dort stieg sie zur Hofmalerin und zur Aufwartdame der Königin auf. In einem Brief der Königin wird Anguissola »als ausgezeichnete Porträtmalerin, über allen Malern dieser Zeit stehend«, bezeichnet. Anguissola malte zahlreiche Selbst- und Familienporträts. Alle zeichnet eine besondere Zartheit und ein direkter Blick für das Modell aus. Gegen Ende ihres Lebens freundete sie sich mit dem jungen Van Dyck an, der von ihr ein Altersbild malte.

☛ Van Dyck, Ramsay, Sittow, Verrocchio, Vigée-Lebrun

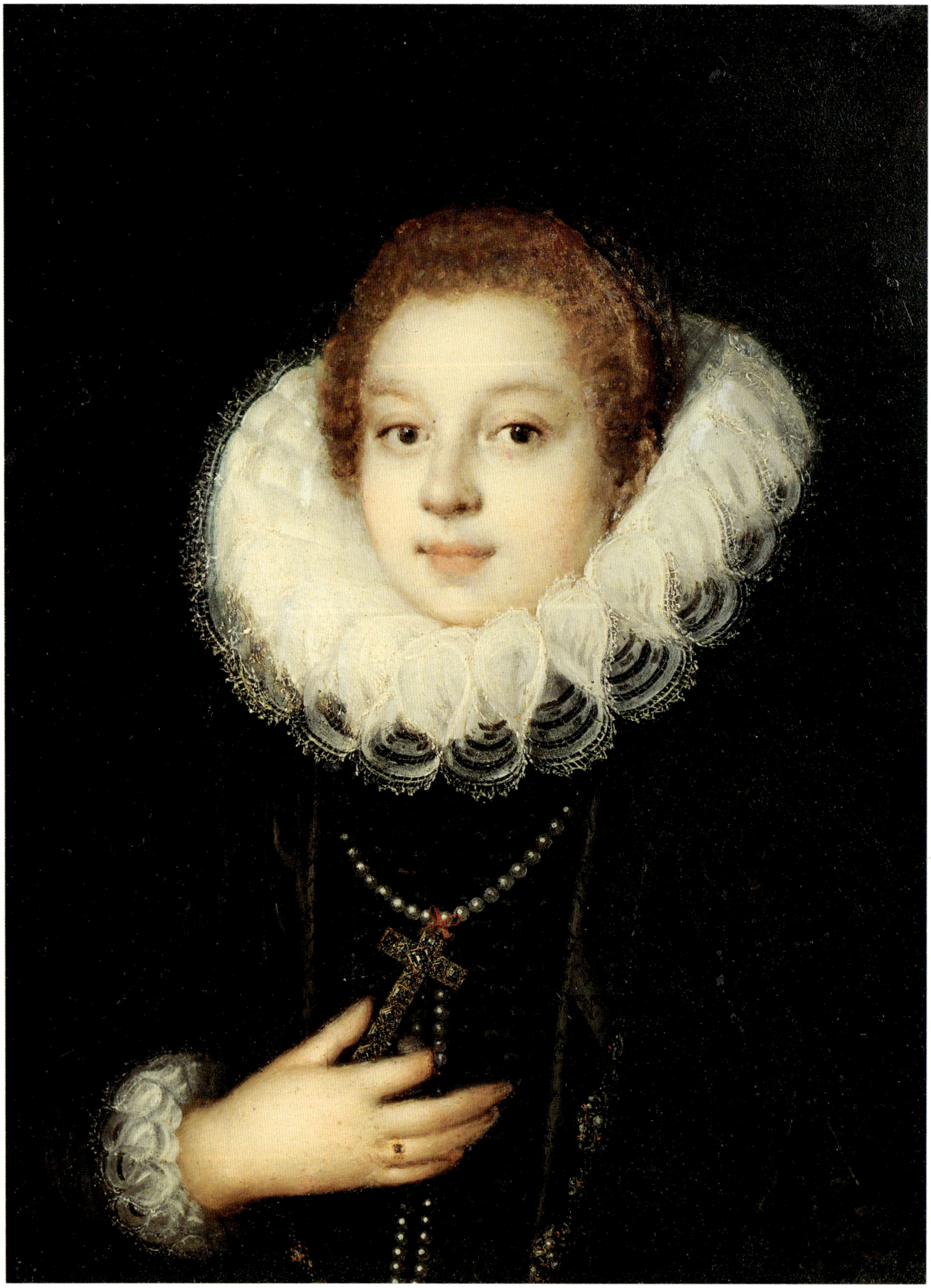

Sofonisba Anguissola. * Cremona, um 1527. † Palermo, 1625. Selbstporträt. Um 1600. Öl auf Leinwand. H 22 x B 17 cm. Privatsammlung.

Antonello da Messina Der hl. Hieronymus in seiner Studierstube

Mit einem verstohlenen Blick durch das offene Fenster von Hieronymus' Studierstube erblickt der Betrachter den Heiligen vertieft in seine Bücher. Lediglich der Löwe rechts hält in seiner Bewegung inne, um die Außenwelt zu registrieren. Möglicherweise war Antonello beeinflußt von Einzelheiten der niederländisch-flämischen Malerei: z. B. die Gegenstände auf den Regalen, der Fliesenboden, der sitzende Vogel auf der Fensterbank und die Qualität des Lichts. Sie erinnern an den Realismus von Campin und Van Eyck. Zwar ist nicht bewiesen, daß Antonello jemals Italien verlassen hat, aber er scheint mit der Technik der flämischen Meister vertraut gewesen zu sein. Wahrscheinlich hat Antonello bei flämischen Künstlern in Mailand deren Technik erlernt. Durch seinen Venedigaufenthalt von 1475 bis 1476 übte er großen Einfluß auf die dortigen Künstler aus, besonders auf Giovanni Bellini.

☛ Giovanni Bellini, Campin, Van Eyck, Patenier, Reni

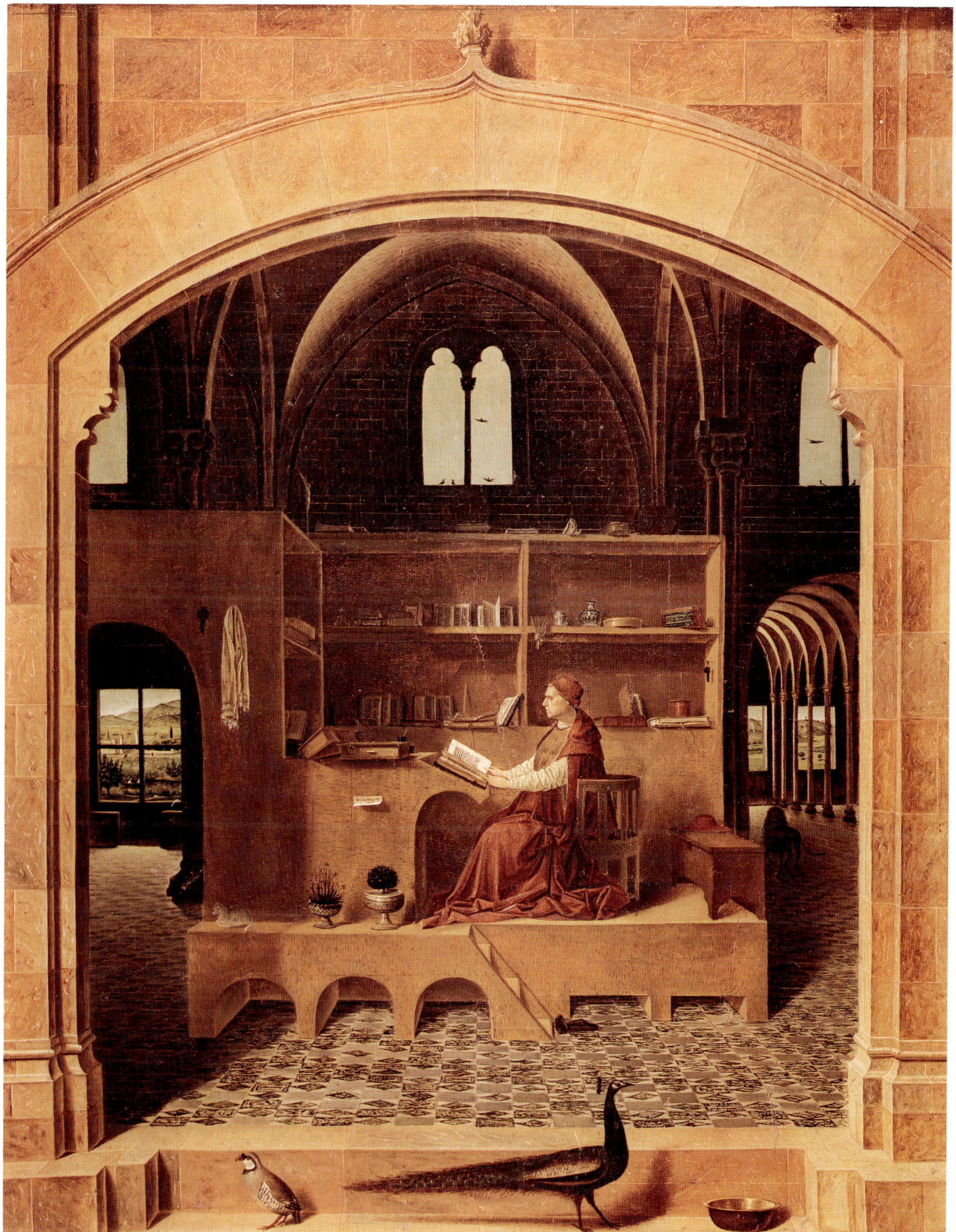

Antonello da Messina. * Messina, um 1430. † Messina, 1479. Der hl. Hieronymus in seiner Studierstube. Um 1475-76. Öl auf Holz. H 46 x B 36,5 cm. National Gallery, London.

Appel Karel

Phantom mit Maske

Die Mittelfigur starrt mit zähnefletschendem und teuflischem Gesichtsausdruck auf den Betrachter. Der gewalttätige Farbauftrag mit kreisenden, dicken Pinselstrichen erzeugt ein hartes und brutales Gesicht – doch schwingt da auch etwas Humor mit und ein kindlicher Malstil. Für Appel ist gerade der Akt des Farbauftrages eine befreiende, fast sinnliche Erfahrung. Er hat Freude am Zusammenbringen von roher Energie, ausgedrückt durch die wilde Farbigkeit, mit ebenso wilden, erregenden Gegenständen. Das Bild ist ein repräsentatives Beispiel der Werke der Cobra-Gruppe, die 1948 von Künstlern aus Kopenhagen, Brüssel und Amsterdam gegründet wurde. Ihre Mitglieder lehnten die Abstraktionsmodelle der europäischen Nachkriegskunst als leblos und zu passiv ab. Stattdessen wandten sie sich der Kindermalerei und märchenhaften Stoffen zu. Appel lebt in New York, wo er weiterhin überschwengliche Bilder in leuchtenden Farben malt.

☛ Baselitz, Dubuffet, De Kooning, Pollock

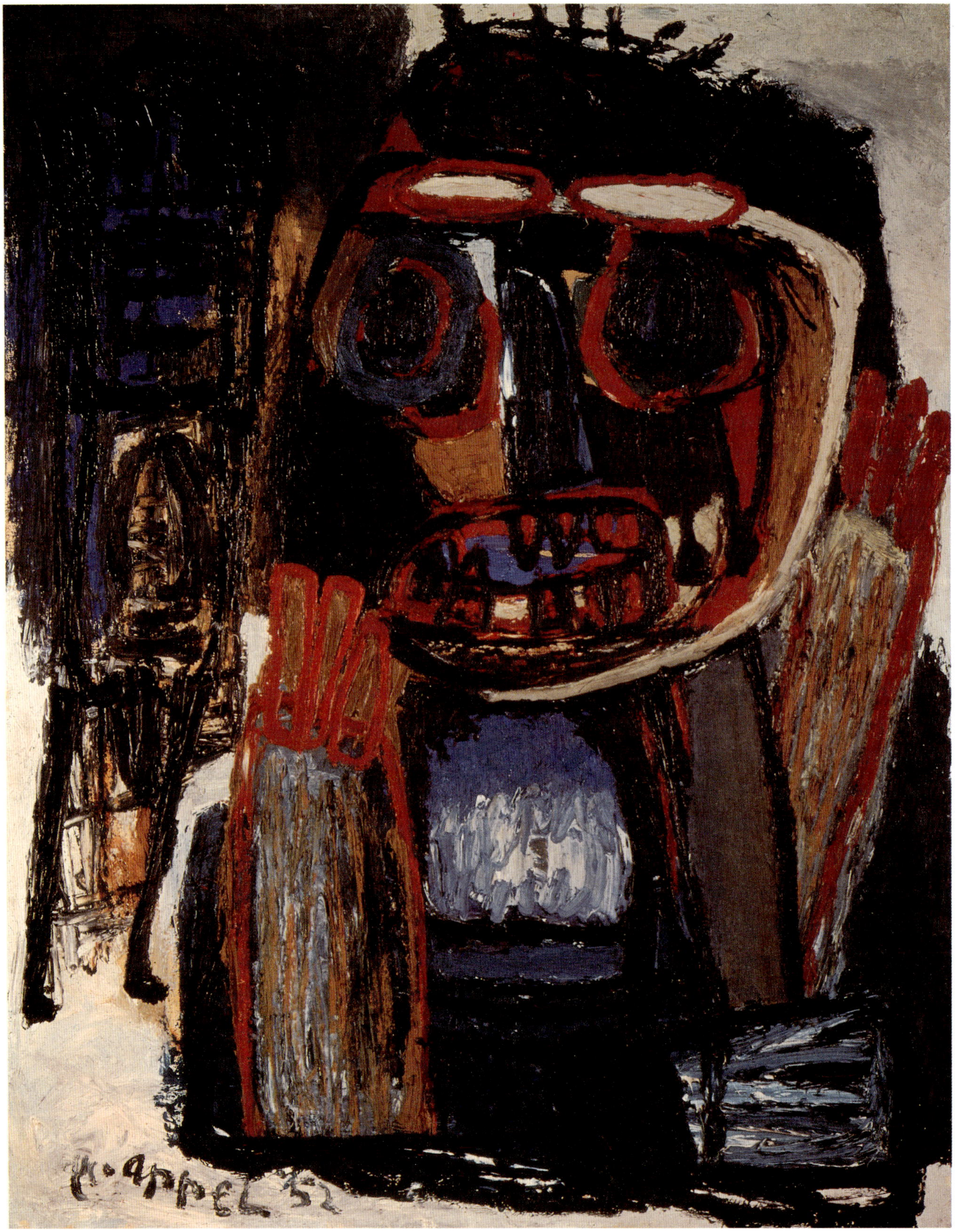

Karel Appel. * Amsterdam, 1921. Phantom mit Maske. 1952. Öl auf Leinwand. H 116 x B 89 cm. Privatsammlung.

Archipenko Alexander

Schreiten

Auf den ersten Blick erscheint die Plastik reichlich gegenstandslos. Beim genauen Hinsehen kann man in der grün patinierten Bronze eine schreitende Frau erkennen. Archipenko schuf diese Figur, indem er Lücken ausnutzte und ganze Teile aushöhlte. Ihr Kopf entsteht beispielsweise aus dem Raum, den die umgebende Bronze ausspart. Dies ist vermutlich das erste Werk der Bildhauerei, das solche Konstruktionskonzepte einführte, was einen radikalen Abschied von der klassischen Tradition bedeutete. Archipenko stand dem Kubismus nahe, der die traditionelle Menschendarstellung in Frage stellte und neu definierte. Die Nutzung von Hohlräumen, um einen neuen Blick für die menschliche Figur freizumachen, war eine Parallele zur kubistischen Methode: Zerlegung und simultane Darstellung verschiedener Ansichten. Archipenko erweiterte später seine Möglichkeiten durch gleichzeitige Verwendung unterschiedlicher Materialien.

☛ Braque, Gaudier-Brzeska, Giacometti, Lipchitz, Picasso

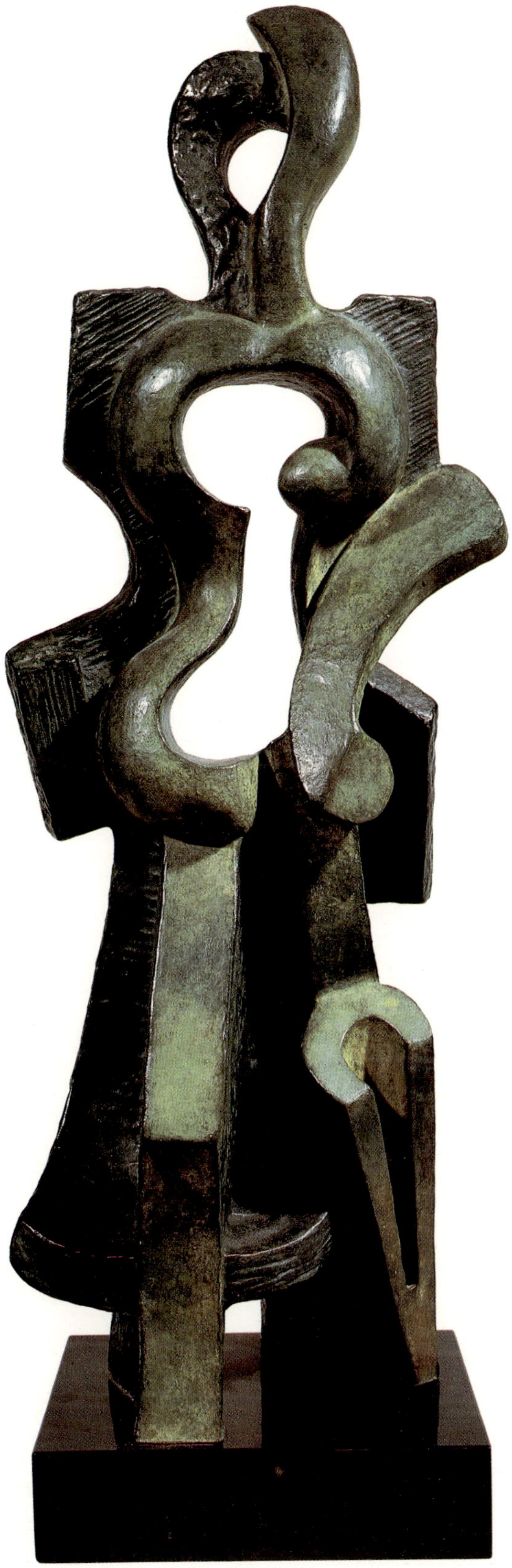

Alexander Archipenko. * Kiew, 1887. † New York, 1964. Schreiten. 1912. Bronze. H 67,3 cm. Privatsammlung.

Arcimboldo Giuseppe

Der Sommer

Von nahem erscheint das Bild wie der Traum eines Gemüsehändlers. Aus der Entfernung schält sich dann ein Kopf heraus. Er besteht vollständig aus Früchten und Gemüsen des Sommers – Birnen, Pfirsichen, Kirschen, Pflaumen usw. Während er meistens Früchte und Gemüse benutzte, um seine Porträts zu schaffen, war Arcimboldo auch bekannt dafür, Töpfe, Pfannen und Werkzeuge für seine seltsamen Bilder zu verwenden. Seine wichtigsten Werke entstanden in Prag, wo er für mehrere Habsburger Kaiser arbeitete. Arcimboldo hatte neben der Malerei noch andere Hofaufgaben zu erledigen, z. B. Dekorationen für Hoffeste, Edelmetallarbeiten für die kaiserliche Schatzkammer und Entwürfe und Ausführungen von Wasserwerken. Obwohl oft kopiert, wurden Arcimboldos Malereien lange als geniale Spinnereien betrachtet. Erst von den Surrealisten wurde er als Künstler geschätzt, der zu visuellen Spielereien neigte.

☛ Dalí, De Heem, Koons, Magritte

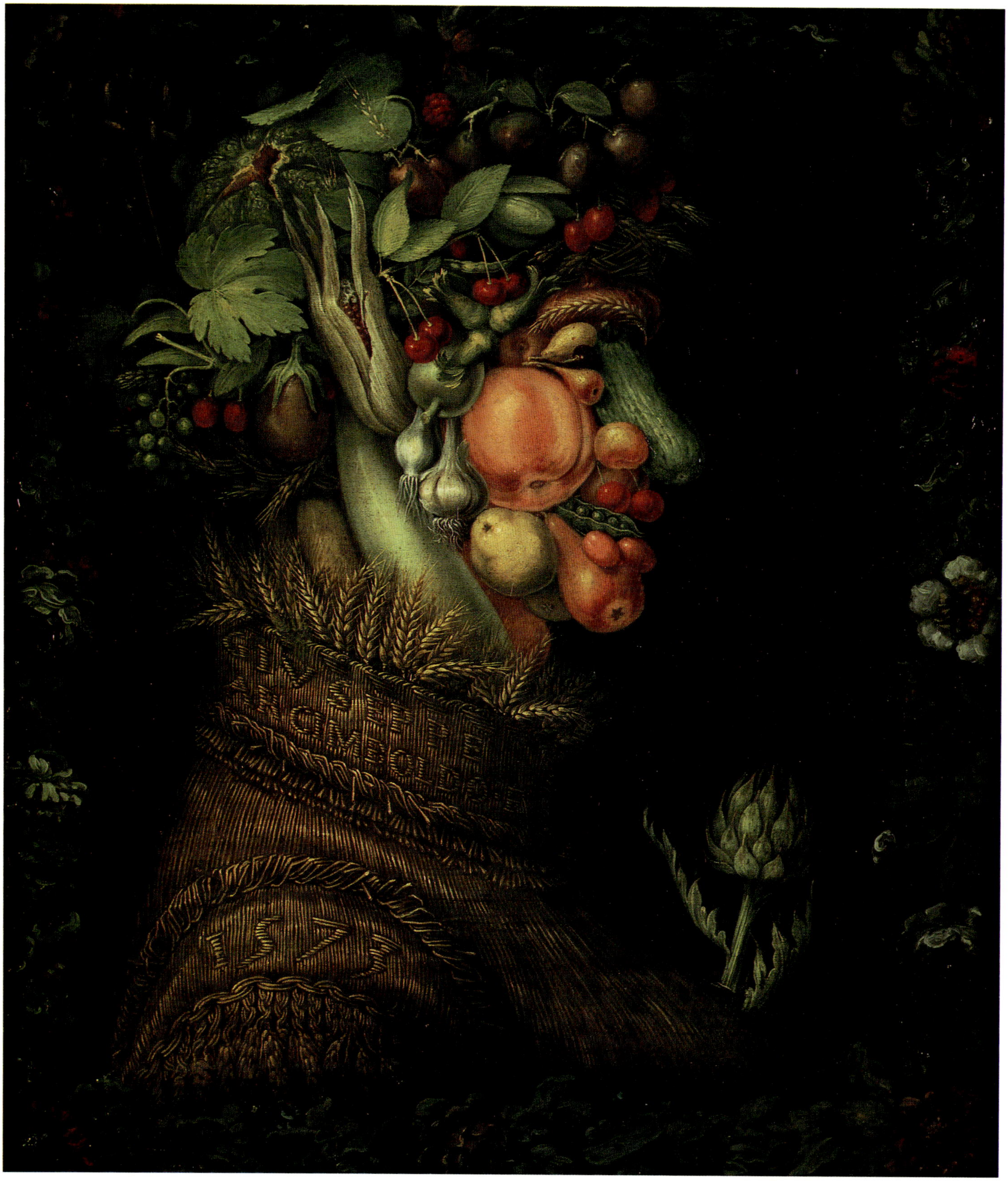

Giuseppe Arcimboldo. * Mailand, 1527. † Mailand, 1593. Der Sommer. 1573. Öl auf Leinwand. H 76 x B 63,5 cm. Musée du Louvre, Paris.

Arp Hans

Blätter und Nabel, I

Kleine Kreisformen unterstreichen die Stille dieses Werkes. Ihr Relief hebt sich vom weiß gestrichenen, hölzernen Hintergrund ab. Sie sind alogisch in harmonischen Mustern angeordnet, die an flatternde Blätter im Wind erinnern oder an die Zufälligkeit von Regentropfen auf einer Glasplatte. Arps Werke sind gekennzeichnet durch die Verwendung von sinnlich plastischen Formen, die an Organismen erinnern, die voller Poesie und delikater Andeutungen sind. Er war mit einer Reihe der wichtigsten Künstlerbewegungen in der ersten Jahrhunderthälfte, ganz besonders mit Dada, eng verbunden. Die Züricher Dadaisten hatten sich 1916 zusammengefunden, und Arp nahm an vielen ihrer aufrührerischen und ketzerischen Happenings im Cabaret Voltaire teil. Bei seiner Suche nach einer spontanen, ursprünglichen Kunst schrieb er Gedichte, schuf Collagen und Holzreliefs und experimentierte mit »automatischem« Schreiben.

☛ Cornell, Hepworth, Mondrian, Schwitters

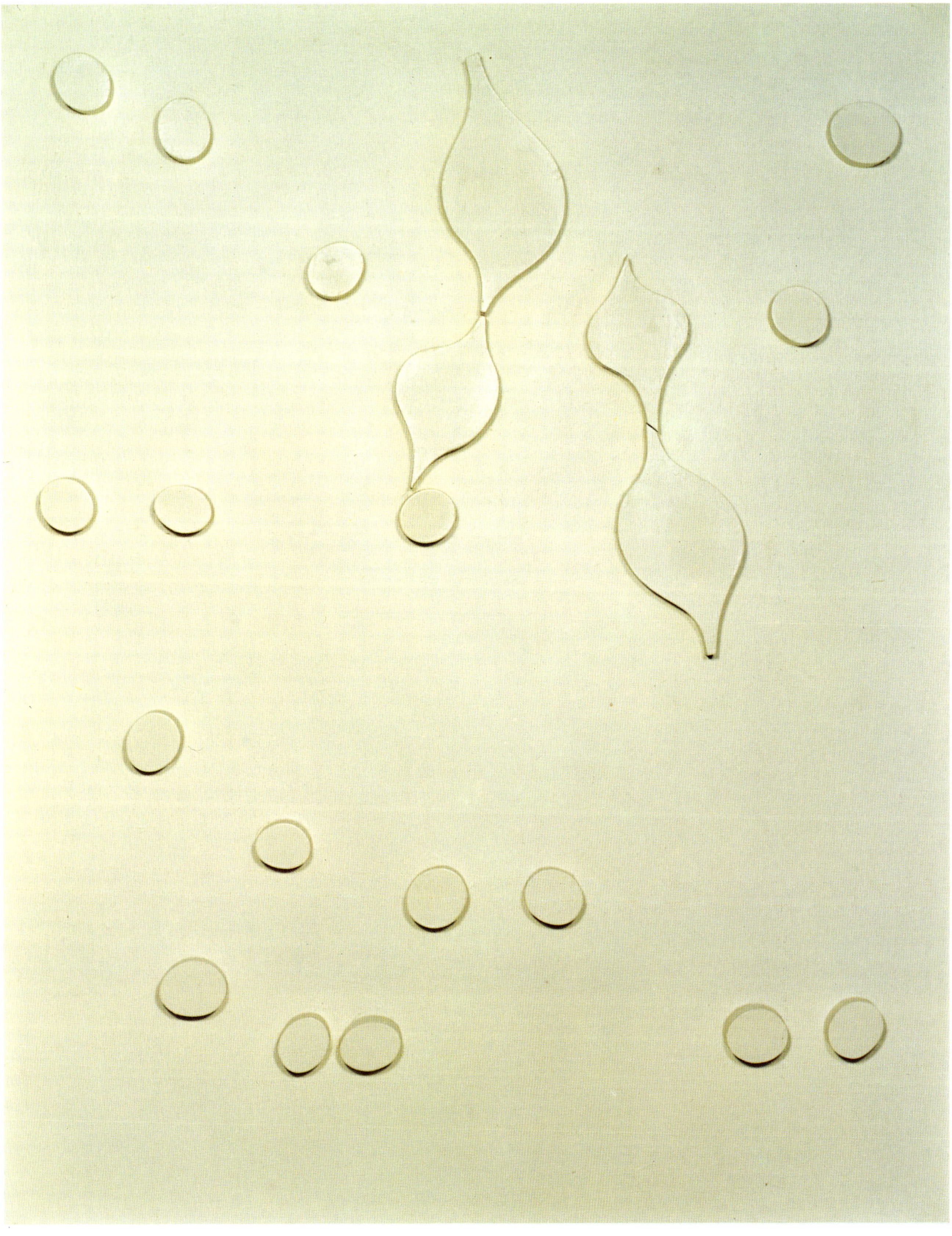

Hans Arp. * Straßburg, 1887. † Basel, 1966. Blätter und Nabel, I. 1930. Bemaltes Holz. H 101 x B 81 cm. Museum of Modern Art, New York.

Audubon John James

Der rosa Löffler

Von seinem sonderbaren löffelartigen Schnabel bis zu jeder einzelnen rosa Feder ist dieser Vogel mit größter Sorgfalt gemalt. Audubons Vorhaben, die in Nordamerika beobachteten Vögel zu klassifizieren, gepaart mit sorgfältiger wissenschaftlicher Forschung fanden ihren Niederschlag in dem glänzend illustrierten Buch »Die Vögel von Amerika«, das mit 435 Abbildungen ausgestattet war. Audubon lernte das Malerhandwerk bei dem berühmten französischen Neoklassizisten David. Er vereinte malerisches Können mit einer großen Leidenschaft für Vogelkunde. Obwohl sich sein Buch auf die Vögel Nordamerikas beschränkte, führte ihn seine Suche nach Geldgebern auch nach England. Schließlich erschien das Buch in Amerika und England. Es ist gleichzeitig ein schönes Buch und ein wissenschaftliches Dokument. Die letzten Jahre seines Lebens widmete er einem Werk in ähnlicher Aufmachung: »Die Vierfüßer Amerikas«.

☛ Agasse, Catlin, J.-L. David, Stubbs

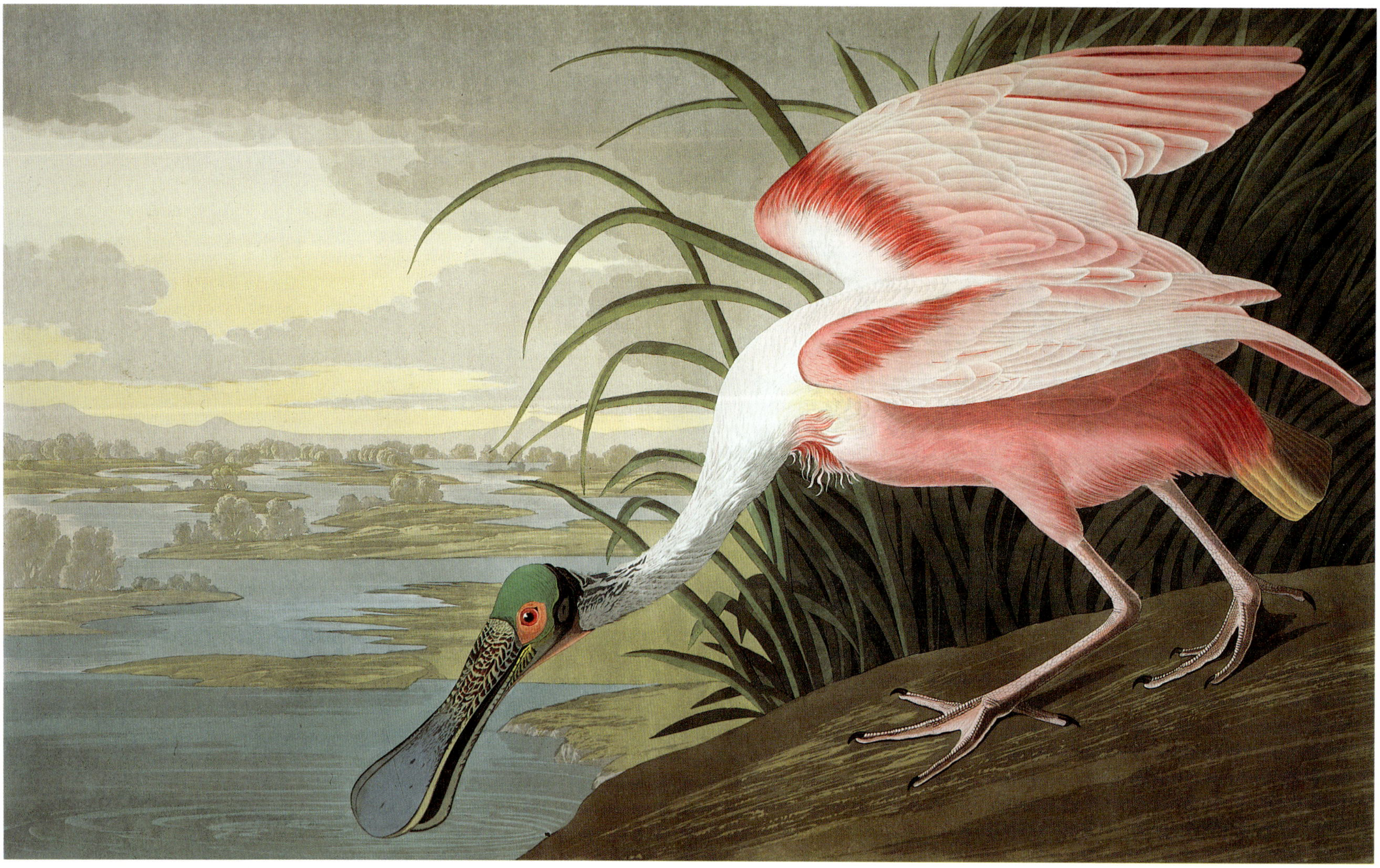

John James Audubon. * Les Cayes, Haiti, 1785. † New York, 1851. Der rosa Löffler. 1835-38. Stich auf Papier. H 100,4 x B 66 cm. Aus »The Birds of America«, 1835-38, Bd. 4.

Auerbach Frank

J. Y. M., Sitzung im Atelier, VI.

Die Oberfläche dieses Bildes, das eines der ständigen Modelle des Künstlers darstellt, sieht aus wie feuchtes Zeitungspapier zwischen Brettern und Abzugsrinnen. Auerbach ist bekannt für seine Technik, dicke Pinselstriche in heftiger Bewegung auf der Bildfläche herumzuführen. Dabei entstehen Arme und Augen, Beine und Wangen. Seine Arbeiten sind nicht ruhig oder bequem zu betrachten; sie laden ein in eine Welt von erdrückender Bewegung, so dick und sinnlich wie Erdnußbutter. Auerbach gehörte zwar dem Kreis der School of London an, aber er verwendete die Farbe auf andere Weise. Er legte dicke Farbschichten an, die er dann wieder wegkratzte. Der Gegenstand entstand durch diese gleichzeitige Behandlung von Farbe und Oberfläche. Auerbach war ein außerordentlich disziplinierter Arbeiter und sein Atelier blieb von 1954, als er es von seinem Freund Leon Kossoff erbte, bis heute unverändert.

☛ Bacon, Kitaj, De Kooning, Kossoff, Sutherland

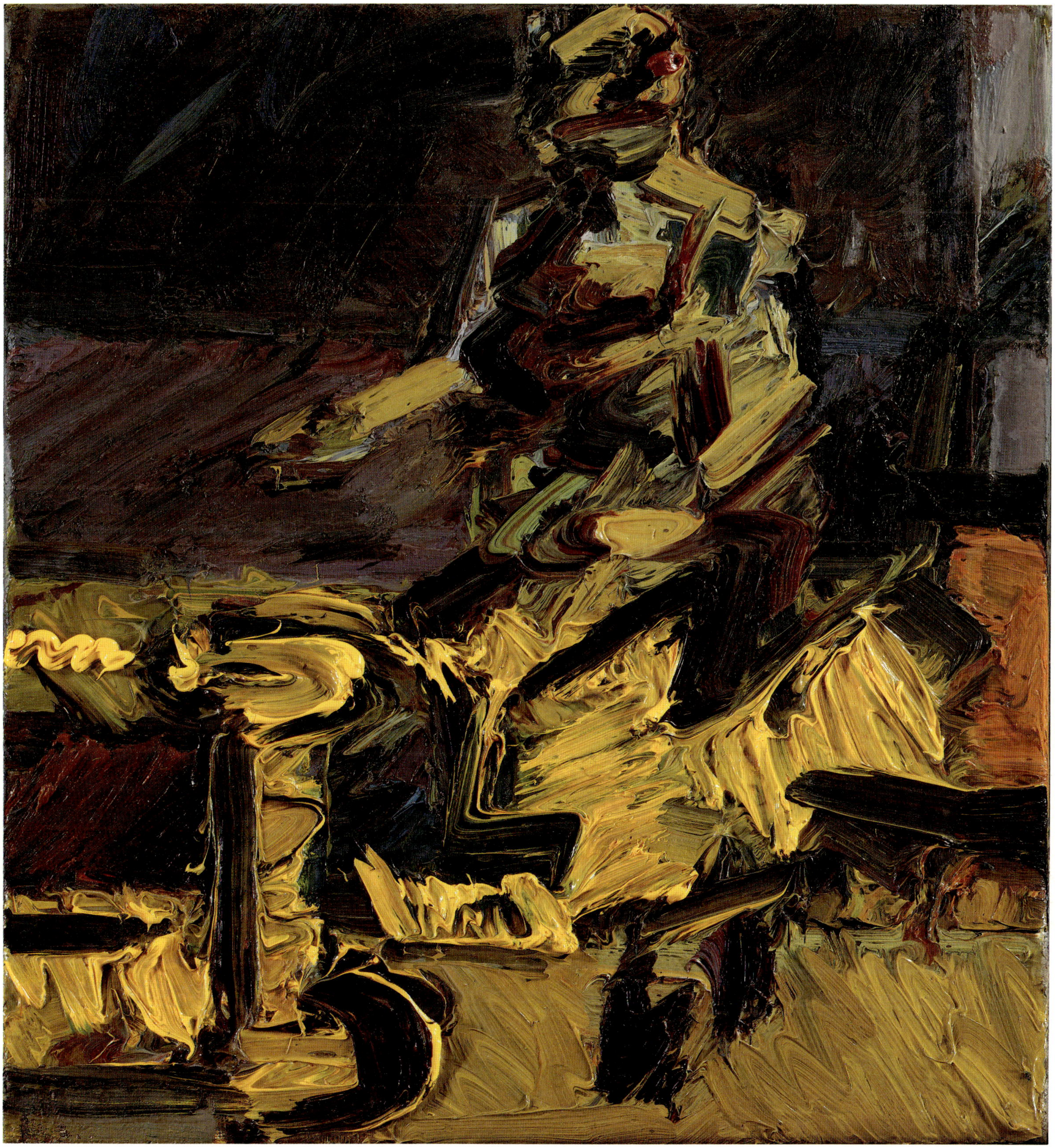

Frank Auerbach. * Berlin, 1931. J. Y. M., Sitzung im Atelier, VI. 1988. Öl auf Leinwand. H 55,9 x B 50,8 cm. Privatsammlung.

Avercamp Hendrick

Treiben auf dem Eis

Die ganze Stadtbevölkerung scheint sich auf einem gefrorenen See zu vergnügen. Das Bild gibt wunderbar den kalten Himmel eines Nordwinters wieder. Die Liebe zum Detail in vielen der Figuren, z. B. bei der Frau links mit der roten Schärpe, verleiht der Szene Lebendigkeit und Fröhlichkeit. Es heißt, Avercamp sei taub gewesen, daher sein scharfer Augensinn und die fast anekdotische Güte seiner detailfreudigen Bilder. Holland erlebte im 17. Jahrhundert einen Aufstieg der bürgerlichen Schichten und wegen des Protestantismus einen Niedergang der kirchlichen Auftraggeber. Dies führte zu einer Spezialisierung auf kleinformatige Staffeleibilder für die neue Schicht privater Sammler. Avercamp war berühmt für seine Winterbilder, die denen von Jan Brueghel nahe stehen, und seine genaue Beobachtung von Lichteffekten trug zum hohen Preis seiner Bilder bei. Er war auch ein Pionier der realistischen Landschaftsmalerei Hollands im 17. Jahrhundert.

☛ Jan Brueghel, Cuyp, Van Goyen, Lowry, Raeburn, Ruysdael

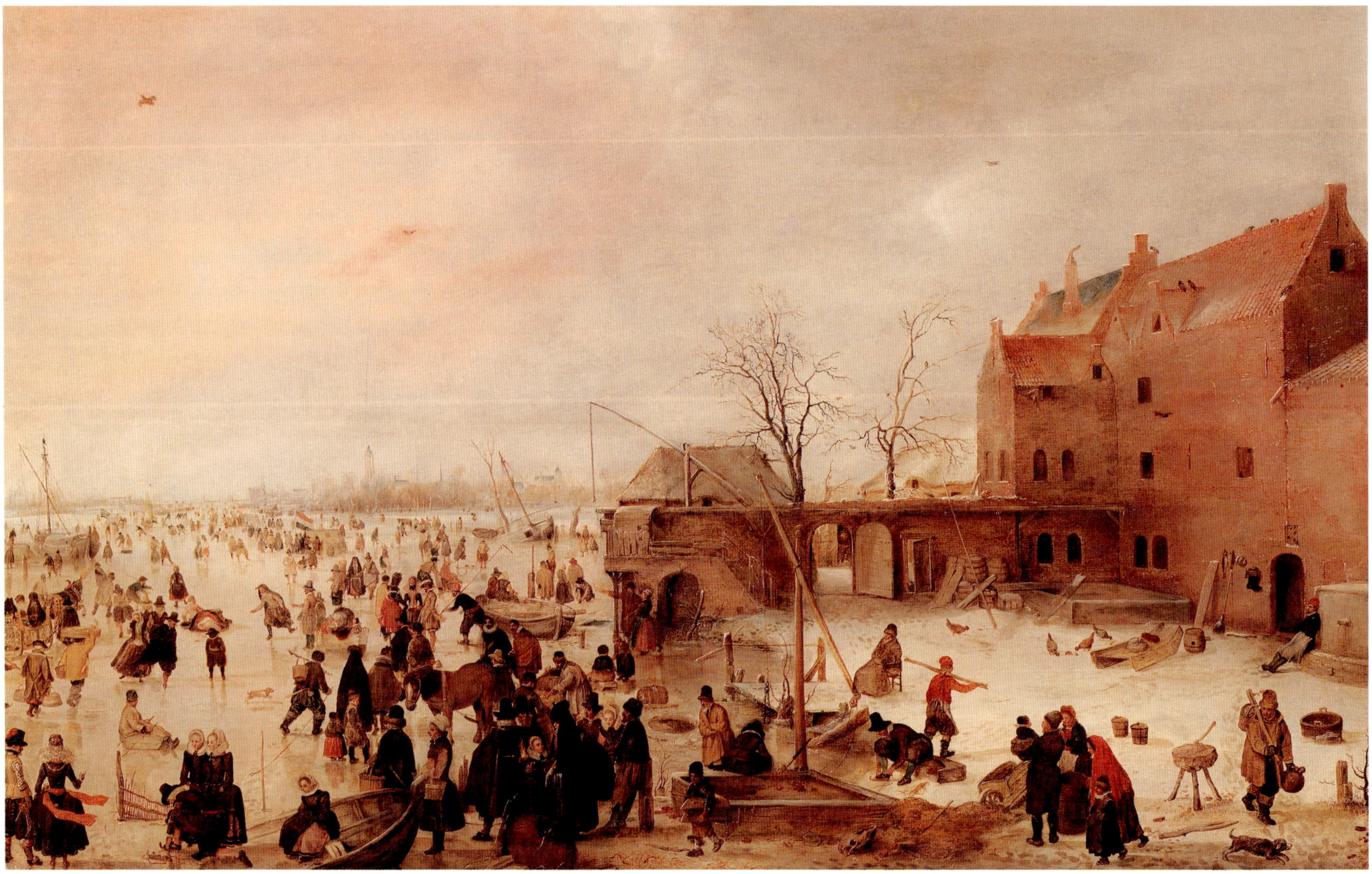

Hendrick Avercamp. * Amsterdam, 1585. † Amsterdam, 1634. Treiben auf dem Eis. Um 1615. Öl auf Holz. H 58 x B 90 cm. National Gallery, London.

Bacon Francis

Papst Innozenz X. nach Velázquez

Das auf Velázquez' berühmtes Porträt zurückgehende schreckliche Antlitz beschreibt den gequälten Ausdruck eines blutbesudelten Papstes, der in einer Röhrenkonstruktion gefangen sitzt, die an einen ungepolsterten Thron erinnert. Der in dramatischen vertikalen Strichen gemalte Hintergrund enthüllt grausam die kreischende Figur, die hilflos mit verkrampften Händen dasitzt. Während Bacons Bildquellen sich meistens auf reale oder historische Vorlagen stützen – Gemälde alter Meister, Zeitungsfotos, Standfotos von Filmen oder Röntgenbilder –, ist deren Behandlung schockierend. Im vorliegenden Bild hebt er mit alptraumhafter Dichte die geschmacklosen, manchmal erschreckenden Tiefen der menschlichen Seele hervor. Obwohl seine frühen Arbeiten Gemeinsamkeiten mit Sutherland aufweisen, entwickelte Bacon später eine eigene Ausdrucksweise, die bekannt ist für ihre schrecklichen Entstellungen der menschlichen Form.

☛ Bosch, Manzù, Soutine, Sutherland, Velázquez

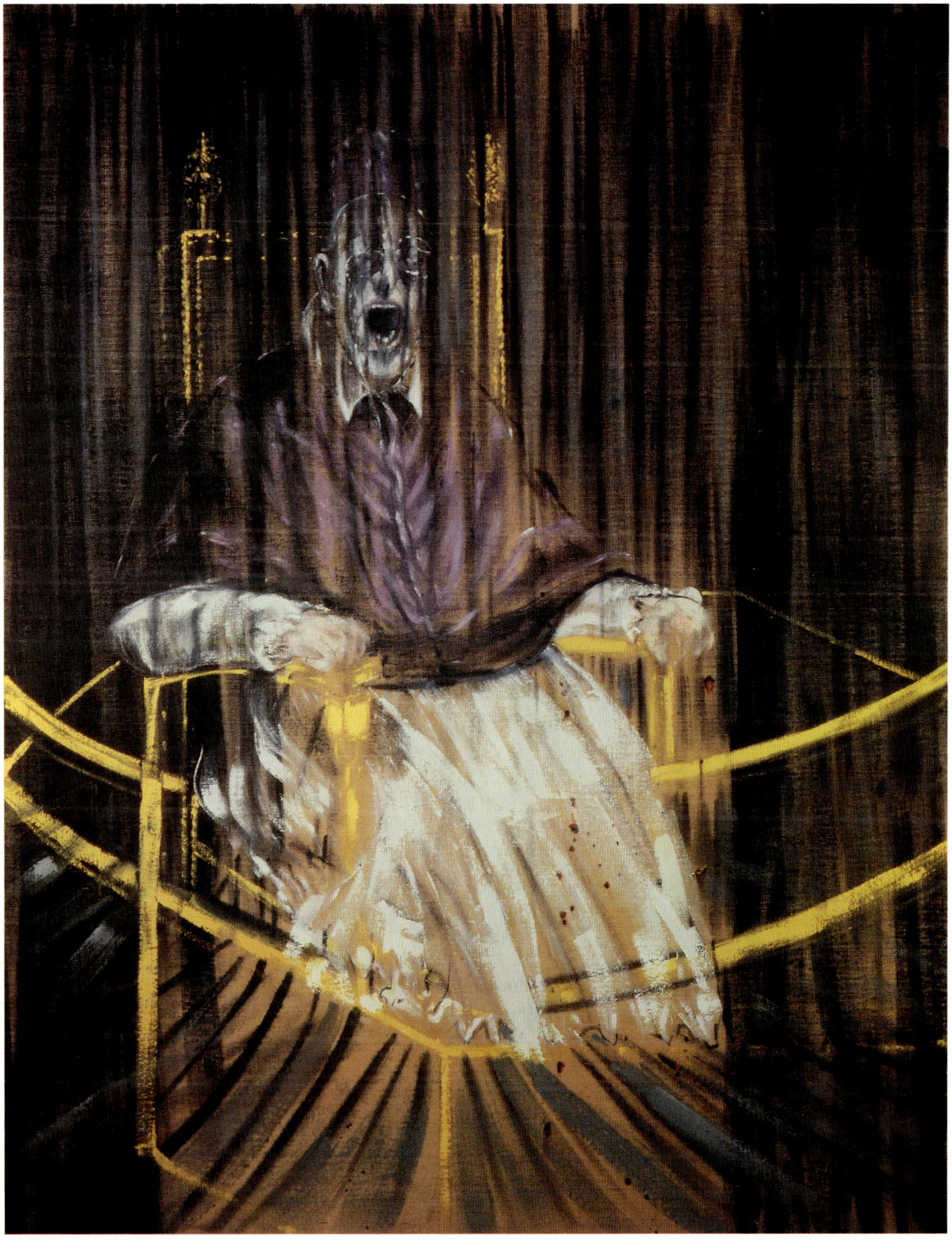

Francis Bacon. * Dublin, 1909. † Madrid, 1992. Papst Innozenz X. nach Velázquez. 1953. Öl auf Leinwand. H 152 x B 118 cm. Des Moines Art Center, Des Moines.

Baldung Grien Hans

Die drei Lebensalter und der Tod

Die drei Figuren sind eine Allegorie auf die drei Lebensalter. Der Tod erscheint als Skelett mit einem Stundenglas. Neben ihm gruppieren sich ein schlafendes Kind, ein Mädchen und eine hagere Alte. Baldung Grien war ein eifriger Zeichner und der Realismus der Körper in diesem Bild zeigt, daß er genaue Aktstudien gemacht hat. Wie Dürer, bei dem Baldung in die Lehre ging, war er Maler und Graphiker. Er schuf viele wunderliche Stiche, entwarf Glasmalereien und arbeitete als Buchillustrator. Wie Bosch gehörte Baldung Grien zu einer Gruppe von Künstlern, die die Plagen der Zeit mit viel Fantasie geißelten. Einer seiner wichtigsten Aufträge war der Hauptaltar für den Freiburger Dom, den er im Jahre 1516 ausführte. Er starb in Straßburg als wohlhabender und einflußreicher Bürger der Stadt.

☛ Bosch, Cranach, Dürer, Ribera

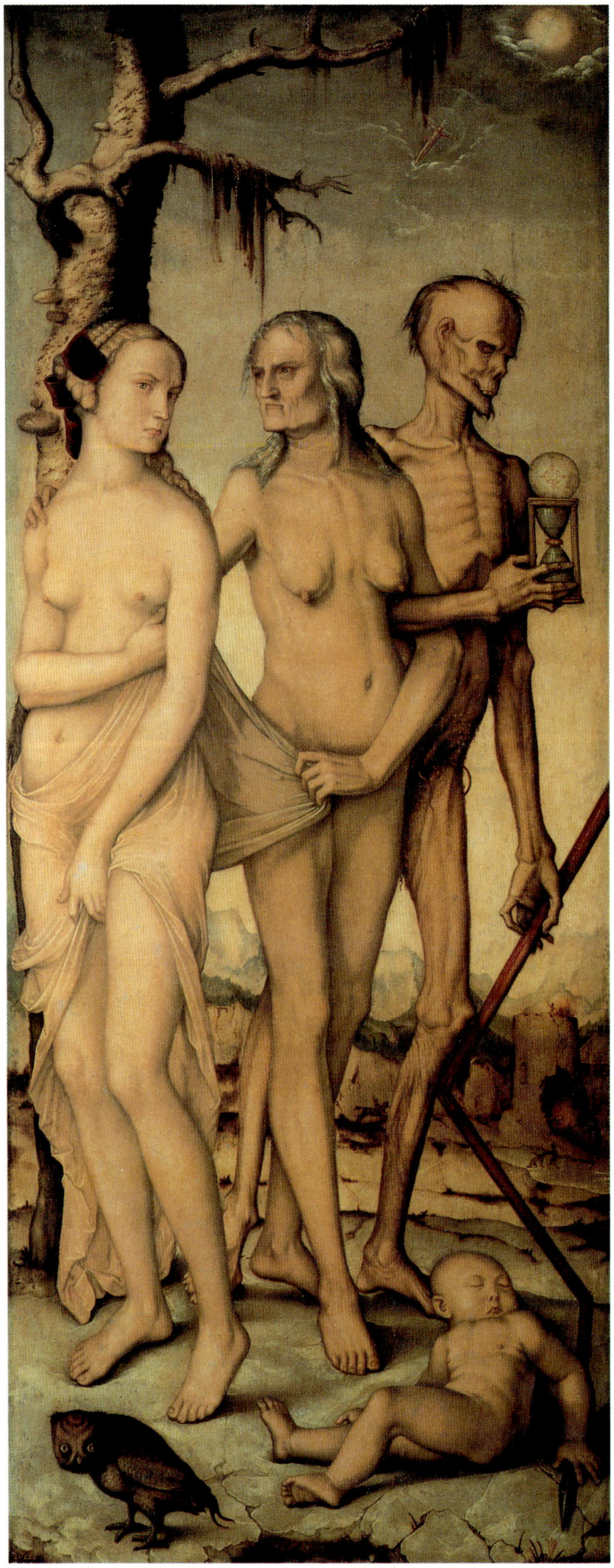

Hans Baldung Grien. * Schwäbisch Gmünd, um 1484. † Straßburg, 1545. Die drei Lebensalter und der Tod. 1539. Öl auf Holz. H 151 x B 61 cm. Museo del Prado, Madrid.

Balla Giacomo

Der Schwalbenflug

Schwalben wirbeln und stürzen vor dem Fenster des Künstlers. Balla hat ihre Bewegungen und ihre Geschwindigkeit sichtbar gemacht, indem er sie in exakter Reihenfolge, eine nach der anderen anordnete. Er hat offensichtlich die Fensterläden miteinbezogen, um deren Bewegungslosigkeit der ständigen Bewegung der Vögel gegenüberzustellen. Während seines Aufenthaltes in Düsseldorf von 1912 bis 1913 hat er eine Reihe von Schwalbenbildern gemalt. Das Bild ist ein gutes Beispiel für den italienischen Futurismus, der in der Darstellung der Bewegung ein Symbol für die Dynamik der modernen Welt sah. Balla erklärte im März 1910 öffentlich seine Zugehörigkeit zu den Futuristen. Zusammen mit Severini, Boccioni und Carrà entwickelte er die Methode zur Darstellung der Bewegung durch ständige Wiederholung derselben, nur minimal veränderten Ausgangsform. Nach 1931 wandte sich Balla wieder mehr figürlichen Themen zu.

☛ Boccioni, Braque, Carrà, Feininger, Gris, Severini

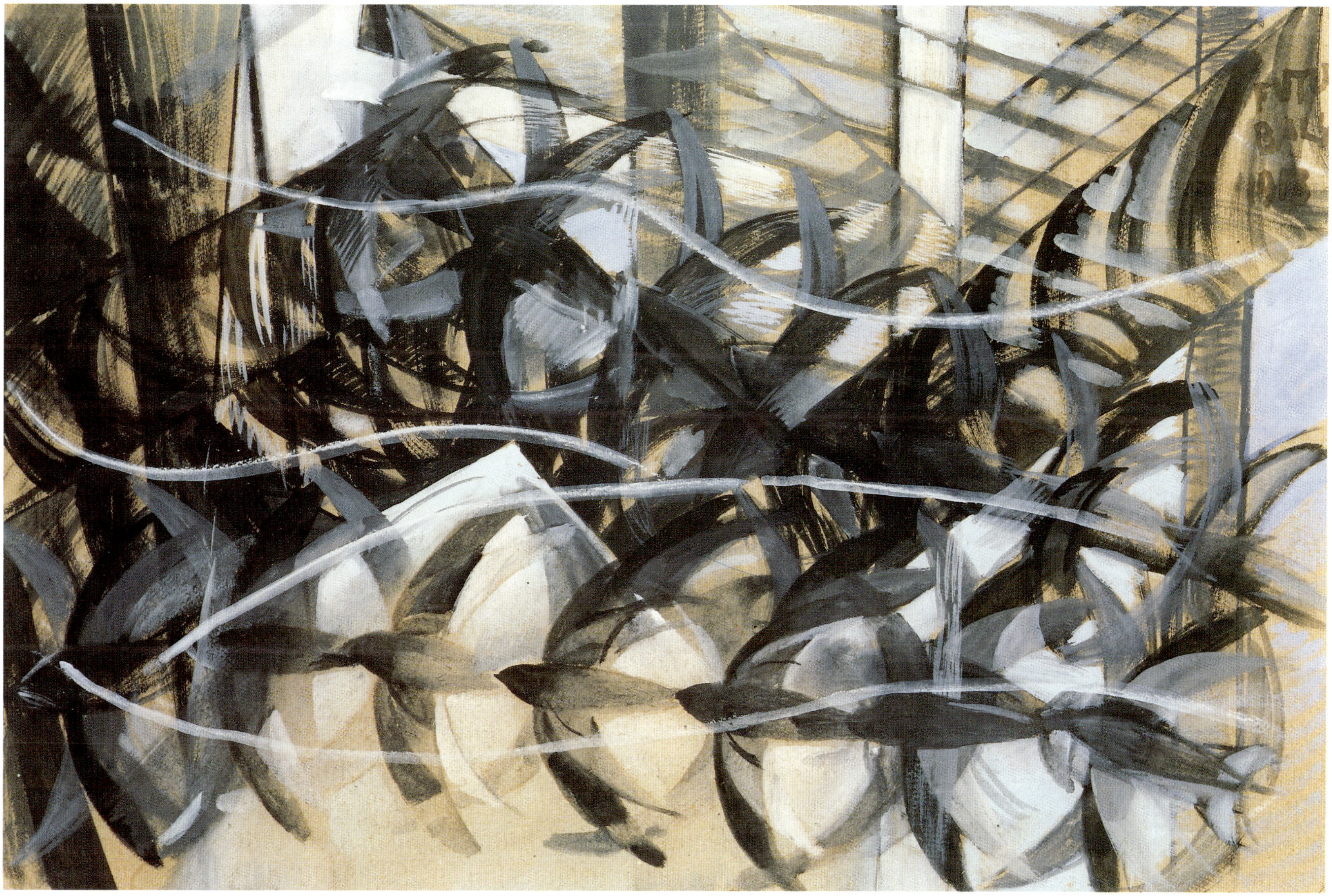

Giacomo Balla. * Turin, 1871. † Rom, 1958. Der Schwalbenflug. 1913. Tempera auf Papier. H 50,8 x B 76,2 cm. Museum of Modern Art, New York.

Balthus

Mädchen mit Katze

Eine einfache Szene bietet sich unseren Augen: Ein Mädchen sitzt in einem dunklen, erdrückenden Raum, vor ihm eine zufriedene Katze. Jedoch das Bild verwirrt, vielleicht durch seine unterschwellige Erotik. Sehen wir ein unschuldiges Mädchen oder eine sexuell erfahrene junge Frau? Was Balthus einfing, ist die verwirrende Art der Heranwachsenden, wenn die kindliche Unschuld, vorgestellt durch die Katze, von den neuen sexuellen Gefühlen des Erwachsenseins verdrängt wird. Dies wird hervorgehoben dadurch, daß der Lichteinfall genau auf die Oberschenkel des Mädchens zielt. Obwohl Autodidakt, hat Balthus die alten Meister genau studiert. Besondere Anregung fand er bei Bonnard und Derain. Balthus ist bekannt für seine erotisch angehauchten Bilder wie das vorliegende: Schlafende, träumende oder lesende junge Mädchen in einem dunklen Innenraum.

☛ Bonnard, Derain, Foujita, Rego, Schiele, Sherman

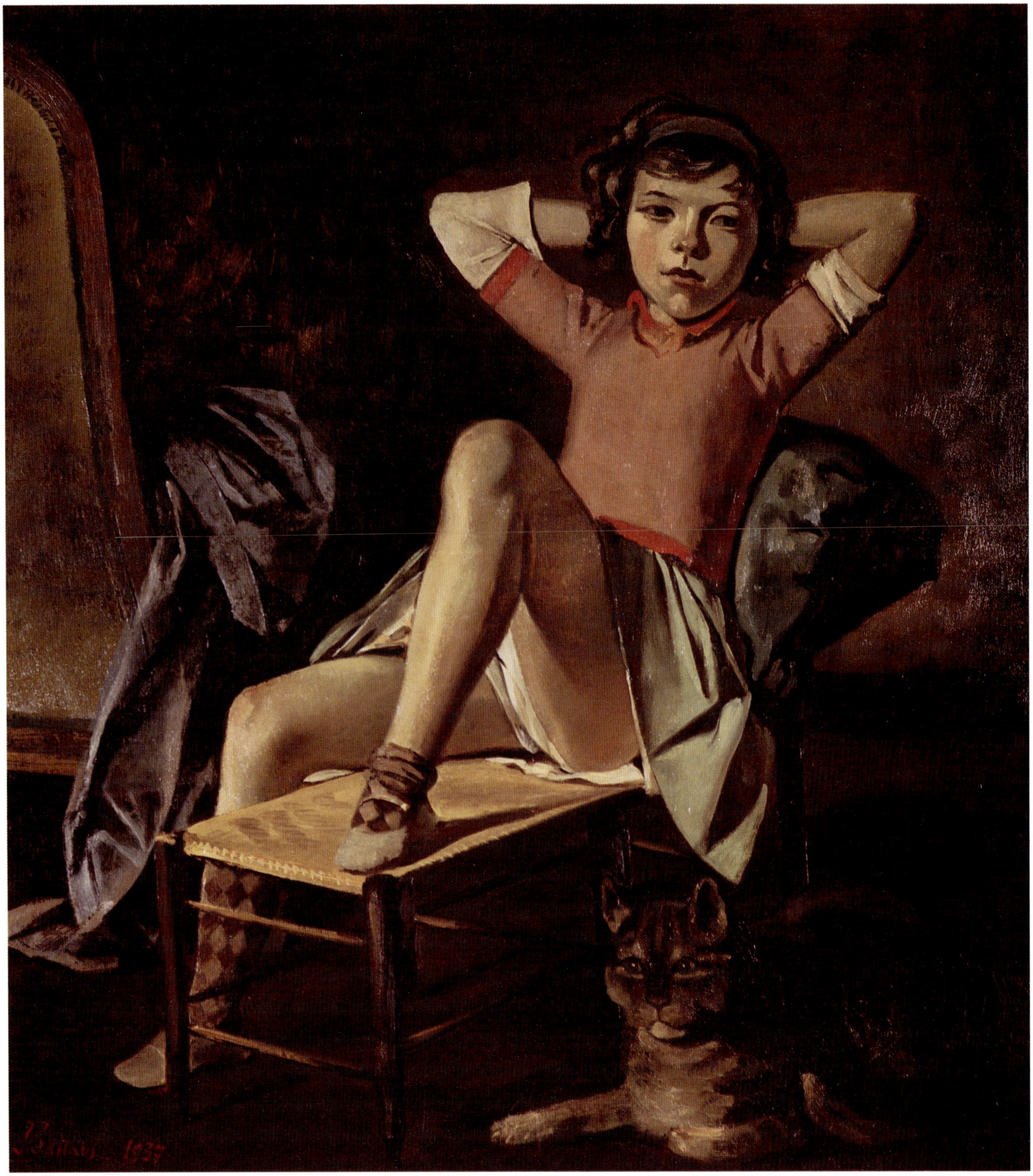

Balthus (Balthasar Klossowski de Rola). * Paris, 1908. Mädchen mit Katze. 1937. Öl auf Holz. H 88 x B 78 cm. Privatsammlung.

Fra Bartolomeo

Auferstandener mit Heiligen

Die bewegte Draperie, Christi erhobener Arm, die ausgestreckten Arme und gedrehten Köpfe tragen zu der eindrucksvollen Bewegung des Bildes bei. Die machtvolle Christusfigur beherrscht die Komposition und ruft Andacht und Betrachtung hervor. Fra Bartolomeo studierte Malerei in Florenz. Dort wurde er tief beeinflußt von den charismatischen und polemischen Predigten Savonarolas, so sehr, daß er dem Dominikanerorden beitrat, als Savonarola 1498 verbrannt wurde. Damals nahm er den Namen Fra Bartolomeo an – bis zu diesem Zeitpunkt war er als Fra Baccio della Porta bekannt – und zerstörte angeblich alle seine älteren Werke mit Darstellungen des Nackten, da er dies nun als sündig erachtete. Er war mit Michelangelo und Raffael befreundet, studierte auch Leonardo da Vinci und schuf religiöse Bilder von strahlender Lebendigkeit.

☛ Carracci, Leonardo da Vinci, Michelangelo, Raffael

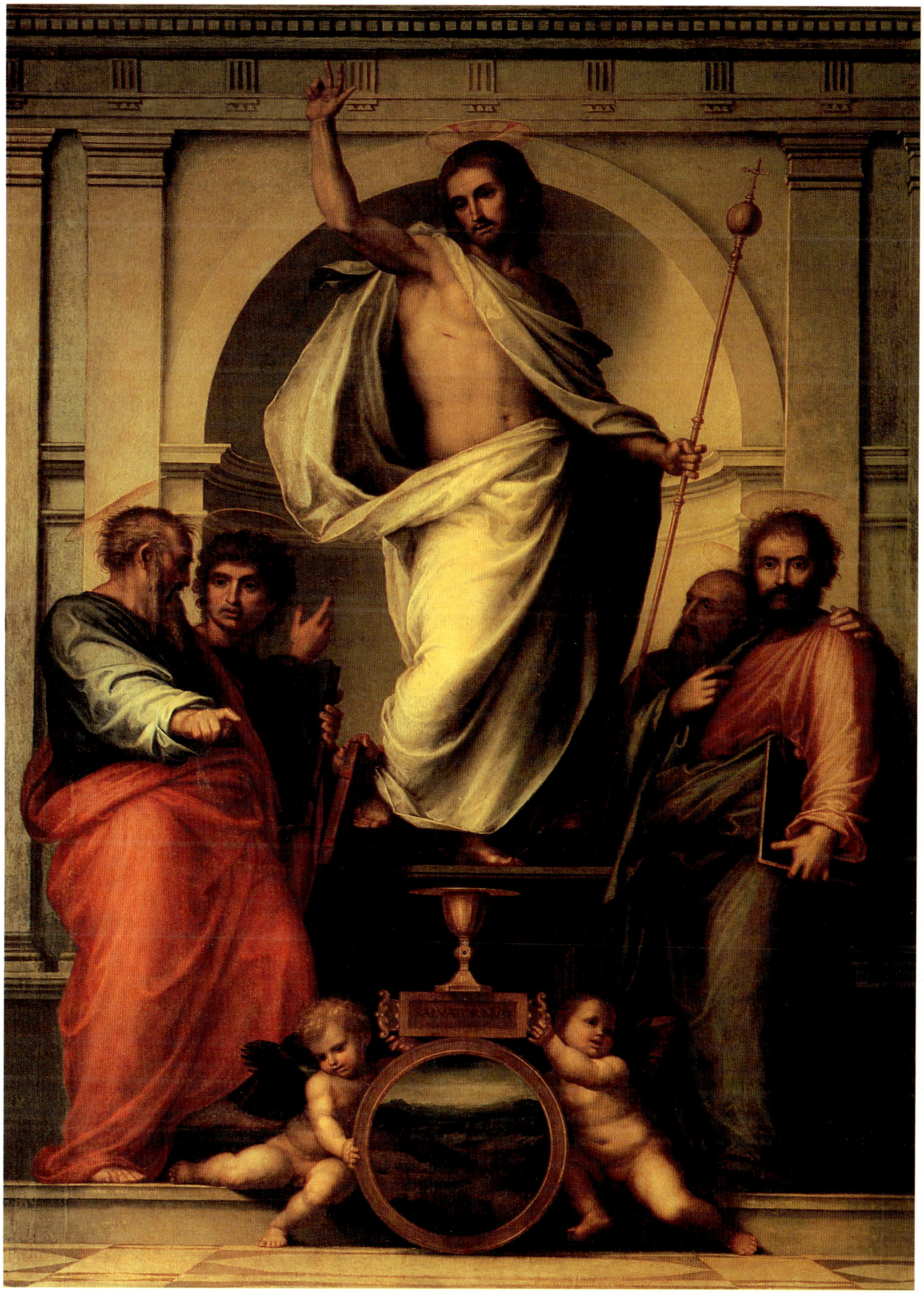

Fra Bartolomeo (Baccio della Porta). * Soffignano, um 1472. † Florenz, um 1517. Auferstandener mit Heiligen. 1516. Öl auf Leinwand. H 284 x B 204 cm. Palazzo Pitti, Florenz.

Baselitz Georg

Mehr Blonde

Harte Fingerspuren und Pinselstriche schufen dieses Bild eines weiblichen Aktes, der von einem schwarzen Rand umschlossen wird. Die Wucht der dicken schwarzen Farbschicht wurde vom Künstler dadurch erreicht, daß er tatsächlich auf dem Bild herumtrat. Baselitz hat die Frau grob dargestellt, ohne Anteilnahme oder Raffinesse. Erstarrt in Farbe, stören keine Details das maskenhafte Abbild. Dieser Avantgardist liebt theatralische Anordnungen mit schreienden oder gestikulierenden Figuren. Er malt heftige und entschiedene Bilder mit auf den Kopf gestellten Figuren in farbkräftigen und freien Pinselstrichen. Mit kräftigen Axthieben entstehen auch Holzskulpturen, die er mit rotem Farbstoff bestreicht. Baselitz' Kunst ist so aggressiv, daß sogar eines seiner Bilder von einem öffentlichen Ordnungshüter entfernt wurde, weil es angeblich »sexuelle Begierden bei manchen Betrachtern« erweckte.

☛ Van Gogh, Fautrier, Kiefer, De Kooning, Polke

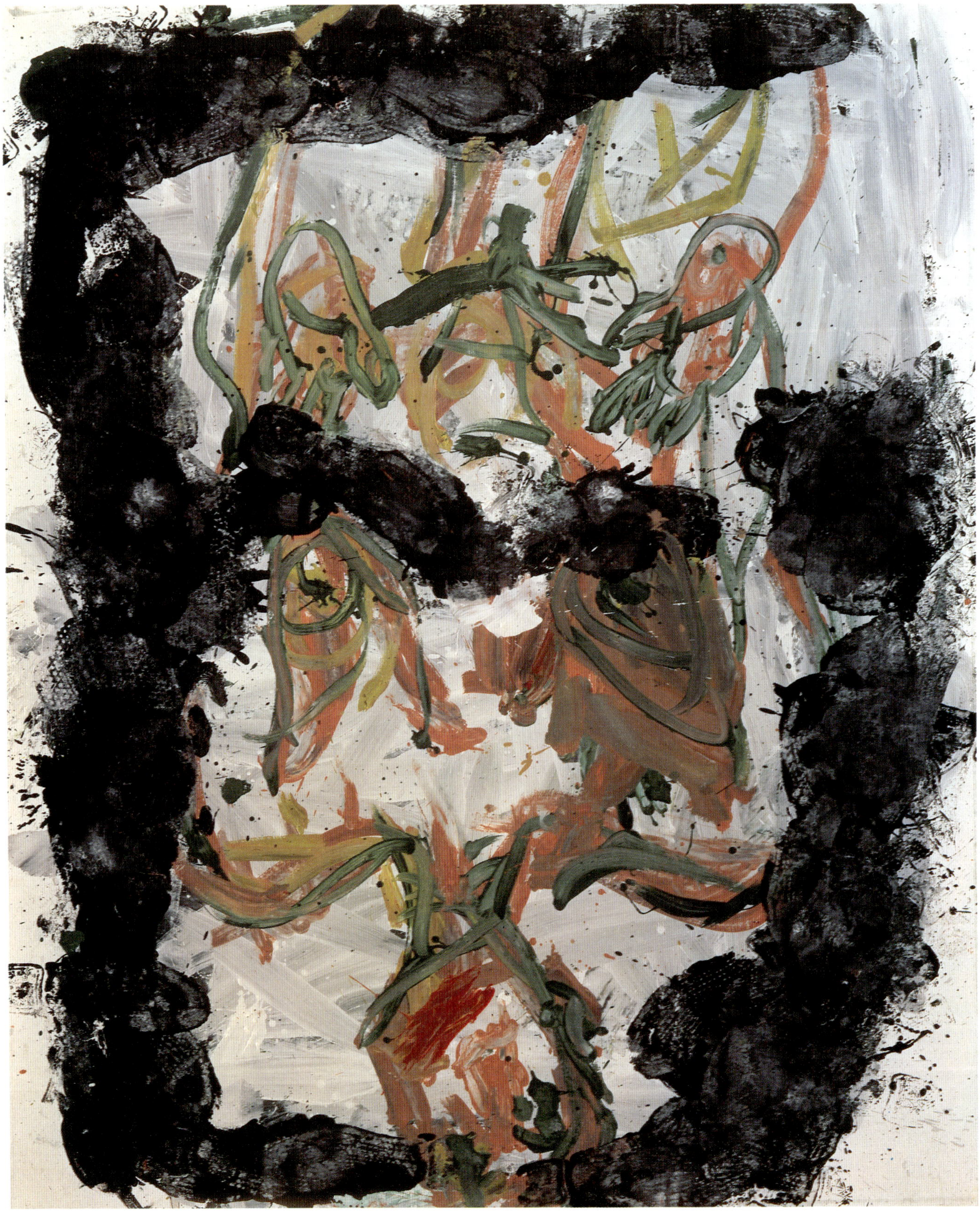

Georg Baselitz. * Deutschbaselitz, 1938. Mehr Blonde. 1992. Öl auf Leinwand. H 162 x B 130 cm. Anthony d'Offay Gallery, London.

Basquiat Jean-Michel

Ohne Titel

Grob gezeichnete Figuren, handschriftliche Sätze und wissenschaftliche Formeln sind vor einem vielfarbigen Hintergrund durcheinander gewirbelt, so daß eine Disharmonie aus Farben und Formen entsteht. Das einfache und kindhafte Bild zeigt Basquiats Verbindung zur Graffitikunst. Das Bild erscheint als eine Verdichtung der Kleine-Leute-Welt New Yorks, die soziale Wurzel des Künstlers. Es zeigt die vielvölkische Wegwerfkultur und reflektiert durch eine Reihe zusammenhangloser Bilder und Schriftfragmente die schnellebige und chaotische Realität des New Yorker Straßenlebens. Basquiat gehörte zu einer losen Gruppe von Graffitikünstlern, die in der New Yorker U-Bahn gearbeitet hatten, und er begann seine Karriere mit Graffitis an öffentlichen Wänden. Sein internationaler Aufstieg ging kometenhaft vonstatten – angeregt durch den Kunstboom der 80er Jahre – bis zu seinem frühen Tod durch eine Überdosis Drogen.

☛ Dubuffet, Gaudier-Brzeska, Rauschenberg, Twombly

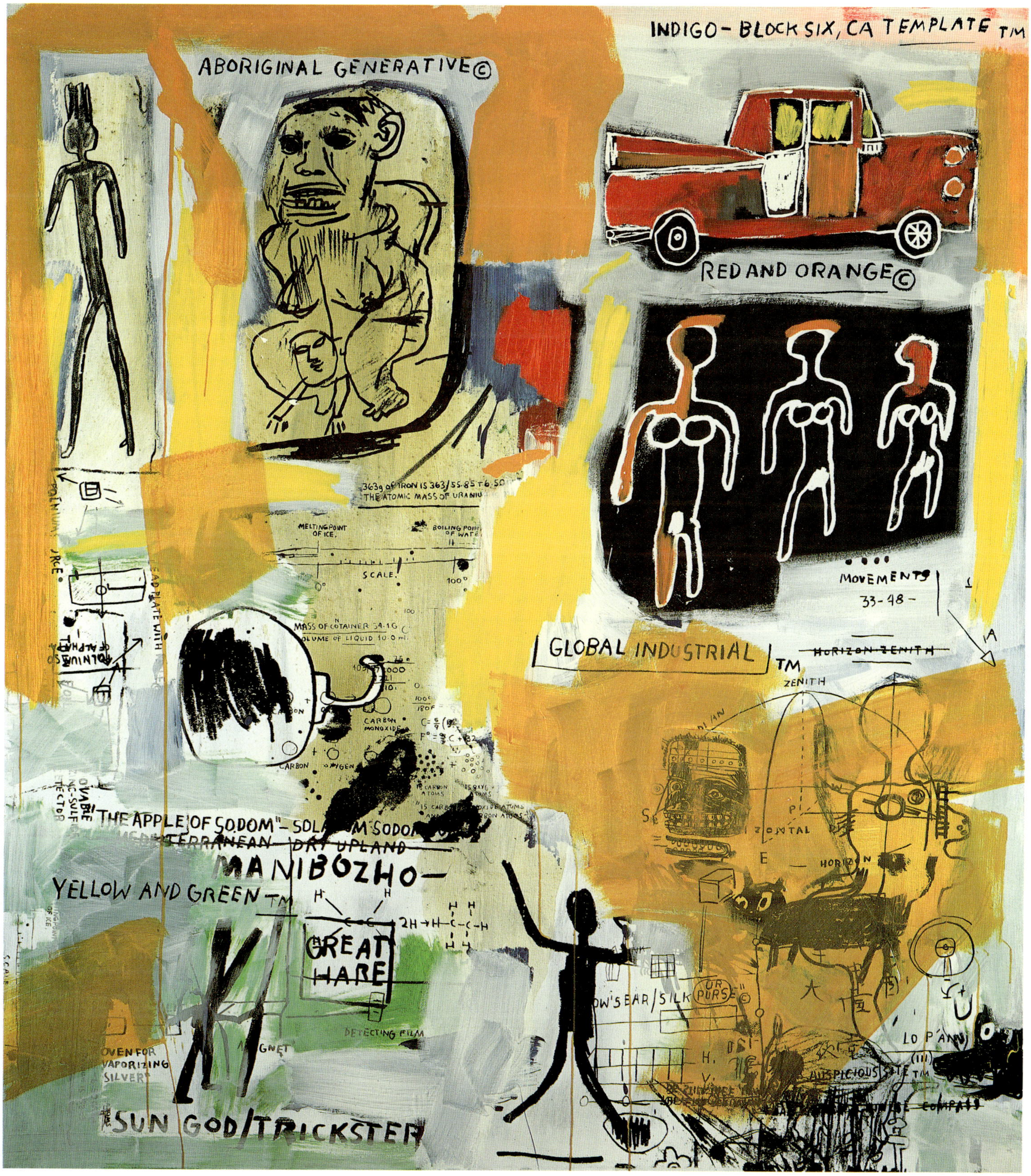

Jean-Michel Basquiat. * New York, 1960. † New York, 1986. Ohne Titel. 1984. Acryl, Siebdruck und Ölkreide auf Leinwand. H 223,5 x B 195,6 cm. Nachlaß des Künstlers.

Bassano Jacopo

Einzug der Tiere in die Arche

Paarweise führen Noah und seine Familie eine Herde von Tieren vor dem Einbruch der Dunkelheit in die Arche. Diese selbst ist kein wichtiger Bildteil, von ihr sieht man nur die Rückseite und den Eingang. Stattdessen hat sich Bassano auf die Parade der schönen Tiere konzentriert. Sie sind so natürlich und lebendig gemalt, daß sie fast von der Leinwand zu springen scheinen. Für dieses Bild muß Bassano zahlreiche Tierstudien gemacht haben: von Hunden, Katzen und sogar von Truthähnen. Als kreativer Zeichner benutzte er helle Kreide, um seine farbenfreudigen Bilder vorzuzeichnen. Seine frühen Arbeiten sind noch von provinzieller Art, doch später gelang ihm eine abgeklärte Synthese aus dem Kolorit venezianischer Meister wie Tintoretto und Veronese und den bewegten Figuren zentralitalienischer Meister wie Salviati. Alle vier Söhne Bassanos traten in die Fußspuren ihres Vaters, doch nur Francesco hatte damit Erfolg.

☛ Hicks, Salviati, Savery, Tintoretto, Veronese

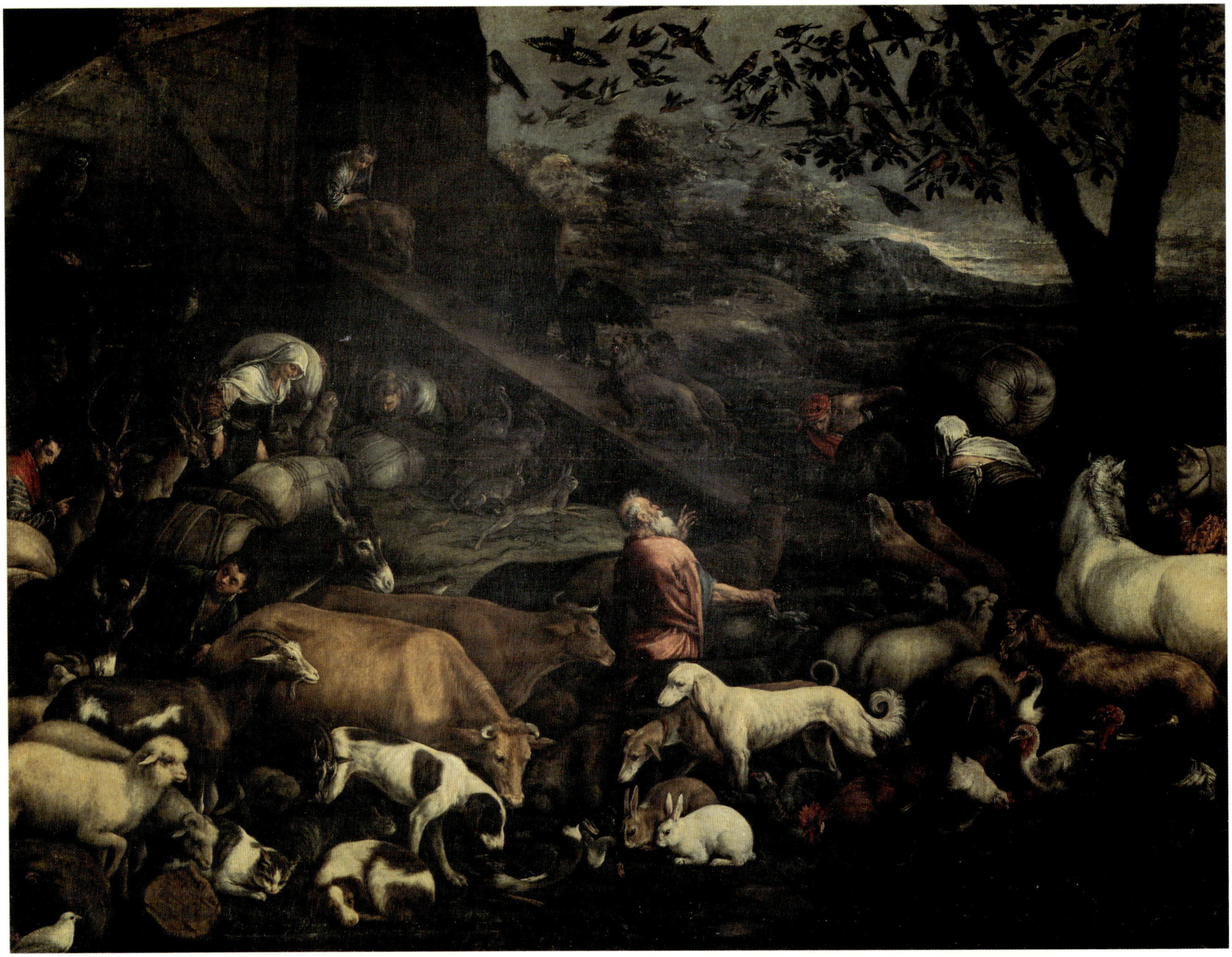

Jacopo Bassano (Jacopo da Ponte). * Bassano, um 1510. † Bassano, 1592. Einzug der Tiere in die Arche. Um 1590. Öl auf Leinwand. H 207 x B 265 cm. Museo del Prado, Madrid.

Batoni Pompeo

Thomas William Coke

Ein kostbarer Seidenanzug, besetzt mit Spitzen und Schleifen und ein Pelzumhang charakterisieren das exklusive Äußere des Porträtierten. Die Venusstatue, die Säulenreihen und der Steinfußboden geben einen Anhaltspunkt dafür, daß die Szene in Rom stattgefunden hat. Coke war ein reicher Gentleman des 18. Jahrhunderts, der seine Ausbildung vervollkommnete, indem er die für seinen Stand traditionelle Grande Tour durch Europa auf sich nahm. Batoni wiederum war ein erfolgreicher Maler im Rom des 18. Jahrhunderts, und viele seiner Aufträge bekam er von angesehenen Ausländern. Er war berühmt für seine glatten Porträts von Päpsten, Königen und Angehörigen des britischen Adels. Letztere betrachteten es als ein Muß, ein Porträt von Batoni von der Grande Tour mit nach Hause zu bringen. Batoni war auch Verwalter der päpstlichen Sammlungen, und sein Haus war ein Zentrum der Debatten über Kunst, Philosophie und Zeitgeschehen.

☛ Dobson, Hilliard, Kneller, Moroni

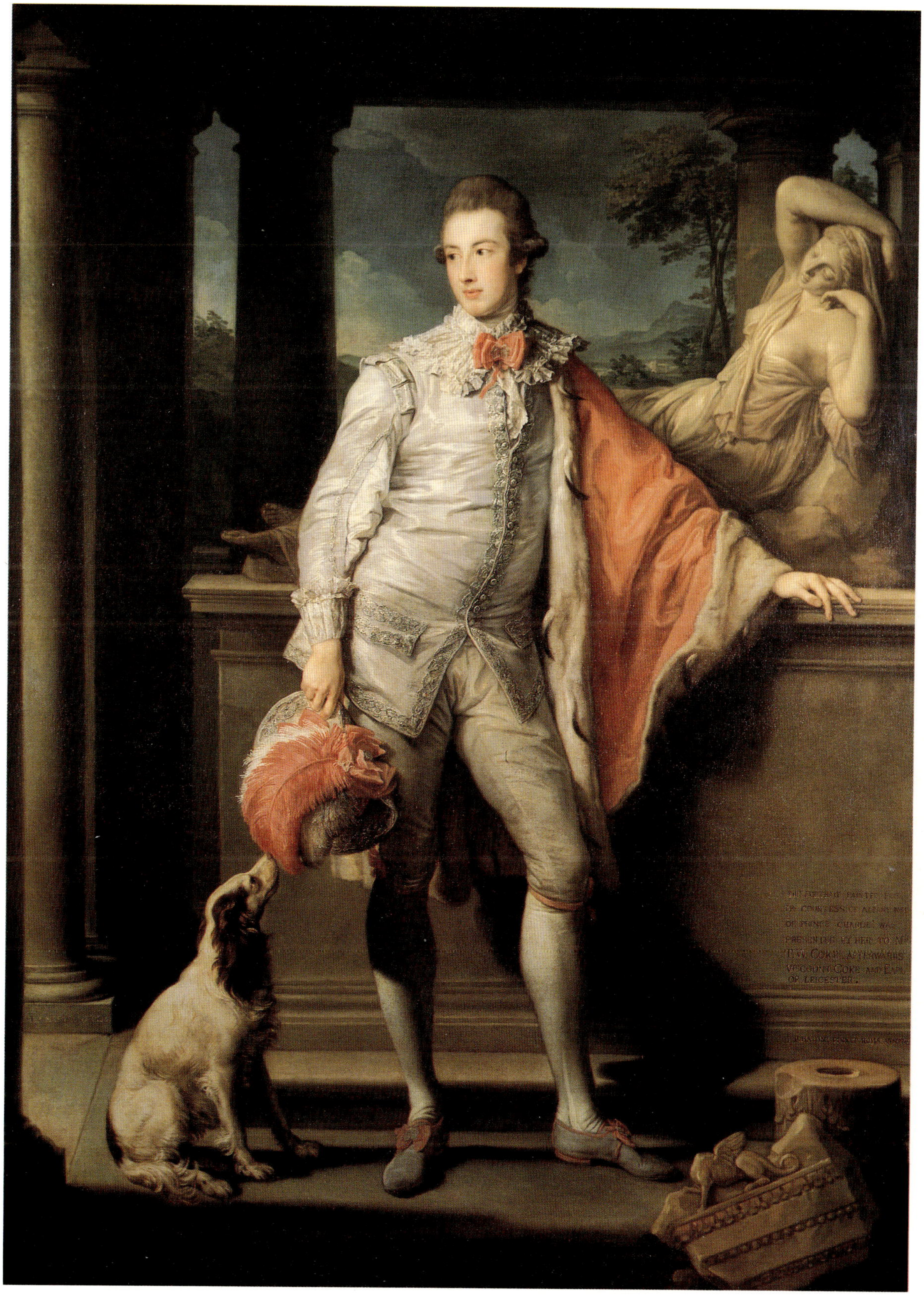

Pompeo Batoni. * Lucca, 1708. † Rom, 1787. Thomas William Coke. 1774. Öl auf Leinwand. H 245,8 x B 170,3 cm. Holkham Hall, Norfolk.

Baumeister Willi

Mortaruru mit oben Rot

Große ovale Farbflecke erscheinen auf der Bildfläche. Ihre Beziehung zueinander – sowohl formal als auch farbig – ist unklar. Sie schaffen ein lockeres Gefühl von Spannung und Unbehaglichkeit. Die kleinen Restflecken sind mit den großen Blöcken durch zarte zerbrechliche Linien verbunden, was den Eindruck von mathematisch beeinflußtem, organischem Wachstum entstehen läßt. Baumeisters frühe Arbeiten waren noch von Léger und anderen beeinflußt. Doch er ging daran, einen individuellen Stil zu entwickeln, der Abstrakter Surrealismus genannt wurde. Er beschäftigte sich intensiv mit Kunstphilosophie, da er glaubte, daß frei erfundene Formen tief im Unterbewußtsein liegende Wurzeln des Menschen aufzeigen könnten. Diese Vorstellung hatte er 1947 in dem Buch »Das Unbekannte in der Kunst« dargelegt. Seine Bilder sind nicht vollständig gegenstandslos, aber verstehen sich als Darstellungen von anderen Realitäten.

☛ Arp, Dalí, Heron, Léger, Matisse, Miró

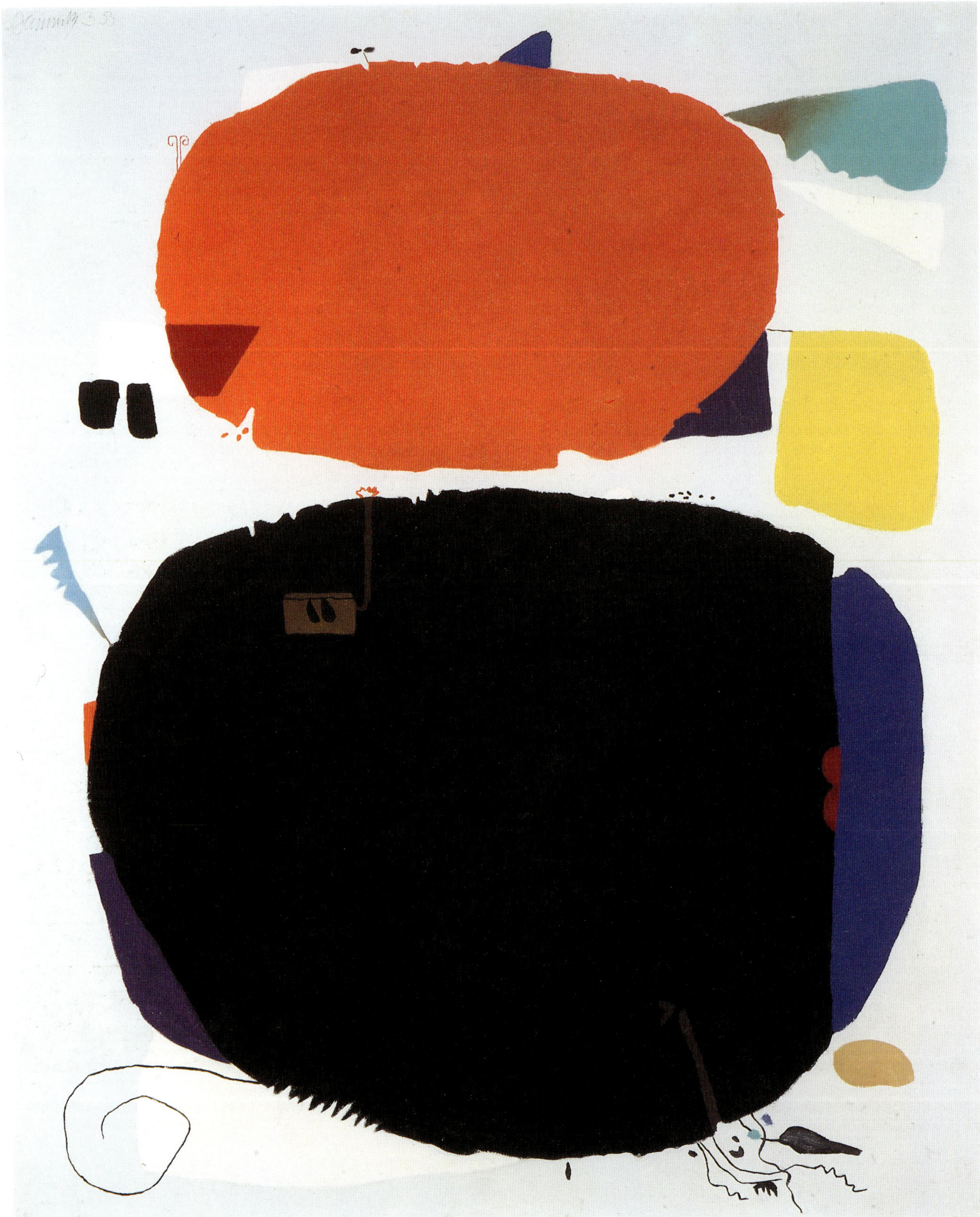

Willi Baumeister. * Stuttgart, 1889. † Stuttgart, 1955. Mortaruru mit oben Rot. 1953. Öl auf Holz. H 100 x B 81 cm. Privatsammlung.

Bazille Frédéric

Das Atelier des Künstlers in der Rue de la Condamine

Der Betrachter wird ins Atelier gebeten, wo Bazille seinen Künstlerfreunden Manet und Monet zwei Bilder zeigt. Links von dieser Gruppe stehen Renoir und Zola in ein tiefes Gespräch verwickelt. Es ist ein faszinierender Blick in die private Welt des Künstlers und seiner Freunde. Das Bild zeigt Bazilles kühne Modellierung der Figuren und seinen flachen Farbauftrag. Obwohl er vier Jahre vor der ersten Impressionistenausstellung starb, war er doch mit den Künstlern dieser Bewegung eng verbunden. Zusammen mit Renoir, Sisley und Pissarro formte er den eigentlichen Kern der Impressionisten. Da er nur 29jährig im deutsch-französischen Krieg fiel, ist die Zahl seiner Bilder relativ gering. Sein Tod erfolgte kurz nachdem dieses Bild von der französischen Akademie der schönen Künste, besser als Salon bekannt, abgelehnt worden war.

☛ Manet, Monet, Pissarro, Renoir, Sisley, Teniers

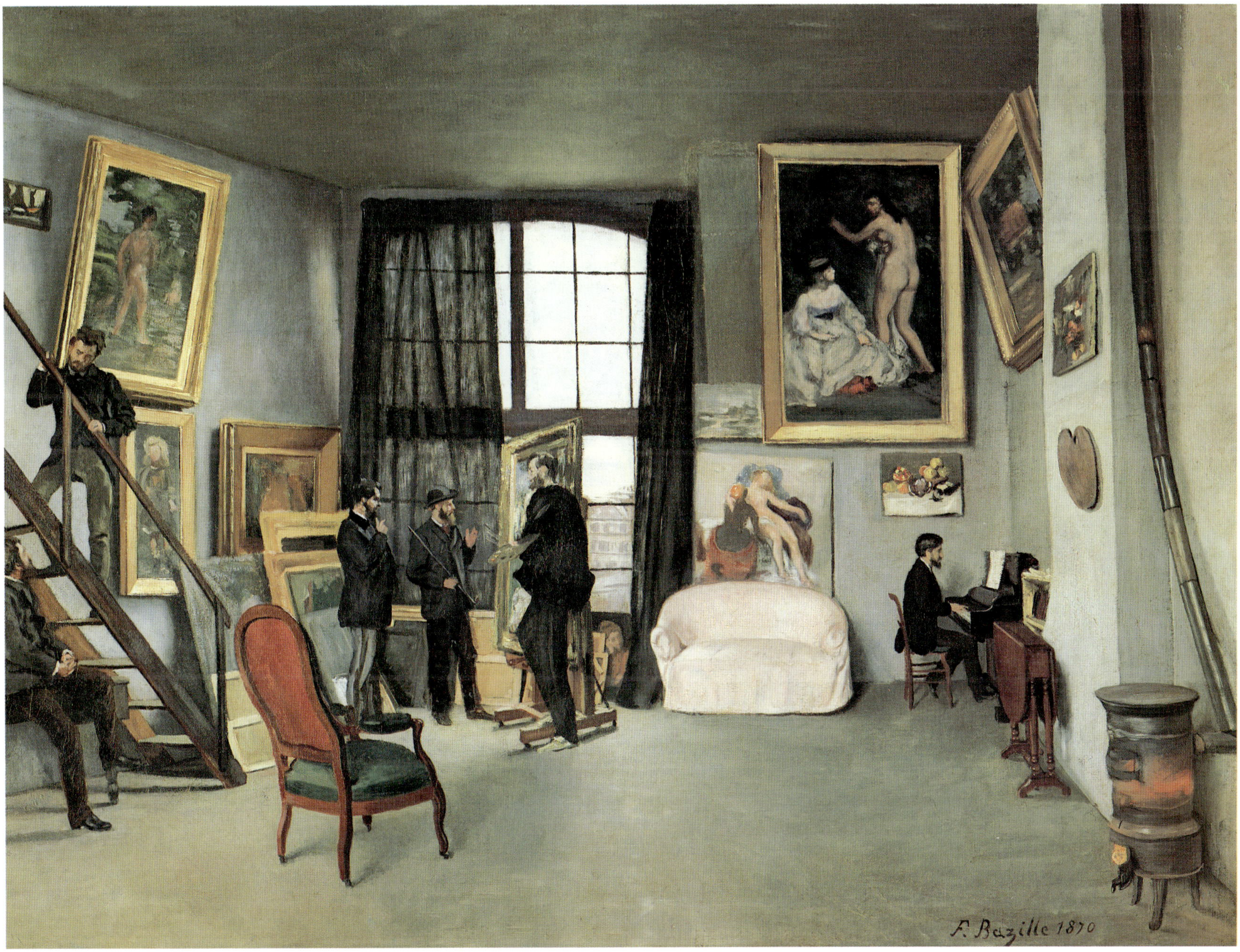

Frédéric Bazille. * Montpellier, 1841. † Beaune-la-Rolande, 1870. Das Atelier des Künstlers in der Rue de la Condamine. 1870. Öl auf Leinwand. H 97 x B 112 cm. Musée d'Orsay, Paris.

Beauneveu André

Hl. Philipp

Der hl. Philipp sitzt auf einem kostbaren gotischen Thron. Besondere Aufmerksamkeit hat der Künstler dem bärtigen Gesicht und dem Aufsetzen der Falten des Kleides gewidmet. Der Thron selbst fluchtet zurück in den Hintergrund im Streben nach realistischer Tiefe, doch der Heilige scheint linkisch auf seinem Stuhl unverankert und ohne Schwerkraft zu schwimmen. Das Bild stammt aus einem Psalter, der für Johann, den Herzog von Berry, gefertigt wurde. Der Herzog war ein großer Mäzen, der sich selbst seiner großen Sammlung von Manuskripten wegen rühmte. Diese umfaßte auch das wunderschöne Stundenbuch der Très Riches Heures du Duc de Berry von den Limburg Brüdern. Psalter wurden in kleinem Format hergestellt, um leichter transportiert werden zu können. Als Beauneveu an diesem Kleinod arbeitete, erlebte die Buchillustration in Frankreich gerade eine Renaissance.

☛ Antonello, Van Eyck, Fouquet, Limburg

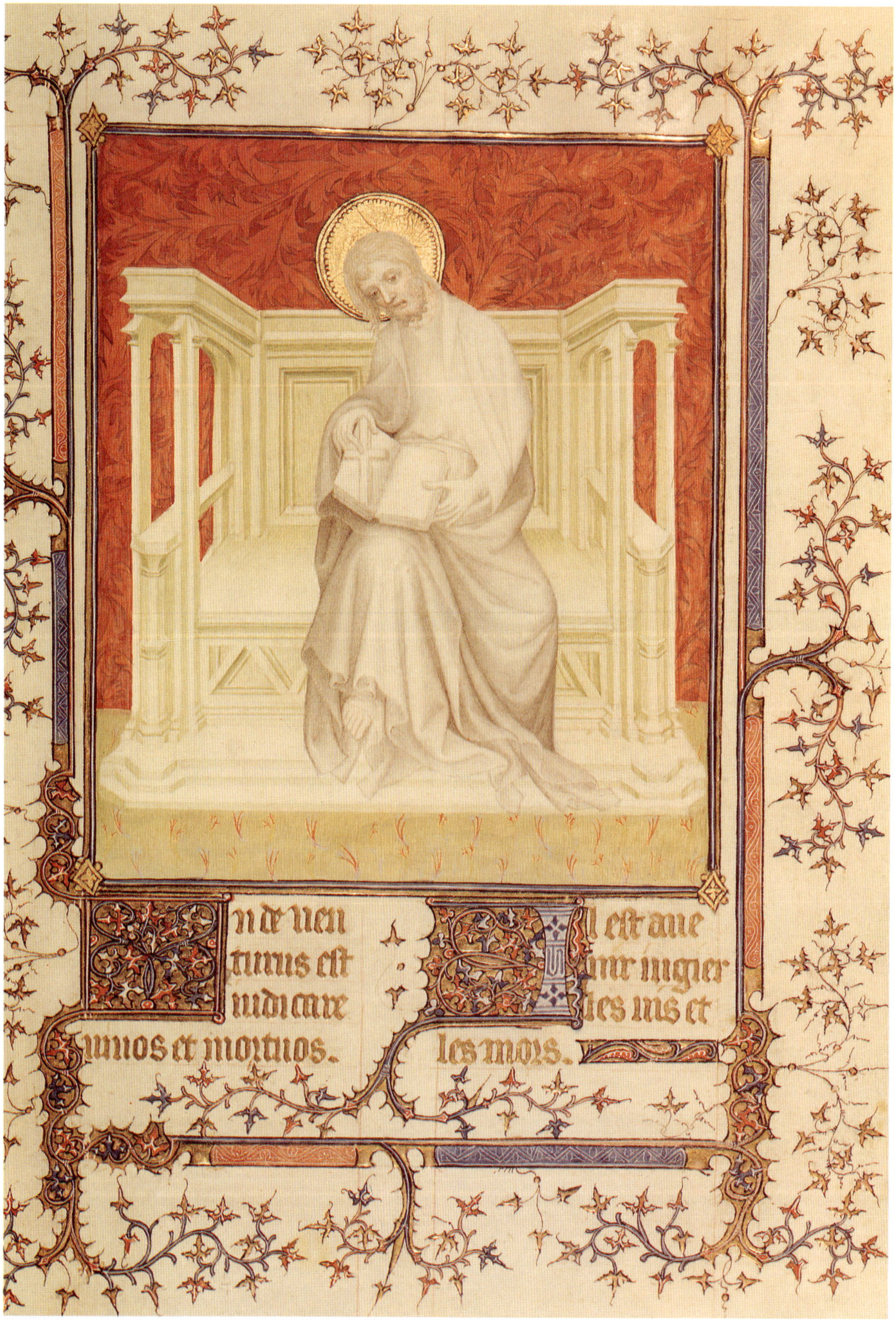

André Beauneveu. Tätig in Valenciennes ab 1361. † Valenciennes um 1402. Hl. Philipp. Um 1380/85. Malerei auf Kalbspergament. H 12,7 x B 10 cm. Bibliothèque Nationale, Paris.

Beccafumi Domenico

Tanaquil, die Frau von Lucomo

Das Aussehen von Kleid und Haarstil des Modells deutet darauf hin, daß es sich um eine Dame des alten Roms handelt. Sie weist auf eine Tafel, die sie als Tanaquil identifiziert, die ihren Gatten überredet hatte, nach Rom zu gehen, wo er von 616 bis 578 v. Chr. als König Tarquinius Priscius regierte. In der Renaissance wurde Tanaquil hoch verehrt wegen ihrer Tapferkeit und Beharrlichkeit und war somit eine bemerkenswerte historische Persönlichkeit. Die weichen Farben und gelängten Formen zeigen eine elegante Tanaquil. Diese Elemente wurden bald zu einem Kennzeichen des Manierismus. Beccafumi ist bekannt für seine Fresken in Siena, in denen es ihm gelang, seine Formvorstellungen mit dem freundlichen und dekorativen Kolorit der Maler Sienas zu vereinen. Besonders berühmt wurde er durch den Entwurf eines Marmorfußbodens im Dom von Siena, der Szenen aus dem Alten und Neuen Testament vorstellt.

☛ Cranach, Goya, Parmigianino, Pontormo, Rosso Fiorentino

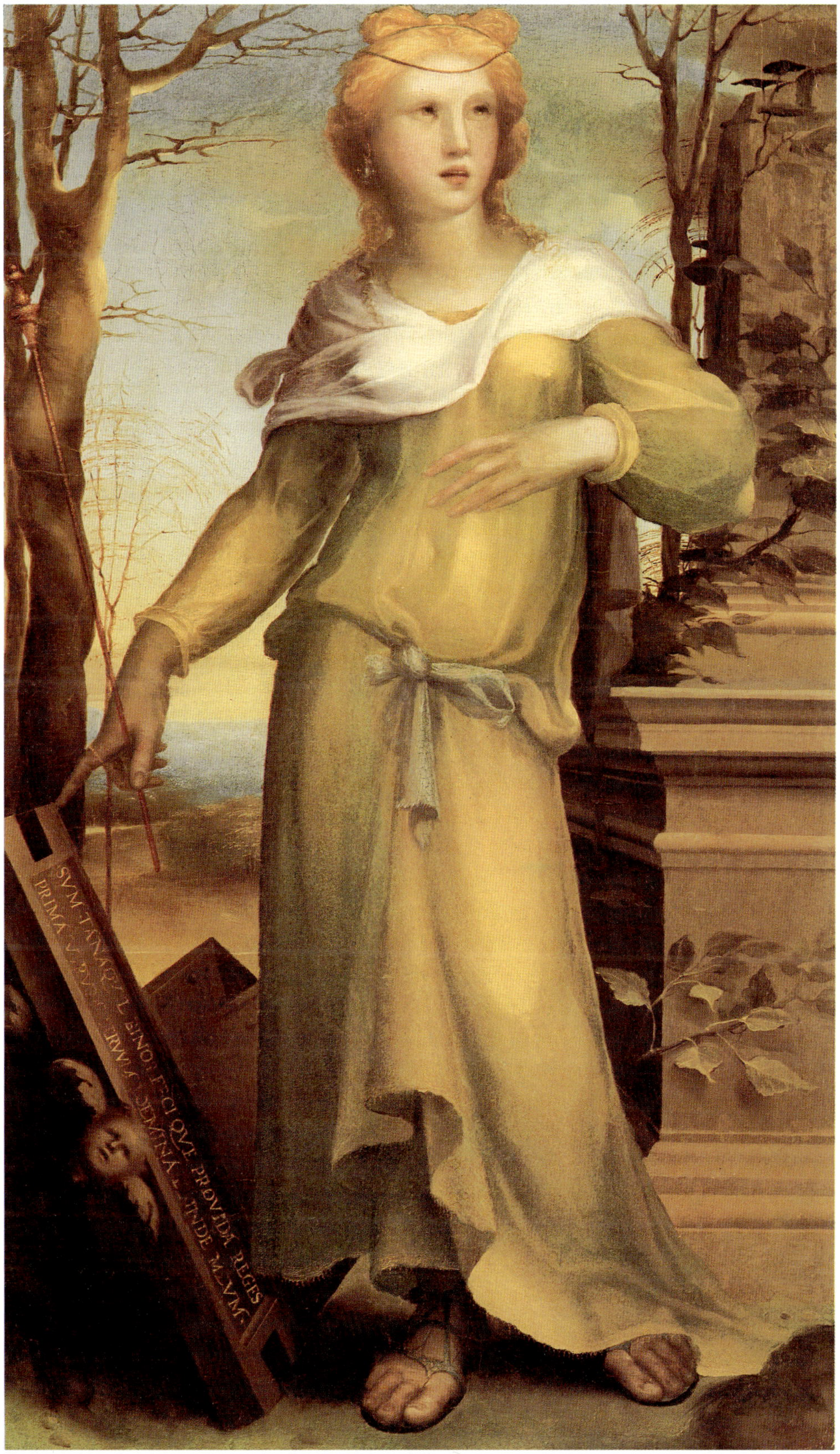

Domenico Beccafumi. * Valdibiena, um 1486. † Siena, 1551. Tanaquil, die Frau von Lucomo. Um 1520. Öl auf Holz. H 92 x B 53 cm. National Gallery, London.

Beckmann Max

Abreise

Kontrastreich werden Schrecken und Brutalität einerseits und Heiterkeit und Friede andererseits auf diesem Triptychon nebeneinander gestellt. Die Außentafeln malen ein erdrückendes Bild von Qualen und Entwürdigung, während das Mittelstück vergeistigte Figuren in einem blauen, unendlichen Meer vor Augen führt. Das vorliegende Werk gilt als das machtvollste in einer Serie von neun Triptychen. Es spiegelt die politischen Turbulenzen im Deutschland der frühen 30er Jahre wieder, als der Aufstieg Hitlers in einer diktatorisch einschränkenden Atmosphäre die Zukunft einer freien Kunst in Frage stellte. Obwohl die Bilder die Gefühle des Künstlers hervorheben und als Beispiel des Expressionismus gelten können, hat sich Beckmann keiner der bekannten Gruppen angeschlossen. Politische Verfolgung trieb ihn 1938 nach Amsterdam. Seine letzten drei Jahre verbrachte er in Amerika, wo er viel zur Anerkennung der deutschen Nachkriegskunst beitrug.

☛ Bosch, Ensor, Heckel, Kokoschka, Orozco, Siqueiros

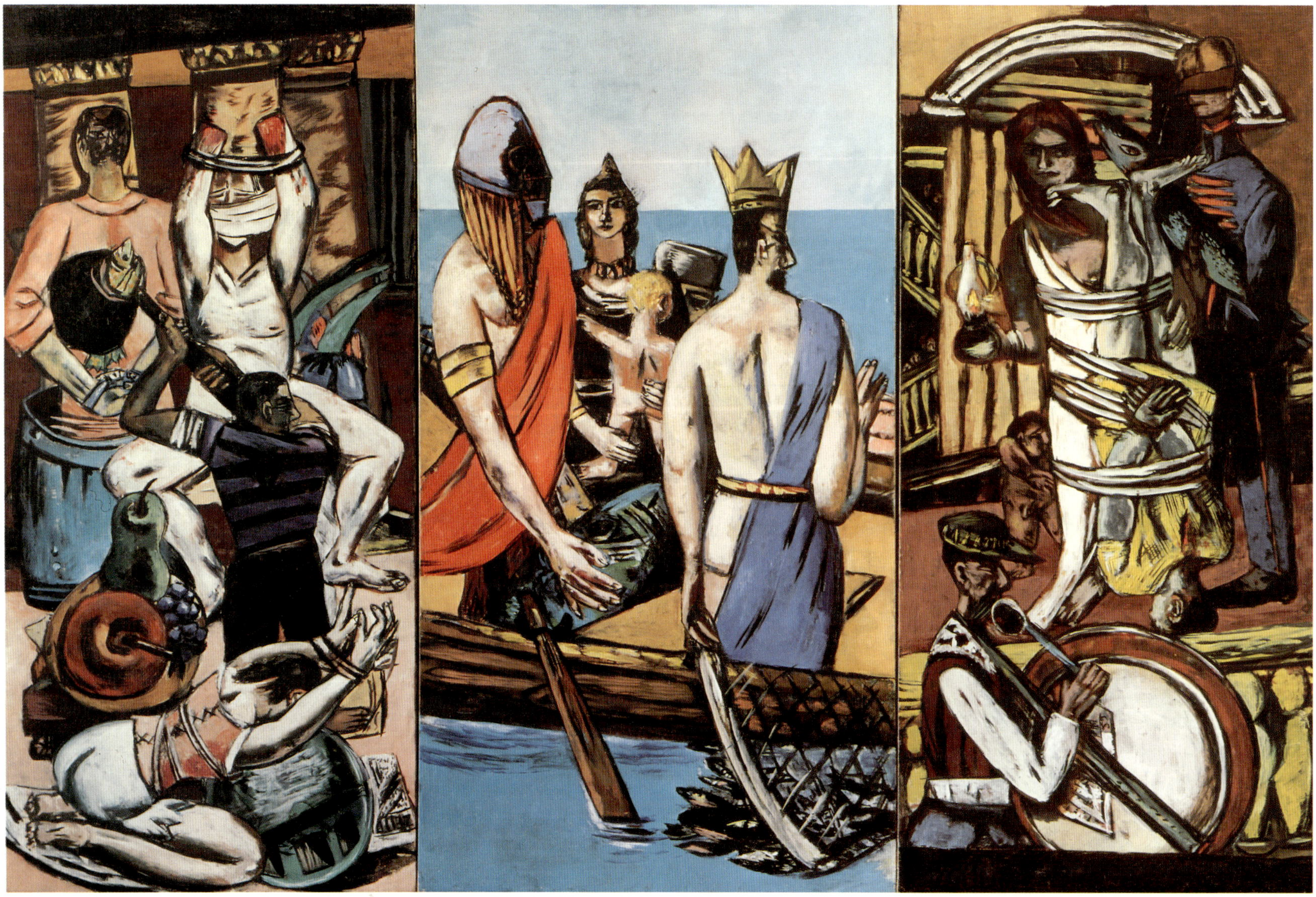

Max Beckmann. * Leipzig, 1884. † New York, 1950. Abreise. 1932-35. Öl auf Leinwand. H 215,5 x B 314 cm. Museum of Modern Art, New York.

Bellini Gentile

Das Wunder des Wahren Kreuzes bei der San Lorenzo-Brücke

Die Venezianer waren stolz auf ihre Stadt, und es war üblich, daß Kunstwerke in Auftrag gegeben wurden, um besondere Ereignisse darzustellen. Das hier gezeigte Wunder lieferte dem Künstler den Vorwand, gleichzeitig venezianisches Alltagsleben und sein eigenes Können vorzuführen. Gondolieri, Mönche, Damen und Herren der Gesellschaft, Paläste und Kanal sind alle ein Teil der wunderschönen Stadt, in der Gentile lebte und arbeitete. Die Darstellung ist voll von köstlichen Einzelheiten: Ob der Schmuck der Damen oder die Ziegel der Kamine, alles ist mit gleicher Bravour gemalt. Außerdem hat Gentile die ganze Szenerie in ein weiches Licht getaucht, das die Einzelfiguren aus der Menge heraushebt und die Gebäude günstig erscheinen läßt. Gentile stammt aus einer bedeutenden venezianischen Malerfamilie, zu der sein Vater Jacopo und sein jüngerer Bruder Giovanni gehörten. 1479 reiste er nach Istanbul, wo er für Sultan Mohammet II. arbeitete.

☛ Giovanni Bellini, Bellotto, Canaletto, Guardi, Hiroshige

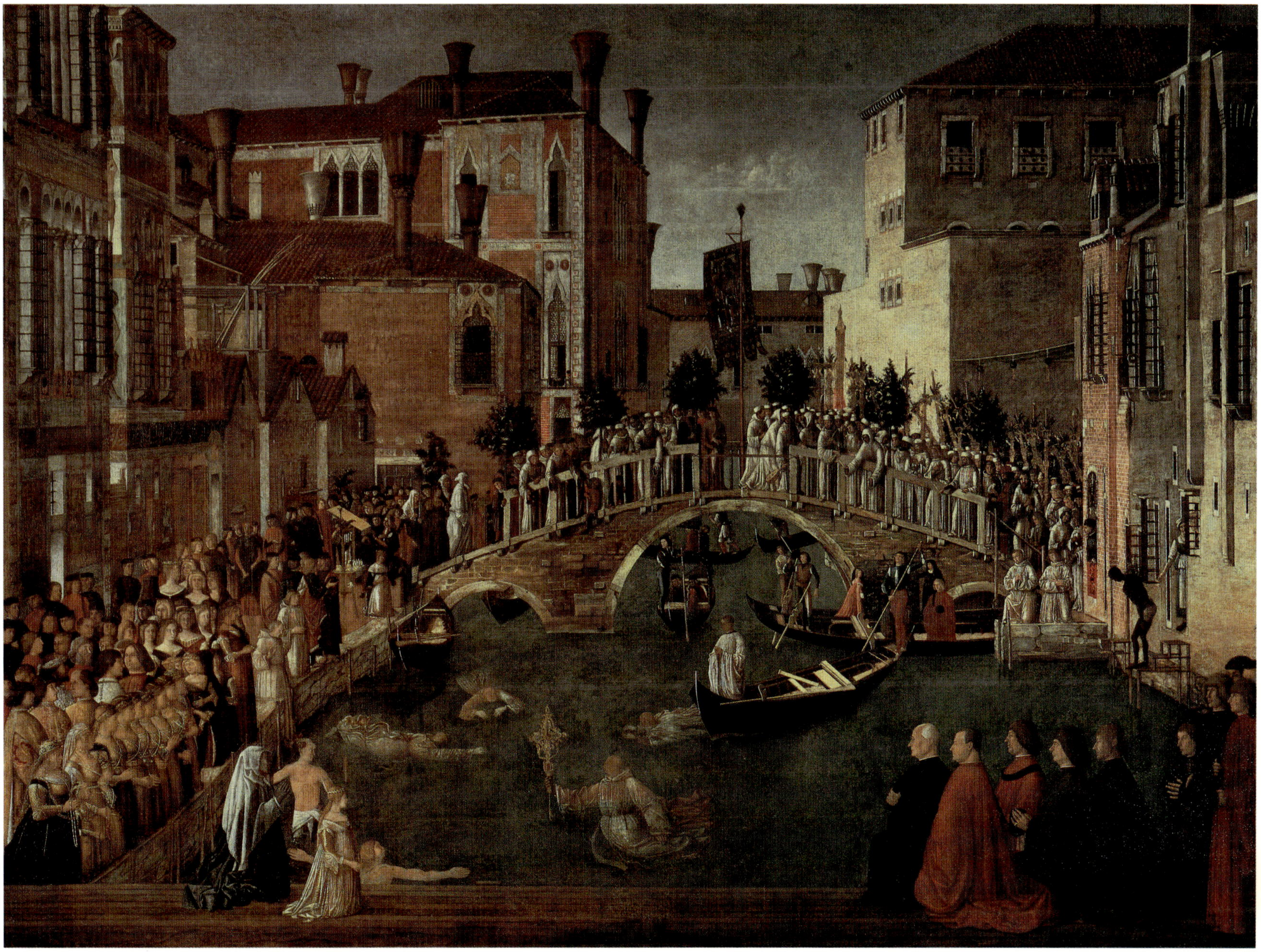

Gentile Bellini. * Venedig, 1429. † Venedig, 1507. Das Wunder des Wahren Kreuzes bei der San Lorenzo-Brücke. 1500. Öl auf Leinwand. H 323 x B 430 cm. Galleria dell' Accademia, Venedig.

Bellini Giovanni

Morgentoilette

Mit dem idealisierten Gesicht und der Landschaft im Hintergrund erinnert dieses Bild an einige von Bellinis Mariendarstellungen. Sicher wollte Giovanni hier keinen Gegenstand religiöser Verehrung vorstellen, denn dieser Akt konfrontiert uns mit einem weltlichen Ideal weiblicher Schönheit. Giovanni war das berühmteste Mitglied der Bellinidynastie und trug viel zur Verbreitung der neuen Technik der Ölmalerei bei. Zunächst stark von seinem Schwager Mantegna beeinflußt, machte sich Giovanni selbst um die Entstehung des Renaissancezentrums Venedig verdient. Mantegnas Bilder sind von Schärfe und Präzision getragen, die von Giovanni sind romantischer und fantasievoller. Zu den Schülern seiner Werkstatt gehörten Tizian und Giorgione. Wie damals üblich signierte der Meister auch Werkstattarbeiten persönlich. Heute gelten seine eigenhändigen Arbeiten als ranghöher.

☛ Gentile Bellini, Giorgione, Ingres, Mantegna, Tizian

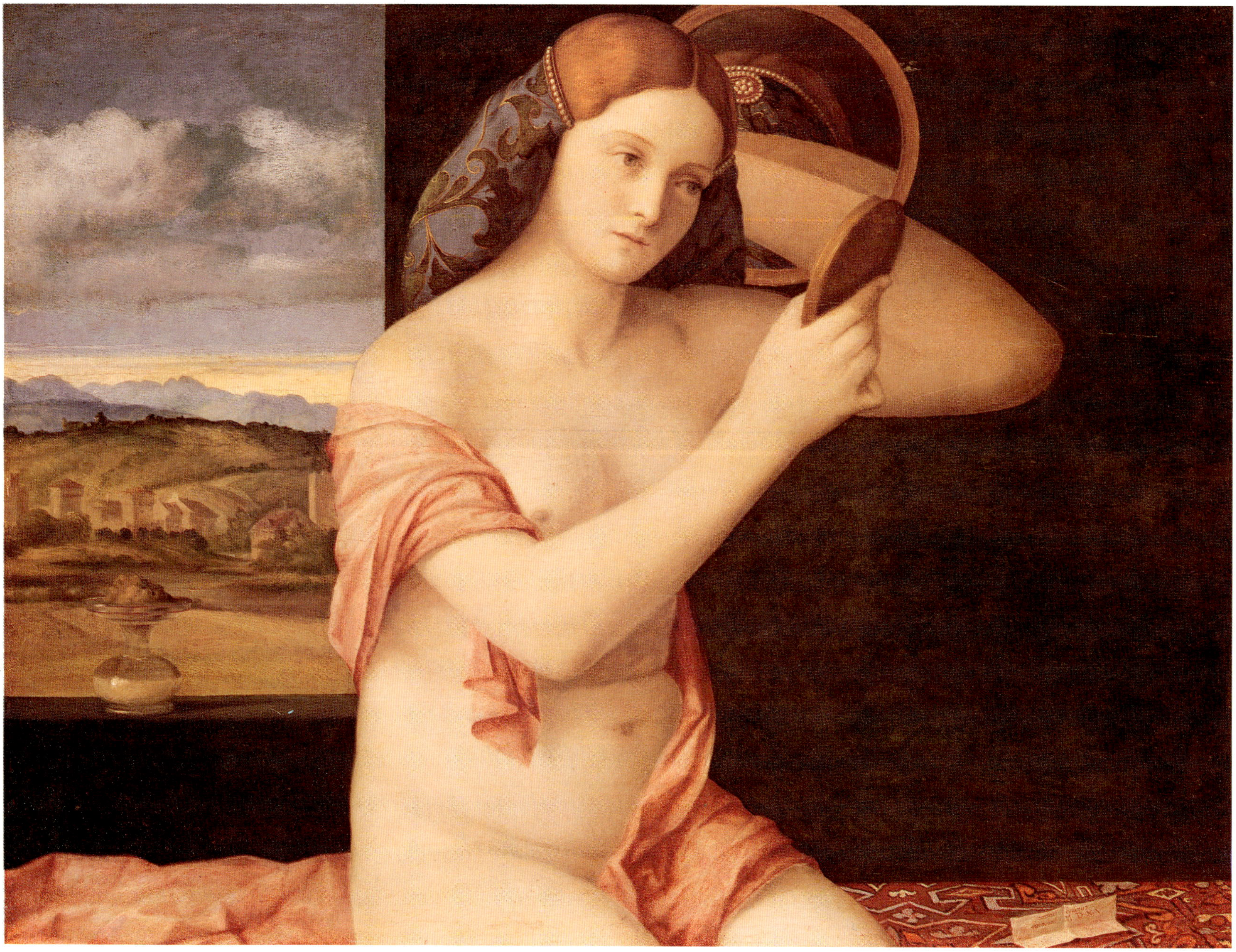

Giovanni Bellini. * Venedig, um 1434. † Venedig, 1516. Morgentoilette. 1515. Öl auf Holz. H 62 x B 79 cm. Kunsthistorisches Museum, Wien.

Bellmer Hans

Sich drehende Spitze

Ein sich drehendes weibliches Skelett rotiert auf einer Spitze, die es selbst in seiner knochigen Hand hält. Diese eigenartige Darstellung symbolisiert weibliches Verdrehen von Männerherzen, so wie sich dieses Symbol der Weiblichkeit in Mißachtung der Anziehungskraft dreht. Es enstand für eine nie realisierte Plastik zwischen 1936 und 1939. Mehrfach überarbeitet wurde das Bild erst signiert, als Bellmer 1956 einen Käufer gefunden hatte. Nach seiner Umsiedlung nach Paris 1938 schloß er sich den Surrealisten an. Das Bild gibt einige der Hauptanliegen dieser Bewegung wieder. Seine entstellte phantasmagorische Bilderwelt scheint direkt aus dem Unbewußten zu strömen. Bellmers zentrales Thema ist der weibliche Körper, oft in manisch-erotischer Besessenheit behandelt. Besonders bekannt ist er für seine beunruhigenden fetischistischen »Puppen«, eine Serie von bedeutungsvollen Mannequins, und für seine technisch brillanten Graphiken.

☛ Brauner, Dalí, Delvaux, Ernst, Matta, Tanguy

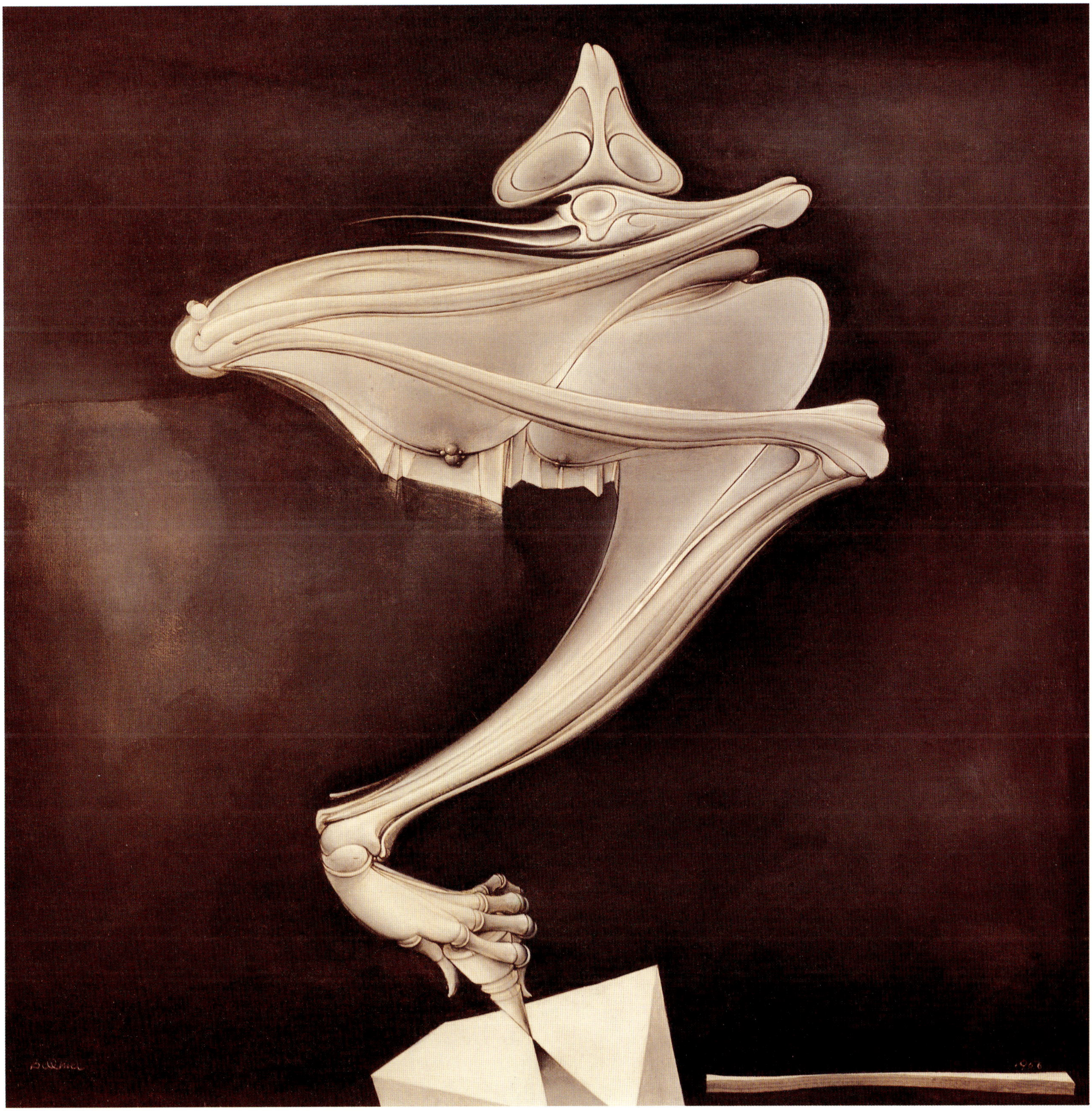

Hans Bellmer. * Kattowitz, 1902. † Paris, 1975. Sich drehende Spitze. Um 1937-56. H 65 x B 65 cm. Tate Gallery, London.

Bellotto Bernardo

Ansicht des Ponte delle Navi, Verona

Mit fotografischer Genauigkeit hat der Künstler den krustigen Putz und das Ziegelwerk der Häuser sowie das helle Licht auf der Silhouette der Stadt wiedergegeben. Bellotto war Neffe und Schüler von Canaletto und zeitweise dessen Werkstattgehilfe. Bellottos Stil ähnelt dem seines Onkels; und da er gelegentlich selbst mit Canaletto signierte, schuf er damit einige Verwirrung. Insgesamt sind seine Arbeiten kühler und frischer; dazu kommt ein größeres Interesse an Wolken, Schatten und Laubwerk. Auf seinen Bildern tummeln sich mehr Menschen als bei Canaletto, wie auch auf diesem Bild mit seinen schlendernden Paaren, herumtollenden Kindern usw. ersichtlich. 1746 verließ Bellotto Venedig und besuchte andere Städte: München, Dresden, Warschau. Die Veduten Warschaus gab er so genau wieder, daß sie nach 1945 beim Wiederaufbau herangezogen wurden.

☛ Gentile Bellini, Bonington, Canaletto, Guardi, Pannini

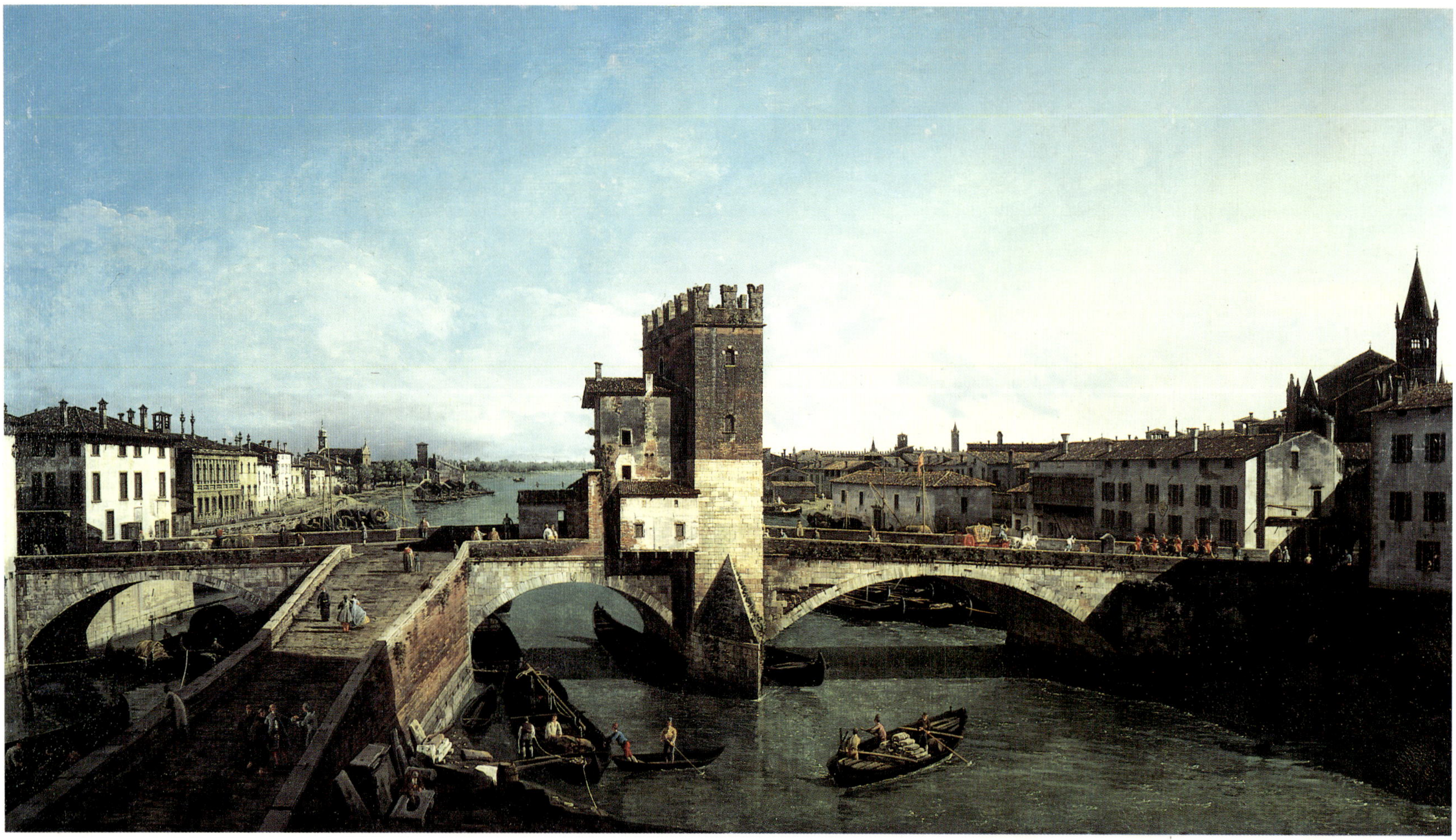

Bernardo Bellotto. * Venedig, 1720. † Warschau, 1780. Ansicht des Ponte delle Navi, Verona. Um 1745. Öl auf Leinwand. H 132 x B 233,7 cm. Privatsammlung. Leihgabe an die National Gallery of Scotland, Edinburgh.

Bellows George Wesley

Zweiundvierzig Kinder

Rechts der Anlegestelle ist ein Kind mitten im Kopfsprung festgehalten. Alle Kinder sind wie in einer Momentaufnahme erfaßt. Der Künstler malte mit schnellen Pinselstrichen, um den so vereinfachten Körpern den Eindruck von Bewegungsfluß zu verleihen. Bellows wandte sich von den Formvorstellungen seiner Vorgänger ab, von deren gestellten Porträts und idealisierten Landschaften. Er wollte das wirkliche Leben einfangen, so wie er es täglich sah. Beeinflußt und bestätigt wurde er durch die Gruppe »Die Acht«, die glaubte, Kunst müsse die Wirklichkeit wiedergeben, besonders die steinige Wirklichkeit der Stadt. Bellows malte viele solcher Stadtszenen voller Leben. Neben Landschaften und Porträts experimentierte er später mit verschiedenen Themen und Techniken. Bellows verkörperte den amerikanischen Sinn für Begeisterung und Tatendrang sowohl im Leben wie auch in seiner Malerei.

☛ Eakins, Hopper, Vuillard, Wyeth

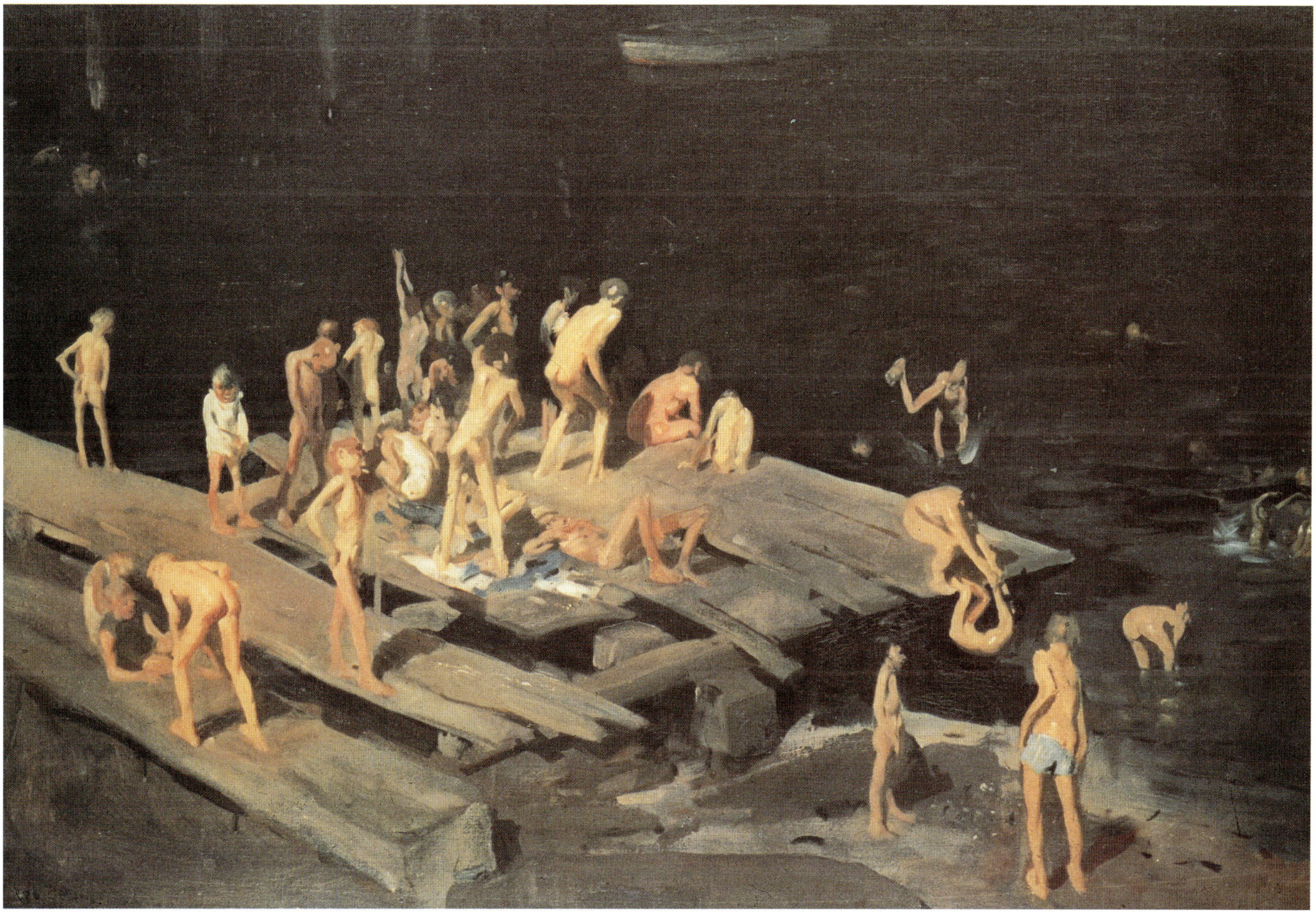

George Wesley Bellows. * Columbus, 1882. † New York, 1925. Zweiundvierzig Kinder, 1907. Öl auf Leinwand. H 107,6 x B 153 cm. Corcoran Gallery of Art, Washington.

Bernini Gian-Lorenzo

Die Vision der hl. Theresa

In einer ihrer Visionen sah die hl. Theresa von Avila einen Engel, der ihr einen goldenen Speer ins Herz stieß. Ohnmächtig in totaler Selbstaufgabe – symbolisch für ihre Liebe zu Gott – drückt sie allen sichtbar die Tiefe ihrer metaphysischen Erfahrung aus. Diese Marmorgruppe liefert ein perfektes Beispiel für barocke Geistigkeit: Dramatik, Gefühl und Bewegung.

Bernini war der herausragende Künstler des italienischen Barock. Virtuosität und höchste Feinheit im Vollenden seiner Bildwerke erinnern an Michelangelo und antike Meister, obwohl durchaus auch Zeitgenössisches mitschwingt. Als voll ausgebildeter Architekt und Bildhauer erwarb sich Bernini in Roms »goldenem Zeitalter« eine Art Monopol für päpstliche Aufträge. Kein anderer Künstler hat Rom so unauslöschlich seine Handschrift aufgeprägt wie Bernini, z. B. in der Gestaltung des Petersplatzes.

☛ Caravaggio, Carracci, Michelangelo, Pietro da Cortona, Reni

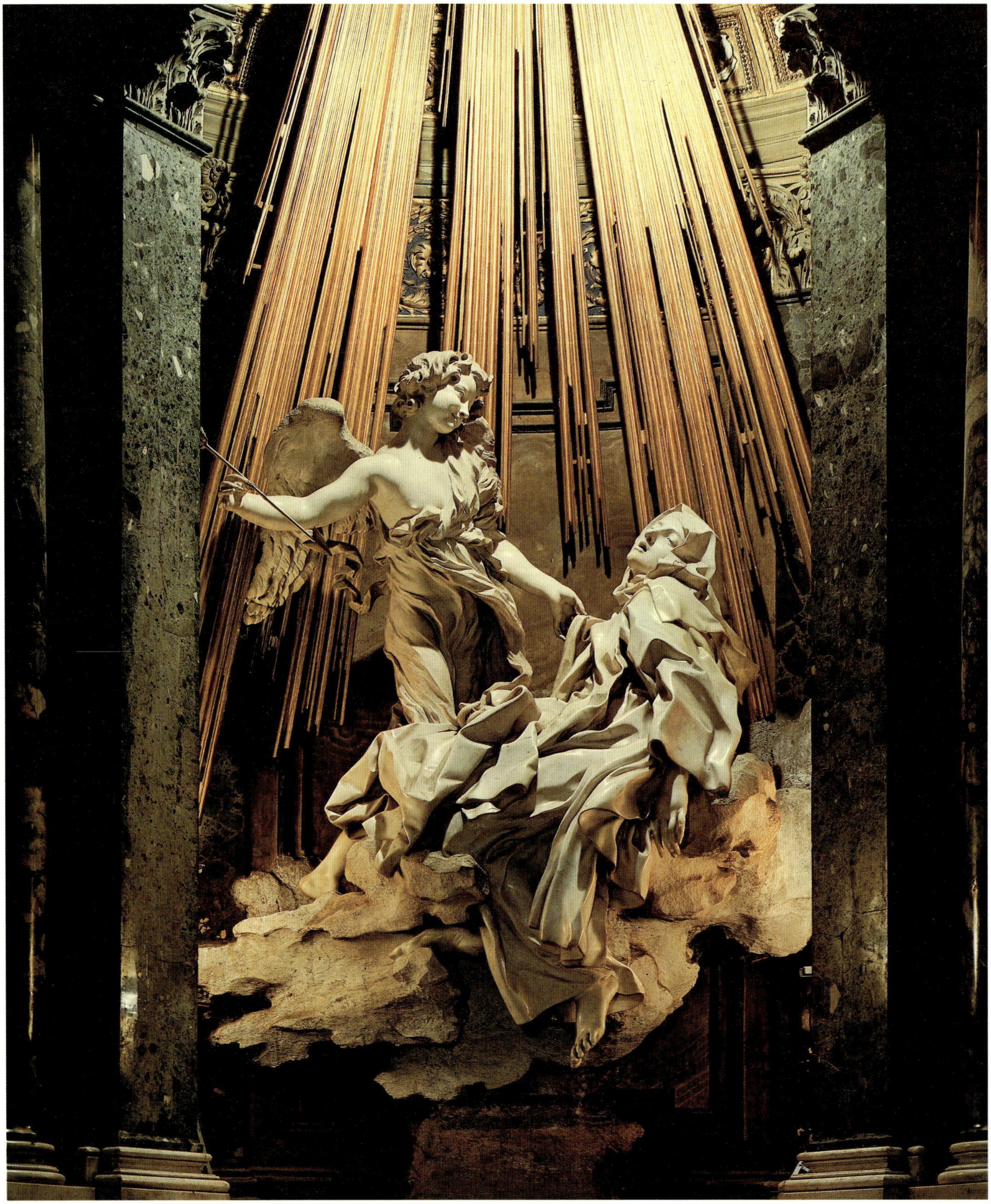

Gian-Lorenzo Bernini. * Neapel, 1598. † Rom, 1680. Die Vision der hl. Theresa. 1646-52. Marmor. H 350 cm. Santa Maria della Vittoria, Rom.

Beuys Joseph

Filzanzug

Dieser genähte Filzanzug drückt die Vorstellung menschlicher Körperwärme aus. Er steht für ein Gefühl von Sicherheit und Schutz, da Filz ein isolierendes und lebenserhaltendes Gewebe ist. Beuys arbeitete zeitweise mit Fluxus, einer Gruppe, die anarchistische Veranstaltungen und Happenings organisierte, zusammen. Der vorliegende Filzanzug ist die Kopie eines anderen, den er 1971 bei einer Antivietnamveranstaltung getragen hatte. Für Beuys war Kunst ein Hilfsmedium für sozialen und politischen Wandel. Er leugnete auch nicht ihre geistige Dimension und glaubte, daß Alltagsmaterialien wie Filz oder Fett mit einer starken Heilkraft ausgestattet werden könnten. Ein Künstler sei wie ein Schamane, der Wirkkräfte aus Gegenständen umlenken und ihnen neue Bedeutung geben könne. Beuys genießt inzwischen Kultstatus, und viele seiner Arbeiten, auch dieser Anzug, wurden in großen Auflagen reproduziert.

☛ Broodthaers, Duchamp, Oldenburg, Schwitters

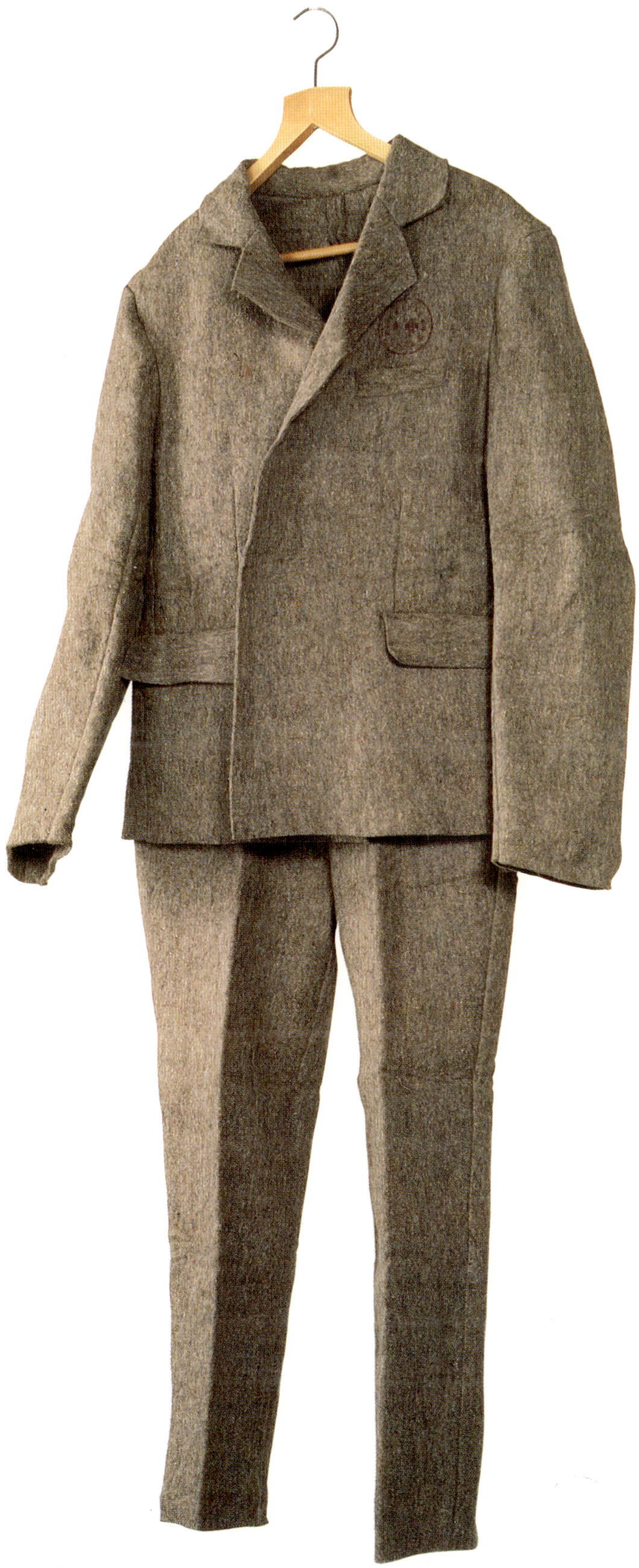

Joseph Beuys. * Krefeld, 1921. † Düsseldorf, 1986. Filzanzug. 1970. Genähter Filz. H 170 x B 100 cm. Privatsammlung.

Bierstadt Albert

Die Rocky Mountains

Während des frühen 19. Jahrhunderts wurde die Liebe der Amerikaner zu ihrem Land entfacht durch die mächtigen Wälder und die ewig weiten Räume, zeitgleich mit der rasch fortschreitenden Industrialisierung des neuen Kontinents. Die Bedrohung durch Eisenbahn- und Maschinenzeitalter trat ins Blickfeld, und die Naturschönheiten sollten geschützt werden.

Bierstadt war Meister in der Herstellung romantischer Ansichten der amerikanischen Wildnis. Seine meist großformatigen Bilder sind voller Detailfreude. Sie vermitteln die Natur entrückt und unantastbar, von dem fernen Glanz der Rocky Mountains bis zur Großartigkeit des Yosemite-Tales. Der deutschstämmige Bierstadt kam bereits als Kind nach Amerika. Er vertrat die letzten Kräfte der Romantik vor dem Siegeszug der Eisenbahn. Der notwendige Glaube an eine heile Neue Welt blieb lange lebendig, wenn auch nur in Gedanken.

☛ Church, Cole, Cozens, Daubigny, Hobbema, T. Rousseau

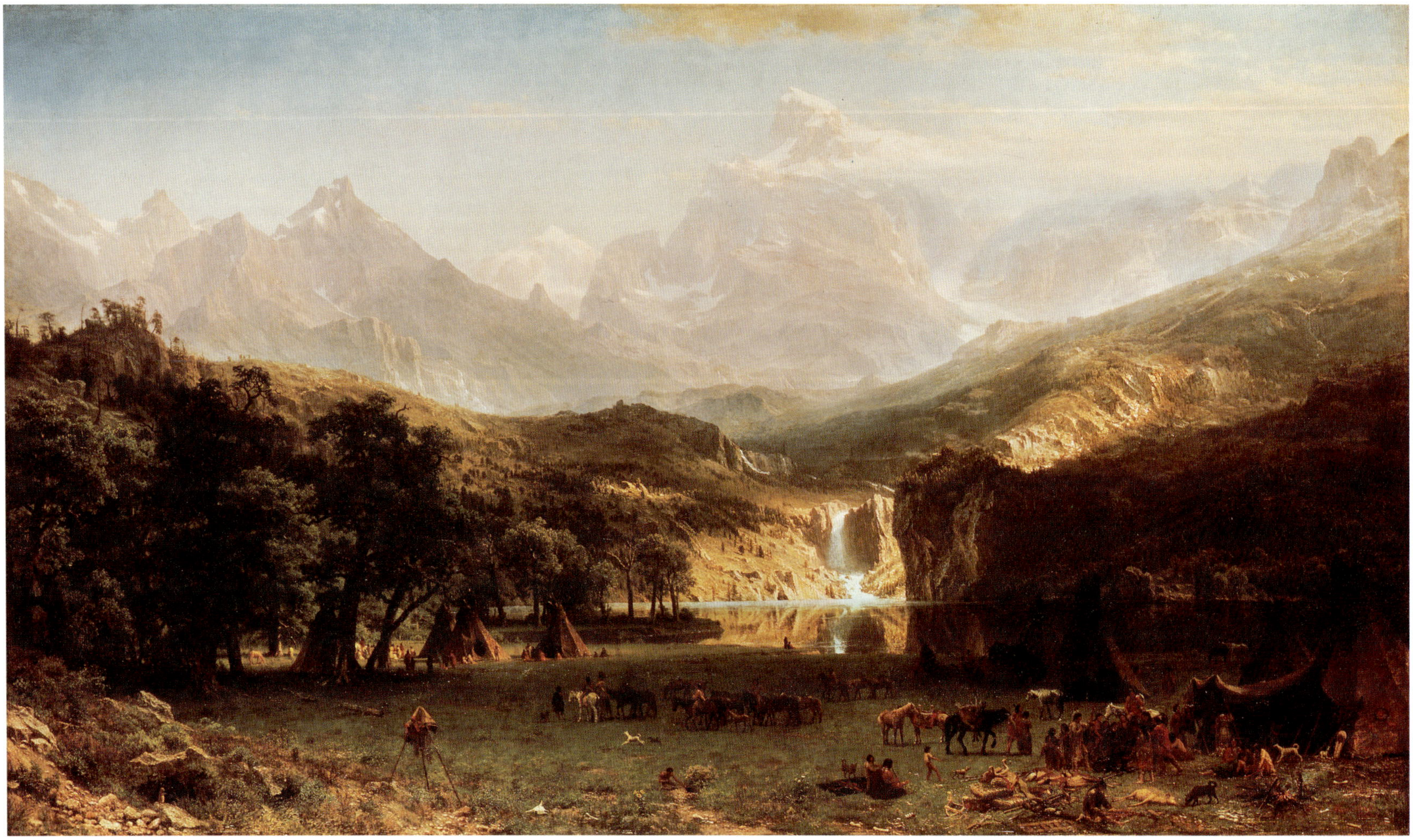

Albert Bierstadt. * Solingen, 1830. † New York, 1902. Die Rocky Mountains. 1863. Öl auf Leinwand. H 180 x B 306 cm. Metropolitan Museum of Art, New York.

Bingham George Caleb

Pelzhändler auf dem Missouri

In einer friedlichen und diesigen Stimmung gleiten zwei Trapper in ihrem Kanu den Missouri hinunter. Warmes Licht glitzert auf dem Wasser und schafft verträumte Zeitlosigkeit. Die beiden Gestalten werden gleich außer Sichtweite sein. In seinen frühen Bildern benutzte Bingham sorgfältig ausbalancierte Horizontalen und Diagonalen, mit rechtwinklig angeordneten Figuren, so daß ein festes Bildgerüst entstand. Der Künstler, einer der wichtigsten frühen nordamerikanischen Grenzlandmaler, brachte Landschaften und ihre Besiedler im Wilden Westen auf die Leinwand. Zu Zeiten, als die Kamera noch kaum im Gebrauch war, konnten nur die Maler der Welt zeigen, wie das neue und fremde Land beschaffen war. Schrittweise wechselte Bingham vom Fluß- zum Landmaler und schließlich in die Politik (1848 als Abgeordneter von Missouri). Er blieb aber als beliebter Chronist eines vergangenen American way of life und als vielseitiger Maler in Erinnerung.

☛ Allston, Bierstadt, Cole, Friedrich

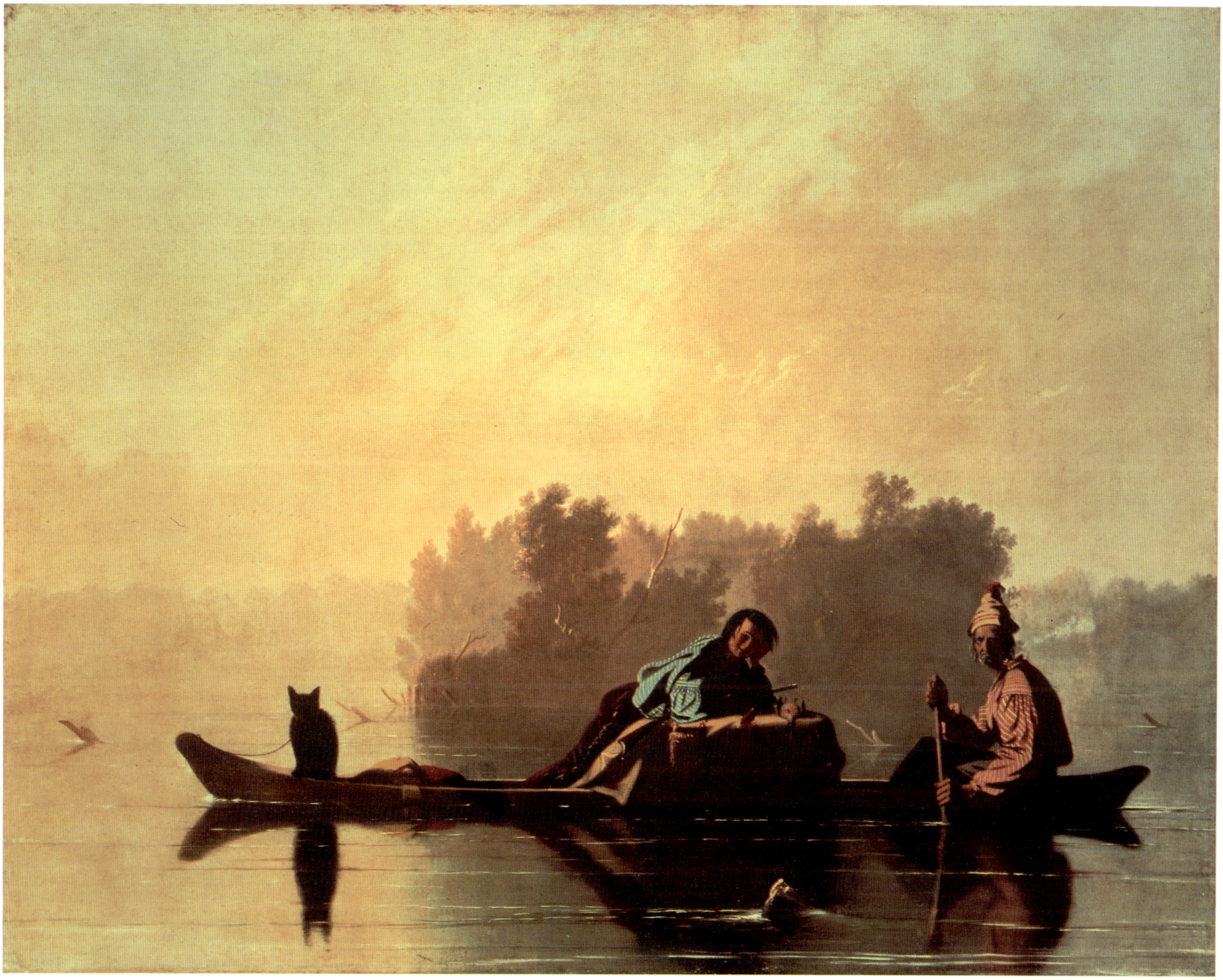

George Caleb Bingham. * Augusta County, 1811. † Kansas City, 1879. Pelzhändler auf dem Missouri. 1845. Öl auf Leinwand. H 74 x B 92 cm. Metropolitan Museum of Art, New York.

Blake Peter

Auf dem Balkon

Vier Kommilitonen von Blake sitzen auf einer Parkbank und stellen einige ihrer Bilder vor. Daneben finden sich verstreut weitere Bildzitate aus Kunst, Presse und Industrie. Blake scherte sich wenig um Perspektive, da die abgebildeten Objekte die Hauptinhalte der Komposition bilden. Das Bild wurde damals wegen seiner visuellen Kraft als Blakes wichtigstes Werk angesehen. Auch heute noch vermittelt es etwas von der fortschreitenden Entwicklung in den 50er Jahren, die den Betrachter mit Alltagsgegenständen konfrontierte. Das Bild schildert die kommerziellen Vorlagen, die der britischen Pop Art den Weg bereiteten. In den 70er Jahren wandte sich Blake wieder mehr naturalistischen Ausdrucksweisen zu. 1975 gründete er die Bruderschaft der Ruralisten, die auf dem Lande zusammenleben und malen wie ähnliche Künstlervereinigungen im 19. Jahrhundert.

☛ Hamilton, Hockney, Jones, Rauschenberg, Schwitters

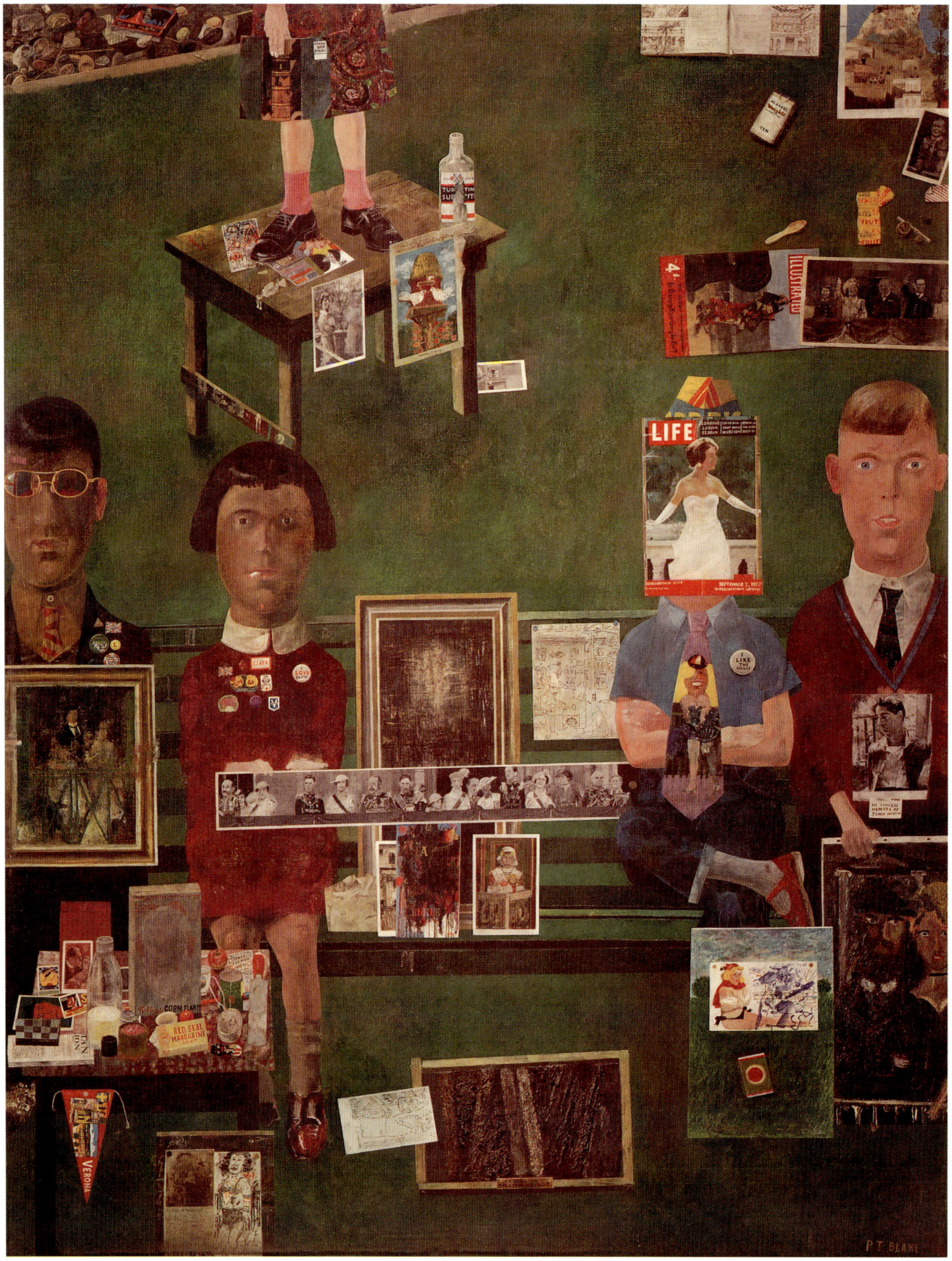

Peter Blake. * Dartford, 1932. Auf dem Balkon. 1955-57. Öl auf Leinwand. H 121,3 x B 90,8 cm. Tate Gallery, London.

Blake William

Erbarmen

Eine offensichtlich leblose Frau liegt auf dem Boden. Darüber eilen zwei Frauen zu Pferd herbei. Der Wind spielt in ihren Haaren. Eine der Frauen blickt herab und hält ein kleines Kind. Das Bild illustriert eine Textstelle von Shakespeare, in der Macbeth über die Bedeutung des Mordes an Dunkan nachdenkt. Blakes präzis umrissene Formen, weit entfernt von herkömmlichen Kompositionen und perspektivischer Kunst, erzeugen eine geheimnisvolle andere Welt. Sein Stil spiegelt seine einzigartige persönliche Sichtweise wieder, in der Fantasie und Realität verschmelzen. Das Genie des ursprünglichen Buchillustrators Blake kommt vor allem in seiner Dichtung und seinen stark symbolischen Bildern zum Ausdruck. Er hielt die geistige Welt höher als die materielle und den wirklichen Künstler für einen Propheten, da ihm göttliche Einsicht gegeben sei.

☛ Etty, Martin, Moreau, Redon, Turner

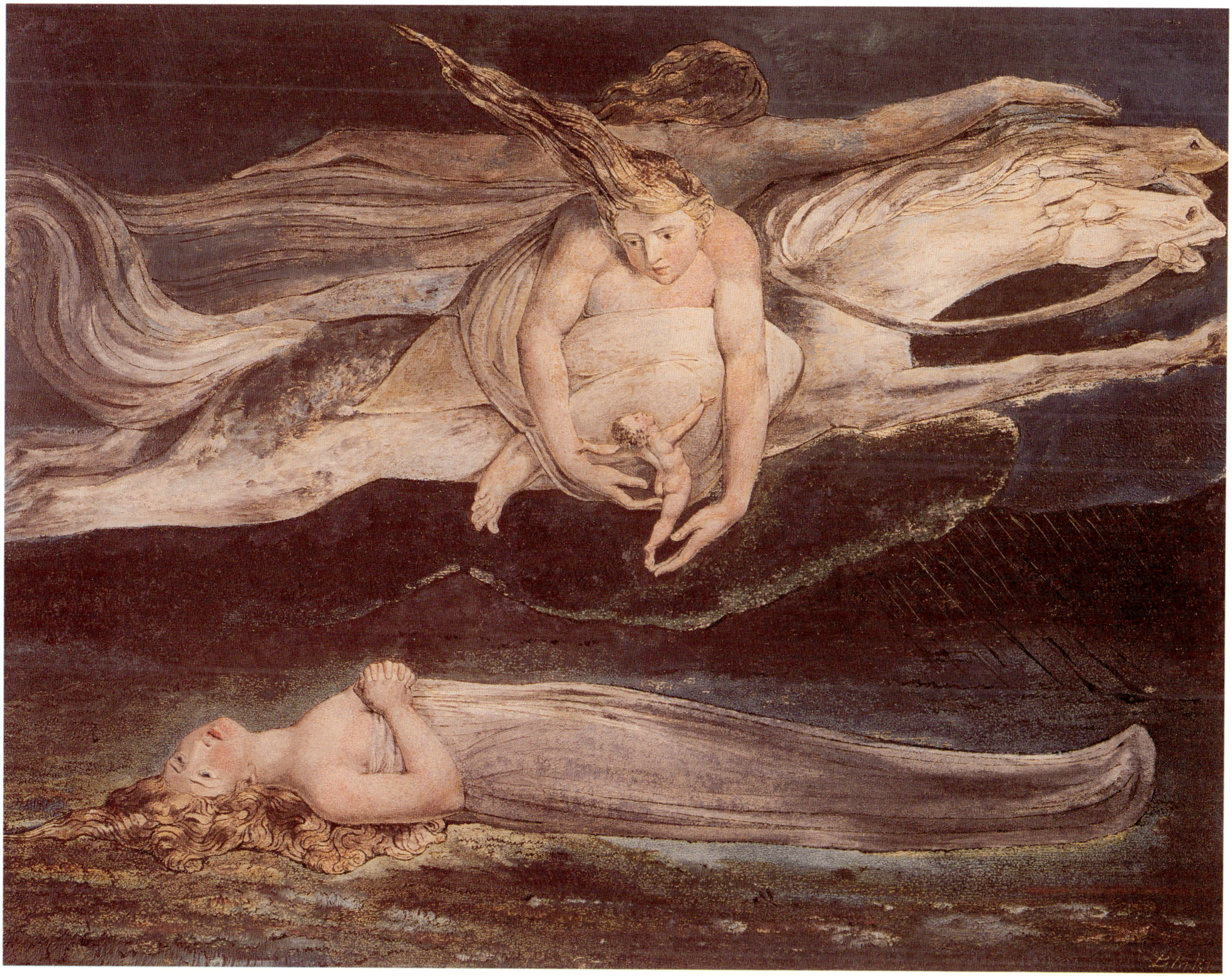

William Blake. * London, 1757. † London, 1827. Erbarmen. Um 1795. Mit Tinte gehöhte Wasserfarben auf Papier. H 42 x B 54 cm. Tate Gallery, London.

Boccioni Umberto

Kopf, Licht und Umgebung

Wirbelnde bruchstückhafte Formen fegen über das Bild. In einem rotblauen Raster erscheint ein Kopf; es ist eine durch ein bewegtes Kaleidoskop gesehene Welt. Wie das Bild zeigt, beschäftigte sich Boccioni mit dem Thema Bewegung in Zeit und Raum. Er war 1910 Mitbegründer des italienischen Futurismus und unterschrieb das Futuristische Manifest. Jede Vergangenheit wurde abgelehnt. Anders als viele Zeitgenossen sahen die Futuristen im Maschinenzeitalter einen positiven Einfluß auf die Kunst. Boccioni drängte seine Mitstreiter, das moderne Leben mit seiner Dynamik, Vitalität und Geschwindigkeit voll anzunehmen. In seinem Werk strebte er danach, eine Summe von Eindrücken und damit verbundenen Gefühlen simultan darzustellen. Boccioni war auch Bildhauer. Im 1. Weltkrieg kämpfte er als Freiwilliger und fiel 1916 – tragischer- und ironischerweise – durch den Sturz von einem Pferd.

☛ Balla, Carrà, Feininger, Klee, Léger

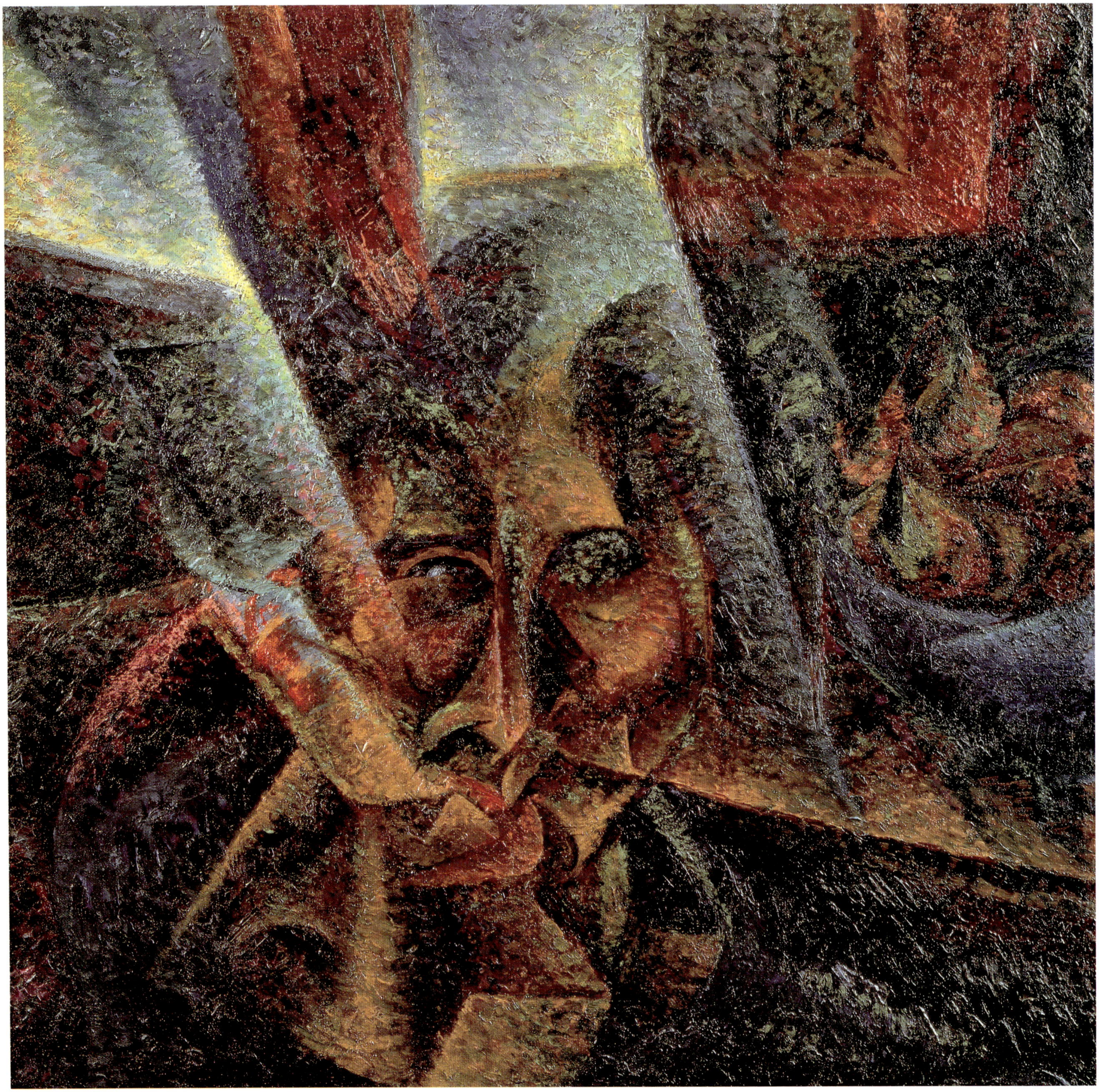

Umberto Boccioni. * Reggio di Calabria, 1882. † Sorte, 1916. Kopf, Licht und Umgebung. 1912. Öl auf Leinwand. H 60 x B 60 cm. Paolo Baldacci Gallery, New York.

Böcklin Arnold

Zentaurenkampf

Mehr das Bild des Schreckens als das darin angesprochene Thema zeigt dieses Gemälde. Die vorgetragene Dramaturgie in einer fremdartigen Landschaft wird bestimmt von den leidenschaftlichen und heroischen Zentauren. Viel von der Spannung dieses Bildes rührt von den verdrehten Stellungen und den spukhaften Mienen der Zentauren. Sie sind mit reicher Palette gemalt, was die angeheizte Dramatik und Emotion erhöht. Böcklin verbrachte viele Jahre in Italien. Dies inspirierte ihn dazu, klassische und mythische Themen aufzugreifen, die er in dichterisch-romantischer Weise interpretierte. Traumlandschaften, bedrohliche Untertöne und unterschwellig verfolgte Gefühle brachten ihm zu Lebzeiten große Beliebtheit ein und gaben dem Expressionismus und den Symbolisten manche Anregung. Seine allegorischen Bilder fanden wegen ihrer aufrüttelnden Wirkung und ihrem bewußten Anruf der Gefühlswelt besondere Bewunderung.

☛ Delacroix, Géricault, Giulio Romano, Schmidt-Rottluff

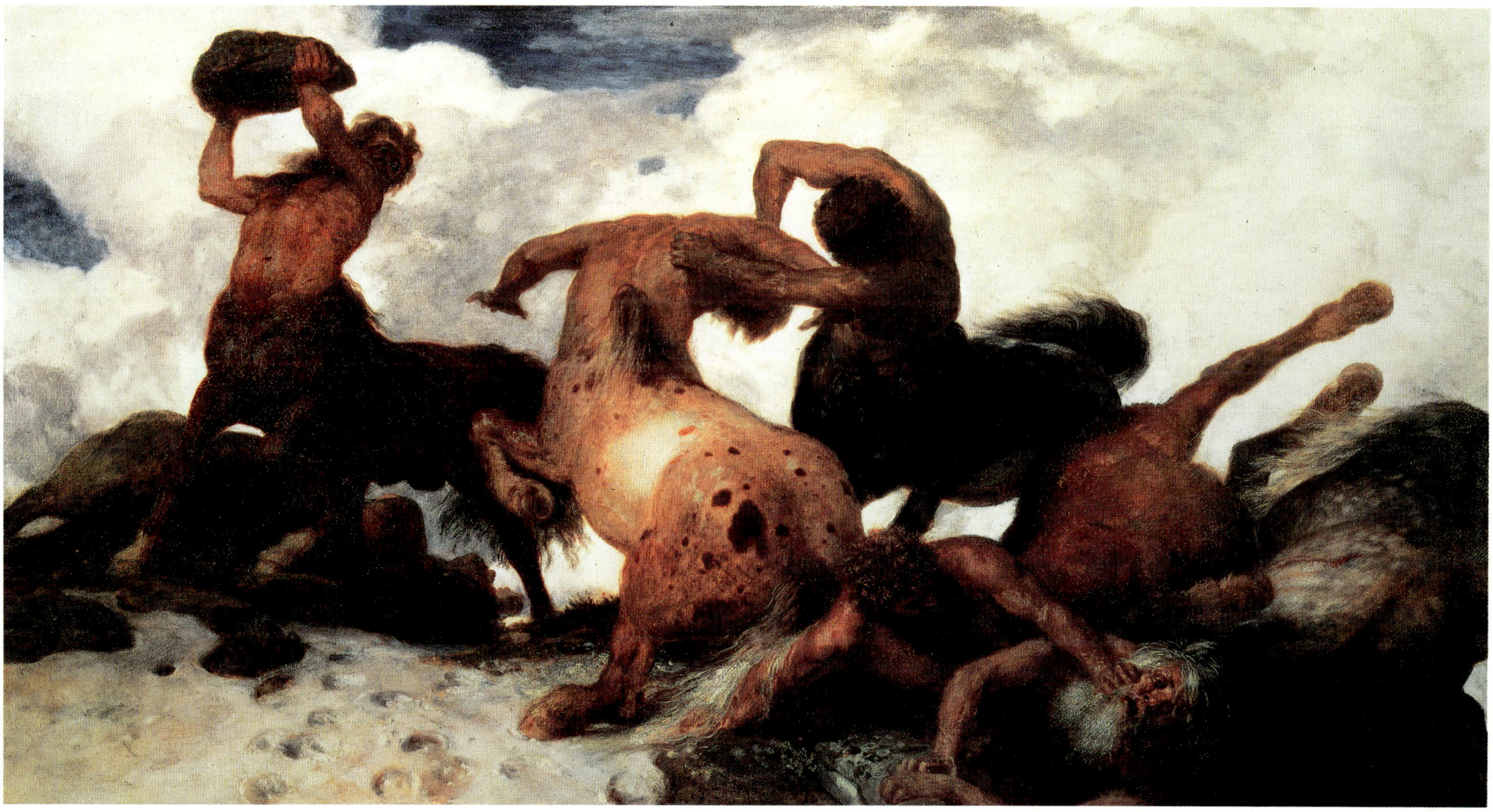

Arnold Böcklin. * Basel, 1827. † Fiesole, 1901. Zentaurenkampf. 1873. Öl auf Leinwand. H 105 x B 195 cm. Kunstmuseum Basel.

Boltanski Christian

Reservat der toten Schweiz

Die großangelegte Installation besteht aus zwei Wänden metallener Keksschachteln und einer Folge von Schwarzweißfotos aus lokalen Todesanzeigen, schwach angestrahlt von Spots. Dieser Erinnerungsschrein an den Tod weckt machtvolle Gefühle von Leben und Sterben in einer Atmosphäre ewiger Stille. In früheren Arbeiten hat Boltanski Fotos von jüdischen Kindern benutzt. Doch indem Boltanski hier Schweizer Abbildungen eingebaut hat – ein Volk, bei dem man mehr seine Neutralität als eine leidvolle Geschichte assoziiert –, legt er mehr Betonung auf die Allgemeingültigkeit des Sterbens. Sein unverwechselbarer Stil und der Tod als zentrales Thema haben Boltanski heute zu einem weltweit anerkannten Künstler gemacht. Andere Werke in Form von Glaskabinetten zeigen Kindheitserinnerungen; hinzu kommen »Schattenskulpturen« aus Schrottmaterial mit Kerzenbeleuchtung und kleidergefüllte Rauminstallationen, die er ebenfalls »Reservate« nennt.

☛ Andre, Kiefer, Poussin, Teniers

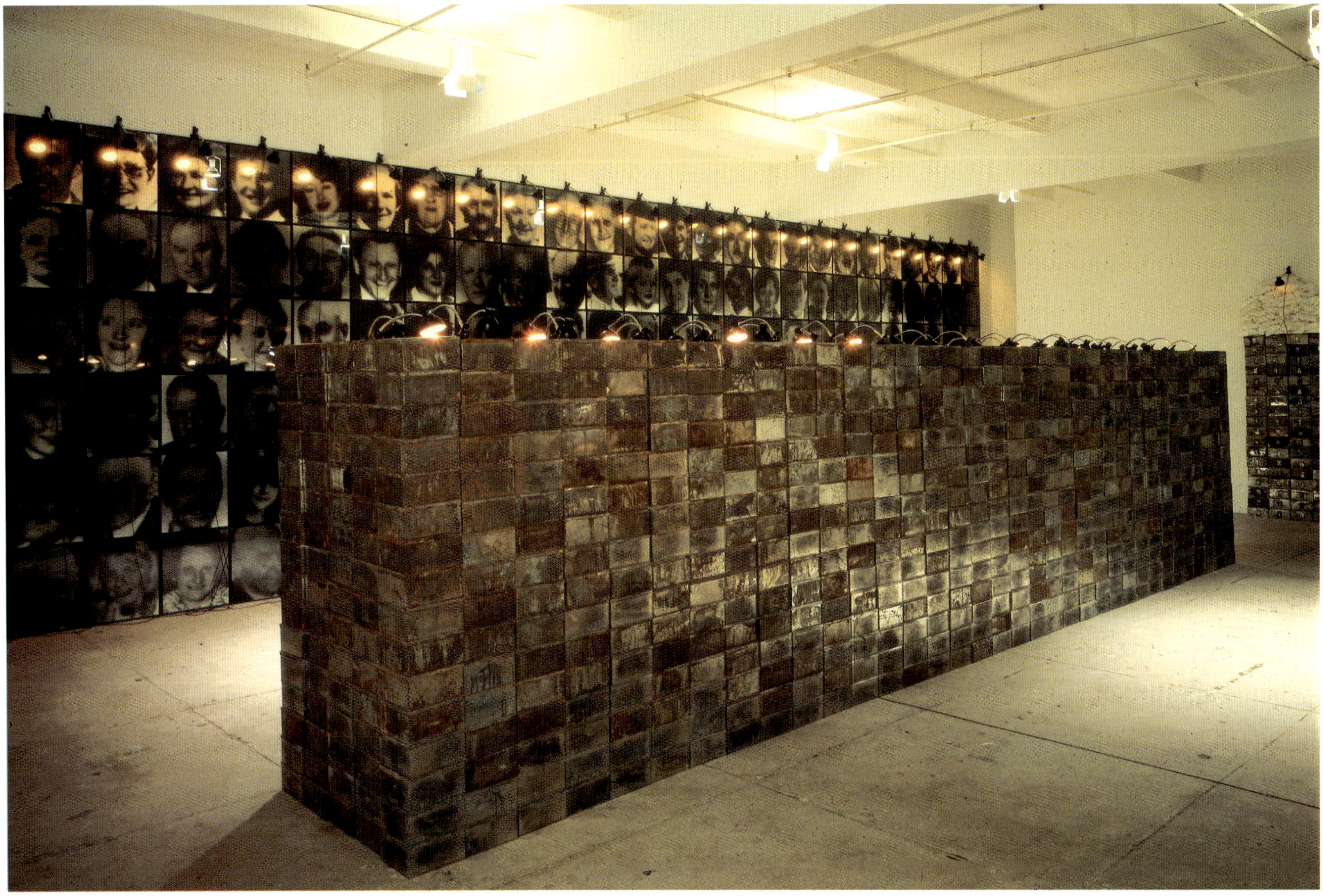

Christian Boltanski. * Paris, 1944. Reservat der toten Schweiz. 1990. Fotos, Metallbleche und Lampen. H 203 cm. Marian Goodman Gallery, New York.

Bomberg David

Das Moorbad

Zunächst scheint es sich um ein völlig gegenstandsloses Bild zu handeln. Tatsächlich zeigt es aber ein Dampfbad der jüdischen Gemeinde von White Chapel in London. Blaue und weiße Figuren springen dichtgedrängt in dem roten Gefiert des Bades um einen dunklen Mittelpfeiler herum. Bomberg, der Sohn polnischer Einwanderer, verwendete eckige und halbabstrakte Formen, um damit Lebenskraft und Dynamik des 20. Jahrhunderts und den Reiz des Maschinenzeitalters auszudrücken. Er war Gründungsmitglied der London Group, eine 1913 gegründete Ausstellungsgesellschaft. Obwohl sich Bomberg von den damaligen Gruppen der Kubisten, Futuristen und Vortizisten fernhielt, übernahm er doch einige ihrer Gedanken. In den 20er Jahren wandte er sich von den geometrischen Formen ab und einem mehr darstellenden Stil mit kräftigen Farben und expressiven Pinselstrichen zu.

☛ Bellows, Boccioni, Braque, Lewis, Nash, Picasso

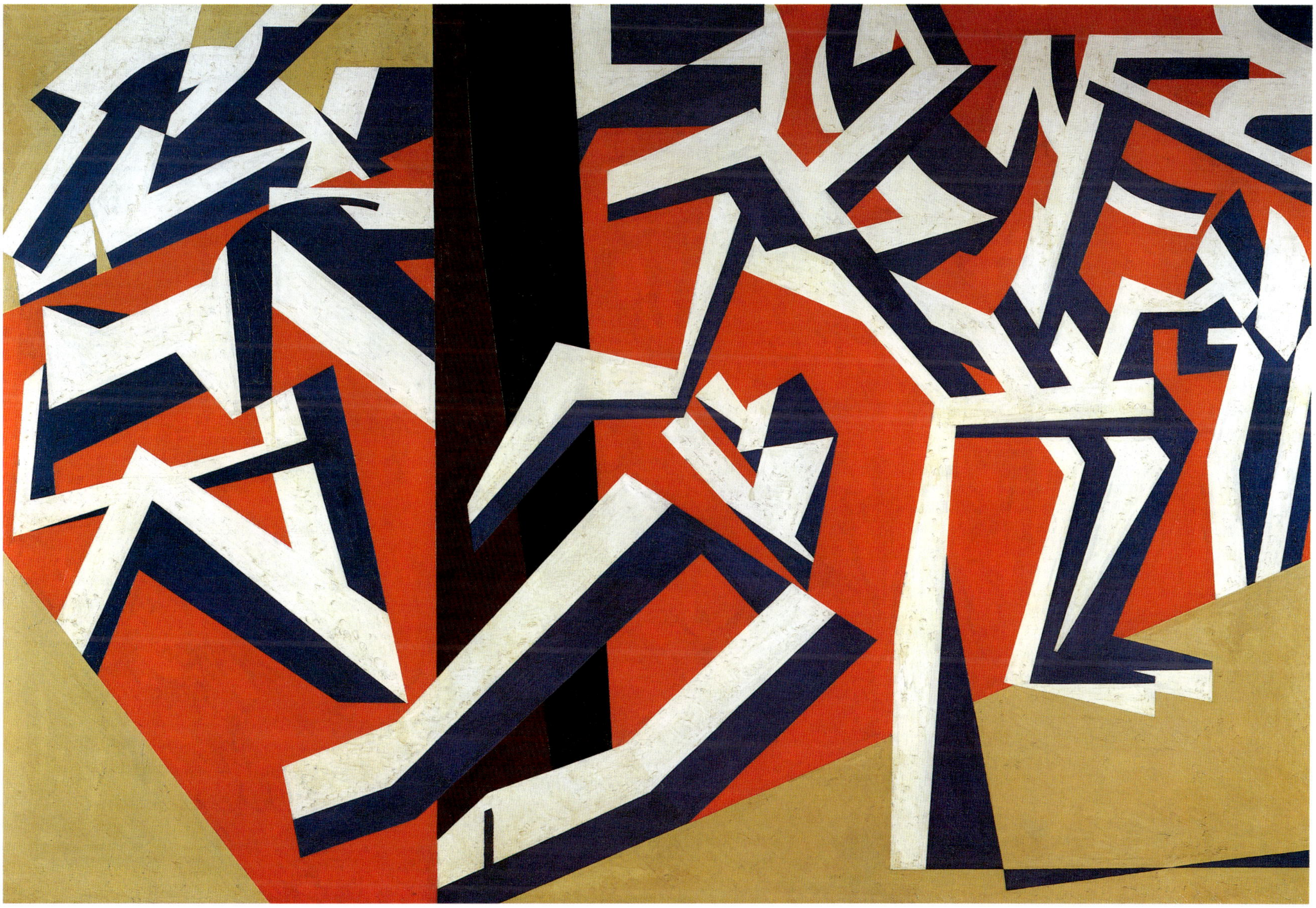

David Bomberg. * Birmingham, 1890. † London, 1957. Das Moorbad. 1914. Öl auf Leinwand. H 152,5 x B 224 cm. Tate Gallery, London.

Bonington Richard Parkes

An den Kais von Rouen

Die Turmspitze der Kathedrale von Rouen und die hohen Masten der Segelschiffe bilden starke senkrechte Elemente. Aquarell ist eine lebendige, unmittelbare Technik, die es dem Künstler erlaubte, die Geschäftigkeit der Kais einzufangen. Boningtons Aquarellstil wird durch eine eingegrenzte Farbskala auf rauhfaserigem Papier bestimmt. Dieses Aquarell entstand während seiner Studienzeit bei Baron Gros an der Ecole des Beaux-Arts in Paris. Er war eng befreundet mit Delacroix, der über ihn schrieb: »Keiner der modernen, vielleicht auch kein früherer Maler besitzt diese Leichtigkeit der Ausführung, die seine Werke zu wahren Juwelen machen, durch die das Auge verführt und bezaubert wird.« Bonington verbrachte den Großteil seines Lebens in Frankreich und malte außer Stadtansichten noch Landschaften und historische Szenen. Trotz Ansätzen zur Ölmalerei verdankte er sein Renommee seinem Talent als Aquarellist.

☛ Gentile Bellini, Bellotto, Cozens, Delacroix, Gros

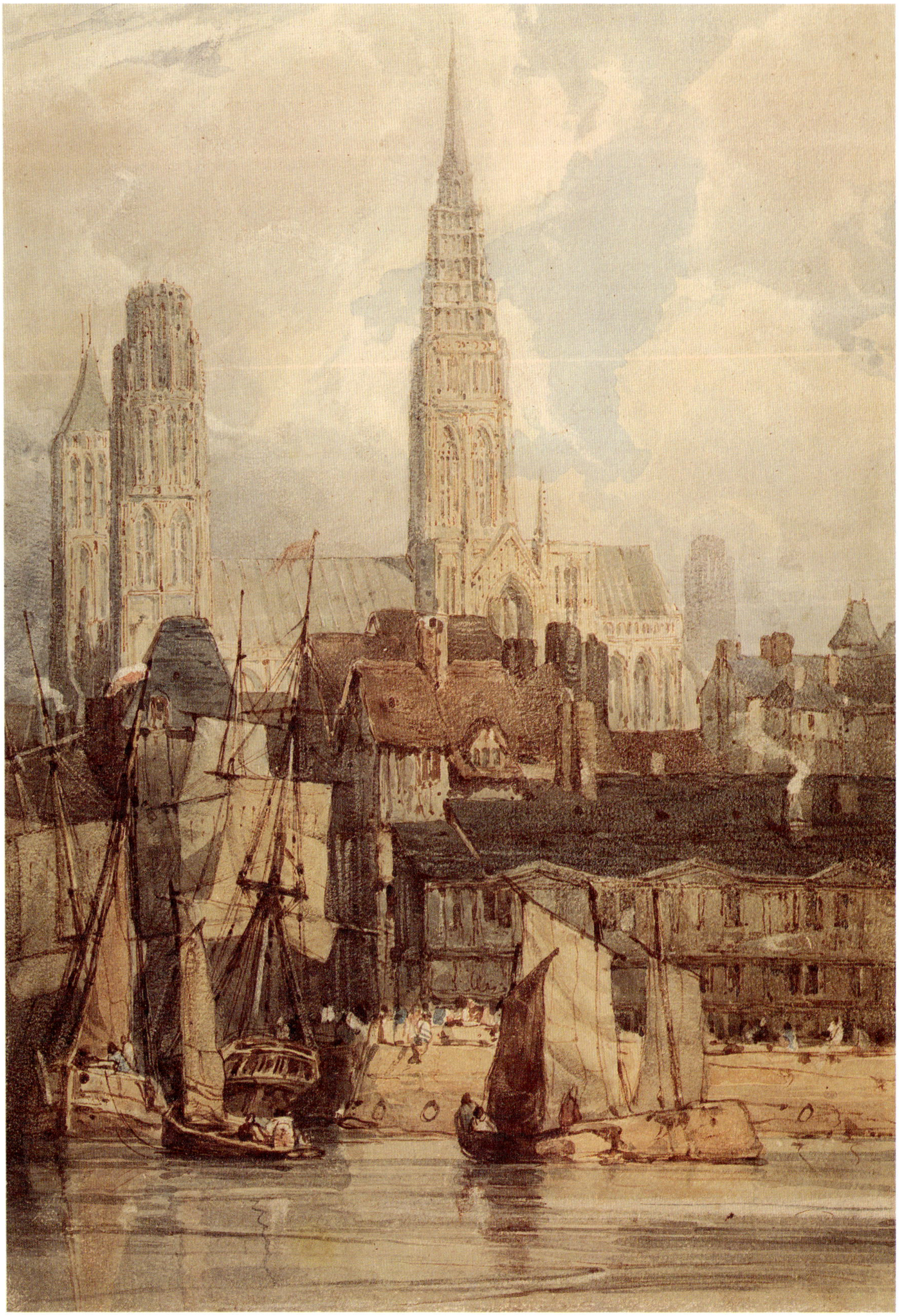

Richard Parkes Bonington. * Arnold, 1802. † London, 1828. An den Kais von Rouen. 1821. Aquarell auf Papier. H 40,5 x B 27,5 cm. British Museum, London.

Bonnard Pierre

Das offene Fenster

In dieser wahren Farborgie erkennt man kaum die Innenseite des offenen Fensters, das lächelnde Mädchen und sein Kätzchen. Der Betrachter wird eingeladen, einzutreten und dem Idyll beizuwohnen. Der Blick ist frei auf die Bäume vor dem Fenster. Mit Erfolg vermittelt Bonnard in warmen und freundlichen Farben die Hitze und Stille Südfrankreichs.

Bekannt vor allem durch seine intimen Interieurs war Bonnard zunächst Mitglied der Nabis, die nach Vereinfachung von Umriß und Farbe strebten. Die Nabis lehnten es ab, den Betrachter durch persönliche Angelegenheiten einzunehmen. Stattdessen zielten sie auf starke, Gefühle provozierende Formen, die sie durch betonte Flächen und flache Farben zu verwirklichen suchten. Bonnard war auch ein Meister der Lithographie, in der er Form, Farbe und Linie zu großen Effekten verhalf. Er war einer der wenigen ausländischen Künstler, die an die Royal Academy in London berufen wurden.

☛ Caillebotte, Denis, Hassam, Matisse, Vallotton, Vuillard

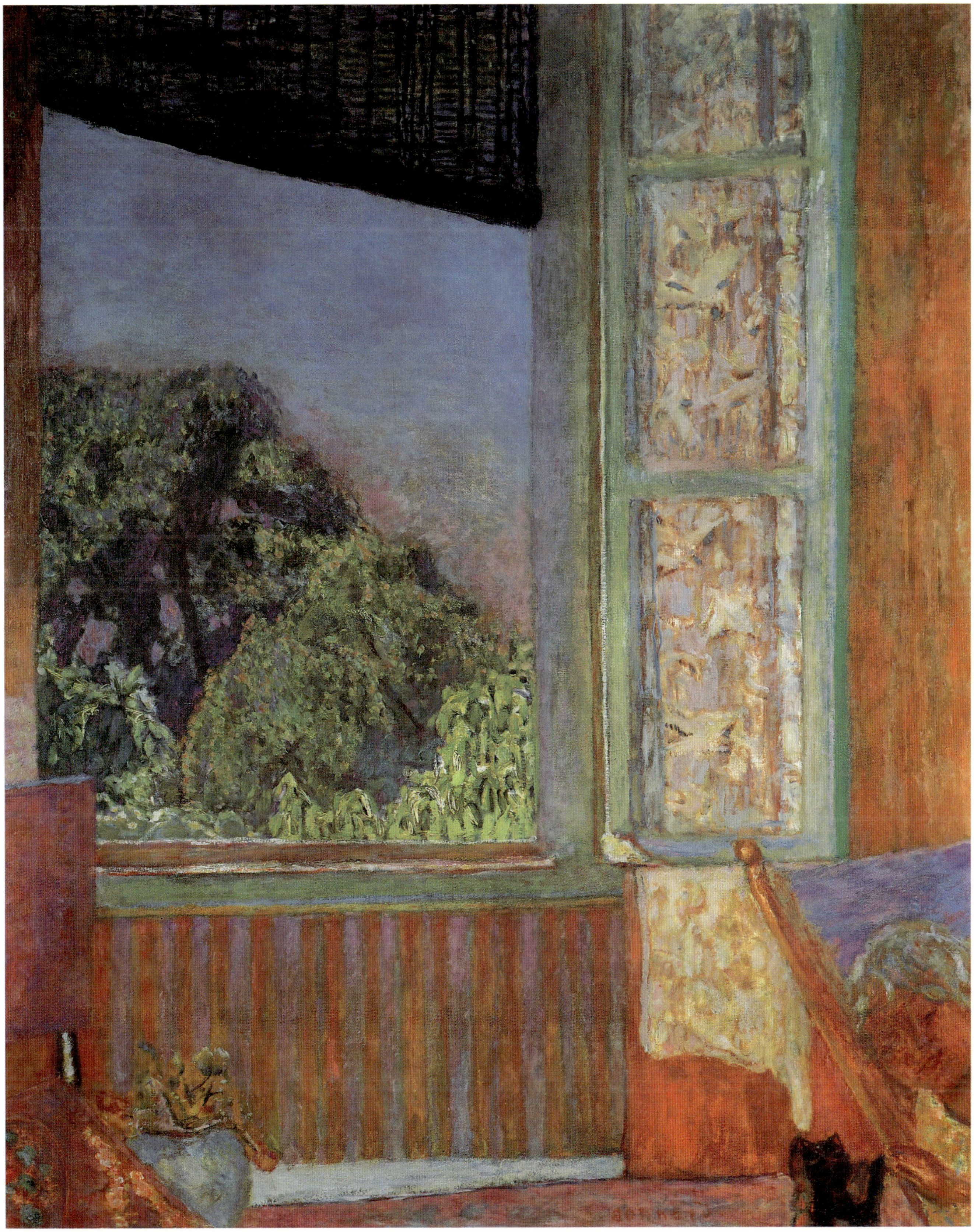

Pierre Bonnard. * Fontenay-aux-Roses, 1867. † Le Cannet, 1947. Das offene Fenster. Um 1921. Öl auf Leinwand. H 118 x B 96 cm. Phillips Collection, Washington.

Bordone Paris

Übergabe des Ringes an den Dogen

Ein Fischer, der vom hl. Markus gerettet worden ist, übergibt den Ring des Heiligen dem Dogen von Venedig. Der Künstler hat die Personen in zeitgenössischen Kleidern gemalt, obwohl es heißt, der Vorfall hätte sich einige Jahrhunderte vorher ereignet. Porträts von hochgestellten Venezianern einschließlich des Dogen wurden gern als Modelldarstellungen benutzt. Kunstvolle Säulen, Arkaden und Nischen beherrschen die Arbeit, die ein eindrucksvolles Beispiel venezianischer Kunst darstellt. Neben seiner Porträttätigkeit malte Bordone auch Landschaften und mythologische Szenen. Der Tizianschüler rivalisierte später an Popularität sogar mit seinem Meister. Das vorliegende Werk vertritt noch die Tizianschule. Bordone wurde von Franz I. nach Frankreich eingeladen, wo er zahlreiche Porträts von hochgestellten Persönlichkeiten des Hofes malte.

☛ Gentile Bellini, Clouet, Guardi, Sassetta, Tizian

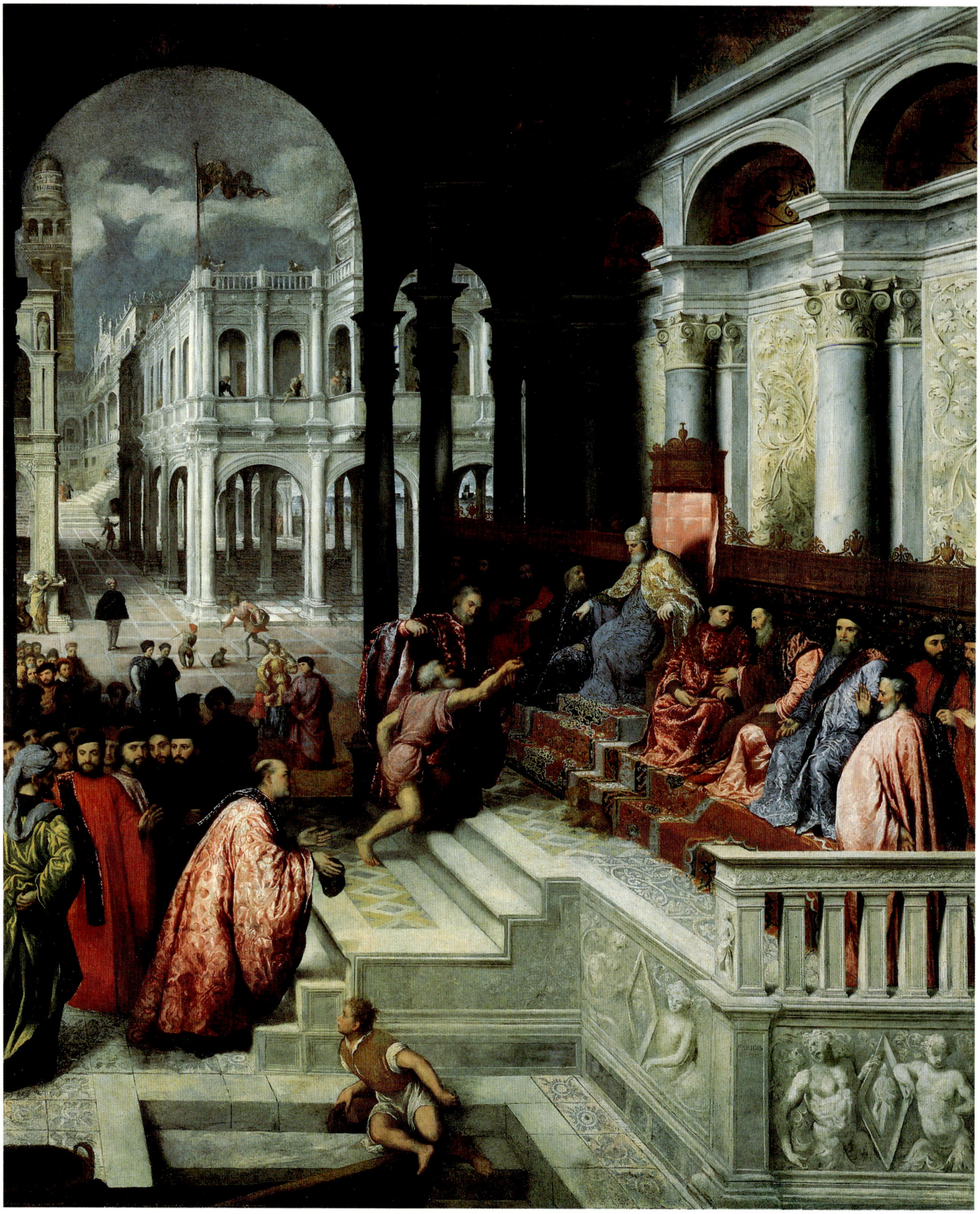

Paris Bordone. * Treviso, 1500. † Venedig, 1571. Übergabe des Ringes an den Dogen. 1534. Öl auf Leinwand. H 370 x B 300 cm. Galleria dell'Accademia, Venedig.

Bosch Hieronymus

Die Versuchungen des hl. Antonius

Der fromme Eremit Antonius ist all den Versuchungen und Qualen ausgesetzt, die Boschs unerschöpfliche Fantasie auszudenken vermochte. Das Böse lauert an allen Ecken und Enden, eine Verführerin versteckt sich in einem Baumspalt, ein Ungeheuer bricht aus einer riesigen faulen Frucht hervor. Das Bild ist voller bedrohlicher und außerirdischer Kreaturen. Das rasende Inferno im Hintergrund weist auf das Schicksal derer hin, die dem Bösen verfallen sind. Boschs Stil ist innerhalb der Niederlande ganz einzigartig, er ähnelt weder dem der Brüder Van Eyck noch dem des Van der Weyden. Die meisten Themen von Bosch drehen sich um das Leben Christi, die Versuchung von Heiligen und Sprichwörter, die die menschliche Dummheit geißeln. Sein fremdartig modernes Werk regte später Expressionisten und Surrealisten an.

☛ Beckmann, Dalí, Elsheimer, Van Eyck, Van der Weyden

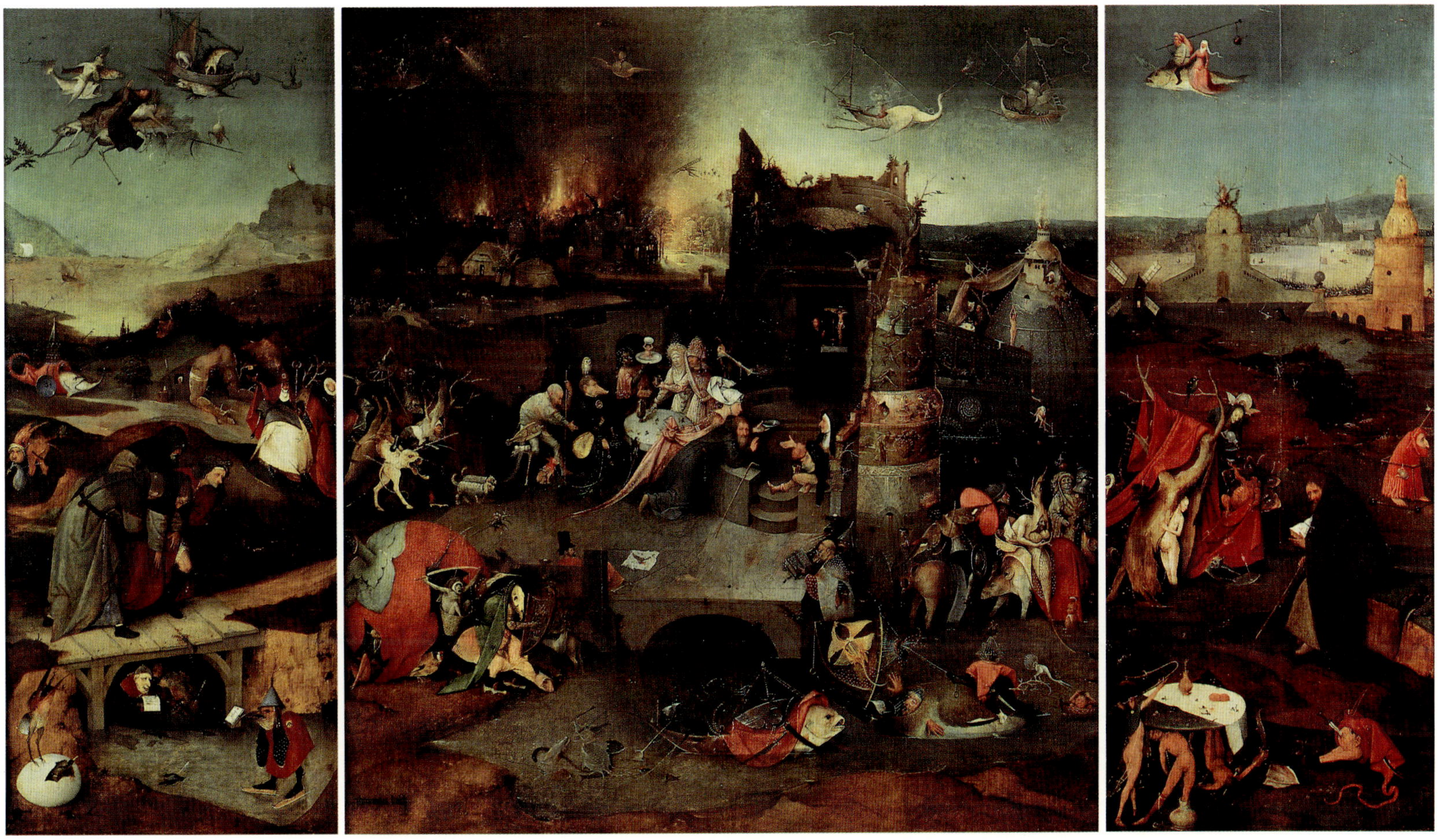

Hieronymus Bosch. * 's-Hertogenbosch, um 1450. † s'-Hertogenbosch, 1516. Die Versuchungen des hl. Antonius. Um 1505. Öl auf Leinwand. H 131,5 x B 172 cm. Museu Nacional de Arte Antiga, Lissabon.

Botero Fernando

Madonna von Cajica

Das allgemein übliche Madonnenbild wird bei Botero in eine aufgeblähte rundliche Figur verwandelt. Die idealisierte Übergröße der Gottesmutter wurde durch die Gegenüberstellung mit winzigen Figuren, die aus dem Hintergrundbaum herausschauen, erreicht – ein Kunstgriff, den Botero gern anwendet. Die Schlange zu Marias Füßen ist recht lang geraten, um ihre Bedeutung zu erhöhen. Die religiösen Motive des kolumbianischen Malers sind Ausdruck seiner Erziehung. In den katholischen Ländern Lateinamerikas genießt die Gottesmutter die höchste religiöse Verehrung. Boteros Werk stellt sich in einfachen Formen und kräftigen Farben dar. Seit 1971 lebt Botero in Paris, wo er sich auch weiterhin der Malerei und Bildhauerei widmet. Zu seinen jüngeren Arbeiten gehören riesige weibliche Aktskulpturen, die längs der Champs-Elysées aufgestellt wurden.

☛ Bouts, Fouquet, Lochner, Spencer

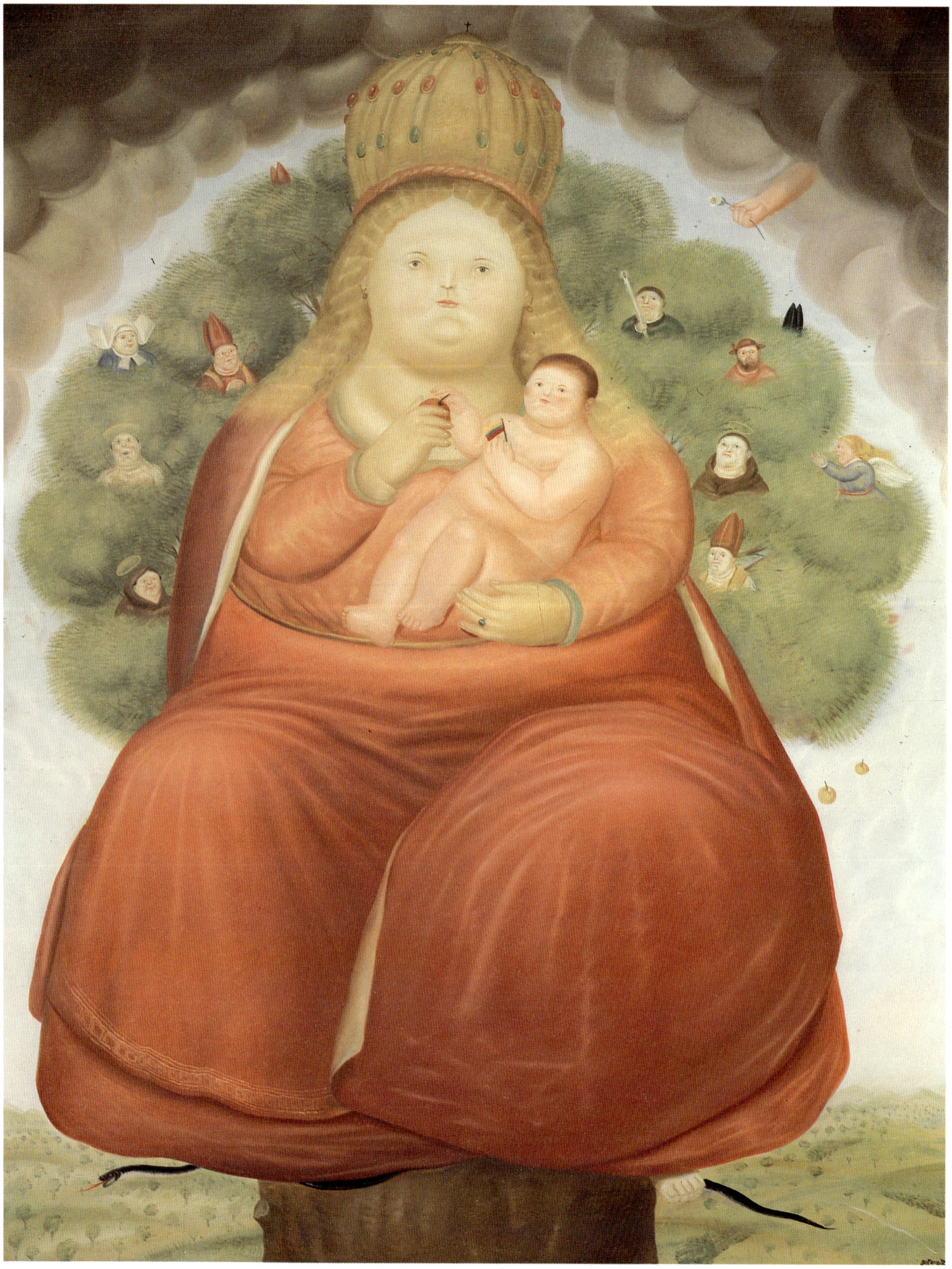

Fernando Botero. * Medellín, 1932. Madonna von Cajica. 1972. Öl auf Leinwand. H 234 x B 181,8 cm. Privatsammlung.

Botticelli Sandro

Der Frühling

Die durchsichtigen Gewänder der drei Grazien, die eleganten Hände der Venus und das blumenbestickte Kleid der Flora sind bestechende Einzelheiten eines der schönsten Bilder der italienischen Renaissance. Das Bild bestätigt den hohen Rang der Kunst des Zeichnens, die für die Florentiner Künstler von vorrangiger Bedeutung war. Botticelli schuf damit eine gefühlsdichte, fast feminine Atmosphäre. Botticelli lernte bei Fra Filippo Lippi und stieg in höchste intellektuelle Kreise auf. Viele seiner Bilder, ganz besonders der »Frühling«, schließen philosophische und allegorische Inhalte mit ein. Später, unter dem Einfluß des charismatischen Priesters Savonarola, gab er seine mythischen, sprich heidnischen Themen auf. Botticelli starb in Vergessenheit. Erst das 19. Jahrhundert, unter dem Einfluß der Nazarener und Präraffaeliten, entdeckte diesen Meister der edlen Linie von neuem.

☛ Fra Filippo Lippi, Millais, Pontormo, Rubens

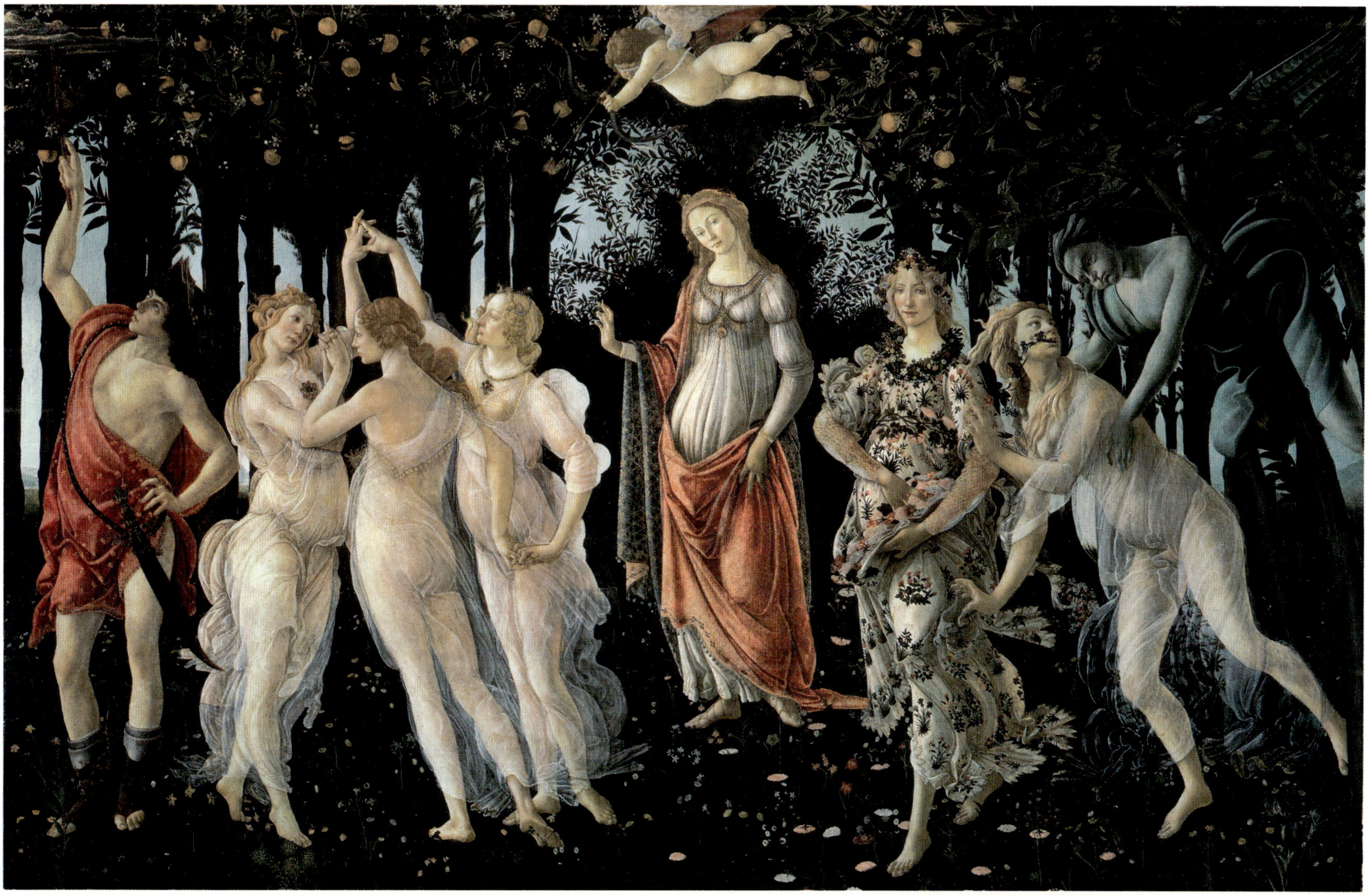

Sandro Botticelli. * Florenz, 1445. † Florenz, 1510. Der Frühling. Um 1470-80. Tempera auf Holz. H 275,5 x B 178,5 cm. Galleria degli Uffizi, Florenz.

Boucher François

Odaliske

Ein junges Mädchen liegt inmitten kostbarer Stoffe nackt auf ihrem Bett. So wie es aus dem Bett schaut, flirtet es provozierend mit dem Betrachter. Bouchers Bilder sind eine Art Quintessenz der frivolen Ausgelassenheit des 18. Jahrhunderts, des verspielten und leichtlebigen Rokoko. In seiner Jugend war er eng mit Watteau befreundet, von dessen Bildern Boucher Stiche anfertigte. Ab 1740 erfuhr er Förderung durch Madame Pompadour und dank ihres Einflusses wurde er schließlich erster Hofmaler Ludwigs XVI. Boucher war einer der meistgefragten Maler in Paris. Seine mythisch allegorischen Szenen mit kokettierenden nackten Nymphen und Göttinnen trafen genau den Geschmack der eleganten Hofgesellschaft. Über die Natur soll er geäußert haben, sie sei »zu grün und zu schlecht beleuchtet«.

☛ Fragonard, Ingres, Moore, Watteau, Wesselman

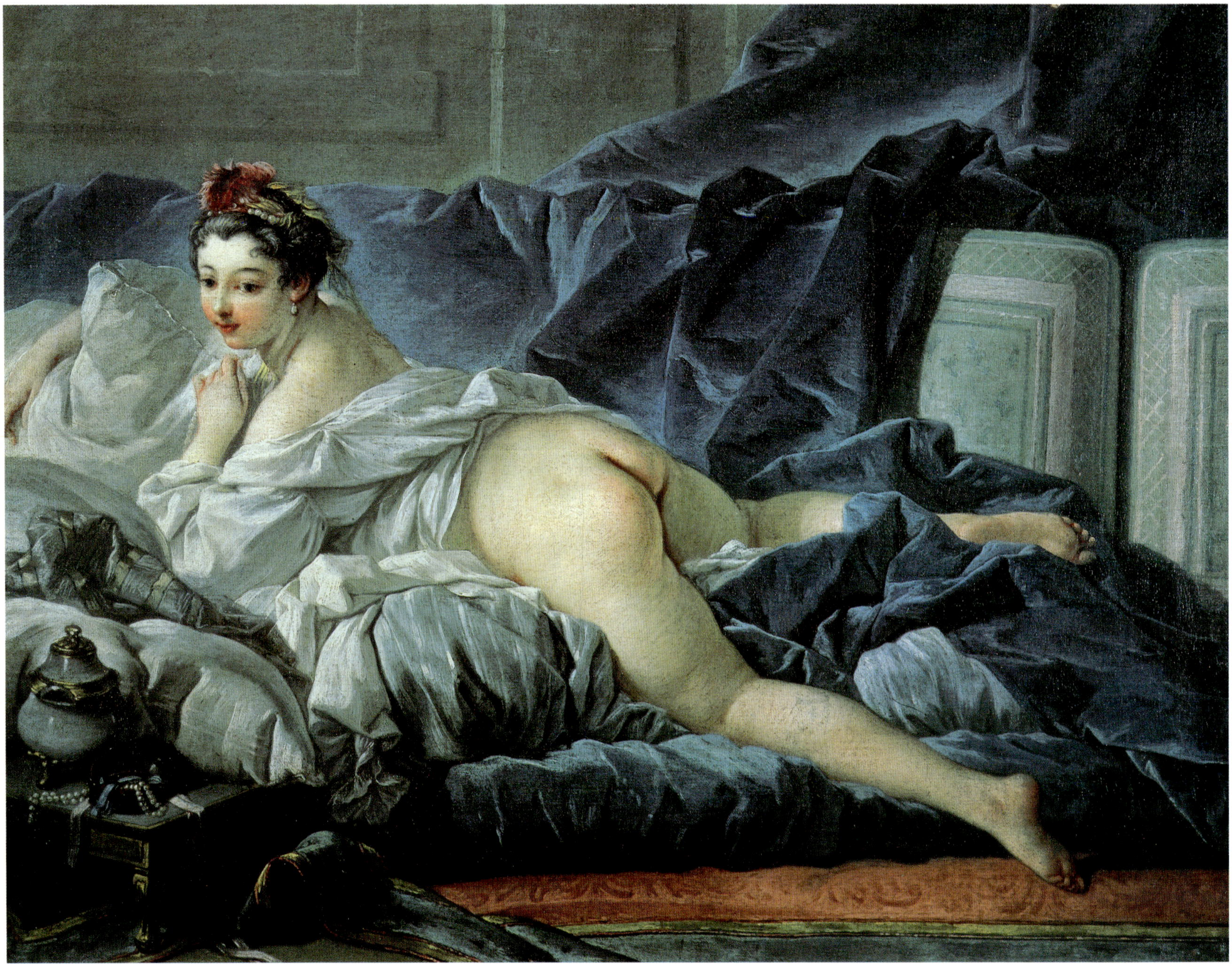

François Boucher. * Paris, 1703. † Paris, 1770. Odaliske. Öl auf Leinwand. H 53 x B 64 cm. Musée du Louvre, Paris.

Boudin Eugène

Am Strand von Trouville

Korrekt gekleidete Strandgäste genießen die Sonne im normannischen Modebad Trouville. Boudin wurde bald berühmt als »Strandmaler« und reiste während seiner ganzen Karriere ständig nach Trouville. Mit seiner außergewöhnlichen Beobachtungsgabe gelang es ihm, die charakteristischen Gesten der Leute einzufangen. Mit raffiniertem und freizügigem Strich und durchsetzt mit Flecken reiner Farbe konnte er die Oberfläche seiner Bilder zum Funkeln bringen und den Eindruck eines glühenden Himmels oder einer glitzernden See erzeugen. Wie in der holländischen Landschaftsmalerei des 17. Jahrhunderts spielt der Himmel bei Boudin eine gewichtige Rolle. Er nimmt oft bis zu Zweidrittel des Bildes ein. Boudin hatte großen Einfluß auf die Impressionisten, besonders auf Monet, der später am gleichen Strand malte.

☛ Avercamp, Van Goyen, Kröyer, Monet

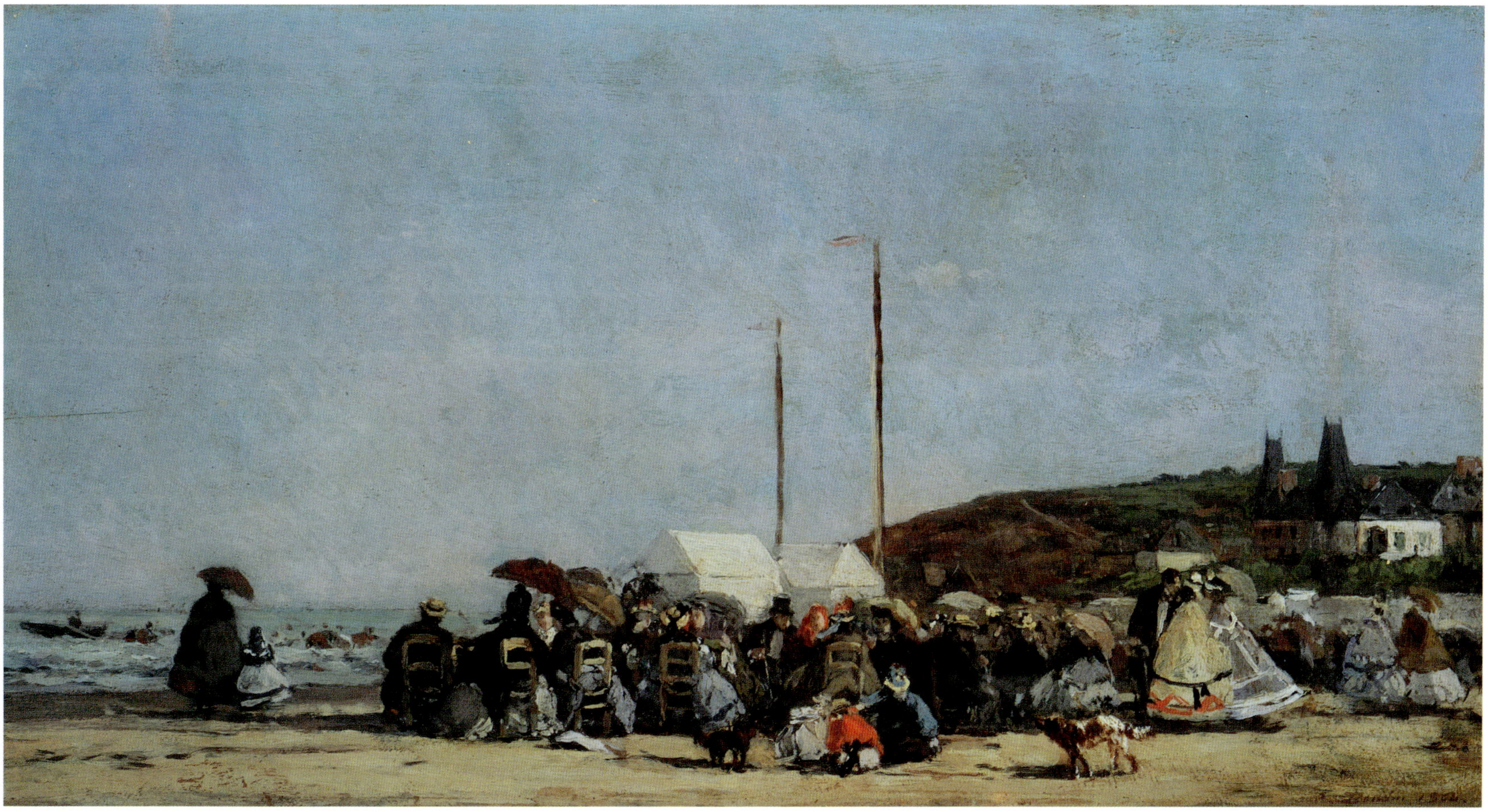

Eugène Boudin. * Honfleur, 1824. † Deauville, 1898. Am Strand von Trouville. 1864. Öl auf Leinwand. H 26 x B 48 cm. Musée d'Orsay, Paris.

Bourdelle Antoine

Herkules

Die imposante Figur des Herkules scheint zum Bersten gefüllt mit Kraft und Energie. Der Bildhauer hat Muskelberge und kühne, ausdrucksstarke Züge aufgeboten, um ein Gefühl von Vitalität zu erzeugen. Die Spannung wird am Bogen deutlich, den er mit kraftvoller Hand zu benutzen weiß. Weitere Spannung wird durch das Bein des Bogenschützen erzielt, das sich mit heraustretenden Sehnen gegen einen Felsen stemmt. Bourdelle war Schüler von Rodin, doch studierte er auch die gotische und griechische Skulptur und strebte nach ähnlicher Verdichtung und Körperlichkeit wie diese Vorbilder. Dies stand entschieden im Gegensatz zu den meisten zeitgenössischen Tendenzen. In seiner geladenen und heroischen Haltung steht dieser Herkules ganz ausdrücklich für Bourdelles Streben nach klassischer Monumentalität.

☛ Böcklin, Giambologna, Giulio Romano, Rodin, Rosso Fiorentino

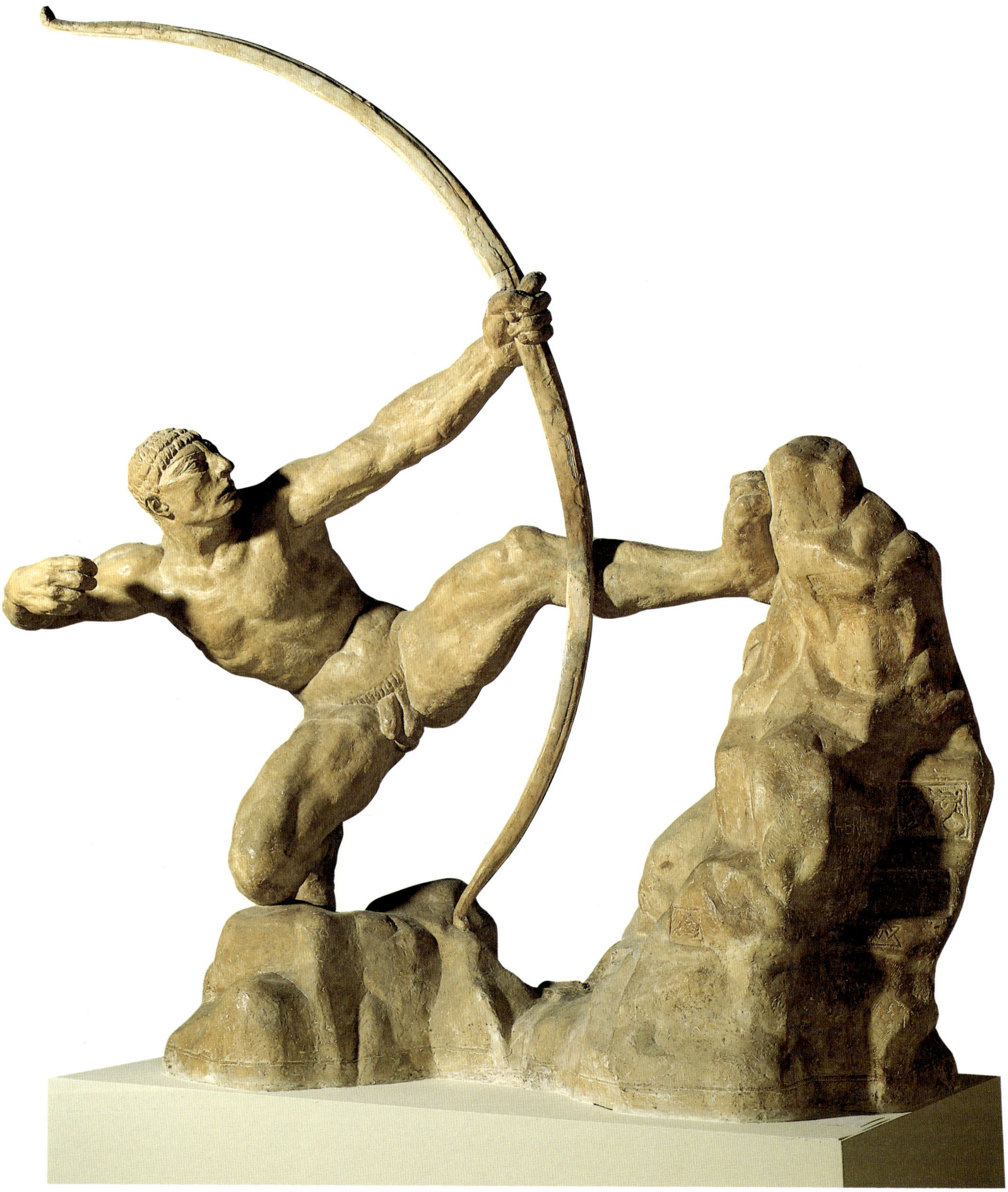

Antoine Bourdelle. * Montauban, 1861. † Le Vésinet, 1929. Herkules. 1908. Gips. H 248 cm. Musée Bourdelle, Paris.

Bourgeois Louise

Hier bin ich, hier steh' ich

Auf einem roh behauenen Marmorblock, eingeschlossen in einem Glaskasten, steht fest verankert ein Paar abgetrennter menschlicher Füße. Vielleicht in Anspielung an die Ordnung, die der Mensch aus der chaotischen Natur geschaffen hat, erinnern die Materialien Marmor, Glas und Metall an die zeitlose Welt, die menschlicher Fleiß geschaffen hat. Der Oberfläche der Materialien ist größte Aufmerksamkeit gewidmet, von der Rauheit des Natursteines bis zur Glätte des künstlich erzeugten Glases. Reminiszenzen an menschliche Formen werden angedeutet. Die fruchtbare Spannung zwischen den verschiedenen Materialien und ihrer Bearbeitung geben provokative Antworten auf ihre Anwesenheit im natürlichen Umfeld.

Bis 1938 gehörte Bourgeois den Pariser Surrealisten an, bevor sie 1940 nach New York zog, wo sie zu bildhauern anfing.

☛ Brancusi, Canova, Dalí, Noguchi, Rodin

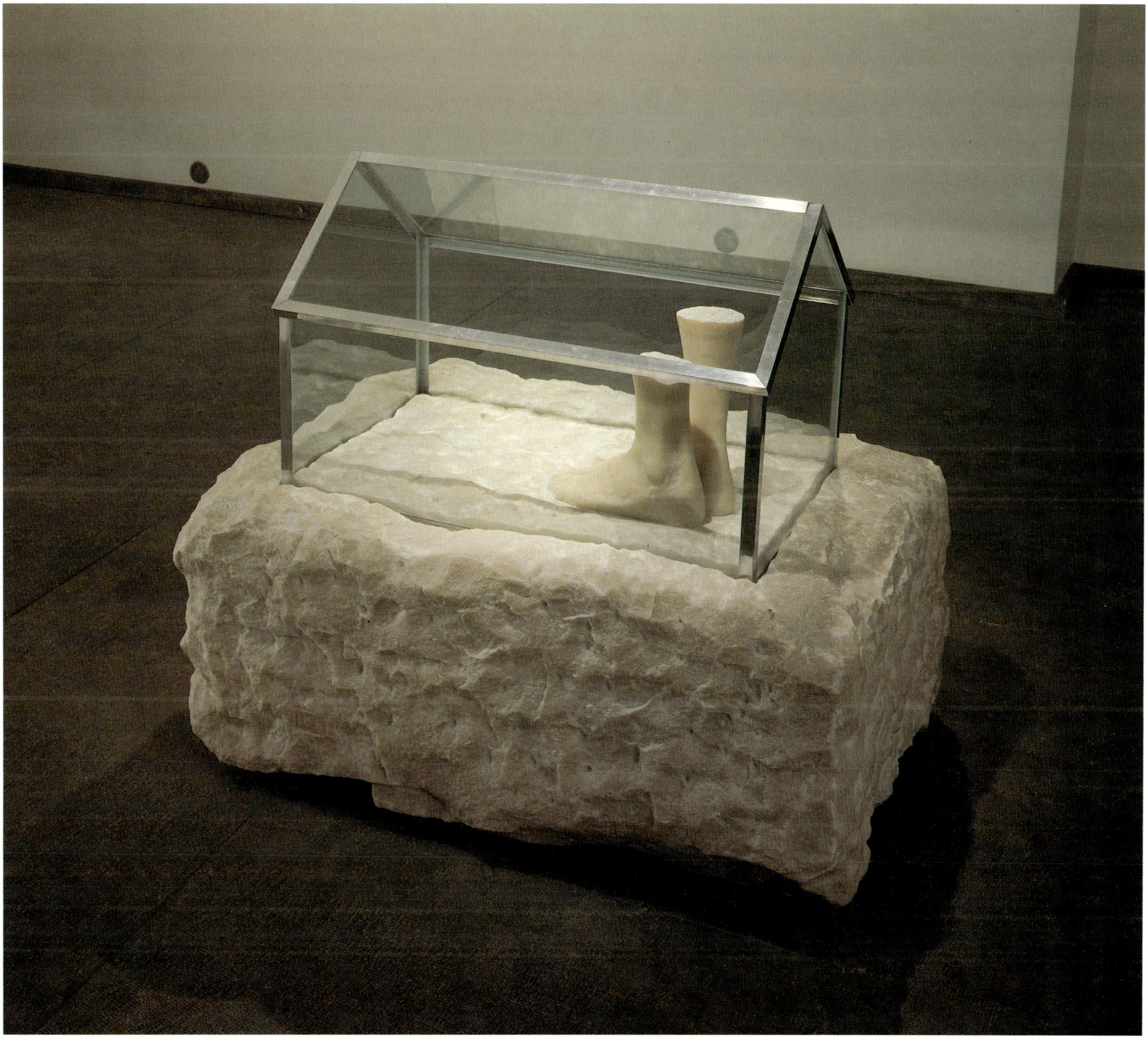

Louise Bourgeois. * Paris, 1911. Hier bin ich, hier steh' ich. 1990. Marmor, Glas und Metall. H 88,9 x B 102,8 cm. Galerie Karsten Greve, Köln.

Bouts Dieric

Madonna mit Kind

Dieses Madonnenbild ist weder streng noch aufwendig gemalt. Die Jungfrau hält zärtlich den Jesusknaben in den Armen, wie dies jede andere Mutter gleichfalls täte. Das Ergebnis ist ein Bild, das sich sowohl religiös als auch profan gibt. Kleinformatige Marienbilder waren in den Niederlanden beliebt und dienten der privaten Andacht zu Hause. Solche Andachtsbilder bestanden oft aus zwei Tafeln. Die zweite zeigte das Bildnis des Besitzers, der somit virtuell in ständiger Marienandacht verharrte. Der etwas schläfrige Blick Marias ist typisch für Bouts' Gesichter. Bouts gehört zu den bedeutendsten altniederländischen Malern. Zweifellos stand er unter dem Einfluß Van der Weydens scharf gestochener, fast bildhauerischer Auffassung. Bouts hingegen zeigt bereits reiferen Umgang mit der Perspektive.

☛ Campin, Van Eyck, Fouquet, Schongauer, Van der Weyden

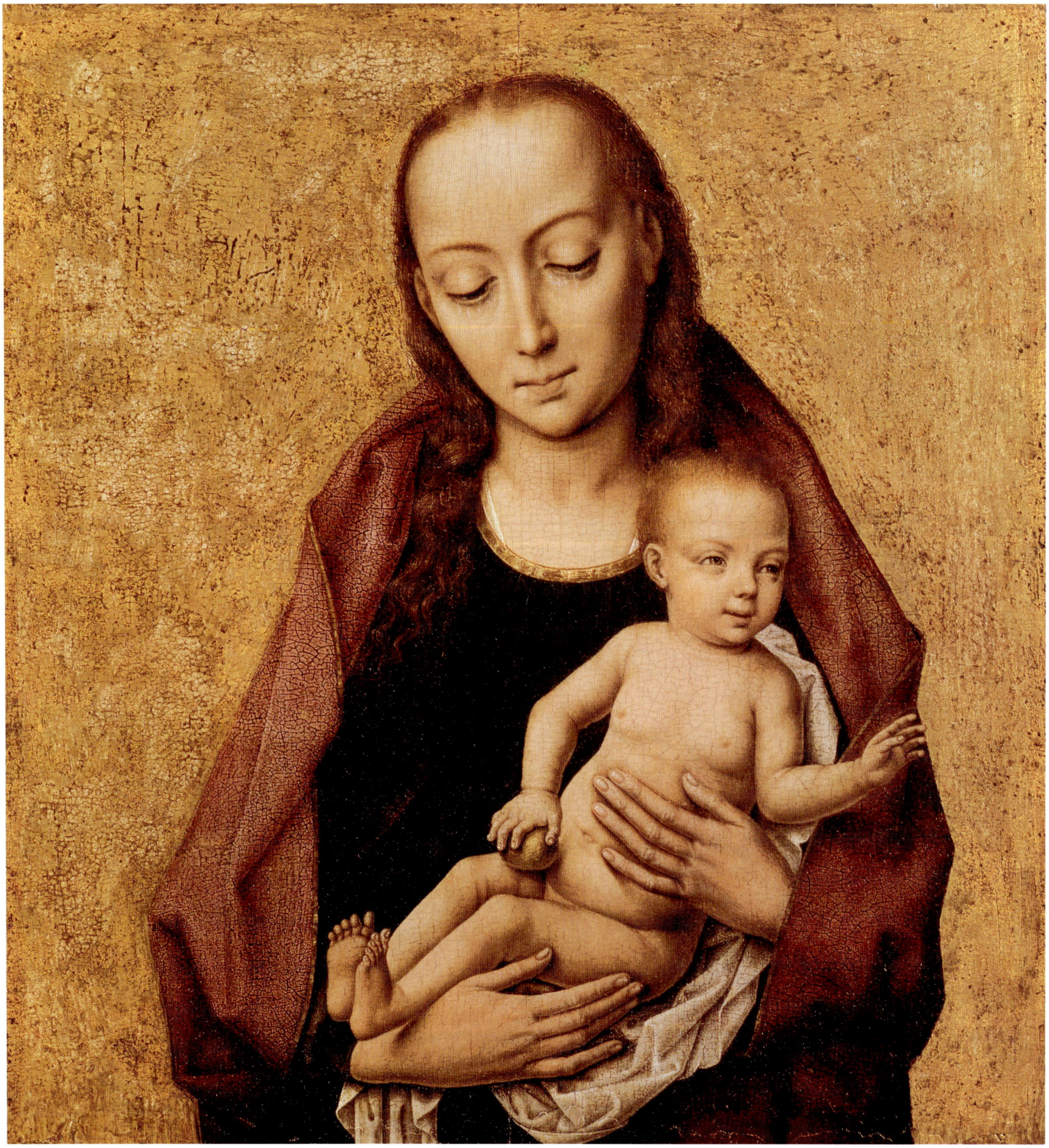

Dieric Bouts. Tätig in Löwen ab 1457. † Löwen, 1475. Madonna mit Kind. Um 1460-65. Öl und Tempera auf Holz. H 27,9 x B 24,1 cm. Privatsammlung.

Boyd Arthur

Der australische Sündenbock

Die bewegten Farben des Himmels laufen alle auf die Sonne zu. Vorne blickt sehnsüchtig ein spindeldürres schwarzes Tier mit einer Träne im traurigen Auge auf einen tot auf dem Rücken liegenden Rochen. In gekünstelter Pose hält ein Mann die Ziege; ist er Bauer, ist er Fischer? Der feuchte Strand reflektiert das Rot des Himmels, das heftig mit dem gelben Mantel des Mannes, der wie die Ziege seine Zunge ausstreckt, kollidiert. Die leidenschaftliche Farbigkeit und die visionäre Landschaft verleihen dem Bild einen expressionistischen Grundton. Viele von Boyds Bildern beschäftigen sich mit Themen wie sexuelle Leidenschaft, Schuld und Ehebruch. Der Sohn eines australischen Künstlerehepaares – der Vater war Bildhauer und Töpfer, die Mutter Malerin – zog 1959 nach England, wo er großen Erfolg hat.

☛ Burra, Heckel, Kitaj, Noland, Schmidt-Rottluff

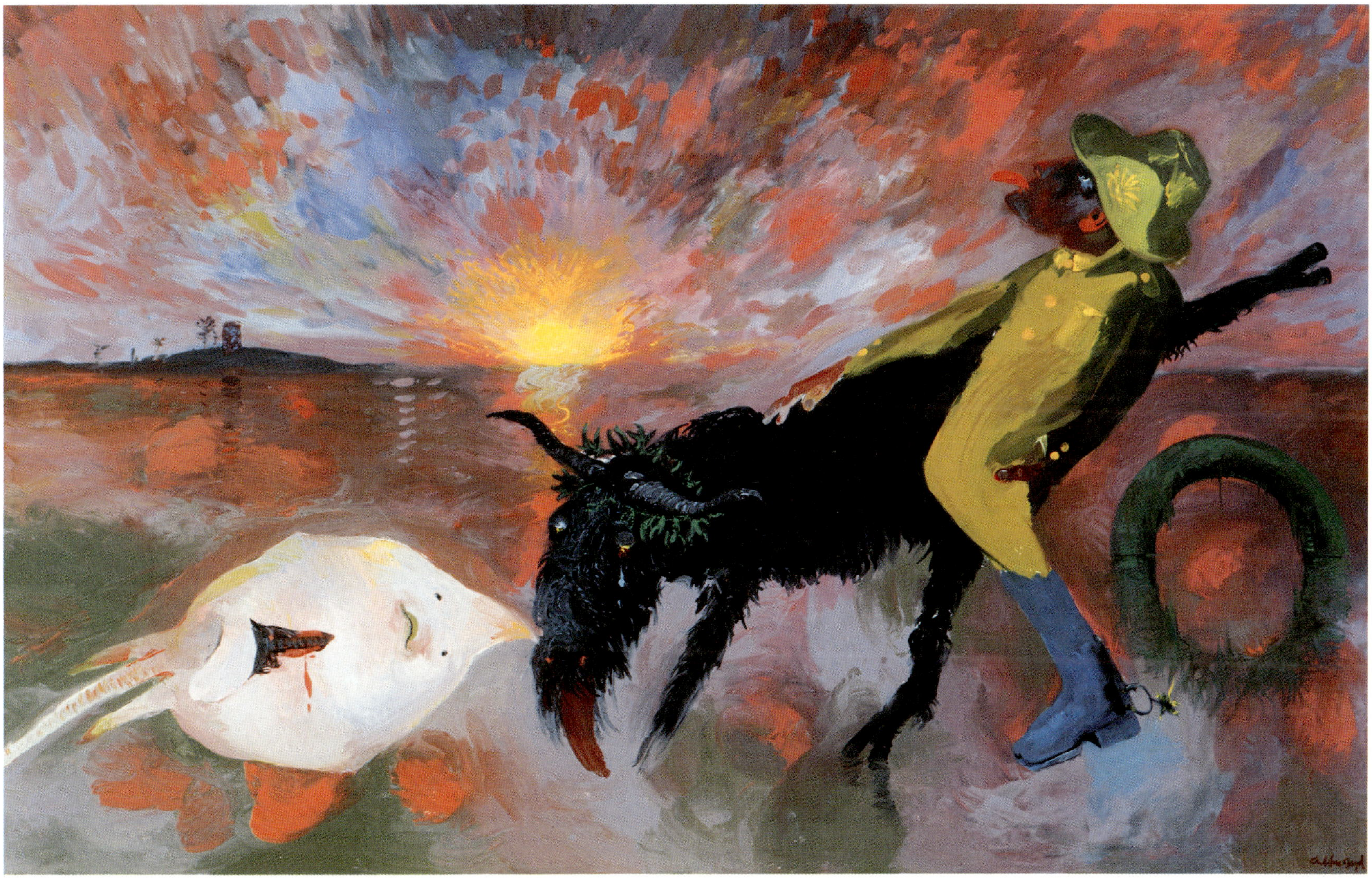

Arthur Boyd. * Murumbeena, 1920. Der australische Sündenbock. 1987. Öl auf Leinwand. H 259 x B 442 cm. Besitz des Künstlers.

Brancusi Constantin

Der Kuß

Eng umschlungen sind zwei Verliebte in einen leidenschaftlichen Kuß vertieft. Elementare Kraft verströmt auch der Steinblock, aus dem sich die Formen nur schemenhaft herausschälen, wie von einem tiefen Schlaf erwacht. Brancusi reduzierte seine Skulpturen auf ein höchst abstraktes Minimum, was ihnen unerhörte Lebenskraft verleiht. Alle schmückende Oberflächenbehandlung wird vermieden, nur die reine Form bleibt. Brancusis Wirkung auf die Gegenwartskunst war enorm. Die einfache Größe seiner Werke erweckt das Gefühl von Kraft und Freiheit. 1904 kam er zu Fuß aus Rumänien nach Paris. Zu seiner Bekanntheit trug auch ein Prozeß bei, den er gegen den amerikanischen Zoll führte. Dieser wollte für eine Bronzestatue Einfuhrzoll kassieren, da man darin kein Kunstwerk, sondern lediglich Bronzematerial erkennen wollte.

☛ Bourgeois, Gaudier-Brzeska, Moore, Noguchi, Rodin

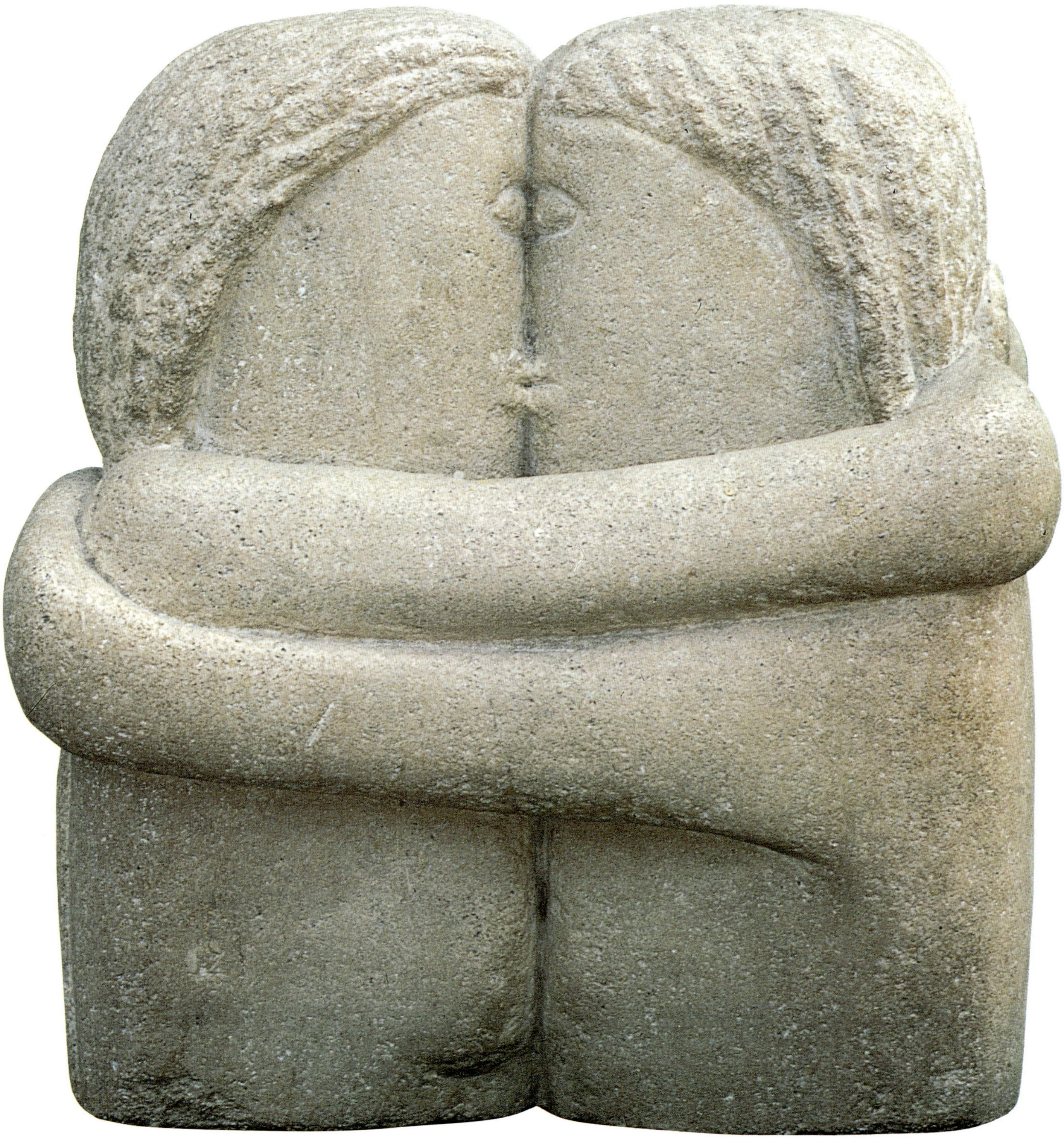

Constantin Brancusi. * Hobitza, 1876. † Paris, 1957. Der Kuß. 1907. Stein. H 28 cm. Muzeul de Arta, Craiova.

Braque Georges

Klarinette und Rumflasche auf Mantel

Buchstaben, Linien, Dreiecke und Rechtecke scheinen willkürlich auf der Leinwand verstreut, doch dahinter verbirgt sich eine abstrakte Komposition. Das Bild ist sorgfältig durchdacht. Es ist ein Kaminbild mit Klarinette, Rumflasche und Mantel. Ein Notenblatt ist an die Wand geheftet. Braque hat nicht mit Hilfe von Perspektive, Licht und Schatten einen Raum auf der Leinwand vorgetäuscht, sondern er hat durch die gleichzeitige Anordnung verschiedener Ansichten des Gegenstands Räumlichkeit erzeugt. Die flachen Formen in ruhigen Blau- und Grautönen sind die Kompositionsmittel eines kubistischen Bildes. Diese revolutionäre Art, die sichtbare Welt wiederzugeben, war eine Erfindung von Braque und Picasso. Damit war eine über fünfhundertjährige Kunsttradition zusammengebrochen, und Kunst mußte nicht mehr Naturnachahmung sein.

☛ Archipenko, Gris, Morandi, Nicholson, Picasso

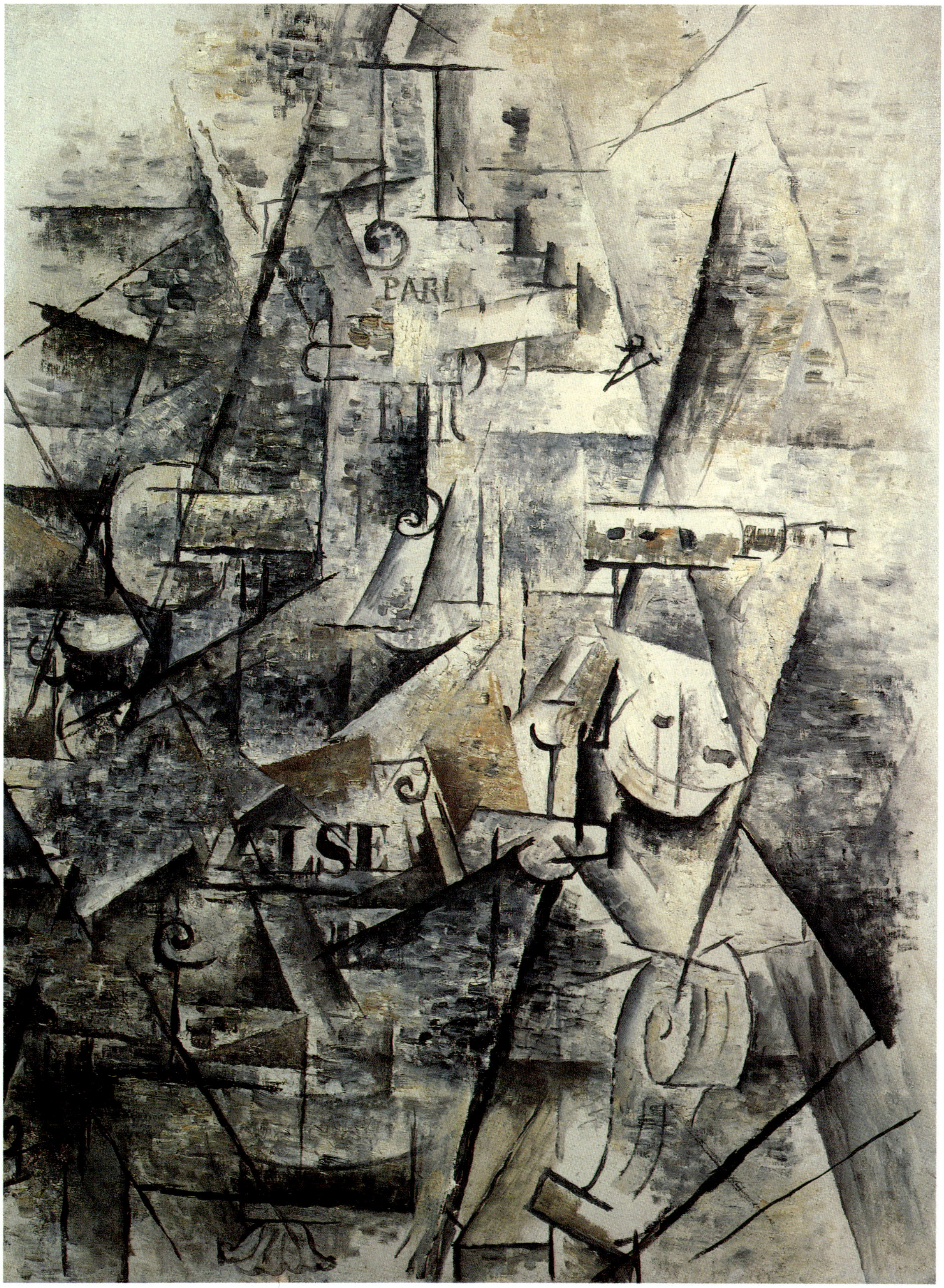

Georges Braque. * Argenteuil-sur-Seine, 1882. † Paris, 1963. Klarinette und Rumflasche auf Mantel. 1911. Öl auf Leinwand. H 81 x B 60 cm. Tate Gallery, London.

Brauner Victor

Faszination

Leise Braun- und Ockertöne beleben einen spartanisch eingerichteten Raum mit einem Tisch (halb Möbel und halb Wolf), an dem eine gesichtslose nackte Frau sitzt, die auf ihr Essen wartet. Ihre aufgerichteten Haare formen einen schwanenhalsigen Vogel, der sich aggressiv dem Wolfskopf entgegenstellt. Brauner schuf eine Reihe ähnlicher Bilder mit hybriden Mischwesen. Diese widersinnigen, spukhaften Gebilde sind Geschöpfe der geheimnisvollen Welt des Surrealismus. Seine bildhaften Vorstellungen sind von Zwängen der Vernunft und der Logik befreit. Die Surrealisten versuchten, das Unbewußte nutzbar zu machen, um enthüllende und anregende Bilder zu schaffen. Der gebürtige Rumäne Brauner arbeitete vor allem in Frankreich. 1931 malte er das »Selbstporträt mit herausgenommenem Auge« – ein prophetisches Bild. 1938 verlor Brauner bei einem Wirtshausstreit ein Auge.

☛ Bellmer, Dalí, Ernst, Magritte, Matta, Tanguy

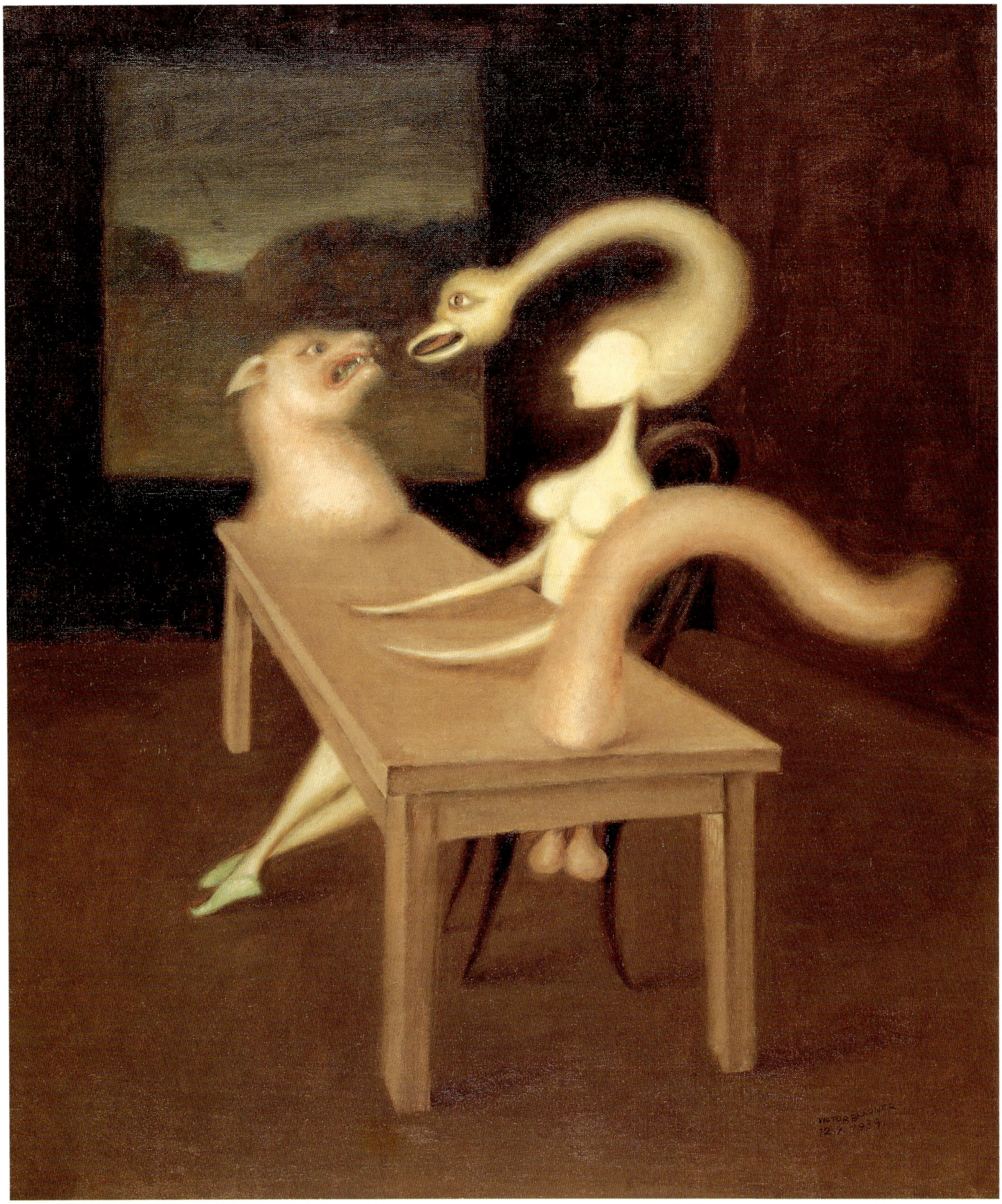

Victor Brauner. * Piatra Neamtz, 1903. † Paris, 1966. Faszination. 1939. Öl auf Leinwand. H 65 x B 54 cm. Privatsammlung.

Bronzino Agnolo

Allegorie mit Venus und Cupido

Venus küßt Cupido, der ihre Brüste streichelt. Ein bärtiger Chronos zieht einen blauen Vorhang zu. Masken liegen auf dem Boden. Ein Mädchen, halb pelziges Tier und halb schuppiges Reptil, hält eine Honigwabe in der einen Hand und den Stachel ihres Schwanzes in der anderen. Was bedeutet diese Allegorie? Niemand weiß es genau. Das kalte Licht, das die bizarre Szenerie badet, und die glatte Malweise sind typisch für Bronzino. In der Art und Weise, wie er gekünstelte Posen vortrug, den Ausdruck übertrieb oder Bewegung betonte, ist sein Werk ein Musterbeispiel für den Manierismus. Selbst seine begehrten Porträts sind durch obige Merkmale charakterisiert. Der manchmal zurückhaltende, ja unbeteiligte Ausdruck seiner Modelle verlangt vom Betrachter eine angestrengte Suche nach einem Anflug von Gefühl.

☛ Michelangelo, Parmigianino, Pontormo, Vouet

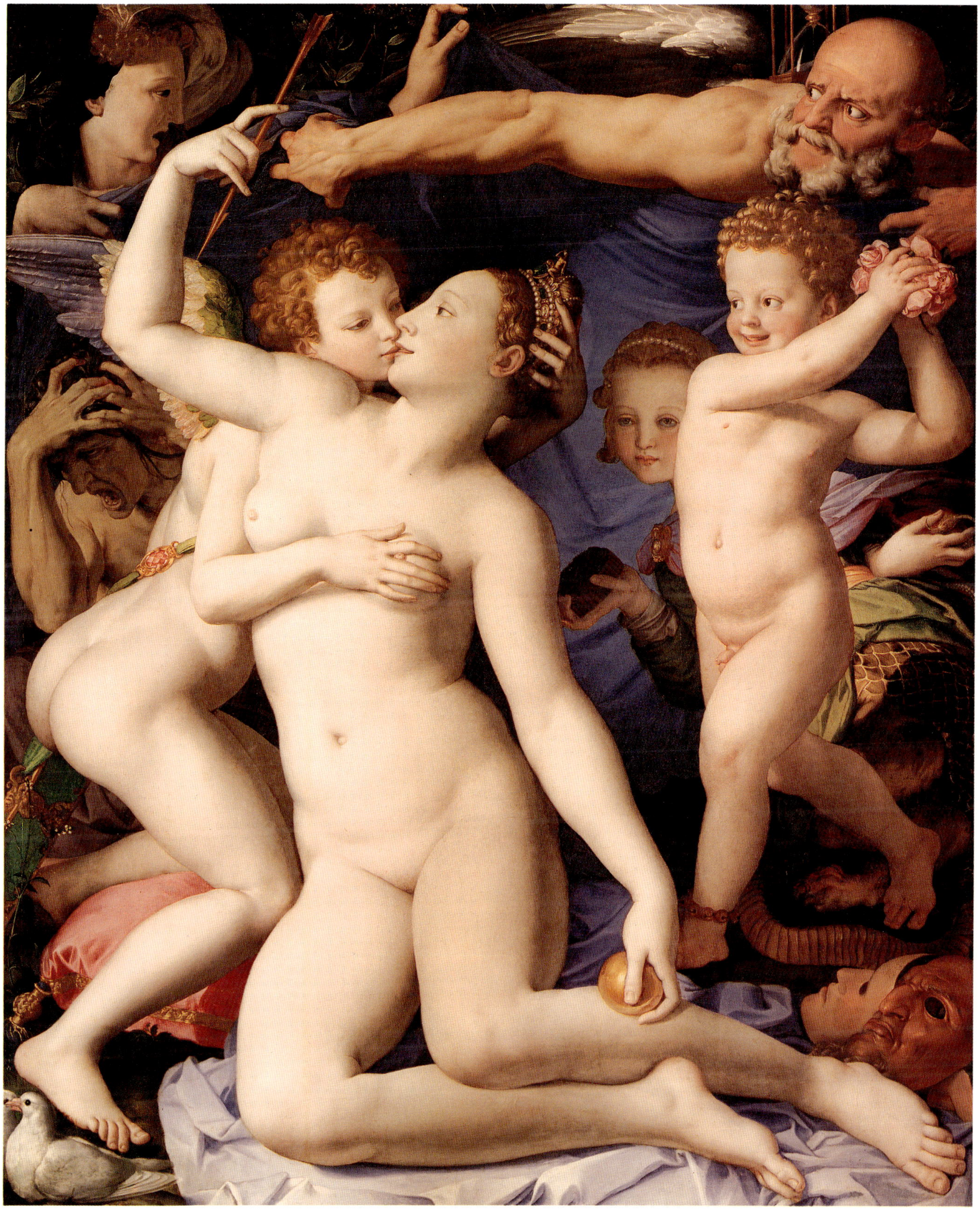

Agnolo Bronzino. * Florenz, 1503. † Florenz, 1572. Allegorie mit Venus und Cupido. Um 1550. Öl auf Holz. H 146 x B 116 cm. National Gallery, London.

Broodthaers Marcel

Topf und geschlossene Muscheln

Ein hoher Stoß von Muscheln wird durch grünen Kunstharz zusammengehalten, der das Meer symbolisiert. Die Muscheln scheinen in einem Anflug von Lebendigkeit an die Oberfläche zu brechen. Das Wortspiel aus la moule (= Muschel) und le moule (= Form, Schablone) dient dem Bild als Vorwand für eine Metapher auf Belgien, wo Muscheln eine Art Nationalgericht sind; es ist gleichzeitig eine Satire auf die belgische Bourgeoisie. Das Werk kann der Konzeptkunst zugerechnet werden, die sich intensiv mit den Ideen hinter den Kunstwerken beschäftigt. Doch Broodthaers war auch von seinem Landsmann Magritte, dem großen Surrealisten, beeinflußt. Wie Magritte liebte er es, nicht zusammenpassende Gegenüberstellungen und optische Widersprüche zu produzieren, indem er Worte, Alltagsgegenstände und Druckerzeugnisse neu zusammenstellte.

☛ Beuys, Duchamp, Magritte, Oldenburg, Rauschenberg

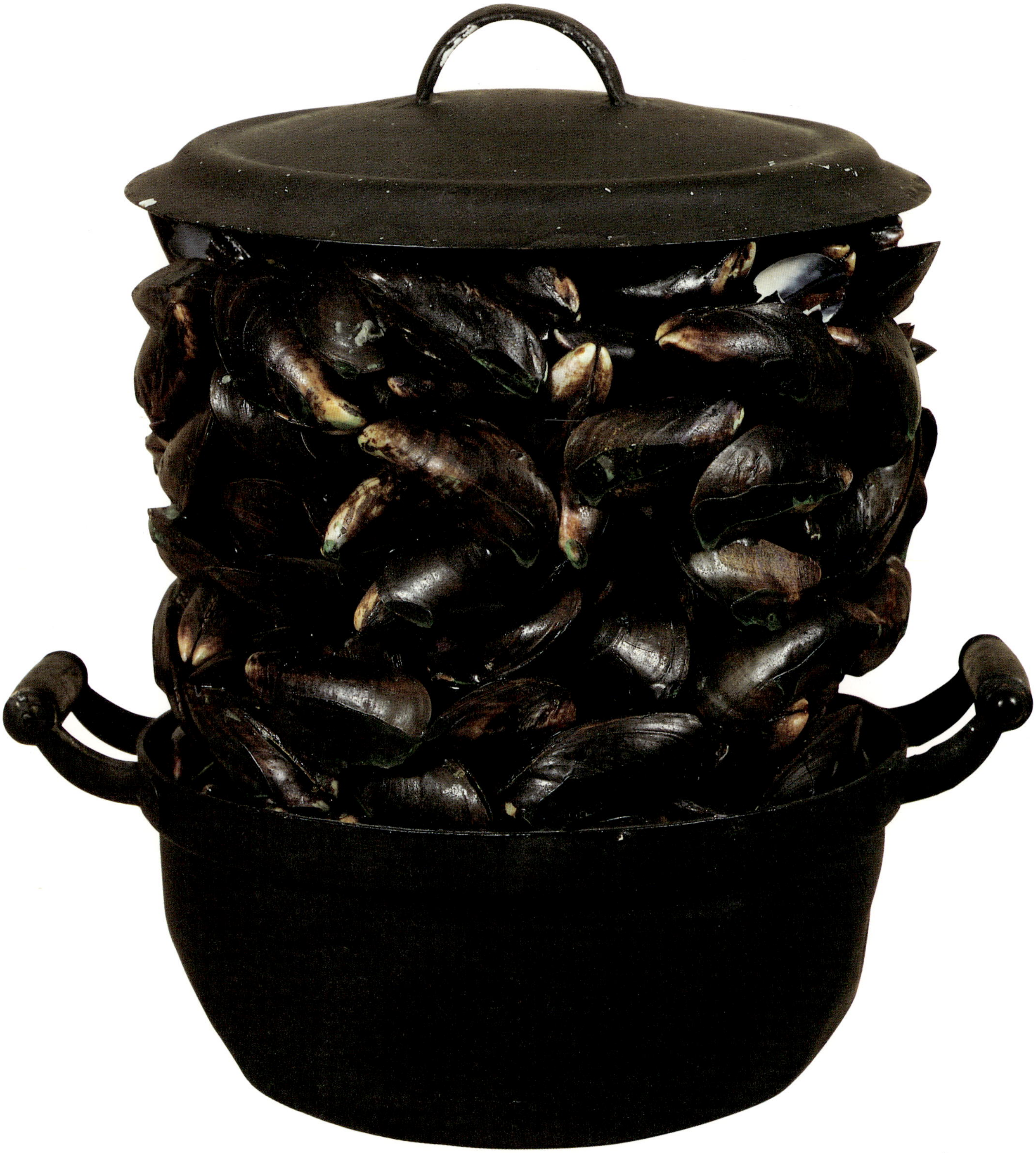

Marcel Broodthaers. * Brüssel, 1924. † Köln, 1976. Topf und geschlossene Muscheln. 1964-65. Muschelschalen, Polyesterharz und Eisentopf. H 30,5 cm. Tate Gallery, London.

Brown Ford Madox

Arbeit

Es ist leicht, die Botschaft des Künstlers in diesem vor Aktivitäten berstenden und mit tausenderlei Details angereicherten Bild zu erkennen. Weniger vordergründig will das Bild aber auch die Beziehung von Kunst und Arbeit verherrlichen. Diese beiden miteinander zu verbinden, war auch das Hauptanliegen des Werkbundes (Arts and Crafts Movement in England).

Nach Studienaufenthalten in Antwerpen, Paris und Rom ließ sich Brown 1843 in England nieder, wo er bald Anschluß bei den Präraffaeliten fand, ohne aber jemals Mitglied zu werden. Obwohl er deren Streben nach Wiedereinführung der Frührenaissancemalerei teilte, blieb Brown stärker an sozialen als an künstlerischen Fragen interessiert. Er verlor zwar 1845 den Wettbewerb um die Ausmalung des Parlaments, gewann dafür aber den Auftrag für die Dekorationen im Rathaus von Manchester.

☛ Burne-Jones, Hunt, Léger, Fra Filippo Lippi, Millais, Rossetti

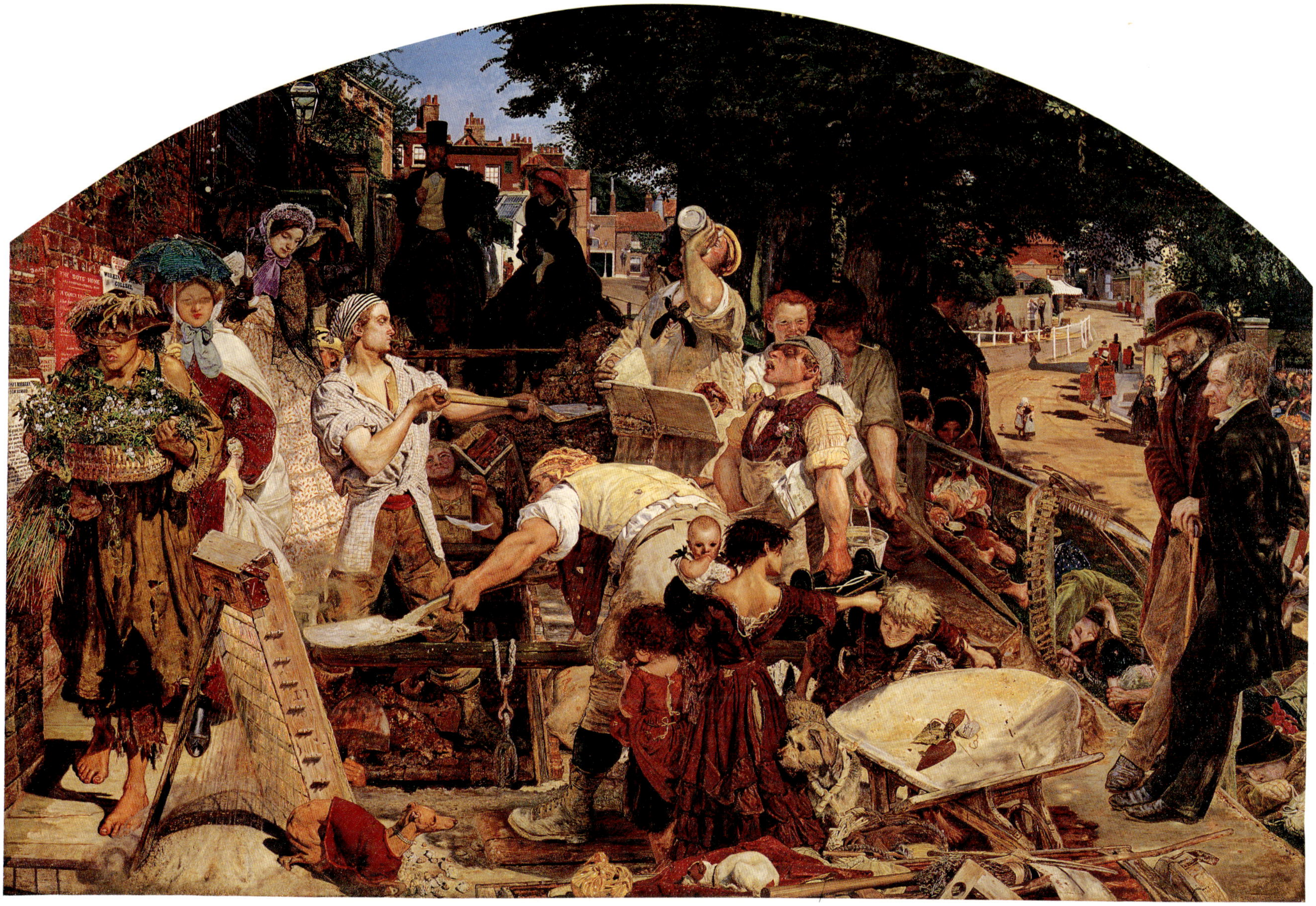

Ford Madox Brown. * Calais, 1821. † London, 1893. Arbeit. 1852/65. Öl auf Leinwand. H 134,6 x B 196 cm. Manchester City Art Gallery, Manchester.

Brueghel Jan

Der Paradiesgarten

Exotische Exemplare und einfache Haustiere tummeln sich in diesem Paradies, das reich mit saftigen Pflanzen und Blumen ausgestattet ist. Brueghels Hauptanliegen bestand offensichtlich in der Schöpfung einer mystischen Fantasielandschaft. Um die Umgebung zu betonen, wurden Adam und Eva zur Unbedeutsamkeit verkleinert. Die Zusammenstellung der Fauna und Flora mag heute lächerlich erscheinen, doch Brueghel gelang es, der Natur eine träumerische Qualität zu verleihen. Er steht damit am Anfang der holländischen Landschaftsmalerei des 17. Jahrhunderts. Brueghels Perfektion in der Wiedergabe von Pflanzen, Landschaften und Paradiesgärten trug ihm den Beinamen »Sammetbrueghel« ein. Jan entstammte einer alten flämischen Malerfamilie. Pieter Brueghel der Ältere war sein Vater.

☛ Bassano, P. Brueghel, Hobbema, Patenier, Ruysdael, Savery

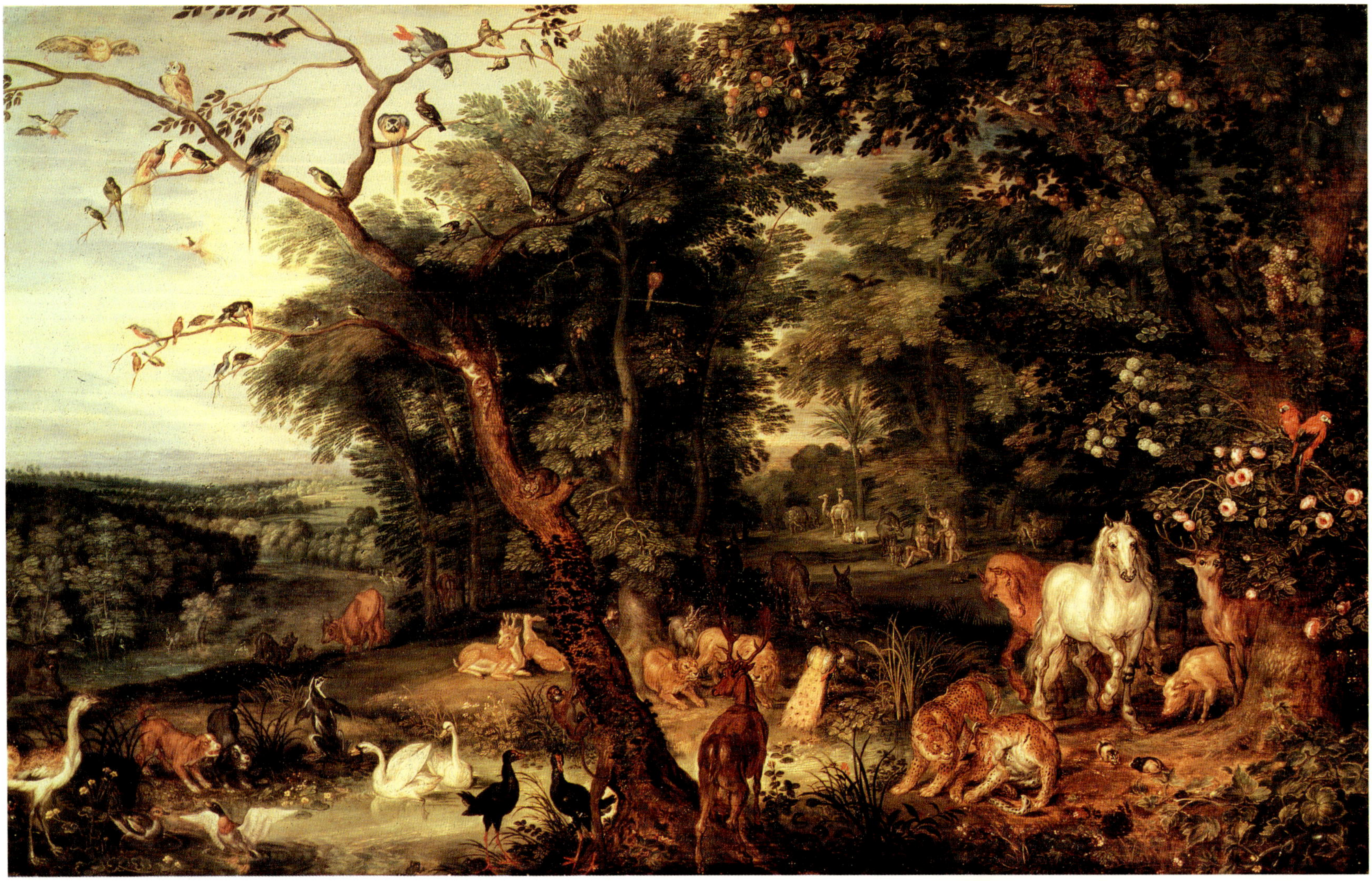

Jan Brueghel. * Brüssel, 1568. † Antwerpen, 1625. Der Paradiesgarten. Um 1620. Öl auf Holz. H 53 x B 84 cm. Victoria and Albert Museum, London.

Brueghel Pieter

Bauernhochzeit

Der Betrachter fühlt sich förmlich eingeladen, an dieser buntlebendigen Bauernhochzeit direkt teilzunehmen. Wir sehen links den Weinschenk, die Kuchen, die auf einer ausgehängten Tür hereingetragen werden und den hungrig auf das Essen starrenden Dudelsackbläser. Mit unerhörter Meisterschaft und Frische fängt Brueghel ländliche Lebensart ein. Die besoffen taumelnden Typen, die seine lebensprallen Szenen beleben, stehen im Kontrast zur italienischen, verfeinerten Lebenskunst. Doch Brueghels Darstellungen sind lebensnaher und menschlicher. Er soll sich sogar verkleidet haben, um selbst dabei zu sein, was ihm den Beinamen »Bauernbrueghel« eingetragen hat. Seine Technik ist allerdings vom Feinsten; in zahlreichen dünnen Schichten erreicht er einen unerhörten Reichtum und eine Vielfalt der Farben wie kaum ein Zeitgenosse. Pieter war der Ahnherr einer bedeutenden Künstlerdynastie.

☛ Bosch, J. Brueghel, G. David, Van Ostade

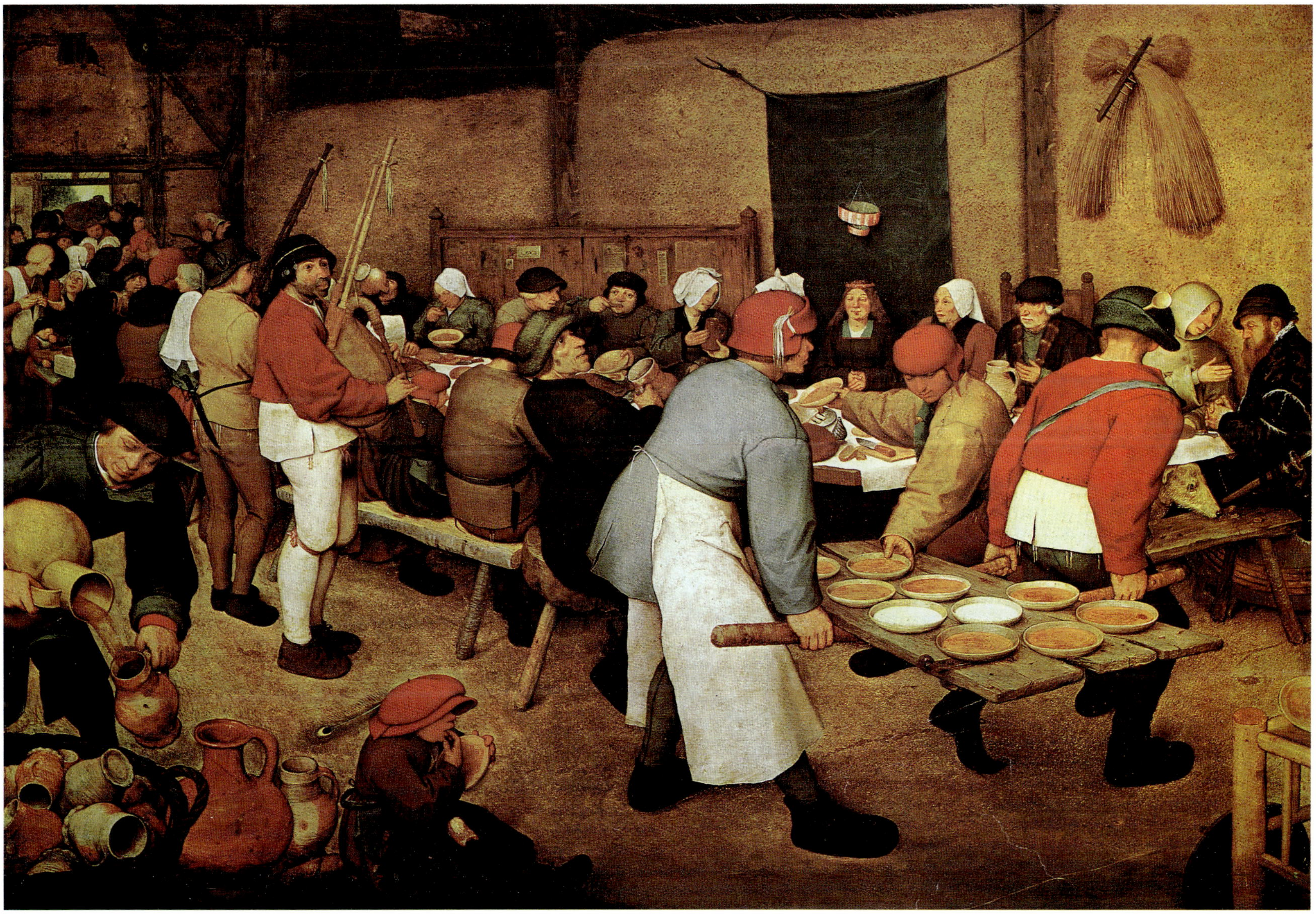

Pieter Brueghel. * Breda, um 1525. † Brüssel, 1569. Bauernhochzeit. Um 1566-67. Öl auf Holz. H 114,3 x B 162,6 cm. Kunsthistorisches Museum, Wien.

Buren Daniel

Zwei Niveaus

Man sieht hier nur einen kleinen Teil einer riesigen Installation, die Buren speziell für den Ehrenhof des Palais Royal in Paris erstellte. Jeder Säulenstumpf besteht aus schwarzen und weißen Marmorscheiben. Ihre Gesamtheit bildet eine streng uniforme Abfolge im Hof. Die gewaltige Wirkung der Installation wird vollständig beherrscht von seiner Umgebung, da Buren nur eine Interpretation vorgegebener architektonischer Räume gibt. Man sieht im Hintergrund die Originalsäulen. Als führender Vertreter der französischen Konzeptkunst weiß Buren, daß alles seinen Sinn durch den Kontext gewinnt. Er demonstriert dies, indem er sein Zeichen (schwarze und weiße Streifen) in verschiedene Situationen einbringt. Seine Idee und deren Formen sind seit Jahren unverändert. Für seine Malerei benutzt er als Basis u. a. Fahnen und Treppen.

☛ Andre, Christo, Judd, Long

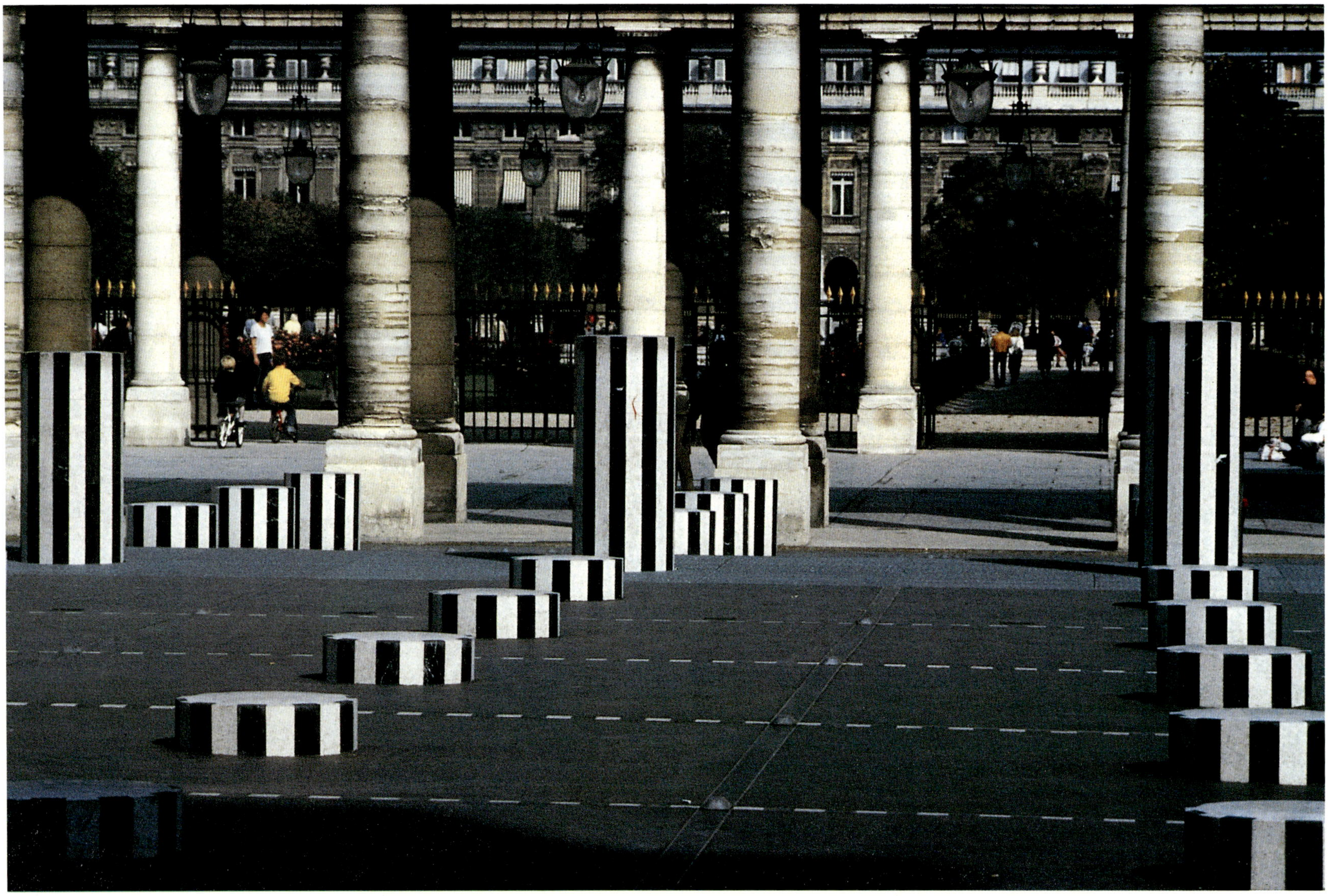

Daniel Buren. * Boulogne-Billancourt, 1938. Zwei Niveaus. 1985-86. Schwarzer und weißer Marmor. Ausdehnung 67 x 50 m. Palais Royal, Paris.

Burne-Jones Sir Edward

König Cophetua und das Bettlermädchen

In diesem anmutigen Bild werden das Rittertum und seine Romane neu beschworen. Es erzählt die Geschichte vom König, der fern und nah nach der vollkommenen Frau suchte und sie schließlich in einer Bettlerin fand. Sie ist der strahlende Mittelpunkt des Bildes und erglüht in himmlischem Licht. Burne-Jones war tief beeindruckt von den Malern der Frührenaissance. Darin wurde er bestärkt durch seine Freundschaft mit Rossetti. Obwohl er kein Gründungsmitglied der Präraffaelitischen Bruderschaft war, spiegelt sein Werk die Vorstellungen dieser ihm verbundenen Maler wieder. Kolorit, Themenwahl und Liebe zum Detail verleihen seinen Bildern einen mystisch-geistigen Reiz. Die von Morris angeführte »Arts and Crafts«-Bewegung (entspricht dem deutschen Werkbund) beeinflußte auch Burne-Jones. Sie wird erkennbar in der Gestaltung des Treppenhauses.

☛ Botticelli, Brown, Mantegna, Millais, Rossetti

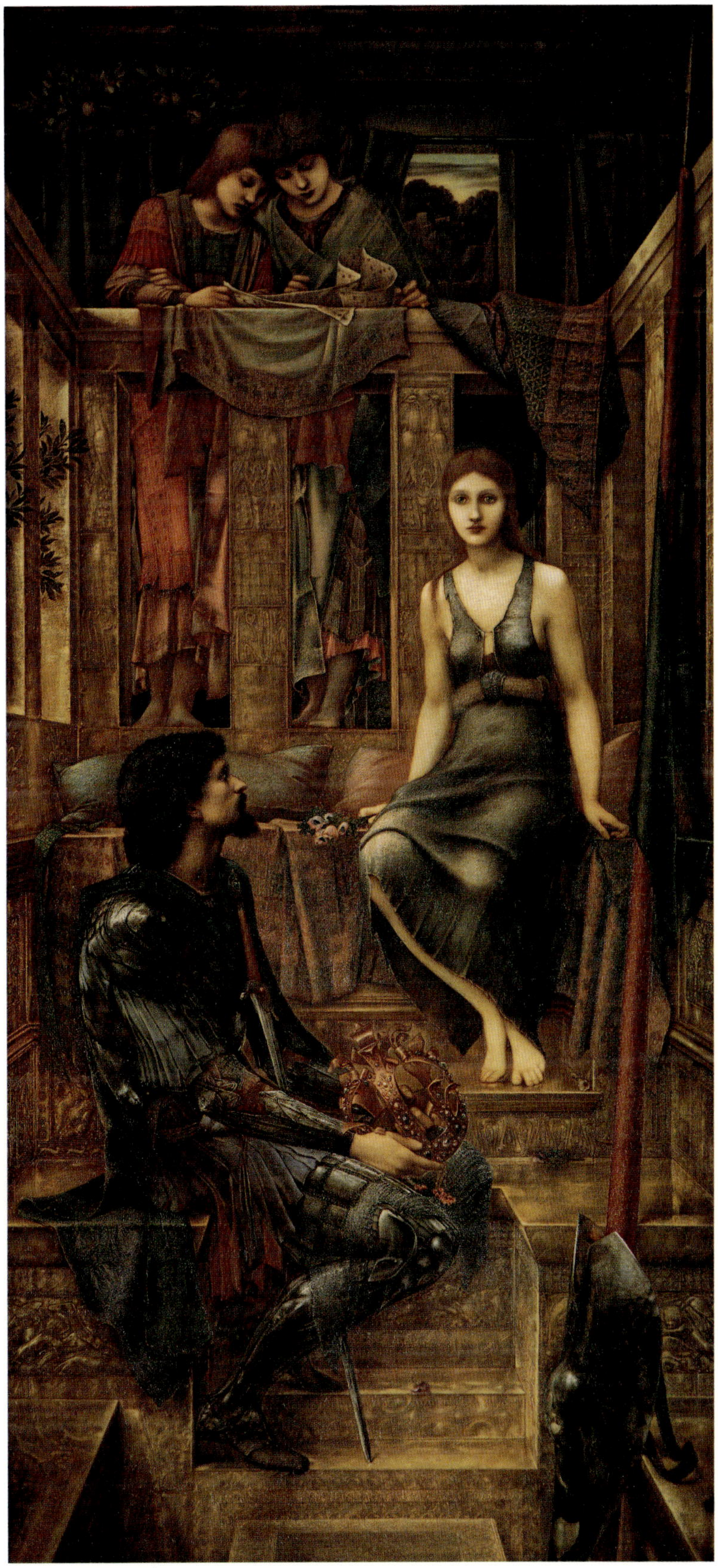

Sir Edward Burne-Jones. * Birmingham, 1833. † London, 1898. König Cophetua und das Bettlermädchen. 1862. Öl auf Leinwand. H 293 x B 136 cm. Tate Gallery, London.

Burra Edward

Landschaft in Cornwall mit Menschen und Zinnmine

Der Künstler hat gekonnt die verwunschene Landschaft Cornwalls mit ihren Ruinen und uralten Zinnminen eingefangen. Man weiß, daß Burra den Mann mit dem gestreiften Mantel (zweimal auf dem Bild) in einem Lokal gesehen hat und die zwei Tätowierten Kopien aus einem Buch sind. Der geisterhafte Kopf links oben deutet Burras Neigung zum Surrealismus an. Aus seiner Frankreichzeit kannte er viele Surrealisten. Trotzdem hat er sich ihnen nie ganz angeschlossen. Während der 30er Jahre wurde sein Werk zeitkritischer, dem von Grosz verwandt. Gegen Ende seines Lebens arbeitete Burra nur noch in seinem ganz individuellen Stil. Viele seiner bekannten Werke stellen Frauen in Aquarelltechnik oder Menschen bei ihren Vergnügungen dar, alles in Burras scharfer, bisweilen leicht überspitzter Sehweise.

☛ Boyd, Dalí, Grosz, Kitaj, Tanguy

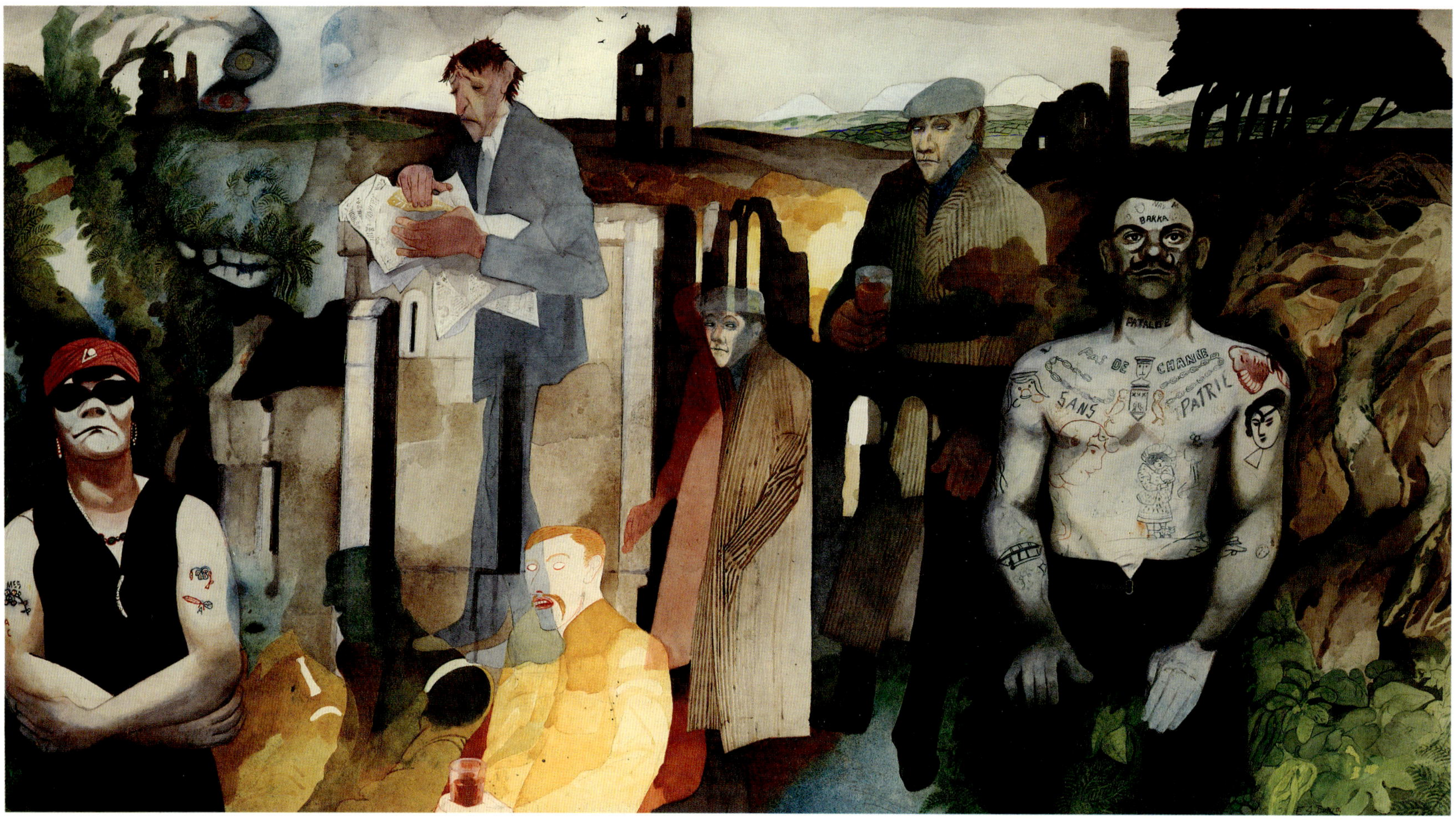

Edward Burra. * London, 1905. † Playden, 1976. Landschaft in Cornwall mit Menschen und Zinnmine. 1975. Aquarell auf Papier. H 78,1 x B 135,9 cm. Privatsammlung.

Burri Alberto

Sack

Von der Zeit zerstörte und als Müll deklarierte Materialien, zerrissen und entwirrt, sind wieder zusammengefugt und bemalt worden. Burris einstige Erfahrung als Lazarettarzt im 2. Weltkrieg – der Umgang mit blutverschmierten Bandagen und das Nähen von Wunden – lieferte die Anregung für dieses Bild. Die Anstößigkeit des verwendeten Materials und die Heftigkeit, mit der es zerrissen wurde, schaffen eine mächtige Spannung zwischen Schönheit und Fäulnis. Das Bild drückt die Idee des Informel aus, einer Nachkriegsversion der abstrakten Kunst, die bislang übliche Schemata ablehnte und sich von neuen Materialien anregen ließ. Burris Werk zeigt seine Faszination für Oberflächenstrukturen. In einer Reihe von Werken verwendet er verkohltes Holz, Eisenplatten und Plastikbögen, die mit der Lötlampe zusammengeschweißt und bei Sammlern sehr gefragt sind.

☛ Dubuffet, Fautrier, Riopelle, Still, Tàpies

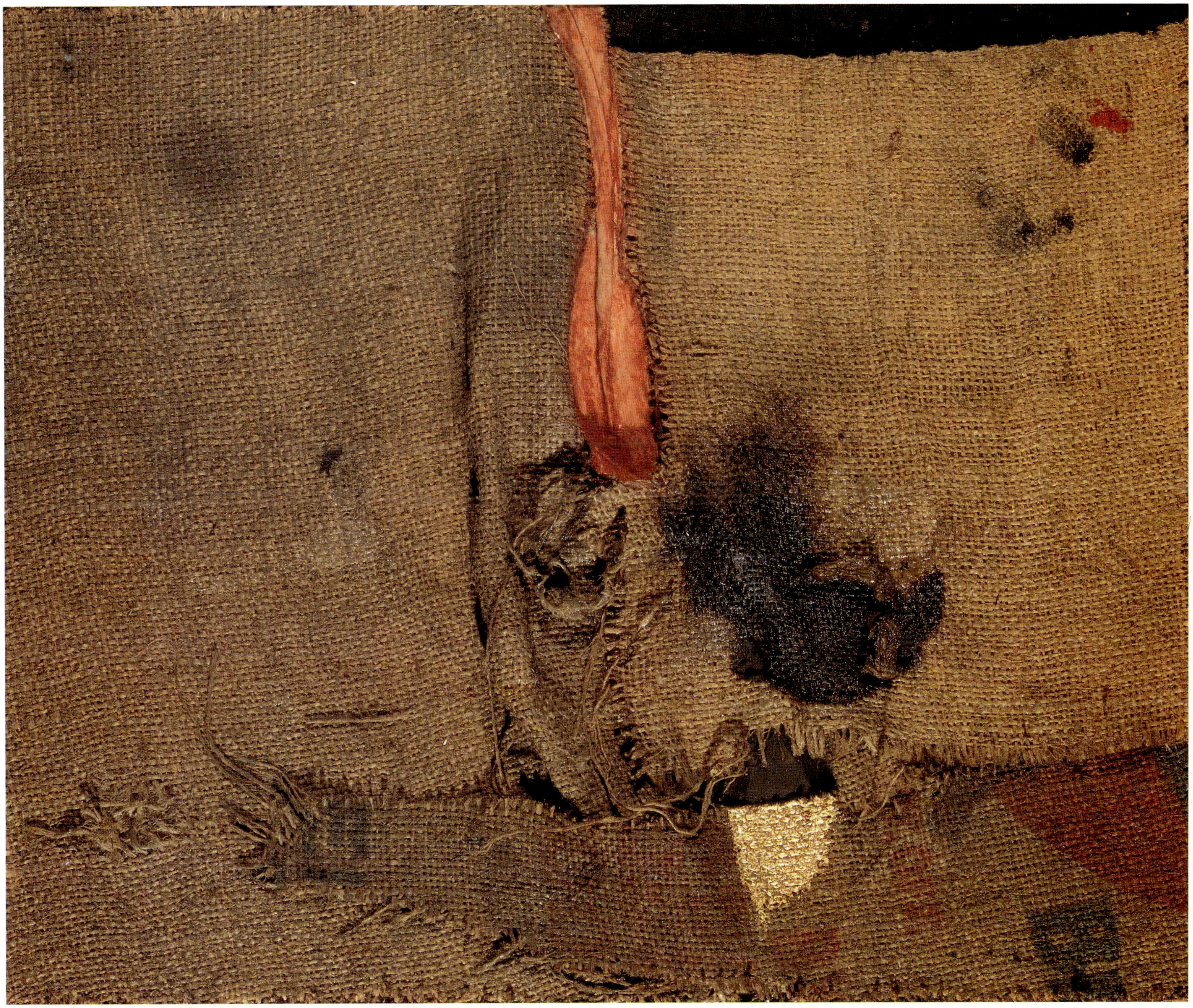

Alberto Burri. * Città di Castello, 1915. Sack. 1954. Rupfen, Leinen, Öl und Goldfarbe auf Holz. H 33 x B 38 cm. Privatsammlung.

Caillebotte Gustave

Junger Mann am Fenster

René, der jüngere Bruder des Künstlers, steht mit dem Rükken zu uns und schaut aus dem Fenster des Familienhauses auf die Rue de Miromesnil in Paris. Die mächtige Balustrade teilt innere und äußere Welt, und wir werden gezwungen, dem Blick von René hinunter auf die Straße zu folgen. Dieser Kunstgriff, der den Betrachter mittels Fensterrahmen in das Bild einbezieht, macht es zu einem Meisterwerk des Künstlers. Caillebotte spezialisierte sich auf Ansichten von Paris und Umgebung und Darstellungen der Arbeitswelt. Als inniger und hilfreicher Freund von Monet, Renoir und Sisley organisierte er nicht nur Ausstellungen der Impressionisten, er kaufte auch viele der damals noch schwer verkäuflichen Bilder. Testamentarisch vermachte er 65 frühe Hauptwerke der Impressionisten dem französischen Staat, der die Stiftung zunächst ablehnte.

☛ Bonnard, Cassatt, Monet, Matisse, Renoir, Sisley, Vuillard

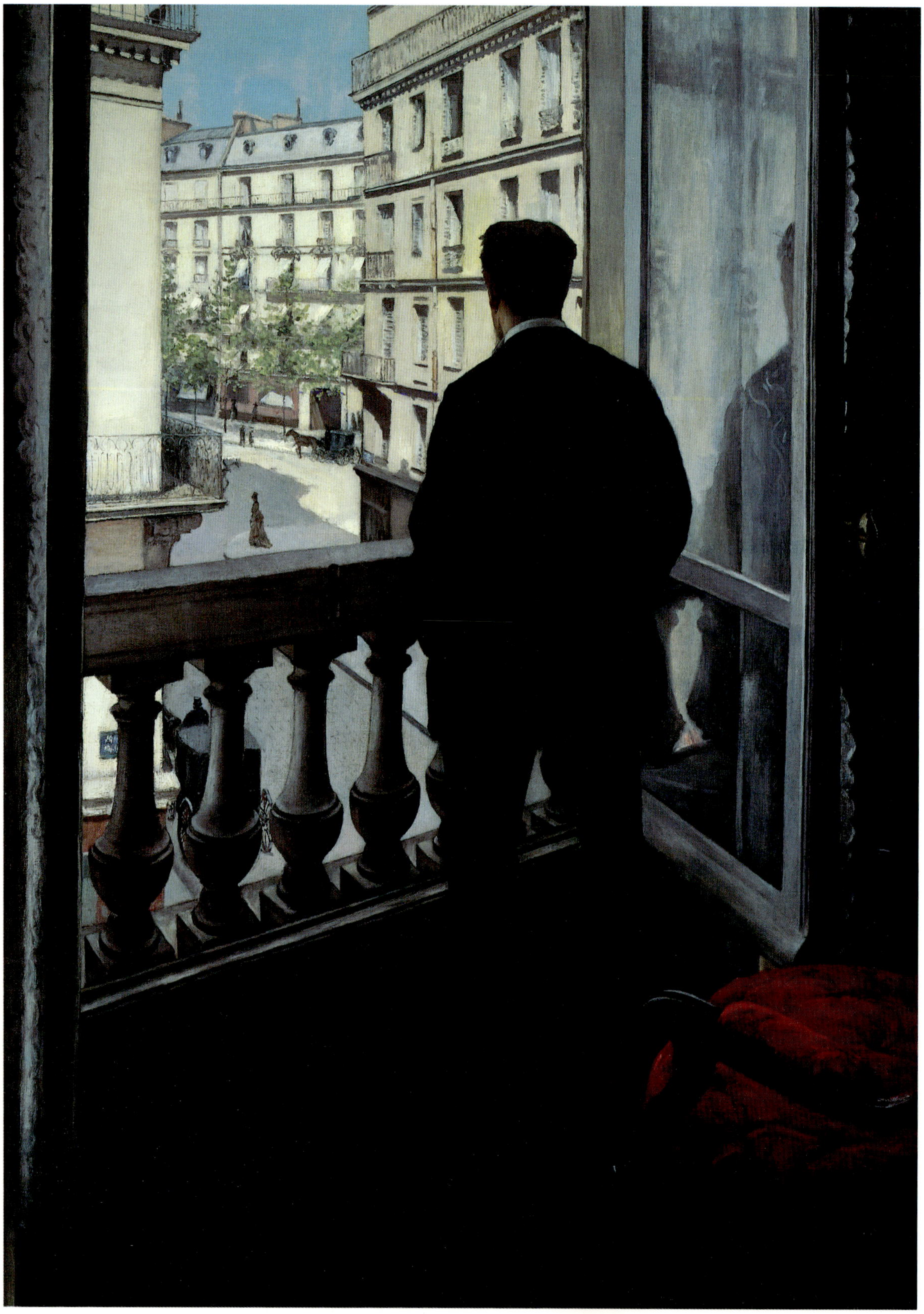

Gustave Caillebotte. * Paris, 1848. † Paris, 1894. Junger Mann am Fenster. 1876. Öl auf Leinwand. H 116,2 x B 80,9 cm. Privatsammlung.

Calder Alexander

Hummerfalle und Fischschwanz

Das fein austarierte Schweben und Drehen des Drahtgestells erinnert an eine Hummerfalle, während der stilisierte Farbfisch und das darunter hängende, neunteilige schwarze Gebilde an Fischskelette denken läßt. Die Metallelemente schwingen unabhängig voneinander in langsamen Kreiseln, angestoßen durch die Bewegungen der Luft. Calder verbindet die Stimmung von Seemotiven mit der Anmut von Gebilden, die sich ständig mit unterschiedlicher Geschwindigkeit und in verschiedene Richtungen heben, senken und drehen. Calder ist unbestritten der Hauptvertreter der kinetischen Kunst, für die die Bewegung oder der Eindruck davon ausschlaggebend ist. 1932 baute Calder sein erstes Mobile. Ein spätes monumentales Beispiel steht auf dem J. F. Kennedy Airport in New York.

☛ Lissitzky, Miró, Tinguely, Vasarely

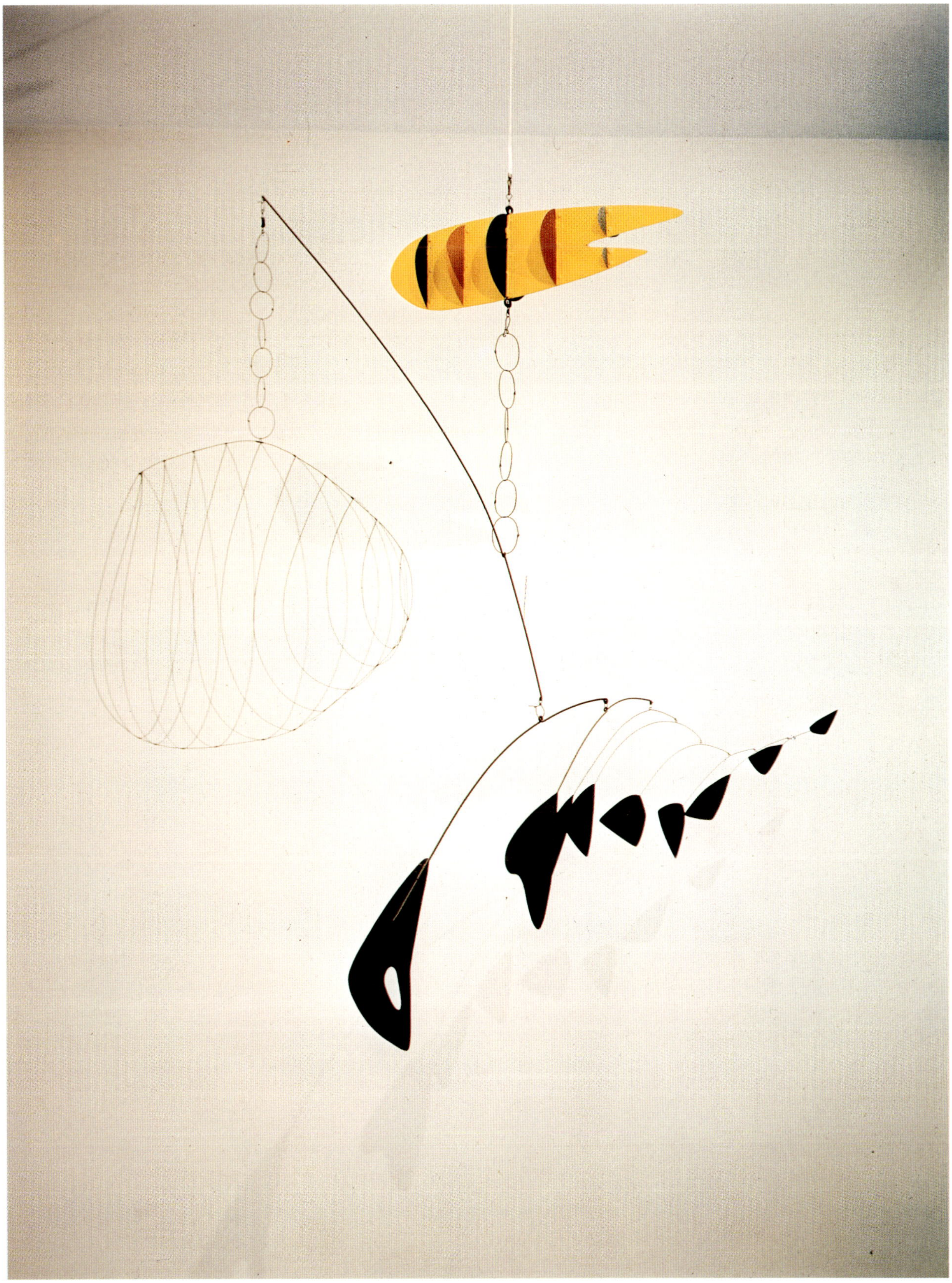

Alexander Calder. * Philadelphia, 1898. † New York, 1975. Hummerfalle und Fischschwanz. 1939. Stahldraht und bemalte Aluminiumblätter. B 289,5 cm. Museum of Modern Art, New York.

Campin Robert

Madonna mit Kind vor Kamin

Trotz ihrer reichen und sorgfältig gearbeiteten Kleider sitzt Maria in einem relativ bescheidenen häuslichen Ambiente, so, als ob sie gerade ein Buch weggelegt hätte, um das Kind zu stillen. Überall auf dem Bild erscheinen akkurat wiedergegebene Details, wie der Blick aus dem Fenster, die Verzierungen auf Bank und Buch, das Flechtwerk oder die kunstvolle Borte auf Marias Gewand. Die Stofflichkeit der Materialien ist sorgfältig ausgeführt. Technische Meisterschaft und Erfindungsfreude gestatten einen Vergleich mit Campins Zeitgenossen Van Eyck. Campins eigene Identität ist ungeklärt. Allgemein wird er mit dem Meister von Flémalle identifiziert, dessen Name auf eine Reihe von Bildern zurückgeht, die vermutlich aus der Abtei Flémalle bei Lüttich stammen. Außerdem wird Rogier Van der Weyden als Schüler Campins betrachtet.

☛ Bouts, Van Eyck, Fouquet, Schongauer, Van der Weyden

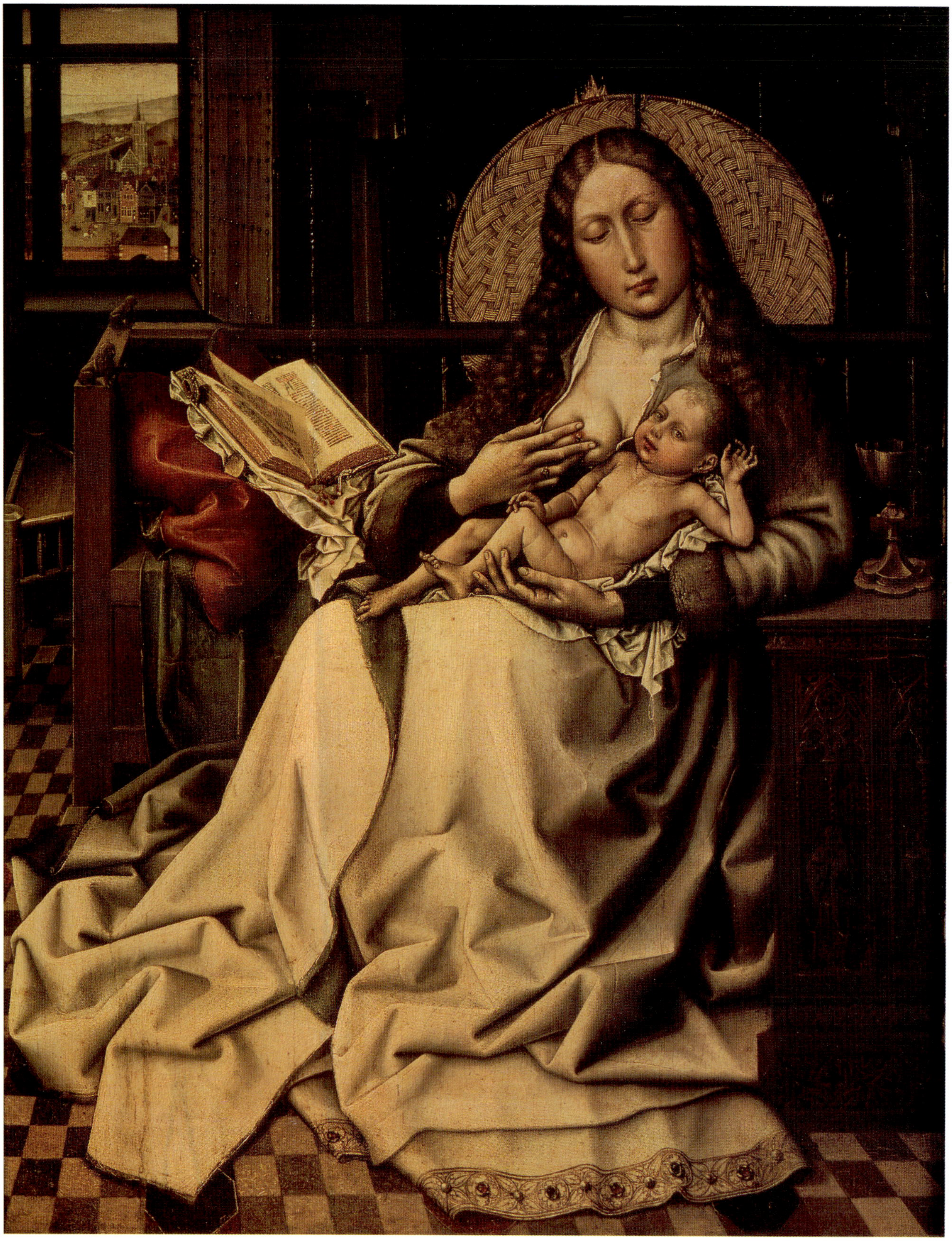

Robert Campin. Tätig in Tournai ab 1406. † Tournai, 1444. Madonna mit Kind vor Kamin. Um 1425/30. Öl und Tempera auf Holz. H 63,5 x B 49,5 cm. National Gallery, London.

Canaletto

Der Buzentaurus vor der Abfahrt am Himmelfahrtstag

Im Hafenbecken vor San Marco sieht man, wie sich der Doge gerade auf dem Prunkschiff der Stadt, dem Buzentaurus, einschifft, um die berühmte Zeremonie, die Vermählung mit dem Meer, eines der großen Staatsfeste der Republik, zu begehen. Jedes Jahr am Himmelfahrtstag wirft der Doge einen symbolischen Ring ins Meer. Das Ereignis gab dem Künstler die Möglichkeit, Pomp und Glanz venezianischer Feste darzustellen. Canaletto war seinerzeit Venedigs führender Landschafter. Seine Bilder waren besonders beim englischen Adel sehr gefragt. Die penibel wiedergegebenen Details von Kanälen und Palästen erwecken noch heute eine romantische Sicht dieser wunderbaren Stadt. Während seines Englandaufenthaltes 1746 malte er eine Reihe von Veduten, darunter Warwick Castle, Eton College und Whitehall.

☛ Bellotto, G. Bellini, Bonington, Guardi, Pannini

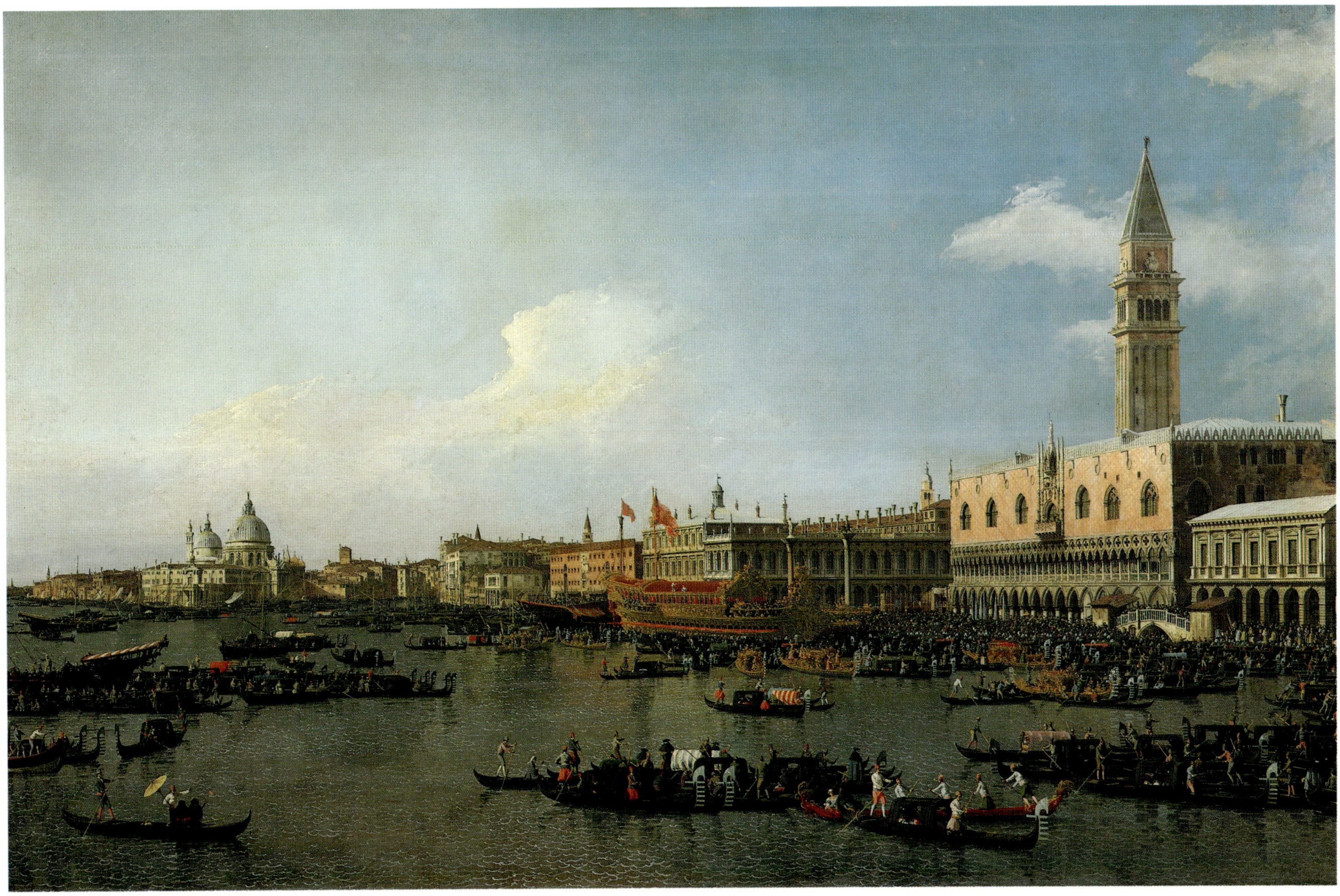

Canaletto (Giovanni Antonio Canal). * Venedig, 1697. † Venedig, 1768. Der Buzentaurus vor der Abfahrt am Himmelfahrtstag. Um 1740. Öl auf Leinwand. H 122 x B 183 cm. National Gallery, London.

Canova Antonio

Cupido und Psyche

Mit noch offenen Flügeln landet Cupido, um seine sterbende Geliebte Psyche mit einem zarten Kuß wieder ins Leben zurückzuholen. Der Brennpunkt der Skulptur liegt in der Verschränkung der Arme und in dem liebevollen Blick der beiden. Die glatten Leiber und zarten Glieder zeigen ihre jugendliche Leidenschaft in all ihrer Unschuld; die ganze Szene ist erfüllt von schwereloser Anmut und bietet ein Musterbeispiel des neoklassizistischen Ideals von Vollendung in Form und Ausführung und der Fähigkeit, in Stein Leidenschaft und Liebe auszudrücken. Canova durchlief in seiner Geburtsstadt eine erfolgreiche Karriere mit zahlreichen öffentlichen Aufträgen. Er gründete eine Schule für junge Künstler. Als päpstlicher Kommissär reiste er durch Europa und verlangte in den Napoleonischen Kriegen verschleppte Kunstwerke zurück.

☛ Bernini, J.-L. David, Etty, Powers, Prud'hon, Rodin

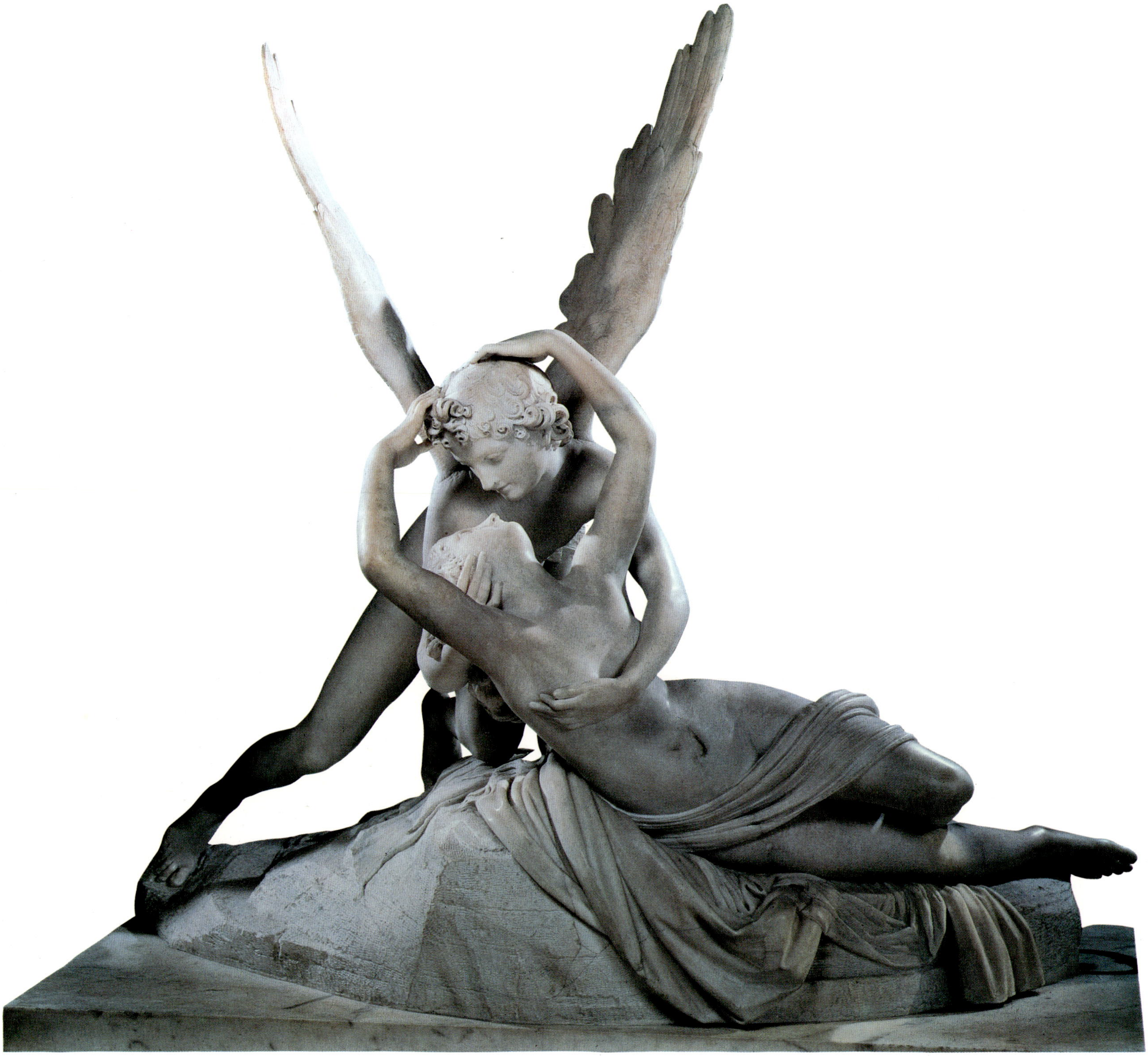

Antonio Canova. * Possagno, 1757. † Venedig, 1822. Cupido und Psyche. 1787-93. Marmor. H 155 cm. Musée du Louvre, Paris.

Caravaggio

Der ungläubige Thomas

Kurz nach der Auferstehung verlangt Thomas den Beweis der Echtheit der Wunden. Die Körper von Christus und den drei Jüngern bilden den Kern der Komposition. Die Situation ist angespannt, als die Apostel auf Thomas blicken, der mit hochgezogenen Augenbrauen seinen Finger in die Wunde legt. Die Dramatik dieses schockierend realistischen Details wird noch gesteigert durch die strenge Lichtführung und die tiefen Schatten; es gibt keinen Hintergrund. Caravaggio war berühmt für seinen lebendigen Realismus und seine Ablehnung von Idealisierungen, was damals einer Revolution gleichkam. Er verwendete rohe bäuerliche Typen als Modelle für Heilige und Apostel. Er soll sogar eine seiner Madonnen nach einer im Tiber gefundenen Prostituierten gemalt haben. Trotz seiner ständigen Schwierigkeiten mit dem Gesetz vollbrachte er ganz allein eine Revolution in der Malerei.

☛ Bernini, Hals, Jordaens, Rembrandt, Terbrugghen

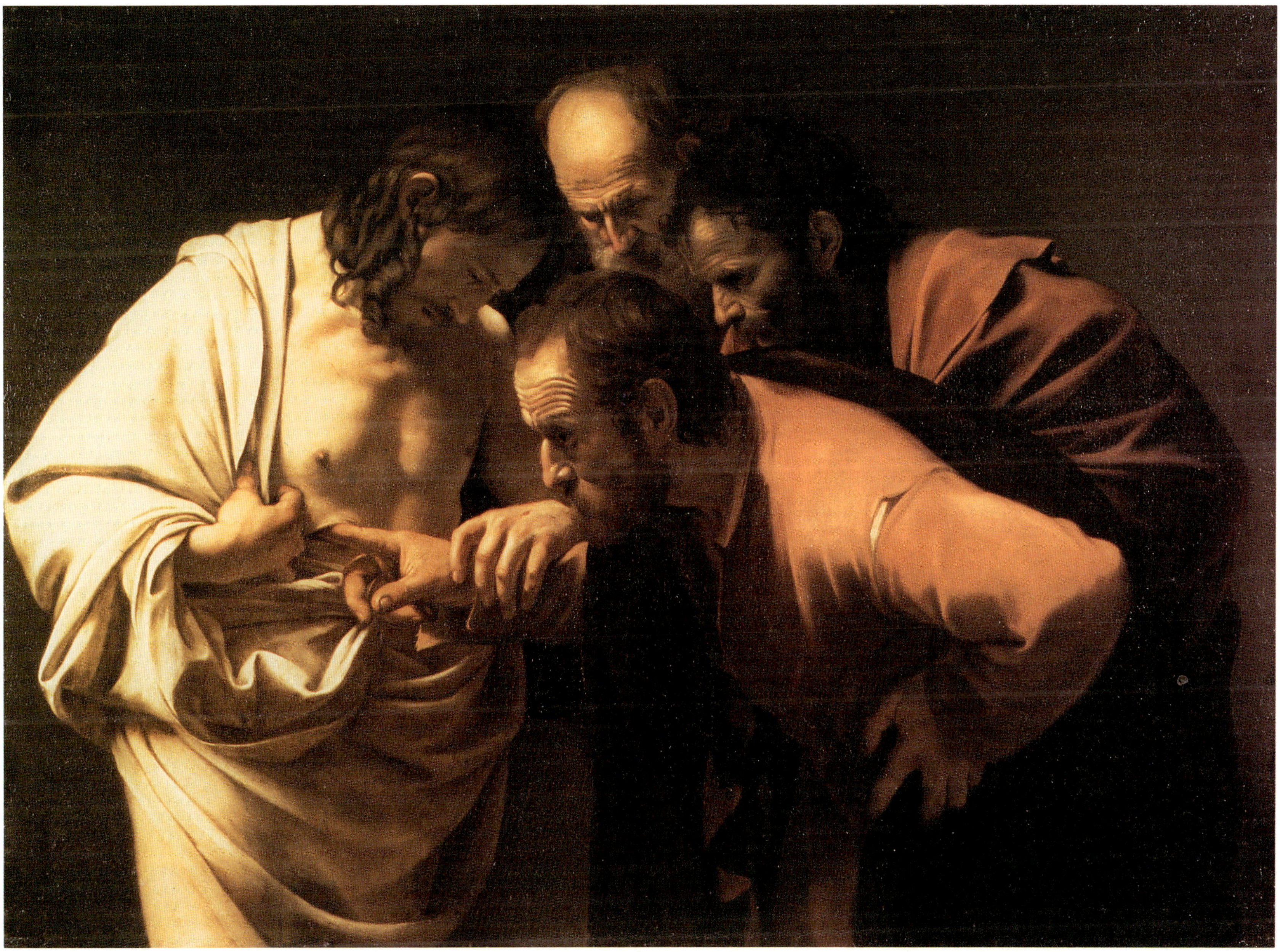

Michelangelo Merisi da Caravaggio. * Caravaggio, 1573. † Port'Ercole, 1610. Der ungläubige Thomas. 1599. Öl auf Leinwand. H 107 x B 146 cm. Staatliche Schlösser und Gärten, Potsdam.

Caro Sir Anthony

Raub der Sabinerinnen

Großzügig und mächtig atmet diese Anhäufung von Metallformen ihr ganz eigenes Leben. Als Teil des Bildgrundes – aber unterschieden davon – verschmilzt sie zu einem riesigen formlosen Ganzen. Caro begann mit seinen Metallplastiken, als er 1960 vorfabrizierte Objekte benutzte. Er ordnet Fertigteile so an, daß sie zwar die Stimmung des Themas wiedergeben, dies aber nur vage und mehrdeutig. Caro möchte den Betrachter miteinbeziehen, indem er auf Basen oder Podeste verzichtet. Dadurch, daß er seine Arbeit direkt auf den Boden postiert und alle Stützkonstruktionen zum Teil der Plastik selbst macht, erlaubt er dem Betrachter, ganz nahe an diese heran – und sogar in diese hinein – zu gelangen. Anders als Moore, bei dem er als Assistent gearbeitet hatte, verändert Caro seine Ausgangsmaterialien nicht. Seine geschweißten Stahlarbeiten tragen alle noch ihre Nieten und Bolzen.

☛ Andre, Deacon, Moore, Serra, Smith

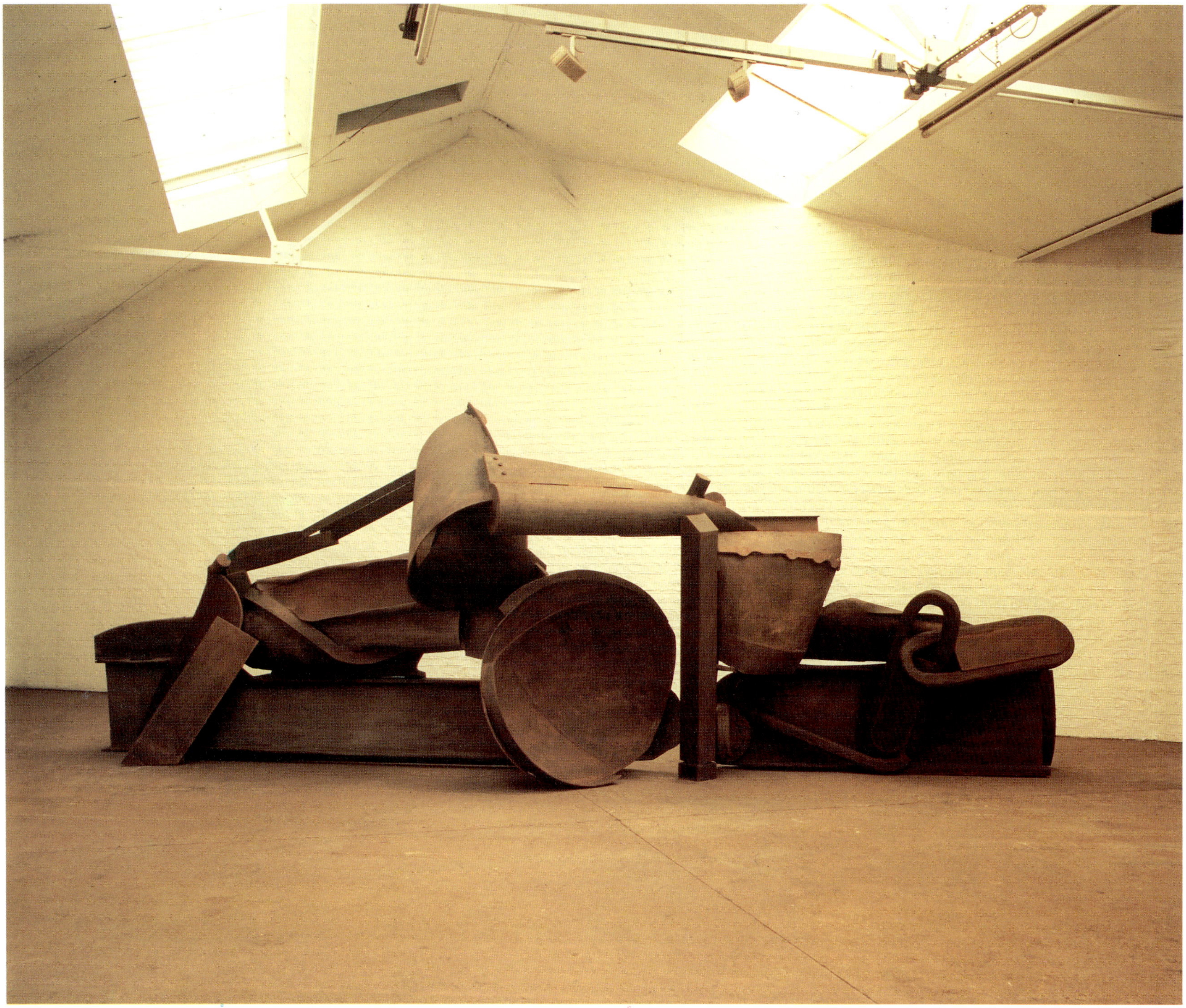

Sir Anthony Caro. * London, 1924. Raub der Sabinerinnen. 1985-86. Lackierter und verrosteter Stahl. H 222 x B 603 cm. Metropolitan Life Building, Seattle.

Carpaccio Vittore

Zwei Venezianerinnen auf dem Balkon

Die perlenbesetzten Kleider der beiden Damen waren im 15. Jahrhundert Mode in Venedig. Beide sitzen müßig beschäftigt mit ihren Tieren auf dem Balkon. Die Absicht dieses Bildes, weder Porträt noch Historienbild, bleibt unklar. Vielleicht ist es nur der Ausschnitt eines größeren Bildes, das uns mehr erzählen könnte. Carpaccios Ausdrucksweise ist einfach. Seine Bilder haben nicht den Realismus mancher Florentiner Zeitgenossen, er bevorzugt malerische Themen und schließt sich nicht dem damals in Mode kommenden Intellektualismus an. Seine freundlichen Farben vermitteln etwas von Anmut und Vibrieren, das man mit venezianischen Bildern der Renaissance verbindet. Wahrscheinlich lernte er zusammen mit Gentile Bellini und nutzte wie dieser historische oder religiöse Themen, um das tägliche Leben in seiner Heimatstadt darzustellen.

☛ Alma-Tadema, Gentile Bellini, Canaletto, Giorgione

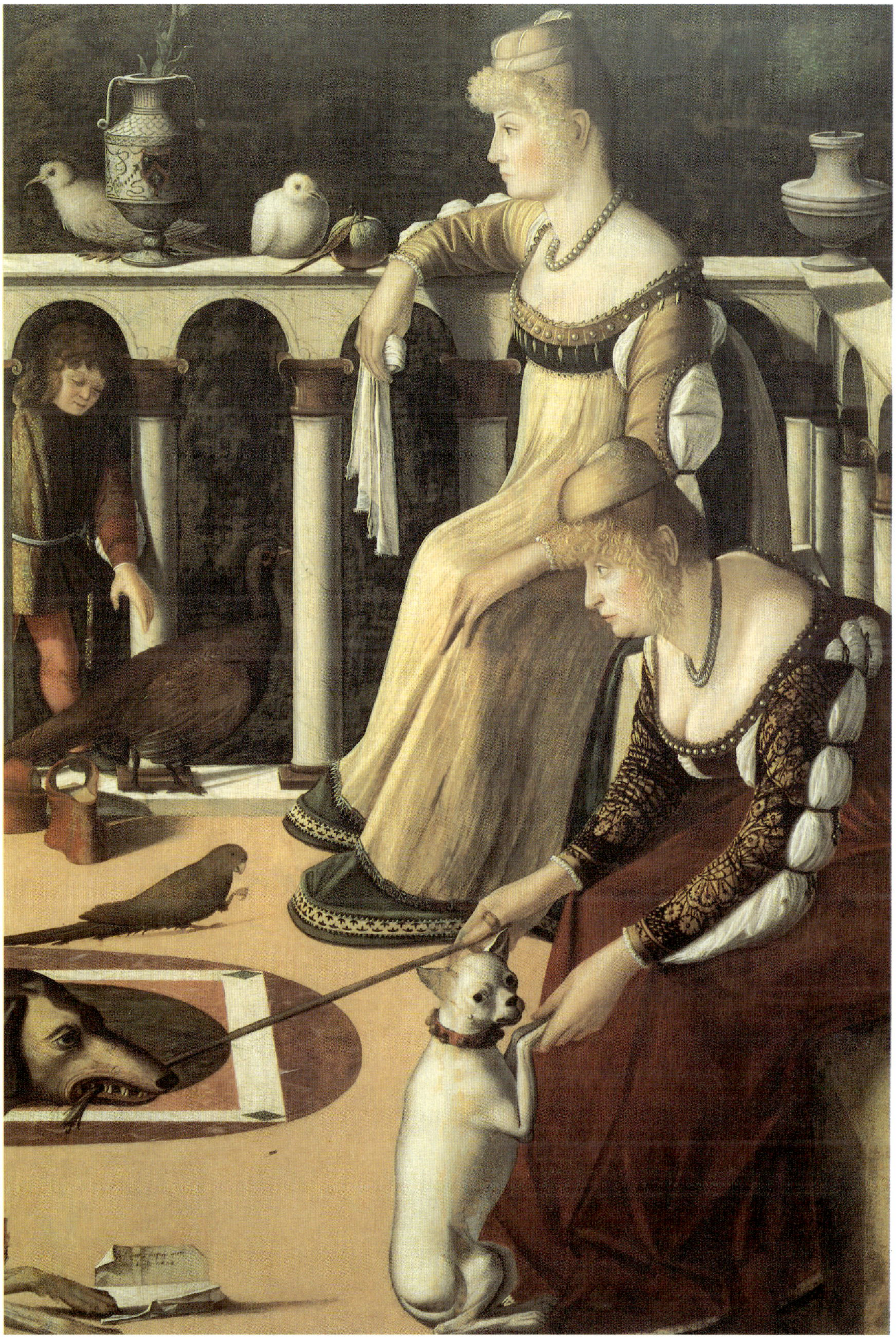

Vittore Carpaccio. Tätig in Venedig ab 1472. † Venedig, 1526. Zwei Venezianerinnen auf dem Balkon. Um 1495/1500. Öl auf Holz. H 164 x B 94 cm. Museo Correr, Venedig.

Carrà Carlo

Die metaphysische Muse

Die Hauptdarstellerin in einem niedrigen Raum ist der Gipsabdruck einer Tennisspielerin mit dem Kopf einer Kleiderpuppe. Neben ihr steht ein Karte von Istrien. Dahinter sehen wir ein angefangenes Bild von einer Fabrik und einen hohen Kegel in grellen Farben. Die traumartig zusammenhangslos arrangierten Gegenstände verwirren und verbinden das Bild mit der Pittura Metafisica. Die von Carrà und De Chirico ins Leben gerufene Stilrichtung versucht mit fremdartigen Anordnungen und rätselhaften Bildern übernatürliche Stimmungen zu schaffen. Carrà traf De Chirico 1917 und übernahm dessen Bildwelt von Modellen in beengten Räumen. Vorher hatte er den Futurismus vertreten und auch dessen Manifest unterschrieben. Später, angeregt durch die Meister der Frührenaissance, wandte er sich einem sogenannten »überhöhten« Realismus zu.

☛ Balla, Boccioni, Brauner, De Chirico, Kahlo, Wadsworth

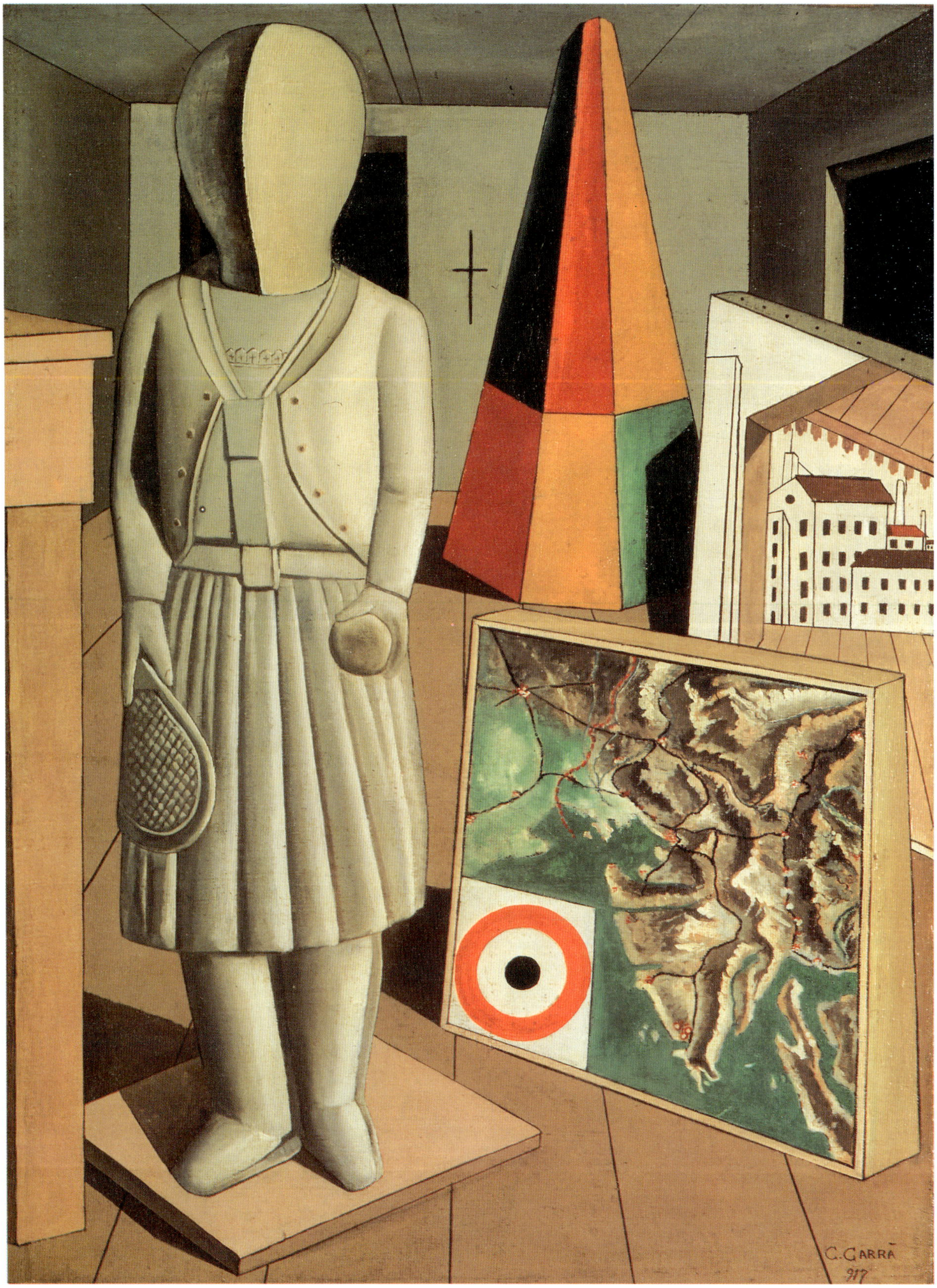

Carlo Carrà. * Quargnento, 1881. † Mailand, 1966. Die metaphysische Muse. 1917. Öl auf Leinwand. H 89 x B 65 cm. Pinacoteca di Brera, Mailand.

Christus erscheint Petrus auf der Via Appia

Christus trägt das Kreuz so, wie er Petrus im Traum erschienen ist. Auf die Frage, wohin er ginge, antwortete Christus: »Nach Rom, um ein zweites Mal gekreuzigt zu werden.« Carracci zeigt ein großes Feingefühl im Detail, vor allem in der Wiedergabe der Landschaft. Die stimmige Komposition erinnert an Michelangelo und Raffael. Annibale wollte die klassische Kunst im 17. Jahrhundert wiederbeleben. Zu diesem Zweck verband er naturalistische mit klassischen Elementen. In einem Brief bewunderte er auch Correggio und Tizian: »Ich liebe diese Geradlinigkeit und Reinheit, die nicht identisch mit der Realität, aber dennoch lebensnah und natürlich, nicht gekünstelt oder postiert ist.« Mit seinem Bruder Agostino und seinem Cousin Lodovico gründete er 1595 in Bologna eine Akademie, aus der die bedeutende Bologneser Barockschule hervorging.

☛ Correggio, Michelangelo, Raffael, Reni, Tizian, Vouet

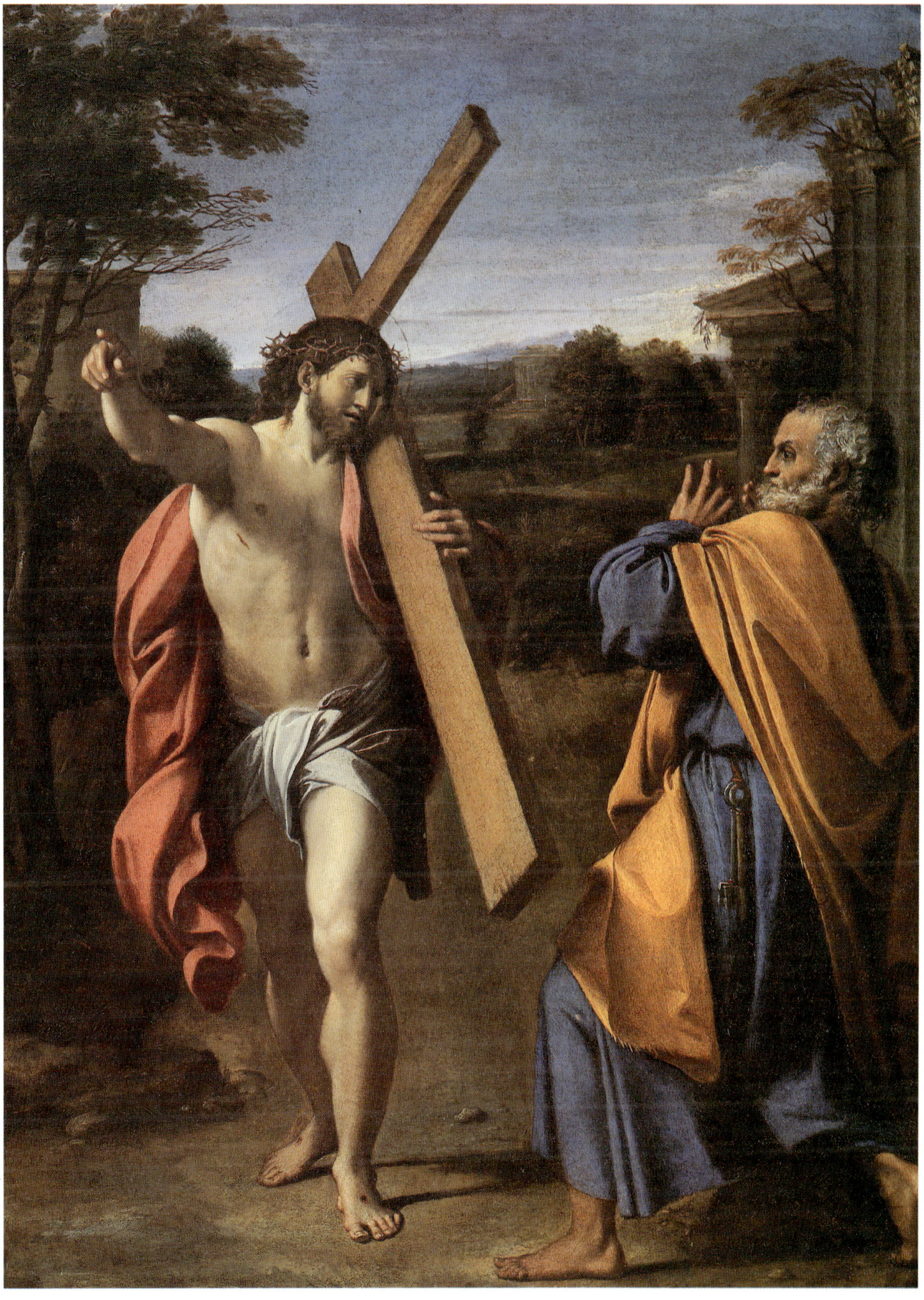

Annibale Carracci. * Bologna, 1560. † Rom, 1609. Christus erscheint Petrus auf der Via Appia. 1601-02. Öl auf Holz. H 77,4 x B 56,3 cm. National Gallery, London.

Cassatt Mary

Nähende Frau

Die Frau ist in einem betulichen Moment, beim Nähen, eingefangen. Es ist kein Porträt, sondern vielmehr eine Studie des Zusammenspiels von Farben und Licht in der Natur. Der etwas realistische Zug rührt noch vom Einfluß Eakins' her, dem Lehrer von Cassatt. Später in Europa schloß sie sich eng den Vorstellungen des Degaskreises an. 1874 stellte sie zusammen mit den Impressionisten aus, weshalb sie oft zu diesen gerechnet wird. Viele ihrer Bilder zeigen Mütter und Kinder mit einer weiblichen Zartheit gemalt, wie man sie sonst bei den Impressionisten nicht findet. Auch der japanische Holzschnitt verfehlte seine Wirkung auf Cassatt nicht. So entstanden ganz exzellente Holzschnittfolgen. Cassatt hat viel dazu beigetragen, daß der Impressionismus in Amerika heimisch werden konnte.

☛ Chase, Degas, Eakins, Hiroshige, Manet, Morisot

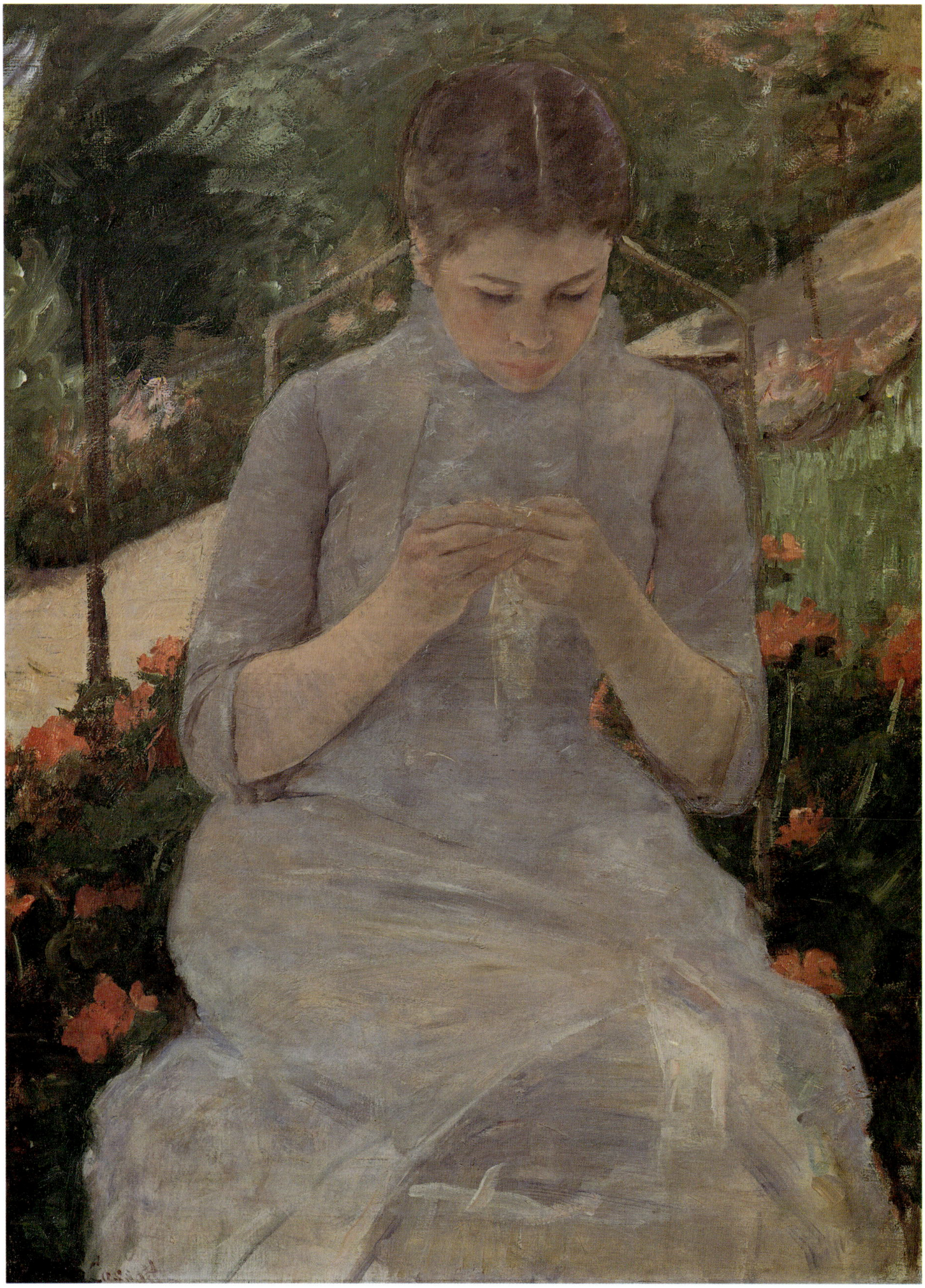

Mary Cassatt. * Pittsburgh, 1845. † Mesnil-Théribus, 1926. Nähende Frau. Um 1880. Öl auf Leinwand. H 92 x B 63 cm. Musée d'Orsay, Paris.

Castagno Andrea del

Der junge David

Das Bildnis von David mit dem Haupt des Goliath drückt Kühnheit und Stärke aus. Diese Tugenden wurden damals in Florenz hoch geschätzt, und man sah sie in David, der mit einer Steinschleuder den Riesen besiegte, verwirklicht. Das Bild ist auf einen ledernen Festschild gemalt. Solche Dekorationsaufträge waren im 15. Jahrhundert Künstleralltag. Da sie nicht zum Aufbewahren produziert wurden, haben nur wenige Exemplare bis heute überlebt. Andrea ist bekannt für seine mächtigen Figuren. Er malte auch zahlreiche Fresken, die seine an der Skulptur orientierte Auffassung der Malerei widerspiegeln. Im Mittelpunkt seines Schaffens stand die menschliche Figur, aus Landschaft und Natur machte er sich wenig. Wegen seiner aufbrausenden Natur hatte man ihm unterstellt, er hätte seinen Lehrer umgebracht.

☛ Botticelli, Donatello, Ghiberti, Ghirlandaio, Signorelli

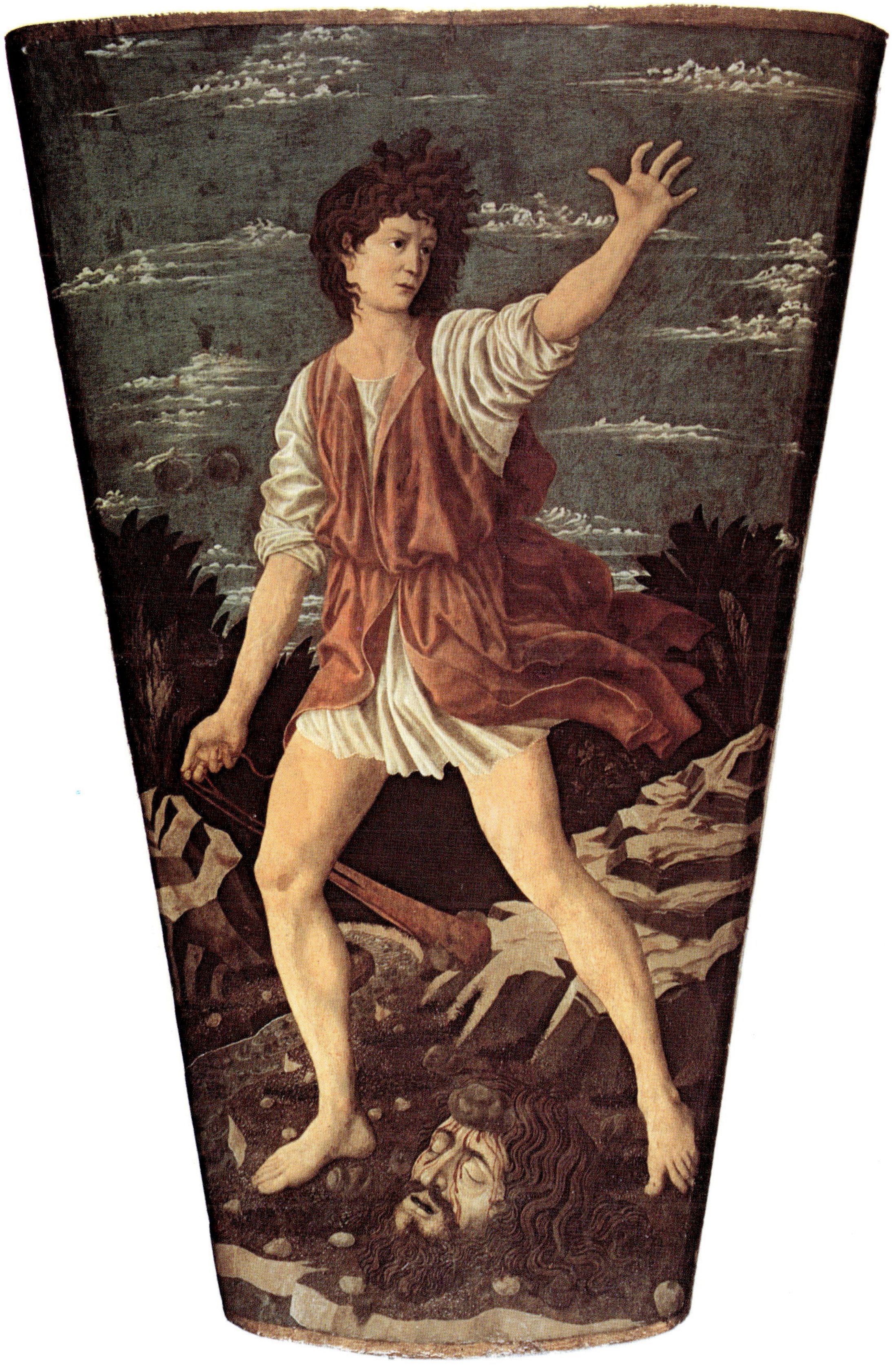

Andrea del Castagno. * Castagno, um 1421. † Florenz, 1457. Der junge David. Um 1450. Tempera auf aufgespanntem Leder. H 115,6 x B 76,9 cm. National Gallery of Art, Washington.

Catena Vincenzo

Das Gastmahl zu Emmaus

Der Künstler hat eine geradlinige Komposition aufgebaut, um das einfache Mahl hervorzuheben. Tisch, Gläser und das Geschehen sind auf ein Minimum reduziert. Bis auf den Wandteppich hinter Christus gibt es keine weitere Raumdekoration. Die Bescheidenheit des Bildes kontrastiert zu dem kostbaren Wandbehang, der die Aufmerksamkeit auf Christus lenkt. Das sogenannte Ehrentuch war eine Besonderheit der venezianischen Malerei, und man findet es in vielen Bildern Giovanni Bellinis wieder. Wie in vielen venezianischen Bildern dieser Zeit sind Farbe und Licht für das Bild von gleicher Wichtigkeit wie die Komposition. In der abgestuften Farbigkeit der Kleider kommt das Farbgespür des Künstlers besonders zum Ausdruck. Nach einer kurzen Zusammenarbeit mit Giorgione wird später auch der Einfluß Tizians und Palma il Vecchios erkennbar.

☛ Giovanni Bellini, Champaigne, Giorgione, Palma il Vecchio, Tizian

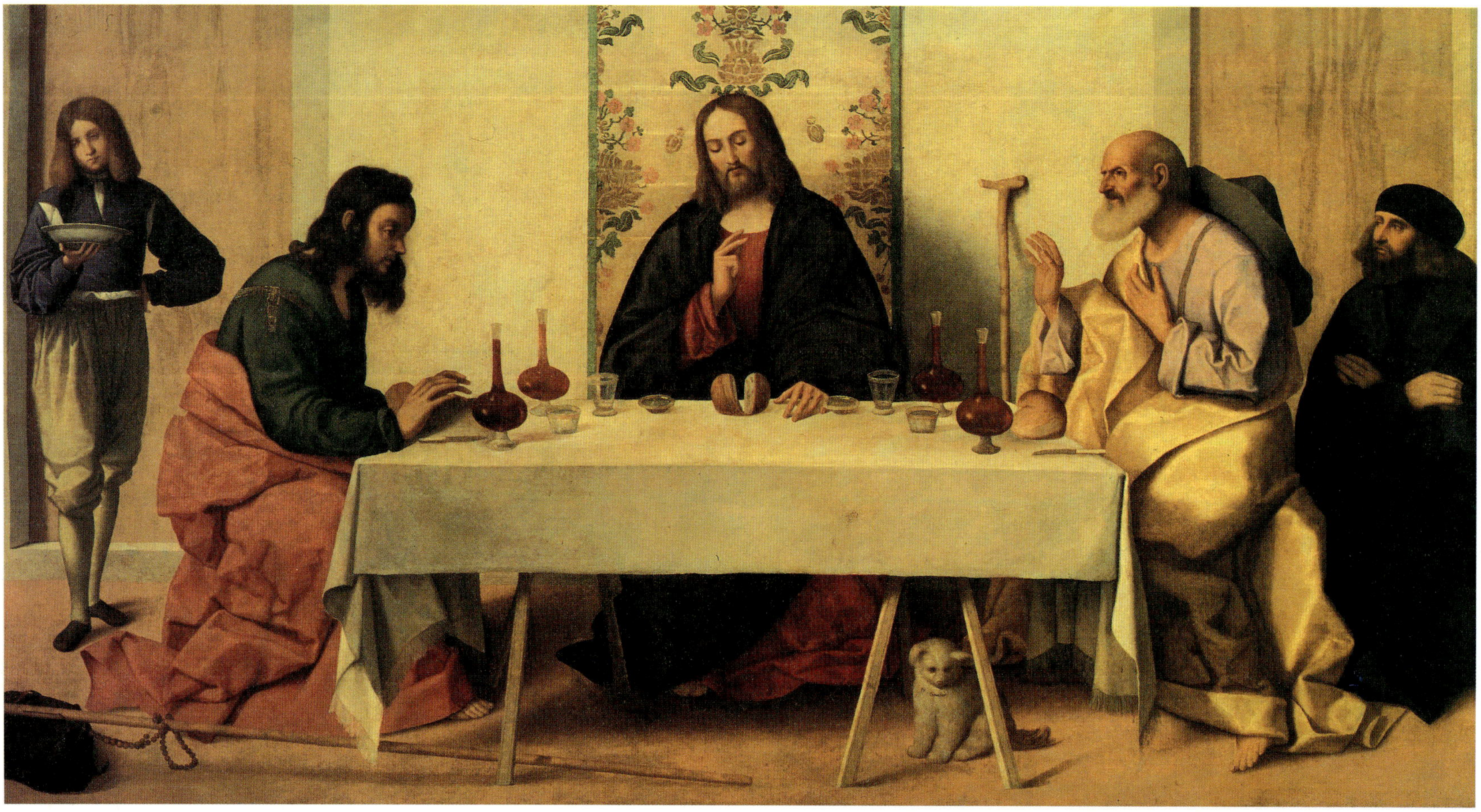

Vincenzo Catena. * Venedig, um 1480. † Venedig, 1531. Das Gastmahl zu Emmaus. 1520-30. Öl auf Leinwand. H 130 x B 241 cm. Galleria degli Uffizi, Florenz.

Catlin George

Hinterhalt auf Flamingos

Ein Schwarm Flamingos fliegt in Richtung seiner Nester und bildet dabei ein hübsches Rotweißmuster am Himmel über einer endlosen Ebene. Oben fliegen die Vögel im Formationsflug. Ein Jäger und sein Helfer warten hinter einem Busch auf einen günstigen Schußmoment. Die Jäger sollen daran erinnern, wie schnell die Schönheit der Natur durch den Menschen zerstört werden kann. Die Flamingos sind in vielerlei Positionen gezeigt, um Formenreichtum und Bewegung darzustellen und Rhythmus zu erzeugen. Der gelernte Rechtsanwalt wandte sich der Porträtmalerei zu und verbrachte viele Jahre bei den Indianern Nord- und Südamerikas. Er schuf dabei viele Porträts von Eingeborenen und setzte sich für die Erhaltung der Indianerstämme ein. 1841 veröffentlichte er die mit ca. 300 Stichen illustrierten »Manners … of North American Indians«.

☛ Allston, Audubon, Bingham, Cole

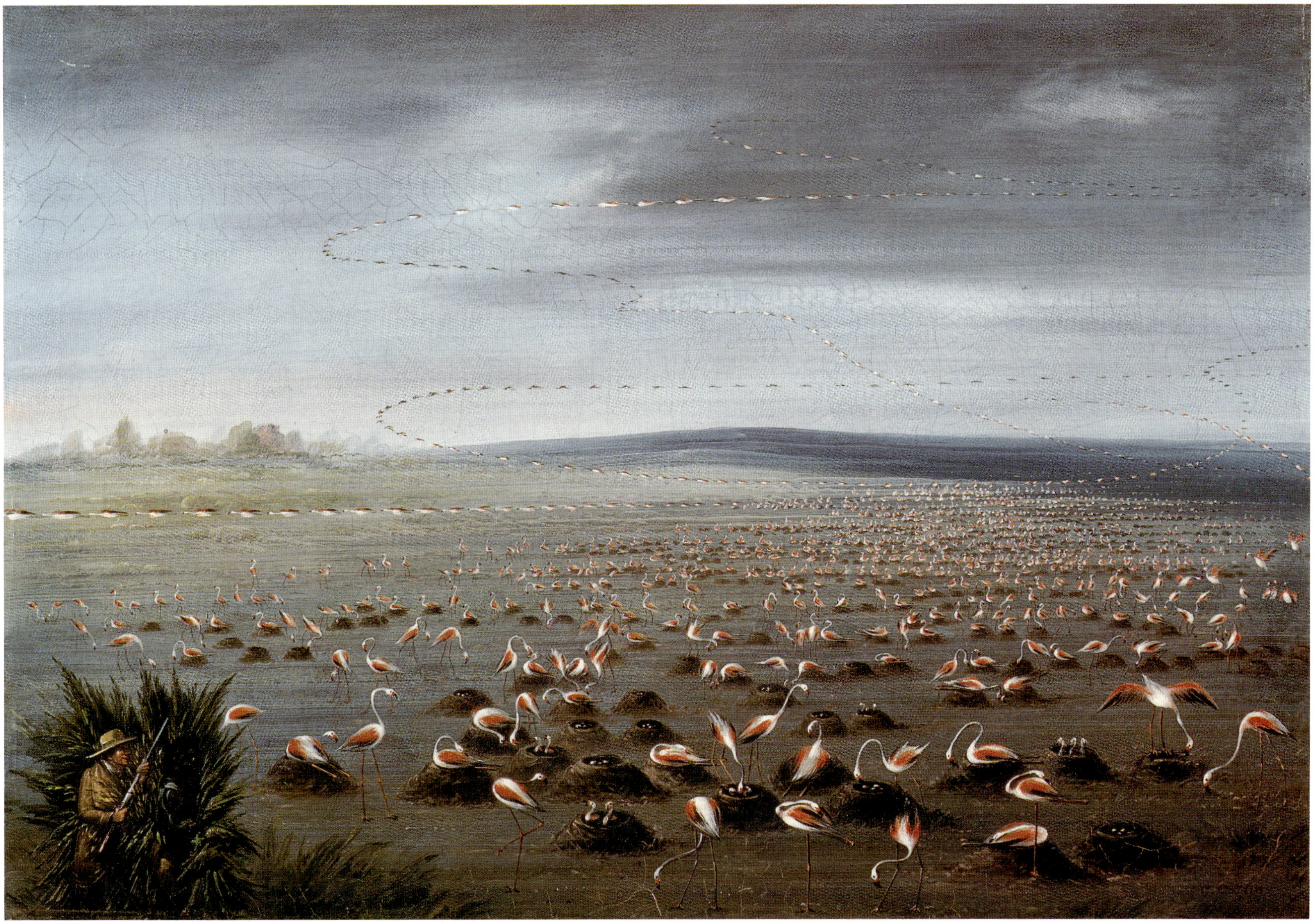

George Catlin. * Wilkes-Barre, 1796. † Jersey City, 1857. Hinterhalt auf Flamingos. Um 1857. Öl auf Leinwand. H 48,3 x B 67,3 cm. Carnegie Museum of Art; Pittsburgh.

Cellini Benvenuto

Salzgefäß

Das schöne Salzgefäß zieren Neptun und Ceres, die Wasser und Land symbolisieren. Ihre verschränkten Beine stehen für die Verbindung der beiden Elemente, die beide Salz hervorbringen. Cellini war ein gefeierter Goldschmied, Bildhauer und Stecher, der für Kaiser, Könige und Päpste arbeitete. Das vorliegende Gefäß wurde für Franz I. von Frankreich angefertigt. Glanz und Anmut von Cellinis Werken sind ein Musterbeispiel für den Manierismus. Dieser wollte das Gefühl durch ästhetische Effekte anrühren, was u. a. zu gelängten Figuren und knalligen Farben führte. Durch seine Autobiographie ist Cellinis stürmisches Leben bekannt. Dazu gehören Anekdoten wie jene von seiner Einkerkerung wegen des Diebstahls der päpstlichen Kronjuwelen. Unglücklicherweise wurden, im Gegensatz zu den großen, viele seiner kleineren Werke – Medaillen, Becher, Dolche – eingeschmolzen.

☛ Clouet, Giambologna, Parmigianino, Rosso Fiorentino

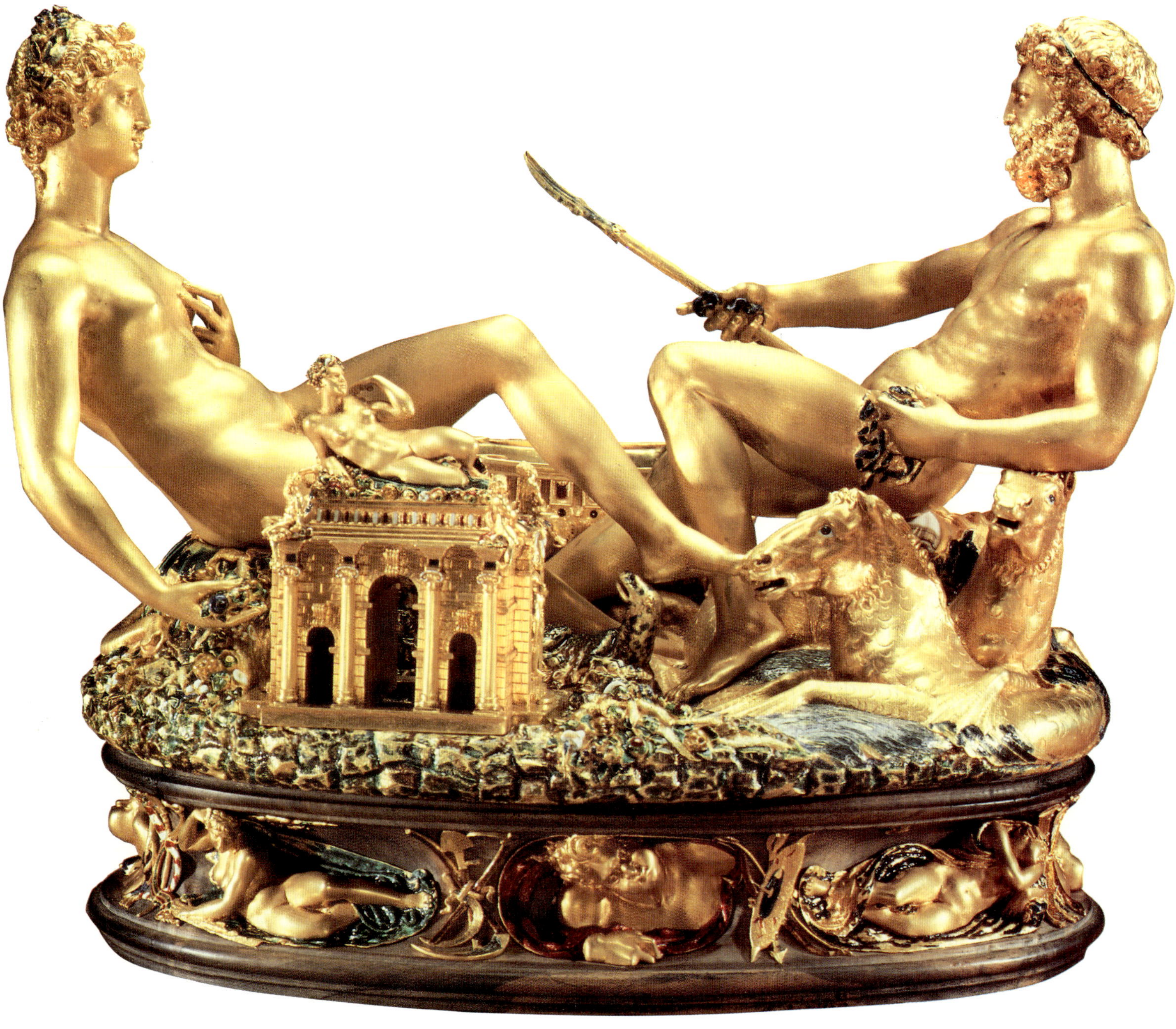

Benvenuto Cellini. * Florenz, 1500. † Florenz, 1571. Salzgefäß. 1540-43. Gold, Email und Elfenbein. H 26 x B 34 cm. Kunsthistorisches Museum, Wien.

Cézanne Paul

Montagne Sainte Victoire

Dieses Gebirge in der Provence baut sich in klaren roten, blauen, gelben und violetten Farben auf. Statt die durch Licht und Schatten wechselnden Farbtöne verändert Cézanne die Farben selbst. Gebirge und Landschaft werden zurückgeführt auf geometrische Formen und Flächen. Dabei entsteht ein Bild, das nicht die natürliche Vorlage, sondern, durch das Wechselspiel von Licht und Schatten, seine Töne und Volumina abbildet. Cézanne sagte, er wolle »Poussin vor der Natur wieder erstehen lassen«. Erreicht wurde dies durch die Verbindung von exakten Naturstudien mit einem klassischen Gefühl für Form. Die Montagne Sainte Victoire, direkt vor den Toren seiner Stadt Aix-en-Provence gelegen, war eines seiner Lieblingsmotive. Immer wieder kehrte er dorthin zurück mit immer radikaleren Vorstellungen. Seine Reduzierung der Natur auf geometrische Grundformen, gemalt in kühnen Farben, lieferte Fauves und Kubisten das gesuchte Lehrbuch.

☛ Braque, Derain, Hodler, Picasso, Poussin, Vlaminck

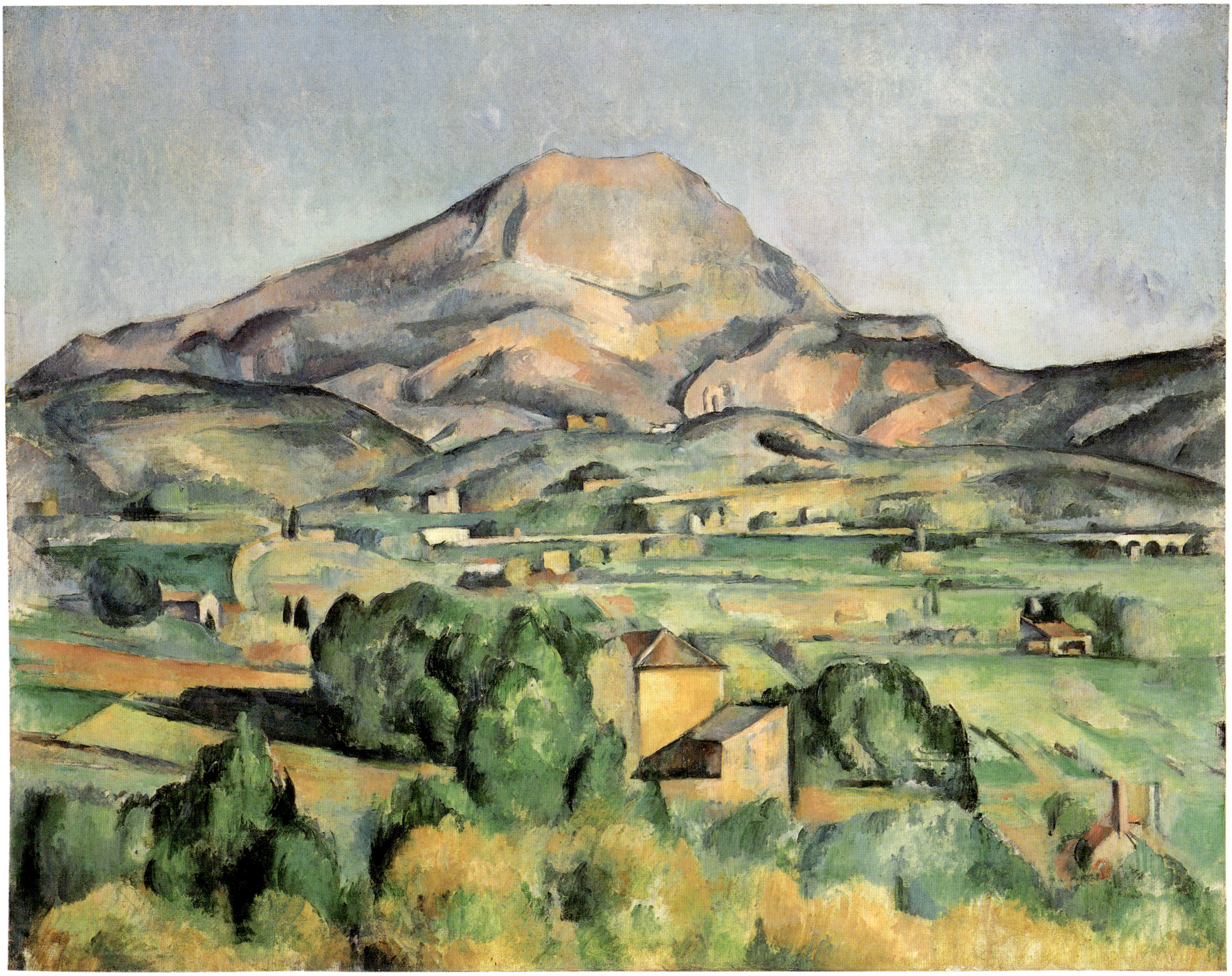

Paul Cézanne. * Aix-en-Provence, 1839. † Aix-en-Provence, 1906. Montagne Sainte Victoire. 1885-95. Öl auf Leinwand. H 72,8 x B 91,7 cm. Barnes Foundation, Merion.

Chagall Marc

Über der Stadt

Über einer Stadt aus Holzhäusern und Schuppen schweben zwei Fantasiefiguren. Sanft berührt die Hand des Mannes die Brust der Frau. Handelt es sich bei dem Liebespaar um eine Entführung? Die altertümlich und einfach strukturierte, in farbigen Blöcken gemalte Stadt mit ihren Holzgattern und anheimelnden Tönen zeigt Chagalls Neigung zu Märchenstoffen. Chagall ist Russe, und seine Vorstellungswelt wurzelt in der jüdischen Folklore seiner Kindheit. Sein abgeklärter und zugleich naiver Stil vermengt Wirklichkeit und Traum in farbreichen Kompositionen. Wegen der in Rußland herrschenden Kunstdiktatur mußte er seine Heimat verlassen und lebte danach teils in Amerika und teils in Frankreich. Der stets produktive Künstler schuf Gemälde, Mosaiken, Bühnenbilder, Fresken, Glasfenster und Teppichentwürfe. Sein Werk kann an repräsentativen Stätten (Pariser Oper, UN-Hauptgebäude in New York) bewundert werden.

☛ Gontscharova, Hodgkin, Rodin, Soutine, Utamaro

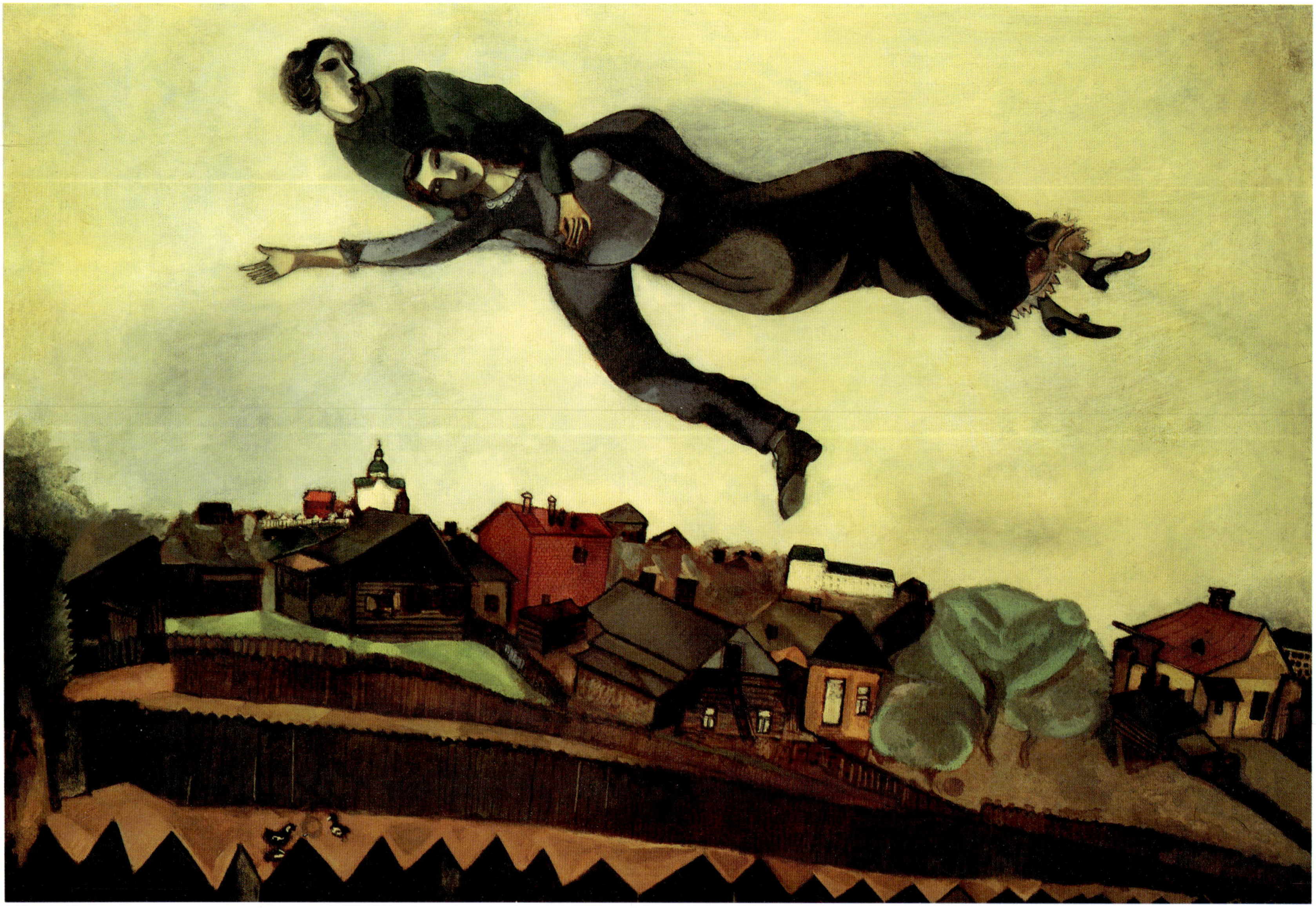

Marc Chagall. * Witebsk, 1887. † Saint Paul-de-Vence, 1985. Über der Stadt. 1915. Öl auf Leinwand. H 48,5 x B 70,5 cm. Privatsammlung.

Champaigne Philippe de

Das Letzte Abendmahl

Christus sagt seinen Jüngern voraus, daß ihn einer von ihnen verraten werde. Die Szenerie wirkt angespannt. Der schmale Lichtstrahl aus dem Fenster trifft kaum die Rückwand. Das gibt den Figuren Relief und erhöht die Dramatik und Spannung. Während Christus das Brot bricht, drücken die Jünger ihre Gefühle ohne Worte aus. Die Farbigkeit der Kleider und die rhythmische Faltung des Tischtuches helfen dem Betrachter bei seiner Orientierung. Champaigne malte keine bewegte Szenerie wie seine italienischen Zeitgenossen; dennoch sind seine zurückhaltenden, aber hohen Empfindungen vielgestaltig und kräftig zum Ausdruck gebracht. Der gebürtige Flame und naturalisierte Franzose malte für Ludwig XIII. eine Reihe von Porträts. Sein berühmtestes Bild ist das lebensgroße Porträt von Kardinal Richelieu.

☛ Catena, G. David, Domenichino, Guercino

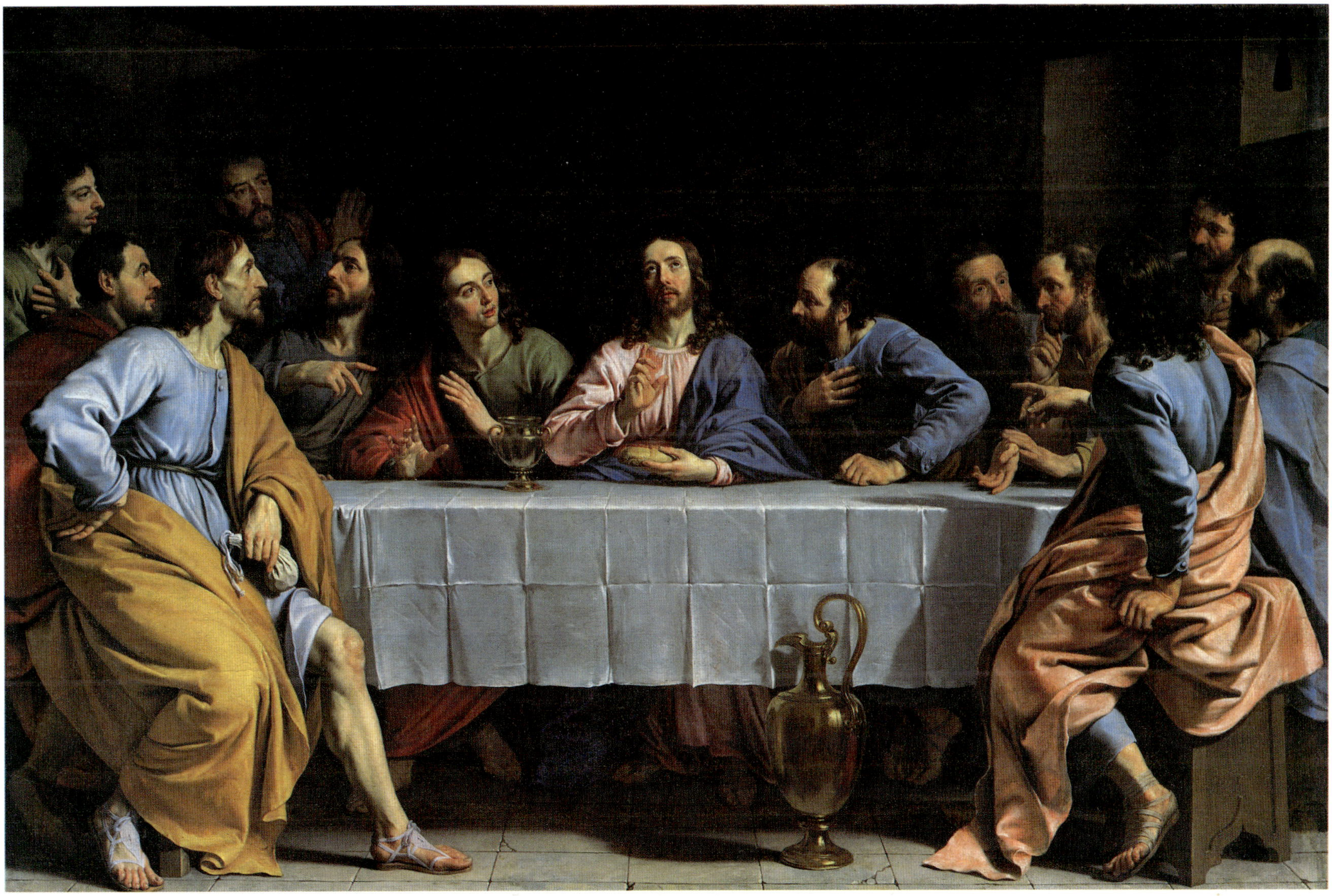

Philippe de Champaigne. * Brüssel, 1602. † Paris, 1674. Das Letzte Abendmahl. Um 1652. Öl auf Leinwand. H 158 x B 233 cm. Musée du Louvre, Paris.

Chardin Jean-Baptiste Siméon — Die junge Lehrerin

Das Motiv ist einfach: Eine junge Frau lehrt einem Kind das Lesen. In simpler und unverschnörkelter Art und in großer Werktreue stellt der Künstler eine starke, emotionale Bindung zwischen den beiden Personen her. Mit wenig Hintergrund und bewegten, aber sorgfältigen Pinselstrichen entstehen Tiefe und Festigkeit. Chardin ist ein stiller Maler wie Vermeer. Lediglich der blinkende Schrankschlüssel belebt etwas den Zauber von Ruhe und Gelassenheit. Chardin war ein führender Genre- und Stillebenmaler Frankreichs im 18. Jahrhundert. Seine einfachen und unprätentiösen Kompositionen sind reich an Empfindungen. In ihren sorgfältig ausbalancierten Farbabstufungen beweisen sie genaues Studium und Formverständnis. Chardins Werke genießen heute wieder große Anerkennung, auch bei jüngeren Malern.

☛ De Hooch, Lancret, La Tour, Metsu, Vermeer

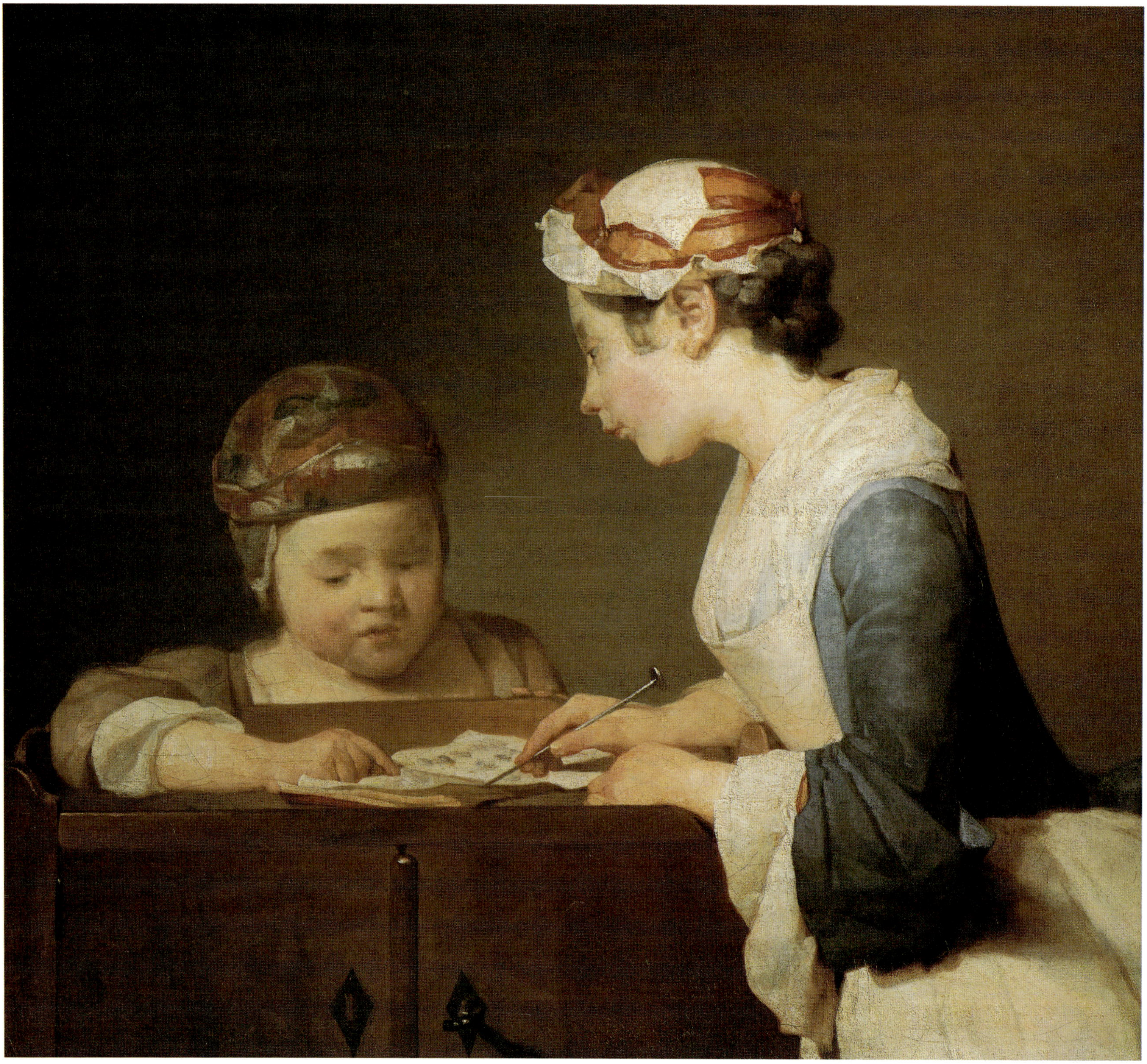

Jean-Baptiste Siméon Chardin. * Paris, 1699. † Paris, 1779. Die junge Lehrerin. Um 1736-37. Öl auf Leinwand. H 62 x B 66 cm. National Gallery, London.

Chase William Merritt

Freundlicher Besuch

Zwei elegant gekleidete Frauen plaudern auf einem Sofa. Der lichterfüllte Raum hellt die Palette des Künstlers auf. Nichts Gestelltes, eine ganz normale Alltagsszene. Wie die Impressionisten verwendete Chase lockere Pinselstriche und Pastelltöne, um seine kleine Welt wiederzugeben. Die Normalität seiner Motive und die Kraft, mit der er sie malte, könnten eine amerikanische Besonderheit abgeben, finden sich jedoch eingebunden in einen großen europäischen Stil. Obwohl Chase sein ganzes Leben in Amerika gearbeitet hat, war er dennoch von Whistler beeinflußt, dessen dekorativen Stil Chase bald übernahm. Als er 1885 Whistler in London traf, porträtierte er ihn. Gerade wegen seiner Porträts, Landschaften und Alltagsszenen wurde Chase bewundert. Außerdem war er ein begabter Lehrer.

☛ Cassatt, Manet, Sargent, Tissot, Whistler

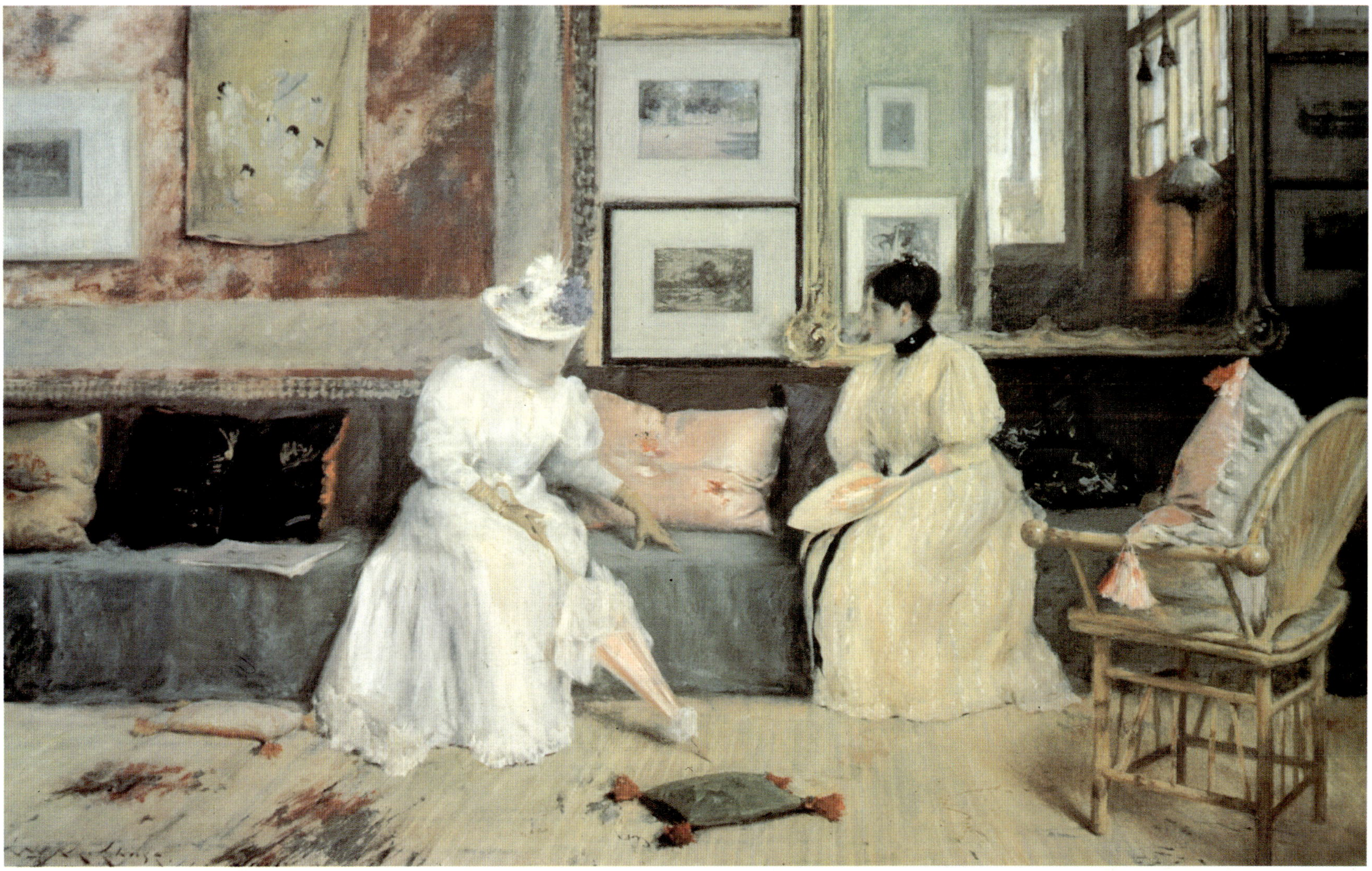

William Merritt Chase. * Williamsburg, 1849. † New York, 1916. Freundlicher Besuch. 1895. Öl auf Leinwand. H 76,8 x B 122,5 cm. National Gallery of Art, Washington.

De Chirico Giorgio

Die Ungewißheit des Dichters

Ein Stapel Bananen und ein klassischer Gipsabguß erscheinen gegenüber einer Arkadenfront. Den Horizont bildet eine Ziegelmauer. Dahinter kann man gerade noch einen Zug entschwinden sehen. Die Szenerie erscheint willkürlich und ungereimt, doch alles hat seine Bedeutung. Der Gipsabdruck signalisiert menschliche Gegenwart, die Bananen stehen für Exotik, und der entschwindende Zug bedeutet Reisen. Alle Konturen sind kräftig betont. Die Schatten sind es, die übergroß und bedrohlich Kraft und Geheimnis hinzufügen. De Chirico und Carrà begründeten die Pittura Metafisica, die fantastische und geheimnisvolle Bilder schuf und großen Einfluß auf den Surrealismus hatte. Ab 1925 fiel De Chirico wieder in eine traditionelle Malweise mit Porträts, Pferden am Strand und Stilleben zurück.

☛ Carrà, Dalí, Delvaux, Magritte, Tanguy, Wadsworth

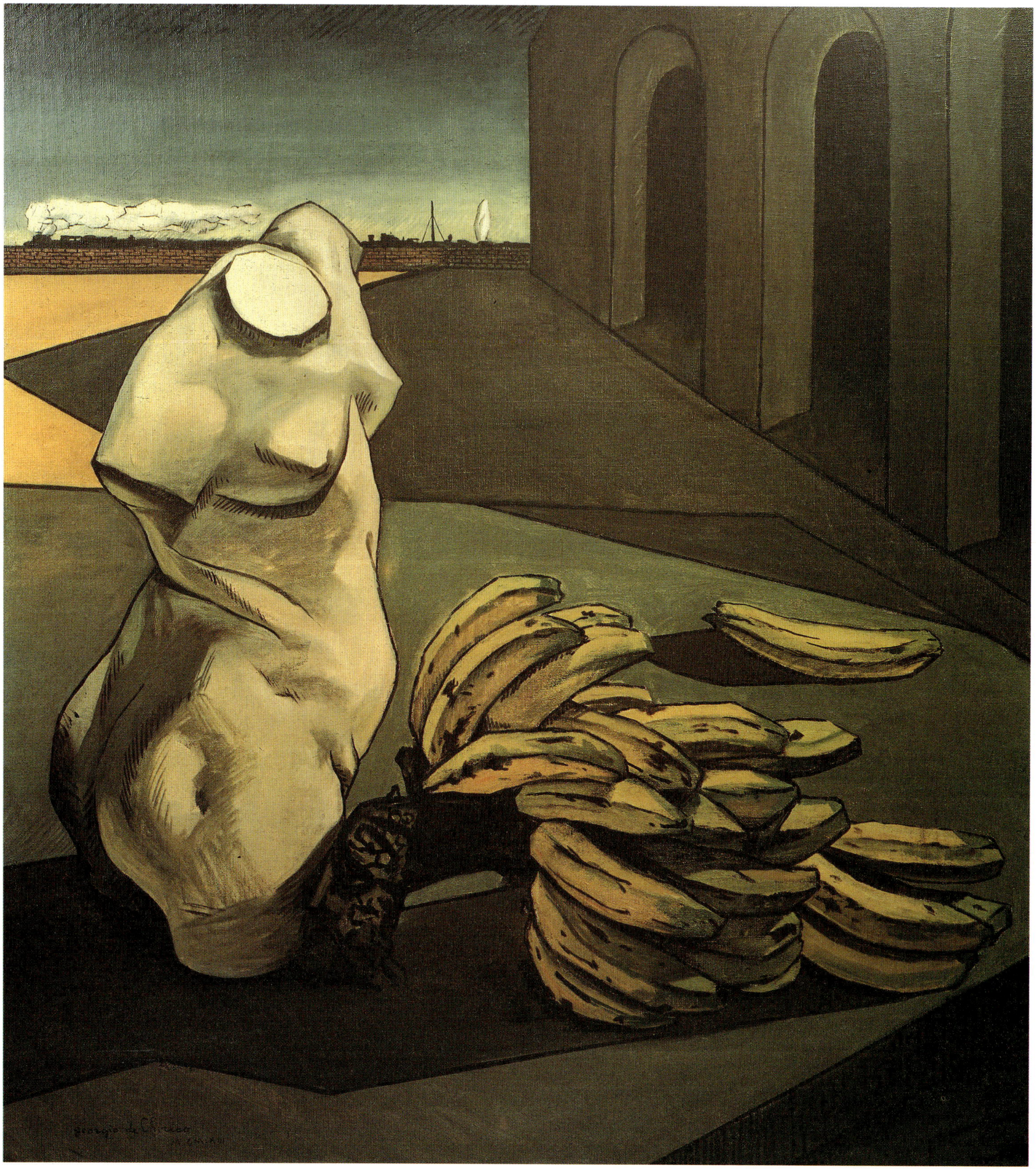

Giorgio de Chirico. * Volo, 1888. † Rom, 1978. Die Ungewißheit des Dichters. 1913. Öl auf Leinwand. H 106 x B 94 cm. Tate Gallery, London.

Christo Javacheff

Der Pont Neuf in Paris

Der Environmentkünstler wurde berühmt für seine »Verpakkungen«. Hier haben wir seine Riesenplastik, die durch Einwicklung und Verschnürung des bekannten Pont Neuf entstand. Die zeitweise Verwandlung der Brücke in ein aktuelles Kunstwerk war eine aufregend neue Art von Großplastik. Durch die Verpackung in Stoff lenkte der Künstler die Aufmerksamkeit der Passanten auf bildhauerische Details der Brücke und schuf ein majestätisches und gleichzeitig vergängliches Kunstwerk. Der Vorgang betont auch die Wichtigkeit, das historische Bauwerk zu erhalten. Christos Arbeiten ermutigen uns, bekannte Objekte neu und anders zu sehen. Der Hang, Vertrautes zu verwandeln, ist typisch für den 1960 geborenen Neuen Realismus. 1964 zog Christo nach New York und wurde Amerikaner. 1976 verpackte er 40 Kilometer kalifornische Hügel (Running Fence) in weiße Leinwand.

☛ G. Bellini, Buren, Hiroshige, Klein, Long

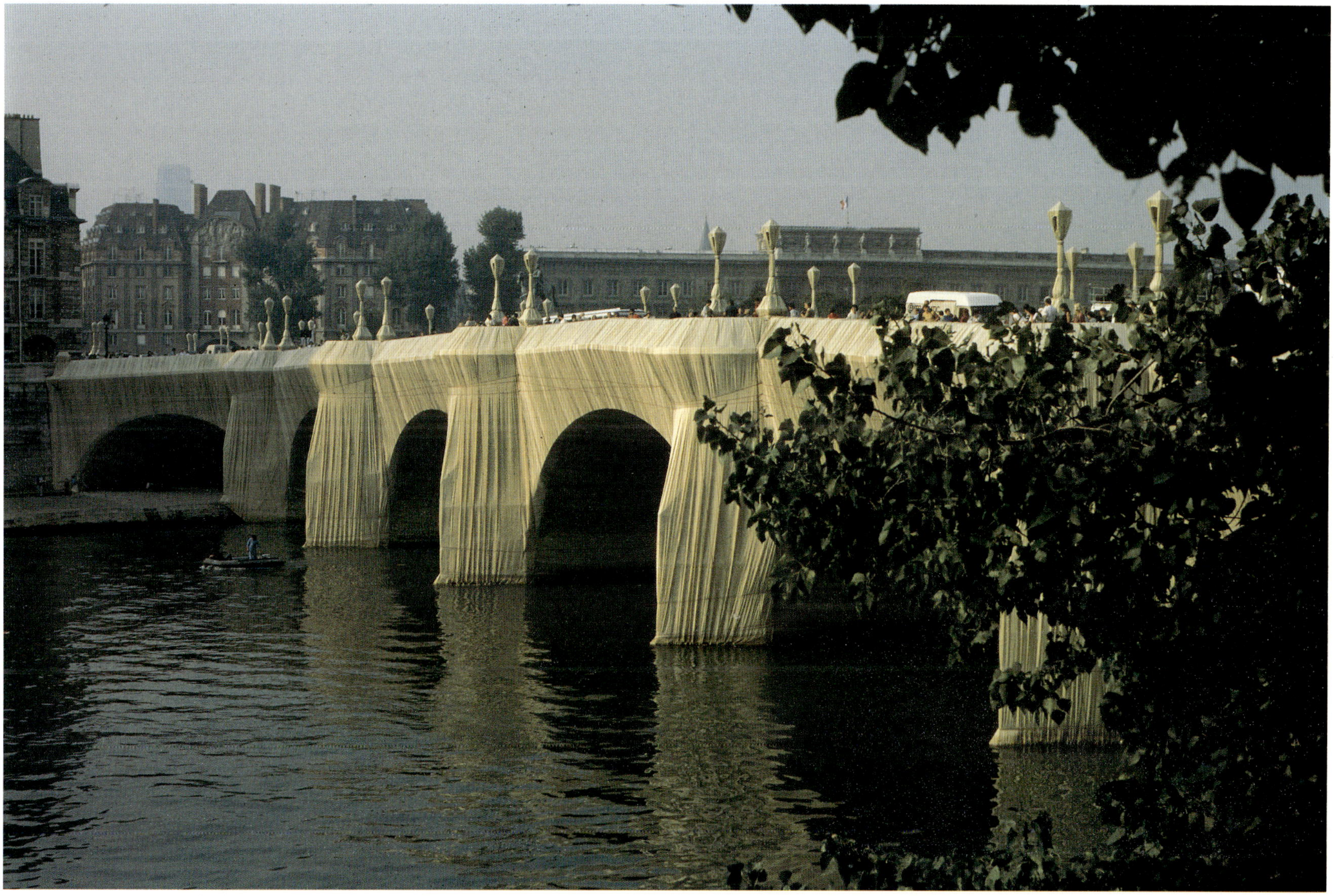

Christo Javacheff. * Gabrovo, 1935. Der Pont Neuf in Paris. 1985. Segelleinwand und Seile. Inzwischen entfernt.

Church Frederick

Dämmerung in der Wildnis

Atemberaubend, vom Kraterrand aus gesehen, breitet sich der tätige Vulkan unter schwarzen Wolken, die die Sonne verdecken, weit vor unseren Augen aus. Die Kraft der Natur ist in ihrer ganzen Grandiosität vorgeführt. Church, der einzige Schüler von Cole, wurde schnell ein führender Landschaftsmaler in Amerika. Er beschränkte sich allein auf die Natur ohne Gegenwart von Menschen. Ausgehend von Neuengland machte sich Church auf die Suche nach dramatischen Landschaften. Es zog ihn aber nicht nach Europa, er wählte Südamerika. Dieses Bild vom Vulkan Cotopaxi wurde in Ecuador gemalt. Church stellte die Naturwunder, die er auf seinen Reisen gesehen hatte, mit liebenswertem Geschick zusammen. Dabei wechselte er je nach Motiv seine Malweise. Auch von der Arktis malte er großflächige Panoramabilder. Die epische Größe und feingesponnene Dramaturgie seiner Bilder verkörpern in reinster Form die Ideen der Romantik.

☛ Cole, Friedrich, Grimshaw, Martin, Turner

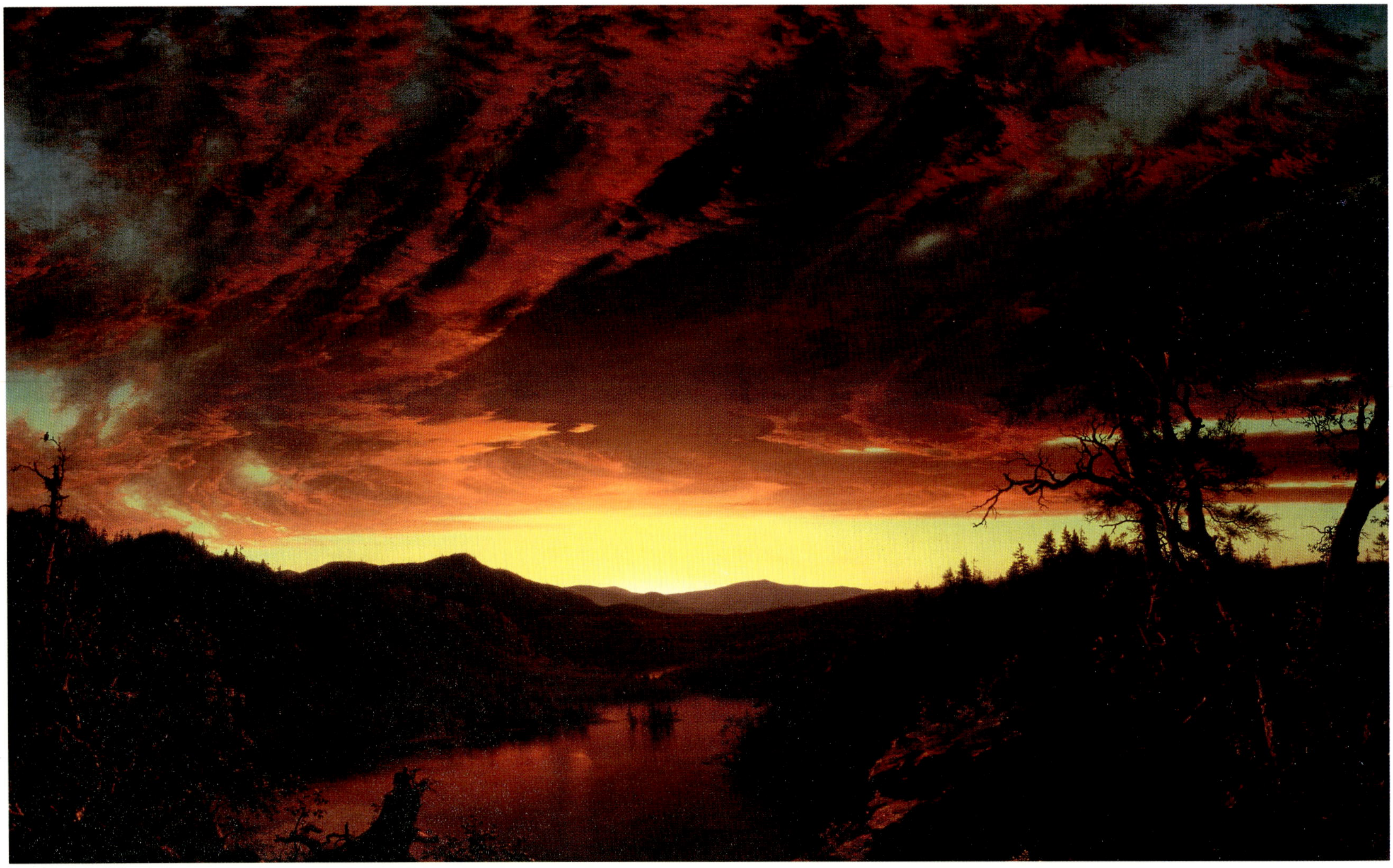

Frederick Church. * Hartford, 1826. † New York, 1900. Dämmerung in der Wildnis. 1860. Öl auf Leinwand. H 101,6 x B 126,6 cm. Cleveland Museum of Art, Cleveland.

Cimabue

Die Madonna der Dreifaltigkeitskirche, Florenz

Die ursprünglich für die Dreifaltigkeitskirche in Florenz geschaffene Altartafel sollte dort zu Gebet und Andacht anregen. Maria und Jesuskind sitzen auf einem geschmückten Thron, der von anmutigen Engeln flankiert wird. Darunter assistieren vier bärtige Propheten unter Arkaden, auch sie verehren die Thronende. Einfache Formen und viel Blattgold sollten das Bild im Kirchendunkel besser sichtbar machen. Die Goldstikkerei auf dem Gewand der Gottesmutter erinnert noch an den strengen byzantinischen Stil, den der Künstler durch Andeutungen von wirklichem Raum zu überwinden sucht – eine Entwicklung, die erst ein Jahrhundert später nachhaltig Verbreitung fand. Cimabues Herkunft ist unbekannt. Er wurde berühmt durch die große Petrusfigur im Apsismosaik des Pisaner Domes. Lange galt er als Lehrer von Giotto, was heute aber nicht mehr als bewiesen gilt.

☛ Campin, Duccio, Giotto, Lochner

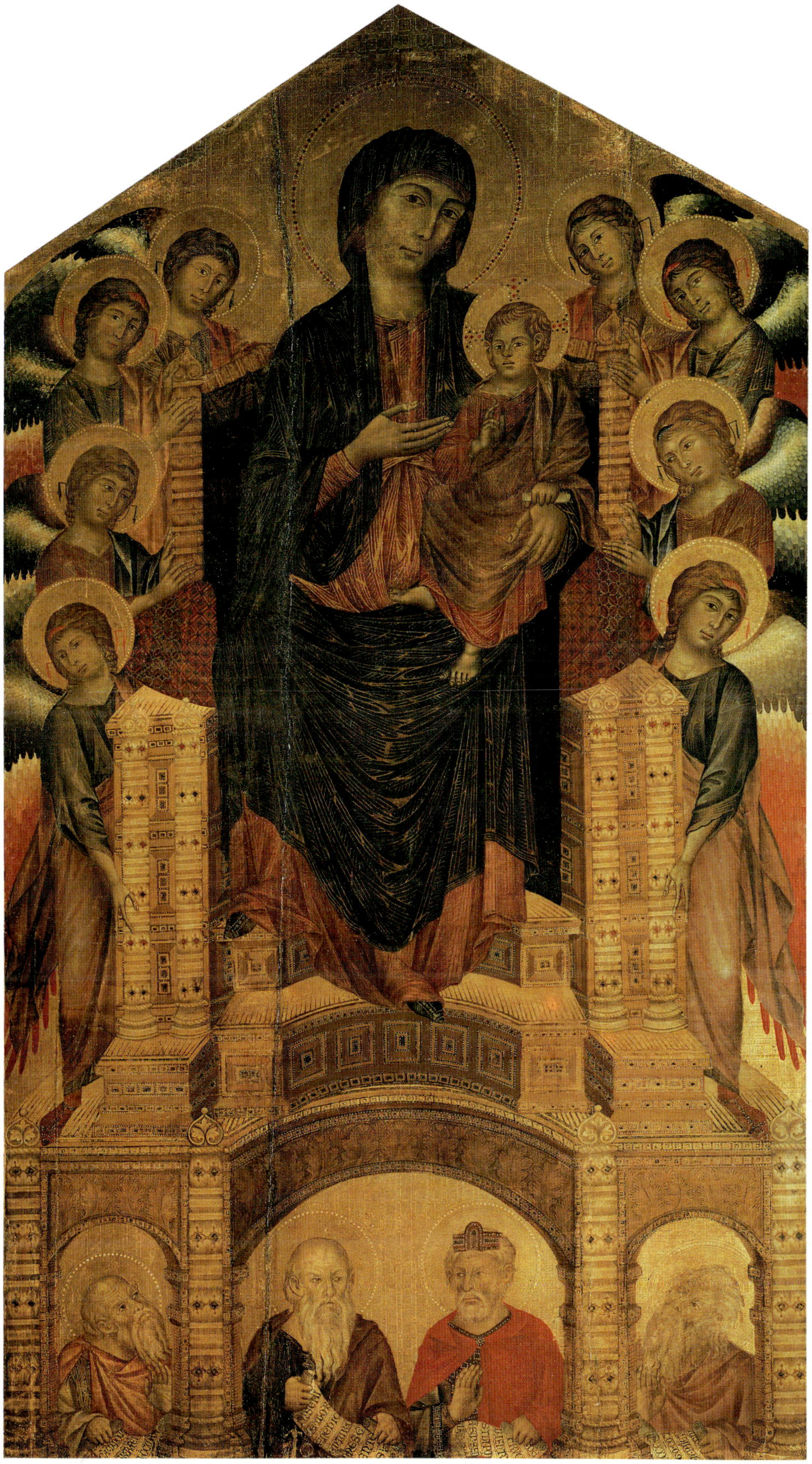

Cimabue. In Florenz tätig ab 1272. † Florenz, 1302. Die Madonna der Dreifaltigkeitskirche, Florenz. Um 1260-80. Tempera auf Holz. H 385 x B 223 cm. Galleria degli Uffizi, Florenz.

Claesz Pieter

Vanitas

Ein nackter Schädel beherrscht das seltsame Arrangement. Warme Töne und unruhige Sonnenstrahlen tauchen die Gegenstände in ein blaßbraunes Licht. Für Stilleben dieser Art war Claesz in seiner Heimat berühmt. Die fast monochrome Malweise verleiht den Gegenständen eine geheimnisvolle Harmonie. Das Thema ist die Vergänglichkeit allen Erdenlebens: Der Schädel steht für Tod, das umgedrehte Glas für verronnenes Leben, und die Uhr erinnert den Betrachter daran, daß die Zeit ständig weiter läuft. Die Maler des 17. Jahrhunderts liebten die Wiedergabe von Alltagsgegenständen, die mit illusionistischer Genauigkeit gemalt wurden. Die Moralpredigt erfolgte nicht direkt, sondern über Symbolträger, die von den Zeitgenossen wohl verstanden wurden. Heute werden diese Bilder wegen ihrer Virtuosität geschätzt.

☛ Hals, De Heem, Kalf, Ruysch, Snyders

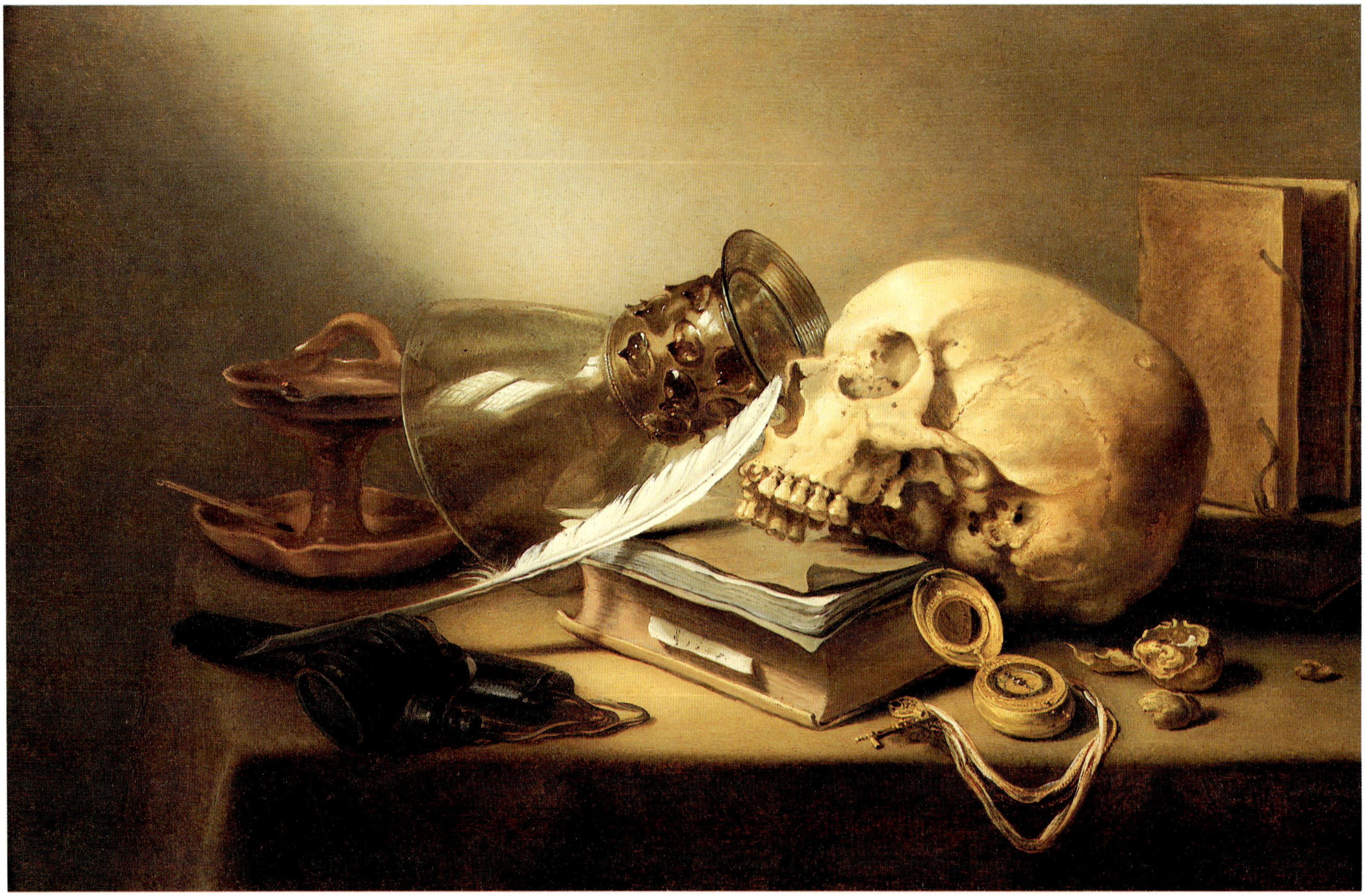

Pieter Claesz. * Burgsteinfurt, um 1597. † Haarlem, 1661. Vanitas. 1645. Öl auf Holz. H 39 x B 61 cm. Privatsammlung.

Claude Lorrain

Landschaft mit Opfer für Apollo

Das großartige und weiträumige Bild gibt uns ein gutes Beispiel für klassische Landschaftsmalerei. Es ist sorgfältig aufgebaut mit ausgewogenen Horizontalen und Vertikalen. Licht und Schatten helfen beim Erfassen der Szenerie. Lorrain hat die feierliche Großartigkeit der Landschaft um Rom erfaßt. Die zarte Stimmung wird aus Schattierungen von Grün-, Blau- und Brauntönen aufgebaut. Die Figuren stehen fast beiläufig in ihrer Umgebung. Darunter befindet sich Psyches Vater, der Apollo ein Opfer bereitet, damit dieser ihm hilft, einen Mann für seine Tochter zu finden. Der Lothringer (= Lorrain) Claude verbrachte sein langes schöpferisches Leben in und um Rom. Seine Hirtenszenen und die Poesie seiner Visionen wirkten vor allem auf die englischen Landschafter des 18. und 19. Jahrhunderts anregend. Turner schätzte gerade dieses Bild als ganz unnachahmlich ein.

☛ Allston, Constable, Cozens, Poussin, Turner

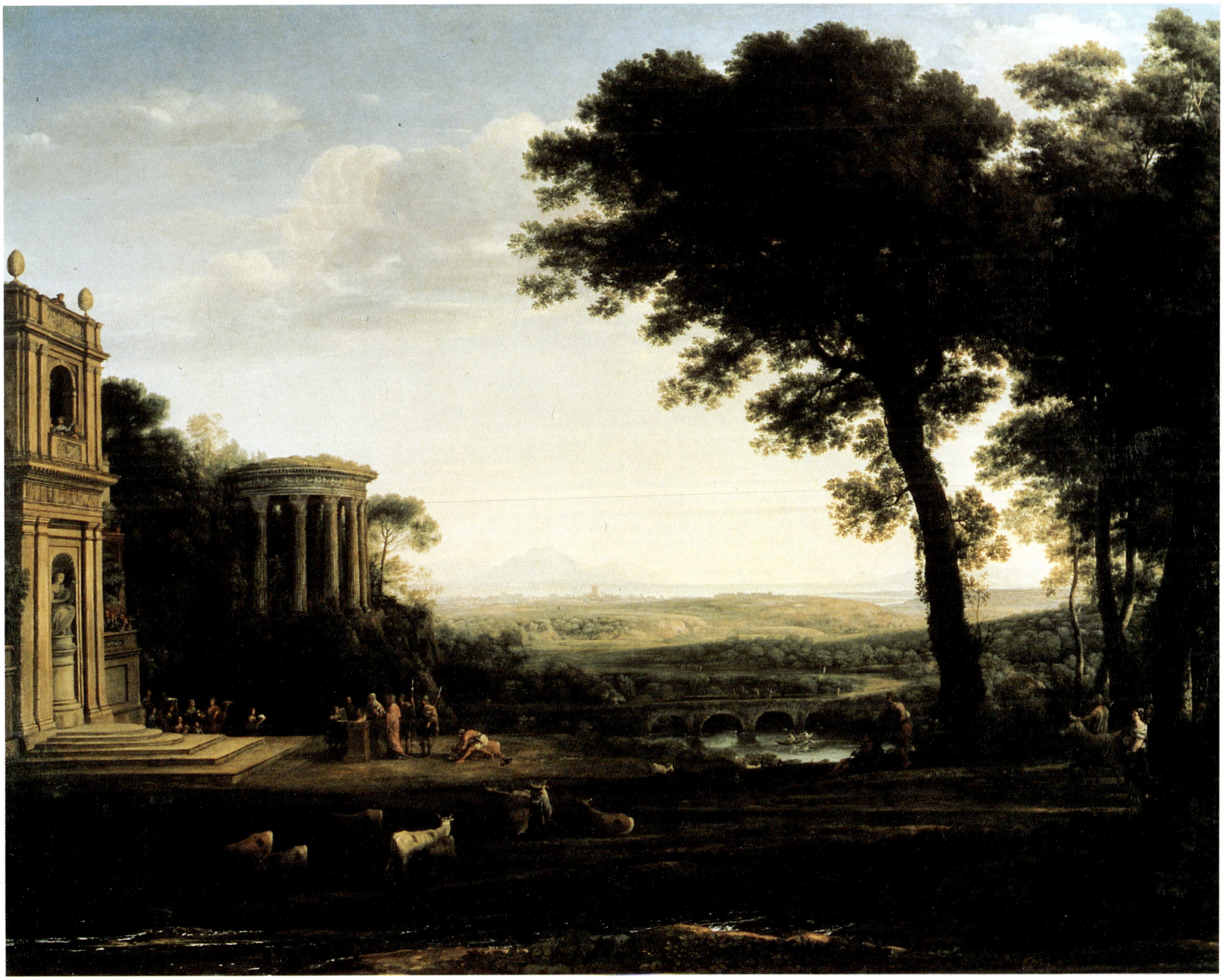

Claude Lorrain. * Chamagne bei Mirecourt, 1600. † Rom, 1682. Landschaft mit Opfer für Apollo. 1662. Öl auf Leinwand. H 176 x B 223 cm. Anglesey Abbey, Lode.

Clemente Francesco

Selbstporträt: Nummer eins

Der nackte Künstler fixiert mit seinem durchdringenden Blick den Betrachter, der sich gezwungen sieht, den Blick zu erwidern. Vögel sitzen auf seiner Schulter. Als erstes einer Serie von gezeichneten Selbstporträts illustrierte es die exhibitionistische Lust des Künstlers, sich selbst zu beobachten und darzustellen. Die Figur ist in expressionistischer Manier behandelt. Die Vögel symbolisieren die Überlegenheit von Subjektivität und Fantasie über die Vernunft. Das Bild vertritt einen Zweig des Neoexpressionismus, die Transavantgarde, die auf expressiv-figürliche und großformatige Bilder abzielt. Gegen Ende der 70er Jahre führte diese Bewegung Clemente und andere Neoexpressionisten zu einer Wiederbelebung der figürlichen Kunst, sozusagen als Gegenbewegung zum Abstrakten Expressionismus der 60er Jahre.

☛ Baselitz, Dürer, Kiefer, Kirchner, Pollock, Schiele, Schnabel

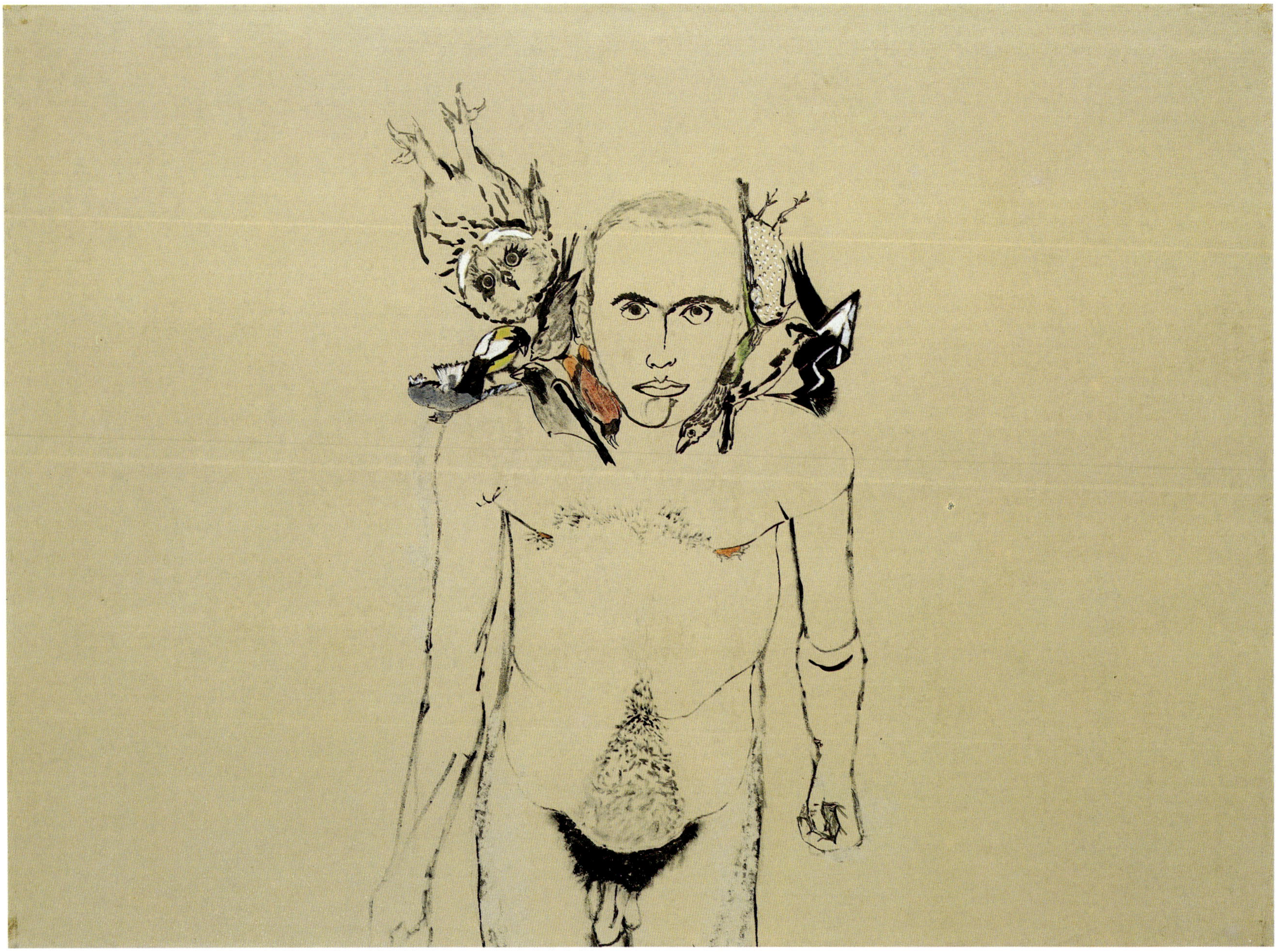

Francesco Clemente. * Neapel, 1952. Selbstporträt: Nummer eins. 1979. Mischtechnik auf Papier. H 112 x B 147 cm. Privatsammlung.

Clouet François

Reiterbildnis Franz I.

In einer prächtigen Paraderüstung sitzt Franz I. im Sattel eines prunkvoll ausstaffierten Pferdes und schaut fragend auf uns herab. Der für seine genaue Beobachtungsgabe und seine Detailfreudigkeit bekannte Künstler hat die komplizierten Muster des königlichen Gewandes mit verblüffender Genauigkeit wiedergegeben, besonders die Masken von Knie- und Ellbogenschutz und die Figürchen auf Arm und Brust. Clouet hat seinem Herrn nicht nur durch seine Malweise höchste Ehre erwiesen, er hat ihn überdies auf einem Hügel inmitten eines weiten Gebietes postiert, was ihn als Herrscher über ein großes Land ausweist. Als Hofmaler trat Clouet in die Fußstapfen seines Vaters. Er fertigte viele Königsbilder an, z. B. von Franz I., Heinrich II., Franz II. und Karl IX. und wurde dafür mit höchsten Ehren ausgestattet.

☛ Van Dyck, Van Eyck, Géricault, Holbein d. J., Lawrence

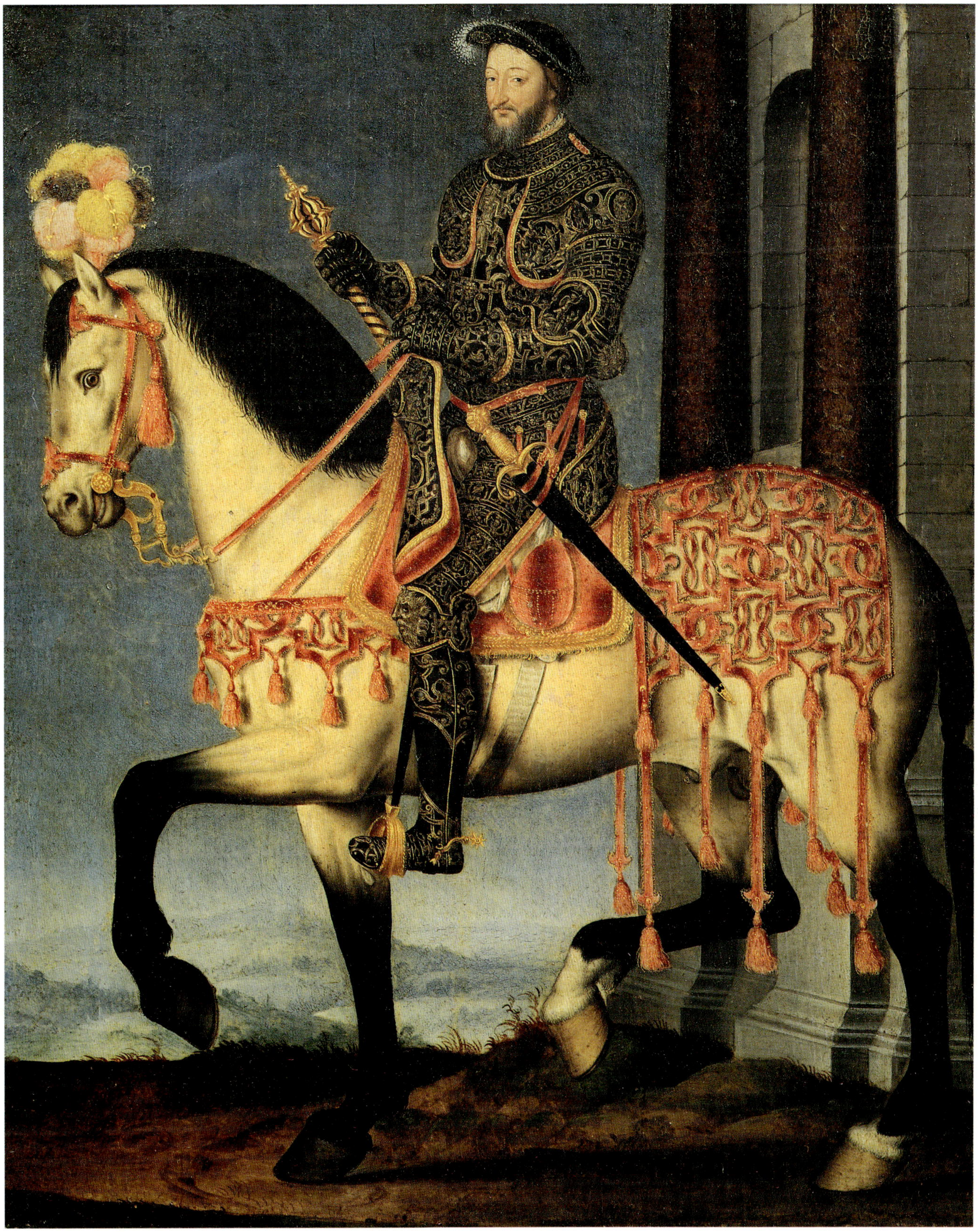

François Clouet. * Tours, um 1505/10. † Paris, 1572. Reiterbildnis Franz I. Um 1540. Öl auf Holz. H 27 x B 22 cm. Galleria degli Uffizi, Florenz.

Cole Thomas

Szene aus »Der letzte Mohikaner«

Mächtige nackte Felsen überragen eine steinige, in herbstliche Farbenglut getauchte Gipfelszene, die sich aus einer kleinen Figurenschar zusammensetzt. Der Künstler hat viele Details aufgeboten, um die ehrfurchtheischende Weite der amerikanischen Wildnis auszudrücken. Das Bild beschreibt eine Szene aus James Fenimore Coopers »Der letzte Mohikaner«. Cole gilt als der führende Maler der Hudson River-Schule, die hauptsächlich im Umkreis von Neuengland malte und sich für Fluß- und Berglandschaften begeisterte, die noch keines Menschen Fuß betreten hatte. Cole legte religiöse und moralische Inhalte in seine Bilder, z. B. die Wildnis als Gebetsort. Auf seiner Europareise konnte ihn das, was er dort an Kunst zu Gesicht bekam, nur wenig beeindrucken. Mit seinen Bildern voller Dramatik und Größe ist Cole ein typischer Vertreter der Romantik.

☛ Allston, Bierstadt, Church, Cozens, Friedrich

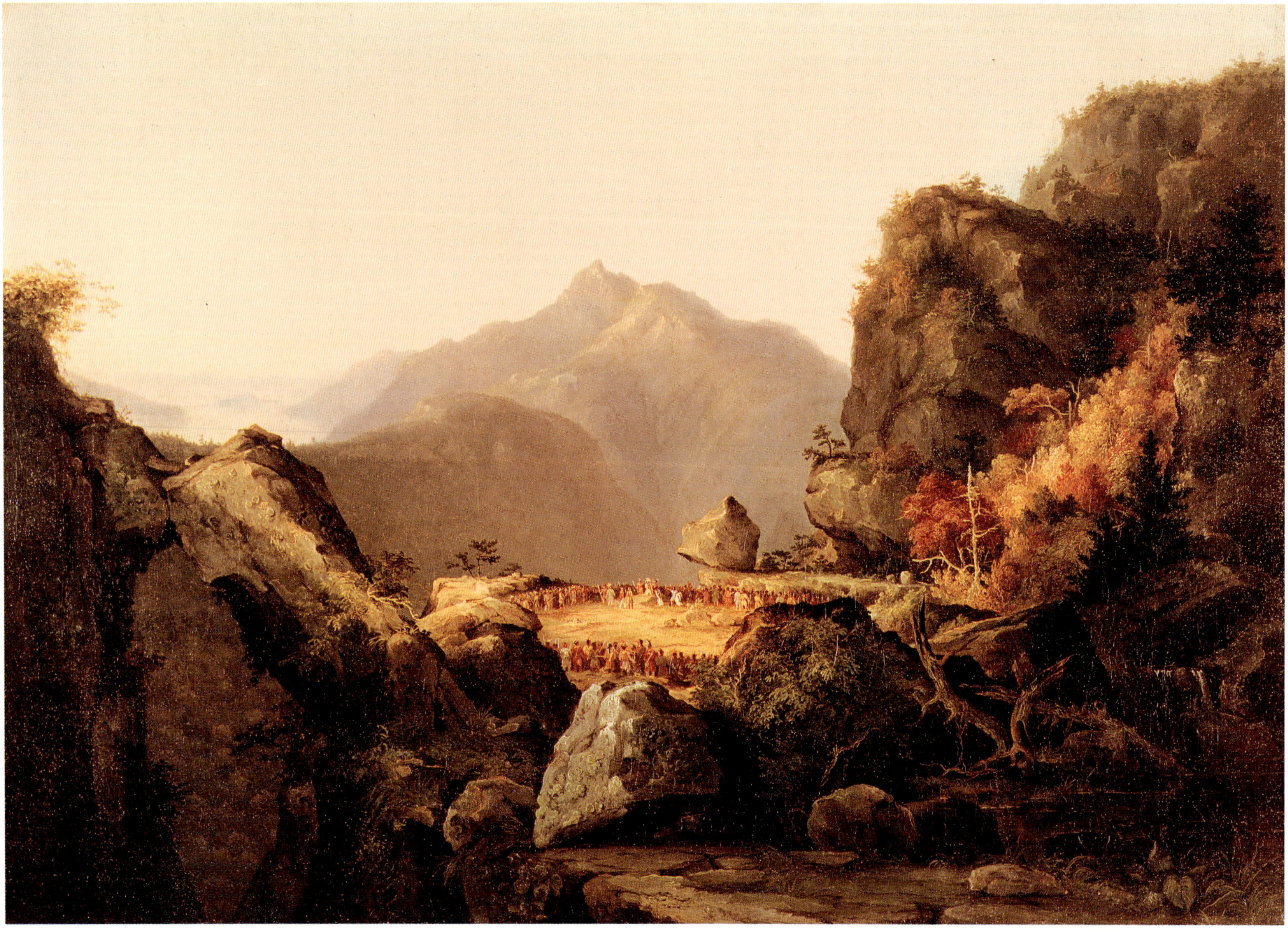

Thomas Cole. * Bolton-le-Moors, 1801. † Catskill, 1848. Szene aus »Der letzte Mohikaner«. 1827. Öl auf Leinwand. H 64,5 x B 89 cm. Wadsworth Atheneum, Hartford.

Constable John

Die Schleuse

Ein Mann bemüht sich, eine Schleuse zu öffnen, während sein Kompagnion versucht, ein Boot still zu halten. Mit seinen silbrigen Lichthöhungen und reichen Farben feiert das Bild die Frische und Schönheit der Natur. Vielleicht noch mehr als irgendein anderer Landschaftsmaler versuchte Constable seine Liebe zur freien Natur auszudrücken. Durch erkennbar spontanen Farbauftrag und mit schnellen Pinselzügen gelang es ihm, fließende Stimmungen einzufangen. Hinter den gesprenkelten und fleckigen Farbtupfern steht jedoch eine ausgefeilte Komposition. Constable schrieb sich 1799 in die Königliche Akademie ein, doch am Anfang seiner Karriere gelang es ihm nicht, auch nur ein Bild zu verkaufen. In Paris dagegen wurden seine Bilder mit Begeisterung aufgenommen. Mit seiner lebendigen Malweise hatte Constable großen Einfluß auf die französische Landschaftsmalerei bis hinauf zu den Impressionisten.

☛ Corot, Daubigny, Hobbema, T. Rousseau, Ruysdael, Turner

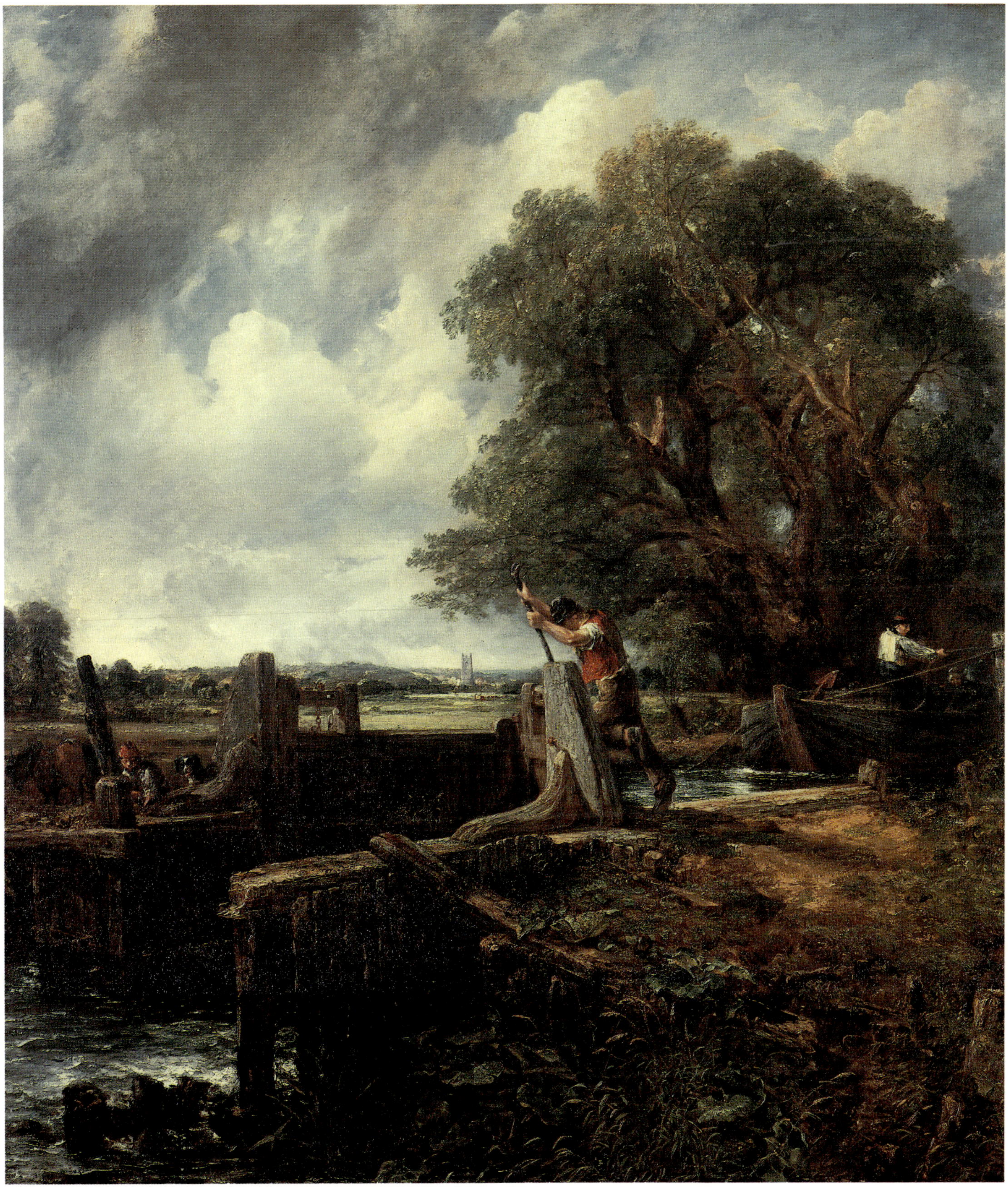

John Constable. * East Bergholt, 1776. † London, 1837. Die Schleuse. Um 1824. Öl auf Leinwand. H 142 x B 120 cm. Fundación Colección Thyssen-Bornemisza, Madrid.

Copley John Singleton

Der Tod von Major Pierson

Der schlaffe Körper von Major Pierson wird von seinen Generälen gehalten, während er im Sterben liegt. Sein wütender schwarzer Adjutant feuert auf den Feind. Das Bild erzählt von der englischen Abwehr eines französischen Angriffs auf Jersey im Jahre 1781. Der dramatische Vorfall wird in symmetrischem Aufbau, mit hellen Farben und Detailreichtum dargestellt. Farbenprächtig schildert Copley die Heldentat des jungen Offiziers, der im Dienste seines Landes, dessen Fahnen im Wind flattern, gefallen ist. Copley erwarb sich wegen seines ungekünstelten Stiles und seiner Fähigkeit, das Wesentliche eines Gesichtes zu erfassen, hohes Ansehen als Porträtist. 1774 zog er nach England und seine Karriere als Historienmaler nahm ihren Anfang. Er war einer der ersten, der jüngere Geschichtsereignisse in der gewichtigen Manier darstellte, die bislang nur klassischen Themen vorbehalten war.

☛ David, Delacroix, Uccello, West

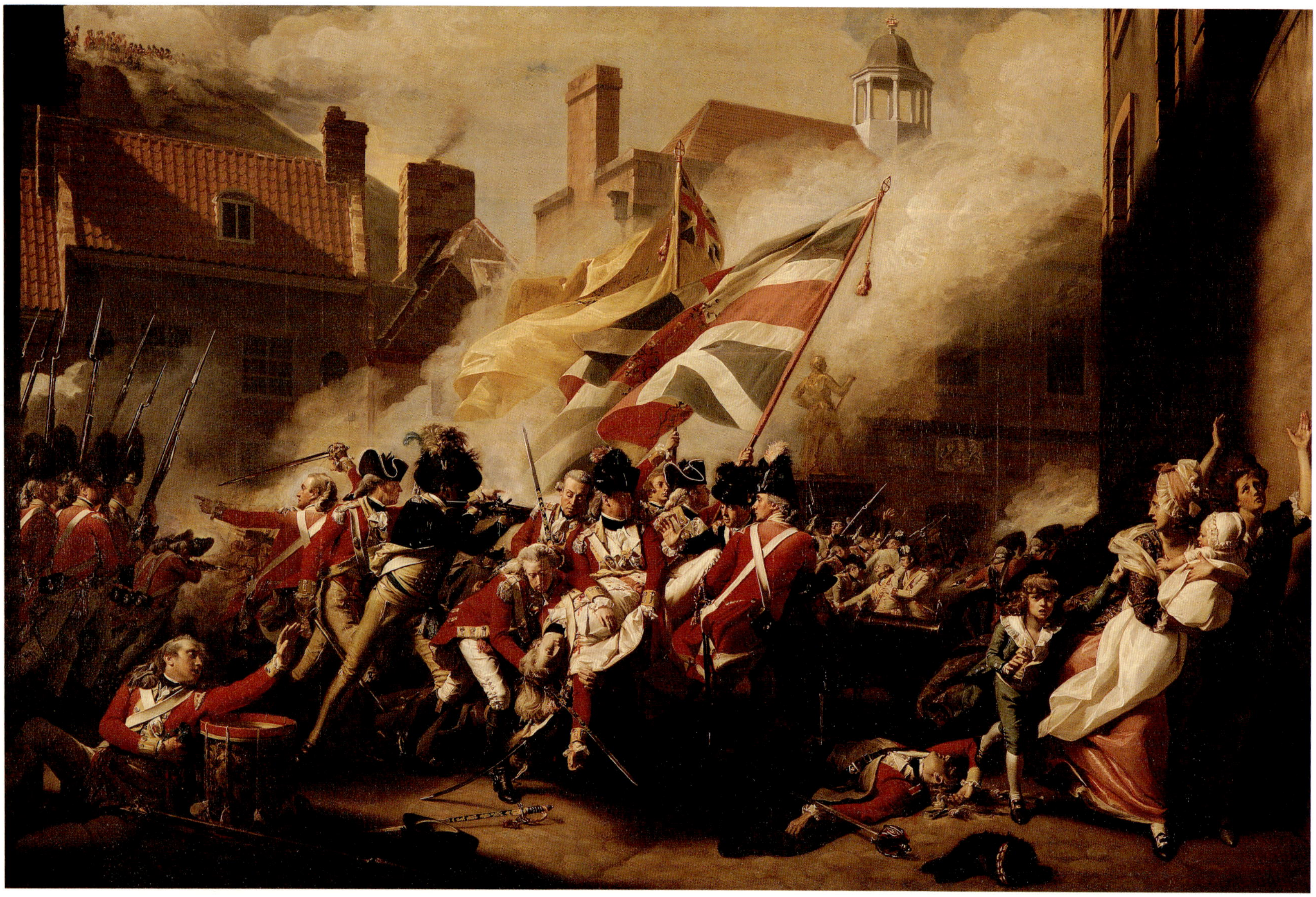

John Singleton Copley. * Boston, 1738. † London, 1815. Der Tod von Major Pierson. 1782-84. Öl auf Leinwand. H 252 x B 366 cm. Tate Gallery, London.

Cornell Joseph

Ohne Titel

In einer flachen, weißgestrichenen Kiste sehen wir eine bescheidene Ansammlung von Drucken, Zeitungsausschnitten und anderen Gegenständen. Das Behältnis dient als Metapher für die Welt, die von seltsamen Dingen bewohnt wird. Es ist auch eine Schatztruhe von Kuriositäten, die zum Entdecken anregt und Wehmut weckt. Die Bruchstücke von einst schönen Dingen finden sich auf ungeklärte und traumhafte Art zusammen. Darin liegt Cornells Talent und der Grund für seine Popularität. Die Beiläufigkeit dieser Assemblagen belegen seinen Hang zum Irrationalismus der Surrealisten. Trotzdem durchdringt seine Werke ein Gespür für Ordnung und Präzision. Über seine Werke sagte er: »Dunkle Kästen werden zu poetischem Theater oder zum Rahmen, in dem Dinge kindlichen Zeitvertreibs verwandelt werden.«

☛ Blake, Brauner, Rauschenberg, Schwitters

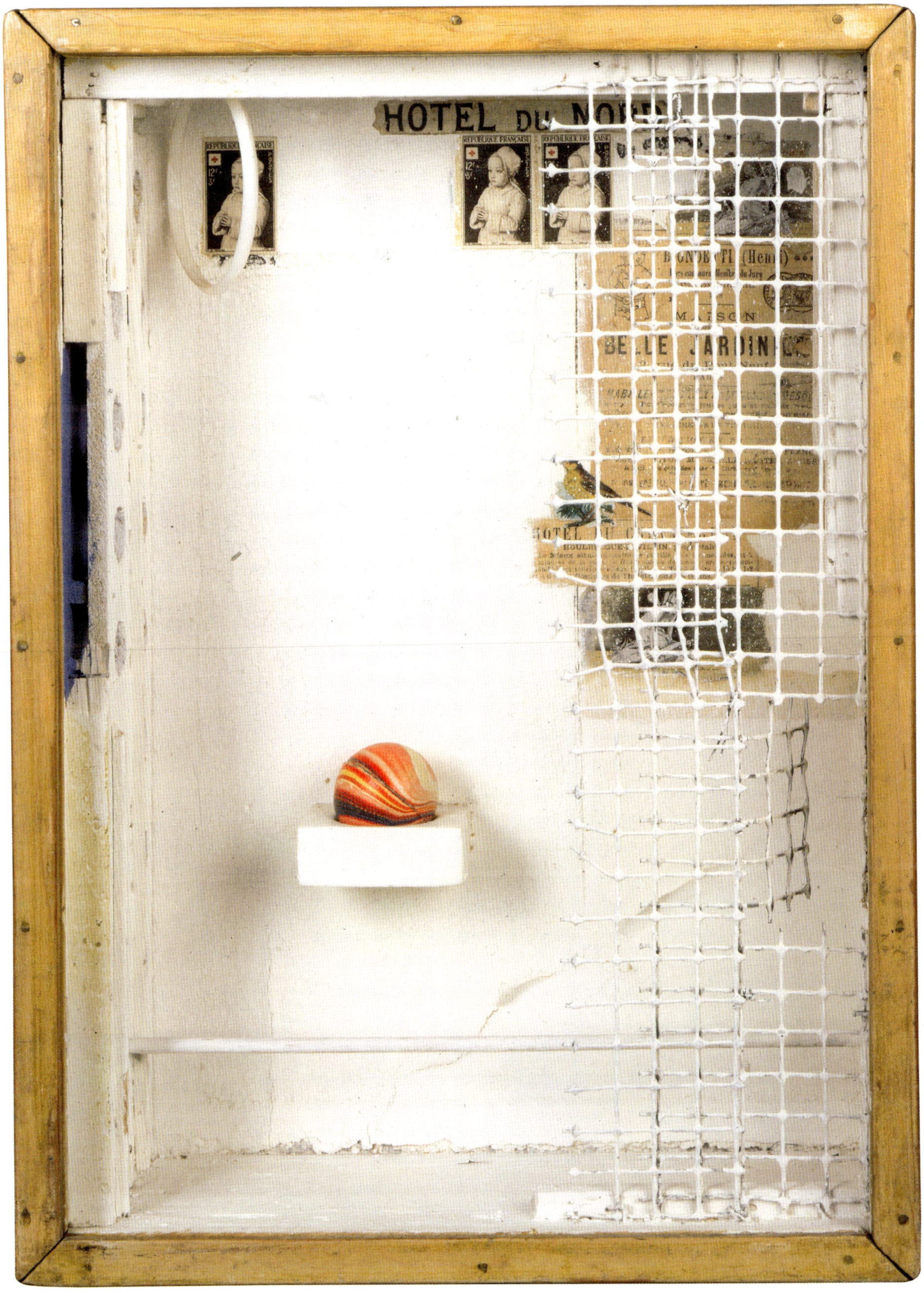

Joseph Cornell. * Nyack, 1903. † Flushing, 1972. Ohne Titel. Um 1950. Gemischtes Material in Kiste. H 38 x B 27 cm. Privatsammlung.

Corot Jean-Baptiste-Camille

Ville d'Avray

In dieser unerhört zarten Landschaft rufen weiche Pastelltöne und zerfaserte Bäume eine verträumte, noch taufeuchte Frühmorgenstimmung hervor. Ein silbrig blauer Himmel spiegelt sich im See, und die Sonne, die auf die Häuser links fällt, erinnert an Corots italienische Ölskizzen. Corots Vater kaufte 1817 ein Landhaus in Ville d'Avray nahe Paris. Es lieferte das Motiv, das Corot bis zu seinem Tod immer wieder malte. Er war einer der größten Landschaftsmaler des 19. Jahrhunderts. In seiner langen Karriere wurde er von vielen Künstlern angeregt, und umgekehrt inspirierte er Generationen von nachfolgenden Malern. Man hat ihn gleichzeitig den »letzten klassischen Landschafter und ersten Impressionisten« genannt. Gerade Monet und Sisley verdanken ihm, der über 3000 Bilder gemalt hat, sehr viel.

☛ Boudin, Claude Lorrain, Daubigny, Monet, Pissarro, Sisley

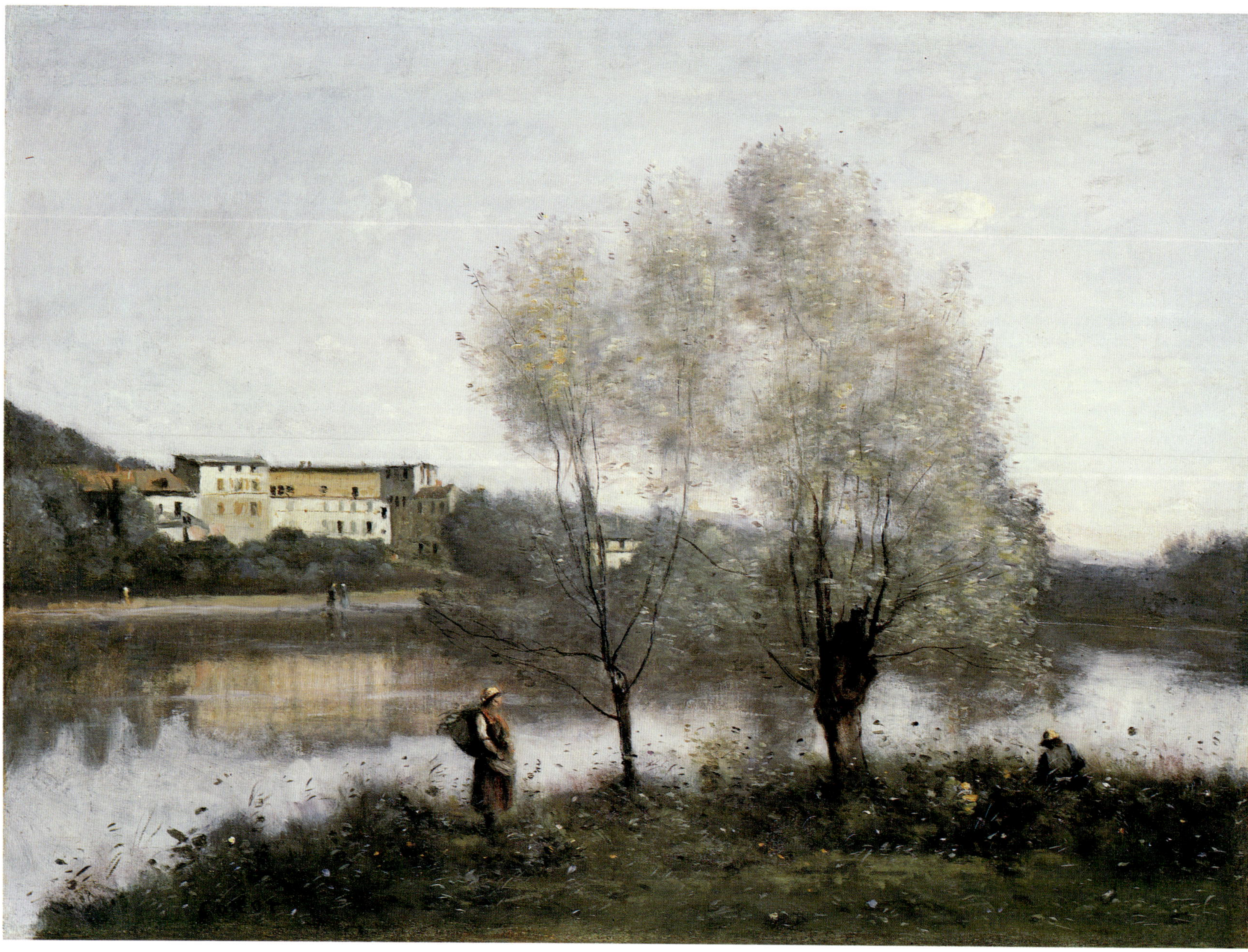

Jean-Baptiste-Camille Corot. * Paris, 1796. † Paris, 1875. Ville d'Avray. Um 1867. Öl auf Leinwand. H 49 x B 65 cm. National Gallery of Art, Washington.

Correggio

Christi Geburt

Christus erleuchtet dieses Bild mit seinem göttlichen Licht so sehr, daß die Frau zu seinen Füßen schützend ihre Hände vor die Augen halten muß. Die Szene ist asymmetrisch angelegt und voller Bewegung. Der Hirtenstab lenkt den Blick des Betrachters hinauf zu den Engeln, die wiederum hinunter zu dem Kind blicken. Dieses schwungvolle Bild ist charakteristisch für Correggios Spätwerk. Bewegung und Ablauf weisen schon in Richtung Barockmalerei. Als Spezialist für Kuppel- und Deckenfresken wollte Correggio erreichen, daß der Betrachter das Gefühl hat, direkt in den Himmel zu schauen. Eines seiner größten Werke war die Ausmalung der Domkuppel in Parma, die er in eine wirbelnde Masse schwebender Figuren verwandelt hat. Correggio arbeitete fast sein ganzes Leben lang in seiner Heimatstadt Parma.

☛ Caravaggio, Carracci, Elsheimer, Parmigianino

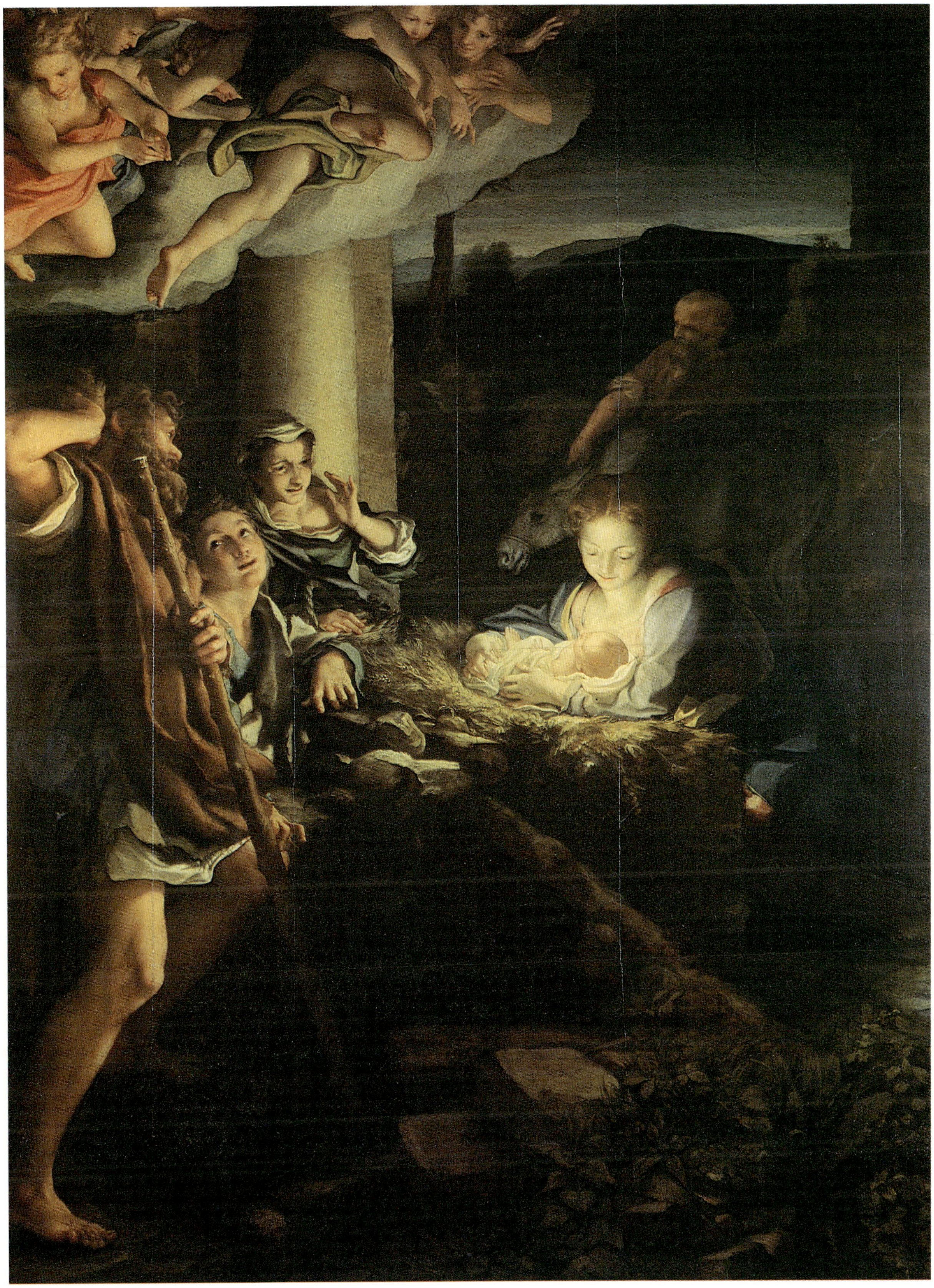

Correggio (Antonio Allegri). * Correggio, um 1489. † Correggio, 1534. Christi Geburt. 1530. Öl auf Holz. H 256 x B 188 cm. Staatliche Gemäldegalerie, Dresden.

Del Cossa Francesco

Der Mai

Es ist Mai. Der Sonnengott Apollo sitzt auf seinem Wagen und herrscht über Höflinge, Cherubim und hochgestellte Personen. Die zwei Nackten darunter symbolisieren das Sternzeichen des Zwillings. Dieser Abschnitt ist nur einer von zwölf Fresken, die die Wände der Sala dei Mesi (Saal der Monate) in Herzog Borso d'Estes Palast in Ferrara schmücken. Del Cossa sollte zusammen mit anderen Künstlern das Hofgeschehen im Ablauf eines Jahres (unter Verwendung von astronomischen Symbolen und Göttern) darstellen. Leuchtende Farben dienen einem nur wenig realistischen Stil, der für Cossa und seinen Umkreis typisch ist. Die Perspektive ist im Vergleich zum damaligen Florenz noch unkorrekt angewendet. Weil er sich schriftlich beim Herzog über seine schlechte Bezahlung beschwert hatte, mußte er von Ferrara nach Bologna flüchten, wo er sich künftig als Maler verdingte.

☛ Limburg, Mantegna, Piero della Francesca

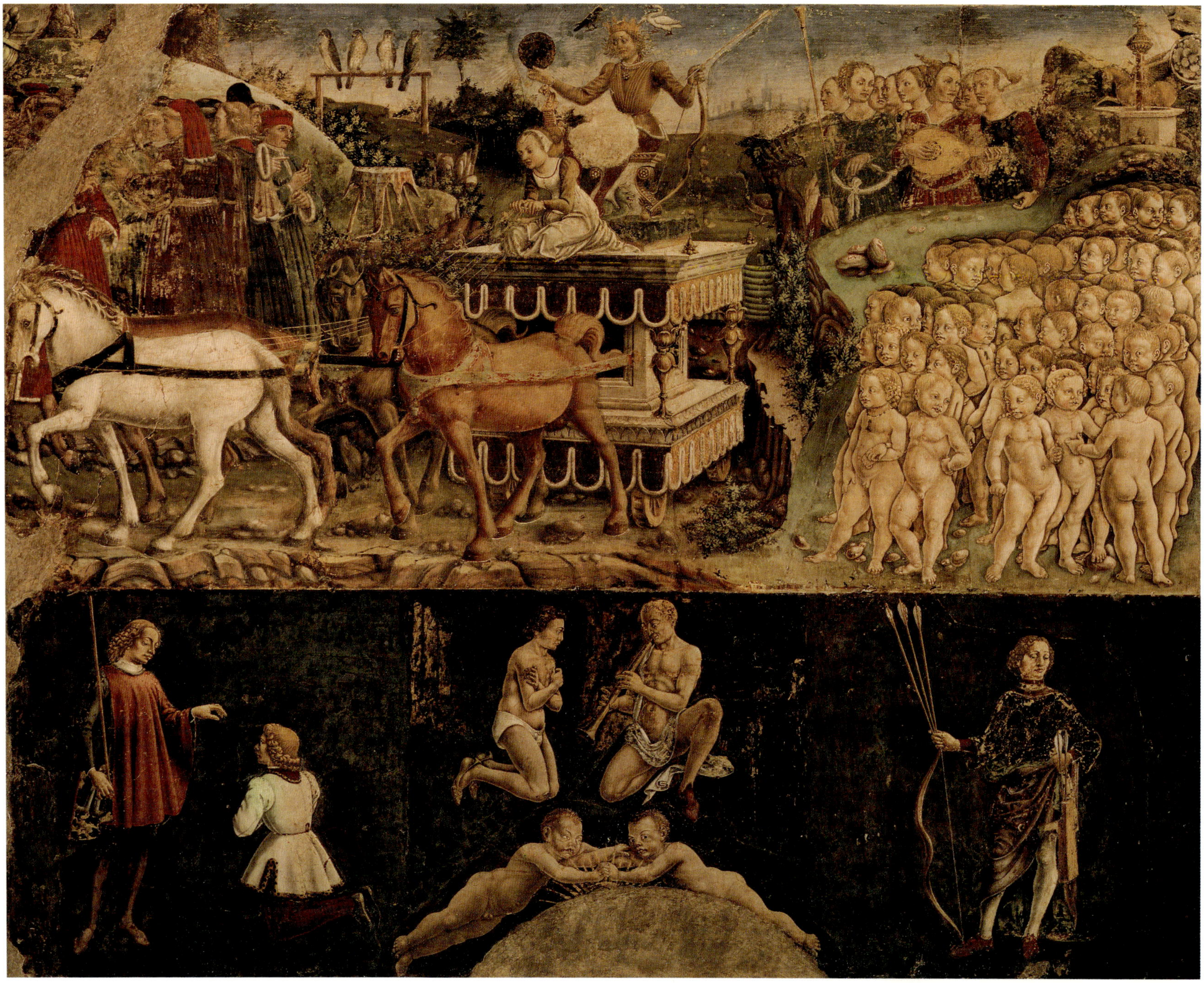

Francesco del Cossa . * Ferrara, um 1435. † Bologna, um 1478. Der Mai. 1470. Fresko. H 319 x B 320 cm. Palazzo Schifanoia, Ferrara.

Courbet Gustave

Bonjour, Monsieur Courbet

Im Mai 1854 war Courbet Gast von M. Alfred Bruyas, einem großen Mäzen und Kunstsammler in Montpellier. Courbet stellt sich mit Wanderstab und Rucksack in dem Moment dar, als er noch auf der Straße mit seinem Gastgeber, dessen Diener und Jagdhund zusammentrifft. Gemalt mit ausgesprochenem Realismus gerät Courbets Themenwahl auf der Pariser Weltausstellung von 1855 zum Eklat. Courbet wurde mit diesem Bild zum Vorkämpfer einer unakademischen Malerei, die sich von den Zwängen einer von literarischen und religiösen Themen bestimmten Kunst frei machte. Dadurch, daß er sich von literarischen Vorgaben ab- und der natürlichen Umwelt zuwandte, gewann er für Manet und die Impressionisten große Bedeutung. Als er für einen Kirchenauftrag Engel malen sollte, antwortete er: »Ich habe noch nie einen Engel gesehen; zeigen Sie mir einen, und ich male ihn.«

☛ Daubigny, Manet, Millet, T. Rousseau

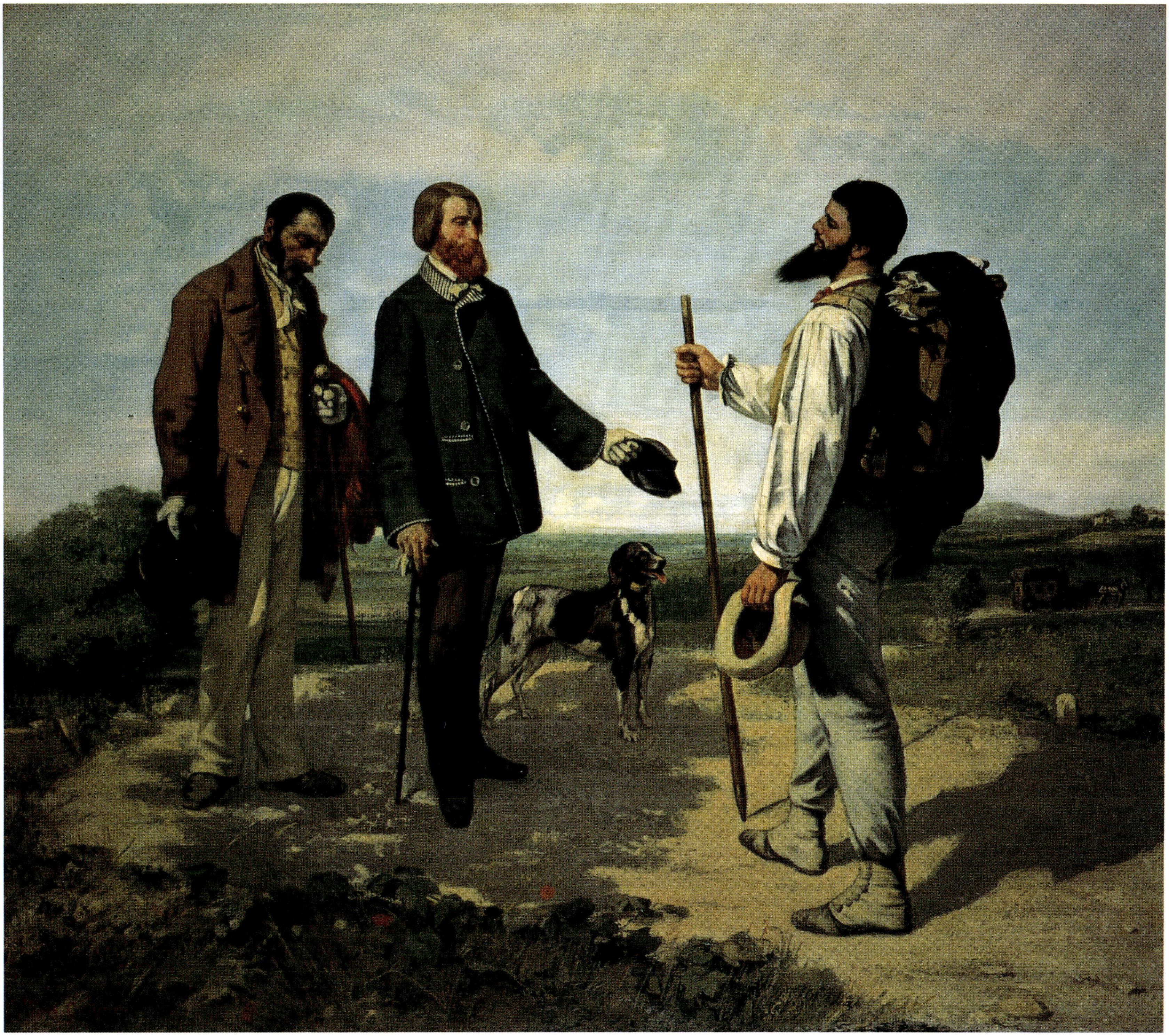

Gustave Courbet. * Ornans, 1819. † La Tour de Peilz, 1877. Bonjour, Monsieur Courbet. 1854. Öl auf Leinwand. H 129 x B 149 cm. Musée Fabre, Montpellier.

Cozens John Robert

Zwischen Chamonix und Martigny

Ein Reiter und sein Bergführer überqueren einen Paß oberhalb der Baumgrenze in den französischen Alpen. Ihre Winzigkeit und Ungewichtigkeit wird unterstrichen durch die überhängenden Felsen und die Majestät der schneebedeckten Gipfel des Aiguille Verte. Von 1776 bis 1779 reiste Cozens durch die Schweiz nach Italien. Die Allgegenwärtigkeit der alpinen Bergwelt überwältigte ihn. Der schwermütig poetische Cozens brachte mit seiner reduzierten Palette die Weite des Raums und die Unfaßbarkeit der Natur voll zum Ausdruck.
Cozens war einer der begabtesten Landschafter Englands im 18. Jahrhundert. Er hatte entschiedenen Einfluß auf Turner und Constable. Letzterer sah in ihm sogar »das größte Genie, das jemals Landschaft gemalt hat«. Neben seinen zahllosen Aquarellen gibt es nur zwei Landschaften in Öl; eine davon ist verloren gegangen.

☛ Church, Constable, Friedrich, Martin, Turner

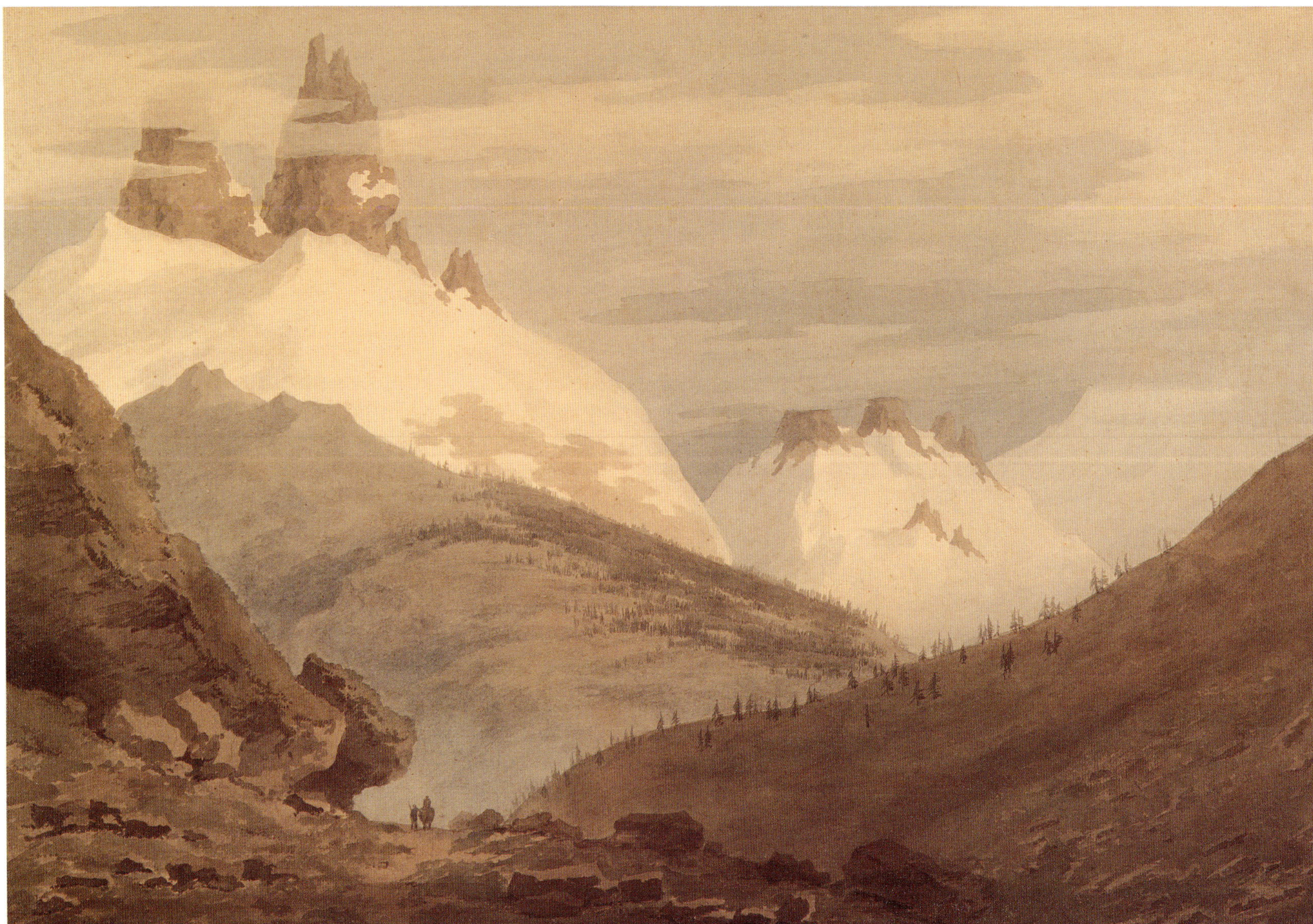

John Robert Cozens. * London, 1752. † London, 1797. Zwischen Chamonix und Martigny. Um 1776-79. Aquarell auf Papier. H 43,5 x B 61,6 cm. Privatsammlung.

Cragg Tony

Erodierte Landschaft

Der Künstler hat aus einer Ansammlung von Mattglasgefäßen eine Stadtlandschaft zusammengestellt. Das Arrangement soll zugleich Vertrautheit und Befremden hervorrufen. Der Glastisch kann in jeder Wohnung angetroffen werden. Man kann Gegenstände zusammenstellen, die dem Besitzer viel, dem Betrachter gar nichts bedeuten. Die drei großen Vasen unten dienen als Stütze und verleihen der Komposition Symmetrie und Festigkeit. Die Komposition erinnert an griechische Tempel, so stabilisierend ist ihre Wirkung. Cragg hat sich auf die Verwendung von Massenprodukten spezialisiert. Seine Arbeiten sind eine Entdeckung des Raumes zwischen Fantasie und Wirklichkeit. Seine Anordnungen lassen oft die Vorstellung von Konsummüll aufkommen, sind aber voller Poesie und getragen von einem Gespür für die Schönheit von Stilleben.

☛ Bourgeois, Caro, Deacon, Morandi, Smith

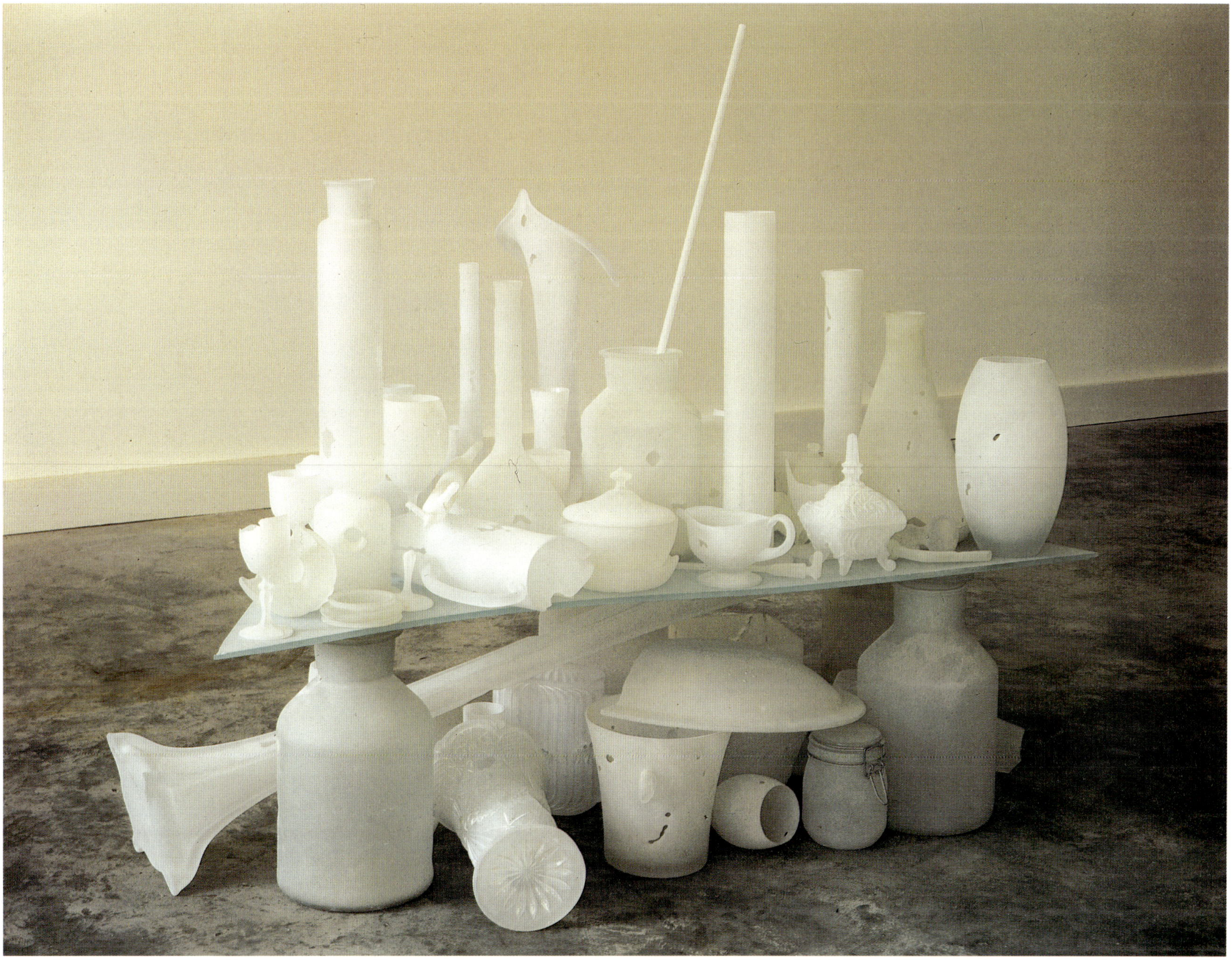

Tony Cragg. * Liverpool, 1949. Erodierte Landschaft. 1992. Glas. H 43 x B 132 cm. Lisson Gallery, London.

Cranach Lucas d. Ä.

Venus

Venus trägt nur ihren Hals- und Haarschmuck aus Edelsteinen. Sie hält verschämt einen durchsichtigen Schleier und blickt verführerisch auf den Betrachter. Ihr Körper erscheint idealisiert, vielleicht, weil damalige Künstler selten lebende Modelle benutzten. Nackte Frauen wurden nicht dargestellt, es sei denn als literarische Vorgabe oder als mythische Göttin. Cranach scheint den klassischen Geist seiner Zeit nicht verinnerlicht zu haben, da seine Akte etwas unbeholfen wirken. Vielleicht hat Cranach ein mythisches Thema gewählt, weil er Protestant war. Sein Einfluß auf das lutherische Deutschland war enorm. Er tauchte plötzlich auf und schuf sein Hauptwerk in jungen Jahren. Später führte er das unbeschwerte Leben eines Hofmalers. Da er der Begründer einer Malerdynastie wurde, nennt man ihn den Älteren.

☛ Baldung Grien, Dürer, Grünewald, Leighton

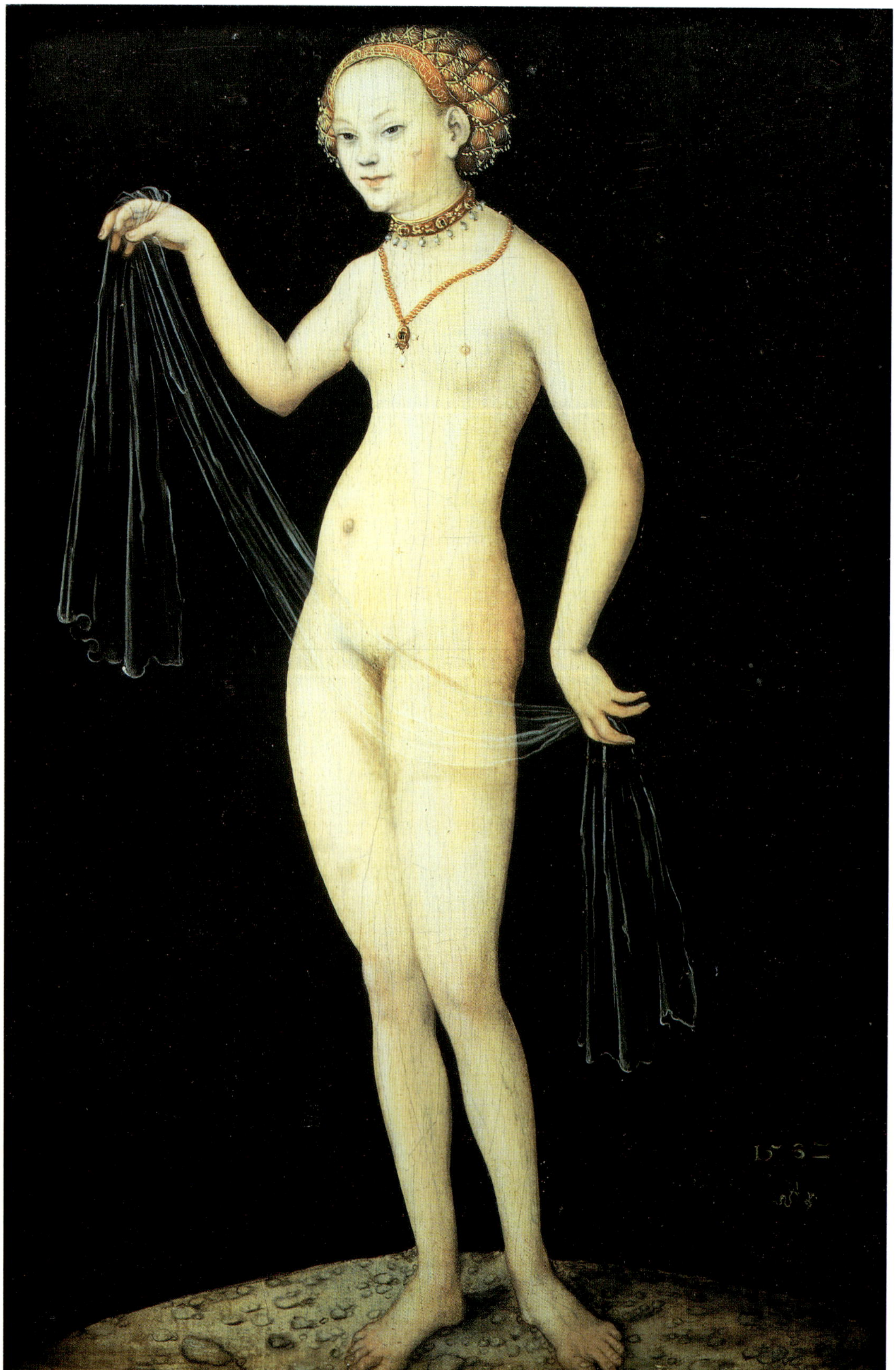

Lucas Cranach der Ältere. * Kronach, 1472. † Weimar, 1553. Venus. 1532. Öl auf Holz. H 37 x B 25 cm. Städelsches Kunstinstitut, Frankfurt.

Cuyp Aelbert

Kühe mit Reiter und Hirten

Die idyllische Landschaft ist in goldenes Abendlicht getaucht. Die warme, lichtdurchflutete Komposition unterscheidet sich von den kalten, von Blau und Grün bestimmten Arbeiten seiner Zeitgenossen wie z. B. Hobbema. Die scheinbar zufällige Anordnung der Tiere ist in Wirklichkeit sehr durchdacht, um das Spiel von Licht und Schatten auf den Kühen zu zeigen, die von sich aus das Sonnenlicht auszustrahlen scheinen. In seiner genauen Naturbeobachtung war dieser bedeutende Landschaftsmaler des holländischen 17. Jahrhunderts entschieden von Ruysdael und Van Goyen beeinflußt. Besonders geschätzt wurden seine Fluß- und Stadtansichten, die er in und um Dordrecht schuf. Erst englische Sammler des 18. Jahrhunderts haben ihn wiederentdeckt, weshalb er besonders auf die englische Kunst eingewirkt hat.

☛ Bierstadt, Claude Lorrain, Daubigny, Van Goyen, Hobbema, Ruysdael

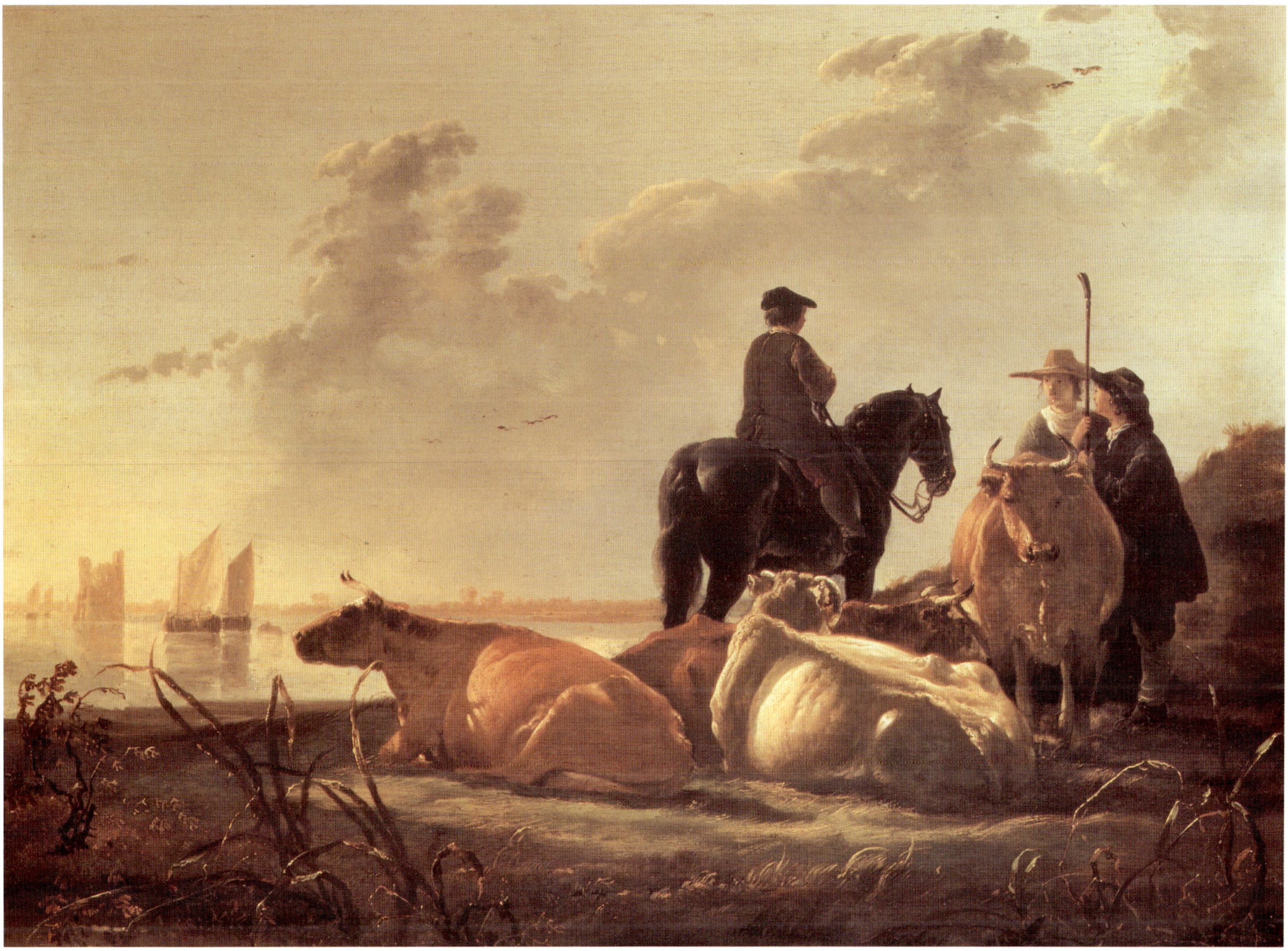

Aelbert Cuyp. * Dordrecht, 1620. † Dordrecht, 1691. Kühe mit Reiter und Hirten. Um 1650. Öl auf Holz. H 38,1 x B 50,8 cm. National Gallery, London.

Dalí Salvador

Der Schlaf

In dieser fantastischen Interpretation des Schlafes sieht man nur den Kopf des Schläfers vor seinen erträumten Bildern. Man hat das Gefühl, der Träumer könnte beim geringsten Geräusch aufwachen; dies zeigt die sensible Störbarkeit des Schlafes. Dalís bekannte Liebe zum Detail schafft eine Atmosphäre von gesteigerter Überwirklichkeit. Als Surrealist vertrat er das Absurde und die Rolle des Unbewußten in der Kunst. Dalí arbeitete auch an wichtigen Filmen von Buñuel wie »Der andalusische Hund« und »Das Goldene Zeitalter« mit. Obwohl er häufig die Öffentlichkeit provozierte, hat er einen großen Beitrag zur Moderne geleistet. Nach Schaffensperioden in Paris und New York kehrte er 1955 wieder in seine katalanische Heimat zurück, wo er sich mit seiner Lebensgefährtin Gala, von der er wunderbare Bilder malte, niederließ.

☛ Bosch, Bellmer, Brauner, Delvaux, Ernst, Magritte, Tanguy

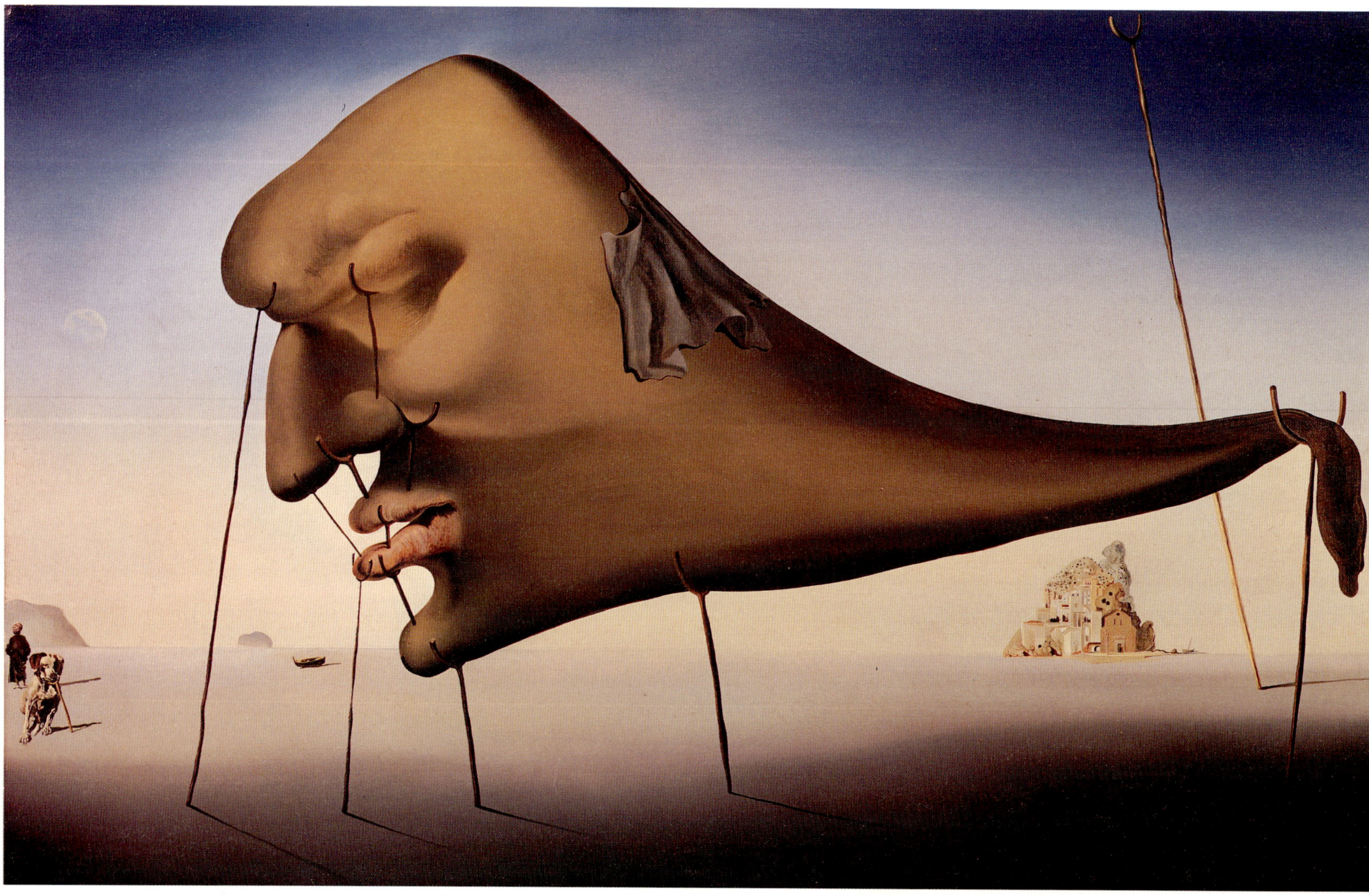

Salvador Dalí. * Figueras, 1904. † Barcelona, 1989. Der Schlaf. 1937. Öl auf Leinwand. H 50,8 x B 78,2 cm. Privatsammlung.

Daubigny Charles-François

Die Schleuse von Optevoz

In diesem stillen Naturstück wartet eine Hirtin mit Hund und Herde auf die Öffnung der Schleuse. Das Bild ist weich und in vorwiegend kalten Tönen gemalt. Die verträumte Landschaft gewinnt durch Daubignys genaue Beobachtung der Natur eine herzhafte Frische. Für das Ölbild wurde eigens eine gleichgroße Skizze vor Ort angefertigt. Damit war Daubigny ein früher Vertreter der Plein-air-Malerei, die von den Impressionisten in extremo weitergeführt wurde. Daubigny war auch der Schule von Barbizon eng verbunden, die einfache, ländliche Szenen in unmittelbarer Naturwiedergabe bevorzugte.
In der Umwandlung der Vorzeichnung in eine stimmungsvolle Nostalgieszene folgte Daubigny seinem Freund Corot. Umgekehrt war es dann Daubigny, der Corots Besonderheiten an die Impressionisten weitergab.

☛ Bingham, Boudin, Constable, Corot, Pissarro, T. Rousseau

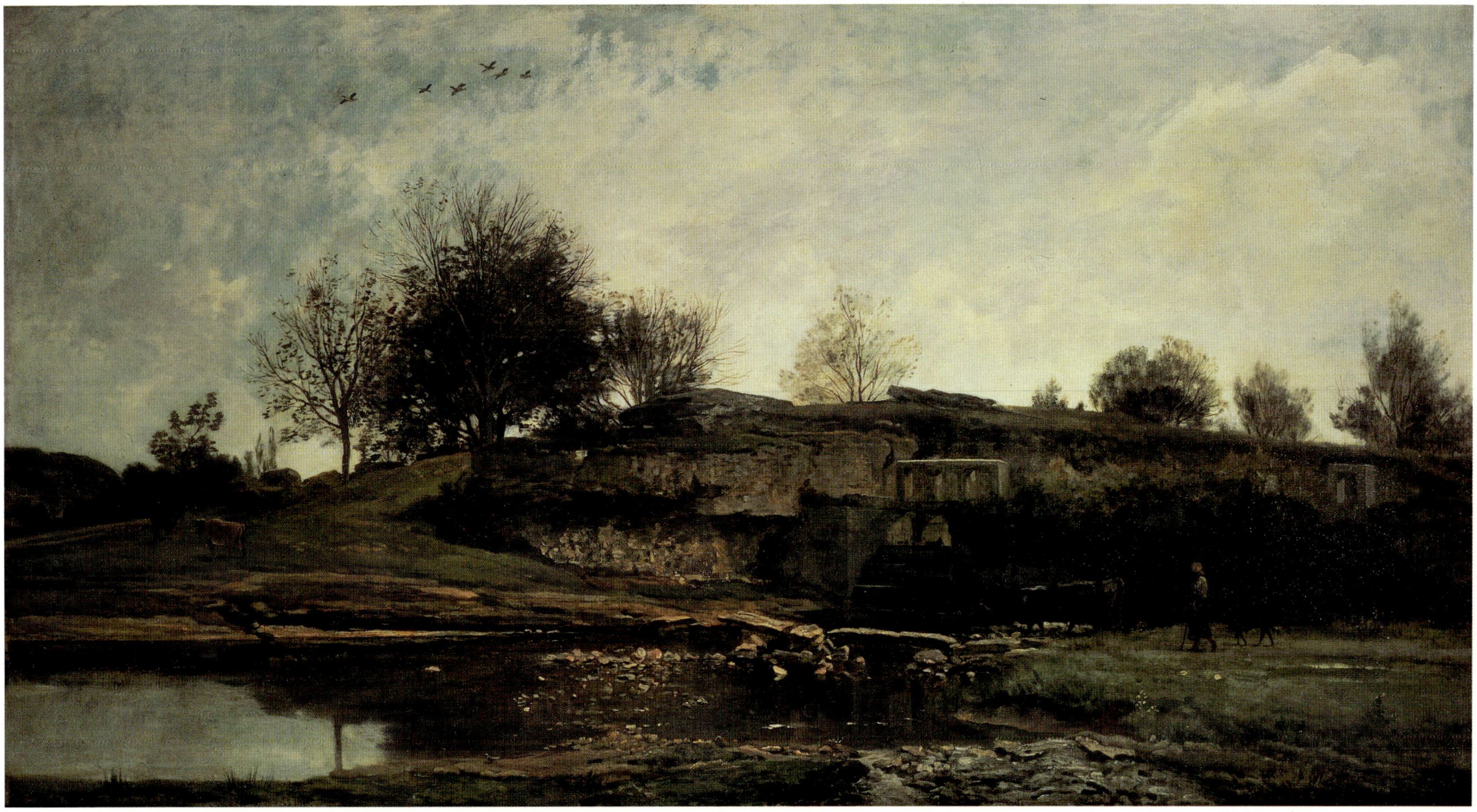

Charles-François Daubigny. * Paris, 1817. † Auvers-sur-Oise, 1878. Die Schleuse von Optevoz. 1855. Öl auf Leinwand. H 92 x B 162 cm. Musée des Beaux-Arts, Rouen.

Daumier Honoré

Die Graphiksammler

Zwei ältere Herren blättern bei einem Kunsthändler eine Graphikmappe durch. Sie tun so, als ob sie Kenner wären. Vielleicht spricht der Künstler dabei seine Situation an. Er hat Schwierigkeiten beim Verkauf seiner Bilder an die neue Mittelklasse. Die subtile Ironie Daumiers konnte mit nur wenigen Strichen eine Person voll erfassen. Seine beißend sarkastischen Karikaturen von berühmten Politikern wurden vom Publikum geliebt und von den Betroffenen gehaßt, ebenso seine Kommentare zu tagespolitischen Ereignissen. Mit einer Zeichnung konnte er ausdrücken, wozu Hunderte von Worten nicht fähig waren. Seine satirischen Lithographien, von denen er an die 4000 geschaffen hat, wurden selbst von Künstlern wie Degas gesammelt. In ihrer wunderbar freien Handschrift sind sie japanischen Kalligraphien ebenbürtig.

☛ Degas, Hogarth, Hokusai, Toulouse-Lautrec, Utamaro

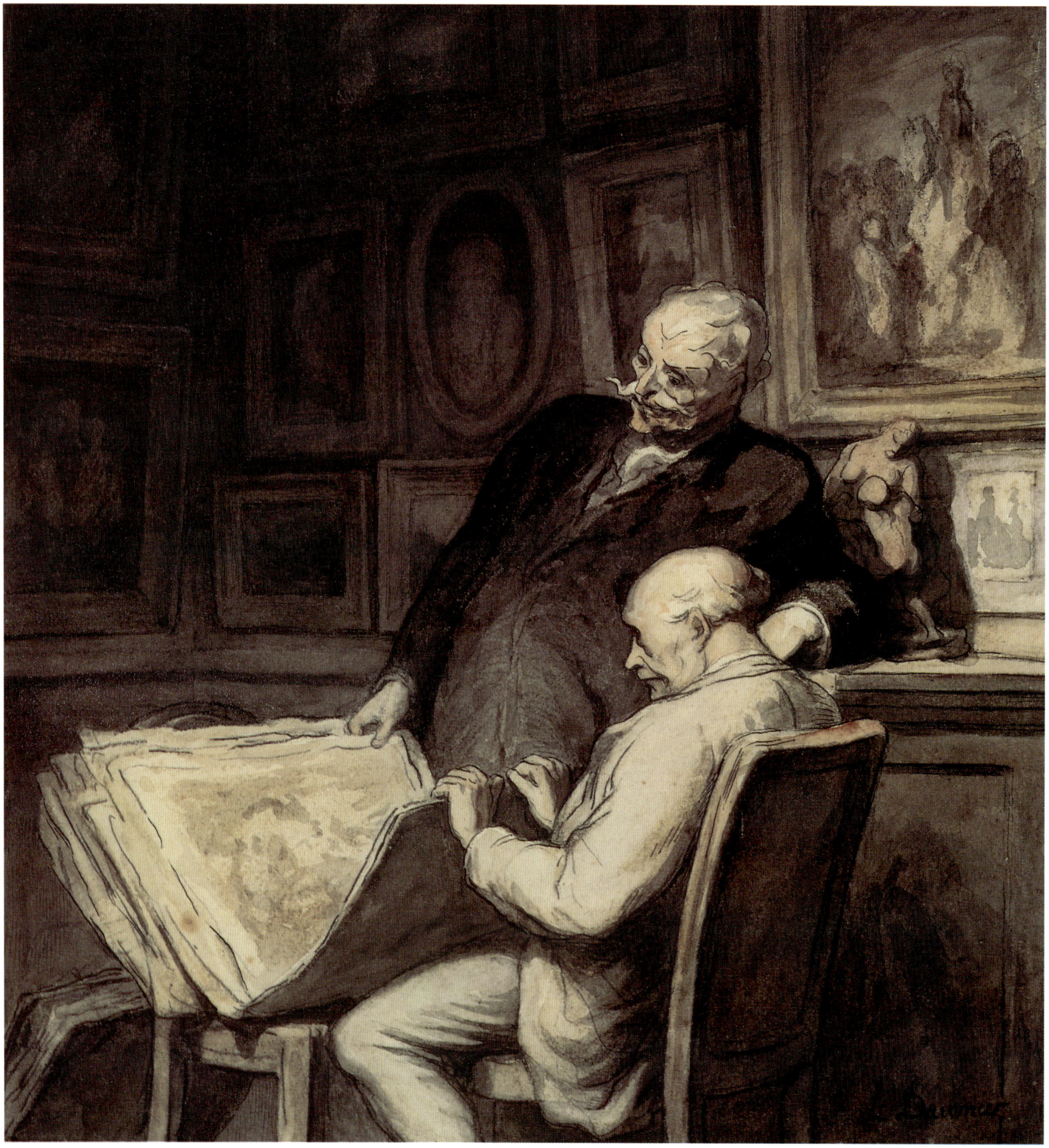

Honoré Daumier. * Marseille, 1808. † Valmondois, 1879. Die Graphiksammler. Um 1878. Tinte und Lavour auf Papier. H 35 x B 32 cm. Victoria and Albert Museum, London.

David Gerard

Die Hochzeit von Kanaa

Die bekannte biblische Szene ist ins 16. Jahrhundert verlegt. Die kostbaren Details der Festkleider sind mit minutiöser Genauigkeit wiedergegeben. Die Auftraggeber des Gemäldes sind an den beiden Seiten als Gäste in das Fest miteinbezogen. In den Niederlanden war es damals üblich, die Stifter oder Auftraggeber mit abzubilden, meist als Kniende beidseitig des Altarblattes. Davids Farbenpracht und penible Detailtreue waren im 15. und frühen 16. Jahrhundert nördlich der Alpen üblich. Er war einer der ganz großen Meister seiner Zeit und wurde deshalb ständig kopiert. Seine häuslichen Szenen aus dem Leben Christi waren sehr beliebt, doch er schuf auch hervorragende Landschaften. Trotz des wirtschaftlichen Niedergangs von Brügge florierte seine Werkstatt dadurch, daß er seine Bilder an ausländische Kunden verkaufte.

☛ Bouts, Brueghel, Van Eyck, Van der Goes, Memling

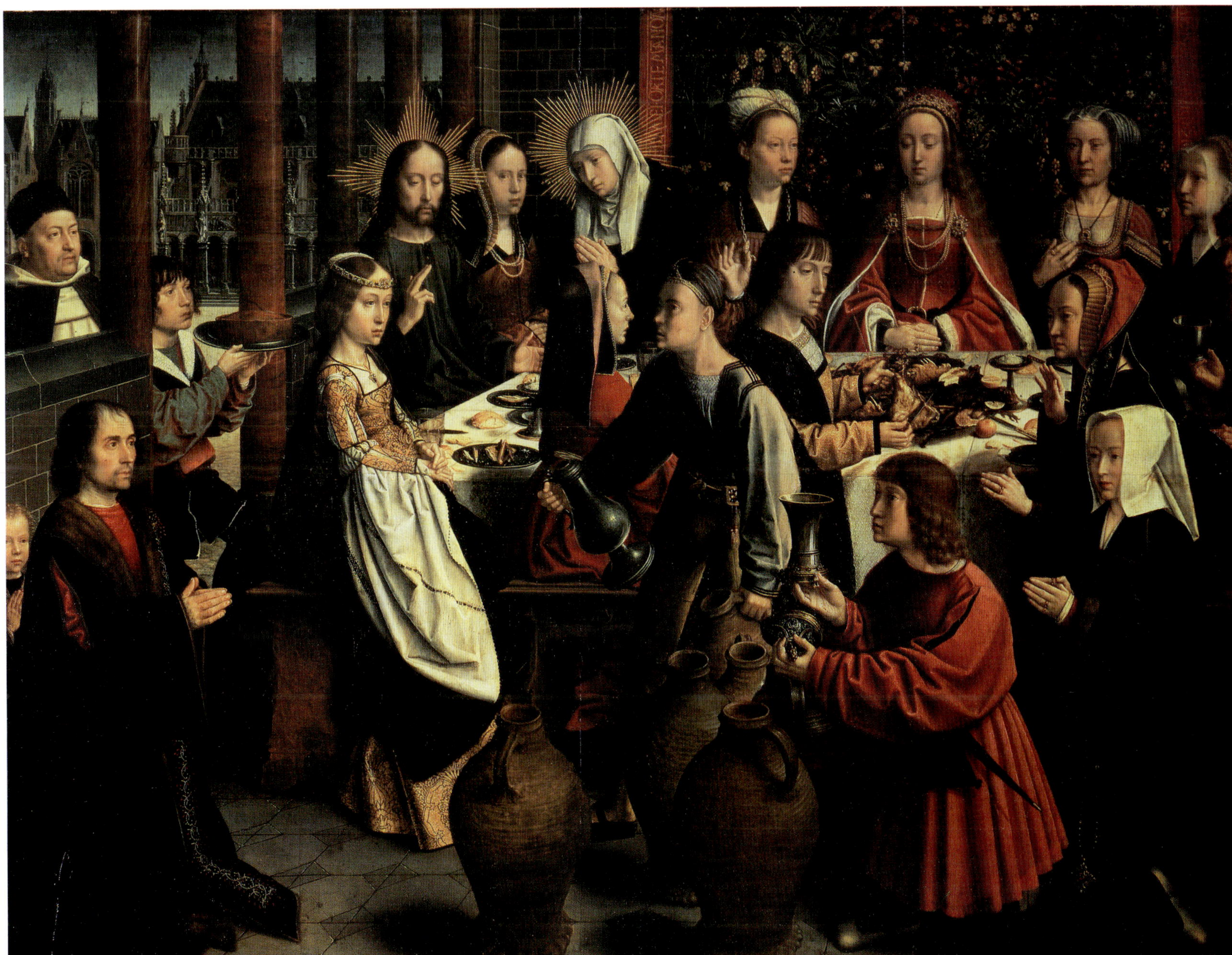

Gerard David. * Oudewater, um 1450/60. † Brügge, 1523. Die Hochzeit von Kanaa. Um 1511. Öl auf Holz. H 100 x B 128 cm. Musée du Louvre, Paris.

David Jacques-Louis

Der tote Marat

Jean-Paul Marat, einer der leidenschaftlichsten Anführer der Französischen Revolution war mit David befreundet. Marat war in seinem Bad erdolcht worden. Das ausdrucksstarke Bild erinnert an diesen Mord. David beschränkte sich auf die wesentlichen Elemente des Geschehens: der schlaffe Leichnam, die Wunde, der Dolch und das Empfehlungsschreiben, mit dem sich der Mörder Zugang zur Wohnung verschafft hatte. Die Lichtführung und der Gegensatz zum dunklen Hintergrund heben die Details hervor. David lehnte die blumig weiche Malerei des Rokoko ab und kehrte zu klassischen Vorstellungen zurück. Diese wurden mit Realismus, strenger Komposition und lebendiger Malweise vorgetragen. Auch David war aktiv an der Revolution beteiligt. Er stimmte für die Enthauptung Ludwigs XVI. und war später ein glühender Verehrer von Napoleon, den er oft malte.

☛ Canova, Delacroix, Géricault, Ingres, Powers, Prud'hon

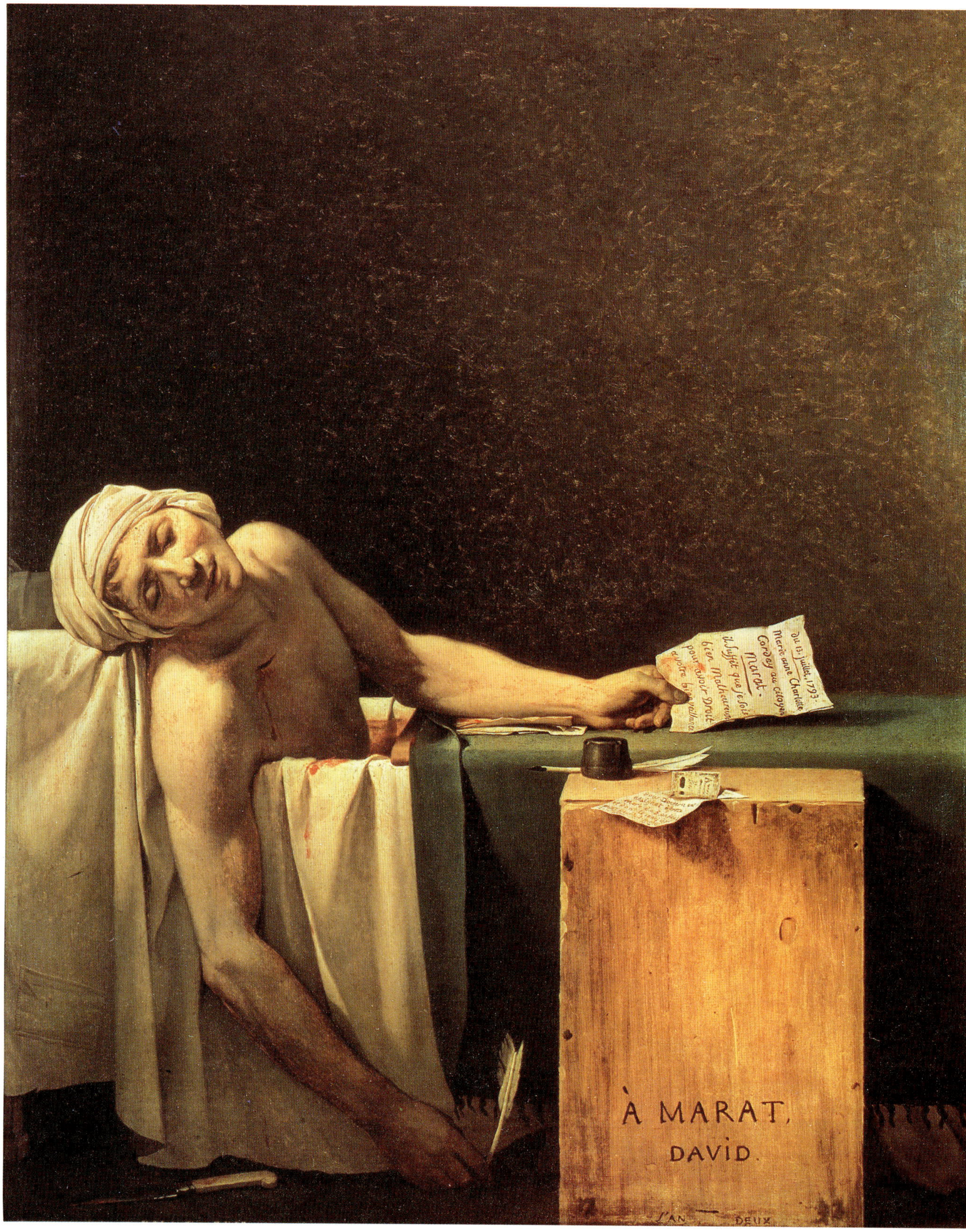

Jacques-Louis David. * Paris, 1748. † Brüssel, 1825. Der tote Marat. 1793. Öl auf Leinwand. H 165 x B 128,3 cm. Musées Royaux des Beaux-Arts de Belgique, Brüssel.

Davis Stuart

Eischläger Nr. 4

Unklare Farben und Formen stehen sich in diesem Wechselspiel aus Formen, Farben und Raum gegenüber. Einzelteile verdichten sich zu einem Ganzen, das aus Blöcken flacher Farben und präziser Formen besteht. Das Auge wird eingeladen, über die Leinwand zu tanzen, um den eckigen Bewegungen des Rührbesens zu folgen. Vielfach zeigen die Arbeiten des Künstlers kubistische Formen, obwohl er diese aus der Stimmung und der Begeisterung für den Jazz entwickelt hat. Die 1927-1928 entstandene Eischläger-Serie basiert auf der Grundform dieses Küchengerätes, auf einem Ventilator und einem Paar Gummihandschuhen und stellte für die folgenden zehn Jahre die erste abstrakte Komposition eines amerikanischen Malers dar. Davis' Lieblingsmotive sind Alltagsszenen, von der Tankstelle bis zur Landschaft.

☛ Braque, Feininger, Nicholson, Picasso

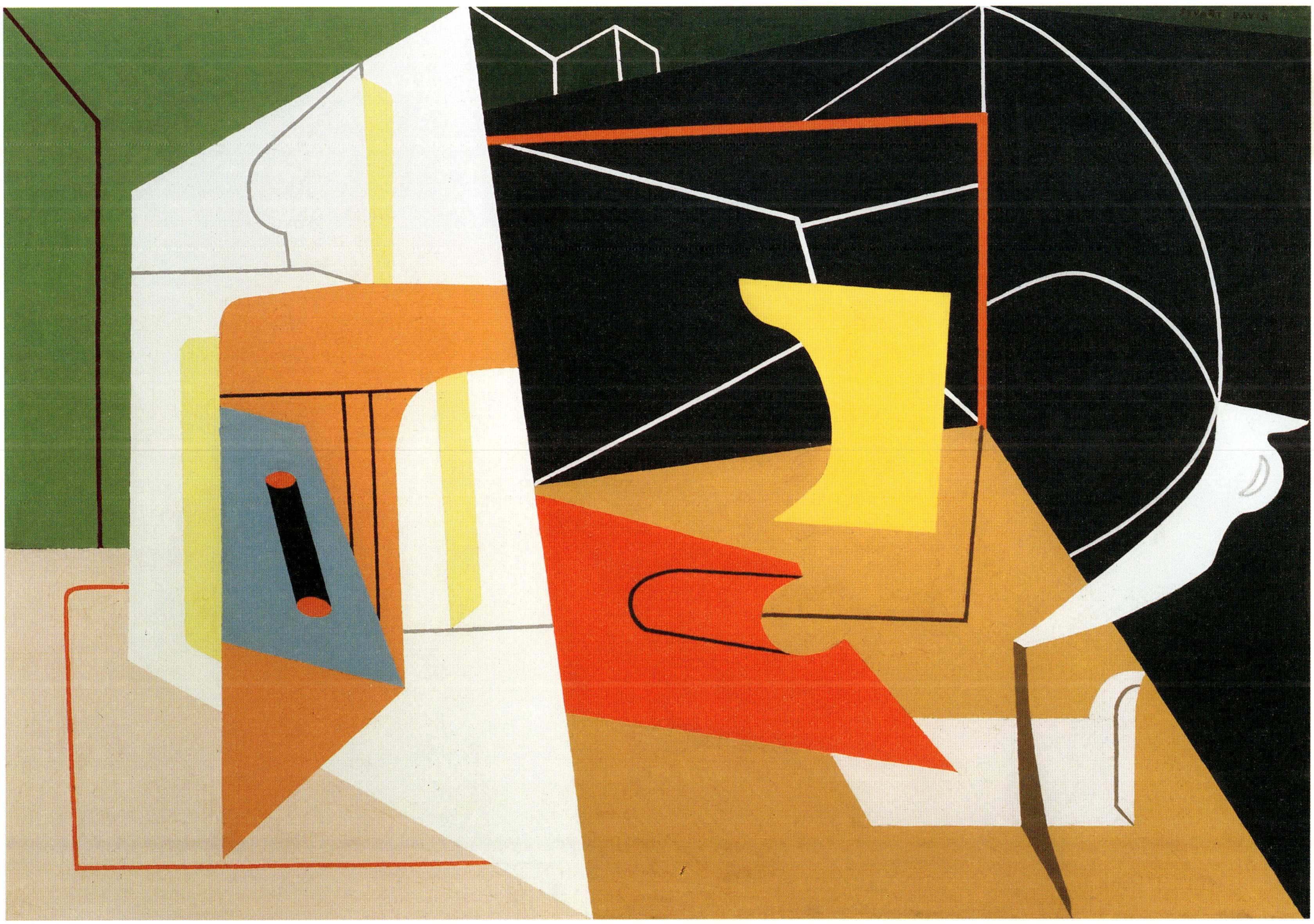

Stuart Davis. * Philadelphia, 1894. † New York, 1964. Eischläger Nr. 4. 1928. Öl auf Leinwand. H 68 x B 97 cm. Phillips Collection, Washington.

Deacon Richard

Fisch auf dem Trockenen

Obwohl die Plastik ihre Konstruktion offenlegt – Leim tropft aus gebogenen Sperrholzlagen und Hunderte von Nieten verhindern ein Aufspringen des Ganzen –, hat die gekrümmte, rippenartige Struktur etwas zwingend Organisches, wie ein ausgetrocknetes Skelett. Deacon gehört zu der in den 80er Jahren aufgekommenen Bildhauergeneration, die Alltagsgegenständen erhöhte Aufmerksamkeit schenkt. Seine Arbeiten erinnern an Schiffs- oder Flugzeugbautechnik. Wie Zeichnungen im Raum ziehen sie Konturen, die technische Bauten und deren Strukturen wiederholen. Auch der Körper ist ein ständiges Motiv. In oft zimmergroßem Format suggerieren diese Plastiken ein Repertoir von Körperteilen aller Art. Deacon bildet nichts Konkretes ab, vielmehr produziert er Assoziationen, die bei jedem Betrachter verschieden ausfallen.

☛ Bourgeois, Calder, Cragg, Serra, Smith

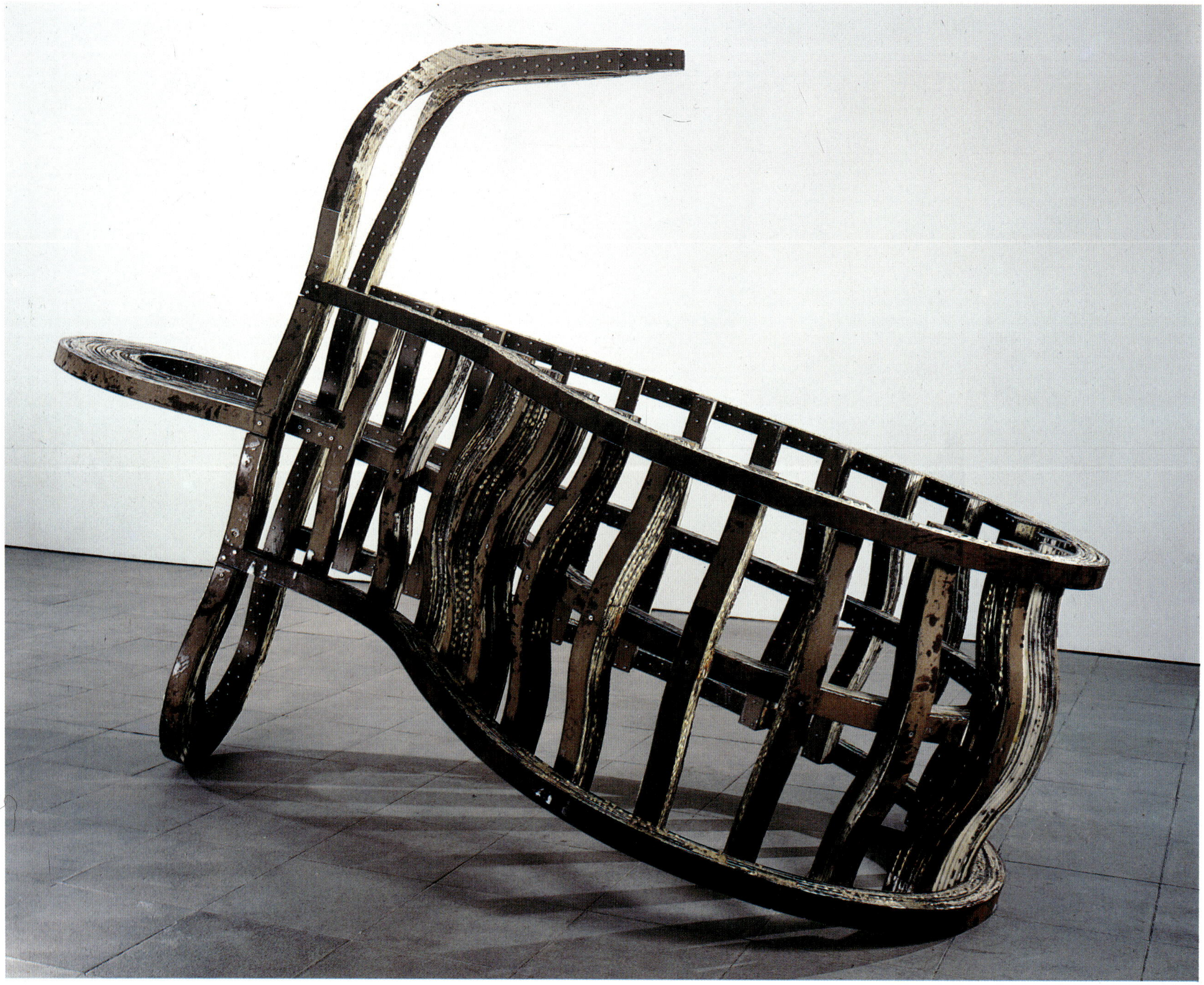

Richard Deacon. * Bangor, 1949. Fisch auf dem Trockenen. 1986-87. Verleimtes Sperrholz. B 350 cm. Hirshhorn Museum and Sculpture Garden, Washington.

Degas Edgar

Die Ballettprobe

Der Maler erlaubt dem Betrachter einen verstohlenen Blick in ein Übungsstudio. Aus dem Schatten heraus beobachten wir die schlanken und geschmeidigen Gliedmaßen und die anmutigen Körper der jungen Balletteusen. Degas hat sie aus ungewöhnlichem Blickwinkel gemalt. Die Anordnung erscheint zufällig: Die ganz rechte Figur ist abgeschnitten, und abgetrennte Beine erscheinen oben auf der Treppe – einige Sekunden später, und eine andere Tänzerin wäre in den Bildausschnitt getreten. Das Bild ist mit bewegten, schnellen Strichen in Pastelltönen gemalt und erscheint an einigen Stellen nur skizziert. Erfrischend wirken die kühlen Töne und die Formlosigkeit. Degas war nicht so sehr an den Tänzerinnen oder dem Ballett selbst interessiert, ihn faszinierten mehr die Bewegungen, die abstrakten Formen und Umrisse und die Harmonie der Farben.

☛ Hiroshige, Laurencin, Toulouse-Lautrec, Utamaro, Whistler

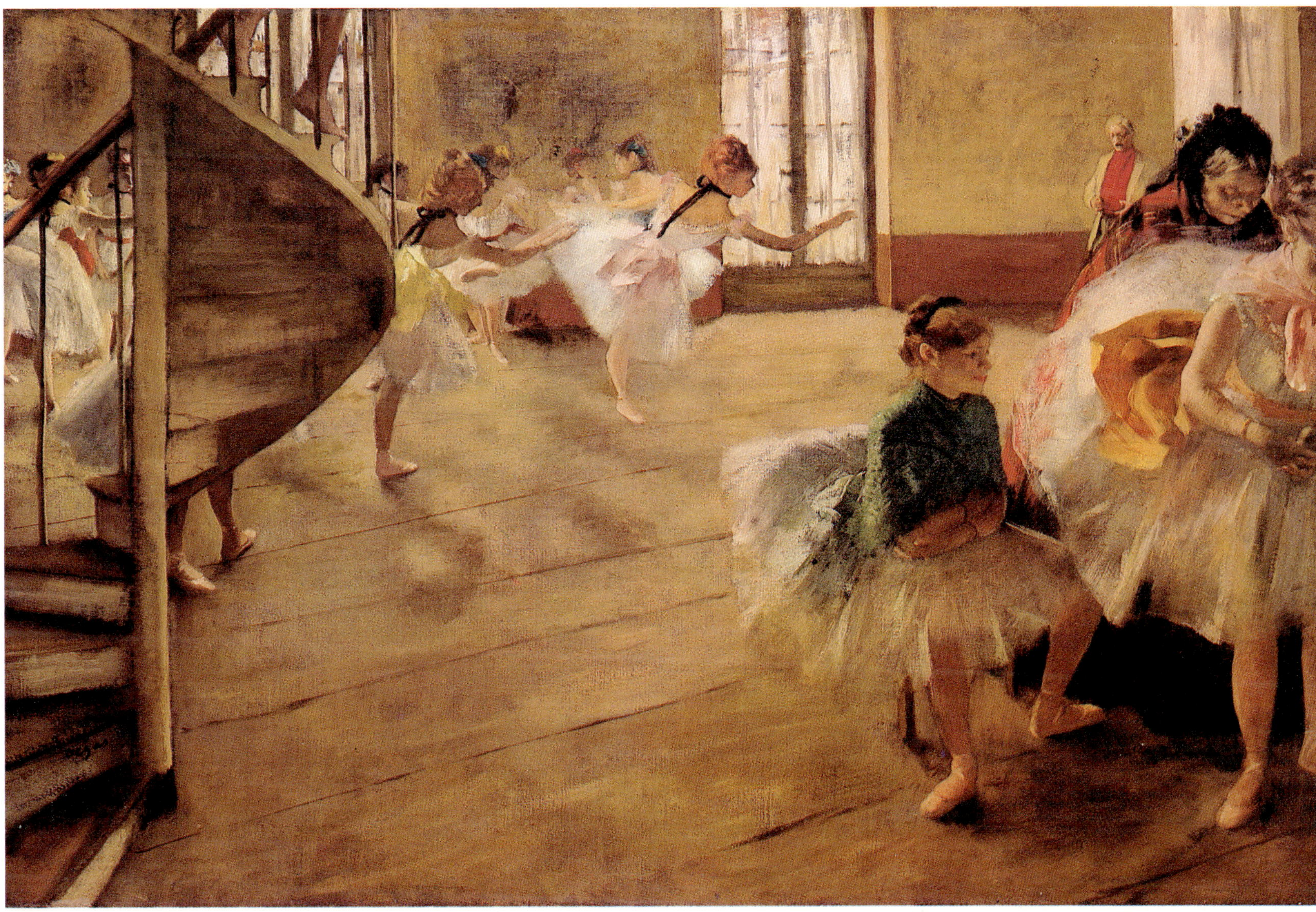

Edgar Degas. * Paris, 1834. † Paris, 1917. Die Ballettprobe. 1873-74. Pastellfarbe auf Leinwand. H 59 x B 83,8 cm. The Burrel Collection, Glasgow.

Delacroix Eugène

Die Schlacht von Taillebourg

Das historische Ereignis des Sieges von Ludwig dem Heiligen über Heinrich III. von England ist so wirklichkeitsgetreu gemalt, daß man meint, die Schlachtrufe zu hören. Das großformatige Bild ist streng komponiert. Wirbelnde Figuren lenken unsere Aufmerksamkeit auf den zentralen Punkt mit Ludwig auf seinem weißen Schlachtroß. Die leidenschaftliche Ausführung in warmem Kolorit spiegelt den Geist der Romantik wieder, der es Delacroix erlaubte, den rigiden Klassizismus, der damals in Frankreich herrschte, zu verabschieden. Besonders Rubens' lebhafte Farbigkeit und Maltechnik und die Landschaftsmalerei von Constable, vermittelt durch Bonington, haben ihn inspiriert. Auf der Pariser Weltausstellung von 1855 zeigte Delacroix allein 36 Bilder. Seine Tagebücher zeichnen ein lebendiges Bild vom künstlerischen und intellektuellen Leben in Paris.

☛ Bonington, Constable, Copley, Géricault, Rubens, Uccello

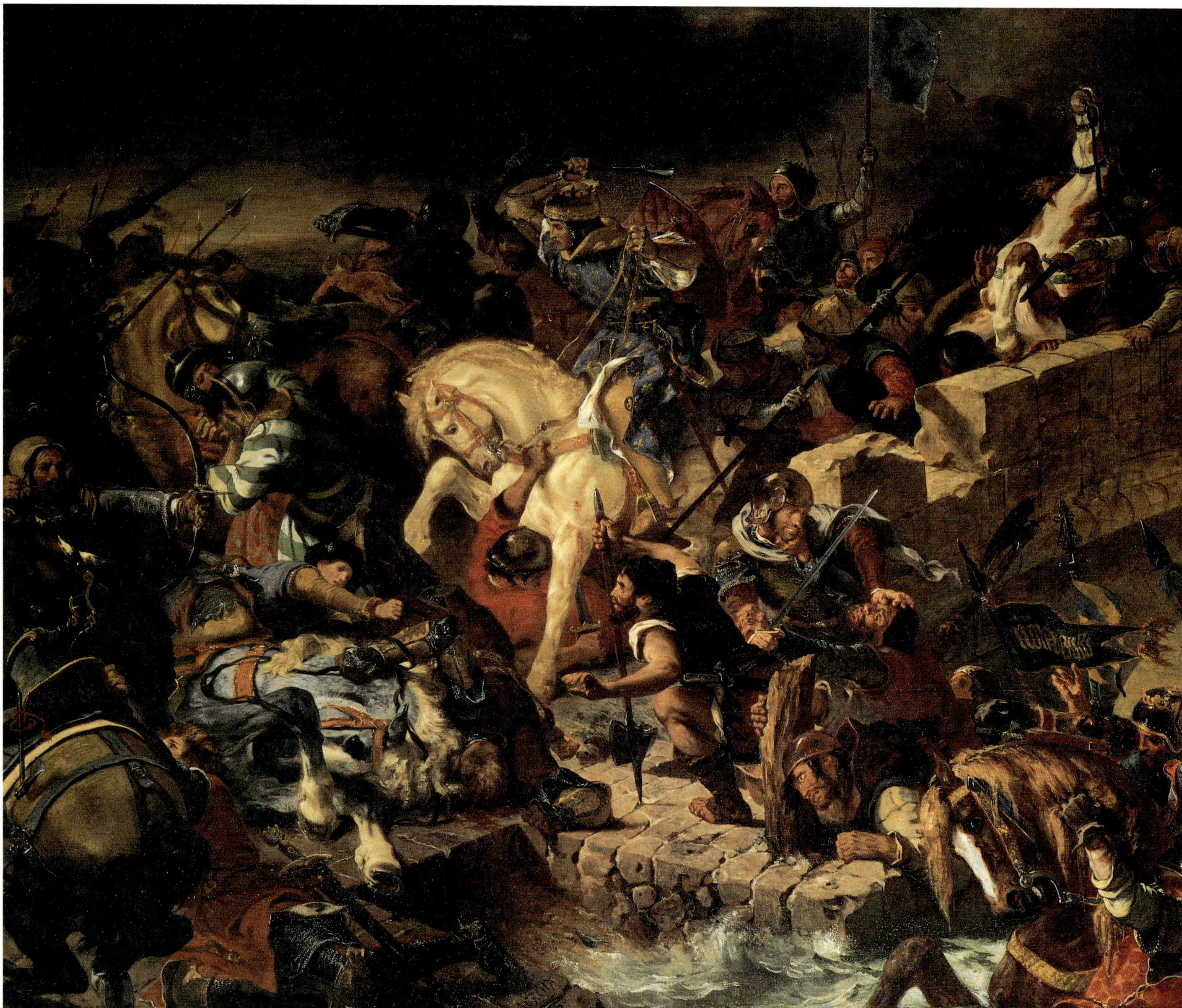

Eugène Delacroix. * Charenton-St-Maurice, 1798. † Paris, 1863. Die Schlacht von Taillebourg. 1835-37. Öl auf Leinwand. H 485 x B 555 cm. Musée National et Château de Versailles, Versailles.

Delaunay Robert

Homage auf Blériot

In dieser scheinbar abstrakten Komposition formen kreisende Spiralen und rotierende Scheiben in kräftigen Farben ein poesievolles Muster auf dem Papier. Bei genauer Betrachtung erkennen wir rechts den Eiffelturm und links davon die Tragflügel und Propeller eines Flugzeugs. Diese verbinden sich mit den rotierenden Formen des Himmels und feiern den ersten Flug über den Kanal, den Louis Blériot 1909 unternommen hat. Das Aquarell ist eine vorbereitende Skizze für eine große Collage zum selben Thema, die heute im Kunstmuseum Basel hängt. Delaunay benutzte seine Farben, um rein abstrakte Bilder zu schaffen, deren Formen in seiner Fantasie entstanden sind und keinen Bezug zur sichtbaren Welt haben. Seine der Musik verwandte Art zu malen nannte er Orphismus, ein Wort, das der Dichter Apollinaire kreiert hatte.

☛ Klee, Kupka, Marc, Nash, Seurat, Signac

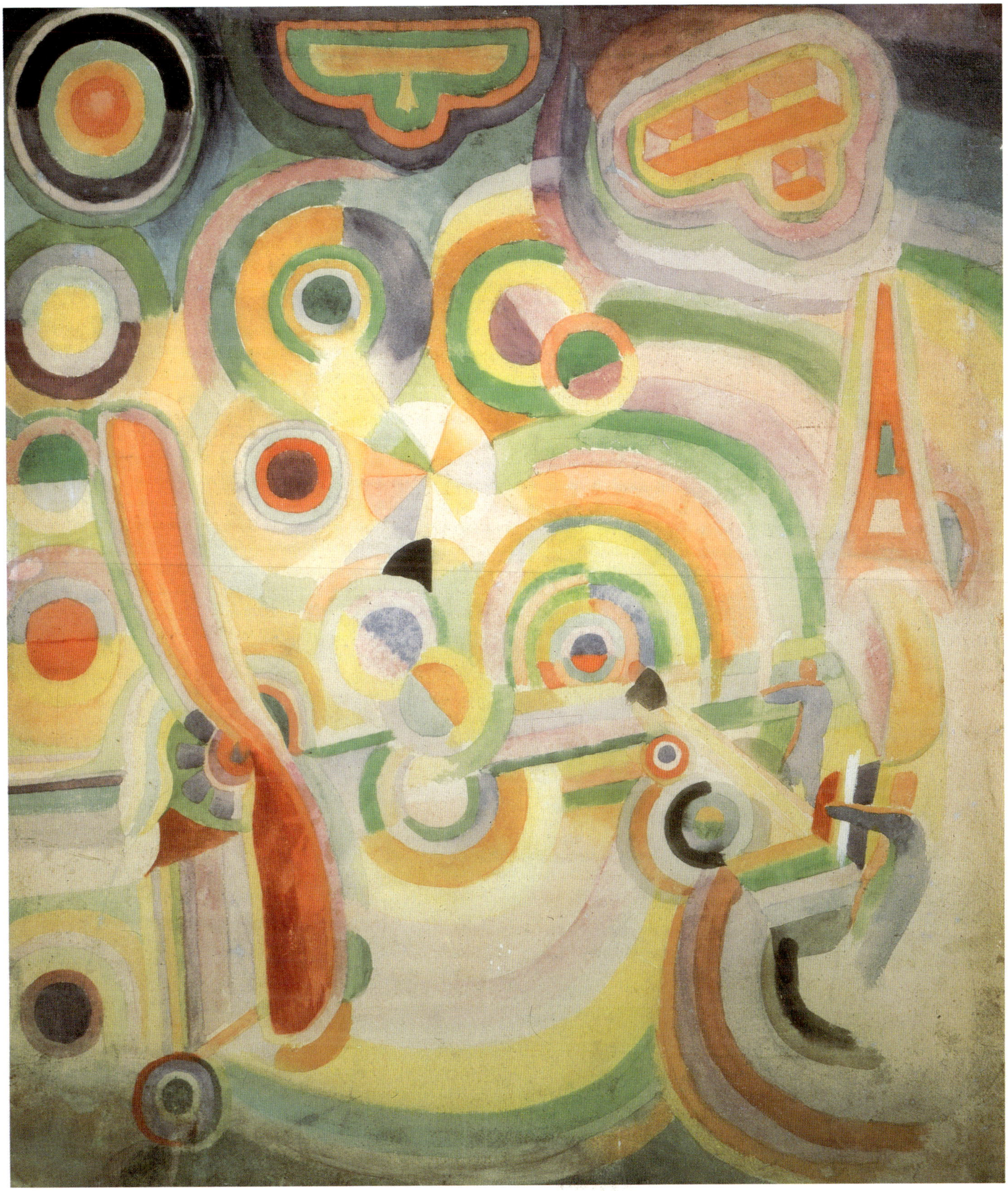

Robert Delaunay. * Paris, 1885. † Montpellier, 1941. Homage auf Blériot. 1914. Wasserfarben und Papier. H 78 x B 67 cm. Musée d'Art Moderne de la Ville de Paris, Paris.

Delvaux Paul

Schlafende Venus

In einer vom Mond beleuchteten Stadt schläft Venus, bewacht von einem Skelett und einer Kleiderpuppe. Mit geöffneten Beinen träumt sie von der Verführung des Todes. Vielleicht ist es die Verbindung von weiblicher Schönheit und Tod, von Verlangen und Schrecken, die dieses Bild so verwirrend macht. Solch seltsame, oft auch schöne, von Träumen und dem Unbewußten angeregte Bilder waren das Kennzeichen von Surrealisten wie Delvaux. Nach Versuchen im impressionistischen und expressionistischen Stil stieß Delvaux relativ spät zu den Surrealisten. In den modischen Zirkeln nach dem 2. Weltkrieg, als der Surrealismus seinen Höhepunkt des Erfolgs erreicht hatte, war Delvaux gefragter Gast. 1939 bei einer Italienreise beeindruckte ihn die römische Kunst; daher liebte er es, schöne, nackte Frauen vor penibel gemalten Architekturkulissen zu postieren.

☛ De Chirico, Cranach, Dalí, Kahlo, Magritte, Tanguy

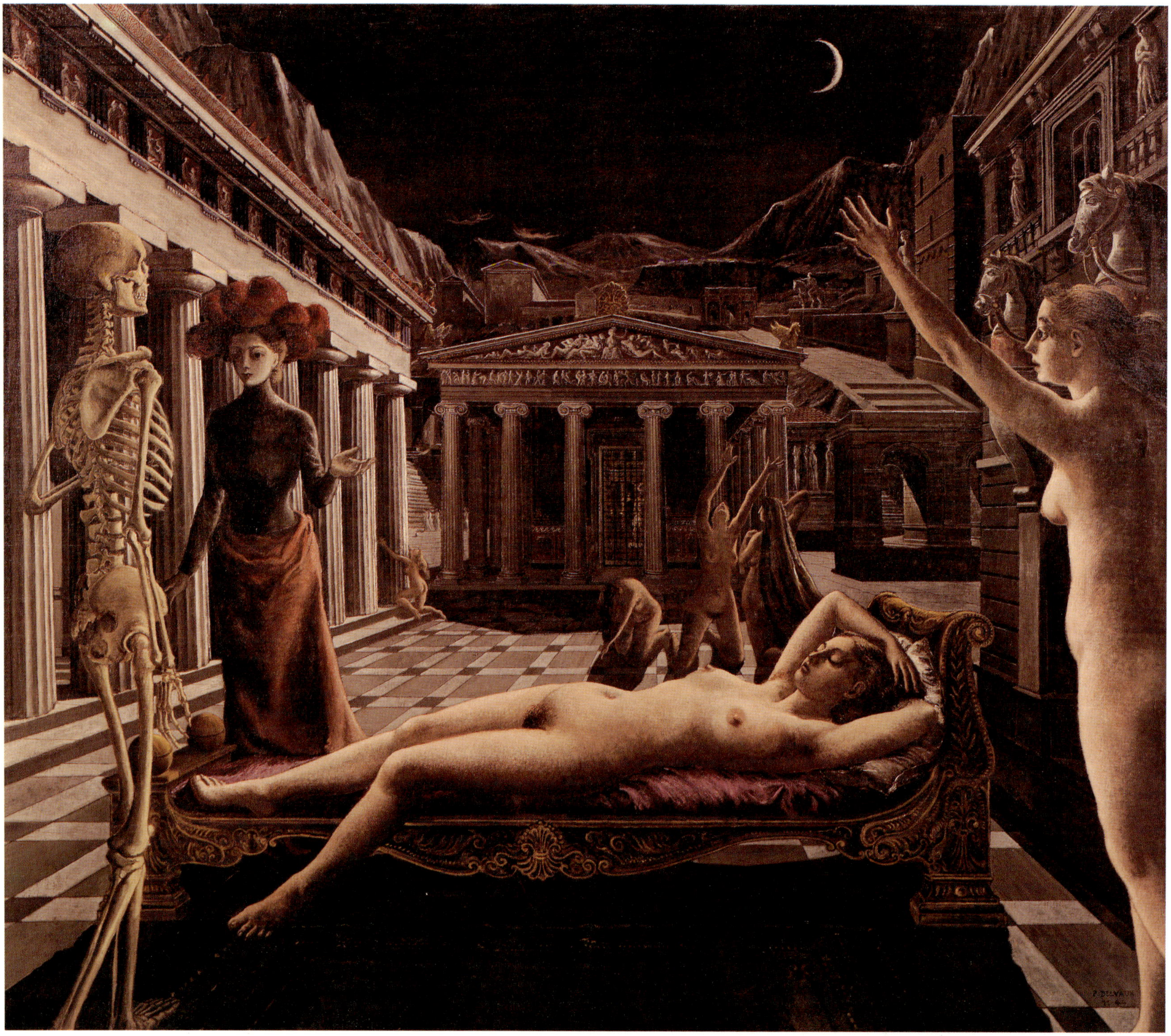

Paul Delvaux. * Antheit, 1897. † St-Idesbald, 1944. Schlafende Venus. 1944. Öl auf Leinwand. H 173 x B 199 cm. Tate Gallery, London.

Denis Maurice

Yvonne Lerolle

Drei Bildnisse der gleichen schlanken Frau stehen im Mittelpunkt des Bildes. Ihre Kleiderfalten, die Baumstämme und die geradlinigen Gehwege betonen die vertikale Komposition. Denis war Mitglied der Nabis, einer Malergruppe, die in Berufung auf Gauguin Bilder mit ausdrucksstarken Farben und Rhythmen malen wollte. Mit zwanzig Jahren hat er einen Schlüsselsatz zum Verständnis der modernen Kunst geprägt: »Bedenkt, ein Bild ist, bevor es ein Streitroß, ein Akt oder eine Geschichte ist, zuallererst eine Fläche, auf der in einer bestimmten Weise Farben angeordnet sind.« Diese Betrachtungsweise führte konsequenterweise zur gegenstandslosen Kunst. Das vorliegende Bild bestätigt das Zitat. Paradoxerweise versuchte ausgerechnet Denis eine Malerei mit religiösen Inhalten wiederzubeleben, u. a. mit einer »Geschichte der religiösen Kunst« (1939).

☛ Bonnard, Gauguin, Maillol, Mucha, Vallotton, Vuillard

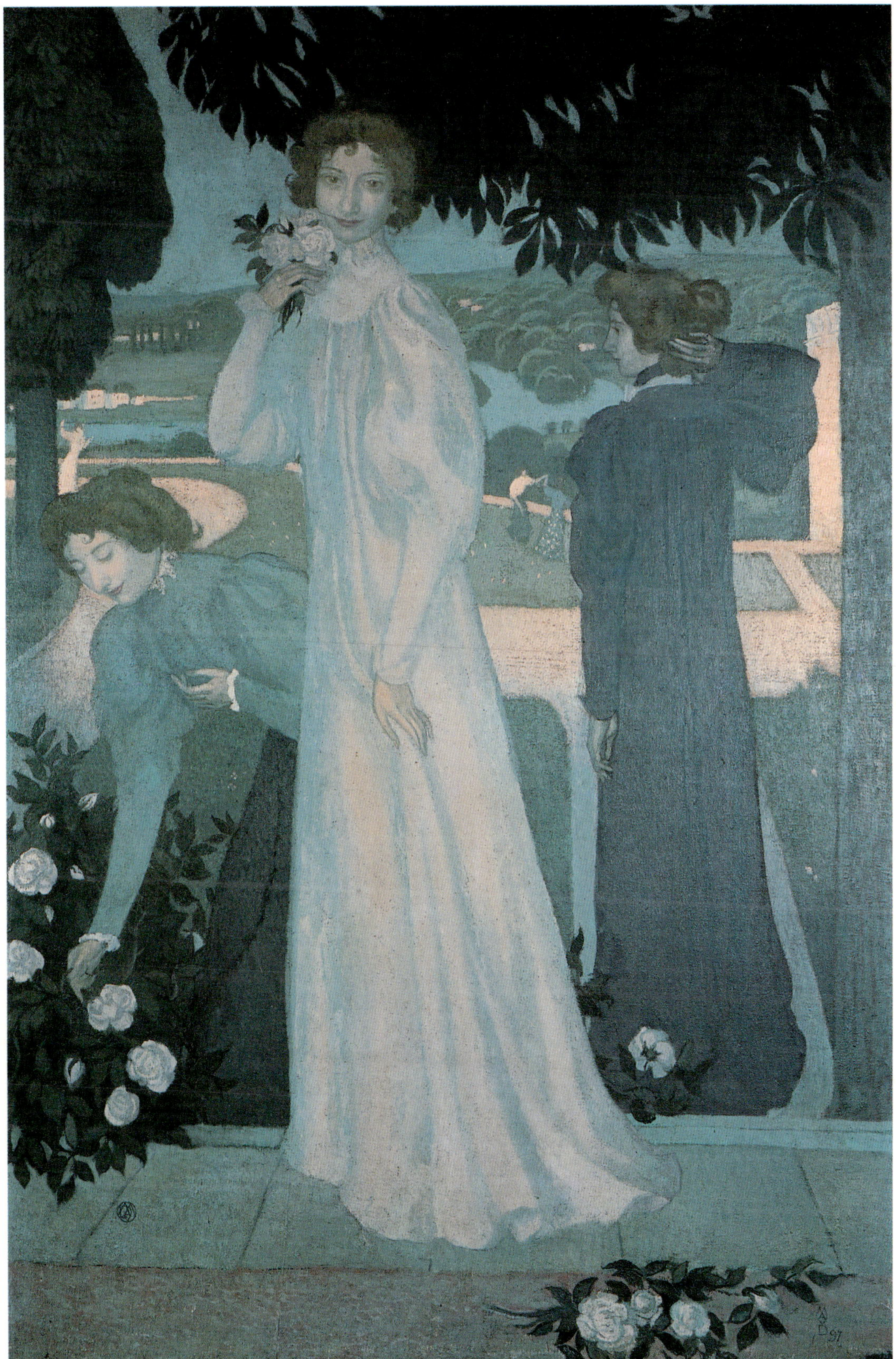

Maurice Denis. * Granville, 1870. † Paris, 1943. Yvonne Lerolle. 1897. Öl auf Leinwand. H 166 x B 78 cm. Musée Départemental du Prieuré, Saint-Germain-en-Laye.

Derain André

Der Pool von London

Leuchtende Farben tanzen auf einem Dock an der Themse, im Hintergrund die unverkennbare Silhouette der Tower Bridge. Der Maler hat die Szenerie in einen wahren Regenbogen pastos aufgetragener Grundfarben verwandelt. Diese Art der Farbanwendung zerstört die Perspektive und verleiht der Oberfläche des Bildes eine pulsierende Einheit. Der spontane Duktus vermittelt Derains Auffassung von der impressionistischen Malerei. Die Farbe selbst war für Derain das Hauptthema eines Bildes, der Bildgegenstand wurde bedeutungslos. Wie bei seinen gleichgesinnten Malerkollegen rührte Derains Eingebung vom Verlangen nach starken Farben her. Die erste Ausstellung dieser Künstler löste einen Aufschrei aus. Das Schimpfwort auf sie: Les Fauves (die Wilden), wurde ein ehrenvolles kunsthistorisches Etikett.

☛ Van Dongen, Van Gogh, Matisse, Signac, Vlaminck

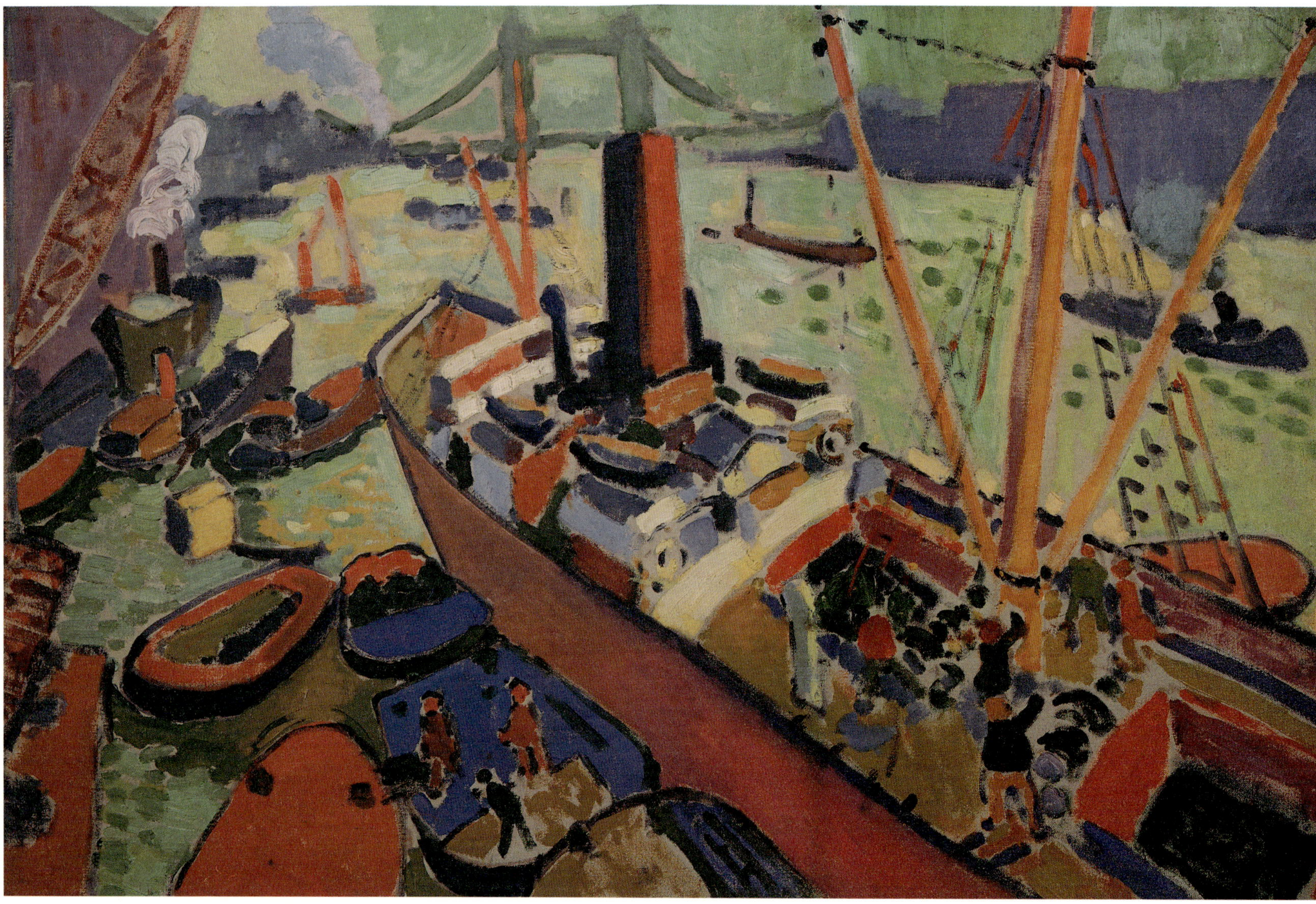

André Derain. * Chatou, 1880. † Paris, 1954. Der Pool von London. 1906. Öl auf Leinwand. H 66 x B 99 cm. Tate Gallery, London.

Diebenkorn Richard

Ocean Park Nr. 67

Gerade Linien bestimmen Farbabschnitte, die das örtliche Kolorit und das Licht des Meeres, des Himmels und der gelbbraunen Hügel des Ocean Parks in Kalifornien wachrufen. Der Künstler hat eine Raumillusion aufgebaut, indem er seine Leinwand wie ein Fenster benutzt, durch das der darin enthaltene Raum zu sehen ist. Das Bild schwebt zwischen gegenstandslosen Farben und Linien und der Darstellung von Meer und Himmel. Bis dahin hatte Diebenkorn das gleiche Thema gegenständlich bearbeitet. Das Bild ist eng verwandt mit den Werken des in den 50er Jahren florierenden Abstrakten Expressionismus, der Diebenkorn maßgeblich beeinflußt hat. Die stille mystische Art steht Rothko nahe, der mit Diebenkorn von 1947 bis 1950 zusammen an der Californian School of Fine Arts lehrte.

☛ Albers, Louis, Marin, Noland, Pollock, Rothko, Stella

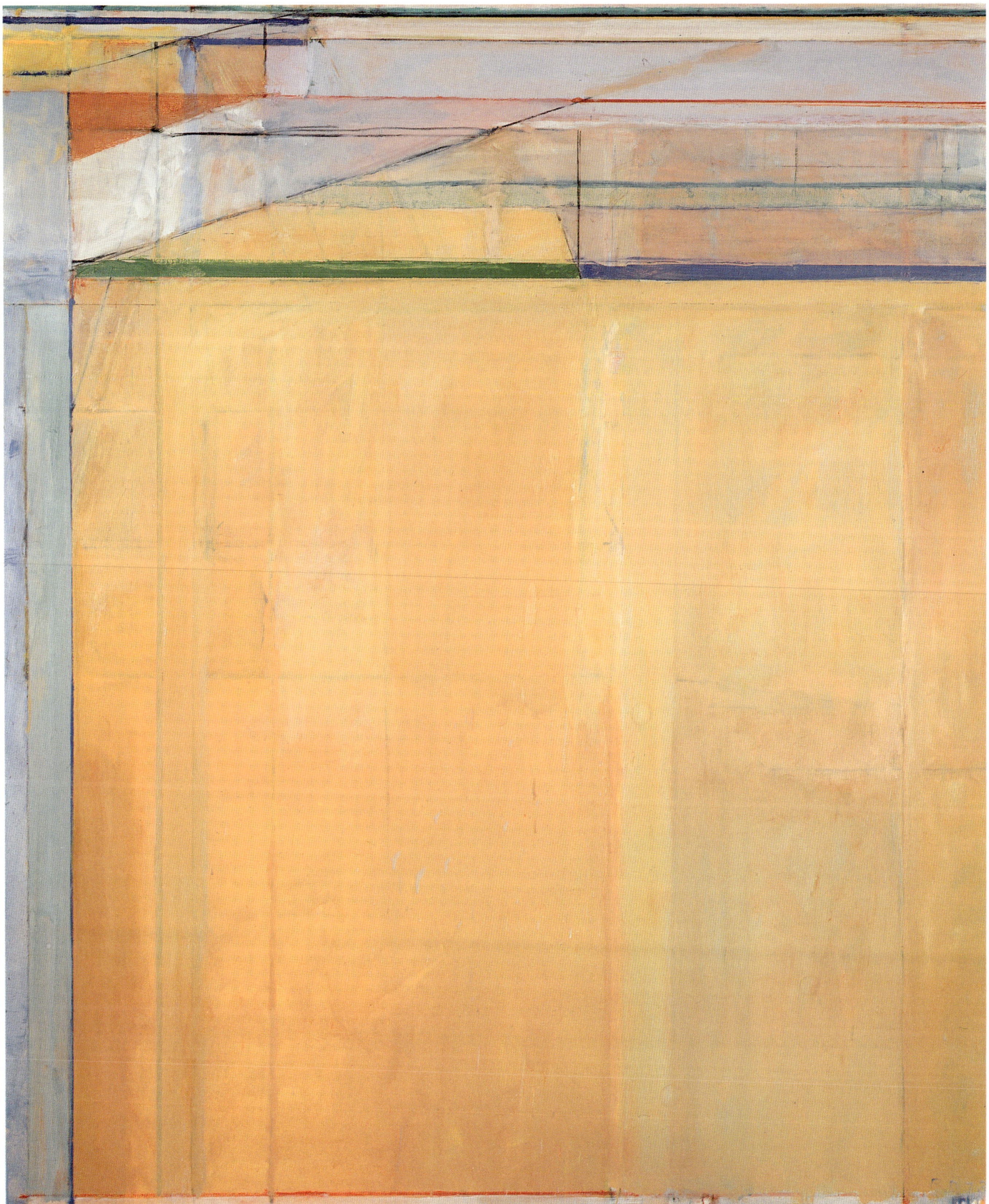

Richard Diebenkorn. * Portland, 1922. Ocean Park Nr. 67. 1973. Öl auf Leinwand. H 254 x B 205,5 cm. Privatsammlung.

Ich heiße Jim Dine 2

Vor einem Hintergrund aus bunten Farbquadraten pulsiert ein dunkelrotes Herz. Das unruhige Bild strahlt eine seltsame Glut aus und zieht auf freundliche Weise den Blick auf sich, obgleich es eher einem unheimlichen Geburtstagskuchen ähnelt. Dines lockere und freie Malweise verrät seine Wurzeln im Abstrakten Expressionismus. Manchmal fügt er seinen Leinwänden Gegenstände wie Rasenmäher oder Zahnbürste hinzu, die er durch gemalte Schatten hervorhebt. Dine hat sich in einer Reihe von Stilen und Medien probiert, ist aber vor allem als Vertreter der amerikanischen Pop Art, die respektlos alltägliche und banale Gegenstände benutzt, bekannt geworden. Seine ab 1980 begonnene Herz-Serie steht für seine individuelle Ausdrucksweise und seine Überzeugung, daß Bilder Gefühle übertragen können.

☛ Hamilton, Klee, Oldenburg, Rauschenberg, Warhol

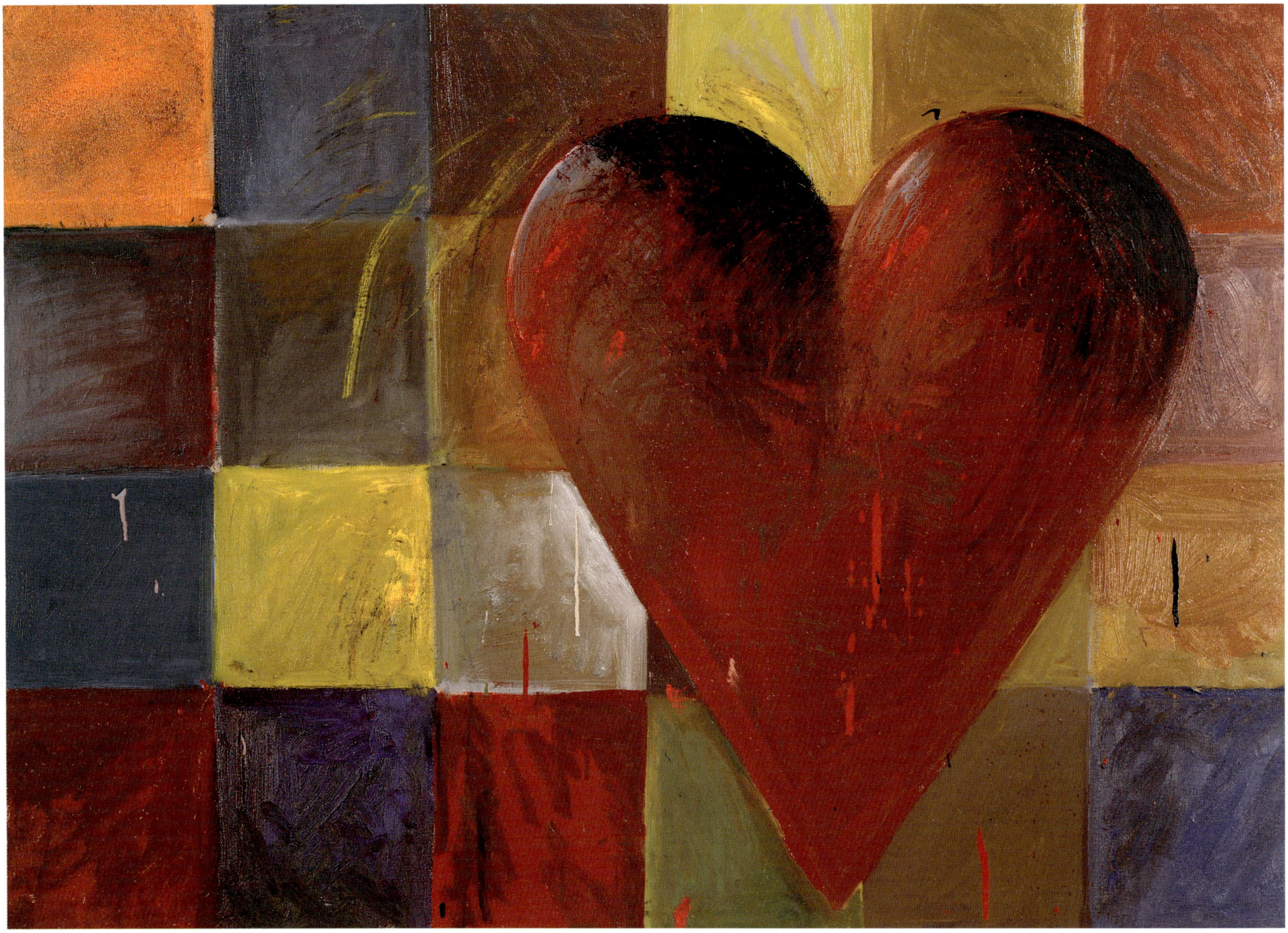

Jim Dine. * Cincinnati, 1935. Ich heiße Jim Dine 2. 1992. Öl- und Emailfarben auf Leinwand. H 91,4 x B 127 cm. Pace Gallery, New York.

Die exzentrische, ernst blickende Journalistin Sylvia von Harden ist mit all den Attributen einer Frau der Kaffeehausgesellschaft wiedergegeben: vergoldeter Stuhl, marmorner Kaffeehaustisch, elegante russische Zigaretten und ein Glas Spritzer, dem damaligen Modegetränk in Berlin. Mit lebensnahen Farben wird eine Stimmung von Gespanntheit und Ungewißheit erzeugt, während der heruntergerutschte Nylonstrumpf für eine weibliche Note sorgt. Dieses großartige Porträt von Dix fängt getreu den dekadenten Glanz der Weimarer Republik ein. Das harte, ans Groteske heranreichende Porträt ist ein Paradebeispiel für die Neue Sachlichkeit. Zu den Hauptthemen von Dix gehören Antikriegsbilder, Arbeiter, Krüppel und Dirnen. Wegen seiner radikalen Sozialkritik erhielt er im Dritten Reich Malverbot. Erst nach dem Krieg begann er wieder zu malen.

☛ Beckmann, Ensor, Freud, Grosz, Schad

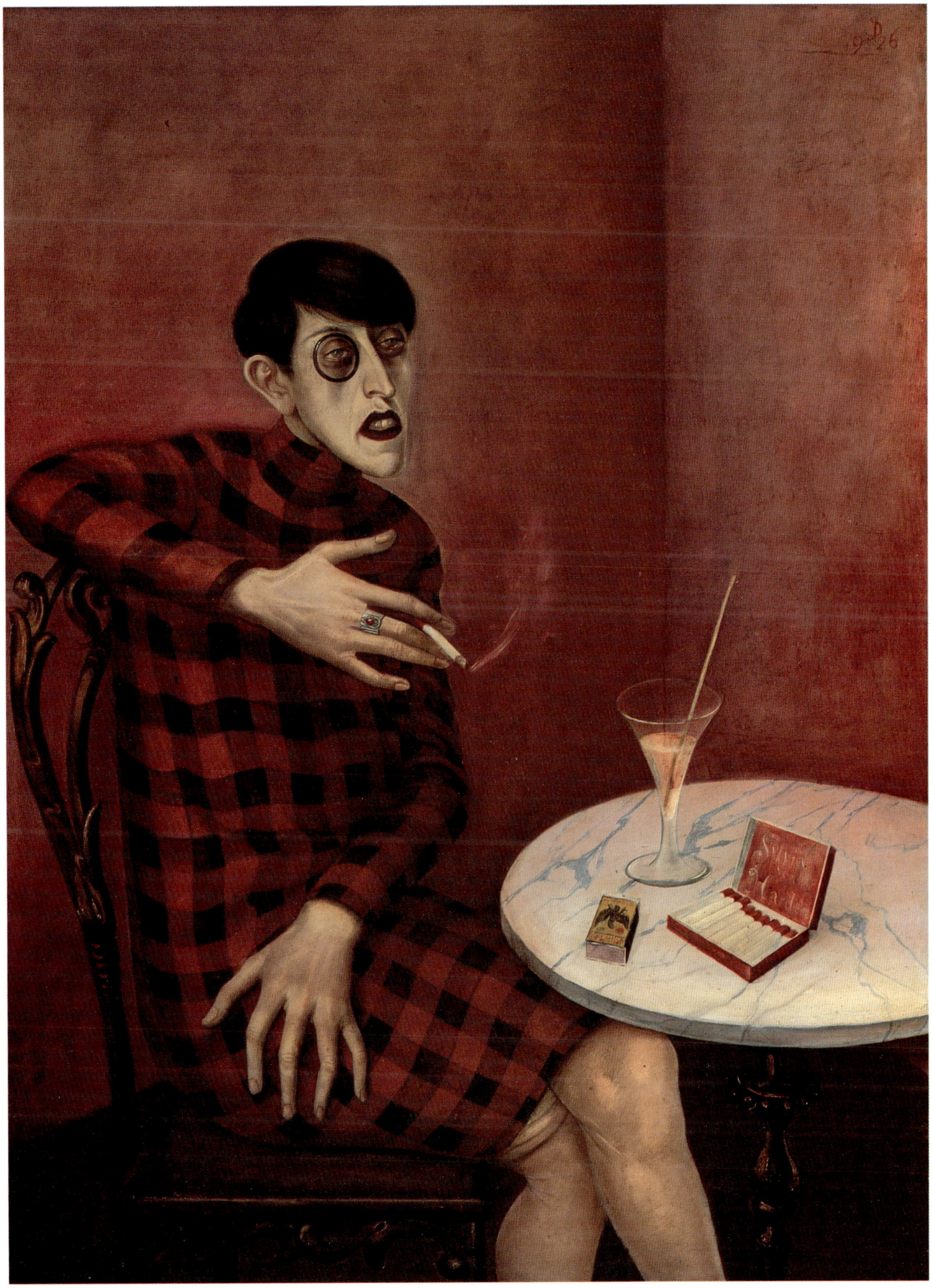

Otto Dix. * Untermhaus, 1891. † Singen, 1969. Die Journalistin Sylvia von Harden. 1926. Öl auf Holz. H 120 x B 88 cm. Musée National d'Art Moderne, Paris.

Dobson William

Endymion Porter

Durch die kniffligen Teile wie Spitzenkragen, Manschetten, Perlenknöpfe und Goldstickereien, alles übertönt von einem herrischen Blick, werden wir überzeugt, daß wir es mit einer Persönlichkeit von hohem Rang und Stand zu tun haben. Außerdem führen die Apollobüste, die Flinte und der erlegte Hase den Dargestellten als kultivierten Mann mit herrschaftlichem Zeitvertreib vor. Porter war Kammerdiener von Karl I. und repräsentiert die Eleganz des englischen Hofes vor dem Bürgerkrieg. Auf seinem Karrierehöhepunkt galt Dobson als perfektester Porträtist in England. Seine Zeitgenossen hielten ihn sogar für den größten Maler, den England jemals hervorgebracht hätte. Sein kräftiger Stil galt als besonders englisch. Die getreue Wiedergabe kostbarer Stoffe war seine Spezialität. Lockerer Lebenswandel und Schulden brachten ihn ins Gefängnis.

☛ Batoni, Van Dyck, Hilliard, Kneller, Lely, Moroni

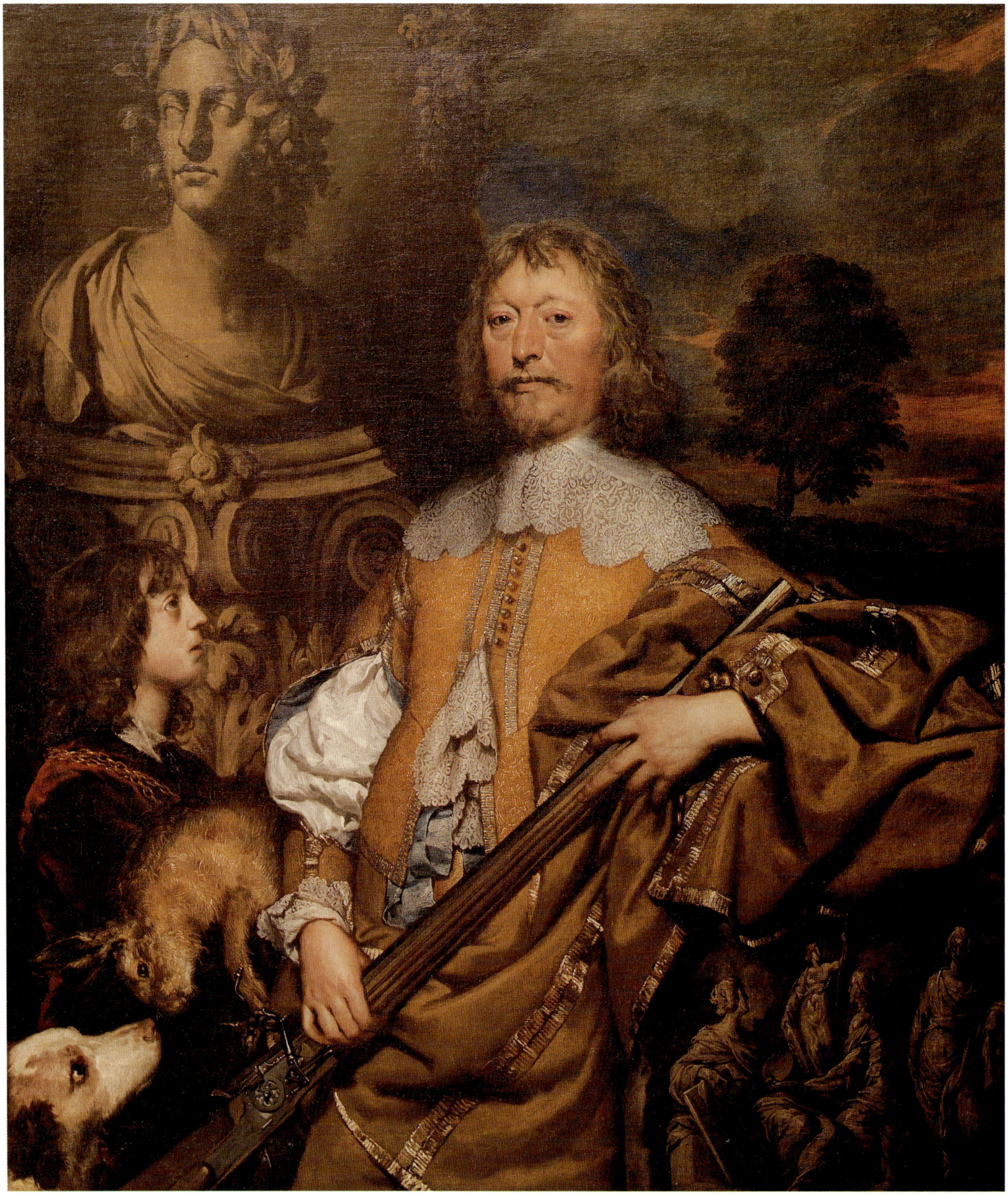

William Dobson. * London, 1610. † London, 1646. Endymion Porter. Um 1640-43. Öl auf Leinwand. H 150 x B 127 cm. Tate Gallery, London.

Van Doesburg Theo

Arithmetische Komposition

Durch eine Abfolge hart gemalter schwarzer Quadrate vor weißem Grund entsteht ein Gefühl von Bewegung und Tiefe. Zugrunde liegt eine einfache mathematische Reihe: Jedes nach oben folgende Quadrat hat die halbe Seitenlänge des vorangehenden, und der Abstand beträgt jeweils ein Viertel der Ausgangslänge. Mit dem simplen Quadratmotiv konnte Van Doesburg auf einer Fläche einen dreidimensionalen Effekt erzielen. Die mathematische Reihe verrät sein Interesse an Architektur. Großen Einfluß auf Van Doesburg hatte der Maler Mondrian. Beide gründeten 1917 zusammen die Zeitschrift De Stijl. Darin wurden Ideen und Werke der Gruppe vorgestellt. De Stijl tendierte zu geometrisch angeordneten flachen Primärfarben. Van Doesburg gehörte zu den Wegbereitern der Bewegung.

☛ Albers, Lissitzky, Malevič, Moholy-Nagy, Mondrian

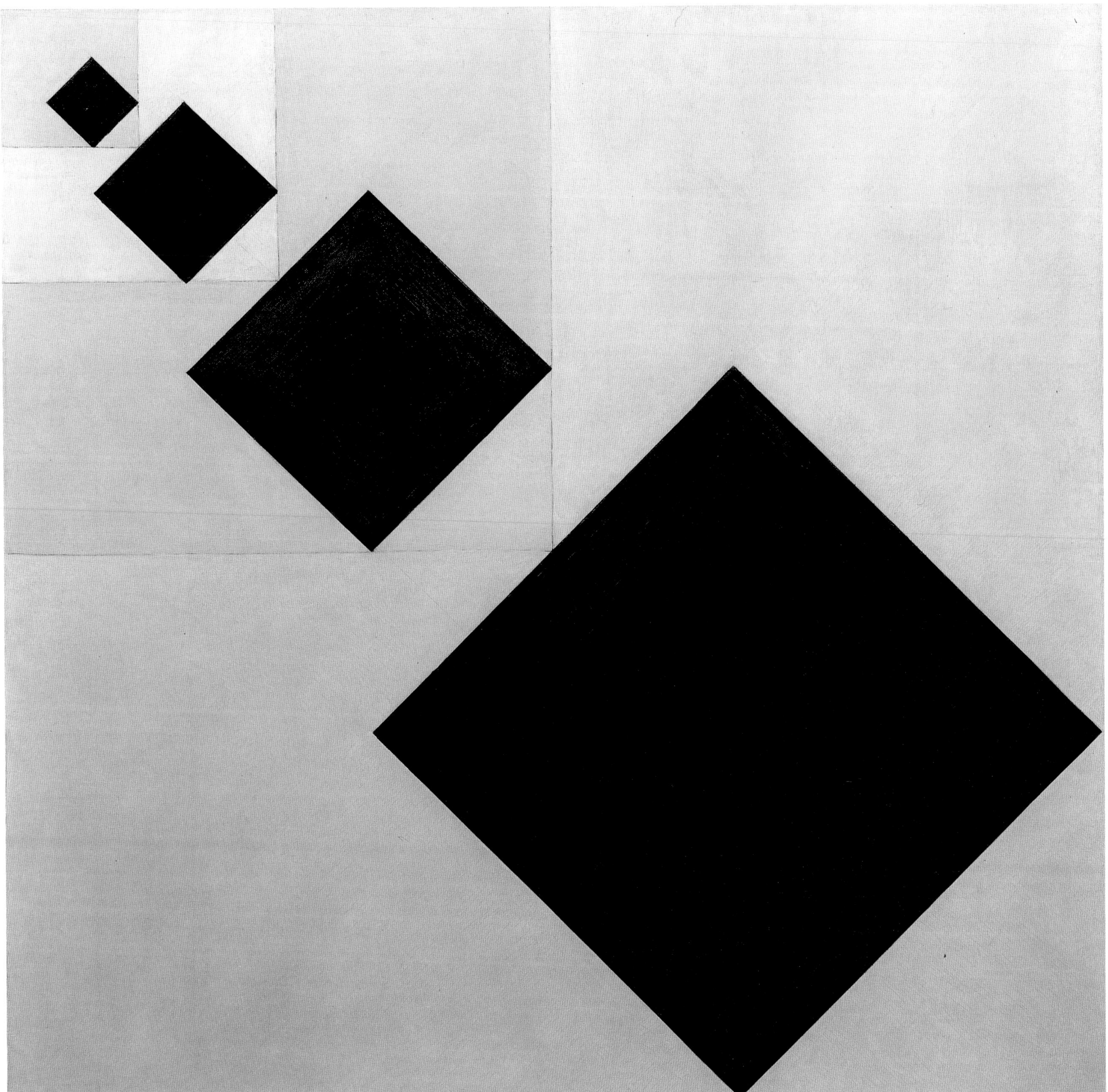

Theo van Doesburg. * Utrecht, 1883. † Davos, 1931. Arithmetische Komposition. 1930. Öl auf Leinwand. H 101 x B 101 cm. Privatsammlung.

Domenichino

Das Isaakopfer

Zum Beweis seines Glaubens hat Gott Abraham befohlen, seinen Sohn Isaak zu opfern. Der entkleidete Knabe ergibt sich in sein Schicksal, während der Vater bereits in blindem Gehorsam das Schwert führt. Ein Engel greift ein und verweist auf den Widder als neues Opfer. Die dramatische Szene spielt sich im Vordergrund ab. Die Hauptfigur Abraham beherrscht mit ihren wallenden, rot-blauen Kleidern das Bild. Domenichino hatte in Bologna bei den Carracci-Brüdern studiert. Sein Ruhm trug ihm zahlreiche Großaufträge für Villen, Paläste und Kirchen in Rom ein. Zeitlich gehört er zum Hochbarock mit seiner Bewegtheit und Effekthascherei, doch Domenichino blieb den strengeren klassischen Vorstellungen verpflichtet. Die als Krönung seiner Laufbahn vorgesehene Ausmalung der Capella del Tesoro im Dom von Neapel blieb durch seinen unerwarteten Tod nur ein Torso.

☛ Carracci, Poussin, Reni, Vouet

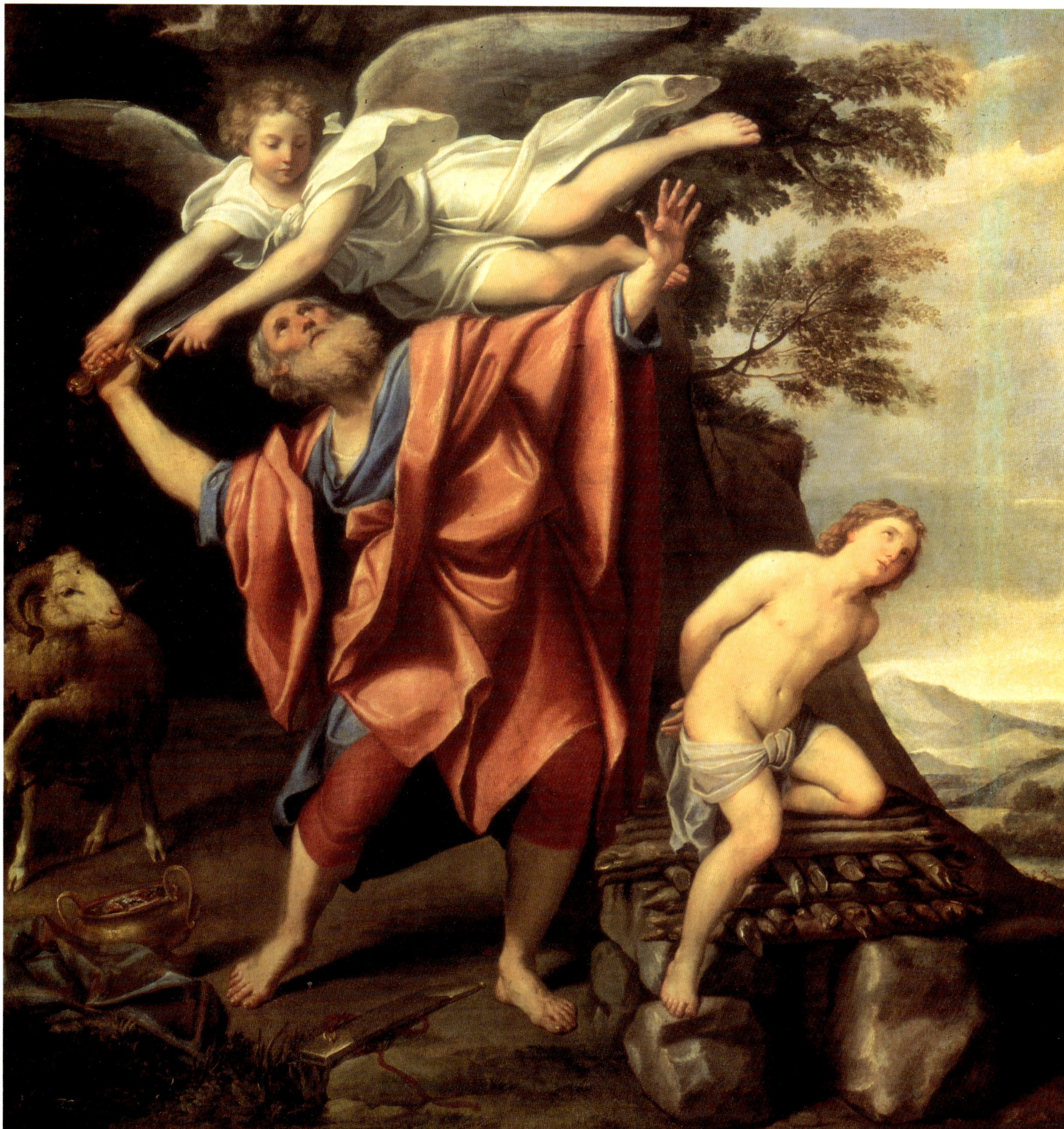

Domenichino (Domenico Zampieri). * Bologna, 1581. † Neapel, 1641. Das Isaakopfer. Um 1620-21. Öl auf Leinwand. H 147 x B 140 cm. Museo del Prado, Madrid.

Donatello

David

Die Statue zeigt den jungen Helden in verträumter Versunkenheit, nachdem er Goliath erschlagen hat, dessen Haupt zu seinen Füßen liegt. Die fließende Natürlichkeit von Davids Haltung, sein schüchterner Ausdruck und die Sinnlichkeit des Materials Bronze tragen dazu bei, das Standbild mit Leben zu erfüllen. Diese Fähigkeit, klassisch konzipierten Statuen menschliches Leben einzuhauchen, war Donatellos große Begabung. Unter einer bemerkenswerten Anzahl großartiger Bildhauer, Architekten und Maler, die in Florenz für eine Kunstrevolution sorgten, gilt Donatello als der eigentliche Begründer des Renaissancestils. Am Hofe der Medici war Donatello der Lieblingskünstler von Cosimo il Vecchio. Bis zu Michelangelo war Donatello der einflußreichste und innovativste Bildhauer der Renaissance. Sein David war die erste lebensgroße nackte Statue seit der Antike.

☛ Canova, Castagno, Ghiberti, Michelangelo, Powers

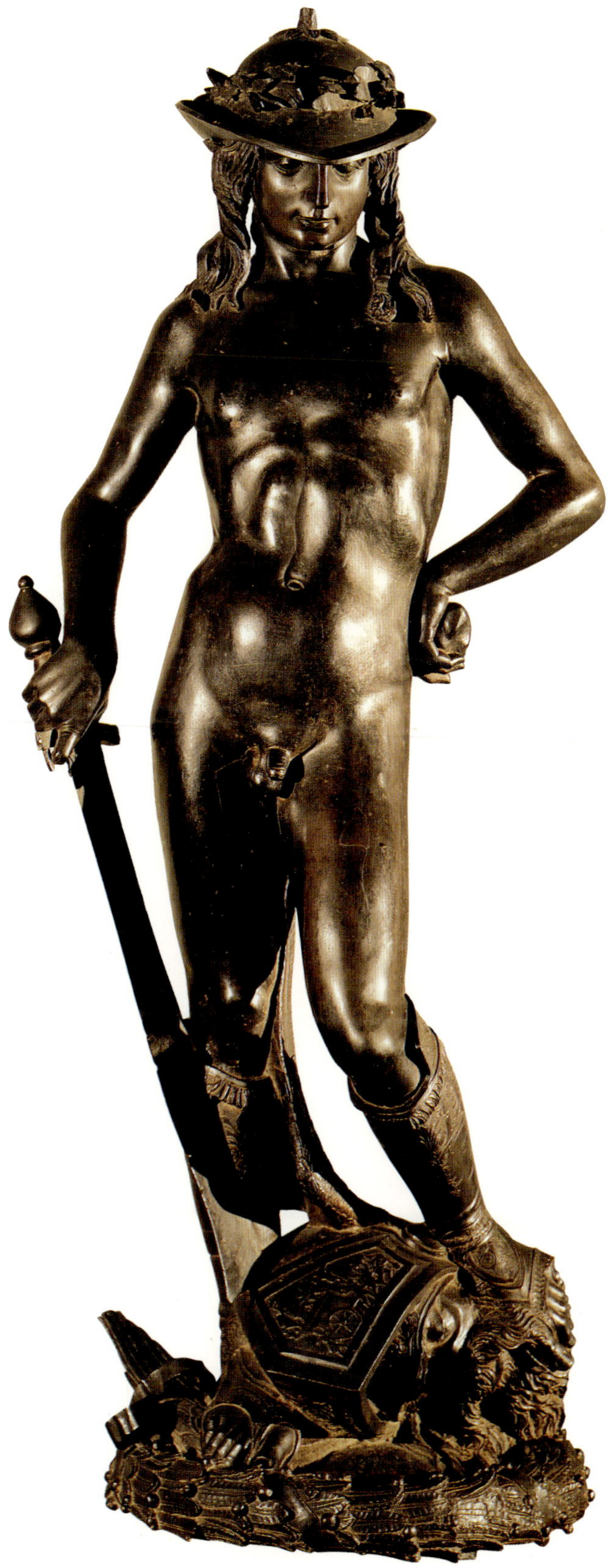

Donatello. * Florenz, um 1386. † Florenz, 1466. David. Um 1433. Bronze. H 159 cm. Museo Nazionale del Bargello, Florenz.

Van Dongen Kees

Dolly

Die Tochter des Künstlers ist in flachen, dekorativen und intensiven Farben gemalt. Ihre Schönheit ist in einer etwas exotischen Weise ausgedrückt. Die schwarzen, mandelförmigen Augen und die knallroten Lippen, denen das Hutband antwortet, sprechen eine sehr sinnliche Sprache. Van Dongen war ein großer Kolorist, wie man in den grünen Tönen von Dollys Gesicht sehen kann. Der gebürtige Holländer zog nach Paris, wo er dann 1929 die französische Staatsbürgerschaft erhielt. Er gehörte verschiedenen Bewegungen an, unter anderem den Fauvisten und Expressionisten. Beider Einfluß wird in der Art und Weise seines Farbeinsatzes ersichtlich. Der hochtalentierte und frühreife Van Dongen wurde später, verleitet durch seine Erfolge, zum Modemaler der vornehmen Gesellschaft und führte ein entsprechend extravagantes Leben, das sein Talent verkümmern ließ.

☛ Gontscharova, Jawlensky, Matisse, Rouault, Vlaminck

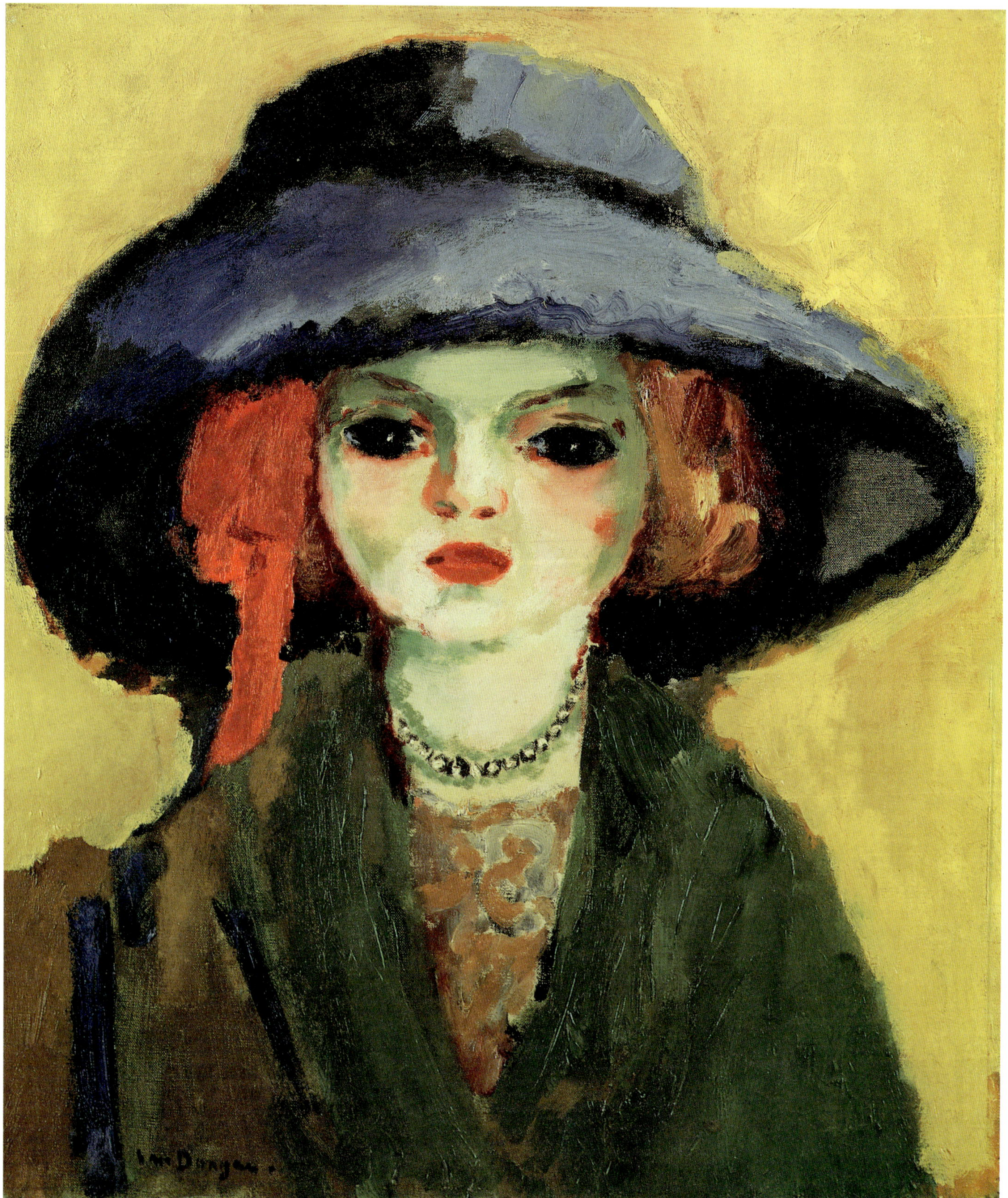

Kees van Dongen. * Delfshaven, 1877. † Monaco, 1968. Dolly. Um 1911. Öl auf Leinwand. H 55 x B 46 cm. Privatsammlung.

Dossi Dosso

Alfons I. von Este

Glänzende Rüstung und große Truppenverbände bestärken das Bild eines großen Heerführers. Als Herzog von Ferrara führte Alfons zahlreiche Kriege gegen die päpstlichen und venezianischen Angreifer. Neben seinem Amt als Heerführer war er ein aufgeklärter Förderer der Künste und rivalisierte als Auftraggeber bedeutender Künstler mit dem Papst. Trotz aller Anstrengungen gelang es ihm aber nicht, Raffael oder Michelangelo an seinen Hof zu ziehen. Dossi war erster Hofmaler der Este von Ferrara. Zusammen mit seinem Bruder Battista schuf Dossi hauptsächlich mythologische Szenen, Porträts und Fresken. Dieses Porträt weist Züge der venezianischen Malerei auf – als Vorbild mag ein Tizianporträt gelten. Unter dem Einfluß der Venezianer und von Correggio malte Dossi später geheimnisvolle Landschaften in einem unirdisch glühenden Licht.

☛ Altdorfer, Correggio, Giorgione, Michelangelo, Raffael, Tizian

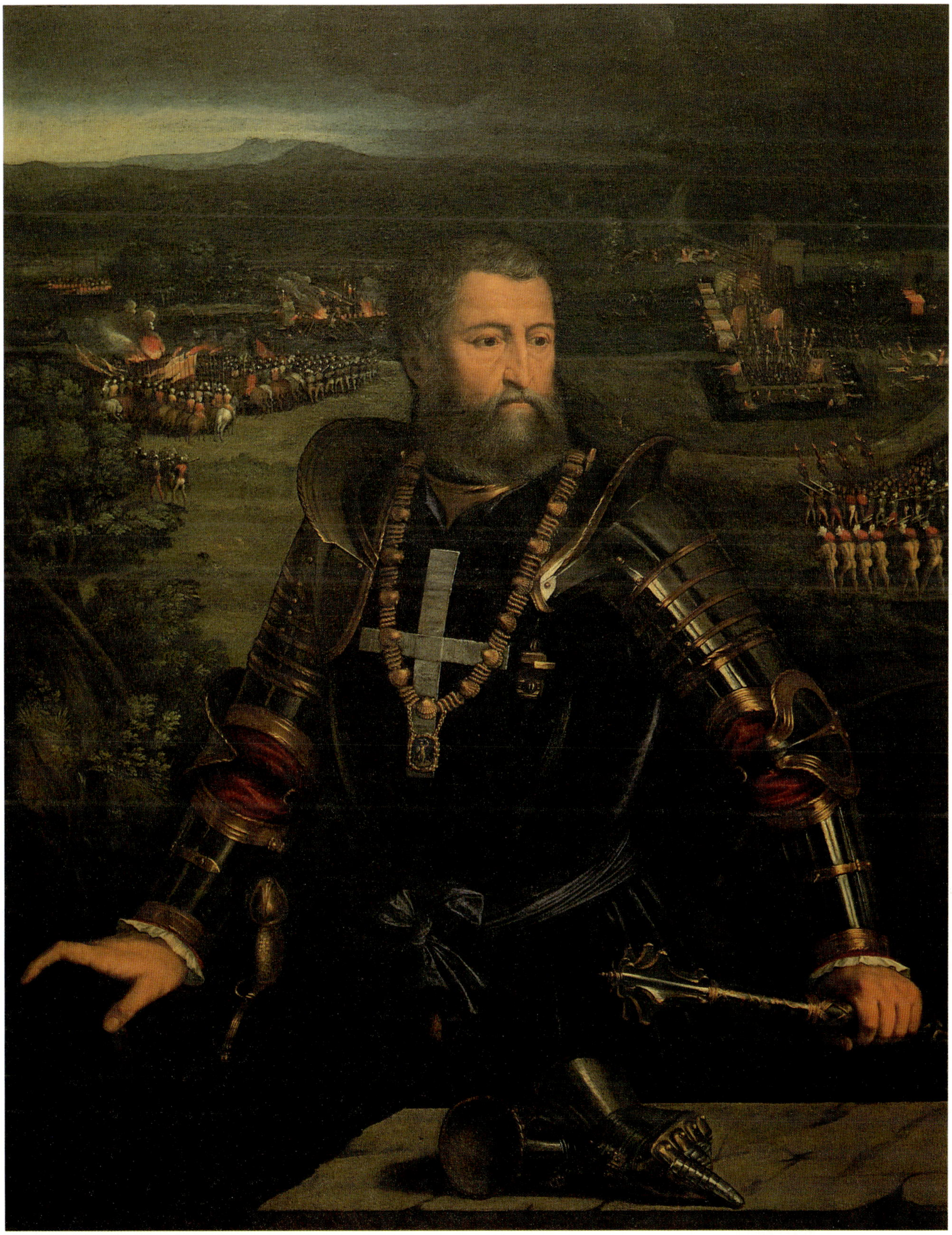

Dosso Dossi (Giovanni Luteri). * Ferrara, um 1490. † Ferrara, 1542. Alfons I. von Este. Nach 1528. Öl auf Leinwand. H 147 x B 113,5 cm. Galleria e Museo Estense, Modena.

Dou Gerard

Magd am Fenster

In der ausgewogen komponierten häuslichen Szene schüttet eine Magd aus einem Kupferkrug Wasser über eine Brüstung, die zugleich dem Bild als Rahmen dient. Alle Details wie irdener Topf, ausgefranstes Tischtuch oder Vogelkäfig sind genau erfaßt, wodurch das Bild selber zum Juwel wird. Dou war ein Schüler von Rembrandt, und man kann dessen Einfluß in Dous frühen Werken erkennen. Er malte gerne (sogar mit Lupe) detailfreudige Genreszenen. Diese häusliche Szene mit ihrem bühnenhaften Aufbau erinnert an einen in den Niederlanden seit dem 15. Jahrhundert üblichen Typ, der noch für Vermeer und De Hooch als Vorbild diente. Dou war ein geachteter und wohlhabender Künstler, dessen florierende Werkstatt noch bis ins 18. Jahrhundert nach seinen Vorlagen arbeitete.

☛ Van Eyck, De Hooch, Metsu, Rembrandt, Vermeer

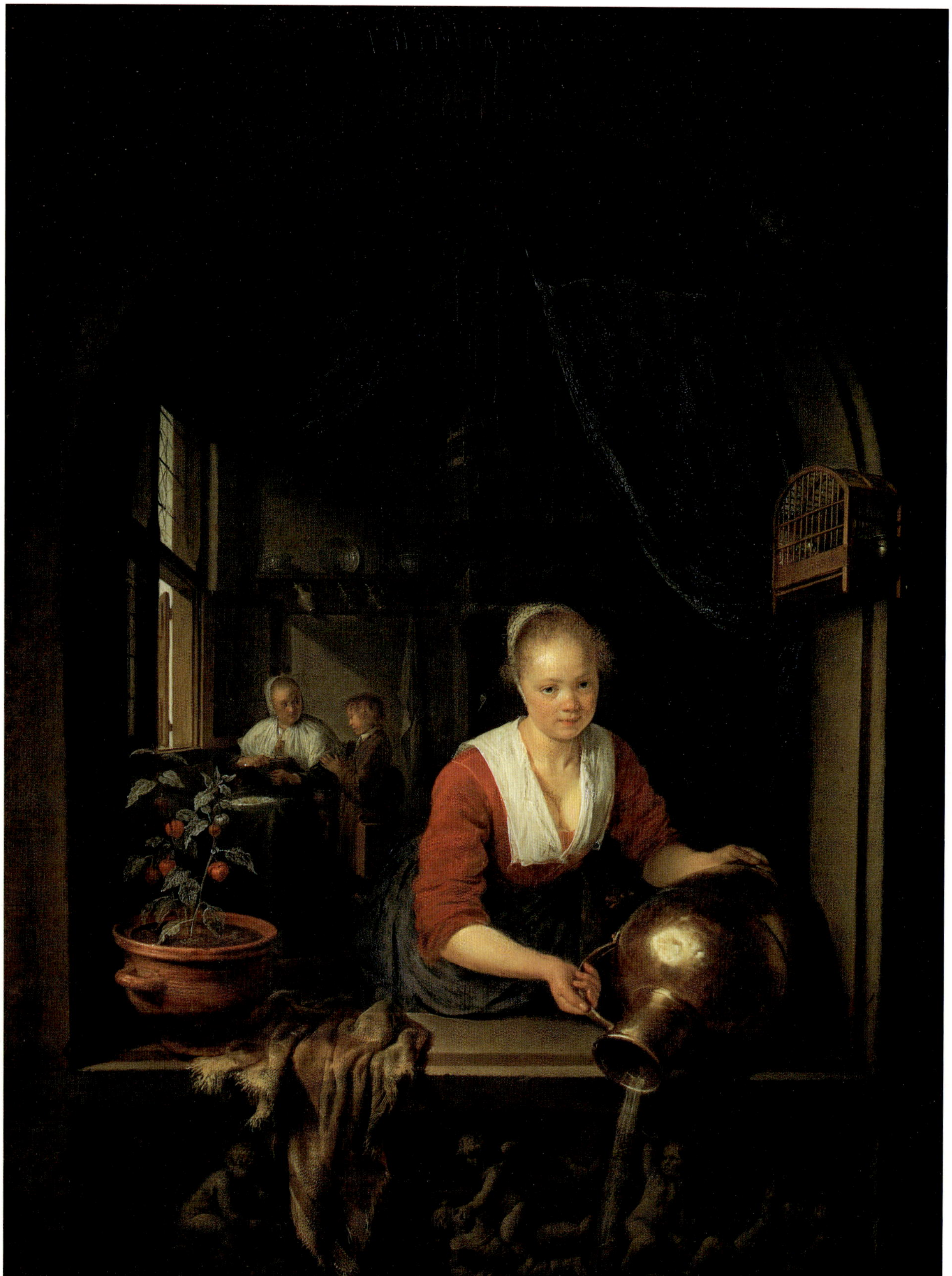

Gerard Dou. * Leyden, 1613. † Leyden, 1675. Magd am Fenster. Um 1640. Öl auf Leinwand. H 37 x B 28 cm. Museum Boymans-van Beuningen, Rotterdam.

Dove Arthur

Ich und der Mond

Der Mond als heller Farbkreis bestimmt die Komposition. Eine Reihe von Linien und Farbtönen umgeben ihn wie Mondkreise – oder die Schichten der Fantasie. Dunkel lastende Farben schaffen eine Aura schwermütiger Nostalgie, die durch diese Seelenlandschaft weht. Das Bild erweckt ein starkes Gefühl für die Schönheit der Natur. Doves Arbeiten suggerieren Natur mehr im metaphysischen als im wörtlichen Sinn: Naturformen sind verwandelt in abstrakte Zeichen. Dove schrieb: »Ich möchte mit Wind, Wasser und Erde als Themen arbeiten, aber sie müssen zu Farben und Kraftlinien vereinfacht werden, wie es die Musik in Tönen macht.« Anläßlich einer Europareise von 1907 bis 1909 entdeckte er die Fauvisten. In die USA zurückgekehrt, malte er einige der ersten abstrakten Bilder der modernen Kunst, zum Teil denen von Kandinsky nicht unähnlich.

☛ Heckel, Heron, Kandinsky, O'Keeffe, Vlaminck

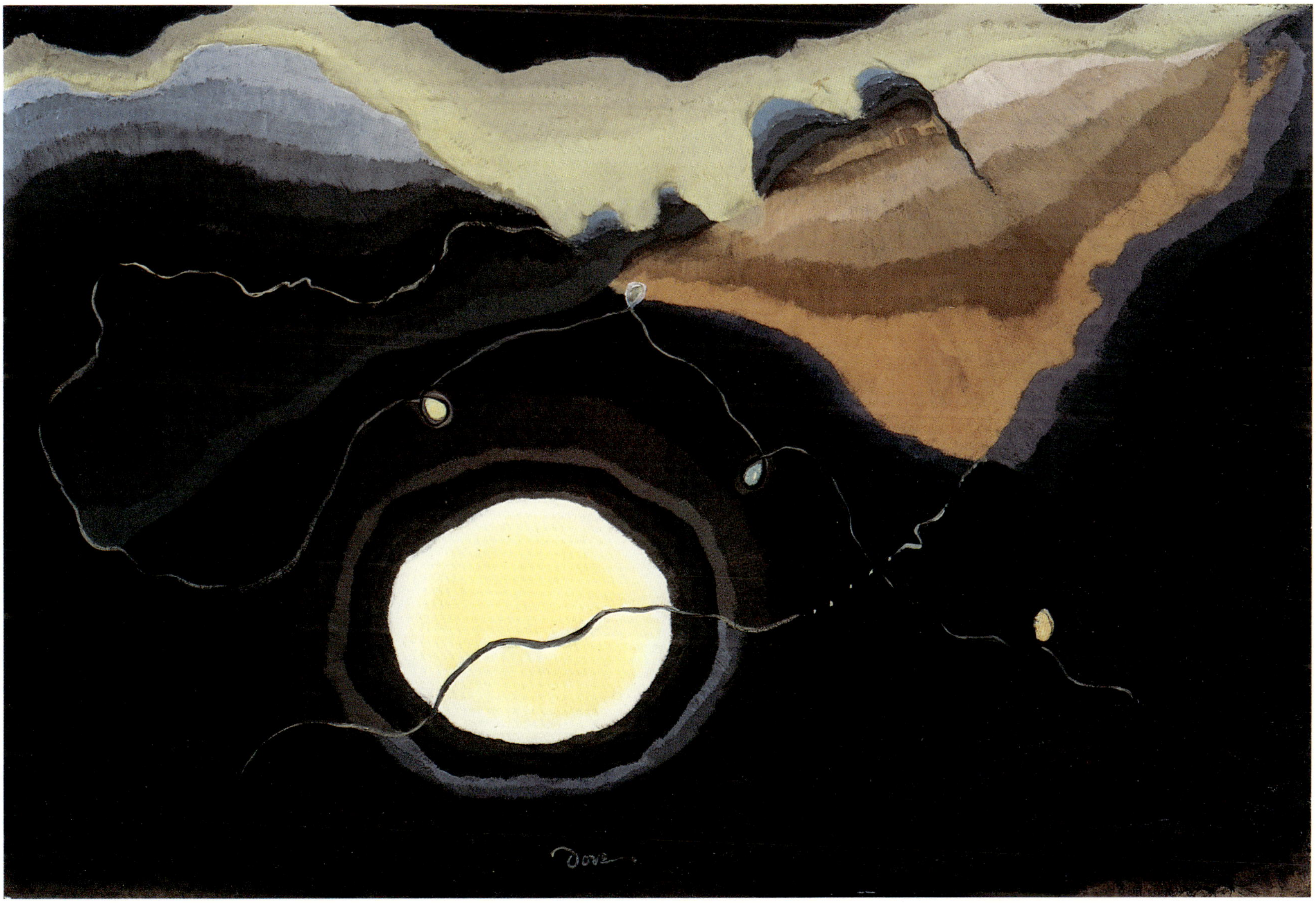

Arthur Dove. * Canandaigua, 1880. † Centreport, 1946. Ich und der Mond. 1937. Wachsemulsion auf Leinwand. H 46 x B 66 cm. Phillips Collection, Washington.

Dubuffet Jean

Jazzband (Dirty Style Blues)

Die in einer Linie aufgereihten Musiker bilden eine Art statischen Fries. Die offensichtlich willkürliche Farbigkeit wurde unorthodoxerweise mit einer Bürste aufgetragen, und in die Oberfläche wurde geschmiert, gerieben und gekratzt, um die Umrisse der Musiker zu erhalten. Der graffitiähnliche Effekt macht Spaß und gibt dem Bild eine kindhaft naive Einfachheit. Der nur lose mit dem Art Informel verbundene Dubuffet glaubte, daß in der noch nicht zerstörten Ausdrucksweise von Kranken und Amateuren mehr Wahrheit stecke als im Ausdruck professioneller Künstler. Er prägte den Begriff Art Brut, um damit die Kunst von psychisch Kranken, von Kindern und Laien zu beschreiben. Dubuffets Werke wurden vom Publikum und den Kritikern ausgelacht, ja sogar angegriffen, so geschehen in Paris 1946. Dennoch ist Dubuffet inzwischen ein weltweit angesehener Künstler.

☛ Appel, Basquiat, Fautrier, Tàpies, Twombly

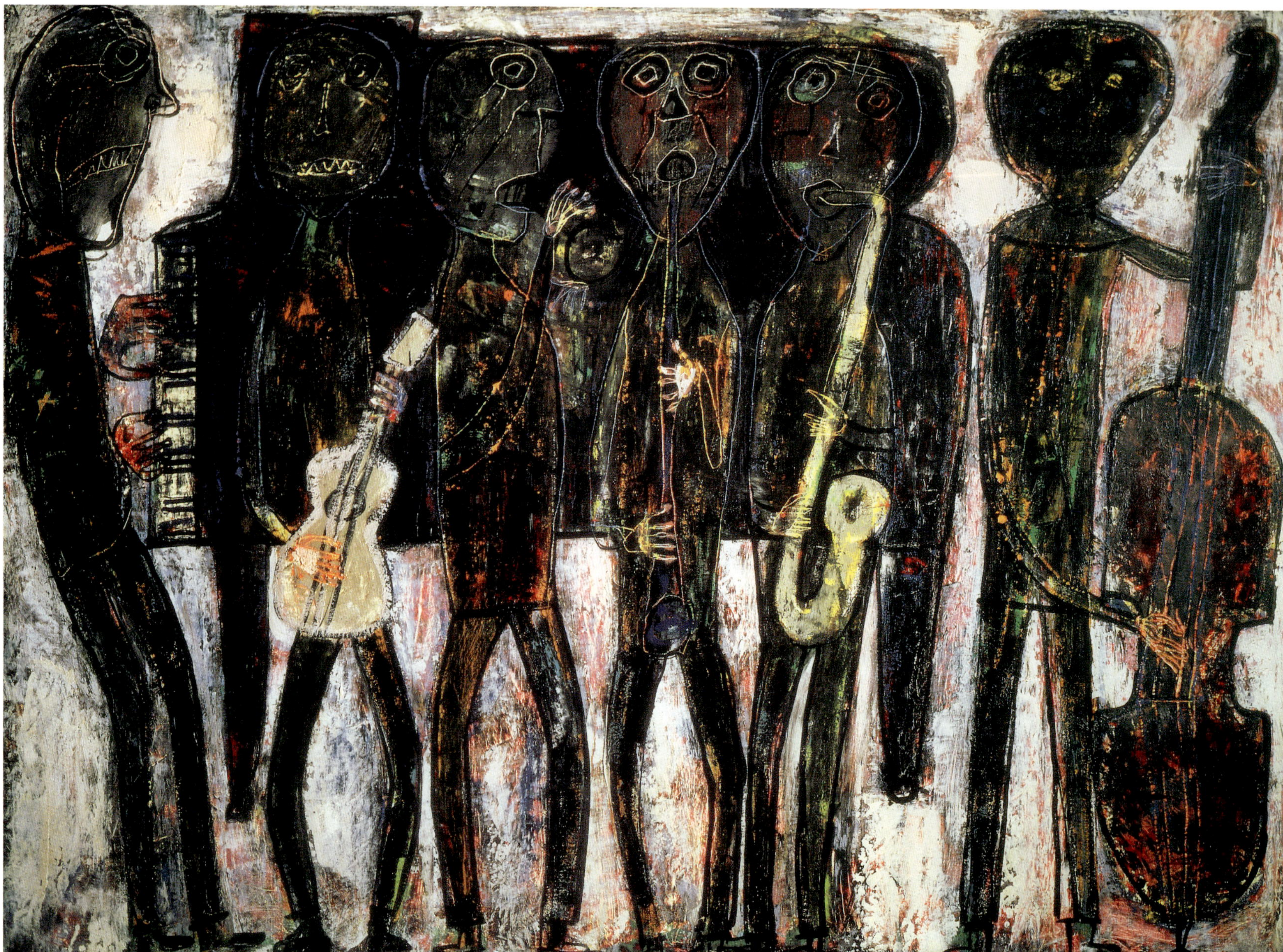

Jean Dubuffet. * Le Havre, 1901. † Paris, 1985. Jazzband (Dirty Style Blues). 1944. Öl auf Leinwand. H 97 x B 130 cm. Privatsammlung.

Duccio

Die Madonna der Rucellai

Das herkömmliche Thema für Altarbilder bestand in der Madonna mit Kind auf einem Thron, umgeben von anbetenden Engeln. Duccio hat zwar das Thema beibehalten, aber eine für damalige Zeiten unübliche Zartheit eingebracht. Die sienesische Malerei des 13. Jahrhunderts wird bestimmt von der Linie und der Farbe. Hier drückt sich die Linie in gestreckten Formen und den Goldrändern an Marias Kleid aus. In den Engelskleidern kommt Duccios Gespür für Farben zum Tragen. Während des 13. und 14. Jahrhunderts war Duccio der führende Künstler Sienas. Sein erzählendes Talent auf seinen Tafelbildern galt als unerreicht. Die Tatsache, daß er von einer Florentiner Bruderschaft mit diesem Bild beauftragt wurde, obwohl Florenz und Siena miteinander im Krieg lagen, beweist sein hohes Ansehen auch außerhalb seiner Geburtsstadt.

☛ Campin, Cimabue, Giotto, Lorenzetti, Martini

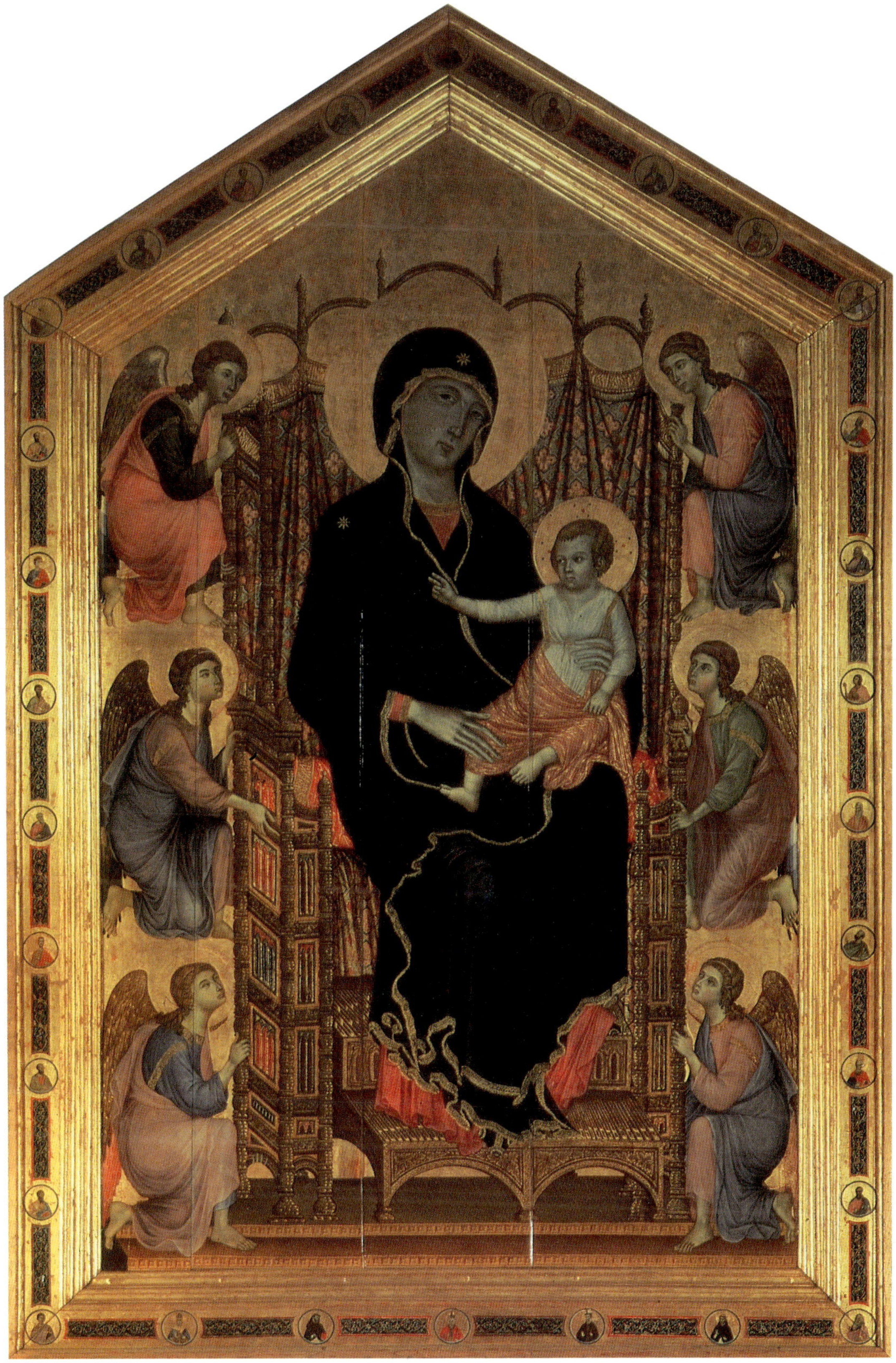

Duccio di Buoninsegna. * Siena, 1255. † Siena, um 1319. Die Madonna der Rucellai. 1285. Tempera auf Holz. H 450 x B 290 cm. Galleria degli Uffizi, Florenz.

Duchamp Marcel

Brunnen

Das Werk ist ein Abguß eines Porzellanurinals, das der Künstler 1917 bei einem New Yorker Installationsbüro erstanden hatte. Duchamp signierte das Objekt mit dem Pseudonym R. Mutt und reichte es anschließend bei einer Ausstellung ein. Der aufsehenerregende Vorfall belegt die damals neue Tendenz, Alltagsgegenstände aus ihrem vertrauten Umfeld herauszunehmen und in einem ungewohnten Kontext auszustellen. Dadurch hat Duchamp als erster sein Konzept der »ready mades« oder »objets trouvés« formuliert. Indem er 1917 das Original als Plastik verteidigte, forderte er alle bestehenden Definitionen von Kunst heraus. Er betonte, daß es völlig unerheblich sei, ob Herr Mutt das Werk mit eigenen Händen geschaffen habe oder nicht; entscheidend sei seine Deklaration als Kunstwerk. Nicht die Herstellung, sondern Idee und Auswahl seien wichtig.

☛ Beuys, Broodthaers, Johns, Koons, Man Ray, Oldenburg

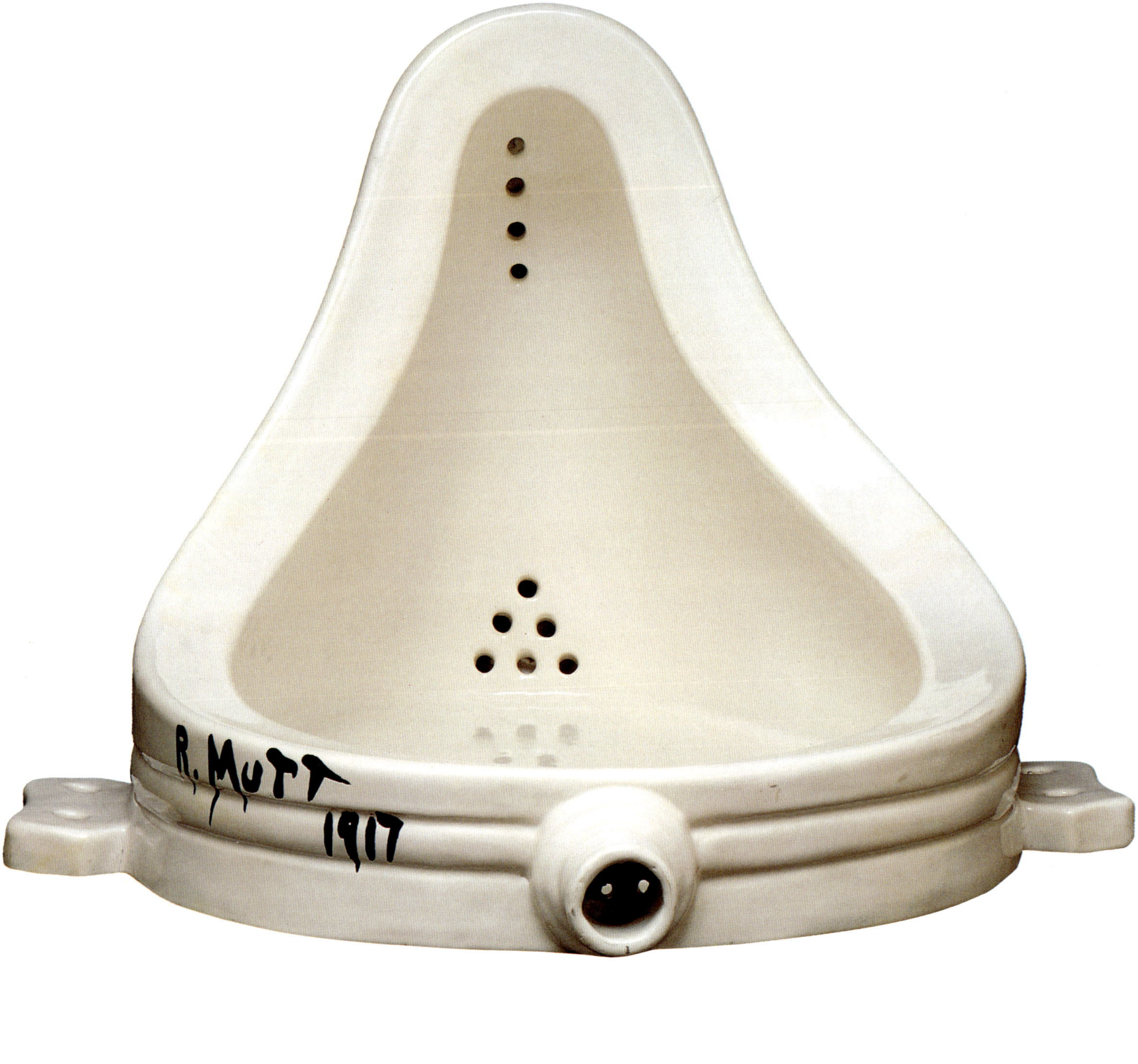

Marcel Duchamp. * Blainville, 1887. † Neuilly, 1968. Brunnen. 1917-64. Porzellan. H 33,5 cm. Indiana University Art Museum, Bloomington.

Dufy Raoul

Das Pferderennen

Die farbenprächtige Stimmung bei einem Pferderennen ist getreu eingefangen: elegante Damen mit Sonnenschirmen, Herren mit Zylindern, Jockeys hoch zu Pferd und ein Matrose, der sein Fahrrad an einen Baum lehnt. Das tiefblaue Meer im Hintergrund ist übersät mit Motoryachten und Segelbooten. Es ist eine Welt des Luxus und des Müßigganges. Seit Anfang der 20er Jahre besuchte Dufy zusammen mit dem berühmten Modellzeichner Paul Poiret regelmäßig die Rennbahn. Poiret veranlaßte Dufy, die raffinierten Kleider der Damen, die ja gesehen werden wollten, zu studieren. Obwohl er vorher von den Neoimpressionisten, den Fauvisten und Kubisten beeinflußt worden war, entwickelte er bald einen ganz individuellen Stil mit hellen Strichen und tanzenden Farben, die etwas vom Midi an sich haben. Dufy entwarf auch Stoffmuster und malte 1938 für die Weltausstellung eines der größten Wandbilder aller Zeiten.

☛ Derain, Van Dongen, Laurencin, Matisse, Vlaminck

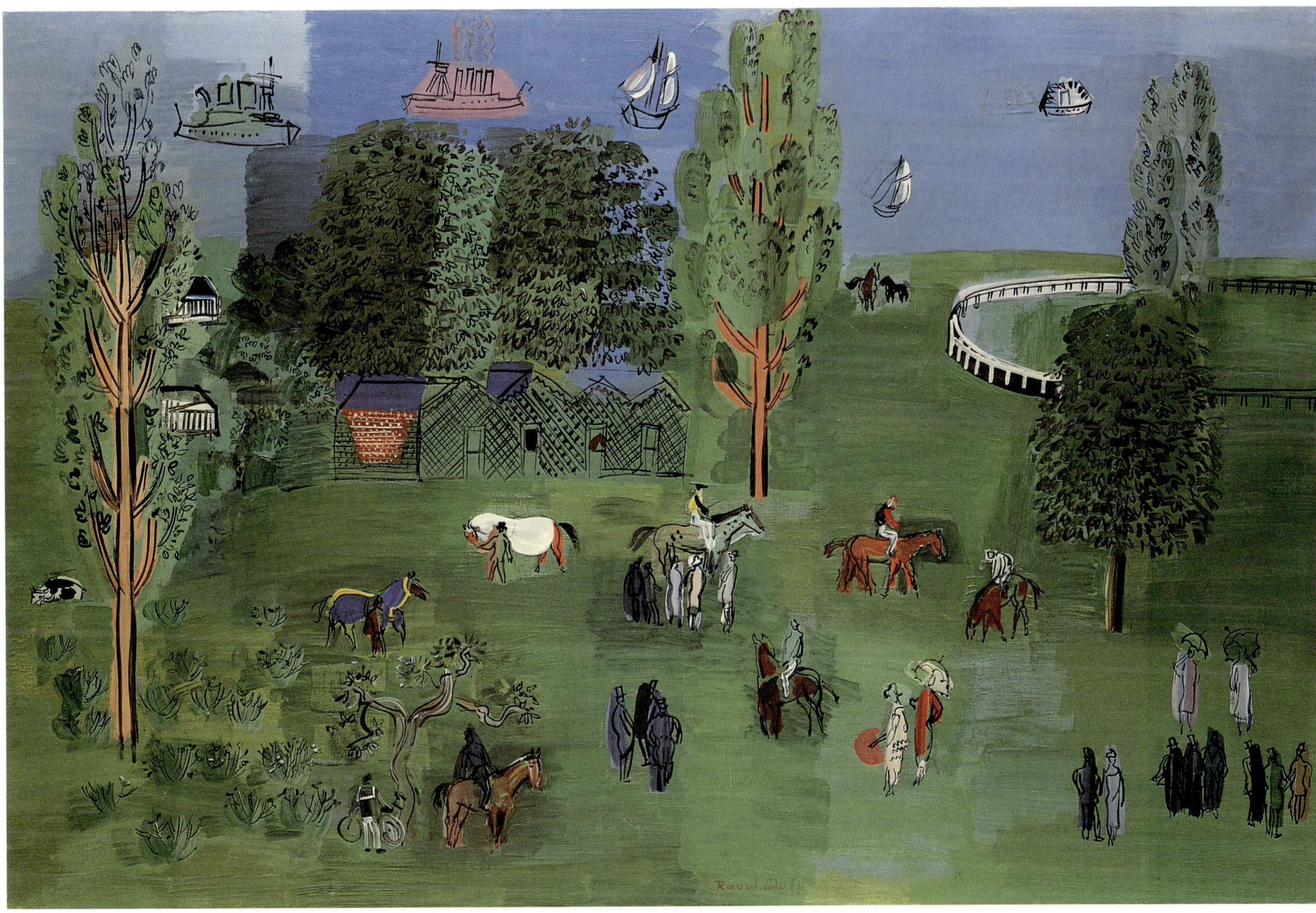

Raoul Dufy. * Le Havre, 1877. † Forcalquier, 1953. Das Pferderennen. Um 1926. Öl auf Leinwand. H 81 x B 125 cm. Privatsammlung.

Der Kunstgriff, den Arm des Modells auf eine Brüstung zu stützen, war eine verbreitete Methode, um Nähe zwischen Betrachter und Dargestelltem vorzutäuschen. Vielleicht hat Dürer den Trick von Bildern wie z. B. Leonardo da Vincis Mona Lisa abgeschaut, die er auf seiner Reise durch Italien kennenlernte. Dürer malte viele Selbstporträts, ein Thema, das damals noch nicht sehr verbreitet war und vielleicht der Selbstdarstellung seines sozialen Standes diente. Die durch das offene Fenster sichtbare Landschaft war bei nördlichen Malern wie Van Eyck oder Campin sehr beliebt. Der außergewöhnliche und höchst produktive Künstler revolutionierte die nordeuropäische Kunst, indem er niederländische und italienische Züge miteinander verband. Seine berühmten Holzschnitte und Stiche trugen seinen Ruhm weit über die Landesgrenzen hinaus.

☛ Campin, Cranach, Grünewald, Van Eyck, Leonardo da Vinci, Rosa

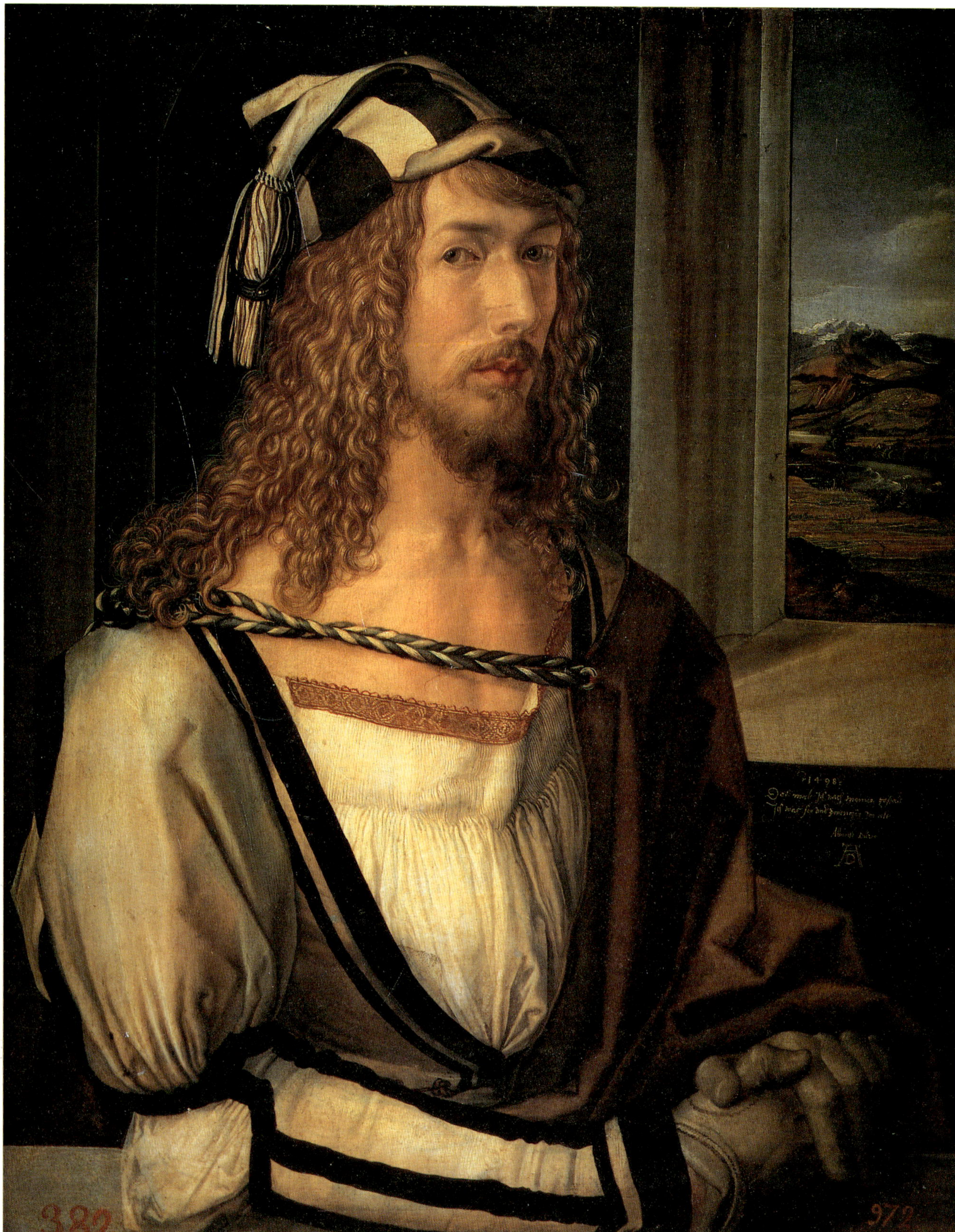

Albrecht Dürer. * Nürnberg, 1471. † Nürnberg, 1528. Selbstbildnis mit Handschuhen. 1498. Öl auf Holz. H 52 x B 41 cm. Museo del Prado, Madrid.

Van Dyck Sir Anthonis

Reiterbildnis Karls I.

Blitzende Rüstung, standhafter Blick und königliche Haltung deuten darauf hin, daß der Porträtierte eine hochgestellte Persönlichkeit sein muß. Als Hofmaler hatte Van Dyck die Aufgabe, jedem, der das Bild sah, die Majestät seines Auftraggebers zu vermitteln. Nach seiner Antwerpener Ausbildung zusammen mit Rubens ging er erst nach London, dann nach Italien, wo er eine gepflegtere Malweise annahm. Ebenfalls in Italien entwickelte er einen Porträtstil, der später eine lange Tradition in England einleitete (stolze Pose und schlanke Figur). Man warf ihm vor, seinen Auftraggebern zu schmeicheln, was nicht immer zutraf. Die Gräfin von Sussex reagierte ungehalten auf ihr Konterfei, sie fühlte sich »ungünstig« und »lieblos« dargestellt, das Gesicht zu groß und zu fett, »so daß es mir gar nicht gefällt: Wie vom Wind zerzaust – es scheint jedoch der Wahrheit zu entsprechen.«

☛ Clouet, Dobson, Gainsborough, Lely, Rubens, Tizian

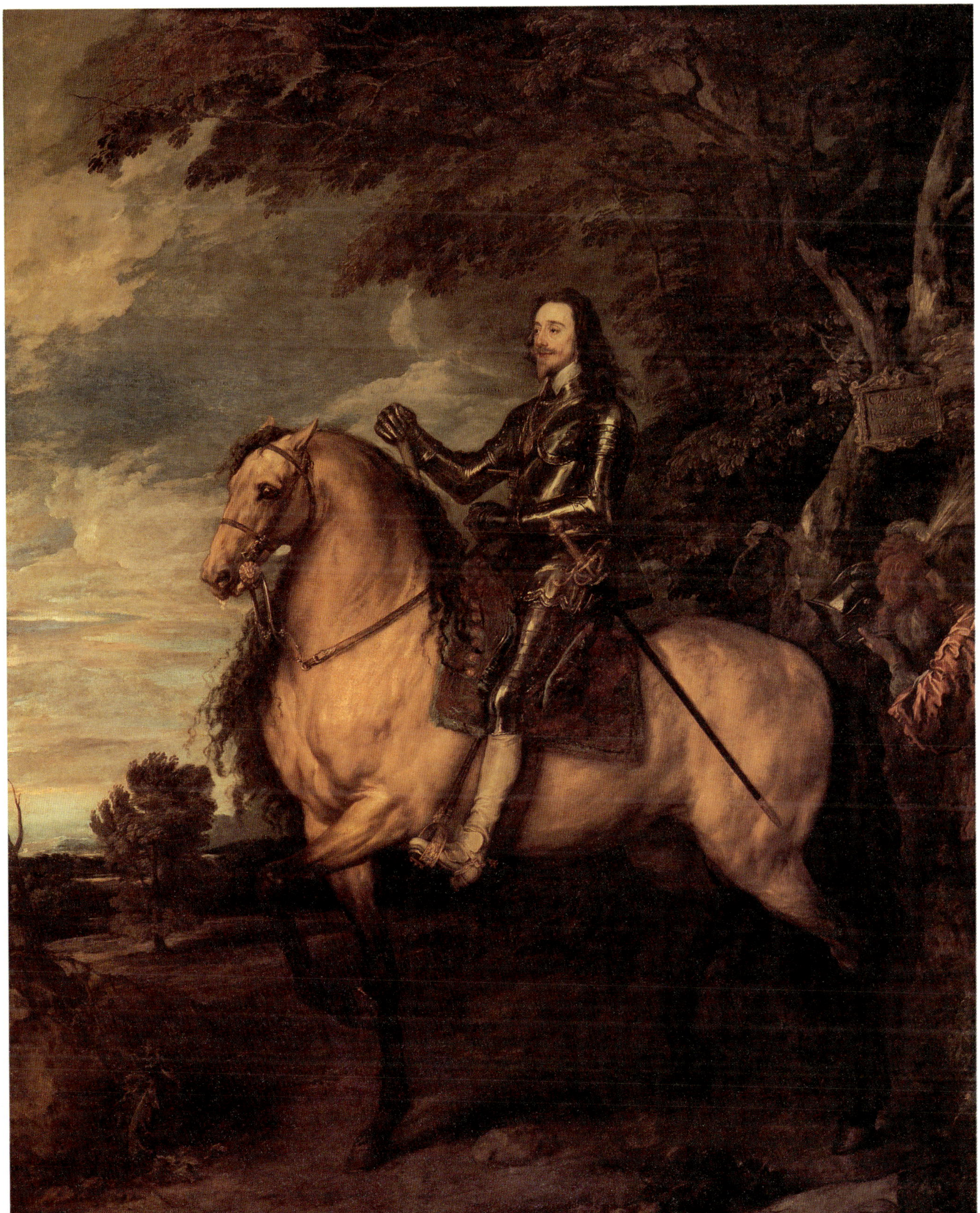

Sir Anthonis van Dyck. * Antwerpen, 1599. † London, 1641. Reiterbildnis Karls I. Um 1636. Öl auf Leinwand. H 367 x B 292 cm. National Gallery, London.

Eakins Thomas

Zwischen den Runden

Man vermeint, die Zurufe der Menge zu hören, den Zigarrenqualm und den Schweiß der Boxer zu riechen. Der Boxer, die zentrale Figur des Bildes, ist in dem kurzen Moment zwischen den Runden erfaßt. Eakins war fasziniert vom menschlichen Körper. Er nutzte Sportereignisse wie Boxen oder Rudern, um den Körper in Aktion einzufangen. Er sorgte für einen Eklat, als er als Professor von seinen Studenten verlangte, nach nackten Modellen zu zeichnen. Bei seinen Festlandreisen beeindruckten ihn die spanischen Maler Velázquez und Ribera, von denen er den ergreifenden Realismus abschaute. Noch mehr als Rembrandt arbeitete er mit starken Lichteffekten, um die Bilddramatik zu steigern. Eakins wurde zu Lebzeiten wenig beachtet. Erst die nachfolgende Generation zollte seinem Realismus die gebührende Anerkennung.

☛ Bellows, Rembrandt, Ribera, Velázquez

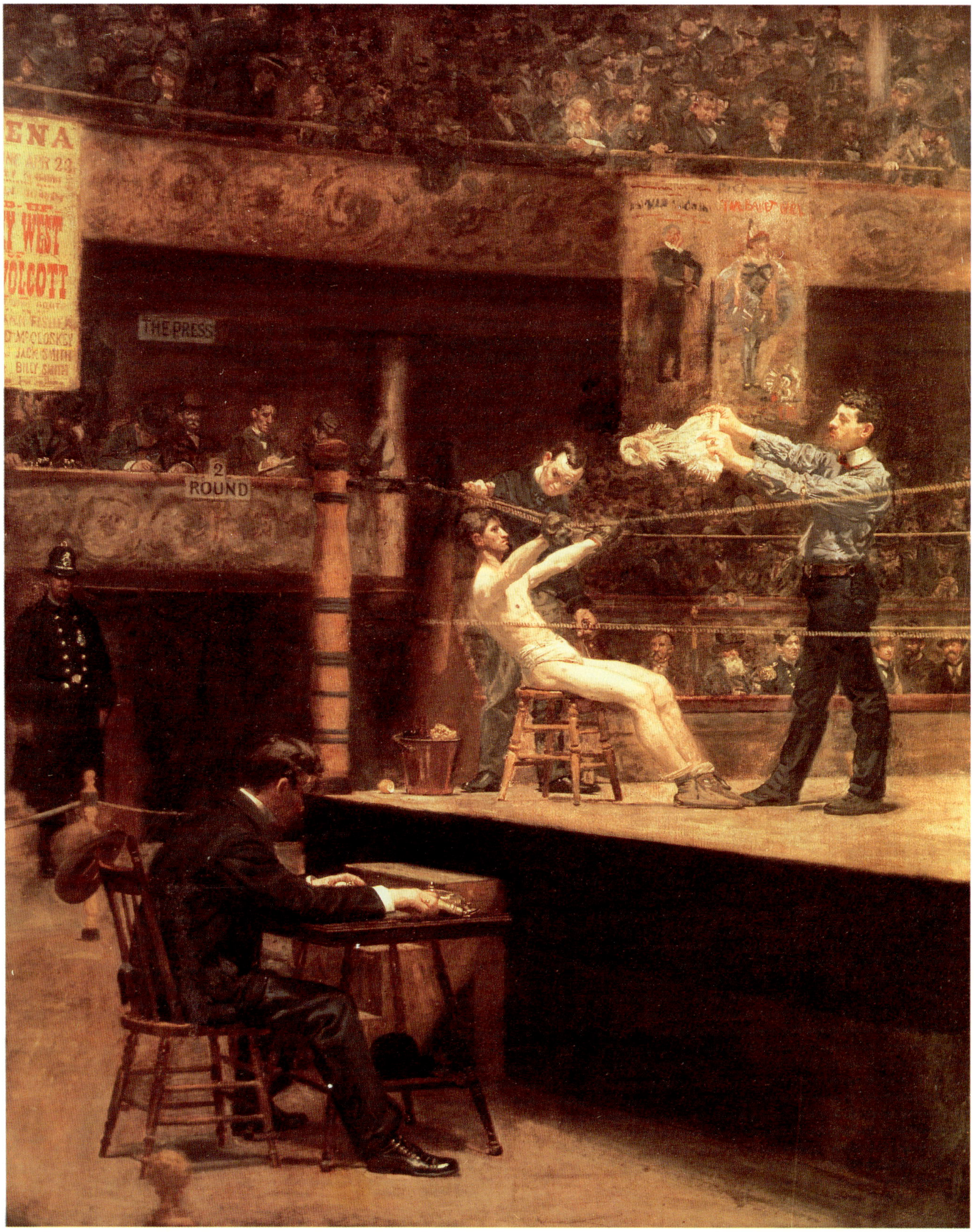

Thomas Eakins. * Philadelphia, 1844. † Philadelphia, 1916. Zwischen den Runden. 1899. Öl auf Leinwand. H 127 x B 101,5 cm. Philadelphia Museum of Art, Philadelphia.

Elsheimer Adam

Die Steinigung des hl. Stephanus

Um zu beweisen, daß er Christus mehr liebe als sein eigenes Leben, ließ sich Stephanus widerstandslos steinigen. Ein Strahl des himmlischen Lichts trifft auf den Märtyrer und bringt Beistand bei seiner Tortur. Große Sorgfalt hat Elsheimer auf die Einzelheiten, besonders auf die Muskulatur des menschlichen Körpers verwandt. Der fliegende Engel links oben und der steinigende Mann rechts geben die Möglichkeit, Personen in Bewegung darzustellen. Der deutsche Stecher und Maler reiste 1598 nach Italien, wo besonders die venezianische Malerei auf seine Kunst einwirkte. Venezianisches Kolorit und eigene Vorstellungen von einem betonten Realismus ließen Werke wie das vorliegende entstehen. Viele seiner Werke wurden von anderen Graphikern kopiert, und sein Einfluß reichte bis weit ins 17. Jahrhundert hinein.

☛ Altdorfer, Bosch, Caravaggio, Dürer, Michelangelo

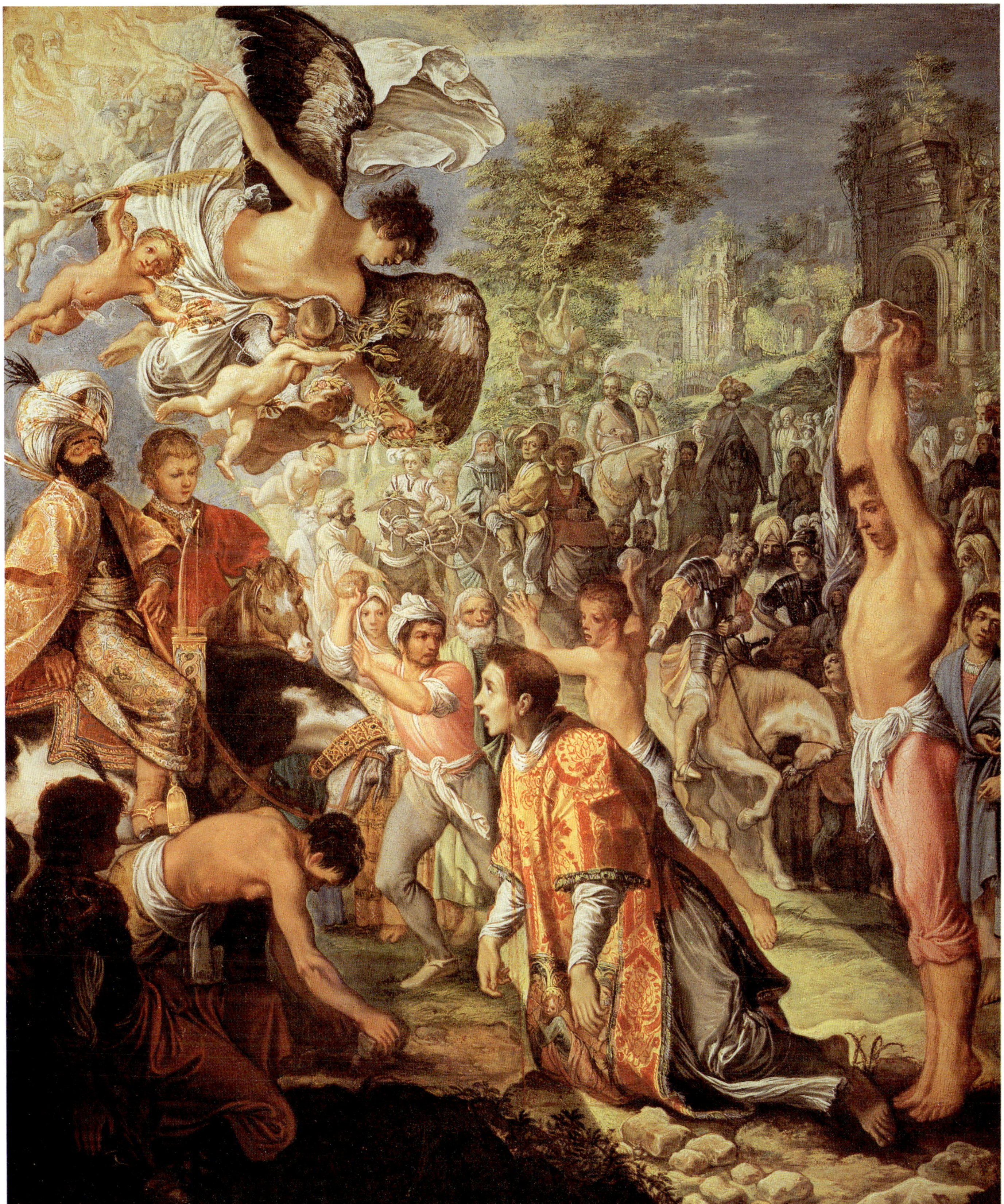

Adam Elsheimer. * Frankfurt, 1578. † Rom, 1610. Die Steinigung des hl. Stephanus. Um 1602-05. Öl auf Kupfer. H 34,7 x B 28,6 cm. National Gallery of Scotland, Edinburgh.

Ensor James

Zwei Skelette kämpfen um einen Erhängten

Zwei Skelette kämpfen vergeblich um den Leichnam eines über ihnen Erhängten. Masken beobachten den elenden und erbärmlichen Kampf. Wir sind aufgerufen, das ungewöhnliche und traurige Spektakel mitzuverfolgen. Das groteske Bild schildert eine Vision des Künstlers: eine absurde Welt, in der zusammenhangslose Gedanken und nutzlose Aktionen eine zu große Rolle spielen. Mit ihrer explosiven Emotionalität und ihren erregenden Inhalten fand Ensors Kunst seitens der deutschen Expressionisten große Beachtung. Besonders stark war sein Einfluß auf Nolde, der ihn im Jahre 1911 besuchte. Auf Ensors Bildern tummeln sich Masken, Gerippe und sonstige abscheulich groteske Figuren. Seine Bilder und Zeichnungen sind satirisch, manchmal auch von einem bissigen, ja ätzenden Humor. Der gebürtige Engländer lebte ziemlich isoliert in Ostende.

☛ Beckmann, Bosch, Kokoschka, Nolde, Pechstein

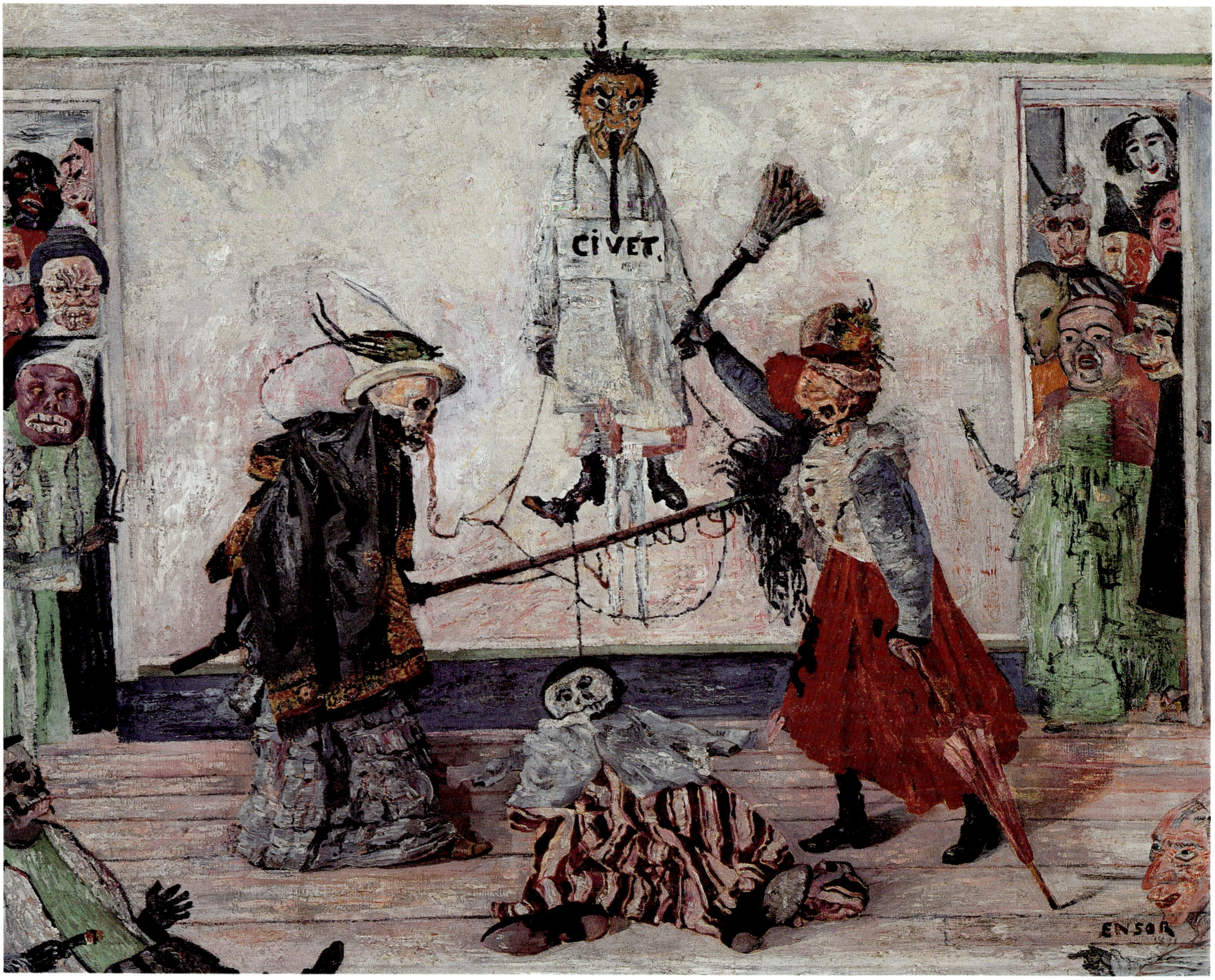

James Ensor. * Ostende, 1860. † Ostende, 1949. Zwei Skelette kämpfen um einen Erhängten. 1891. Öl auf Leinwand. H 59 x B 74 cm. Koninklijk Museum voor Schone Kunsten, Antwerpen.

Epstein Sir Jacob

Elementar

Die aufgestaute Energie des kauernden Menschen wird durch die angespannte und kompakte Form des gekrümmten Leibes und die Haltung des Kopfes, der sich unbekannten Gewalten des Himmels zu beugen scheint, zum Ausdruck gebracht. Die Skulptur vereint scharfe Gegensätze: den Schrecken des Todes in Form von erstarrten Händen und das ungeborene Leben in Form eines Fötus. Die Kraft des Werkes liegt in seiner beabsichtigten Unfertigkeit, erkennbar an den Meißelspuren auf der Oberfläche des Marmors. Epstein entwickelte einen ganz eigenen Stil, der direkt durch die Skulptur der Antike und der Primitiven beeinflußt war. Beide hatte er bei seinen Louvre-Besuchen häufig studiert. Er arbeitete ausschließlich in den klassischen Materialien Stein und Bronze, letztere bevorzugt für Porträts. Sein bekanntestes Werk ist das Porträt von Churchill.

☛ Brancusi, Gaudier-Brzeska, Moore, Rodin

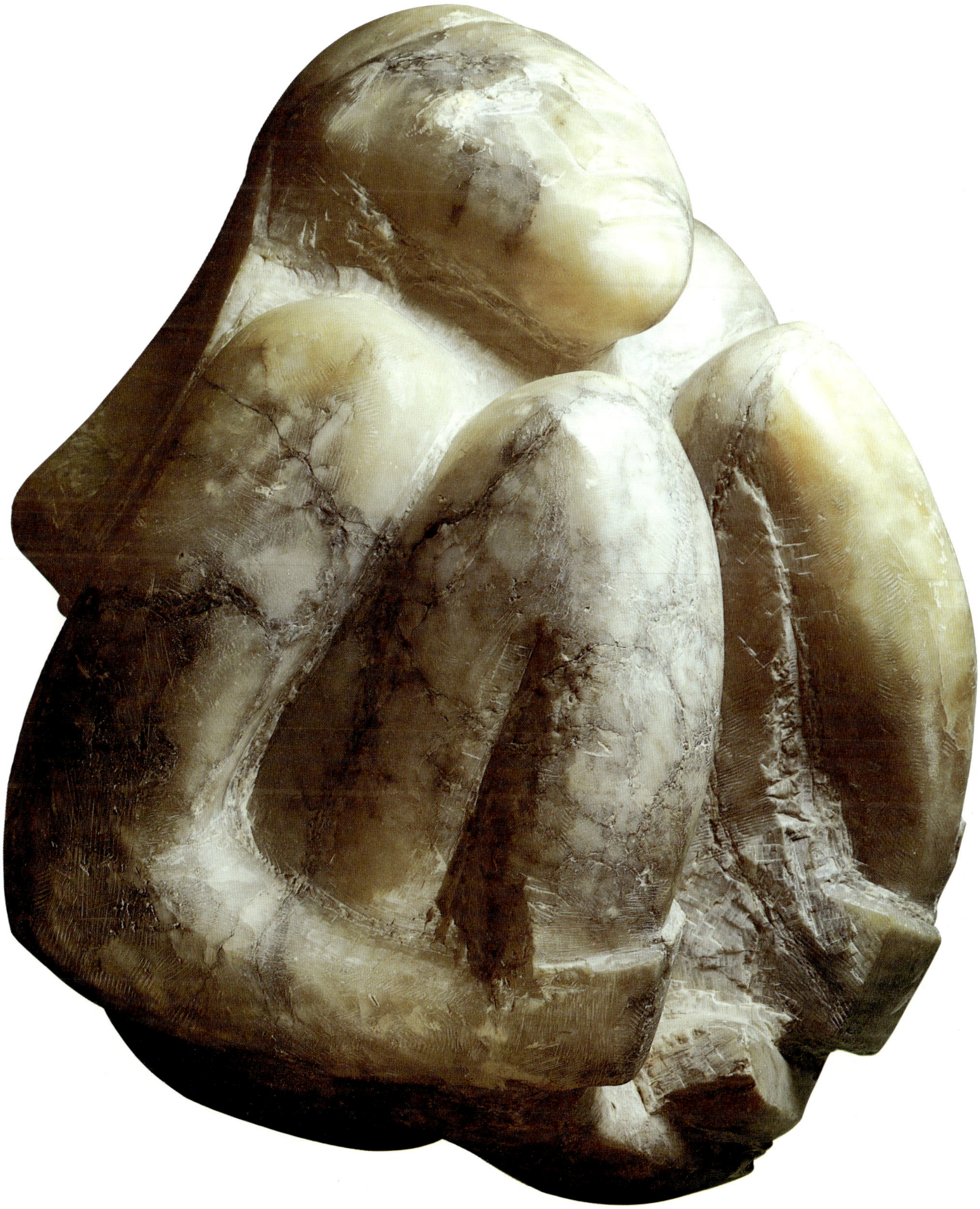

Sir Jacob Epstein. * New York, 1880. † London, 1959. Elementar. 1932. Alabaster. H 81 cm. Privatsammlung.

Die allesumschlingende und erstickende Natur dieses Waldes, in dem das einzige lebendige Wesen ein eingesperrter Vogel ist, löst sowohl Verwunderung als auch Angst aus. Das Baumgewirr wirkt wie versteinert und erscheint mit seinem ungehemmten und unwiderstehlichen Wachsen bedrohlich über dem Vogel. Ernst arbeitete in und mit vielen Materialien. Er schuf eine riesige Zahl von Collagen und erfand die Frottagetechnik. Dabei wird auf einem Papier die unebene Oberfläche eines beliebigen Gegenstandes abgerieben, dessen Relief auf dem Papier erscheint. Da der Künstler dabei wenig Einfluß auf das entstehende Werk hat, galt auch die Frottage als Zugang zum Unbewußten. Der Zufallscharakter und die sinnestäuschende Eigenschaft des so entstandenen Werkes machen das vorliegende Bild zu einem Musterbeispiel für die Zielsetzungen der Surrealisten.

☛ Dalí, Gorky, Lam, Miró, H. Rousseau, Tanguy

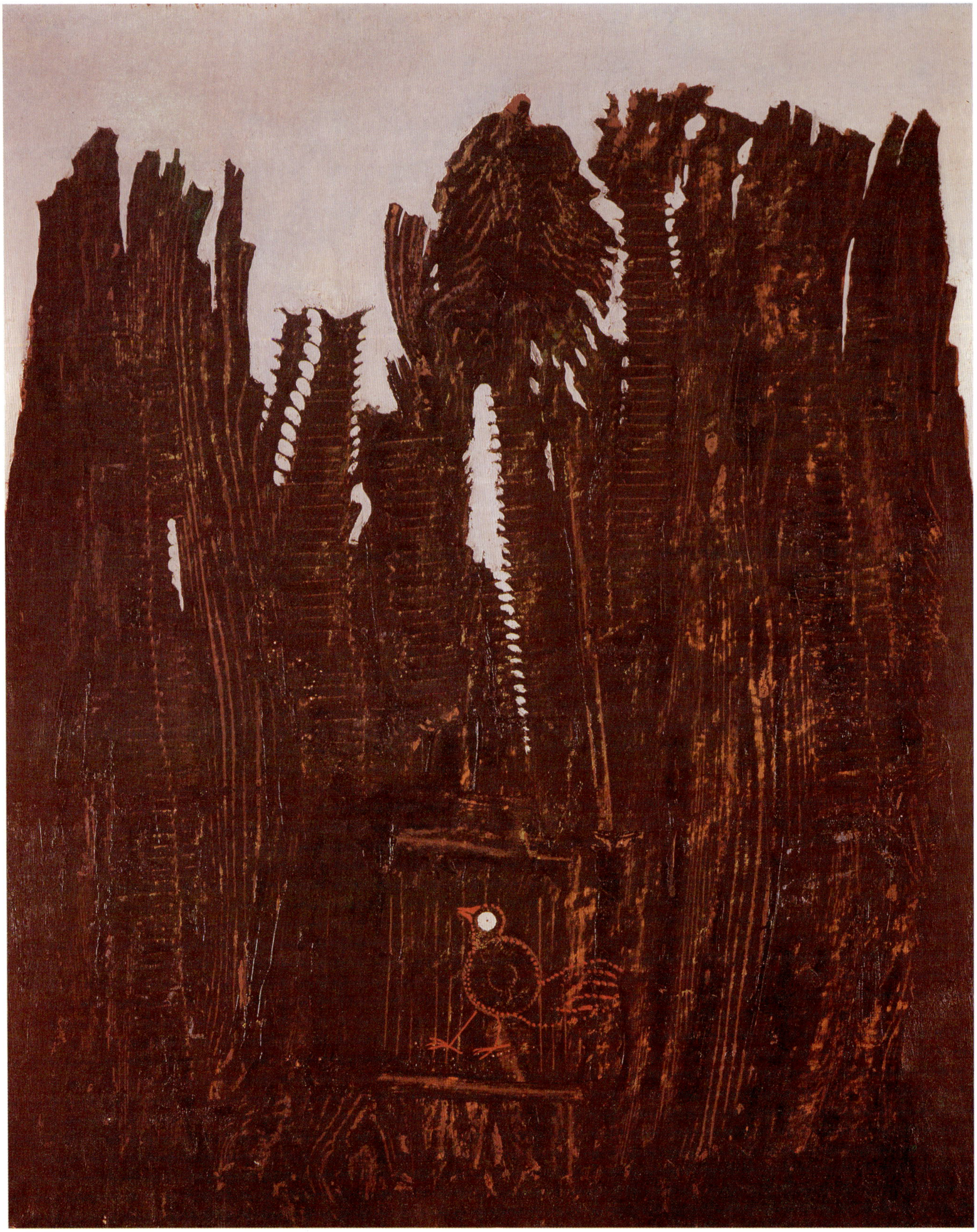

Max Ernst. * Brühl, 1891. † Paris, 1976. Der Wald. 1927. Öl auf Leinwand. H 100 x B 81,5 cm. Tate Gallery, London.

Estes Richard

Gordons Gin

Handelt es sich um banale Realität oder ist es Kunst? Die Straße voller Reklameschilder ist eine Verherrlichung amerikanischer Zivilisation. Der rigide Realismus ist überraschend und unterhaltsam zugleich. Estes erfand seine Bildgegenstände nicht – er wählte sie lediglich aus, fotografierte sie und gab sie dann fotografisch getreu wieder. Estes' Hyperrealismus war eine Antwort auf den Abstrakten Expressionismus, der die amerikanische Kunstszene seit den 50er Jahren beherrscht hatte. Neuer Realismus und Fotorealismus, entstanden in den späten 60er Jahren, drücken etwas ganz anderes aus: Weg mit Gefühl, Farbe, Poesie, und schon wird blanke Realität erzeugt. Mit Hilfe von Fotografien verschmelzen Realität und Illusion, sie werden eins. Was Estes abbildet, war und ist Millionen Amerikanern täglich vor Augen. Auf diese Weise wird aus Alltag Kunst.

☛ Hamilton, Lichtenstein, Richter, Sherman, Warhol

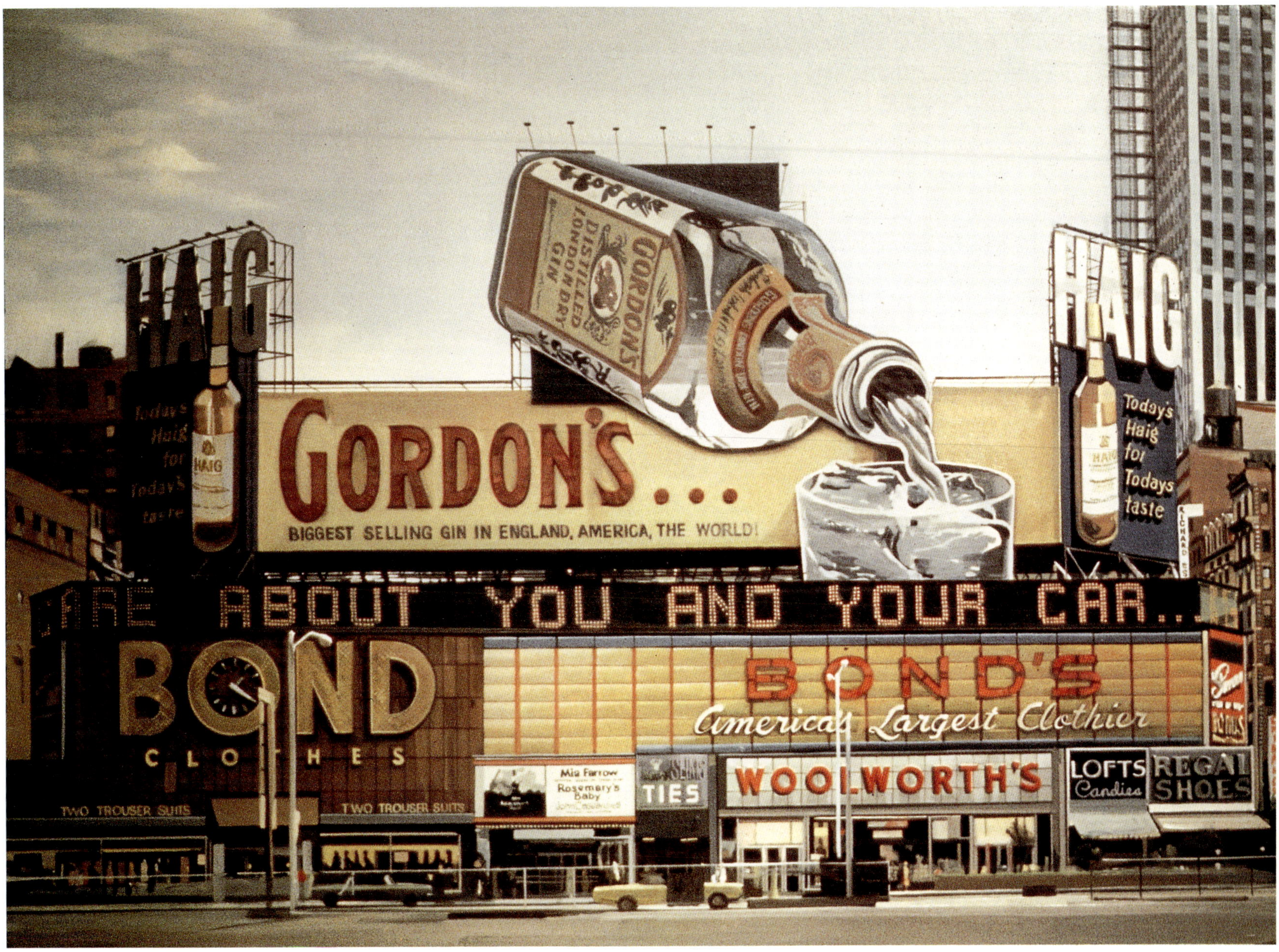

Richard Estes. * Evanston, 1936. Gordons Gin. 1968. Öl auf Holz. H 62,2 x B 81,3 cm. Privatsammlung.

Etty William

Hero und Leander

Um seine geliebte Hero, eine Priesterin der Aphrodite, sehen zu können, mußte Leander jede Nacht über den Hellespont schwimmen. Sie leuchtete ihm mit einer Fackel. In einer schrecklichen Sturmnacht ertrank Leander. Voller Schmerz stürzte sich Hero von einem Turm. Hier werden die beiden Geliebten in ihrer letzten tragischen Umarmung gezeigt. Ihre sinnlich prangenden Fleischtöne heben sich deutlich vom dunklen Himmel und seinen Sturmwolken ab. Heros schwarzes Haar und ihr dunkles Kleid verschmelzen mit den Schatten. Etty war ein leidenschaftlicher Aktmaler über seine ganze Malerkarriere hinweg. Posen und Farbigkeit erinnern an Rubens und Tizian. Als vorgeschobene Themen für seine Akte bediente sich Etty klassischer Mythen und Allegorien. Delacroix und andere Romantiker schätzten seine Werke überaus.

☛ W. Blake, Delacroix, Géricault, Rubens, Tizian

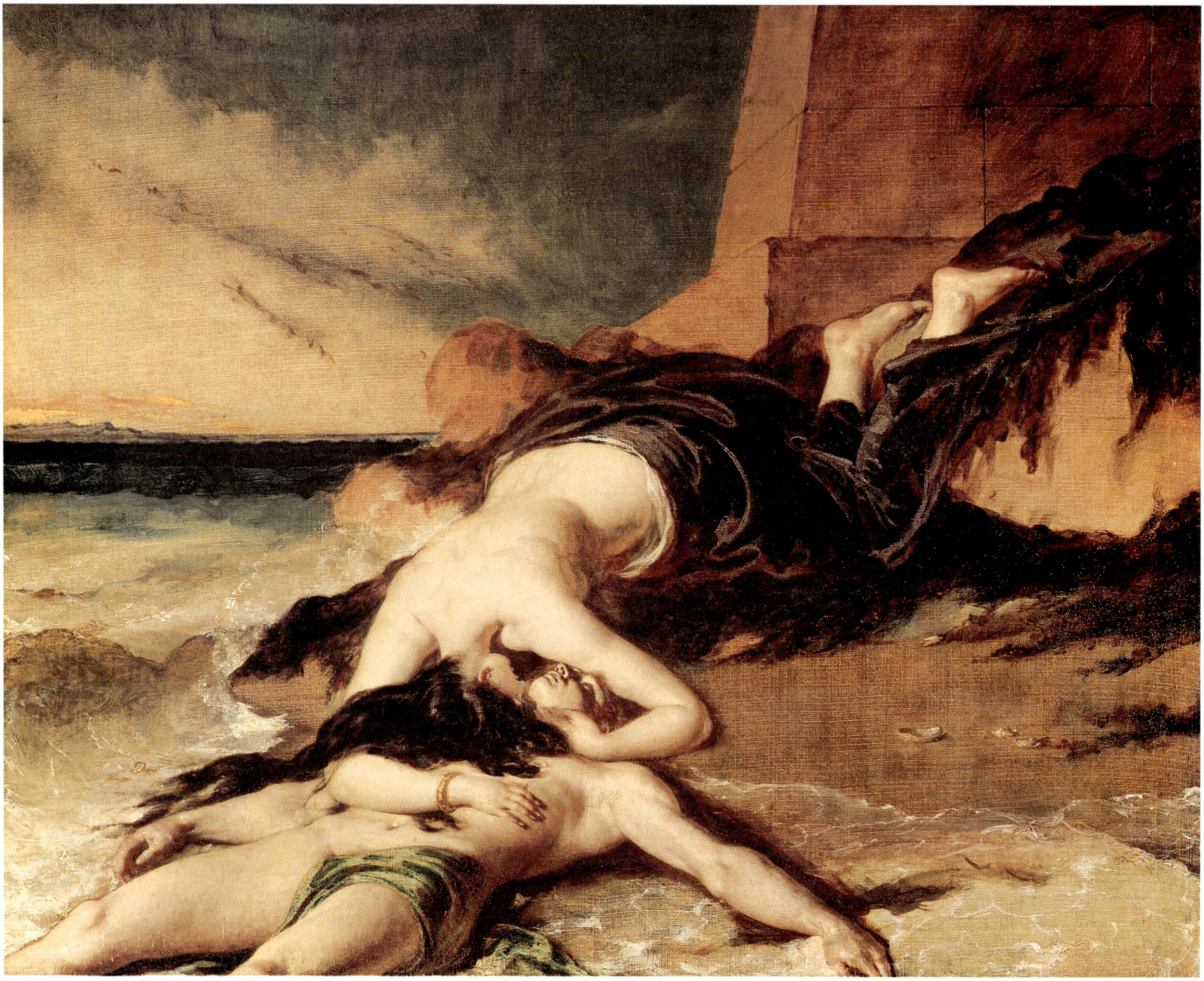

William Etty. * York, 1787. † York, 1849. Hero und Leander. 1828-29. Öl auf Leinwand. H 77 x B 95 cm. Privatsammlung.

Van Eyck Jan

Die Arnolfini-Hochzeit

Giovanni Arnolfini, ein italienischer Händler in Brügge, hält die Hand seiner Braut Jeanne de Chenany. Der kleine Hund, die Früchte auf Fensterbank und Truhe, die Kerze, der Rosenkranz an der Wand, die Bodendielen und der Teppichansatz sind alle für sich wie Edelsteine gemalt. Um das glückliche Ereignis festzuhalten, war der gefragte Maler mit dem Bild beauftragt worden. Wie ein Trauzeuge schreibt er am Hintergrund: Johannes de Eyck fuit hic (Jan van Eyck war hier). Im Spiegel darunter wird neben der Rückenansicht des Paares eine dritte Figur sichtbar: Vielleicht der Maler? Durch zahlreiche Schichten und Lasierungen wurde eine emailartig glatte Oberfläche erzielt. Mit dieser ersten Perfektion in der Ölmalerei gelten Jan und sein Bruder Hubert als die Erfinder dieser Technik. Obwohl vielfach nachgeahmt, gelang es niemandem mehr, die beiden Van Eycks zu übertreffen.

☛ Campin, Limburg, Memling, Van der Weyden

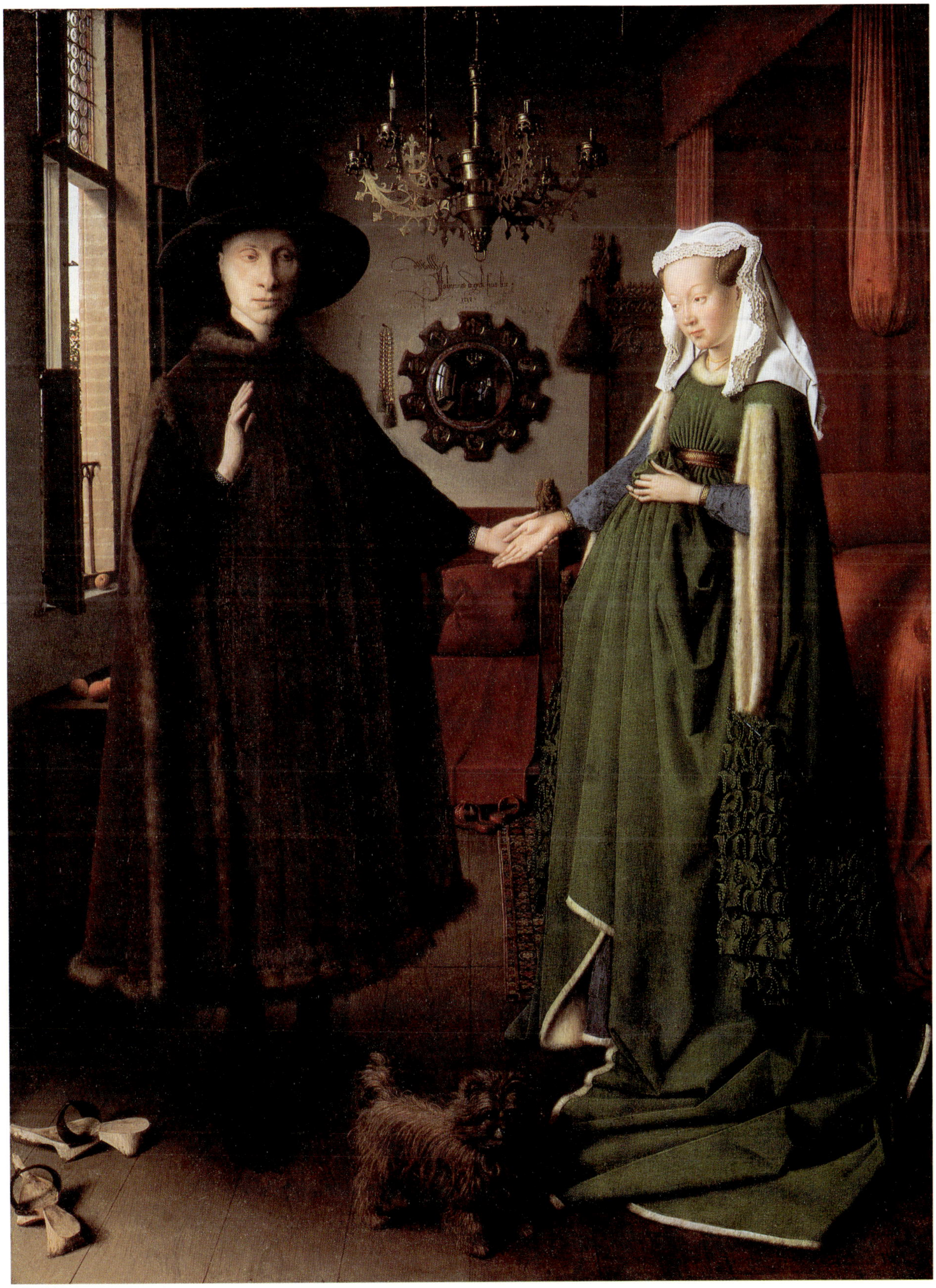

Jan van Eyck. * Tätig in Den Haag ab 1422. † Brügge, 1441. Die Arnolfini-Hochzeit. 1434. Öl auf Holz. H 81,8 x B 59,7 cm. National Gallery, London.

Fabritius Carel

Der Goldfink

Vor einem cremefarbenen Hintergrund sitzt ein Goldfink auf seiner Stange. Der Vogel ist so naturgetreu wiedergegeben, daß man nach ihm greifen möchte. Die einfache und intime Art des kleinen Bildes läßt das malerische Können des Künstlers, Rembrandts berühmtestem Schüler, fast vergessen. Anstatt wie Rembrandt hell vor dunkel zu malen, drehte er den Stil um, und malte dunkle Gegenstände vor hellem Grund. Optische Genauigkeit war für Fabritius vorrangig. Diese Forderung gab er an seinen wichtigsten Schüler, nämlich Vermeer, weiter. Vielleicht war dies sein größter Beitrag zur niederländischen Malerei im 17. Jahrhundert. Das vorliegende kleine Bild ist eines der wenigen erhaltenen Werke von Fabritius. Während er gerade an einem Porträt arbeitete, explodierte ein Pulverfaß und beendete seine kurze Karriere.

☛ Audubon, Claesz, De Heem, Kalf, Rembrandt, Vermeer

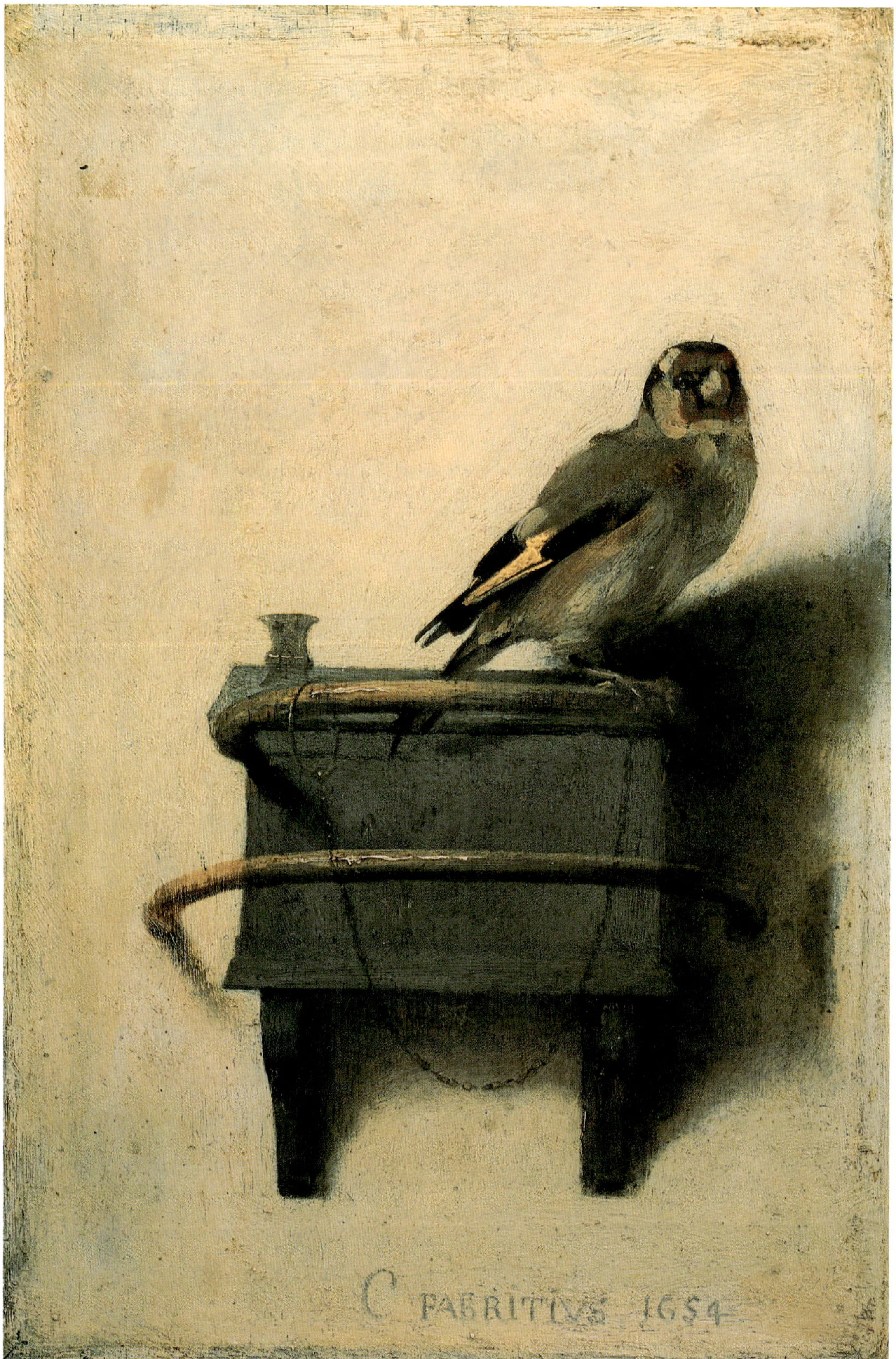

Carel Fabritius. * Amsterdam, 1622. † Delft, 1654. Der Goldfink. 1654. Öl auf Leinwand. H 34 x B 23 cm. Mauritshuis, Den Haag.

Fantin-Latour Henri

Weiße und rosa Rosen

Die Rosen scheinen vor dem dunklen Hintergrund richtiggehend zu glühen. Es handelt sich um Schnittblumen, die wegen ihrer kurzen Lebensdauer als Symbole der Sterblichkeit gelten. Jedes Blütenblatt besteht aus einem dicken Pinselstrich. Die Schattierungen entstehen durch unvermischte Weiß- oder Roséfarben. Fantin-Latour durchlief eine ganz normale Ausbildung und wurde zum Pariser Salon zugelassen. Doch seine romantischen Ideen ließen ihn bald den akademischen Weg verlassen. 1863 stellte er zusammen mit seinen impressionistischen Freunden aus. Besonders eng war seine Freundschaft zu Manet. Neben Stilleben malte er auch große Gruppenbilder. Eines davon zeigt Manet und seinen Freundeskreis gruppiert um ein Porträt von Delacroix. Daneben schuf er zahlreiche Illustrationen zu Wagner und anderen Komponisten der romantischen Schule.

☛ Bazille, Courbet, Delacroix, Manet, Ruysch, Whistler

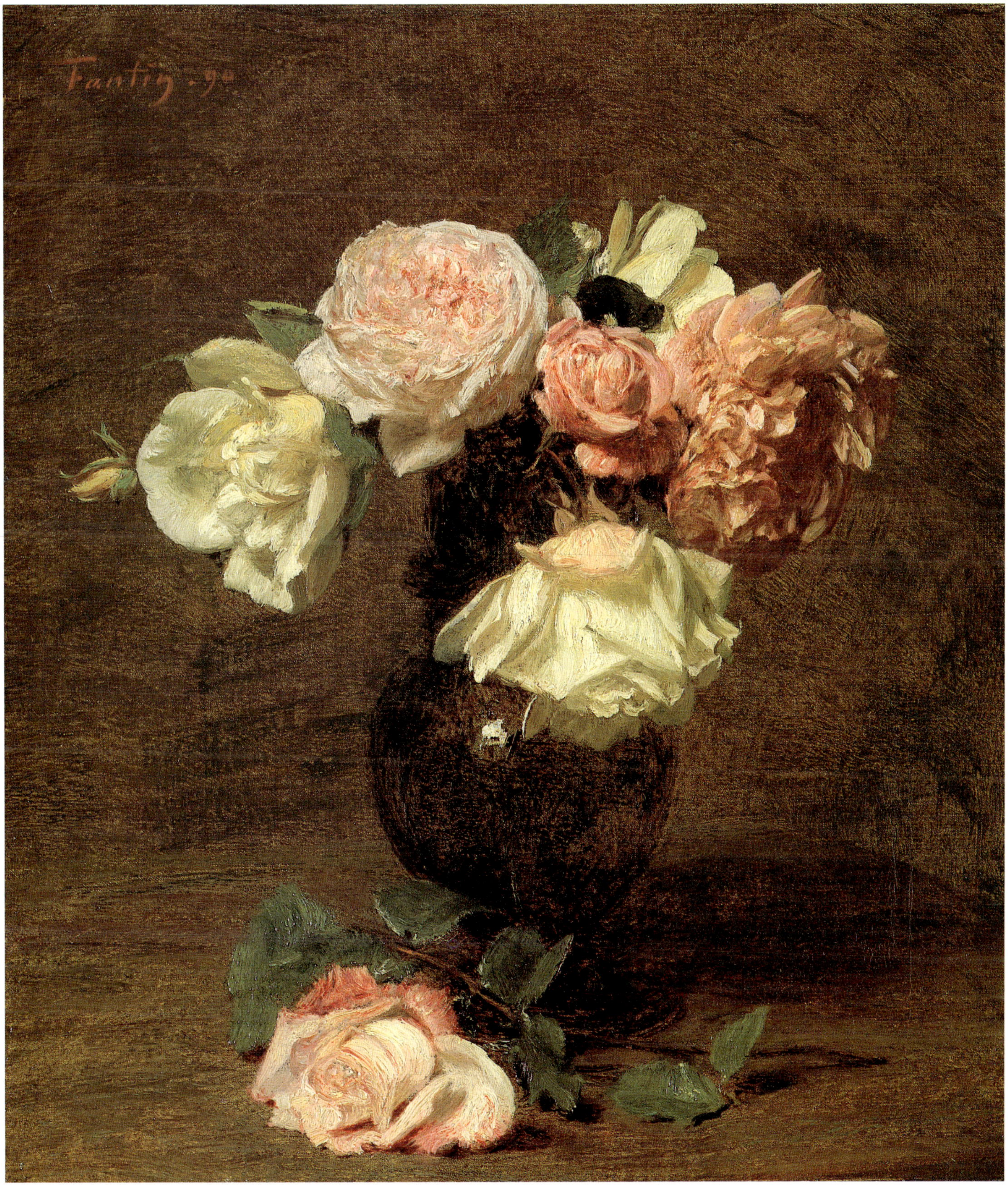

Henri Fantin-Latour. * Grenoble, 1836. † Buré, 1904. Weiße und rosa Rosen. 1890. Öl auf Leinwand. H 37 x B 32 cm. Privatsammlung.

Fautrier Jean

Sarah

Die unregelmäßige Form und die kräftige Struktur des Mittelteils zeigen einen deformierten Akt. Über geleimtem Papier auf Leinwand hat der Künstler dicke Farbschichten aufgespachtelt. Dann wurde auf dieser Fläche mit Firnis gefestigtes Farbpulver verteilt. Fautrier begann mit dieser singulären Technik während seiner schöpferischsten Phase, in der er vornehmlich schreckliche Kriegsbilder malte. Wahrscheinlich hat er diese zeitraubende Technik entwickelt, um seine Gefühle über die Zustände in der Welt besser ausdrücken zu können. Der freie Duktus und die dicke Oberflächenstruktur zeigen seine Nähe zum Art Informel. Zwar war er in Frankreich geboren, doch verbrachte er seine Kindheit in London, wo er schon mit vierzehn Jahren die Royal Academy besuchte. Neben Bildern schuf er Zeichnungen, Radierungen und Plastiken.

☛ Burri, Dubuffet, Ingres, Modigliani, Poliakoff, Tàpies

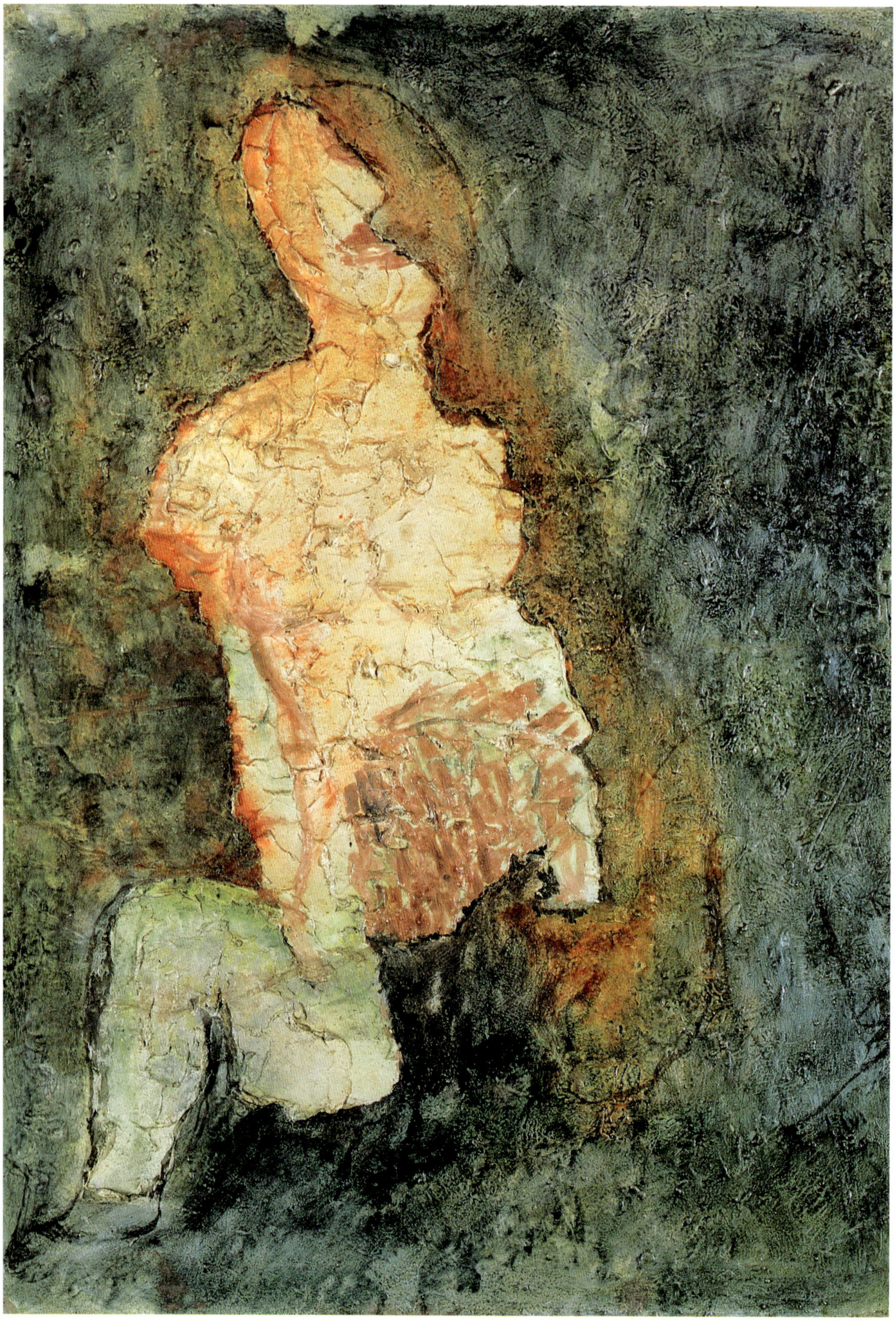

Jean Fautrier. * Paris, 1898. † Châtenay-Malabry, 1964. Sarah. 1943. Öl auf Papier, auf Leinwand aufgezogen. H 116 x B 89 cm. Privatsammlung.

Feininger Lyonel

Segelboote

Sich überlappende Farbdreiecke erinnern an Segel, schaffen ein rhythmisches Muster und vermitteln ein Gefühl von Geschwindigkeit und Raum. Feininger wurde zwar in New York geboren, doch seine künstlerische Entwicklung vollzog sich vor allem in Europa. In Paris stellte er Bilder aus, und dabei entdeckte er die Kubisten. Er traf Delaunay, der großen Einfluß auf ihn hatte. Die beiden Künstler teilten ihr Interesse an der emotionalen Wirkung der Farben und der Stadtarchitektur als Bildthema. 1913 stellte Feininger zusammen mit den Künstlern des Blauen Reiters aus, zu denen Marc und Kandinsky gehörten. Wenige Jahre später lehrte er am Bauhaus, das die Nazis 1935 schlossen. Daraufhin kehrte Feininger in die USA zurück. Obwohl er sich für viele Aspekte des modernen Lebens interessierte, bevorzugte er Architektur- und Seemotive wegen ihrer geometrischen Struktur.

☛ Balla, Braque, Delaunay, Gris, Hodler, Kandinsky, Marc, Picasso

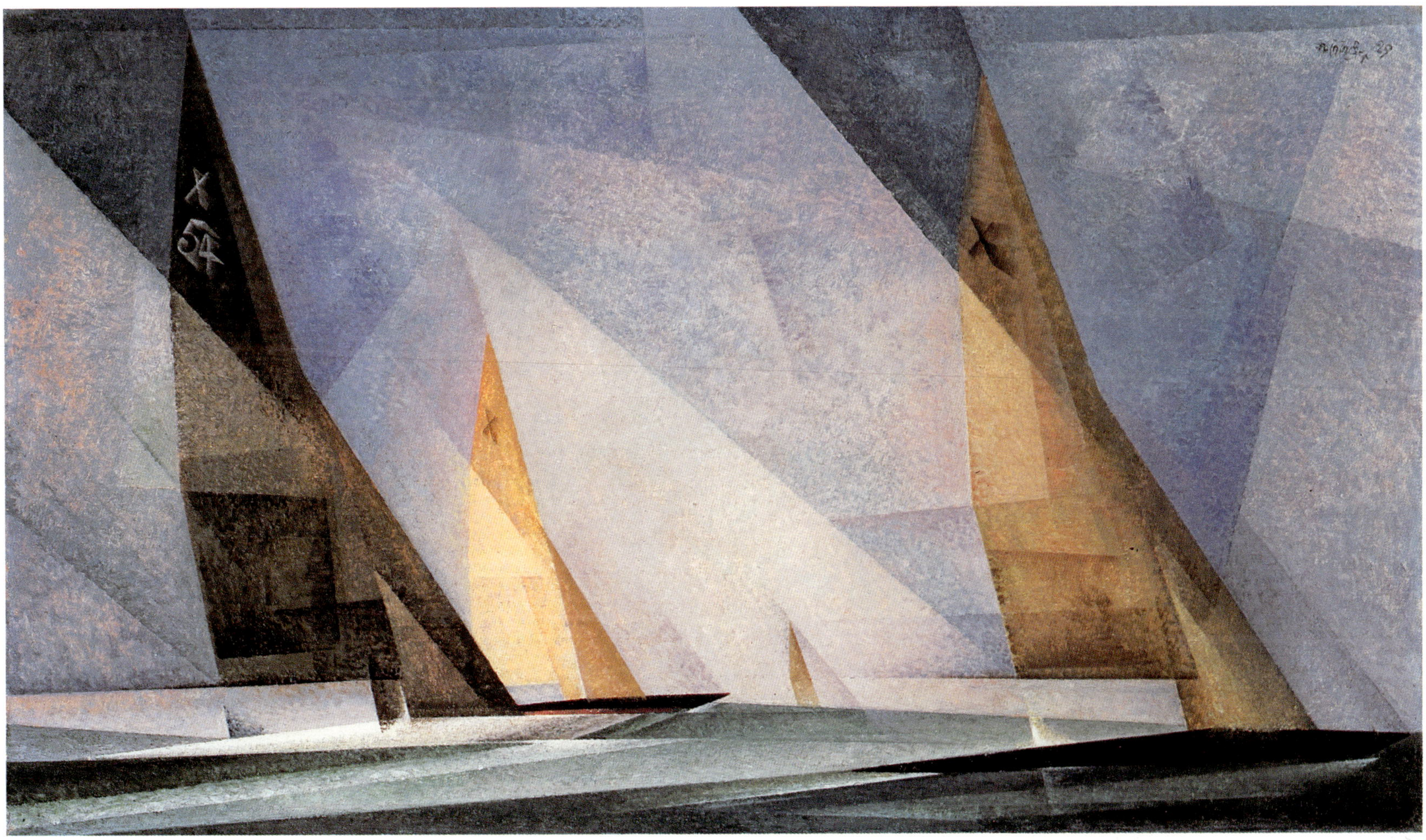

Lyonel Feininger. * New York, 1871. † New York, 1956. Segelboote. 1929. Öl auf Leinwand. H 43 x B 72 cm. Detroit Institute of Arts, Detroit.

Flavin Dan

Ohne Titel (Den Bürgern der Republik Frankreich ...)

Rot, Weiß und Blau, die drei Farben der Französischen Republik, leuchten aus industriell gefertigten Neonröhren, die zu einer pfeilerähnlichen Installation angeordnet sind. Das Werk entstand aus Anlaß der Zweihundertjahrfeier der Französischen Revolution. Durch die Verwendung der immer gleichen Ausgangsform gewinnt die Plastik den Charakter eines Denkmalfragmentes oder, wie Flavin seine Arbeit nannte, den eines Pseudomonuments. Der Gebrauch von farbigem Licht anstelle von Farbe fügt eine weitere Dimension hinzu: Es gibt keinen Rahmen oder irgendwelche Begrenzungen. Da die Lichtquelle jenseits des Monuments installiert ist, stellt sich die Frage: Wo beginnt das Kunstwerk und wo hört es auf? Die Elemente Licht und Raum und identische Objekte verbinden Flavins Werk mit der Minimal Art.

☛ Buren, Judd, Kelly, LeWitt, Merz, Nauman, Viola

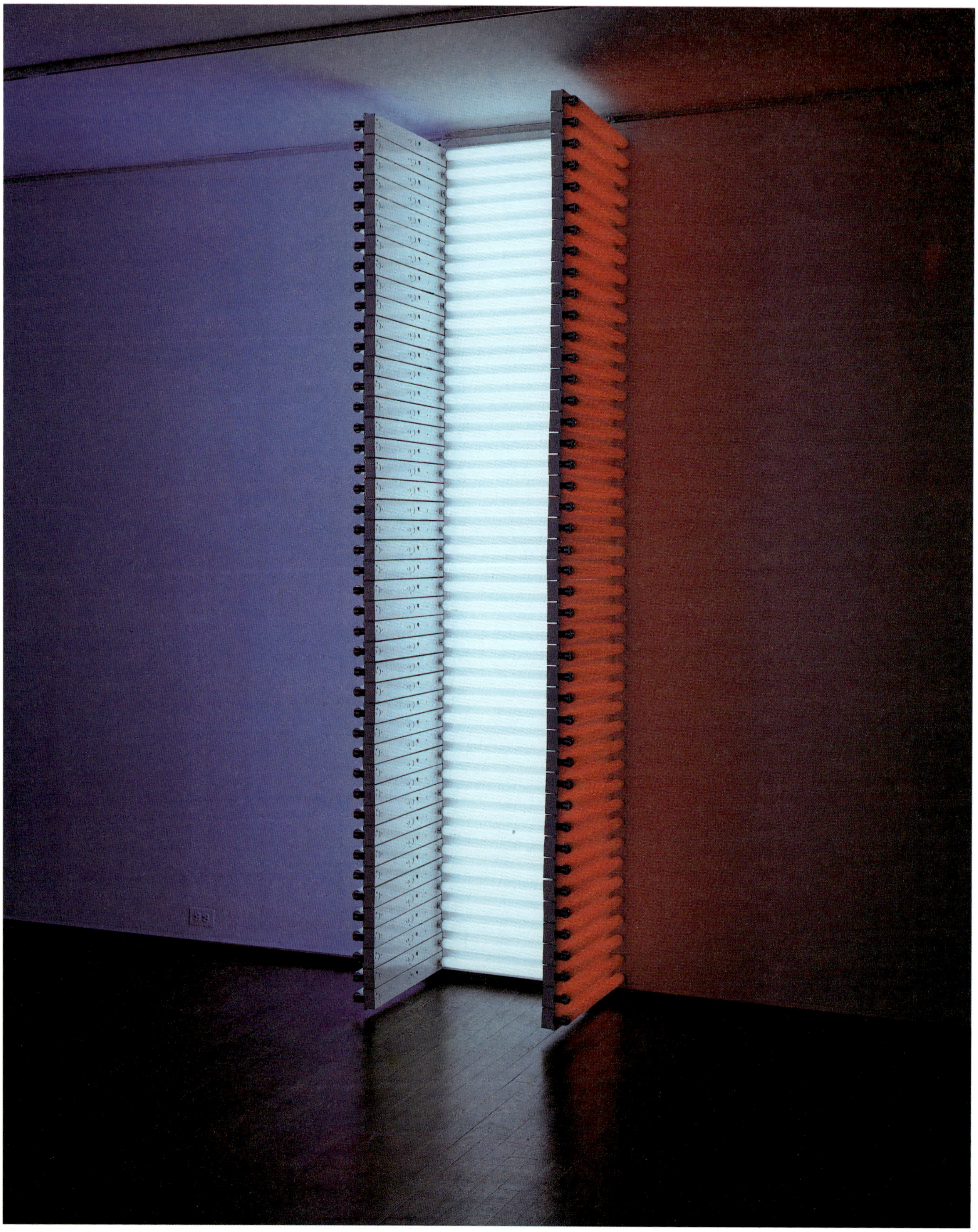

Dan Flavin. * New York, 1933. Ohne Titel (Den Bürgern der Republik Frankreich ...), 1989. Blaue, weiße und rote Neonröhren. H je nach Anbringung. Leo Castelli Gallery, New York.

Fontana Lucio

Raumkonzept

Die monochrom blaue Leinwand ist durch sieben vertikale Messerstiche aufgeschlitzt. Ein aufregendes Bild! Doch was will es sagen? Fontana hat sich mit dem Problem des Raums auseinandergesetzt. Durch die Messerschlitze bekommt die flache Leinwand Relief und gibt den Blick frei auf den Raum dahinter. Die Bedeutung liegt darin, daß der Künstler die herkömmliche Dimension des Bildes aufgegeben hat. Es stellt die reale und psychische Flucht vor dem herkömmlich flachen Format des Bildes dar. Indem wir durch das Bild hindurchschauen können, vermittelt der Künstler einen Hauch Unendlichkeit. Fontana gehörte einer Gruppe von Künstlern an, die fordern, daß Raum, Bewegung und Zeit für ein Bild gleich wichtig wären wie Farbe, Perspektive und Form. Der Italo-Argentinier Fontana kehrte 1905 mit seinen Eltern wieder nach Italien zurück.

☛ Kelly, Klein, LeWitt, Lissitzky, Malevič

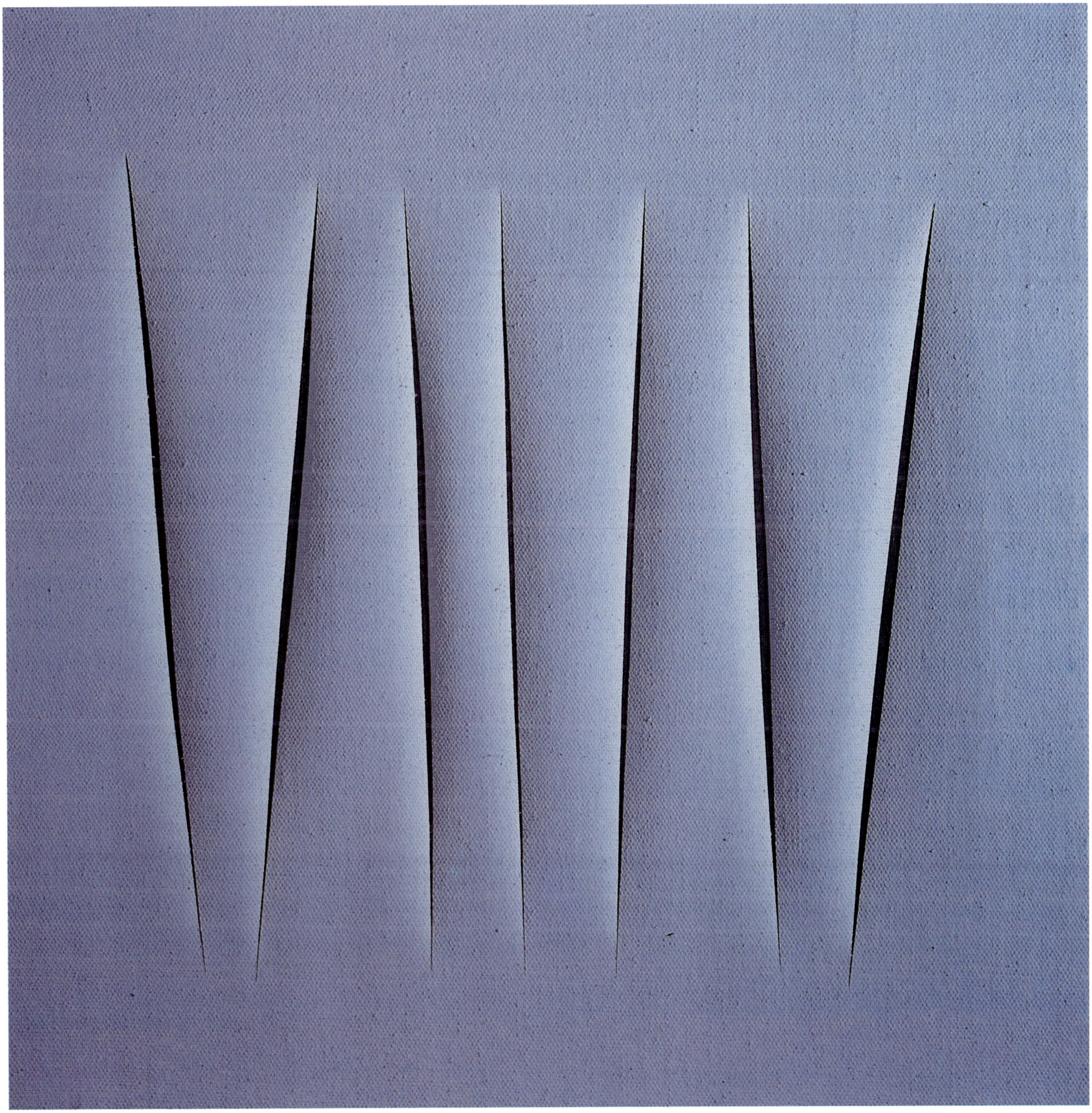

Lucio Fontana. * Santa Fé, 1899. † Comabbio, 1968. Raumkonzept. 1962. Acryl auf Leinwand. H 52 x B 52 cm. Privatsammlung.

Foujita Tsugouharu

Mädchen im Park

Das verträumte und zauberhafte Bild eines Mädchens mit Katze entstand, als der Künstler schon 71 Jahre zählte. Die Umrisse sind mit einem dünnen Pinsel in schwarzer Farbe gezogen. Die Figur ist mit wenig Farbe ausgestattet, ganz besonders zurückhaltend in den Fleischtönen. Foujita war ein Meister der Zeichnung, und das Bild demonstriert, mit wie wenigen einfachen Strichen der Ausdruck kindlicher Unschuld und Reinheit zu erzeugen ist. Die japanische Tradition ist hauptsächlich von der Graphik geprägt. Foujita setzte diese Tradition fort, brachte aber westliche Elemente mit ein. Der Künstler zog 1913 nach Paris, wo er Chagall, Soutine und Modigliani kennenlernte. Landschaften, Akte und Illustrationen kennzeichnen sein Werk. In Verehrung von Leonardo da Vinci nannte sich der 1959 zum Katholizismus konvertierte Maler nun Léonard.

☛ Chagall, Freud, Hokusai, Laurencin, Modigliani, Soutine

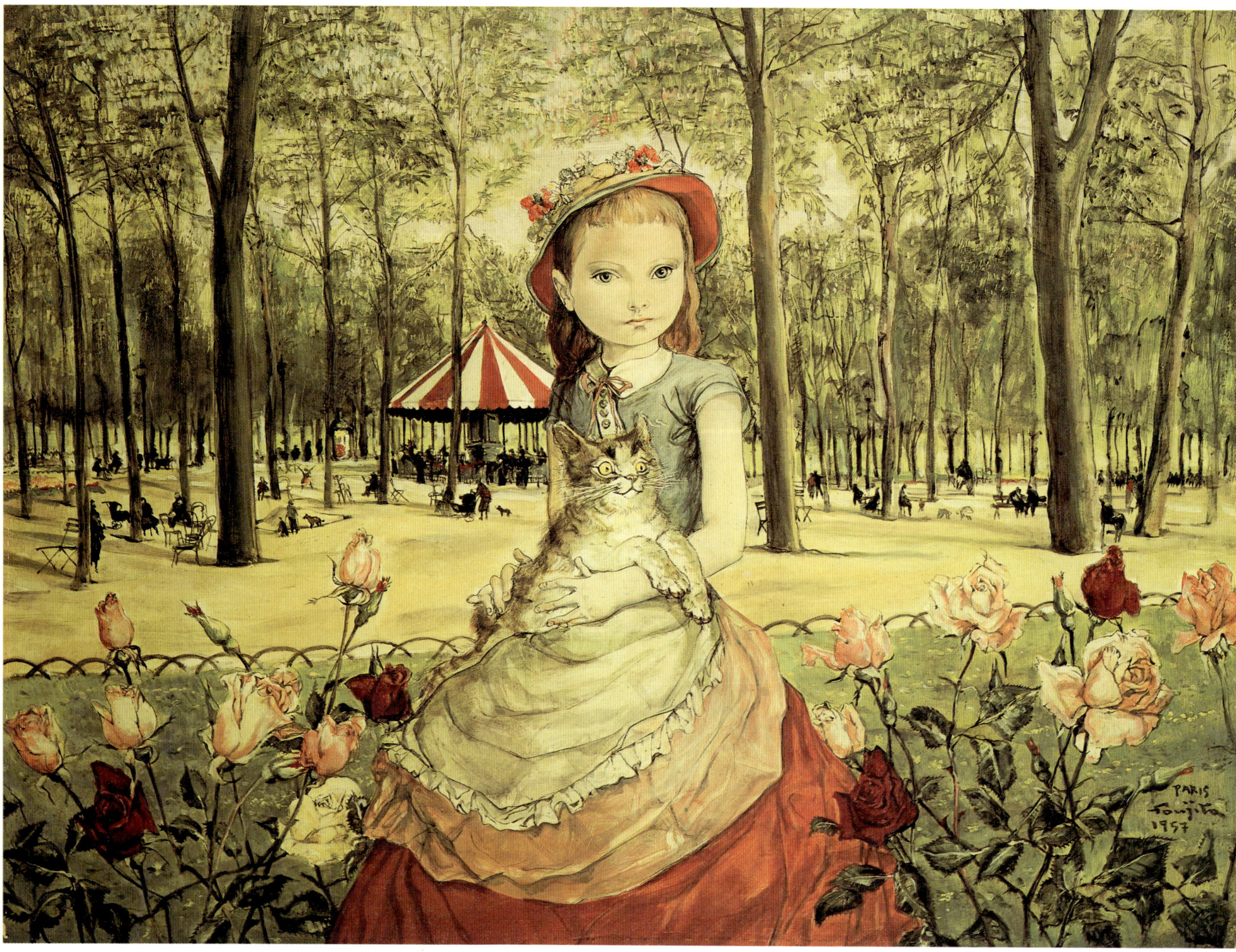

Tsugouharu (Léonard) Foujita. * Tokio, 1886. † Zürich, 1968. Mädchen im Park. 1957. Öl auf Leinwand. H 50,8 x B 65,4 cm. Privatsammlung.

Fouquet Jean

Madonna mit Kind

Obwohl die thronende Himmelskönigin mit ihrem Kind offensichtlich ein religiöses Bild ist, zeigt es doch recht weltliche Züge. Es heißt, die Jungfrau wäre ein Porträt der Agnes Sorel, der Mätresse Karls VII. von Frankreich. Diese Frau wurde auch von M. Chevalier, dem ersten Förderer von Fouquet, sehr verehrt. Da das Bild im Todesjahr von Agnes gemalt wurde, könnte es ein Memorialbild sein. Fouquet, einer der führenden französischen Maler im 15. Jahrhundert und berühmt für seine Zeichnungen und Buchillustrationen, reiste nach Italien, wo er die Werke von Piero della Francesca und anderer Renaissancekünstler sah. Seine Detailtreue und Akkuratesse, z. B. in der juwelenbesetzten Krone und im zarten Schleier, belegen aber seine Abhängigkeit von der zeitgleichen flämischen Malerei, besonders von den Van Eyck-Brüdern.

☛ Botero, Bouts, Campin, Van Eyck, Piero della Francesca

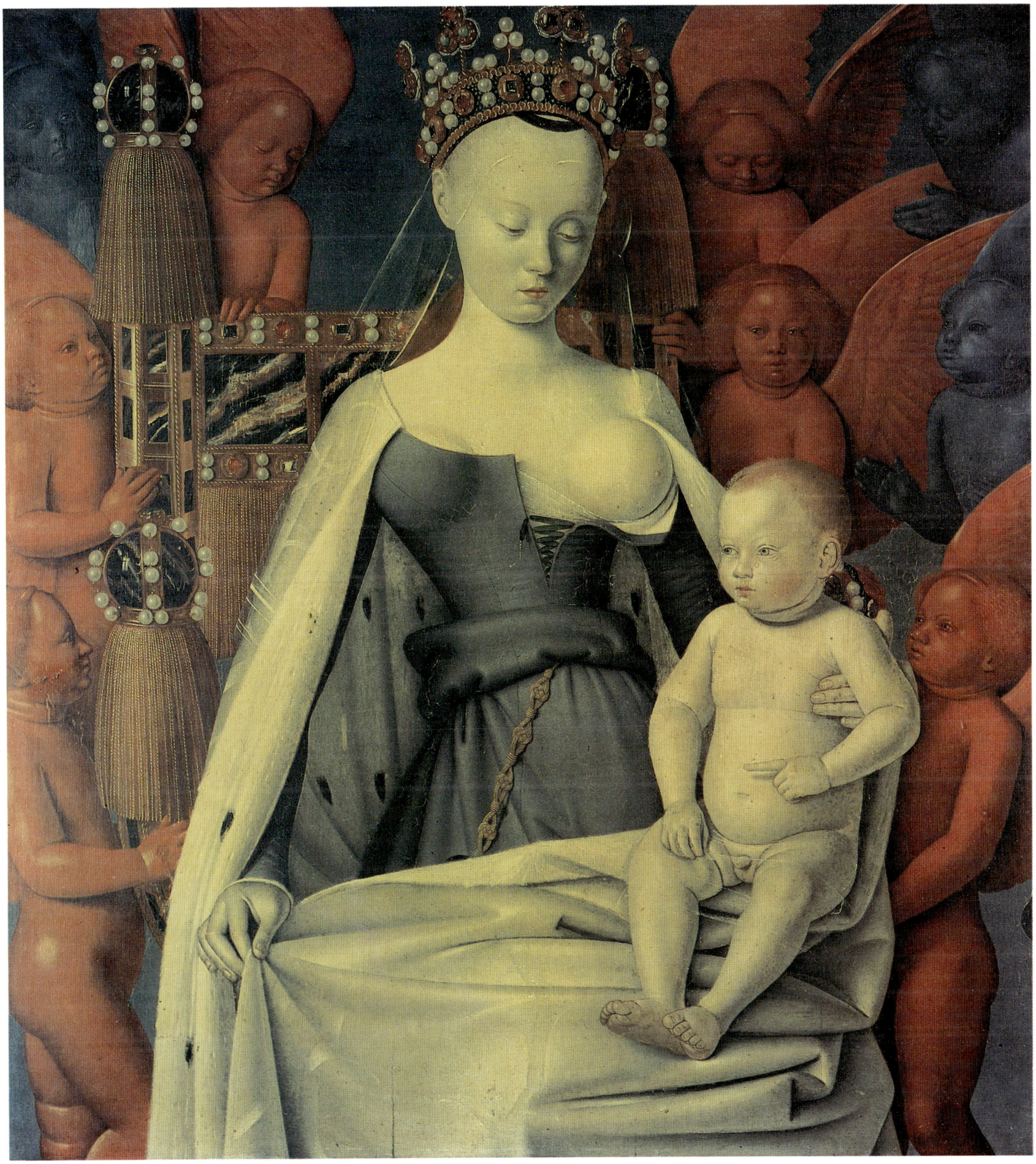

Jean Fouquet. * Tours, zw. 1415-20. † Tours, vor 1481. Madonna mit Kind. 1450. Tempera auf Holz. H 95,3 x B 86,4 cm. Koninklijk Museum voor Schone Kunsten, Antwerpen.

Fragonard Jean-Honoré

Die Schaukel

In einer Stimmung gelockerten Sichgehenlassens entledigt sich eine junge Frau ihrer feinen Schuhe, um in einem luxuriösen Garten freier schaukeln zu können. Fast können wir das aufreizende Knistern ihrer Unterröcke vernehmen, während ihr Liebhaber von seinem Versteck aus alles genau studiert. Das in glänzendes Sonnenlicht getauchte Mädchen ist Mittelpunkt der Komposition. Ihre Schönheit, ihr roséfarbenes Kleid und der Aufwärtsschwung ziehen die Augen des Betrachters auf sich – ebenso die des Geliebten. Die Frivolität und die wattigweiche Malweise sind typisch für die Kunst des Rokoko, und Fragonard führte sie zu ihrem Höhepunkt. Es gab andere bedeutende Maler der Epoche, wie z. B. Fragonards Lehrer Boucher oder der Venezianer Tiepolo, aber niemand verkörpert so rein den Geist des Rokoko mit seinem Duft nach Parfüm und Puder wie Fragonard.

☛ Amigoni, Boucher, Greuze, Lancret, Tiepolo, Watteau

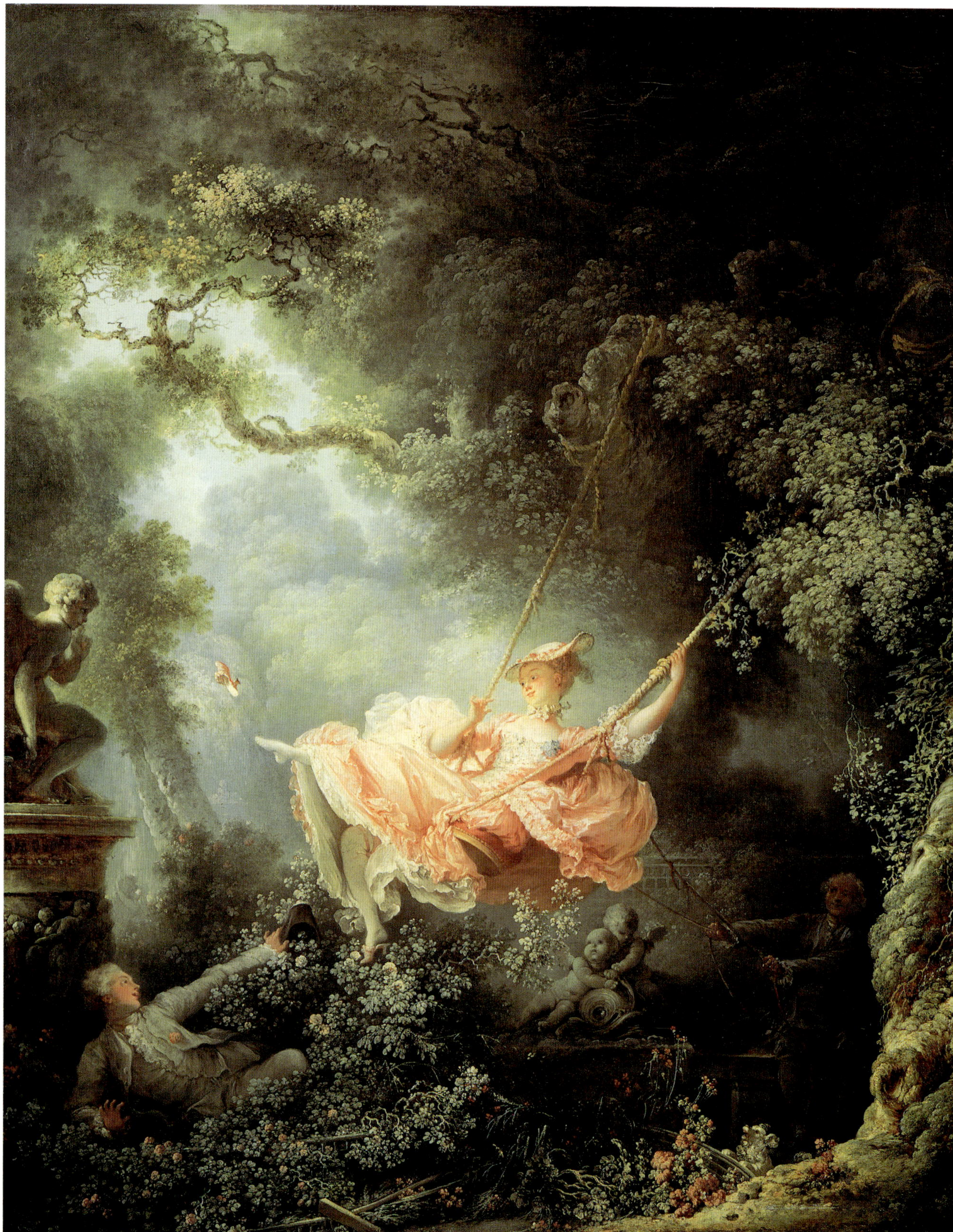

Jean-Honoré Fragonard. * Grasse, 1732. † Paris, 1806. Die Schaukel. 1768. Öl auf Leinwand. H 81 x B 64,5 cm. Wallace Collection, London.

Francis Sam

Thema Blau (Around the Blues)

Blaue Farbkleckse wurden in kontrollierter Zufälligkeit auf die Leinwand getropft, geschleudert und gespritzt. Weite Flächen der weißen Leinwand bleiben frei. Das zunächst 1957 entstandene Bild wurde 1962 überarbeitet. Es ist ein eindrucksvolles Beispiel des Abstrakten Expressionismus. Da dieser keinerlei Bezug zur gegenständlichen Welt herstellt, werden ein besonderes Gefühl, eine Gemütsverfassung oder eine Atmosphäre eingefangen. Das Bild vibriert in farbiger Wucht, in der die Formen und Ränder mit Erregung verwischt wurden. Das Ziel des Abstrakten Expressionismus: Bewegung ohne Einengung, Farbe ohne Begrenzung, Gefühl ohne Realitätsspiegelung. Francis war der Anführer der Gruppe. Neben der Ölmalerei aquarellierte er viel. Einige seiner berühmtesten Werke gehören der »Blue Ball«-Serie an, die Francis in den 50er und 60er Jahren geschaffen hatte.

☛ De Kooning, Pollock, Rothko, Tobey

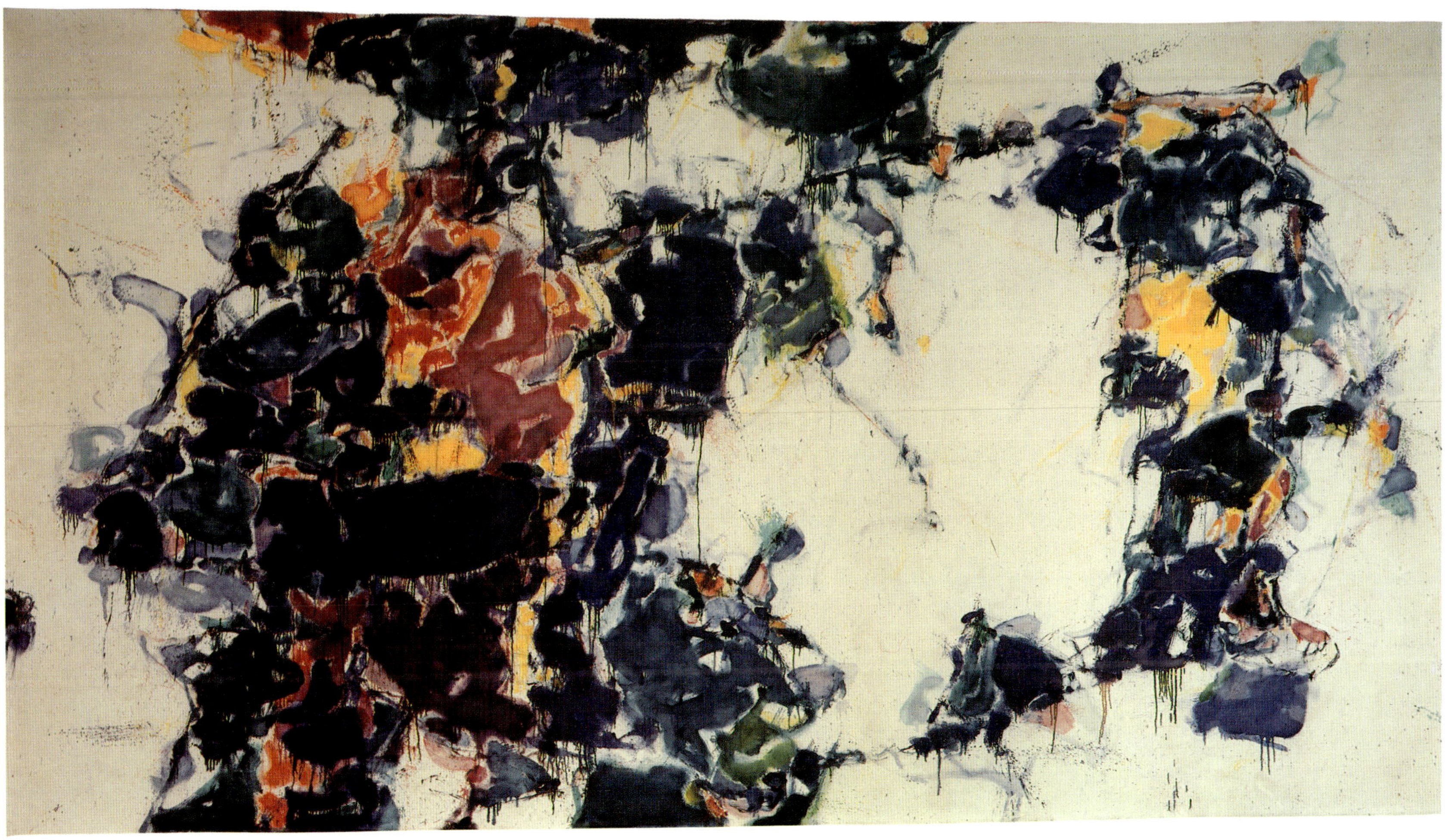

Sam Francis. * San Mateo, 1923. Thema Blau (Around the Blues). 1957-62. Öl auf Leinwand. H 274 x B 487,5 cm. Tate Gallery, London.

Frankenthaler Helen

Berge und Meer

Große blaue, grüne und rote Farbflecken zieren diese eindrucksvolle, doch zierliche und poetische Komposition. Die Künstlerin benutzte eine ungrundierte Leinwand, so daß die Farben wie Tinte auf Löschpapier versumpften. Obwohl Frankenthaler die Stelle der Farbe festgelegt hat, bleibt die genaue Form der Kleckse außerhalb ihrer Kontrolle, da sie von der Saugfähigkeit der Leinwand abhängt. Berge und Meer war ihr erstes wichtiges Klecksbild. Die reiche Farbskala und die Möglichkeit, sowohl den Hinter- als auch den Vordergrund in der Leinwand zu versenken, hatten großen Einfluß auf Noland und Louis. Die abstrakte Natur ihrer Landschaft, die Spontaneität ihrer Farben und die zufallsgebundenen Kleckse führen geradewegs zum Abstrakten Expressionismus. Ihre stets großformatigen Bilder vermitteln Offenheit und Raffinesse.

☛ Gorky, Hodler, Louis, Noland, Pollock, Rothko

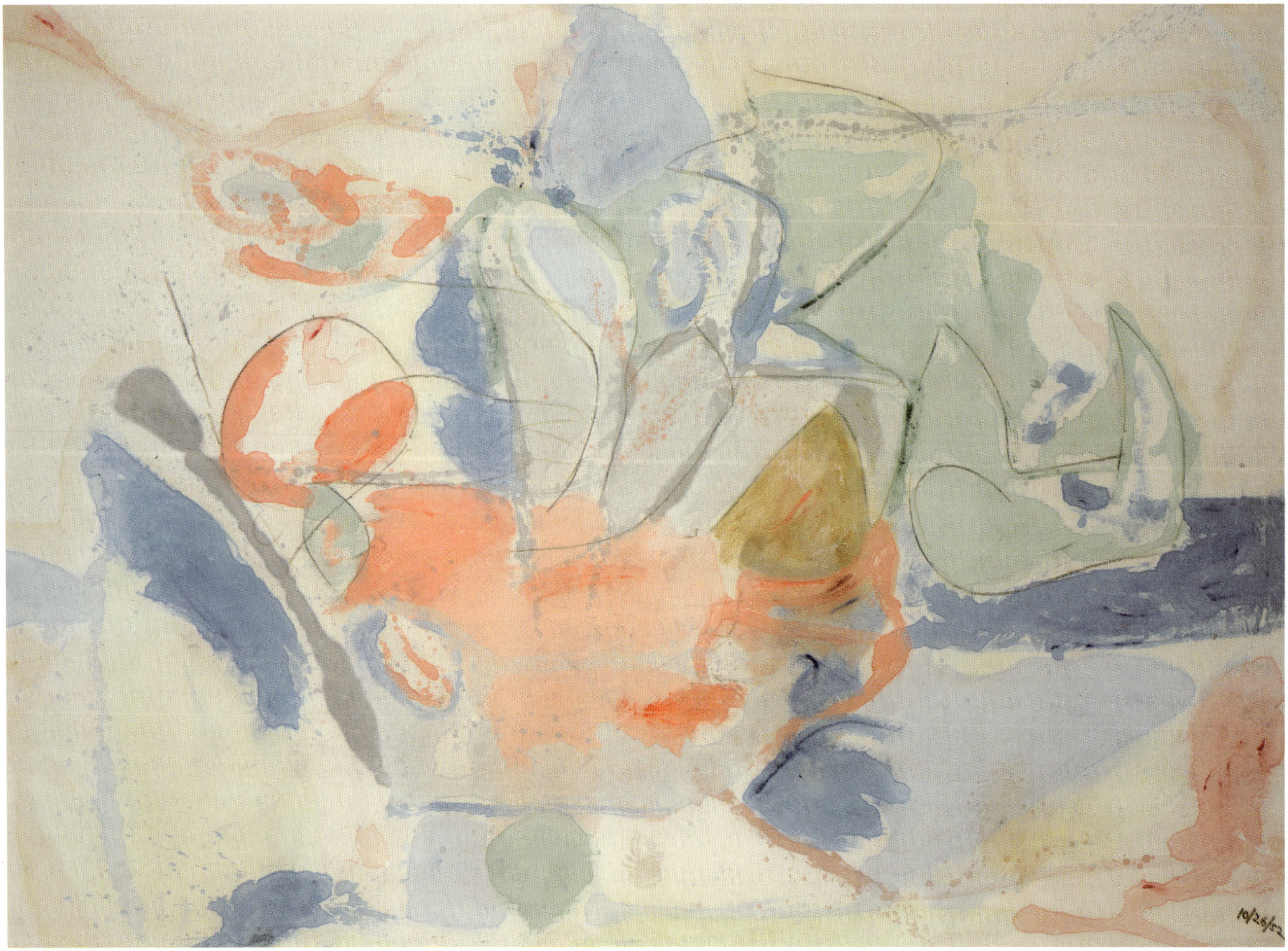

Helen Frankenthaler. * New York, 1928. Berge und Meer. 1952. Öl auf Leinwand. H 220 x B 297,8 cm. Besitz der Künstlerin, Leihgabe an die National Gallery of Art, Washington.

Freud Lucian

Frau mit weißem Hund

Kathleen, die erste Frau des Künstlers, und ihr weißer Bullterrier ruhen auf einem gestreiften Sofa. Die in blassen und ruhigen Farben gemalte Szene ist schlicht, ja fast kahl. Wie Frau und Hund uns ruhig aber eindringlich anstarren, das hat etwas Komplizenhaftes. Freud ist für seine meisterlichen, fast besessenen Darstellungen des menschlichen Fleisches bekannt, dessen Mängel mutig vorgeführt werden. Dieses Bild macht da keine Ausnahme, wie man an den einfühlend gemalten Tönen der hellen Haut der Frau sieht. Freuds Bilder packen den Betrachter und ziehen ihn hinein in eine Szene physisch erlebbarer Intimität, so als ob diese im Rampenlicht stünde. Obwohl sich seine Malweise in den letzten Jahren verändert hat, bleibt bei diesem Enkel Sigmund Freuds die menschliche Figur weiter im Mittelpunkt seines Werkes. Freud zog in den 30er Jahren nach London, wo er Brite wurde.

☛ Auerbach, Bacon, Dix, Kossoff, Schad

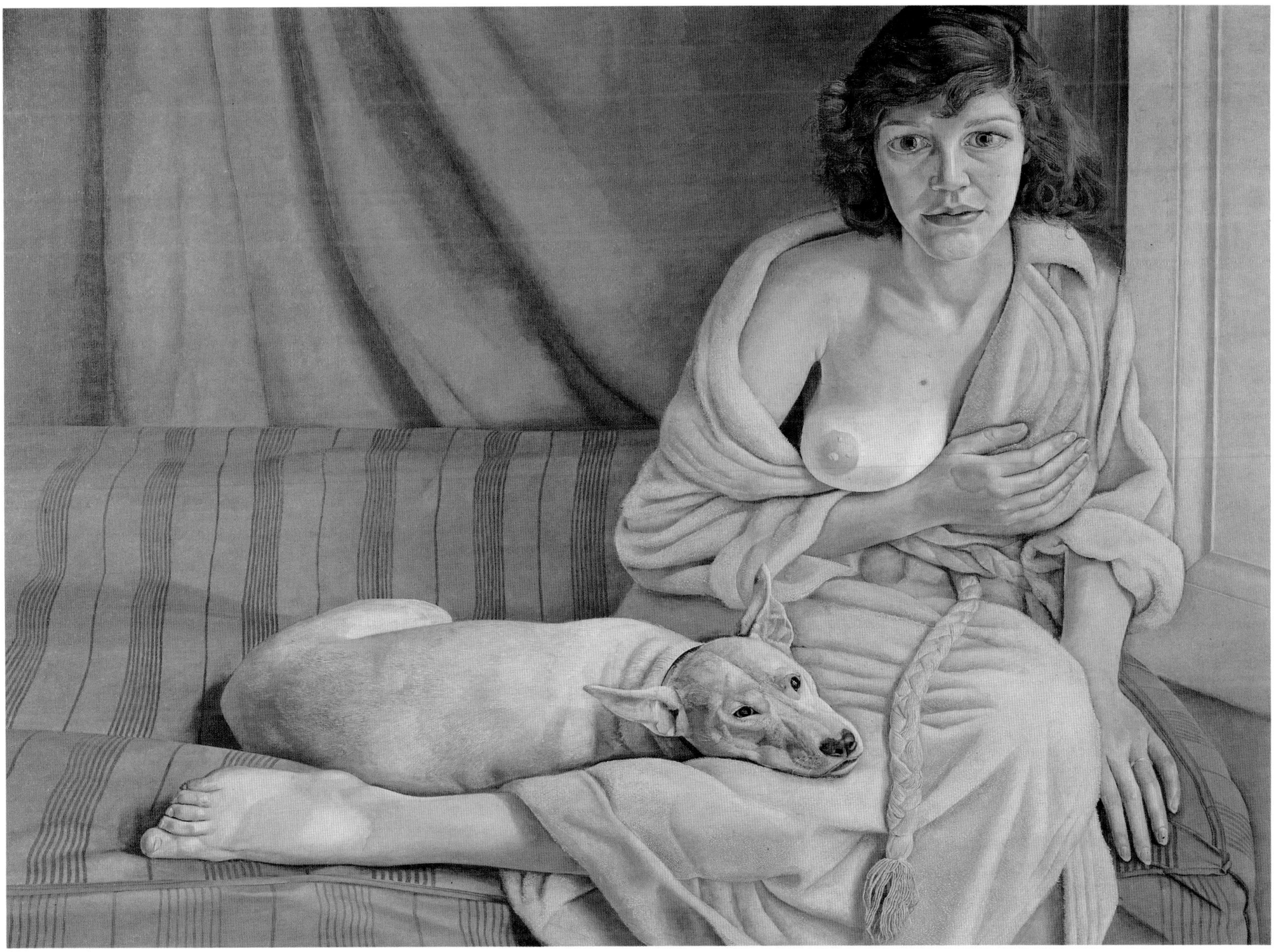

Lucian Freud. * Berlin, 1922. Frau mit weißem Hund. 1951/52. Öl auf Leinwand. H 76,2 x B 101,6 cm. Tate Gallery, London.

Friedrich Caspar David

Das Eismeer

Harte und spitze Eisschollen türmen sich im Mittelpunkt der Komposition auf. Sie sind so genau und lebendig gemalt, daß man meint, sie berühren zu können. Das gleißende Licht bringt das Bild zum Erglühen. Das aufgelaufene Schiff rechts gehörte zu William Parrys Arktisexpedition von 1819 bis 20. Es wirkt winzig im Vergleich zu den Eisschollen, womit die Überlegenheit der Natur über den Menschen angedeutet wird. Friedrich war ein Hauptvertreter der deutschen Romantik, die Gefühle wie Einsamkeit und Verlassenheit mit dem Medium der Malerei darstellen wollte. Friedrichs Bilder kehren immer wieder die geistige Natur der Landschaft hervor, er malte sie von ihrer melancholischen Seite. Die Wirkung des Lichts und der Jahreszeiten gehörte zu seinen Hauptanliegen. Obwohl seine Bilder den reinsten Geist der Romantik wiederspiegeln, blieben sie einzig in ihrer Art.

☛ Bierstadt, Church, Cozens, Nash, Turner

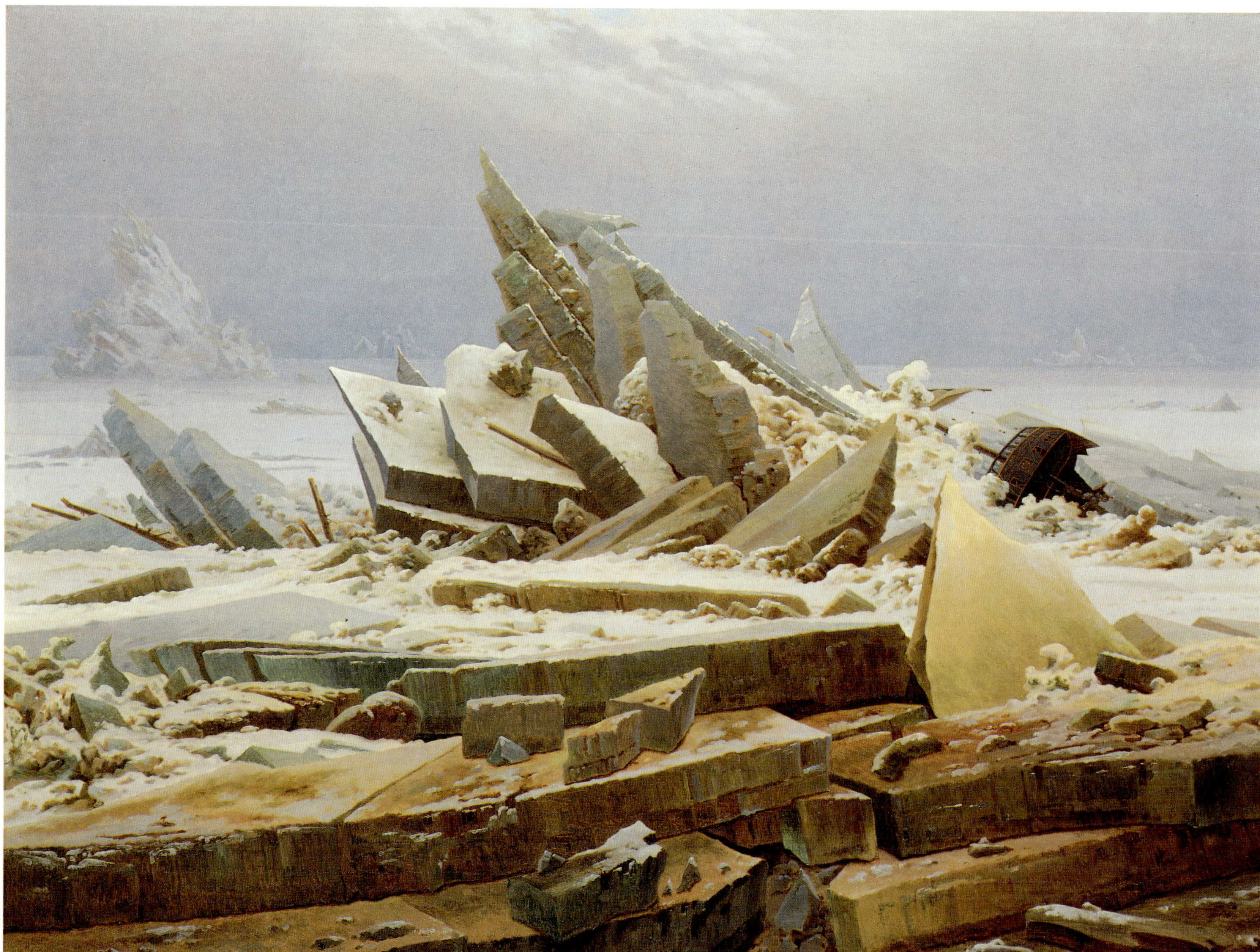

Caspar David Friedrich. * Greifswald, 1774. † Dresden, 1840. Das Eismeer. 1824. Öl auf Leinwand. H 96,7 x B 126,9 cm. Kunsthalle, Hamburg.

Frink Dame Elisabeth

Brillenkopf

Beeindruckend und erschreckend strahlt dieser bedrohliche Kopf, dessen Identität sich hinter einer glänzenden Brille versteckt, vorsätzliche Gewalt aus. Er erinnert an raffinierte Gangster oder an Anhänger von Diktatoren. Die wie eine klassische Büste geglättete Oberfläche des Kopfes wirkt dennoch beunruhigend, ja furchterregend. Willkürliche Kratzer wie von Tierkrallen überziehen die Haut. Frink war eine der ersten Bildhauerinnen, die im neoexpressionistischen Stil arbeitete, indem sie ihre Empfindungen über die verwickelte Natur des Menschen, seine Stärken und Verwundbarkeiten darstellte. Ihre Pferde- und Hundeplastiken dokumentieren ihre Verantwortung gegenüber der Natur. Ihr letzter Großauftrag war die bronzene, fast vier Meter hohe Christusfigur an der Fassade der Kathedrale von Liverpool.

☛ Algardi, Baselitz, Epstein, Giacometti, Houdon

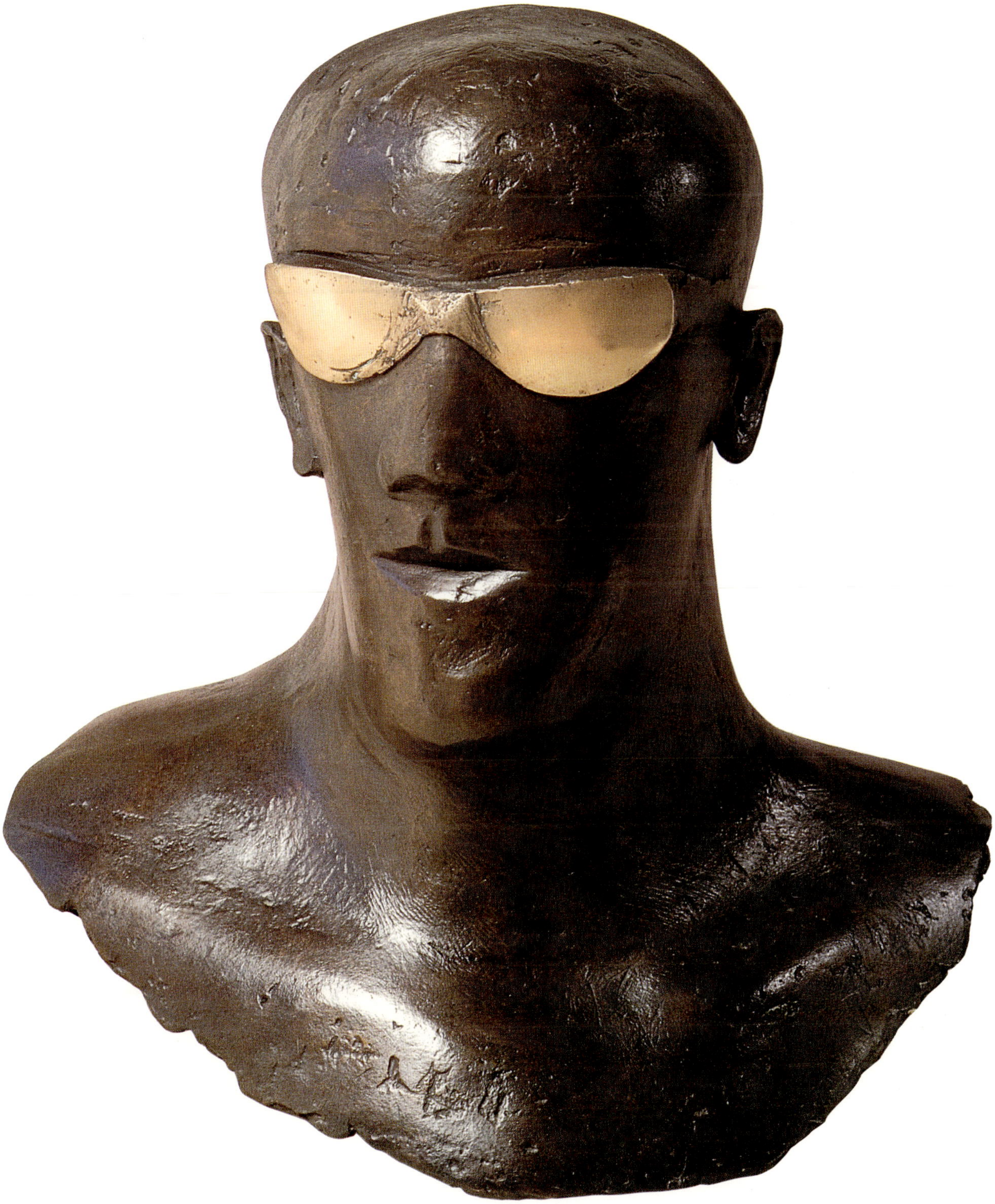

Dame Elisabeth Frink. * Thurlow, 1930. † Woolland, 1993. Brillenkopf. 1969. Bronze. H 62,2 cm. Beaux Arts Gallery, London.

Froment Nicolas

Maria im brennenden Dornbusch

Moses hütet die Schafe seines Schwiegervaters. Plötzlich steht er erschreckt vor einem brennenden Dornbusch, in dem ihm die Mutter Gottes erscheint. In tiefer Ehrfurcht vor der himmlischen Erscheinung zieht er seine Schuhe aus. Von links eilt ein Engel herbei. Das Alte Testament erzählt, Gott sei Moses im brennenden Dornbusch erschienen und habe ihm befohlen, sein Volk aus Ägypten in ein gelobtes Land zu führen, wo Milch und Honig fließen. Froment hat hier Altes und Neues Testament verbunden, da der brennende, aber unversehrte Dornbusch ein Symbol für die jungfräuliche Geburt Marias war. Auf den beiden Seitentafeln erscheinen die beiden Auftraggeber des Altarbildes, der Gute König René der Provence und seine Frau Jeanne de Laval. Typisch für die zweite Hälfte des 15. Jahrhunderts, eine Zeit des Übergangs, vereint Froment in seinem Werk Einflüsse der flämischen Malerei mit Errungenschaften der Renaissance.

☛ Van Eyck, Lochner, Schongauer, Van der Weyden, Witz

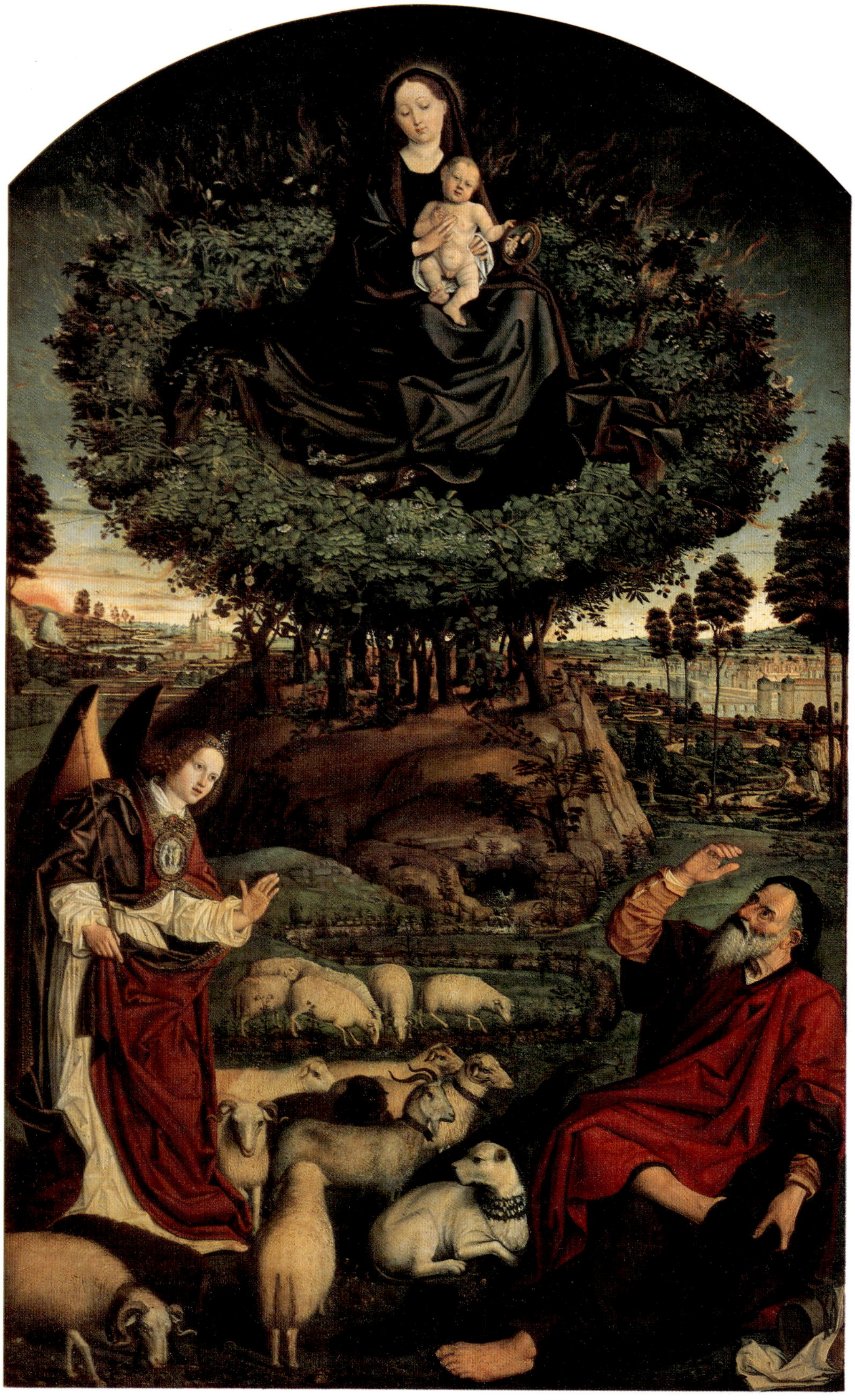

Nicolas Froment. Tätig in Uzès zwischen 1450 und 1490. Maria im brennenden Dornbusch. 1476. Öl auf Holz. H 410 x B 304,2 cm. Kathedrale St-Sauveur, Aix-en-Provence.

Gabo Naum

Fadenkonstruktion im Raum, Nr. 2

Ein Nylonfaden ist um zwei sich durchkreuzende Metallrahmen gesponnen, so daß eine komplizierte, dreidimensionale Struktur konkaver und konvexer Faltungen entsteht. Es ist das Modell eines nie ausgeführten Auftrages aus dem Jahre 1949 für das ESSO Building in New York. Das Original hätte drei Meter hoch werden sollen. Mit diesem ätherischen Gespinst ist Gabo ein nie zuvor erreichtes Beispiel an Feingliedrigkeit, Transparenz und Schwerelosigkeit gelungen. Das Gebilde sollte wie an einem unsichtbaren Faden aufgehängt schweben und so den Eindruck von Unendlichkeit erzeugen. Als Anhänger des Konstruktivismus wollte der Exilrusse Gabo mit dieser Arbeit die Unendlichkeit des Raums einfangen. 1922 verließ Gabo seine Heimat. Nach Aufenthalten in Berlin und Paris ging er schließlich nach Amerika. 1952 schuf er ein riesiges Monument für einen Supermarkt in Rotterdam.

☛ Hepworth, Lissitzky, Malevič, Rodchenko, Tobey

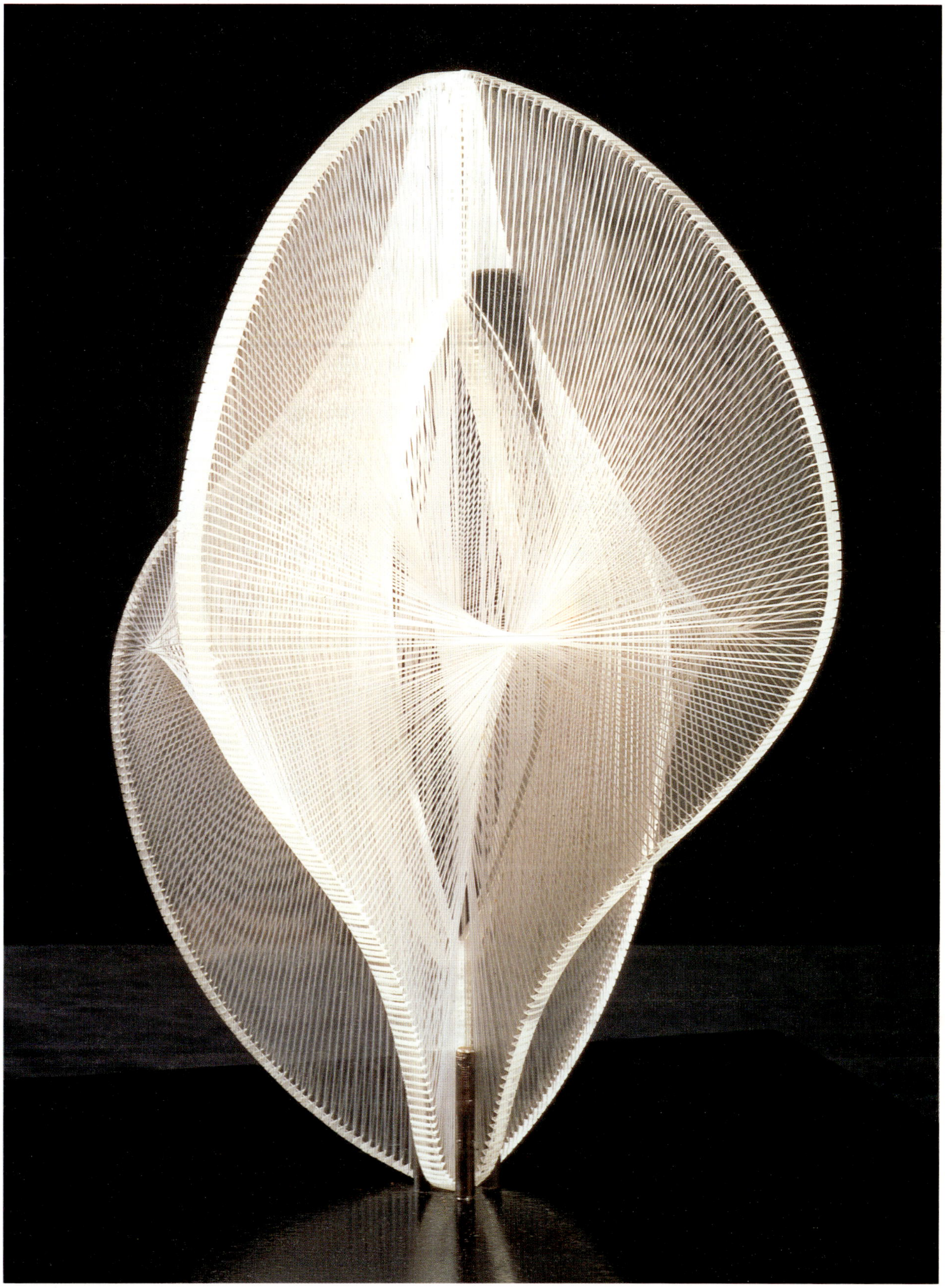

Naum Gabo. * Bryanks, 1890. † Waterbury, 1977. Fadenkonstruktion im Raum, Nr. 2. 1949. Plexiglas und Nylonfaden auf Holzgestell. H 38 cm. Privatsammlung.

Gaddi Taddeo

Der hl. Eligius in der Goldschmiede

Im Mittelalter sahen Handwerksläden wie auf dem Bild aus. Das große, zur Straße hin offene Fenster ermöglichte den Kontakt mit den Kunden. Es diente auch der Ausstellung von Waren. Unter den besten Malern seiner Zeit wurde Gaddi für ein neues Altarbild im Dom von Pistoia auserwählt. Die kleine Geschichte vom hl. Eligius war wohl ein Teilstück des Altaraufsatzsockels (Predella). Dieser bestand aus einer Reihe ergänzender kleiner Bilder am Fuß der großen Haupttafel. Der Heilige war vor seiner Priesterschaft Goldschmied, weshalb er zum Schutzpatron der Goldschmiede wurde. Gaddi war das Patenkind von Giotto und 24 Jahre lang dessen Schüler und Mitarbeiter. Den Einfluß des Meisters erkennt man in den lebendigen Farben und in den monumental gebauten Figuren. Gaddis Stärke lag in seiner Erzählkunst.

☛ Giotto, Lorenzetti, Lorenzo Monaco, Orcagna

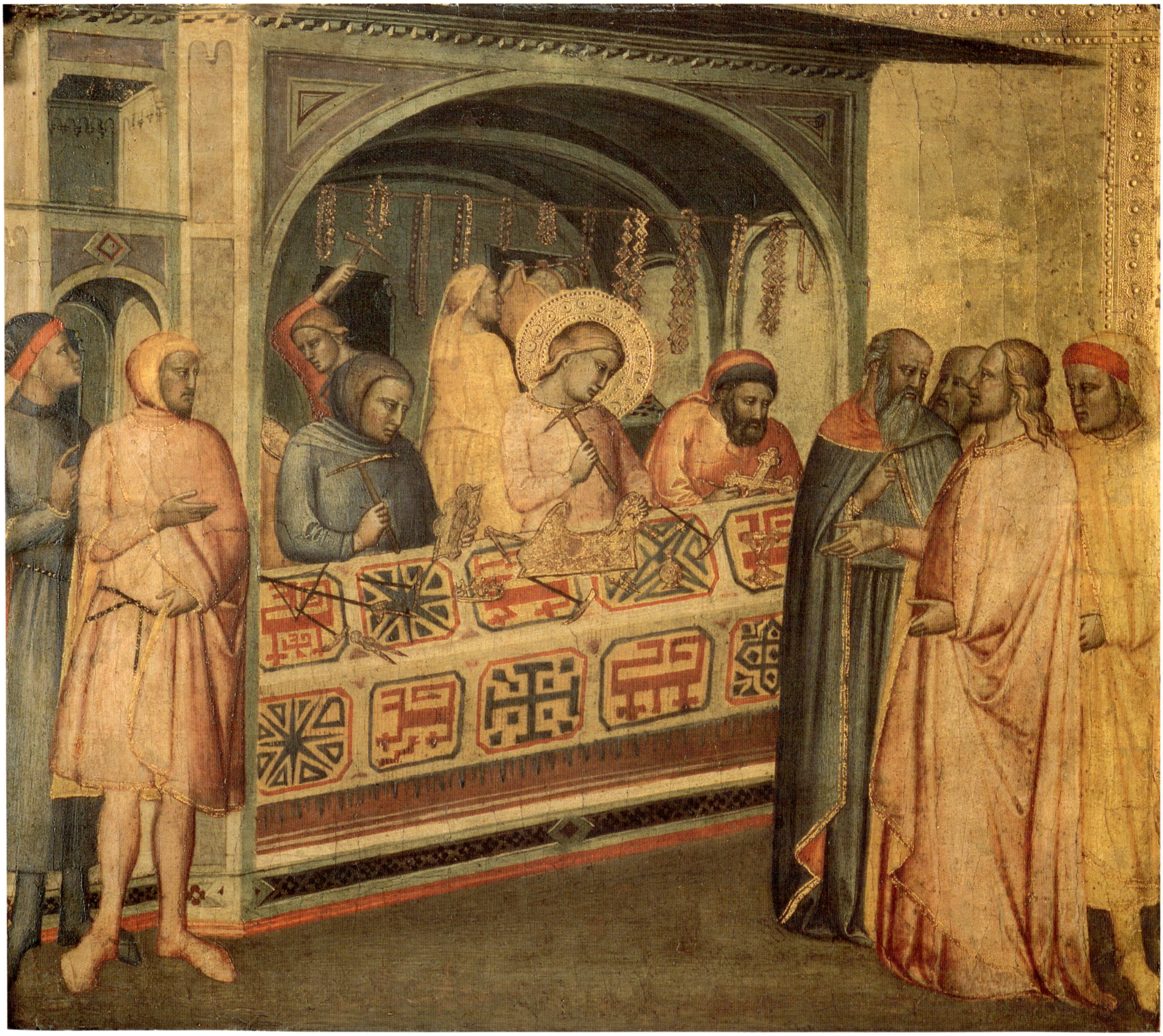

Taddeo Gaddi. * Florenz, um 1300. † Florenz, 1366. Der hl. Eligius in der Goldschmiede. Um 1365. Tempera auf Holz. H 35 x B 39 cm. Museo del Prado, Madrid.

Gainsborough Thomas

Das Ehepaar Andrews

Herr und Frau Andrews ruhen sich nach einer Jagd aus. Rechts dehnt sich ihr weitläufiger Landsitz aus. Die Getreidegarben verraten uns, daß es Herbst ist, und Herrn Andrews Flinte und Hund erzählen, daß er von der Jagd kommt. Gainsborough wollte uns auch noch den erlegten Fasan vorführen, doch das Bild wurde nie vollendet. Auch das schöne blaue Satinkleid von Frau Andrews ist unfertig – die Umrisse eines Vogels sind über ihrem Knie erkennbar. 1748 hatte das Ehepaar geheiratet und das vorliegende Doppelbildnis sollte wohl eine Art Hochzeitsbild sein. Im Gegensatz zu seinen Kollegen war Gainsborough nie ein akademischer Maler. Sein persönlicher Stil und Kolorit und seine exzellente Farbbehandlung machten ihn zu einem der großen Maler des 18. Jahrhunderts. Seine Hauptleidenschaft galt der englischen Landschaft.

☛ Constable, Van Dyck, Van Eyck, Ramsay, Reynolds

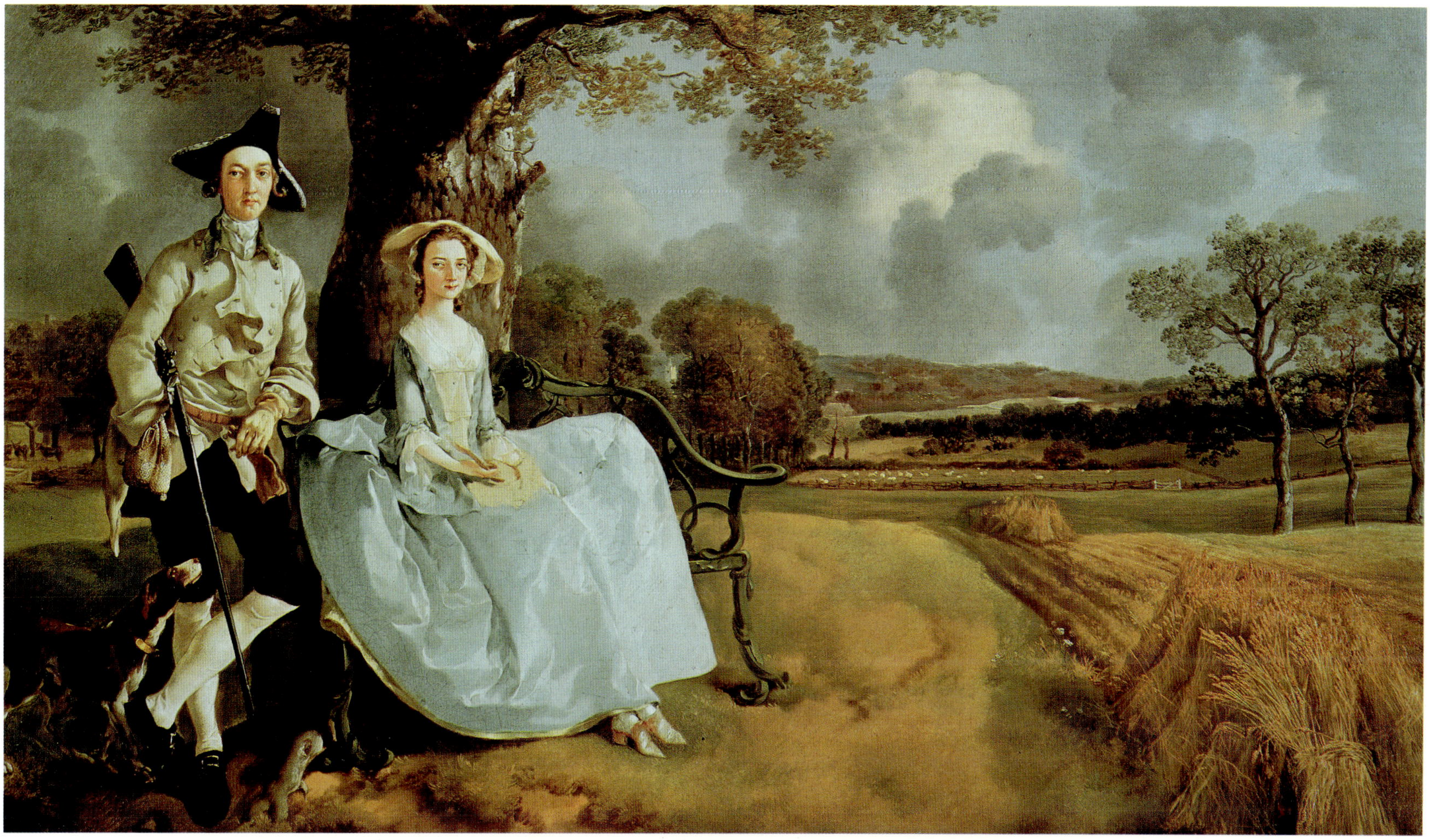

Thomas Gainsborough. * Sudbury, 1727. † London, 1788. Das Ehepaar Andrews. Um 1750. Öl auf Leinwand. H 69,8 x B 119,4 cm. National Gallery, London.

Gaudier-Brzeska Henri

Tänzerin aus rotem Stein

Angefüllt mit der Kraft und Vitalität eines afrikanischen Kriegers soll die Skulptur eine Tänzerin darstellen. Die geometrischen Strukturen der Oberfläche sind unterbrochen und deformiert, um Bewegung anzudeuten. Trotz ihrer inneren Kraft lassen die sanften Krümmungen und die weiche Steinbehandlung noch Respekt vor der menschlichen Figur erkennen. Die Statuette entstand, als sich der Künstler gerade mit primitiver Kunst und Abstraktion beschäftigte. 1911 ließ er sich in London nieder, wo er seine Studien absolvierte. 1914 trat er in die französische Armee ein. In dieser Zeit schuf er Holzskulpturen und stellte weiter in London aus. Großen Einfluß auf ihn hatten Rodin und Brancusi, die ihre Figuren auf ein Minimum zu reduzieren wußten. Als Zeichner und Bildhauer stand er den Vortizisten nahe. 1915 fiel der begabte Künstler im Krieg.

☛ Archipenko, Brancusi, Epstein, Lipchitz, Moore, Rodin

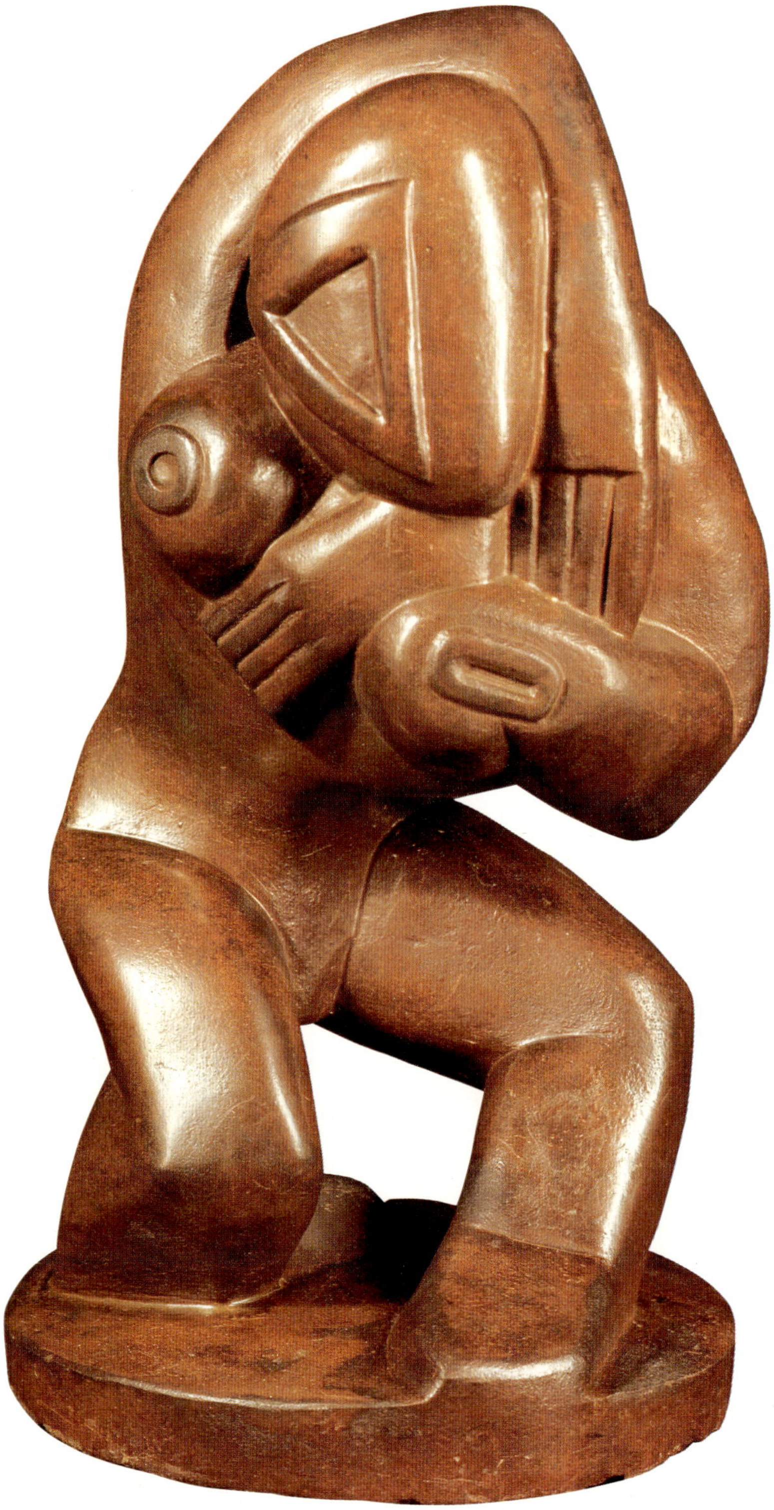

Henri Gaudier-Brzeska. * Saint Jean-de-Bray, 1891. † Neuville Saint-Vaast, 1915. Tänzerin aus rotem Stein. 1914. Roter Mansfieldstein. H 85 cm. Tate Gallery, London.

Gauguin Paul

Frau mit Blume

In schwermütiger und sinnlicher Weise beeindruckt in ihren aufregend leuchtenden Farben und den kräftigen Konturen diese schöne Polynesierin den Betrachter. Trotz der traditionellen Pose hat der Künstler sonst in der westlichen Kunst übliche Muster vermieden und stark vereinfachte Formen, ein Aufeinanderprallen der Farben und keinerlei Perspektive als gestaltende Elemente eingebracht. Gauguin personifizierte den Traum der Jahrhundertwende von einer Rückkehr zum einfachen Leben. Er gab Familie und Karriere auf und ging nach Tahiti. In seinem autobiographischen Buch »Noa Noa« schrieb er über sich und seine Erfahrungen auf Tahiti: »Ich habe alles Künstliche und Konventionelle abgeworfen. Hier erlebe ich das große Wahre und werde eins mit der Natur.« Gauguin setzte als einer der ersten die Farbe nur zu dekorativen und emotionalen Zwecken ein.

☛ Cassatt, Van Dongen, Van Gogh, Jawlensky, Matisse

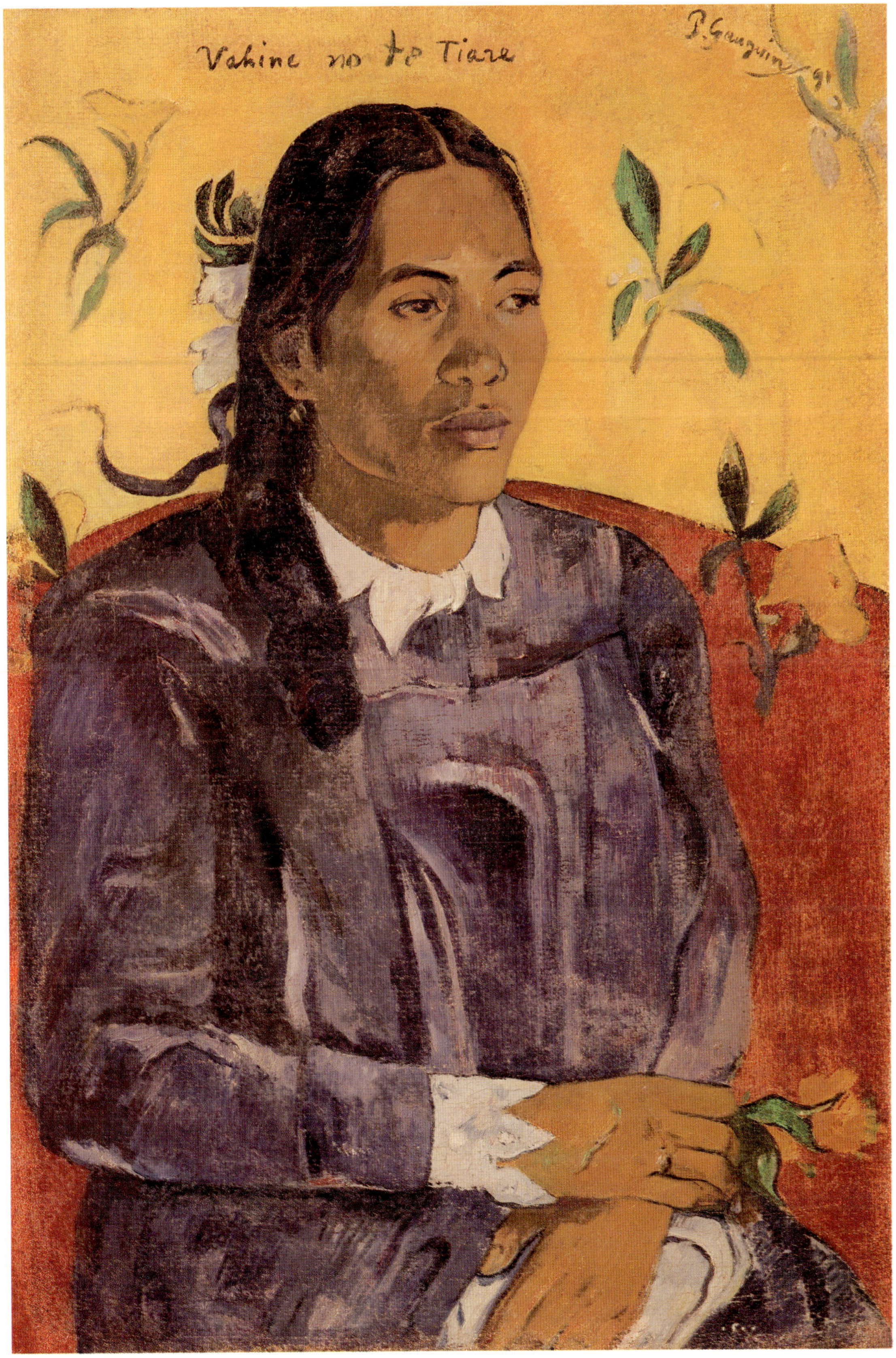

Paul Gauguin. * Paris, 1848. † Atuoma Hiva-Oa, 1903. Frau mit Blume. 1891. Öl auf Leinwand. H 70 x B 46 cm. Ny Carlsberg Glyptothek, Kopenhagen.

Gentile da Fabriano

Die Anbetung der Heiligen Drei Könige

Die drei Weisen bringen dem neugeborenen Jesuskind ihre Verehrung entgegen. Die Könige und ihre Begleiter sind in noblem Goldbrokat gekleidet, und Gold überzieht das ganze Altarwerk, das die Florentiner Strozzifamilie für ihre Privatkapelle in der SS. Trinita in Auftrag gegeben hatte. Nur die allerreichsten Familien konnten sich einen solchen Auftrag leisten und den ausgiebigen Gebrauch von Lapislazuli (blaues Halbedelsteinpigment) und Blattgold vom Künstler fordern. Damit konnte man den sozialen Rang des Auftraggebers herausstreichen. Gentile war Norditaliener, doch verteilen sich seine Werke auf viele Regionen. Er war ein typischer Vertreter der internationalen Gotik, die man an ihrer verfeinerten Eleganz und Vorliebe für profane Themen erkennt. Diesen Wesenszug führte Gentile durch die realistische Wiedergabe von Vögeln, Tieren und Pflanzen vor Augen.

☛ Gozzoli, Lorenzo Monaco, Mantegna, Overbeck, Pisanello

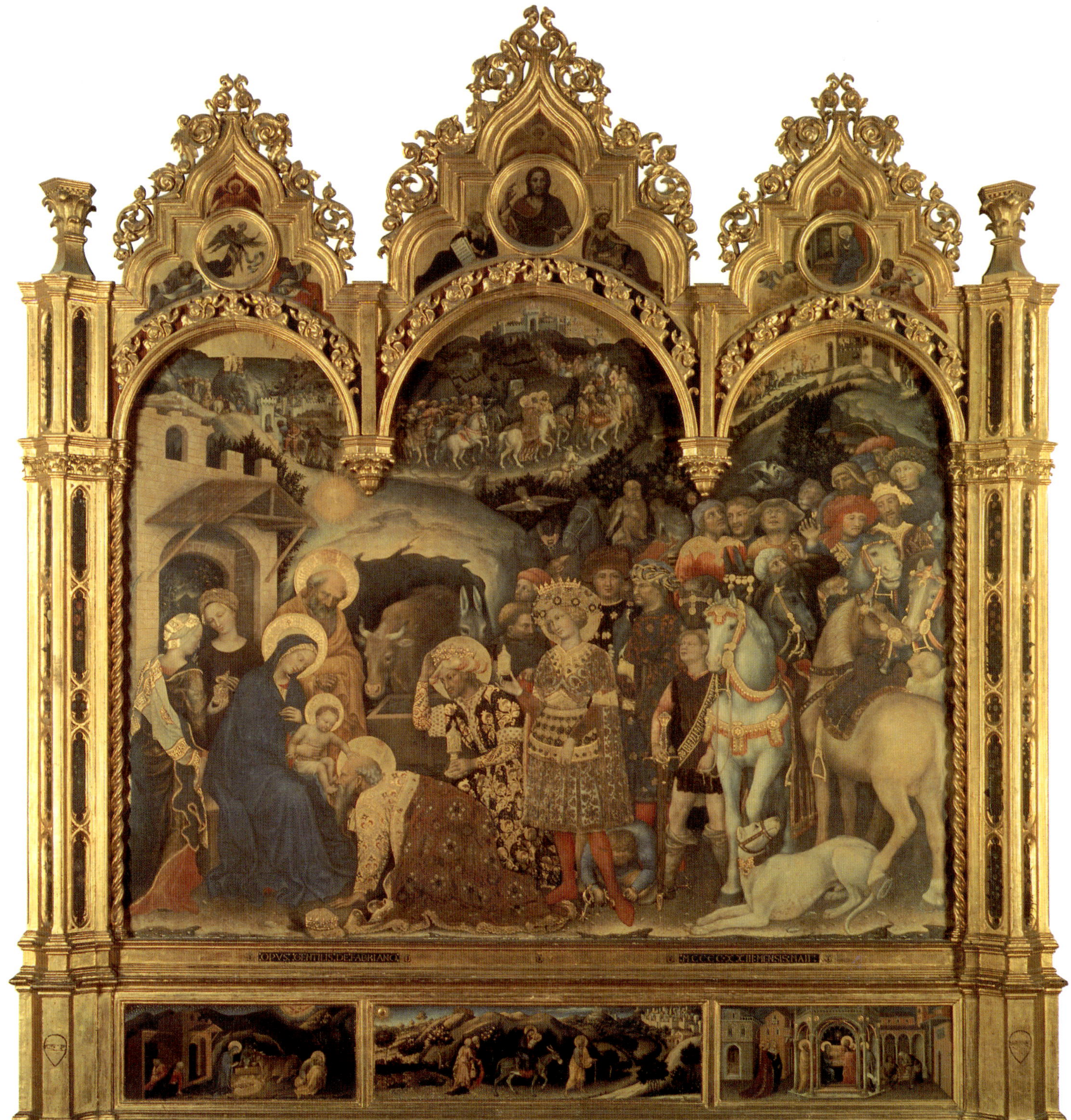

Gentile da Fabriano. * Fabriano, um 1370. † Rom, 1427. Die Anbetung der Heiligen Drei Könige. 1423. Tempera auf Holz. H 173 x B 220 cm. Galleria degli Uffizi, Florenz.

Gentileschi Artemisia

Judith und Holofernes

Man sieht Judith in dem grausigen Moment, in dem sie Holofernes den Kopf abtrennt. Ein entschlossener Blick lenkt ihre feste Hand, auch wenn sich dabei das Blut über sie und das Bett ergießt. Von links erleuchtet starkes Licht den sonst dunklen Raum und erhöht die Dramatik des Augenblicks. Dramatik, Lichtführung und Farbgebung sind typisch für die Barockmalerei. Die satten Farben der purpurnen Bettdecke und das weiße Linnen steigern die brutale Blutrünstigkeit des Bildes. Es erstaunt, daß im 17. Jahrhundert eine Frau dieses Bild gemalt haben soll. Artemisia war die hochbegabte Tochter des Orazio Gentileschi, ein damals ebenfalls hochgeschätzter Maler. Da sie in die Fußstapfen ihres Vaters trat, wurde sie lange nicht beachtet, doch heute gilt sie als gewichtige und eigenständige Malerin ihrer Zeit.

☛ Caravaggio, Guercino, La Tour, Luini, Reni

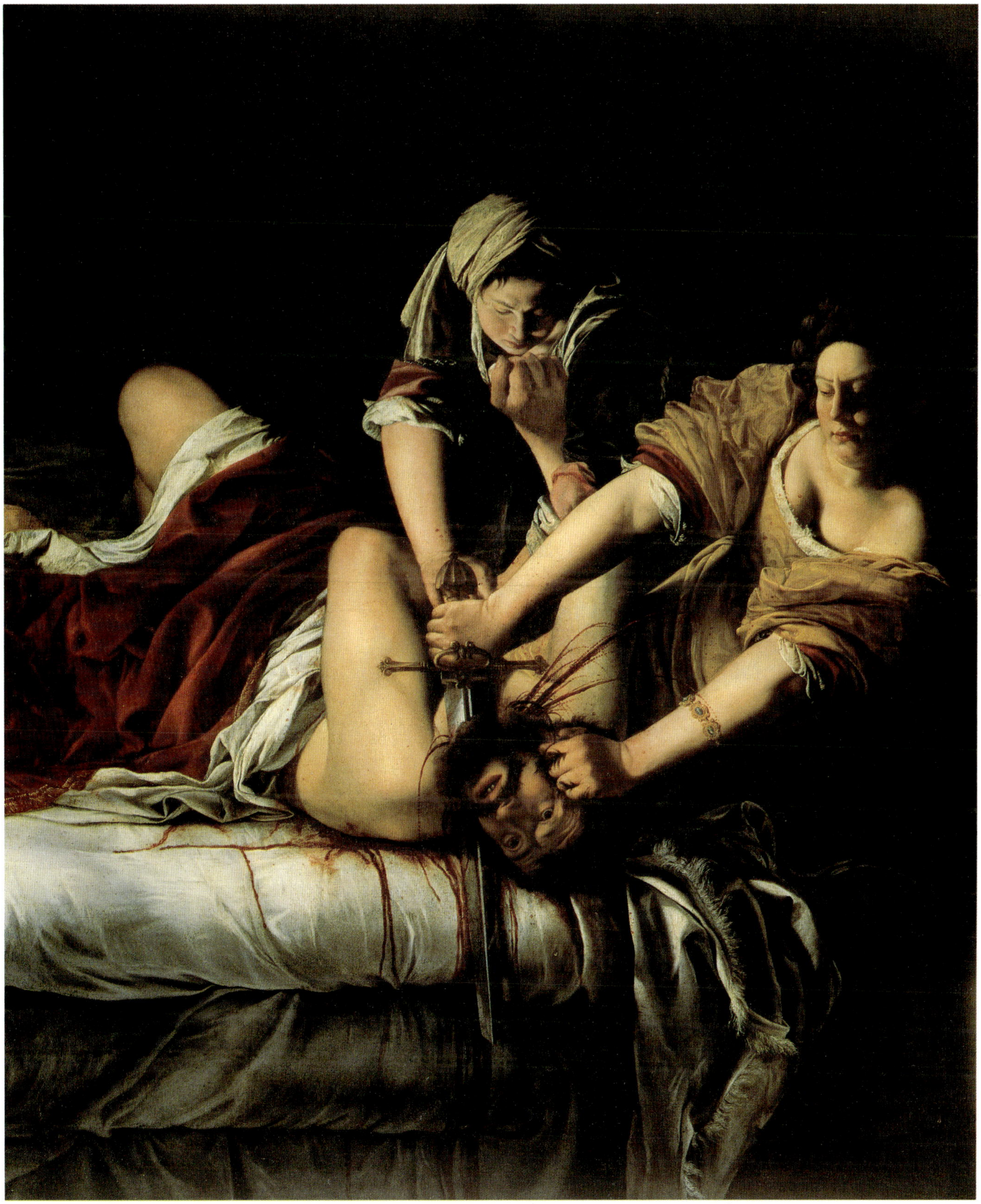

Artemisia Gentileschi. * Rom, 1597. † Neapel, 1652. Judith und Holofernes. Um 1620. Öl auf Leinwand. H 199 x B 162,5 cm. Galleria degli Uffizi, Florenz.

Géricault Théodore

Reiteroffizier

Ein ordensgeschmückter Husar auf bäumendem Pferd wirft sich schwertschwingend in die Schlacht. Dynamik und Ausdruck werden durch die spannungsgeladene aufsteigende Diagonale, die den Pferdekopf mit wehender Mähne miteinbezieht, durch den gedrehten Oberkörper des Offiziers, dessen rechter Arm über die Hinterhand des Pferdes hinausgreift, und den fliegenden Schweif und das linke ausgestellte Hinterbein erzeugt. Das Schauspiel wird noch durch den vom Feuer erhellten bewegten Himmel gesteigert. Die Komposition ist geschickt ausbalanciert: Der Tierkörper und die Reiterfigur mit dem Säbelschwung bilden einen großen Kreis, der das Bildgefüge in seinem Zentrum festigt. Géricault war ein Pferdenarr und entwickelte im Laufe seines kurzen Schaffens ein schnelles Verfahren, um Bewegung einzufangen. Mit seinem Farbreichtum ist dieses Bild charakteristisch für Géricaults Stil, der nachhaltig auf seinen Zeitgenossen Delacroix wirkte.

☛ Böcklin, Delacroix, Van Dyck, Etty, Stubbs

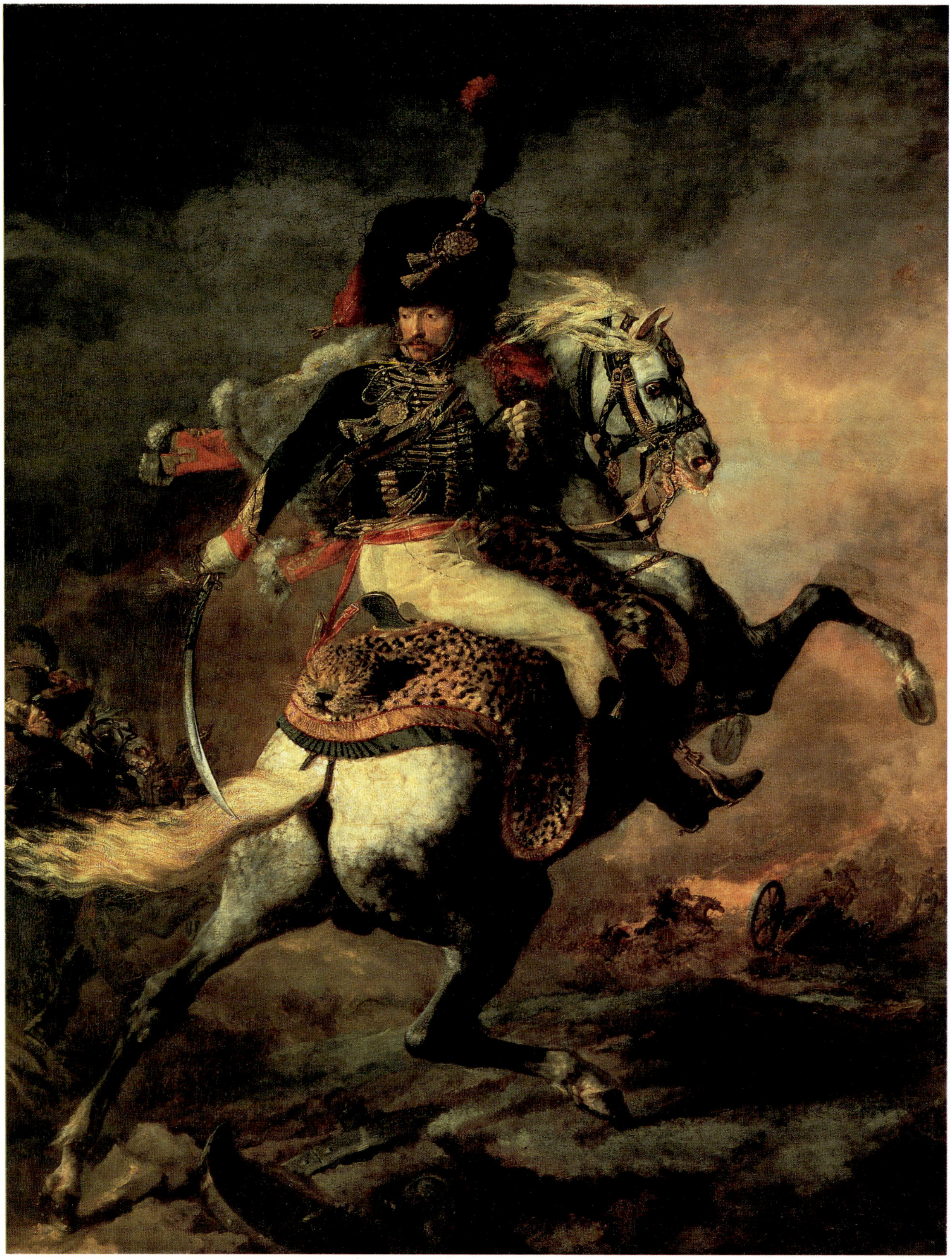

Théodore Géricault. * Rouen, 1791. † Paris, 1824. Reiteroffizier. 1812. Öl auf Leinwand. H 349 x B 266 cm. Musée du Louvre, Paris.

Das Karussell

Die Personen auf diesem Karussell werden zu einer Art buntbemalter mechanischer Puppen verhärtet. In ihren weit aufgerissenen Mündern und Augen steht eine bedrohlich wirkende Mischung aus Vergnügen und Entsetzen geschrieben. Da einige von ihnen Uniformen tragen, enthüllt sich das Bild als eine Satire auf die Schrecken des Krieges – damals begannen gerade die Gemetzel des 1. Weltkrieges, das tägliche Leben zu verfinstern. Als eines der bekanntesten Bilder von Gertler gehörte es zu den auffälligsten Exponaten der Londoner Gruppenausstellung von 1917. Bekannt sind Gertlers ruhige und eigenwillig gemalte Stilleben und Akte. Er war der Sohn jüdisch-polnischer Emigranten und wuchs in einer Jiddisch sprechenden Gemeinde auf. Zwar war er als unterhaltsamer Partylöwe bekannt, dennoch litt er an schweren Depressionen. Im Alter von 48 Jahren beging er in seinem Atelier Selbstmord.

☛ Bomberg, Van Dyck, Géricault, Lewis, Nash

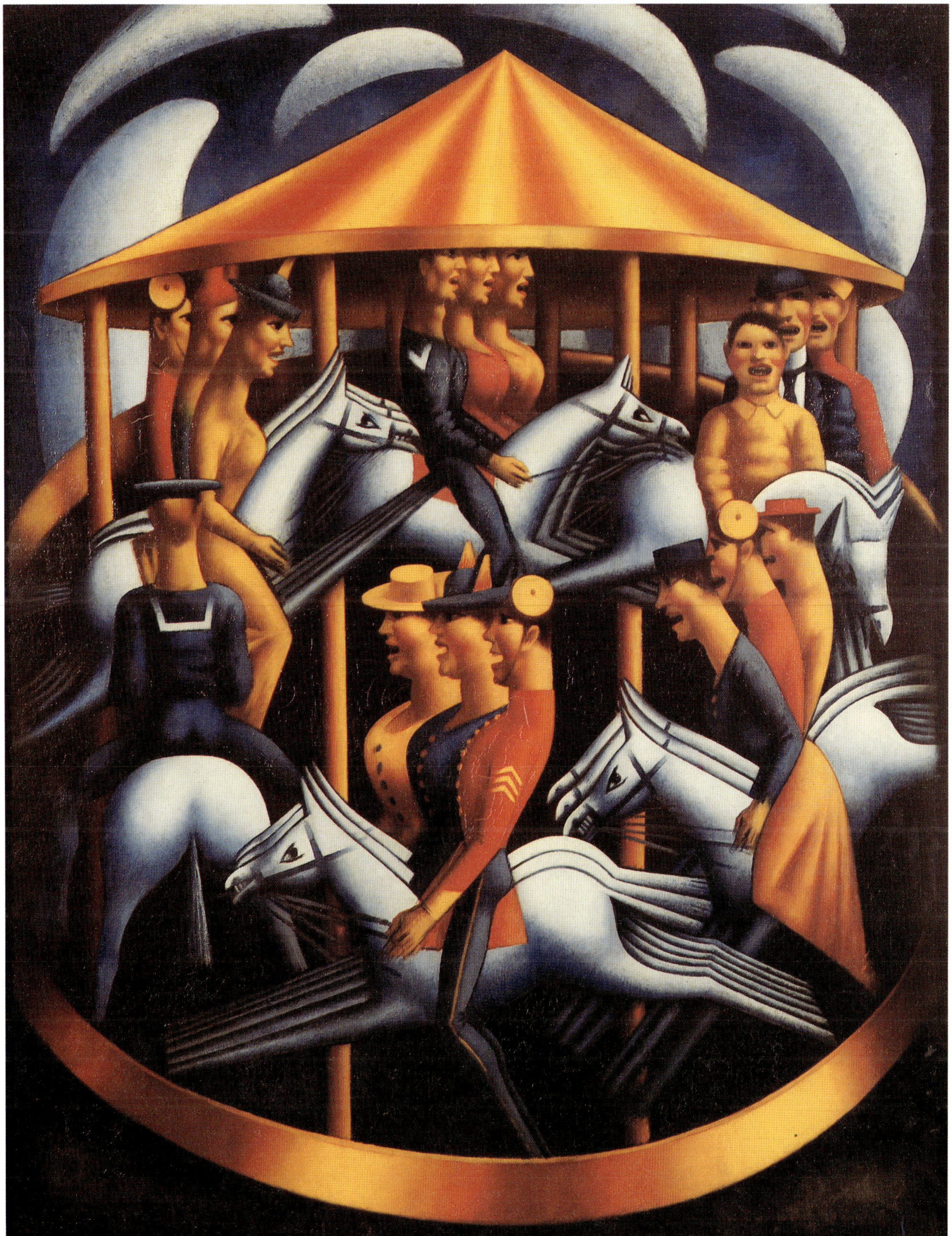

Mark Gertler. * London, 1891. † London, 1939. Das Karussell. 1916. Öl auf Leinwand. H 189,2 x B 142,2 cm. Tate Gallery, London.

Ghiberti Lorenzo

David und Goliath

Dem Künstler gelang in diesem Flachrelief die Illusion beträchtlicher Raumtiefe. Diese Wirkung erzielte Ghiberti durch konsequente Anwendung der mathematisch konstruierten Perspektive. Die stärker plastischen Figuren des Vordergrundes sind vor eine weit in die Tiefe reichende Landschaft gestellt. Die Szene gehört zur zweiten Serie von Reliefs für das Florentiner Baptisterium, mit deren Ausführung Ghiberti betraut war. Die Türen bestehen jeweils aus zehn Einzelplatten mit Szenen aus dem Alten Testament. Vielen gelten diese Türreliefs als der Höhepunkt der Florentiner Kunst, besonders wegen ihrer vollendeten Komposition und Perspektive. Ungezählten anderen Künstlern dienten sie als Vorbild. Michelangelo pries Ghibertis Werk und nannte es die »Türen zum Paradies«. Ghibertis in hohem Alter verfaßte Autobiographie ist die älteste erhaltene dieser Art.

☛ Castagno, Donatello, Michelangelo, Pisano, Della Quercia

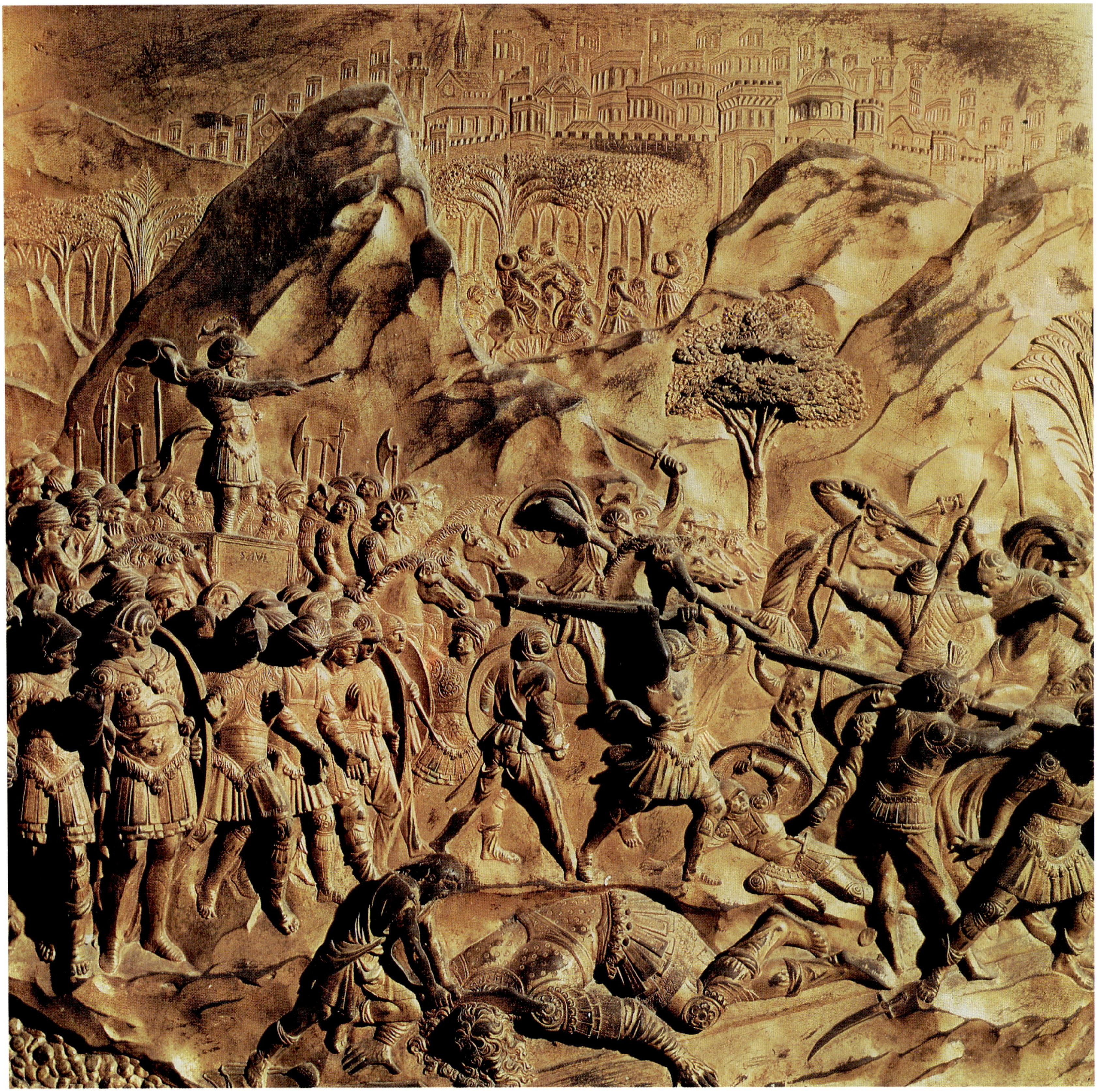

Lorenzo Ghiberti. * Florenz, 1378. † Florenz, 1455. David und Goliath. Um 1435. Vergoldete Bronze. H 79,5 x B 79,5 cm. Baptisterium San Giovanni, Florenz.

Ghirlandaio Domenico

Bildnis der Giovanna Tornabuoni

»Konnte die Kunst Charakter und Tugend wiedergeben, wäre kein Bild der Welt schöner als dieses.« Trotz dieser Inschrift an der Wand hinter dem Modell ist es dem Künstler gelungen, Giovannas Heiterkeit, Schönheit und Eleganz einzufangen. Sie sitzt vor einem flachen Hintergrund, was die Konzentrierung auf das Profil erlaubt. Diese Art der Darstellung war typisch für das Porträt der Florentiner Renaissance. Das Bildnis wird noch ergreifender, bedenkt man den frühen Tod der Porträtierten im Jahr der Fertigstellung des Bildes. Ghirlandaio war auch ein erfahrener Freskomaler. Das Bildnis der Giovanna taucht auch in der Familienkapelle auf, wo der Künstler sein Hauptwerk schuf. Über seine Aufgabe als Lehrer von Michelangelo hinaus war Ghirlandaio bekannt für naturalistische Details und seine lebensvolle Darstellung des Florentiner Alltags.

☛ Botticelli, Filippino Lippi, Michelangelo, Pisanello

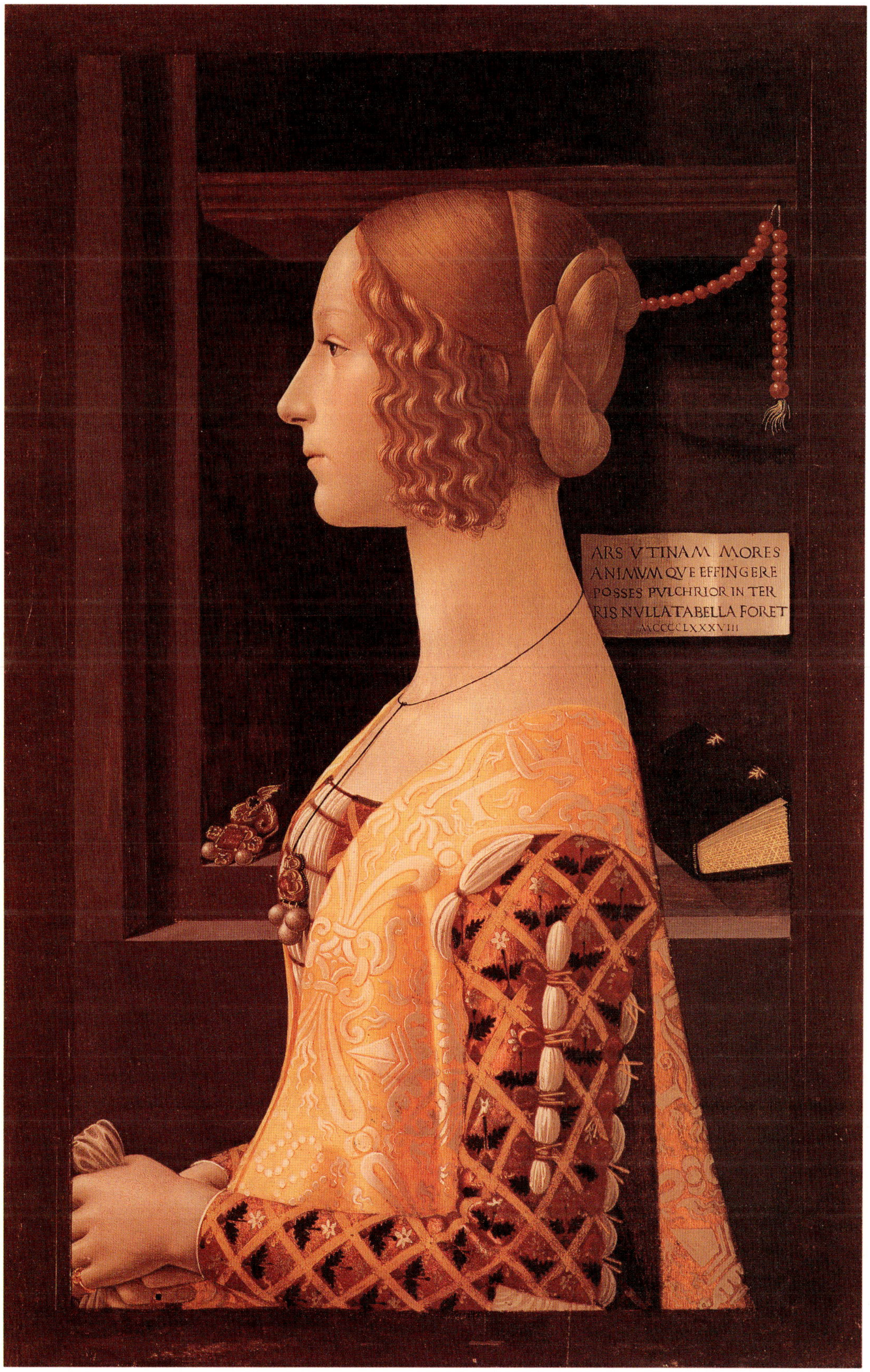

Domenico Ghirlandaio. * Florenz, 1449. † Florenz, 1494. Bildnis der Giovanna Tornabuoni. 1488. Tempera auf Holz. H 77 x B 49 cm. Fundación Colección Thyssen-Bornemisza, Madrid.

Giacometti Alberto

Schreitender

Die ausgemergelte große Figur mit rauh genarbter Oberfläche ist von packender Kraft. Die unnatürlich gestreckte Gestalt will Einsamkeit und die totale Trennung von unseren Mitmenschen ausdrücken. Sie unterstreicht auch unsere Hinfälligkeit und die Kurzlebigkeit des Menschen. Im Gegensatz zu anderen Bildhauern begann Giacometti nicht mit einem großen Materialblock, um durch Weghauen und Meißeln eine verborgene Gestalt herauszuschälen. Er fing mit einem Metallskelett an, das er Tonklumpen für Tonklumpen zur Figur erweiterte, die dann gegossen wurde. Giacomettis einzigartige Ausdrucksform unterschied ihn von den anderen Stilrichtungen der Nachkriegszeit. Der Schweizer Giacometti ließ sich 1922 in Paris nieder. Auch seine Bilder und Graphiken kennzeichnet die ruhelose nervöse Art, die in der Plastik zum Ausdruck kommt.

☛ Archipenko, Auerbach, Dubuffet, Frink, Rodin, Smith

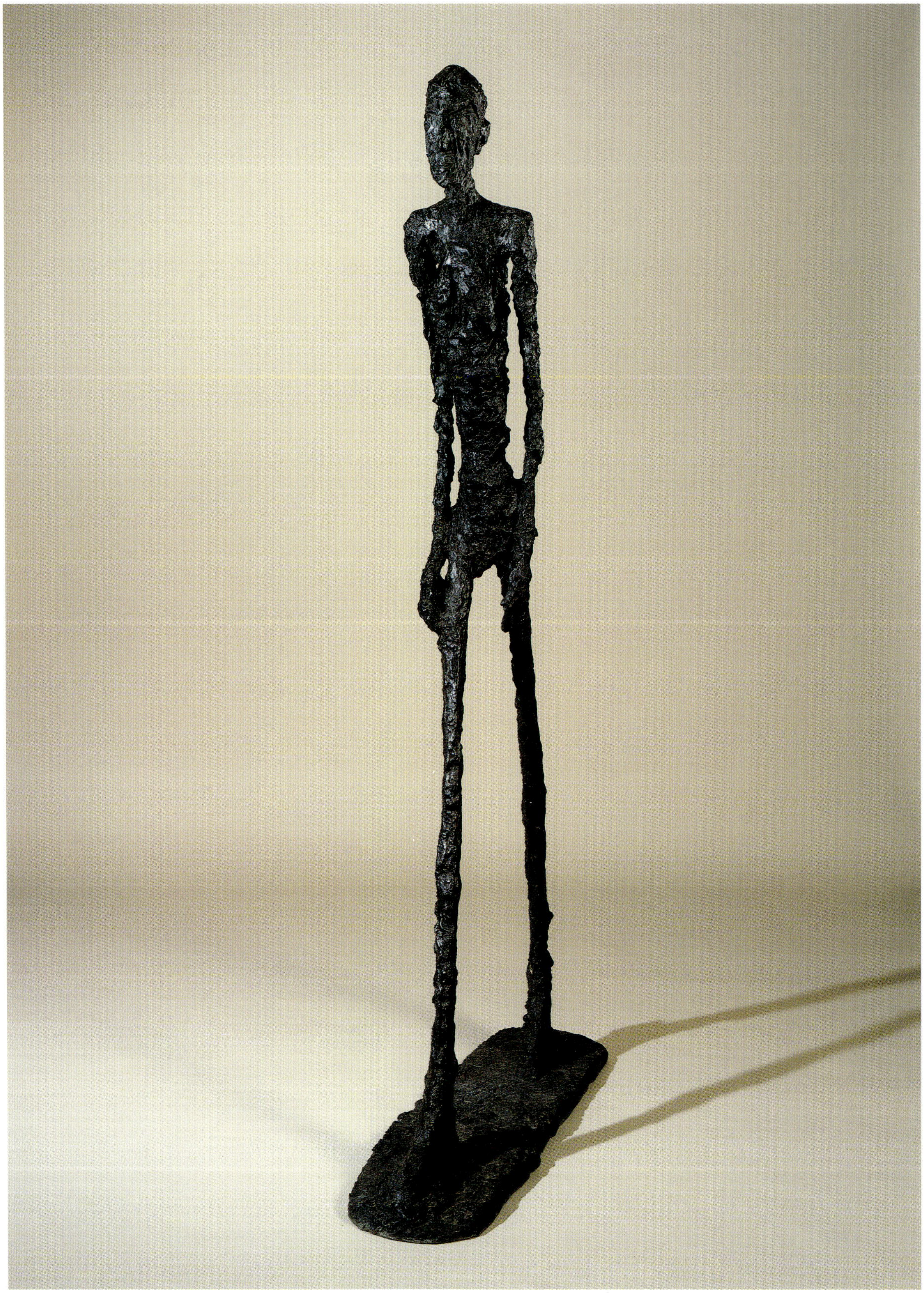

Alberto Giacometti. * Stampa, 1901. † Chur, 1966. Schreitender. 1960. Bronze. H 183 cm. Privatsammlung.

Giambologna

Der Raub einer Sabinerin

Die geschlossene Komposition mit ihrer sich im Kreise drehenden Energie und mit ihrer ungestümen Bewegung sorgt für eine dem Thema angeglichene Dramatik. Die Vortäuschung sich windender Bewegung wird durch die ausgestreckten Arme der Sabinerin eingeleitet, von dem muskulösen Römer, der die Hüfte seiner Beute festhält, fortgesetzt und von dem niedergestreckten Mann am Boden abgeschlossen. Die glattpolierte kurvige Form lädt dazu ein, um die Statue herumzugehen und sie von allen Seiten zu betrachten. Giambolognas Vorliebe für übertriebene Gestik und seine Fähigkeit, seinen Gestalten feurige Energie einzuhauchen, ist typisch für den Manierismus. Der Einfluß Michelangelos wird spürbar. Doch Giambologna fügte noch eine neue Art des Bewegungsflusses und der Eleganz hinzu. Zu seinem Werk gehören auch noch eine Reihe von Brunnen für die Gärten der Medici.

☛ Bourdelle, Cellini, Michelangelo, Rosso Fiorentino

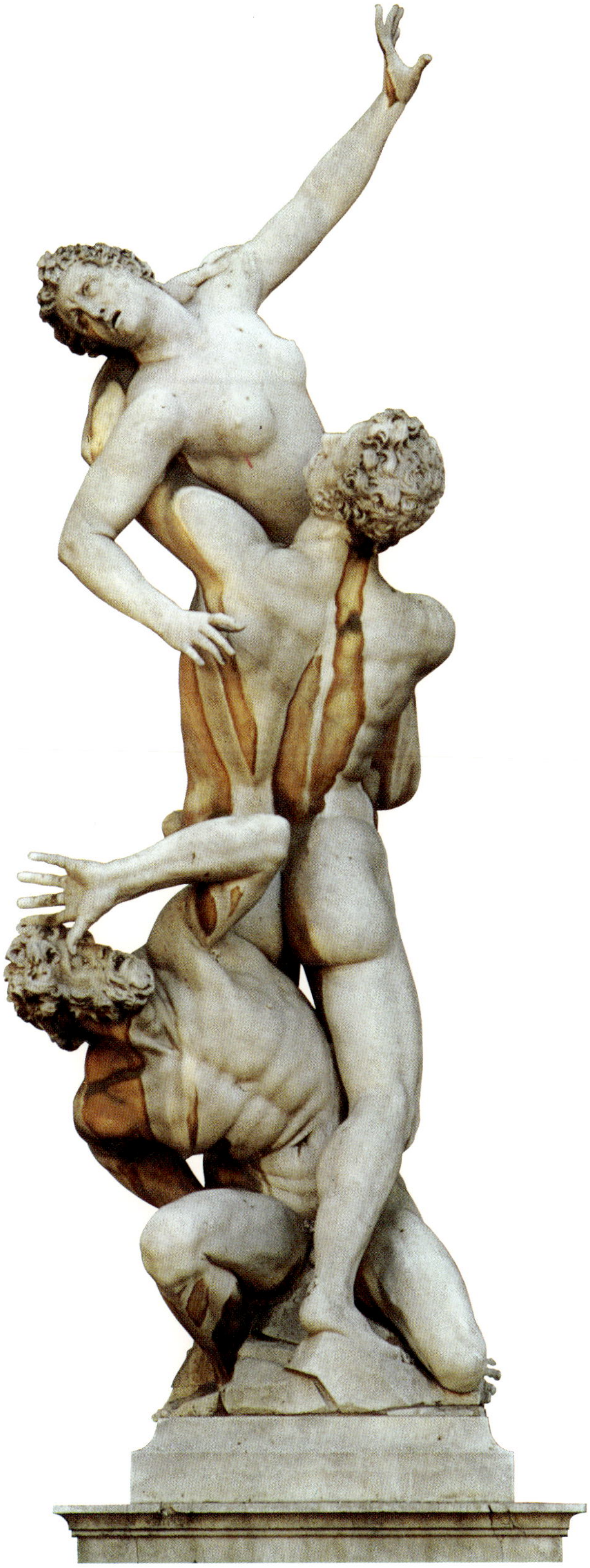

Giambologna (Jean de Boulogne). * Douai, 1529. † Florenz, 1608. Der Raub einer Sabinerin. 1581/83. Marmor. H 410 cm. Loggia dei Lanzi, Florenz.

Gilbert und George

Nasedrehen

Zwei abwechselnd blau, rot und weiß gekleidete Figuren erscheinen in einer Art Fenster. Ein Hochhaus bestimmt den Hintergrund. Halb schelmisch, halb ernsthaft posieren die zwei Männer in absichtlich schalkhafter Art. Vielleicht drehen sie der tradierten Kunst eine Nase. Gilbert und George leben und arbeiten seit 1967 zusammen. Als selbstgestaltete lebende Plastiken präsentieren sie sich selbst in verschiedenen Arten und Medien. Was immer sie machen, bzw. wie immer sie sich darstellen, es geschieht mit Witz und vorsätzlich schlechtem Geschmack. In ihren narzistischen Anmaßungen verwandeln sie sich selbst in lächerliche Figuren. Ihr Werk läßt keine Kategorisierung zu, auch wenn die auffälligen Farben, die großen Formate und die Art, wie sie traditionelle historische Werte von ihrem Podest stoßen, gewisse Gemeinsamkeiten mit der Pop Art aufweisen.

☛ Koons, Lichtenstein, Sherman, Warhol

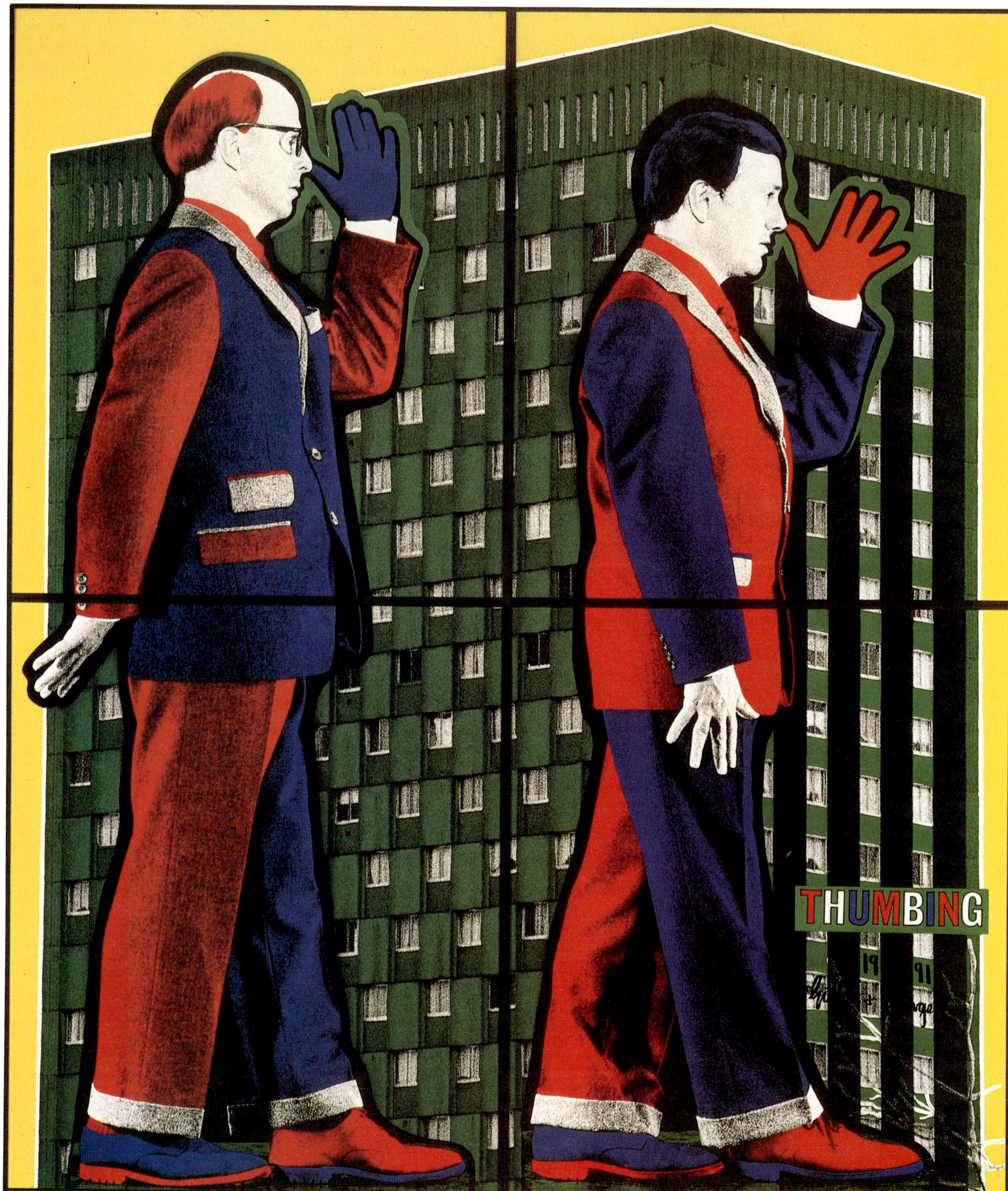

Gilbert und George (Gilbert Proesch und George Pasmore). * (Gilbert) Dolomiten, 1943; * (George) Devon, 1942. Nasedrehen. 1991. Fotocollage. H 169 x B 142 cm. Anthony d'Offay Gallery, London.

Gilman Harold

In der Kantine

Die Darstellung von Angehörigen der Arbeiterklasse in einem bescheidenen Innenraum erfolgte mit Einfühlung und Intensität. In dem schmalen Raum erscheinen die blanken Wände und die Tisch- und Bankreihen wie flache, dekorative Farbflächen in Rot- und Grüntönen. Die Oberfläche der Leinwand zeigt Gitterspuren, die in die noch feuchte Leinwand eingedrückt wurden. Gilman wandte wahrscheinlich diesen Trick an, um das Bild auf ein kleineres Format mit dem gleichen Titel zu transformieren. Mit dem wirklichkeitsgetreuen Porträt einer Alltagsszene und seiner intensiven Farbigkeit ist das Bild ein gutes Beispiel für die Kunst der Camden-Gruppe, die auch englische Postimpressionisten genannt wurde. Der Name rührt daher, weil sich die Gruppe oft in Sickerts Atelier in Camden Town im Norden Londons traf.

☛ Hammershoi, Modersohn-Becker, Orpen, Sickert, Vuillard

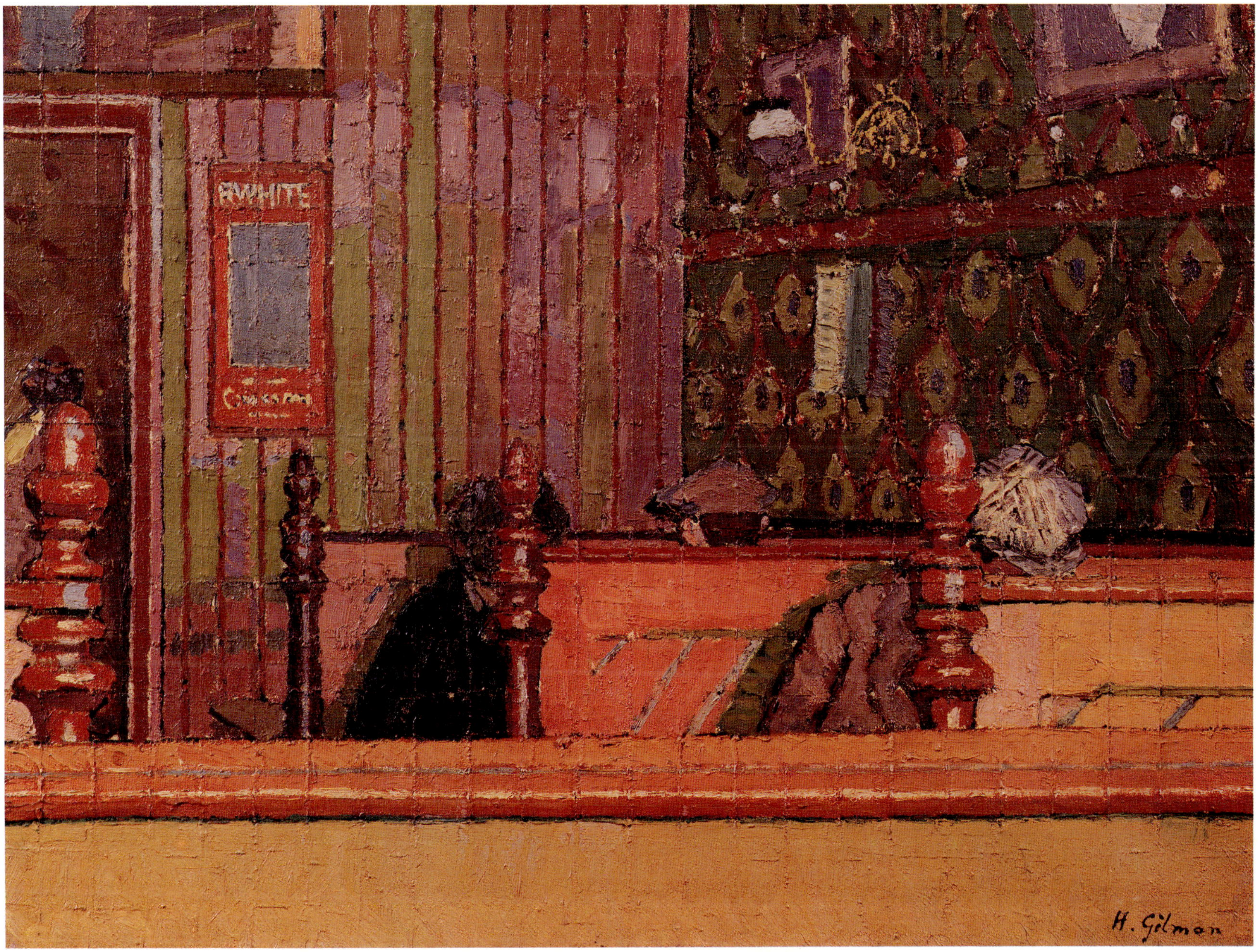

Harold Gilman. * Rode, 1878. † London, 1919. In der Kantine. 1913/14. Öl auf Leinwand. H 57,2 x B 74,9 cm. Sheffield City Art Galleries, Sheffield.

Giordano Luca

Salomons Traum

Während der junge König in seinem Luxusbett schläft, erscheint ihm Gott in einem Wirbel aus Wolken und Engeln. Gott verleiht ihm das himmlische Licht der göttlichen Weisheit, für die Salomon berühmt werden wird. Über ihm thront Athene, die Göttin der Weisheit. Bücher und Lamm symbolisieren Wissen und Geduld. Das Gebäude im Hintergrund ist wohl der Tempel von Jerusalem, der unter Salomon errichtet wurde. Kraft und Ausdrucksstärke, zusammen mit der dekorativ eingesetzten Farbe, kennzeichnen Giordanos Stil und den des Spätbarock. Weil er so schnell arbeitete, wurde dieser große Meister der zweiten Hälfte des 17. Jahrhunderts »Luca Fa Presto« genannt. Seine luftigen Formen und beschwingten Farben bereiteten den Boden für große Meister des 18. Jahrhunderts, wie Giovanni Battista Tiepolo.

☛ Bernini, Domenichino, Géricault, Reni, Tiepolo

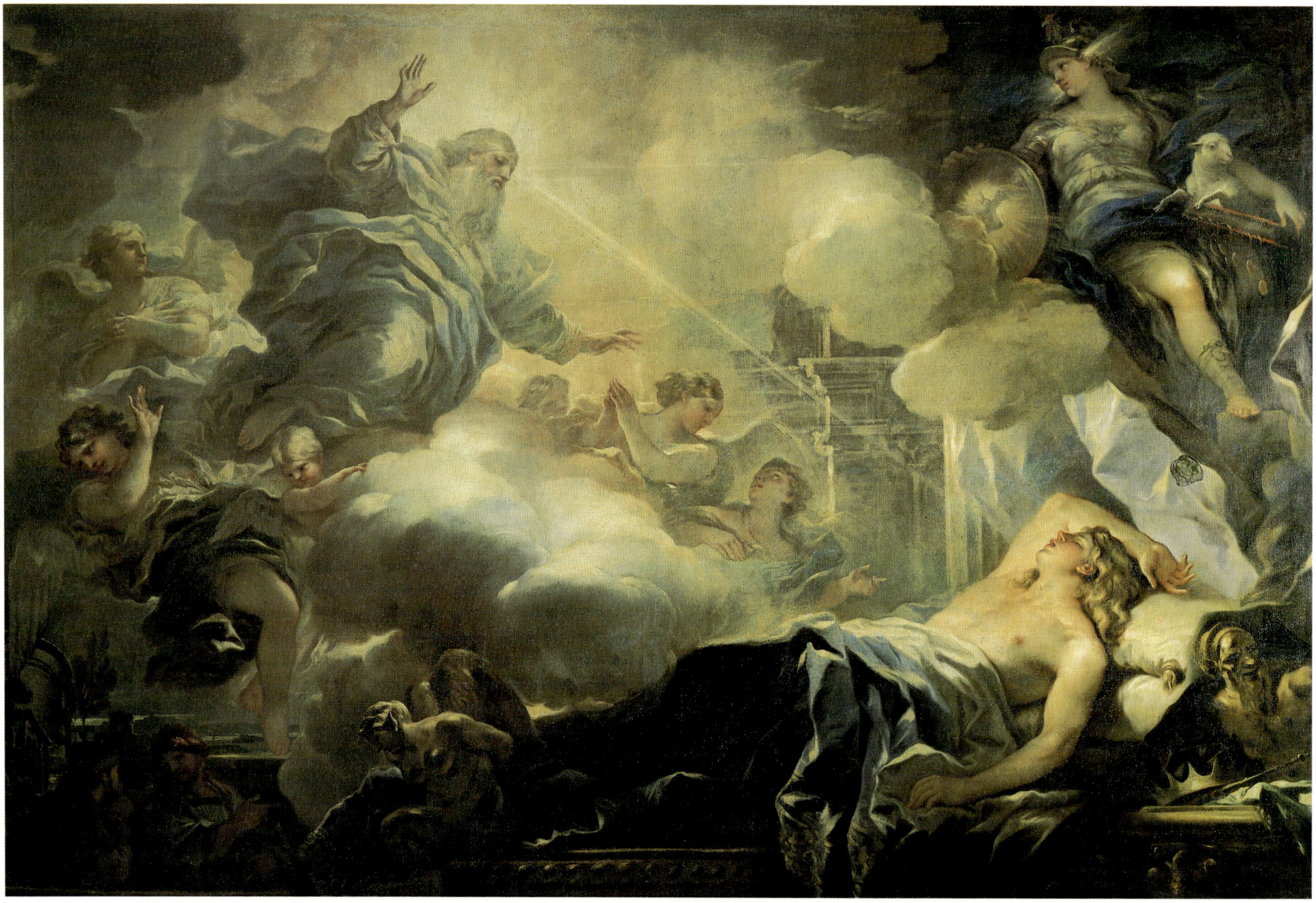

Luca Giordano. * Neapel, 1632. † Neapel, 1705. Salomons Traum. Um 1693. Öl auf Leinwand. H 245 x B 361 cm. Museo del Prado, Madrid.

Giorgione

Das Gewitter

Warum stillt eine unbekleidete Mutter ihr Kind draußen im Freien, noch dazu bei einem heraufziehenden Gewitter? Ist es nur ein Vorwand, um eine poetische Landschaft zu malen, oder verbirgt das Bild mehr? Obwohl viel Tinte vergossen worden ist, konnte bislang niemand das Geheimnis lüften. Auch der Künstler selbst bietet Anlaß für viele Fragen. Es gibt keine signierten oder datierten Bilder von ihm, und die Sachlage wird weiter verdunkelt, da nach seinem Tod viele seiner Bilder von seinen Schülern, darunter Tizian, vollendet wurden. Keiner verkörperte reiner die Besonderheiten des venezianischen Stils als Giorgione: leichte und lockere Pinselführung und Handhabung von Farben und Tönen. Nach seinem Tod wurden seine bukolischen Landschaften sehr verehrt und hatten noch großen Einfluß auf die Landschaftsmaler des 17. Jahrhunderts, wie z. B. Poussin.

☛ Allston, Giovanni Bellini, Poussin, Tizian

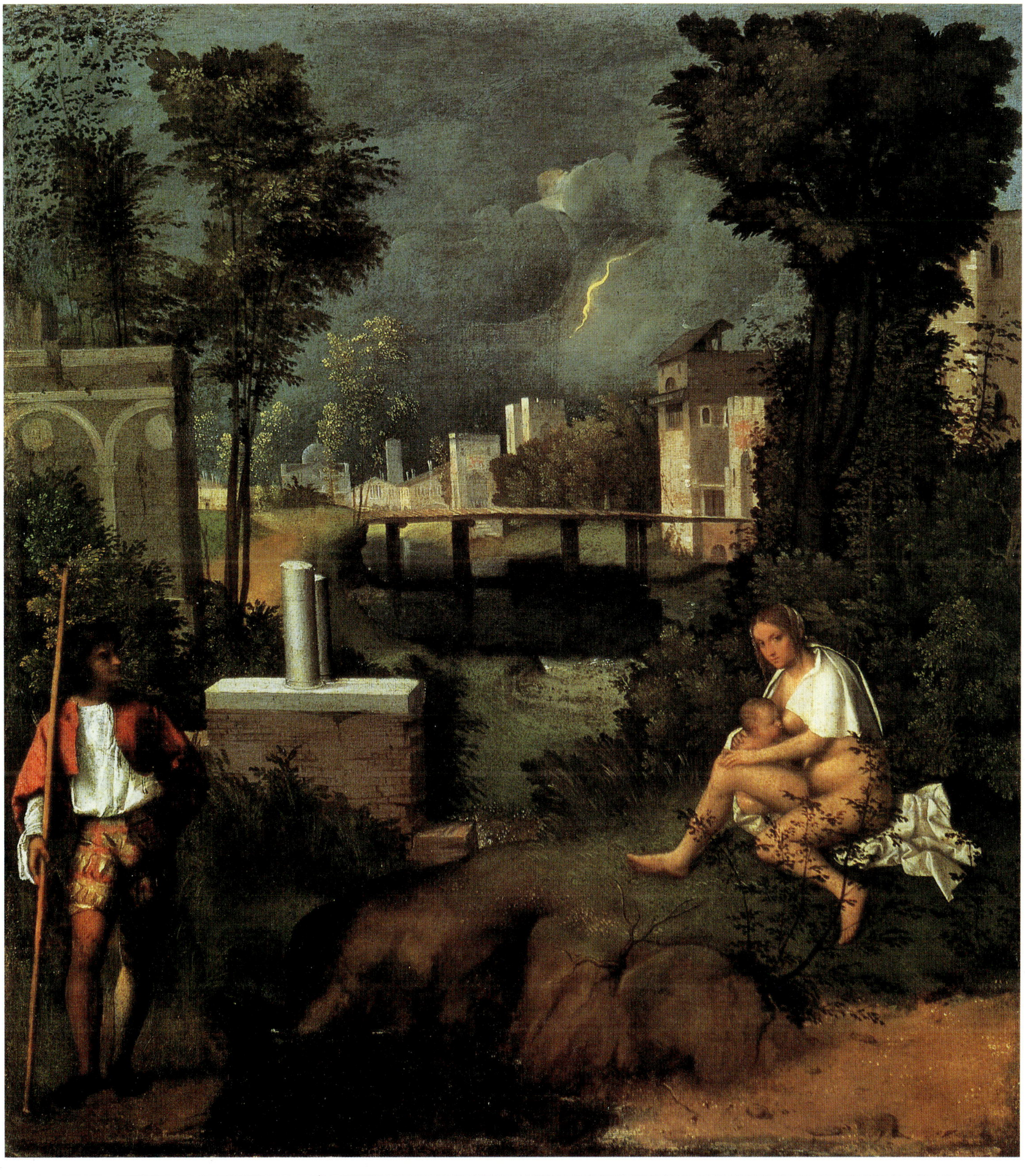

Giorgione. * Castelfranco, um 1477. † Venedig, 1510. Das Gewitter. Um 1508. Öl auf Leinwand. H 79,5 x B 73 cm. Galleria dell'Accademia, Venedig.

Giotto

Die Beweinung Christi

Eine Gruppe von Männern und Frauen beweint den Tod ihres Erlösers, während Engel seine Ankunft im Himmel erwarten. Gefühlsgeladene Gesten der Trauer und leuchtende Farben vermehren Marias Schmerz. Giotto verursachte eine Revolution in der Malerei, er malte als erster Künstler auf eine Fläche die Illusion von Realität in ihrer Gefühls- und Raumhaftigkeit. Dieses Werk mit Szenen aus dem Leben Marias gilt als eines der wichtigsten Gemälde in der Entwicklung der westlichen nachmittelalterlichen Kunst. Giotto und Cimabue sind die Begründer der neuzeitlichen Malerei, da sie die statisch-stereotypen Vorstellungen ihrer Zeit überwanden. 1334 wurde Giotto oberster Aufseher der Florentiner Dombauhütte und städtischer Baumeister. Dies war mehr eine Anerkennung seiner großen Verdienste als Maler als eine Bestätigung seiner Leistungen als Architekt.

☛ Cimabue, Duccio, Gaddi, Memling, Pisano, Van der Weyden

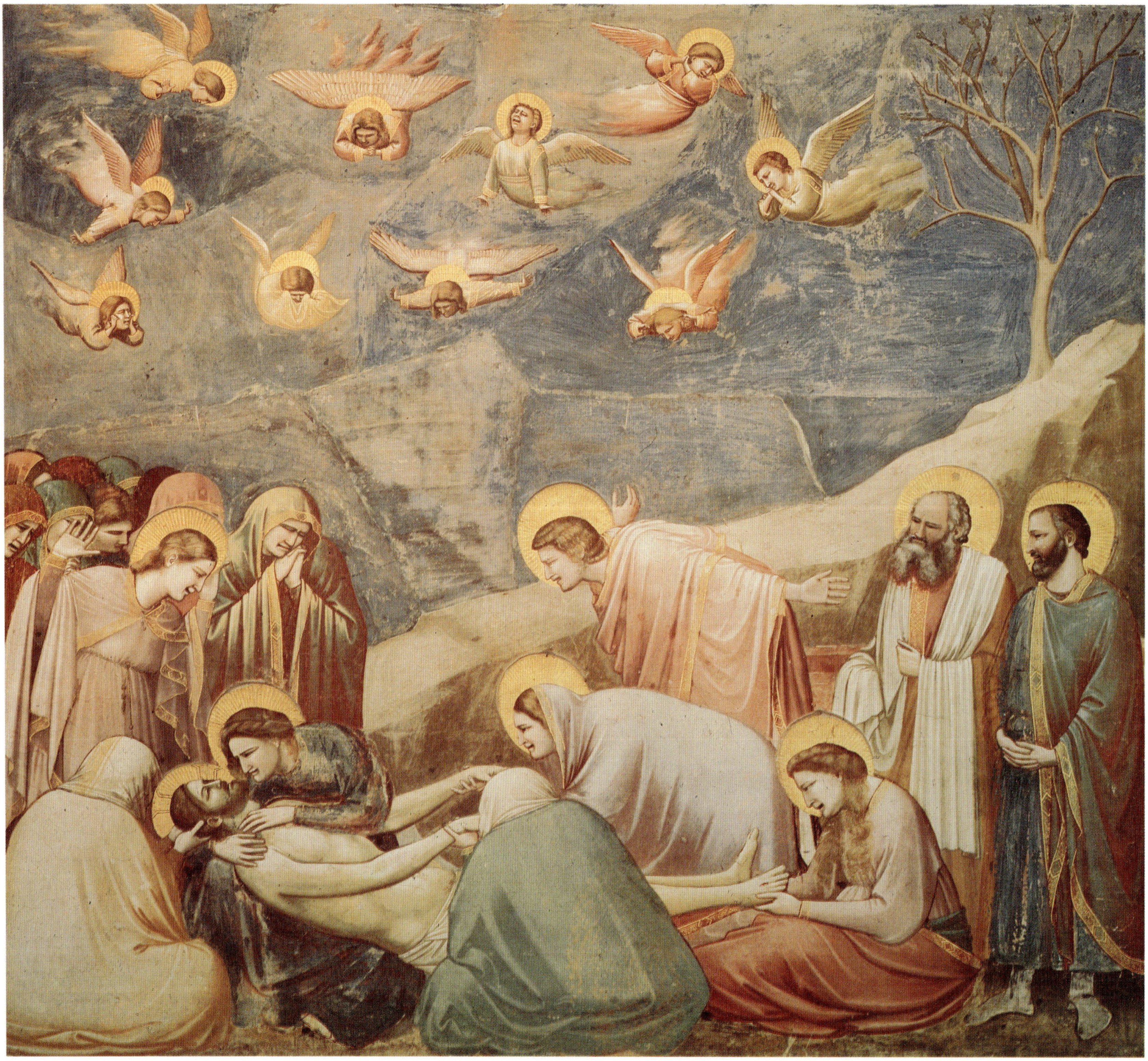

Giotto di Bondone. * Vespignano, 1266. † Florenz, 1337. Die Beweinung Christi. Um 1305. Fresko. H 200 x B 185 cm. Cappella dei Scrovegni, Padua.

Giulio Romano

Saal der Giganten

Der Saal ist vollständig von den Wänden bis einschließlich der Decke mit Fresken ausgemalt. In der Saalmitte stehend, fühlt man sich umzingelt von stürzenden Felsen und zuckenden Blitzen. Die muskelstrotzenden Titanen des Olymp schleudern massige Felsbrocken, als wären dies Federn. Die Götter beobachten das chaotische Geschehen auf Erden. Mit seinen stürzenden Linien und melodramatischen Erregungen vertritt das Fresko wie kein anderes Werk den Geist des Manierismus. Giulio, der Lieblingsschüler und Mitarbeiter von Raffael hatte als Maler und Architekt großen Erfolg. Im Vatikan vollendete er eine Reihe von Fresken Raffaels nach dessen Tod. Dann wurde er in der Nachfolge von Mantegna Hofmaler in Mantua. Hier tat er sich vor allem als Architekt hervor. Wie an seinem eigenen Haus ersichtlich, liebte er es, mit seiner Architektur zu verwundern und zu schockieren.

☛ Mantegna, Michelangelo, Raffael, Rosso Fiorentino

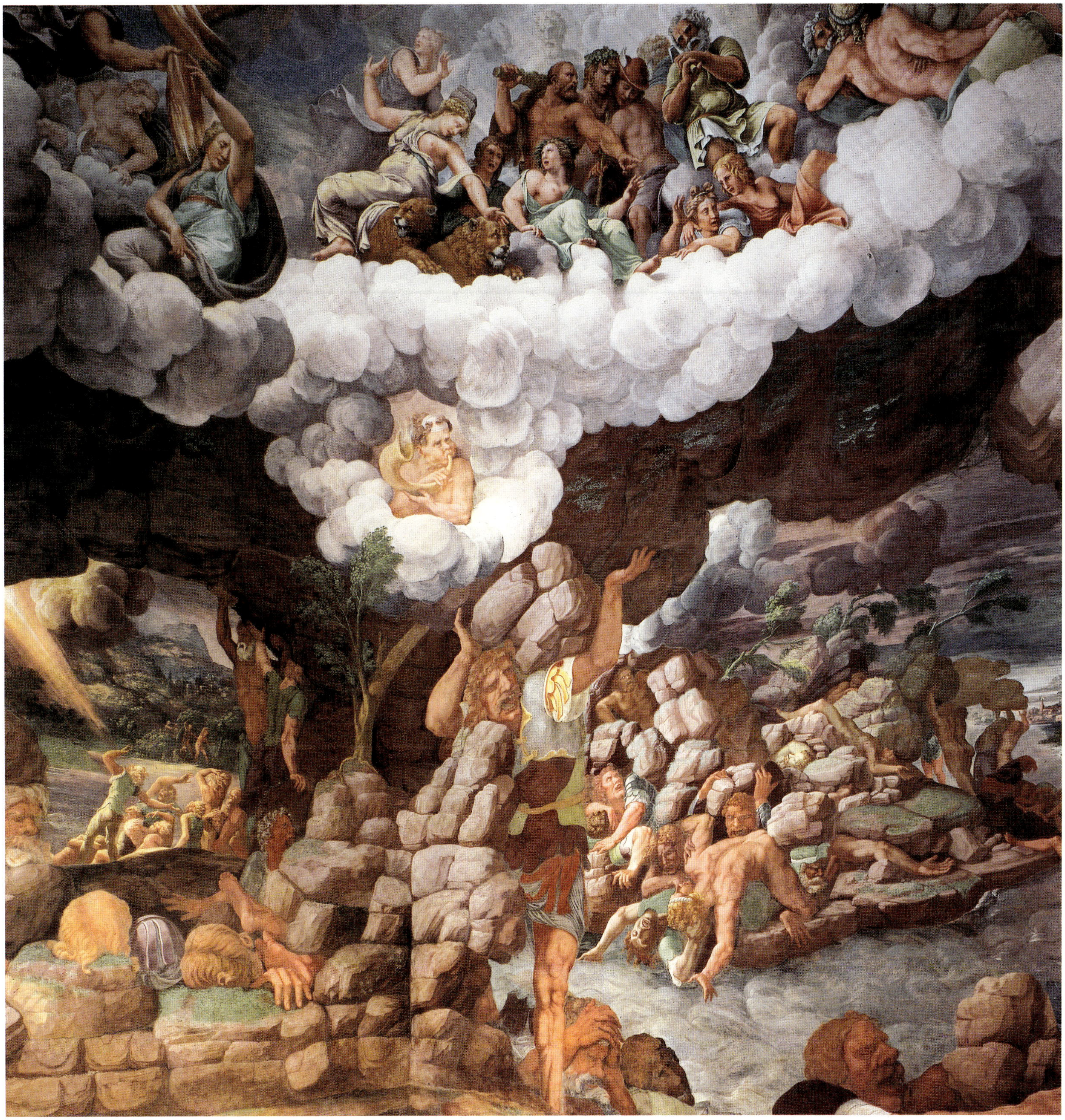

Giulio Romano (Giulio Pippi). * Rom, 1499. † Mantua, 1546. Saal der Giganten. Um 1527. Fresko. Palazzo del Te, Mantua.

Van der Goes Hugo

Der Sündenfall

Die Schlange in diesem Sündenfall, halb Eidechse und halb Mensch, wirkt höchst beunruhigend. Eva, am Baum der Erkenntnis stehend und die Scham notdürftig von einer Iris bedeckt, streckt ihren linken Arm nach einem zweiten Apfel aus – vom ersten hat sie bereits abgebissen. Mit erstaunlicher Akkuratesse sind jedes Blatt, jeder Grashalm und jede Locke ausgeführt. Die vorliegende Szene bildet die linke Tafel eines Diptychons (zweiteiliges Altarbild). Die reinen und leuchtenden Farben und die einfache Erzählweise sind typisch für die flämische Malerei des 15. Jahrhunderts. Der Ruf des Künstlers gelangte bis nach Italien, wo eines seiner Altarbilder in Florenz eine Sensation hervorrief. Van der Goes soll 1481 während einer Reise nach Köln dem Wahnsinn verfallen und im darauffolgenden Jahr verstorben sein.

☛ Bouts, Campin, G. David, Van Eyck, Memling, Van Scorel

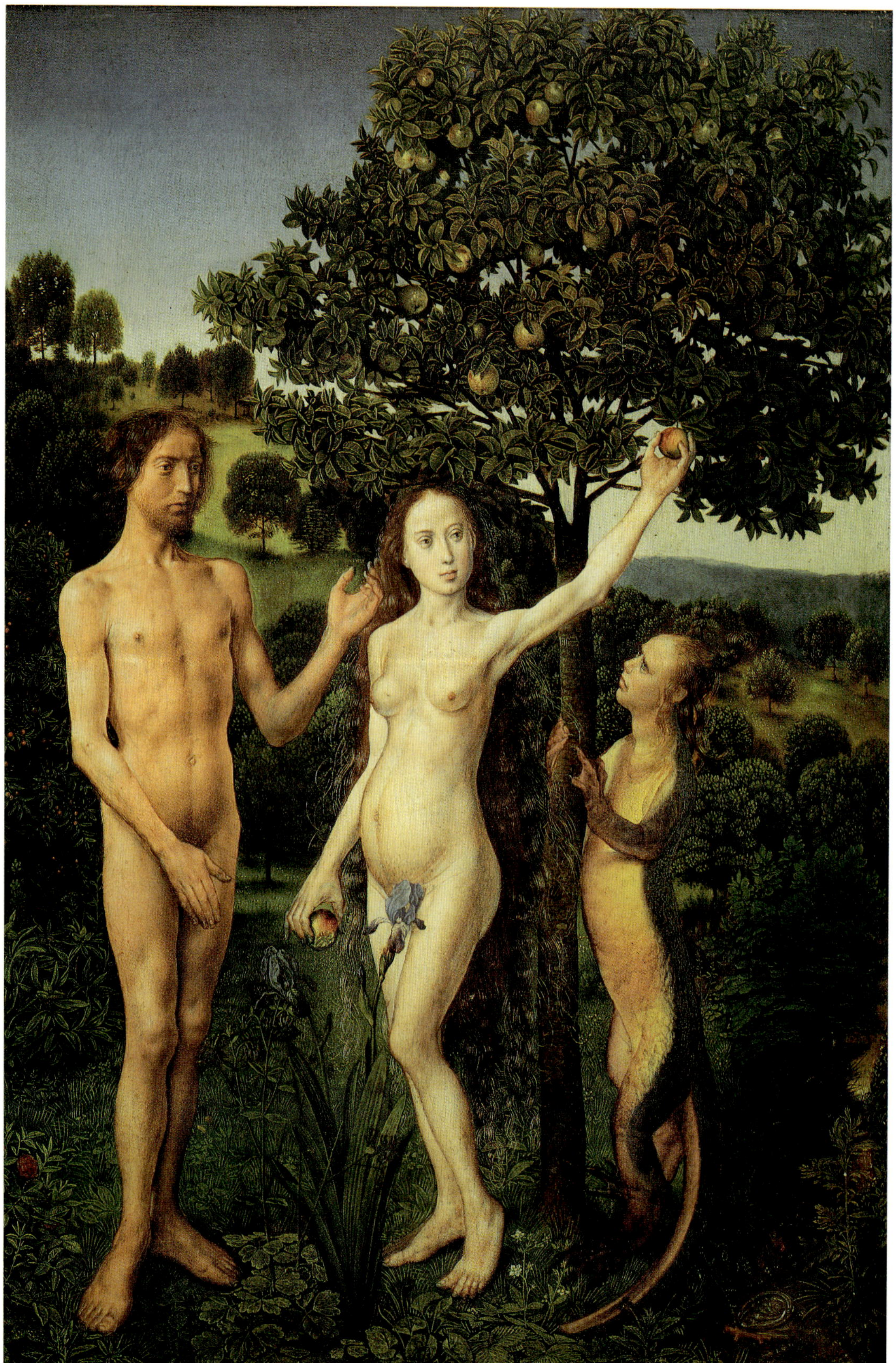

Hugo van der Goes. * Gent, 1440. † Brüssel, 1482. Der Sündenfall. Um 1470. Öl auf Holz. H 35,5 x B 23,2 cm. Kunsthistorisches Museum, Wien.

Van Gogh Vincent

Sonnenblumen

Funkelnd und glänzend explodiert diese Vase vor unbändiger Lebenskraft. Farbgetränkte, satte Pinselstriche erinnern an die Reliefbildung eines Bildhauers in Ton. Die Farben, Schattierungen von Gelb und Braun, und die Maltechnik stehen für eine schöne Welt aus Hoffnung und Sonnenschein. Doch als Van Gogh dieses Bild malte, entglitt ihm gerade eine solch geartete heile Welt. Vielleicht spiegelt der vehemente, fast besessene Farbauftrag den Geisteszustand des vor seinem tragischen Ende stehenden Malers wieder? Van Gogh, der die Natur liebte und die reine Schönheit in den kleinsten Dingen sah, zog es vor, etwa einen tatsächlichen Baum vor seinem Fenster statt irgendwelche Ideen oder Visionen darzustellen. Am 29. Juli 1890 beendete er sein beklagenswertes Leben in Auvers-sur-Oise.

☛ Auerbach, Derain, Gauguin, Matisse, Pechstein

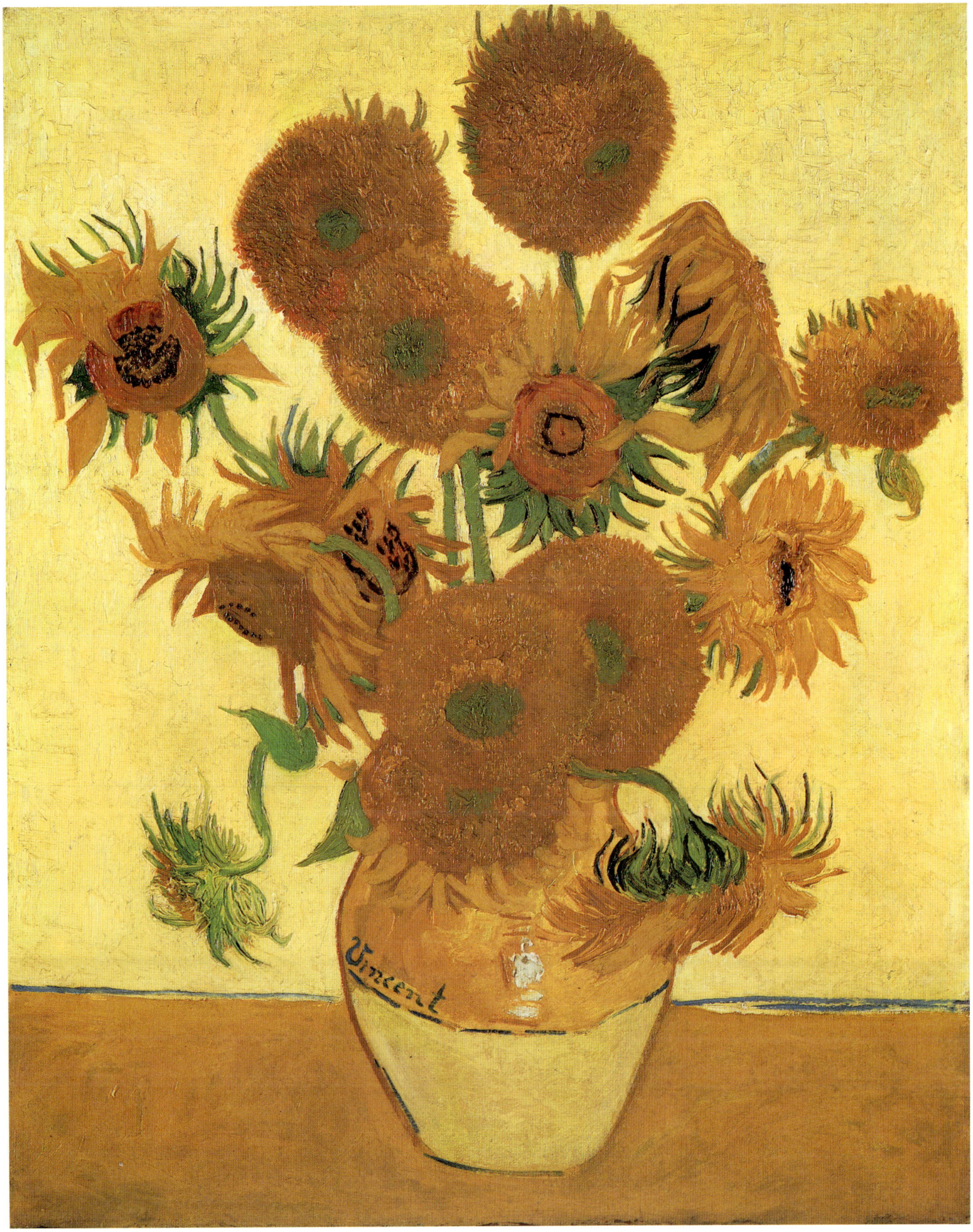

Vincent van Gogh. * Groot-Zundert, 1853. † Auvers-sur-Oise, 1890. Sonnenblumen. 1888. Öl auf Leinwand. H 92 x B 73 cm. National Gallery, London.

Gontscharova Natalia

Moskauer Sraße

Eine elegant gekleidete Dame spaziert auf einer unbelebten Straße aus dem Bild. Hinter ihr wartet in aller Seelenruhe eine Kutsche. Abgesehen von den müden Schritten der Frau gibt es keine Bewegung. Die Zeit steht still. Alles wurde auf flache und einfache Formen reduziert: Straße und Häuser zu Rechtecken, die Räder zu Kreisen, und die Frau findet ihre Form in der des Fahrzeugs wieder. Ruhige Farbtöne fügen eine Stimmung von Traurigkeit hinzu. Ein Hauch von verlorener Hoffnung zieht schwermütig durch das Bild. Gontscharova war zutiefst in der Volkstradition Rußlands verwurzelt, weshalb ihr Werk gelegentlich etwas von dieser einfachen Lebensart ausstrahlt. 1915 zog sie mit ihrem Mann Michail Larionow nach Paris, wo sie für Diaghilews Ballets Russes zahlreiche Bühnenbilder schuf.

☛ Appel, Chagall, Jawlensky, Modersohn-Becker, Wallis

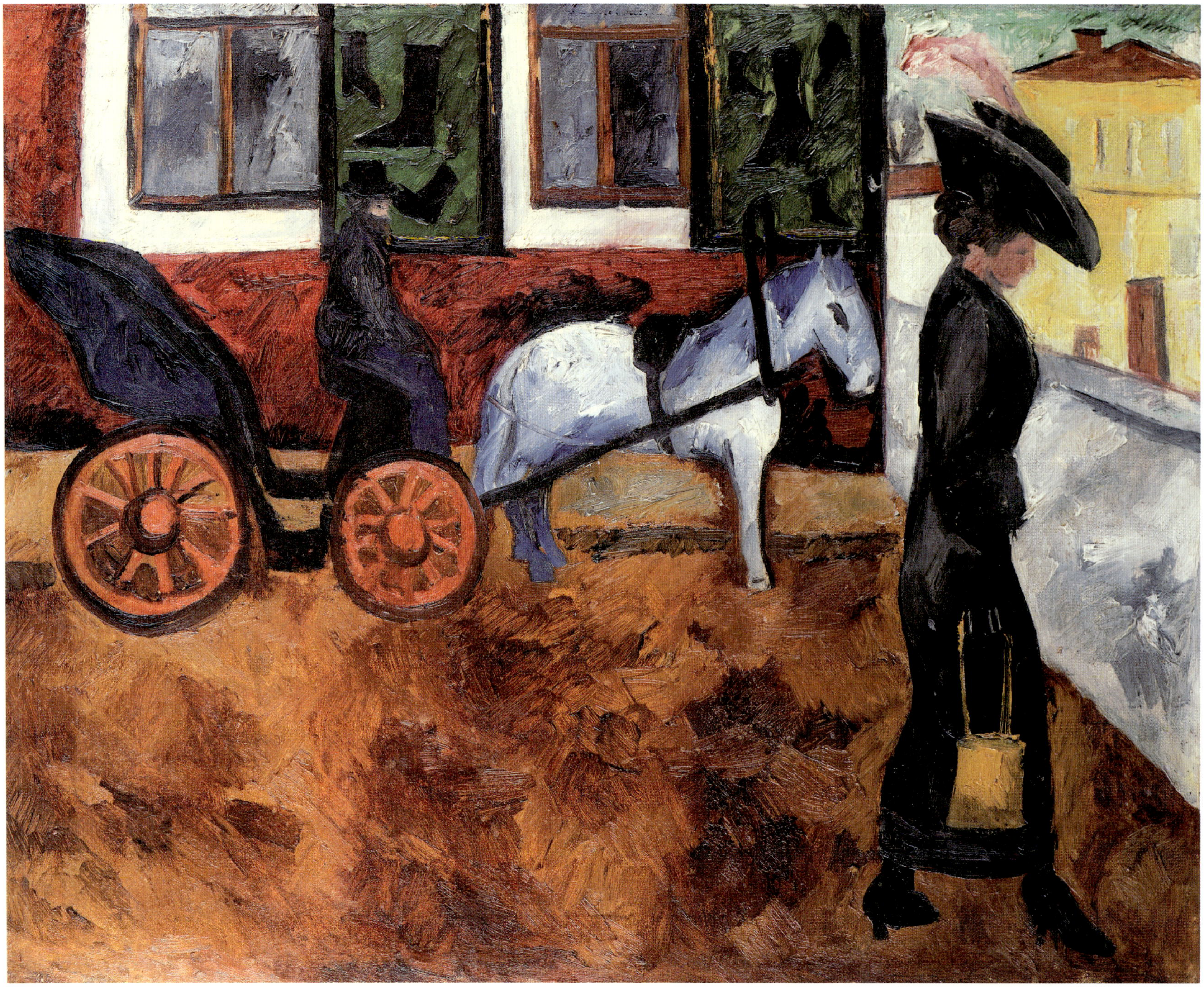

Natalia Gontscharova. * Ladyschkino bei Tula, 1881. † Paris, 1962. Moskauer Straße. 1909. Öl auf Leinwand. H 65 x B 79 cm. Privatsammlung.

Gorky Arshile

Der Wasserfall

Das scheinbar abstrakte Bild geht von einem kleinen Wasserfall in einem Wald aus. Man meint, ein Wasserstrom rinne, umgeben von überhängenden Bäumen und deren Laubwerk, durch den Felsen. Lebhafte Farben evozieren Sonnenlicht und Wassergeräusch. Der Künstler versteht es, durch die Bilder von Wald und Wasser himmlischen Frieden auszudrücken.

Das Bild zeigt die verrückte Zauberwelt des Surrealismus, dem sich Gorky damals zugewandt hatte, und die Unmittelbarkeit des Expressionismus. Der Armenier Gorky emigrierte 1920 in die USA. Man hat ihn als Exilkünstler bezeichnet, für den die Kunst die neue Heimat wurde. Gorky verwendete viele Motive aus seinem Heimatland. Nach Jahren der Entbehrung und kurzer Anerkennung erhängte er sich 1948 nach einem schweren Anfall von Depression.

☛ Dalí, Ernst, Frankenthaler, De Kooning, Lam, Rothko

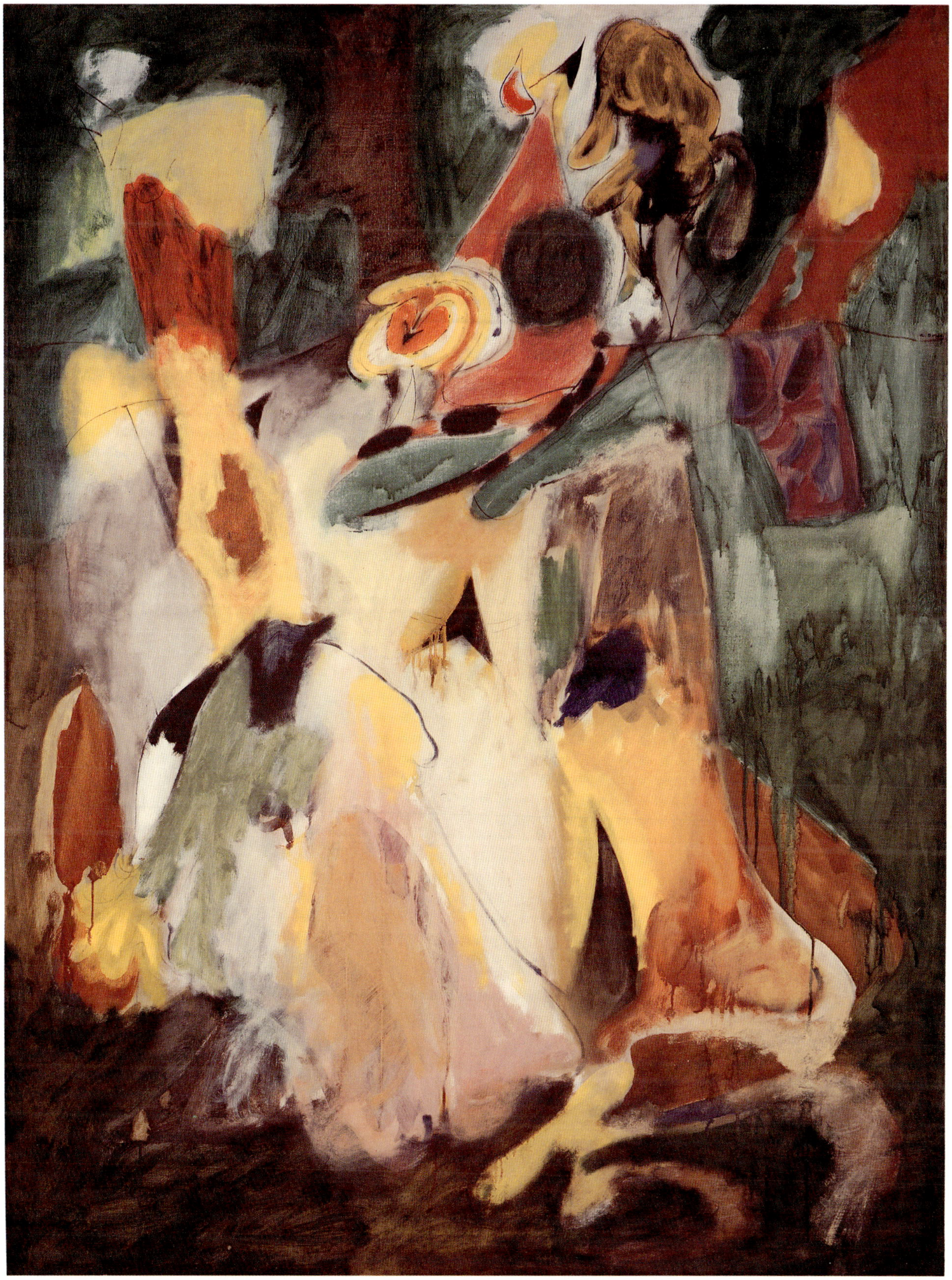

Arshile Gorky. * Hayotz Dzore, 1905. † Sherman, 1948. Der Wasserfall. 1943. Öl auf Leinwand. H 154 x B 113 cm. Tate Gallery, London.

Goya Francisco

Die Herzogin von Alba

Im modischen schwarzen Kostüm der Majas von Madrid, mit zurückgeworfenem Schleier, strahlt die Herzogin den Hauch aristokratischer Schönheit aus. Ihr zweifarbiges, üppiges Kleid ist kraftvoll gemalt. Gegen einen wolkenlosen Himmel postiert, bringt sie sich dominant ins Blickfeld. Die Herzogin war ein prominentes Mitglied der Hofgesellschaft von Madrid. Möglicherweise hatte sie ein Verhältnis mit Goya, wie man aus den Worten »nur Goya«, auf die sie deutet, und den Namen Goya und Alba auf ihren Ringen schließen möchte. Mit fortschreitendem Alter schuf Goya lieber Schreckens- und Fantasiebilder. Obwohl er Hofmaler war, sind viele seiner Bilder von der französischen Besetzung seines Landes thematisch bestimmt. Bis zu seinem Tod hat Goya an die 500 Ölbilder und an die 300 Radierungen und Lithographien geschaffen.

☛ Gainsborough, Manet, Ramsay, Reynolds, Velázquez

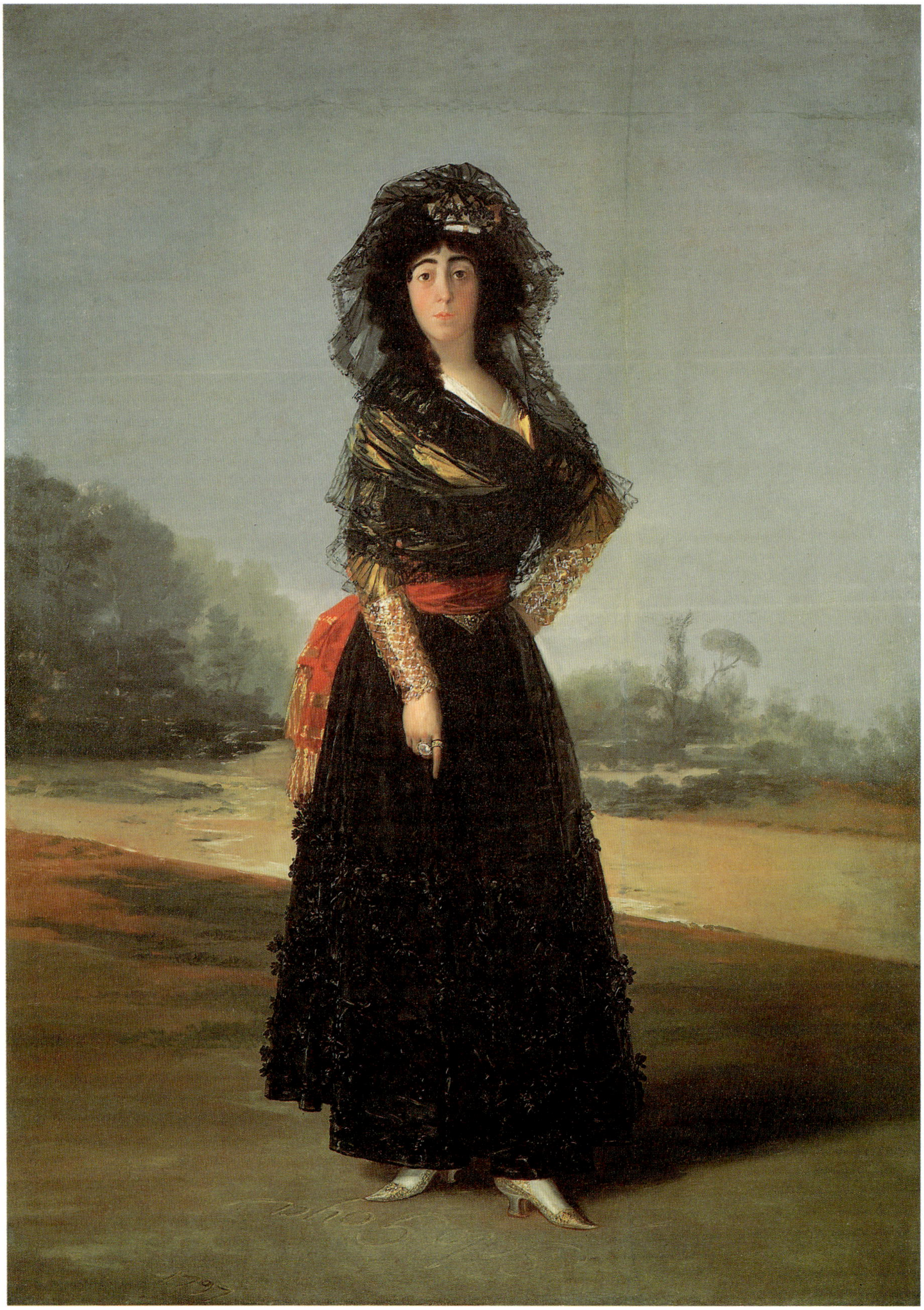

Francisco Goya y Lucientes. * Fuendetodos, 1746. † Bordeaux, 1828. Die Herzogin von Alba. 1797. Öl auf Leinwand. H 210 x B 148 cm. Hispanic Society of America Museum, New York.

Van Goyen Jan

Schiffe am Kai mit Burg

Die warmen Brauntöne verleihen dem turmbewehrten, festungsartigen Gebäude rechts eine idyllisch ländliche Note. Verfolgt man mit dem Auge den Flußlauf, werden die Farben mit zunehmender Entfernung schwächer. Die niedere Horizontlinie ruft die flache holländische Landschaft ins Gedächtnis, was noch hervorgehoben wird durch den weiten, übermächtigen Himmel, der für die holländische Malerei des 17. Jahrhunderts so wichtig war, daß er bis zu Dreiviertel der Bildfläche einnahm. Van Goyen fing als einer der ersten Maler Licht und atmosphärische Effekte ein. Viele seiner Bilder gehen auf Naturstudien zurück, die dann immer wieder auf seinen Bildern auftauchen. Van Goyen hatte viele Schüler, aber auch viele Nachahmer. Seine zahlreichen Werke wurden maßgebend für die nachfolgende Entwicklung der Landschaftsmalerei.

☛ Avercamp, Bonington, Boudin, Hobbema, Ruysdael

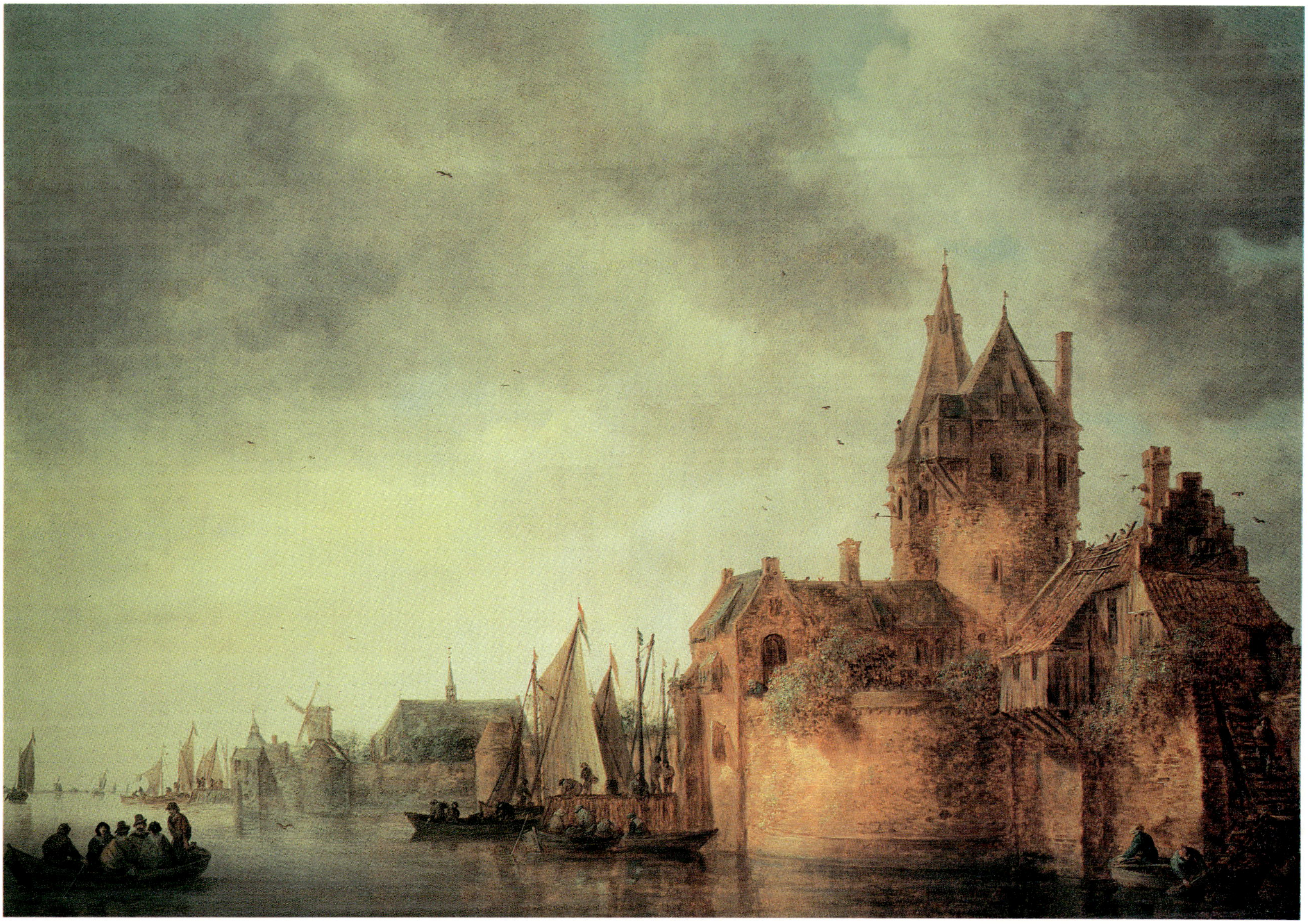

Jan van Goyen. * Leyden, 1596. † Den Haag, 1656. Schiffe am Kai mit Burg. 1642. Öl auf Leinwand. H 103 x B 140 cm. Privatsammlung.

Gozzoli Benozzo

Der Zug der Heiligen Drei Könige

Pelzbesetzte Oberkleider, goldenes Zaumzeug, scharlachrote Roben und prächtige Rosse bilden einen wirklich großartigen Zug. Das Thema war bei reichen Auftraggebern sehr beliebt, denn die üppige Verwendung von kostbaren Farben und Blattgold hob auch ihren eigenen Wohlstand hervor. Das vorliegende Werk ist Teil eines Freskenzyklus in der Palastkapelle des Cosimo de Medici in Florenz. Nicht jeder Palast hatte den Luxus einer eigenen Hauskapelle, doch bei Cosimo dem Prächtigen war eben vieles anders. Gozzoli hat in dem Fresko Familienmitglieder der Medici miteinbezogen. So soll der junge Weise in der Goldrobe Lorenzo de Medici sein. Als Schüler von Fra Angelico vertrat Gozzoli im Gegensatz zu seinem Zeitgenossen Mantegna die internationale Gotik, die besonders in seinem Talent für dekorative Umzüge zum Ausdruck kommt.

☛ Fra Angelico, Gentile da Fabriano, Mantegna, Uccello

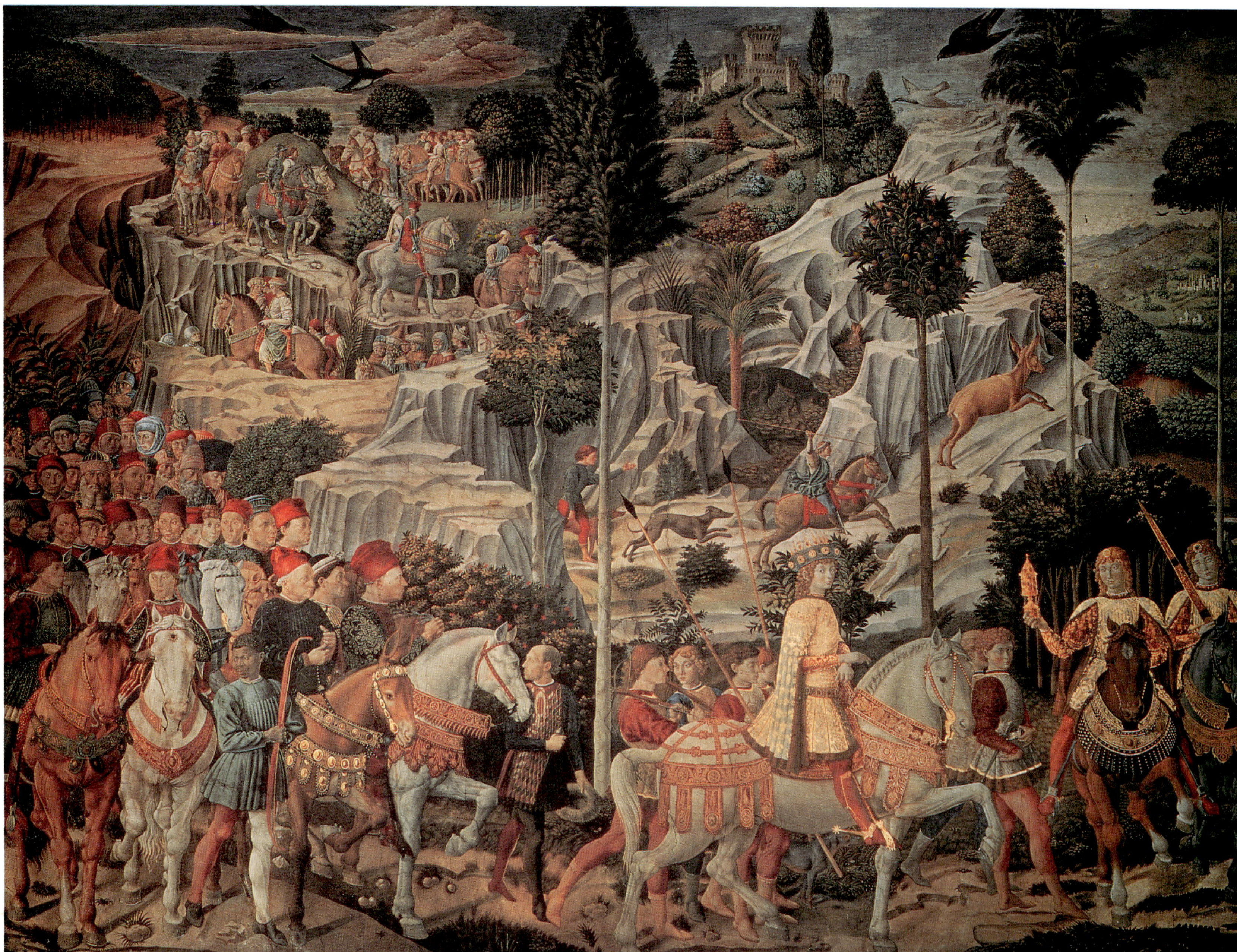

Benozzo Gozzoli. * Florenz, 1420. † Pistoia, 1497. Der Zug der Heiligen Drei Könige. 1459. Fresko. Palazzo Medici-Riccardi, Florenz.

El Greco

Das Begräbnis des Grafen von Orgaz

Aus wirbelnden Farben entsteht hier ein bewegtes und visionäres Bild des Himmels. Graf Orgaz war ein hoher Würdenträger Toledos und so fromm, daß bei seiner Beerdigung die Heiligen Augustinus und Stephanus erschienen, um ihn persönlich ins Grab zu legen. Darüber steigt seine Seele zum Himmel auf, und Adel und Klerus von Toledo wohnen dem Geschehen bei. Nach seiner Ausbildung in Venedig und Rom ließ sich der gebürtige Kreter – daher sein Beiname El Greco – in Toledo nieder. Er verwandelte die mächtigen Vorbilder Michelangelo, Raffael und Tizian zu einem entschieden persönlichen und vergeistigten Stil, in dem gelängte Formen und leuchtende, manchmal unirdische Farben in den Vordergrund rücken. El Greco verkörpert somit die höchste Ausformung des manieristischen Stils.

☛ Andrea del Sarto, Michelangelo, Raffael, Tizian

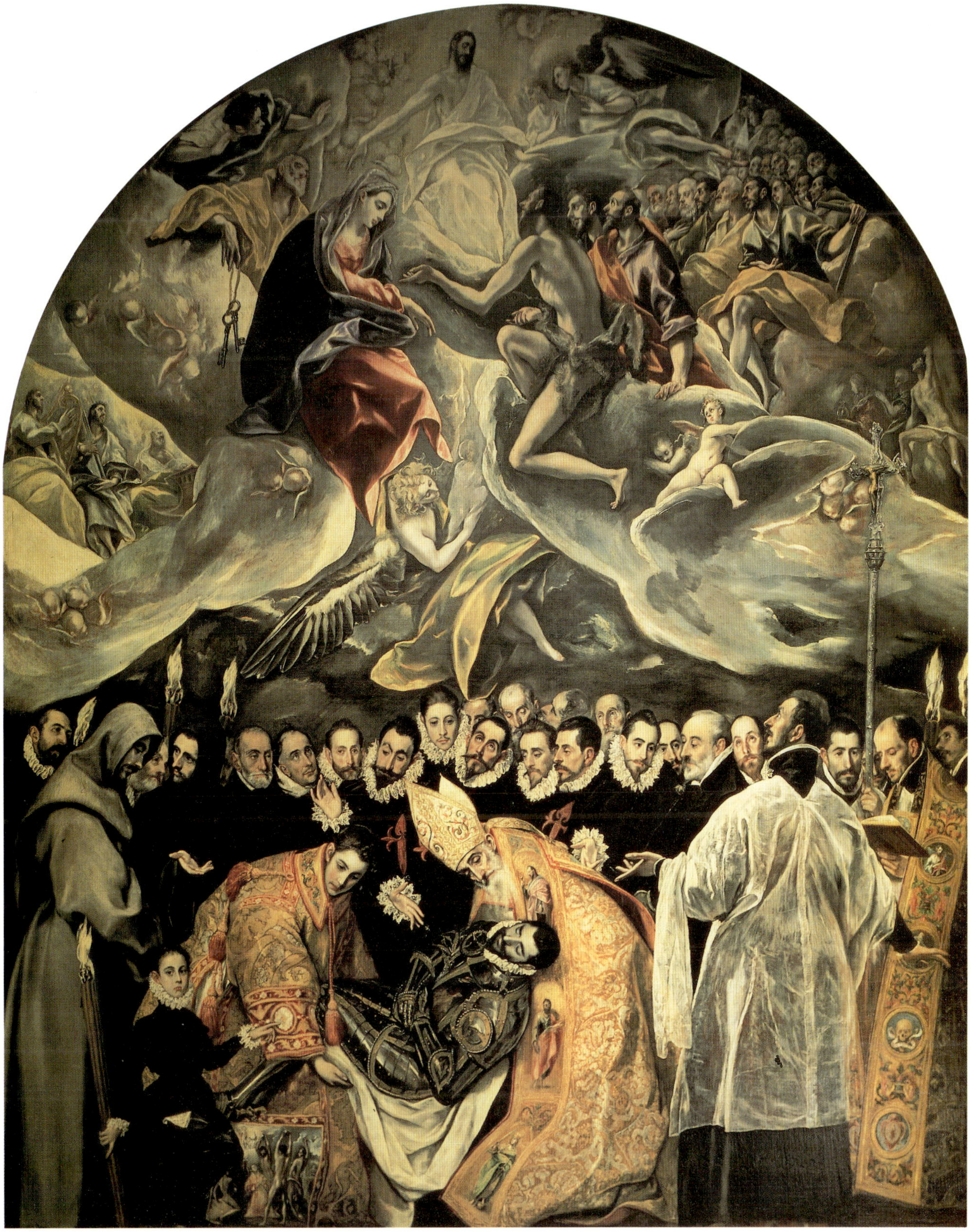

El Greco (Domenikos Theotokopoulos). * Kreta, 1541. † Toledo, 1614. Das Begräbnis des Grafen von Orgaz. 1586. Öl auf Leinwand. H 487,7 x B 360,7 cm. San Tomé, Toledo.

Greuze Jean-Baptiste

Der Gitarrenspieler

Angestrengt horchend stimmt ein junger Mann in malerischer Kleidung seine Gitarre. Seine müden, weit geöffneten Augen und seine ganze Aufmachung deuten auf eine zügellose Lebensführung. Es ist eine aufwendig gemalte Szene, angefüllt mit all den typischen Details der niederländischen Genremalerei, deren Art Greuze wachzurufen bemüht ist. Greuzes Alltagsszenen verbergen meist eine moralisierende Botschaft. Diese Bilder wurden im Frankreich des 18. Jahrhunderts rasch beliebt und von Moralphilosophen wie Diderot hoch gepriesen. Als der Neoklassizismus Davidscher Prägung in Mode kam, war Greuze mit seinem Stil nicht mehr auf der Höhe seiner Zeit. Um gefragt zu bleiben, wandte er sich sentimentalen Themen zu. Deshalb blieben zahlreiche seiner frühen Werke lange Zeit unbeachtet.

☛ J.-L. David, Hogarth, Honthorst, Steen, Terbrugghen

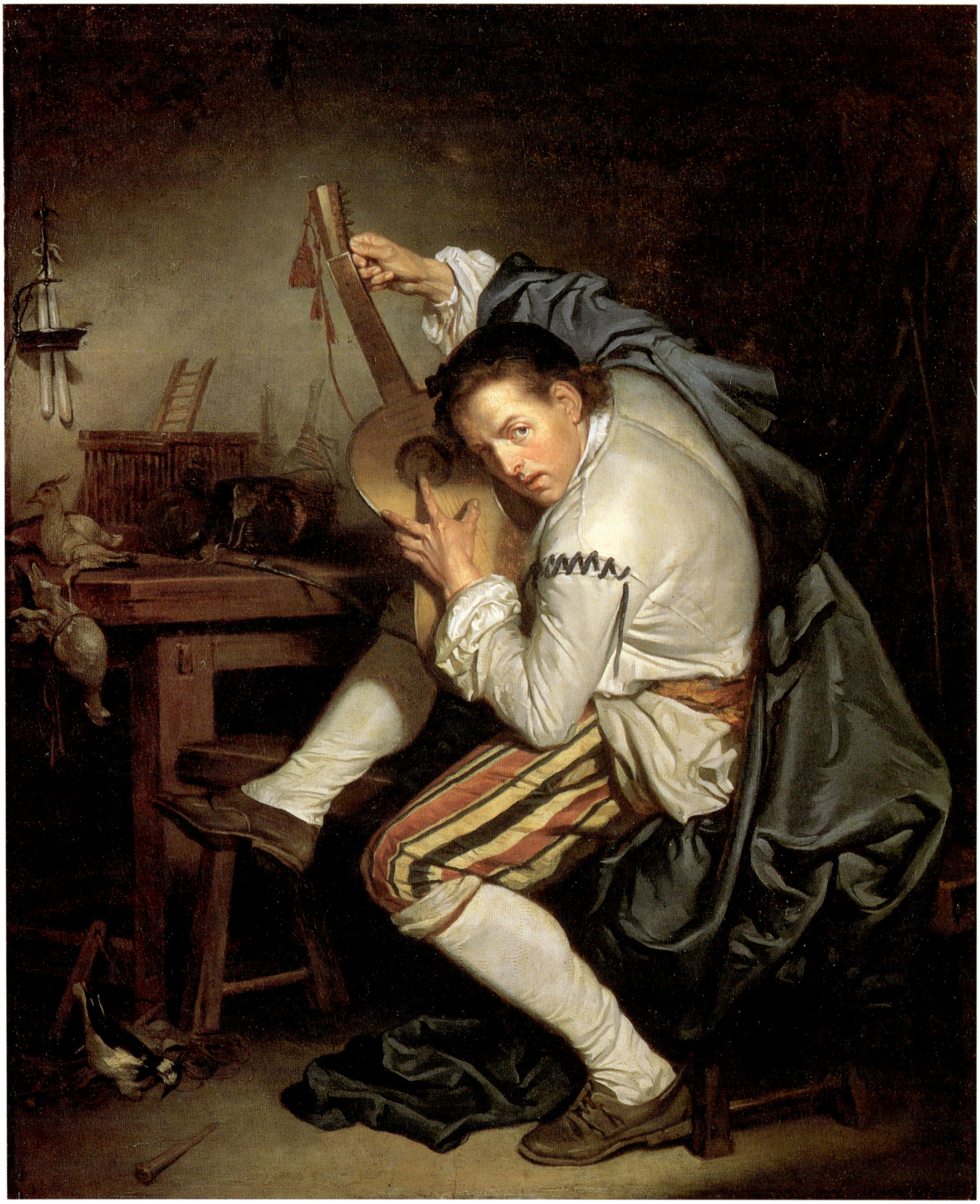

Jean-Baptiste Greuze. * Tournus, 1725. † Paris, 1805. Der Gitarrenspieler. Um 1760. Öl auf Leinwand. H 71 x B 57 cm. Musée des Beaux-Arts, Nantes.

Grimshaw Atkinson

Abenddämmerung auf der Themse

Vollmond beherrscht diese atmosphärische Flußszene. Er taucht die Themse und die auf ihr dümpelnden Schiffe in fahlgrünes Licht. Die Spiegelung des Mondlichtes lenkt das Auge des Betrachters auf die entfernte Kuppel von St. Paul's Cathedral. Bei diesem geheimnisvollen Licht erscheint der berühmte Anblick ganz anders als bei Tag. Die Komposition ist fast symmetrisch aufgebaut. Nur die senkrechten Schiffsmasten, die dürr und nackt wie Skelette in die Höhe ragen, stören etwas die Ruhe. Grimshaw war spezialisiert auf solche Nachtbilder mit Mondlichteffekt. Wie sein Zeitgenosse Whistler liebte Grimshaw die Themse. Whistler, der ebenfalls für seine Nachtbilder berühmt war, gestand: »Ich dachte, ich hatte diese Nachtstucke erfunden, bis ich die Mondlichtbilder von Grimshaw zum ersten Mal sah.«

☛ Friedrich, Spilliaert, Turner, Whistler

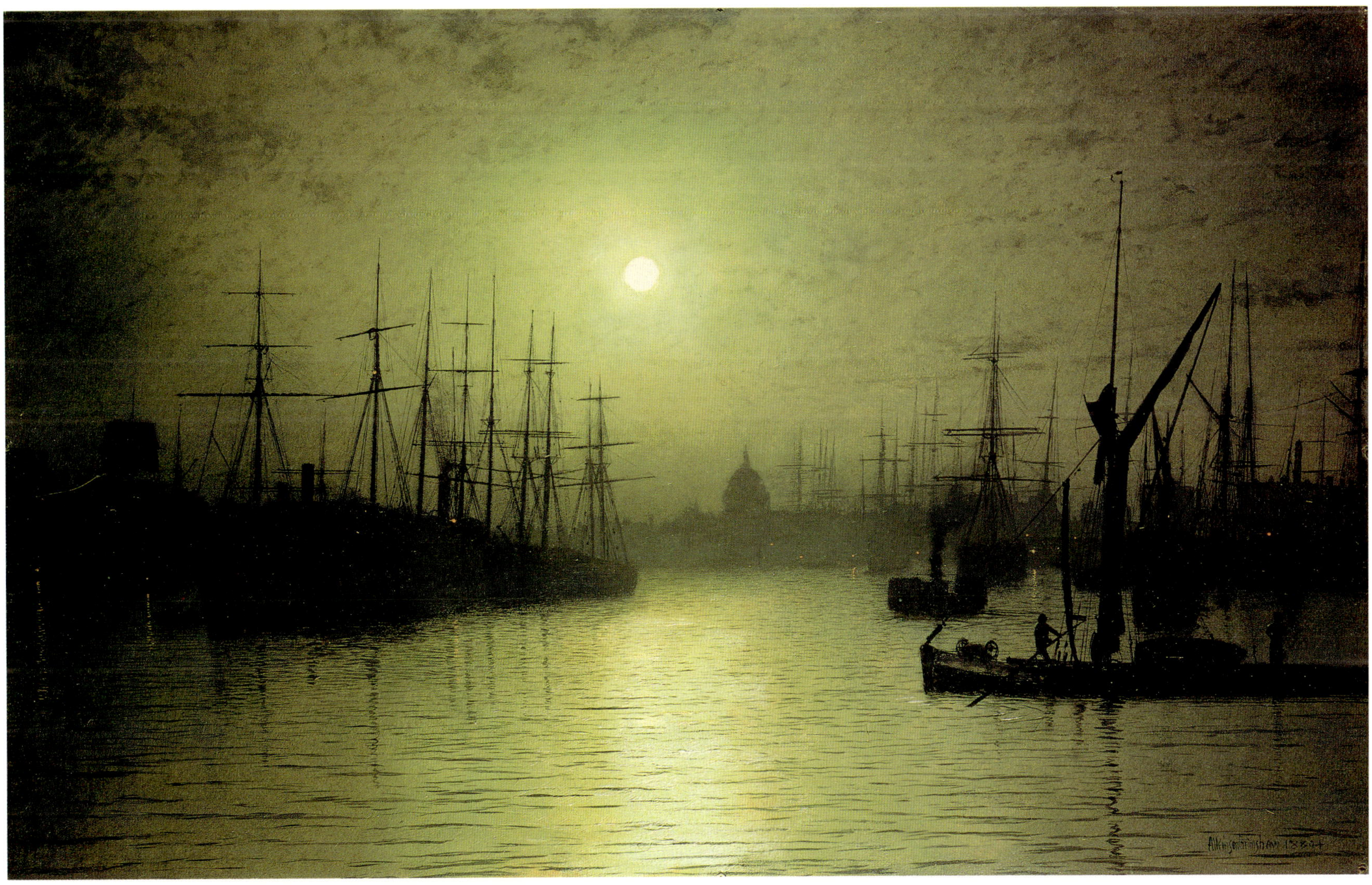

Atkinson Grimshaw. * Leeds, 1836. † Leeds, 1893. Abenddämmerung auf der Themse. 1880. Öl auf Holz. H 40,2 x B 63,1 cm. Leeds City Art Gallery, Leeds.

Gris Juan

Gläser, Zeitung und Weinflasche

Mit Hilfe von Zeitungsausschnitten hat Gris dieses Stilleben aufgebaut. Die Gegenstände – Gläser, Zeitung und Weinflasche – wurden sowohl als ganze Formen wie auch als Fragmente übernommen, bemalt und zusammengeleimt. Alles vollzieht sich innerhalb der begrenzten Vertikalfläche der kubistischen Technik. Gris schuf eine Art Perspektive und unterschiedliche Raumniveaus dadurch, daß er die Flächen hintereinander gestaffelt hat. Die Bedeutung des Werkes liegt in der neuartigen Methode, verschiedene Ansichten eines Gegenstandes gleichzeitig abzubilden, ohne die Hilfsmittel von Licht und Schatten einzusetzen. Mit dieser neugeschaffenen Realität gibt Gris, der eigentlich nie Kubist sein wollte, ein Musterbeispiel gerade dieses Stils. Der gebürtige Spanier arbeitete überwiegend in Paris.

☛ Archipenko, Braque, Kupka, Léger, Picasso, Schwitters

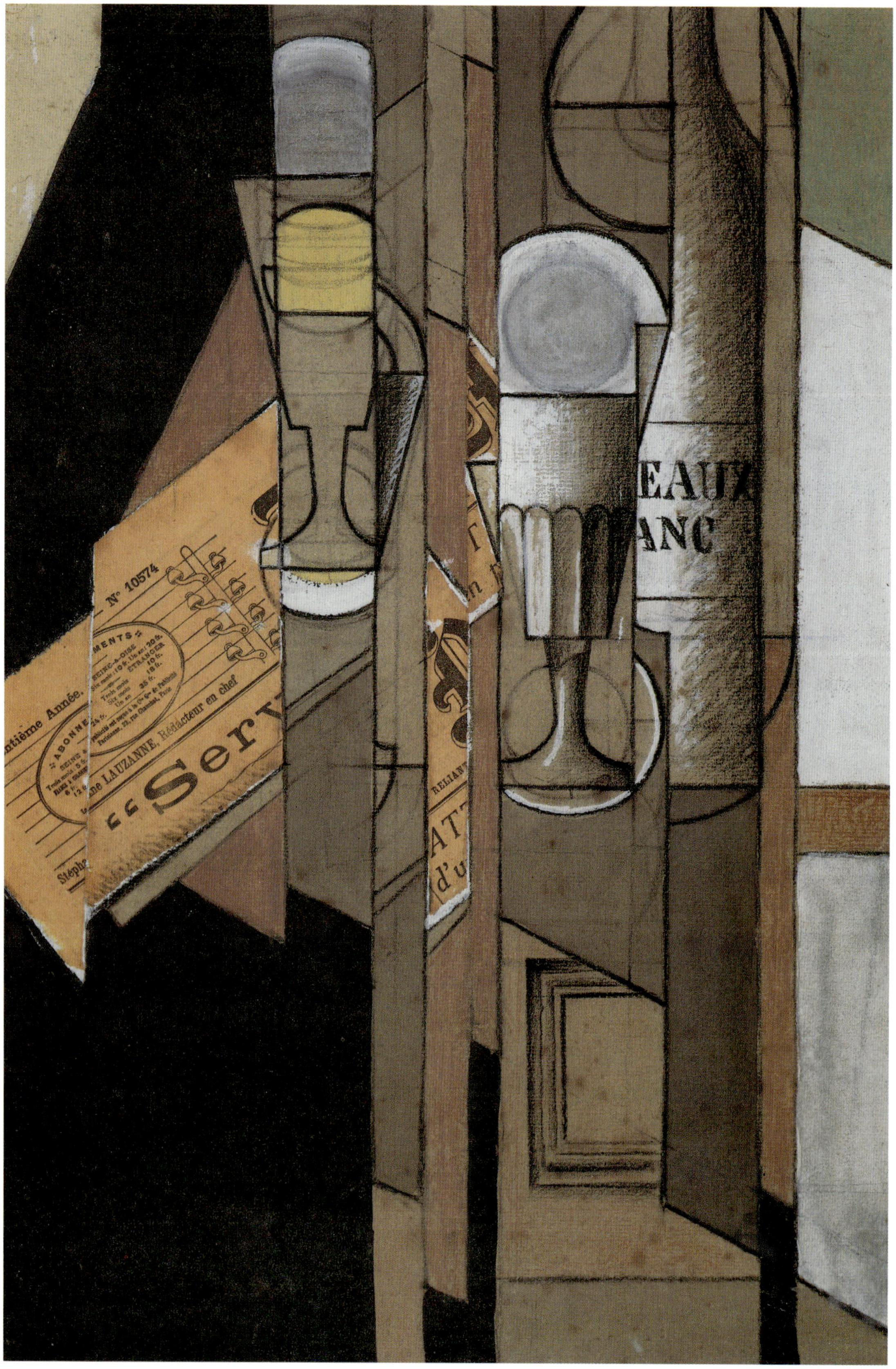

Juan Gris. * Madrid, 1887. † Paris, 1927. Gläser, Zeitung und Weinflasche. 1913. Collagetechnik, Aquarell, Farbkreide und Kohle auf Papier. H 45 x B 29,5 cm. Privatsammlung.

1796 schlägt Napoleon die Italiener in der Schlacht von Arcole. Napoleons Charaktergesicht hat Gros offensichtlich vorher in natura studiert, was dem Bild einen höchst naturalistischen Zug verleiht. Nicht ein verallgemeinerndes Siegerbild, sondern die Darstellung eines ganz speziellen zeitgenössischen Ereignisses wird gegeben. Obwohl Gros einst Schüler des mit ihm befreundeten Neoklassizisten J.-L. David war, wird er noch im 18. Jahrhundert zum Vorkämpfer für Realismus und Romantik. Seine dunklen Farben und naturalistischen Kompositionen widersetzten sich den neoklassizistischen Vorstellungen. Gros wurde zum offiziellen Schlachtenmaler Napoleons, und er verstand es, immer die richtige Stimmung einzufangen. Weil er sich nach 1820 wieder dem Neoklassizismus annäherte, geriet er in Vergessenheit. 1835 beging er Selbstmord.

☛ J.-L. David, Delacroix, Géricault, Lawrence

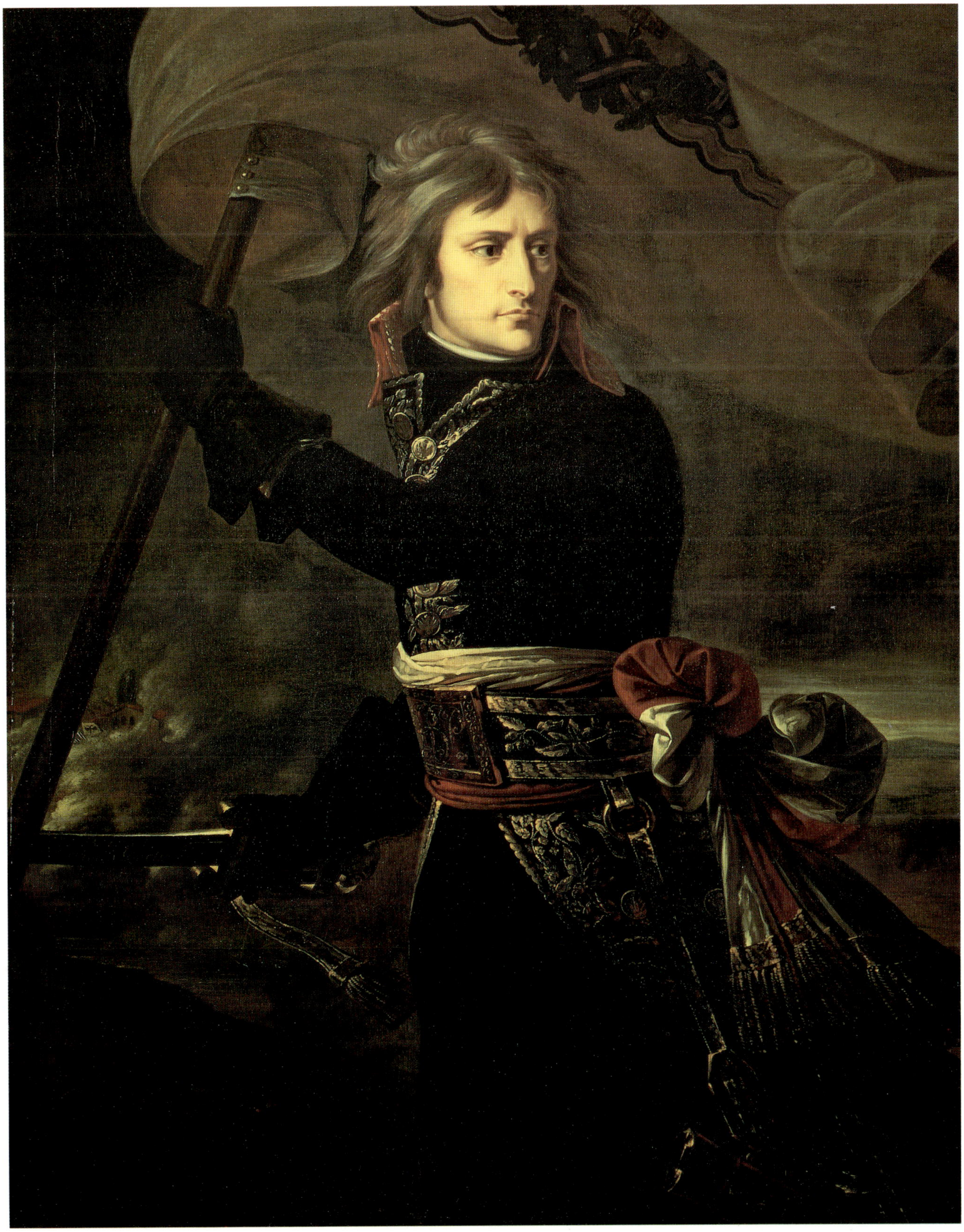

Antoine-Jean Baron de Gros. * Paris, 1771. † Meudon, 1835. Napoleon auf der Brücke von Arcole. 1796-97. Öl auf Leinwand. H 134 x B 104 cm. Eremitage, St. Petersburg.

Grosz George

Berliner Straßenszene

Auf einer Geschäftsstraße in Berlin rümpft eine elegant gekleidete Frau mit Stöckelschuhen und Pelzkragen hochmütig ihre Nase über einen geschniegelten, ihr zublinzelnden Herrn. Ganz in ihre Flirterei vertieft, nimmt keiner der beiden Notiz von dem zerlumpten Bettler neben ihnen. Dieses Aquarell karikiert in vernichtender Weise die Zustände in Deutschland nach dem 1. Weltkrieg. Diese Satire auf die sozialen Unterschiede, die selbstsüchtige Raffgier und die Sittenverderbtheit der Zeit ist wie vieles im Werk dieses Künstlers von beängstigender Art. Grosz' Abscheu vor der dekadenten, im höchsten Maße unmoralischen Gesellschaft bewog ihn, seinen Ärger auf künstlerischem Wege zu entladen und schließlich nach Amerika auszuwandern. Vom ursprünglich satirischen Zeichner entwickelte sich Grosz nach 1918 zu einem führenden Mitglied der Berliner Dadagruppe.

☛ Daumier, Dix, Hausmann, Schwitters

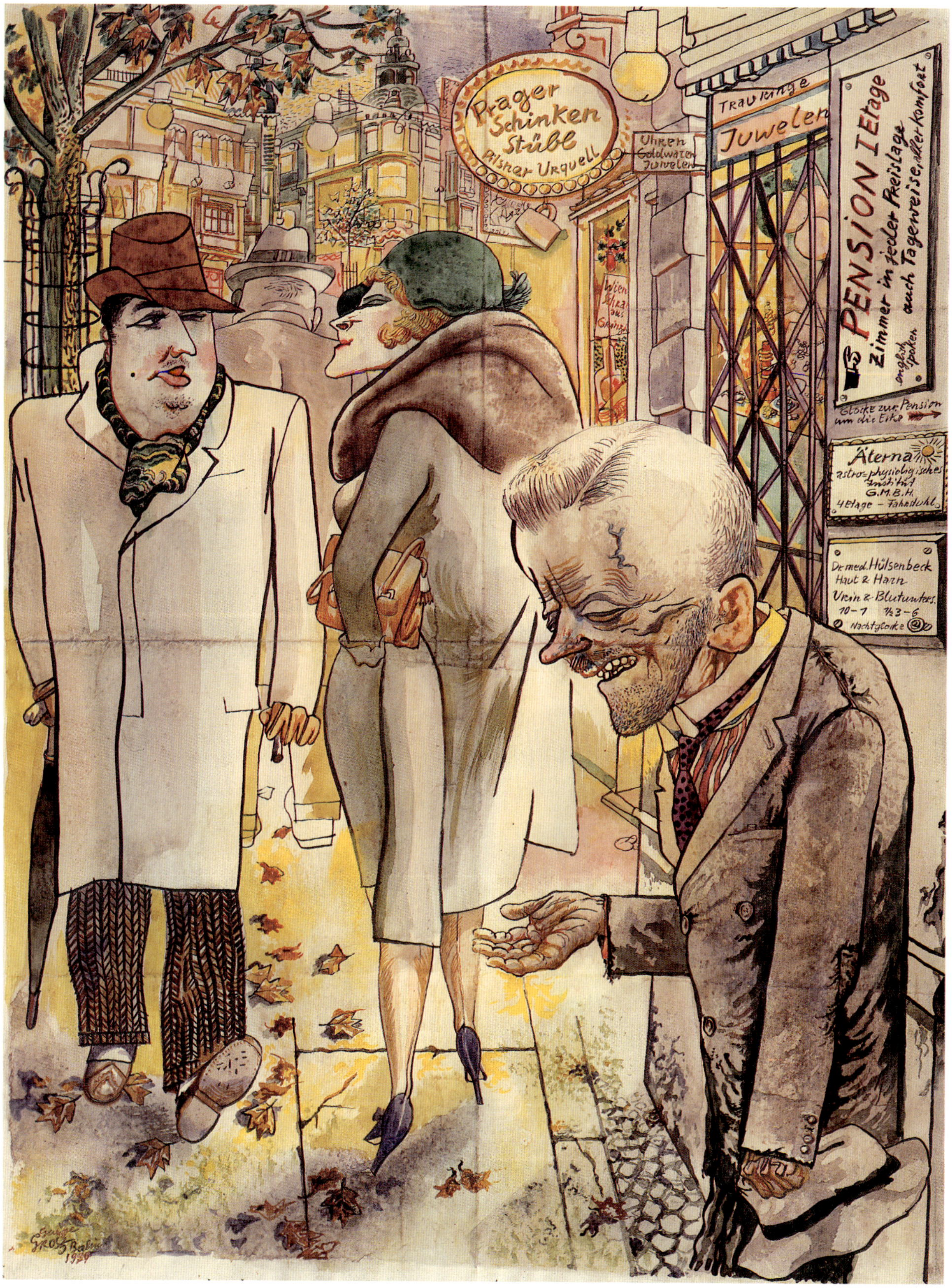

George Grosz. * Berlin, 1893. † Berlin, 1959. Berliner Straßenszene. 1930. Wasserfarben, Tinte und Öl auf Papier. H 60 x B 46 cm. Privatsammlung.

Grünewald Matthias

Kreuzigung

Mit einem Buch in der linken Hand deutet Johannes der Täufer auf den sterbenden Christus am Kreuz. Die lateinische Inschrift dahinter bedeutet: »Er muß wachsen, ich muß abnehmen.« Christi überlange Finger sind vor Schmerz gespreizt, Blut tropft aus der Seitenwunde, und sein Leib ist von eiternden Wunden überzogen. Maria Magdalena mit dem Salböl kniet zu Füßen des Kreuzes, und Johannes der Evangelist stützt die ohnmächtige Mutter Gottes. Grünewald wollte, daß der Betrachter vom selben Schmerz erfüllt sein sollte wie die Personen auf dem Bild. Diese Kreuzigung bildet die Mitteltafel im geschlossenen Zustand des berühmten Isenheimer Altares. Grünewald war Zeitgenosse von Dürer und ebenfalls als Maler hochgeachtet. Jahrhundertelang hatte man ihn allerdings wegen eines Fehlers in einer Biographie des 17. Jahrhunderts als Grünewald statt mit seinem richtigen Namen Mathis Gothart Neithart verehrt.

☛ Dürer, El Greco, Masaccio, Orozco, Rouault

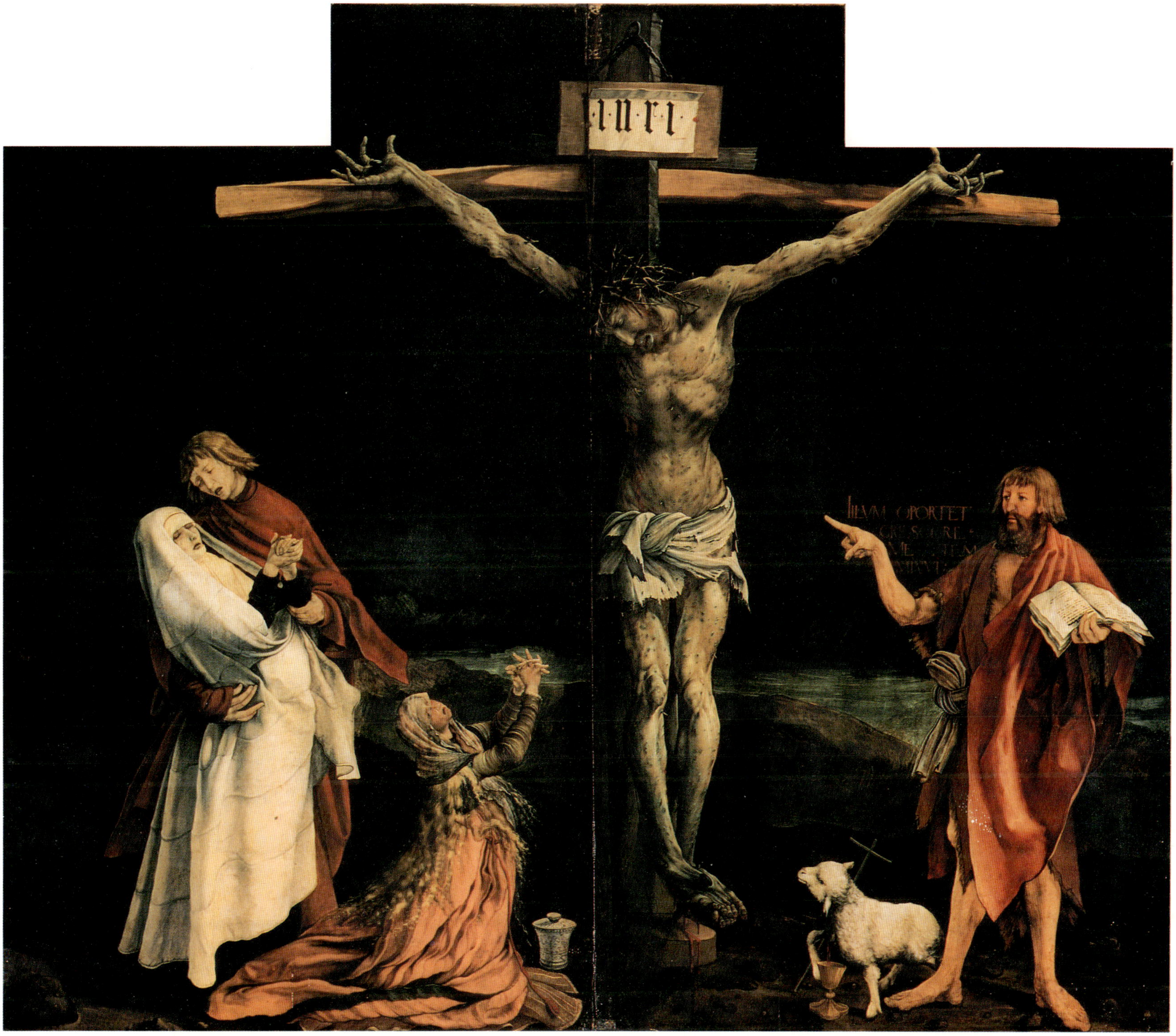

Matthias Grünewald. * Würzburg, 1470/1475. † Halle, 1528. Kreuzigung. Um 1515. Öl auf Holz. H 269 x B 307 cm. Musée d'Unterlinden, Colmar.

Guardi Francesco

Architektonische Spielerei

Hinter Arkaden öffnet sich ein Platz, und eine breite Treppe führt zu einem prächtigen Palast. Die Szene ist gespickt mit beiläufigen Details, wie z. B. die Bettwäsche auf einem Balkon oder die Almosenspende nobler Herren an einen Bettler. All dies verleiht dem Bild Leben. Guardi verwendete reale Einzelheiten seiner Geburtsstadt, um dieser erfundenen Stadtlandschaft Glaubwürdigkeit zu verleihen. Guardi verdankte Canaletto sehr viel, der vielleicht auch sein Lehrer war. Doch statt Canalettos präziser Zeichnung bevorzugte Guardi eine freiere und spontanere Ausdrucksweise, die mit einem feinen Gespür für Ambiente angereichert wird. Mit seinen zum Teil erfundenen romantischen Bildteilen interpretierte er mehr als er abbildete. Dies trifft besonders auf die Lichtgebung und die Bewegungselemente zu.

☛ Bellotto, Bordone, Canaletto, Pannini, Siberechts

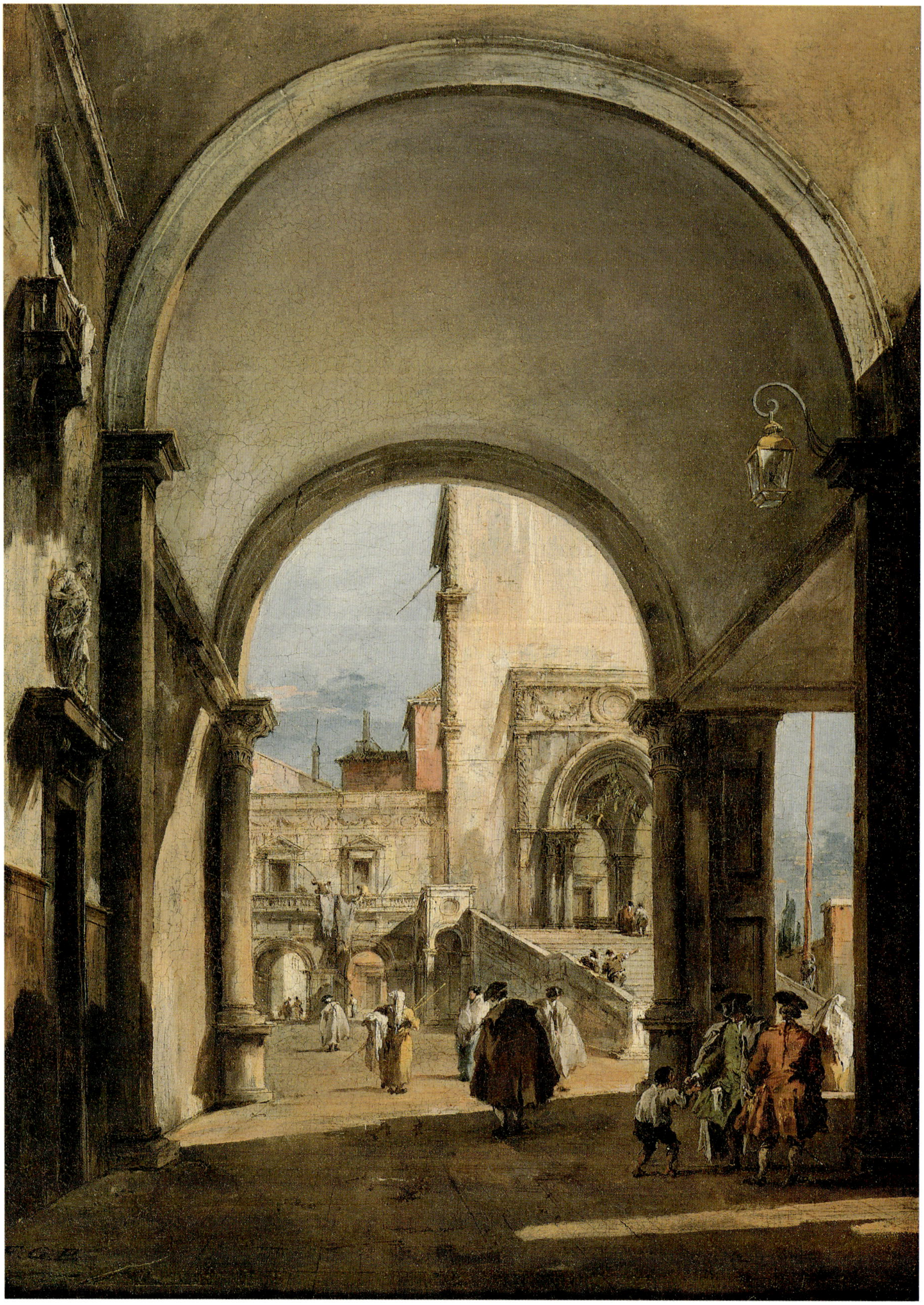

Francesco Guardi. * Venedig, 1712. † Venedig, 1793. Architektonische Spielerei. Um 1770-80. Öl auf Leinwand. H 54 x B 36 cm. National Gallery, London.

Guercino

Jakob erhält Josephs Rock

Der alte Jakob wird in dem Moment dargestellt, in dem er das Überkleid seines Lieblingssohnes Joseph entgegennimmt, der von seinen Brüdern in die Sklaverei verkauft worden ist. Der Rock ist mit Ziegenblut befleckt, um Jakob vom Tode seines Sohnes zu überzeugen. Mit erhobener Rechter und himmelwärts gerichteten Augen scheint Jakob mit Gott zu hadern. Der Rock liegt zum Teil auf einer Balustrade, die dadurch an eine Grabplatte erinnert. Vor dunklem Hintergrund beherrscht Jakob in eindringlicher Monumentalität das Bild. Die verdichtete und gesteigerte Atmosphäre ist typisch für den Hochbarock. Außer durch seine Abkunft von der Carracci-Akademie in Bologna wurde Guercino von Caravaggios neuer Art zu malen beeinflußt. Doch um den Reichtum der Farben nicht zu beeinträchtigen, wird Caravaggios Helldunkel-Technik nicht so hart vorgetragen.

☛ Caravaggio, Carracci, Jordaens, Reni, Ribera

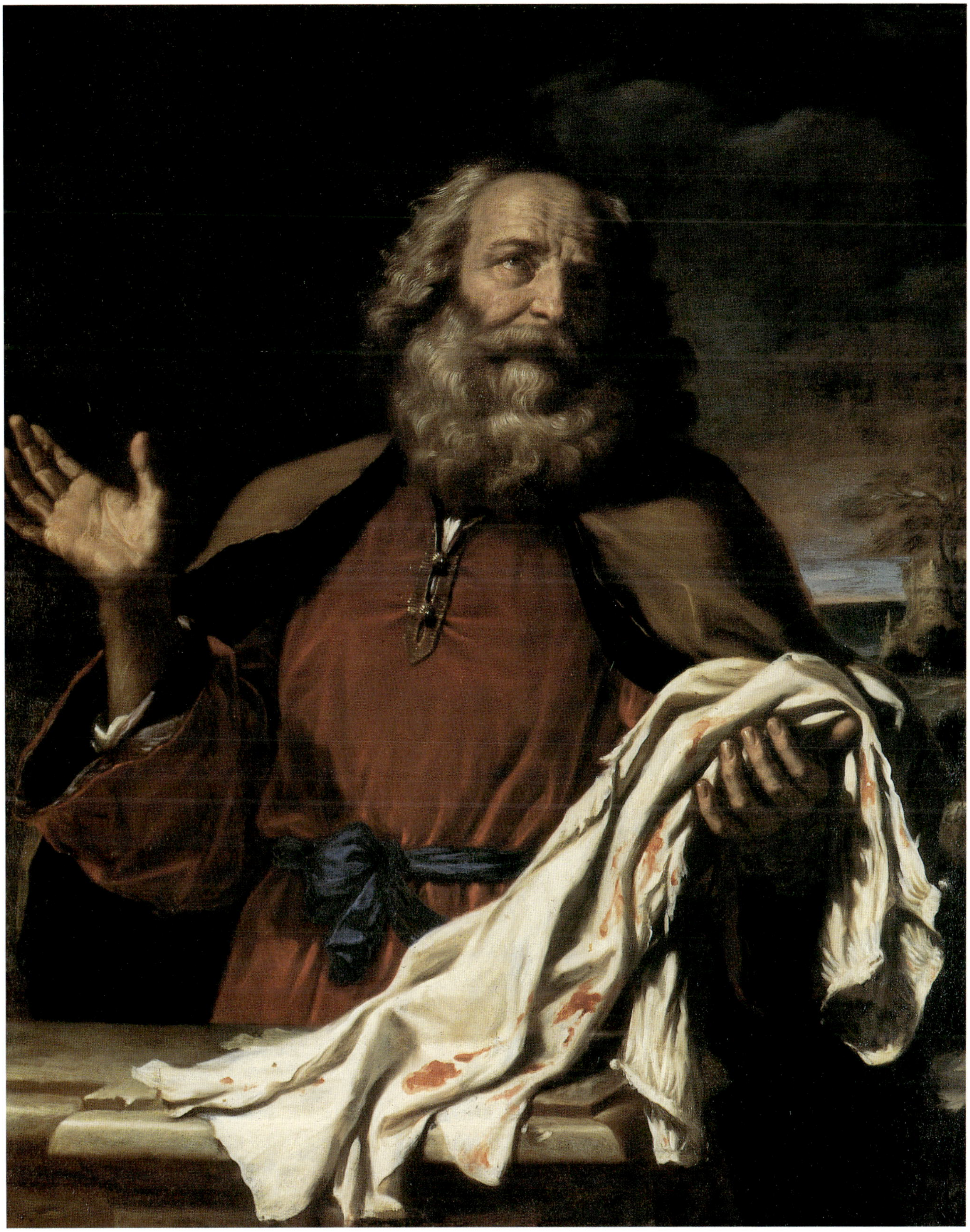

Guercino. * Cento, 1591. † Bologna, 1666. Jakob erhält Josephs Rock. Um 1625. Öl auf Leinwand. H 115,5 x B 94 cm. Burghley House, Stamford.

Guston Philip

Schlafen

Eine Figur wie ein Tramper, vielleicht der Künstler selbst, liegt an einem düster dunklen Ort. Das Karikaturhafte wurde mit absichtlicher Plumpheit wiedergegeben; die Farbpalette ist reduziert auf Rot, Schwarz, Rosa und Weiß und wurde mit kräftigen selbstsicheren Strichen aufgetragen. Dieses Spätwerk des Künstlers ist ein ironischer Kommentar zum Leben städtischer Unterschichten. Guston löste sich 1970 von den Abstrakten Expressionisten zugunsten einer fast grobschlächtigen Personendarstellung. Seine Begründung: »Ich war krank und müde von der sogenannten ›reinen Malerei‹, ich wollte etwas erzählen.« In Comic strip-Manier und mit harten dissonanten Farben werden sozialkritische Themen wie Obdachlosigkeit oder der Ku-Klux-Klan behandelt. Kunstprofessur, Ford-Stiftung und Retrospektive im Guggenheim Museum (New York) brachten internationale Anerkennung.

☛ Baselitz, Kline, De Kooning, Pollock, Rothko

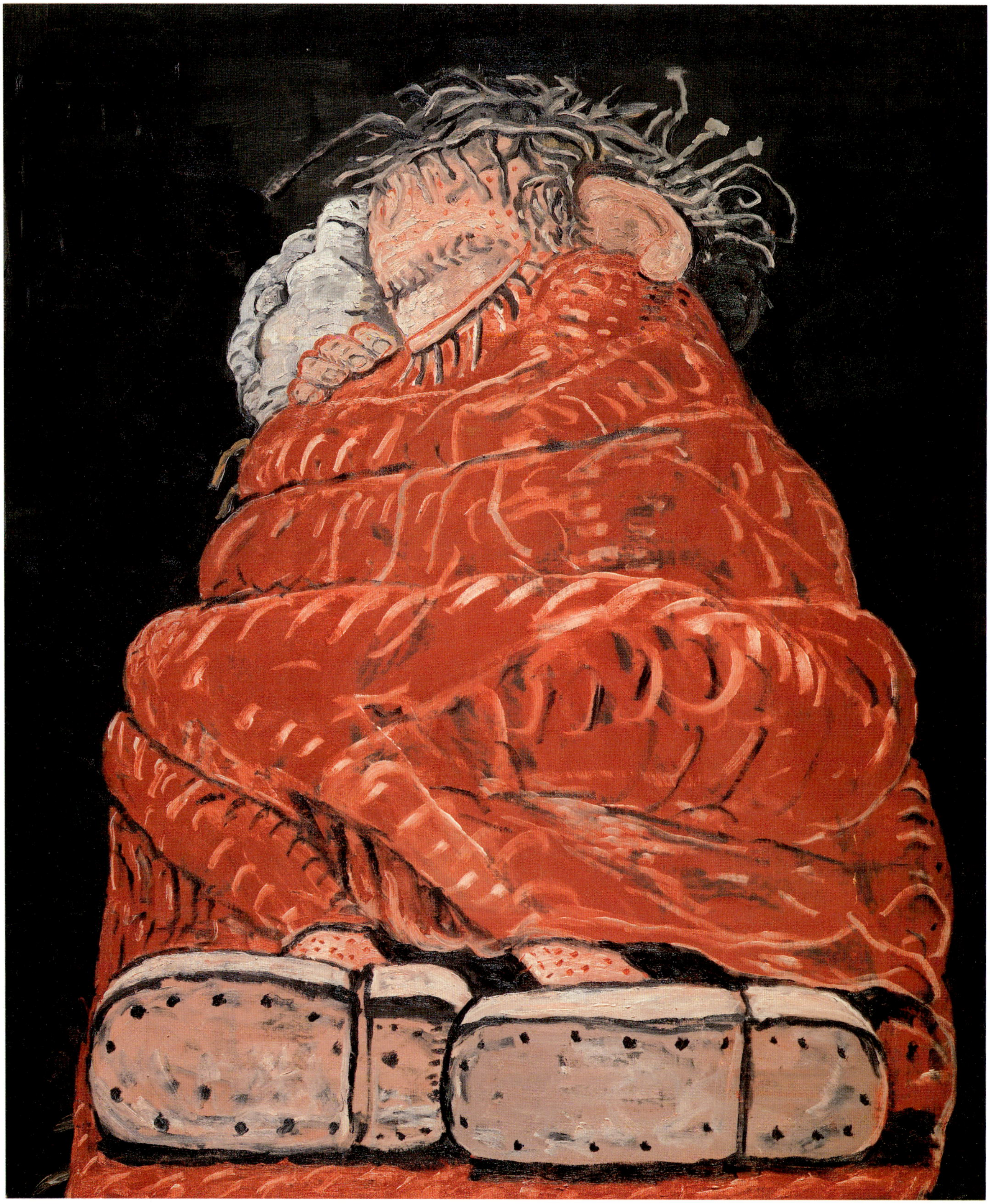

Philip Guston. * Montreal, 1913. † Woodstock, 1980. Schlafen. 1977. Öl auf Leinwand. H 213,3 x B 175,2 cm. Privatsammlung.

Hals Frans

Junger Mann mit Totenkopf

Das Porträt ist von eindrucksvoller Lebendigkeit und Ungezwungenheit. Der heftige Pinselduktus hat etwas Impressionistisches an sich und ist dem Wesen und der Bewegtheit ungestümer Jugend verwandt, die durch die Hand real gegenwärtig erscheint, die aus dem Bild heraus dem Betrachter entgegenkommt. Vielleicht ist das Bild gar kein Porträt, sondern eine Vanitas-Darstellung, die an die Unvermeidbarkeit des Todes und die Kürze des Lebens gemahnt. Der Schädel steht für Tod und der Jüngling für jugendliche Kraft. Hals war ein erfolgreicher Porträtist im Holland des 17. Jahrhunderts. Sein lebendiger Stil, ausgedrückt in raschem Duktus, will fließende Gestik und Ausdruck einfangen. Diese Malweise ist entschieden anders als die von Rembrandt, der eine introvertiertere Einsicht in das Wesen des Modells anstrebte.

☛ Claesz, Honthorst, Rembrandt, Rubens, Terbrugghen

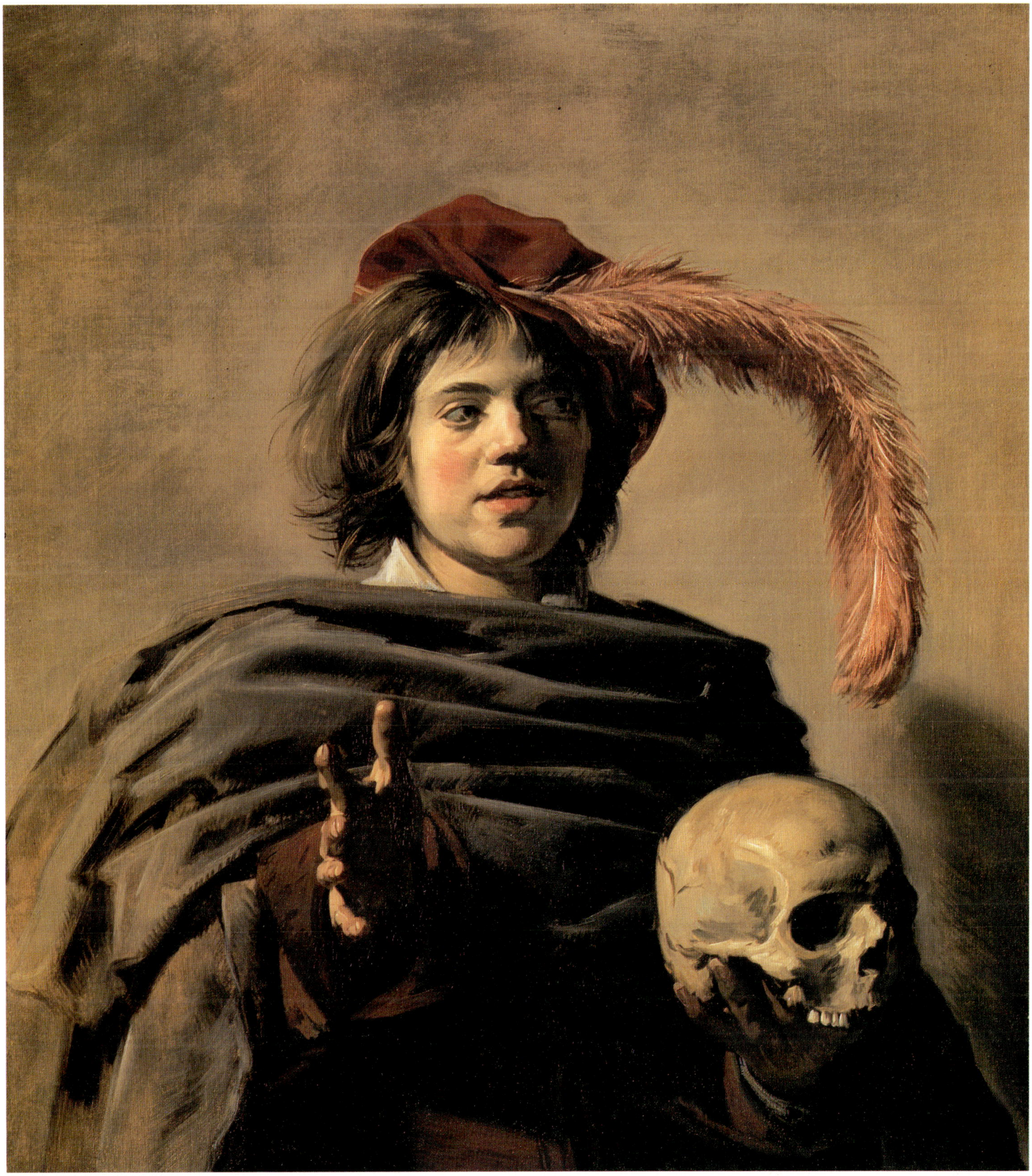

Frans Hals. * Antwerpen, 1581. † Haarlem, 1666. Junger Mann mit Totenkopf. Um 1626-28. Öl auf Leinwand. H 92 x B 81 cm. National Gallery, London.

Hamilton Richard

Was macht heutige Wohnungen so anders, so ansprechend?

Diese Collage einer Wohnung der 50er Jahre ist ein Höhepunkt der Nachkriegskunst. Der Künstler hat mit Foto- und Zeitungsausschnitten ein Konsumentenparadies geschaffen – wenn auch ein witziges und bösartiges. Das »POP« auf dem Riesenlutscher markiert vielleicht das erste Auftreten dieses Wortes, das einer revolutionären Kunstrichtung den Namen gab. Die Bildwelt Hamiltons verkörpert in Reinform die Pop Art, die Symbole aus den Massenmedien, der Volkskunst und der Werbung verwendete. Hamilton wirkte vor allem auf die britische Pop Art ein. Die abgebildete Collage entstand für die Ausstellung »Das ist die Zukunft« in der Whitechapel Art Gallery in London. Zukunftsthemen waren damals u. a. Zeitungen, Kino, Raumfahrt, Autos, Comics; heute gehört noch die Computertechnik dazu.

☛ P. Blake, Hausmann, Jones, Schwitters

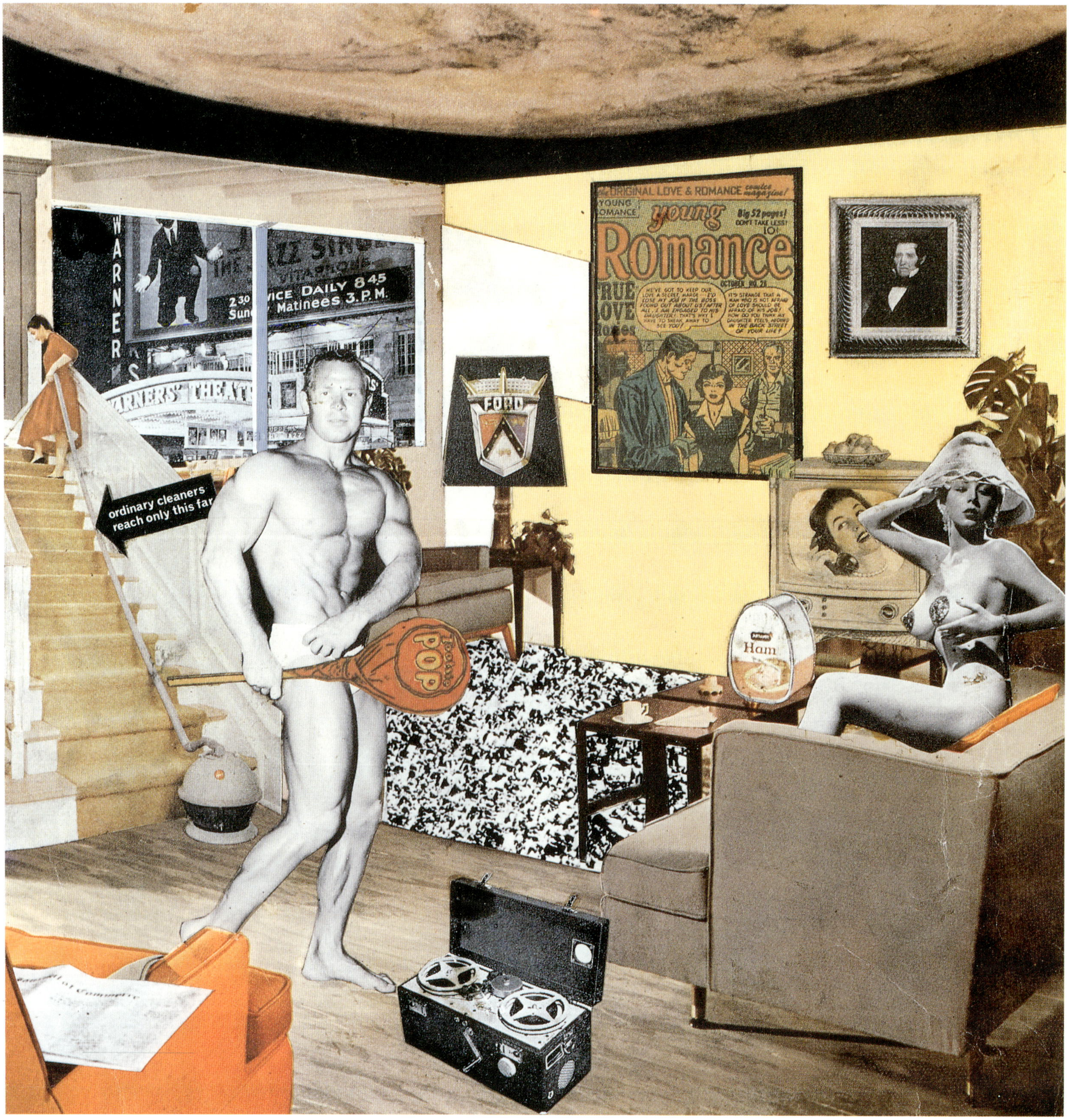

Richard Hamilton. * London, 1922. Was macht heutige Wohnungen so anders, so ansprechend? 1956. Collage auf Papier. H 26 x B 25 cm. Kunsthalle Tübingen.

Hammershoi Vilhelm

Interieur mit Frau am Klavier

Kühle, zarte Pastelltöne schaffen eine friedvoll ruhige Atmosphäre. Eine Frau sitzt mit dem Rücken zum Betrachter am Klavier. Die steifen Falten des weißen Tischtuches lenken den Blick in die Dunkelheit des Raumes, der von gedämpft farbigen Wänden umschlossen ist. Die zurückhaltende Komposition erinnert an die Ökonomie japanischer Holzschnitte, doch das Bild als ganzes verströmt lebendige Frische und wird vom klaren und scharfen Licht Skandinaviens durchflutet. Der Däne Hammershoi liebte Interieurs in zurückhaltenden Farben, vornehmlich Grau, und seine gepflegte Malweise erinnert an holländische Künstler des 17. Jahrhunderts wie Vermeer und De Hooch. Die zeitlose Art seiner Kunst bietet eine nostalgische Flucht in die Vergangenheit. Obwohl er von seinen Zeitgenossen sehr geschätzt wurde, ließ seine internationale Anerkennung lange auf sich warten.

☛ Bonnard, De Hooch, Metsu, Sickert, Vermeer

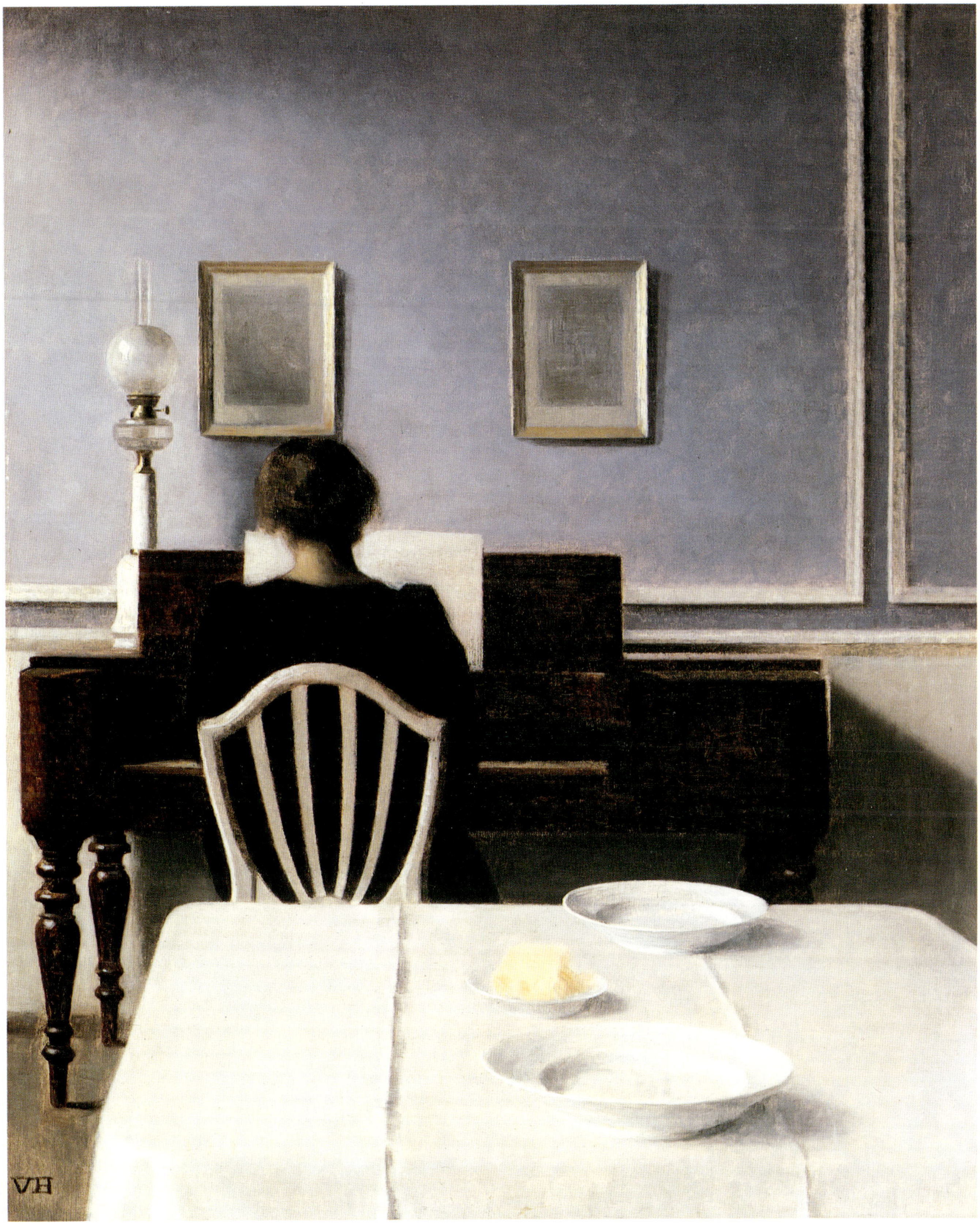

Vilhelm Hammershoi. * Kopenhagen, 1864. † Kopenhagen, 1916. Interieur mit Frau am Klavier. 1901. Öl auf Leinwand. H 56 x B 44 cm. Privatsammlung.

Hartung Hans

T 1956/7

Energische Linien in schwarzer Farbe beherrschen den zurückhaltend blassen Hintergrund. Kraft und Energie stecken auch in der Kalligraphie der gebündelten Liniengarben, die zu kreuzweisen Mustern angeordnet sind. Hartungs kraftvolles Bild ist charakteristisch für den intuitiven und spontanen Art Informel. Das Wesentliche von Hartungs Werken besteht darin, daß er vor der unbemalten Leinwand noch keine feststehende Vorstellung vom fertigen Bild hat. Der gebürtige Deutsche ließ sich 1953 in Paris nieder und nahm die französische Staatsbürgerschaft an. So wurde er einer der prominentesten Vertreter der gegenstandslosen Malerei Frankreichs. Er bezog kalligraphische Elemente in seine Bilder mit ein, ähnlich der chinesischen Kunst, und verzichtete auf beschreibende Titel. Stattdessen wählte er Bildnummern. Als Freiwilliger der französischen Fremdenlegion verlor er 1944 ein Bein.

☛ Dubuffet, Fautrier, Riopelle, Soulages, Tàpies

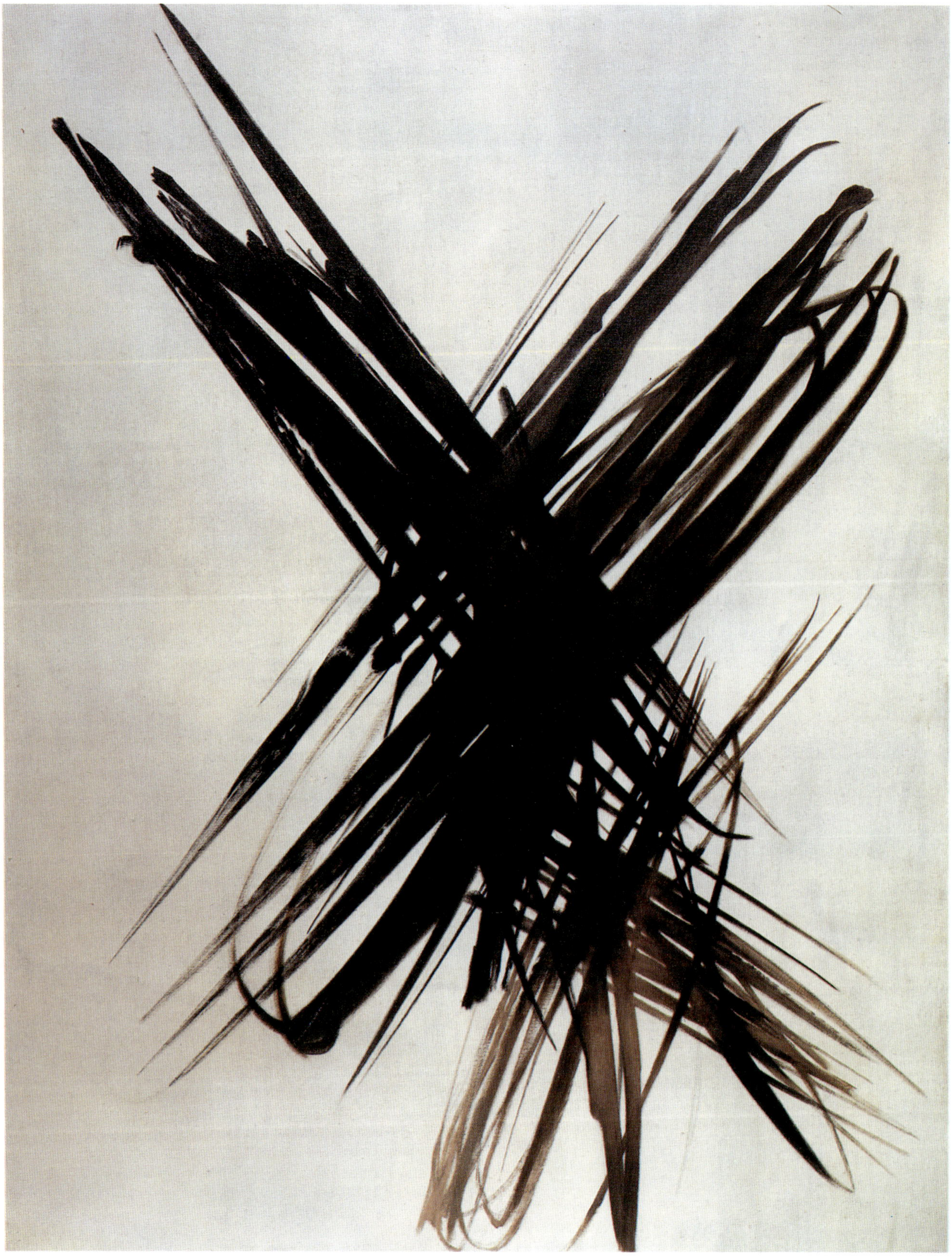

Hans Hartung. * Leipzig, 1904. † Paris, 1992. T 1956/7. 1956-57. Öl auf Leinwand. H 161 x B 122 cm. Privatsammlung.

Hassam Childe

Das Blumenzimmer

Eine rosa gekleidete Frau ruht auf einem Sofa und liest entspannt ein Buch. Der Raum ist vollgestopft mit Büchern, Bildern, Möbeln und Blumen. Das Haus an der neuenglischen Küste gehörte Celia Thaxter, die darin Dichter und Künstler beherbergte. Hassam war Holzschneider und Buchillustrator, bevor er nach Boston und Paris zog, um Kunst zu studieren. Als er Monet sah, öffnete er sich für den Impressionismus, obgleich ihn seine vorherige Ausbildung daran hinderte, diesen voll zu übernehmen. In vielen seiner frühen Werke verdichten sich Straßen im Schnee, im Regen oder in der Dämmerung zu verfließenden Momenteindrücken. Er wählte Tageszeiten oder Wetterbedingungen, die eine technische Herausforderung waren, z. B. Lichtreflexionen auf feuchtem Pflaster. Aktstudien kamen hinzu. Der mehrfach mit Auszeichnungen geehrte Hassam war zu Lebzeiten sehr geschätzt.

☛ Cassatt, Chase, Hammershoi, Monet, Sargent, Whistler

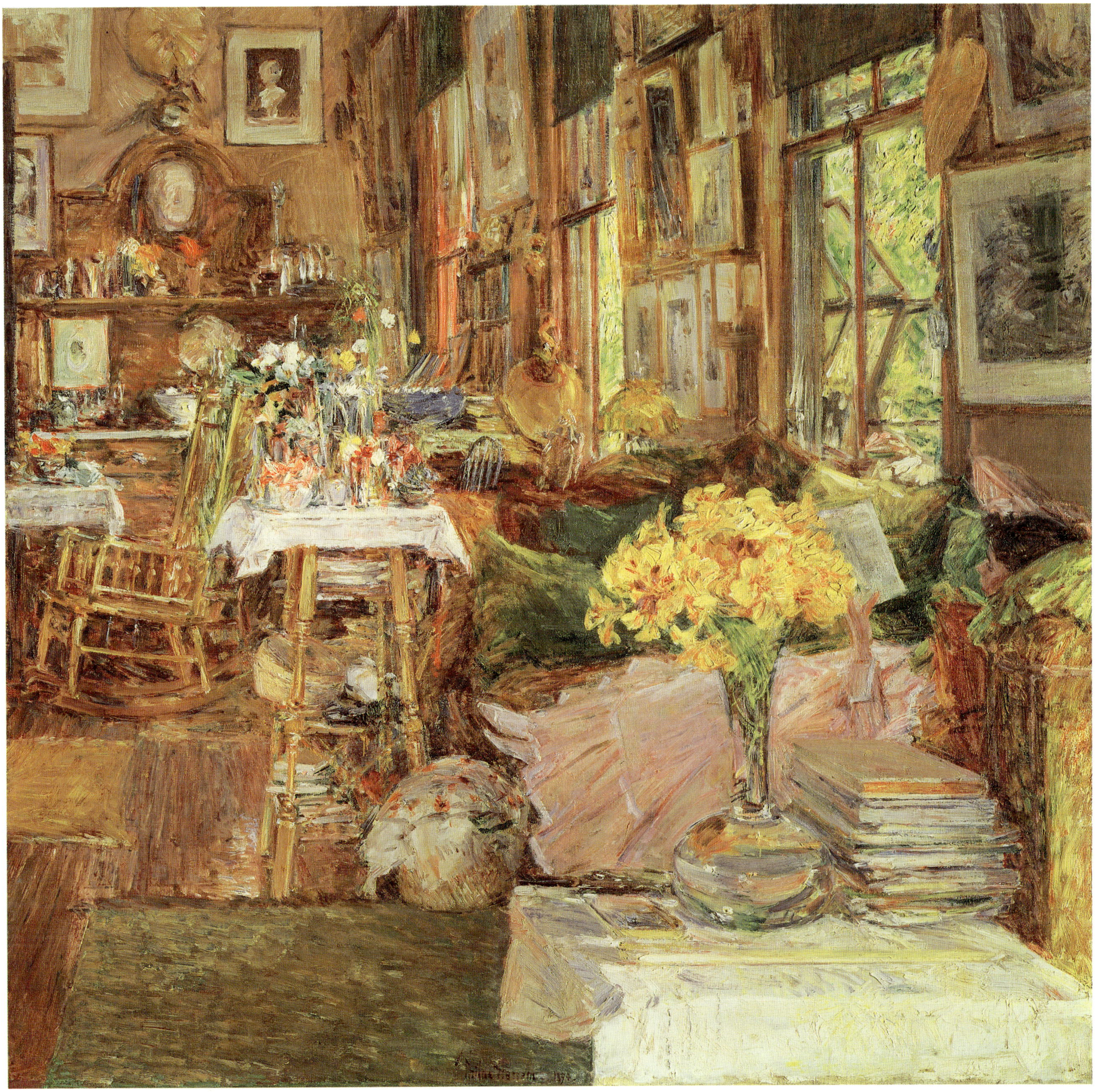

Childe Hassam. * Boston, 1859. † New York, 1935. Das Blumenzimmer. 1894. Öl auf Leinwand. H 86,4 x B 86,4 cm. Privatsammlung.

Hausmann Raoul

Der Kunstkritiker

Der Kunstkritiker hält in der rechten Hand einen Bleistift der Firma Venus, an seiner Stirn klebt ein Schuh, Augen und Mund sind durch aufgeklebte Züge verdeckt, und ein Fünfzigmarkschein steckt in seinem Hals. Hausmanns Darstellung eines Kunstkritikers ist kritisch und widersprüchlich. Wie sieht er die Welt, für wen schreibt er und wer zahlt ihn? Als einer der selbsternannten Erfinder der Fotomontage benutzte Hausmann zugeschnittene Fotos und Seiten aus Zeitschriften und Illustrierten, um seine zynischen Ansichten zu realisieren. Er gehörte der Dadaistenbewegung an, die mit absurdem Witz Alltagsgegenstände in ihre Werke einbauten. 1923 gab Hausmann die Malerei auf und erfand Jahre später das Optophon, ein Gerät, mit dem man kaleidoskopartige Formen in Musik umsetzen kann.

☛ P. Blake, Ensor, Grosz, Hamilton, Schwitters

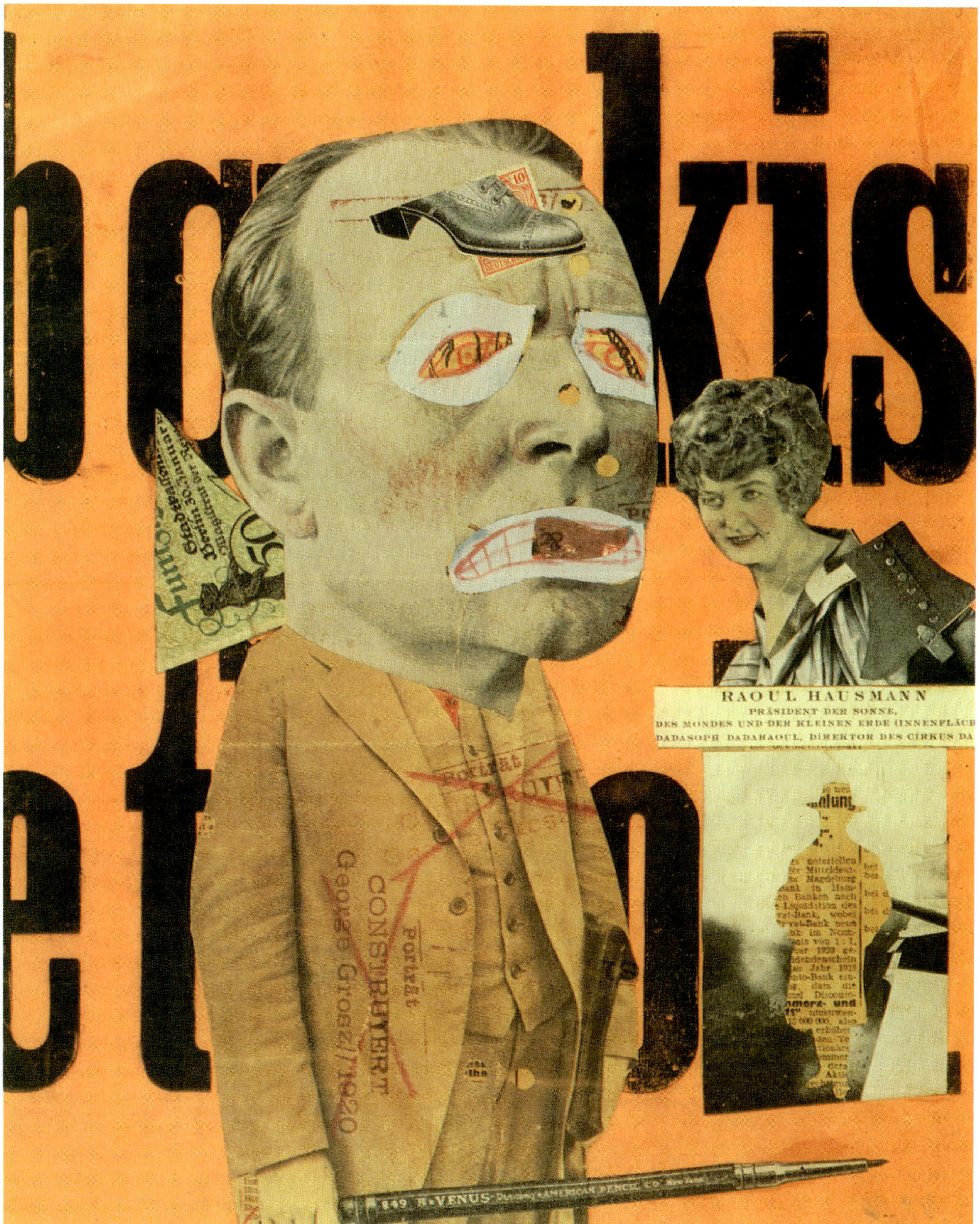

Raoul Hausmann. * Wien, 1886. † Limoges, 1971. Der Kunstkritiker. 1919-20. Fotomontage. H 31,7 x B 25,4 cm. Tate Gallery, London.

Hayter Stanley William

Claduègne

Die fortlaufenden wellenartigen Muster aus gekrümmten Bändern dieser Graphik strahlen eine hypnotisierende und elektrisierende Kraft aus. Die grellen Farben geben diesem endlosen Muster eine Schärfe und zugleich einen samtigen Glanz. Der Sohn einer alten Künstlerfamilie begann seine Laufbahn zunächst in der Ölindustrie, bevor er einer der großen Graphiker seiner Zeit wurde, der ständig mit Strukturen, Farben und neuen Techniken experimentierte. Obwohl er sehr früh surrealistische Bilder malte, liegt sein Hauptverdienst in der Druckgraphik. In Paris gründete er 1926 das berühmte Atelier 17, einen Experimentierbetrieb, wo Künstler aller Nationen, z. B. Picasso, Chagall, Giacometti und Tanguy zusammenarbeiten konnten. Während des 2. Weltkrieges lebte er in New York, kehrte aber 1950 nach Paris zurück.

☛ Chagall, Giacometti, Hartung, Picasso, Riley, Tanguy

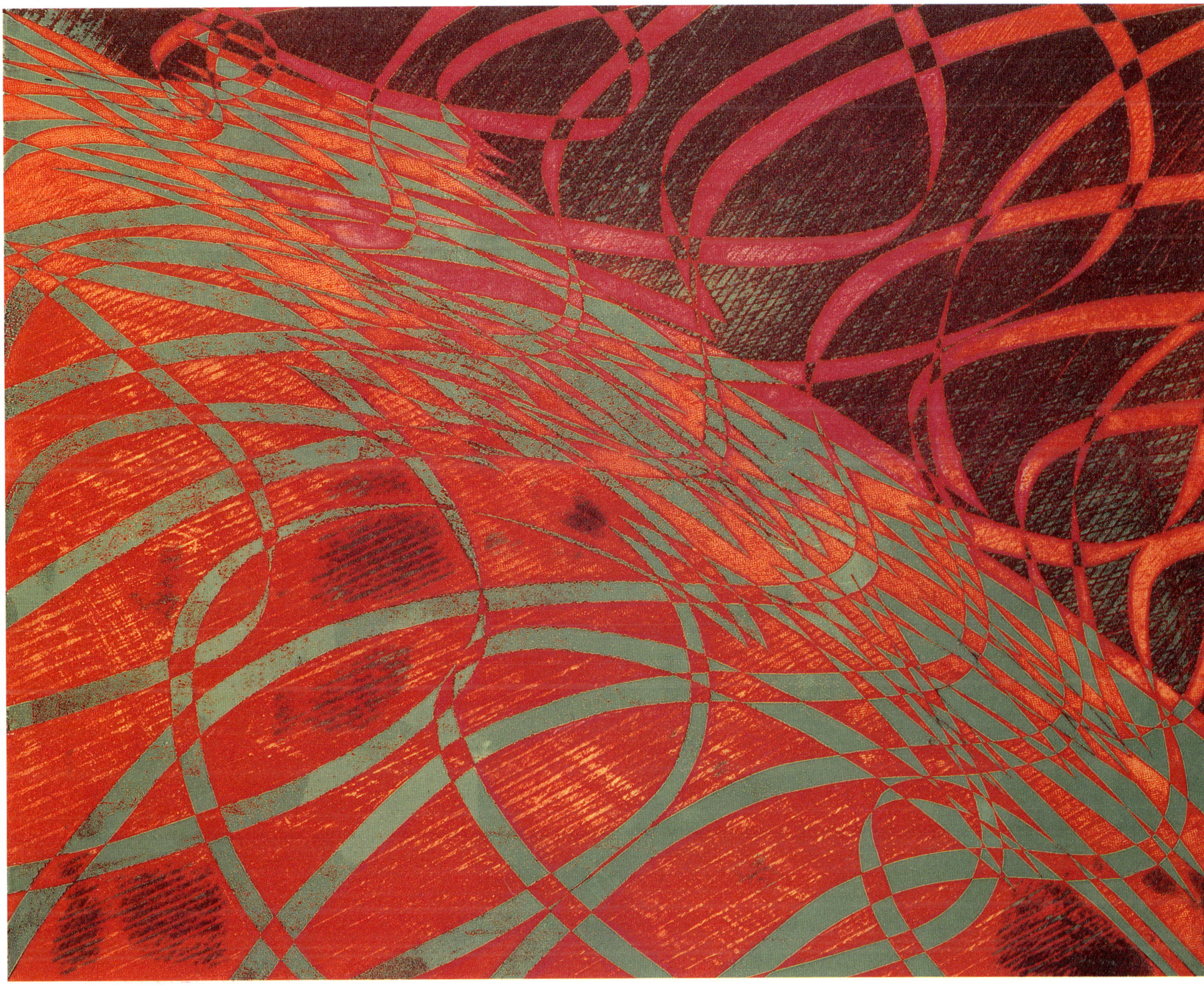

Stanley William Hayter. * London, 1901. † Paris, 1988. Claduègne. 1972. Farbradierung. H 49 x B 60 cm. Privatsammlung.

Heckel Erich

Die Windmühle in Dangast

Wogen von leuchtend aufgetragenen Farben versetzen die Leinwand in rhythmisches Schwingen und umkreisen die Windmühle auf der Anhöhe, die im Mittelpunkt des Bildes steht. Rot, Gelb, Blau, Grün und Schwarz prallen heftig aufeinander und sorgen für geballte Spannung, wobei die einfache Komposition auch etwas Lyrisches hat. Heckel war zunächst Architekt, wandte sich dann aber der Malerei und der Graphik zu. 1944 floh er von Deutschland in die Schweiz, nachdem die Aktion »Entartete Kunst« über 700 seiner Werke aus öffentlichen Sammlungen entfernt hatte. Seine Vorbilder waren Van Gogh und die Fauves. Zusammen mit Kirchner, Schmidt-Rottluff, Müller und anderen gründete er die Künstlergruppe »Die Brücke« (gemeint ist die Brücke zur Zukunft), die von großer Wirkung auf viele andere Künstler war.

☛ Derain, Van Gogh, Kirchner, Matisse, Müller, Schmidt-Rottluff, Vlaminck

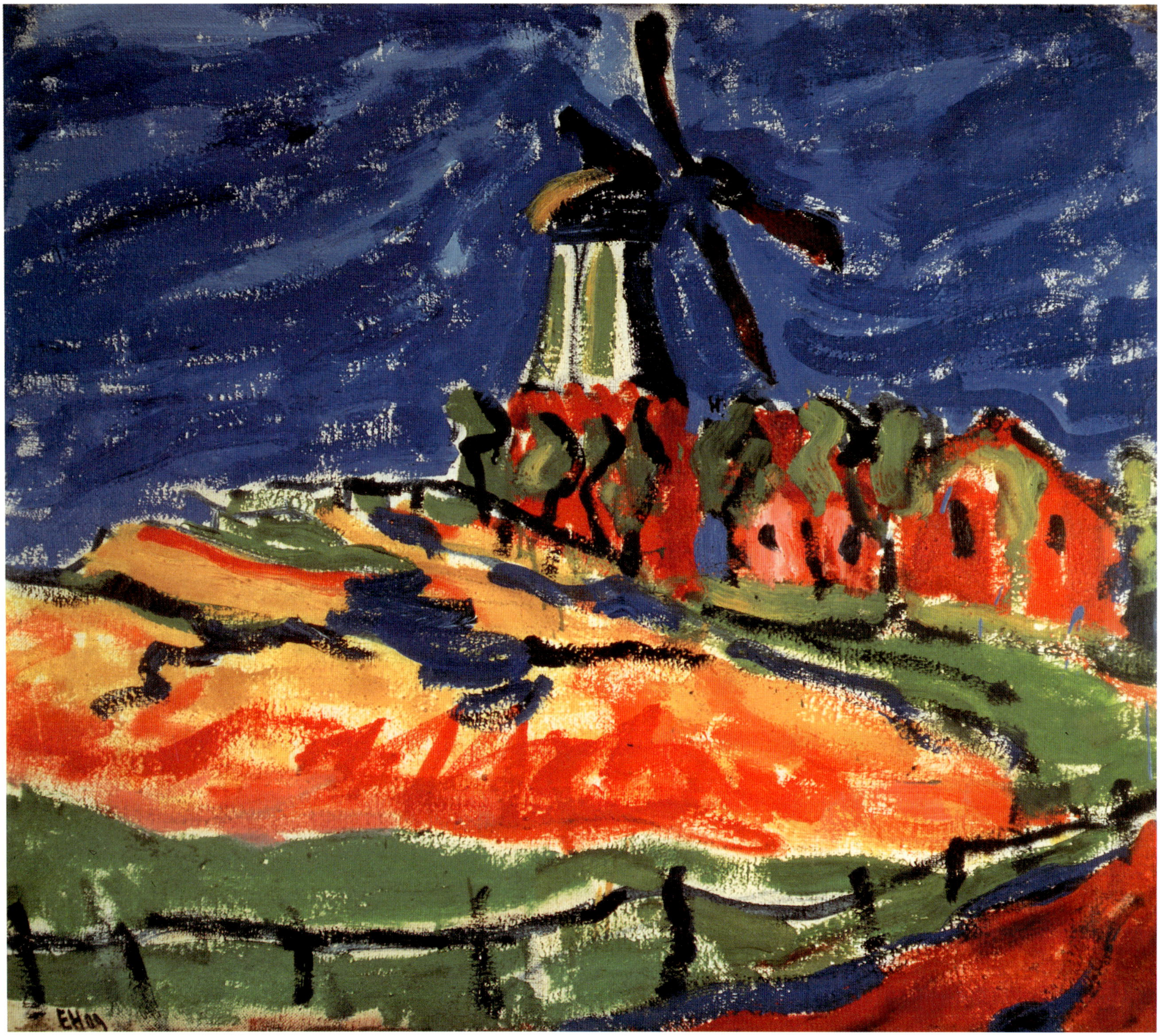

Erich Heckel. * Döbeln, 1883. † Hemmenhofen, 1944. Die Windmühle in Dangast. 1909. Öl auf Leinwand. H 69 x B 80 cm. Wilhelm-Lehmbruck-Museum, Duisburg.

De Heem Jan Davidz

Nachtischstilleben

Eine Fülle von Früchten und exotischen Speisen verschmilzt mit aufwendig verzierten Kelchen, Krügen und Weinflaschen zu einer reich gedeckten Tafel. Dieser Augenschmaus ist gewissenhaft zusammengestellt und prangt in üppigen und sinnlichen Farben. Im damaligen Holland pflegten die Künstler ihr Können mit großen Stilleben unter Beweis zu stellen, die gleichzeitig mit allerlei christlichen, philosophischen oder metaphysischen Anspielungen und Symbolen gespickt waren. Hier allerdings liegt eine reine Verherrlichung der Sinne vor. Für manche ist De Heem der größte aller holländischen Stillebenmaler, dessen Kolorit und sichere Pinselführung das Studium Vermeers vermuten lassen. Er war der Begabteste einer Künstlerfamilie und inspirierte später noch Generationen von Stillebenmalern bis hinauf zu Matisse, der De Heem so sehr schätzte, daß er zwei Kopien nach ihm anfertigte.

☛ Arcimboldo, Claesz, Kalf, Matisse, Ruysch, Snyders, Vermeer

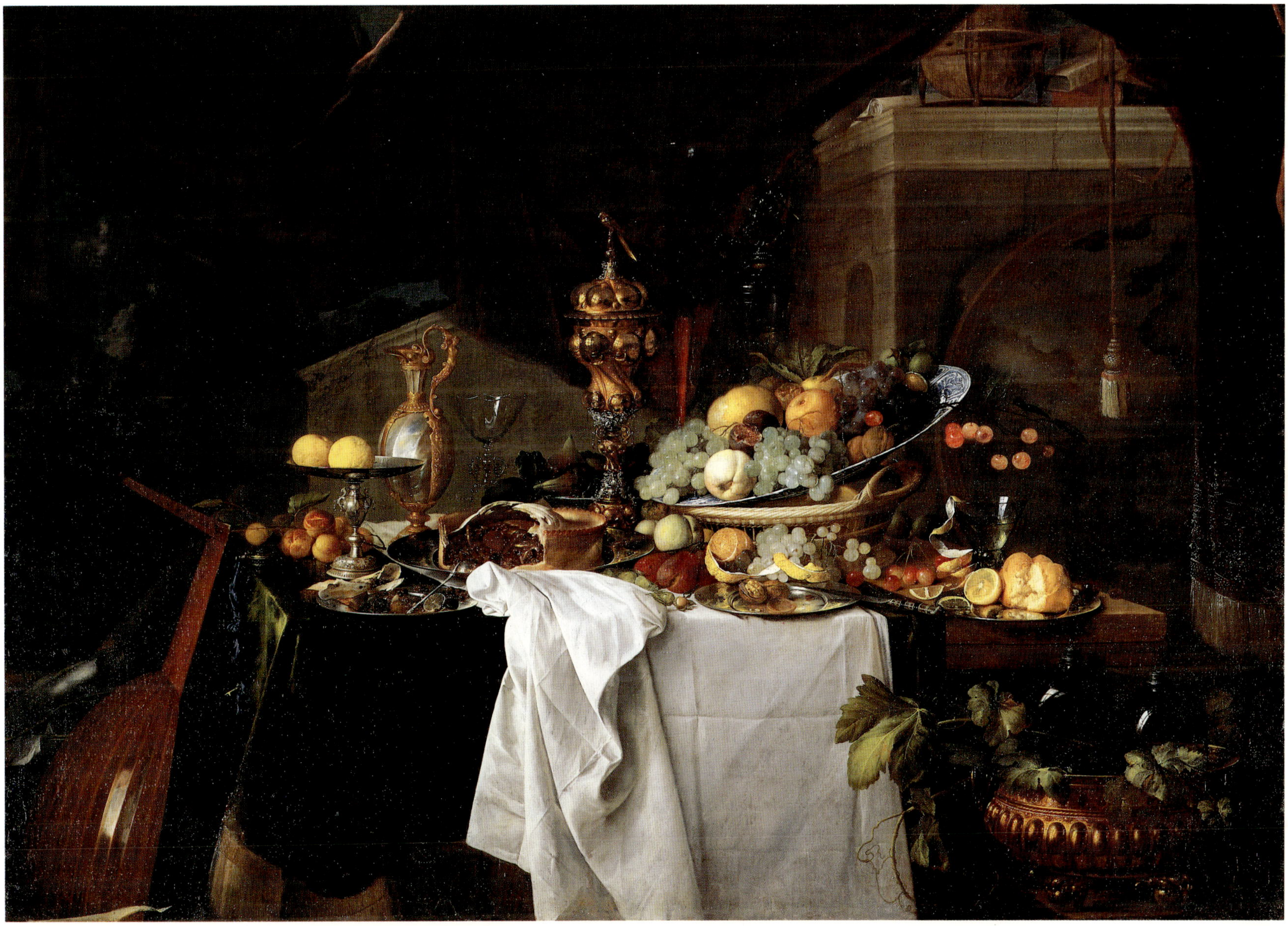

Jan Davidz de Heem. * Utrecht, 1606. † Antwerpen, 1683/1684. Nachtischstilleben. 1640. Öl auf Leinwand. H 149 x B 203 cm. Musée du Louvre, Paris.

Hepworth Barbara

Hohlform mit weißem Kern

Löcher im Holz laden den Betrachter ein, hindurchzublicken. Das glattpolierte Stück ist aus afrikanischem Hartholz geschnitzt. Die glänzende Oberfläche kontrastiert mit dem hellen geraspelten Holz in den Hohlräumen. Obgleich völlig gegenstandslos, spiegeln die Linien vielleicht frühe Erinnerungen der Künstlerin an ihre hügelige Heimat Yorkshire wieder und erscheinen sehr organisch. Hepworth bohrte zunächst – wie Henry Moore – Löcher in ihre Skulpturen und fuhr fort mit vollständigen Aushöhlungen, die durch Überspannung mit Schnüren oder Drähten Musikinstrumenten ähneln. Ihr eigenständiger, sparsamer und ökonomischer Stil der abstrakten Skulptur verbindet sie mit keiner zeitgenössischen Schule oder Bewegung. In Cornwall, wo sie mit ihrem Mann, dem Maler Nicholson lebte, fand sie ihre landschaftlichen Anregungen.

☛ Archipenko, Arp, Gabo, Moore, Nicholson

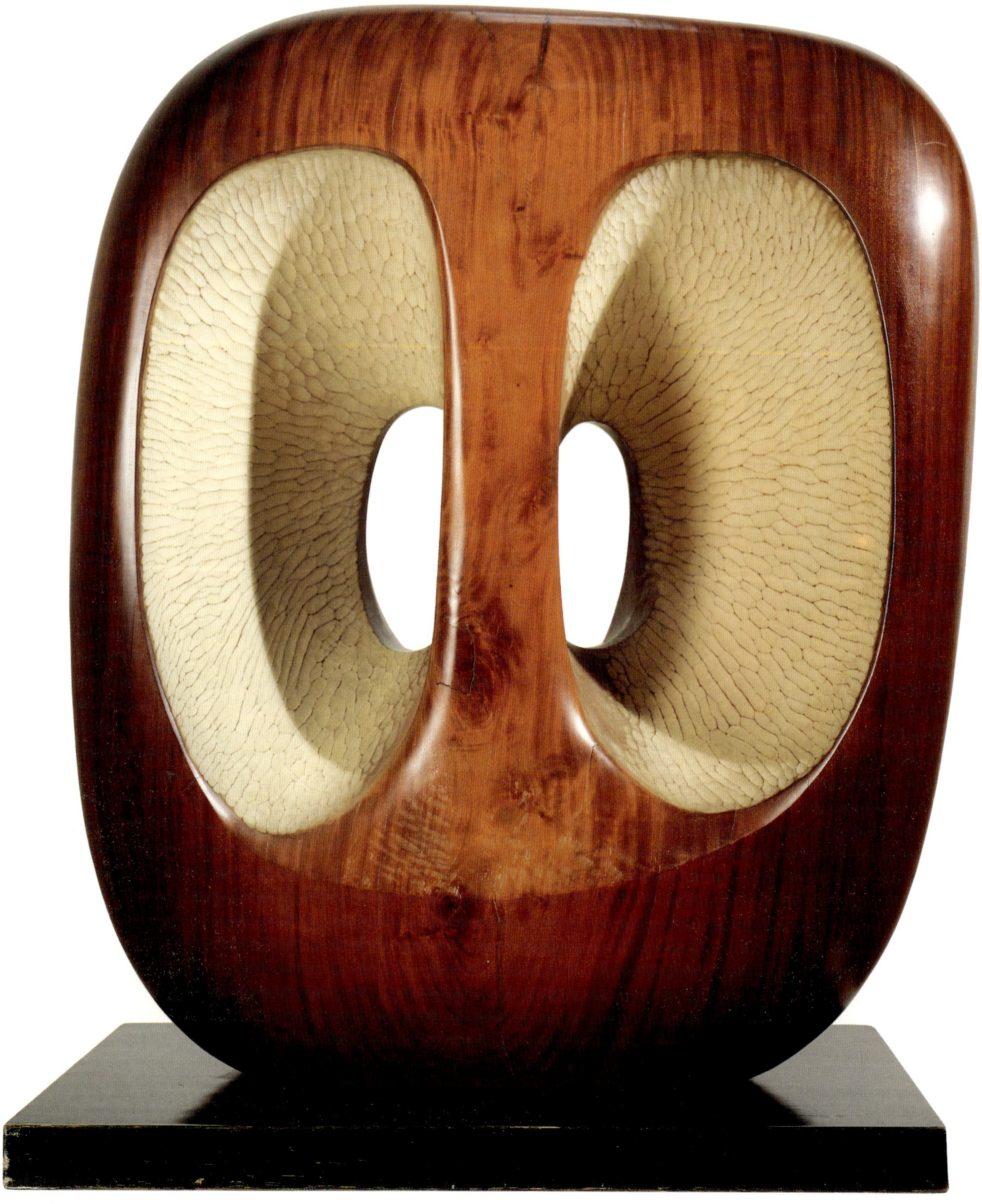

Barbara Hepworth. * Wakefield, 1903. † St. Ives, 1975. Hohlform mit weißem Kern. 1963. Guareaholz. H 99 cm. Gimpel Fils, London.

Heron Patrick

Vierzehn Scheiben: 20. Juli, 1963

Blöcke reiner Farben sind in ausgeklügelter Präzision so angeordnet, daß sie eine Harmonie von Farben und Formen ergeben. Gleichzeitig sind Scheiben aufgemalt oder eingeritzt. Weil nichts die sichtbare Reinheit der Farben und Formen stört, besitzt diese gegenstandslose Arbeit zarteste lyrische Töne. Sie kann als sinnliche Meditation verstanden werden.

Heron war nicht nur Maler, sondern auch Schriftsteller und Stoffdesigner. Während des 2. Weltkrieges arbeitete der Kriegsdienstverweigerer als Knecht auf einem Bauernhof. Mit Nicholson und Hepworth auf Cornwall verbanden ihn enge Beziehungen, und alle drei verfolgten jeweils auf ihre individuelle Weise einen gegenstandslosen Stil. Später lehrte er an der Central School of Arts in London und schrieb Kunstkritiken. Weltweite Einzelausstellungen belegen seine Anerkennung. Der Künstler lebt und arbeitet nach wie vor in Cornwall.

☛ Hepworth, Klee, Lanyon, Matisse, Miró, Nicholson, Noland

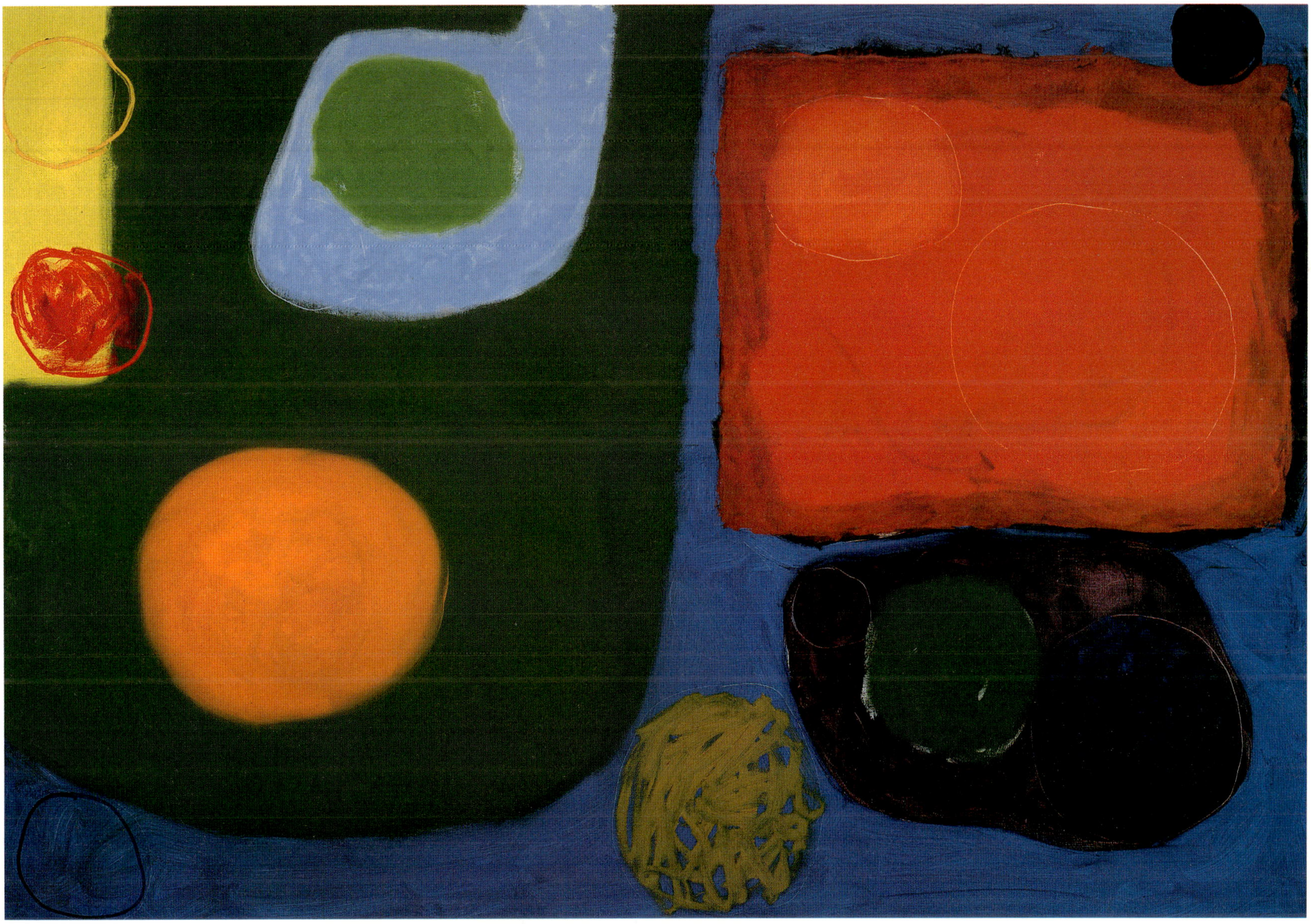

Patrick Heron. * Leeds, 1920. Vierzehn Scheiben: 20. Juli, 1963. 1963. Öl auf Leinwand. H 152 x B 213 cm. Besitz des Künstlers.

Hicks Edward

Das Friedensreich

Großäugige Tiere, engelsgleiche Kinder und eine idealisierte Landschaft verleihen dem Bild eine Art natürliche Ordnung. Im Hintergrund schließt William Penn, der Gründer von Pennsylvania, ein Abkommen mit den Indianern; eine zusätzliche Betonung von gutem Willen und Harmonie. Naive Malweise und Grundfarbenskala bekräftigen die einfache Botschaft. Hicks fand das Friedensreich im Alten Testament, im elften Kapitel von Jesaja beschrieben, das den Frieden zwischen Menschen und Tieren preist. Das Thema hat Hicks immer wieder gemalt. Die zahlreichen Versionen zeigen nur geringe Unterschiede. Der Quäkerprediger Hicks begann als Gehilfe eines Kutschenmachers, für den er bemalte Türen und Wände anfertigte. Dann malte er Wirtshausschilder. Seine Landschaften spiegeln die christlichen Tugenden, die er predigte, wieder, und ihr Verkauf diente seinen Missionsreisen.

☛ Agasse, Bassano, J. Brueghel, H. Rousseau

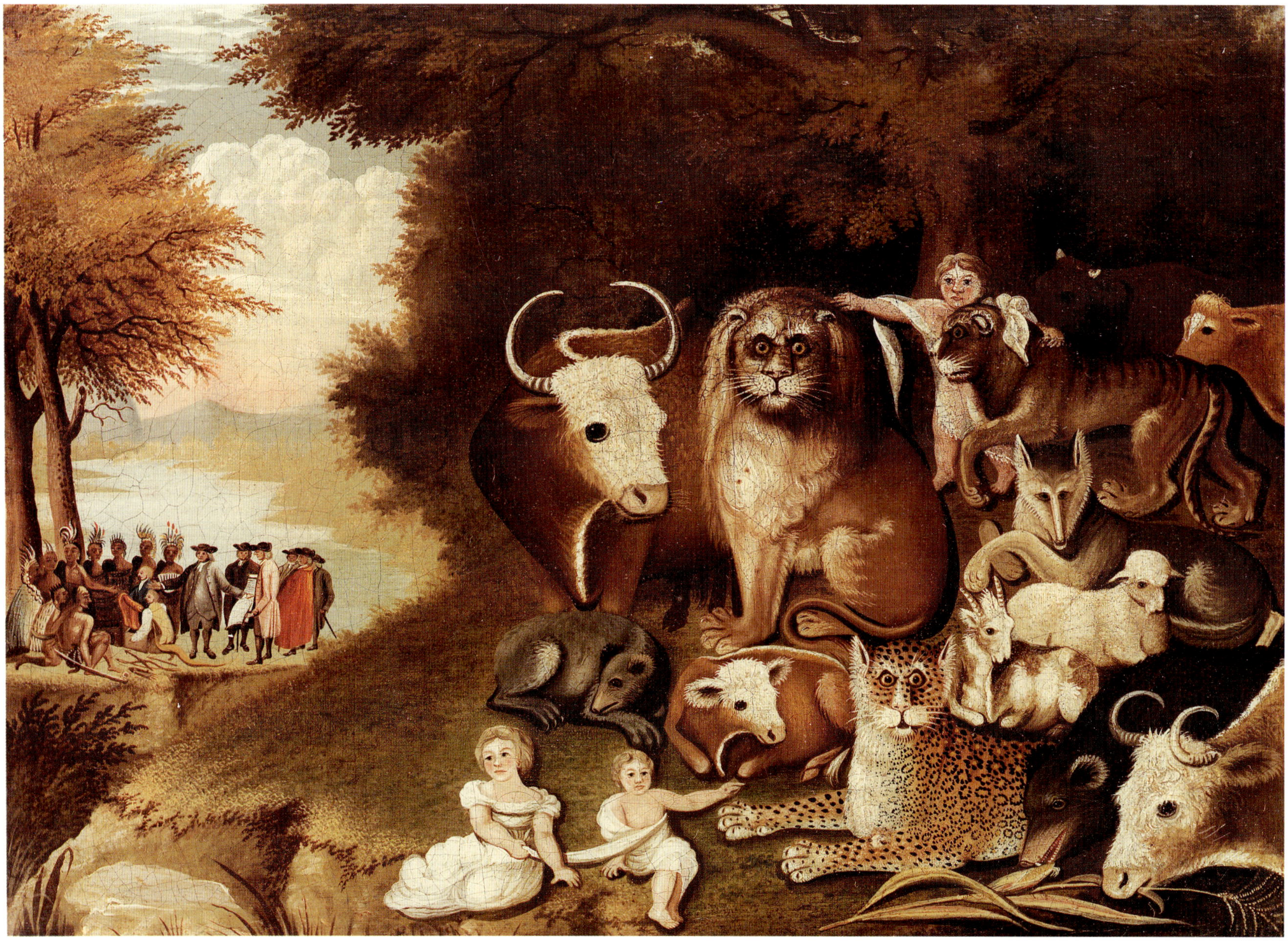

Edward Hicks. * Attleborough, 1780. † Newton, 1849. Das Friedensreich. Um 1833-34. Öl auf Leinwand. H 44,5 x B 59,3 cm. Philadelphia Museum of Art, Philadelphia.

Hilliard Nicholas

Junger Mann an einen Baum gelehnt

Das Bildmotto: »Meine Glaubenstreue ist der Grund meines Leidens«, in lateinischer Sprache über dem Jüngling angebracht, wiederholt Liebesthemen aus Sonetten Shakespeares. Dieses idealisierte Porträt eines liebeskranken Dandys war möglicherweise als Geschenk für eine Frau gedacht, um diese von der Ernsthaftigkeit ihres Verehrers zu überzeugen.

Hilliard, der vielleicht bekannteste englische Maler seiner Zeit, meinte, daß Porträts ohne Schatten gemalt werden sollten, um dem Modell zu schmeicheln. Elisabeth I. soll ihm darin zugestimmt haben. In der Werkstatt seines Vaters lernte er das Goldschmiedehandwerk. Mit dreizehn Jahren malte er seine erste Miniatur. Später, als Goldschmied und Porträtist der Königin, schuf er viele Miniaturen. Er begründete eine eigene Tradition der Porträtmalerei. Seine großen Bilder hatten nicht die Qualität seiner Miniaturen, die noch heute als Schmuck getragen werden.

☛ Dobson, Holbein, Kneller, Moroni

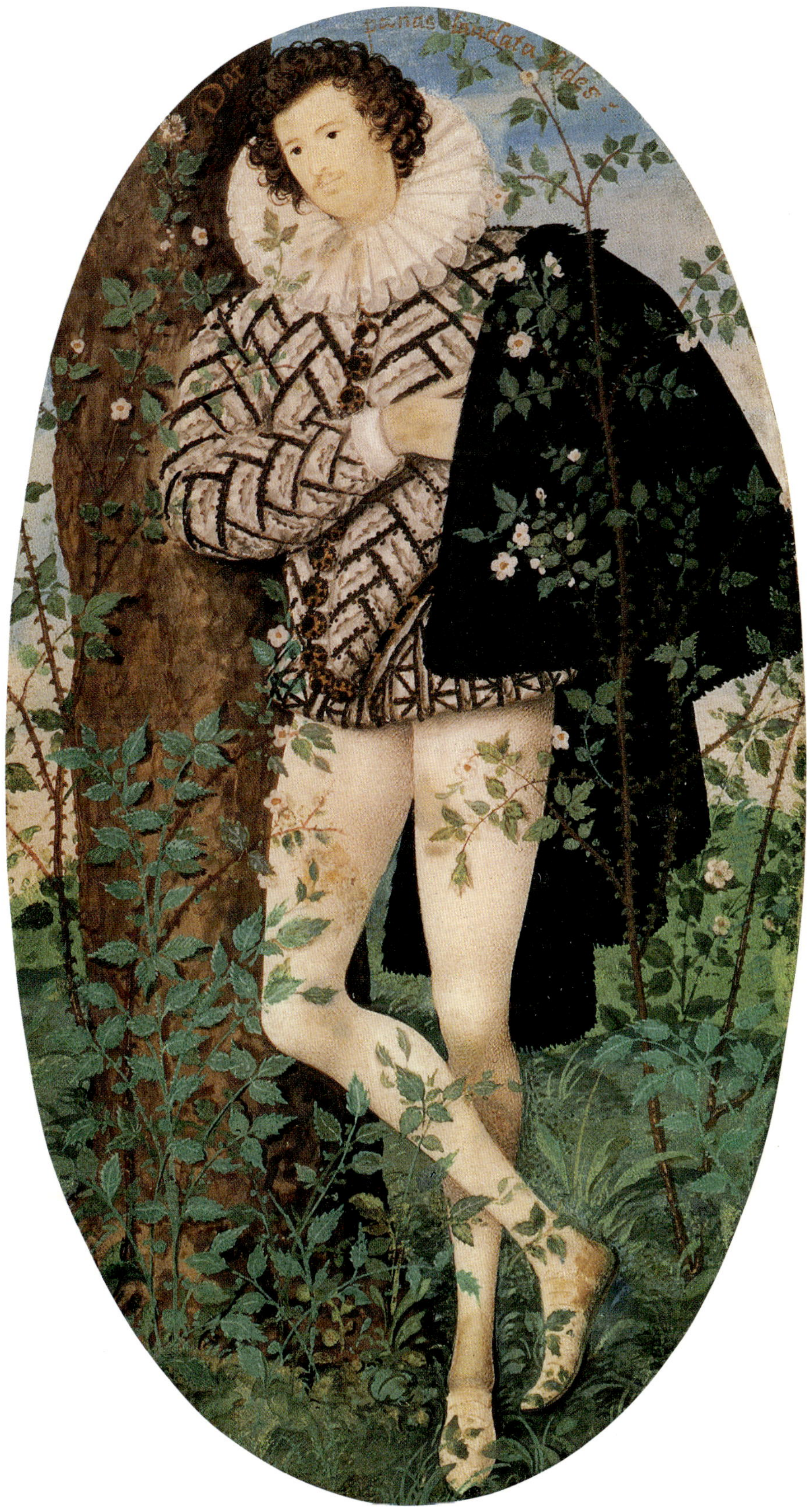

Nicholas Hilliard. * Exeter, um 1547. † London, 1619. Junger Mann an einen Baum gelehnt. Um 1590. Wasserfarbe auf Kalbspergament. H 13,4 x B 7 cm. Victoria and Albert Museum, London.

Hiroshige Andô

Mondschein, Nagakubo

Auf einer Holzbrücke heben sich drei mühsam stapfende Figuren und ein Esel vom Mondhimmel ab. Im Gegensatz dazu wird im Vordergrund eine komische Figurengruppe bei vollem Tageslicht gezeigt. Feste, strenge Linien begrenzen die Formen, die mit soliden Farbblöcken ausgefüllt sind. Der japanische Kunstgraphiker Hiroshige war ein jüngerer Zeitgenosse von Hokusai und von diesem sehr beeindruckt; dennoch verstand er es, seine eigene Freizügigkeit und realistischere Farbgebung zu entwickeln. Seine Holzschnitte verkörpern die japanische Kunst in ihrer ungestelzten und poetischen Einfachheit. Obwohl sie in ihrer Entstehungszeit mehr der Volkskunst zugehörten, riefen diese Holzschnitte bei den europäischen Künstlern des 19. Jahrhunderts große Begeisterung hervor. Besonders die Impressionisten fanden sich in ihren Vorstellungen bestätigt. Monet besaß eine große Sammlung japanischer Drucke.

☛ Degas, Hokusai, Monet, Utamaro, Whistler

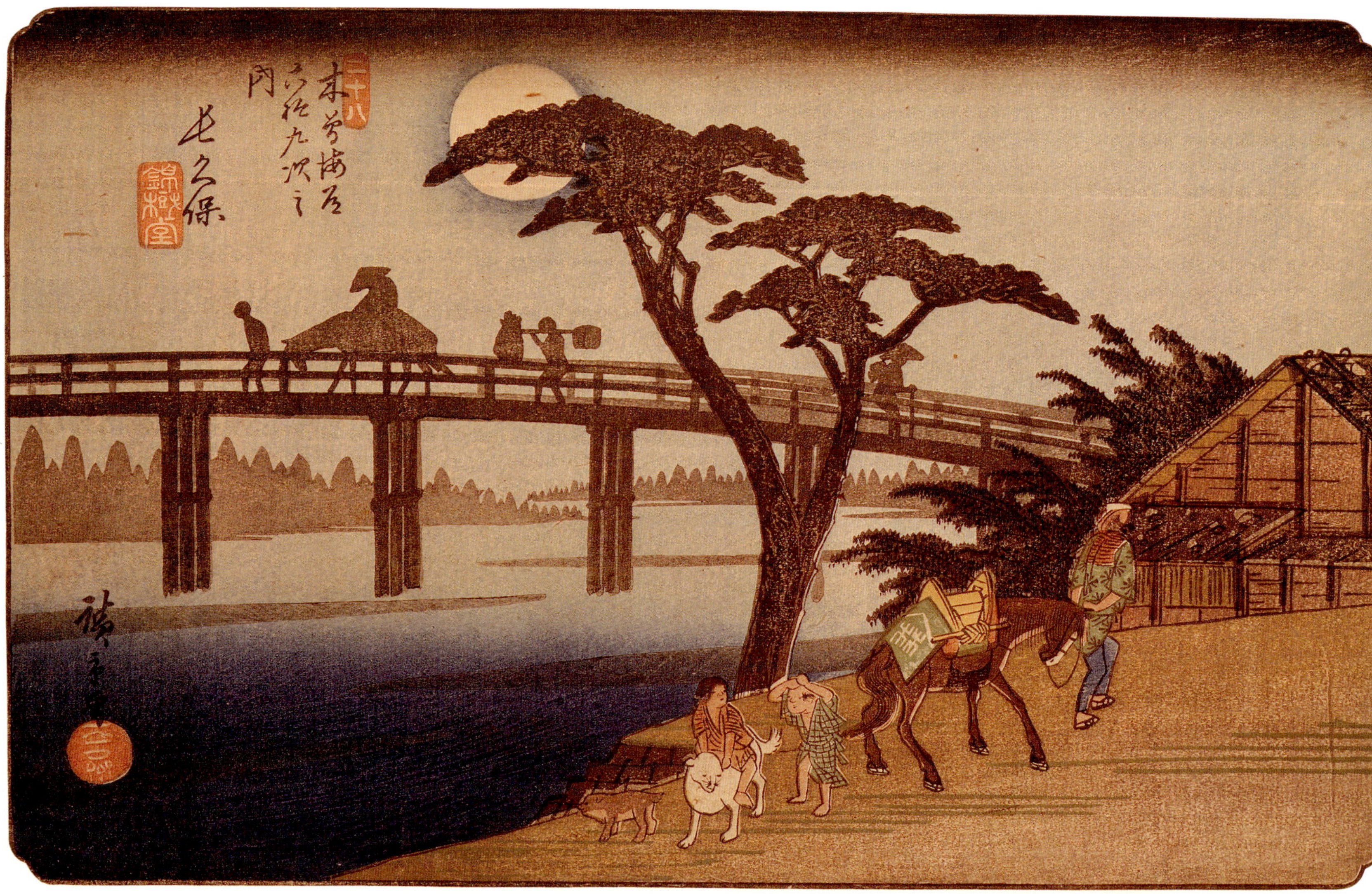

Andô Hiroshige. * Edo, 1797. † Edo, 1858. Mondschein, Nagakubo. 1840. Mehrfarbenholzschnitt auf Papier. H 22 x B 34 cm. British Museum, London.

Hobbema Meindert

Straße auf einem Damm

Warme Brauntöne bestimmen die friedvolle Herbstszene. Gewundene Wege führen das Auge in das Bild und erzeugen den Eindruck von Tiefe. Hobbema gab mit peinlicher Genauigkeit das Spiel des Lichts auf jedem Blatt und jedem Grashalm und die von Enten verursachte Wasserkräuselung wieder. In Bezug auf die Landschaft erweisen sich Tiere und Menschen als sekundär; nur ein genauer Blick entdeckt die von Bäumen halb verdeckten Häuser. Hobbema war zunächst Schüler, dann Freund von Jacob van Ruysdael. Beide malten gelegentlich das gleiche Motiv, doch Hobbema wollte völlig undramatisch nur den Eindruck eines bestimmten Platzes wiedergeben. Auf der Höhe seiner Kunst wurde Hobbema durch Heirat zum Eintreiber der Weinsteuer in Amsterdam, was seine Kunstproduktion praktisch zum Erliegen brachte.

☛ Bierstadt, Constable, Corot, Van Goyen, Ruysdael

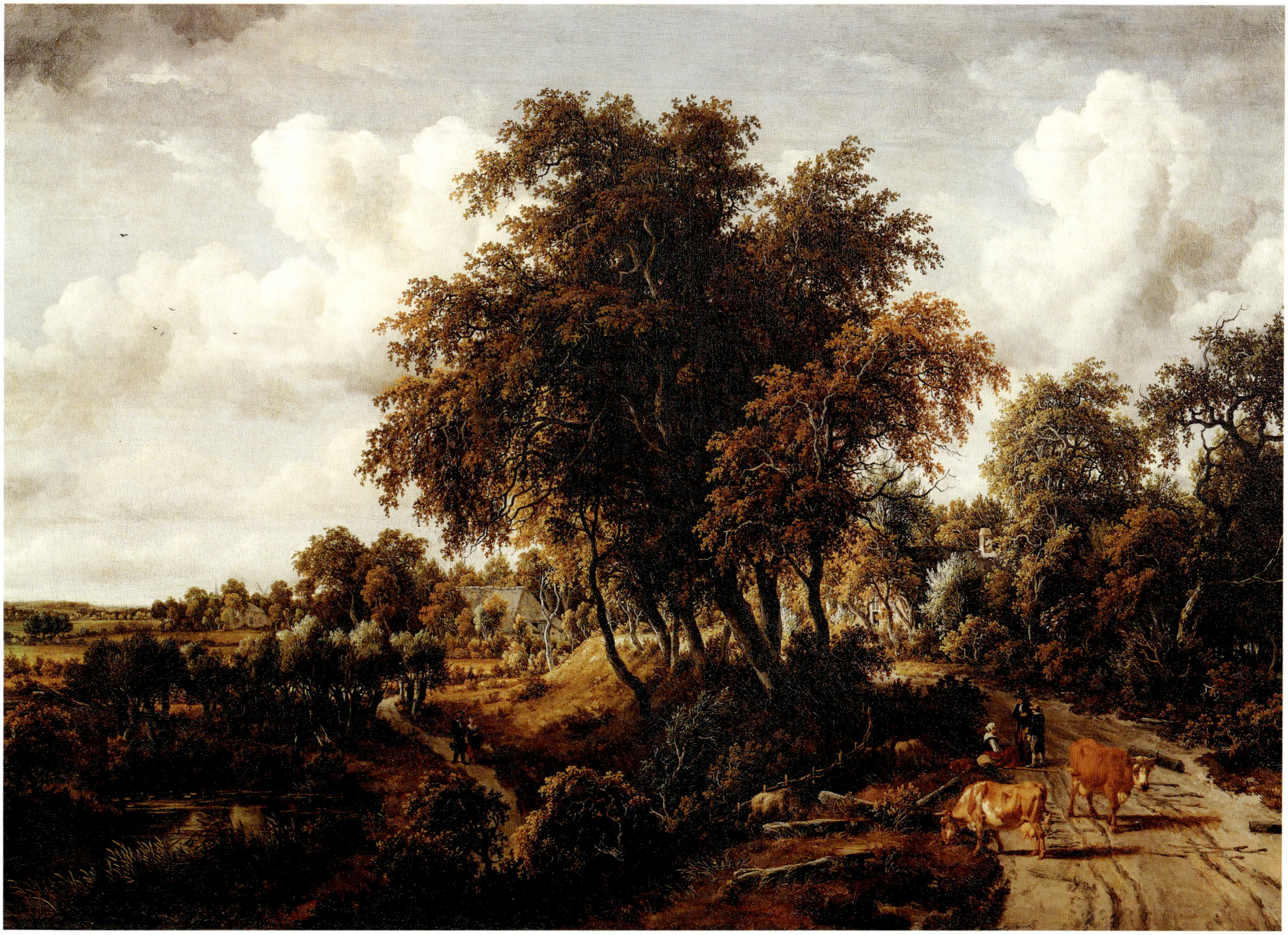

Meindert Hobbema. * Amsterdam, 1638. † Amsterdam, 1709. Straße auf einem Damm. 1663. Öl auf Leinwand. H 108 x B 128,3 cm. Privatsammlung.

Hockney David

Ein kräftiger Sprung

Unter der starken kalifornischen Sonne bringt ein Sprung ins kühle Naß die glatte Wasseroberfläche in Aufruhr. Hockney trug die Farbe mit Rollen auf, benutzte aber kleinere Pinsel für die Wasserfontänen, um das explodierende Geräusch des Aufpralles anzudeuten. In diesem ganz bewußt geplanten und sinnträchtigen Bild stellt er den flüchtigen Moment der Technik, die ihn eingefangen hat, gegenüber. Während seines Ersatzdienstes in einem Krankenhaus wurde Hockney von seinem Mitstudenten Kitaj von der abstrakten Kunst abgebracht, und schon seine frühen Arbeiten zeigen seine Zugehörigkeit zur Pop Art. Ein Kalifornienbesuch löste die berühmte Serie mit Swimmingpools, Rasen und Sprinklern aus, die distanziert die Luxuswelt betrachtet. Neben seinen Zeichnungen und Bühnenbildern bleibt er vor allem ein Maler der Stadt und der Gegenwart.

☛ P. Blake, Hamilton, Hopper, Kitaj

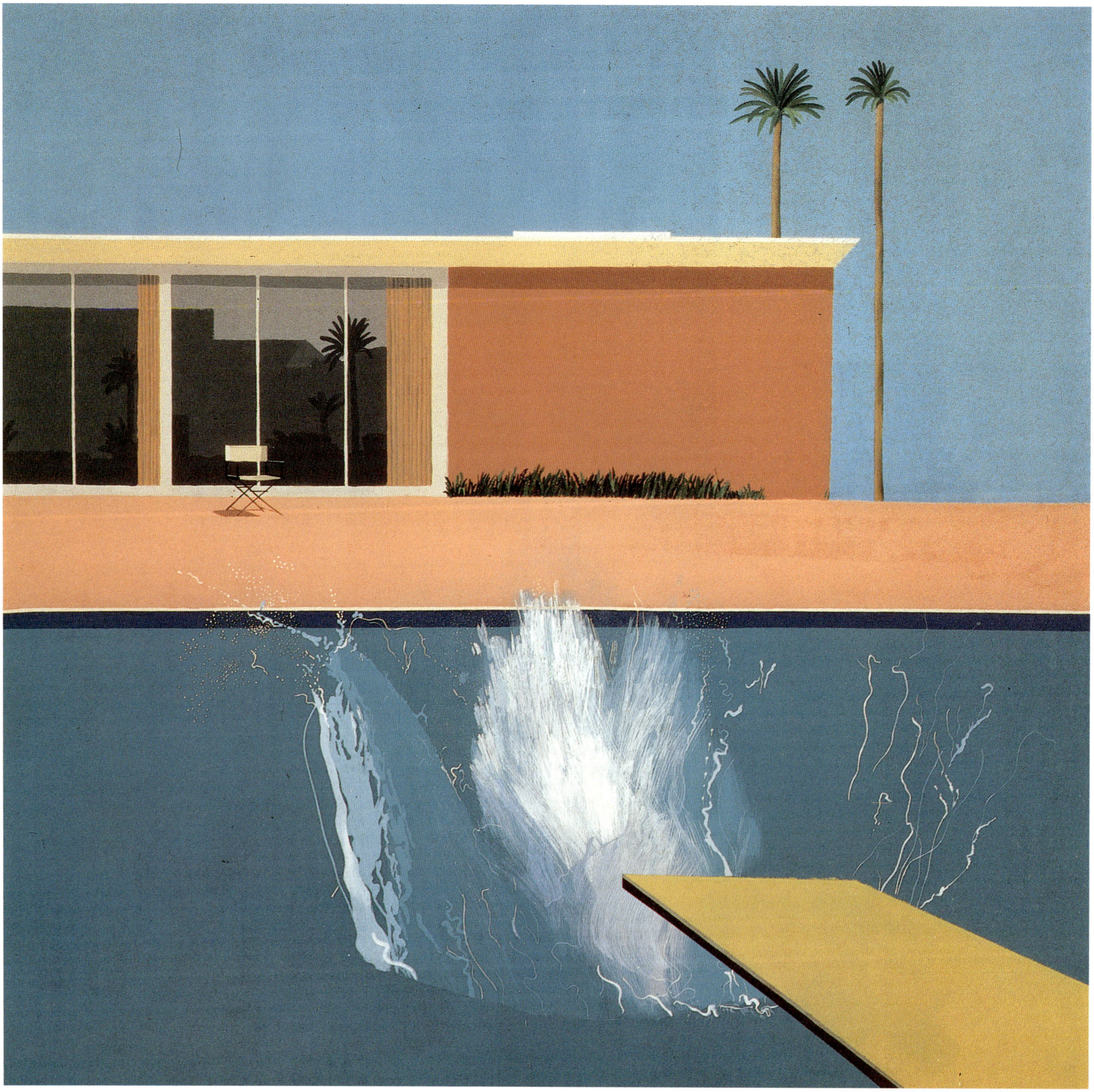

David Hockney. * Bradford, 1937. Ein kräftiger Sprung. 1967. Acryl auf Leinwand. H 243,8 x B 243,8 cm. Tate Gallery, London.

Hodgkin Howard

Liebespaar

Auch wenn es zunächst gegenstandslos erscheint, gibt das Bild eine tatsächliche Begebenheit wieder. Der Liebesrausch wird durch kräftige Farbwirbel vermittelt. Für Hodgkin ist typisch, daß er Holzplatten als Malgrund benutzt und über den Rahmen hinausmalt, wodurch letzterer mit ins Bild einbezogen wird. Er meint, ein Bild müsse Beziehungen wiedergeben. Deshalb zeigt er meistens Menschen, die in einem bestimmten Moment festgehalten werden, eine intensive persönliche Begegnung darstellend. In Indien hatte ihn die dortige Kunst mächtig beeindruckt. Ihr Einfluß wird in der Wahl leuchtender Farben und der Vorliebe für das kleine Format erkennbar. Sein Stil bleibt aber individuell und persönlich. Hodgkin ist auch ein erfindungs- und erfolgreicher Graphiker. 1985 erhielt er den englischen Turner-Preis für Gegenwartskunst.

☛ Chagall, Heron, Kossoff, Matisse, Rodin, Rothko

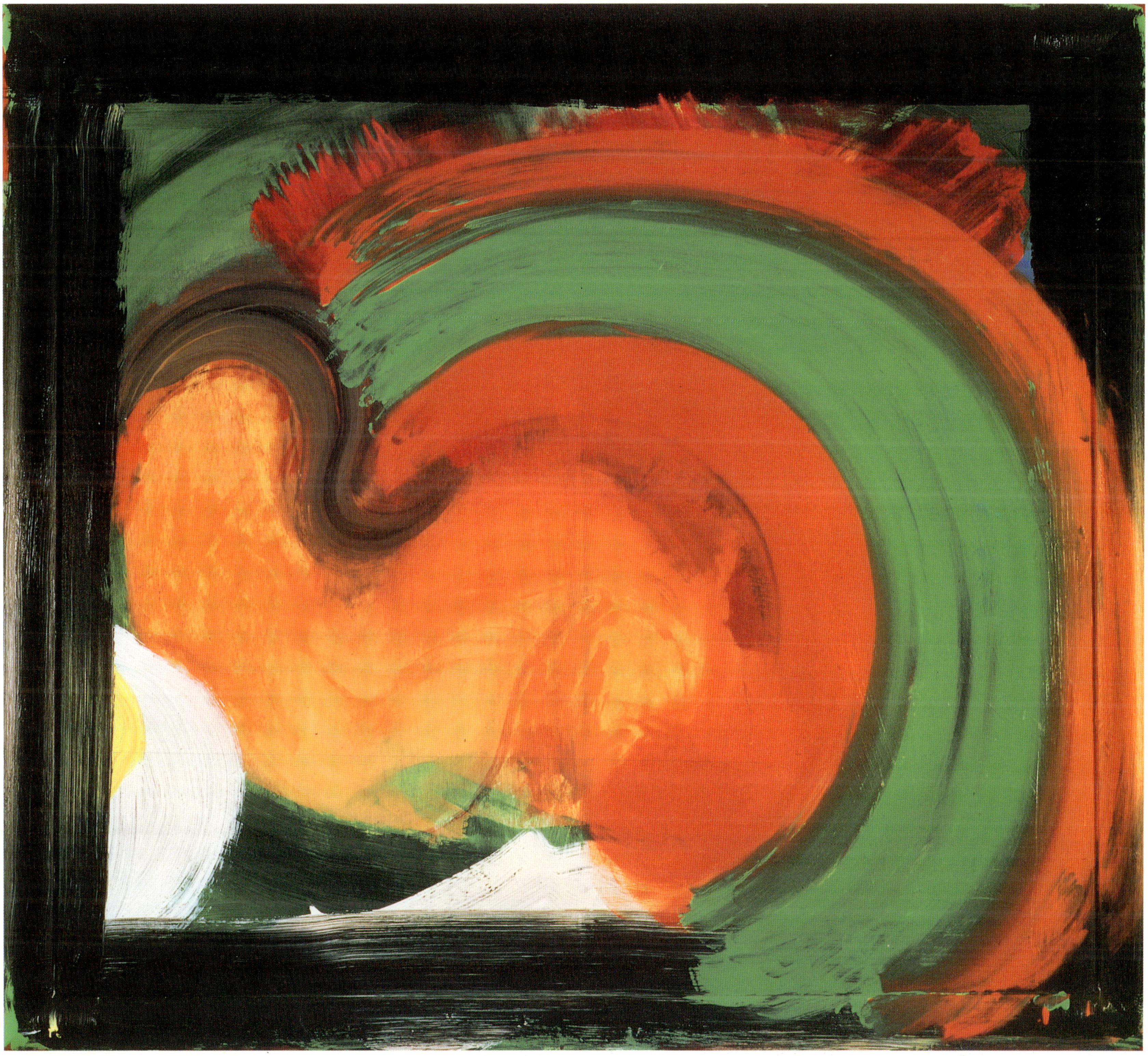

Howard Hodgkin. * London, 1932. Liebespaar. 1984-89. Öl auf Leinwand. H 171,5 x B 185,4 cm. Privatsammlung.

Hodler Ferdinand

Thunersee

Streng angeordnet und fast symmetrisch aufgebaut bewirken die Elemente dieses Bildes die Ausstrahlung von Ruhe. In der kühlen Morgenluft reflektiert der dezent rosafarbene See das Glühen der aufgehenden Sonne. Das Geschehen wurde beschränkt, verflacht und vereinfacht, so daß wir nur das Wesentliche davon sehen können. Die Komposition erfolgt durch rhythmische Muster aus verschiedenen Farb- und Formschichten. Hodler entwickelte einen ausgeprägt dekorativen Landschaftsstil mit starken Farben und Linien. War der frühe Hodler noch von Corot und Courbet geprägt, wandte sich der spätere Künstler dem Symbolismus mit seinen versteckten Botschaften und dem Jugendstil mit seinem Rankenwerk und stilisierten Blättern zu. Seine lineare und flache Malweise und die Farbe als wesentliches Bildelement bereiteten den Expressionismus vor.

☛ Böcklin, Corot, Courbet, Denis, Frankenthaler, Witz

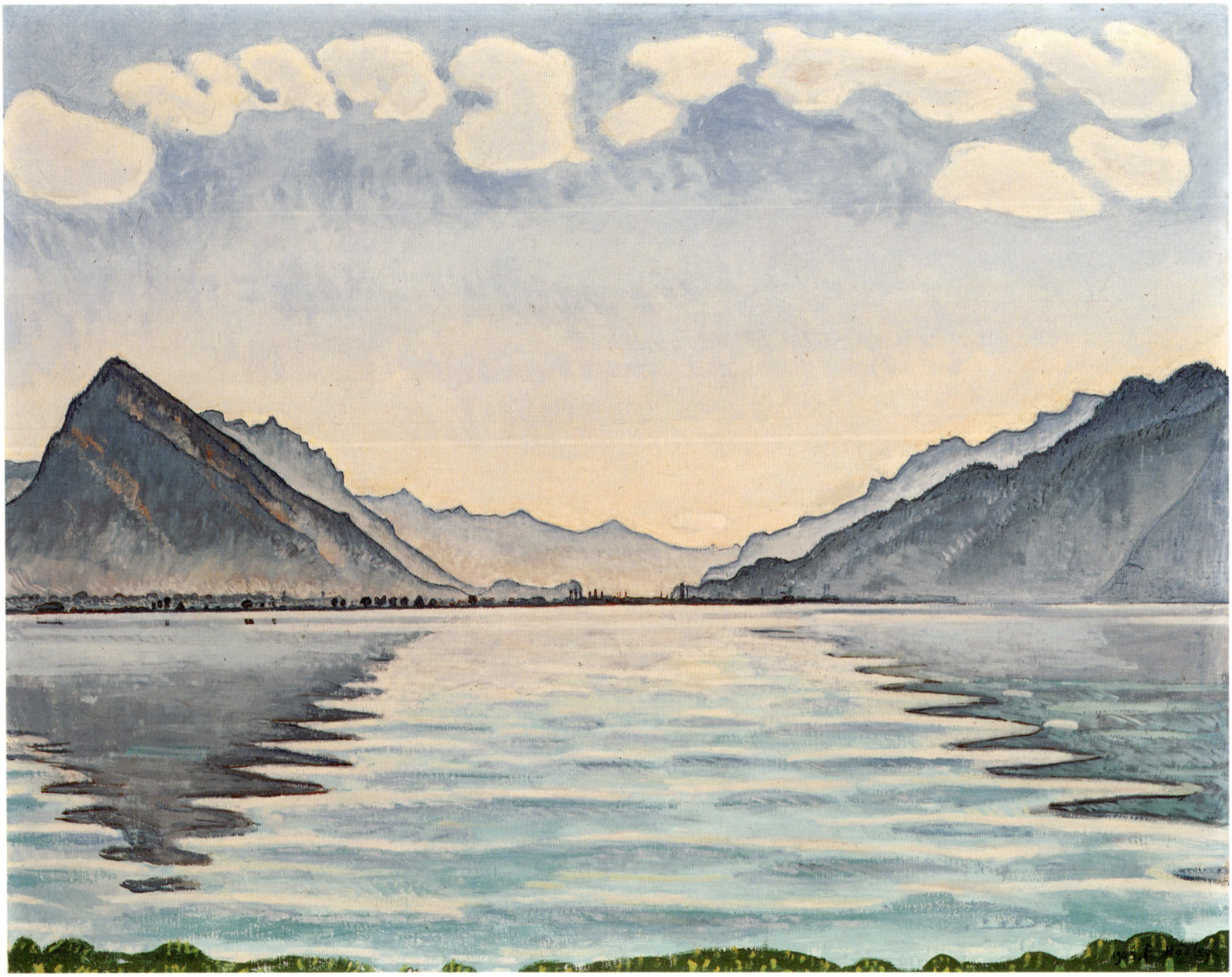

Ferdinand Hodler. * Bern, 1853. † Genf, 1918. Thunersee. 1905. Öl auf Leinwand. H 80,2 x B 100 cm. Musée d'Art et d'Histoire, Genf.

Hofmann Hans

Märchen

Mit Schwung und Leichtigkeit aufgetragene tanzende Pinselstriche lassen die Vielzahl vibrierender Farben miteinander verschmelzen. Hofmann wollte mit diesem gegenstandslosen Bild Geist oder Seele ausdrücken. Er vermied bewußt sowohl vorsätzliche Farbgebung als auch eine vorgefaßte Bildvorstellung, ganz sich der Hand selbst überlassend, die das Bild erstellt. In seinem Bestreben, die Eingebung seines geistigen Auges direkt wiederzugeben, verzichtete er sogar auf den Pinsel und wurde damit zum Wegbereiter einer Technik, die die Farbe durch Klatschen oder Tropfen direkt auf die Leinwand setzte, damit starke und explosive Muster entstehen. Dies war auch das Anliegen des Abstrakten Expressionismus. Pollock war sein erster Mitstreiter. Vor seiner Emigration 1932 in die USA lebte Hofmann in München und Paris.

☛ Frankenthaler, Gorky, De Kooning, Pollock

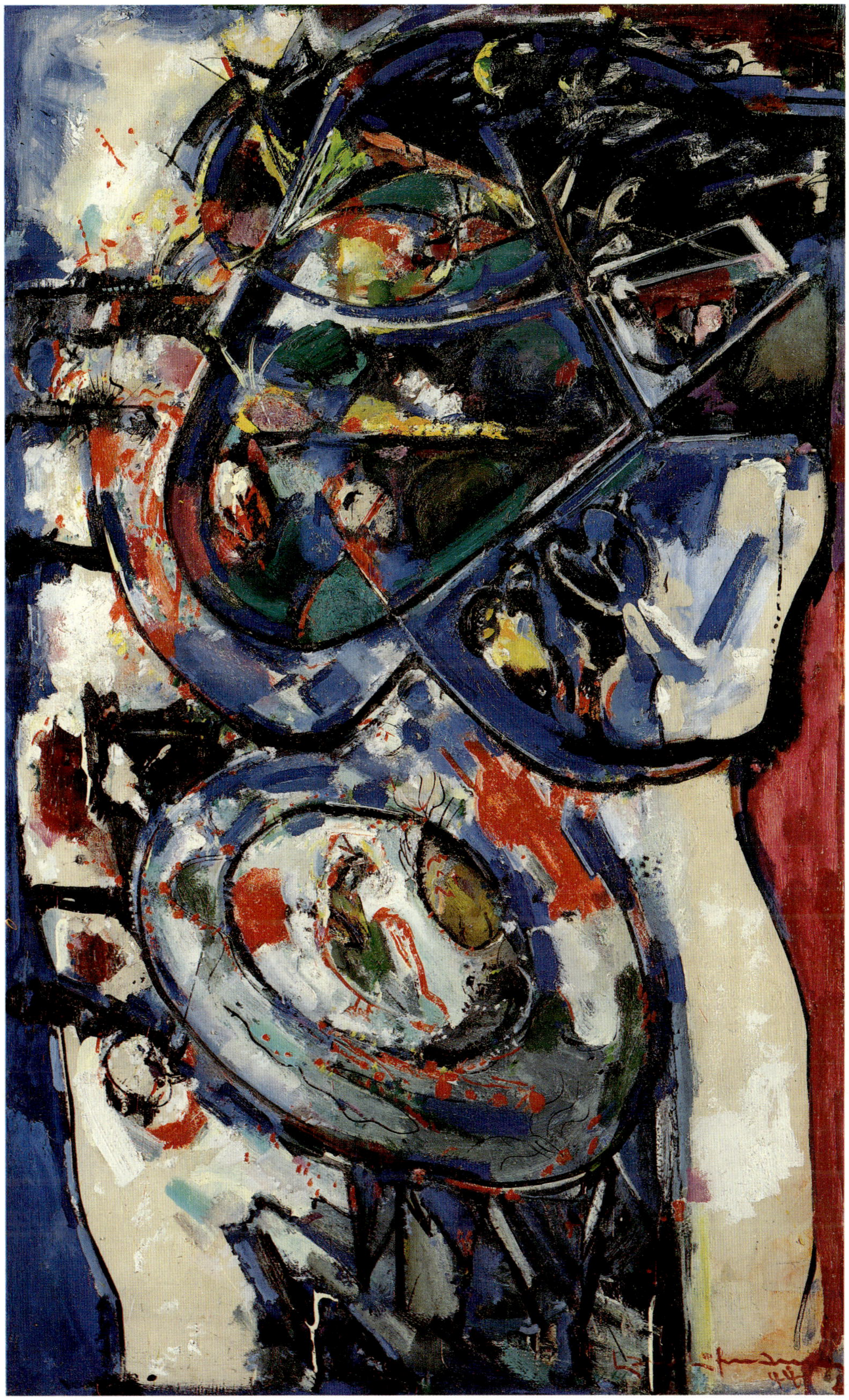

Hans Hofmann. * Weißenberg, 1880. † New York, 1988. Märchen. 1944. Öl auf Holz. H 152 x B 92 cm. Privatsammlung.

Hogarth William

Das Frühstück, aus: Heirat nach der Mode

Es ist Nachmittag, ein Stuhl liegt umgestürzt da, Karten sind über dem Teppich verstreut, ein Gerichtsvollzieher rollt verzweifelt seine Augen. Nachtgelage, Verschuldung eines großzügigen Hauses und eine schlampige Haushaltführung werden kritisiert. Für Hogarth war Kritik des Geschmacks auch Kritik der Verhaltensweisen, und er mokiert sich über groteske Kunstwerke auf dem Kamin, die Blumenuhr und die Marmorbüste, die mehr einem Schwein als einem Römer ähnelt. Der gelernte Kupferstecher und Händler brannte mit der Tochter seines Meisters durch. Er warf alle Konventionen über Bord und spezialisierte sich auf verletzende Bildkritiken über die sozialen Zustände, meist in Form von Serien oder Geschichten. Er wurde damit berühmt. Obwohl noch ganz in der Zeit des Rokoko verankert, sind sein Witz und Stil ganz und gar englisch.

☛ Boucher, Chardin, Fragonard, Steen, Watteau

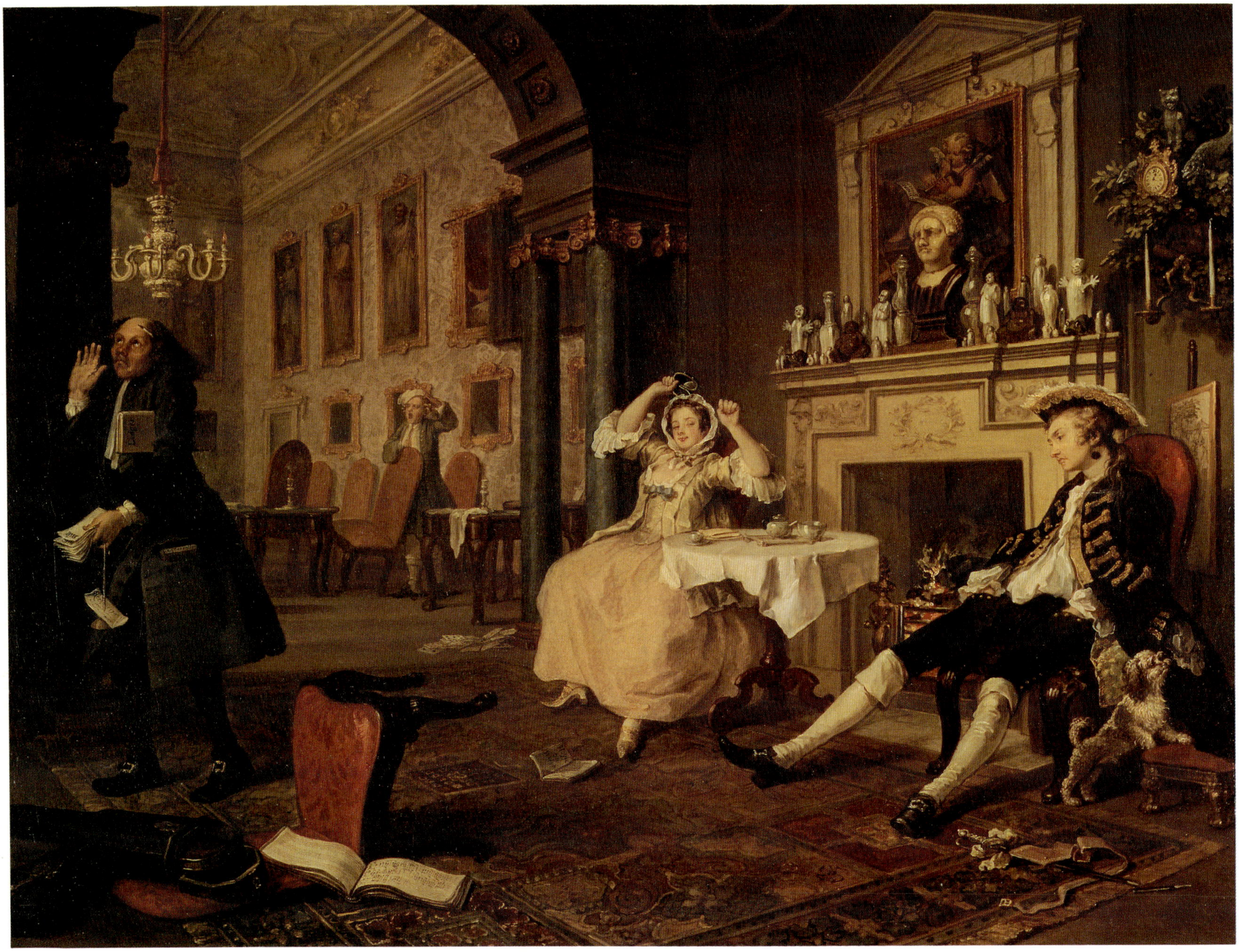

William Hogarth. * London, 1697. † London, 1764. Das Frühstück, aus: Heirat nach der Mode. Um 1745. Öl auf Leinwand. H 71 x B 91,5 cm. National Gallery, London.

Hokusai Katsushika

Der Fudschijama bei klarer Sicht

Diese Ansicht des heiligen Berges ist von majestätischer Einfachheit und Eindringlichkeit. Für viele ist dies die elementarste Darstellung von Japans berühmtem Wahrzeichen. Alle Regeln von Perspektive und künstlerischen Traditionen von sich weisend, hat der Künstler ein unmittelbares Bild geschaffen, geradewegs so frisch und rein, wie er den Berg vor seinem geistigen Auge gesehen hat. Bei seinem Meister erlernte er die überlieferte Malerei und Buchillustration, doch später gab er dies alles preis für seine Holzschnitte zur Ukiyoye-Schule (= Bilder der vorüberziehenden Welt), die sich auf alltägliche Szenen beschränkte. Er begeisterte mit künstlerischen Meisterleistungen, indem er beispielsweise mit wenigen Strichen die Landung eines Sperlings hinwarf. Seine kühne Einfachheit der Zeichnung und seine Farbigkeit hatten großen Einfluß auf europäische Künstler, vor allem die Impressionisten.

☛ Hiroshige, Hodler, Manet, Utamaro, Whistler

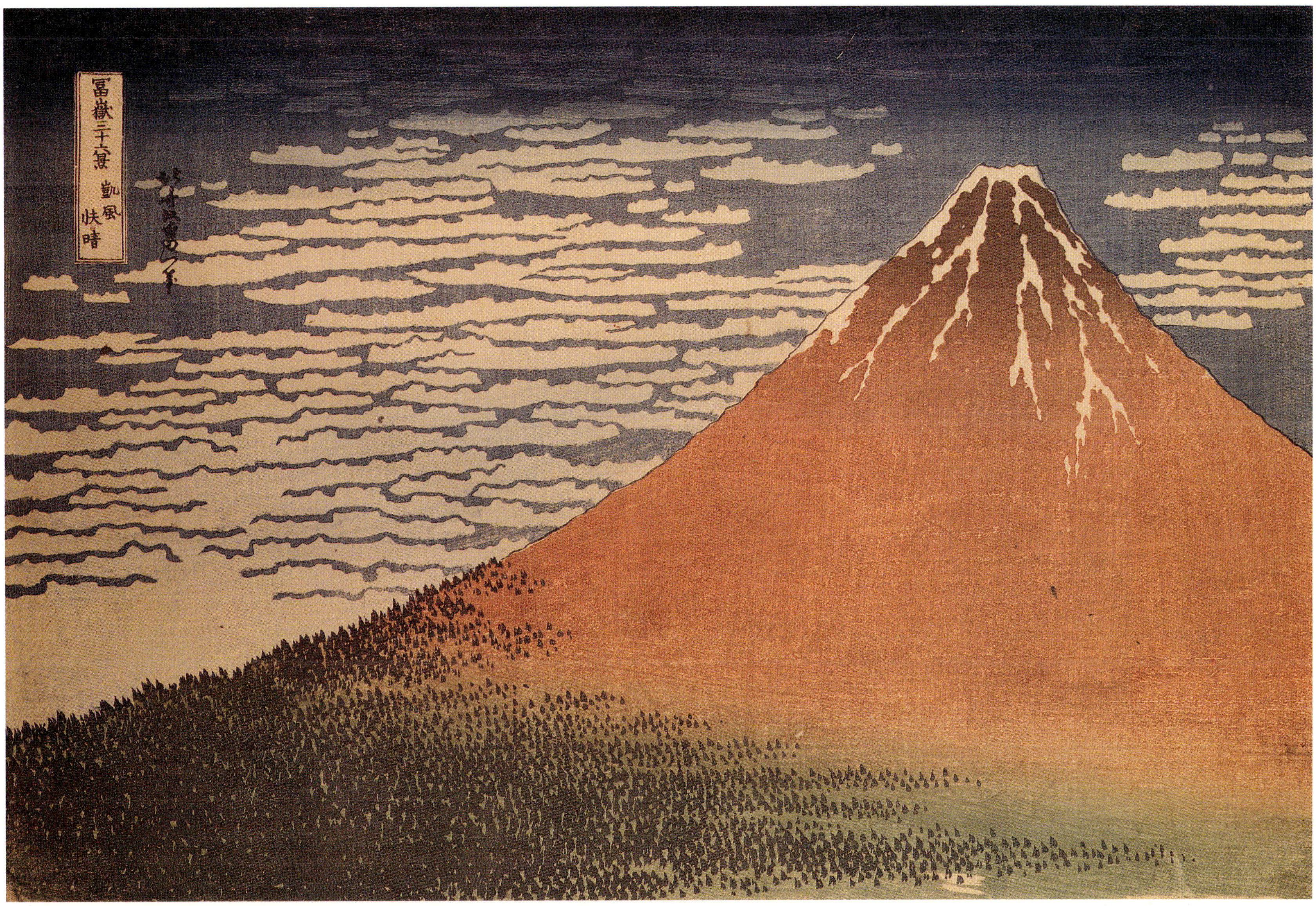

Katsushika Hokusai. * Asakusa, 1760. † Honjo, 1849. Der Fudschijama bei klarer Sicht. Um 1823-29. Mehrfarbenholzschnitt auf Papier. H 27 x B 38 cm. British Museum, London.

Holbein Hans d. J.

Die Gesandten

Die zwei selbstbewußten Männer sind Jean de Dinteville, der französische Gesandte in England, und sein Freund George de Selve, Bischof von Lavaur. Eine ausgesuchte Kollektion von Musik-, Astronomie- und Wissenschaftsinstrumenten symbolisieren ihre Bildung und Macht. Die Sonnenuhr legt die Zeit genau auf 10.30 Uhr am 11. April fest. Holbein zeigt, daß all diese Großartigkeit und der Hochmut im Grab enden müssen. Er tut dies durch Gegenüberstellung mit Todessymbolen: die zerrissene Saite der Laute und der verformte Totenschädel vor den Gesandten, den man nur in extremer Schrägsicht sehen kann. Holbein, einer der größten Porträtisten seiner Zeit, war Hofmaler der englischen Könige. Seine Bildnisse von Heinrich VIII., seinen Frauen und Ministern offenbaren Holbeins Meisterschaft als Charakterdarsteller. Er starb in London als Opfer der großen Pest von 1543.

☛ Claesz, Dürer, Van Dyck, Hals, Massys, Sittow

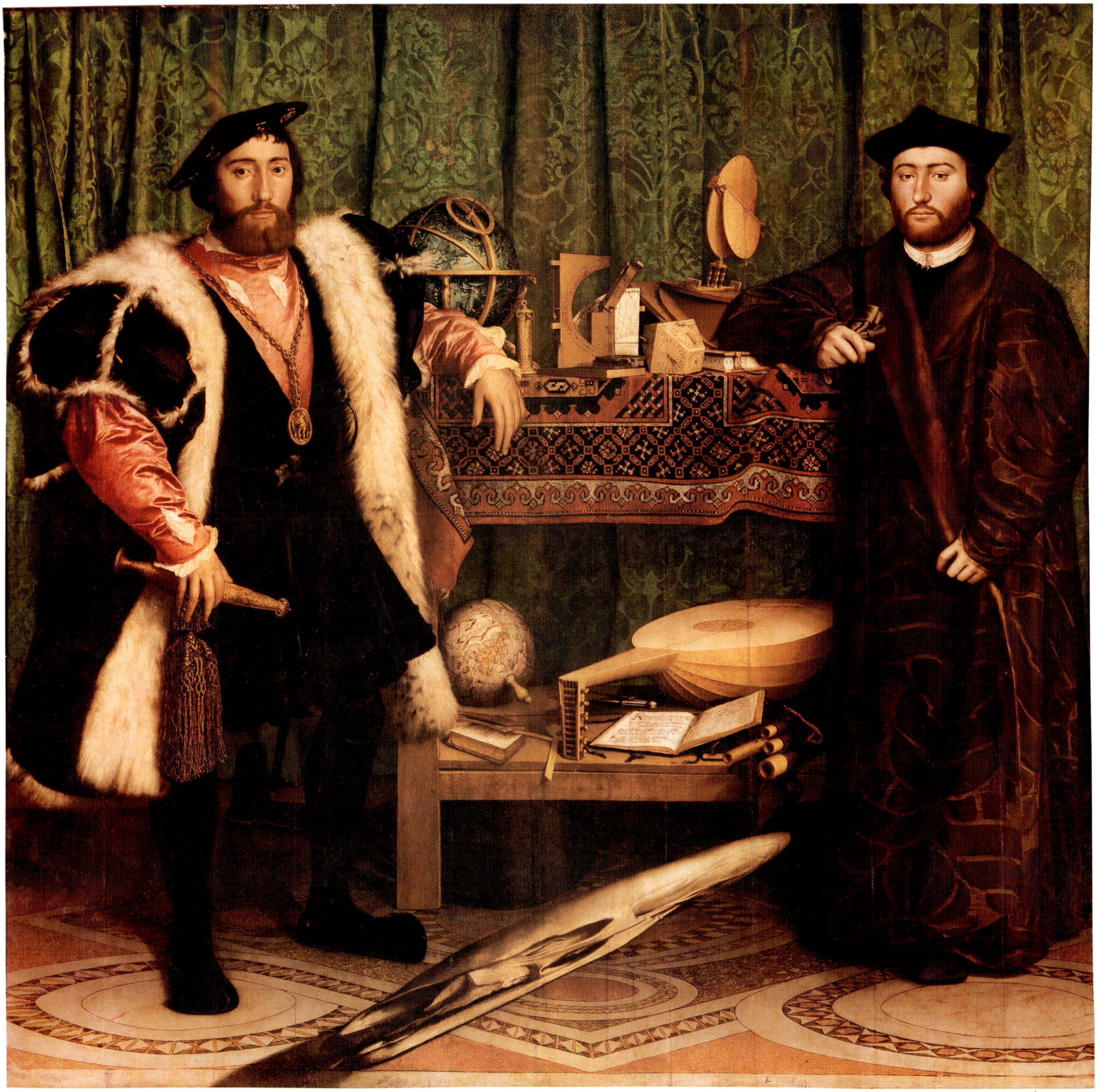

Hans Holbein der Jüngere. * Augsburg, um 1497. † London, 1543. Die Gesandten. 1533. Öl und Tempera auf Holz. H 207 x B 209 cm. National Gallery, London.

Homer Winslow

Aufkommende Brise

Drei Jungen und ein Fischer drücken steuerbords ihr Boot mit ihren Körpern gegen den Wind. Im selben Jahr wie Mark Twains »Huckleberry Finn« entstanden, vermittelt auch Homers Bild Erinnerungen an die Kindheit, an frische Luft und Sommerabenteuer. Homers Werk vertritt authentisch das amerikanische Leben auf dem Land in den 60er und 70er Jahren des vergangenen Jahrhunderts. Das Segelboot ist zugelassen in Gloucester, Massachusetts, einem bei Künstlern beliebten Küstenstädtchen in Neuengland, wo Homer viele Sommer verbracht hatte. Obwohl seine Themen als auch seine unkonventionelle wie frische Malweise an die Impressionisten erinnert, hatte er keinerlei Kontakt zu diesen. Zusammen mit Eakins gilt Homer als führender Vertreter des amerikanischen Naturalismus und dessen unverbrauchter Sicht der realen Welt.

☛ Bingham, Eakins, Hiroshige, Hokusai, Pissarro, Wyeth

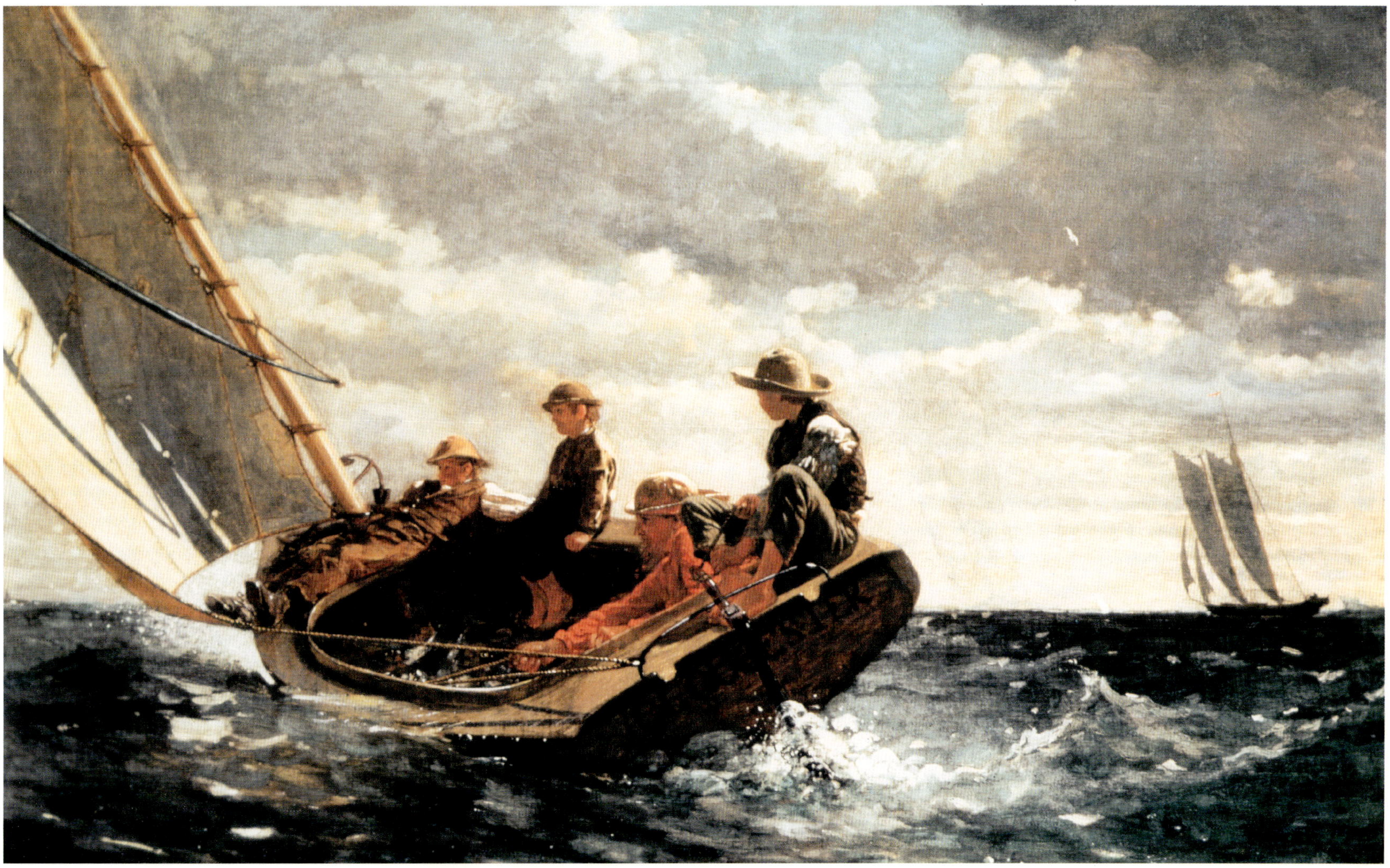

Winslow Homer. * Boston, 1836. † Prout's Neck, 1910. Aufkommende Brise. 1872. Öl auf Leinwand. H 56 x B 91,5 cm. Butler Institute of American Art, Youngstown.

Honthorst Gerrit van

Das Konzert

Dieses Bild eines Festes verströmt musikalische Ausgelassenheit und Fröhlichkeit. Leicht von unten betrachtet singt in einem Fenster eine Frauengruppe mit Lautenbegleitung. Die Lichtführung und die roten Vorhänge erinnern ans Theater, was noch durch die prächtigen Gewänder und die Federzier bekräftigt wird. Als junger Maler besuchte Honthorst Rom. Dort sah er Caravaggios Bilder, deren ausgeprägtes Chiaroscuro mit seinen starken Lichtquellen und tiefen Schatten schwer auf ihn einwirkte. Themen wie »Das Konzert« waren bei den Caravaggisten sehr beliebt, und Honthorsts Nachtstücke waren in Italien so begehrt, daß er den Beinamen »Gerrit der Nacht« erhielt. Zurück in Utrecht half er bei der Verbreitung dieser neuen Art des Malens. In England fertigte er Porträts von Karl I. und seiner Frau Henriette Maria an. Später schloß sich Honthorst dem Stil Van Dycks an.

☛ Caravaggio, Dou, Van Dyck, Greuze, Terbrugghen

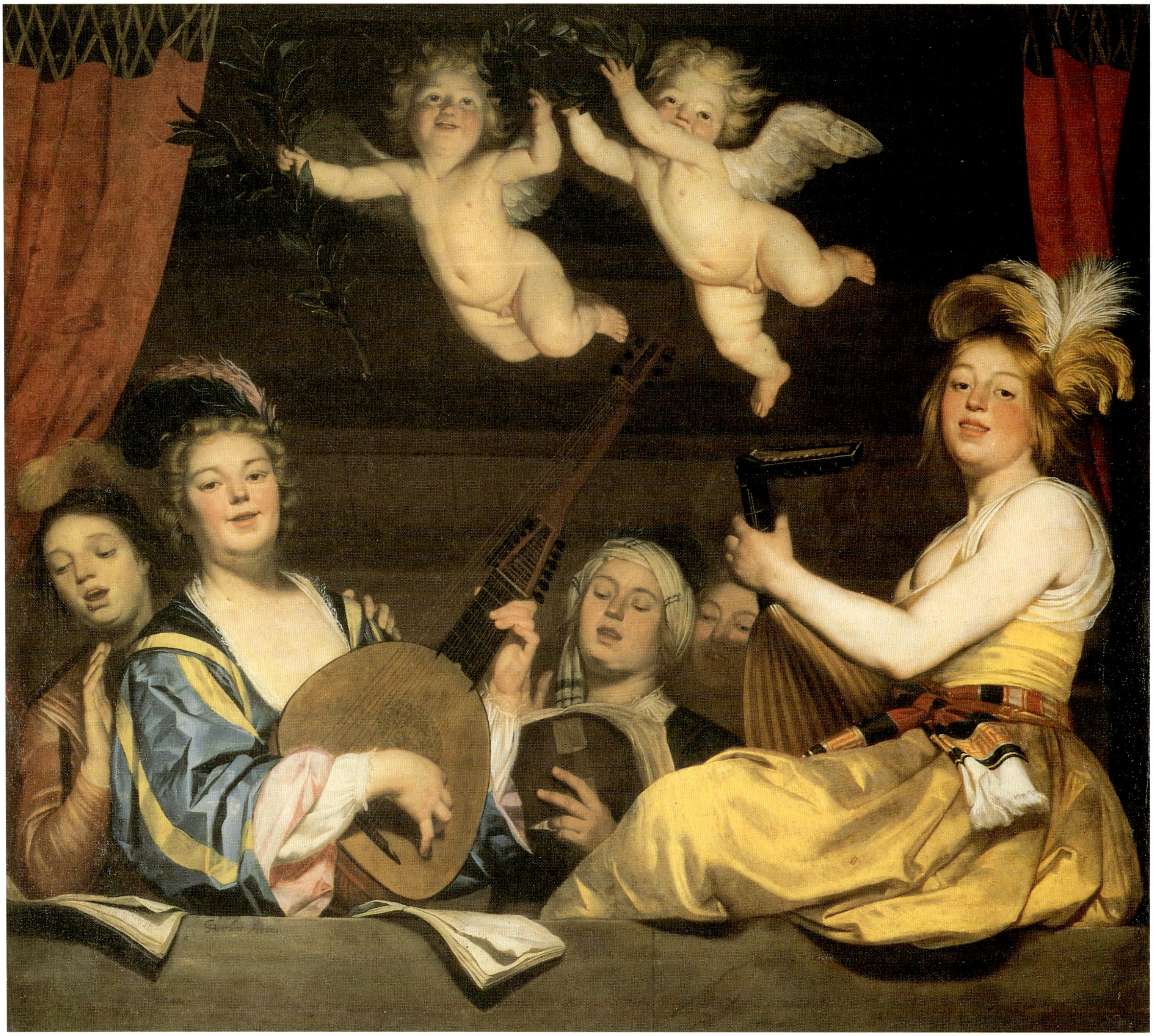

Gerrit van Honthorst. * Utrecht, 1590. † Utrecht, 1656. Das Konzert. 1624. Öl auf Leinwand. H 168 x B 178 cm. Musée du Louvre, Paris.

De Hooch Pieter

Herrin und Magd mit Eimer

Diese friedvolle häusliche Szene ist sorgfältig aus winzigen, aber peinlich genau beobachteten Details aufgebaut. Das helle Licht verleiht dem Geschehen tiefe Wirklichkeit, in der die zwei Frauen fest in eine zeitlose, abgeschlossene Welt eingeschlossen erscheinen, wäre da nicht die zur Straße hin offene Hoftür. De Hooch bevorzugte Hoftüren und Dielen als Hilfsmittel: Er malte gern dunkle Vordergründe, von denen aus man in einen hell erleuchteten Raum blicken kann. Neben einer Atmosphäre von Ruhe, Ordnung und Hausleben herrscht in diesem Bild auch eine Stimmung von auf sich selbst bezogener Stille und Schlichtheit. De Hooch malte zunächst Bilder von in häusliche Arbeiten vertiefte Kleingruppen. Diese wichen später geschäftigen Szenen festlicher Art. Die Menschen darin werden reicher, während die Malerei ärmer wird und ihre Lichtqualitäten einbüßt.

☛ Dou, Metsu, Steen, Ter Borch, Vermeer

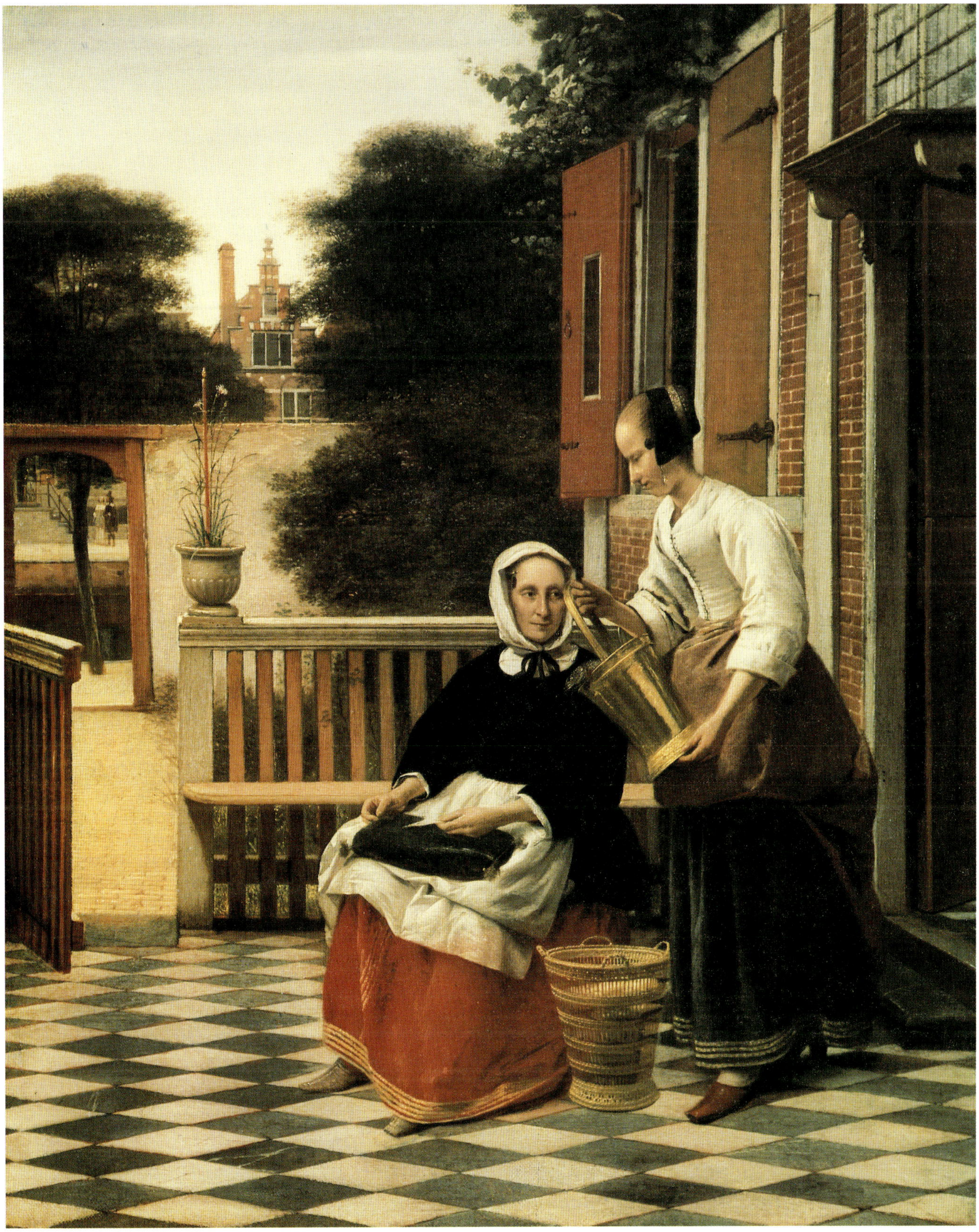

Pieter de Hooch. * Rotterdam, 1629. † Amsterdam, 1684. Herrin und Magd mit Eimer. 1660-65. Öl auf Leinwand. H 53 x B 42 cm. Eremitage, St. Petersburg.

Hopper Edward

Sonnenanbeter

Vollständig bekleidete, schweigende und bewegungslose Sonnenanbeter sitzen in regelmäßig angeordneten Sonnenstühlen, jede Person streng getrennt von der anderen. Die Ruhe der Szene in ihrem Hell-Dunkel wirkt kalt und abweisend. Hoppers Passion für grelles Sonnenlicht ist wie in allen seinen anderen Werken Hauptthema des Bildes. Er malte kantige Umrisse und beklemmende Stimmungen. Hoppers Stil, der immer die Darstellung der Sonderlichkeiten der Welt verfolgt, ist unbeeinflußt von europäischen oder amerikanischen zeitgenössischen Strömungen. Seine Personen sind wesenlos und fremd, so als ob Hopper ihre Isoliertheit noch verstärken wollte, statt sie einander näherzubringen. Hoppers Werke enthüllen die Verlassenheit, die Häßlichkeit, aber manchmal auch die unerwartete Schönheit der Alltagswelt.

☛ Boudin, Hockney, Segal, Wyeth

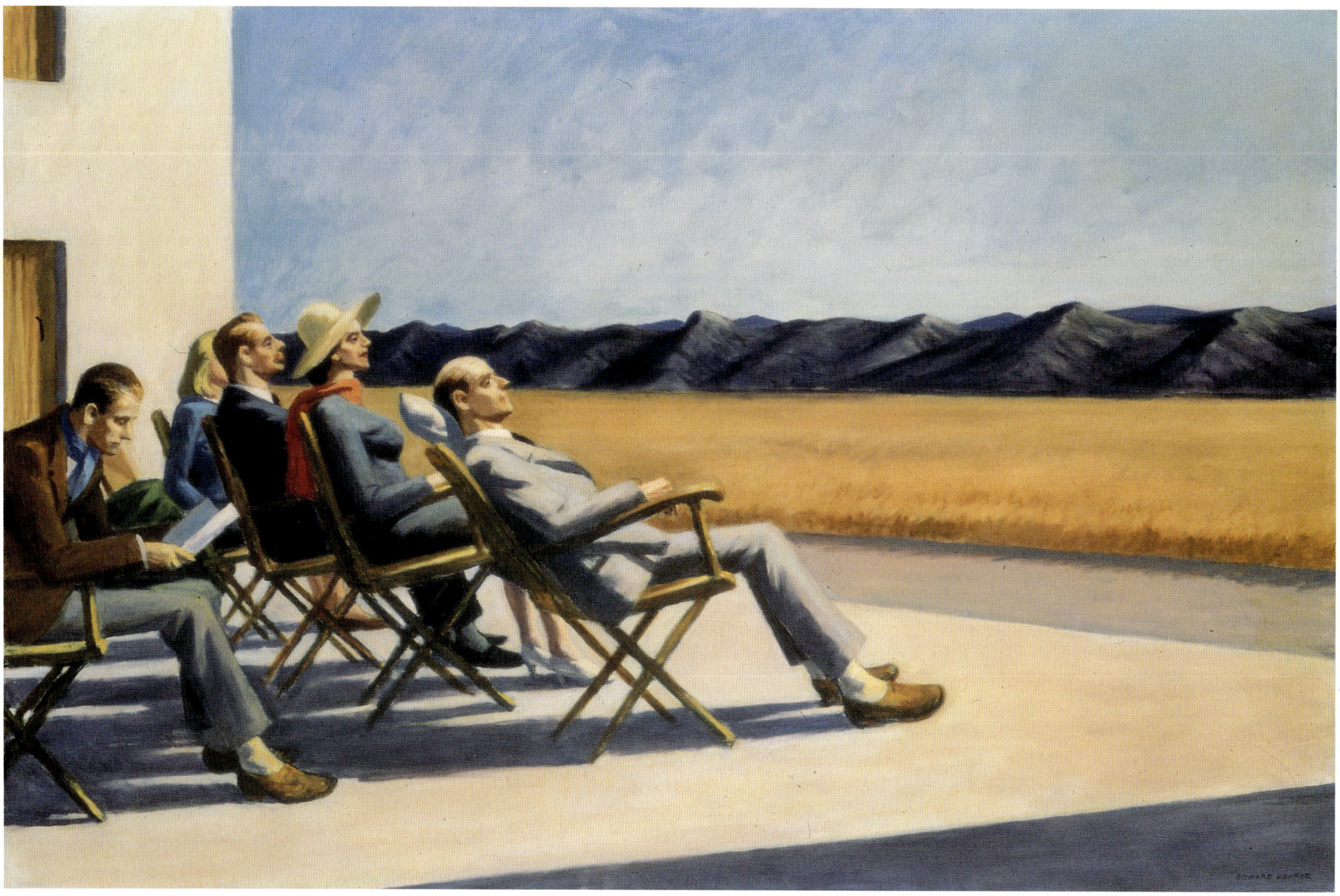

Edward Hopper. * Nyack, 1882. † New York, 1967. Sonnenanbeter. 1960. Öl auf Leinwand. H 102,5 x B 153,3 cm. Smithsonian Institution, Washington.

Houdon Jean-Antoine

Büste von Diderot

Die lebensgroße Terrakottabüste des französischen Philosophen trägt noch die Spuren, die des Bildhauers Hand im weichen Ton hinterlassen hat. Diderots Augen blicken vom Betrachter weg; seine Welt wird damit von der unseren getrennt. In Anlehnung an antik römische Büsten ist die Skulptur, für die vorliegendes Modell diente, glatt und makellos. Das gröber gearbeitete Modell gewährt Einsicht in die Arbeitsweise des Künstlers. Der gefeiertste Bildhauer Frankreichs konnte während der Revolution nur knapp dem Kerker entgehen. In seiner Funktion als Porträtist hat er viele Größen seiner Zeit nach dem Leben modelliert. Sogar die Amerikaner erteilten ihm den Auftrag für die Statue ihres Generals Washington zum Gedenken seines Sieges im Unabhängigkeitskrieg. Diese Statue steht heute auf dem Kapitol von Richmond.

☛ Algardi, Canova, Frink, Roubiliac

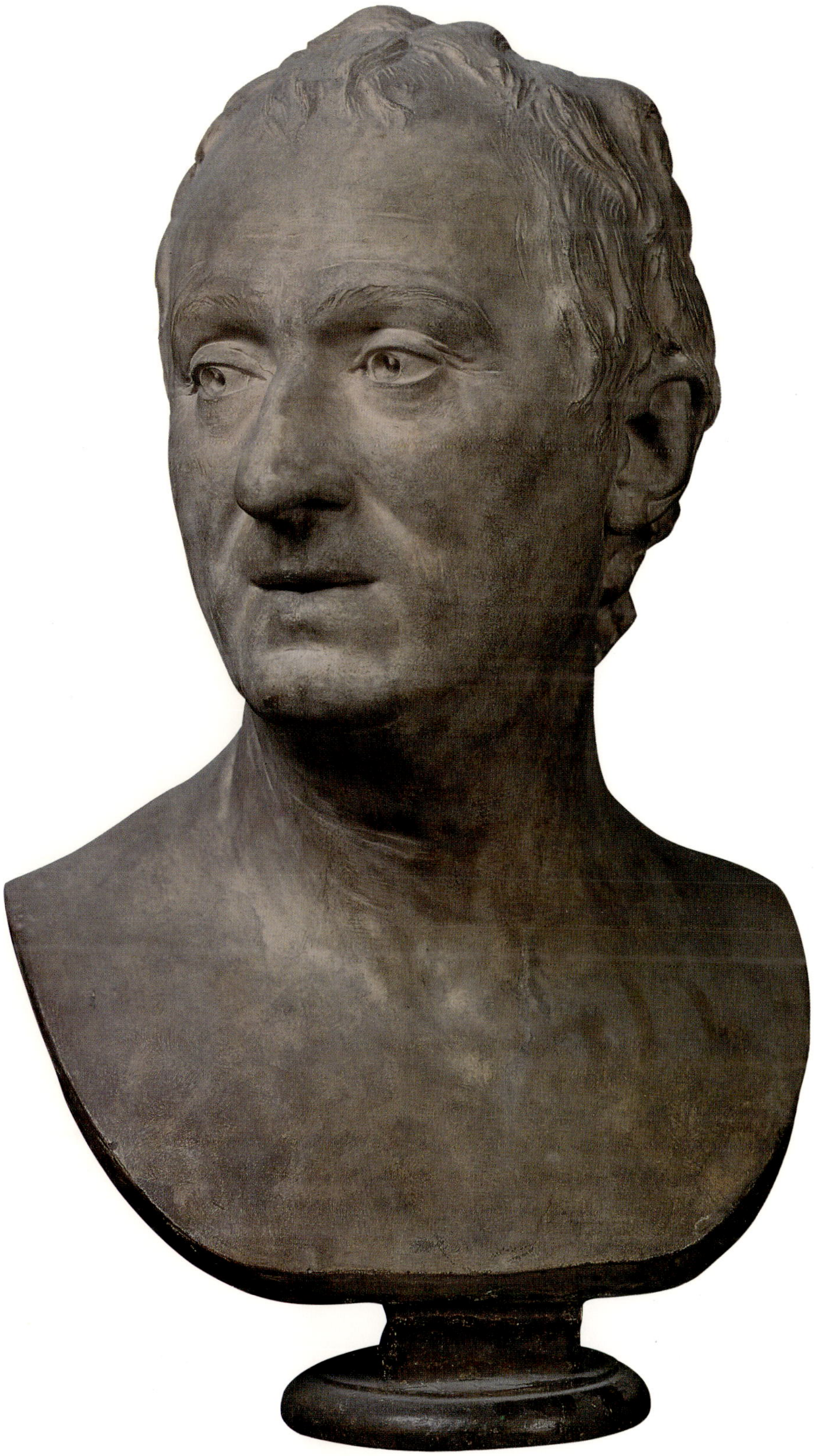

Jean-Antoine Houdon. * Versailles, 1741. † Paris, 1828. Büste von Diderot. Um 1771. Terrakotta. H 41 cm. Musée du Louvre, Paris.

Hunt William Holman

Das erwachende Schamgefühl

Mit einem Blick in diesen typisch viktorianischen Salon sehen wir, wie ein Mädchen schuldbewußt vom Knie ihres Geliebten aufspringt, halbwach gewahr werdend, daß sie etwas Anstößiges getan hat. Viktorianische Werthaltungen werden da reflektiert, und das Bild sollte ein moralischer Kommentar sein. Gemusterte Stoffe, gemaserte Möbel, bewegte Tapetenmuster und aufdringliche Farben belegen Hunts Vorliebe für penible Detailtreue. Mit Rossetti und Millais gründete er die Bruderschaft der Präraffaeliten, die sich der genauen Beobachtung der Natur verschrieben hatte. Doch er war der einzige, der diesen Prinzipien treu blieb. Mit Brown vertrat er die Moral und die Leitwerte der Viktorianischen Gesellschaft. In seinem Streben nach Naturtreue bevorzugte er Freunde als Modelle. Nur wenige seiner Bilder sind fertig geworden.

☛ Fra Angelico, Botticelli, Brown, Millais, Rossetti

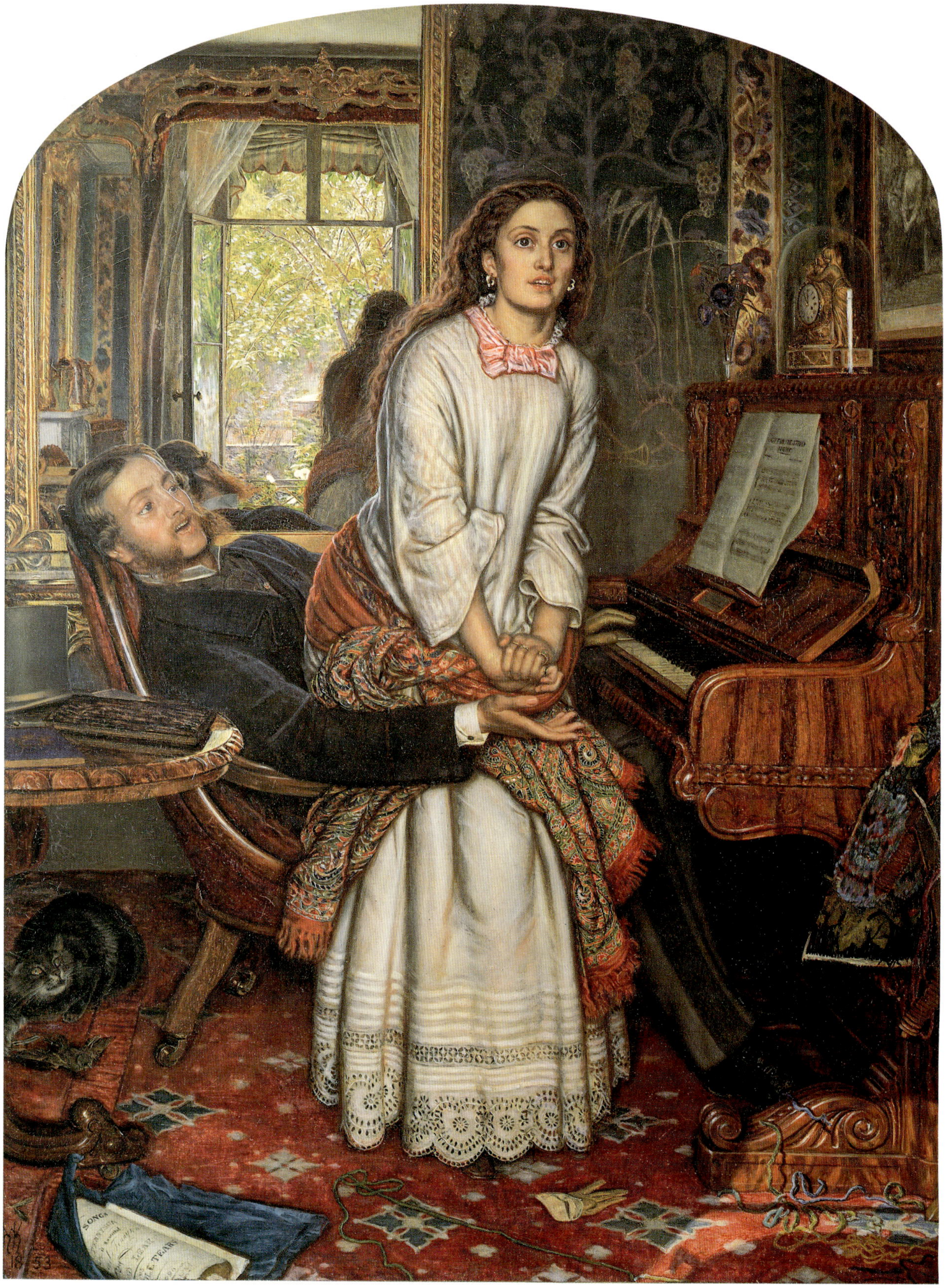

William Holman Hunt. * London, 1827. † London, 1910. Das erwachende Schamgefühl. 1853. Öl auf Leinwand. H 76,2 x B 55,9 cm. Tate Gallery, London.

Ingres Jean Auguste Dominique

Das Bad von Valpinçon

Der erste Käufer des Bildes war der Sammler Valpinçon, daher der Titel des Bildes. Es ist eine Vorführung klassischer Schönheit des menschlichen Körpers. Die weich ausgeleuchtete Badeszene ist von einer distanzierten, lustlosen Erotik, zweideutig durch die Absicht, nicht den Blick des Betrachters zu provozieren. Einziges bewegtes Element ist ein dünner Wasserstrahl. Der spartanische Innenraum läßt die Szene wie in Raum und Zeit eingefroren erscheinen. Ingres war zwar ein großartiger Zeichner, blieb aber ein Gefangener seiner literarischen Themen und zeigte wenig Interesse an den Ausdrucksmöglichkeiten der Farbe. Die glatte Perfektion seiner Gemälde resultierte aus seiner Verehrung für Raffael. Er war ein Hauptvertreter des Neoklassizismus. Seine orientalischen Bilder mit verführerischen, exotischen Akten sind nur aus zweiter Hand, da Ingres Europa nie verlassen hatte.

☛ Boucher, Canova, J.-L. David, Leighton, Maillol, Prud'hon

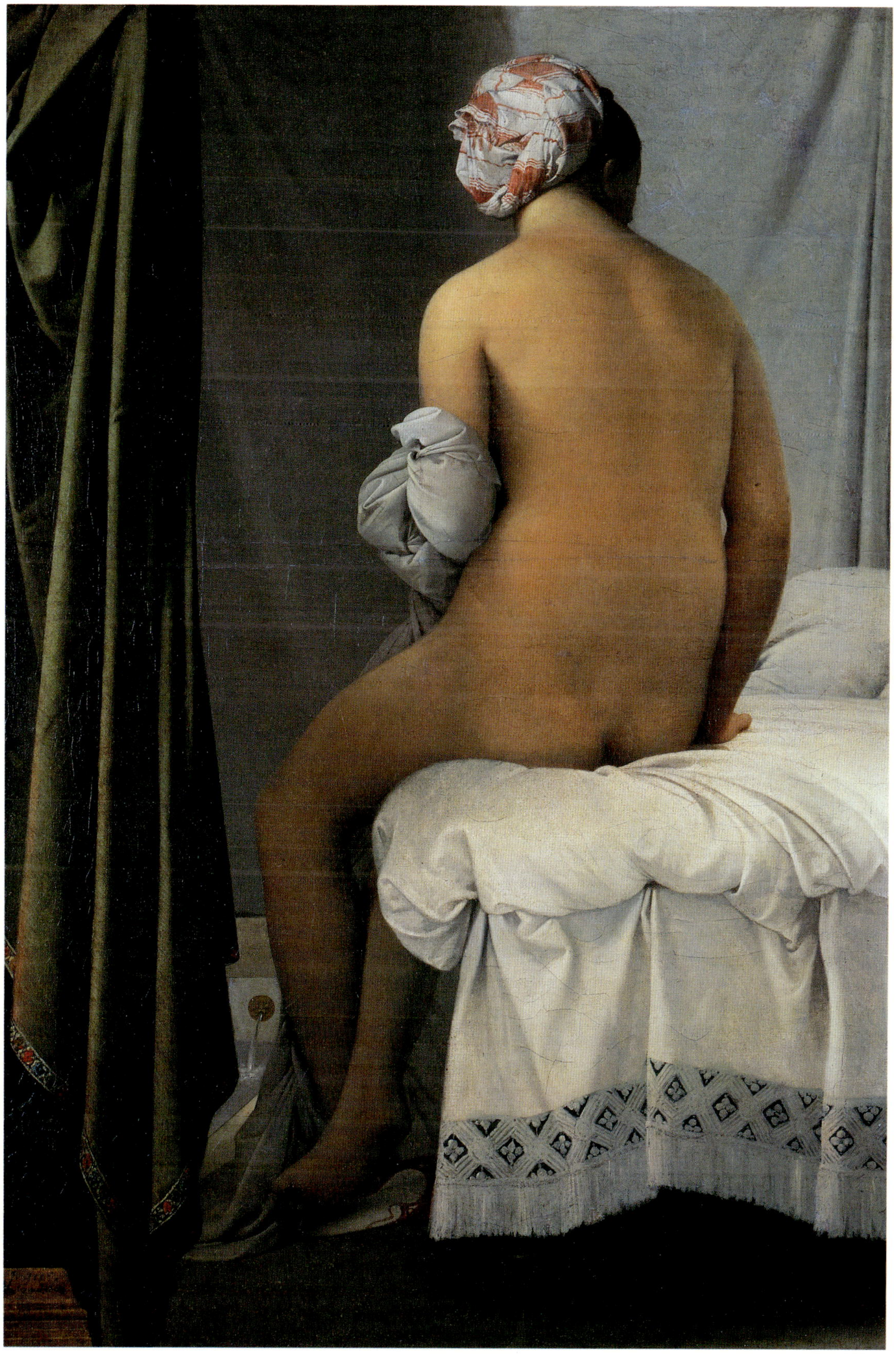

Jean Auguste Dominique Ingres. * Montauban, 1780. † Paris, 1867. Das Bad von Valpinçon. 1808. Öl auf Leinwand. H 142 x B 97 cm. Musée du Louvre, Paris.

Ivanov Alexander

Christus erscheint vor dem Volk

Johannes der Täufer in seinem Fellkleid hebt sein Schilfkreuz vor der um ihn gescharten Menge empor und predigt seinen Schülern das Wort Gottes. Ivanov zeigt die zwei Hauptereignisse im Leben des Täufers: seine Verkündigung der Ankunft Christi und dessen Taufe im Jordan. Links sieht man einige der Neugetauften das Ufer erklimmen. Ivanov übernahm die klassischen Posen und Gewänder der Hochrenaissance und hoffte, damit Harmonie und Größe eines Raffael oder Michelangelo zu erreichen. Den Großteil seiner Schaffenszeit verbrachte er in Rom, wo er dem Einfluß der Nazarener, einer deutschen, religiös bestimmten Künstlergruppe, erlag. Obwohl viele seiner biblischen Bilder nie über das Stadium der Vorzeichnung hinauskamen, zeigen diese die Verbindung von Mystizismus mit Geschichtstreue und eine individuelle Sehweise.

☛ Canova, J.-L. David, Ingres, Poussin, Prud'hon

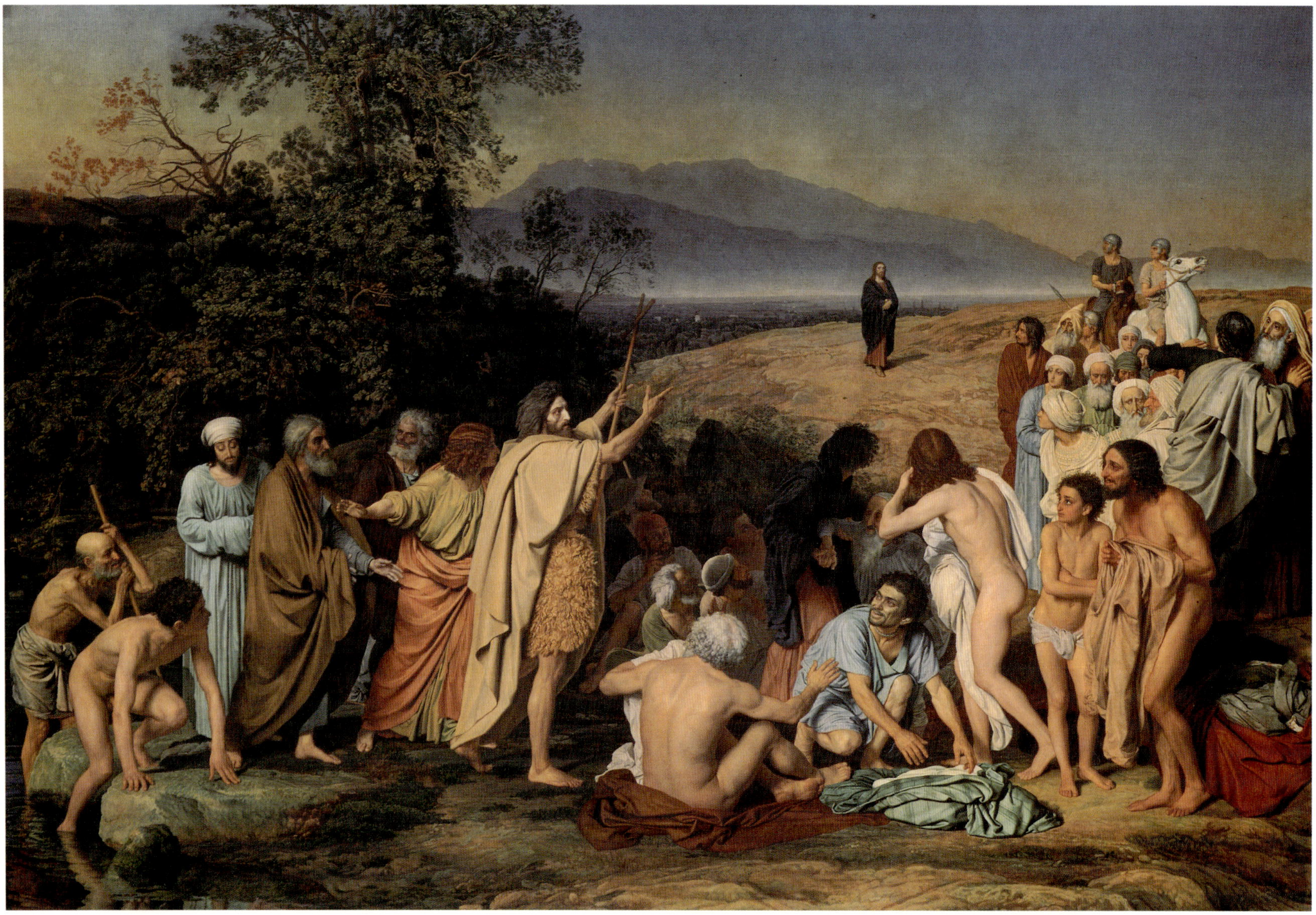

Alexander Ivanov. * St. Petersburg, 1806. † St. Petersburg, 1858. Christus erscheint vor dem Volk. 1837-57. Öl auf Leinwand. H 540 x B 750 cm. Tretjakoff Gallerie, Moskau.

Jawlensky Alexej von

Schokko

Mit kühnen Umrissen ist dieses ausdrucksstarke Porträt einer modischen Frau gemalt. Die aggressiven Farben sprechen eine stark sinnliche Sprache, doch das maskenähnliche Gesicht drückt eine in sich versunkene Ferne aus. Die Bedeutung dieses Bildes liegt in Jawlenskys totaler Beschränkung auf die Farbe als Ausdrucksmittel für ein Gesicht und dessen emotionale Kraft. Weil das Modell um eine Tasse heißer Schokolade bat, blieb ihm der Spitzname Schokko. Der Exilrusse Jawlensky verbrachte fast sein ganzes Leben in Deutschland, doch wurzelt sein Stil zu einem großen Teil in russischen Traditionen. Er verband fauvistische Elemente (Farbe, Kontur) mit bäuerlicher Kunst russischer Ikonen. An seiner späten Serie »Köpfe« kann man dies sehr gut erkennen. Das menschliche Gesicht blieb sein Hauptmotiv. Es nahm in seinen »Meditationen« tragische Züge an.

☛ Van Dongen, Gontscharova, Kandinsky, Marc

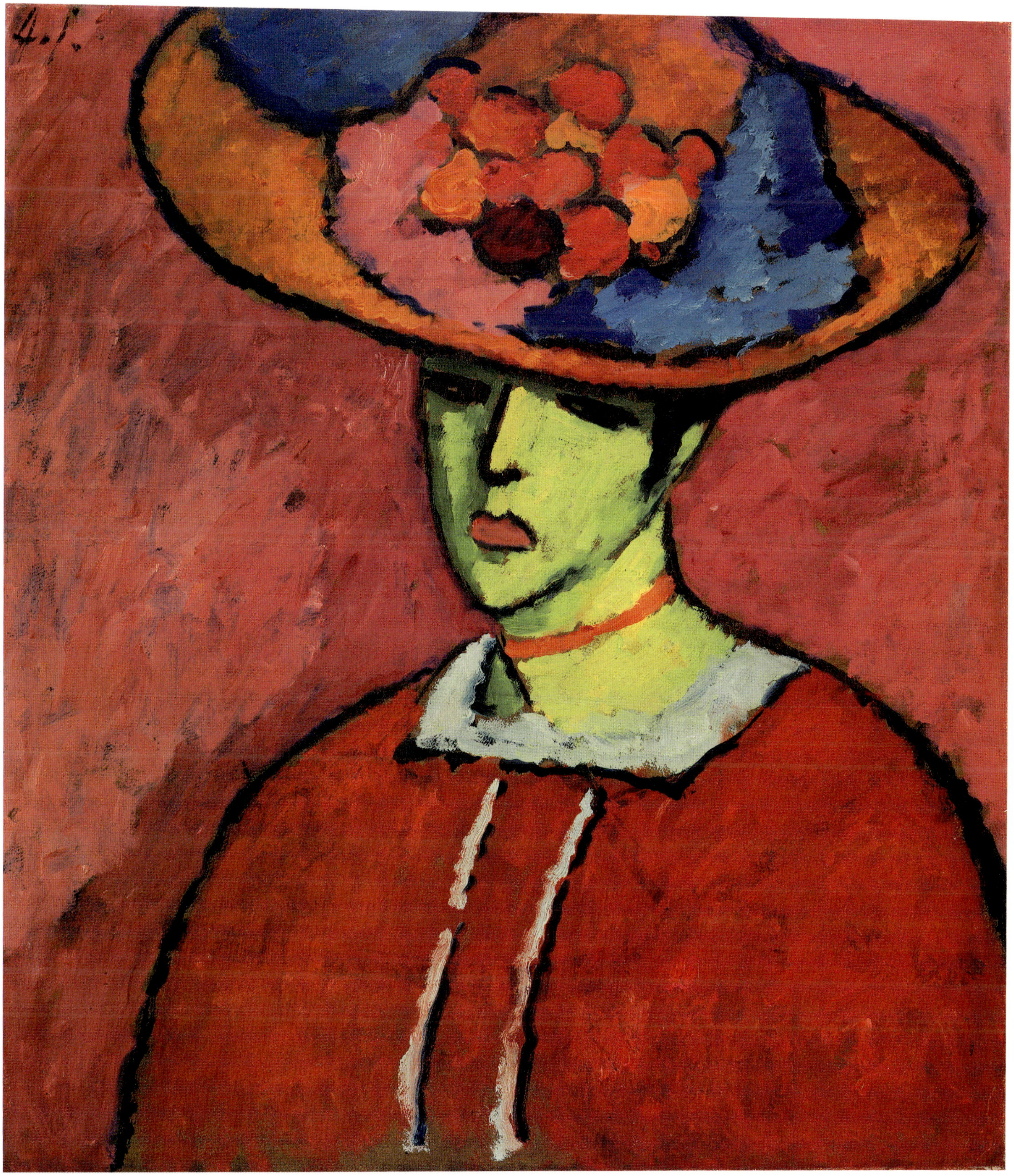

Alexej von Jawlensky. * Torschŏk, 1864. † Wiesbaden, 1941. Schokko. 1910. Öl auf Leinwand. H 75 x B 65 cm. Privatsammlung.

John Gwen

Das kostbare Buch

Das einfache Bildnis eines lesenden Mädchens wird von kühler Tonigkeit geprägt. Wie sie das Buch mit einem weißen Tuch schützend hält und ganz vertieft darin liest, weist neben dem Titel darauf hin, daß das Buch etwas ganz Besonderes ist und Ehrerbietung verdient. Die Waliserin John lernte an der Slade School in London zeichnen, studierte in Paris bei Whistler und entwickelte einen sensiblen persönlichen Stil, der zugleich zart und neurotisch war. Ihre Porträts (vornehmlich Frauen) haben eine besessene Art. Sie stand Rodin Modell, wurde seine Mätresse und zog nach Paris, um bei ihm zu sein. Doch diese einseitige Liaison führte sie zur Aufgabe ihrer eigenen Arbeit. Lange Zeit ihres Lebens stand sie selbstverleugnerisch im Hintergrund und wurde von ihrem Bruder Augustus überschattet. Doch heute weiß man: Sie war die größere Künstlerin. Sie starb vergessen in religiöser Zurückgezogenheit.

☛ Cassatt, Hammershoi, Morisot, Rodin, Sickert, Whistler

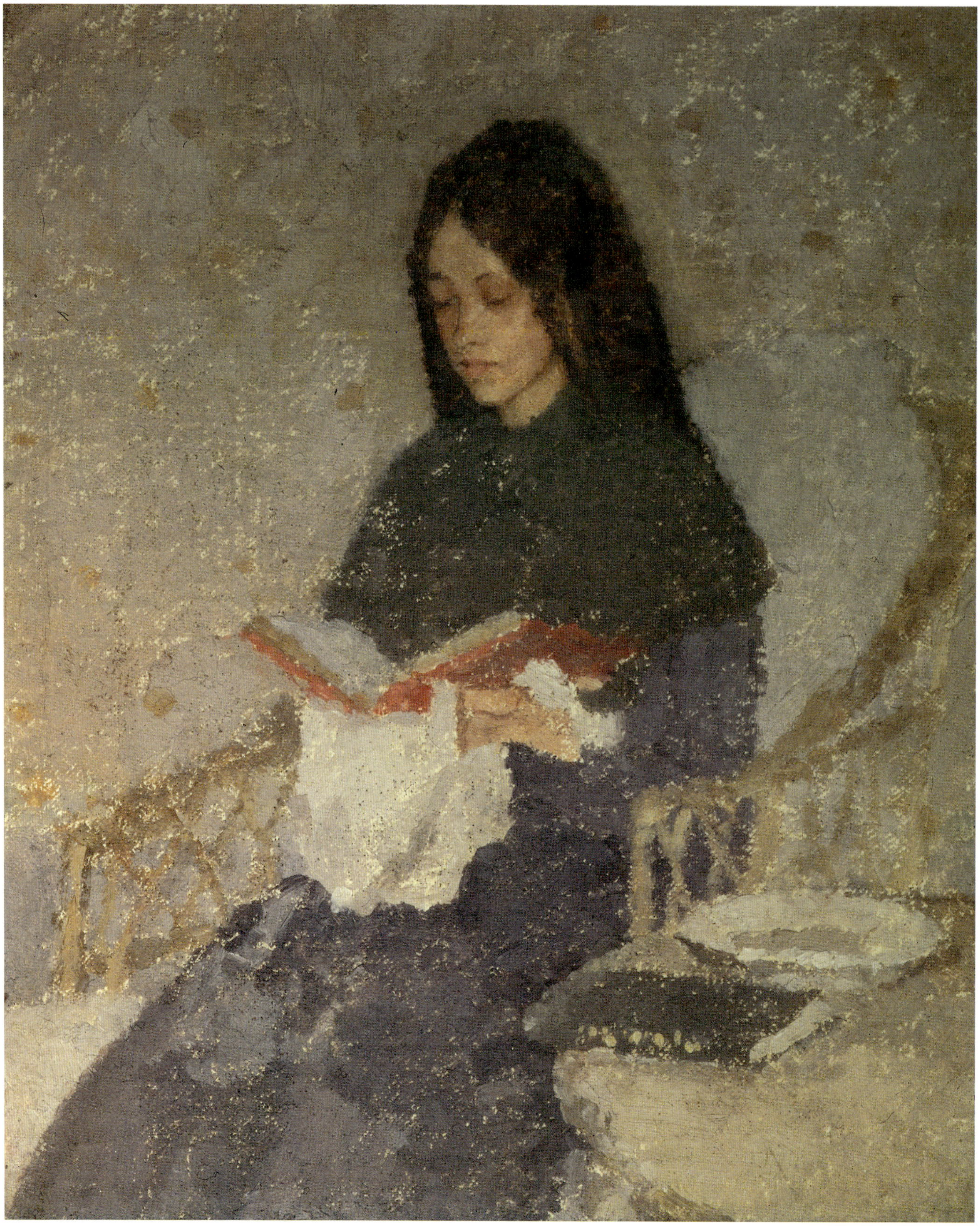

Gwen John. * Haverfordwest, 1876. † Dieppe, 1939. Das kostbare Buch. Um 1920. Öl auf Leinwand. H 26,4 x B 21 cm. Privatsammlung.

Johns Jasper

Drei Flaggen

Johns wählte die amerikanische Flagge nicht aus patriotischen Gründen, sondern weil er etwas Banales machen wollte, etwas, was jeder sofort erkennen würde. Johns Flagge flattert nicht aus offiziellem Grund und wird nicht von siegreichen Soldaten getragen. Sie ist flach, als wäre sie an die Wand geheftet. Johns hat nicht eine Flagge abgebildet, sondern er hat uns eine Flagge präsentiert. Er versucht nicht, eine wirkliche Flagge vorzutäuschen. Die hier benutzte Technik der Enkaustik, bei der die Farben durch Wachs gebunden werden, wurde erstmals von den Griechen angewandt. Sie verleiht der Oberfläche des Bildes Reliefcharakter. Johns hat drei unterschiedlich große Flaggen übereinander angeordnet – voneinander abgesetzt wie durch scharfe Schlagschatten – und einen seltsamen optischen Effekt geschaffen. Zusammen mit Rauschenberg hat er auf die amerikanische Pop Art größten Einfluß gehabt.

☛ Duchamp, Lichtenstein, Oldenburg, Rauschenberg, Thiebaud

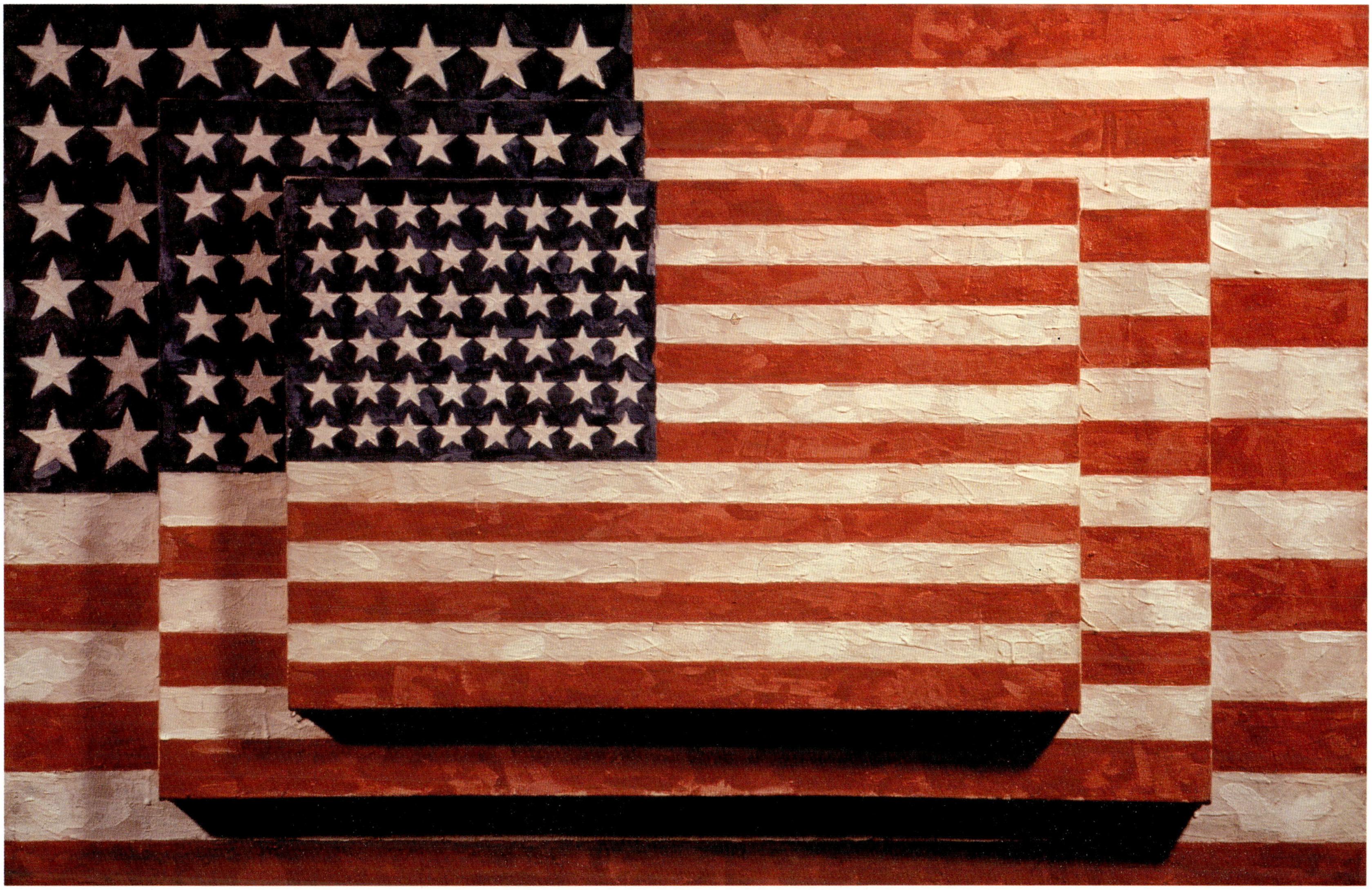

Jasper Johns. * Augusta, 1930. Drei Flaggen. 1958. Enkaustik auf Leinwand. H 76,5 x B 116 cm. Whitney Museum of American Art, New York.

Jones Allen

Mannfrau

Ein Bild aus der Serie »Hermaphrodit«, bei der kopflose männliche und weibliche Körper miteinander vereinigt wurden. Die männliche Figur mit der hellgestreiften Krawatte ist ein Selbstporträt. Jones will uns hier die Einheit zweier menschlicher Wesen zeigen, die schließlich einen ihrer beglückendsten Momente im Geschlechtsakt finden. Er steht unter dem Einfluß der Jungschen Psychoanalyse und den Gedanken Friedrich Nietzsches, der glaubte, Kunst könne nur von Künstlern geschaffen werden, denen es gelingt, ihre weibliche und männliche Natur in sich zu vereinen. Mannfrau, ein frühes Werk der Pop Art, ist eine sichtbare Darstellung dieser Gedanken. Jones erzählt gerne Geschichten. Später hat er seine Ideen zur Sexualität weiterentwickelt. Viele seiner Frauenbilder wurden als Provokation empfunden.

☛ Hamilton, De Kooning, Polke, Warhol, Wesselman

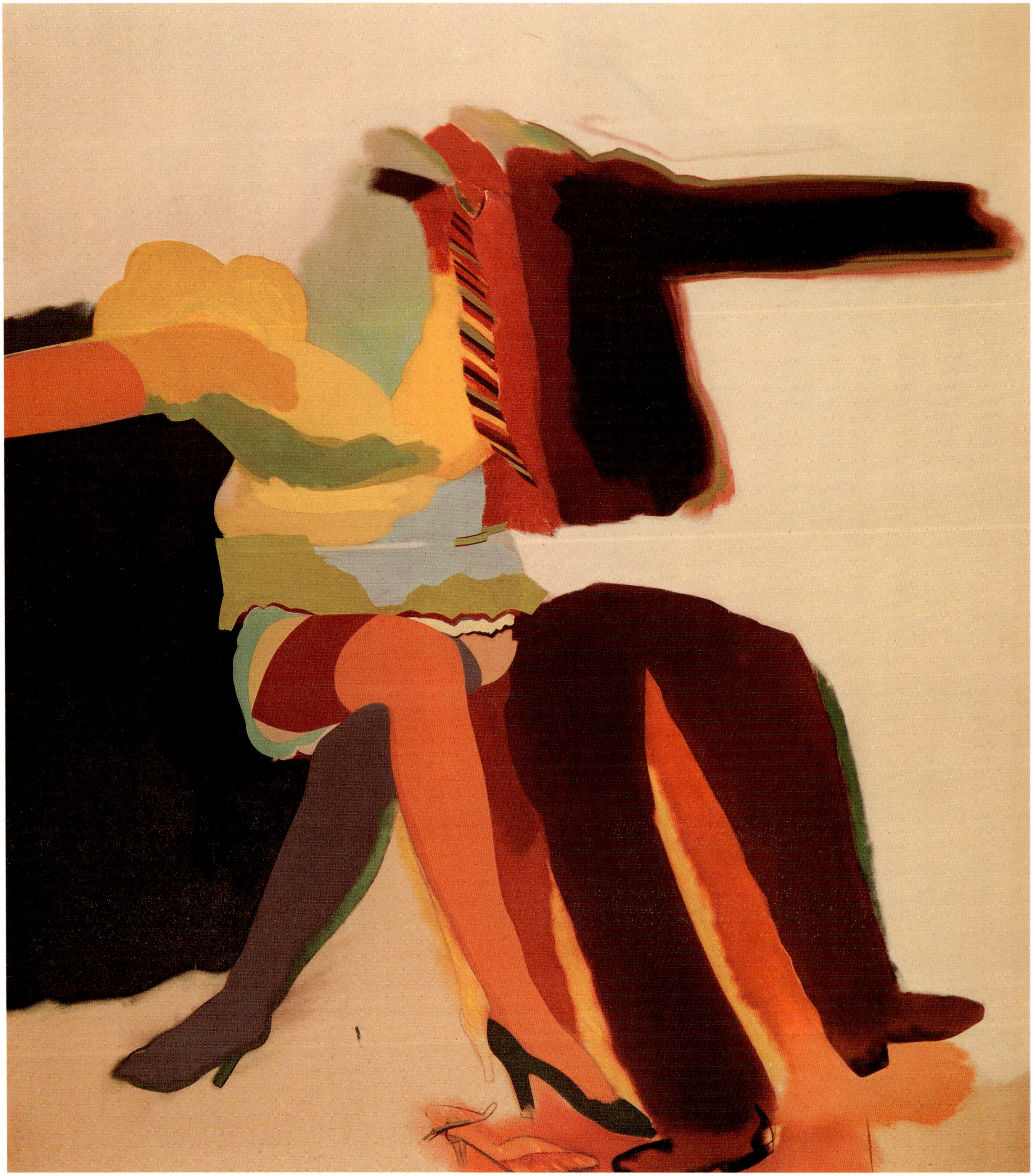

Allen Jones. * Southampton, 1937. Mannfrau. 1963. Öl auf Leinwand. H 213 x B 188,5 cm. Tate Gallery, London.

Jordaens Jacob

Die vier Evangelisten

Die vier Evangelisten betrachten konzentriert die Heiligen Schriften, die bald ihre Werke inspirieren werden. Jordaens vertieft sich vor allem in die Charaktere der einzelnen Persönlichkeiten und die Art ihrer Vertiefung in die heiligen Schriften auf dem Tisch. Die vier Halbfiguren füllen monumental den ganzen Bildraum aus. Nur ein kleines Stück Himmel und ein purpurnes Vorhangsegment deuten ihre Umgebung an. Als Schüler und Mitarbeiter von Rubens übernimmt er dessen lebhaftes Kolorit, seine Pinseltechnik und sein Geschick in der Wiedergabe natürlicher Hautfarbe. Auch Caravaggios Einfluß, vermittelt über Utrechter Anhänger des italienischen Revolutionärs, wird erkennbar. Nach mittelmäßigen Anfängen entwickelte sich Jordaens zu einer großen Malerpersönlichkeit mit sattem Kolorit. Die schwedischen und spanischen Könige förderten den reifen Künstler.

☛ Guercino, Honthorst, Rubens, Terbrugghen

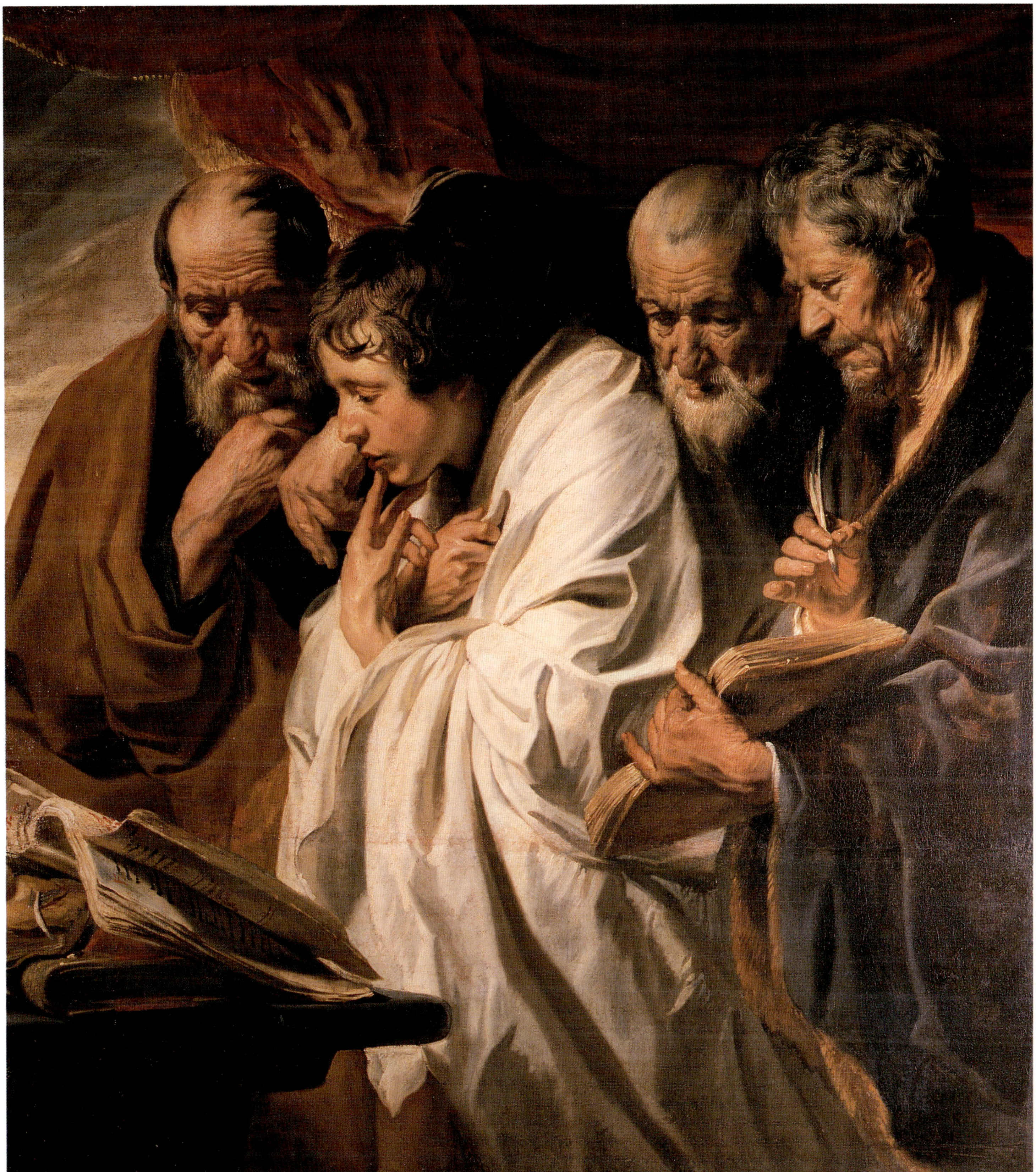

Jacob Jordaens. * Antwerpen, 1593. † Antwerpen, 1678. Die vier Evangelisten. Um 1625. Öl auf Leinwand. H 134 x B 118 cm. Musée du Louvre, Paris.

Judd Donald

Ohne Titel

Diese Plastik aus der Serie »Stapel« besteht aus einer vertikalen Anordnung rechteckiger Schachteln, die senkrecht zur Wand in regelmäßiger Abfolge angebracht sind. Sie demonstriert Judds Reduktionen von Form, Körper, Farbe und Oberfläche auf ein Minimum: den Kubus. Wie alle Minimalisten will Judd mit seinen Werken vorsätzlich an nichts Konkretes erinnern und nichts ausdrücken. Um seinen persönlichen Kontakt mit dem Kunstwerk auf ein Minimum zu reduzieren, werden seine Schachteln aus Plexiglas oder Metall in einer Fabrik zusammengestellt, gespritzt und von anderen arrangiert. Alle seine Werke sind ohne Titel und so flach als möglich, da ein Kunstwerk als Ganzes und nicht als Ansammlung von Teilstücken gesehen werden soll. Judd entwarf auch seine eigenen Möbel und mehrere Häuser.

☛ Andre, Flavin, Johns, LeWitt, Ryman

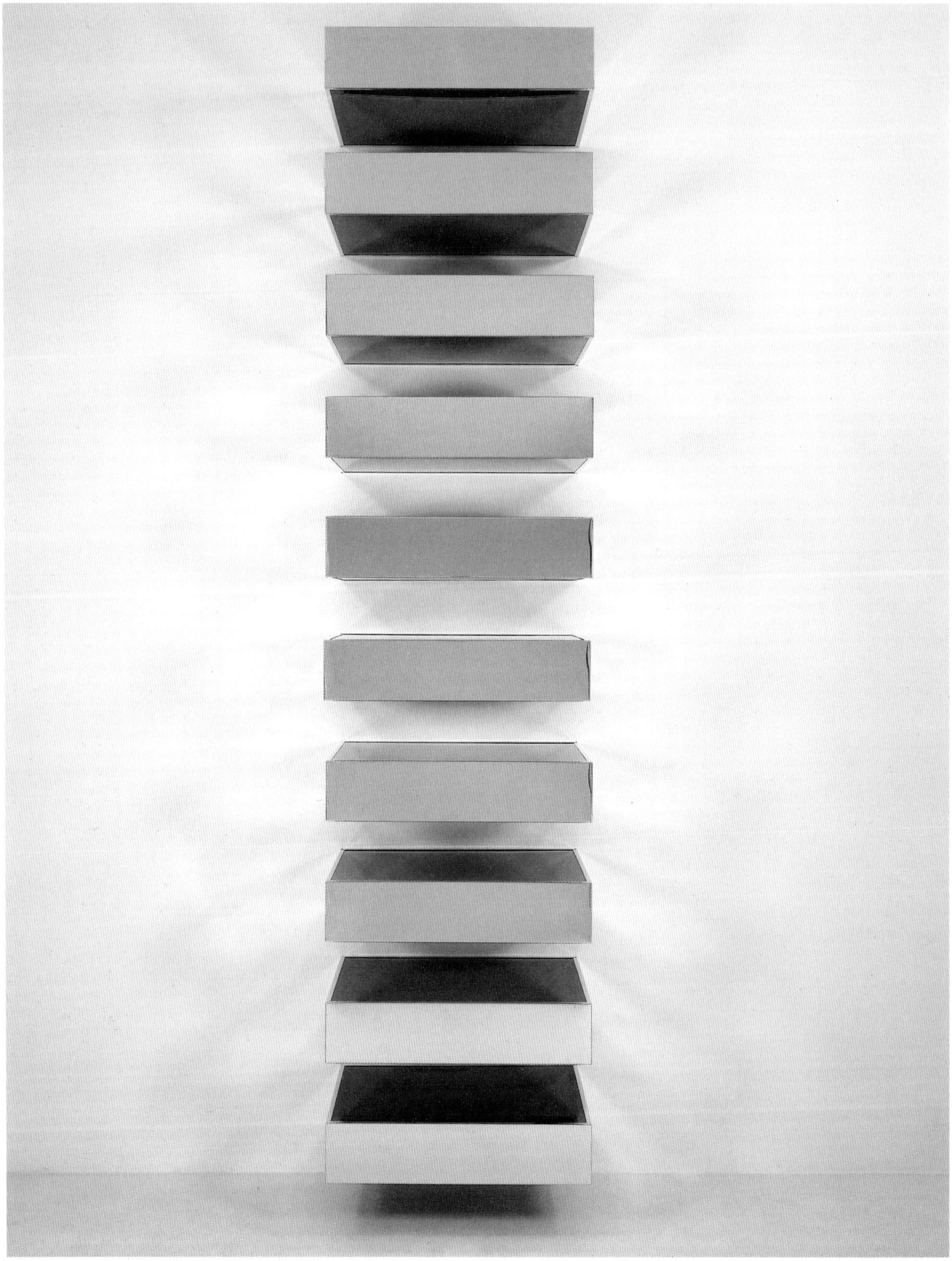

Donald Judd. * Excelsior Springs, 1928. † Excelsior Springs, 1994. Ohne Titel. 1993. Blech und grünes Plexiglas. H 457,2 cm. Privatsammlung.

Kahlo Frida

Was mir das Wasser gab

In diesem Bild sind Halluzinationen und Vorstellungen der Künstlerin in verdichteter Form zusammengebracht. Es zeigt Träumereien im Bad, in dem Bilder von Tod, Schmerz und Sexualität auf dem Wasserspiegel verfließen. Wie viele andere Bilder von Kahlo ist auch dieses eine Art Selbstbildnis mit ihren Beinen, inklusive ihrer deformierten großen Zehe. Mit fünfzehn Jahren hatte sie einen Autounfall mit schweren Verletzungen. Dadurch war ihr Lebenstraum, einmal Ärztin zu werden, zerstört. Das Bild – vielleicht ihr am meisten surrealistisches – ist auch das komplizierteste in ihrem Schaffen, vollgepackt mit minutiösen Einzelheiten. Eine Zeitlang war sie Geliebte von Trotzki, dann führte sie mit dem Muralisten Rivera eine turbulente Ehe. Kahlo wurde zu einer Art Kultfigur, da sie später, geplagt von Rückenschmerzen und bettlägerig, weitergemalt hat bis zu ihrem Tod.

☛ Brauner, Carrà, De Chirico, Dalí, Delvaux, O'Keeffe, Rivera

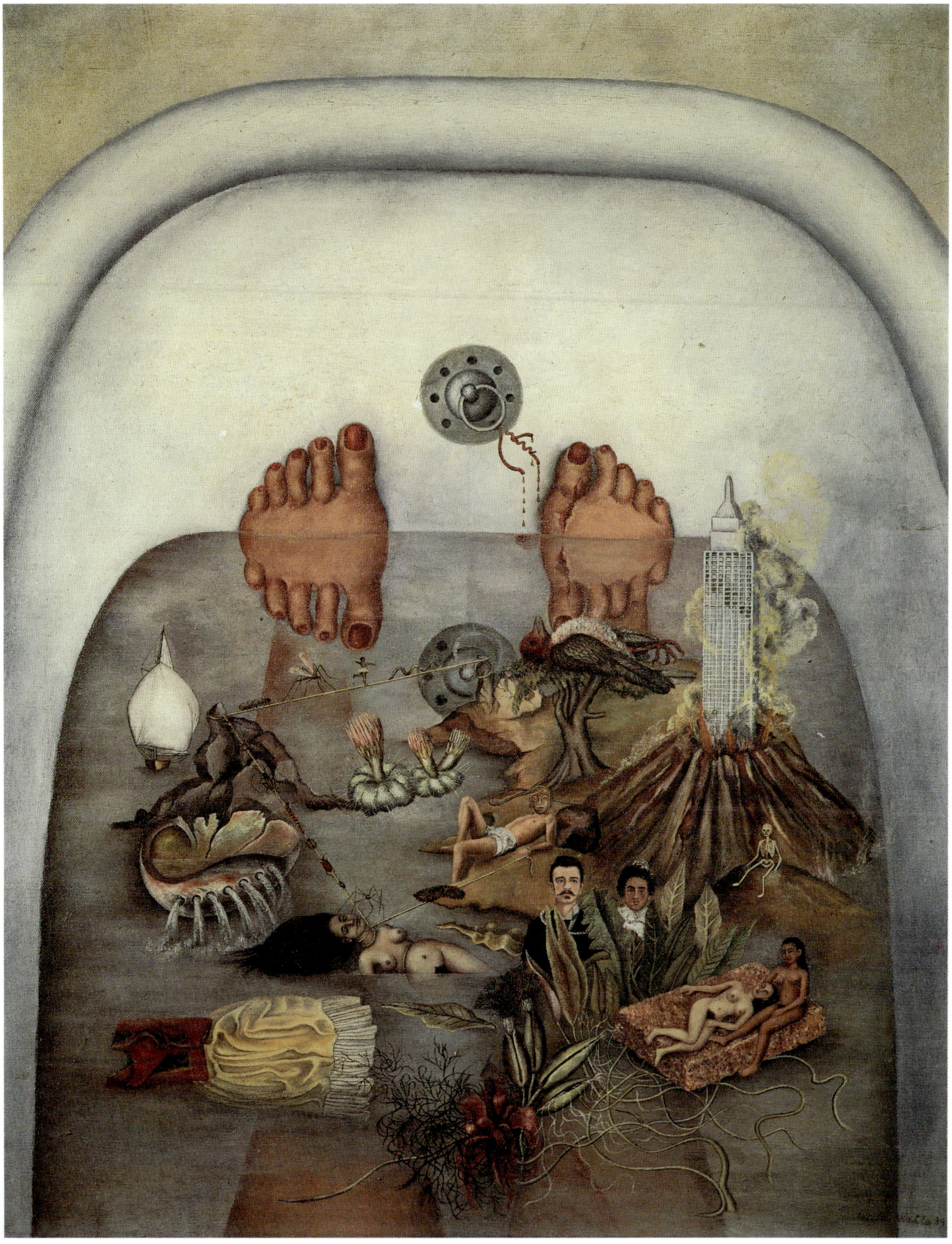

Frida Kahlo. * Mexico City, 1907. † Mexico City, 1954. Was mir das Wasser gab. 1938. Öl auf Leinwand. H 96,5 x B 76,2 cm. Privatsammlung.

Kalf Willem

Stilleben mit Hummer, Trinkhorn und Gläsern

Mit großer Brillanz und Farbtiefe ist hier eine Ansammlung exotischer und wertvoller Gegenstände auf einem Tisch ausgebreitet. Ein Hummer, ein Trinkhorn mit glitzernden Goldbeschlägen, ein Kristallbecher, eine Zitrone und ein Orientteppich sind mit solcher, die Wirklichkeit vortäuschenden Echtheit gemalt, daß man meint, sie berühren zu können.

Jeder Gegenstand ist sorgfältig plaziert, so daß dieses Arrangement eine Einheit aus Farbe, Gestalt und Struktur bildet. Das umfließende warme Licht läßt die Gegenstände luxuriös und juwelenhaft erscheinen. Ihre Seltenheit, Pracht und Extravaganz spiegelt den verfeinerten Geschmack der zeitgenössischen Sammler wieder. Stilleben waren ungemein populär. Kalf lebte zwar in Amsterdam, doch seine Farbigkeit scheint von Vermeer beeinflußt zu sein.

☛ Claesz, De Heem, Sánchez-Cotán, Vermeer

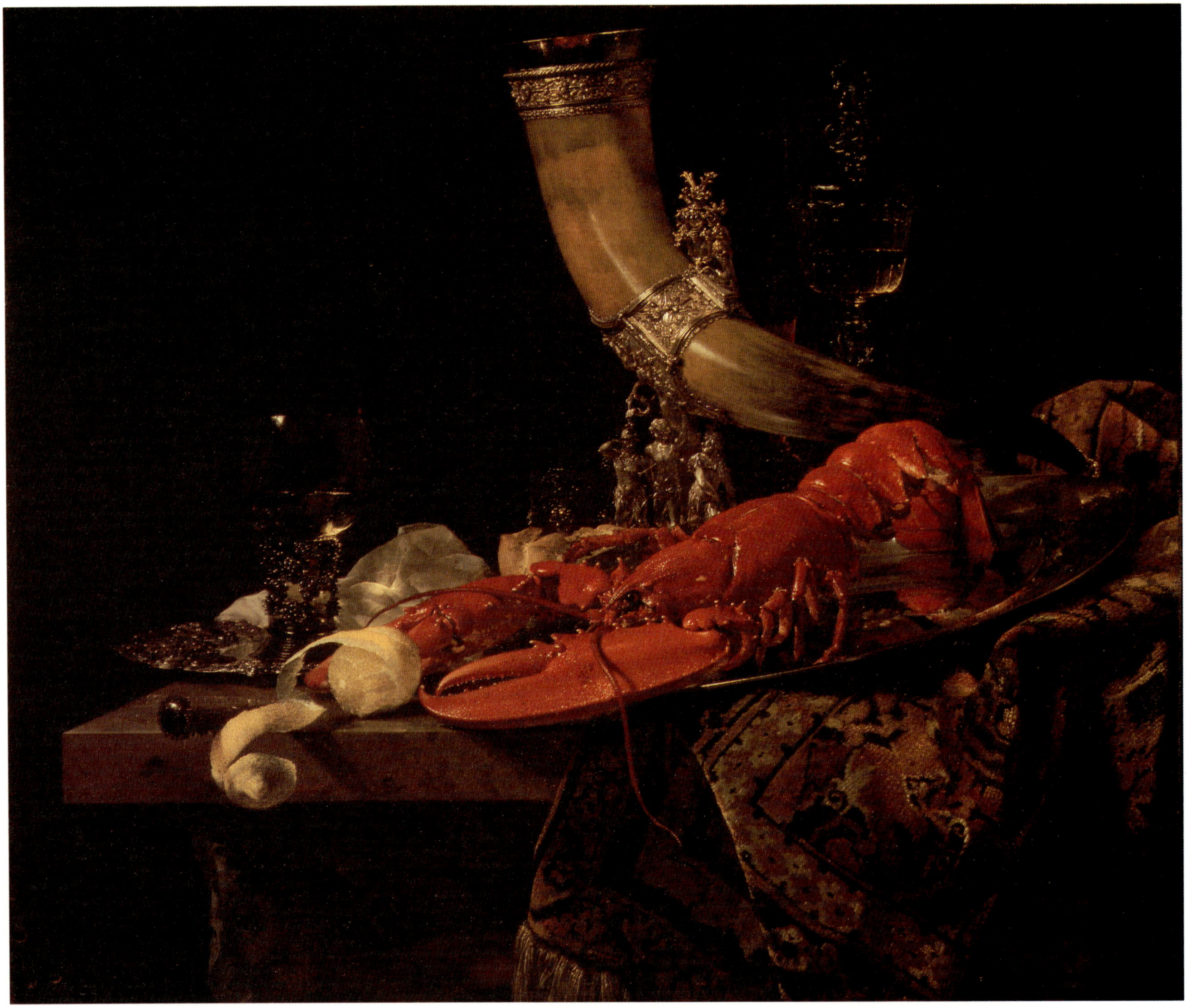

Willem Kalf. * Rotterdam, 1619. † Amsterdam, 1693. Stilleben mit Hummer, Trinkhorn und Gläsern. Um 1653. Öl auf Leinwand. H 86,4 x B 102,2 cm. National Gallery, London.

Kandinsky Wassily

Kosaken

Farben, Linien, Formen, Hügel und lanzenbestückte Kosaken vermengen sich zu einem seltsam packenden, halbabstrakten Bild. In der schlichten Komposition steckt große Schönheit, und die freien Pinselstriche sind mit Freude gesetzt. Kandinsky war überzeugt, daß der wahre Künstler immer nur innere, wesentliche Gefühle auszudrücken versucht. In München als Jurist ausgebildet, begriff er schnell, daß er seiner Natur nach Künstler war – und er wurde zu einem der Pioniere der gegenstandslosen Malerei. Von 1914 bis 1922 lehrte er an der von ihm gegründeten russischen Akademie. Seine russische Herkunft belegen die Bezüge zur Ikonenmalerei und der Volkskunst. Zeitweise gab er am Bauhaus Unterricht in modernem Gestalten. Kandinsky erkannte die Kraft gegenstandsloser Kunst, nachdem er ein auf dem Kopf stehendes gegenständliches Bild als herausragend schön empfunden hatte.

☛ Delaunay, Gontscharova, Kirchner, Klee, Kupka, Miró

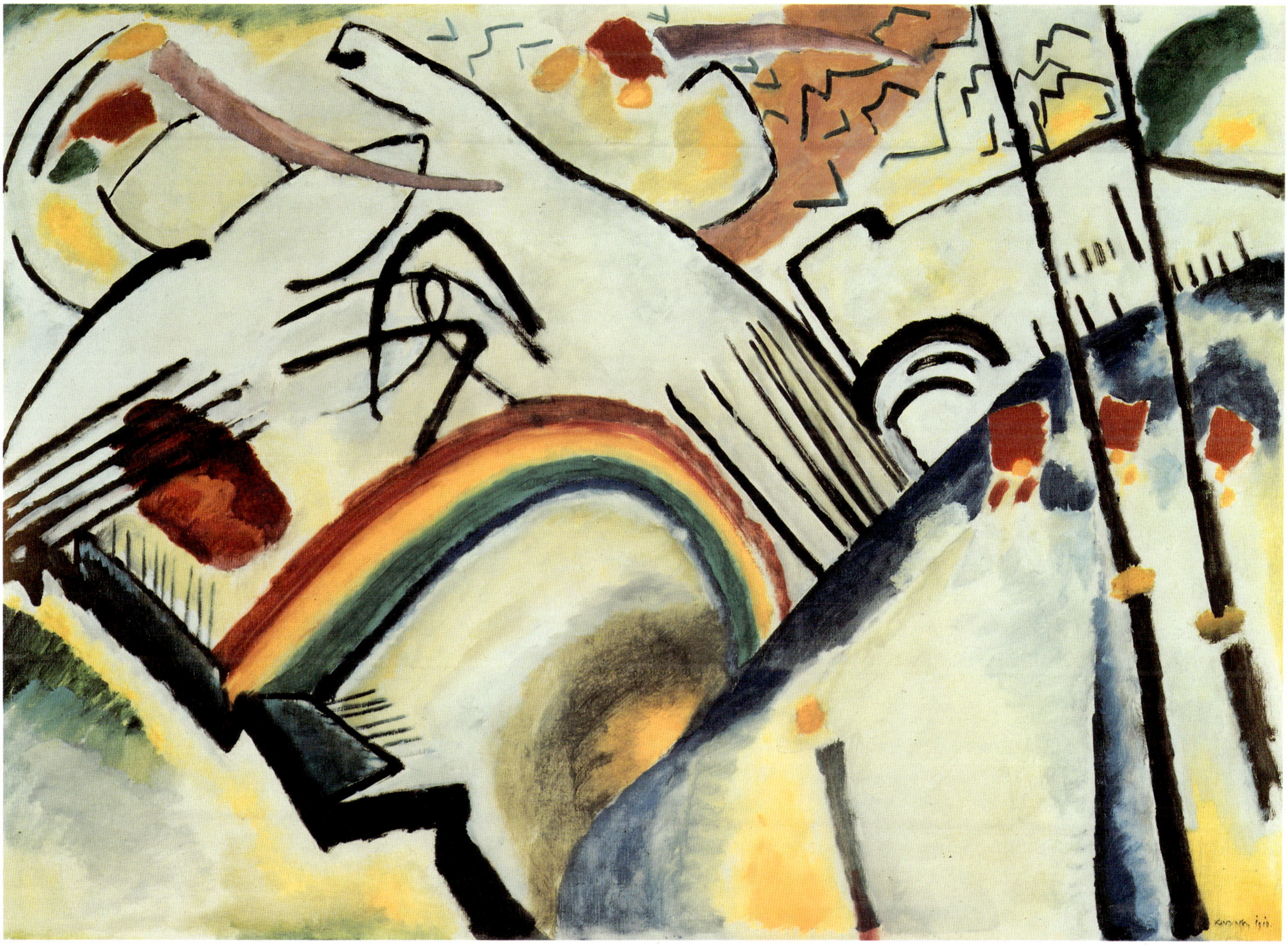

Wassily Kandinsky. * Moskau, 1866. † Paris, 1944. Kosaken. 1910-11. Öl auf Leinwand. H 95 x B 130 cm. Tate Gallery, London.

Kapoor Anish

Installation: It is man. Ohne Titel II Teile

Wie ein prähistorischer kultischer Stein scheint der Turm aus Sandstein von einer geheimnisvollen Aura umflossen zu sein. Im Vordergrund wurden willkürlich ausgelegte Steinplatten durch Dutzende von Blauschichten so verwandelt, daß sie ätherisch und schwerelos erscheinen. Kapoor wollte das Geistige mit den Kräften der Natur vereinen und in einer neuen Dimension, nämlich der Plastik, aufzeigen, daß in allen natürlichen Dingen auch ein großes Maß an Poesie stecke. Seine Stein- oder Fieberglasplastiken sind meist mit Farbschichten überzogen und wenden sich immer an mehrere Sinne zugleich, besonders aber an den Tastsinn. Ost-westliche Traditionen, Philosophie, Mythologie und indisches Alltagsleben werden vereint. Einige seiner Werke haben Totemcharakter und weisen extravagante Formen und laute Farben auf.

☛ Friedrich, Gabo, Klein, Long, Moore, Noguchi

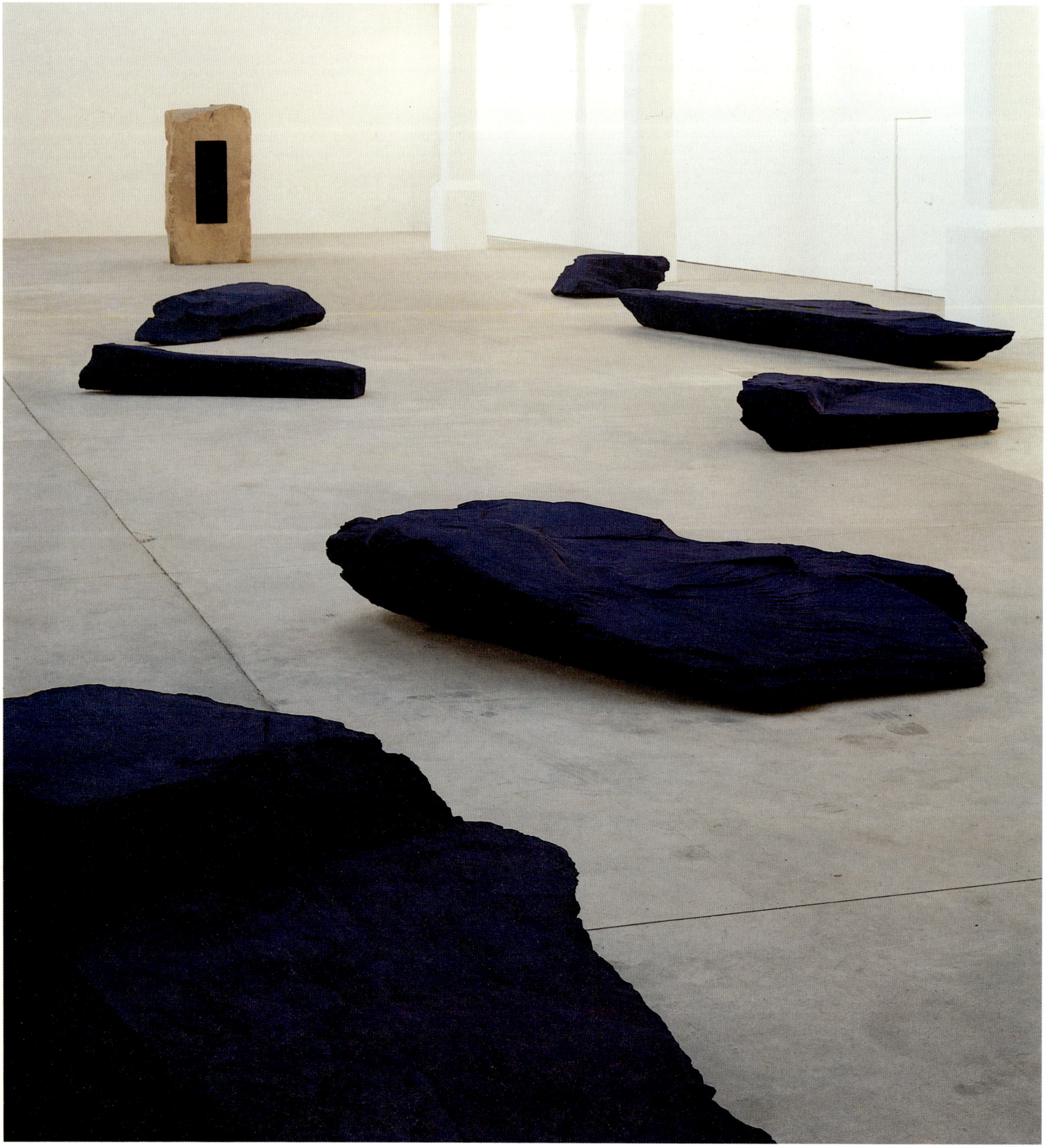

Anish Kapoor. * Bombay, 1954. Installation: It is man. Ohne Titel II Teile. 1989. Sandstein und Pigmentpulver. Schiefer und Pigment. Installiert im Centre National d'Art Contemporain, Grenoble. Jetzt: Lisson Gallery, London.

Kauffmann Angelika

David Garrick

In unüblicher und entwaffnender Weise hat Kauffmann die private und empfindsame Seite des großen Schauspielers David Garrick eingefangen. Wie sich Garrick in seinem Stuhl umdreht, um den Betrachter anzuschauen, ist intim und berührt; meist wurde er in gekünstelter Theaterpose dargestellt, so als ob er auf der Bühne stünde. Die gebürtige Schweizerin begann in Rom schon mit elf Jahren Bekannte ihrer Familie zu porträtieren. Reynolds überredete sie, nach London zu gehen, wo sie schnell durch ihre klassischen und mythologischen Bilder und ihre Porträts berühmt wurde. 1770 bekam sie den Auftrag für Wandbilder für Villen und Paläste, die Robert Adam entworfen hatte, dessen Stil hervorragend zu den Bildern Kauffmanns paßte. Von diesen klassisch angehauchten, idyllischen Szenen wurden viele Stiche angefertigt. Deren Verbreitung machte auch Kauffmann berühmt.

☛ Gainsborough, Poussin, Rosa, Vigée-Lebrun

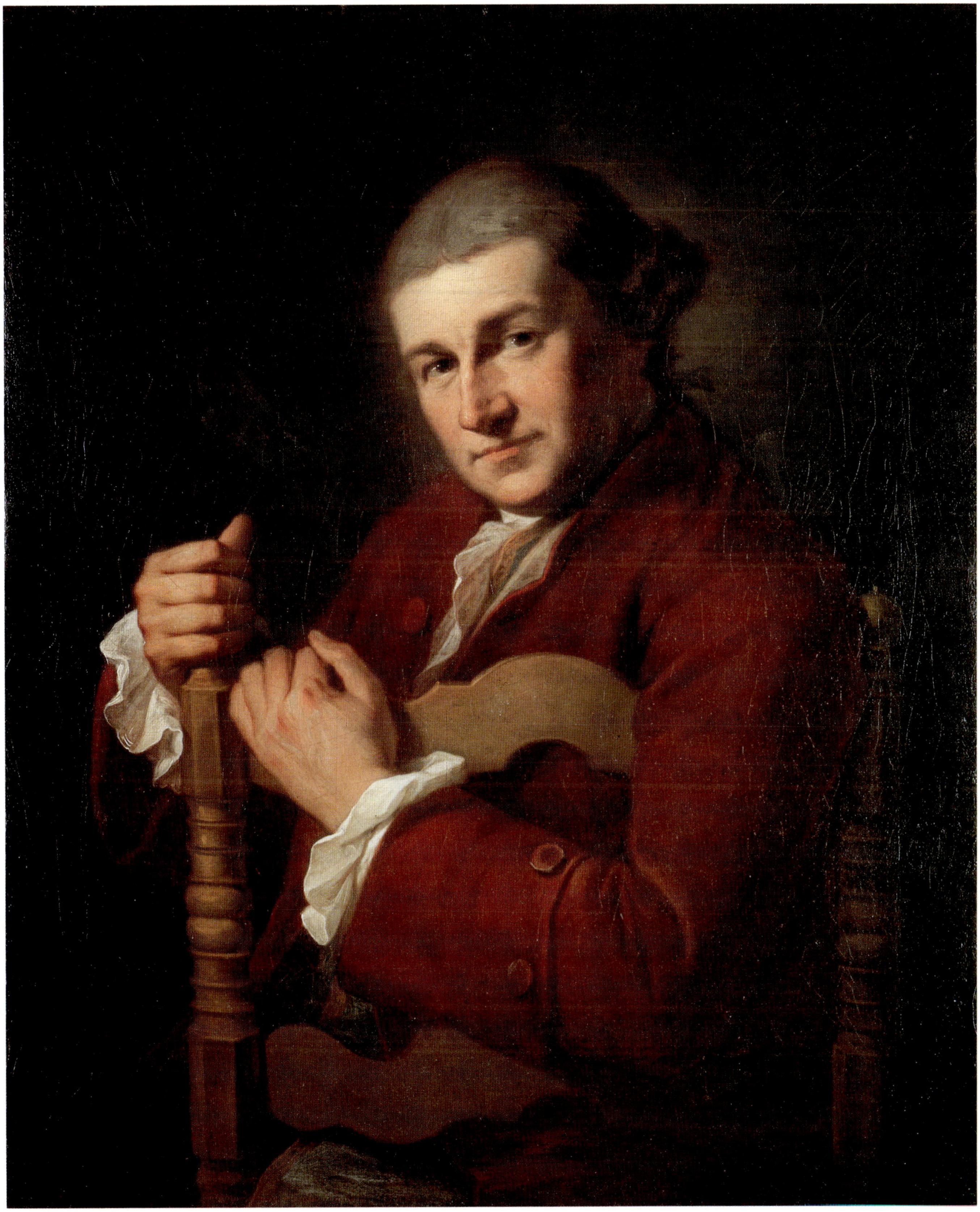

Angelika Kauffmann. * Chur, 1741. † Rom, 1807. David Garrick. 1764. Öl auf Leinwand. H 84 x B 69 cm. Burghley House, Stamford.

Kelly Ellsworth

Rot, Blau, Grün, Gelb

Ohne erkennbaren Einfluß der Künstlerhand wurde reine Farbe in flachen Segmenten aufgetragen. Im rechten Winkel zum Hauptteil wurde eine gelbe Fläche auf dem Boden angeordnet, einerseits um jegliche Verbindung des Hauptteils mit dem Boden auszuschließen und andererseits trotzdem Räumlichkeit vorzugeben. Die Betonung der reinen Farbe, die Einbeziehung des Raumes und die Einbindung zweier ebener Flächen sind typisch für die Theorien der Postmalerischen Abstraktionisten der 60er Jahre. Das vorliegende Werk gehört zu der Serie »Spezifische Objekte«. Diese bewegen sich zwischen Malerei, Relief und Bildhauerei und attackieren vorgefaßte Unterscheidungen zwischen Malerei und Bildhauerei. Kelly studierte in Boston und Paris. Seine Werke sind sehr unterschiedlich: Einmal bevorzugt er breit geschwungene Ränder, dann wiederum eliminiert er jede Farbe zugunsten von Schwarz, Weiß und Grau.

☛ Albers, Louis, Newman, Ryman, Stella

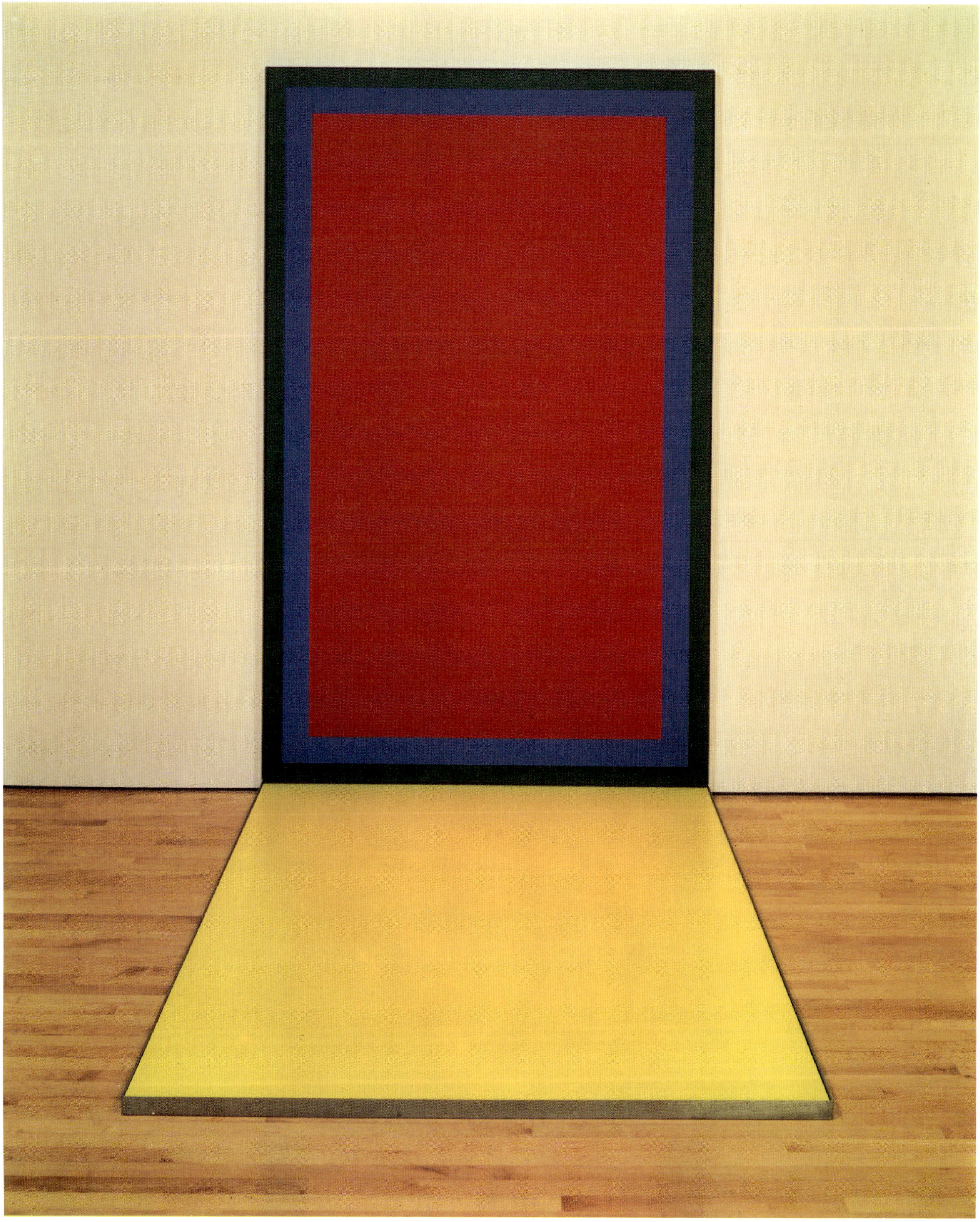

Ellsworth Kelly. * Newburgh, 1923. Rot, Blau, Grün, Gelb. 1965. Öl auf Leinwand. H 222,2 x B 137,1 cm. Margo Leavin Gallery, Los Angeles.

Das Wielandslied

In diesem monumentalen und ehrfurchtheischenden Bild von verbrannten und ungepflegten Äckern unter weitem Horizont sind vielerlei Materialien miteinbezogen. Der Titel bezieht sich auf die Sage von Wieland dem Schmied. Sein König hatte ihn zum Krüppel machen lassen, damit er nicht fliehen konnte. Doch Wieland raubte die Tochter, tötete die Söhne des Königs und schmiedete sich Flügel für seine Flucht. Kiefers Assoziation der teuflischen Sage mit der so mächtig in der verbrannten Landschaft dargestellten Zerstörung beschwört dunkle Erinnerungen herauf wie die an den Holocaust. Die durch das Dritte Reich verzerrte germanische Kultur ist ein zentraler Gegenstand seiner Arbeit. Dieses Bild könnte im Kontext des Neoexpressionismus angesiedelt werden. Kiefers vielgestaltiges Werk umfaßt auch Holzschnitte und »Bücher« aus Fotografien oder Holzschnitten.

☛ Baselitz, Beckmann, Boltansky, Hofmann, Kitaj

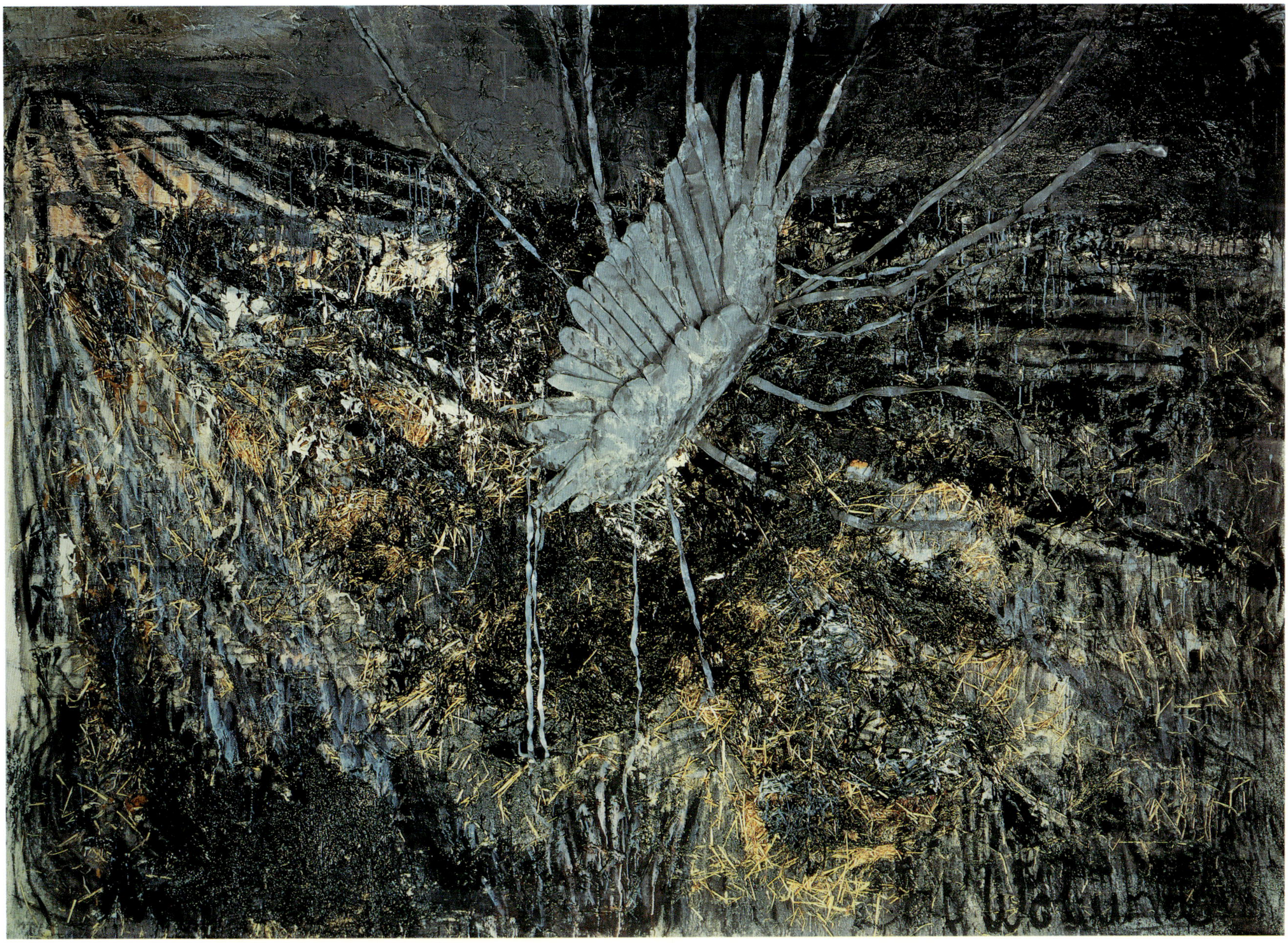

Anselm Kiefer. * Donaueschingen, 1945. Das Wielandslied. 1982. Ölfarbe, Emulsion, Stroh, Fotos und Bleiflügel. H 280 x B 380 cm. Privatsammlung.

Kirchner Ernst Ludwig

Selbstporträt mit Modell

Rohe Pinselstriche und giftige, heftig kollidierende Farben erzeugen den Atem verzweifelter Anstrengung. Das Bild erscheint fast zu klein für die dargestellte Szene, man meint, die Farben stießen über den Rand hinaus. Das Bild zeigt die typischen Merkmale des Expressionismus: sinnlich schwingende Farbgebung, dramatische Verdichtung und eckige Konturen. Kirchner war Gründungsmitglied der »Brücke«, die ganz in diesem Sinne die Kunst von gestern mit der von heute verbinden wollte. Zwischen Heckel und Kirchner herrschte eine gewisse Rivalität. Letzterer versuchte durch nachträgliche Rückdatierung seiner Werke, den innovativen Anteil seiner Werke herauszustellen. Kirchner litt an Tuberkulose und lebte ab 1917 aus gesundheitlichen Gründen in der Schweiz. 1937 wurden seine Werke von den Nazis als »entartet« konfisziert. Im darauffolgenden Jahr beging er Selbstmord.

☛ Van Gogh, Heckel, Kandinsky, Munch, Velázquez

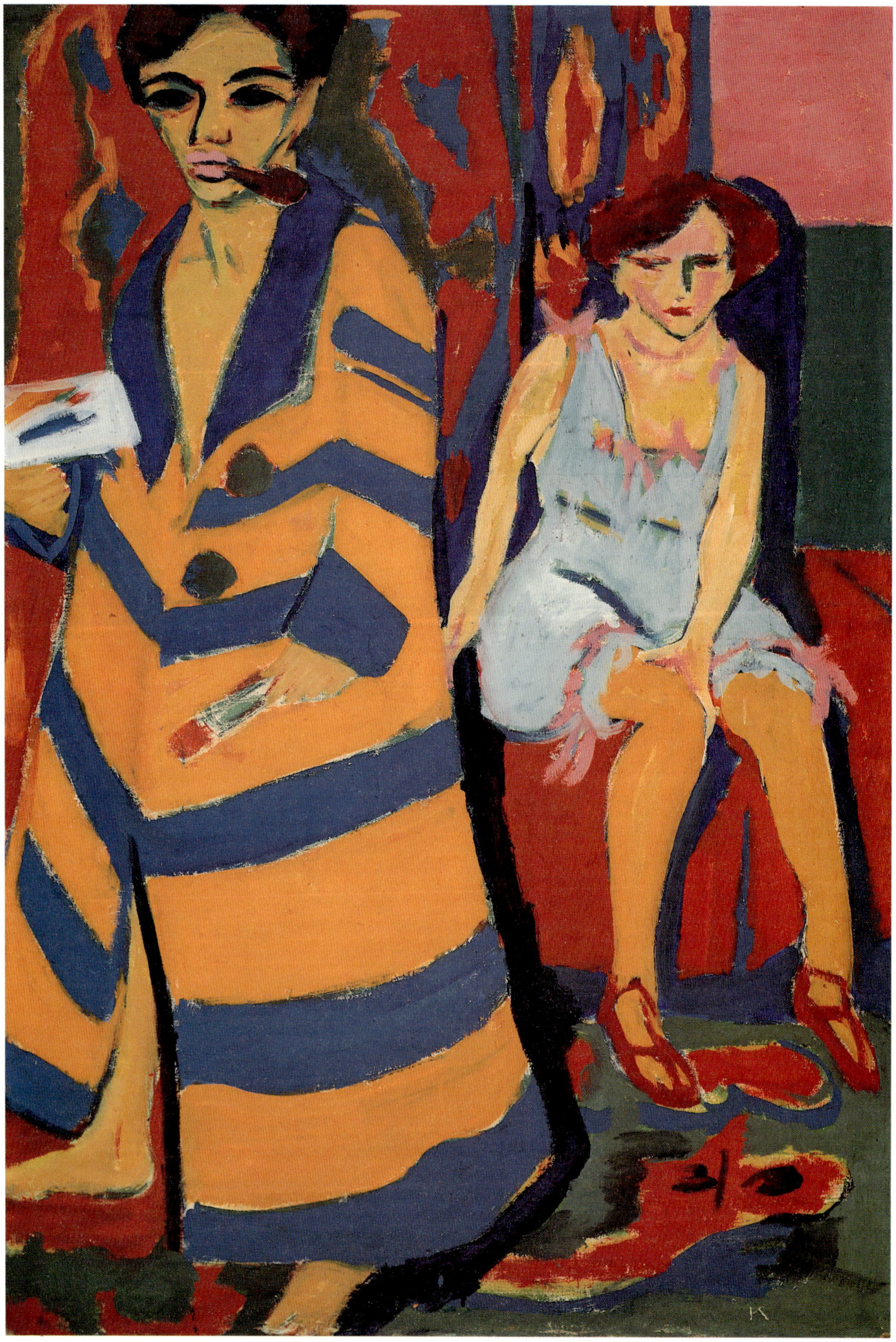

Ernst Ludwig Kirchner. * Aschaffenburg, 1880. † Davos, 1938. Selbstporträt mit Modell. Um 1910. Öl auf Leinwand. H 149,9 x B 100,3 cm. Kunsthalle, Hamburg.

Kitaj R. B.

Wenn nicht, dann nicht

Das Eingangstor von Auschwitz beherrscht die Landschaft, die mit Figuren und Fragmenten übersät ist. Der Mord an den europäischen Juden ist das Thema des Bildes. Die Figuren im Vordergrund stehen im Gegensatz zur traumartigen Umgebung. Unter ihnen finden wir links unten einen grauen Mann mit Hörgerät, ein Selbstbildnis des Künstlers. Das Bild vereint in sich eine Reihe von literarischen Anspielungen, darunter T. S. Eliots Gedicht »Das öde Land«. Mit dieser heftigen Anspielung auf Kunst und Kultur interpretiert Kitaj die britische Pop Art. Er gibt oft Panoramen leidender Menschen in karger und abweisender Landschaft. Mit seinen tiefempfundenen, in seinen Augen nie fertigen Bildern schafft er die Sicht einer grausamen Welt, in der nur die Natur selbst verschont bleibt. Kitaj lebt und arbeitet die meiste Zeit in England.

☛ Boyd, Burra, Hamilton, Kiefer, Lewis, Nash, Nolan

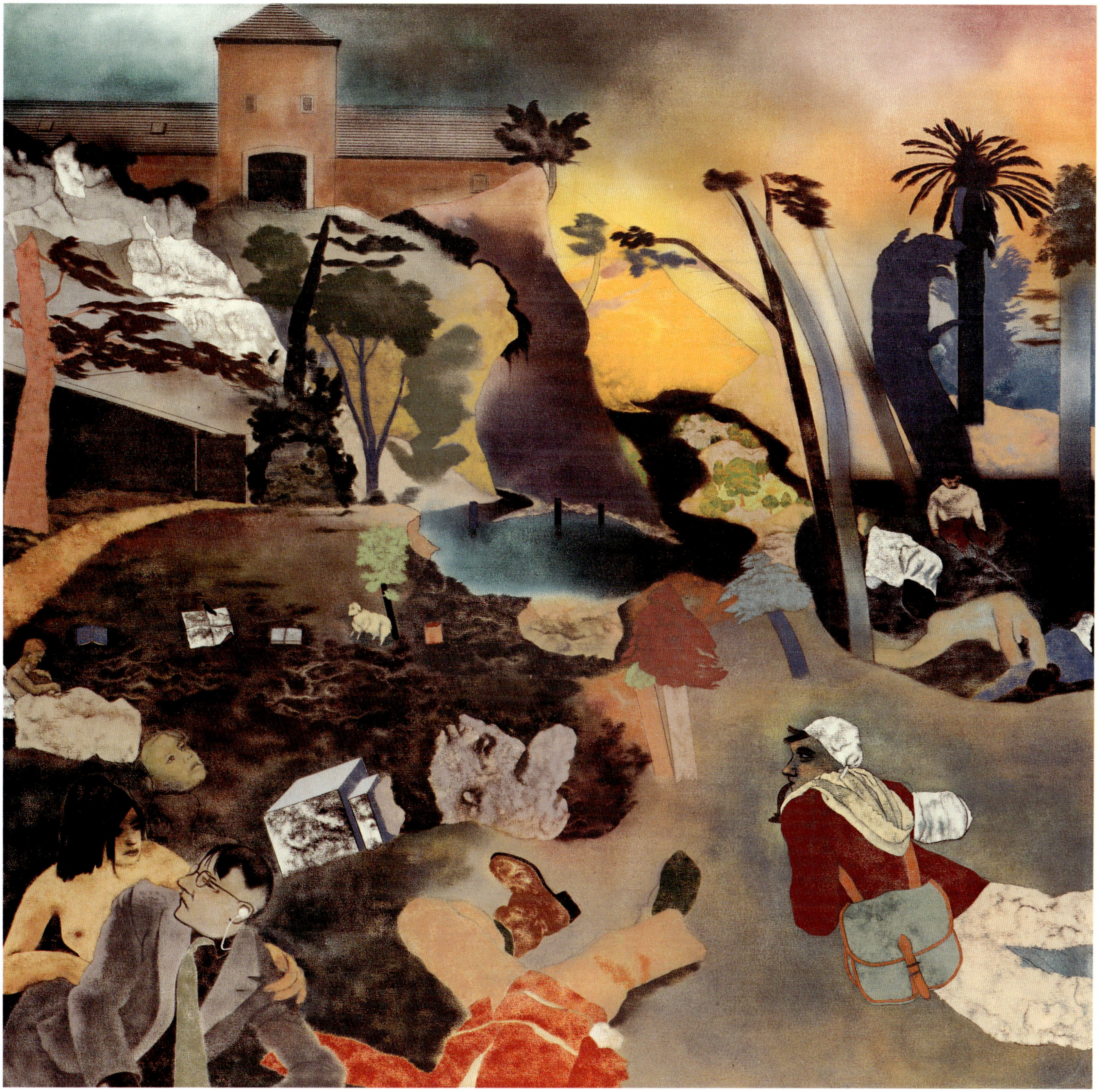

R. B. Kitaj. * Cleveland, 1932. Wenn nicht, dann nicht. 1975-76. Öl auf Leinwand. H 152,4 x B 152,4 cm. Scottish National Gallery of Modern Art, Edinburgh.

Klee Paul

Senecio

Dieses menschliche Gesicht wird durch Farbe in Rechtecke aufgeteilt. In einem Kreis sind zwei Quadrate eingezeichnet, die ein maskiertes Gesicht darstellen und das vielfarbige Kostüm eines Harlekins entfalten. Es ist zunächst das Porträt des Artisten Senecio, dann aber auch ein Symbol der wechselnden Beziehungen zwischen Kunst, Illusion und Theaterwelt. Es zeigt Klees Vorstellungen von Kunst, denen zufolge das graphische Element der Linie, die Farbflächen und der Raum durch die Kraft der Gedanken des Künstlers bewegt werden. In seinen fantastischen Kritzeleien wollte er »eine Linie für einen Spaziergang« gebrauchen. Von 1921 bis 1931 war er Lehrer am Bauhaus und veröffentlichte zahlreiche Schriften über seine Kunsttheorie. Dann vertrieben ihn die Nazis, und seine Kunstwerke wurden als »entartet« aus allen deutschen Galerien entfernt.

☛ Albers, Braque, Delaunay, Dine, Feininger, Picasso

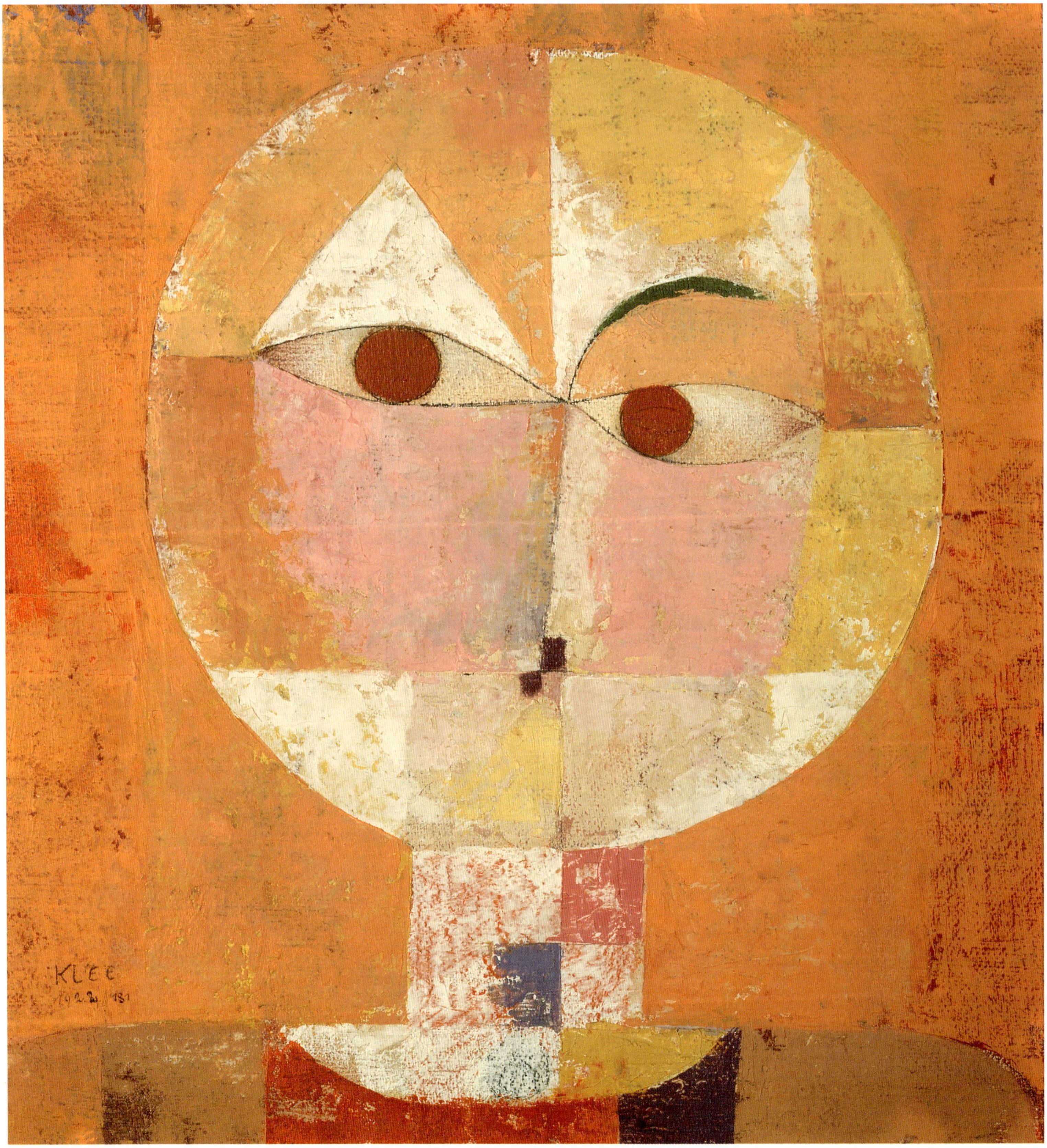

Paul Klee. * Münchenbuchsee, 1879. † Muralto-Locarno, 1940. Senecio. 1922. Öl auf Leinwand. H 40,5 x B 38 cm. Kunstmuseum Basel.

Klein Yves

IKB 79

IKB steht für International Klein Bleue, eine Farbe, die Klein persönlich gemischt hat und dann patentieren ließ. Das glänzende Blau wurde durch Beimengung von Kunstharz zum Pigment erzielt. Die meisten Bilder Kleins sind blau, da ihm diese Farbe viel bedeutete. Sie vermittelt einen Hauch von Geist und Freiheit, der seinem Werk eigen ist. Die Kraft des Bildes liegt in seiner Fähigkeit, in die Sensibilität seines Betrachters einzudringen und eine starke meditative Haltung auszulösen. Klein gilt als einer der bedeutenden Nachkriegskünstler in Frankreich und war einer der Führer des europaweiten Neodadaismus, der schockieren und aufregen wollte. Sein Œuvre umschließt Bilder, die absichtlich verbrannt wurden, und die außerordentliche Serie der »Anthropométries«, für die sich lebende Modelle nach seiner Regie auf blauen Leinwänden bewegen mußten. Gleichzeitig wurde dazu eine selbstkomponierte Symphonie aufgeführt.

☛ Christo, Fontana, Heron, Rothko

Yves Klein. * Nizza, 1928. † Paris, 1962. IKB 79. Um 1959. Pigment und Kunstharz auf Leinwand. H 139,7 x B 119,7 cm. Tate Gallery, London.

Klimt Gustav

Der Kuß

Aus einer Anhäufung von Mustern und Formen schält sich die Gestalt zweier Küssender aus einem Blumenfeld heraus. Gold beherrscht das Farbraster, begleitet von den leuchtenden Farben der Blumenwiese und den reich gemusterten Kleidern. Die Erotik des Bildes wird durch sinnliche Linien, kühne Muster der Kleider und lichtvolle Farben, die eine luxuriöse wie dekadente Welt erzeugen, vermittelt. Der gelernte Dekorateur Klimt war ein Wortführer der Wiener Sezession, einer Gruppe von Künstlern, die sich gegen die vorherrschende und moralisierende Kunst auflehnte. Die neue Art nennt sich Jugendstil (nach einer Münchner Zeitschrift; Art Nouveau heißt die Richtung in Frankreich). Klimt schuf viele Frauenporträts und einige allegorische und mythische Großformate. Trotz seiner Erfolge in den angewandten Künsten, z. B. im Mosaik, galten seine Wandbilder in der Wiener Universität als anstößig.

☛ Burne-Jones, Moreau, Mucha, Schiele

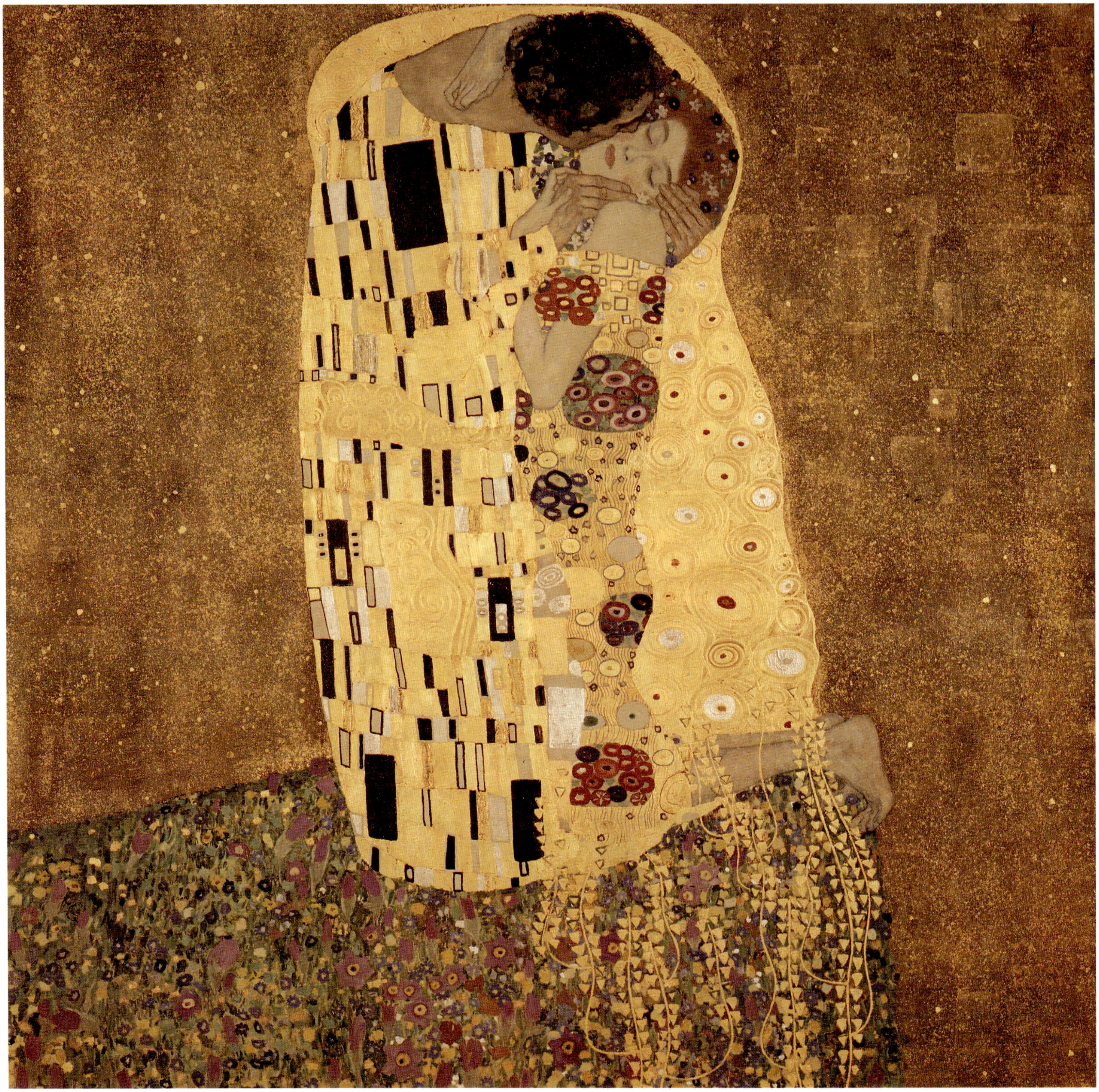

Gustav Klimt. * Wien, 1862. † Wien, 1918. Der Kuß. 1907-08. Öl auf Leinwand. H 180 x B 180 cm. Kunsthistorisches Museum, Wien.

Kline Franz

Ohne Titel

Fünf breite schwarze Pinselstriche schwimmen auf einem dickfarbigen und reich strukturierten roséfarbenen Grund. Kline ließ sich von technischen Zeichnungen anregen, vor allem von halbfertigen oder zerstörten Bauträgern, Eisenbahnen, Gerüsten und Brücken New Yorks. Die Kraft des Bildes liegt in der heftigen Spannung zwischen dem durch die schwarze Farbe festdefinierten Raum und dem hellen, offenen Raum. Seine Verbindung zum amerikanischen Abstrakten Expressionismus, von dem Kline ein führender Vertreter war, besteht in den spontanen Gesten seiner kraftvollen, aber einfachen Pinselführung. Zunächst waren orientalische Kalligraphien seine Vorbilder, und seine Palette beschränkte sich weitgehend auf Schwarz, doch ab 1959 begann er, lebhaftere Farben in die Malerei aufzunehmen.

☛ Hartung, De Kooning, O'Keeffe, Pollock, Still, Tobey

Franz Kline. * Wilkes-Barre, 1910. † New York, 1962. Ohne Titel. 1951. Öl auf Leinwand. H 182,9 x B 198,2 cm. Privatsammlung.

Kneller Sir Godfrey

Johann, Erster Herzog von Marlborough

Alles an dem Porträt ist verschwenderisch: Goldborte, weiße Seide, vornehmer blauer Samt, flaumige weiße Federn und gelockte Perücke. Und all dies trägt zur Vornehmheit des Porträtierten bei. Durch seine Kette, das Blau des Strumpfbandes und die Stickereien auf seiner Robe kann er als Mitglied des Hosenbandordens erkannt werden. Auf Knellers Bildnissen des englischen Adels wiederholen sich Pose und Kleidung. Er pflegte erst Körper und Hintergrund zu malen und setzte dann nach Studien am Modell das Gesicht ein. Schnell nach seiner Ankunft in London wurde der gebürtige Deutsche führender Porträtist mit einer großen Werkstatt, die seine Massenproduktion von Porträts erst möglich machte. Sein Erfolg im Könighaus und beim Adel machte ihn arrogant. Er glaubte, die Schöpfung wäre besser ausgefallen, wenn Gott ihn vorher gefragt hätte.

☛ Dobson, Van Dyck, Hilliard, Lely, Moroni

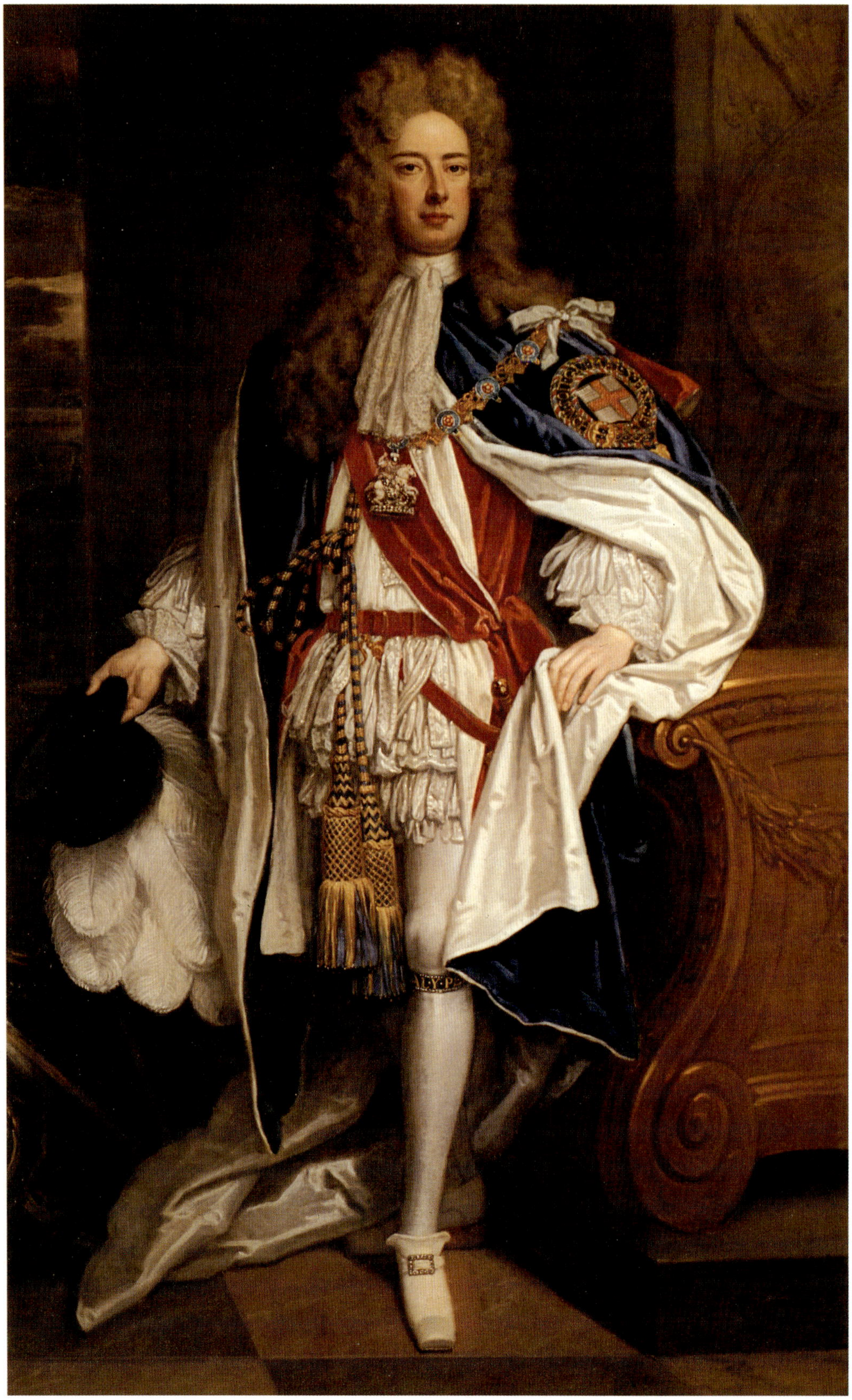

Sir Godfrey Kneller. * Lübeck, um 1646. † London, 1723. Johann, Erster Herzog von Marlborough. Um 1705. Öl auf Leinwand. H 218,4 x B 132 cm. Blenheim Palace, Woodstock.

Kokoschka Oskar

Porträt eines »entarteten« Künstlers

Alle Besonderheiten und Konturen des Gesichts des Künstlers sind mit einer Vielzahl von Farbtönen umrissen, um dessen Angst und Ärger auszudrücken. Das Selbstbildnis zeigt Kokoschka als selbstdenunzierten »entarteten« Künstler. Auch seine Arbeiten waren im Dritten Reich verboten worden. Der heftige Duktus erscheint spontan und ungeordnet, doch dahinter steckt kontrollierte Umsetzung von dissonanten Farben in ein strukturiertes Ganzes. Kokoschkas übertriebene und verzerrende Farbigkeit dient dem Ausdruck innerer Gefühle. Damit ist das Bild ein Paradebeispiel für den deutschen Expressionismus, dem er eng verbunden war. Er lehrte an der Dresdner Akademie und schrieb Bühnenstücke. Seine lebhafte Farbigkeit und rastlose Energie waren politisch motiviert. Die angespannte Situation zwang ihn 1934 zur Emigration nach London. Ab 1953 lebte er am Genfer See.

☛ Beckmann, Dürer, Ensor, Munch, Nolde, Soutine

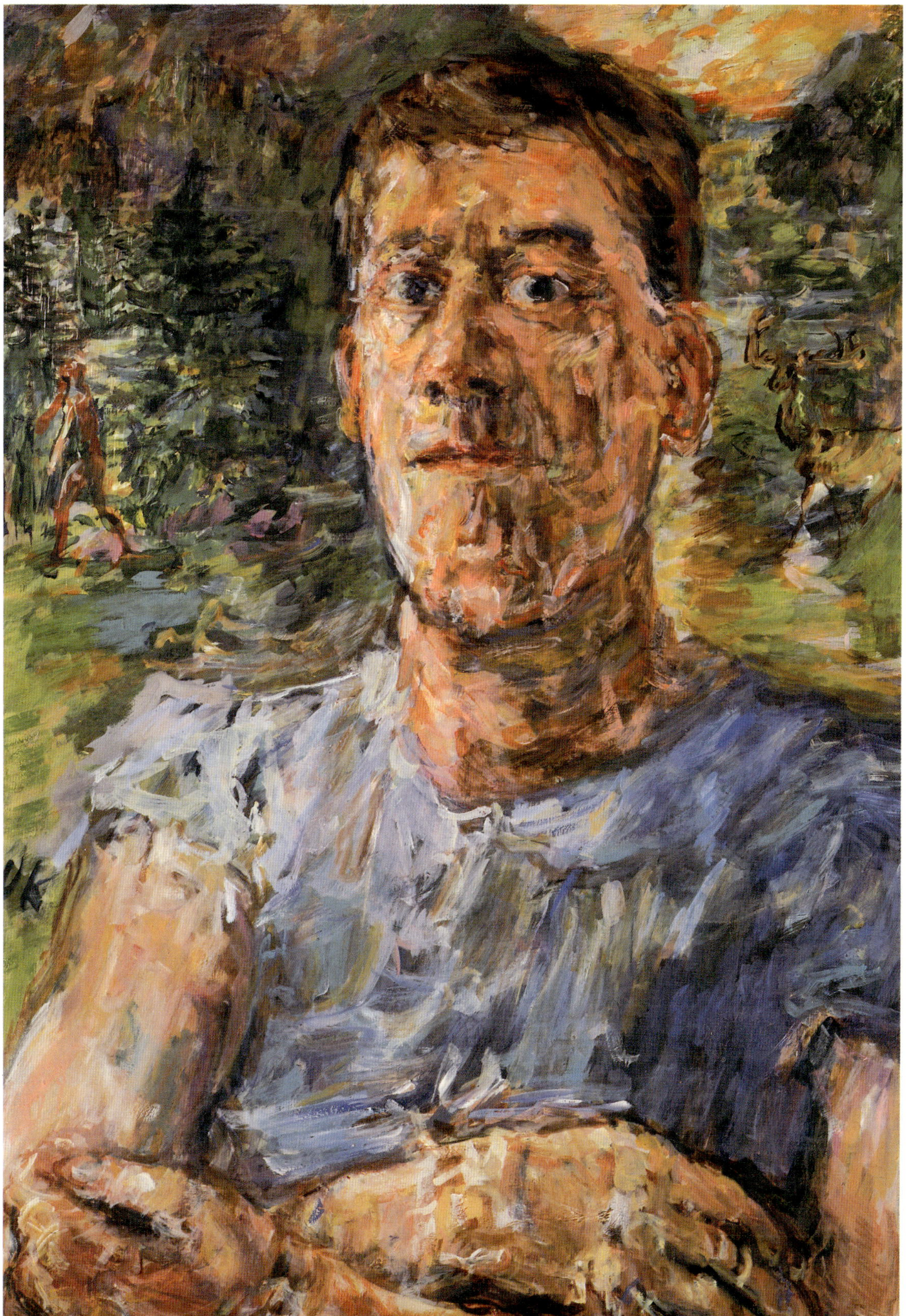

Oskar Kokoschka. * Pöchlarn, 1886. † Montreux, 1980. Porträt eines »entarteten« Künstlers. 1937. Öl auf Leinwand. H 110 x B 85 cm. Scottish National Gallery of Modern Art, Edinburgh.

De Kooning Willem

Marilyn Monroe

Die exhibitionistische und leicht schwindelerregende Schönheit des Hollywoodstars ist hier eingefangen. Die Farbe wurde in flinker, machtvoller Bewegung aufgetragen, um das Bild Schicht für Schicht aufzubauen. Das Bild aus der Serie »Frauen« gehört zu einer der figurativen Phasen De Koonings. Er erkannte, daß, wie viele weibliche Sexsymbole, auch die Monroe mehr als Objekt denn als Mensch gesehen wurde. So bildete er sie als Art Schaufensterpuppe ohne jegliche Erotik ab. De Kooning gehörte zur Gruppe der New Yorker Abstrakten Expressionisten, deren Mitglieder für Spontaneität und »gestische« Malerei eintraten, wobei die Farbe direkt auf die Leinwand geklatscht und getropft wurde. Dennoch beschränkte sich De Kooning nicht auf gegenstandslose Kunst, da sein Hauptthema die menschliche Figur blieb, wie z. B. seine Rückkehr zur figurativen Plastik ab 1970 zeigt.

☛ Appel, Baselitz, Frankenthaler, Guston, Warhol

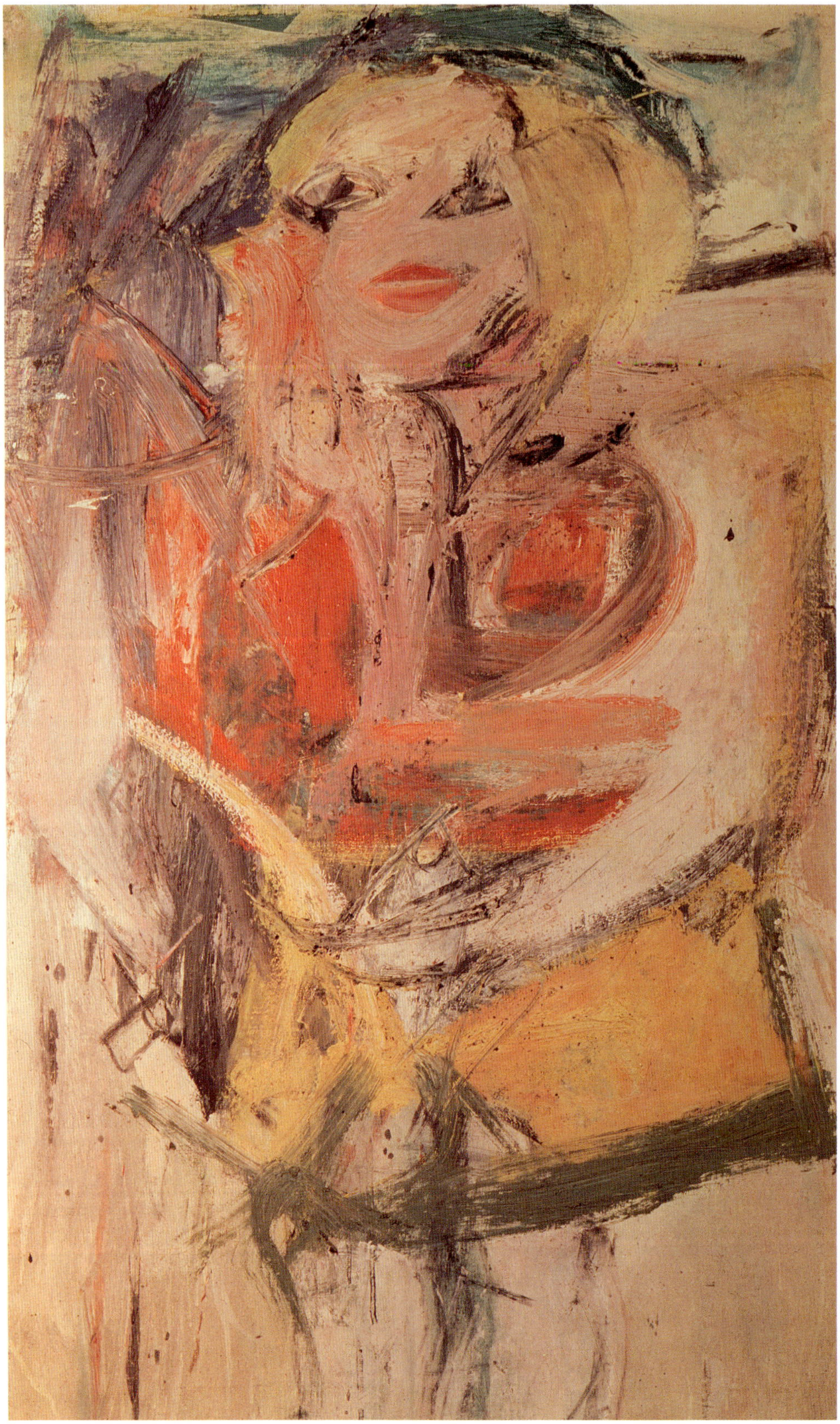

Willem de Kooning. * Rotterdam, 1904. Marilyn Monroe. 1954. Öl auf Leinwand. H 127 x B 76,2 cm. Privatsammlung.

Koons Jeff

Puppy (Junger Hund)

Im Ehrenhof des Barockschlosses Arolsen steht wie ein Kriegerdenkmal eine riesige Plastik, die neben der Gestalt auch etwas von der Zartheit und der Knuddeligkeit eines jungen Hundes hat. Sie besteht vollständig aus Blumen, deren überschäumende Blütenpracht Farbe beisteuert, während ihr Welken, das zur Selbstzerstörung des Werkes führt, an die Vergänglichkeit des Lebens erinnert. Koons Werke sind Monumente des Glitzerkitsches und des schlechten Geschmacks in unserer Wegwerfgesesellschaft, und je glänzender Dinge erscheinen, desto mehr reizen sie das sammelwütige Auge.
Koons war Gebrauchsartikelhändler, und nach wie vor verwendet er Konsumgüter aller Art in seinen Arrangements. In einem Aquarium oder in einem Plexiglasbehälter können wir einen Staubsauger oder einen Basketball finden. Wenn er nicht vorgefertigt findet, was er sucht, läßt er – notfalls auch für enorme Kosten – Spezialanfertigungen des Gesuchten herstellen.

☛ Dine, Duchamp, Lichtenstein, Sherman

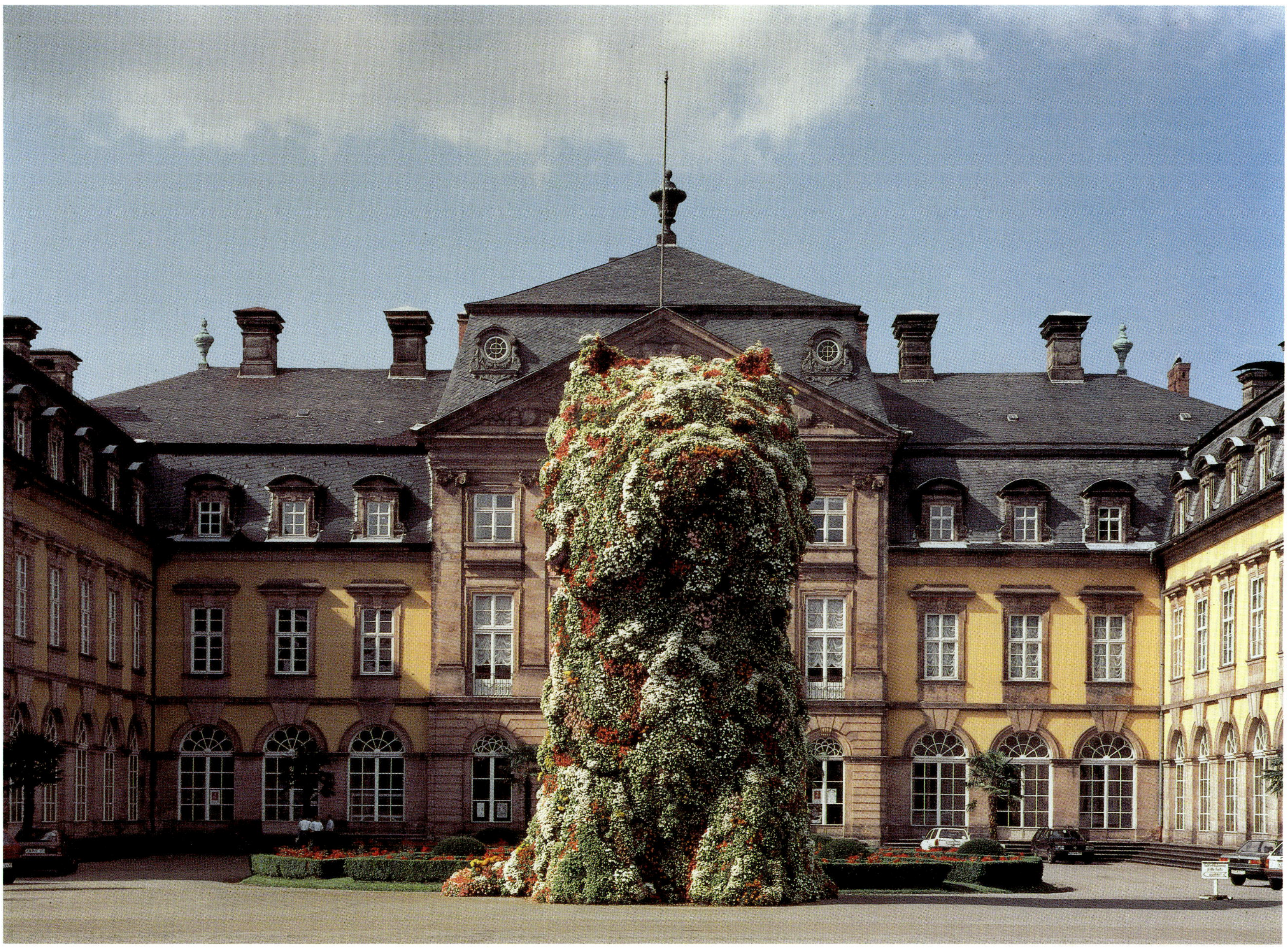

Jeff Koons. * York, 1955. Puppy (Junger Hund). 1992. Blumen, Stahl, Holz und Erde. H 11,5 m. Vor Schloß Arolsen, Deutschland, inzwischen demontiert.

Kossoff Leon

Christchurch Nr. 1

Die imposante Londoner Kirche beherrscht in dick aufgetragenen, aber gedämpften Farben die Komposition. Dicke Farbschichten sind über die Leinwand gestrichen oder geschleppt und ähneln einem aufgewühlten Morast. Die Darstellung der Alltagsszene ist unprätentiös und vermeidet absichtlich pittoreske Effekte. Obwohl Kossoff aus dem Londoner East End stammt, ist nichts Englisches in seiner Kunst. Er wird auch mehr bei den kontinentalen Neoexpressionisten angesiedelt. Seine Bilder, meist Porträts seines privaten oder lokalen Umfeldes, haben für Kossoff große persönliche Bedeutung, und die Lebendigkeit seiner Erinnerungen an diesen Londoner Stadtteil machen seine Bilder so vital und mächtig. Ohne je überzogen oder sentimental zu sein, sucht Kossoff das Allgemeingültige in seinen Motiven.

☛ Auerbach, Bomberg, Freud, Van Gogh, Lowry, Rembrandt

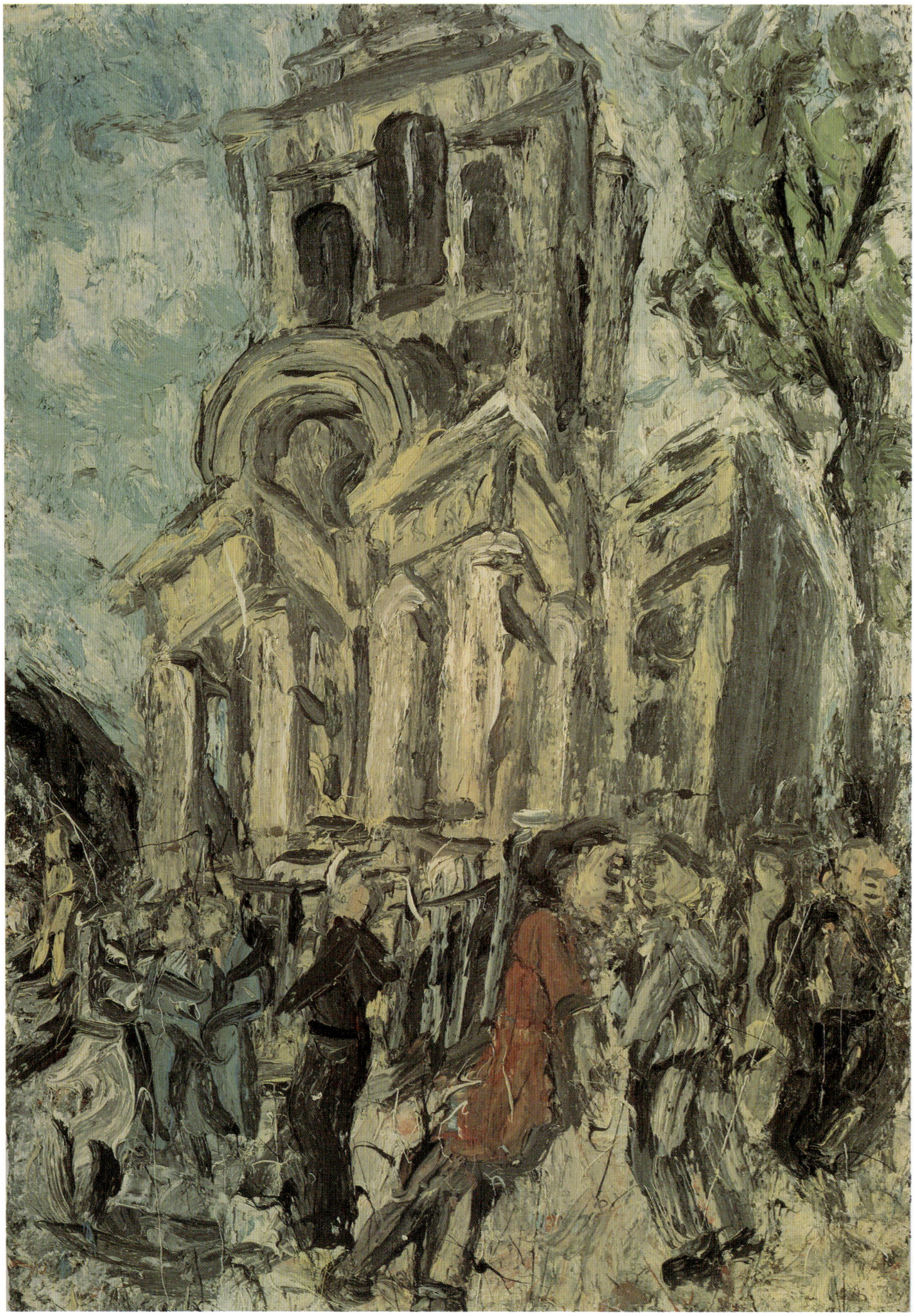

Leon Kossoff. * London, 1926. Christchurch Nr. 1. 1991. Öl auf Holz. H 146,7 x B 100,4 cm. Anthony d'Offay Gallery, London.

Kröyer Peter Severin

Sommerabend am Südstrand

Zwei elegant gekleidete, in ihre privaten Angelegenheiten vertiefte Frauen spazieren an einem verlassenen Strand entlang. Die kühlen Blautöne von Meer und Himmel gehen ineinander über, und der fast graue Sand schafft eine Atmosphäre von Klarheit und Ruhe. Skandinavische Maler legten großen Wert auf die Wirkungen des klaren Nordlichtes und bevorzugten deshalb Themen, die unter der arktischen Sonne frische Pastelltöne annehmen. Sie vermieden kräftige Farben und scharfe Schatten. Kröyer zeigte großes Interesse an den Lichtwirkungen der verschiedenen Tageszeiten und dem Einfluß von Tageslicht auf Kunstlicht. Sein großes Vorbild war Velázquez. In diesem Sinne malte er realistische Szenen mit spanischen oder italienischen Arbeitern. Als Führer einer Künstlerkolonie in Skagen wurden seine Bilder hoch bezahlt. Seine letzten Jahre waren jedoch durch eine Geisteskrankheit getrübt.

☛ Boudin, Hammershoi, Spilliaert, Velázquez, Zorn

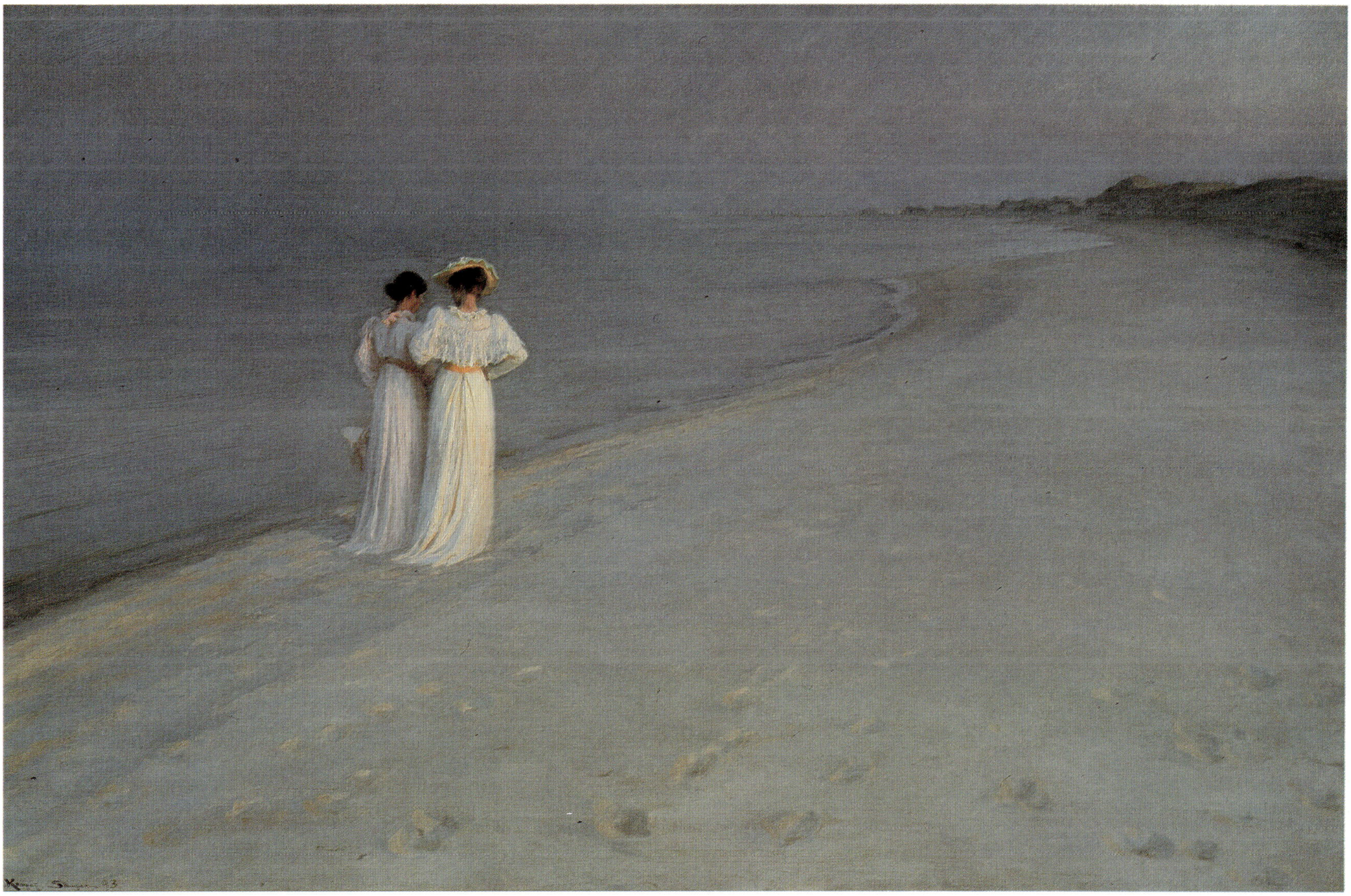

Peter Severin Kröyer. * Stavanger, 1851. † Skagen, 1909. Sommerabend am Südstrand. 1893. Öl auf Leinwand. H 100 x B 150 cm. Skagens Museum, Skagen.

Kupka František

Kathedrale

Das aus prismatischen Formen in reinen und gescheckten Farben bestehende und in vertikalen und diagonalen Strukturen aufgebaute Bild übt eine faszinierende Wirkung aus. Die dunklen Töne scheinen zu changieren und die gebrochenen Farben ständig zu verschwimmen und dann sich wieder zu trennen. Kupka ging über die üblichen Wiedergabeverfahren, eine Kathedrale als Architektur abzubilden, hinaus. Er wollte Licht, Töne und Eindrücke so, wie sie auf ihn gewirkt haben, vermitteln. Der in Böhmen geborene Kupka studierte in Prag und Wien und ging dann als Buchillustrator nach Paris, wo er theosophischen Neigungen nachging und als spiritistisches Medium arbeitete. Er und Kandinsky vertraten eine neue und reine gegenstandslose Malerei, die sie Orphismus nannten. Damit ist die Idee umschrieben, daß der Künstler im Geist ge- und erfundene Formen und Strukturen gegenständlich, das heißt als Bild real machen soll.

☛ Delaunay, Gris, Kandinsky, Mondrian, Pollock

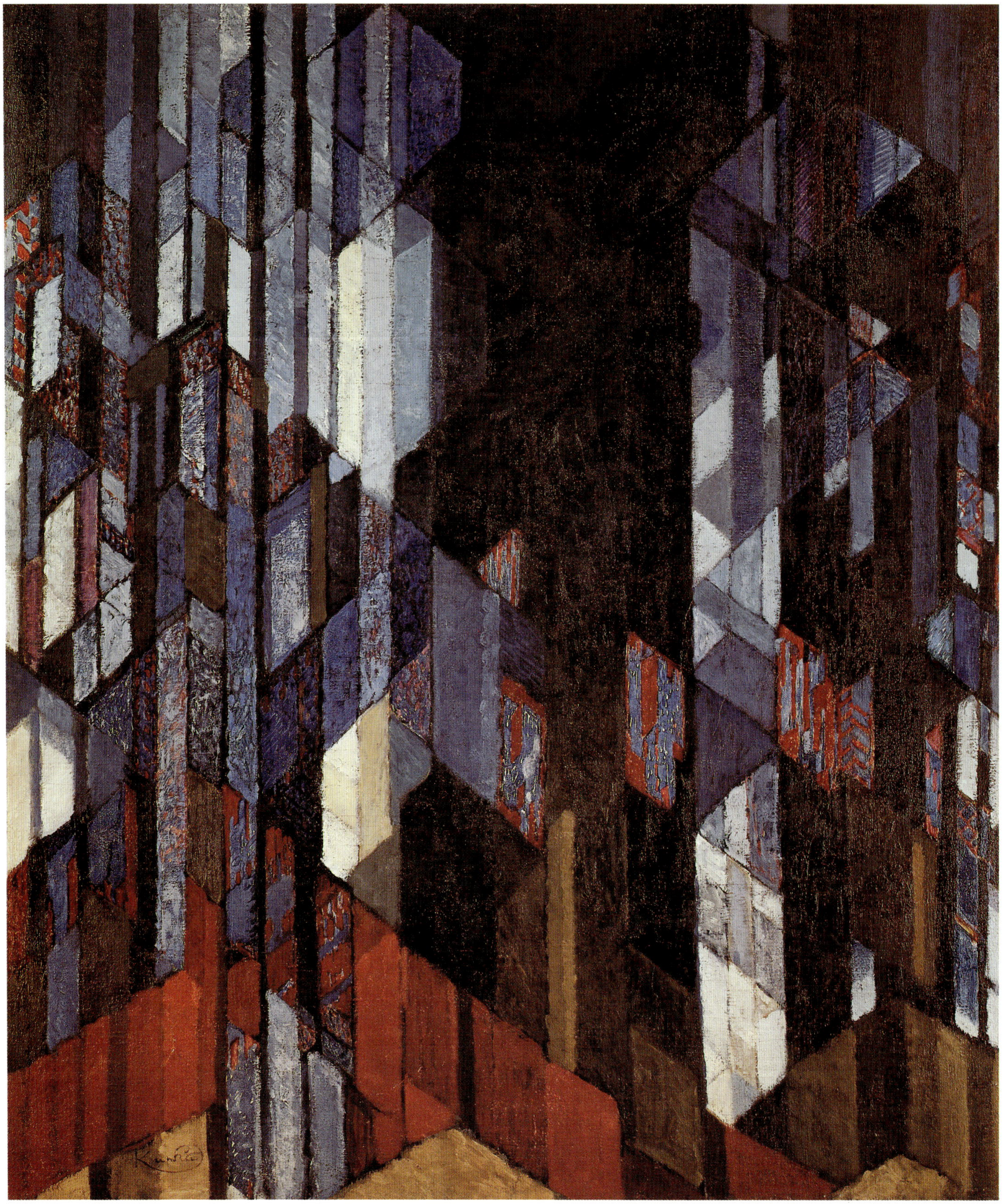

František Kupka. * Opočno, 1871. † Puteaux, 1957. Kathedrale. 1913. Öl auf Leinwand. H 180 x B 150 cm. Privatsammlung.

Lam Wilfredo

Der Urwald

Pure Fantasiegeschöpfe finden sich am Rand eines Urwalds versammelt, in den ihre langen und schlanken Gliedmaßen einzutauchen scheinen. In diesen ungewöhnlichen Geschöpfen, die in seiner Tiefe wohnen, wird das Geheimnis des Dschungels ausgedrückt: grünliche Geschöpfe mit wenig tierischen Körpern und Stammesköpfen, wie in halluzinatorischen Träumen heraufbeschworen. In diesem Hauptwerk brachte Lam viele Elemente zusammen – lateinamerikanische, afrikanische und ozeanische – und vermischte sie mit ebensovielen europäischen Bewegungen. Auch Voodoo, Folklore, Totems und Dschungelszenen werden benutzt. Es entsteht ein Füllhorn verbotener Früchte kubanischer Herkunft. Zeitweise war Lam mit den Surrealisten verbunden. Beide, Lam und sein Freund Picasso, waren stark von afrikanischer und ozeanischer Skulptur beeinflußt.

☛ Bellmer, Brauner, Ernst, Giacometti, Matta, Picasso

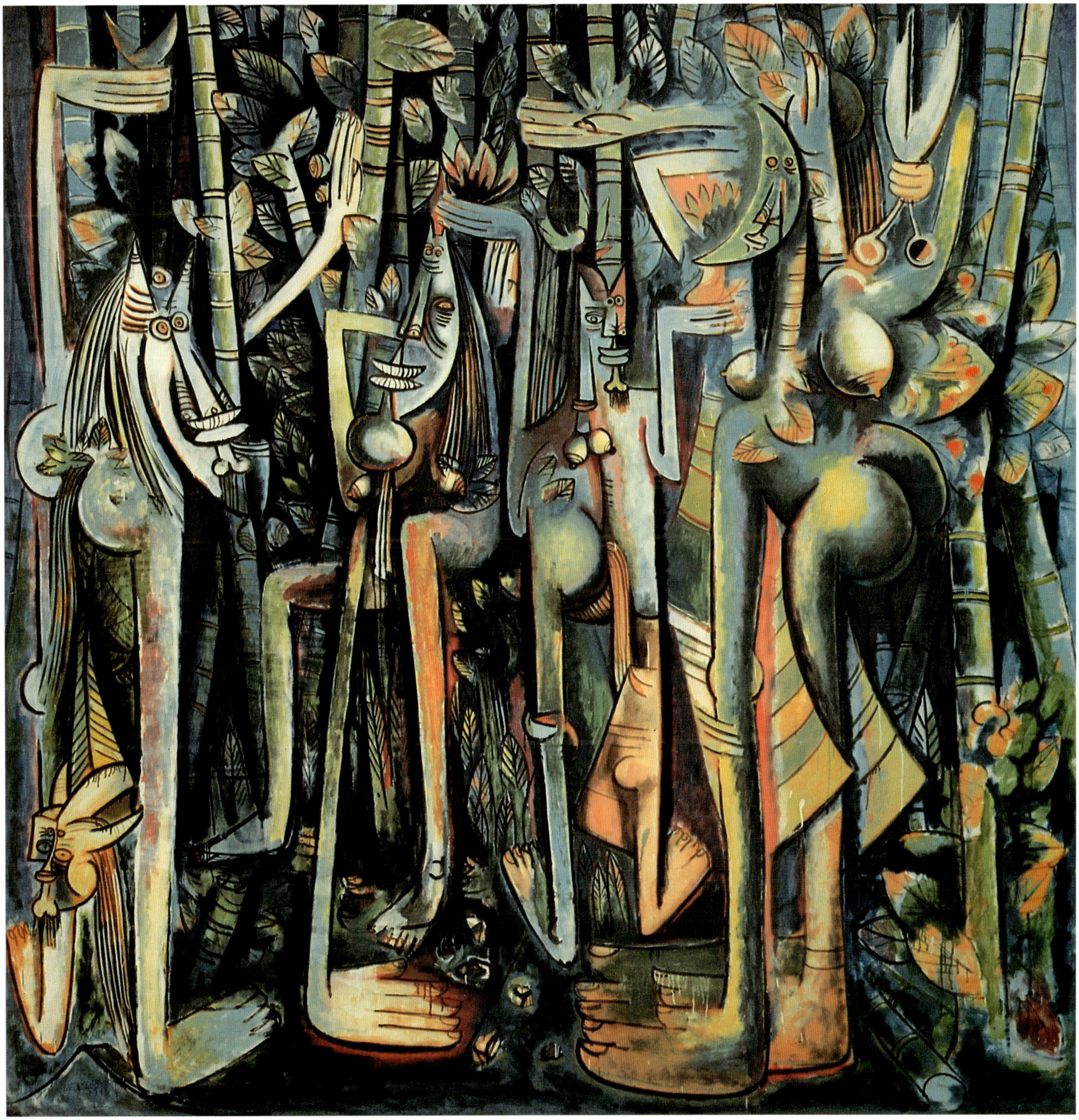

Wilfredo Lam. * Sagua la Grande, 1902. † Paris, 1982. Der Urwald. 1943. Gouache auf Papier. H 239 x B 230 cm. Museum of Modern Art, New York.

Lancret Nicolas

Gartenszene

Elegant gekleidete Personen, die in einem Landschaftsgarten aus Porzellantassen Schokolade schlürfen, weisen auf ein typisch französisches Umfeld hin. Obwohl das Ganze etwas Höfisches an sich hat, zeigt es eine intime Familienszene. Die jüngere Tochter hat ihre Puppe beiseite gelegt, um von der Schokolade zu kosten, die ihr die Mutter zärtlich anbietet, während der Vater das Ganze wohlwollend betrachtet. Der Reiz der Komposition wurde durch die asymmetrische Anordnung der Gruppe erhöht. Lancret profilierte sich mit solch pastoralen Schilderungen aristokratischen Lebens, bis es von der Revolution hinweggefegt wurde. Da er als Historienmaler keinen Erfolg hatte, spezialisierte er sich auf »fêtes galantes«, vor allem pastoralen Charakters. Seine Bilder von Jahrmärkten, Bällen und Dorfhochzeiten im Stile Watteaus waren besonders gefragt.

☛ Boucher, Fragonard, Liotard, Prud'hon, Watteau

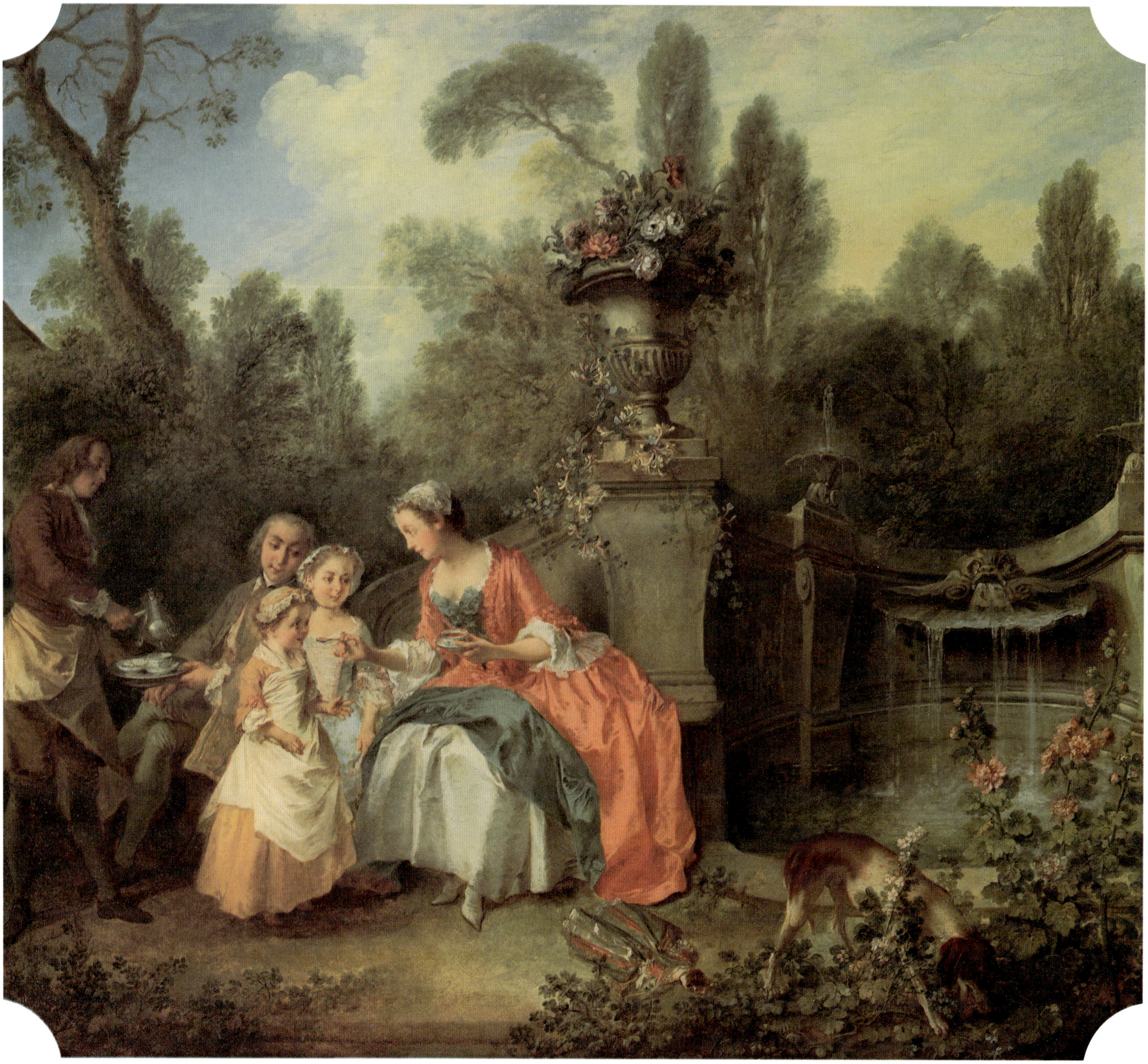

Nicolas Lancret. * Paris, 1690. † Paris, 1743. Gartenszene. Um 1742. Öl auf Leinwand. H 88,9 x B 97,8 cm. National Gallery, London.

Landseer Sir Edwin

Wildrinder bei Chillingham

Als ob sie dem drohenden Unglück ihre Verachtung zeigen wollten, so stehen die Kühe im Mittelpunkt der Komposition. In Wirklichkeit hat sie ein Frosch erschreckt. Das von Earl of Tankerville von Schloß Chillingham bestellte Bild zeigt alles, was Landseer seinerzeit so beliebt gemacht hat. Er traf den viktorianischen Geschmack, der Tieren gern menschliche Regungen anheftete. Begeistert von Walter Scotts Romanen reiste Landseer an die entlegendsten Stellen Britanniens, um Tiere und Landschaften zu malen, die einmal bedroht sein könnten. Sein Vater, ein Kupferstecher, lehrte ihn Tiere nach der Natur zu zeichnen, und schon mit zwölf Jahren stellte der kleine Landseer in der Royal Academy aus. Königin Victorias späterer Lieblingskünstler entwarf auch die Löwen am Trafalgar Square. Er starb an einer Geisteskrankheit.

☛ Agasse, Cuyp, Marc, Stubbs

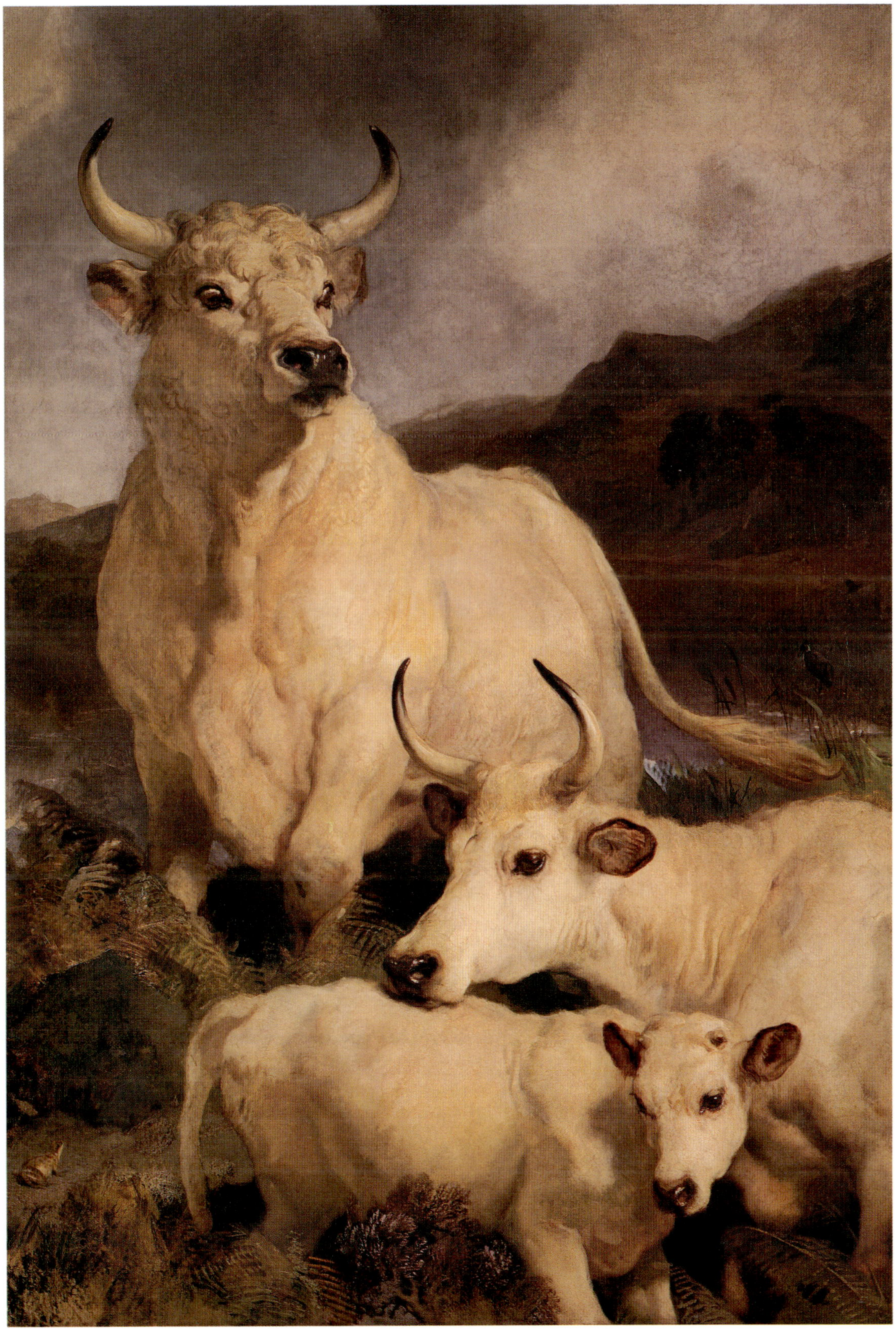

Sir Edwin Landseer. * London. 1802. † London, 1873. Wildrinder bei Chillingham. 1867. Öl auf Leinwand. H 228 x B 156 cm. Laing Art Gallery, Newcastle upon Tyne.

Lanyon Peter

Abflug

Das viele Weiß, das große gelbe Dreieck, die roten Streifen und der dünnflüssige Pinselstrich von »Abflug« bilden eine anscheinend abstrakte Komposition. Lanyon nahm diesen kräftig expressionistischen Stil in den 50er Jahren an. 1959 begann er mit Segelfliegen und gelangte dadurch zu einer ganz neuen Sicht der Landschaft von Cornwall. So betrachtet wird das blaue Rechteck auf der rechten Seite zum Meer, der vereinzelte weiße Pinselstrich, die dünne gelbe Linie rechts zu Hafenbecken und Kai, und die roten und gelben Formen können als Elemente eines gleitenden Flugkörpers ausgemacht werden. In der Künstlerkolonie von St. Ives in Cornwall arbeitete Lanyon mit Kollegen wie Gabo, Heron und Nicholson zusammen. Er gilt als der Künstler, der in den 50er Jahren die englische Landschaft neu entdeckt hat. Doch sein Hobby brachte ihm den frühen Tod.

☛ Frankenthaler, Gabo, Heron, De Kooning, Nicholson

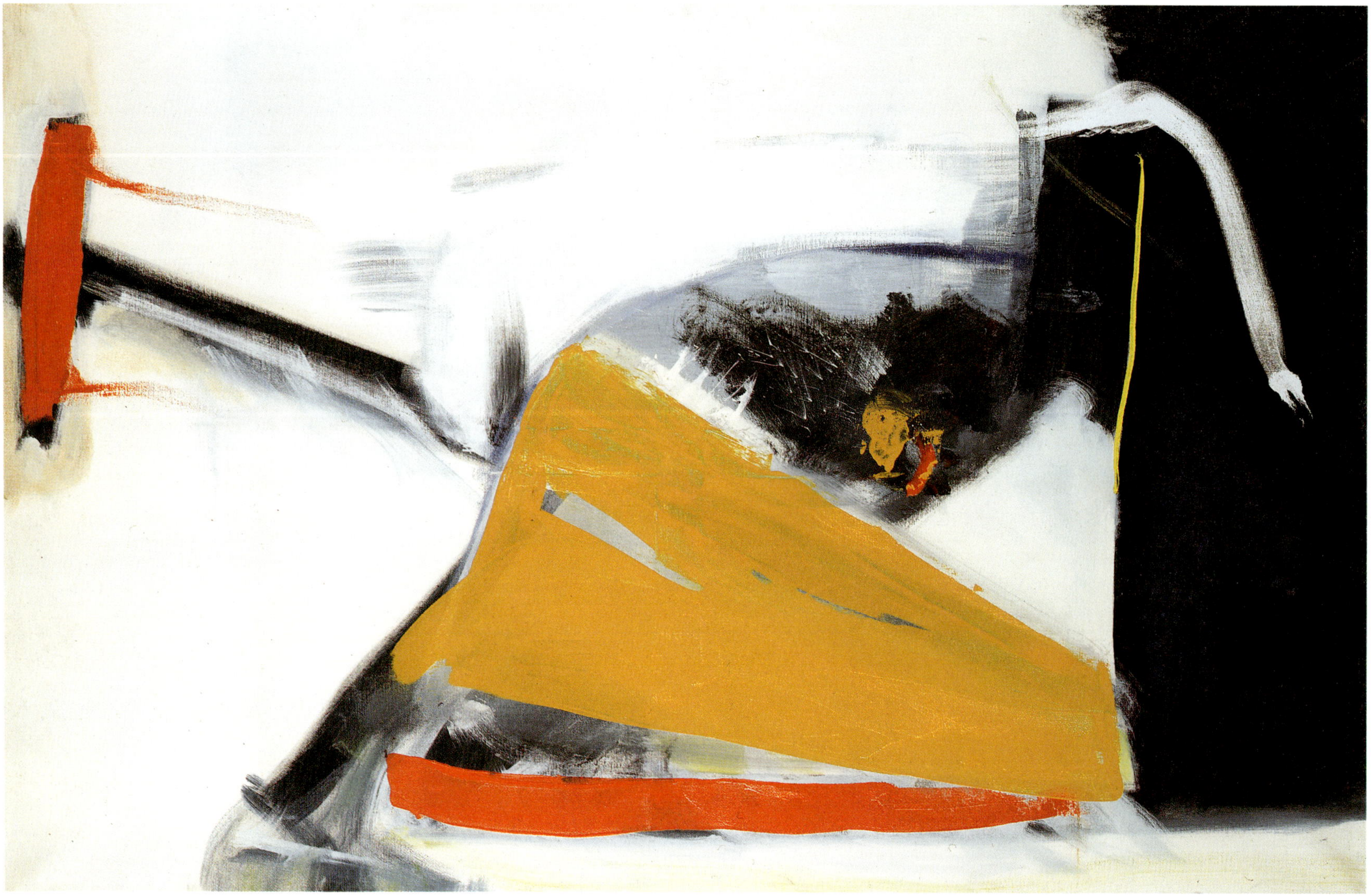

Peter Lanyon. * St. Ives, 1918. † Taunton, 1964. Abflug. 1961. Öl auf Leinwand. H 122 x B 183 cm. Gimpel Fils, London.

La Tour Georges de

Der Betrug mit Karo-As

Die verschlagenen Blicke der Kartenspieler lassen vermuten, daß keiner von ihnen ehrlich ist. Doch nur einer versteckt offenkundig zwei Karten hinter seinem Rücken. Das grelle, mächtige Schatten werfende Licht steigert die warmen Farben der Kleider. Im Gegensatz dazu intensiviert der völlig dunkle Hintergrund die Lichtzone. Obwohl es ein Bild der Barockzeit ist, sind die Personen von einer geometrischen Einfachheit, die auf Künstler der Frührenaissance wie Piero della Francesca verweist. Im Unterschied zur Reiselust seiner Kollegen verbrachte La Tour sein ganzes Leben in Lothringen. Er wurde Spezialist von Kerzenlichtszenen, in denen er unheimliche Wirkungen in warmen, glühenden Rot- und Brauntönen erzielte. Die Lichtregie erinnert an Caravaggio. Eines von La Tours Bildern nahm der französische König als Geschenk an, das er so schätzte, daß er alle anderen Bilder entfernen ließ.

☛ Caravaggio, Honthorst, Lucas van Leyden, Piero della Francesca

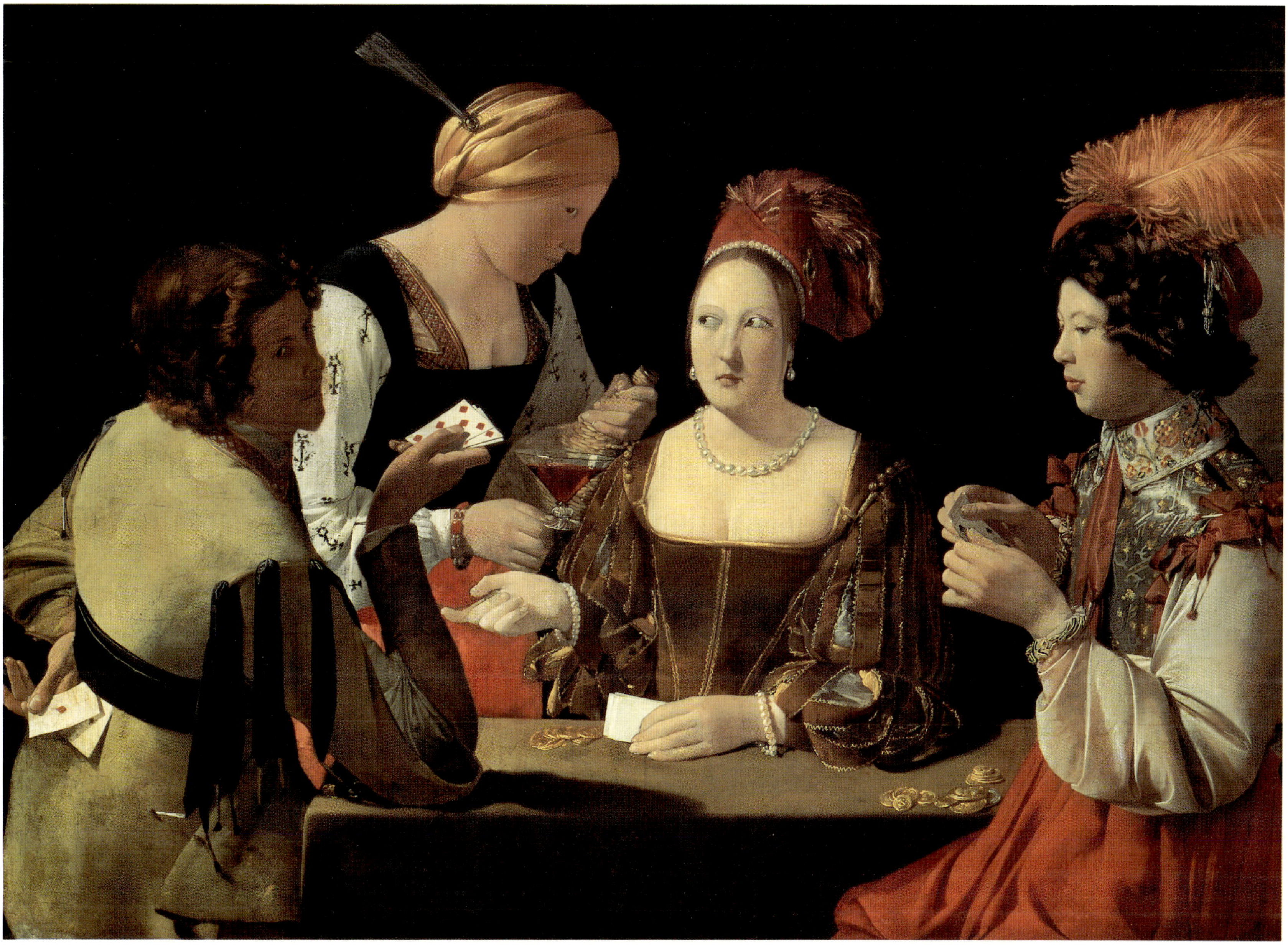

Georges de la Tour. * Vic-sur-Seille, 1593. † Lunéville, 1652. Der Betrug mit Karo-As. Um 1647. Öl auf Leinwand. H 106 x B 146 cm. Musée du Louvre, Paris.

Laurencin Marie

Tänzerinnen

In dieser Szene üben fünf schöne Tänzerinnen in durchscheinenden Kostümen ihre Tanzfiguren. Die verführerischen Pastelltöne sind typisch für Laurencins Stil, ja verstärken noch ihre fast ätherische Art. Die Bilder übertragen ihre seltsame Sicht einer Welt, die ausschließlich mit schönen Mädchen bevölkert ist, und erfassen mit ihren beschwingten und dekorativen Formen genau die künstlerische Stimmung der 20er Jahre. Laurencin widerstand den aktuellen Kunstströmungen und blieb bei ihrer eigenen Ausdrucksweise, die sich hier in einem ungekünstelten Porträt von Tänzerinnen ohne zusätzliche Botschaft ausdrückt. Laurencin illustrierte auch Bücher mit Aquarellen. Sie hatte das Glück, einen Bekanntenkreis zu haben, zu dem auch Picasso, Braque, Matisse, Gris und Delaunay gehörten. In ihrer Pariser Wohnung wurde viel über Kunst diskutiert.

☛ Degas, Dufy, Foujita, Toulouse-Lautrec, Utrillo

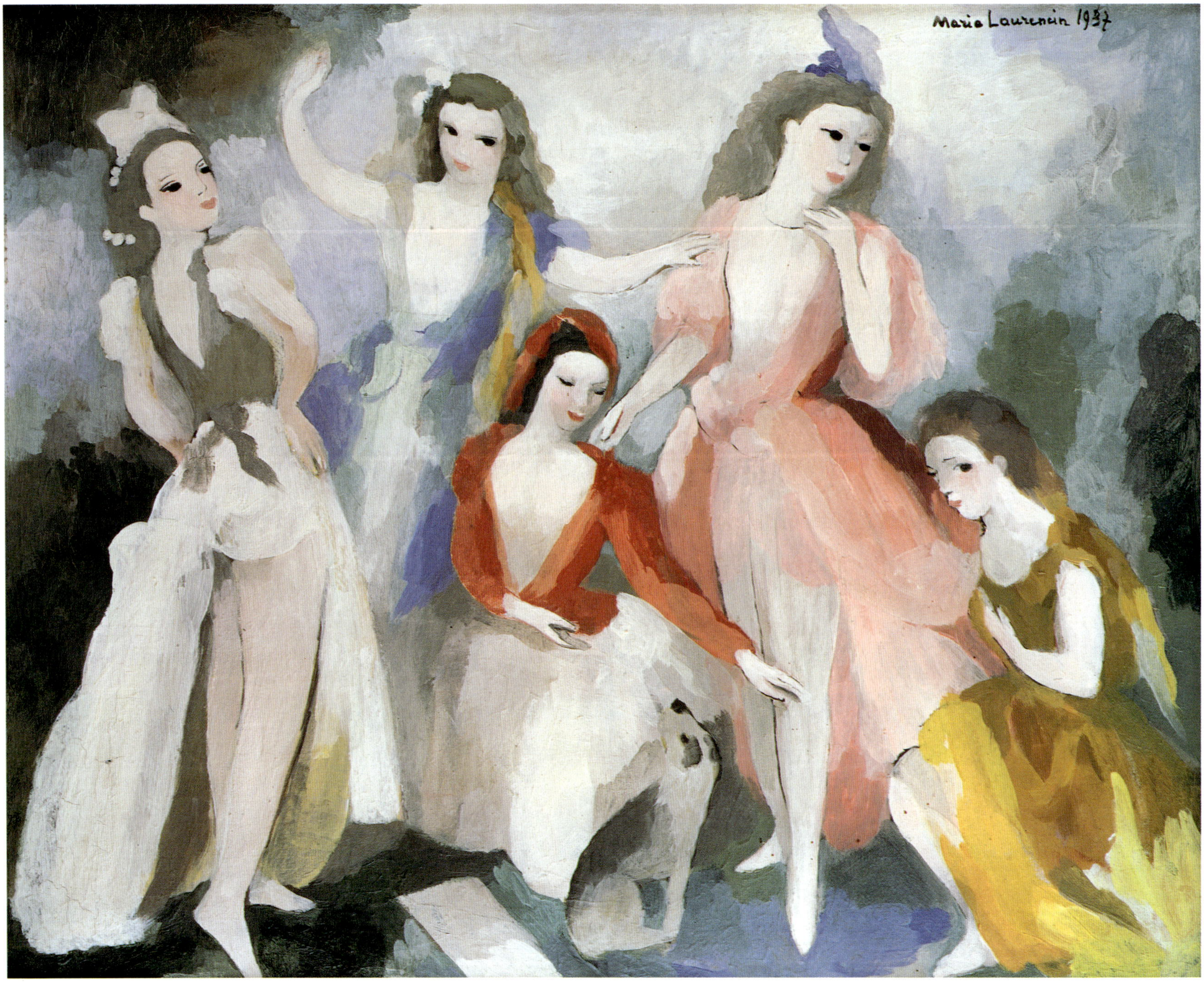

Marie Laurencin. * Paris, 1885. † Paris, 1956. Tänzerinnen. 1937. Öl auf Leinwand. H 53,3 x B 64,1 cm. Privatsammlung.

Lawrence Sir Thomas

Der Herzog von Wellington

Obwohl die Inschrift bestätigt, daß der Herzog so in die Schlacht von Waterloo eingegriffen hätte, ist seine Pose doch etwas theatralisch und unwahrscheinlich. Lawrence geht die Sache gesetzter und weniger realistisch im Vergleich zu Gros in seinen windgepeitschten Bildnissen von Napoleon an. Doch wie Gros wollte auch Lawrence die romantische Sicht eines großen Heerführers, ja die eines Siegers geben. Der Gastwirtssohn Lawrence malte schon als Zehnjähriger Porträts und durfte als Zwanzigjähriger Königin Charlotte konterfeien. In Nachfolge von Reynolds wurde er Hofmaler. Dank seines großen Ansehens beauftragte ihn Georg IV. damit, alle Hauptgegner Napoleons zu malen. Seine wichtigen Werke sind von großer Kraft, seine schlechten Bilder sind wohl in finanziellen Notsituationen entstanden. Obwohl er enorme Einnahmen hatte, war er ständig verschuldet.

☛ Clouet, Van Dyck, Géricault, Gros, Marini

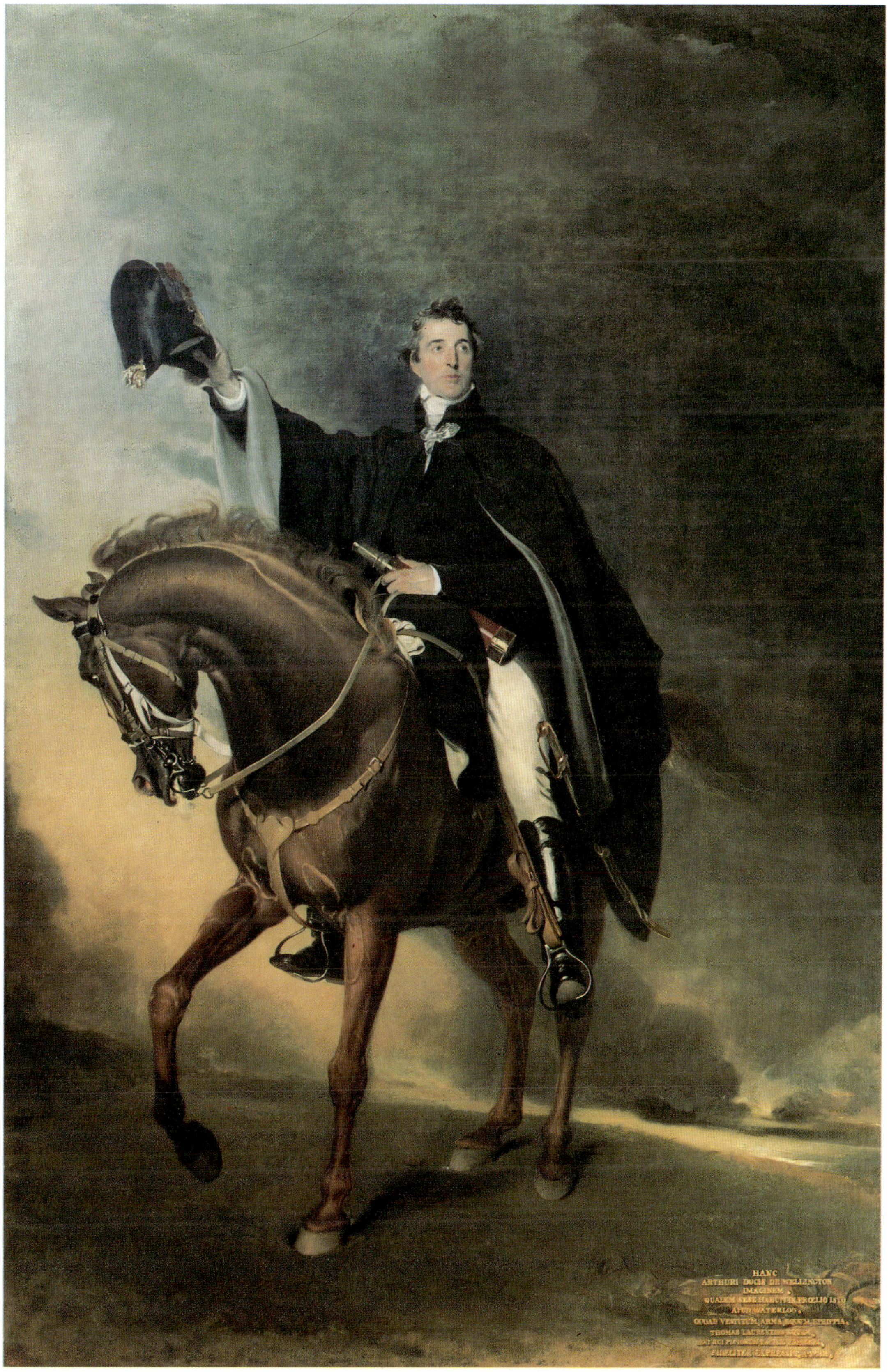

Sir Thomas Lawrence. * Bristol, 1769. † London, 1830. Der Herzog von Wellington. 1818. Öl auf Leinwand. H 396,2 x B 243,8 cm. The Bathurst Collection, Sapperton.

Léger Fernand

Die Bauarbeiter

Das riesige Ausmaß des Gebäudes wird geschickt durch das Abschneiden des oberen und unteren Bildrandes ausgedrückt, so daß es sich endlos in beide Richtungen zu erstrecken scheint. Streng gezogene Horizontalen und Vertikalen begrenzen seine Ausdehnung gegen den violettblauen Himmel. Die Menge der auf den Gerüsten herumkletternden, roboterartigen Bauarbeiter und die Wolken stehen in krassem Kontrast zu den Eisenskeletten. Als gelernter Architekt war Léger begeistert von Maschinen und technischen Bauten. Kubistische Einflüsse entdeckt man in den kantigen und eckigen Linien und dem Kernthema der Maschinen. Léger arbeitete in vielen Bereichen: Keramik, Glas, Bühnenbild und Film (»abstrakte Filme« mit Gegenständen als Schauspieler). Sein letztes Werk waren die Wandbilder für das UN-Gebäude in New York.

☛ Boccioni, Braque, Brown, Delaunay, Gris, Picasso

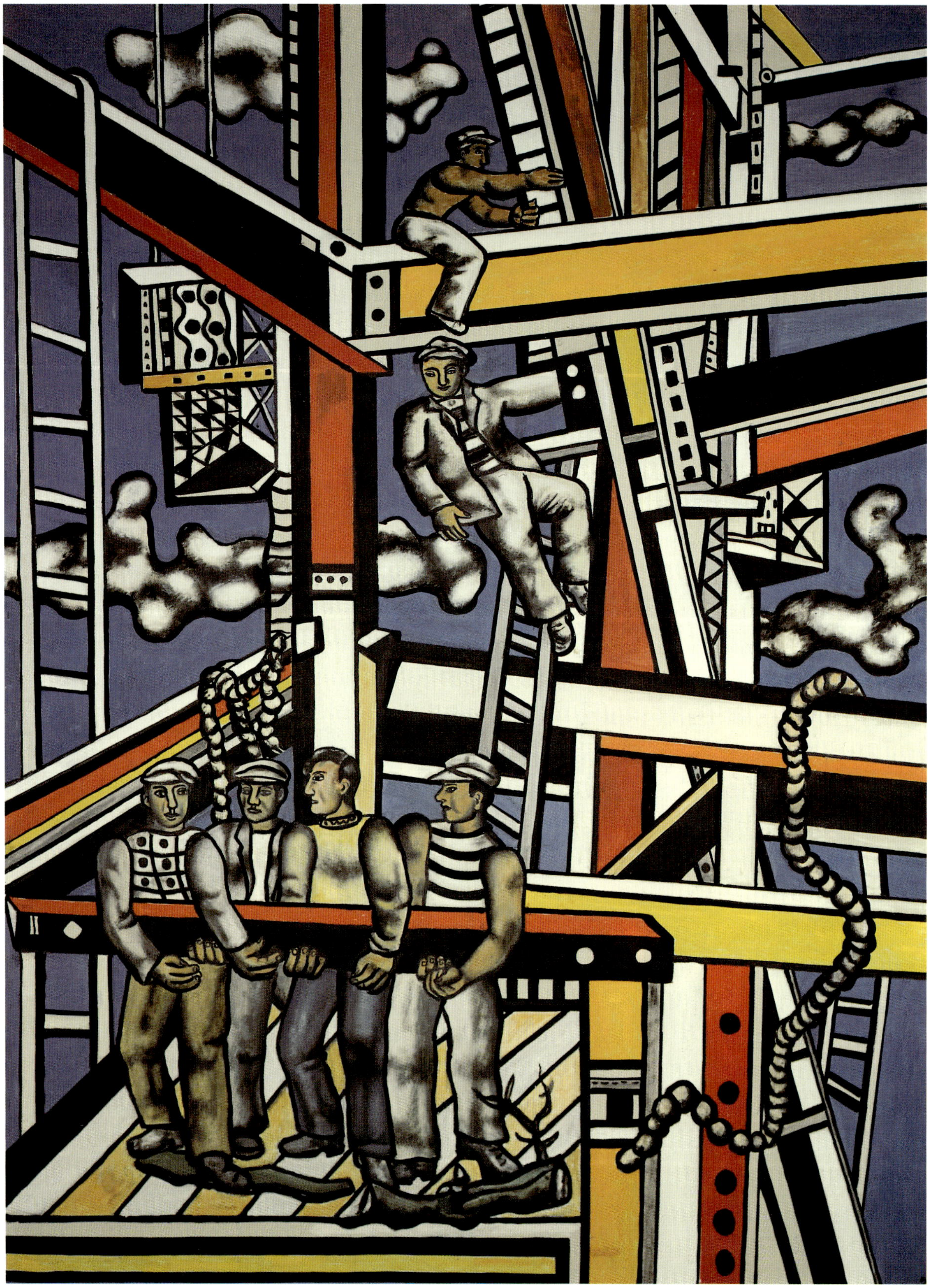

Fernand Léger. * Argentan, 1881. † Gif-sur-Yvette, 1955. Die Bauarbeiter. 1950. Öl auf Leinwand. H 299,8 x B 200 cm. Musée National Fernand Léger, Biot.

Leighton Lord Frederic

Das Bad der Psyche

Bei den Vorbereitungen zum Bad blickt die sinnlich porzellanhäutige Göttin auf ihr Spiegelbild auf der Wasserfläche. Die weichen, gelbweißen Farbtöne und das zarte Karnat stimmen ruhig, während gleichzeitig durch die Säulen hinter ihr und das extreme Hochformat der schlanke Leib betont wird. Die nicht erkennbaren Pinselstriche sind glatt und poliert wie die ruhige Wasserfläche. Lord Leighton studierte Malerei auf dem Kontinent und war einer der Hauptvertreter des Neoklassizismus in England. Seine Vorbilder waren natürlich die Werke und Mythen der Antike, sozusagen als Kontrapunkt zur Welt des Mittelalters der Präraffaeliten. Unmittelbaren Erfolg brachte ihm der Umstand, daß Königin Victoria gleich sein erstes Bild ankaufte. Seine Popularität wuchs immens durch massenweise Reproduktionen. Der ebenfalls exzellente Bildhauer wurde später Präsident der Royal Academy.

☛ Alma-Tadema, Burne-Jones, Cranach, Ingres, Rossetti

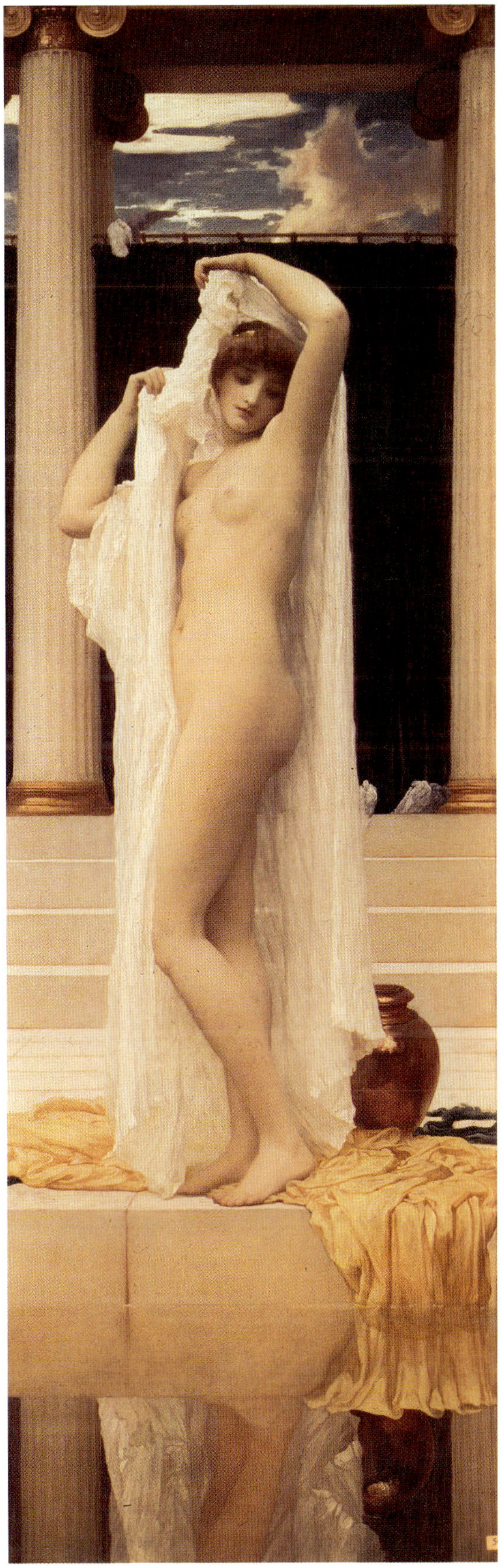

Lord Frederic Leighton. * Scarborough, 1830. † London, 1896. Das Bad der Psyche. 1890. Öl auf Leinwand. H 189,2 x B 62,2 cm. Tate Gallery, London.

Karl I. mit James, dem Herzog von York

Der Sohn reicht seinem Vater einen Brieföffner und starrt ihn dabei nervös an. Das Fehlen von Vertrautheit spiegelt die Beziehung zwischen Vater und Sohn. Karl war damals, als das Porträt entstand, Gefangener am Hof von Hampton. James und seine Geschwister lebten im Haus Syon unter der Bewachung des Herzogs von Northumberland. Nur vereinzelte Besuche beim König waren erlaubt. Das vorliegende Bild ist ein wichtiges Dokument eines solchen Besuches. Die zarten Töne und die reiche Modellierung sind Kennzeichen von Lelys Stil. Daß die Wahl für diesen Auftrag auf ihn fiel, zeigt sein hohes Prestige als königlicher Maler in der Nachfolge von Van Dyck. Zehn Jahre nach seiner Ernennung zum Meister der Haarlemer Gilde war Lely in London und malte den König und seine Kinder. Eine Flut von Nachfolgeaufträgen machte ihn zu einem der einflußreichsten Porträtmaler des 17. Jahrhunderts.

☛ Dobson, Van Dyck, Holbein, Kneller, Reynolds

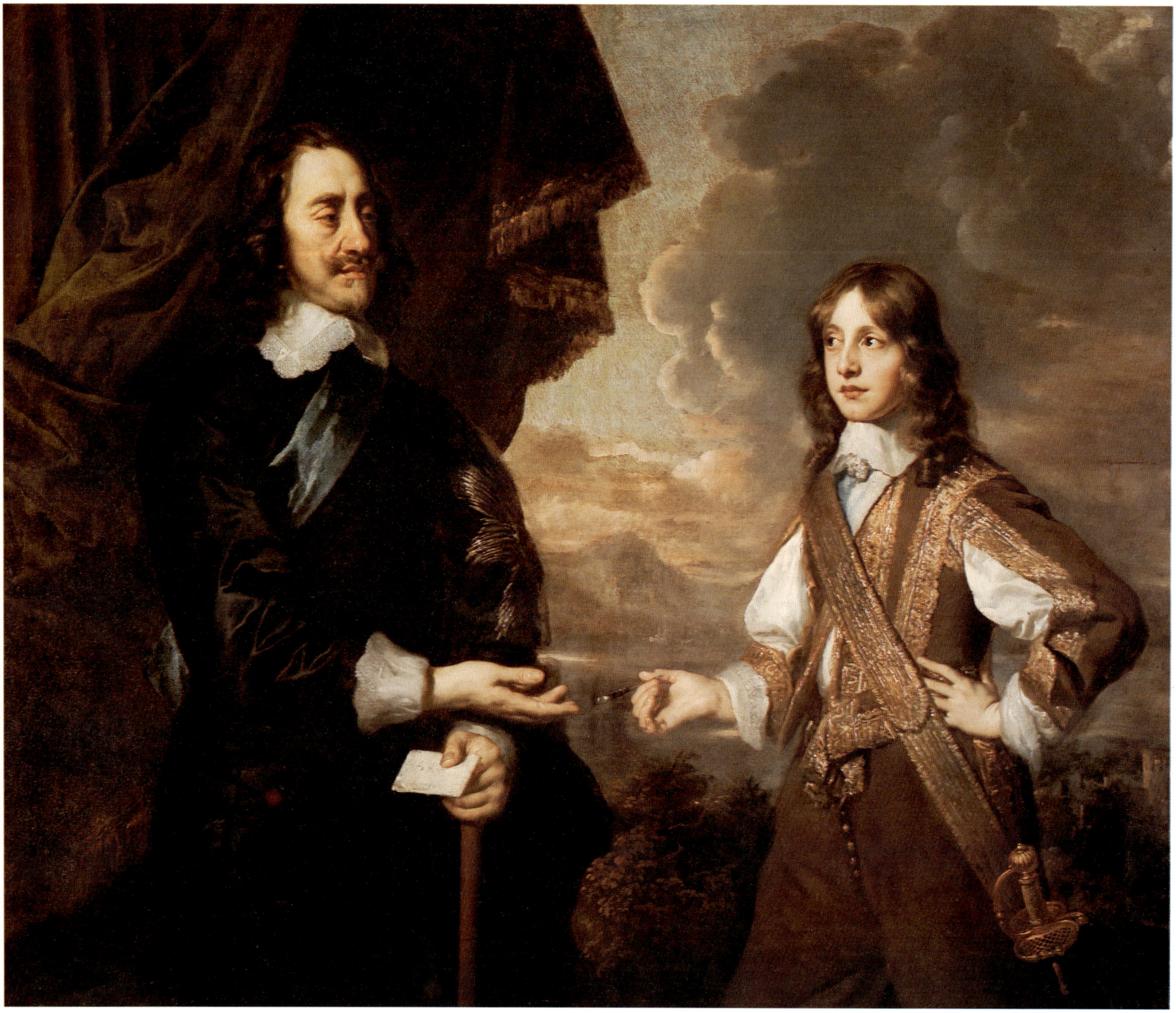

Sir Peter Lely. * Soest, 1618. † London, 1680. Karl I. mit James, dem Herzog von York. 1647. Öl auf Leinwand. H 126,4 x B 146,7 cm. Syon House, Isleworth.

Leonardo da Vinci

Mona Lisa

Die Mona Lisa ist weltweit berühmt wegen ihres geheimnisvollen Lächelns und weil sie eines der wenigen erhaltenen Bilder des berühmtesten aller Renaissancekünstler ist. Wer dem Künstler Modell gestanden hat, ist nach wie vor unbekannt. Doch unberührt davon bleibt die Qualität der malerischen Ausführung. In der Komposition handelt es sich um ein ganz herkömmliches Renaissanceporträt. Seine Besonderheit liegt in der von Leonardo in die Ölmalerei eingeführten Technik des »Sfumato«. Diese erlaubt zarteste Schattierungen, durch die eine traumhafte Stimmung erreicht wird. Leonardo, gleichermaßen Experte in Anatomie, Ingenieurskünsten und wissenschaftlichen und flugtechnischen Studien, führte Zeit seines Lebens nur wenige seiner Gemälde zuende. Doch Zeichnungen und Skizzenbücher zeugen von seinem Genie.

☛ Dürer, Ghirlandaio, Massys, Ramsay, Sittow

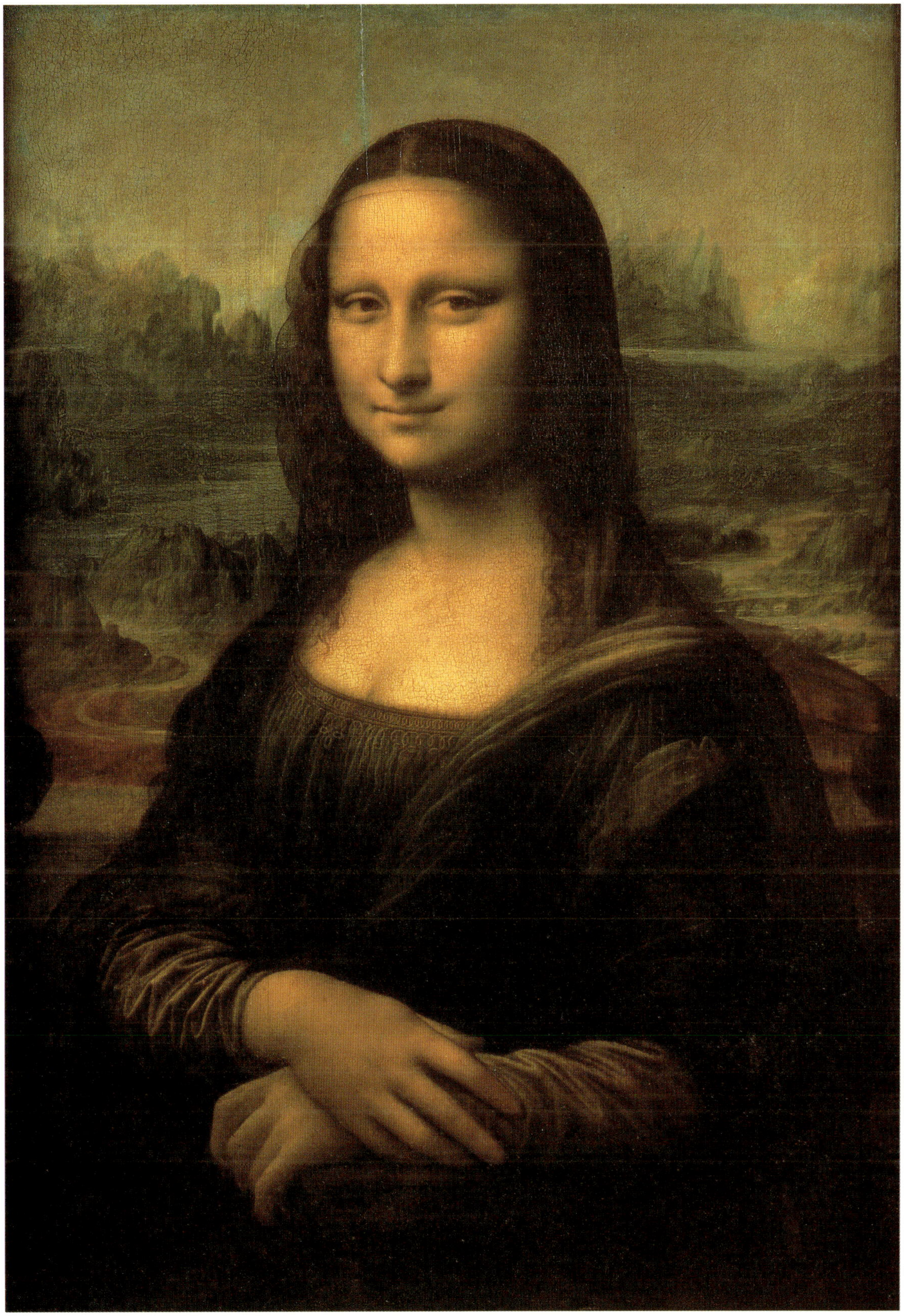

Leonardo da Vinci. * Vinci, 1452. † Amboise, 1519. Mona Lisa. 1503/6. Öl auf Holz. H 77 x B 53 cm. Musée du Louvre, Paris.

Lewis Wyndham

Batterie unter Beschuß

Die in typischer Weise zerschachtelte Landschaft ist in harten und eckigen Konturen gemalt. Die Rauchschwaden über der beschossenen Batterie werden als Folge von Turmfragmenten gezeigt, während die Soldaten im Hintergrund wie mechanische Roboter erscheinen. Lewis diente an der Westfront, zunächst als Kanonier, dann als Kriegsmaler. Dieses Werk aus seiner frühen Schaffenszeit zeigt, daß er seinen ursprünglich abstrakten Stil abgemildert hatte, um vom Krieg berichten zu können. Die Brutalität seiner Darstellungen deuten darauf hin, daß er den Krieg als solchen absurd fand. Lewis, der Schriftsteller, Kunstkritiker und Porträtist war, galt zu seiner Zeit als der einflußreichste Experimentierkünstler der britischen Kunst. Er gründete die Gruppe der Vortizisten, eine Art englischer Ableger des Kubismus. Tragischerweise erblindete er in seinen letzten Lebensjahren.

☛ Bomberg, Braque, Friedrich, Nash, Picasso

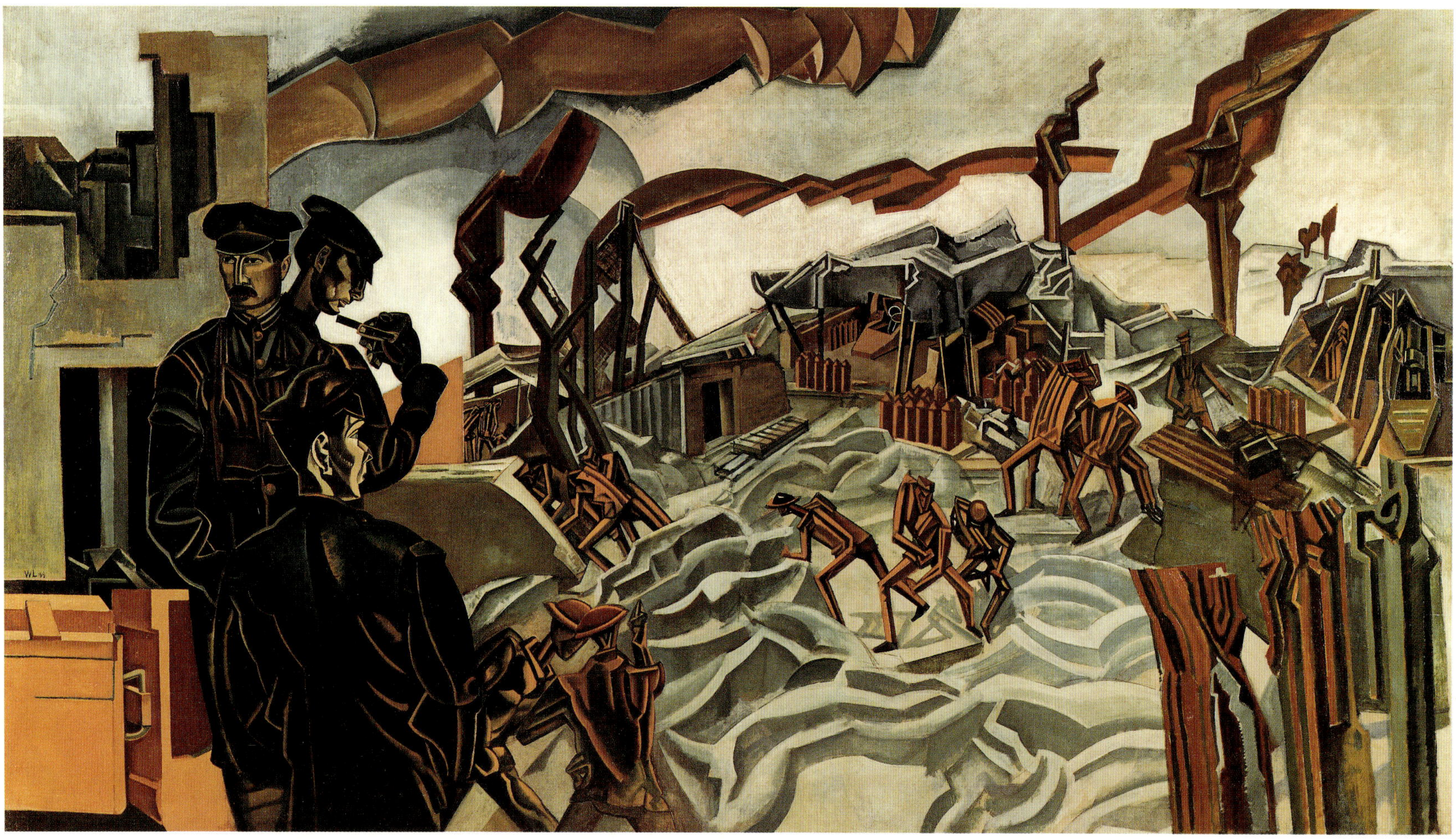

Wyndham Lewis. * Auf See bei Neuschottland, 1882. † London, 1957. Batterie unter Beschuß. 1919. Öl auf Leinwand. H 152,5 x 317,5 cm. Imperial War Museum, London.

LeWitt Sol

Offene geometrische Struktur IV

Diese weiße Struktur aus offenen Würfeln ist nach dem Gesetz einer mathematischen Reihe angeordnet. Mit Hilfe von Würfeln, die nur durch ihre Kanten begrenzt sind, nutzt der Künstler den Widerspruch zwischen dem, was wir von dem vorgestellten Gegenstand wissen, und dem, was wir tatsächlich sehen, für sein Werk aus. Hier liegt sein Bezugspunkt zur Konzeptkunst. Aber auch die Ideen der Minimalisten sind durch die strenge Ausrichtung auf geometrisch-mathematische Gesetze und deren unpersönliche Natur vertreten. LeWitt arbeitete zunächst in einem Architekturbüro, bevor er anfing, minimalistische Plastiken zu schaffen, die er »Strukturen« nannte. Für ihn bedeutet die Idee eines Werkes mehr als dieses selbst, und die Planung ist wichtiger als die Ausführung. Seine Wandbilder, meist nicht mehr als eine Abfolge von Linien, löscht der Künstler nach Verkauf seiner Idee wieder aus.

☛ Andre, Buren, Flavin, Judd, Vasarely

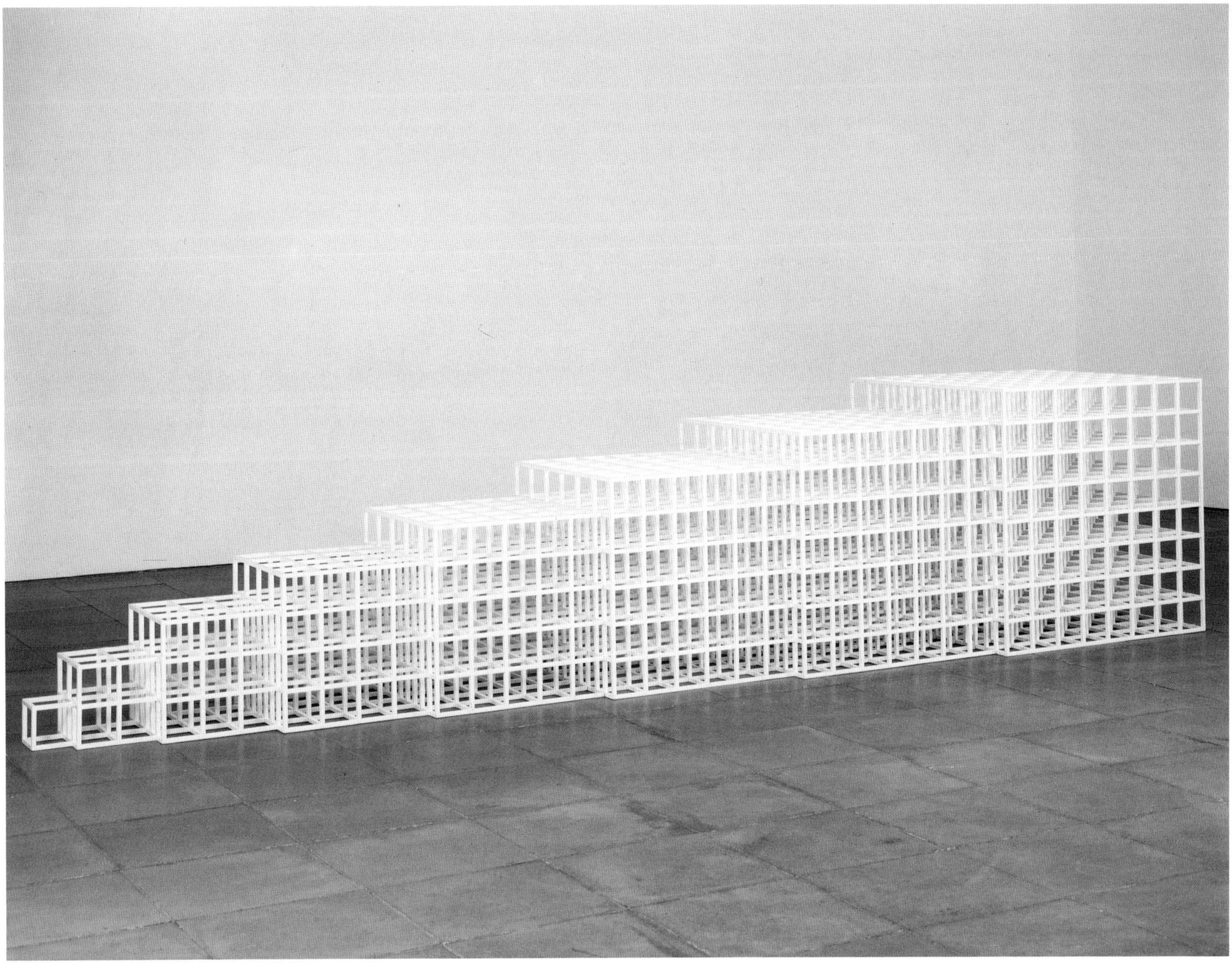

Sol LeWitt. * Hartford, 1928. Offene geometrische Struktur IV. 1990. Bemaltes Holz. H 98 x B 438 cm. Lisson Gallery, London.

Lichtenstein Roy

Im Auto

Lichtensteins Comic strip-Vergrößerung schuf mit seinen Primärfarben und seiner Unmittelbarkeit eine mächtige Bildwirkung. Die Originalvorlage wird getreu reproduziert, allerdings in starker Vergrößerung, wobei die grobe Rastertechnik (Ben Day-Punkte) zur billigen Herstellung von Comics und Tageszeitungen imitiert wird. Lichtenstein benutzte die Bildwelt der Massenmedien und Erzeugnisse der Industrie. Oft extrahierte er Bilder aus ihrem ursprünglichen Kontext und persiflierte sie dadurch. Durch Vergrößerungen und übertriebene Vereinfachung der populären Vorlagen erhöhte er die Aufmerksamkeit der Betrachter für die Alltagsgenstände der 60er Jahre in den USA. Als vorrangiger Vertreter der amerikanischen Pop Art hat Lichtenstein nie aufgehört, populäre Bildprodukte in seine Werke einzubringen. 1993 fand im Museum of Modern Art (New York) eine große Retrospektive statt.

☛ Dine, Hamilton, Oldenburg, Rosenquist, Warhol

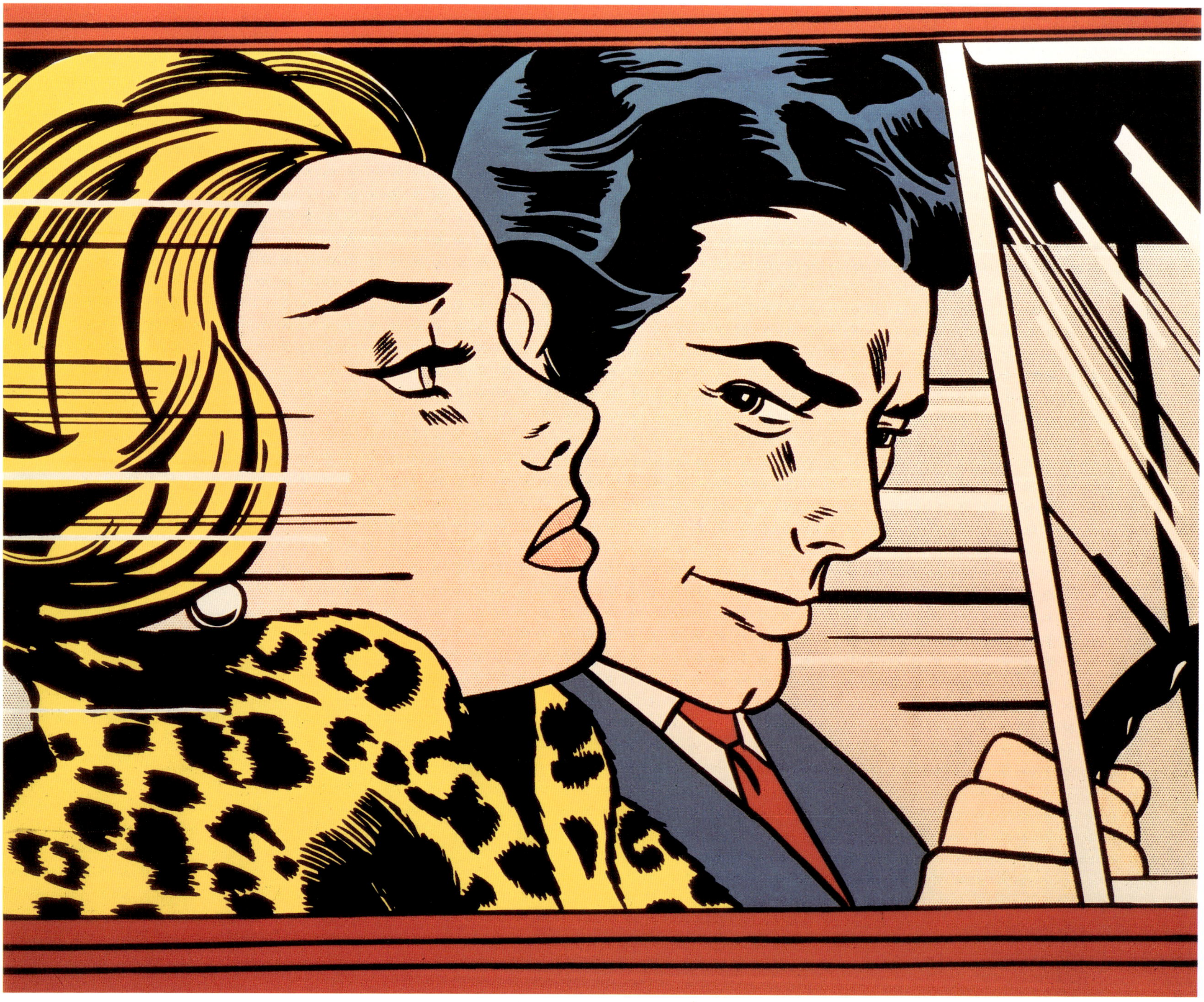

Roy Lichtenstein. * New York, 1923. Im Auto. 1963. Magna auf Leinwand. H 172 x B 203,5 cm. Scottish National Gallery of Modern Art, Edinburgh.

Limburg Johan und Paul

Januar

Diese Seite aus einem der größten Manuskripte der flämischen Malerei ist ein schönes Beispiel der Miniaturenmalerei. Das Blatt stellt den Monat Januar dar, den man an der Himmelskarte und der Konstellation Steinbock und Wassermann erkennen kann. Die Hauptszene entrollt ein festliches Bankett mit dem Herzog Jean von Berry, dem Auftraggeber dieses Stundenbuches. Er trägt eine große Pelzmütze und eine blau- und goldbestickte Robe. Die meisten Miniaturen dieses Stundenbuches wurden von den Gebrüdern Limburg ausgeführt, die um 1410 in die Dienste des Herzogs eingetreten waren, und die alle drei im gleichen Jahr wie der Herzog starben, so daß das Manuskript unfertig blieb. Die Arbeit der Limburgbrüder war berühmt für einen damals unerreichten Detailreichtum und eine wunderbare Erzählkunst. Ein Stundenbuch wurde als Gebetbuch für private Andachten benutzt.

☛ Beauneveu, Del Cossa, Van Eyck, Fouquet

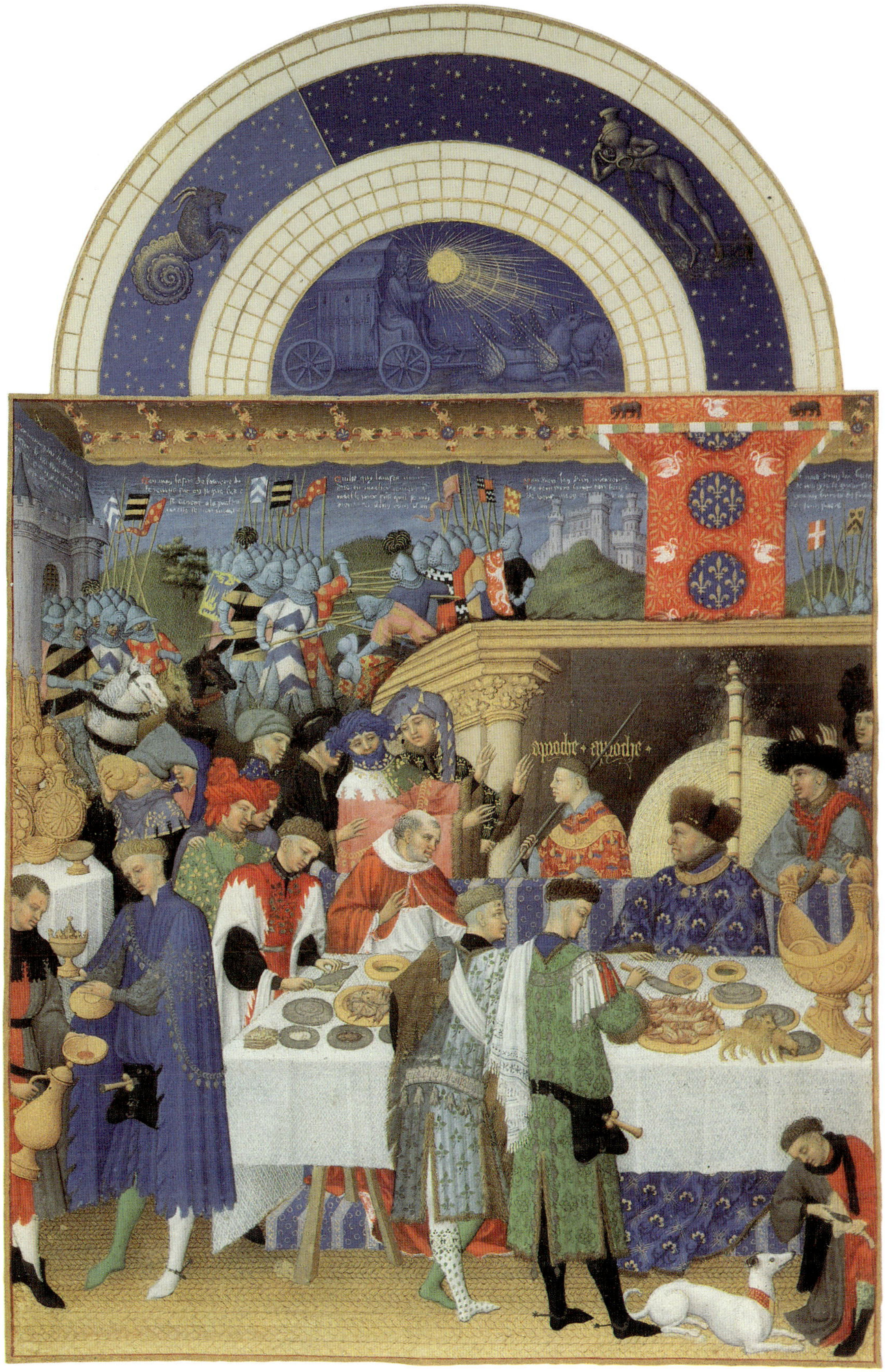

Johan und Paul Limburg. Tätig seit ca. 1400. † Ort unbekannt, um 1416. Januar. Um 1413. Illumination auf Pergament. H 24 x B 15,2 cm. Musée Condé, Chantilly.

Liotard Jean-Etienne

Die Schokoladentasse

Das reizende Bild von einer jungen Frau mit einer Tasse Schokolade auf einem Tablett besticht durch den einfachen Zugang zu einem alltäglichen Thema. Die kühle Klarheit der Farbtöne und die scharfen Umrisse der Person heben das von den farbenfrohen Kleidern vor schmucklosem Hintergrund bestimmte Schema hervor. Dieses Bild hat alle Lichtfülle und Fröhlichkeit seiner Rokokozeitgenossen, doch ohne deren gekünstelte Art; es verweist auf Ingres und Manet. Liotard verbrachte einige Jahre in Istanbul, wo er die Tradition der türkischen Miniaturen für sich entdeckte. Nach seiner Rückkehr hielt er an türkischer Kleidung und Bartform fest, und er freute sich an der Bekanntheit, die ihm dies einbrachte. In England war er als Porträtmaler erfolgreich, obwohl seine Werke von Walpole als zu gefällig beschrieben wurden.

☛ Chardin, Fragonard, Greuze, Ingres, Manet, Watteau

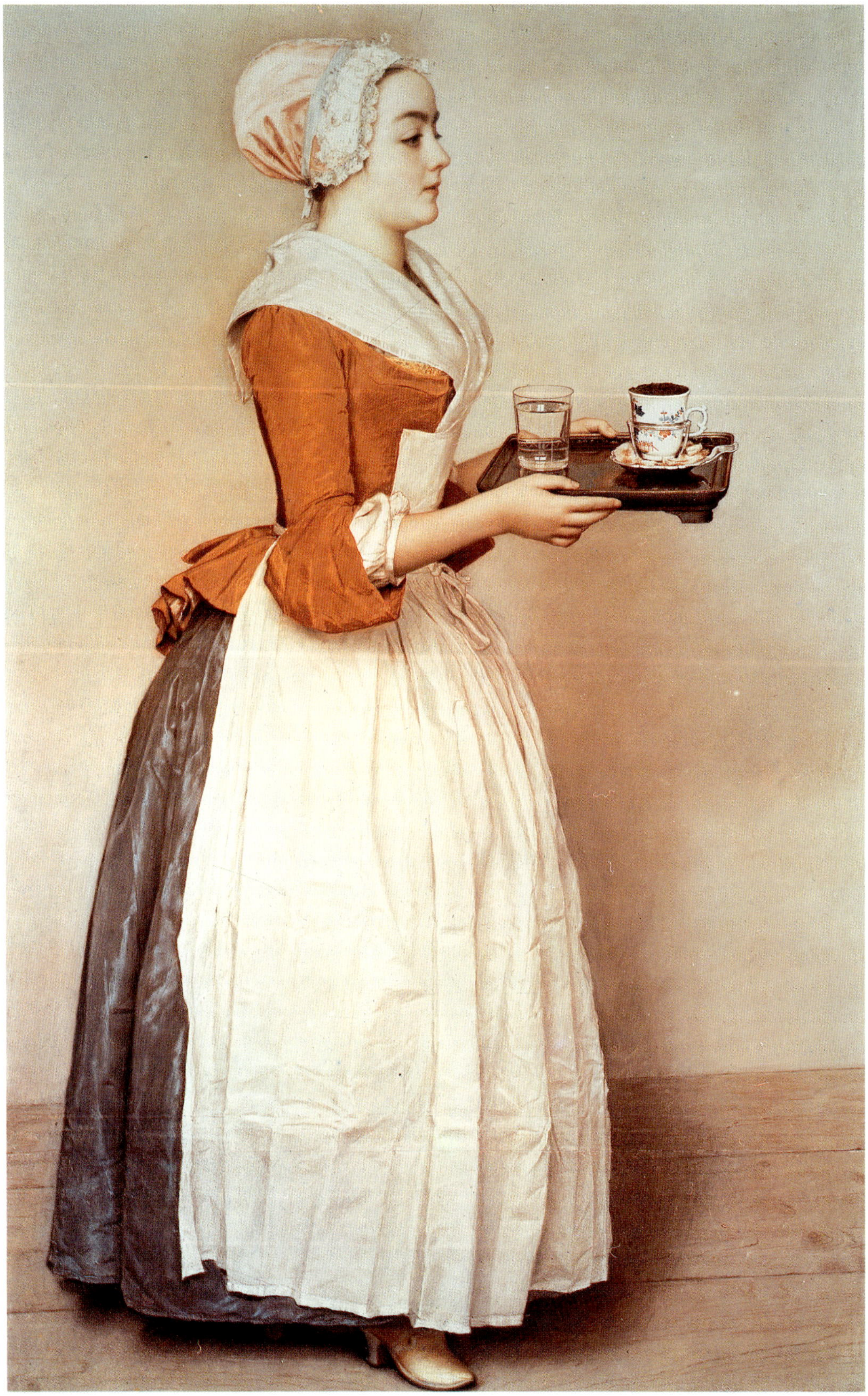

Jean-Etienne Liotard. * Genf, 1702. † Genf, 1789. Die Schokoladentasse. Um 1745. Pastell auf Pergament. H 82 x B 52 cm. Staatliche Kunstsammlungen, Dresden.

Lipchitz Jacques

Halb stehende Figur

Die strenge, fast mathematische Komposition der Figur mit ihren Schichten aus festem Stein und Durchbrechungen zeigt das architektonische Anliegen des Künstlers ebenso wie sein Streben nach einem ausgeglichenen, gefühlsbetonten Ganzen. Als einer der ersten Bildhauer hat Lipchitz die Vorstellungen des Kubismus auf die echte Dreidimensionalität angewandt: Formfragmente als Träger von Raum- und Gestaltverwirklichungen. Der litauische Ingenieur Lipchitz entwickelte einen ganz persönlichen Stil in Richtung einer »transparenten Skulptur«. Sein Spätwerk in Bronze war zwar gegenständlicher, aber weniger statisch. Seit 1941 lebte er hauptsächlich in Amerika, wo er eine Reihe wichtiger Aufträge ausführte. 1946 bot sich ihm die Möglichkeit, ein religiöses Werk, eine Madonna für eine französische Kirche, auszuführen.

☛ Archipenko, Brancusi, Braque, Gaudier-Brzeska, Gris, Smith

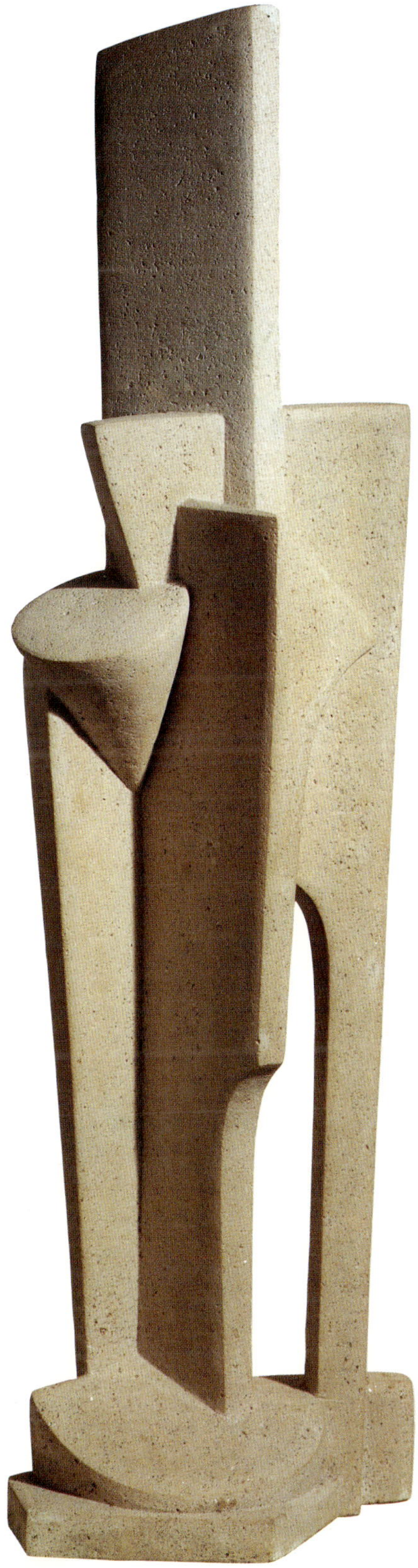

Jacques Lipchitz. * Druskieniki, 1891. † Capri, 1973. Halb stehende Figur. 1915. Stein. H 98 cm. Tate Gallery, London.

Lippi Filippino

Bildnis eines alten Mannes

Der schlichte blaue Hintergrund, das schmucklose weiße Überkleid und der Hut heben das faltige Gesicht und die freundlichen Augen des Alten hervor, dessen Bild wegen seiner ungeschminkten und schnörkellosen Art ins Auge sticht. Er sitzt übers Eck, und obwohl er nicht direkt in Richtung Betrachter schaut, kann man fast das ganze Gesicht erfassen. Die abgebildete Person ist nicht namentlich bekannt, doch scheint viel von ihrem Wesen durch das Porträt, das in seiner anmutigen und einfachen Wiedergabe Filippinos Kunst typisch vertritt. Er war gerade zwölf Jahre alt, als sein Vater Fra Filippo Lippi starb und trat im nächsten Jahr in Florenz in die Werkstatt Botticellis ein, der ja ein Schüler seines Vaters war. Sein erster Auftrag bestand darin, ein Fresko von Masaccio zu vollenden, was ihm gleich Berühmtheit einbrachte. Die in Rom angetroffenen antiken Werke wurden zum wesentlichen Bestandteil seiner späteren Bilder und Fresken.

☛ Botticelli, Ghirlandaio, Fra Filippo Lippi, Masaccio

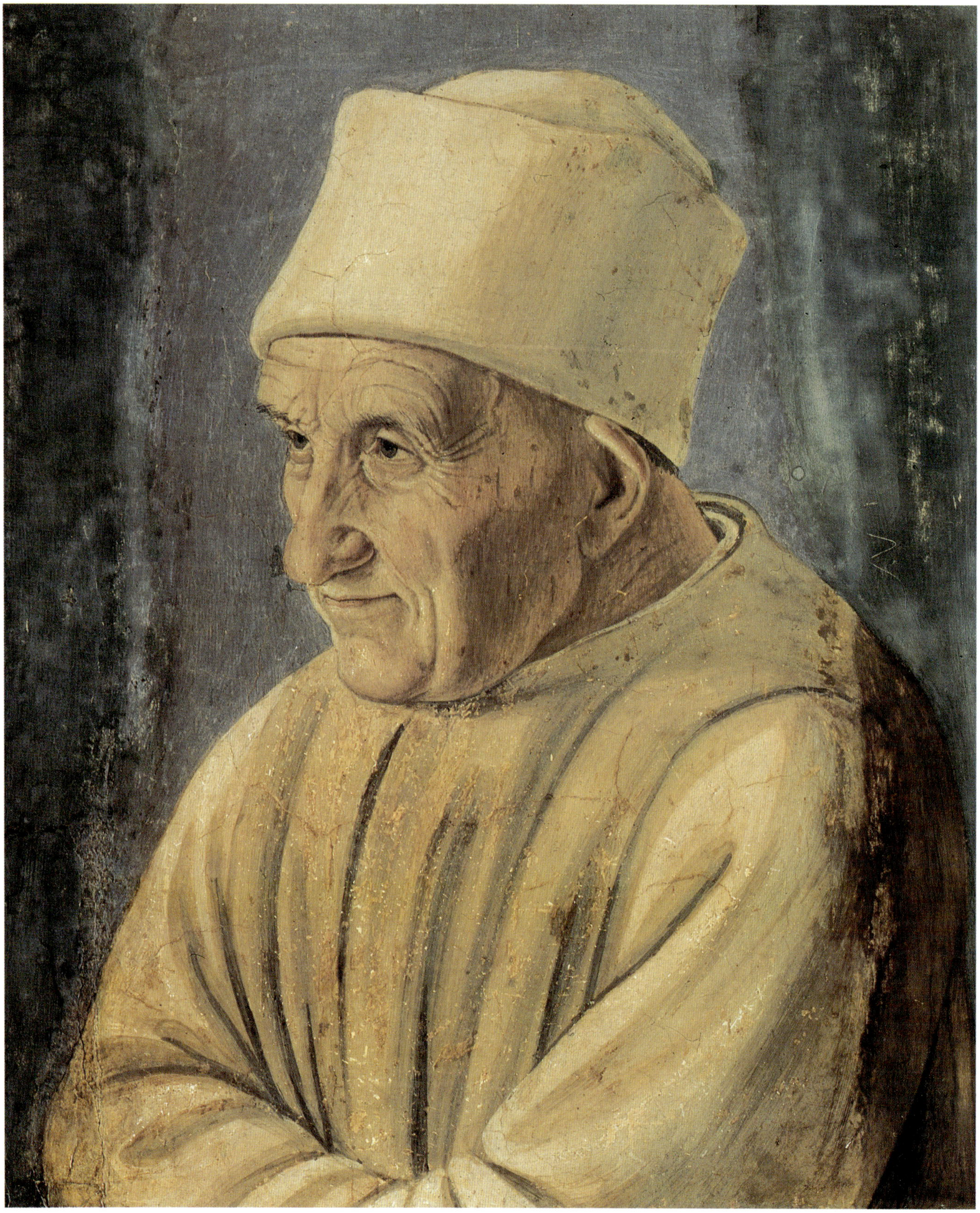

Filippino Lippi. * Prato, 1457. † Florenz, 1504. Bildnis eines alten Mannes. Um 1485. Fresko. H 47 x B 38 cm. Galleria degli Uffizi, Florenz.

Lippi Fra Filippo

Marienkrönung

Eine abgestufte Hierarchie bestimmt die Bereiche der Engel, Heiligen, Geistlichen und Stifter, die dieser Krönung beiwohnen. Lippis gerundete Figuren und seine Raumaufteilung verhindern ein unrealistisches Zusammenstoßen der Beteiligten. Durch Anwendung der Linearperspektive und geschickte Lichtführung hat Lippi die Menschenmenge ganz natürlich zusammengeführt. Der Betrachter wird durch den Engel im Vordergrund und den Bischof im grünen Ornat in das Bild miteinbezogen. Der Geistliche, der ganz links aus dem Bild schaut, soll ein Selbstporträt des Künstlers sein. Nach seiner unfreiwilligen Einlieferung als Waise in ein Kloster floh er zusammen mit einer Nonne, die für seine Madonnenbilder Modell stand, aus den Klostermauern. Trotz offizieller Lösung vom Keuschheitsgelübde haben beide nie geheiratet. Ihr Sohn Filippino wurde ebenfalls ein großer Maler.

☛ Fra Angelico, Filippino Lippi, Martini, Lorenzo Monaco

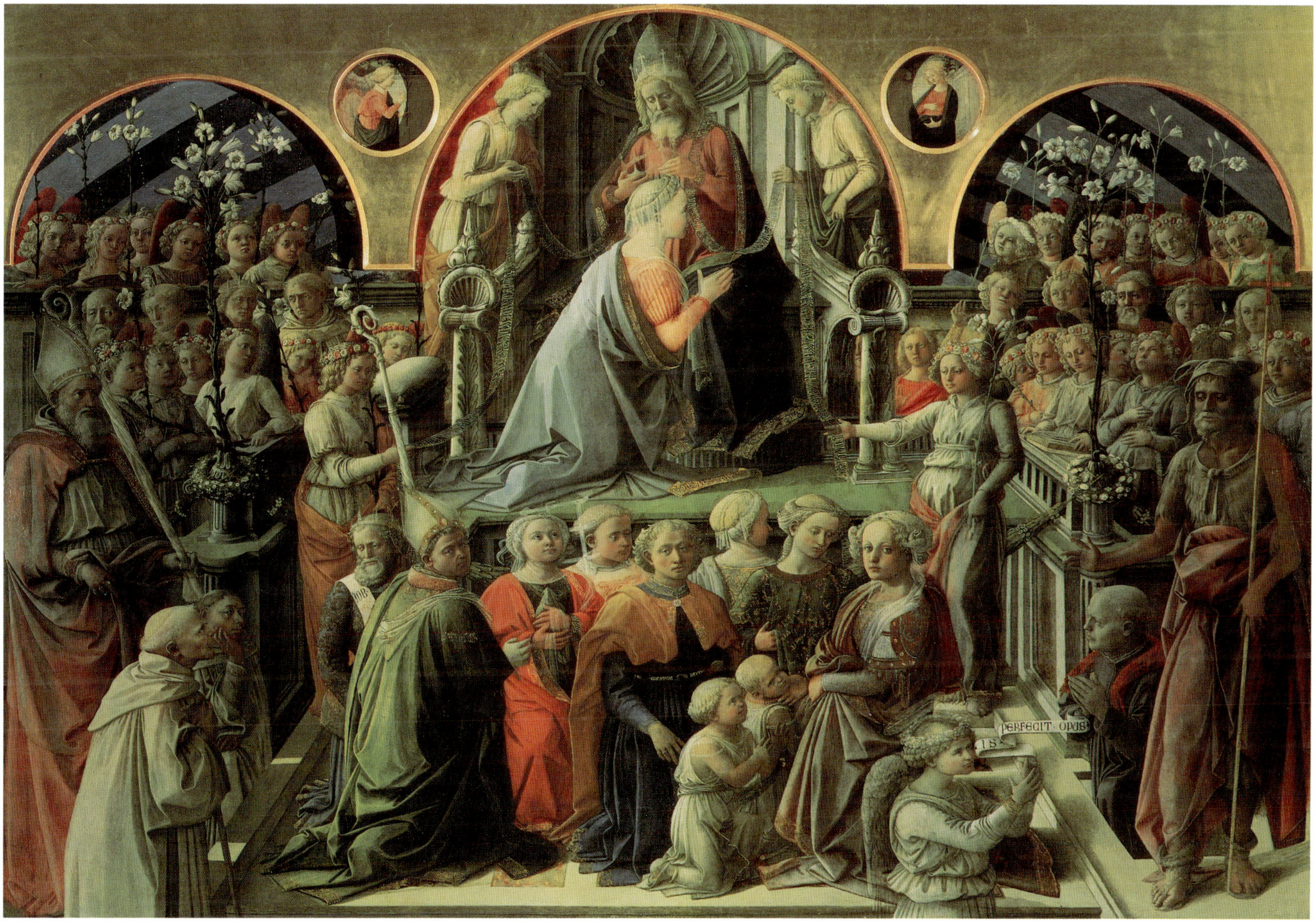

Fra Filippo Lippi. * Prato, um 1406. † Spoleto, 1469. Marienkrönung. 1441-47. Tempera auf Holz. H 200 x 287 cm. Galleria degli Uffizi, Florenz.

Lissitzky El

Komposition

Rotierende geometrische Gegenstände, in ganz sachten Farben gemalt, scheinen in der Luft zu schweben, wodurch Tiefe und Raumillusion entstehen. Einige Formen erscheinen dreidimensional. Dieser Eindruck architektonischer Formen wird in Lissitzkys späteren Arbeiten noch weiterentwickelt. In der Beschränkung auf reine Farben und Formen zeigt die Zeichnung den Einfluß des Suprematismus, eine Spielart der abstrakten Kunst, die von Malevič auf der Basis rein geometrischer Formen entwickelt wurde. Lissitzky lernte zuerst Ingenieurswesen, dann Architektur. Chagall berief ihn als Professor für Architektur und Graphik an seine Kunstschule in Witebsk, wo er Malevič kennenlernte. Seine »Prouns«-Serie wurde berühmt. El Lissitzkys kreative Vielseitigkeit drückte sich in Modeentwürfen ebenso aus wie in Plakaten und Büchern.

☛ Chagall, Van Doesburg, Gabo, Malevič, Moholy-Nagy

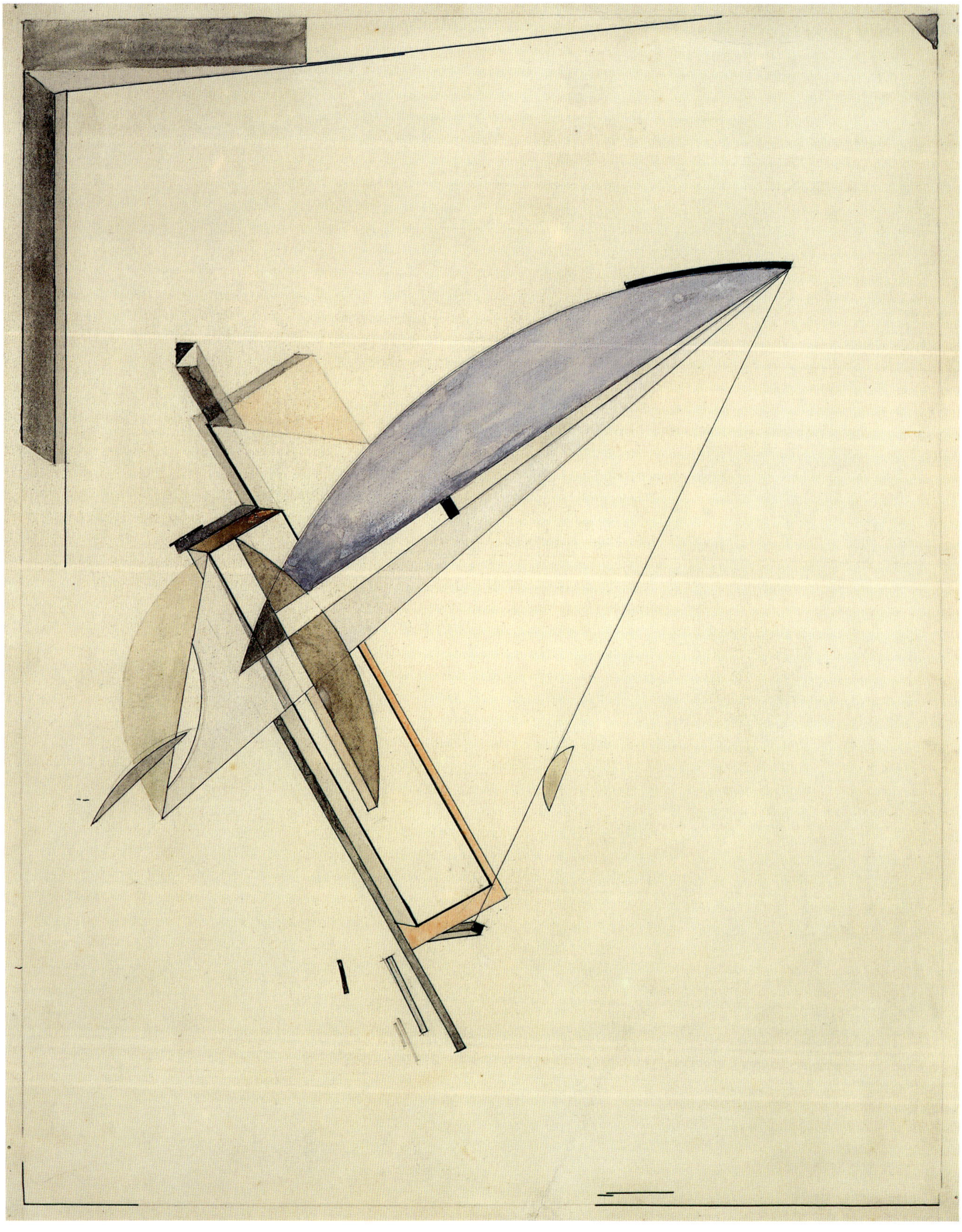

El Lissitzky. * Smolensk, 1890. † Moskau, 1941. Komposition. Um 1920. Gouache, Tinte und Bleistift auf Papier. H 41 x B 33 cm. Privatsammlung.

Lochner Stefan

Maria im Rosenhag

Puppenhafte Engel geben der hl. Jungfrau ein Ständchen und bieten dem Christuskind Früchte dar. Der Rosenhag, in dem Maria sitzt, ist traditionellerweise ein Symbol ihrer Jungfräulichkeit. Mit seiner Anmut und seinem Mystizismus, seiner ausgefeilten Maltechnik, der Süße des Madonnengesichts und den reinen Farben des Gewandes besitzt das Bild eine Reihe von Wesensmerkmalen, die für Lochners Malerei typisch sind. Dies ist das älteste erhaltene Werk des so lyrischen Malers, der als der letzte Gotiker gilt und der Hauptmeister der Kölner Schule war. Der sanften Modellierung seiner Figuren hat man den Namen »weicher Stil« gegeben. Viele Madonnen mit Kind anderer deutscher Meister des 15. Jahrhunderts im Rheinland zeigen ebenfalls die Merkmale dieses poetischen Bildes. Gleiches gilt für die zeitgleichen Mariendarstellungen in der Graphik.

☛ Botero, Campin, Van Eyck, Limburg, Schongauer

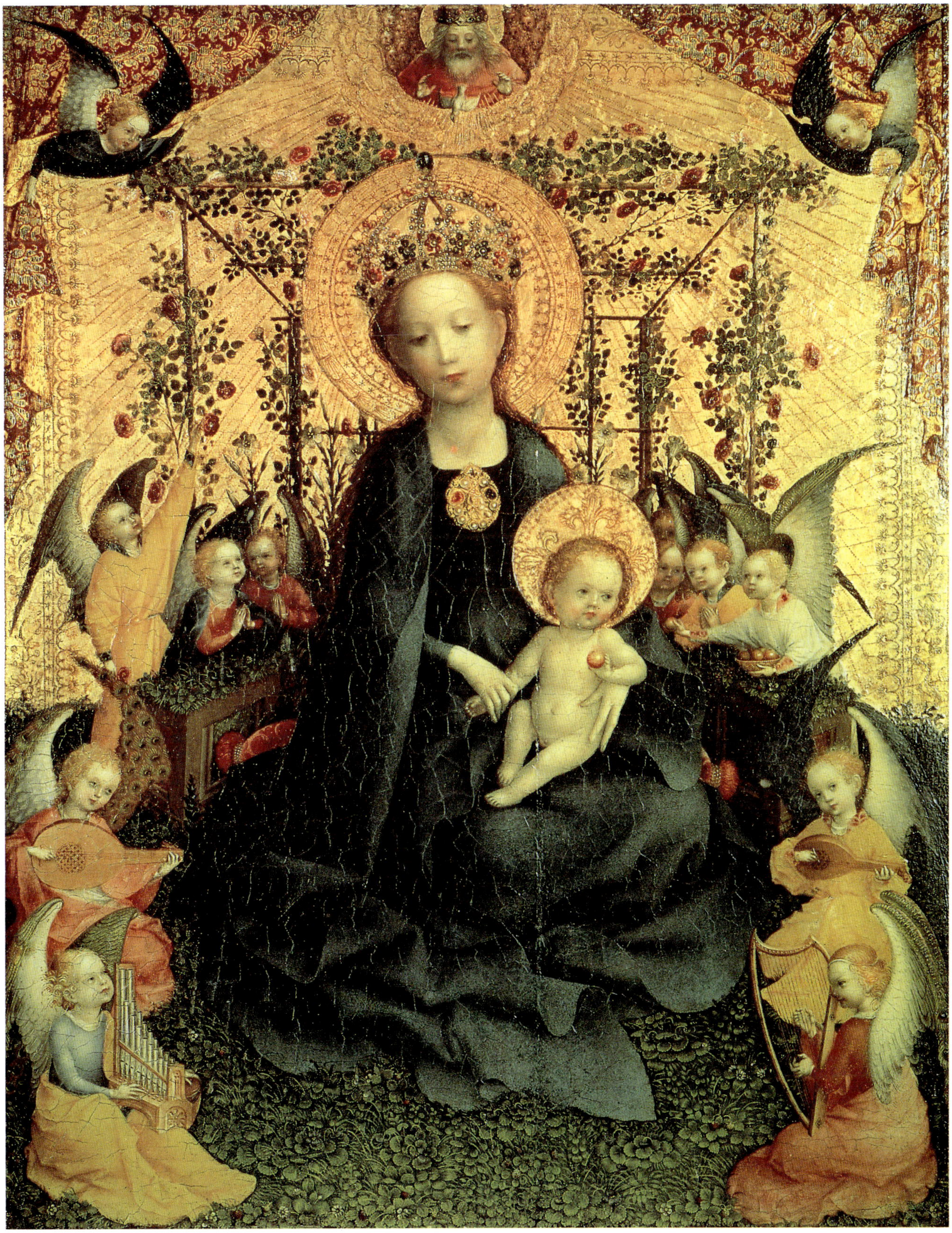

Stefan Lochner. Tätig in Köln ab 1442. † Köln, 1451. Maria im Rosenhag. Um 1440. Öl auf Holz. H 50,5 x B 40 cm. Wallraf-Richartz Museum, Köln.

Long Richard

Cornwall, Schieferzeile

Diese lineare Plastik wurde aus Schieferplatten zusammengestellt, die bei einem Spaziergang in Cornwall aufgelesen worden waren. Ihre Auswahl erfolgte zwar willkürlich, aber jedes Einzelstück ist sorgfältig auf eine gemeinsame Linie hin ausgerichtet, die an jeden beliebigen Ort, der Platz dazu bietet, versetzt werden kann. Das Werk kann als Konzeptkunst verstanden werden, da die Installation der Linie oder Zeile die Idee des Spazierganges, der bereits stattgefunden hat, nachvollzieht. Long hat die Definition von Plastik um die Dimension der Zeit erweitert, seine Plastiken sind ein Stück Erinnerung. Diese Philosophie hat ihn in alle Ecken der Welt geführt. Er markiert seine Reise ganz verschieden und in unterschiedlichsten Materialien. Bleibende Werke sind z. B. die Felsreihe im Himalaja. Vergängliche Werke werden fotografisch dokumentiert.

☛ Andre, Buren, Christo, Judd

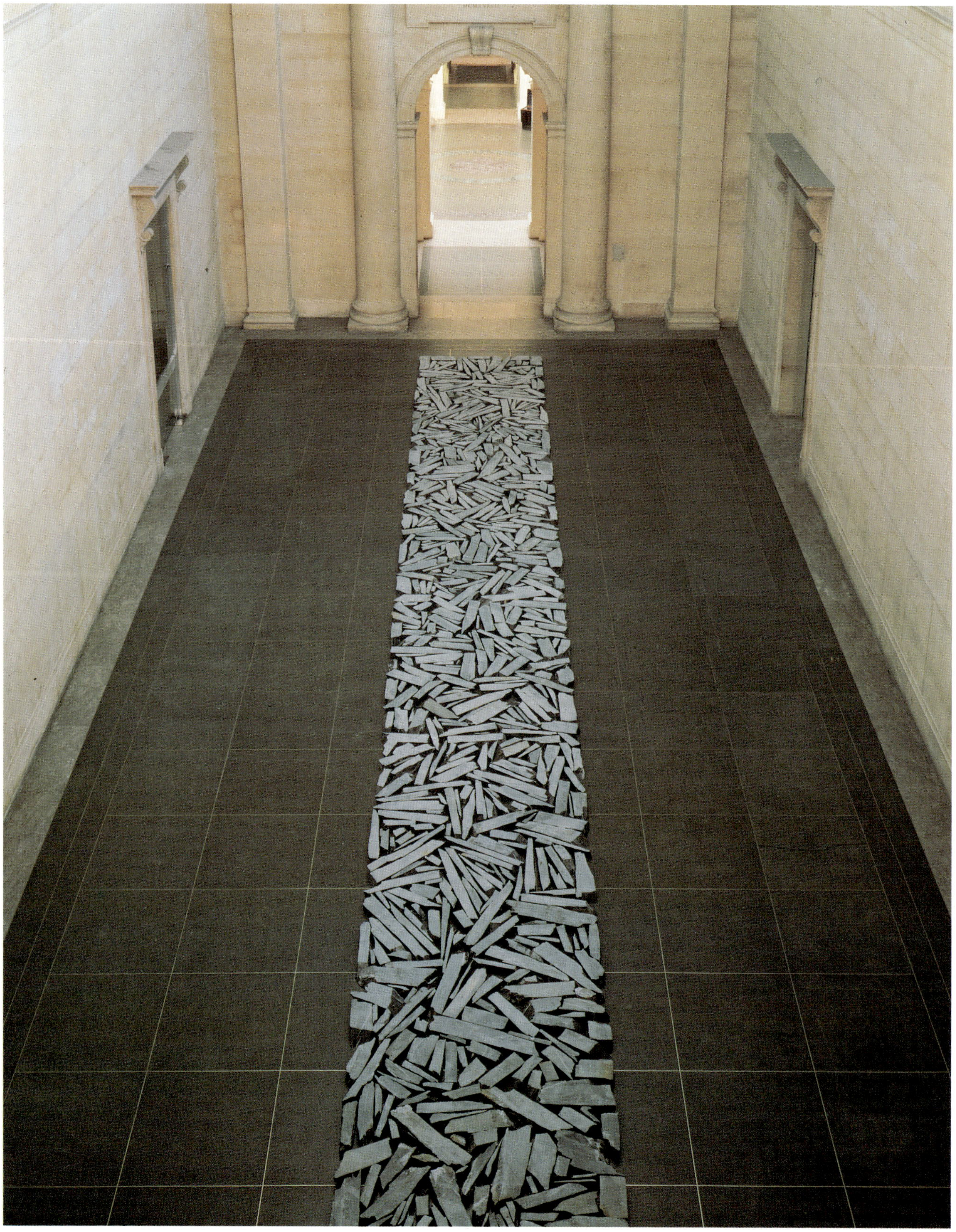

Richard Long. * Bristol, 1945. Cornwall, Schieferzeile. 1990. Schieferbrocken. L 2540 x B 230 cm. Installation in der Tate Gallery, jetzt Anthony d'Offay Gallery, London.

Longhi Pietro

Ausstellung eines Nashorns in Venedig

Im Sinne fast wissenschaftlicher Neugier und mit präziser Beobachtung der Details gemalt, steht ein Rhinozeros in seinem Pferch und kaut friedlich Heu; ein exotisches Schauspiel für ein amüsiertes Publikum, das in venezianische Kostüme gekleidet ist. Das ungewöhnliche Bild erinnert an die Vorführung eines echten und lebendigen Nashorns 1751 in Venedig.

Longhis kleinformatige Bilder vom bürgerlichen Leben in Venedig waren stets witzig und bühnenreif, aber nie satirisch. Der liebenswerte Maler Longhi erzählte leidenschaftslos alltägliche Vorfälle, die seine Fantasie beflügelten. Ein Großteil seiner Bilder wurde von anderen kopiert oder von Schülern wiederholt, und obwohl ihnen der große geniale Atem fehlt, bilden sie eine wertvolle Erinnerung an die venezianische Gesellschaft des 18. Jahrhunderts, also zu Zeiten des staatlichen Niedergangs.

☛ Agasse, Hicks, Hogarth, Teniers

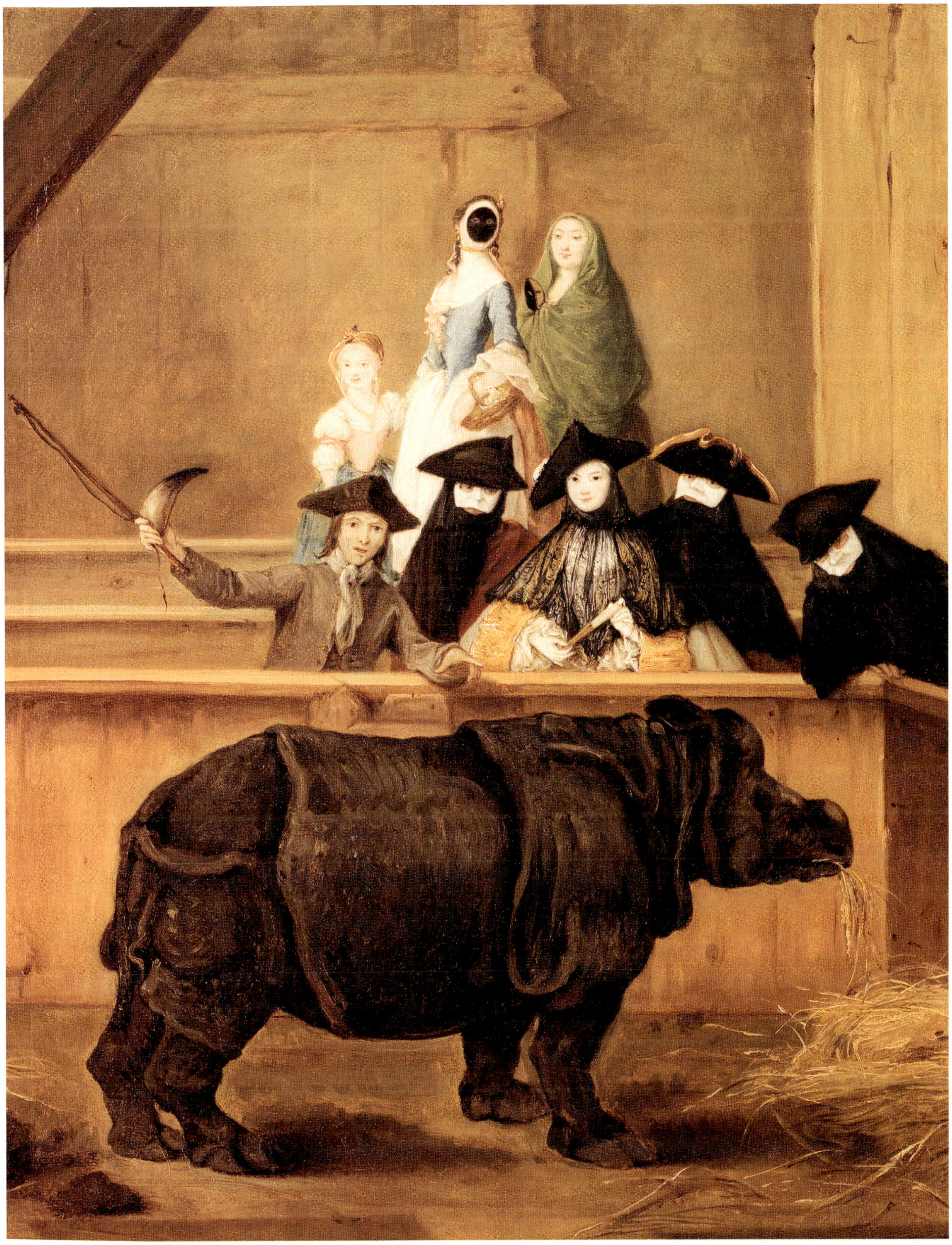

Pietro Longhi. * Venedig, 1702. † Venedig, 1785. Ausstellung eines Nashorns in Venedig. Um 1751. Öl auf Leinwand. H 60 x B 47 cm. National Gallery, London.

Lorenzetti Ambrogio

Allegorie von der guten Regierung (Ausschnitt)

Von ihrem prächtigen Thron aus beherrscht die Personifizierung der guten Regierung die Komposition. Sie ist wie ein Richter in helle und dunkle Gewänder gekleidet. Zu ihren Füßen sitzen, gesäugt von einer Wölfin, die Zwillinge Senius und Ascanius, um in Analogie zum römischen Staatsmythos das Alter der Stadt Siena zu bestätigen. Links sitzt der Frieden, eine klassisch inspirierte Figur in dünnen, weißen Kleidern und gelehnt auf einen Stapel Rüstungen. Die Tribüne bevölkern Bürger der Stadt. Das Fresko gehört zu einem Bilderzyklus im großen Saal des Sieneser Rathauses, der der jeweils verantwortlichen Regierung als Vorbild dienen sollte. Die komplexe Bildwelt war eine Herausforderung, und Ambrogio löste sie durch eine Reihe von ihm erfundener Details und erwies sich somit als einer der größten Künstler des 14. Jahrhunderts. Er und sein Bruder Pietro hinterließen noch zahlreiche andere Werke in Siena.

☛ Duccio, Martini, Della Quercia, Raffael

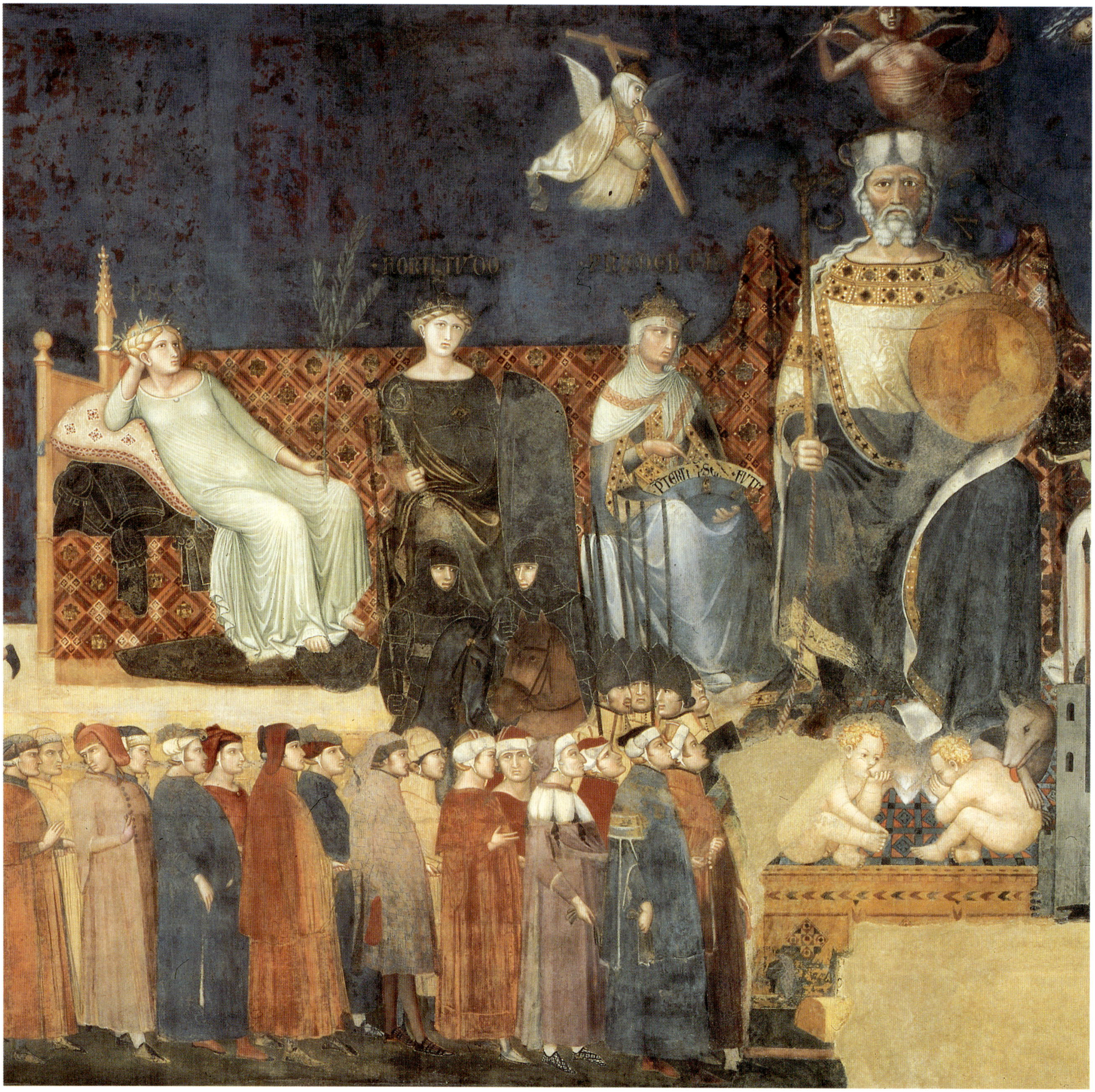

Ambrogio Lorenzetti. Tätig in Siena ab 1319. † Siena, um 1348. Allegorie von der guten Regierung (Ausschnitt). Um 1338-40. Fresko. Palazzo Pubblico, Siena.

Lorenzo Monaco

Marienkrönung

Der Aufbau des Altares mit einer Haupttafel, flankiert von zwei kleineren Tafeln, ist typisch für die Frührenaissance. Die Abfolge kleiner Bilder am Fuße des Aufsatzes (Predella) zeigt Szenen von der Geburt Christi. Darüber sind Heiligenszenen, und im Giebelfeld sehen wir die Verkündigung. Seitlich folgen weitere Heilige. Die Art, in der Lorenzo die Heiligen um Maria und Christus angeordnet hat, und die leuchtende Farbskala versetzen ihn in die Übergangsphase von der Gotik zur Frührenaissance. Lorenzo war Mönch (Kamaldulenser) und hieß mit weltlichem Namen Piero di Giovanni. Er legte seine Profeß in einem Kloster ab, das berühmt für seine Illuminationswerkstatt war. So begann er als Miniaturist, schritt aber fort zur Tafelmalerei und schuf große Altarbilder wie dieses für die Kirche Santa Maria degli Angeli in Florenz.

☛ Duccio, Gaddi, Giotto, Fra Filippo Lippi, Lorenzetti, Martini

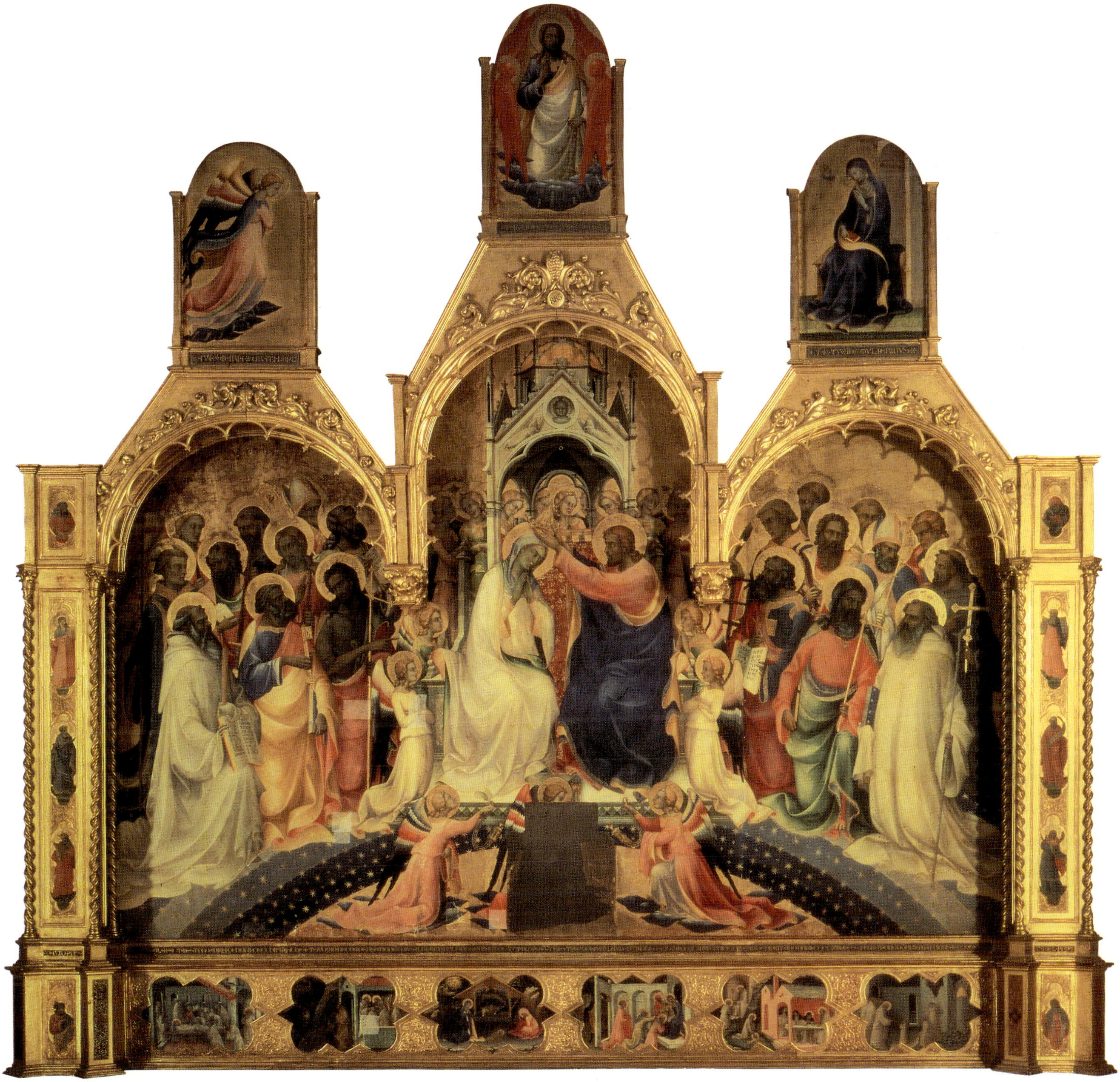

Lorenzo Monaco. * Siena, um 1370. † Florenz, um 1424. Marienkrönung. 1414. Tempera auf Holz. H 450 x B 350 cm. Galleria degli Uffizi, Florenz.

Lotto Lorenzo

Eine Dame als Lukrezia

Die lateinische Inschrift mit dem Loblied auf Lukrezia soll die Dame auf dem Bild mit der altrömischen Lukrezia in eins setzen, die nach ihrer Defloration durch den Sohn des Königs Tarquinius Selbstmord begangen hatte, um nicht als geschändete Frau weiterleben zu müssen. Tugendhafte Frauen der Antike genossen große Verehrung in der Renaissance. Zwar zunächst geprägt von Giovanni Bellini, war Lotto später empfänglich für viele Einflüsse, bevor er seinen eigenen Stil entwickelte. Dennoch blieb das venezianische Kolorit weiter die Basis seines Schaffens. Sein Auftragsbuch – eines der ganz wenigen erhaltenen – zeigt, daß er ein schwieriger Mensch mit wenig finanziellem Erfolg war. Sein Talent als Porträtist führte ihn in zahlreiche norditalienische Städte. Wenige Jahre vor seinem Tod trat er als Laienbruder in ein Kloster ein.

☛ Giovanni Bellini, Dossi, Luini, Palma il Vecchio

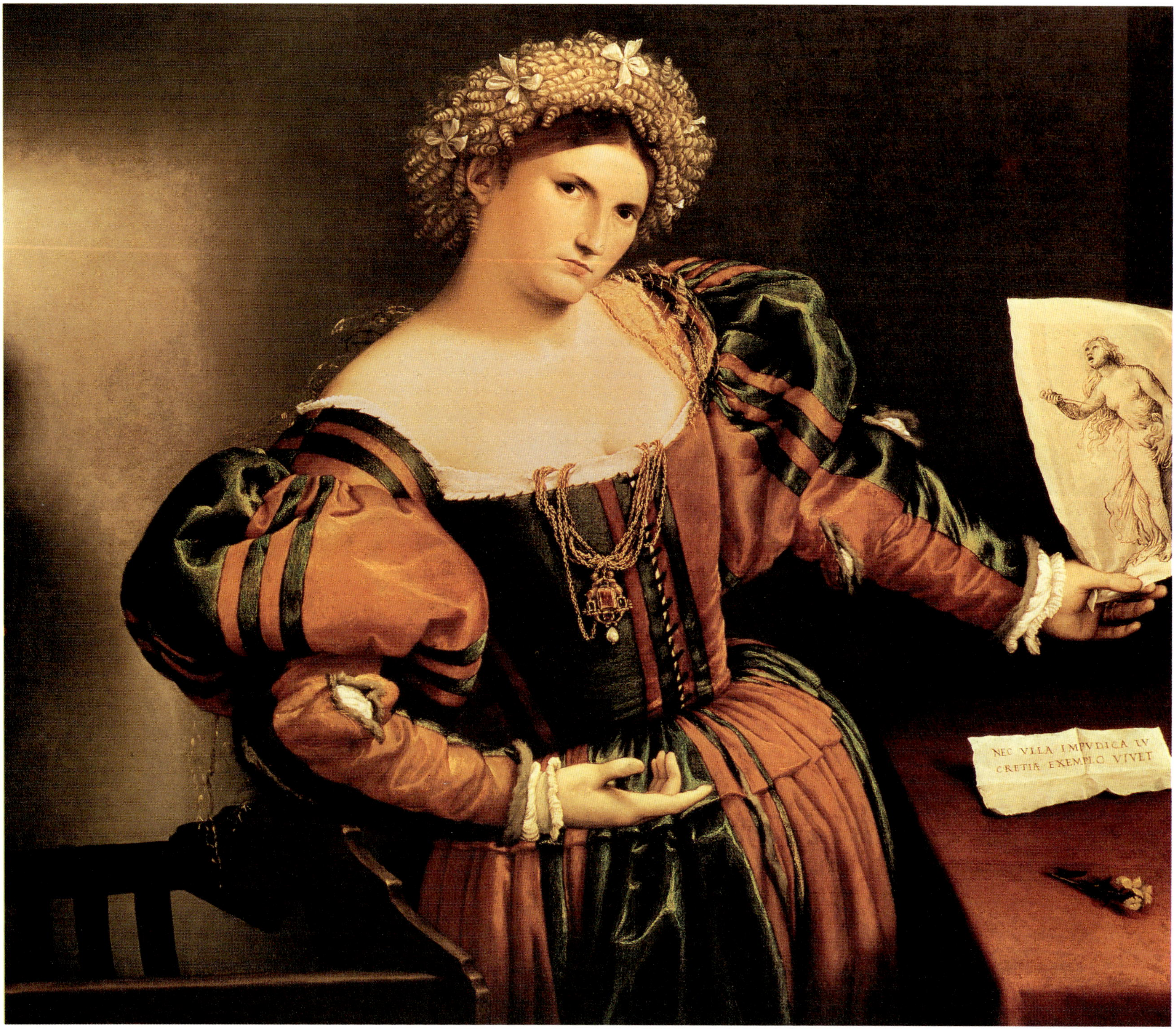

Lorenzo Lotto. * Venedig, um 1480. † Loreto, um 1556. Eine Dame als Lukrezia. Um 1530. Öl auf Leinwand. H 95,9 x B 110,5 cm. National Gallery, London.

Louis Morris

Alpha Phi

Verdünnte Acrylfarbe ist flügelartig in Diagonalparallelen auf die Leinwand geträufelt. Da die dünnen Farbbäche in ihrer Buntheit nur einen kleinen Teil der großen Weißfläche bedecken, verströmt die blendende Fast-Leere einen dem Zen-Buddhismus nahestehenden Geist der Meditation. Louis hat hier eine neue Art der Malerei entwickelt, in der Form und Licht zugunsten der reinen Farbe ausgeschieden wurden. Die Leinwand ist förmlich getränkt mit Farbe. Diese Beschäftigung mit der Farbe durch Sättigung ohne Pinselhilfe zeigt seine Verbindung zur sogenannten Post-Painterly-Abstraction – eine Bewegung, die in den USA beheimatet ist. Louis arbeitete in Serien. Eine davon ist die »Schleier«-Serie, bei der die Farbe senkrecht über die Leinwand strömt. Das vorliegende Bild Alpha Phi stammt aus der »Fächer«-Serie.

☛ Frankenthaler, Hodler, Kelly, Noland, Rothko

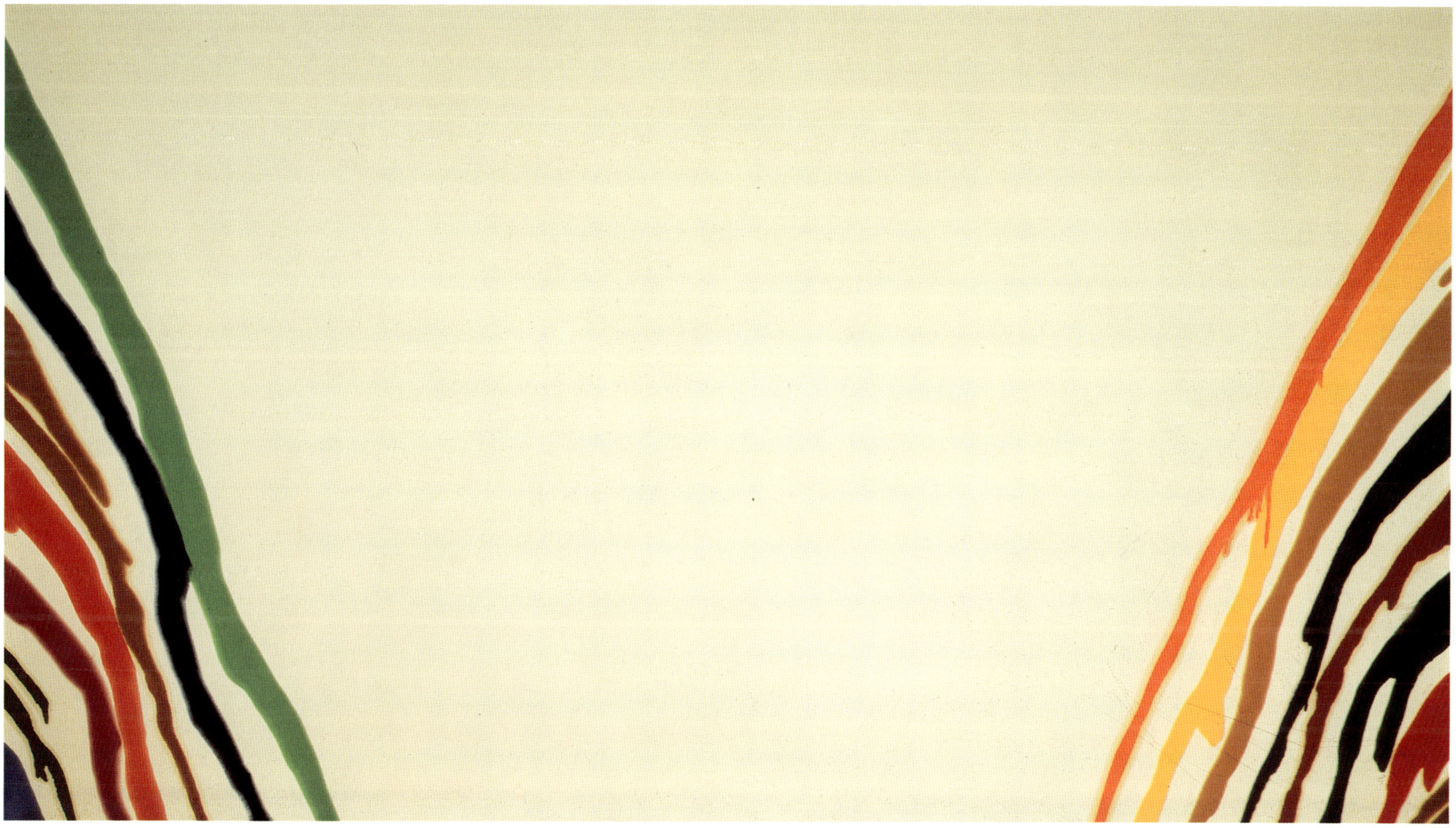

Morris Louis. * Baltimore, 1912. † Washington, 1962. Alpha Phi. 1961. Acryl auf Leinwand. H 259,1 x B 495,1 cm. Tate Gallery, London.

Lowry L. S.

Feierabend in der Fabrik

Fabrikarbeiter strömen aus der Mühle von Salford. Mit großer Liebe beobachtet und eingefangen in ruhigen Farben, wurde die Szene ohne Vorzeichnung auf die Leinwand gemalt. Lowry gibt W. Blakes »Dunkle teuflische Mühle« mit viel Sympathie wieder. Obwohl oft als Sreichholzmännchen bezeichnet, sind seine Figuren voller Bewegung und quicklebendig. Das Werk liefert eine faszinierende Bildreportage vom industriellen Norden Englands mit seinen Baumwollfabriken und Reihenhäusern aus Ziegeln. Lowrys rauhe Malweise ist empfindsam und völlig unbeeinflußt vom französischen Postimpressionismus. Als Angestellter und abseits des Kunstmarktes studierte er die Malerei in seiner Freizeit. Er wurde erst 1939 als schon 52jähriger entdeckt, und dies auch nur durch Zufall. Kurz danach hatte er seine erste Einzelausstellung.

☛ W. Blake, Burra, Gontscharova, H. Rousseau

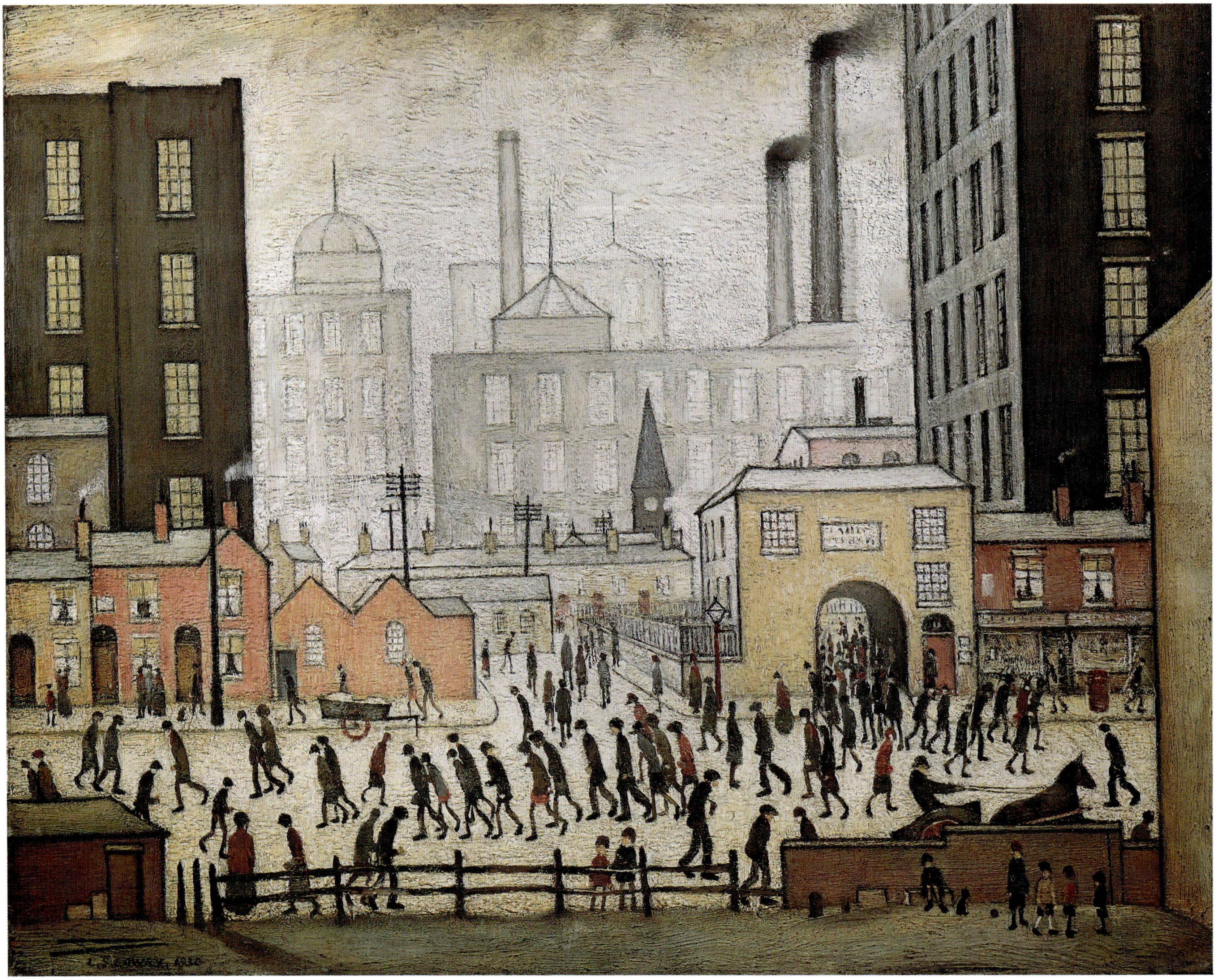

L. S. (Lawrence Stephen) Lowry. * Manchester, 1887. † Glossop, 1973. Feierabend in der Fabrik. 1930. Öl auf Leinwand. H 42 x B 52 cm. Salford Museum and Art Gallery, Salford.

Lucas van Leyden

Die Kartenspieler

In modischen Filzhüten und farbenprächtigen Kleidern sitzen sechs Frauen und Männer kartenspielend um einen Tisch. Drei andere sehen interessiert zu. Ein Fenster gewährt einen Blick ins Freie. Das liebenswerte Bild mit seinen freundlichen Farben und seiner sorgfältigen Komposition wirkt erfrischend und reizvoll. Der hervorragende Zeichner Van Leyden malte gern amüsante Alltagsszenen. Mit neun Jahren lernte er Glasmalerei, und ein Jahr später war er bereits ein geübter Stecher. Der Vater soll sein Lehrer gewesen sein. Zusammen mit Mabuse reiste er nach Flandern, wo sie zahlreiche Feste für lokale Maler gaben. Auch Italien wurde besucht. Dürers Einfluß ist deutlich in seinen Holzschnitten und Stichen erkennbar. Van Leyden soll auch der erste gewesen sein, der in Kupfer statt in Eisen gestochen hat.

☛ Dürer, Honthorst, La Tour, Mabuse, Terbrugghen

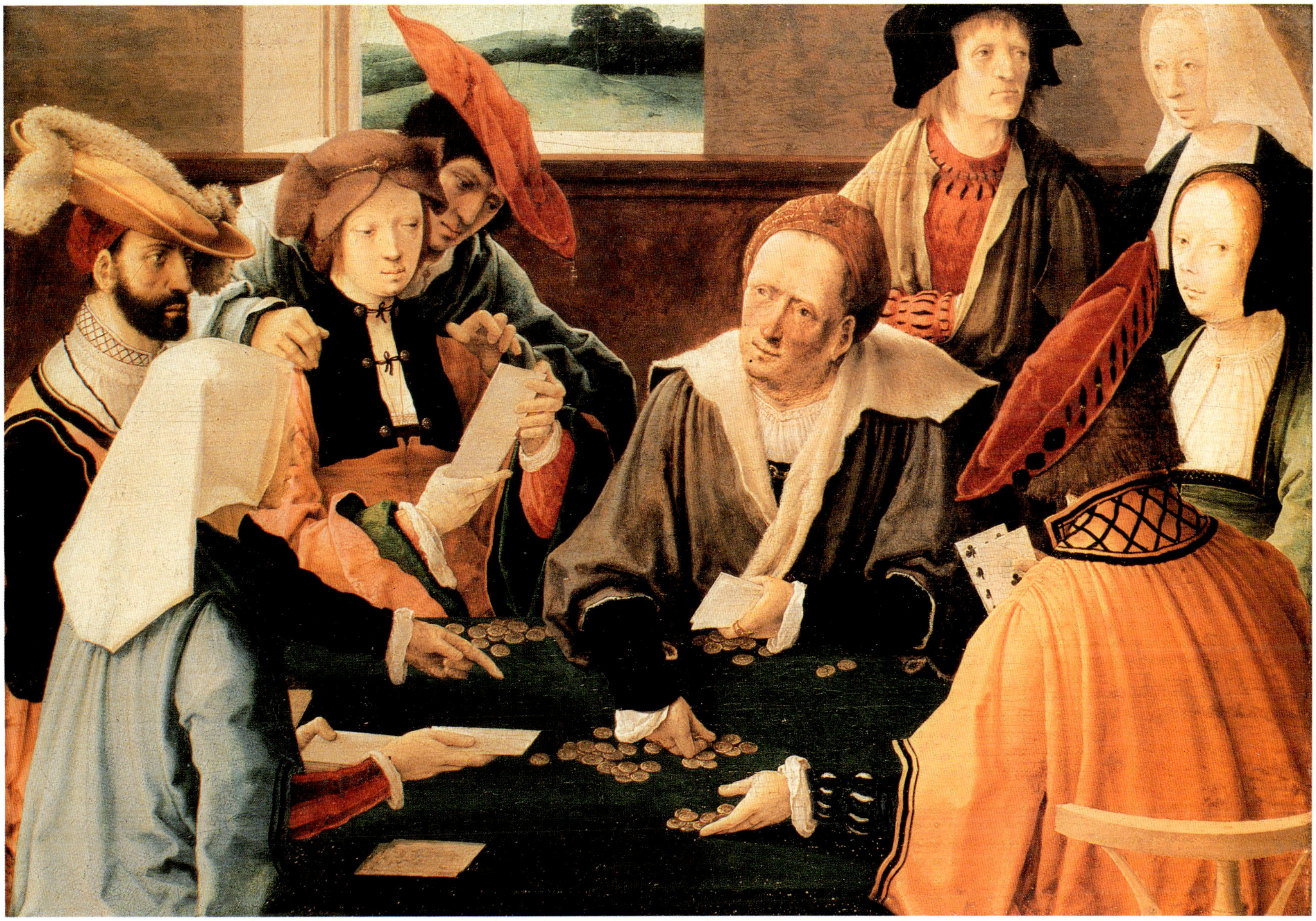

Lucas van Leyden. * Leiden, 1494. † Leiden, 1533. Die Kartenspieler. Um 1520. Öl auf Holz. H 34 x B 48 cm. Wilton House, Salisbury.

Der Henker zeigt Herodes das Haupt des Täufers

Der Henker hält in seiner Rechten das Haupt des Täufers über einer Schüssel, deren Fuß Salome umfaßt. Doch anstatt eine grausige Szene heraufzubeschwören, löst Luini den Vorfall in schicklicher Ruhe. Salome wendet sich mit sanfter Geste und ohne die zu erwartenden Anzeichen von Abscheu oder Entsetzen von dem makabren Anblick ab. Luini war mehr daran interessiert, die Bildelemente harmonisch auszubalancieren, als ein tatsächliches Ereignis vorzuführen. Dramatik und Spannung liegen außerhalb seiner Ausdrucksmöglichkeiten. Er konnte besser Madonnen und Heilige in reichen Farben und mit seinem Geschick für weiche Konturen malen. Luinis Stil wurde ganz von dem 1483 nach Mailand gekommenen Leonardo da Vinci geprägt. Obwohl er sein Vorbild nie erreichen konnte, waren Luinis Leonardokopien damals sehr gefragt.

☛ Gentileschi, Ghirlandaio, Leonardo da Vinci, Lotto

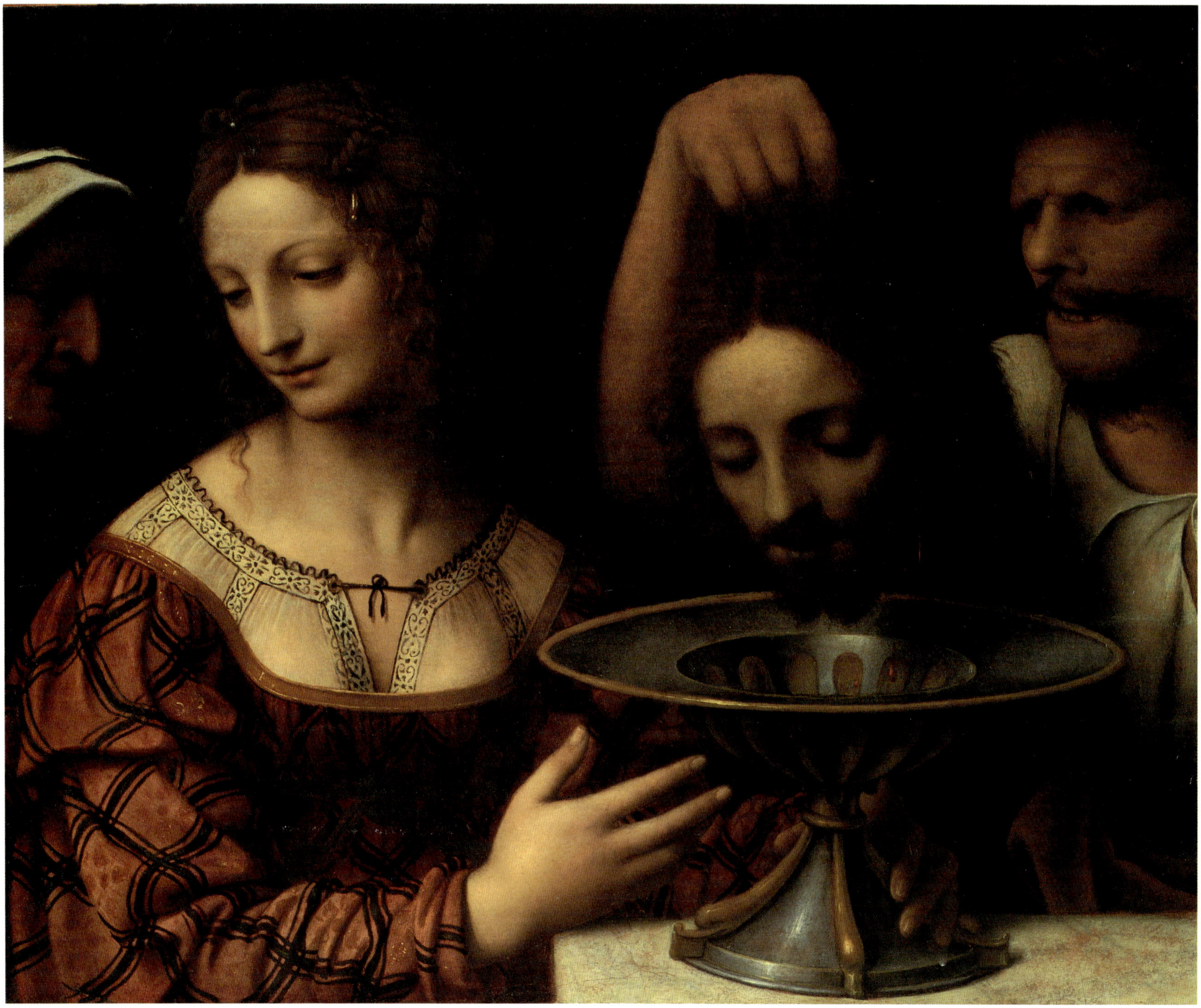

Bernardino Luini. * Luini, um 1481. † Mailand, 1532. Der Henker zeigt Herodes das Haupt des Täufers. 1527/31. Tempera auf Holz. H 51 x B 58 cm. Galleria degli Uffizi, Florenz.

Mabuse

Der hl. Lukas malt die Gottesmutter

Lukas kniet an einem Lesepult in einer Kirche und zeichnet die Madonna mit Kind. Seine Hand wird von einem Engel geführt. Mabuse war einer der ersten flämischen Maler, die selbst Italien besuchten. Der Einfluß dieser Reise kann am Renaissancestil der umgebenden Architektur sowie an der Lichtführung und den bildhauerischen Formen der Figuren abgelesen werden. Aber auch die einheimische Maltradition spiegelt sich in der lyrischen Faltengebung, die ganz flämisch ist, und in der ungemütlichen Haltung des hl. Lukas. Mabuse gehörte zu der Gruppe von flämisch-holländischen Künstlern mit dem Beinamen die »Romanisten«, weil sie den neuen Idealen der Hochrenaissance folgen wollten, aber durch ihren Realismus und die kleinteilig penible Maltechnik sie nur andeutungsweise verwirklichten. Obwohl er Posen und Details auslieh, blieb Mabuse das Wesentliche der klassischen Kunst fremd. 1527 reiste er mit Lucas van Leyden nach Flandern.

☛ Dürer, Van Eyck, Lucas van Leyden, Massys

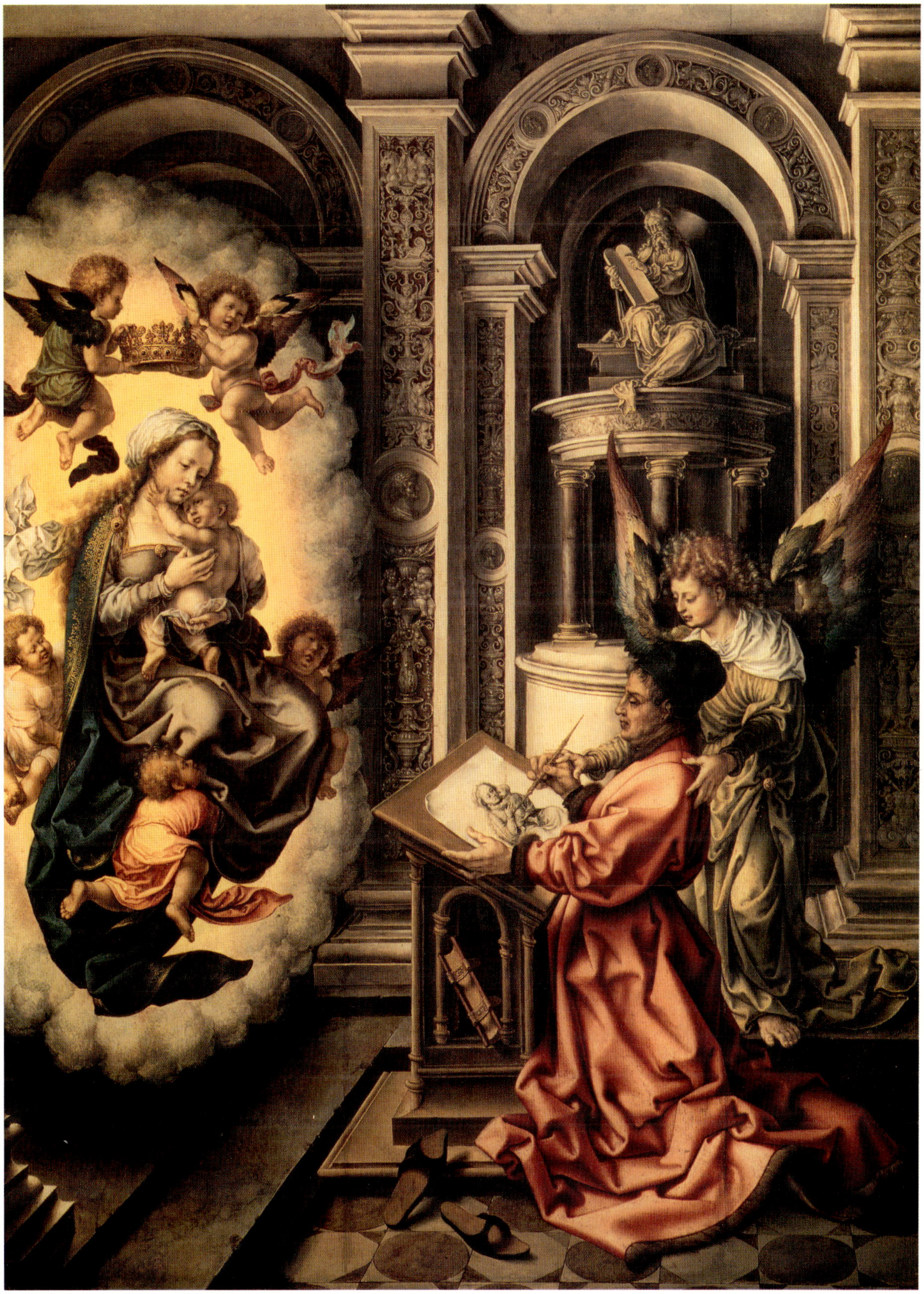

Mabuse. * Maubeuge, um 1478. † Middelburg, 1532. Der hl. Lukas malt die Gottesmutter. Um 1525. Öl auf Leinwand. H 109,2 x B 81,9 cm. Kunsthistorisches Museum, Wien.

Magritte René

Der Trug der Bilder

Magritte scheint der Realität zu widersprechen, indem er normale, bekannte Dinge mit Namen versieht, die gar nicht benannt werden müßten, und gleichzeitig leugnet, was sie sind. Wenn er neben dieses Bild einer Pfeife schreibt: »Das ist keine Pfeife«, dann weist er darauf hin, daß das Bild eines Gegenstandes nicht mit diesem selbst verwechselt oder gar gleichgesetzt werden darf. Das vorliegende Bild hinterfragt die Identität von Definition und Abbildung. Nichts sei so, wie es zu sein vorgebe, sagte Magritte. Das Bild fordert unsere definierte Gesellschaft heraus und greift vertraute Sehweisen und Denkstrukturen an. Ursprünglich von De Chirico beeinflußt, bediente sich Magritte gern erfundener, beunruhigender und traumartiger Bilder. Der belgische Maler begann seine Karriere als Gebrauchsgraphiker, was sich in der gedanklichen Schärfe und der Klarheit seiner Bilder ausdrückt.

☛ Bellmer, Brauner, De Chirico, Dalí, Delvaux, Tanguy

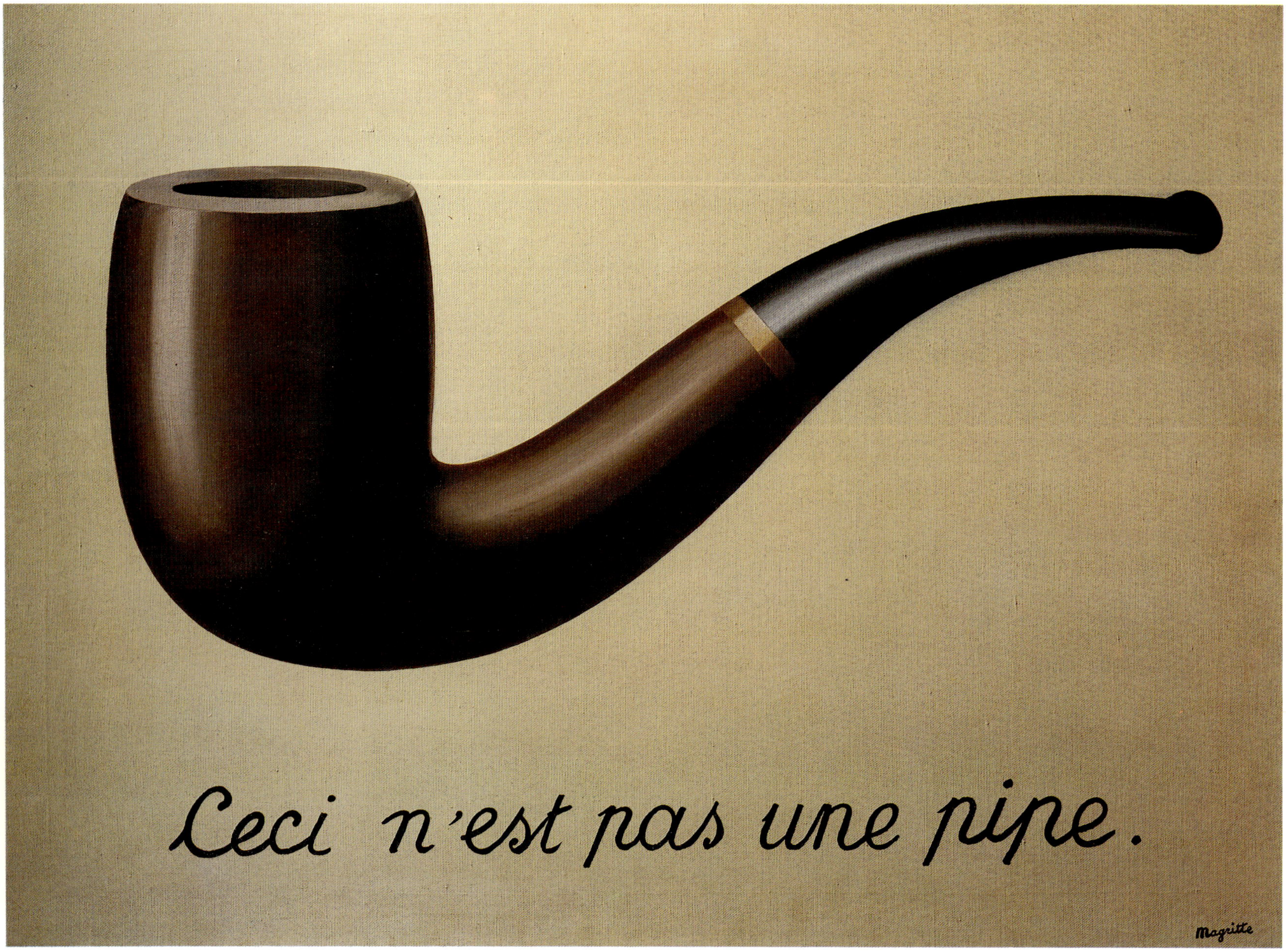

René Magritte. * Lessines, 1898. † Brüssel, 1967. Der Trug der Bilder. 1928/29. Öl auf Leinwand. H 60 x B 81 cm. Los Angeles County Museum of Art, Los Angeles.

Maillol Aristide

Drei Nymphen

Diese ursprünglich als klassische Darstellung der antiken drei Grazien gedachte Bronzegruppe bezeugt mit ihren glatt gerundeten Formen und reduzierten Bewegungen große Festigkeit und Schwere. Trotz der Themenänderung während der Arbeiten am Gipsmodell blieb der Spiegeleffekt, der gleichzeitig, wie im antiken Vorbild, drei Ansichten derselben Frau zeigt. Maillol übernahm nicht die spröde Oberfläche, die fließenden Figuren und die geballte Energie seines Zeitgenossen Rodin. Ihn interessierte mehr die Ruhe als das Drama, mehr die zeitlose Gelassenheit als überflutende Expression. Er suchte mehr das Beständige als den Moment. Nachdem er jahrelang als Teppichdesigner tätig war, beschränkte er sich in der zweiten Hälfte seines Lebens fast ausschließlich auf die Bewältigung des weiblichen Akts und belebte damit die klassische Auffassung der Griechen, bei denen die menschliche Figur einen festgeschriebenen und monumentalen Wert hatte.

☛ Botticelli, Canova, Ingres, Powers, Rodin, Rubens

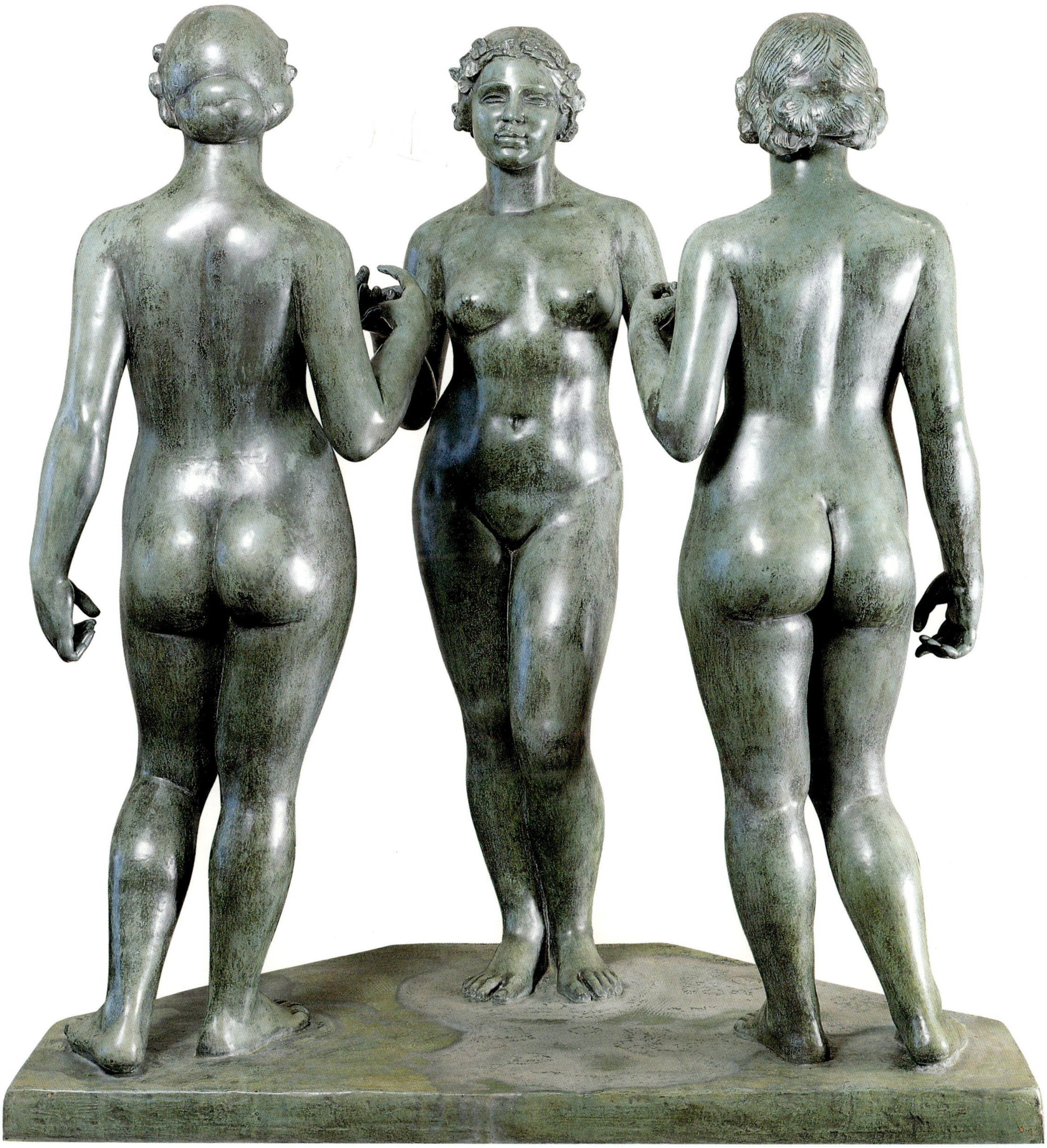

Aristide Maillol. * Banyuls-sur-Mer, 1861. † Banyuls-sur-Mer, 1944. Drei Nymphen. 1930-37. Bronze. H 160 x B 144 cm. Privatsammlung.

Geometrische Elemente in Grundfarben scheinen wie über der Leinwand aufgehängt zu schweben. Malevič hat, um den Eindruck von Perspektive und Raum zu schaffen, eine komplexe Komposition aus sich überlagernden Formen geschaffen. Aus einem suprematischen Kunstwerk wird jede vorgegebene Thematik verbannt, nur die Interaktion von Formen und Farben gilt. Malevič war der Erfinder des Suprematismus, der nach absoluter Reinheit der Formen und Farben strebte. Damit wollte er rein künstlerische Gefühle ausdrücken, oder das, was er »nicht sachliches Gefühl« nannte. 1918 nahm die Entwicklung der »nicht sachlichen Kunst« mit der Serie »Weiß in Weiß« (weißes Quadrat auf weißem Grund) ihr konsequentes Ende. Da von hier kein Weg mehr weiter führte, begann Malevič wieder gegenständlich zu malen.

☛ Gabo, Lissitzky, Moholy-Nagy, Popova, Rodchenko

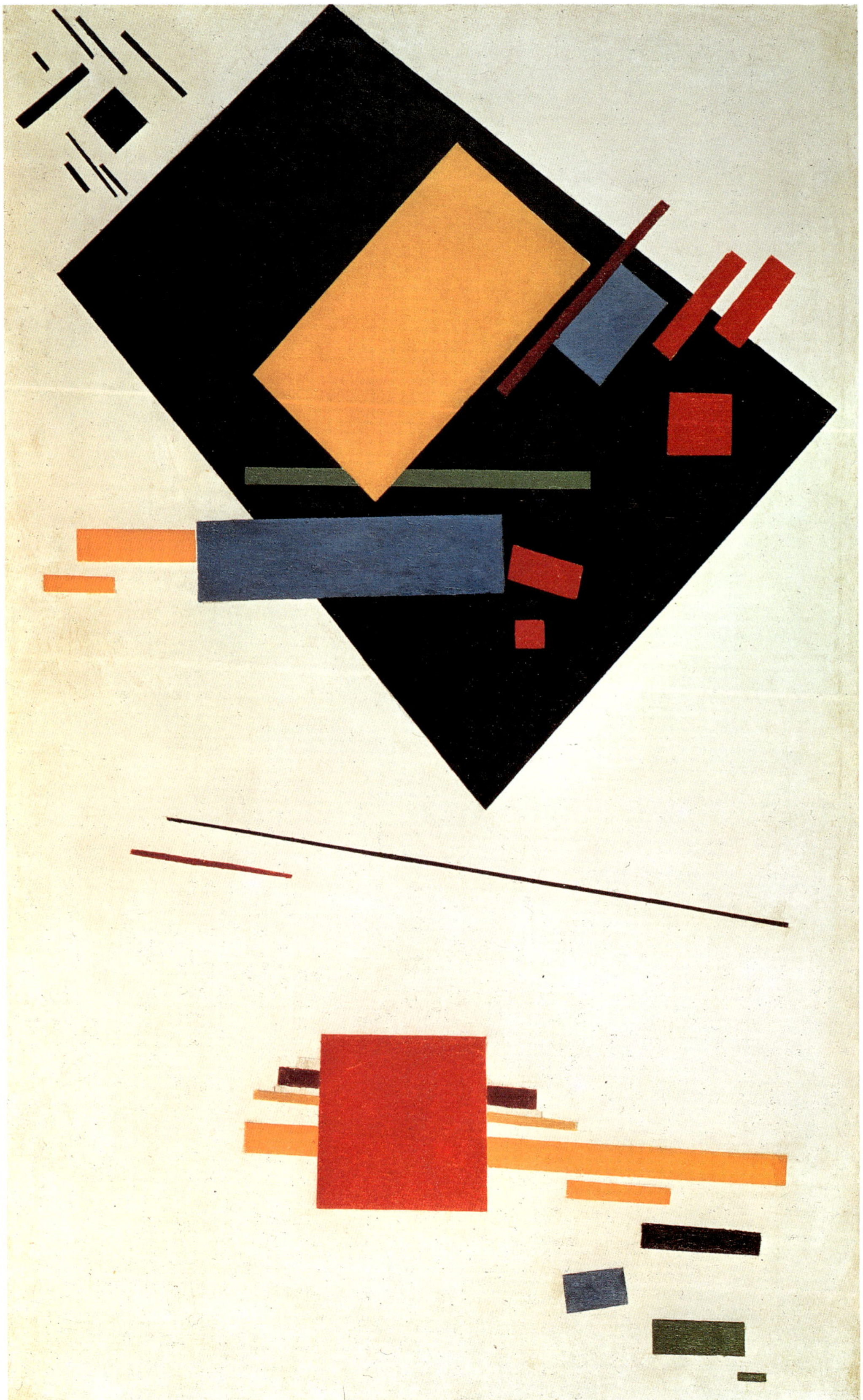

Kasimir Malevič. * Kiew, 1878. † Leningrad, 1935. Suprematismus. 1915. Öl auf Leinwand. H 101,5 x B 62 cm. Stedelijk Museum, Amsterdam.

Man Ray

Morgen

Ausgebreitet auf einer gekrümmten Fläche und zweideutig in seiner verzerrten Dreifachbelichtung vermittelt diese Fotografie Bewegung und sexuelle Spannung durch Übertreibung der weiblichen Formen. Man Ray war einer der erfindungsreichsten Fotografen seiner Zeit, der mit dem aufregend neuen Medium ständig experimentierte und neue Techniken entwikkelte. Seine reiche und fruchtbare Fantasie und seine unorthodoxe Verfahrensweise paßten gut zu Dada. Nach seinem Kunststudium in New York gründete er dort eine Dadagruppe und wurde Vorreiter des »Modern Movement«. In den 20er Jahren zog er nach Paris, wo er einige surrealistische Filme drehte. Solarisierte Bilder und der Rayograph, eine ohne Kamera hergestellte Fotografie, sind seine Erfindungen. Er stand an der vordersten Front der Avantgarde und beeinflußte mehrere Generationen.

☛ Brauner, Dalí, Leighton, Sheeler, Sherman

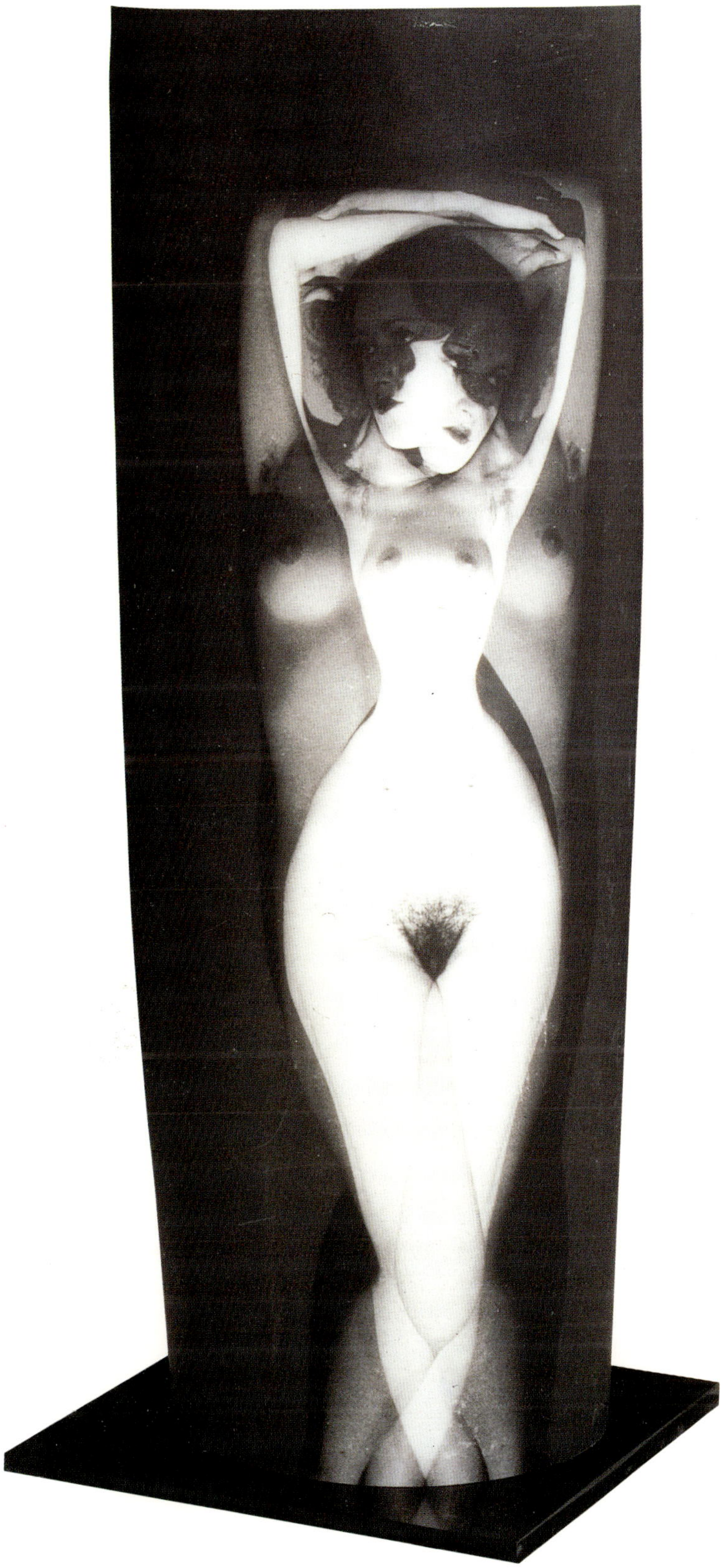

Man Ray. * Philadelphia, 1890. † Paris, 1976. Morgen. 1932. Dreifach belichtetes Foto. H 41 cm. Privatsammlung.

Manet Edouard

Frühstück im Freien

Eine nackte Frau sitzt in einer Lichtung und picknickt nonchalant mit zwei jungen Kavalieren in modischen Anzügen. In grobem Anstrich wurde die Farbe auf die große Leinwand aufgetragen, und das starke Außenlicht vermindert die Modellierung der Formen auf ein Minimum. Die Komposition oder Bildidee geht auf Raffael zurück, und die pastorale Stimmung erinnert an Giorgione. Manet hat bewußt Renaissancetraditionen angesprochen. Die kühne Mischung aus alt und neu – gegenwärtiges Künstlerleben im Renaissancekleid – löste bei den Kritikern Entrüstung und Verurteilung aus. Manet wollte die Malerei von akademischen Doktrinen und literarischen Themen befreien. Der Kunstrebell entwickelte zunächst eine stark schwarzhaltige Malweise, wandte sich aber dann der lichtvolleren Art der Impressionisten zu. Ironischerweise verehrte der von Publikum und Kritikern gescholtene Manet Altmeister wie Tizian oder Velázquez.

☛ Courbet, Degas, Giorgione, Tissot, Tizian, Velázquez

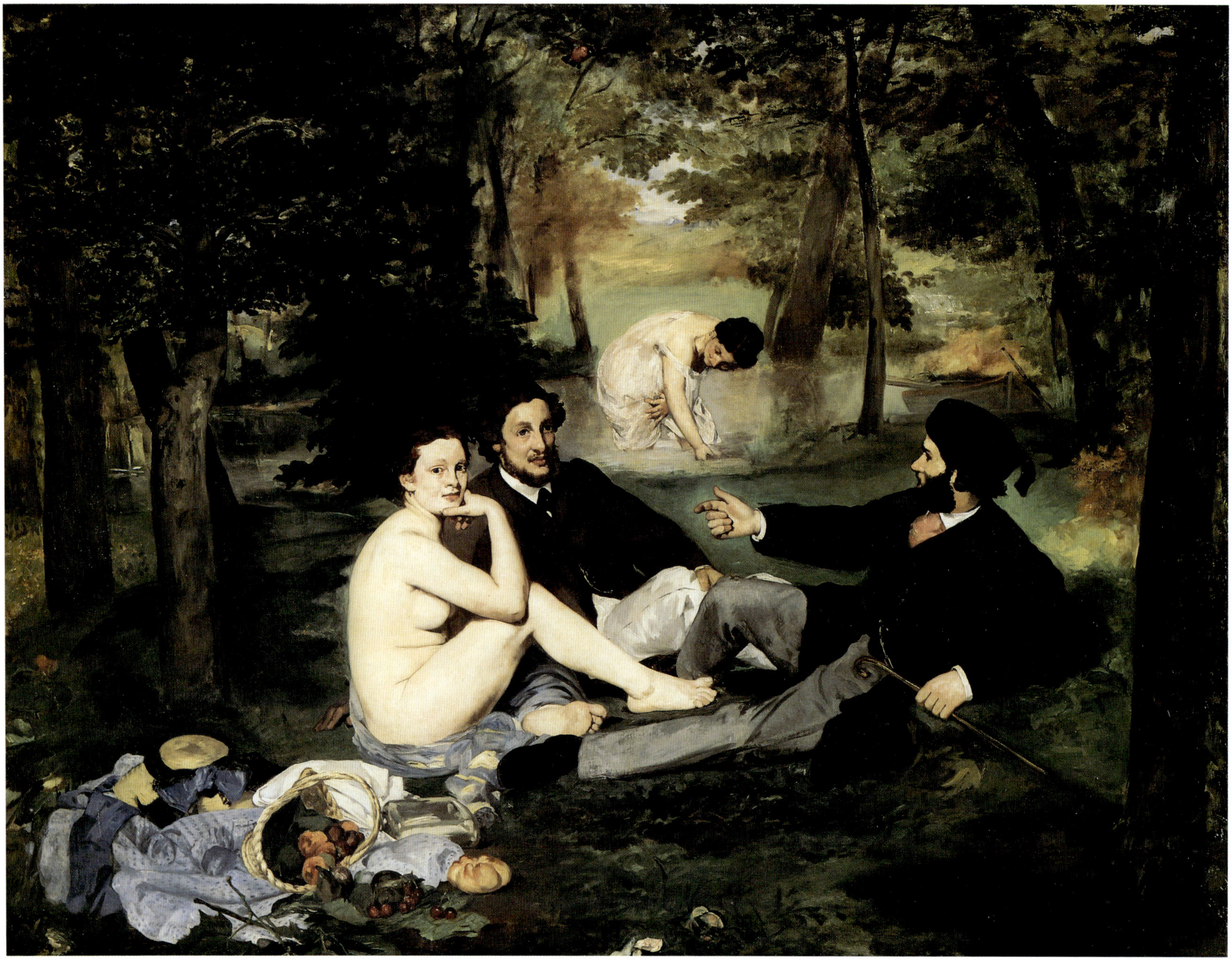

Edouard Manet. * Paris, 1832. † Paris, 1883. Frühstück im Freien. 1862-63. Öl auf Leinwand. H 215 x B 271 cm. Musée d'Orsay, Paris.

Mangold Robert

Attische Serie III

Das unregelmäßige, trapezförmige Format wurde mit einem Roller bemalt. Das aus einer Serie von 28 anderen stammende und nach einer griechischen Vase im Metropolitan Museum benannte minimalistische Bild stellt nichts Konkretes dar, löst keine Gefühle aus und ist ohne jegliche Bewegung. Mangold zerstört bewußt eine geometrische Form, um Aufschlüsse über unsere Wahrnehmung zu bekommen. Mehr an der Idee als an der Ausführung interessiert, ist Mangold fasziniert von Werken, bei denen aus zusammengefügten Einzelteilen ein Ganzes entsteht, und er liebt die visuelle Illusion. In Mangolds breitem Schaffensspektrum gibt es besprayte Holzplatten und Leinwandbilder, die geometrische Proportionen der Leinwandform und deren Inhalt erforschen. Im letzten Jahrzehnt hat er sich mit stimmungsvolleren Farben und mit Matisse auseinandergesetzt.

☛ Andre, LeWitt, Lissitzky, Matisse, Nicholson, Ryman

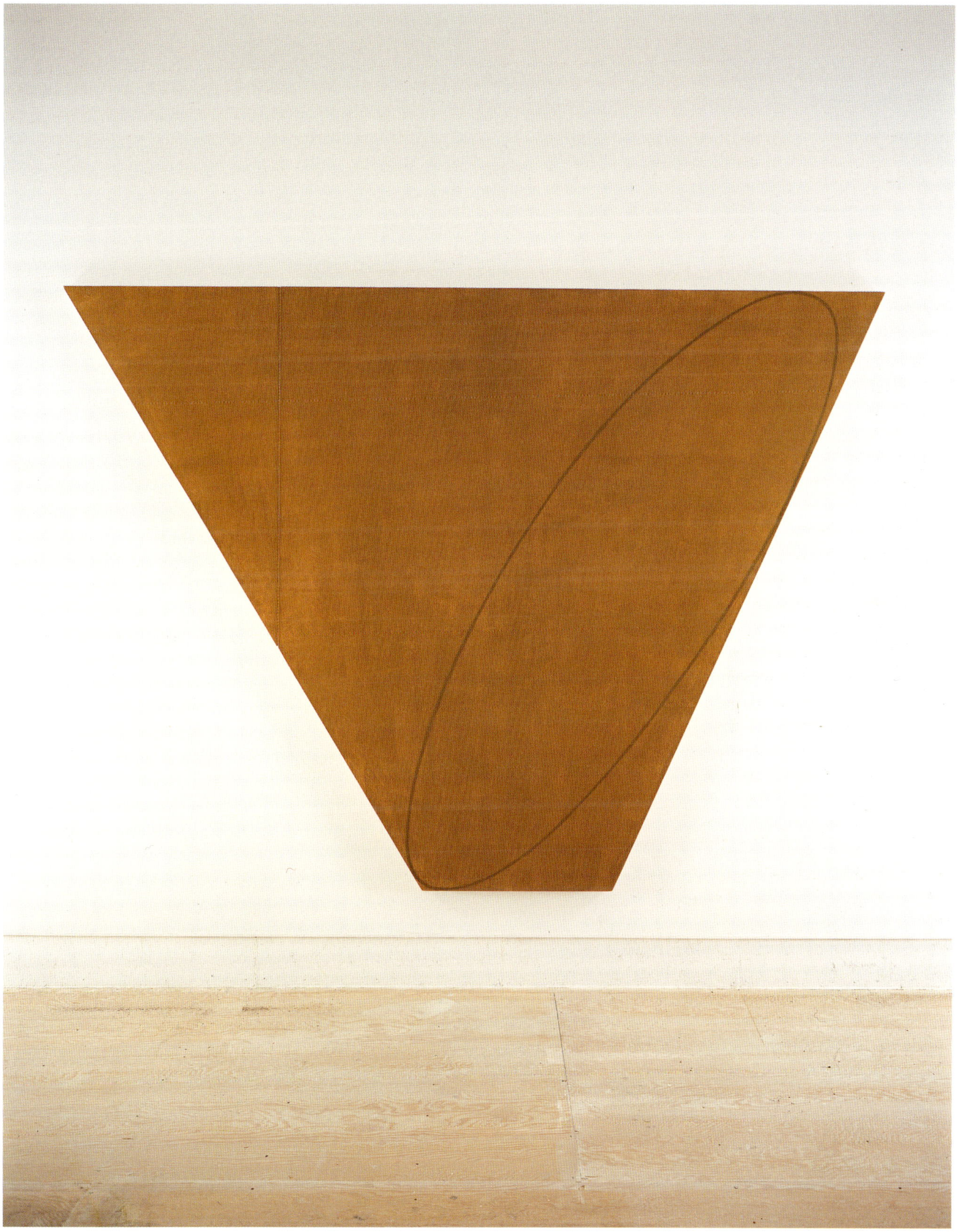

Robert Mangold. * North Tonawanda, 1937. Attische Serie III. 1990. Acryl und Bleistift auf Leinwand. H 229 x B 310 cm. Privatsammlung.

Mantegna Andrea

Gethsemane

Während er betet und seine Jünger fest schlafen, erscheinen Christus fünf Engel. Unbemerkt nähert sich Judas mit einer Schar Soldaten, um Christus gefangenzunehmen. Jede Einzelheit – die eckigen Felsformationen, die Fantasiestadt und die strengen Kleiderfalten – sind präzis und hart gemalt. Mantegna war niederer Herkunft, wurde adoptiert und von einem unbedeutenden Maler ausgebildet. Er selbst wurde zu einem der bedeutendsten Künstler seiner Zeit. Wie auch andere Renaissancekünstler inspirierten ihn besonders antike Skulpturen. Viele seiner Werke sind in Schwarz-Weiß-Technik (Grisaille) entstanden. Lange war Mantegna Hofmaler der Gonzaga in Mantua, für die er eine Sammlung klassischer Kunst anlegte. Er war auch ein Pionier in der Kunst des Stechens, und seine Stiche von klassischen Themen sollten später Dürer und andere beeinflussen.

☛ Carpaccio, Dürer, Giulio Romano, Uccello

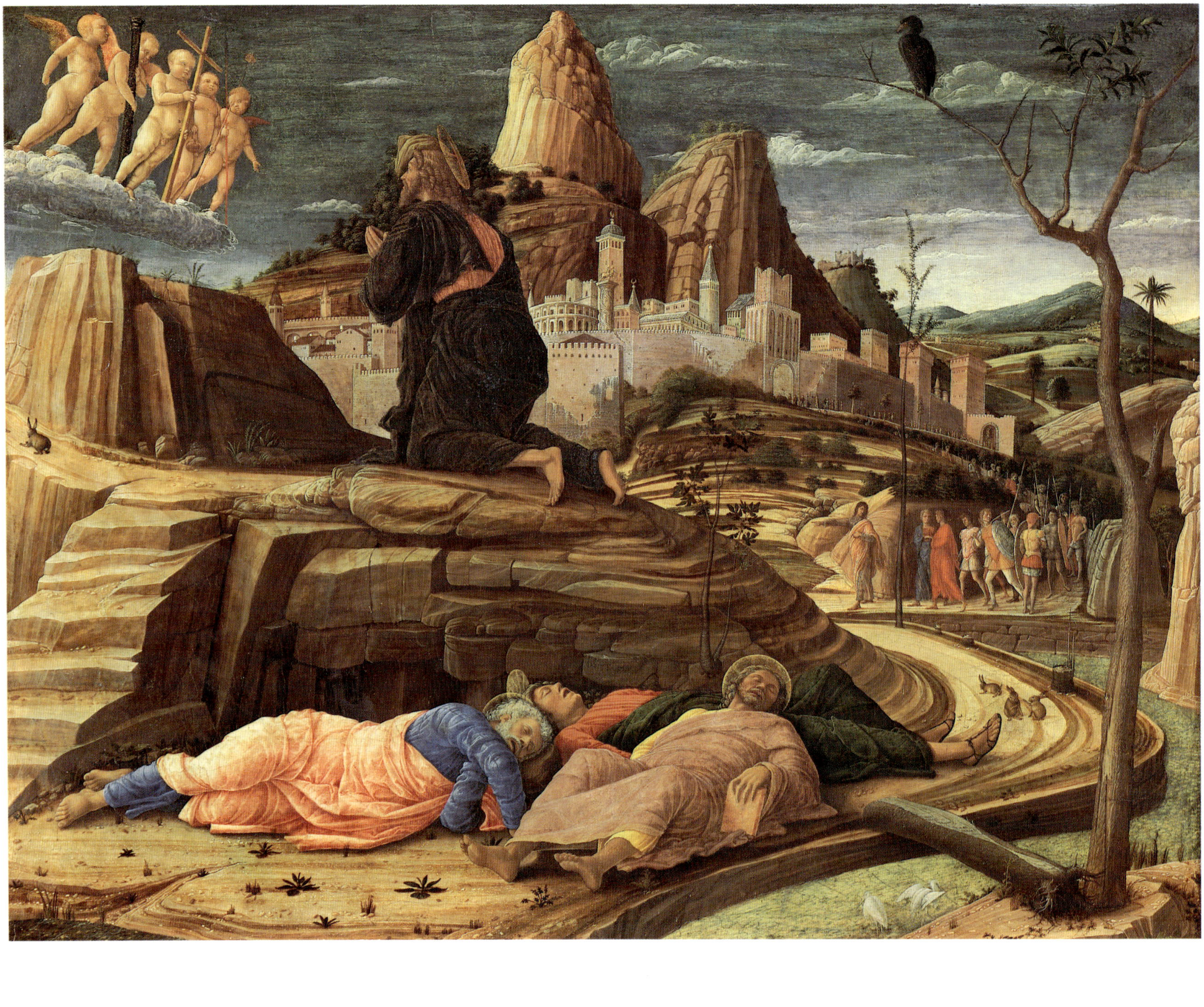

Andrea Mantegna. * Isola di Carturo, um 1430/31. † Mantua, 1506. Gethsemane. Um 1460. Tempera auf Holz. H 63 x B 80 cm. National Gallery, London.

Manzù Giacomo

Der Kardinal

Lediglich eine Hand stört die stereometrische Einheit der Kleidermasse des Kardinals, der in sakraler Würde die Autorität seines Amtes wiederspiegelt. Seine konische Gestalt ist streng und logisch zugleich, ohne Hinweis auf seine Körperlichkeit. Ein Gefühl für ungestört fortlaufende Konturen verleiht der Sitzfigur einen weichen Klang. Manzùs Werk ist geprägt von Harmonie und figurativer Ordnung. Als erstem italienischen Künstler wurde ihm noch zu Lebzeiten ein Museum eingerichtet. Sein Werdegang: Er wurde als Sohn eines Schusters geboren und absolvierte eine Lehre als Gipser und Holzschnitzer, bevor er begann, Kunst zu studieren. Zu seinen zahllosen Auftraggebern gehören der Vatikan und die Universität von Mailand. Später lehrte er Bildhauerei und belebte die Kunst des Bronzegießens wieder.

☛ Algardi, Bacon, Brancusi, Maillol, Marini

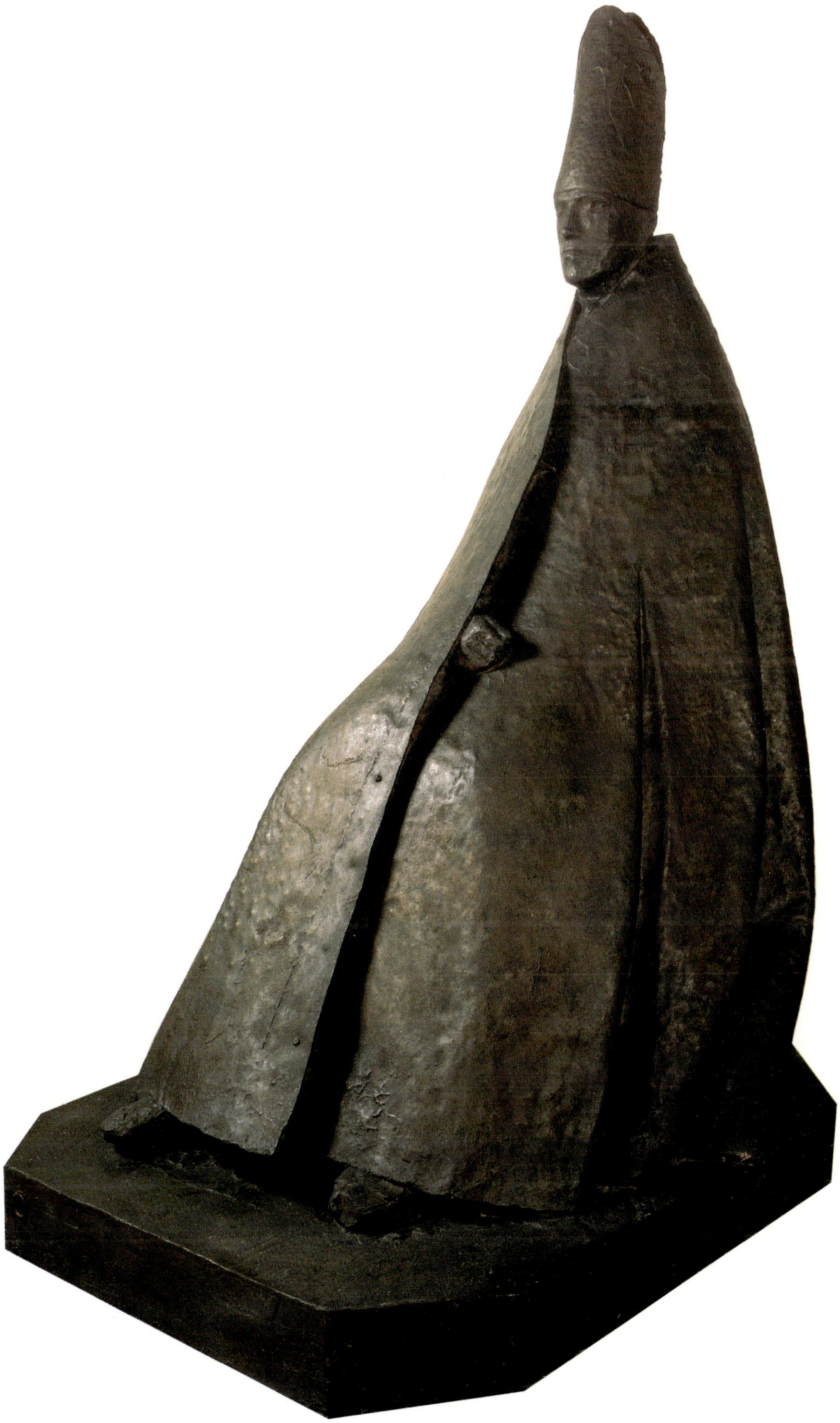

Giacomo Manzù. * Bergamo, 1908. † Bergamo, 1991. Der Kardinal. 1955. Bronze. H 208 cm. Galleria Internazionale d'Arte Moderna di Ca'Pesaro, Venedig.

Marc Franz

Kleine gelbe Pferde

Drei kurvenreiche gelbe Pferde beherrschen den Vordergrund einer davon losgelösten Hügellandschaft. Hauptthema ist die Farbe. Gelb signalisiert das passive weibliche Element, während das sinnliche und mächtige Rot der Flanken mit dem Blau des Hintergrundes kontrastiert. Die leuchtenden Farben, verbunden mit den Tieren als Symbole der Lebenskraft und als Projektion seiner künstlerischen Vorstellungen, machen das Bild zu einem Schlüsselwerk von Marc und gleichzeitig zu einem repräsentativen Beispiel für die Werke und Zielvorstellungen der Künstler des Blauen Reiters. Weil Kandinsky Reiter und Marc Pferde liebte und beide Blau als Farbe bevorzugten, entstand der Name der Gruppe. Nach Pferdebildern in kräftigen Farben wurden seine Bilder nach 1912 zusehends abstrakter. Marc fiel 1916 bei Verdun.

☛ Delaunay, Jawlensky, Kandinsky, Marini, Stubbs

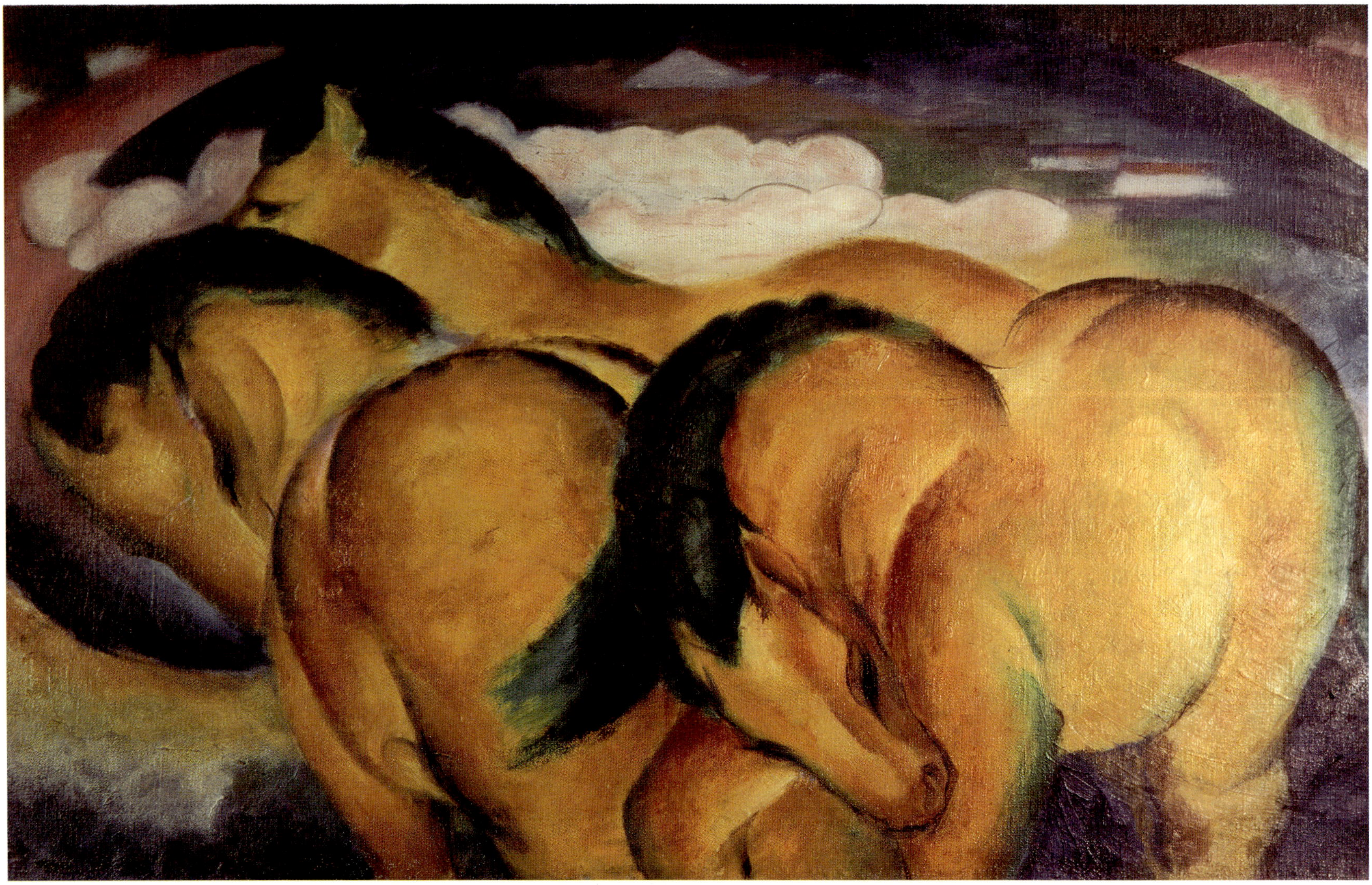

Franz Marc. * München, 1880. † Verdun, 1916. Kleine gelbe Pferde. 1912. Öl auf Leinwand. H 66 x B 104,5 cm. Staatsgalerie Stuttgart.

Marin John

Maine-Inseln

Wie durch ein Fenster gesehen spielt dieses Aquarell mit der Mehrdeutigkeit des Raumes. Marin hat ein beliebtes Thema, eine Seenlandschaft gewählt und vereinfacht es auf seine Grundformen und hellen Farben. Vom Zimmer aus überblickt er die ausgedehnte See mit ihren verstreuten Inseln. Durch den Fensterrahmen wirkt die Szene wie ein an der Wand aufgehängtes Bild. Auf diese Weise treibt er ein optisches Spiel mit der Wahrnehmung von Fläche und Tiefe. Der gelernte Architekt Marin zeigt in seinen frühen Arbeiten noch den Einfluß von Whistler. Er schreitet fort zu einem eigenen Stil, in dem aus amerikanischer Sicht der Fauvismus mit seinen Verdrehungen, flachen Farbmustern und leidenschaftlichen Farben und der Kubismus mit seiner Zertrümmerung der Formen gefiltert sind. Trotz gelegentlicher Ölbilder sind seine Landschaftsaquarelle und Architekturansichten berühmter geworden.

☛ Davis, Diebenkorn, Hodler, Turner, Whistler

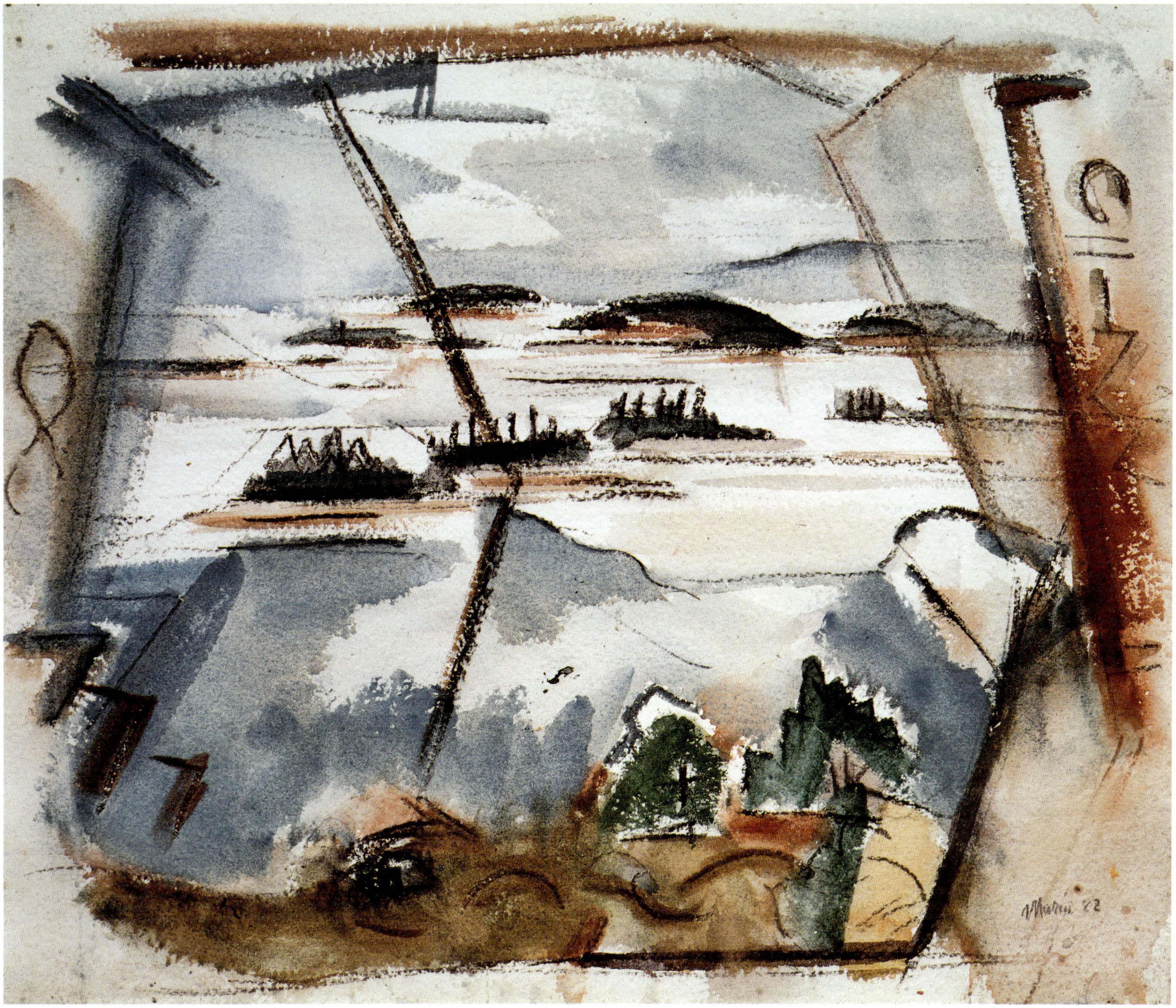

John Marin. * Rutherford, 1870. † Cape Split, 1953. Maine-Inseln. 1922. Aquarell. H 42,8 x B 50,1 cm. Phillips Collection, Washington.

Marini Marino

Reiter

So fest und geheimnisvoll wie die Statue ist, vermittelt sie mit ihrer einfachen Kontur Vitalität und Kraft. Sie wirkt formschön und nüchtern, aber auch pathetisch und poetisch. Marini schuf eine Reihe von Reiterstatuen, angeregt durch fliehende Bauern im Krieg. Wie Manzù war Marini Individualist und als solcher nie Mitglied irgendeiner Künstlerbewegung. Er blieb immer seinen Vorstellungen treu. Das einzige, was ihn je beeinflußt hat, waren antike Bildwerke. In seinem Lieblingssujet Reiter und Pferd erprobte er jahrelang die verschiedensten Lösungen. Um bestimmte Wirkungen zu erzielen, wandte Marini oft mehrere Techniken gleichzeitig an. Weniger bekannt ist, daß er auch Maler war. Für seine Porträts standen ihm große Persönlichkeiten wie der Komponist Strawinsky, der Schriftsteller Henry Miller und der Maler Chagall Modell.

☛ Chagall, Clouet, Epstein, Lawrence, Manzù

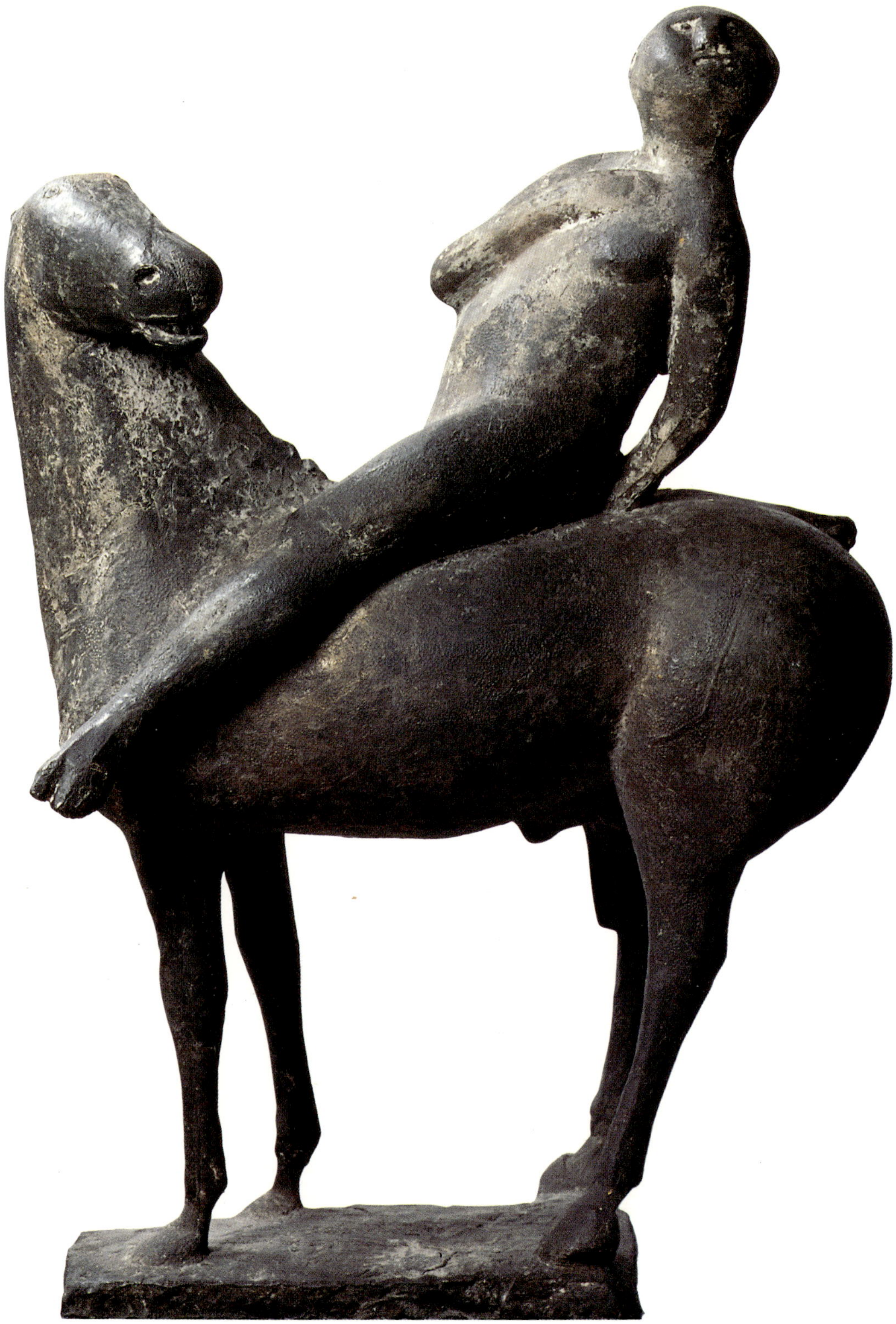

Marino Marini. * Pistoia, 1901. † Viareggio, 1980. Reiter. 1947. Bronze. H 101,6 cm. Museum of Modern Art, New York.

Martin John

Der Große Tag des Zorns

Unter einem bedeutungsvoll dunklen Himmel und konzentriert in einer riesigen Landschaft finden wir all jene dramatischen Effekte, die Martin aufbringen konnte, um die schreckliche Macht der Natur zu zeigen. Nichts weniger als das Ende der Welt wird vorgeführt. Berge stürzen in sich zusammen, Feuer wütet und Blitze zucken, wenn Gott seine Rache an der Menschheit nimmt. In der Mitte werden winzige Menschen von der ursprünglichen Leere, aus der sie einst kamen, verschlungen. Der Visionär Martin hatte den Spitznamen »Mad Martin« (Verrückter Martin). Der gelernte Wappen- und Emailmaler schuf später grandiose und gespenstisch visionäre Bilder, die in England und Europa eine Sensation auslösten und Turner und andere stark beeinflußten. Nach John Milton schuf er großformatige Bilder mit biblischen Themen. Eine Lähmung durch Hirnschlag setzte seiner Karriere ein abruptes Ende.

☛ Bosch, Church, Cole, Cozens, Friedrich, Turner

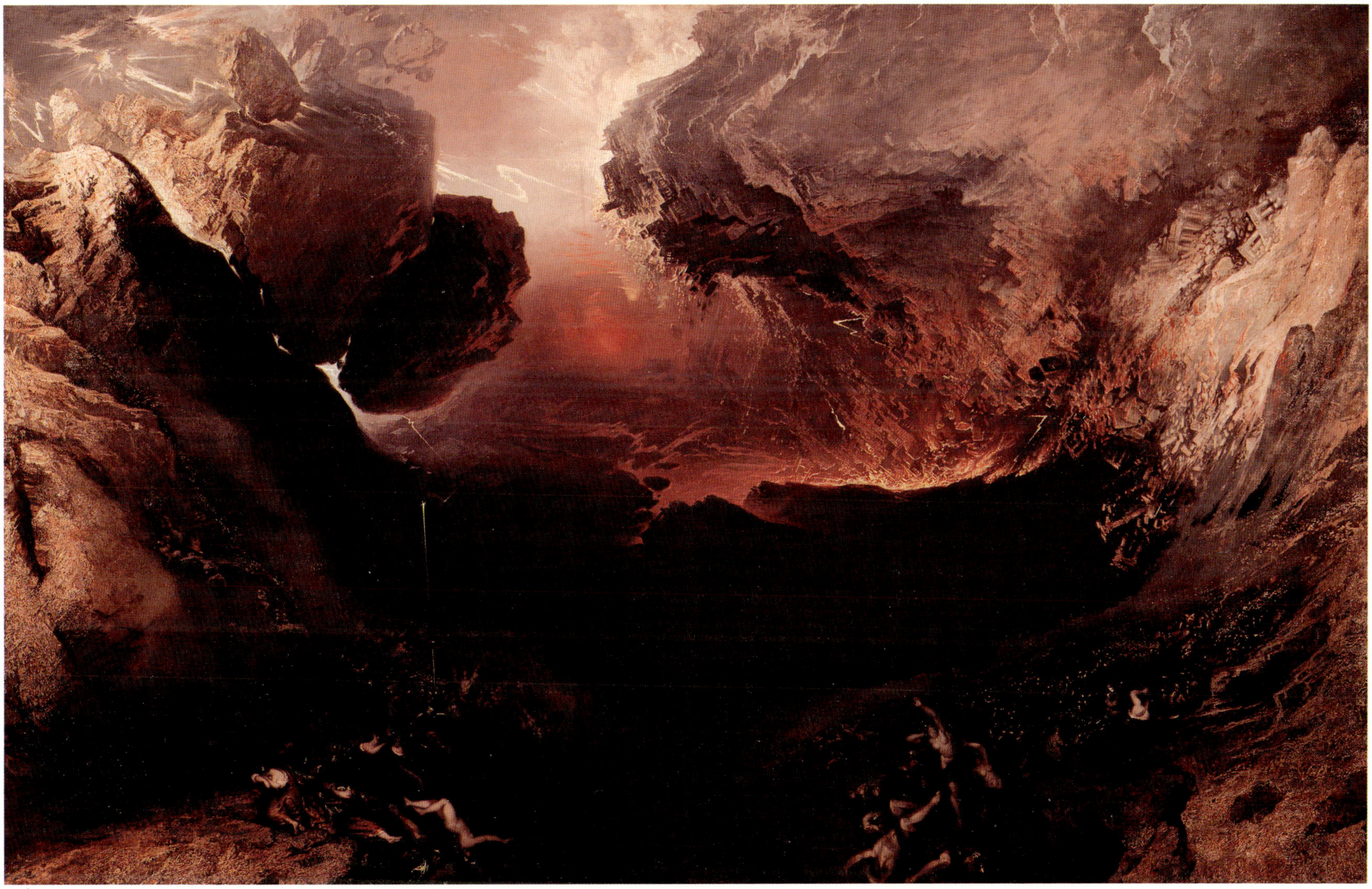

John Martin. * Haydon Bridge, 1789. † Douglas, 1854. Der Große Tag des Zorns. Um 1853. Öl auf Leinwand. H 196 x B 303 cm. Tate Gallery, London.

Martini Simone

Verkündigung

Das Gemälde schildert den Moment, in dem Gabriel mit wogenden Kleidern und ausgebreiteten Flügeln erstmals der Jungfrau erscheint, um ihr mitzuteilen, daß sie die Mutter Gottes werden wird. Die Worte des Grußes, die aus seinem Mund strömen, sind im Goldgrund eingeritzt. Maria schaudert vor Gabriels Nachricht zurück und versucht, sich mit ihrem Kleid zu schützen. Realistische Einzelheiten beleben die Komposition, von der Lilienvase in der Mitte des Bodens über das geöffnete Buch bis hin zur Einlegearbeit des Thrones. Mit seinen eleganten Figuren und den reich gemusterten Flächen ist das vorliegende Bild ein vollkommenes Werk der internationalen Gotik. Simone arbeitete für die reichsten und erlauchtesten Auftraggeber, wie zum Beispiel den Papst in Avignon und König Robert von Anjou in Neapel.

☛ Fra Angelico, Duccio, Lorenzo Monaco, Tintoretto

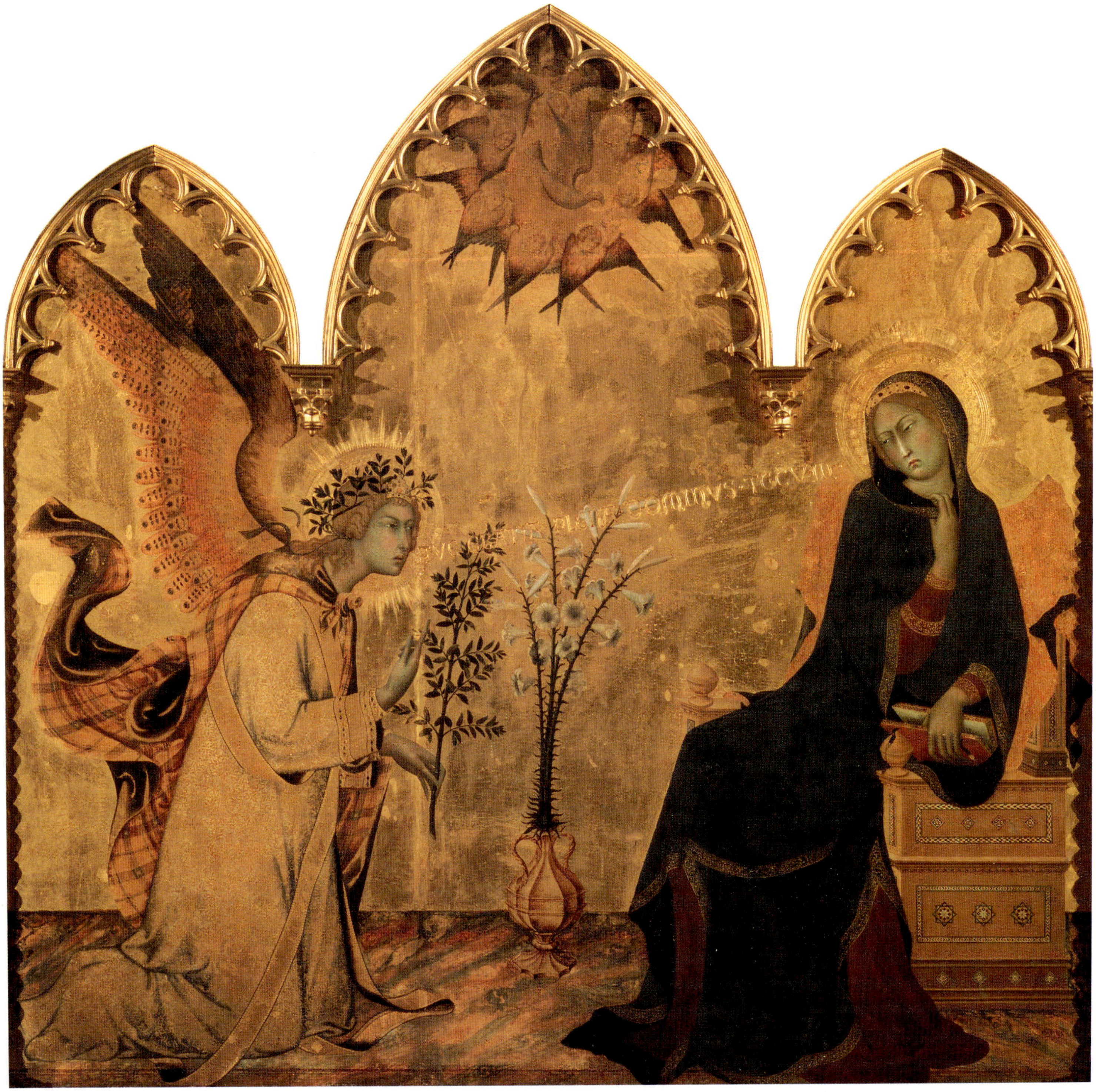

Simone Martini. * Siena, um 1284. † Avignon, 1344. Verkündigung. 1333. Tempera auf Holz. H 184 x B 210 cm. Galleria degli Uffizi, Florenz.

Masaccio

Die Heilige Dreifaltigkeit

Das Gewölbe auf dem Bild ist eine perfekte Demonstration der Linearperspektive, die damals die Florentiner Künstler vorrangig beschäftigte. Masaccio konstruierte den Raum so, daß alle Fluchtlinien in einem Fixpunkt zusammenlaufen, und zwar vom Standpunkt des Malers bzw. des Betrachters aus. Das Gewölbe, die Säulen und Wandpfeiler spiegeln das neu erwachte Interesse für antike Kunst wider. Die Personen sind in ihrer leiblichen Präsenz erfaßbar, und zwar in einer bis zum Auftreten von Masaccio nicht gekannten Gediegenheit. Trotz seines kurzen Lebens wurde dieser Wegbereiter zu einem der bedeutendsten Künstler des Quattrocento. Originell und bestimmt vermochte er, vermittels sprechenden Blicks oder ausdrucksstarker Geste das ganze Schauspiel einer Situation einzufangen. Seine ökonomische Arbeitsweise vermittelt Licht und Raum. Das überkommene Lebenswerk Masaccios besteht fast nur aus Fresken.

☛ Grünewald, Masolino, Piero della Francesca, Rouault

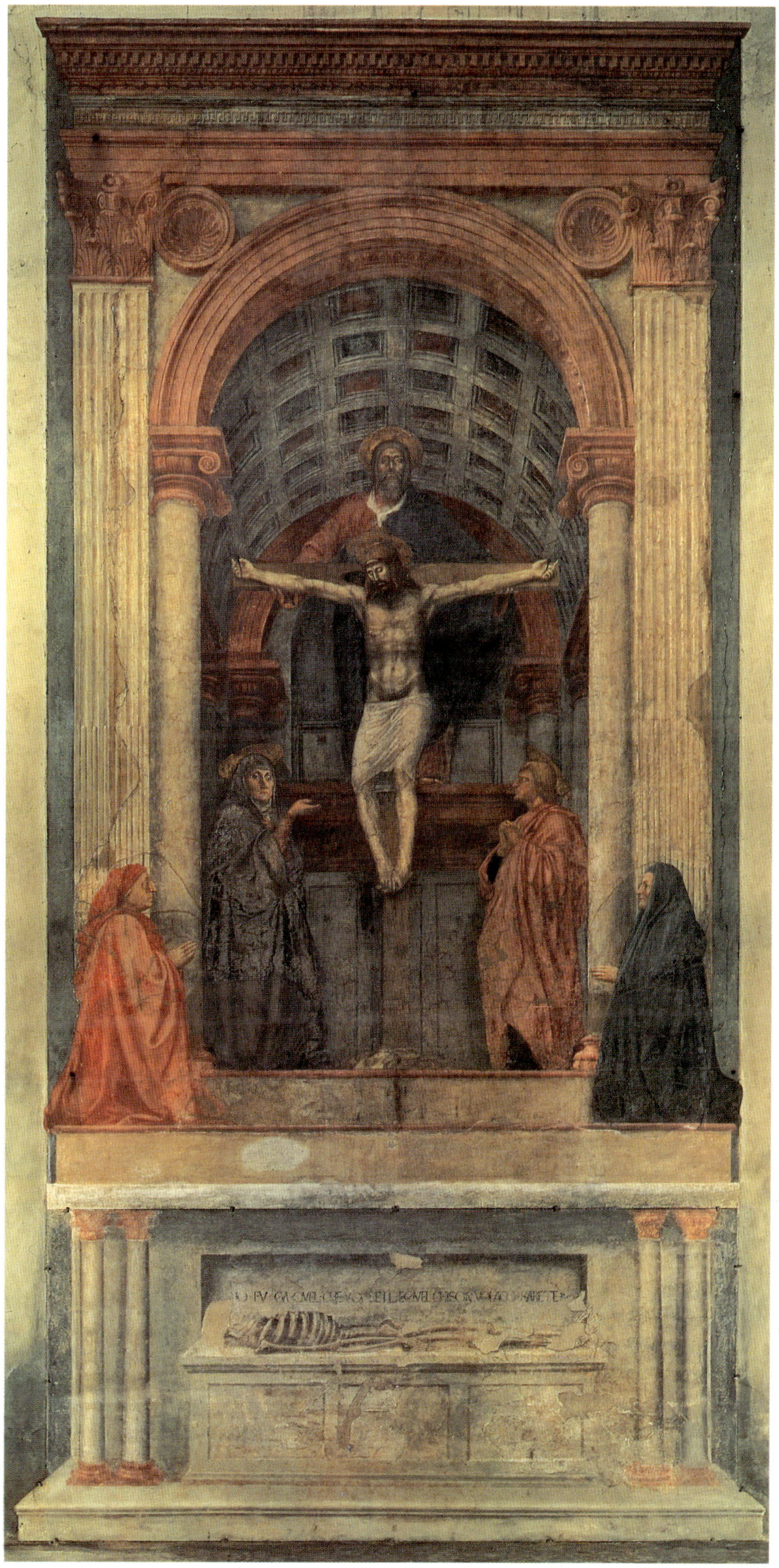

Masaccio (Tommaso di Giovanni). * San Giovanni Valdarno, 1401. † Rom, um 1420. Die Heilige Dreifaltigkeit. Um 1420. Fresko. H 667 x B 317 cm. Santa Maria Novella, Florenz.

Masolino da Panicale

Petrus und Paulus

Die beiden Heiligen sind an ihren Attributen erkennbar. Paulus hält sein Märtyrerwerkzeug, das Schwert, in der Rechten, während Petrus den ihm verliehenen Himmelsschlüssel trägt. Als Teil eines Altares für Santa Maria Maggiore in Rom entstand die Tafel in Zusammenarbeit mit Masaccio; die Figuren haben dessen charakteristische Festigkeit. Masolino ist der zartere Meister, wie man an den weichen Gesichtszügen sieht, wobei allerdings der ältere Masolino ganz die Besonderheiten von Masaccio angenommen hat – so sehr, daß ihre Unterscheidung oft schwerfällt. Die Namen Masolino und Masaccio bedeuten »kleiner Thomas« und »großer Thomas« und mögen in dem Versuch entstanden sein, beide Künstler zu unterscheiden. Nach Masaccios frühem Tod wandte sich Masolino wieder von den neuen Ideen der Renaissance ab und der Spätgotik zu.

☛ Giotto, Lorenzo Monaco, Masaccio, Sluter, Uccello

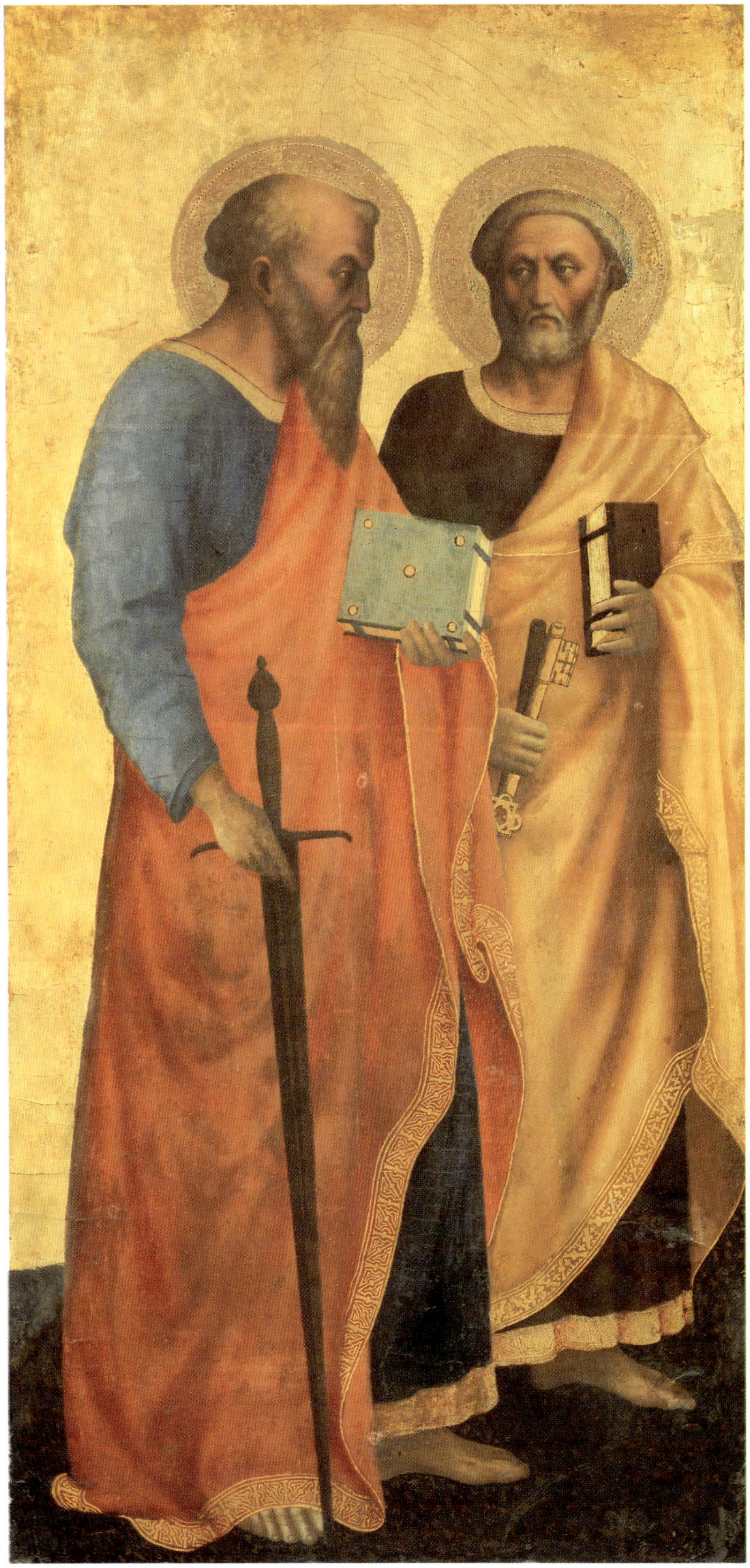

Masolino da Panicale. * Panicale, um 1383. † Florenz, um 1433. Petrus und Paulus. Um 1428. Öl auf Holz. H 114,5 x B 54,4 cm. Philadelphia Museum of Art, Philadelphia.

Massys Quentin

Porträt eines Notars

Kreuz, Schreibfeder, Rose, Papier und andere Utensilien verraten uns, daß der Mann Notar ist. Sein Name ist nicht bekannt. Er blickt in direkter, unverblümter Weise den Betrachter an. Die Genauigkeit des ganzen Bildes reicht von der fast fotografischen Wiedergabe des Modells bis zur Landschaft hinter den Arkaden. Massys Vorbilder waren Dürer und Leonardo da Vinci. Seine Modelle sitzen meist vor einer bewaldeten oder bergigen Landschaft. Andere Hinweise auf Leonardo: Einige von Massys' Zeichnungen erinnern an Leonardos Karikaturen von alten Männern und Frauen. Massys soll seine berufliche Laufbahn als Schmied begonnen haben. Weiterbildung und Musikstudium brachten ihm den Status eines hochgebildeten Mannes ein. Als hervorragender und realistischer Bildnismaler entwickelte er eine verfeinerte und raffinierte Maltechnik.

☛ Dürer, Holbein, Leonardo da Vinci, Memling, Sittow

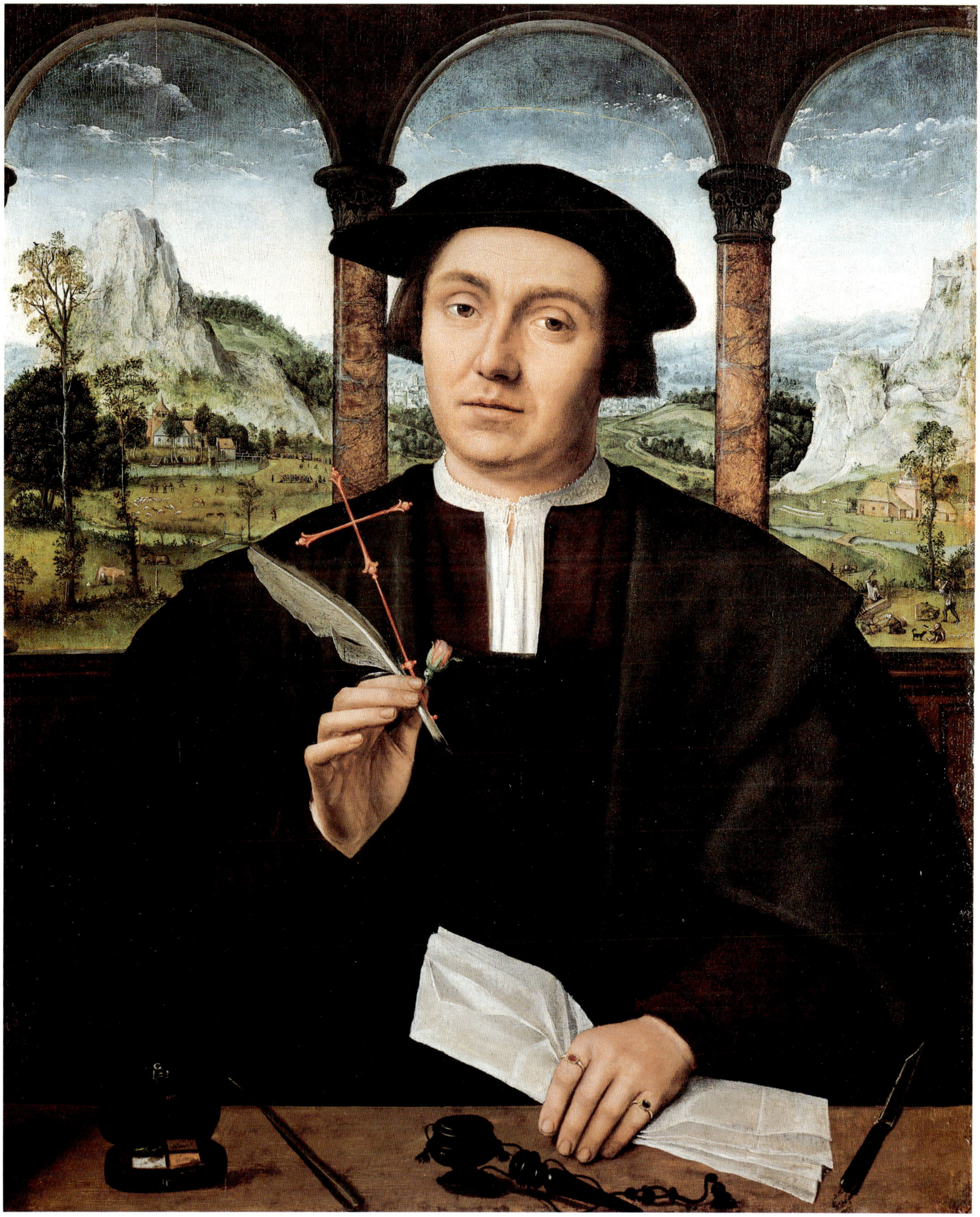

Quentin Massys. * Löwen, 1465/66. † Antwerpen, 1530. Porträt eines Notars. Um 1510. Öl auf Holz. H 80 x B 64,5 cm. National Gallery of Scotland, Edinburgh.

Matisse Henri

Der Eßtisch (Harmonie in Rot)

Ein Wirbel von Primärfarben bestimmt dieses leuchtende Bild eines Raumes, in dem eine Frau den Tisch deckt. Die ganze Bildfläche ist zu einem einzigen lebendigen Muster aus reinen Farben zusammengefaßt, das Bildaufbau und Raum gleichermaßen durchwirkt. Das Tischtuch verbindet sich mit der Wand, und alle Gegenstandsformen erscheinen flach, deformiert und vereinfacht. Dies steigert den lyrischen Fluß der Ornamentformen und irisierenden Farben. Für Matisse waren Farben mehr Ausdrucks- als Abbildungsmittel, und er hat deshalb bewußt herkömmliche Gesetze des Zeichnens und der Perspektive mißachtet. Er und seine Freunde wurden wegen der ungestümen Wildheit ihrer Ausdrucksmittel Fauves (= Wilde) genannt. Die fauvistische Periode von Matisse dauerte von 1905 bis 1908. Er entwickelte sich zwar ständig weiter, aber immer blieb die Farbe im Mittelpunkt seines Schaffens.

☛ Bonnard, Derain, Gauguin, Van Gogh, Heron, Kirchner

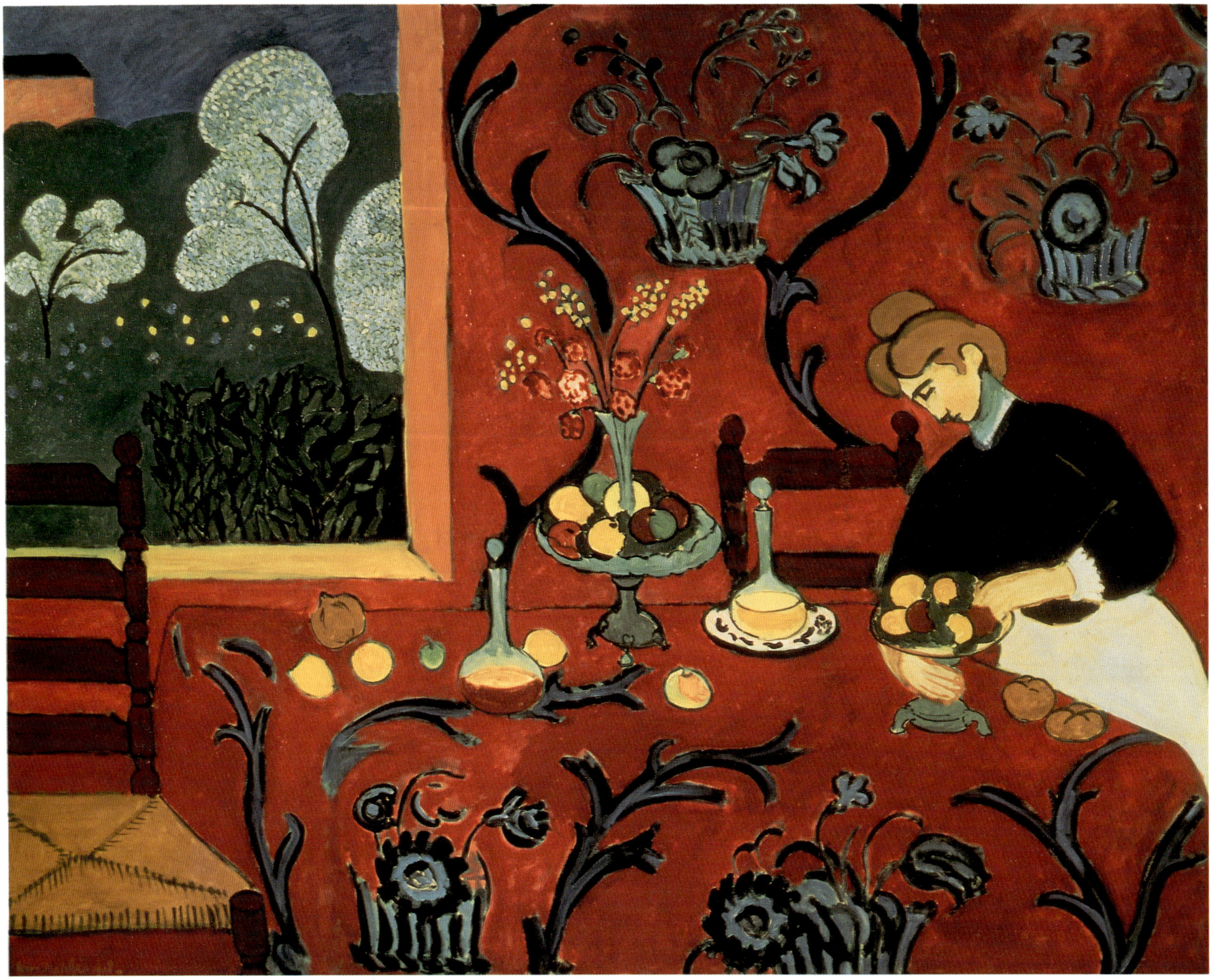

Henri Matisse. * Le Cateau-Cambrésis, 1869. † Cimiez, 1954. Der Eßtisch (Harmonie in Rot). 1908. Öl auf Leinwand. H 180 x B 246 cm. Eremitage, Sankt Petersburg.

Matta Roberto Sebastian Echaurren Ohne Titel

Seltsame Formen bevölkern diese amorphe Fantasielandschaft. Visionen einer dunklen Vorstellungskraft flitzen über die Bildfläche und darüber hinaus, wie elektrische Ströme. Sie scheinen jeder Anziehungskraft, die sie irgendwie ordnen könnte, zu widerstehen. Eine unnatürlich bläuliche Farbe überzieht die Szenerie mit einer mystischen und außerirdischen Aura, während die gemalten Kleinformen Surrogate aus organischen Gliedern und Maschinenteilen sind, die ins All verströmen. Der Architekt Matta wandte sich erst 1937 der Malerei zu. Die Kriegsjahre verbrachte er in New York, wo er viele Surrealisten kennenlernte. Sein Griff zur »automatischen« Technik freier Pinselführung ohne bewußte Kontrolle ist typisch für einen Teil der surrealistischen Maler. Diese Malweise ermutigte später Pollock, Gorky und andere zu ihrem freien Stil.

☛ Bellmer, Brauner, Gorky, Lam, Pollock

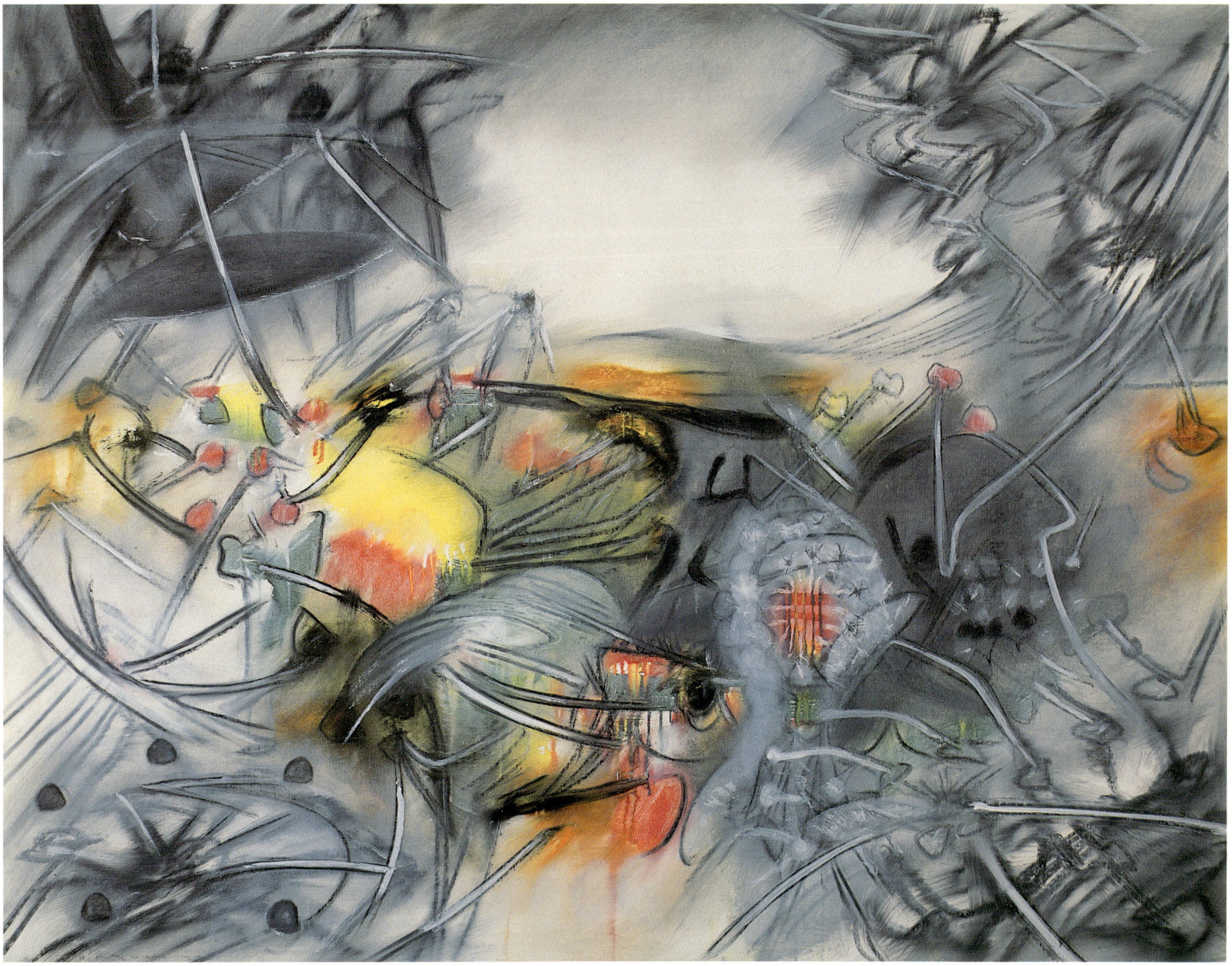

Roberto Sebastian Echaurren Matta. * Chile, 1911. Ohne Titel. 1950. Öl auf Leinwand. H 130 x B 195 cm. Latin American Masters, Beverly Hills.

Memling Hans

Kreuzabnahme

Prägnant einfach wurde dieser ergreifende Moment reduziert auf drei Personen, die den Leichnam stützen, und auf die ans Kreuz gelehnte Leiter. Alle Personen sind im Bildvordergrund konzentriert. Die Landschaft im Hintergrund bildet keinen wesentlichen Teil der Komposition. Memling ist zwar in Deutschland geboren, er verbrachte aber die meiste Zeit seines Lebens in Brügge, wo er zum führenden Maler aufstieg. Sein Stil war von Van der Goes beeinflußt. Doch Memlings Ausdrucksweise fehlt die dramatische Spannung des Vorbildes. Vielleicht war es gerade das Fehlen dieser konstruierten Künstlichkeit, die ihn für das Volk so annehmbar und ihn so beliebt machte. Seine realistischen Gesichter, seine lichtvolle Farbigkeit und seine einfachen, aber sicheren Kompositionen vermitteln die wesentlichen Werte der flämischen Malerei.

☛ Bouts, Van der Goes, Grünewald, Van der Weyden

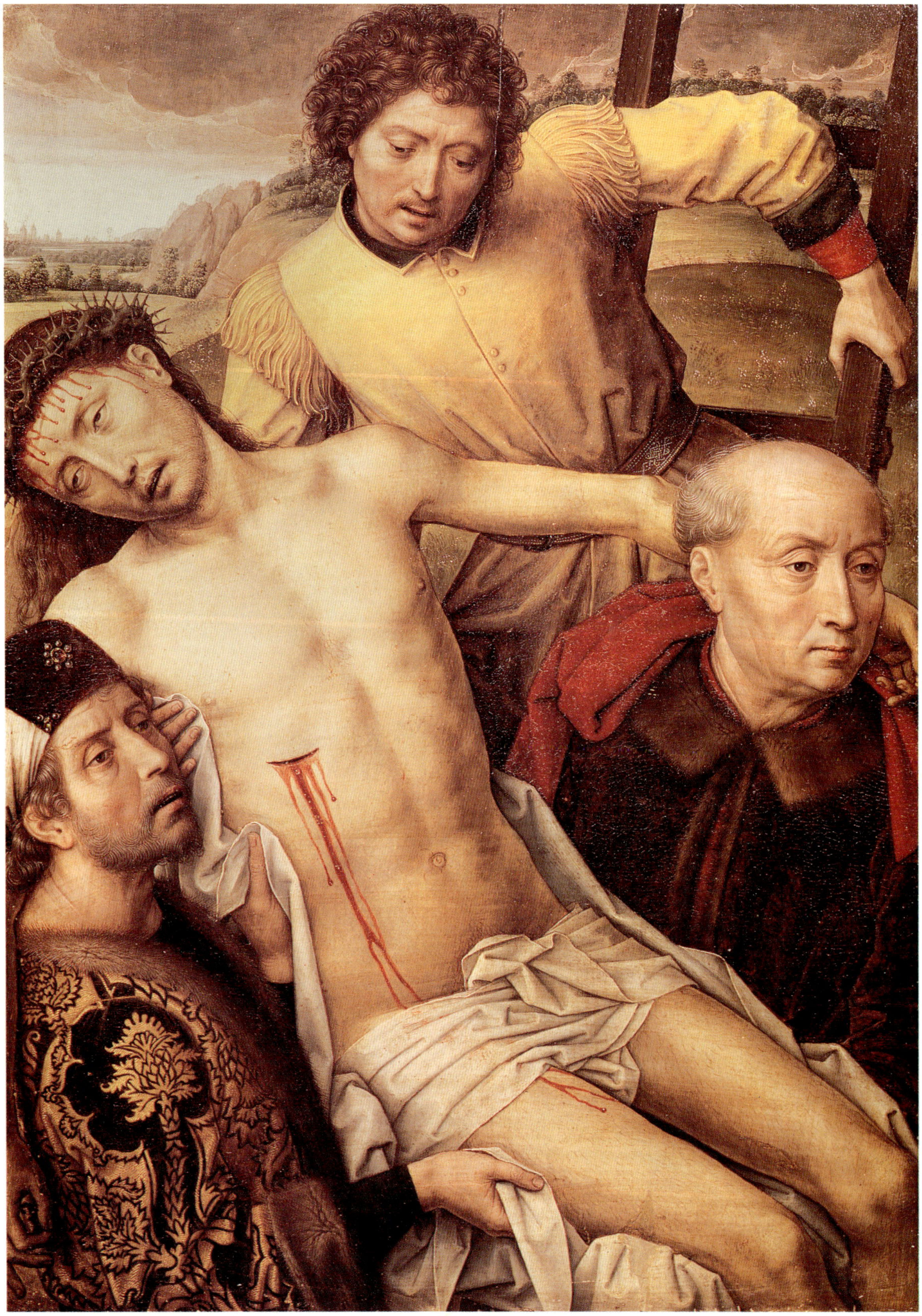

Hans Memling. * Seligenstadt, 1433. † Brügge, 1494. Kreuzabnahme. 1480/90. Öl auf Holz. H 53,7 x B 38 cm. Capilla Real, Granada.

Mengs Anton Raphael

Selbstporträt

In seinem braunen Überrock und seiner roten Weste stellt sich Mengs in formloser und unprätentiöser Weise dar. Die eher bescheidene Kleidung, das locker nach hinten gestrichene Haar und die erschöpften Gesichtszüge mit müden und geschwollenen Augen sind die ehrliche Schilderung eines hart arbeitenden Mannes. Viele Künstler haben Selbstporträts angefertigt, z. B. Dürer, Rembrandt und Van Gogh. Diese Suche nach dem eigenen Innen-, sprich Seelenleben, gibt eine eindringliche Einsicht in das Wesen des Künstlers. Oft werden, wie in diesem Bild – abgesehen von einem Pinsel oder Skizzenbuch –, konkrete Einzelheiten weggelassen. Der deutsche Maler Mengs malte in Rom und Spanien fast ausschließlich religiöse Themen und Historienbilder im neoklassizistischen Stil. Hier gibt er uns einen Einblick in seine wirkliche Persönlichkeit.

☛ Van Gogh, Kauffmann, Raeburn, Rembrandt, Vigée-Lebrun

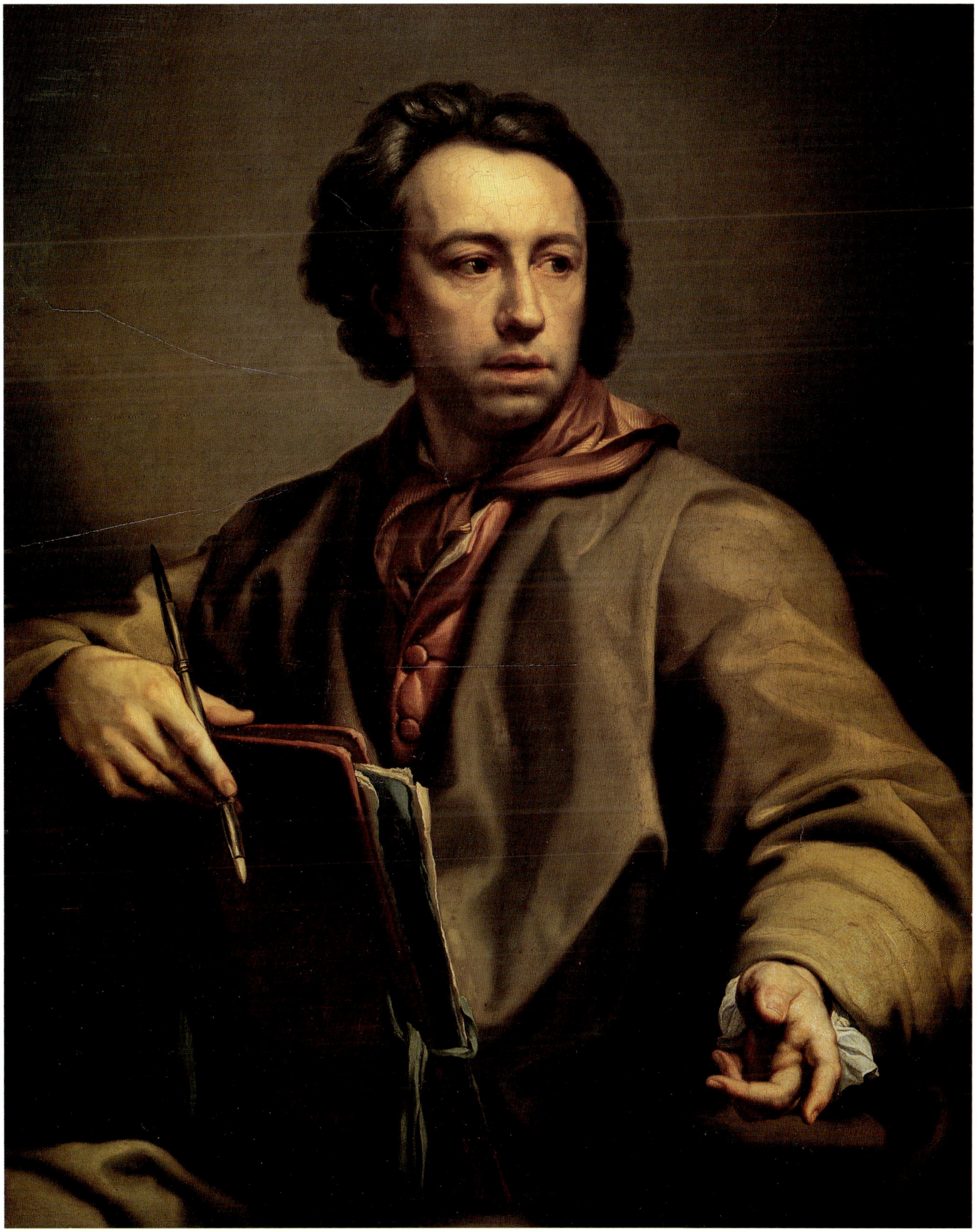

Anton Raphael Mengs. * Aussig, 1728. † Rom, 1779. Selbstporträt. Um 1774. Öl auf Leinwand. H 102 x B 77 cm. Eremitage, Sankt Petersburg.

Merz Mario

Unwirkliche Stadt

Die Worte »citta irreale« (unwirkliche Stadt) sind mit Neonröhren in einem dreieckigen Glaskasten eingefangen. Es ist eine kurzgefaßte Beschreibung der künstlichen und vergänglichen, heutigen Stadtkultur. Gleichzeitig ist sie geheimnisvoll und verwirrend. Die Unklarheit dieser Skulptur symbolisiert vielleicht die unendliche Vieldeutigkeit von Inhalten. Sie zeigt des Künstlers Lust am Aufdecken der fließend wechselnden Denkprozesse. Und sie kommentiert die kalte Standardisierung der heutigen, von Technik geprägten Kultur. Merz ist Vertreter der Arte Povera, die seit den 60er Jahren in Italien alle künstlerische Produktion von der Aura einer höheren Weihe befreien will. Wie der Name der Bewegung verrät, sollen die Mittel der Kunst bescheiden und ohne Aufwand an »Veredelung« sein. Die Banalität wird in den Rang der Kunst gehoben, und Alltagsgegenstände werden mit metaphysischen Bedeutungen aufgeladen.

☛ Beuys, Flavin, Nauman, Oldenburg, Viola

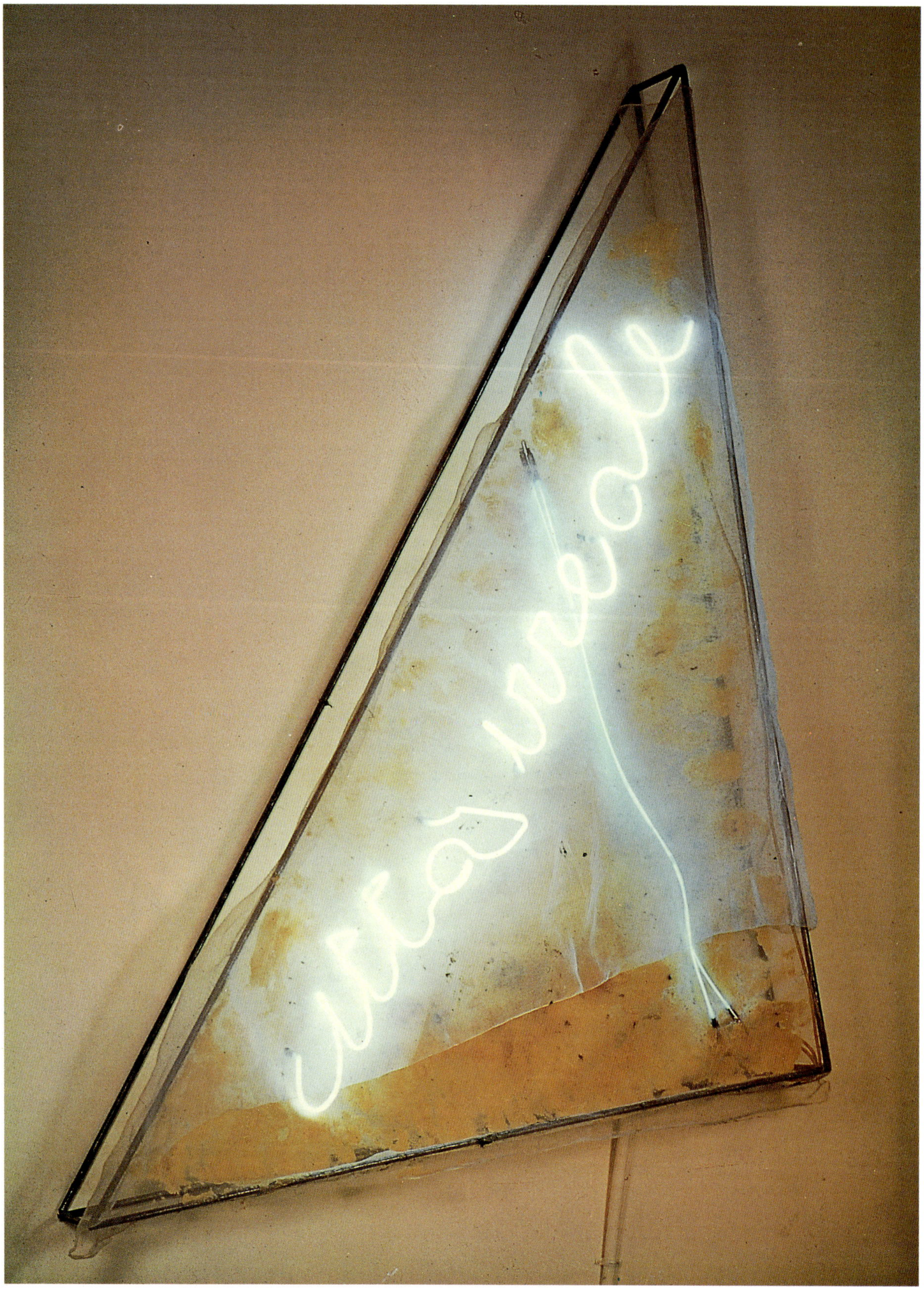

Mario Merz. * Mailand, 1925. Unwirkliche Stadt. 1968. Eisen, geschweißter Draht, Wachs und Neonlicht. H 200 x B 164 cm. Stedelijk Museum, Amsterdam.

Metsu Gabriel

Die Musikstunde

Ein Hauch von Geheimnis versteckt sich in diesem kleinen Interieur, in dem ein Mann und eine Frau an einem Virginal sitzen. Vorgeblich eine Musikstunde, beschreibt das Bild wahrscheinlicher eine Freierszene, bei der die Musik der Liebesanbahnung dient. Die ausgewogen ruhige Stimmung wird durch gedämpftes Licht und intime Häuslichkeit erzielt. Zonen reiner Farben, wie im hellen Scharlachrot des Frauenkleides oder dem tiefen Blau der Hose des Mannes, sorgen für räumliche Harmonie. Die sorgfältig aufgebaute Komposition basiert auf den stabilen Horizontalen und Vertikalen von Virginal, Bilderrahmen und Stuhl, die von den Diagonallinien der Figuren belebt werden. Metsu war Schüler von Dou, einem Spezialisten für Innenräume. Seine Bilder sind voller poetischer Anspielungen, die enthüllende Einblicke in das Privatleben der holländischen Mittelklasse im 17. Jahrhundert gewähren.

☛ Dou, Hammershoi, De Hooch, Ter Borch, Vermeer

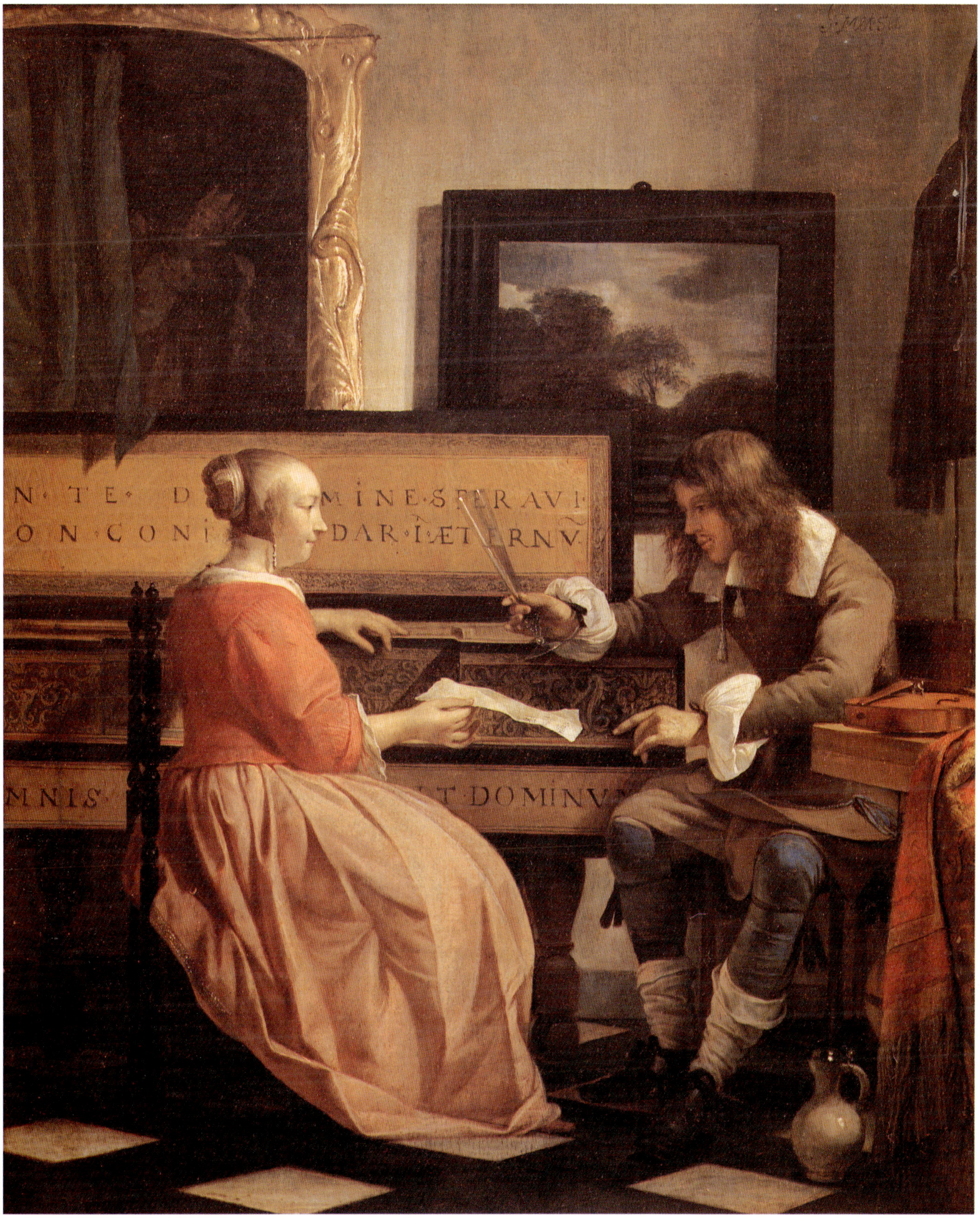

Gabriel Metsu. * Leiden, 1629. † Amsterdam, 1667. Die Musikstunde. Um 1658. Öl auf Leinwand. H 38,4 x B 32,2 cm. National Gallery, London.

Michelangelo

Der Doni-Tondo

Mit seiner faszinierenden Komposition, seinen fantastischen Farben und den monumentalen Figuren gilt dieses Gemälde als eines der Meisterwerke der abendländischen Kunst. Maria, Joseph und der Jesusknabe sind so meisterhaft angeordnet, daß sie eine beseelte Komposition formen. Die an Skulpturen erinnernden Akte im Hintergrund haben keinen Bezug zur Hauptgruppe, aber sie geben Michelangelo die Gelegenheit, seine Meisterschaft im Malen von Muskeln und dem Spiel von Licht und Schatten vorzuführen. Die vibrierende Farbigkeit scheint ungewöhnlich im Vergleich zu anderen Werken, deckt sich aber mit der Farbigkeit der unlängst gereinigten Fresken der Sixtinischen Kapelle. Dieses Gemälde wird Doni-Tondo genannt, weil es ursprünglich der Donifamilie in Florenz gehörte. Michelangelo war auch als Architekt, Bildhauer, Dichter und Militärbaumeister einer der größten Künstler der Renaissance.

☛ Bronzino, Della Robbia, Palma il Vecchio, Rosso Fiorentino

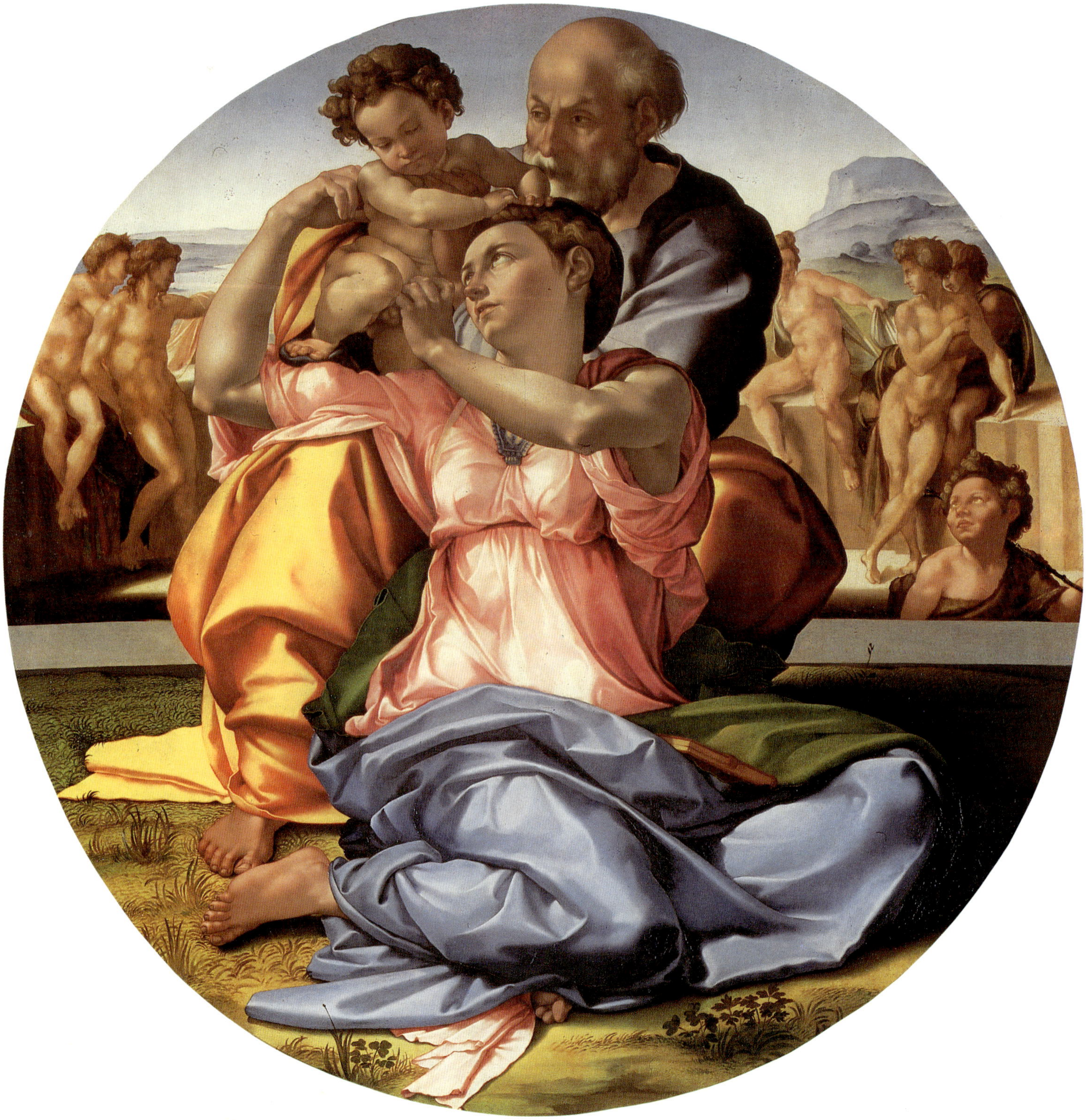

Michelangelo Buonarotti. * Caprese, 1475. † Rom, 1564. Der Doni-Tondo. Um 1503/04. Tempera auf Holz. Ø 120 cm. Galleria degli Uffizi, Florenz.

Millais Sir John Everett

Mariana

Der malerische Reichtum dieses Bildes erinnert an juwelenbesetzte Buchdeckel des Mittelalters. Der ganze Raum mit seinen farbigen Glasfenstern, den Samttapeten und einer fast religiösen Atmosphäre spiegelt getreu den viktorianischen Geschmack für dekoratives, von der Gotik beeinflußtes Kunsthandwerk wider. Die kostbaren Details des Bildes, vom Garten vor dem Fenster bis zu der feinen Stickarbeit auf dem Tisch, und das einem Gedicht von Tennyson entnommene Thema vereinen in sich die Hauptanliegen der Präraffaeliten. Millais war einer der Mitbegründer dieser Künstlerbruderschaft, die den Malern vor dem großen Renaissancekünstler Raffael nacheiferten. Und er war der am meisten geschätzte Maler der viktorianischen Zeit. Das Ziel der Bruderschaft lag in der Wiedereinführung des Stils der Quattrocentisten mit ihrer christlichen Strenggläubigkeit, vorgetragen in detailfreudiger Klarheit.

☛ Burne-Jones, Hunt, Martini, Raffael, Rossetti

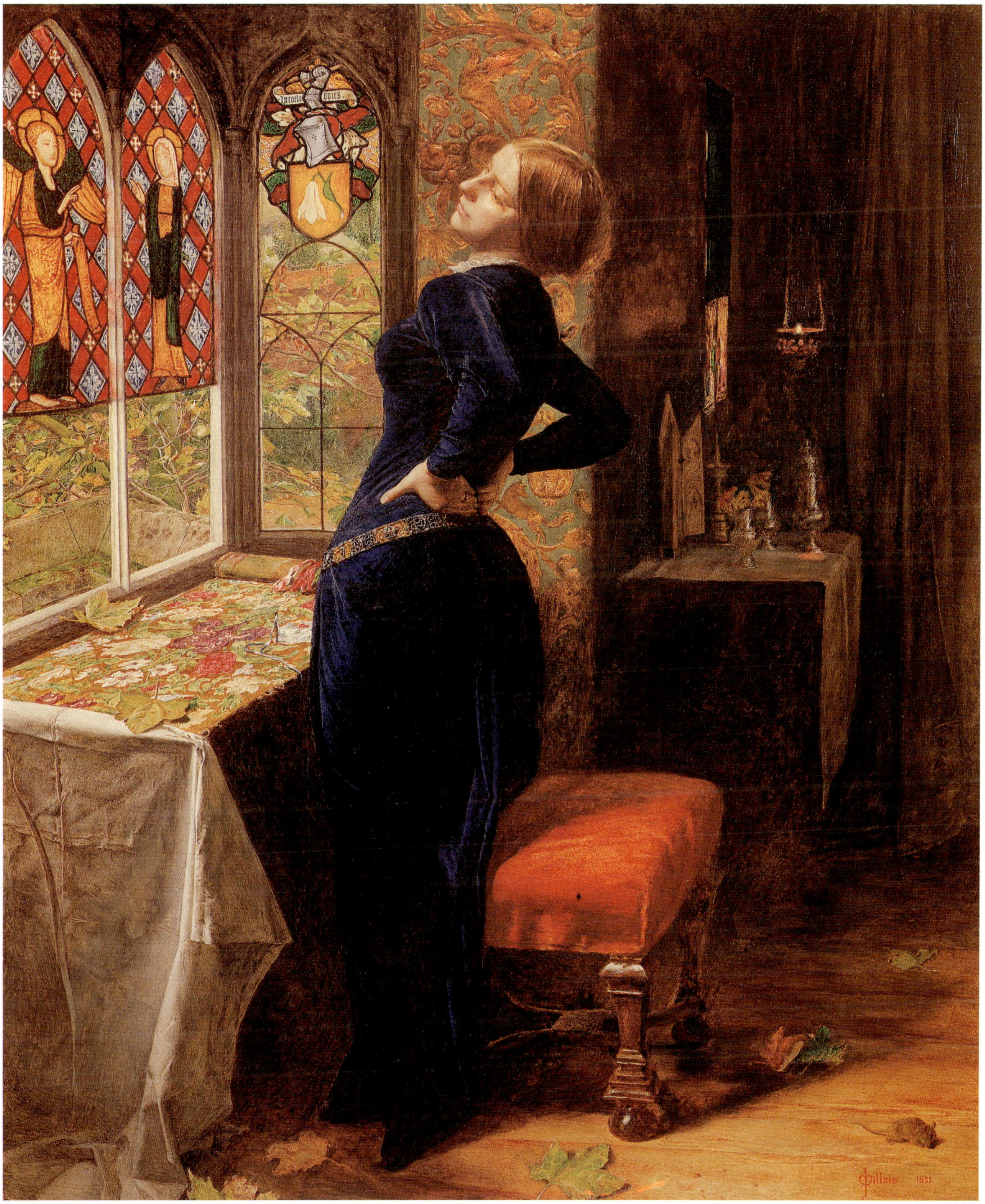

Sir John Everett Millais. * Southampton, 1829. † London, 1896. Mariana. 1851. Öl auf Leinwand. H 59,7 x B 49,5 cm. Privatsammlung.

Millet Jean-François

Die Ährenleserinnen

Drei Bauersfrauen sammeln die kärglichen Reste der Ernte nach dem Schnitt. Im Hintergrund laden die Schnitter ihren reichlichen Ertrag auf. Das kühle, goldene Licht verleiht den Figuren noble Würde, doch das Bild beschreibt nicht nur das bäuerliche Leben. Es beinhaltet auch einen harten sozialkritischen Kommentar über die armen Kleinbauern, die mühsam zusammenpicken, was die Reichen dort am Horizont übrig gelassen haben. Millet verwandelte Szenen herzzerreißender Armut in heroische Bilder, die die beklagenswerte Mühsal der Kleinbauern und ihre Verbundenheit mit der Erde in schreiendem Realismus nachzeichnen. Trotz der abschätzigen Kritik, die das Bild seinerzeit erntete, gilt es heute als ein Meisterwerk des 19. Jahrhunderts. Auch Millets Zeichnungen sind wegen ihrer skulpturalen Monumentalität und Vereinfachung bemerkenswert.

☛ Corot, Courbet, Daubigny, Pissarro, T. Rousseau

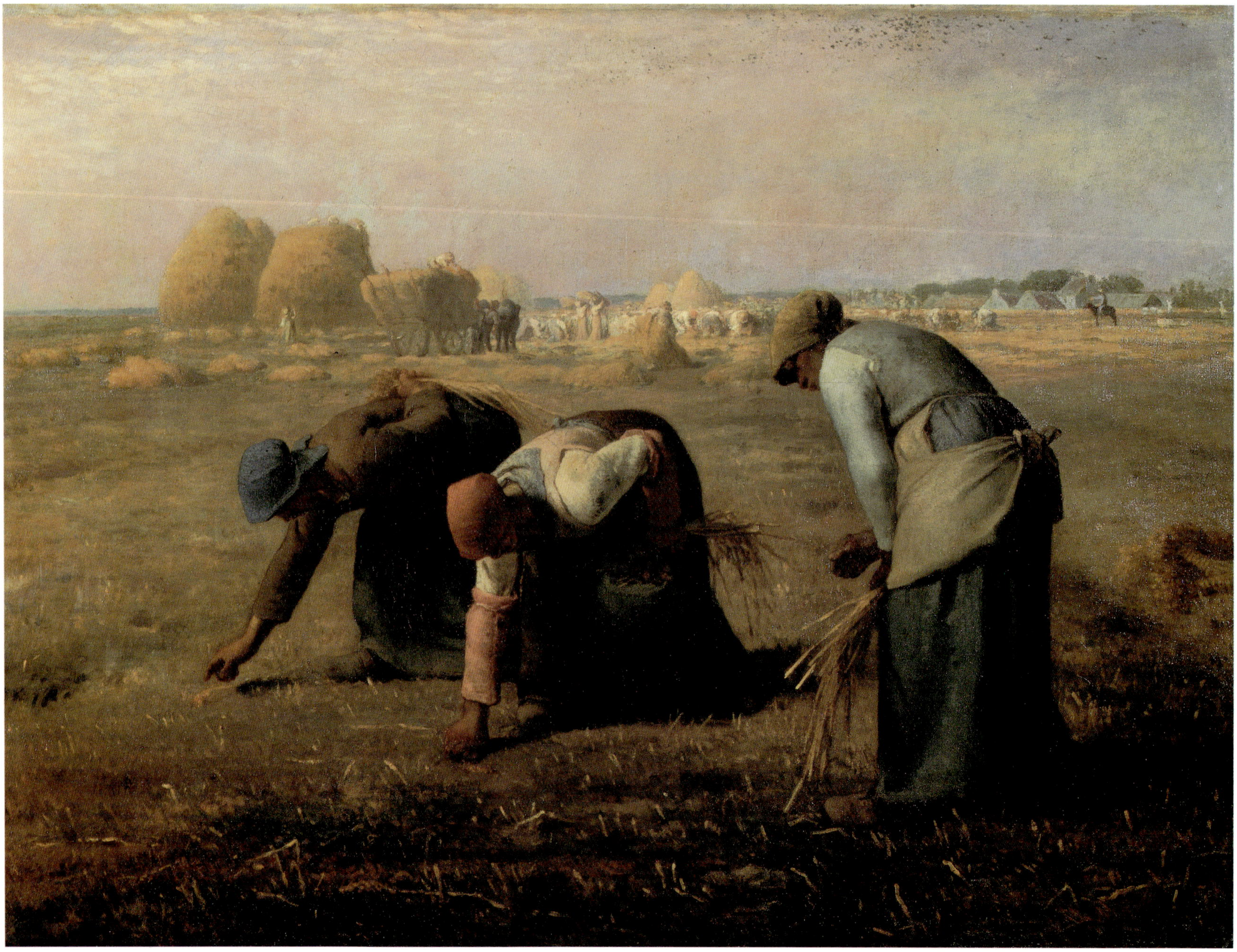

Jean-François Millet. * Gruchy, 1814. † Barbizon, 1875. Die Ährenleserinnen. 1857. Öl auf Leinwand. H 83 x B 110 cm. Musée d'Orsay, Paris.

Miró Joan

Frauen, Vogel im Mondschein

Spielend und akrobatisch ineinander verschlungen projezieren sich diese erfundenen und übermütigen Figuren lebhaft in den Vordergrund. Die Hintergrundfarbe wurde abgerieben, um die darunterliegende Leinwand sichtbar zu machen, was ihr eine rohe Erdhaftigkeit verleiht. Indem diese Wunderfiguren eine ursprüngliche Welt evozieren, beschwören sie Gedanken an prähistorische Malereien herauf, die uns in aller Frische wiedergegeben wurden. Das Bild gehört zur Serie »Frauen und Vögel« und gilt als eines der Hauptwerke Mirós. Mit seinen verrückten, halluzinatorischen Wesen aus der Traumwelt des Unbewußten ist das Bild typisch surrealistisch. Zusammen mit Ernst arbeitete Miró an den Dekorationen für Diaghilews Ballett »Romeo und Julia«. Außerdem schuf er eine Unzahl von Lithographien, Radierungen und Keramiken.

☛ Arp, Baumeister, Brauner, Dalí, Ernst

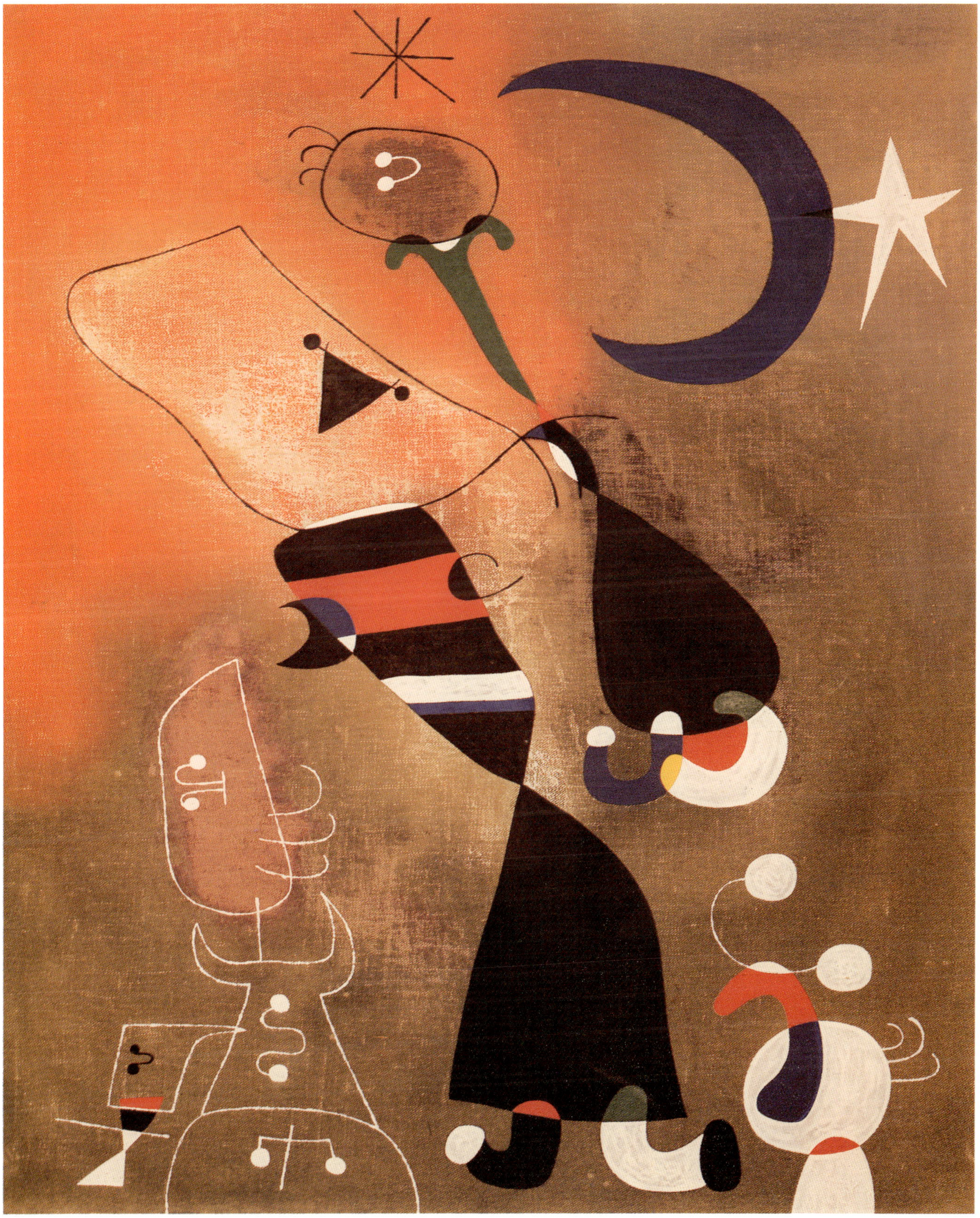

Joan Miró. * Montroig, 1893. † Palma, 1983. Frauen, Vogel im Mondschein. 1949. Öl auf Leinwand. H 81,5 x B 66 cm. Tate Gallery, London.

Modersohn-Becker Paula

Alte Frau mit Glasflasche

Wie in einen tiefen Traum versunken hält eine Frau einen Fingerhut fest umklammert. Sie sitzt ganz im Eck des Bildes; hinter ihr befindet sich ein blühendes Mohnfeld und eine umgestülpte Flasche. Alles ist mit großer Festigkeit gemalt; die großen Formen füllen die Leinwand aus. Auch Modersohn-Beckers Farbgefühl ist wichtig für die Komposition. Der Himmel etwa glüht in einem strahlend gelbgrünen Licht. Zahlreiche Parisreisen machten sie mit der pastos strukturierten Malweise Van Goghs und den vereinfachten Farben und Formen eines Gauguin bekannt. Das vorliegende Bild entstand in ihrem letzten Lebensjahr. Sie starb auf tragische Weise schon mit 31 Jahren. Indem sie Farbe und Form vereinfachte und die Linie betonte, bereitete sie neben anderen den deutschen Expressionismus vor.

☛ Van Gogh, Gauguin, Gontscharowa, Jawlensky, Nolde

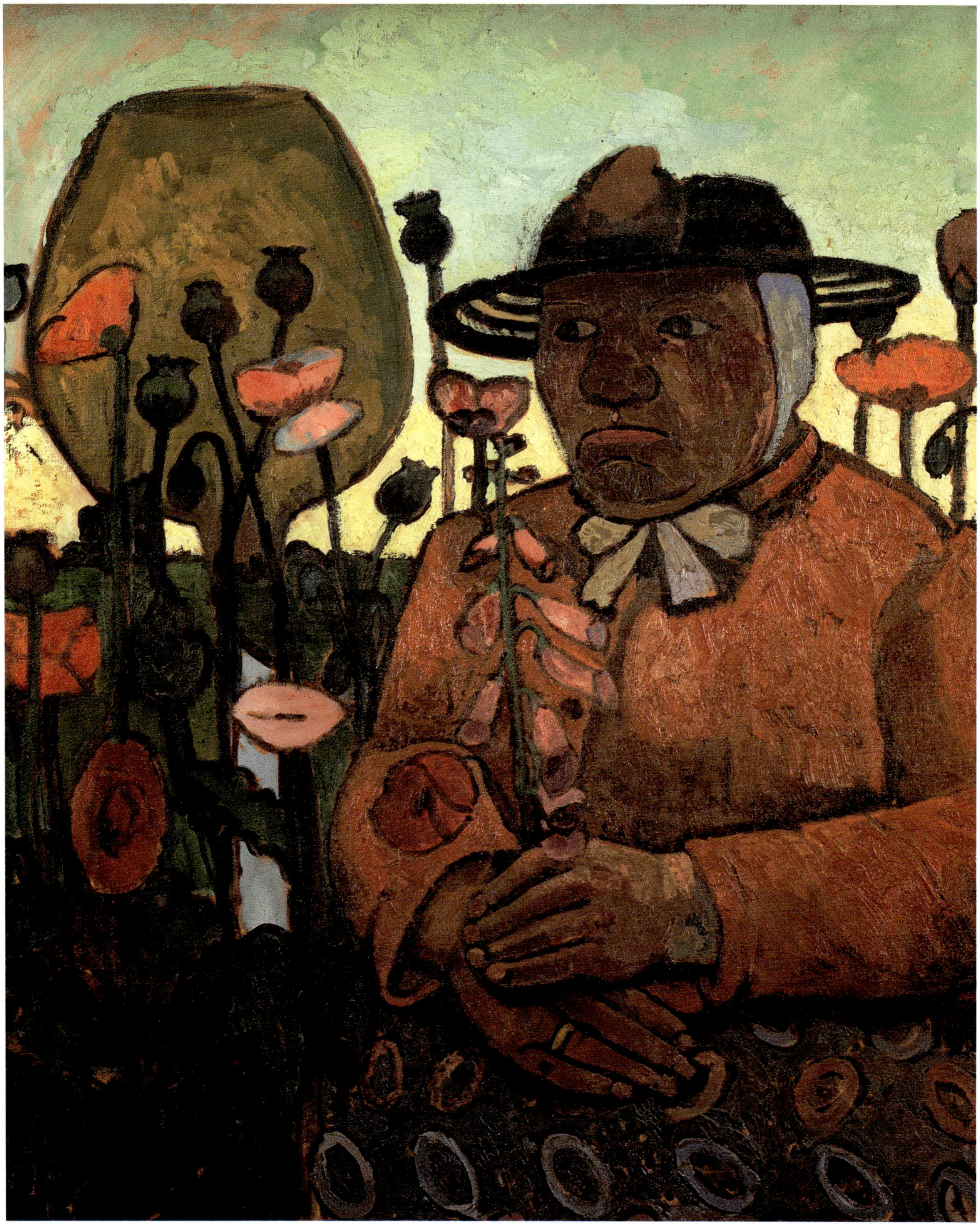

Paula Modersohn-Becker. * Dresden, 1876. † Worpswede, 1907. Alte Frau mit Glasflasche. 1907. Öl auf Leinwand. H 96 x B 80,2 cm. Ludwig Roselius Sammlung, Bremen.

Modigliani Amedeo

Akt

Das weibliche Modell lehnt sich in einen Stuhl in einem Raum, der keinerlei Ablenkung vom Wesentlichen erlaubt. Der Akt war Modiglianis Hauptthema, und das vorliegende Bild gilt als eines seiner schönsten Frauenbildnisse. Es ist gleichzeitig eines seiner frühesten Werke. Der hingebungsvolle und gelassene Ausdruck der jungen Frau verleiht dem Bild einen erotischen Charakter. Die gelängten und kantigen Formen und die fast bildhauerische Art des Gesichts sind typisch für die Malweise des Künstlers. Modigliani entwickelte seinen ganz eigenen Stil und gehörte keiner der zeitgenössischen Schulen so richtig an, obwohl er durchaus von Cézanne, dem Kubismus und afrikanischen Skulpturen beeinflußt war. Als Maler und Bildhauer erschöpfte sich Modigliani in einem atemberaubenden und verzehrenden, viel zu kurzen Leben. Als er noch nicht 36jährig an Tuberkulose starb, beging seine Geliebte Jeanne Hébuterne Selbstmord.

☛ Boucher, Brancusi, Cézanne, Foujita, Munch, Picasso

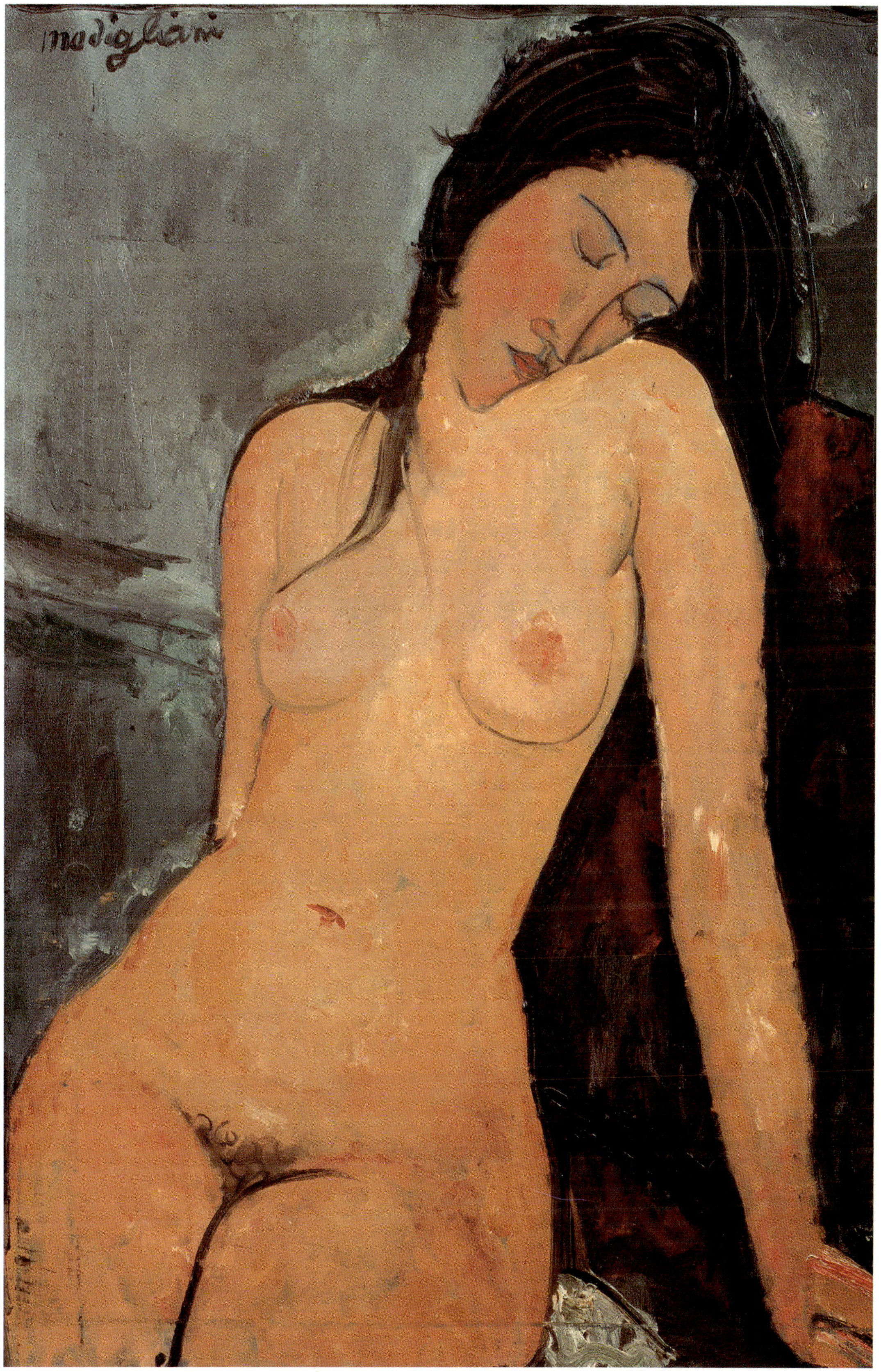

Amedeo Modigliani. * Livorno, 1884. † Paris, 1920. Akt. Um 1912. Öl auf Leinwand. H 92,1 x B 60 cm. Courtauld Institute Galleries, London.

Moholy-Nagy László CHX

Das Bild schafft die perfekte Illusion von im Raum verankerten Gegenständen. Der Künstler hat geometrische Figuren so in ein System einengender Gitterstrukturen gestellt, daß der Eindruck von Raum und Perspektive entsteht. Die Bedeutung des Bildes liegt in der Art und Weise, wie Licht und Farben eingesetzt sind, um Gegenstände in einem scheinbar unendlichen Raum zu bewegen. Beeinflußt von den Vorstellungen der russischen Konstruktivisten hat Moholy-Nagy seine geometrischen Formen aller schmückender Details entkleidet, um dadurch die Beziehungen zwischen Raum und Körper klarzulegen. Er probierte sich auf vielen künstlerischen Tätigkeitsfeldern und arbeitete als Designer, Fotograf, Filmemacher, Bildhauer, Schriftsteller und Bühnenbildner. Einen seiner bemerkenswertesten kommerziellen Erfolge erzielte er mit der Erzeugung von Spezialeffekten für Kordas Film »More Things to Come« (1936).

☛ Gabo, Lissitzky, Malevič, Rodchenko

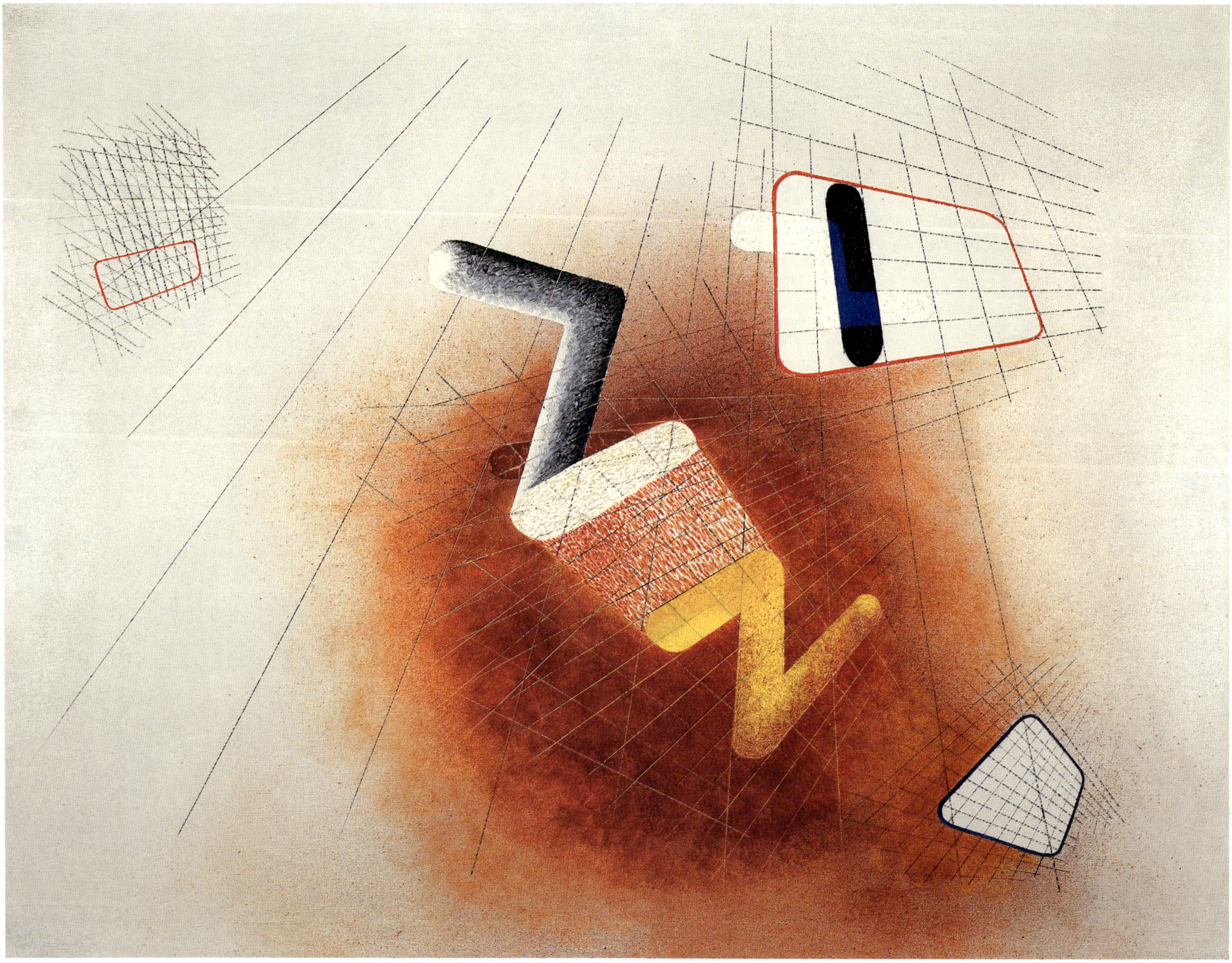

László Moholy-Nagy. * Bácsborsód, 1895. † Chicago, 1946. CHX. 1939. Öl auf Leinwand. H 76 x B 96,5 cm. Privatsammlung.

Mondrian Piet

Place de la Concorde

In einem die Fläche beherrschenden schwarzen Gitter sind kräftige Teilfelder aus Primärfarben so verteilt, daß sie dieses abstrakte Raster weiter unterteilen. Klarheit und Nüchternheit, die für Mondrians Werk so typischen Eigenschaften, werden noch verstärkt durch die farbenfrohen Quadrate und Rechtecke. Mit seiner Konzentration auf Genauigkeit und Ausgewogenheit veranschaulicht das Bild Mondrians Vorstellungen von nicht-figurativer Kunst. Dadurch, daß er die alten Schemata wie Dreidimensionalität und gekrümmte Linien ausscheidet, sollten Bilder aus einfachsten Elementen entstehen, die er für geistig geladen hielt. Die Verwendung von geraden Linien und reinen Farben war auch das vorrangige Anliegen der De Stijl-Bewegung, die Mondrian zusammen mit Van Doesburg gründete. Dieses 1938 in New York entstandene Bild hielt Mondrian für das vollkommenste Bild seines fünfzigjährigen Schaffens.

☛ Albers, Van Doesburg, Judd, Malevič, Rodchenko

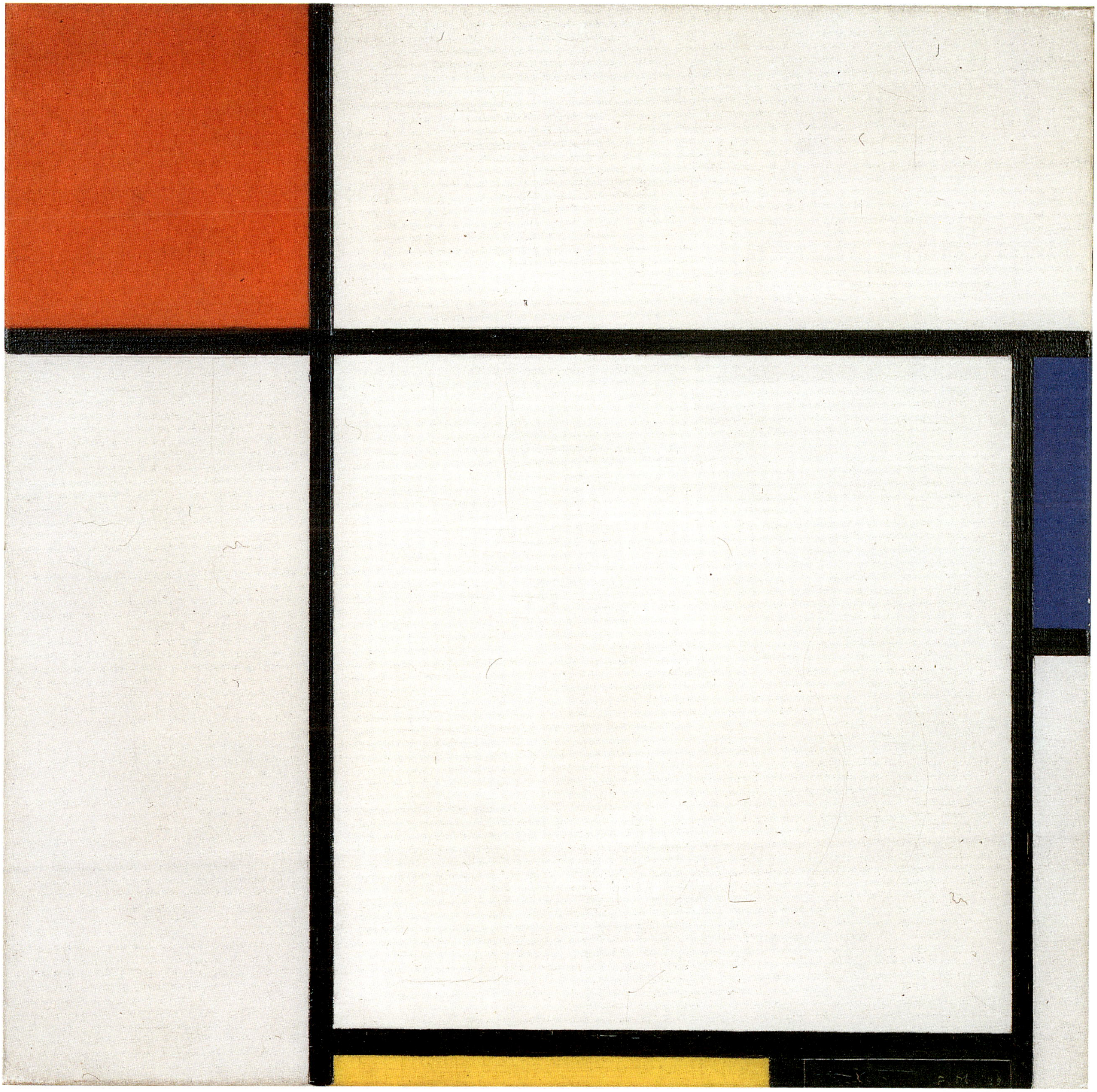

Piet Mondrian. * Amersfoort, 1872. † New York, 1944. Place de la Concorde.1938-43. Öl auf Leinwand. H 94 x B 94,5 cm. Dallas Museum of Art, Foundation for the Arts Collection, Dallas.

Monet Claude

Seerosenteich

Diese in verschwimmenden Farben und Reflexen schimmernde Landschaft ist luftig und lichtdurchflutet. Monet hat diese Wirkung erzielt, indem er seine Leinwand mit individuellen Pinselstrichen unterschiedlichster Farbe überdeckte. So schuf er eine glänzende Fläche aus Blaus, Rots und Grüns, die glitzern wie das Licht auf einer Wasseroberfläche. Als sich Monet seinen Wassergarten in Giverny einrichtete, tat er dies mit absichtsvollem Blick auf zukünftige Werke. Bis zu seinem Tode malte er dieses Motiv. Seine ersten Bilderserien vom Garten (1899-1900) geben die ständigen Variationen von Licht und Luft auf dem Seerosenteich wieder. Monet war einer der führenden Impressionisten, doch seine systematischen Versuche mit Farbe und Licht führten letztendlich zur gegenstandslosen Kunst. Cézanne sagte über ihn: »Er ist nur Auge, aber was für ein Auge!«

☛ Cézanne, Kupka, Pissarro, Seurat, Sisley, Turner

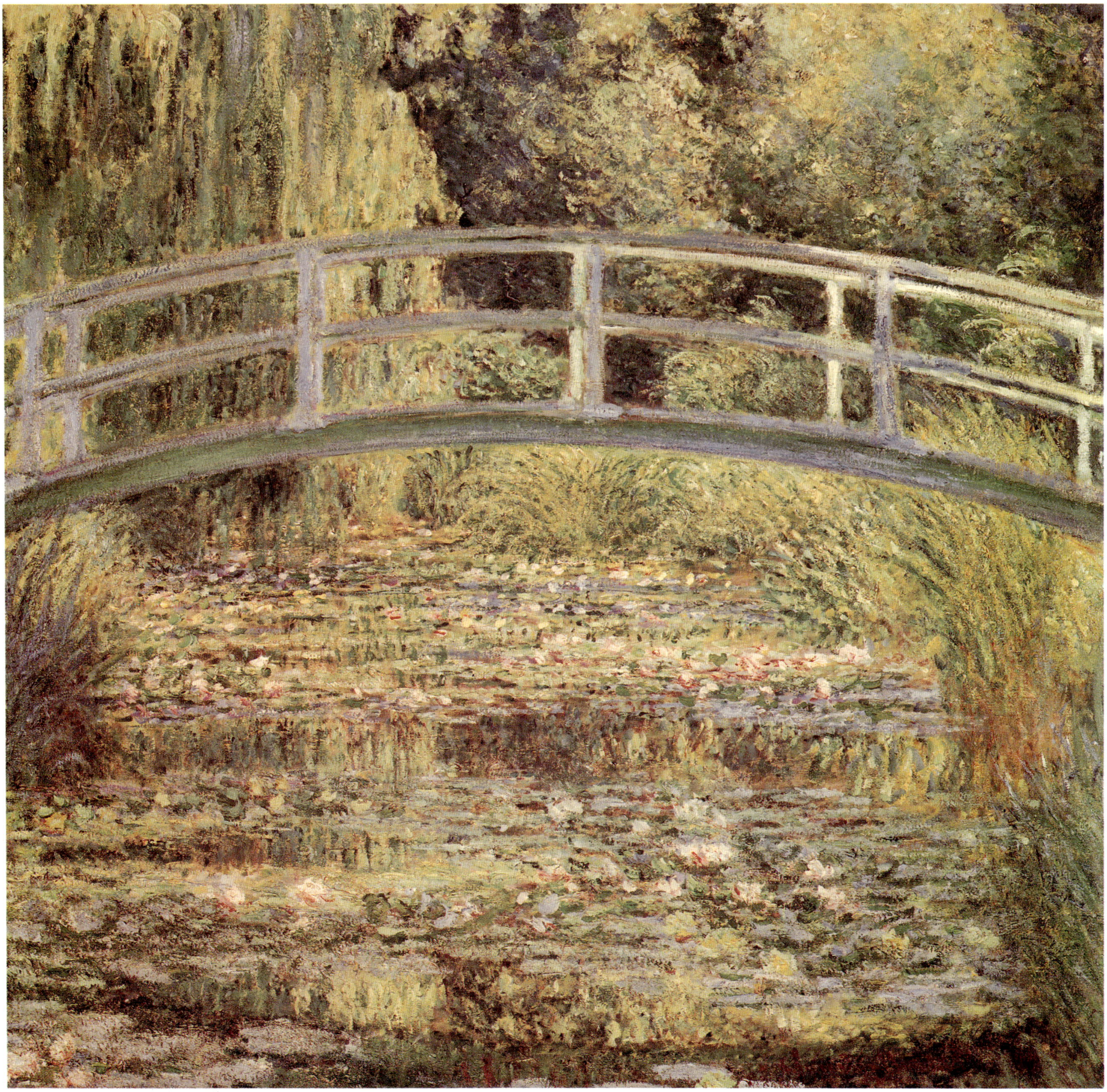

Claude Monet. * Paris, 1840. † Giverny, 1926. Seerosenteich. 1899. Öl auf Leinwand. H 88 x B 93 cm. National Gallery, London.

Moore Henry

Liegende

Monumental und fast urzeitlich scheint diese Figur mehr von den Kräften der Natur als von Menschenhand geschaffen. Halbabstrakt in der Form, suggerieren die sanft gerundeten Linien einerseits die Tätigkeit der Elemente, während andererseits die leichten Kurven und fließenden Konturen die Gestalt eines Frauenkörpers wachrufen. Moore war sehr beeinflußt von der afrikanischen und mexikanischen Volkskunst. Ob in Stein oder Holz, immer betonte Moore die natürlichen Gegebenheiten seines Materials, und er spiegelte in seinen kompakten Werken bewußt die Eigentümlichkeiten der Landschaft und des Steins wieder. Als Ergebnis davon sind seine einfachen, aber dichten Skulpturen von einer machtvollen Gegenwart. Ein besonderes Kennzeichen seiner Figuren oder Gruppen besteht in ihrer Durchbrechung. Viele von Moores Werken stehen vor wichtigen Gebäuden in Europa und Amerika.

☛ Bourdelle, Hepworth, Maillol, Manzù, Rodin

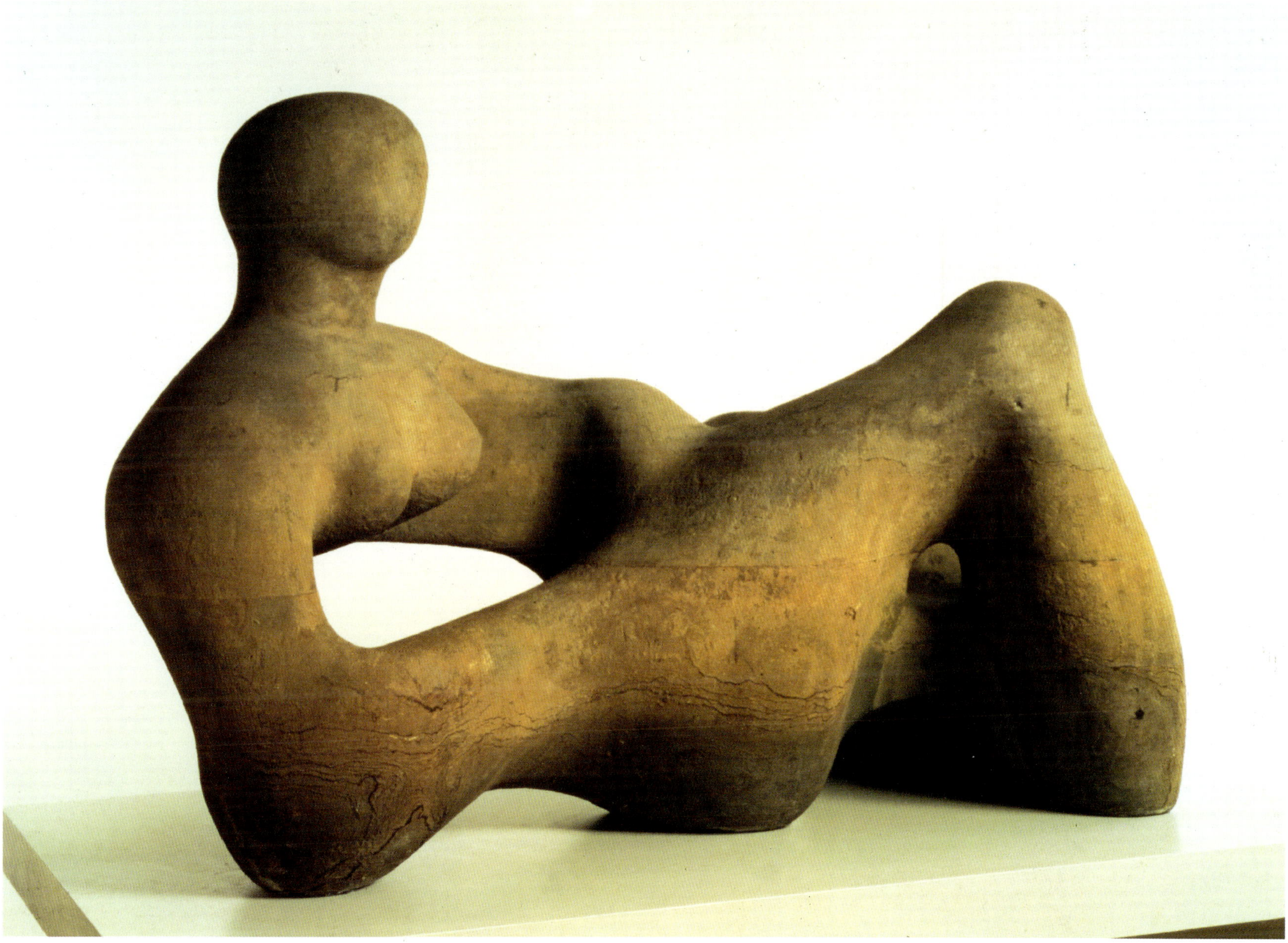

Henry Moore. * Castleford, 1898. † Much Hadham, 1986. Liegende. 1938. Grüner Horntonstein. H 88,9 x B 132,7 cm. Tate Gallery, London.

Morandi Giorgio

Stilleben

Wie entrückt und eingefangen in kühlen, nüchternen Tönen wird eine Ansammlung von Krügen, Bechern und Gefäßen vor einem neutralen Hintergrund gruppiert. Die Gegenstände erscheinen wie in einem Vakuum. Diese einfache und an sich vertraute Szene hat etwas Geheimnisvolles. Die harmonische Komposition und die fein abgestimmten Farben erzeugen meditative Ruhe. Morandi malte fast ausschließlich solche Stilleben mit Krügen und Flaschen. Er wollte die reine poetische Schönheit dieser Objekte mit seinen einfachen, aber machtvollen und kontemplativen Kompositionen ausdrücken. Nach anfänglichen Einflüssen von De Chirico zog sich Morandis introvertiertes und empfindsames Wesen vom damaligen Intellektuellenzauber seiner Kollegen zurück in die einfache Dingwelt. Diese Aura der Meditation verbindet Morandi, der auch wunderschöne Radierungen schuf, mehr mit vergangenen Zeiten: z. B. mit Chardin und Cézanne.

☛ Cézanne, Chardin, De Chirico, Nicholson, De Staël

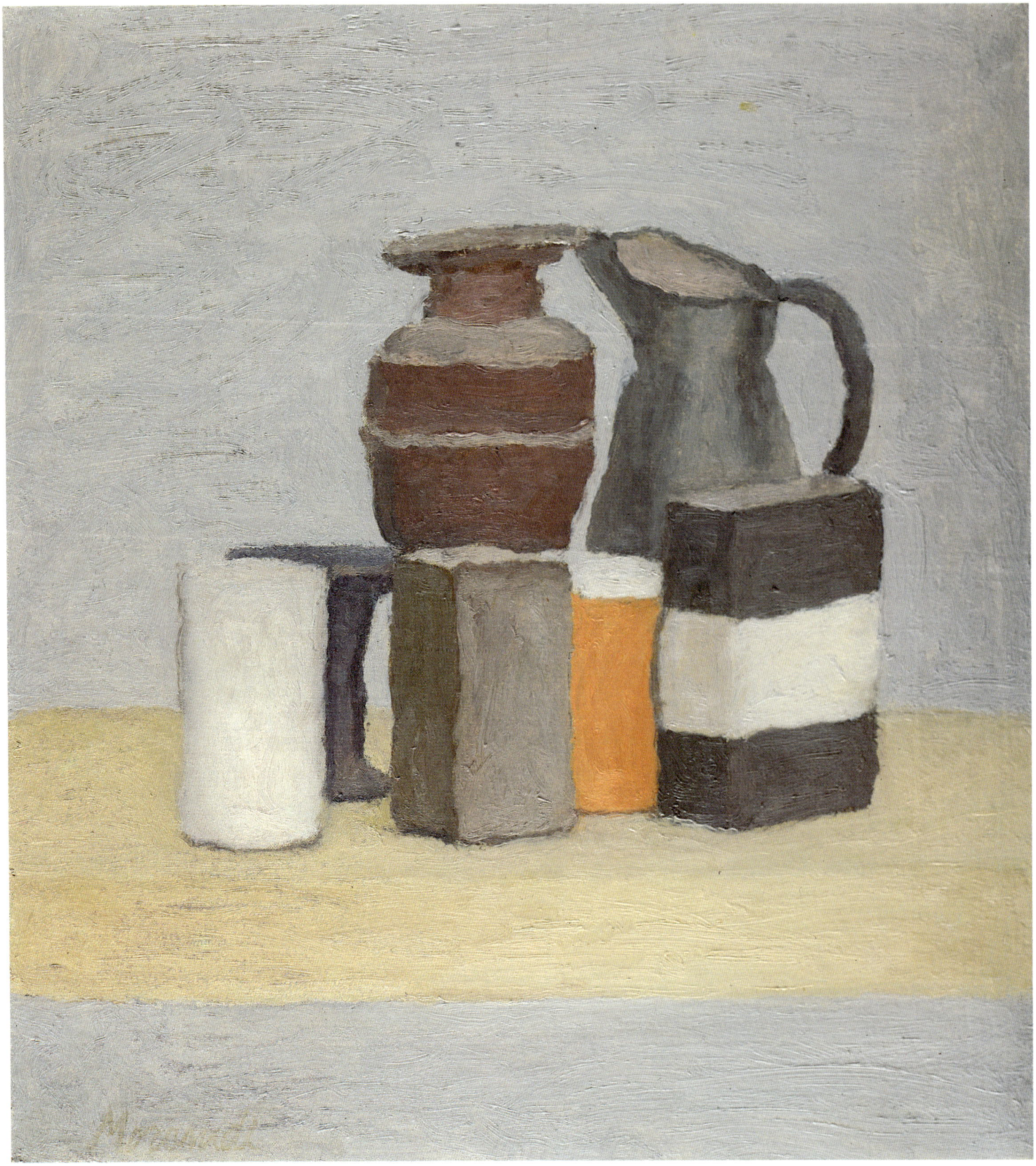

Giorgio Morandi. * Bologna, 1890. † Bologna, 1964. Stilleben. 1960. Öl auf Leinwand. H 38 x B 33,5 cm. Privatsammlung.

Moreau Gustave

Galathea

Eine reizende nackte Nymphe sitzt gelangweilt in einer exotischen Grotte, die fantastisch ausgestattet ist mit Anemonen, Korallen und anderen Blumen. Sie wird von einem unheimlichen, dreiäugigen Riesen beobachtet. Das Bild erzählt die griechische Sage von der unerwiderten Liebe des Zyklopen Polyphem zu der Nereide Galathea. Die vielfarbigen Myriaden von Unterwasserblumen und die weiche Ausführung geben dem Bild eine verzauberte Note und etwas Traumhaftes. Moreau gehörte zum Kreis der Symbolisten, die sich vom objektiven Naturalismus der Impressionisten abwandten. Sie bezogen ihre Anregungen aus der Literatur und der Mythologie. Wie in diesem Bild benutzten sie Farbe und Form, um Inhalte auszudrücken, statt lediglich Objekte zu beschreiben. Von Moreaus Zeitgenossen wurden vor allem seine Aquarelle hoch geschätzt.

☛ Bonnard, Klimt, Modigliani, Mucha, Redon, Vuillard

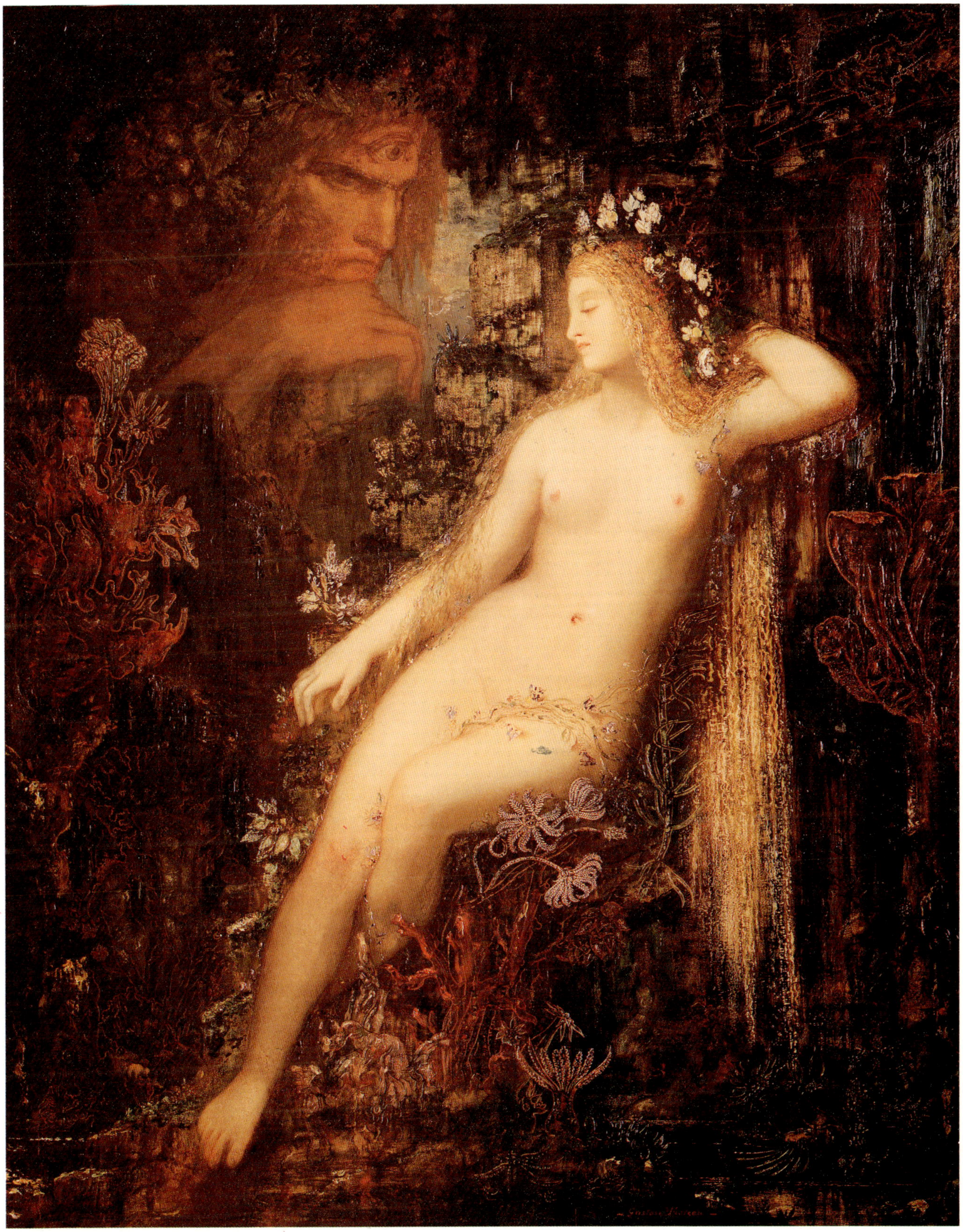

Gustave Moreau. * Paris, 1826. † Paris, 1898. Galathea. 1880. Öl auf Holz. H 85 x B 67 cm. Privatsammlung.

Morisot Berthe

Die Wiege

Eine junge Mutter wacht hingebungsvoll über ihr schlafendes Kind in der Wiege. Die Zartheit und Liebe in diesem Bild wurde nicht nur durch die Anordnung der beiden Figuren, sondern auch durch die feinen Farbharmonien und den empfindsamen Pinselduktus erzielt. Die feinfühlige Behandlung der Stoffe, wie etwa der durchsichtige Schleier über dem Kinderbett und der Satinvorhang hinter der Frau, erhöhen die Intimität der Szene. Morisot war die Urenkelin des Rokokomalers Fragonard und Schülerin von Manet, der ihr Schwager wurde. Ihm verdankt das besondere Licht und die Direktheit dieser Darstellung viel. Später folgte Morisot mehr dem Vorbild Renoir. Obwohl sie oft zusammen mit den Impressionisten ausstellte, behielt sie in ihrem Schaffen eine ganz eigene weibliche Feinfühligkeit bei.

☛ Cassatt, Corot, John, Manet, Renoir, Reynolds

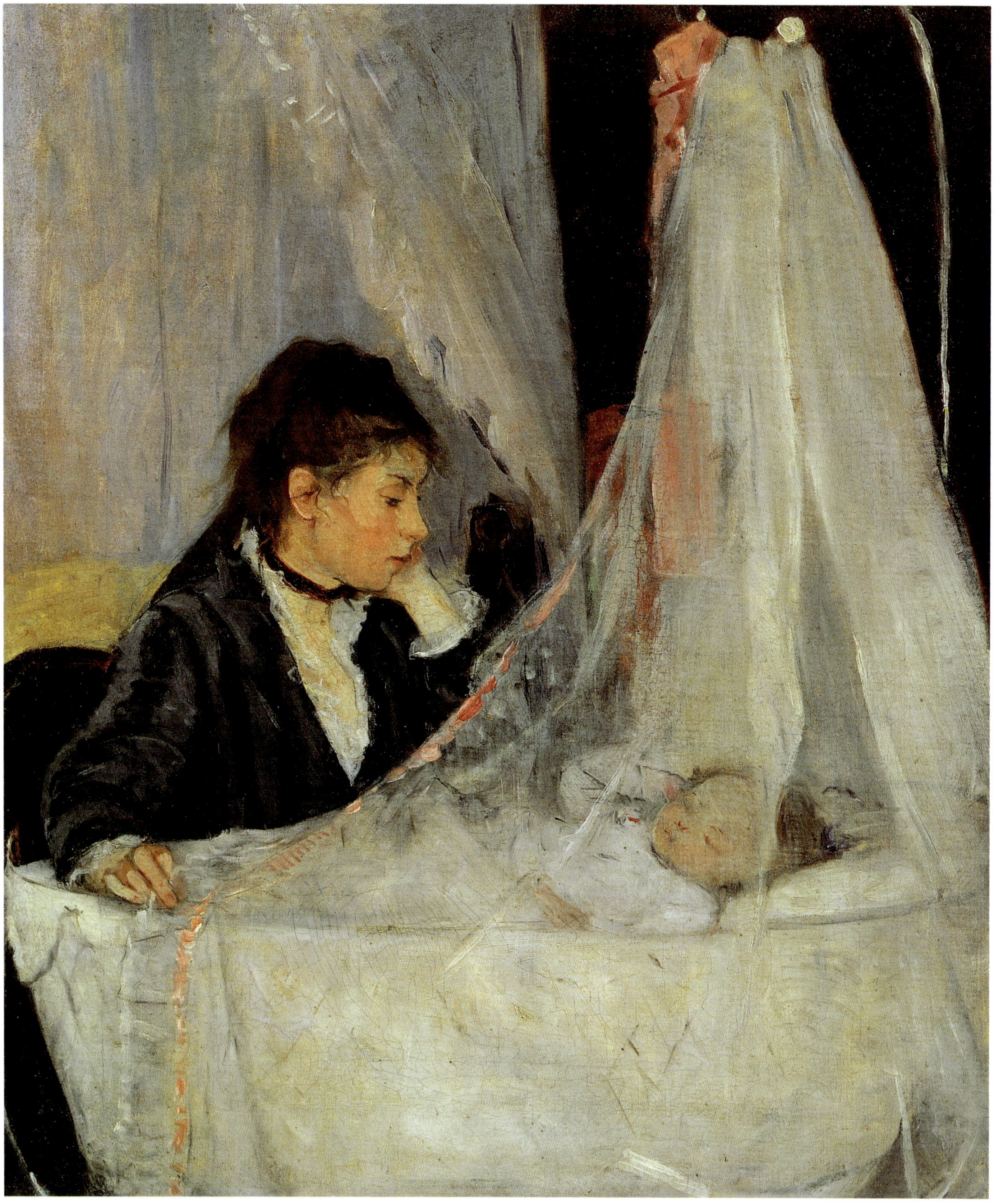

Berthe Morisot. * Bourges, 1841. † Paris, 1895. Die Wiege. 1872. Öl auf Leinwand. H 56 x B 46 cm. Musée d'Orsay, Paris.

Moroni Giovanni Battista

Bildnis des Herzogs von Albuquerque

Prächtig und königlich hat Moroni diesen Mann in all seiner pomphaften Würde und luxuriösen Kleidung eingefangen. Er trägt das Schwert als Zeichen seiner Bereitschaft, die Ehre seiner Familie und seiner Stadt zu verteidigen. Diese ritterliche Haltung wird weiter dokumentiert durch ein beherrschtes und stolzes Gebaren und ebenso durch die Wandinschrift: »Hier steh ich ohne Furcht, und der Tod schreckt mich nicht!« Es ist ein vertrauliches Bildnis, das treffenden Realismus mit des Künstlers Vorlieben für eine subtile Farbigkeit und üppige Effekte vereint, die er von Meistern wie Giorgione und Tizian übernahm. Ohne unnötige Hintergrunddetails hebt die einfache Komposition das Modell hervor. Moronis herausragende Fähigkeit in der Herstellung lebensgroßer Porträts machte ihn zum führenden Künstler dieses Bildtyps im 16. Jahrhundert.

☛ Dossi, Giorgione, Kneller, Lotto, Tizian

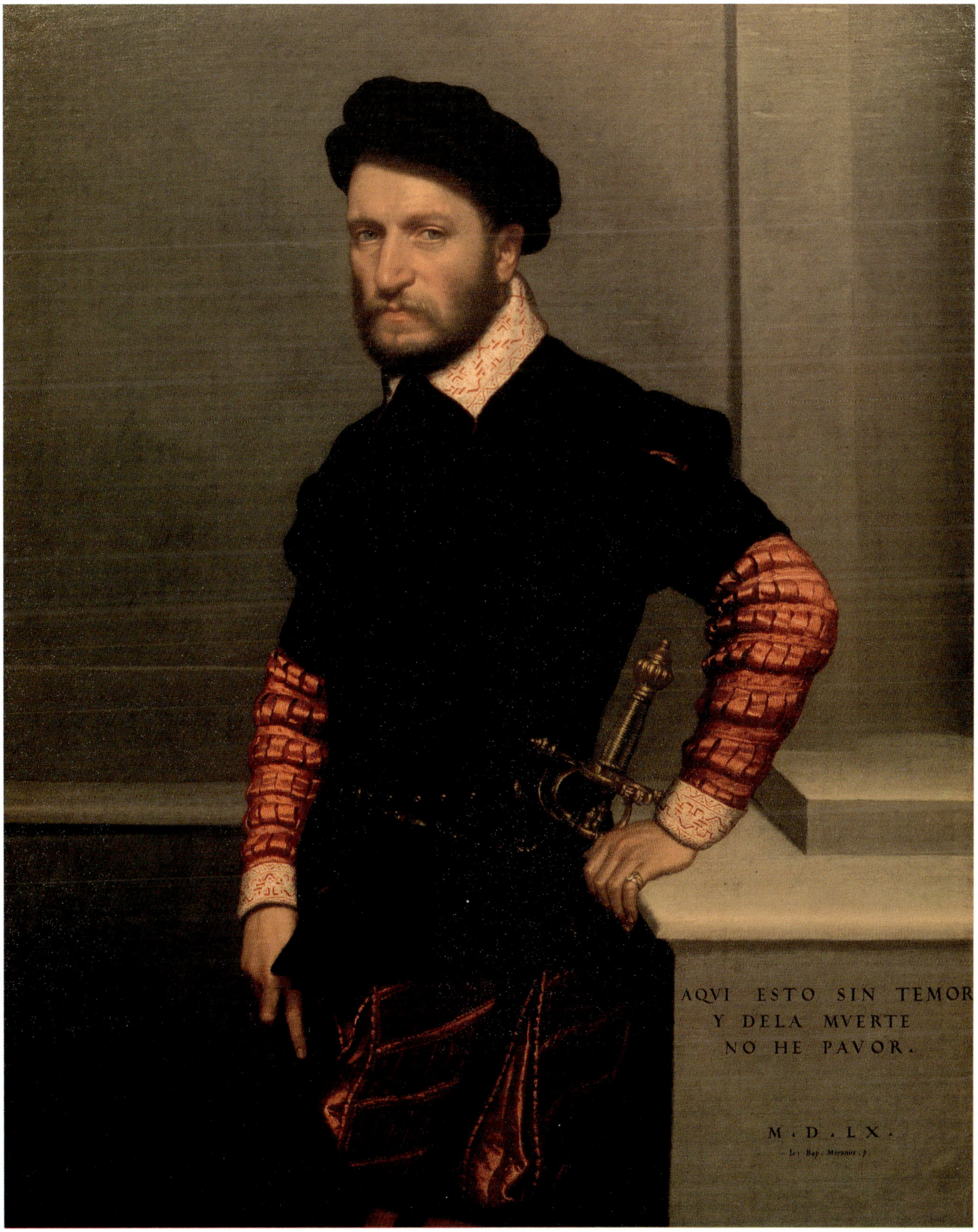

Giovanni Battista Moroni. * Albino, um 1525. † Bergamo, 1578. Bildnis des Herzogs von Albuquerque. 1560. Öl auf Leinwand. H 116 x B 86 cm. Privatsammlung.

Motherwell Robert

Elegie auf die Spanische Republik Nr. 134

Mit schwarzer Farbe sind breite, massige Formen auf die blanke Leinwand aufgetragen. Diese gedrungenen Formen haben unterschiedliche Interpretationen ausgelöst – vom phallischen Symbol bis zur Musiknote –, aber keine konnte letztendlich überzeugen. Der Wert des Bildes liegt darin, solche Assoziationen auszulösen. Wie der Titel schon sagt, gehört das Bild zur Serie der »Elegien zum Spanischen Bürgerkrieg«. Es wurde eins von Motherwells berühmtesten Bildern. Mit der Malerkollegin Frankenthaler war Motherwell einer der führenden Vertreter des Abstrakten Expressionismus. Seine Spontaneität im Technischen und seine Betonung der formalen und nicht erzählenden Werte sind typisch für das Anliegen der Gruppe. Motherwell schuf auch zahlreiche Zeichnungen, Graphiken und originelle Collagen aus bemalter Wellpappe.

☛ Flavin, Frankenthaler, Kline, Louis, Ryman, Soulages

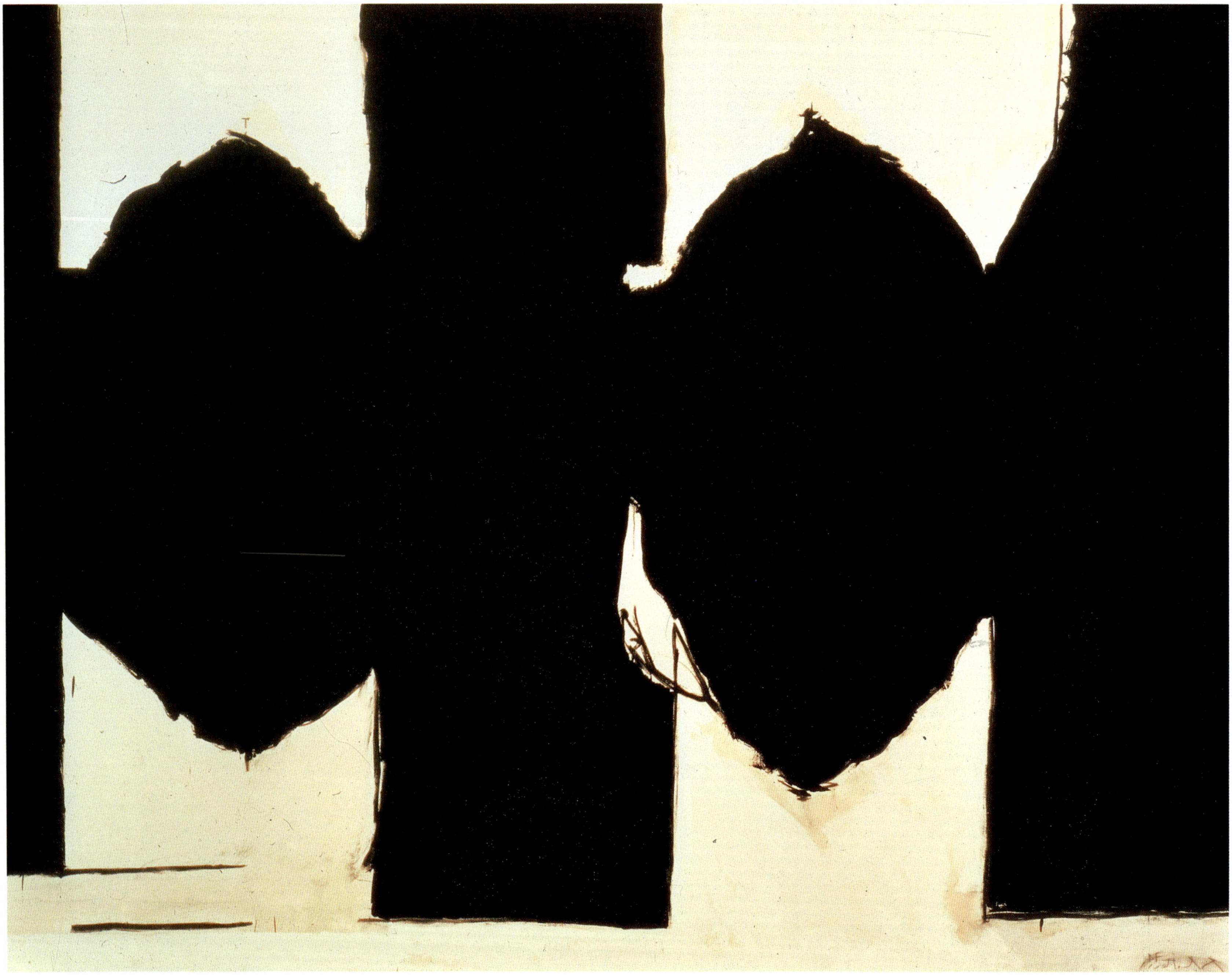

Robert Motherwell. * Aberdeen, 1915. † Cape Cod, 1991. Elegie auf die Spanische Republik Nr. 134. 1974. Acryl auf Leinwand. H 237,5 x B 300 cm. Graham Gund Collection, Cambridge.

Meister von Moulins

Marienkrönung

Die in höfisch elegante, rote und blaue Samtbrokate gekleidete Maria ist allseitig von Engeln umgeben. Hinter ihr tut sich ein fast abstrakter, kreisförmiger Himmel auf. Ihr Thron steht auf einer liegenden Mondsichel. Die technische Perfektion des Meisters wird in der juwelenbesetzten Krone erkennbar. Das makellos schöne Madonnengesicht hat lyrisches Format. Der hoch versierte, aber namentlich nicht bekannte Meister dürfte sich seine stärksten Anregungen bei Van der Goes geholt haben. Die Engel sind aber eher italienisch als flämisch empfunden. Nach seinem Hauptwerk, dem Marientriptychon in der Kathedrale von Moulins, ist der Meister benannt. Da über Herkunft und Leben des Meisters überhaupt nichts bekannt ist, entstanden viele Theorien über seine Identität. Möglicherweise war er Hofmaler des französischen Königs Karl VIII. Aber nicht einmal das ist sicher.

☛ Van Eyck, Van der Goes, Fra Filippo Lippi, Van der Weyden

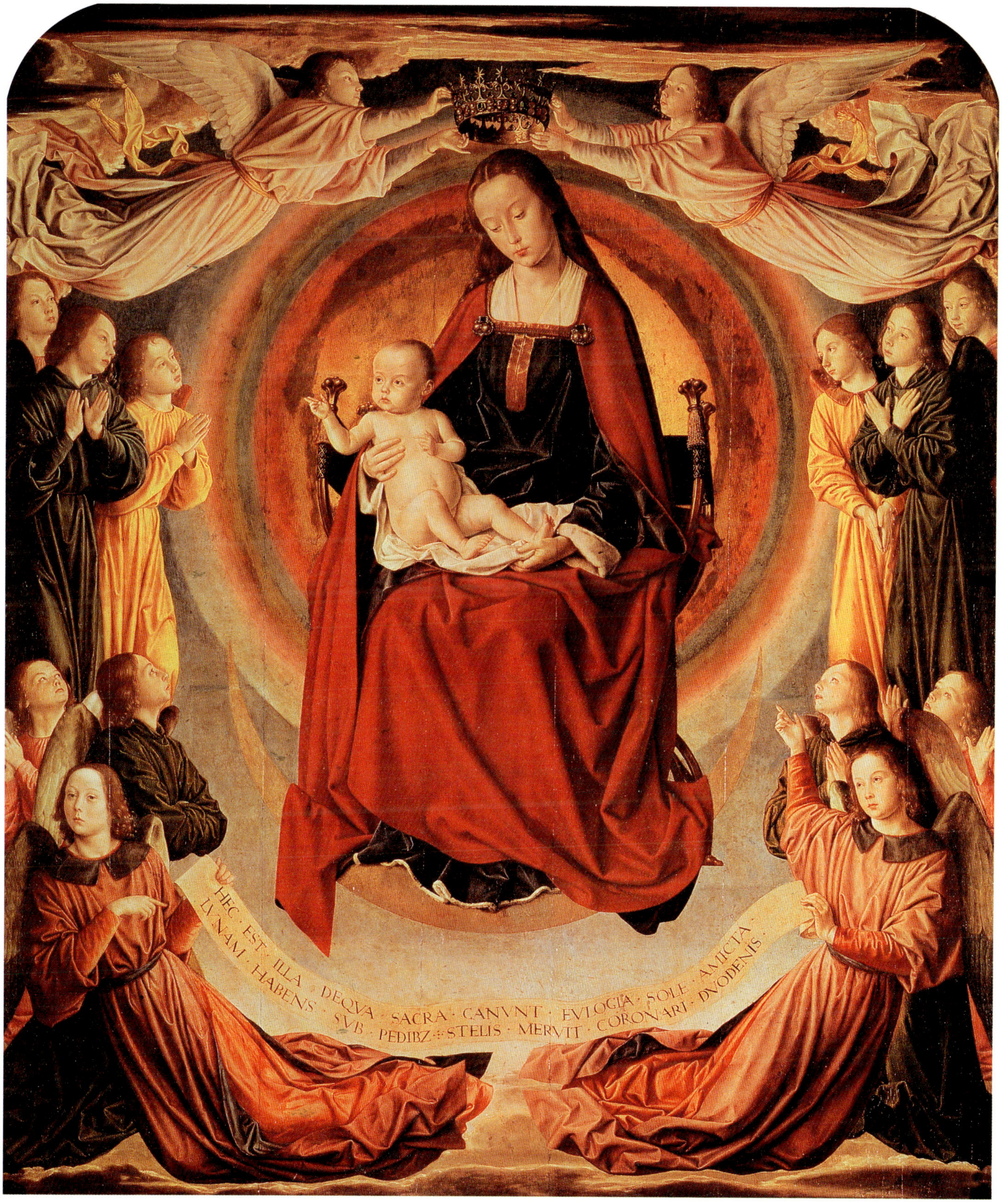

Meister von Moulins. Tätig von 1480 bis 1500. Marienkrönung. Um 1500. Öl auf Holz. H 157 x B 142 cm. Notre Dame, Moulins.

Mucha Alfons

La Trappistine

Edel und vergeistigt wie Jeanne d'Arc, aber sinnlich provokant, steht eine traumhafte Verführerin da, mit der linken Hand an einer Likörflasche. Die runde Dekoration hinter ihrem Kopf erscheint wie ein Heiligenschein und verleiht der Verführerin die Schönheit einer Göttin. In geschwungenen Linien gezeichnet und mit blassen, wässrigen Tönen koloriert, vertritt das Plakat die stilistische Eleganz des Jugendstils, für den Mucha ein wichtiger Vertreter war. Die Jugendstilkünstler versuchten, alle Kunstgattungen in eine dekorative Einheit aus anmutigen eleganten Linien einzubinden. Mucha trug wesentlich dazu bei, Schlüsselmotive dieses Stils populär zu machen, z. B. Wogen aus fließendem Haar und Blumen auf schlanken, gewundenen Stielen. Als Graphiker entwarf Mucha Schmuck, farbige Glasfenster, Möbel, Bühnenbilder und Kostüme. Nach erfolgreichen Jahren in Paris kehrte er im Jahre 1910 in seine böhmische Heimat zurück.

☛ Klimt, Moreau, Munch, Toulouse-Lautrec

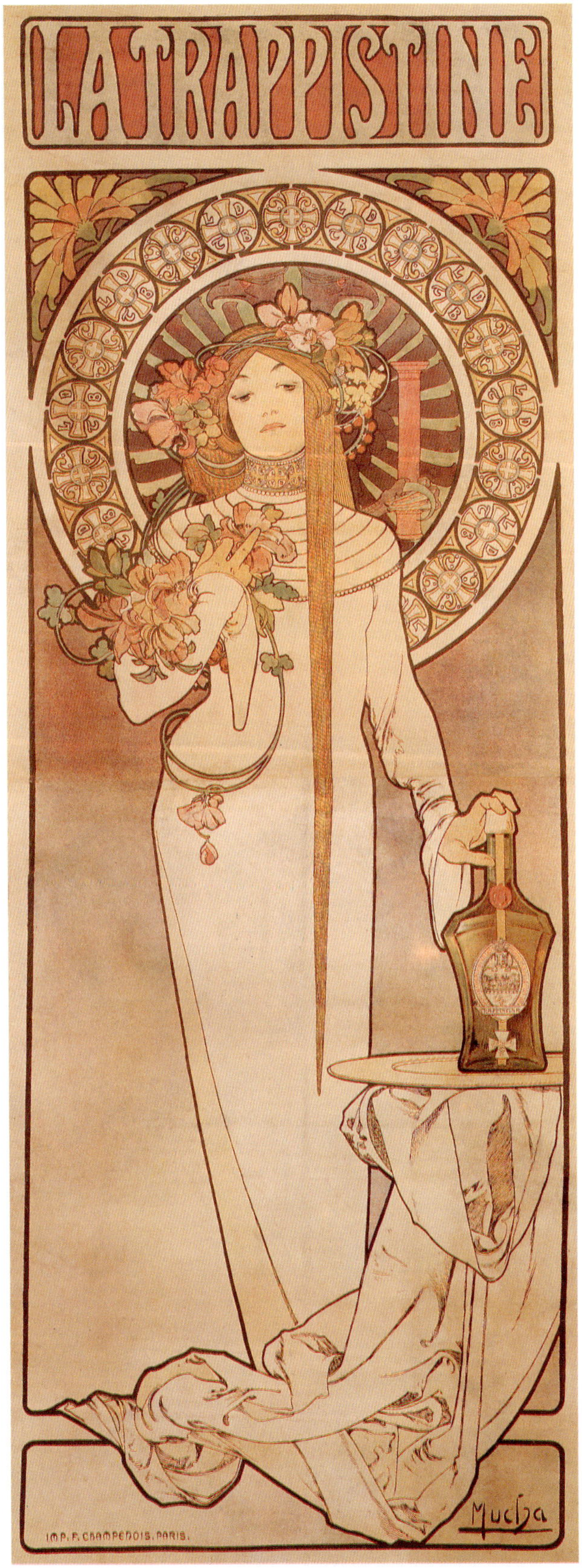

Alfons Mucha. * Ivančice, 1860. † Prag, 1939. La Trappistine. 1897. Lithographie. H 206 x B 77 cm. Suntory Ltd. Collection, Osaka.

Munch Edvard

Madonna

Mit einer seltsamen Sinnlichkeit zieht uns dieses überaus weltliche Bild der Madonna an, die sich in kühner Preisgabe darbietet. Unbehaglich provokativ verströmt sie eine herausfordernde Sexualität, doch schwingt da unterschwellig in ihrem tiefschwarzen Haar und ihren dunklen Augen noch etwas Tragisches mit. Der kreisende und bewegte Hintergrund verrät eine verunsicherte Seele. Munchs eigenes Leben war geprägt von Tod, Krankheit und psychischen Krisen. Der gebürtige Norweger begann eine ganz traditionelle Malerausbildung. Bald interessierte er sich für Van Gogh und Gauguin. Doch statt der Außenwelt versuchte er mit seiner Kunst seine innersten Gefühle auszudrücken. Ihre ungestüme Kraft und siedende Leidenschaft machten Munchs Bilder zu Vorläufern des Expressionismus, der in gefühlsbetonten Verformungen und grellen Farben sein höchstes Ausdrucksmittel sah.

☛ Bernini, Gauguin, Van Gogh, Kokoschka, Modigliani

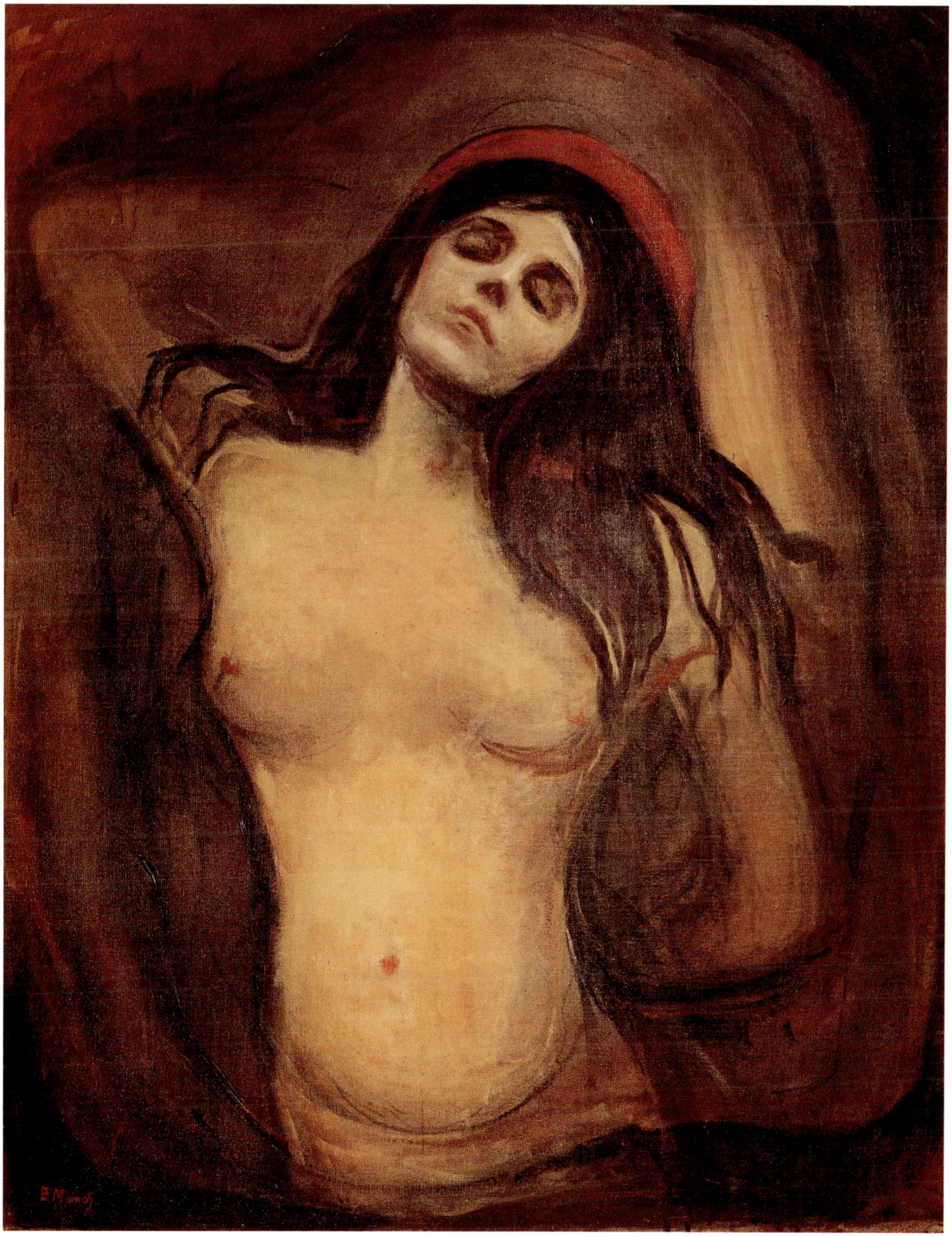

Edvard Munch. * Lote, 1863. † Oslo, 1944. Madonna. 1894/95. Öl auf Leinwand. H 91 x B 71 cm. Nasjonalgalleriet, Oslo.

Murillo Bartolomé Esteban

Die Unbefleckte Empfängnis aus dem Escorial

Diese Darstellung Mariens im Himmel ist ein visionäres Bild von tiefer Gläubigkeit. Es wurde vom Hospital de los Venerables Sacerdotes in Sevilla in Auftrag gegeben. Die weiche Pinselführung und das freundliche, reiche Kolorit, alles getaucht in ein lebensfrohes Licht, verleihen der Komposition Leichtigkeit. Wie eine Aureole umschwirren verspielte Putten die Madonna. Im Aufbau folgt die Komposition den Vorstellungen der spanischen Kunsttheoretiker des 17. Jahrhunderts, aber die Malerei selbst wird von Murillos eigenem Verlangen nach geistiger Anbetung beflügelt. Verglichen mit dem harten, manchmal brutalen Realismus und der aufgebrachten Emotion seiner spanischen Vorgänger Ribera und Zurbarán, ist Murillos Malweise zarter und gefühlvoller. Erinnerungen an Correggio drängen sich auf. Murillos Werke fanden überall großen Anklang und wurden bis ins 19. Jahrhundert kopiert.

☛ Andrea del Sarto, Correggio, Ribera, Velázquez, Zurbarán

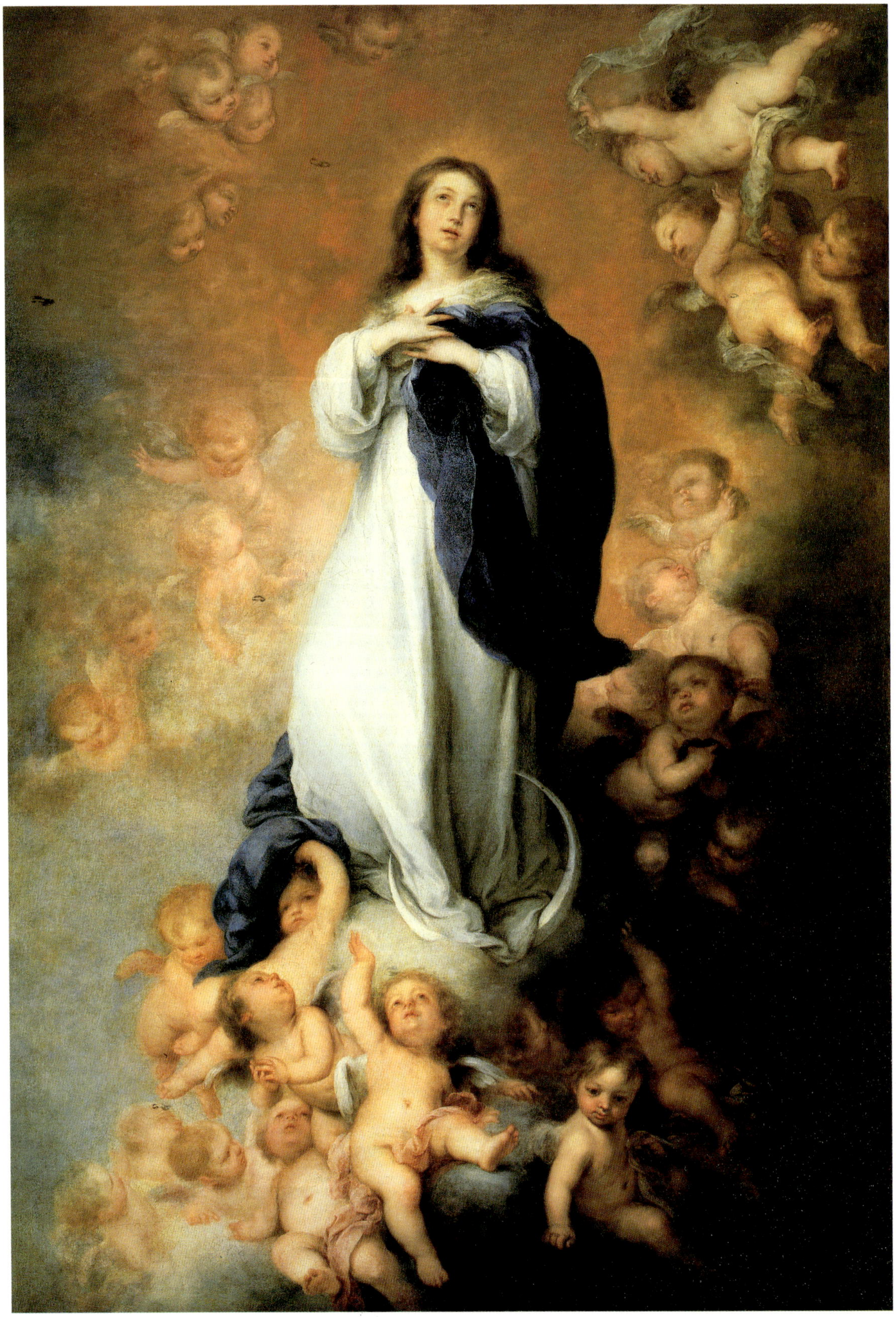

Bartolomé Esteban Murillo. * Sevilla, 1618. † Sevilla, 1682. Die Unbefleckte Empfängnis aus dem Escorial. Um 1678. Öl auf Leinwand. H 274 x B 190 cm. Museo del Prado, Madrid.

Nash Paul

Totes Meer

Das gespenstische Bild einer weiten, unbewegten See aus Schrott ist eine imaginäre und visionäre Umwandlung einer Fotoserie, die der Künstler in einer Grube mit deutschen Flugzeugwracks bei Oxford aufgenommen hat. Flügel, Räder und Rumpfteile sind in diesem Metallschlachtfeld erkennbar. Fahles Mondlicht verwandelt die Szenerie in eine grausige Stimmung von Tod und Zerstörung. Es ist eine von Nashs bezwingendsten Stellungnahmen als offizieller Kriegsmaler im 2. Weltkrieg: Tragödie und Triumph dieser schmerzlichen und siegreichen Jahre. Trotz seiner Beziehungen zum Surrealismus blieb Nash ein Maler von visionären Landschaften. Die packende Botschaft seiner Werke stellt eine Verbindung zur Neoromantik der 30er und 40er Jahre her. Die Liste seiner Werke schließt Stiche, Buchillustrationen, Industriedesign und Fotografie mit ein.

☛ Bomberg, Burra, Friedrich, Lewis, Wadsworth

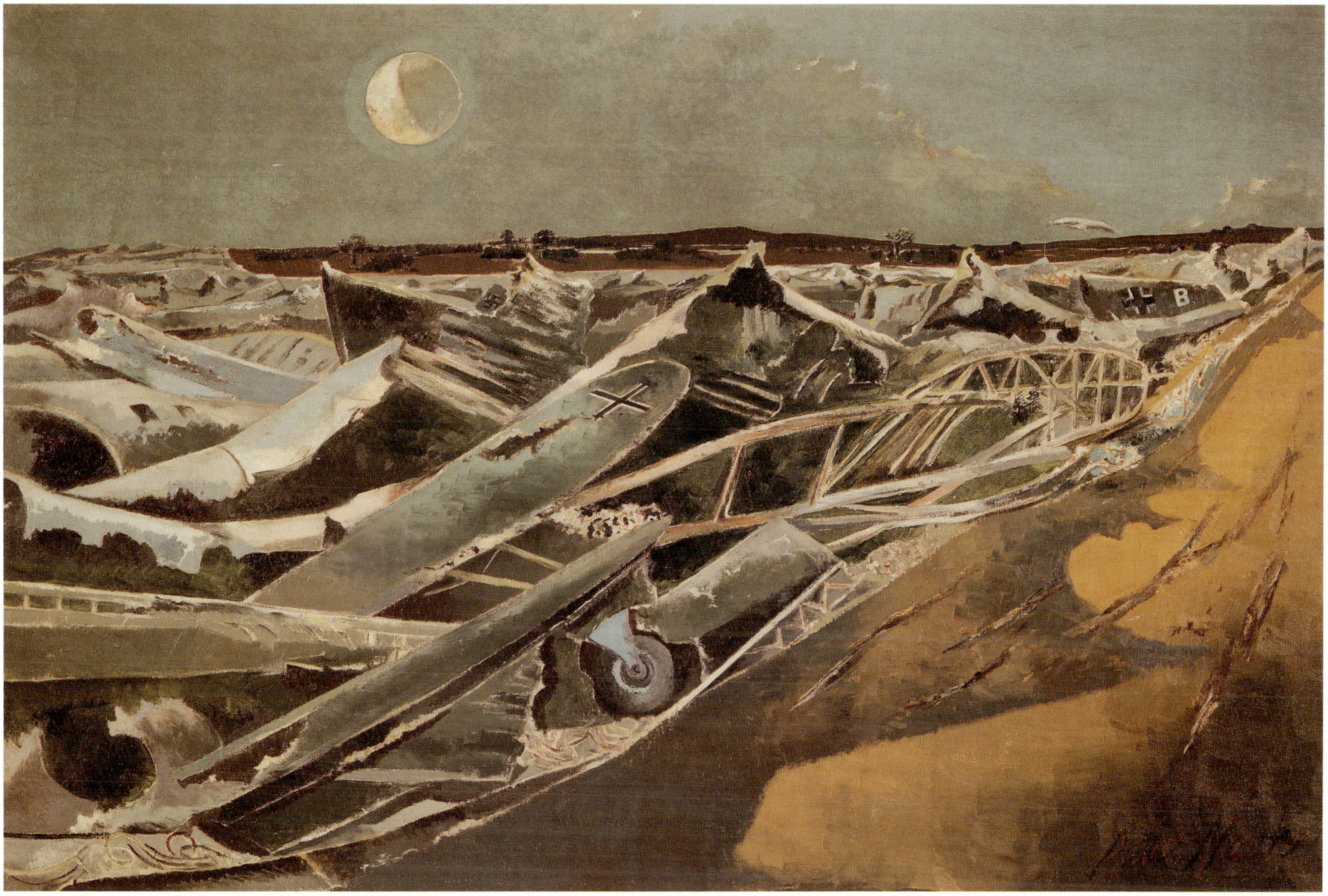

Paul Nash. * London, 1889. † Boscombe, 1946. Totes Meer. 1940/41. Öl auf Leinwand. H 101,6 x B 152,4 cm. Tate Gallery, London.

Nauman Bruce

Leben, Tod, Wissen weiß nichts

In kühnen farbigen Großbuchstaben sind Worte aus Neonlicht geschrieben. Ein Gefühl von Wunder und Verzauberung wird durch das Medium und durch die Worte selbst erzeugt: Die Botschaften erscheinen geheimnisvoll wie vom Himmel ausgesandte Richtersprüche, die in willkürlichen Abständen aufleuchten und verlöschen. Die einander überlappenden Wörter, die sich gegenseitig widersprechen, können als Symbol für die Vieldeutigkeit der menschlichen Kommunikation und die unterschiedliche Art und Weise, wie unsere Welt erfahren wird, stehen. Der Gebrauch von Zeichen und Symbolen zum Transport von Inhalten und Botschaften war seit dem Mittelalter ein verbreiteter Zug in der Kunst nördlich der Alpen. Nauman stellte sie hier in reiner Form und frei von schmückendem oder erläuterndem Beiwerk dar. Das Kunstwerk selbst wird zur Botschaft.

☛ Beuys, Flavin, Merz, Oldenburg, Viola

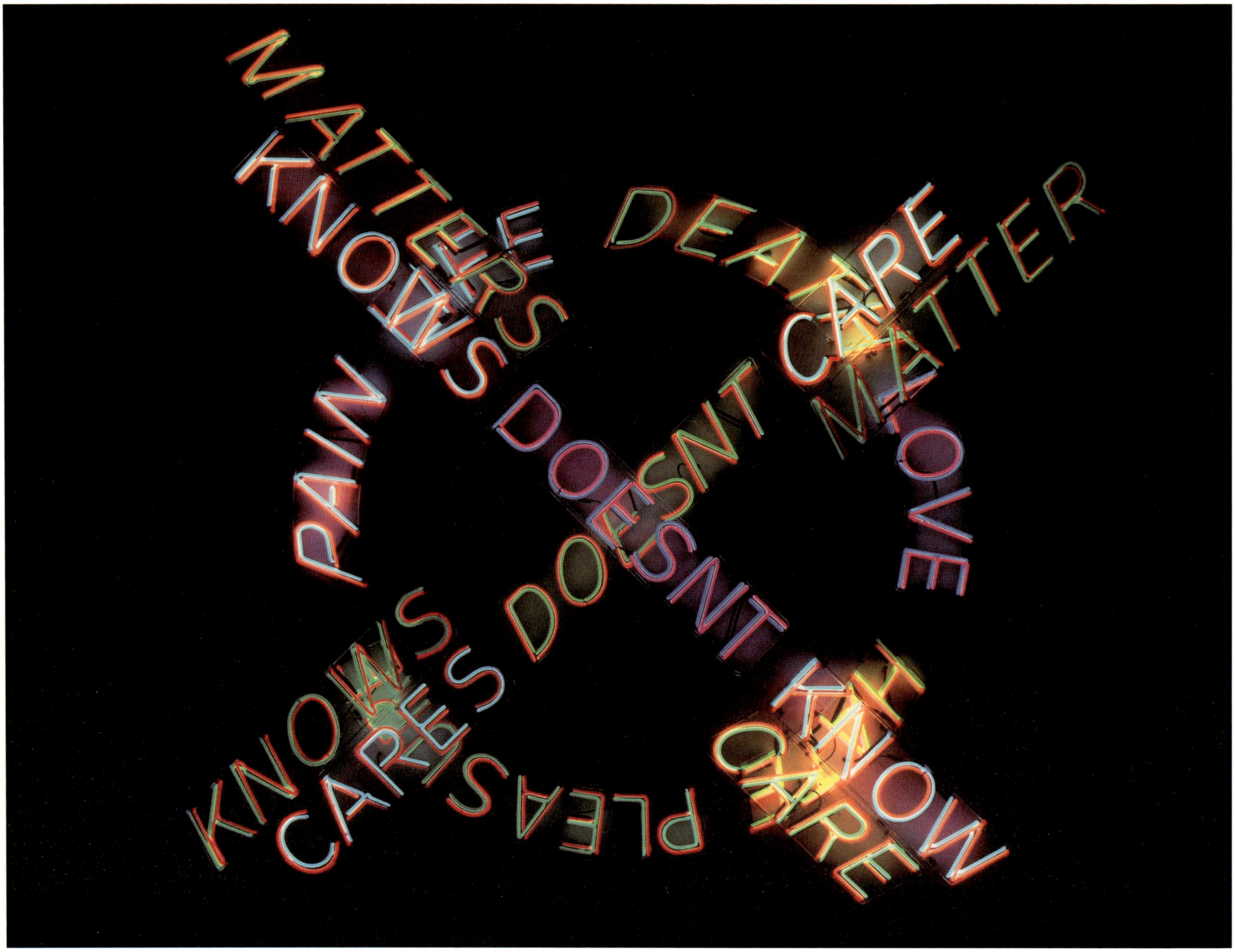

Bruce Nauman. * Fort Wayne, 1941. Leben, Tod, Wissen weiß nichts. 1983. Neonröhren und Glasplatten. Ø 203,2 cm. Anthony d'Offay Gallery, London.

Newman Barnett

Zusammenfinden

Streng in seiner Zurückhaltung und unmittelbar in seiner Schlichtheit wird ein flaches rotes Feld durch zwei vertikale Streifen, einen braunen und einen gelben, geteilt und geordnet. Herkömmliche Maltechniken wurden fallengelassen, um zwischen den asymmetrischen glatten Farbblöcken eine Spannung zu erzeugen. Die Anordnung der Streifen animiert den Betrachter, sich auf die räumliche Dimension reiner Farben zu konzentrieren; sie öffnen die vor uns liegende Bildebene. Diese Streifen, als Reißverschlüsse bekannt, wurden ein Kennzeichen von Newmans Stil. Sie machten ihn zum Superminimalisten des amerikanischen Abstrakten Expressionismus. Newman suchte eine mystische Abstraktion; beachtenswert ist die subtile Geistigkeit und der Mystizismus seiner Bilder. Er hatte großen Einfluß auf die jungen Maler der 60er Jahre.

☛ Flavin, Judd, Reinhardt, Rothko, Ryman, Serra

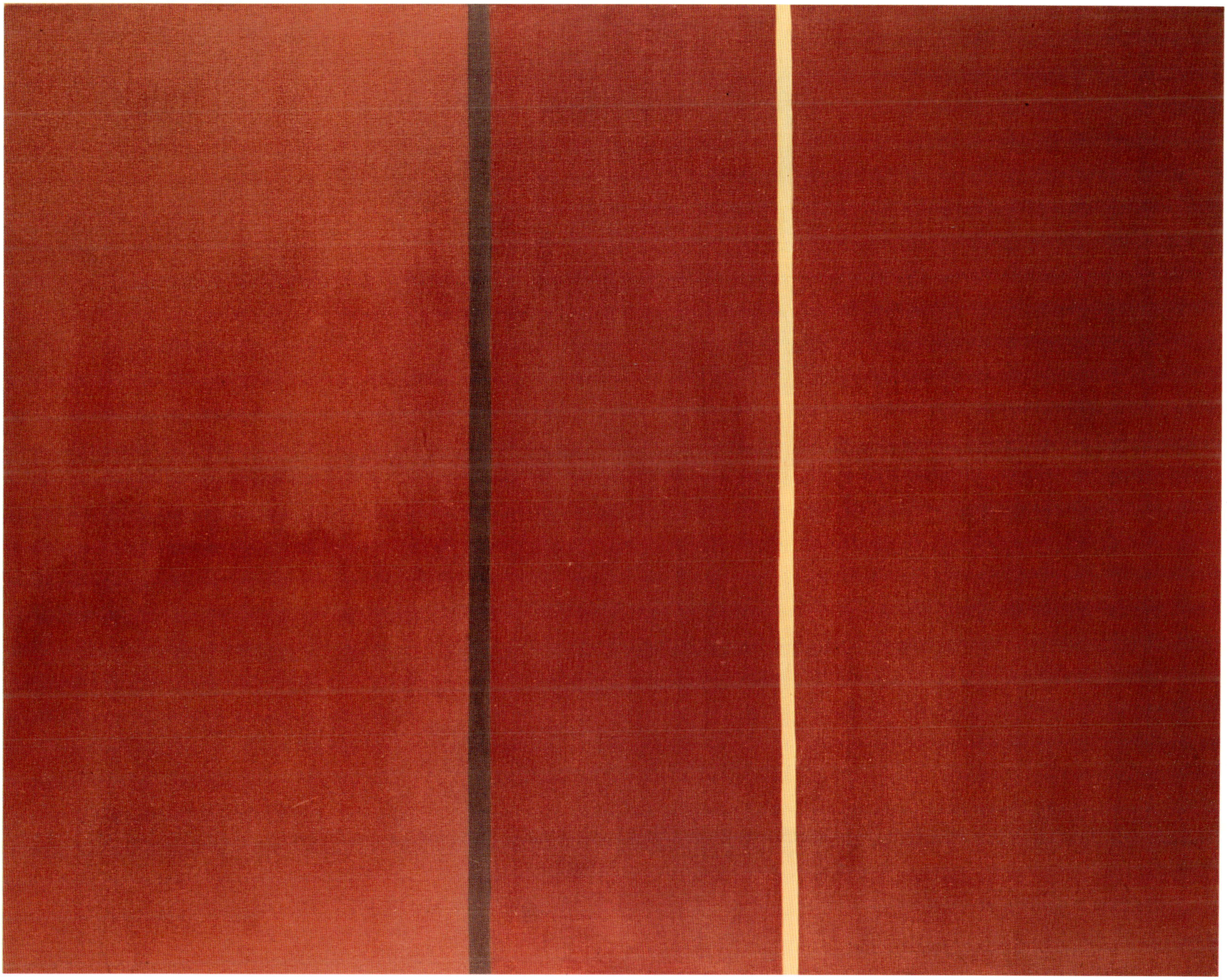

Barnett Newman. * New York, 1905. † New York, 1970. Zusammenfinden. 1949. Öl auf Leinwand. H 121,9 x B 152,4 cm. Hirshhorn Museum and Sculpture Garden, Washington.

Nicholson Ben

August 1956 (Val d'Orcia)

Eine Reihe von poetischen Arabesken (typisch für Nicholson in den 50er Jahren) verknüpft einige scheinbar gegenstandslose Formen so, daß sie sich bei genauer Betrachtung als Alltagsgegenstände wie Flaschen, Gläser, Teller oder Krüge herausstellen. Nur das Wesentliche dieser flachen und farbigen Umrisse ist erfaßt, jeder nochmals reduziert auf eine bruchstückhafte geometrische Form, die auf einem weißen Tisch vor einem graubraunen Hintergrund entfaltet wird. Nicholson hatte sich sowohl für die Neuerungen des Kubismus, bei dem die Formen aufgespalten und gleichzeitig von verschiedenen Ansichtspunkten betrachtet werden, als auch für die rein strukturellen Vorstellungen von Mondrian interessiert. Als Vorreiter der abstrakten Kunst in England spielte Nicholson eine gewichtige Rolle in der europäischen Avantgarde, obgleich er an Landschaft und Stilleben als Themen festhielt.

☛ Braque, Hepworth, Mondrian, Morandi, De Staël

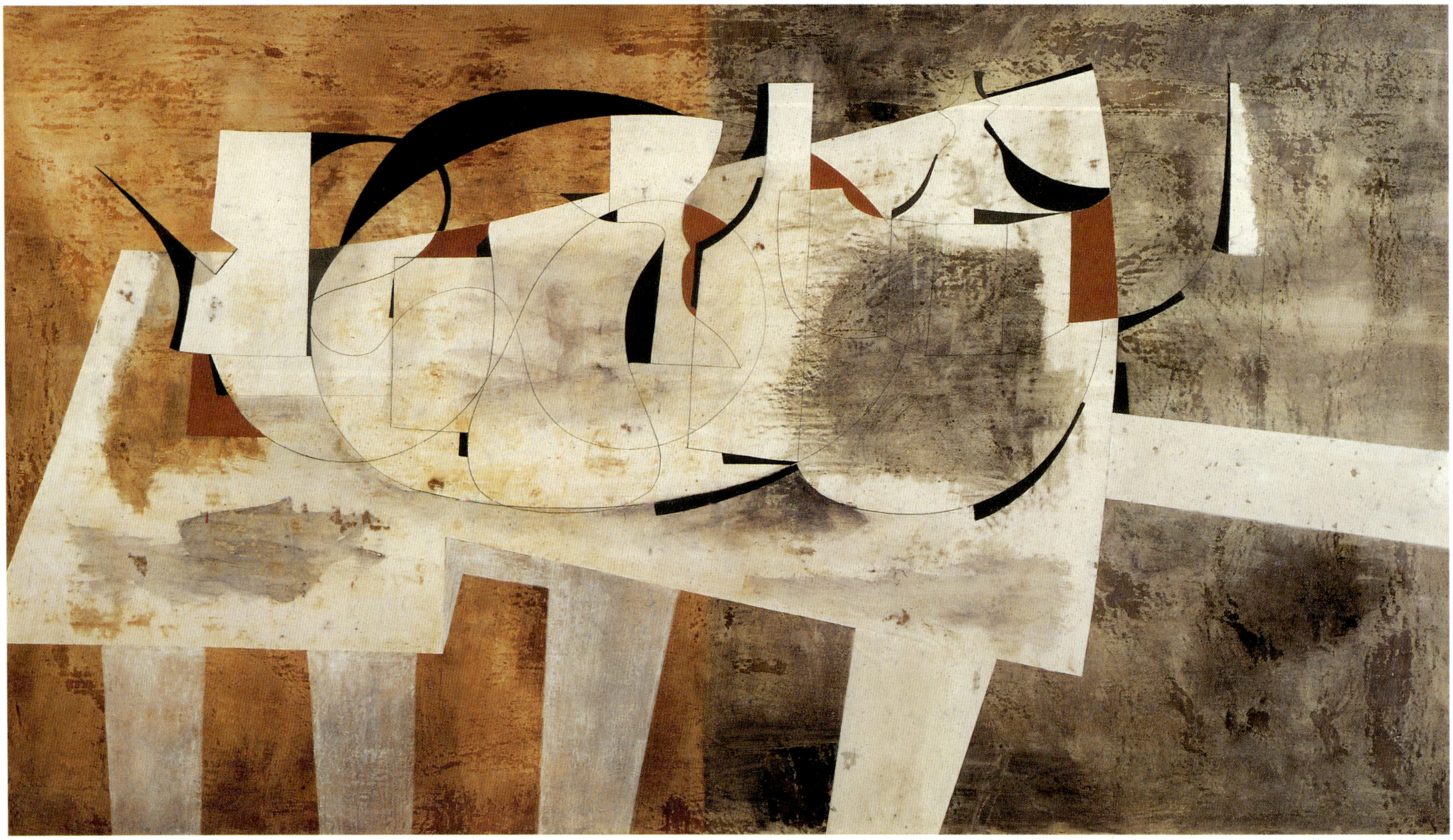

Ben Nicholson. * Denham, 1894. † London, 1982. August 1956 (Val d'Orcia). 1956. Öl und Bleistift auf Holz. H 122 x B 214 cm. Tate Gallery, London.

Noguchi Isamu

Stein des geistigen Verstehens

In seiner der Schwerkraft trotzenden, freien Aufhängung verströmt dieser massige Bronzeklumpen etwas von der Vitalität und handgreiflichen Nähe der Naturkräfte. Die an einen Felsklotz erinnernde Blockhaftigkeit des Bronzetorsos will aber mehr zeigen. Vom Buddhismus tief beeindruckt, maß Noguchi Gegenständen der Natur spirituelle Fähigkeiten bei. Er glaubte, daß Bildhauerei d i e Form der Wahrnehmung des Raumes und des Fortdauerns unserer Existenz sei. Zwischen 1927 und 1928 arbeitete er mit Brancusi zusammen und profitierte viel von dieser Erfahrung. Seine späteren Werke zeichnet eine eigene, elementare und dynamische Kraft aus, deren Quellen das Material selbst liefert. Zusätzlich zu seiner bildhauerischen Arbeit war Noguchi auch im Bereich des Theaters, des Modedesigns und der Gartenarchitektur tätig.

☛ Bourgeois, Brancusi, Calder, Kapoor, Moore, Smith

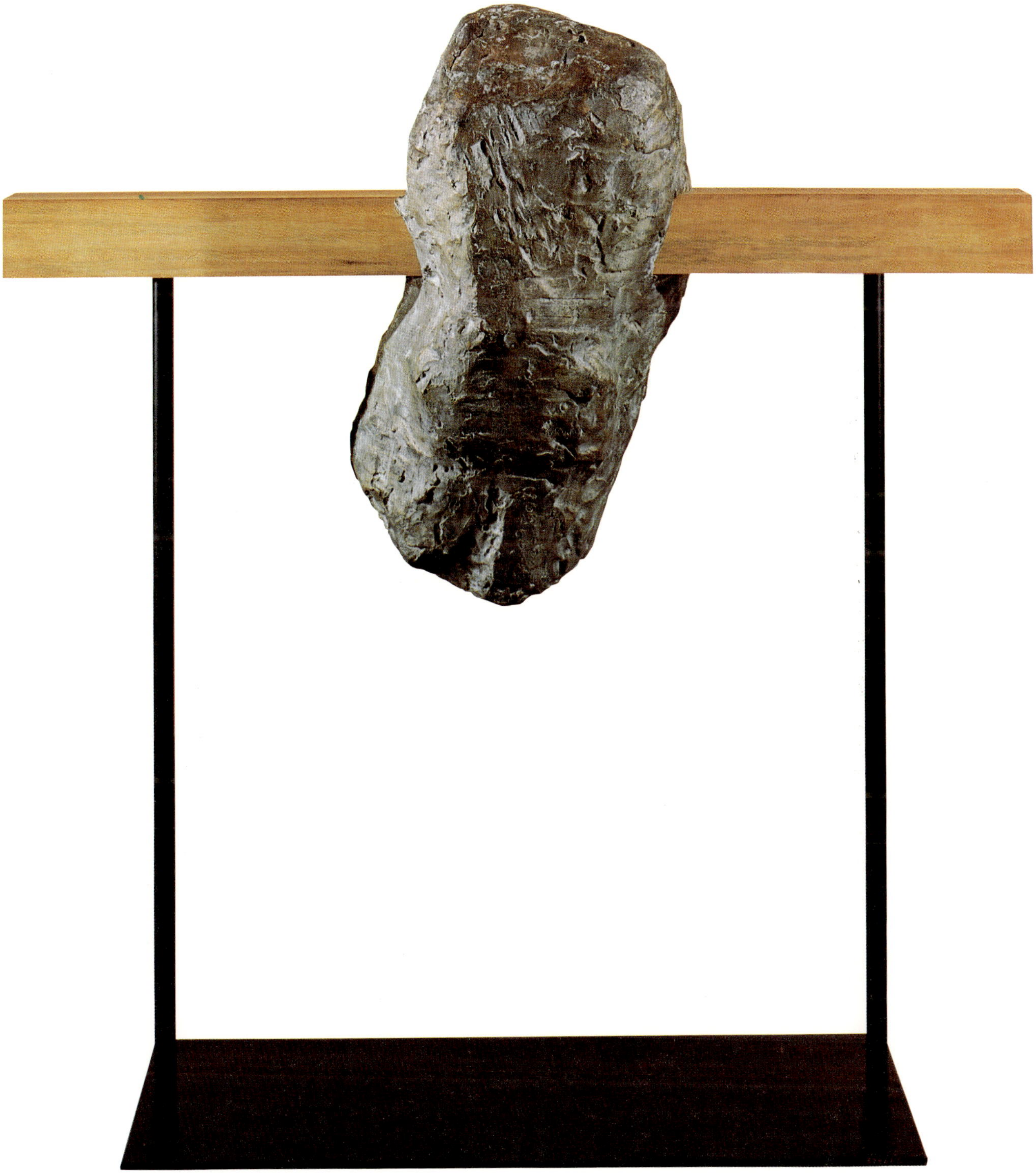

Isamu Noguchi. * Los Angeles, 1904. † New York, 1988. Stein des geistigen Verstehens. 1962. Bronze, Holz und Metall. H 133 cm. Museum of Modern Art, New York.

Nolan Sir Sidney

Der kranke Gray

Ein bärtiger Mann mit gefesselten Händen und verzweifelten Gesichtszügen ist mit einem Seil auf den Rücken eines Kamels gebunden. Die gnadenlose Hitze und die ausgedörrte Wüste werden durch den wolkenlosen, erdrückend blauen Himmel und die Wellen der aufgebrochenen Erde ausgedrückt. Im August 1860 wurden 16 Mann von Melbourne aus zur ersten Expedition ins Landesinnere von Australien geschickt. Obwohl die Expedition ihr Ziel erreichte, war sie schlecht organisiert und endete mit einem Desaster. Charles Gray, einer der Forscher, litt an Kopfschmerzen und Ruhr und mußte auf das Kamel gefesselt werden; er starb am 17. April 1861. 1949 reiste Nolan durch den Busch von Queensland und malte Bilder über die Entdeckung des Innenlandes, unter anderem das Schicksal von Charles Gray, die Abenteuer des Buschaufsehers Kelly etc. Nolan war der Wortführer der modernen australischen Malerei.

☛ Boyd, Cole, Kitaj, Marini

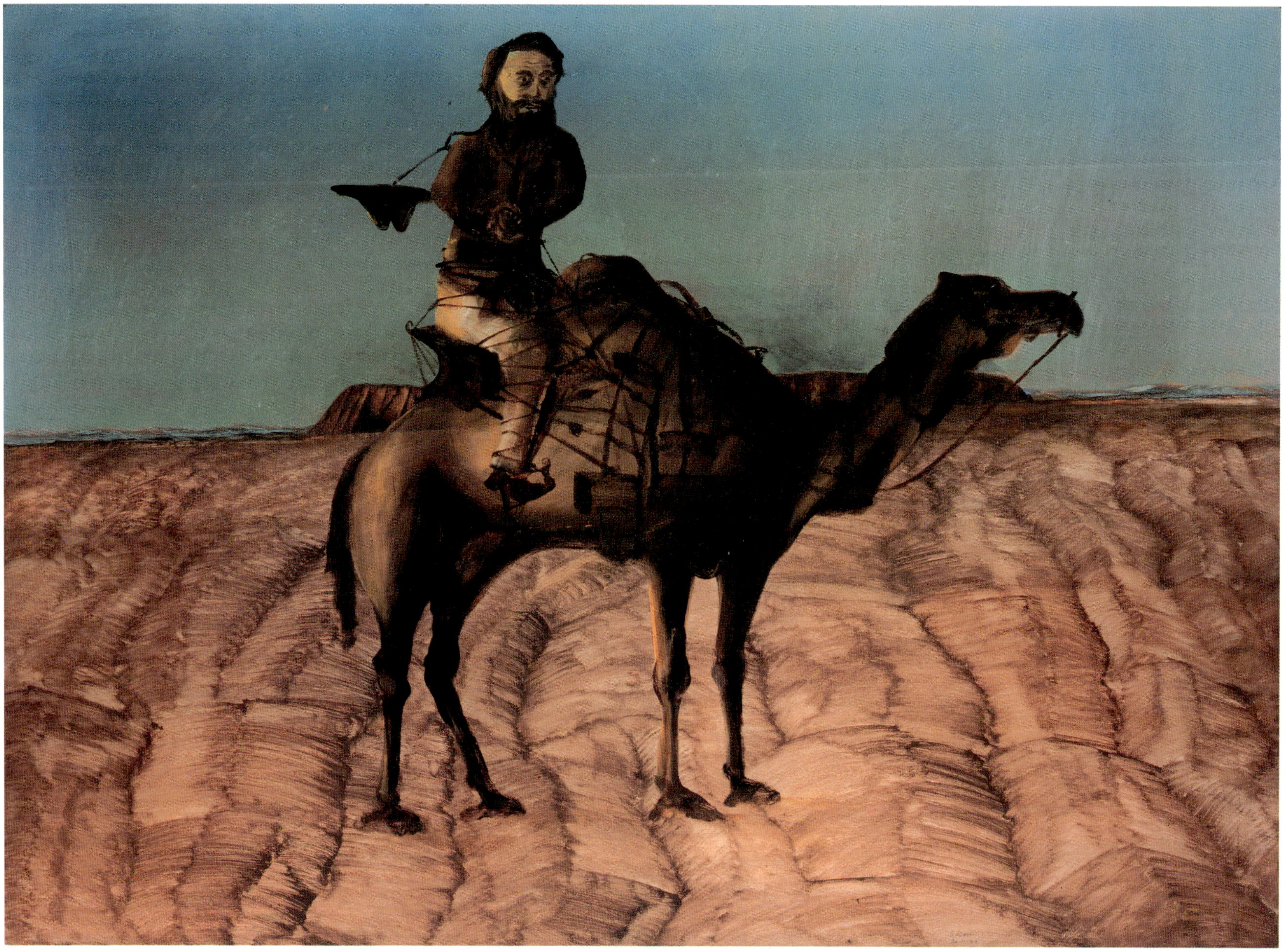

Sir Sidney Nolan. * Melbourne, 1917. † London, 1992. Der kranke Gray. 1949. Emailfarben und Öl auf Leinwand. H 92 x B 120 cm. Collection of Lord McAlpine of West Green, West Green.

Noland Kenneth

Geschenk

Konzentrische Farbkreise auf einer blanken Leinwand erzeugen das Bild einer sich scheinbar drehenden Scheibe. Die Illusion der Bewegung wird durch die Unregelmäßigkeit des Farbauftrags erzielt, der sich durch die fehlende Grundierung der Leinwand ergibt. Die Konzentration des Farbeffekts wird durch verdünnte Acrylfarbe bewirkt. Um für die farbigen Stellen größere Wahrnehmungsintensität zu gewährleisten, blieben weite Teile unbemalt. Noland nutzte somit als einer der ersten die Möglichkeiten der nackten Leinwand. Diese Flächentechnik bringt eine gewünschte visuelle Mehrdeutigkeit mit sich. Das Bild vertritt den Postmalerischen Abstraktionismus. Die Ausnutzung der Leinwandoberfläche und die Zentrierung des Bildes auf sich selbst sind Ziele der Gruppe. Noland malt meist in Serien mit sich wiederholenden Motiven.

☛ Albers, Frankenthaler, Louis, Ryman, Stella

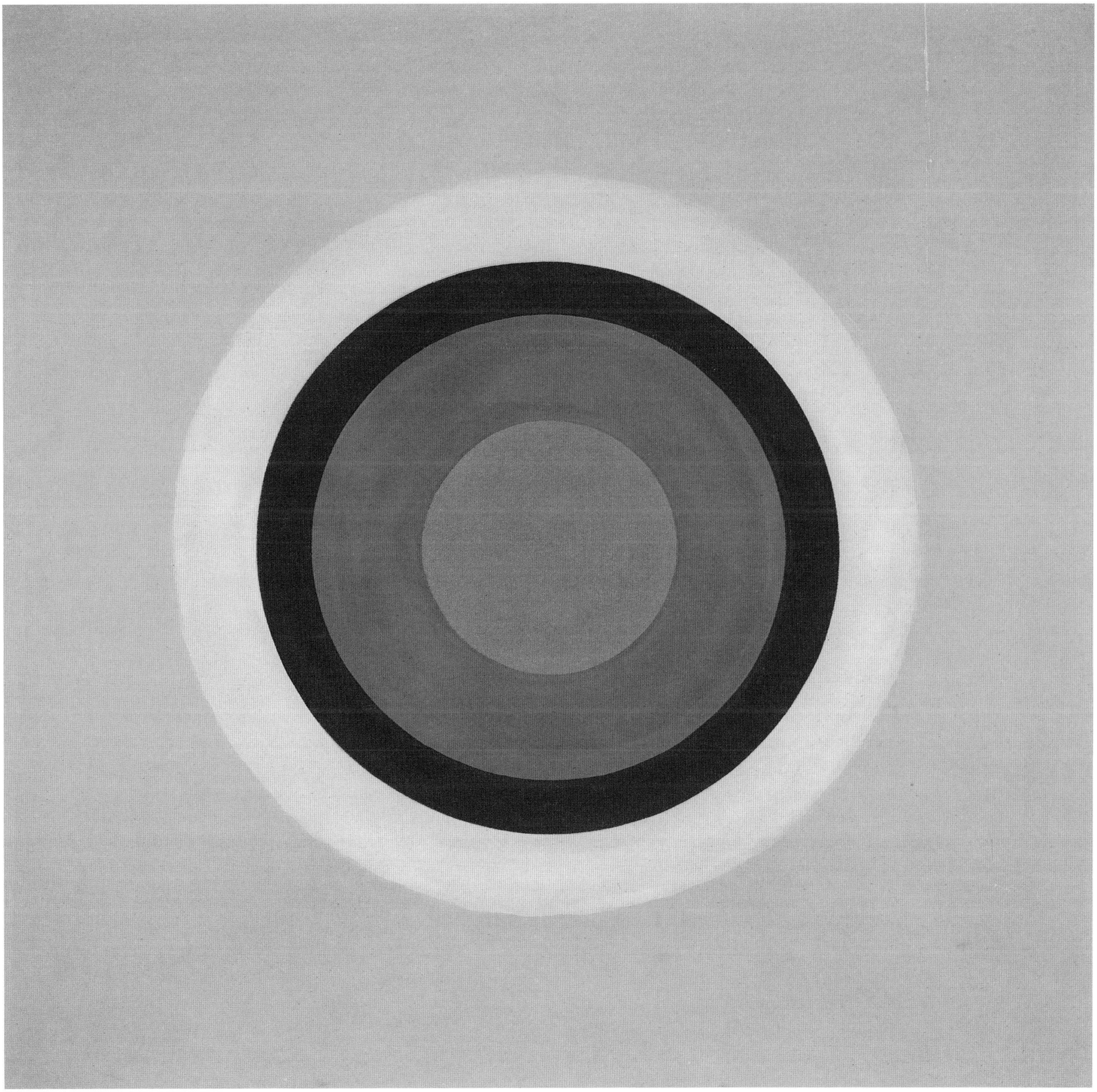

Kenneth Noland. * Asheville, 1924. Geschenk. 1962. Acryl auf Leinwand. H 182 x 182 cm. Tate Gallery, London.

Nolde Emil

Mohnblumen

Wässrige Farbflecken scheinen über das Papier zu schwappen. Die Form der Mohnblumen und deren lebhafte rote Tönung bestimmen die Komposition. Erst nach einer Tischlerlehre kam Nolde zur Malerei. Seine Werke sind von leidenschaftlichen Gefühlsregungen durchdrungen, die insgesamt kennzeichnend sind für alle deutschen Expressionisten. Nolde ist einer ihrer kraftvollsten Vertreter. Er wollte »packen, was im tiefsten Herzen liegt« und »die Natur mit seinem Gemüt und Geist verwandeln«. Ob Landschaften oder biblische Themen, alles ist Ausdruck seiner ganz persönlichen Weltschau. Obwohl er zunächst Anhänger des Nationalsozialismus war, wurde er als Volksverhetzer unter die »entarteten« Künstler eingeordnet und mit totalem Malverbot belegt. Totzdem stellte er seine Produktion nicht ein und lebte und arbeitete weiter in Deutschland.

☛ Ensor, Modersohn-Becker, Pechstein, Vlaminck

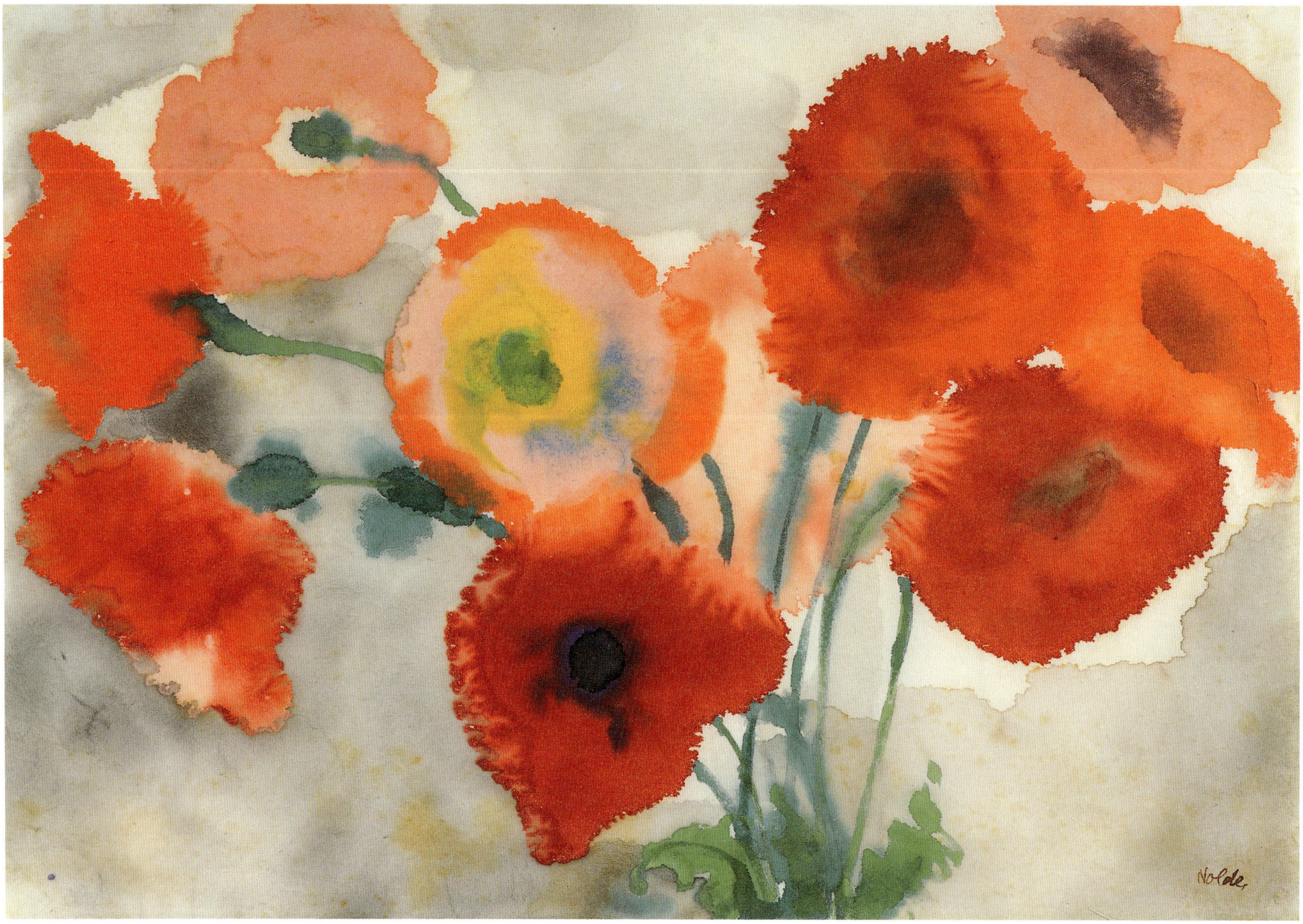

Emil Nolde. * Nolde, 1867. † Seebüll, 1956. Mohnblumen. Um 1920. Aquarell. H 34,3 x B 48,3 cm. Leonard Hutton Galleries, New York.

Strahlenhaus

Ein hoher Wolkenkratzer, der sich über die schummrigen Straßenlaternen einer New Yorker Nacht emporreckt und von einem Ziergiebel abgeschlossen wird, überragt die Nachbargebäude. Seine Schlankheit wird durch die hellen Fensterlichter, die ihm das Aussehen von glitzernden Edelsteinen im Nachthimmel verleihen, betont. Seltsame Lichtstrahlen beleuchten von hinten den diffusen Nachthimmel und die Rauchschwaden rechts. Diese werden auf der linken Seite austariert durch den in Neonlicht hervorgehobenen Namen von Alfred Stieglitz, dem Fotografen, Kunsthändler und Ehemann von O'Keeffe. Wegen der maschinengleichen Klarheit wird ihr Werk als präzisionistisch bezeichnet. Neben vereinfachter Stadtarchitektur sind Berge, Knochen und Blumen beliebte Motive. Ihre fast naiv vereinfachten Formen und bisweilen unkonventionellen Themen bilden einen wesentlichen Beitrag zur amerikanischen Moderne.

☛ Davis, Estes, Hopper, Sheeler

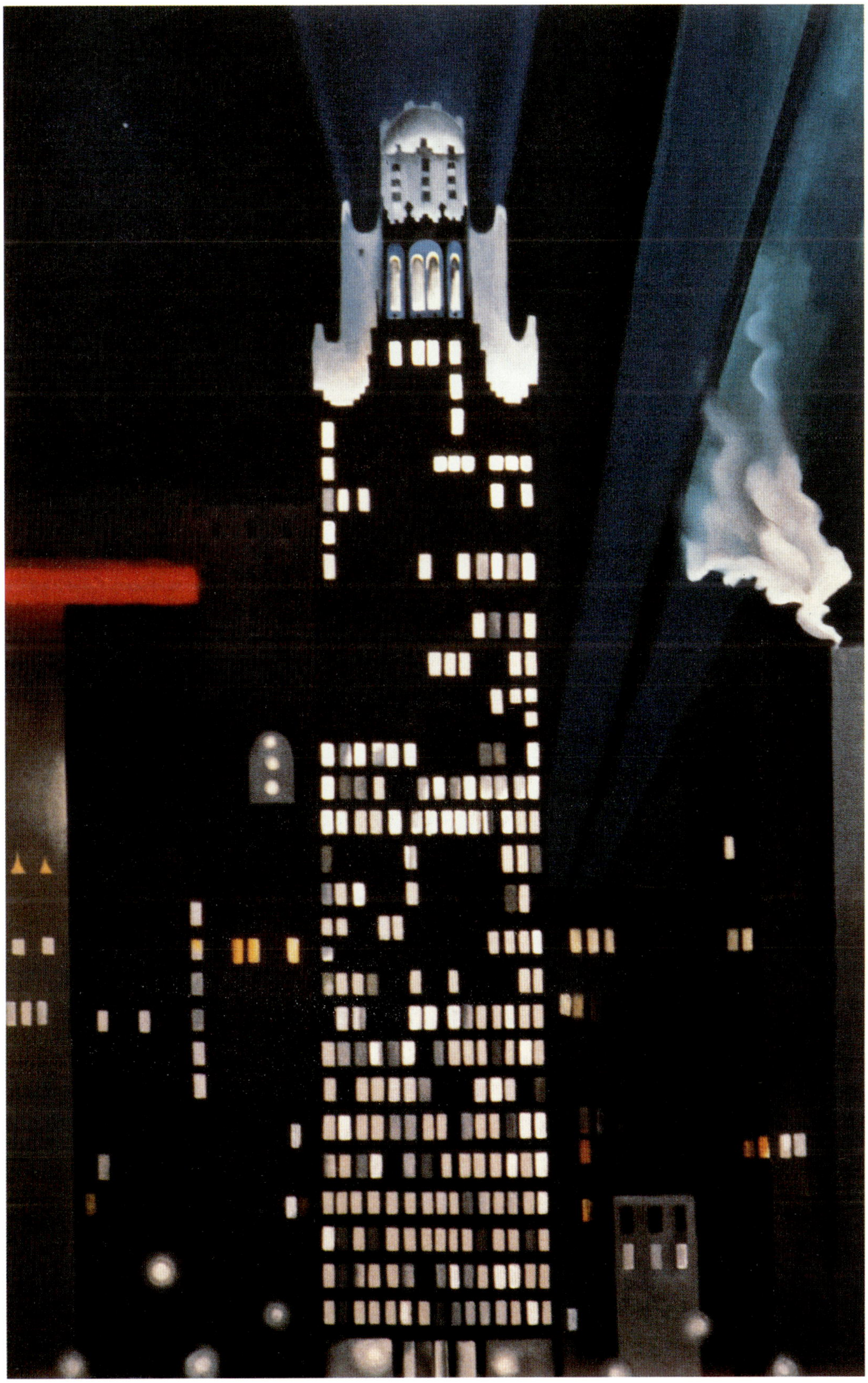

Georgia O'Keeffe. * Sun Prairie, 1887. † Santa Fe, 1986. Strahlenhaus. 1927. Öl auf Leinwand. H 121,9 x B 76,2 cm. Fisk University, Nashville.

Oldenburg Claes

Riesenhamburger

Diese extrem vergrößerte Fassung einer Art Ikone des 20. Jahrhunderts wirkt absurd und kitschig. Eines der stärksten Symbole der amerikanischen Lebensart wurde nachgebildet, verfremdet und zu einem Kultgegenstand erhöht. Nicht nur das unkonventionelle Thema, auch das weiche Material zerstört die etablierte Vorstellung, daß eine Bildhauerarbeit fest und hart sein müsse. Oldenburg ist ein Vertreter der Pop Art, der aus vorgefertigten Industriematerialien Kunst macht. Seine Kunst soll das Alltagsleben in seiner Komplexität und seinem Wandel vor Augen führen. Diese Arbeit übernimmt ihren Bildgegenstand von einem sich in den 60er Jahren rasch ausbreitenden amerikanischen Fast-food-Riesen. 1964 richtete Oldenburg einen Laden in der Green Street ein, wo er Gipsabdrücke von Nahrungsmitteln und anderen Waren verkaufte.

☛ Dine, Duchamp, Hamilton, Lichtenstein, Segal, Warhol

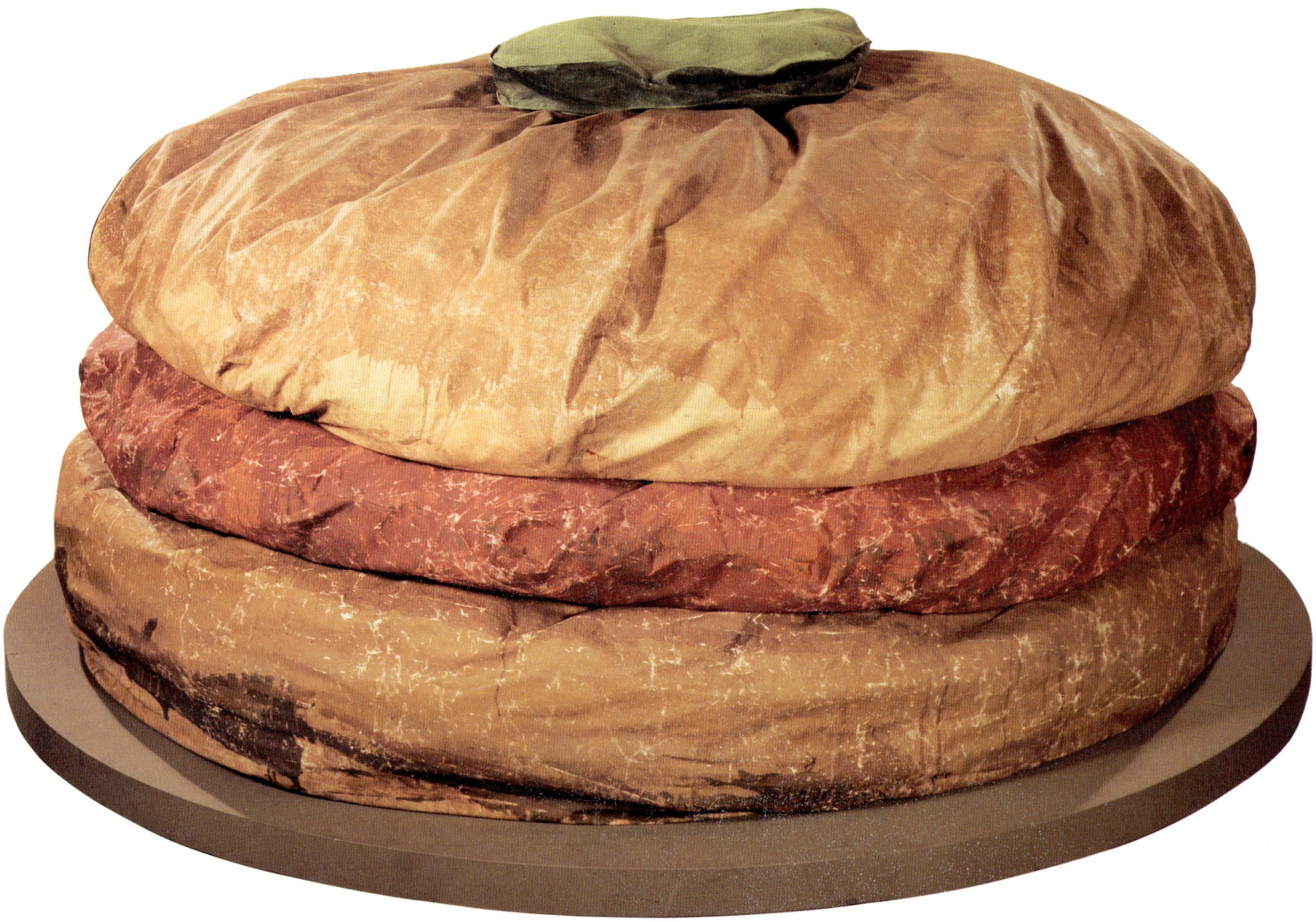

Claes Oldenburg. * Stockholm, 1929. Riesenhamburger. 1962. Bedrucktes Segeltuch mit Schaum verstärkt. H 132 x B 213 cm. Art Gallery of Ontario, Toronto.

Orcagna

Der hl. Matthäus mit Szenen aus seinem Leben

Sowohl die große Mittelfigur – Matthäus war der Schutzpatron der Florentiner Bankiers – als auch der reichliche Gebrauch von Blattgold spielen auf die Gilde der Bankiers an, die den Altar für die Marktkirche Orsanmichele gestiftet hatten. Bilder mit einer Goldgrundierung sind typisch für das 14. Jahrhundert. Die Figuren sind idealisiert, farbenprächtig und reich gestaltet. Sie haben nicht den Realismus und die Tiefe von Giottos vergleichbaren Malereien und Orcagnas späteren Werken. Wie üblich war das Bild eine Koproduktion der Werkstatt. In diesem Fall war Orcagna (Florentinisch für »archangelo« – sein wirklicher Name war Andrea di Cione) der Hauptmeister. Noch vor Fertigstellung des Altares starb Orcagna, so daß das Bild von seinem jüngeren Bruder, der ebenfalls Mitglied der Werkstatt war, zuende geführt werden mußte.

☛ Duccio, Giotto, Masolino, Lorenzo Monaco

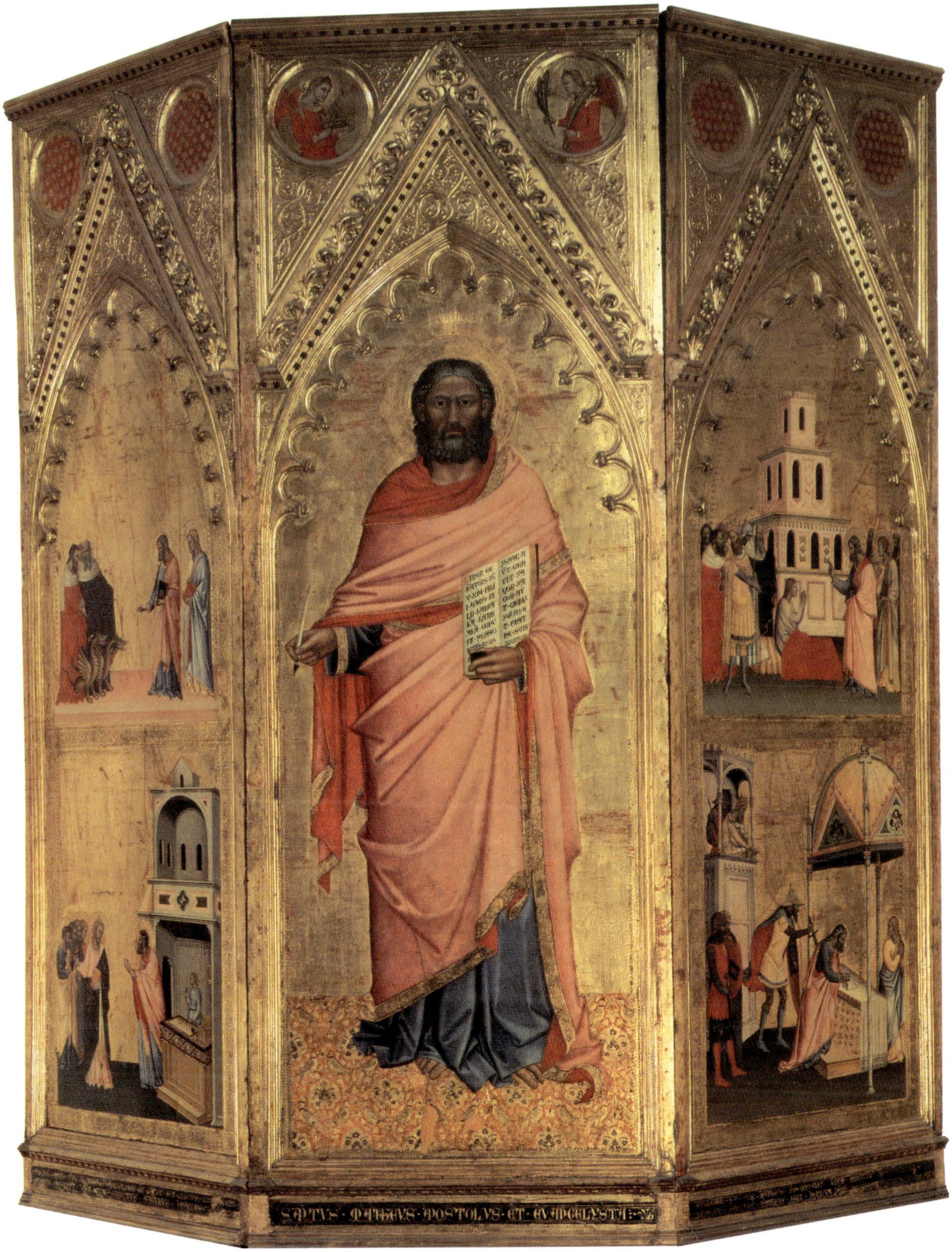

Orcagna (Andrea di Cione). * Florenz, um 1320. † Florenz, 1368. Der hl. Matthäus mit Szenen aus seinem Leben. 1368. Tempera auf Holz. H 291 x 265 cm. Galleria degli Uffizi, Florenz.

Organ Bryan

Charles, Prinz von Wales

Der Prinz von Wales sitzt entspannt in sportlicher Kleidung vor einem grünen Bretterzaun. Das Bild besteht fast nur aus blauen und grünen Farben. Nur wenige Einzelheiten fallen aus dieser Palette heraus: die Nationalflagge, das Gesicht des Prinzen, seine Schuhe und der Hemdkragen. Organ revolutionierte die herkömmliche Art, Monarchen zu porträtieren. Er hat sein Modell nicht mit dem seinem Amt zustehenden Pomp und Zeremoniengehabe gemalt, sondern als intelligenten, aufgeschlossenen und sensiblen Mann, der gerade ein Polofreundschaftsspiel beendet hat. In den 70er Jahren hatte Organ den Auftrag für vier Porträts von Mitgliedern des Königshauses. Als perfekter Zeichner und einfühlender Porträtist bekam Organ als erster Nichtfranzose den Auftrag, einen französischen Präsidenten, nämlich Mitterrand, zu malen.

☛ Hockney, Kauffmann, Richter, Sutherland

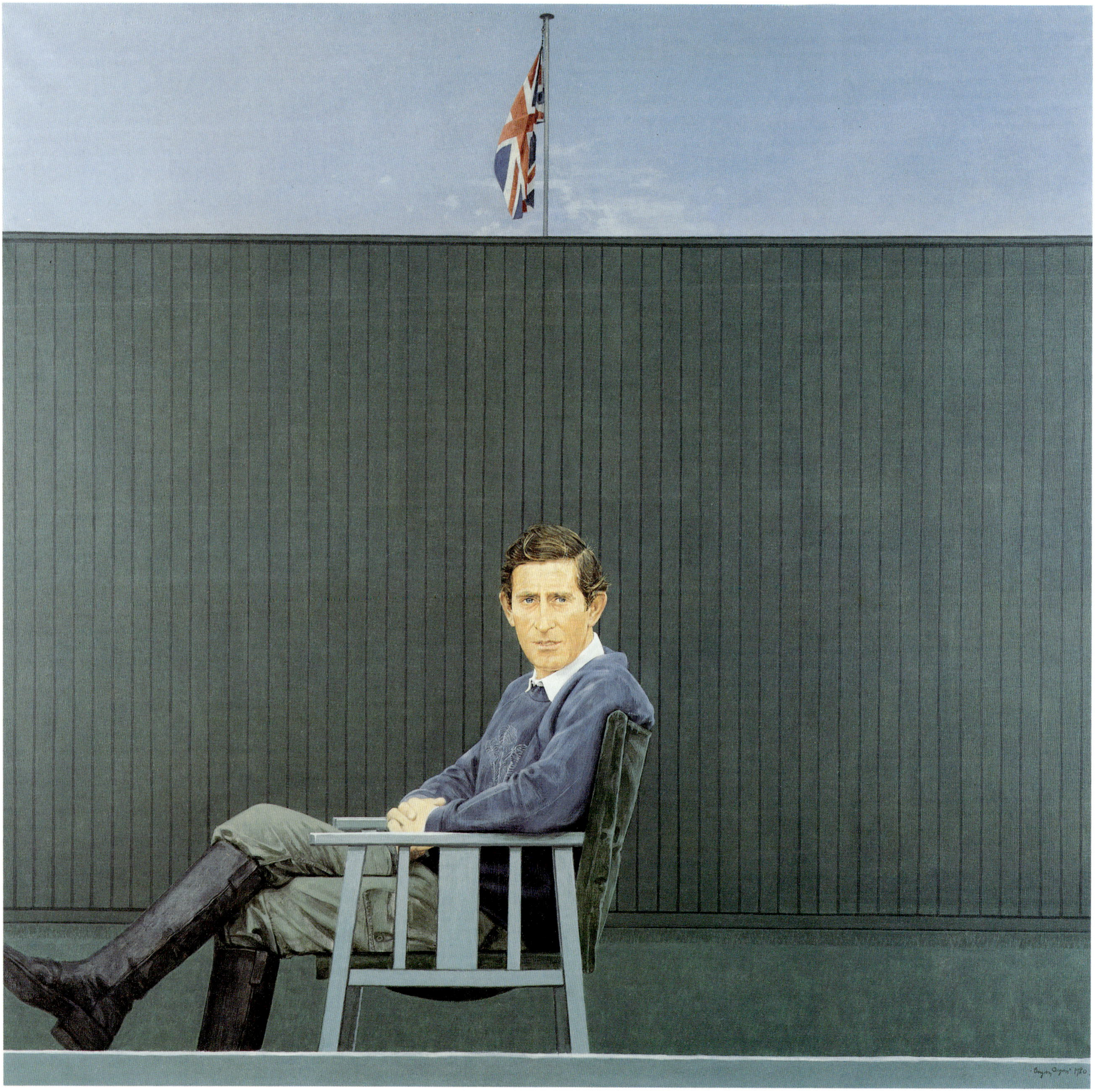

Bryan Organ. * Leicester, 1935. Charles, Prinz von Wales. 1980. Acryl auf Leinwand. H 177 x B 178 cm. National Portrait Gallery, London.

Orozco José Clemente

Moderne Seelenwanderung

Dieses aufsehenerregende Bild ist Teil von Orozcos großem Wandbild, das Christus als militanten Revolutionär zeigt, der sein Kreuz zerstört. Ein riesiger Schrotthaufen mit Resten der modernen Zivilisation, vor allem Waffen, türmt sich hinter ihm auf. Beim Entstehen dieses Werkes entwickelte Orozco eine besondere Technik. Sie war das Ergebnis seiner akribischen Studien altmexikanischer Wandmalerei und Baukunst. Die beziehungsvolle Botschaft zielt darauf ab, daß der allmächtige Schöpfer- und Zerstörergott zur Vernichtung aller heutigen Politik-, Religions- und Gesellschaftsformen aufruft. Dieses expressionistische Fresko vertritt Orozcos Hauptthema von Erhebung und Umbruch, das den Künstler seit der mexikanischen Revolution von 1910 faszinierte. Als politischer Künstler vertrat er in seinen Fresken über Leben und Geschichte des mexikanischen Volkes die Sache der Bauern und Arbeiter.

☛ Botero, Grünewald, Rivera, Rouault, Siqueiros, Tamayo

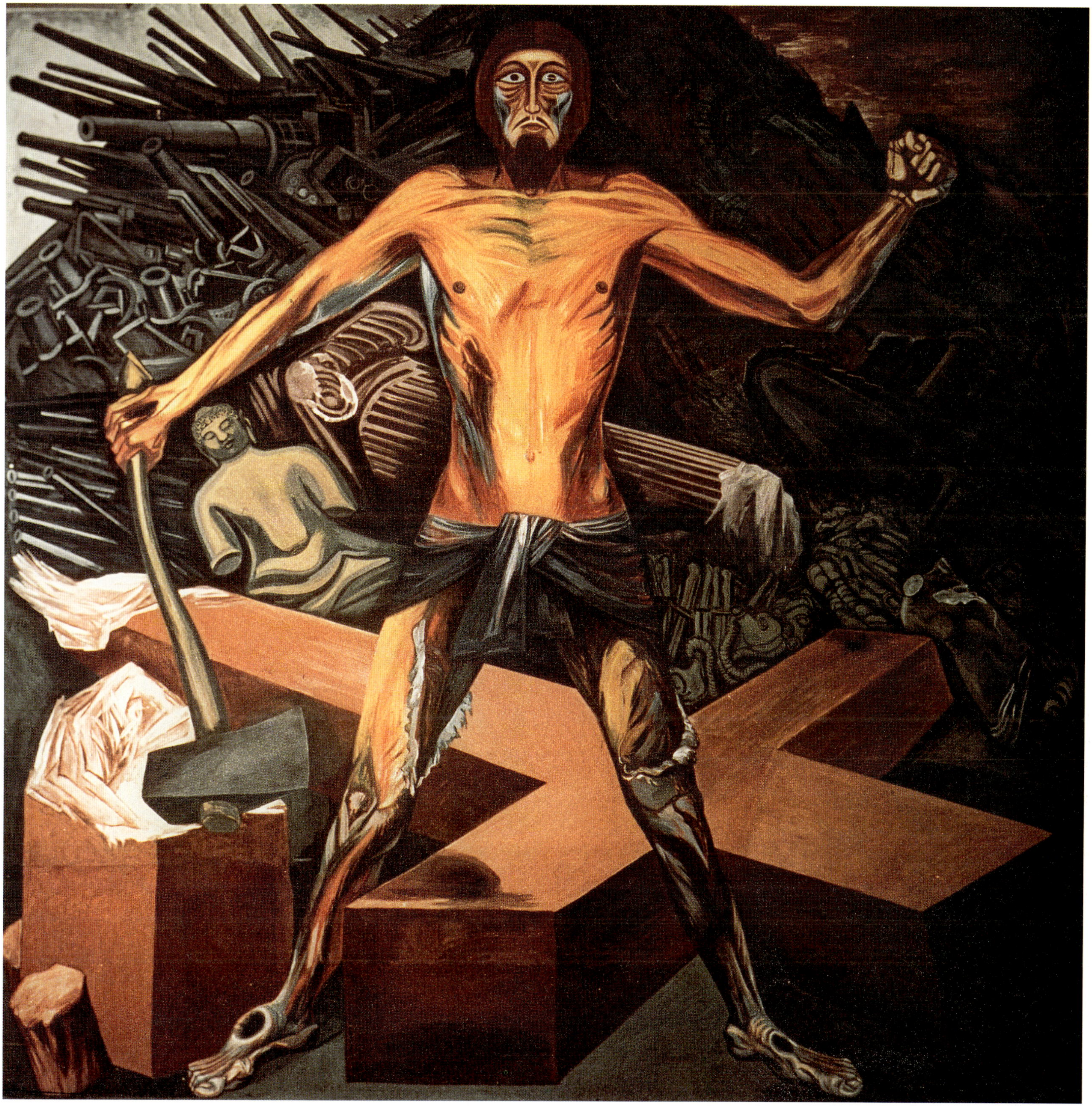

José Clemente Orozco. * Jalisco, 1883. † Mexico City, 1949. Moderne Seelenwanderung. 1933. Fresko. Dartmouth College, Hanover (New Hampshire).

Orpen Sir William

Das Café Royal in London

Unter der glitzernden Decke eines vornehmen Versammlungslokales für wohlhabende Edwardianer hat sich eine Gruppe erfolgreicher Maler zusammengefunden. Das steife Benehmen und die elegante Garderobe machen das Gruppenbild zu einer repräsentativen Schau ständischen Künstlertums. Die versammelten Künstlerfreunde Orpens sind: Augustus John, William Nicholson, James Pryde und Alfred Rich. Orpen hat die steife Situation etwas aufgelockert, indem er zwei Personen zwischen den Tischen schwatzen läßt. Der hochbegehrte Porträtist Orpen verdankte seinen Erfolg einem sicheren Stil und einer präzisen Technik. Er war Spezialist für Gesprächsstücke, bei denen die Modelle jeweils Tätigkeiten ihres Metiers ausüben. Berühmt ist sein Gruppenbild »Homage auf Manet«, auf dem sich Sickert und andere Freunde vor Manets Porträt von Eva Gonzalès versammeln.

☛ Bazille, Manet, Renoir, Sargent, Sickert

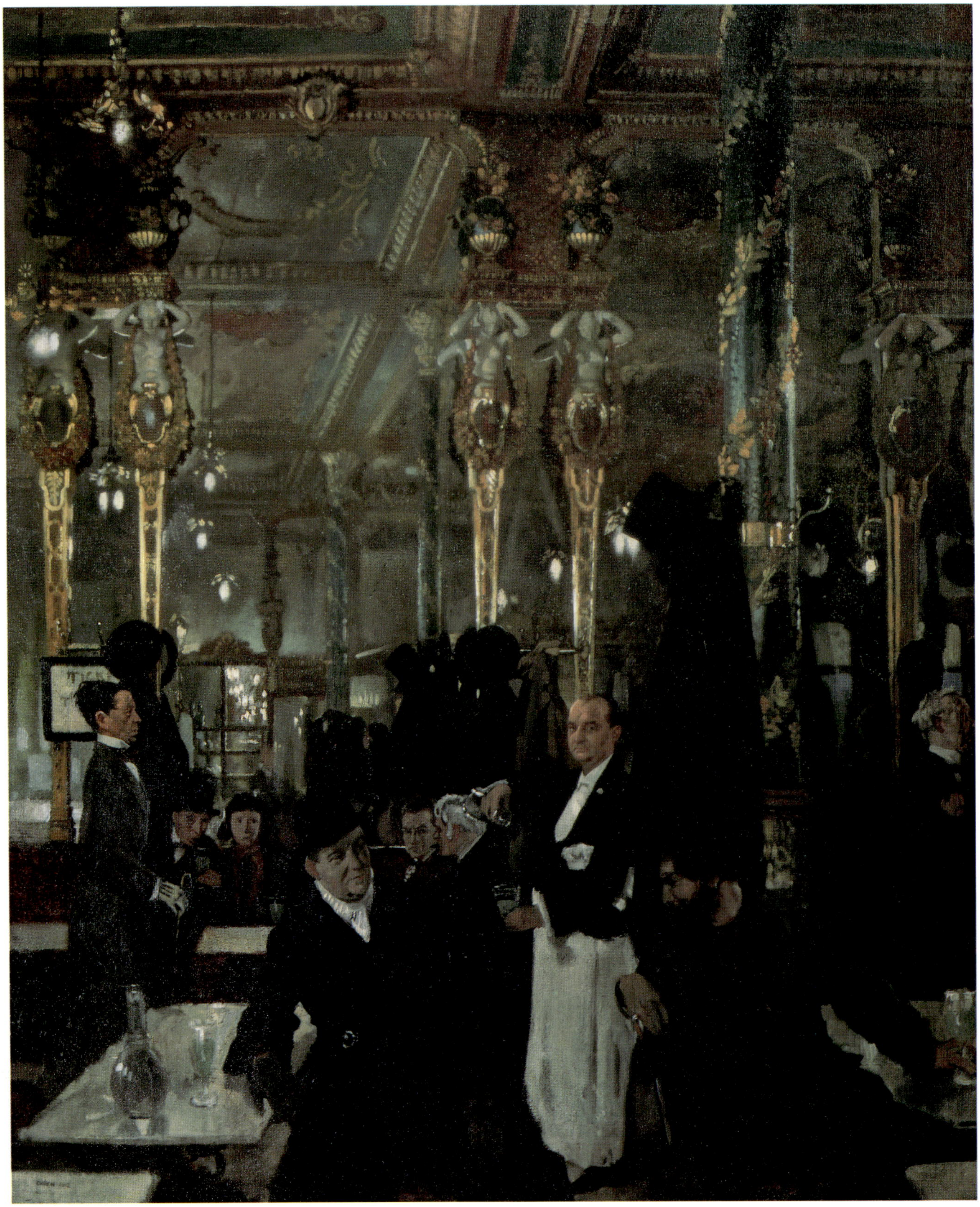

Sir William Orpen. * Stillorgen, 1878. † London, 1931. Das Café Royal in London. 1912. Öl auf Leinwand. H 138 x B 114 cm. Musée d'Orsay, Paris.

Van Ostade Adriaen

Bauernstube

In einem unaufgeräumten Raum sitzt eine Mutter mit Kind am Fenster, während drei Bauern im Hintergrund lärmend zechen. Der ärmliche Haushalt ist an den auf dem Boden verstreuten Muschel- und Eierschalen als solcher erkennbar. Andere Haushaltsgeräte wie etwa das Spinnrad sind typisch für Armeleutearbeiten. Das Weinen des Kindes inmitten des Unrats und der Armut hat vielleicht eine moralische Botschaft, obwohl der Gesamtrahmen des Bildes doch eher dekorativ als belehrend ist. Van Ostade war ein vielbeschäftigter Maler, der sich auf Alltagsszenen (Genremalerei) spezialisiert hatte, besonders auf Bauern in der Stube oder Zecher im Wirtshaus. Bei Van Ostade wurde später die Palette farbiger, die Bauern sittsamer und die Zimmer ordentlicher. Einer seiner Schüler war Steen, der gleichfalls ein Meister der Genremalerei wurde.

☛ P. Brueghel, De Hooch, Rembrandt, Steen, Vermeer

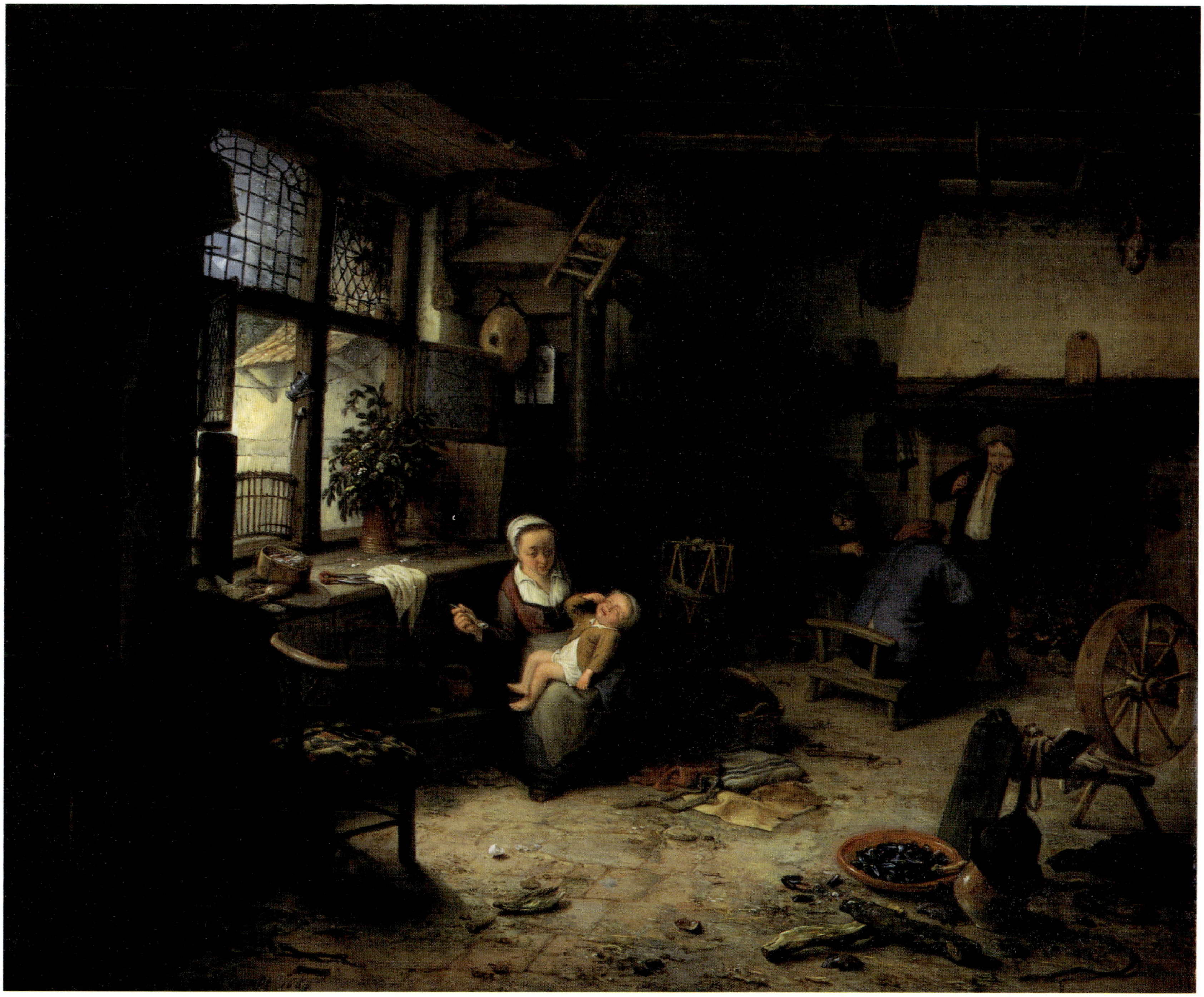

Adriaen van Ostade. * Haarlem, 1610. † Haarlem, 1685. Bauernstube. 1663. Öl auf Holz. H 34 x B 40 cm. Wallace Collection, London.

Overbeck Johann Friedrich

Anbetung der Hl. Drei Könige

Auf geometrische Formen reduzierte Figuren, eine in den Dunst zurücklaufende Landschaft, die blaurote, von Marias Kleid dominierte Farbigkeit und das Thema der Anbetung sind alles Elemente, die man eher auf einem Altarbild des italienischen 15. Jahrhunderts als auf einem Bild des 19. Jahrhunderts in Deutschland suchen würde. Overbeck verehrte die Meister des Quattrocento und versuchte, deren Malweise nachzuahmen. Sogar die Malunterlage besteht ganz altmeisterlich aus einer Holztafel. Nach 1810 verließ Overbeck Deutschland in Richtung Rom, wo er seinen geliebten Meistern näher war. Er konvertierte zum Katholizismus und gründete die »Bruderschaft der Nazarener«. Diese wollten den Geist mittelalterlich religiöser Bruderschaften wiederbeleben und richteten ihre Werkstatt in einem verlassenen Kloster ein. Ihr Werk hatte großen Einfluß auf die englische Bruderschaft der Präraffaeliten.

☛ Fra Angelico, Brown, Gentile da Fabriano, Gozzoli

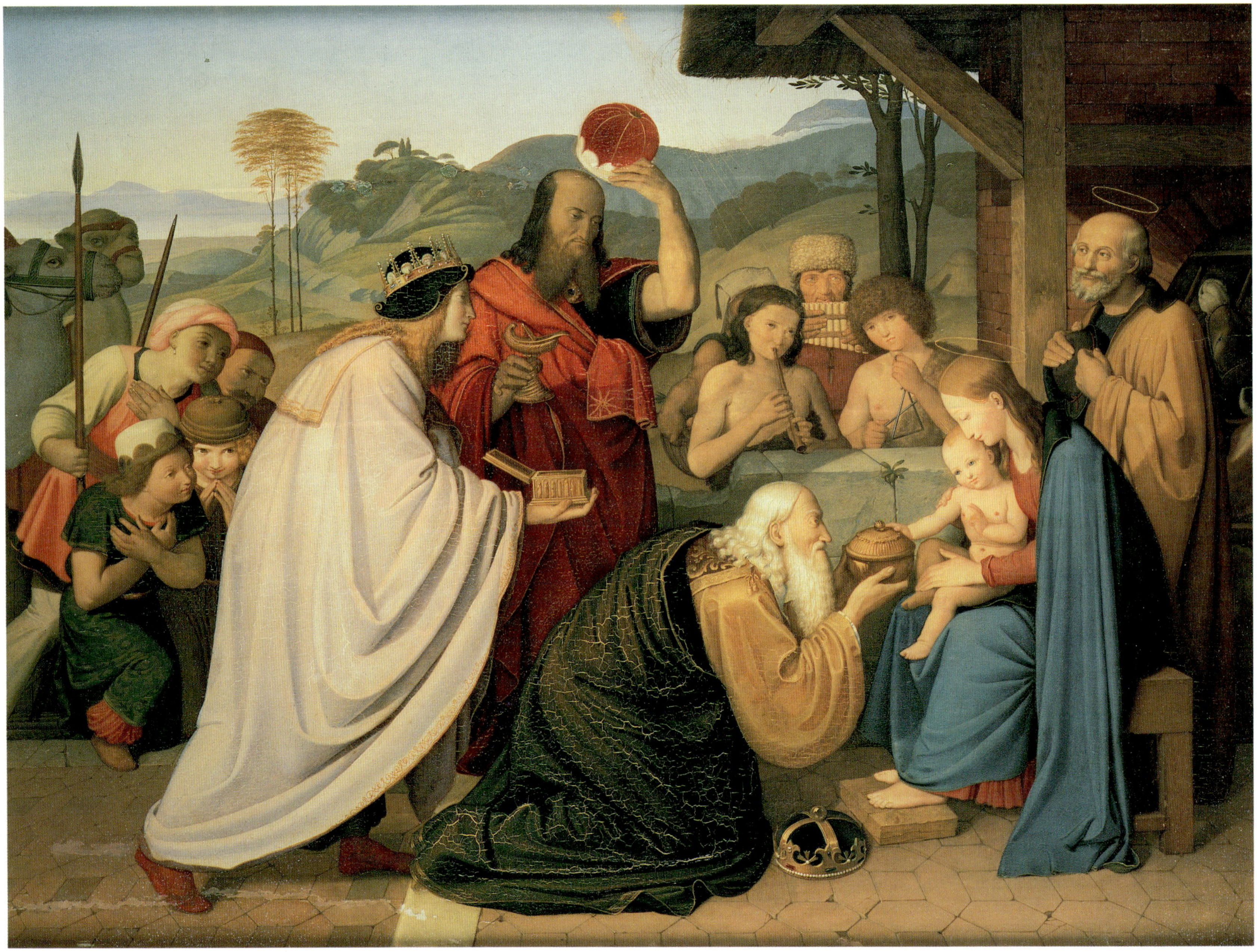

Johann Friedrich Overbeck. * Lübeck, 1789. † Rom, 1869. Anbetung der Hl. Drei Könige. 1813. Öl auf Holz. H 49,7 x B 66 cm. Kunsthalle, Hamburg.

Palma il Vecchio

Heilige Familie mit Maria Magdalena und dem kleinen Johannes d. T.

Farbe und Lichteffekte sind für das Bild genauso wichtig wie das Thema. Die Töne in Marias Kleid fließen von Hell- zu Dunkelrot, ebenso die Kleiderfalten über den Knien. Im Gegensatz zu solchen Realismen ist das Gesicht der Madonna zu einem Engelsgesicht idealisiert. Diese Besonderheit ist in der venezianischen Malerei seit Giorgione verwurzelt. Wie dieser Vorfahr pflegte auch Palma il Vecchio seine religiösen Themen in eine idyllisch pastorale Umgebung einzubinden. Ein Stilmerkmal sind die drallen, süßgesichtigen blonden Frauen. Der perfekte Porträtist erhielt auch eine Menge kirchlicher Aufträge. Dazu gehörten Altartafeln mit der Madonna und Kind, umgeben von Heiligen (eine Komposition, die Sacra Conversazione bezeichnet wird). Sein berühmtestes Bild dieser Art ist der Santa Barbara-Altar in Santa Maria Formosa in Venedig.

☛ Giorgione, Michelangelo, Sebastiano del Piombo, Tizian

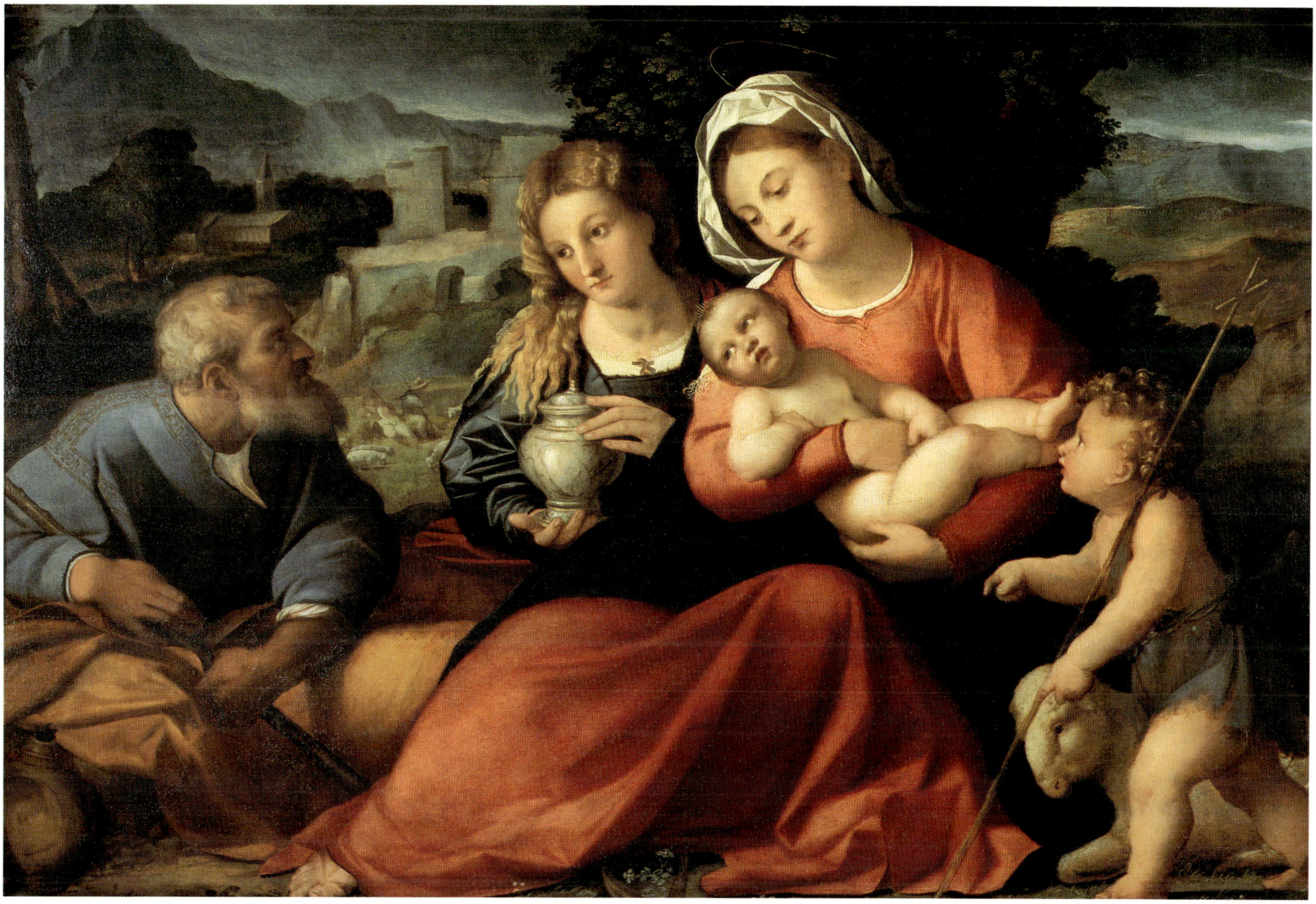

Palma il Vecchio. * Serina, um 1480. † Venedig, 1528. Heilige Familie mit Maria Magdalena und dem kleinen Johannes d. T. Um 1520. Öl auf Holz. H 87 x B 117 cm. Galleria degli Uffizi, Florenz.

Pannini Giovanni Paolo

Römisches Capriccio

Pannini hat hier eine Reihe römisch antiker Monumente zum Zwecke der Verehrung ihrer großen Vergangenheit in einem Bild zusammengefaßt. Der Rundbau links ist das Kolosseum mit der Trajansäule davor; an ihrem Fuß sehen wir die Skulptur »Der sterbende Gallier«. Rechts im Hintergrund erkennen wir den Konstantinsbogen, und den Vordergrund bestimmen drei freistehende korinthische Säulen eines Tempels. Der Piacentiner Pannini zog nach Rom, wo ihn die imponierenden Ruinen dazu inspirierten, Ansichten von historischen Ereignissen, vom zeitgenössischen römischen Leben, aber auch erfundene Kombinationen von tatsächlich vorhandenen Gebäuden im falschen Kontext (wie hier) zu malen. Als erster spezialisierte er sich auf Veduten dieser Art, die bei den Romreisenden großen Anklang fanden. Eine gewisse Verwandtschaft besteht mit Canaletto, dessen Stil zunächst dem von Pannini glich.

☛ Canaletto, Guardi, Poussin, Siberechts

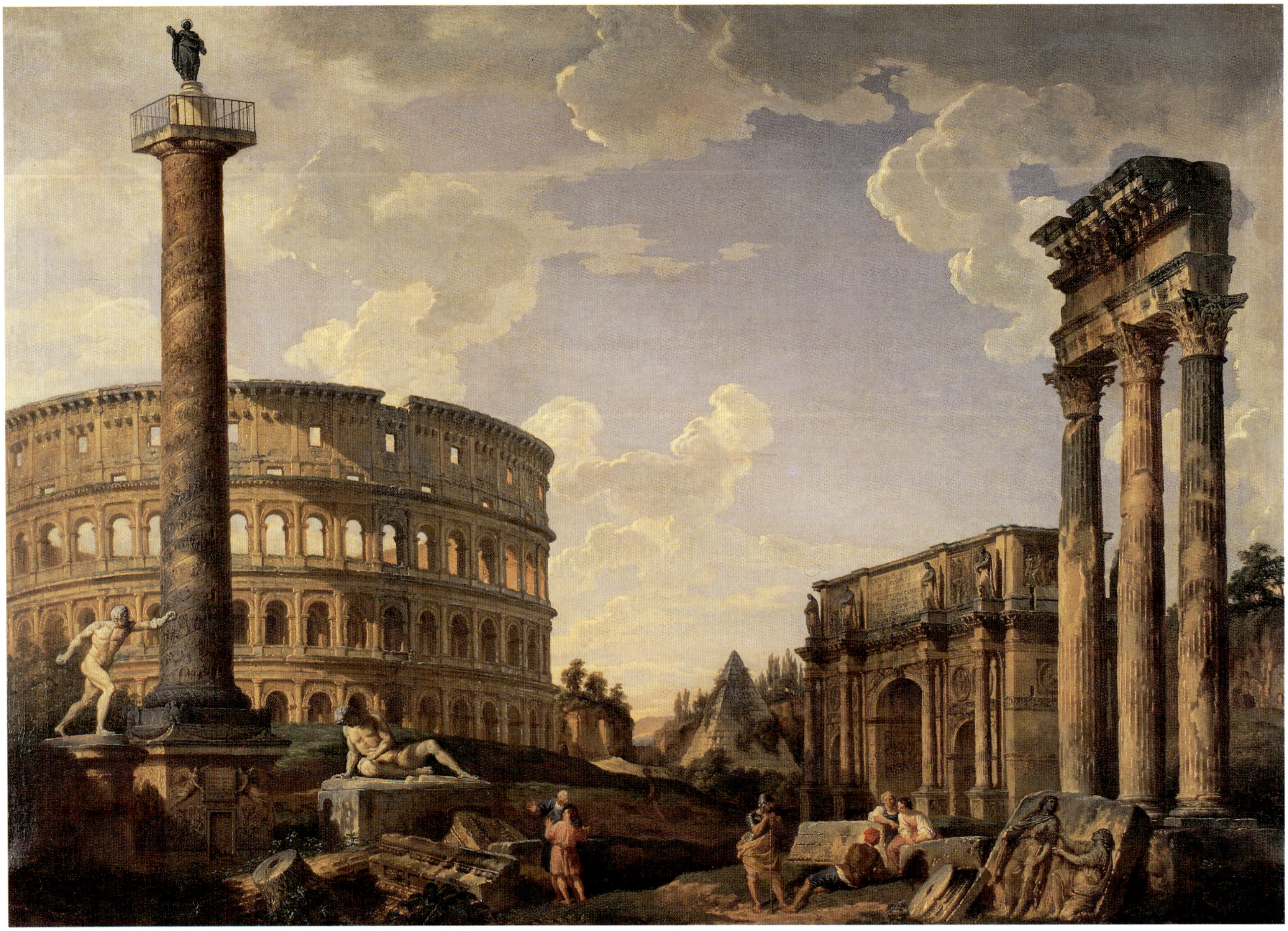

Giovanni Paolo Pannini. * Piacenza, um 1692. † Rom, 1765. Römisches Capriccio. 1734. Öl auf Leinwand. H 97,2 x B 134,6 cm. Maidstone Museum and Art Gallery, Maidstone.

Parmigianino

Die Madonna mit dem langen Hals

Die gelängten, weichen Züge Marias, des Jesusknaben und der begleitenden Engel wurden vom Künstler absichtlich übertrieben, daher der volkstümliche Titel. Parmigianino hat das von Raffael und Perugino vorgegebene Bildschema zwar beibehalten, aber der Komposition neues Leben und Bewegung verliehen. Diese Richtung wird als Manierismus bezeichnet, weil sie die ausgewogenen Proportionen der Renaissance bewußt zu stilisieren oder umzuarbeiten versucht. Parmigianinos elegante und intime Bilder standen am Anfang des Manierismus. Er bevorzugte Kompositionen mit wenigen Figuren, die Betonung der Anmut und gestreckte Gestalten. Der gebürtige Parmenser – daher sein Name – malte fast ausschließlich in seiner Geburtsstadt. Dieses Bild entstand allerdings nach einem Aufenthalt in Rom, wo er die Großen wie Raffael studiert hatte.

☛ Correggio, El Greco, Perugino, Pontormo, Raffael, Signorelli

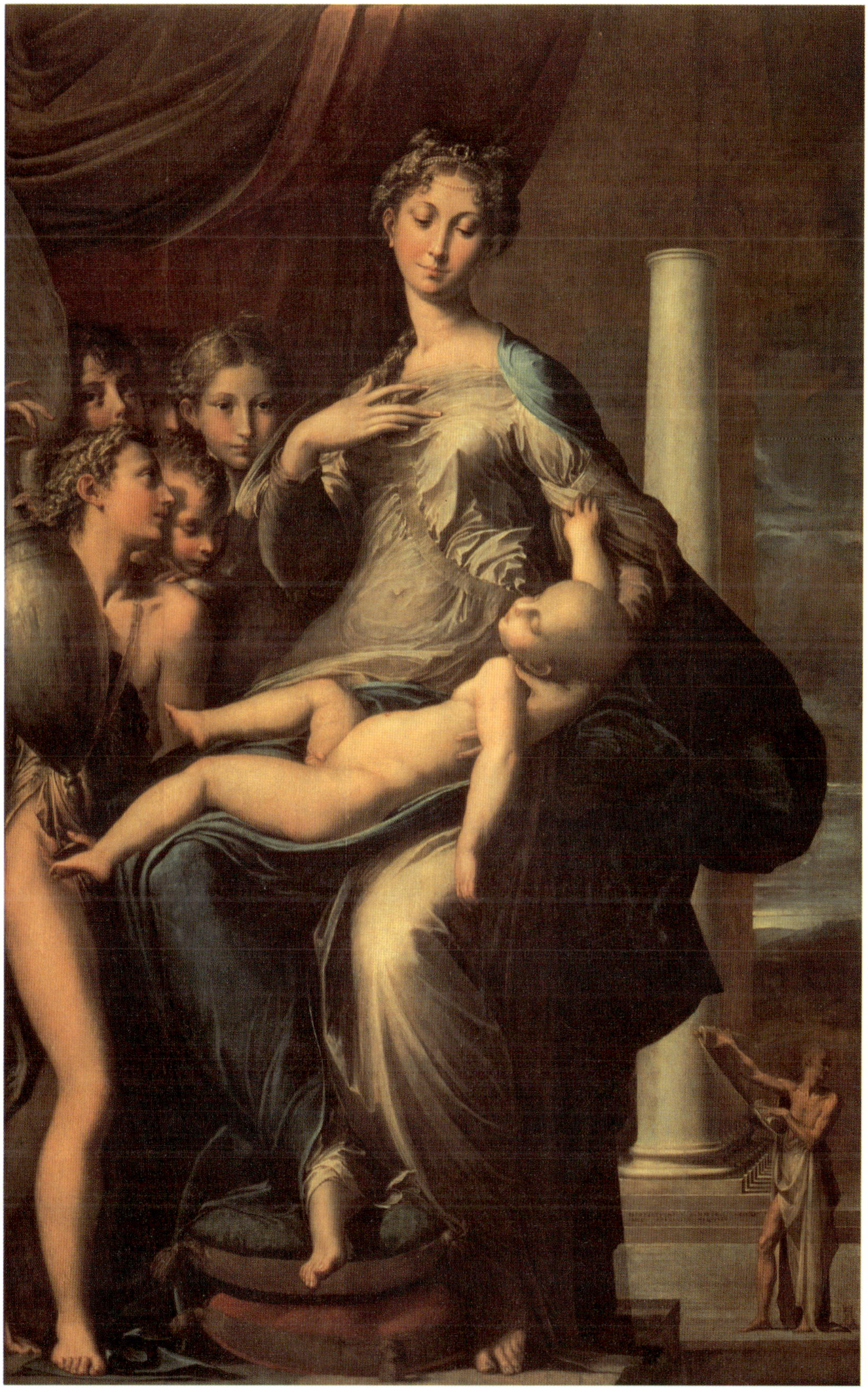

Parmigianino. * Parma, 1503. † Casalmaggiore, 1540. Die Madonna mit dem langen Hals. Um 1532. Öl auf Leinwand. H 219 x B 135 cm. Palazzo Pitti, Florenz.

Patenier Joachim

Der hl. Hieronymus in Felslandschaft

Fantastische Felsformationen bestimmen diese visionäre und düstere Landschaft, die ganz der Vorstellung des Künstlers entsprungen ist. Die sorgfältig und sensibel gemalte und kleinteilige Szenerie wird zur passenden Umgebung für den winzig klein dargestellten Heiligen. Die säubernde Klarheit reiner Luft wird in ebenso klaren Tönen wiedergegeben. Patenier hat Licht, Atmosphäre und Elemente der Natur zu einem Ganzen vereint. Das Ergebnis ist eine der ganz frühen realen Landschaftsdarstellungen. Die perfekte Ausführung und die technische Meisterschaft des Bildes sind charakteristisch für Patenier. Seine naiv empfundenen Landschaften hatten großen und nachhaltigen Einfluß auf die flämische Malerei. Die außergewöhnliche Mischung aus Fantasie und realistischen Details nahm speziell die Werke von Jan Brueghel vorweg.

☛ Altdorfer, Antonello da Messina, J. Brueghel, Van Eyck, Leonardo da Vinci, Reni

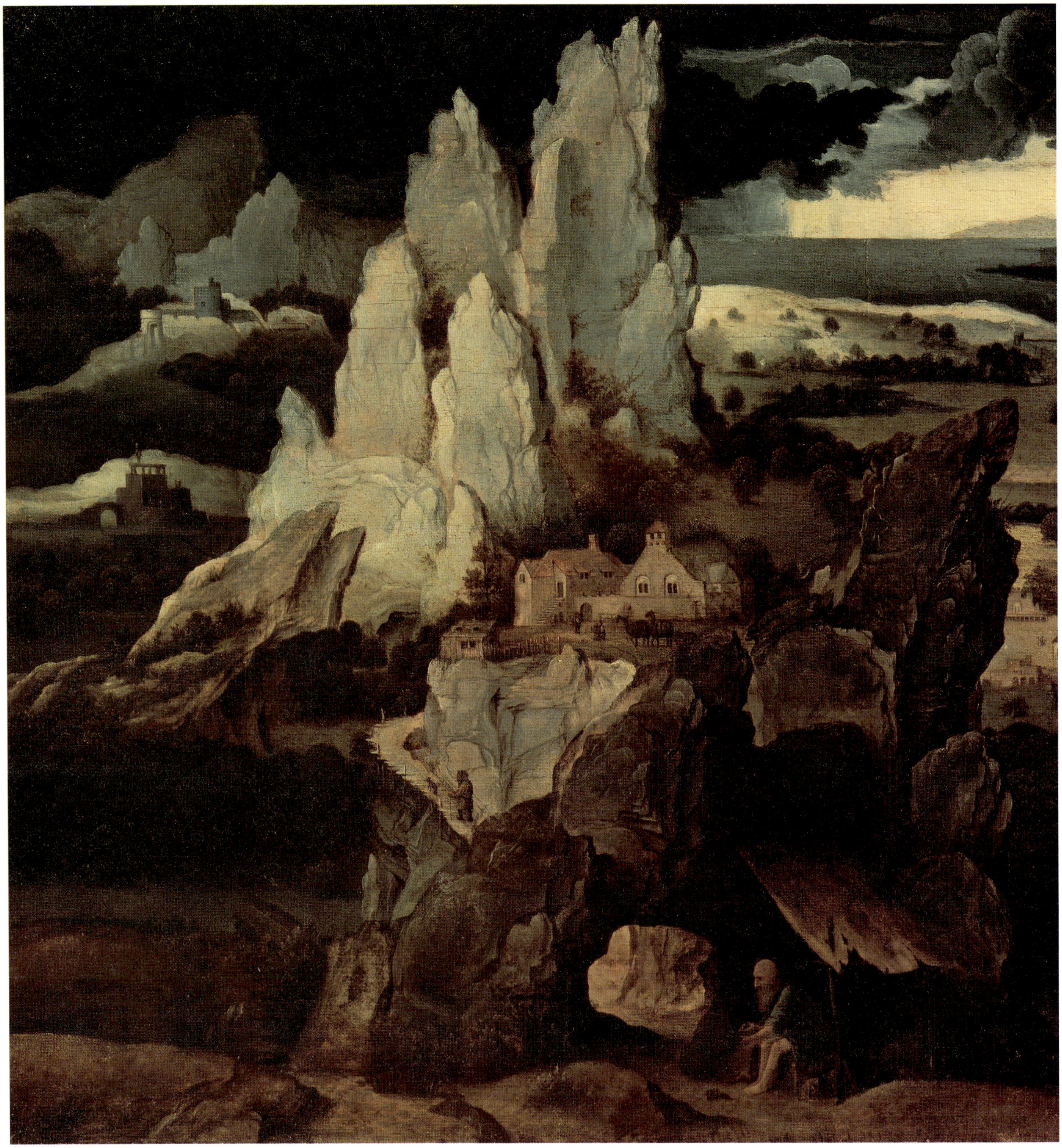

Joachim Patenier. * Ort unbekannt, um 1485. † Antwerpen, 1524. Der hl. Hieronymus in Felslandschaft. Um 1500. Öl auf Holz. H 36 x B 34 cm. National Gallery, London.

Wiese bei Moritzburg

Alle Einzelheiten dieser Stadtansicht sind übertrieben. Die Perspektive ist verzerrt, Gebäude und Figuren sind auf Grundformen reduziert, während die lebhaften Rosas, Blaus, Grüns und Gelbs die Stimmung der Landschaft vertiefen. Die Farbe wurde in verschiedener Dicke aufgetragen. Manchmal ist sie so dünn, daß die Leinwand durchscheint. Der Künstler hat absichtlich die natürlichen Gegebenheiten ignoriert, um eine ausdrucksfähigere Malerei zu finden. Mit anderen gleichgesinnten Künstlern gründete er die Künstlergruppe »Die Brücke«. Als einer der ersten der Gruppe erlangte Pechstein breite Anerkennung; vielleicht deshalb, weil seine Bilder dekorativer und weniger inhaltsschwer sind als die seiner Freunde, wie z. B. die von Kirchner. Vorbilder für seine neue Farbigkeit fand Pechstein bei Matisse und anderen Fauvisten.

☛ Heckel, Kirchner, Matisse, Nolde, Schmidt-Rottluff

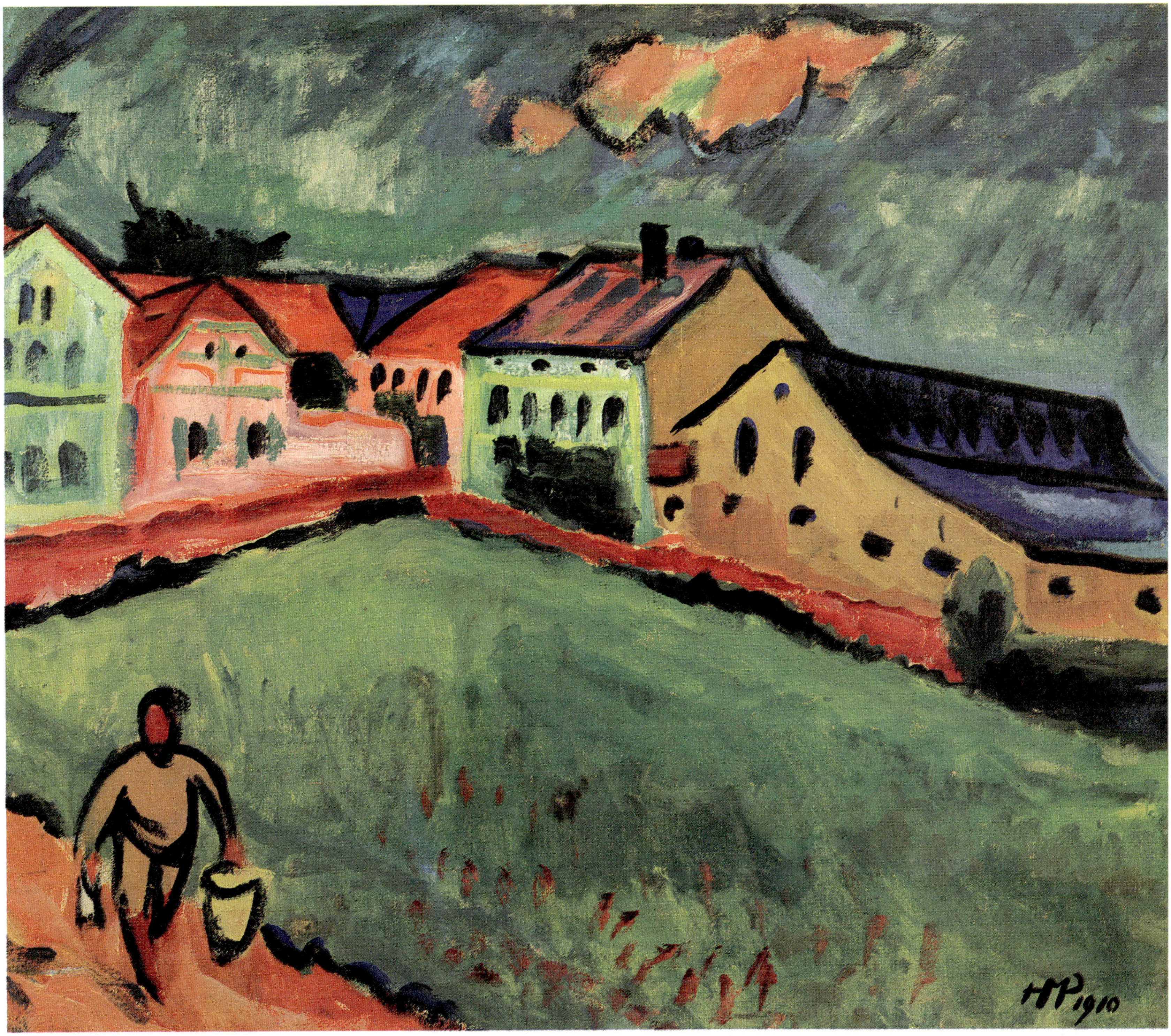

Max Pechstein. * Zwickau, 1881. † Berlin, 1955. Wiese bei Moritzburg. 1910. Öl auf Leinwand. H 70,2 x B 80,3 cm. Leonard Hutton Galleries, New York.

Perugino

Madonna mit Kind und Heiligen

Altarbilder mit der Madonna, umgeben von den Schutzheiligen einer Familie, zierten meist Privatkapellen. Hier haben wir Michael, Katharina von Alexandria, Apollonia und den Evangelisten Johannes. Jede bzw. jeder der Heiligen ist an seinem Attribut erkennbar. Apollonia z. B. hält die Zange, mit der man ihr wegen ihrer Standhaftigkeit im Glauben die Zähne herausgerissen hatte. Die anmutig gestreckten und sehr gefühlsbetonten Personen in weicher Haltung und mit geneigtem Kopf sind für Perugino typisch. Wie damals üblich, griff er auf einfache Kompositionsschemata zurück, wie hier mit der Madonna in der oberen Bildhälfte und den vier Heiligen darunter. Perugino arbeitete zwar in ganz Italien, bevorzugt aber in seiner Heimat Umbrien (daher sein Name, von Perugia). Den meisten ist er als Lehrmeister Raffaels bekannt, der in seinen frühen Jahren noch eng dem Stil seines Lehrers Perugino folgte.

☛ Andrea del Sarto, Della Quercia, Raffael, Signorelli

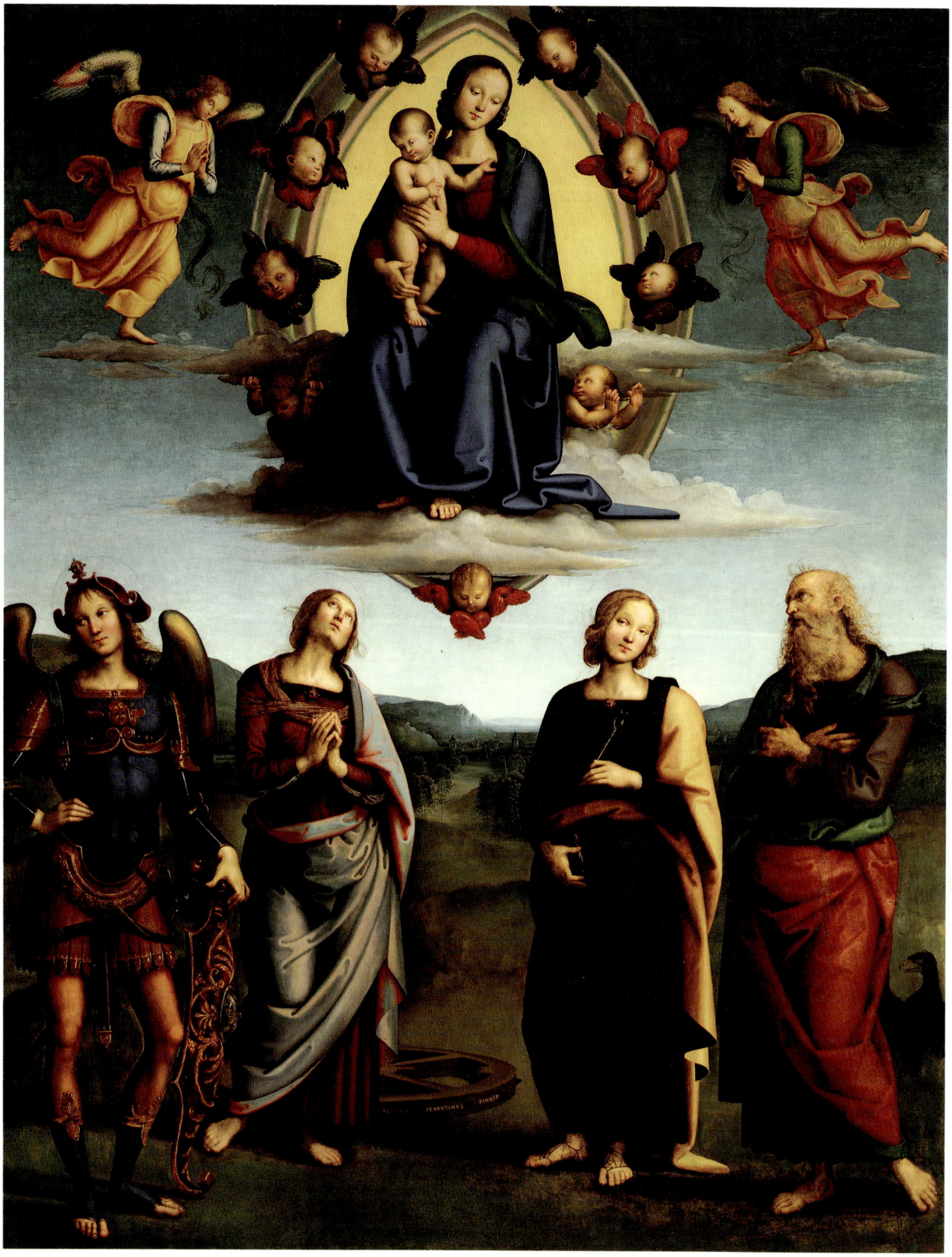

Perugino (Pietro Vannucci). * Città della Pieve, zw. 1445 und 50. † Fontignano, 1523. Madonna mit Kind und Heiligen. Um 1497. Öl auf Holz. H 276 x B 213 cm. Pinacoteca Nazionale, Bologna.

Amouröse Vorführung

An dieser Maschine ist absolut nichts Erotisches, aber der Titel beeinflußt unsere Vorstellung. Sofort wird die lockere Apparatur mit sexuellen Interpretationen, mit einer frivolen Natur befrachtet. Das lautstarke Hämmern, die mechanischen, rhythmischen Bewegungen und auch die verspielten Einzelheiten dieser Maschine werden assoziativ in einen neuen, wesensfremden Kontext gestellt. In der Mehrdeutigkeit beweist dieses Bild Picabias provokative und unorthodoxe Fantasie, die ein unbelebtes, unerotisches Objekt mit sexuellen Untertönen ausgestattet hat. Sein irrationaler und absurder Witz verbindet das Bild mit Dada. Picabia war führendes Mitglied dieser Antikunst- und Antivernunftsbewegung. In den USA gründete er zusammen mit Duchamp eine Dadagruppe. Später wandte er sich dem Surrealismus zu und schuf in den 20er und 30er Jahren hochinteressante Collageserien.

☛ Davis, Duchamp, Grosz, Hausmann, Léger

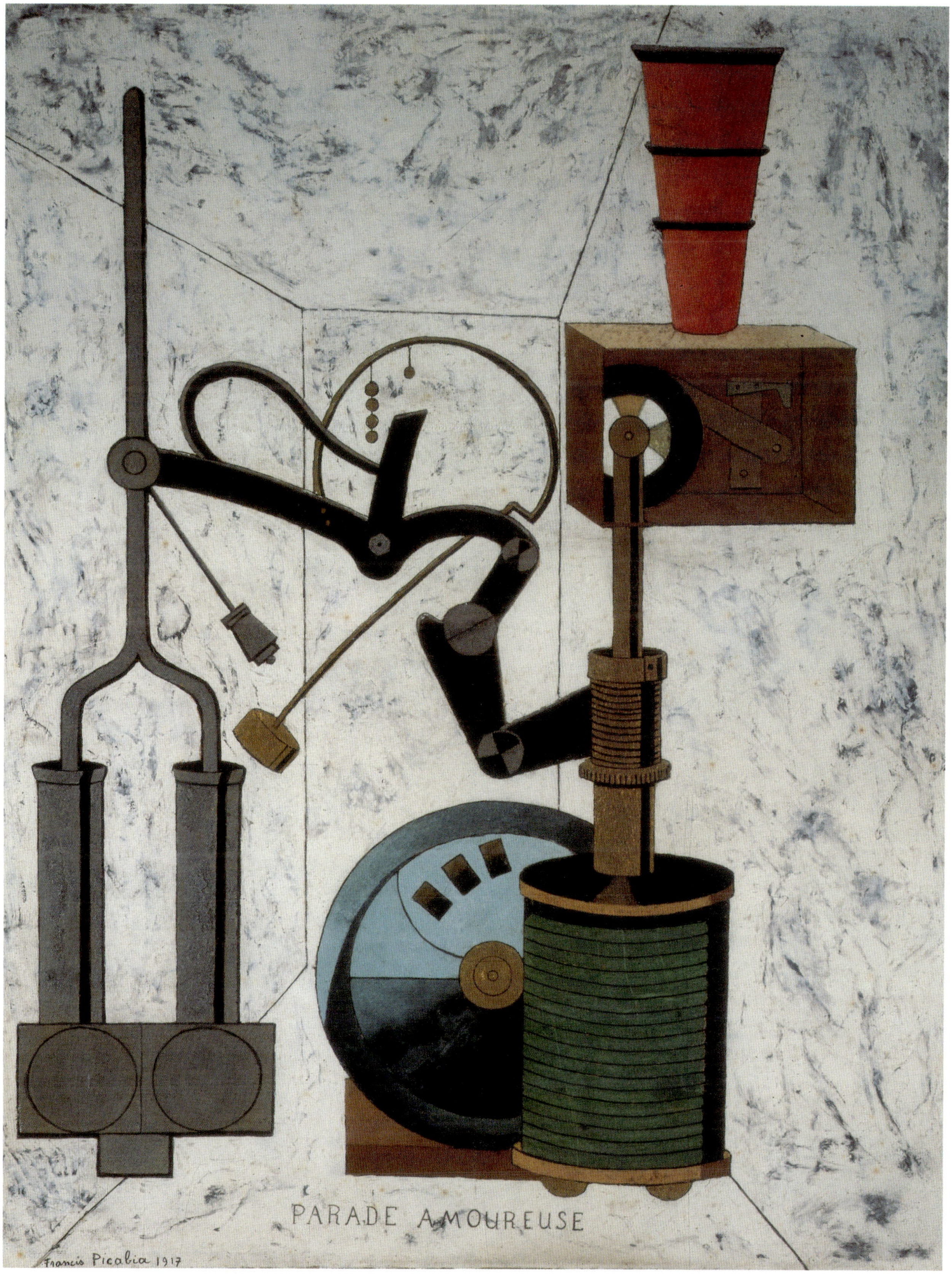

Francis Picabia. * Paris, 1879. † Paris, 1953. Amouröse Vorführung. 1917. Öl auf Leinwand. H 96,5 x B 73,7 cm. Privatsammlung.

Picasso Pablo

Weinende Frau

Das brennende Gefühl von Schmerz, das diese gequälte Frau durchlebt, wird mit harten Farben und festen Pinselstrichen wiedergegeben. Die Aufmerksamkeit des Betrachters wird sofort auf die kalte und blutleere Zone um ihren Mund und auf ihre Zähne gelenkt. Augen und Stirn scheinen deformiert – im wahrsten Sinne des Wortes durch Sorgen aufgebrochen. Die Frau erinnert an jene andere auf dem großen Wandbild »Guernica«, das aus dem gleichen Jahr stammt und Massaker von Frauen und Kindern im spanischen Bürgerkrieg beschwört. Das vorliegende Bild ist eines der ergreifendsten aus einer Serie mit gleichem Titel. Die Art, wie das Gesicht der Frau verzerrt und zerteilt wurde, entspricht der Methode des Kubismus, die von Braque und Picasso entwickelt worden war. Picasso hinterließ ein gigantisches Lebenswerk, das fast alle Gattungen der bildenden Kunst einschließt.

☛ Boccioni, Braque, Gris, Jawlensky, Kupka, Léger

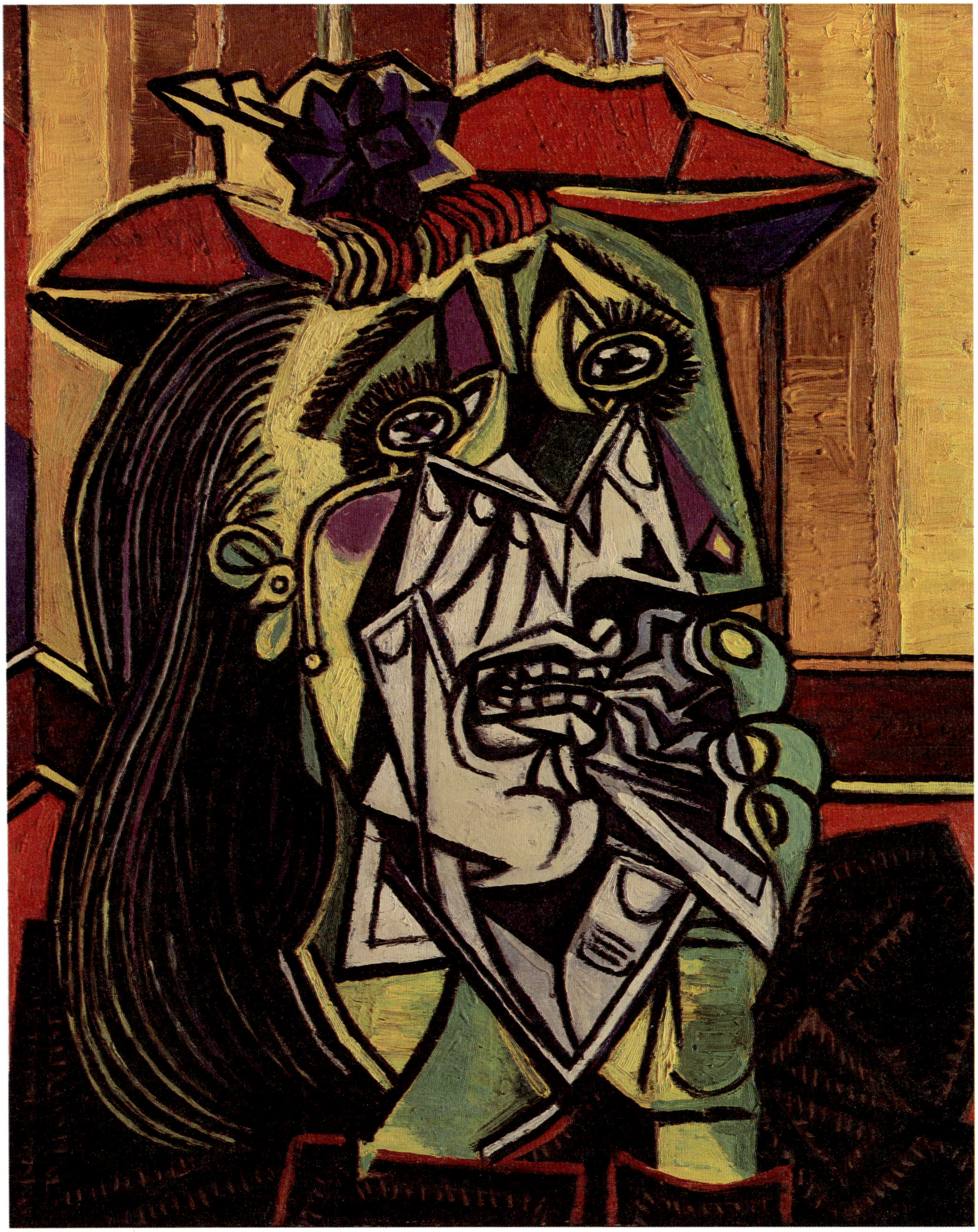

Pablo Picasso. * Malaga, 1881. † Mougins, 1973. Weinende Frau. 1937. Öl auf Leinwand. H 60,8 x B 50 cm. Tate Gallery, London.

Piero della Francesca

Taufe Christi

Johannes der Täufer tauft Christus im Jordan. Dahinter entledigt sich ein Mann seiner Kleider, um ebenfalls gesegnet werden zu können. Drei Engel mit bunten Flügeln, Gewändern und Kränzen im Haar sind Zeugen der friedlichen Szene, in der der Heilige Geist in Form einer Taube vom Himmel herniedersteigt. Ruhe und Klarheit der Komposition werden durch mehrere Vertikalen erreicht, die durch die stehenden Figuren und den Baumstamm gebildet werden. Der sanft geschwungene Flußlauf unterstreicht den Akzent der Ruhe. Piero, einer der Miterfinder der Linearperspektive, erzielt beachtliche Wirkung in der Behandlung der Figuren und Bäume, die sich entsprechend ihrer Entfernung verkleinern. Gegen Ende seines Lebens beschränkte er sich auf gelehrte Abhandlungen über Perspektive und Geometrie. Piero war einer der bedeutendsten Künstler des Quattrocento.

☛ Fra Angelico, Fra Filippo Lippi, Masaccio, Uccello

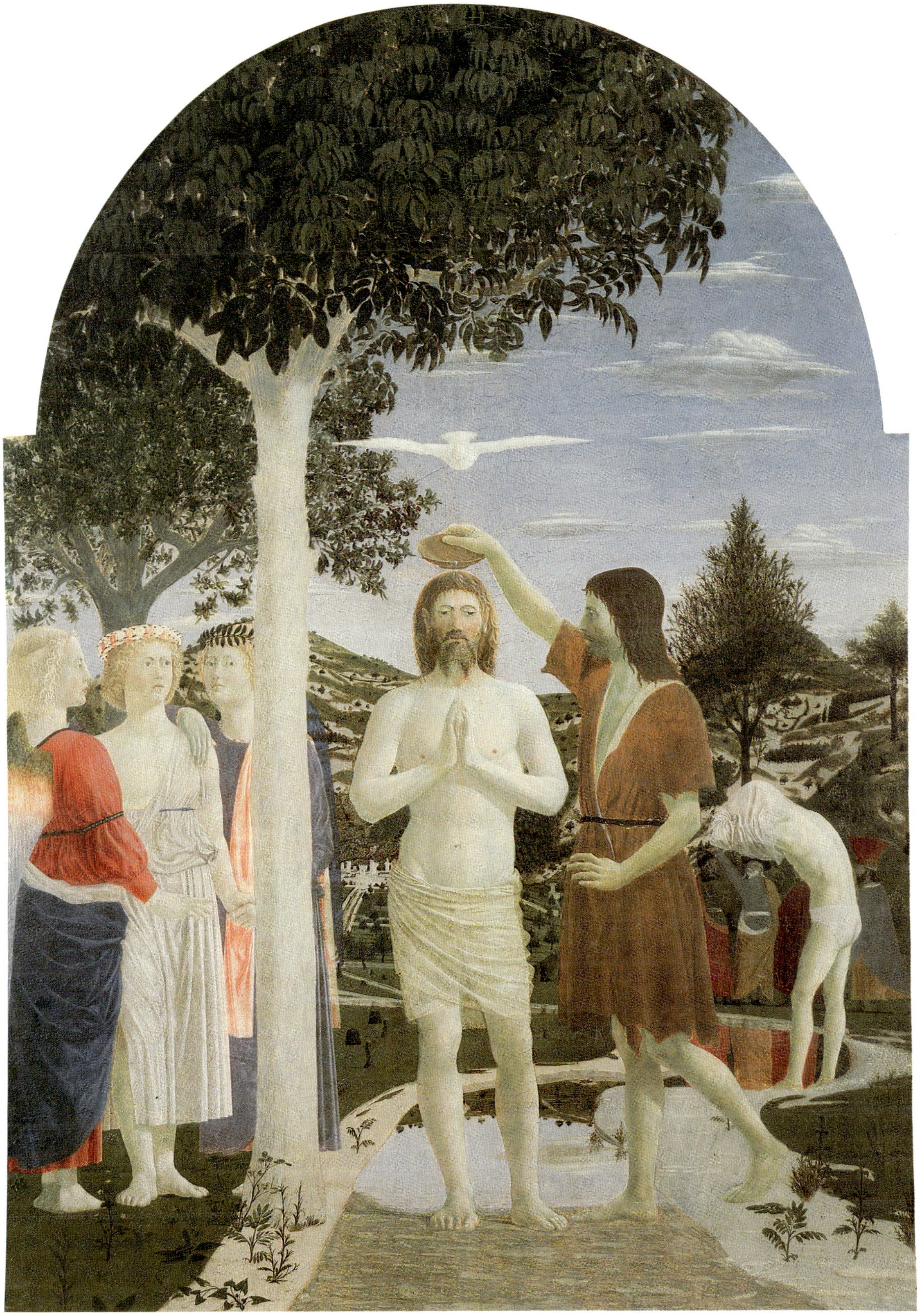

Piero della Francesca. * Borgo Sansepolcro, zw. 1410-20. † Borgo Sansepolcro, 1492. Taufe Christi. 1450. Tempera auf Holz. H 167 x B 116 cm. National Gallery, London.

Piero di Cosimo

Perseus befreit Andromeda

Gekräuselte Wellenkämme bilden den Widerhall zum Schrekken verbreitenden Ungeheuer, das die an einen Felsen gekettete Andromeda angreift. Der zu Hilfe eilende Perseus ist rechts dargestellt: wie er gerade anfliegt und dann, auf dem Rücken des Ungeheuers stehend, zum tödlichen Schlag ausholt. Klassische Themen waren bei den Malern der Renaissance beliebt, weil sie damit ihre humanistische Bildung beweisen konnten. Das Bild gehörte zu einer Serie, die im Palazzo Strozzi in Florenz hing. Piero malte das Thema oft in bizarrer Weise, was zu Gerüchten über sein eigenes exzentrisches Benehmen führte. Er lebte jahrelang zurückgezogen und soll sich nur von hartgekochten Eiern ernährt haben, was sehr unwahrscheinlich klingt. Piero erstellte auch Entwürfe für Moscheen, Feste und Prozessionen.

☛ Botticelli, Perugino, Pollaiuolo, Raffael, Signorelli

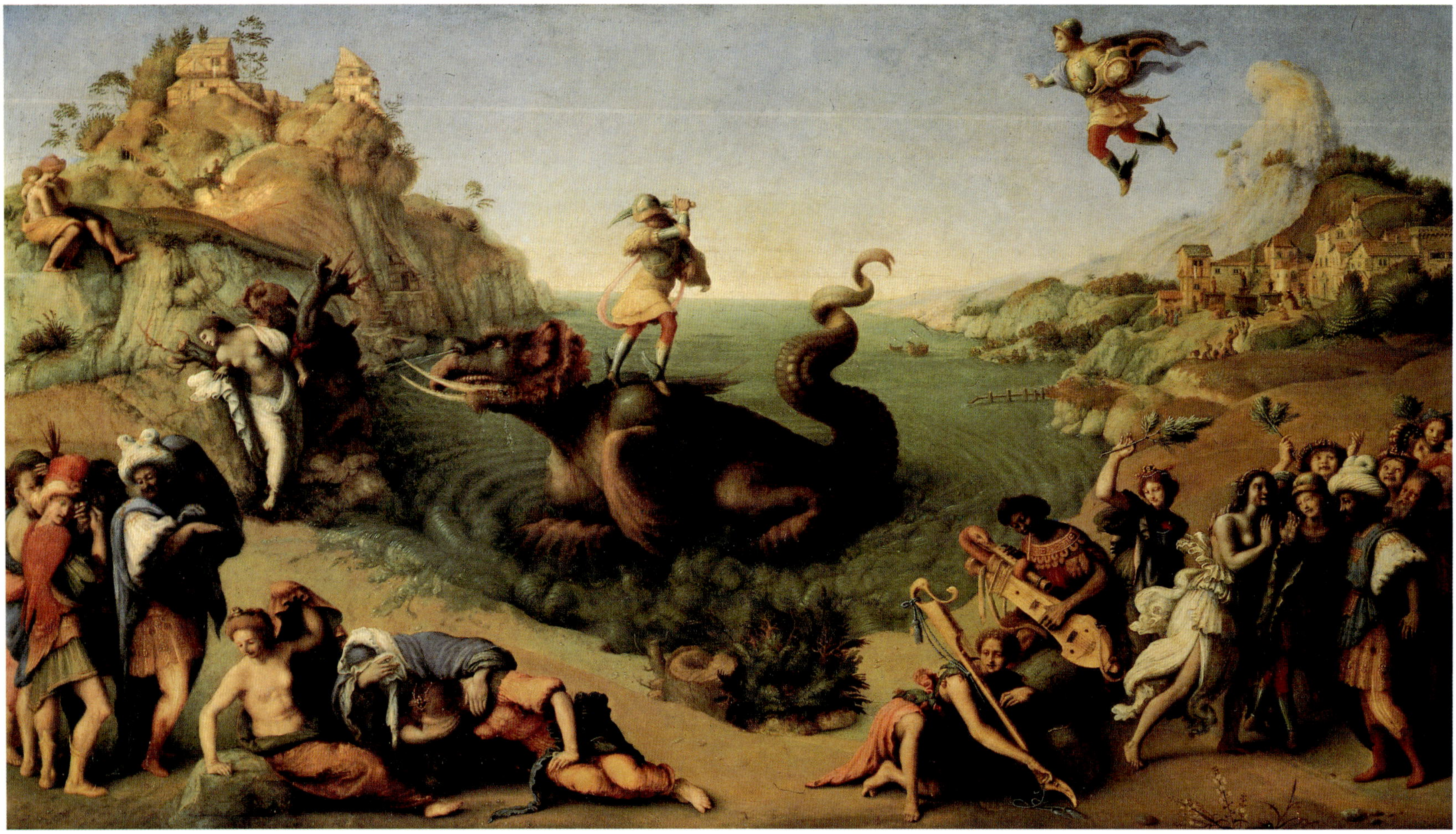

Piero di Cosimo. * Florenz, zw. 1461-62. † Florenz, 1521. Perseus befreit Andromeda. Um 1515. Öl auf Holz. H 66 x B 152 cm. Galleria degli Uffizi, Florenz.

Pietro da Cortona

Verherrlichung der Regierung Urbans VII.

Dieses ambitiöse Deckengemälde in einem der prunkvollsten Paläste Roms verherrlicht die Adelsfamilie der Barberini. Gleichzeitig ist es eine Allegorie auf die göttliche Vorsehung. Die einschüchternde Großartigkeit der Komposition beruht auf einer gemalten Scheinarchitektur (Quadratura) in Untersicht mit Blick in den freien Himmel. Diese Sotto-in-sù-Perspektive ist typisch für die barocke Deckenmalerei. Die Aufmerksamkeit des Betrachters wird von dem kreisenden Fluß der Zeichnung schnell auf das zentrale Geschehen gelenkt: Engel tragen die Tiara und den Schlüssel Petri – ein Hinweis auf das Papsttum Urbans VII., der ein Sproß der Barberini war. Jedes Gefühl von Schwerkraft löst sich in diesem großartigen Meisterwerk in sprühende Farbenpracht und gleißendes Licht auf.

☛ Bernini, Domenichino, Giordano, Guercino

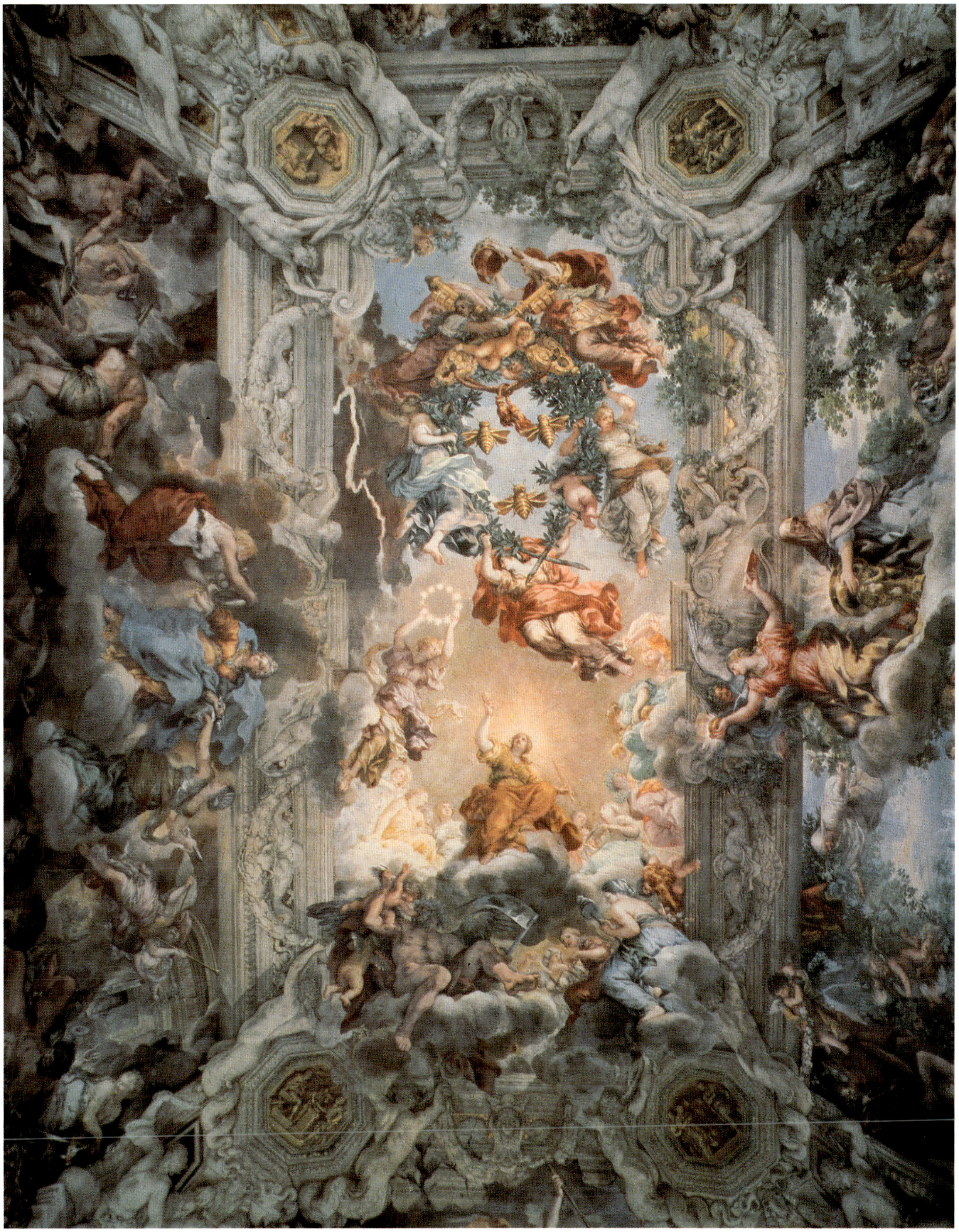

Pietro da Cortona (Pietro Berrettini). * Cortona, 1596. † Rom, 1669. Verherrlichung der Regierung Urbans VII. 1633-39. Fresko. Palazzo Barberini, Rom.

Piper John

Holkham, Norfolk

Unter einem wild stürmischen Himmel werden durch helles Gelb, Weiß und Rosa feste Architekturformen herausgestellt. Das Wasser im Vordergrund spiegelt schemenhaft die Gebäude und einen Brunnen. Dunkle Töne schaffen eine brütende Stimmung ganz im Sinne der emotionsgeladenen, englisch romantischen Landschaftstradition. Die Komposition wurde auf fast abstrakte Formen reduziert und verdichtet. Piper experimentierte mit gegenstandsloser Kunst in den 30er Jahren, wandte sich aber wegen der Beschränkungen nichtdarstellender Kunst enttäuscht wieder davon ab und kehrte damals, als dieses Bild gemalt wurde, zu naturalistischeren Darstellungen zurück. Nun verschmolzen topographische Genauigkeit mit neuen Romantizismen. Im letzten Krieg war er offizieller Kriegsmaler. Der vielseitige Künstler schuf auch Buchillustrationen, Glasfenster, Stoffe und Bühnenbilder.

☛ Bonington, Cozens, Nash, Turner, Siberechts

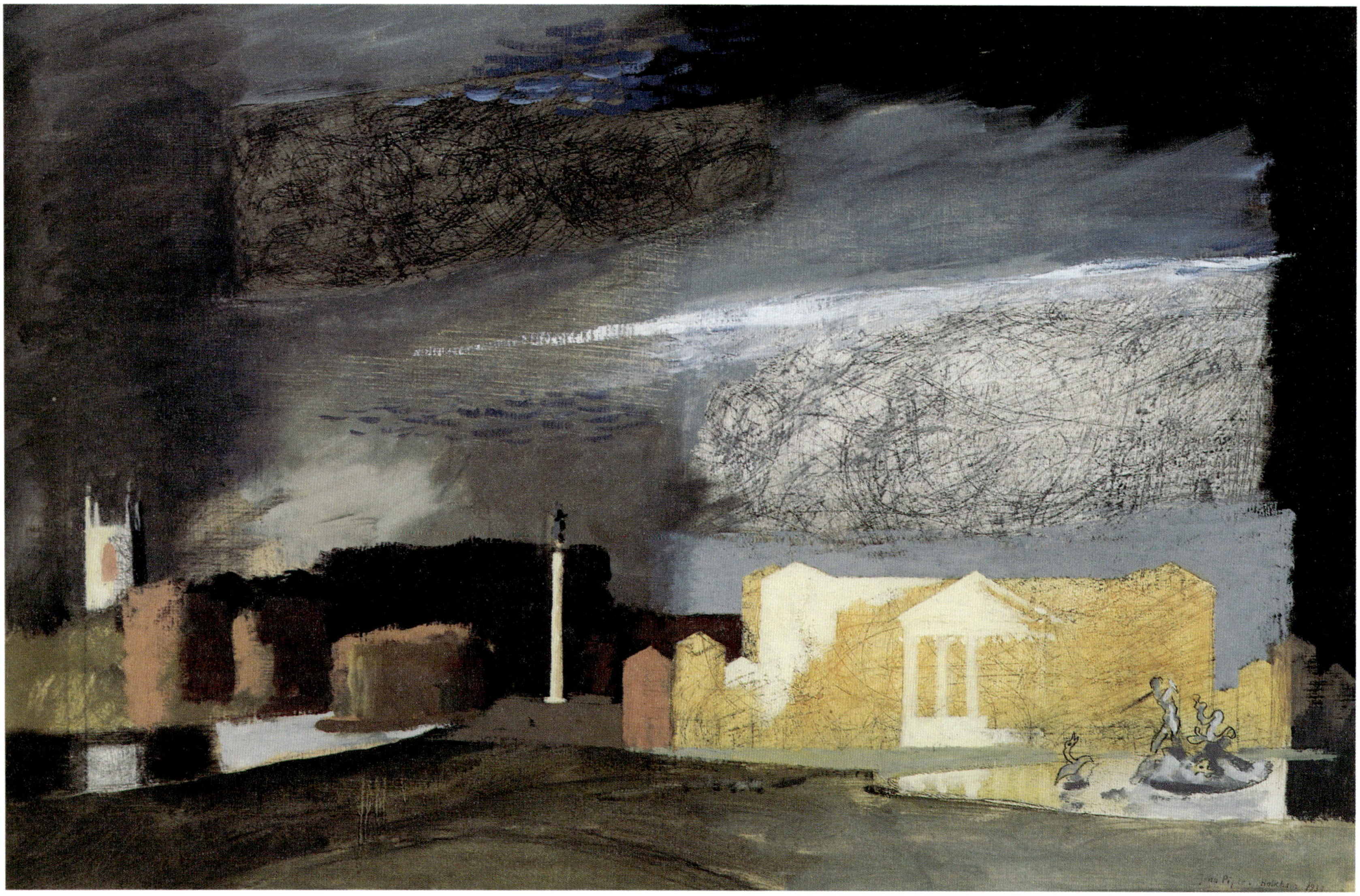

John Piper. * Epsom, 1903. † Fawley, 1992. Holkham, Norfolk. 1932. Öl auf Leinwand. H 51 x B 76 cm. Privatsammlung.

Pisanello

Ginevra d'Este

Die Haare zurückgesteckt, um die hohe Stirn zu zeigen, und bekleidet mit einer reich bestickten Robe wird die elegante Frau nach dem neuesten Stand der Mode vorgestellt. Das Muster auf der Robe macht sie als Mitglied der Familie d'Este von Ferrara erkennbar. Der an ihrer Schulter befestigte Ginsterzweig (»ginevra« auf Italienisch) spielt auf den Vornamen der Dargestellten an. Sie ist im Profil gezeigt, eine Pose, die Pisanello, der auch zahlreiche Münzen gestaltet hat, sehr entgegenkam. Naturalistische Details wie die Blumen und Schmetterlinge sind in der internationalen Gotik durchaus üblich. Nach dem Tode von Gentile da Fabriano war er in Italien ihr letzter großer Vertreter. Seine zahlreichen Tierzeichnungen demonstrieren, auch wenn sie zum dekorativen Repertoire eines damaligen Künstlers gehörten, Pisanellos lebhaftes Interesse an einer realistischen Wiedergabe der Natur.

☛ Gentile da Fabriano, Ghirlandaio, Mantegna

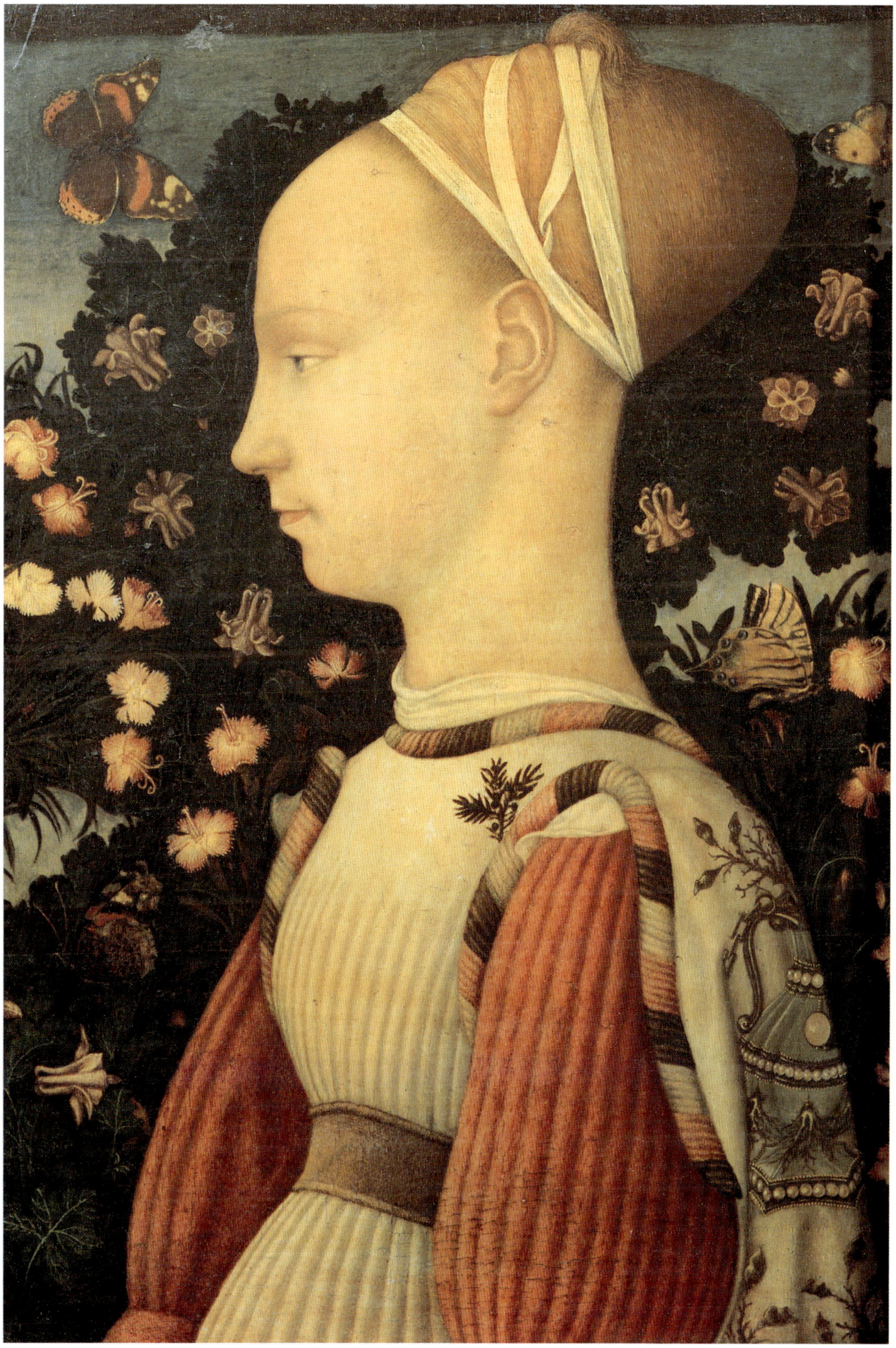

Pisanello (Antonio Pisano). * Pisa, um 1395. † Ort unbekannt, um 1455. Ginevra d'Este. Um 1440. Tempera auf Holz. H 43 x B 30 cm. Musée du Louvre, Paris.

Der hl. Johannes der Täufer

Mit zarter Linienführung und lyrischem Fluß geformt, zeigt das Bronzerelief Johannes, der gerade dabei ist, eine Gruppe von Leuten im Jordan zu taufen. Hinter ihm ragen baumbestandene Felsen auf, die, wenn auch völlig unproportional, die Umgebung gelungen mit in das Format einbeziehen. Andrea lernte wahrscheinlich zunächst Goldschmied. Dies befähigte ihn, feinste und sensible Details an den Figuren mit ihren elegant gewellten Kleidern anzubringen. Dieses Relief stammt von der ersten der drei Türen des Baptisteriums San Giovanni in Florenz, für die Andrea 28 Szenen aus dem Leben des Täufers, dem Patron der Stadt, gestaltet hat (vgl. Ghiberti). Jede Szene wird von einem Vierpaß gerahmt, einer modischen, aus Frankreich importierten Zierform der Gotik. Andrea hatte entscheidenden Einfluß auf Donatello, Ghiberti und Luca della Robbia.

☛ Donatello, Ghiberti, Giotto, Piero della Francesca, Della Quercia, Della Robbia

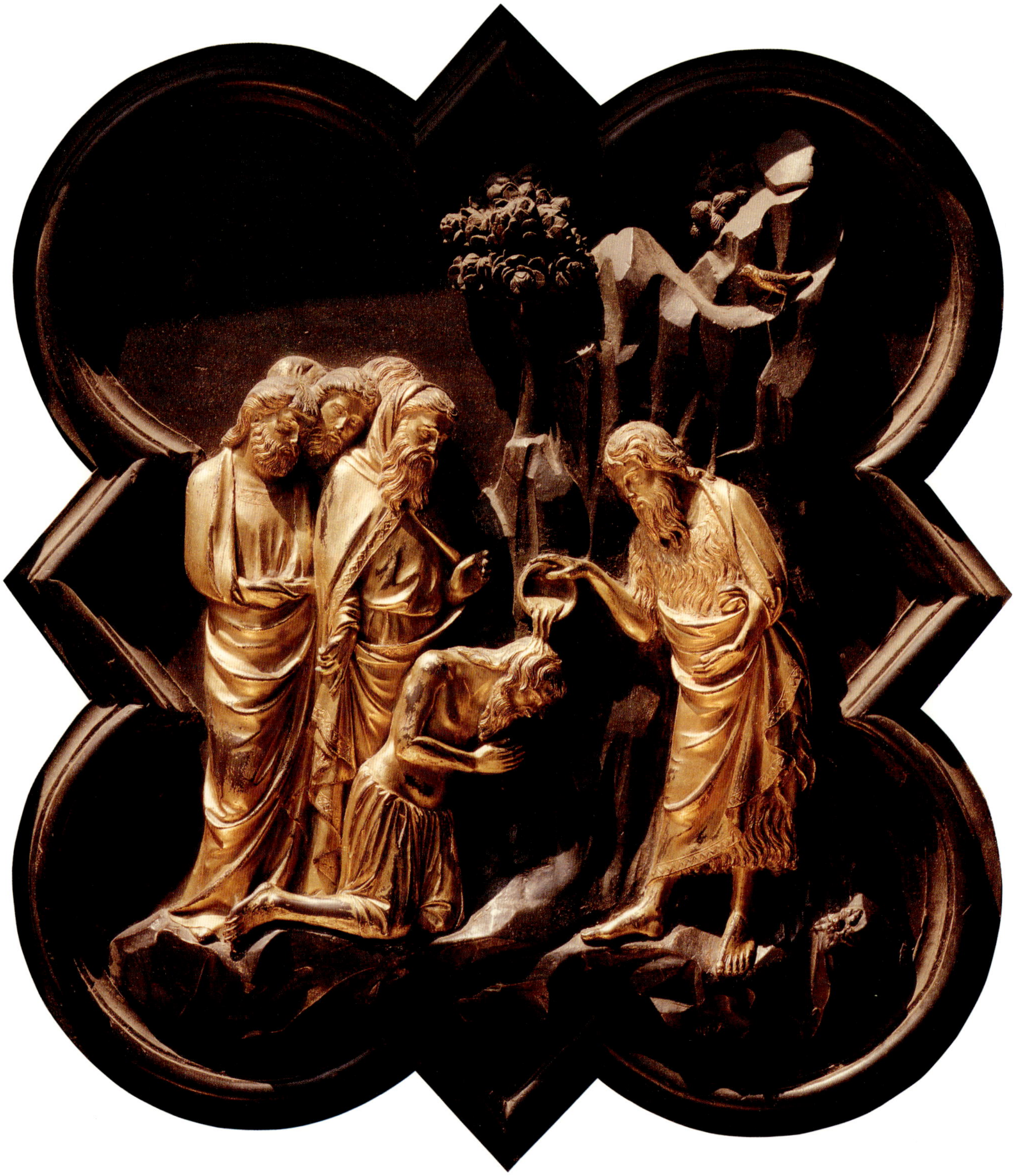

Andrea Pisano. * Pontedera, um 1290. † Orvieto, 1348. Der hl. Johannes der Täufer. 1330/33. Vergoldete Bronze. H 50 x B 43 cm. Baptisterium San Giovanni, Florenz.

Pissarro Camille

Landschaft bei Chaponval

Die stille Landschaft fängt den bukolischen Frieden des ländlichen Lebens ein. Kräftig gestrichelter Pinselduktus belebt die Bildfläche. Mit reduzierter Palette und einem einfachen Motiv hat Pissarro eine Reihe subtilster Wirkungen erzielt. Der sehr schmal gehaltene Himmelsstreifen und die weitläufigen Grünflächen steigern das Gefühl der Vertrautheit und des direkten Kontakts mit der Natur. Die parallel übereinander angeordneten Bildstreifen aus Feldern, Häusern, Wiesen und Himmel liefern das Kompositionsgerüst und sind für die Ruhe des Bildes verantwortlich. Der belaubte Baum links verbindet die Horizontalstrukturen miteinander. Die Reduktion der Landschaft auf ein kompliziertes Netz aus Farbtupfern ist typisch für den Impressionismus. Der auf den westindischen Inseln geborene Pissarro kam 1855 nach Paris, wo er zu einer Schlüsselfigur des Impressionismus wurde. Als einziger nahm er an allen Ausstellungen der Gruppe teil.

☛ Boudin, Cézanne, Corot, Daubigny, Monet, Sisley

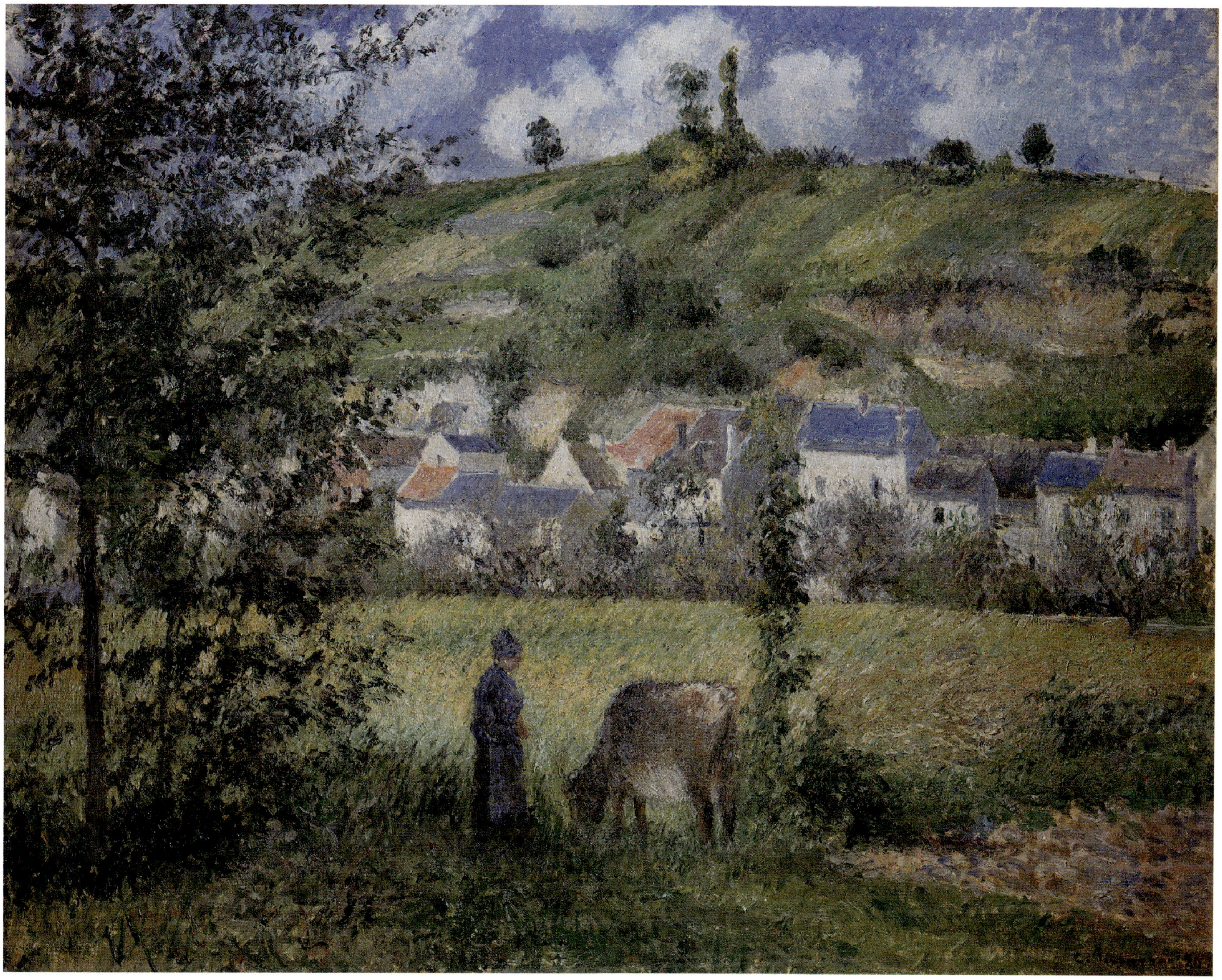

Camille Pissarro. * St. Thomas (Antillen), 1831. † Paris, 1903. Landschaft bei Chaponval. 1880. Öl auf Leinwand. H 54 x B 65 cm. Musée d'Orsay, Paris.

Poliakoff Serge

Gegenstandslose Komposition

Ebene Farbflächen durchdringen sich in stimmungsvoller Anordnung. Die geometrische Komposition ist durch das Format vorgegeben; dies wird bei der Aufteilung der bestimmenden Farbfelder offenkundig. Poliakoffs meisterhafte Pinseltechnik wir deutlich an der Vielzahl der Farbtöne, die innerhalb jedes Farbsektors eingeschlossen sind. Diese kontrollierte und erfahrene Behandlung der Farbe und die geschickte Aufteilung der sich schneidenden abstrakten Formen machen das Bild zu einem wichtigen Beispiel der Nachkriegsbewegung des Art Informel. Der russische Emigrant Poliakoff kam 1923 mit seiner Tante, der Sängerin Nadja Poliakoff, nach Paris. Seine erste gegenstandslose Komposition malte er 1937. Durch den Kandinsky-Preis im Jahre 1947 wurde er bekannt. Daraufhin entwickelte er sich in den 50er Jahren stetig zu einem wichtigen Künstler der Ecole de Paris.

☛ Delaunay, Riopelle, Soulages, De Staël, Vieira da Silva

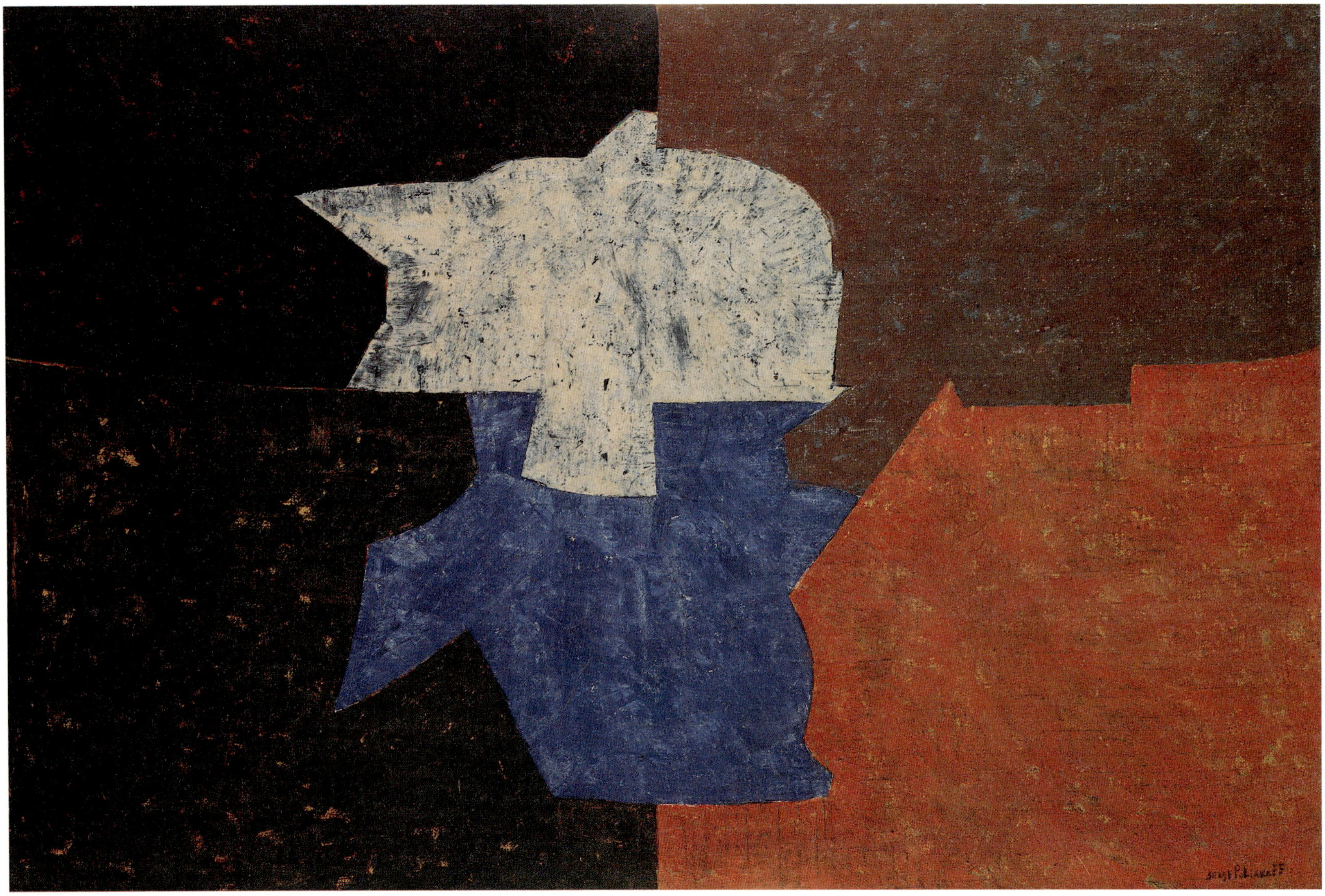

Serge Poliakoff. * Moskau, 1906. † Paris, 1969. Gegenstandslose Komposition. 1952. Öl auf Leinwand. H 89 x B 130 cm. Archives Serge Poliakoff, Paris.

Polke Sigmar

Drei Mädchen

Die weibliche Nacktheit wir dargestellt durch eine Tanzgruppe von Stripperinnen, die mit ihren hochhackigen Schuhen und Stiefeln einen Mann zu ihren Füßen vernichten. Seine Ohnmacht wird durch einen flügellosen Vogel symbolisiert. Herkömmliche Kunstschemata wie z. B. hingestreckte Akte oder Ritter, die den Drachen besiegen, werden in ein vulgäres pornografisches Pin-up-Bild verwandelt. Polke setzte sich in den 60er Jahren aus der DDR in Richtung Düsseldorf ab. Mit Gerhard Richter und anderen bildete er einen deutschen Zweig der damals in den USA entstehenden Pop Art. Kühn verknüpft er die Farbexperimente der Abstrakten Expressionisten mit Fotografien und Abbildungen aus Comic-Heftchen und Schundliteratur. Er reißt die Barrieren zwischen hoher Kunst und niederer Volkskunst ein. Seine Themen und Motive sind meist provokant und oft auch politisch motiviert.

☛ Baselitz, Jones, De Kooning, Sherman, Wesselman

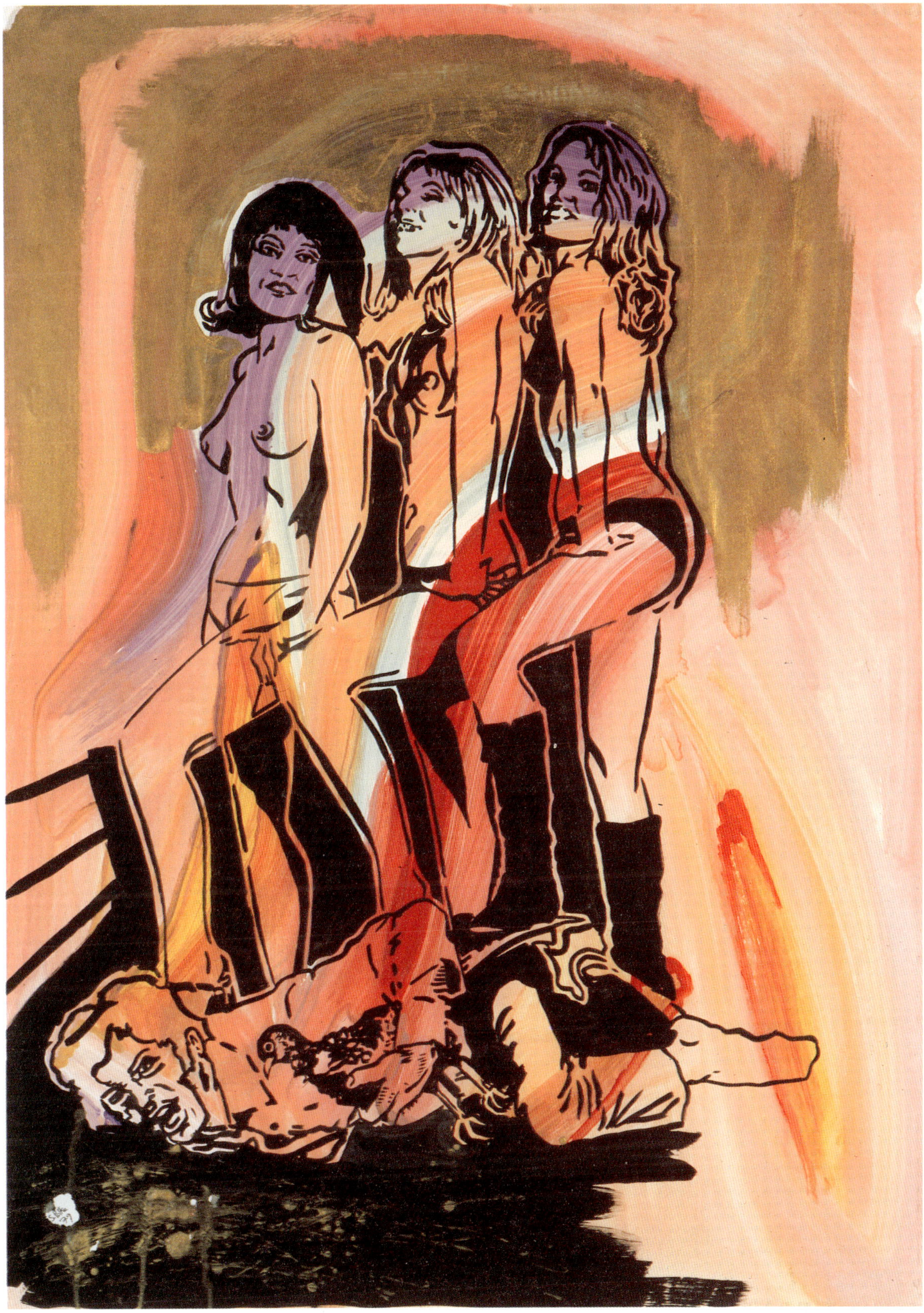

Sigmar Polke. * Oelsnitz, 1941. Drei Mädchen. 1970. Mischtechnik auf Papier. H 99,8 x B 69,9 cm. Anthony d'Offay Gallery, London.

Pollaiuolo Antonio

Daphne und Apollo

Man sieht, wie sich Daphne gerade in einen Lorbeerbaum verwandelt, um den Nachstellungen Apollos zu entgehen. Da dieser unsäglich in Daphne verliebt war, trug er zu ihrer Erinnerung künftig einen Lorbeerzweig. Das kleine Bild ist kostbar wie ein Juwel gemalt. Mythologische Szenen in diesem Kleinformat schmückten im Florenz der Renaissancezeit oft Truhen oder Küchenschränke, doch ist nicht geklärt, ob dies auch für das vorliegende Bild zutraf. Antonio und sein Bruder waren vielbeschäftigte Goldschmiede, Bildhauer und Maler, die auch für angesehene Familien wie die Medici tätig waren. Antonio ist auch für seine Stiche berühmt, z. B. »Die Schlacht der Nackten«, worin er den menschlichen Körper in allen Variationen studierte. Er war auch einer der ersten, der aus wissenschaftlichem Interesse Leichname sezierte.

☛ Botticelli, Raffael, Van Scorel, Verrocchio

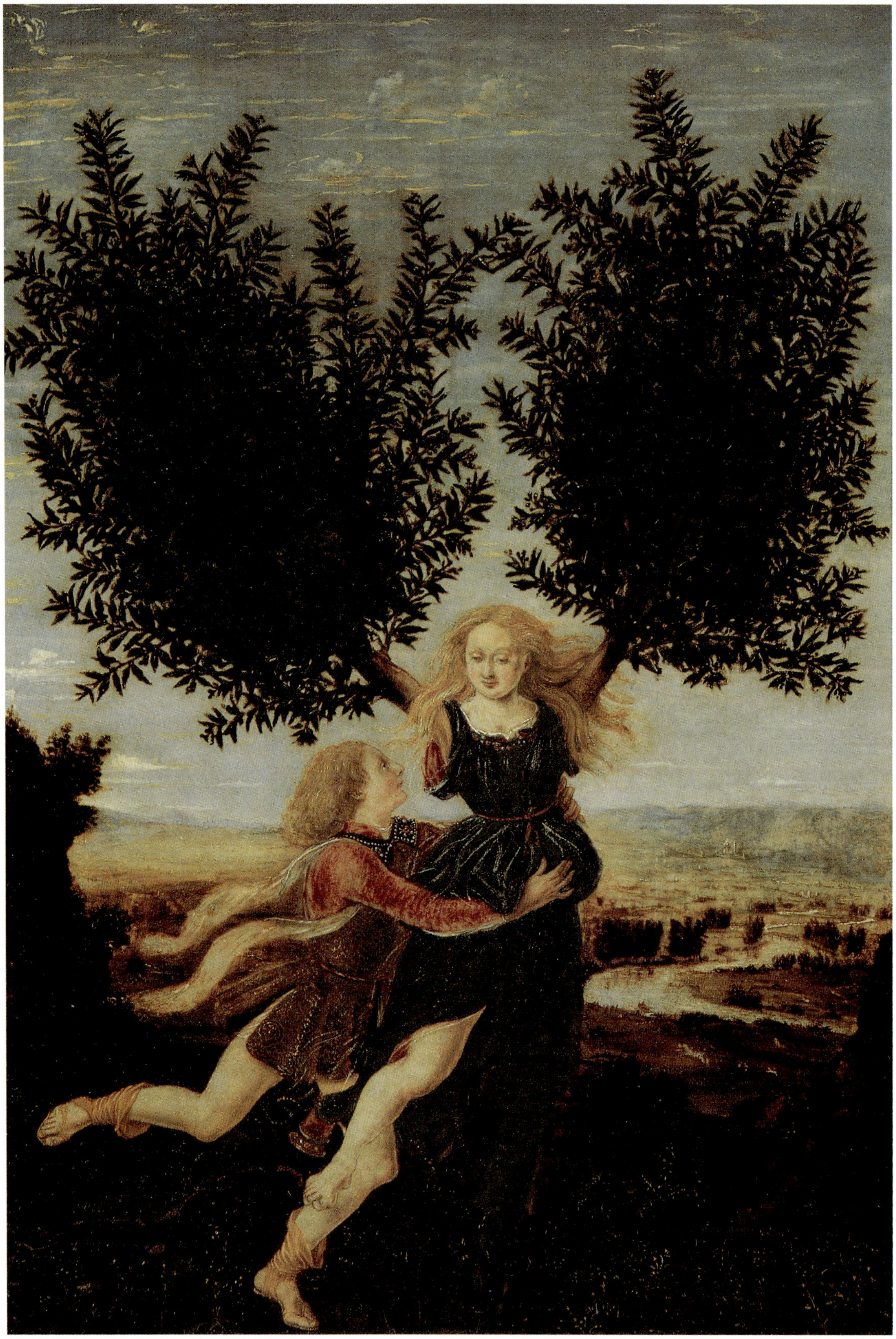

Antonio Pollaiuolo. * Florenz, um 1432. † Rom, 1498. Daphne und Apollo. Um 1470. Öl auf Holz. H 29,5 x B 20 cm. National Gallery, London.

Pollock Jackson

Nummer IA, 1948

Mit einem Blick wird Pollocks heftige Art, die Farbe tropfend und schmierend auf die Leinwand zu bringen, erkennbar. Er pflegte die Farbe mit Stöcken und Messern auf der ungespannten Leinwand zu verströmen und zu verteilen. Die auf dem Boden ausgelegte Leinwand erlaubte ihm auch, darauf herumzuspazieren und so selbst zum Ausdrucksmittel zu werden. Seine neue Technik wurde als Action Painting berühmt. Die Preisgabe der Staffeleimalerei und der Perspektive machte Pollock zu einer Schlüsselfigur in der internationalen Kunstszene nach dem 2. Weltkrieg. Energiegeladene Malweise und Freiheit der Ausdrucksmittel verbinden Pollock mit dem Abstrakten Expressionismus. Dennoch sind seine Bilder nur zum Teil vom Zufall bestimmt. Er sagt selbst dazu: »Ich möchte meine Gefühle ausdrücken, nicht beschreiben. Ich kann den Fluß der Farben beeinflussen, es gibt keinen Zufall.«

☛ Frankenthaler, Hofmann, Kline, De Kooning, Motherwell

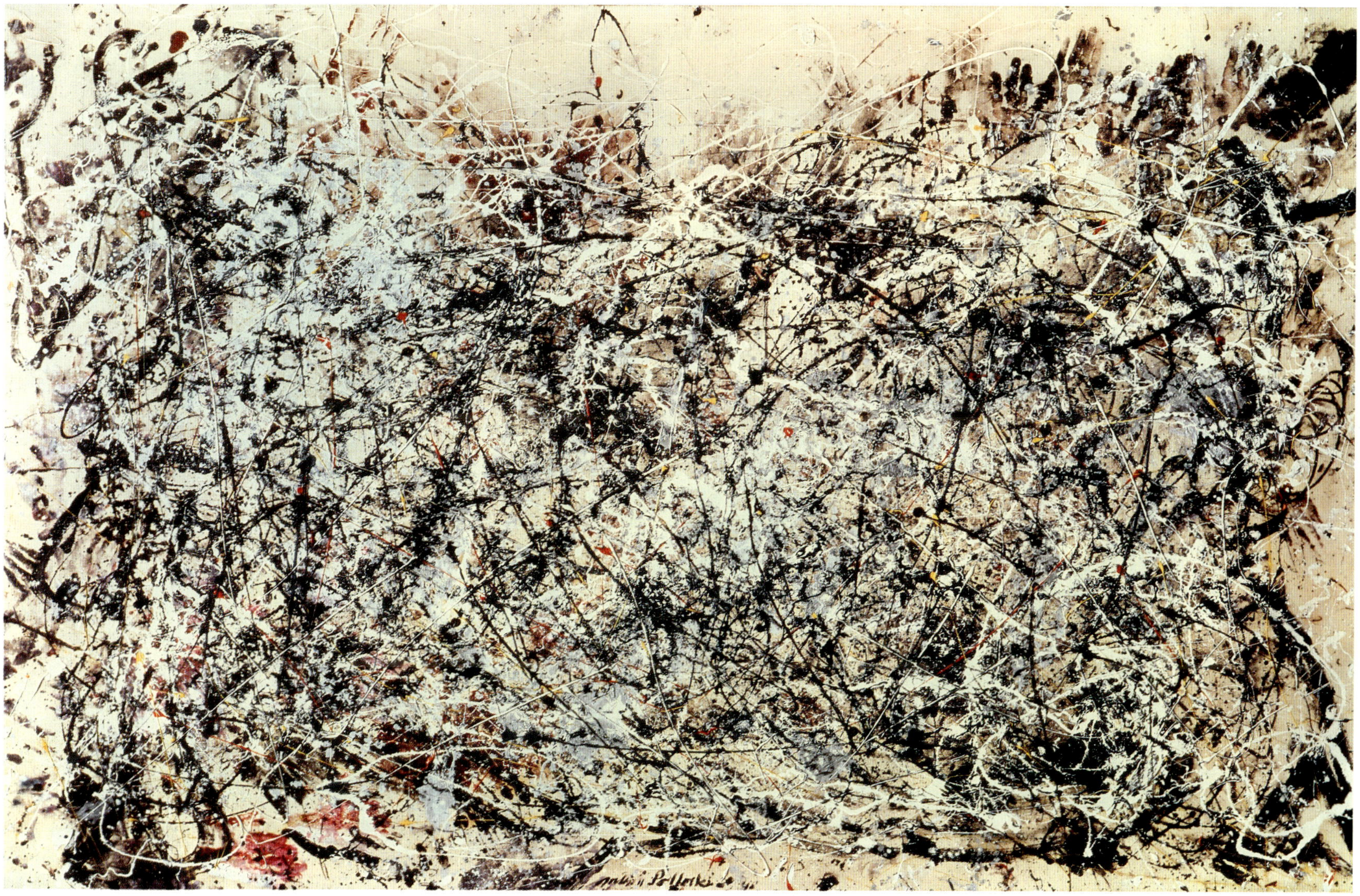

Jackson Pollock. * Cody, 1912. † Springs, Long Island, 1956. Nummer IA, 1948. 1948. Öl auf Leinwand. H 172,7 x B 264,2 cm. Museum of Modern Art, New York.

Pontormo Jacopo

Heimsuchung Mariae

Die schwangere Jungfrau Maria besucht ihre Base Elisabeth, die ebenfalls ein Kind (Johannes der Täufer) erwartet. Pontormo hat die ganze Begebenheit auf die Umarmung der beiden Frauen konzentriert. Alles, was ihm unwichtig erschien, wurde ausgeschieden. Das Ergreifende der Begegnung wird gesteigert durch helle, fast irisierende Farben und gestreckte Figuren mit dunklen, tiefen Augen. Gewundene Formen und leuchtende Farben sind Pontormos Markenzeichen. Er zeigt den Manierismus auf seinem Höhepunkt. Obwohl Pontormo an der Florentiner Akademie ausgebildet wurde, zeigt sein späterer Stil eine exzentrische Note. Sein krankhaftes und introvertiertes Wesen wird in seinem Tagebuch erkennbar, das in fast manischer Akribie Einzelheiten seines täglichen Lebens wiedergibt. Pontormos Schüler und Nachfolger wurde Bronzino.

☛ Beccafumi, Bronzino, Parmigianino, Rosso Fiorentino

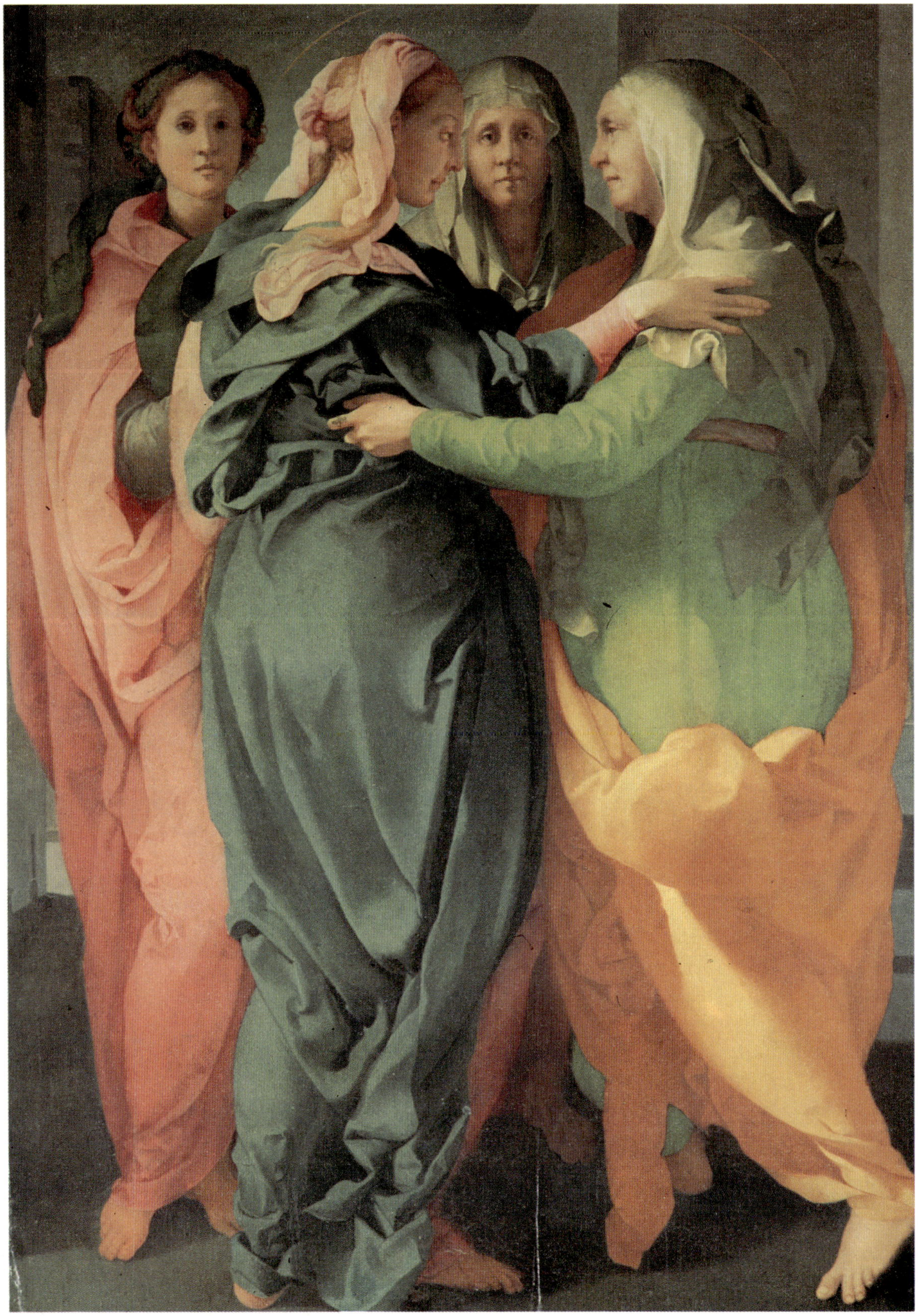

Jacopo Pontormo. * Pontormo, 1494. † Florenz, 1556. Heimsuchung Mariae. 1530/32. Öl auf Holz. H 202 x B 156 cm. Pieve di San Michele, Carmignano.

Popova Ljubov

Raum-Kraft-Konstruktion

Sich überschneidende geometrische Formen in ruhigen Farben scheinen auf der nicht grundierten Sperrholzplatte zu treiben. Das Zusammenspiel der verschiedenen Kreise, Kurven und Diagonalen wird noch bestärkt durch vielfarbige Schatten, die das Spiel des Lichts wirkungsvoller machen. Zusätzliche Tiefe wird durch zahlreiche Diagonalen, die sich über das Bild hinaus zu verlängern scheinen, bewirkt. Die Betonung von Farbe und Licht und der Einsatz von Schatten, die die Tiefenwirkung erhöhen, zeigen den Einfluß des Konstruktivismus. Ab 1921 verlegte Popova ihr Talent auf Stoffe, Kleider und Modellentwürfe. Im Einklang mit den Grundgedanken des Konstruktivismus glaubte sie, Kunst müsse nützlich sein, was sie selber so formulierte: »Kein künstlerischer Erfolg hat mich mehr befriedigt, als zu sehen, wie ein Bauer oder Arbeiter meine Modelle trägt.« Leider starb Popova sehr jung.

☛ Lissitzky, Malevič, Moholy-Nagy, Rodchenko, Tatlin

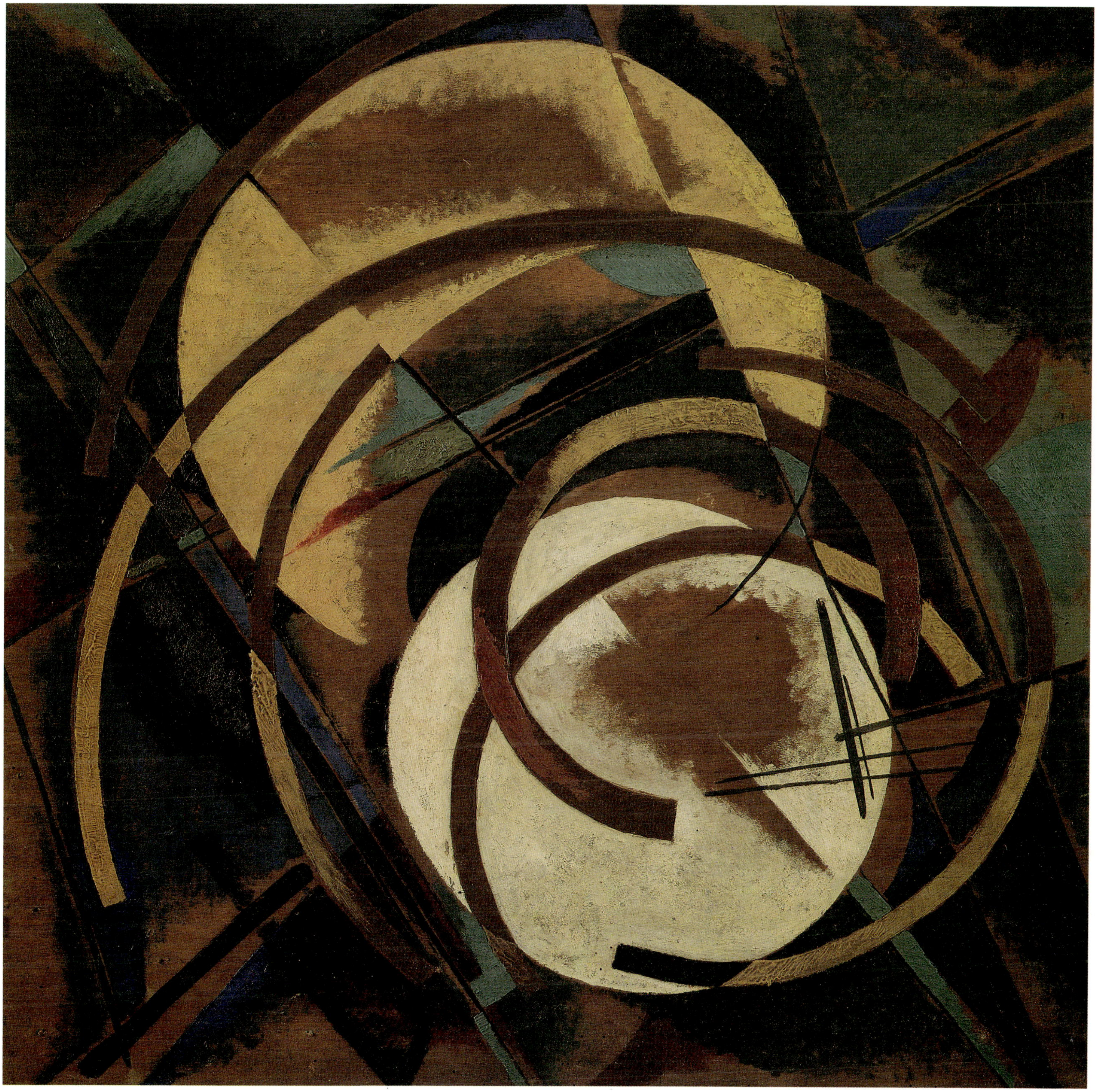

Ljubov Popova. * Moskau, 1889. † Moskau, 1924. Raum-Kraft-Konstruktion. Um 1920/21. Öl auf Holz. H 77,7 x B 77,7 cm. Privatsammlung.

Poussin Nicolas

Arkadische Schäfer

Die elegische Inschrift »Et in Arcadia Ego« (auch ich – gemeint ist der Tod – bin in Arkadien) an einem römischen Sarkophag erregt die Neugier einer Gruppe von Schäfern. Der tiefsinnige Satz überschattet dieses bukolische, geheimnisvolle Bild. Seine warmen Herbstfarben und die sorgfältig postierten Personen verleihen dem Bild einen resignativen schicksalsträchtigen Zug, da die Schäferidylle durch den Hinweis auf den Tod zerstört ist. Im Gedenken an Giorgiones mysteriöse Bilder vertritt Poussin eine bedächtigere Version des Barock, die sich auf Raffael und die Antike stützt. Im scharfen Gegensatz zur theatralisch emotionalen Art eines Rubens oder Berninis, betont Poussin die klassische Form und den moralischen Auftrag. Seine Bilder waren in den Gebildetenkreisen Roms hoch geschätzt.

☛ Bernini, Claude Lorraine, J.-L. David, Giorgione, Raffael, Rubens

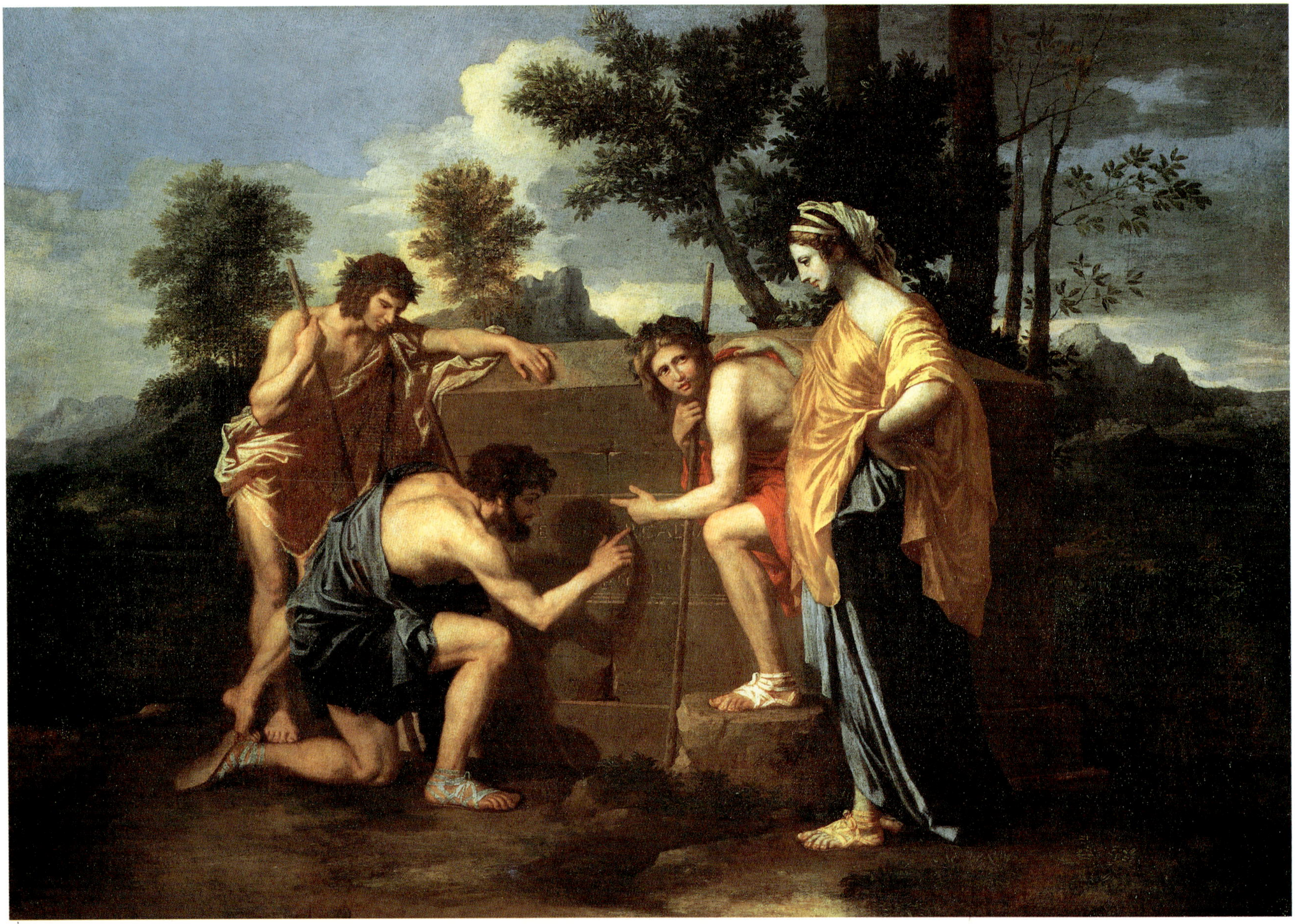

Nicolas Poussin. * Les Andelys, 1594. † Rom, 1665. Arkadische Schäfer. 1638/39. Öl auf Leinwand. H 85 x B 121 cm. Musée du Louvre, Paris.

Powers Hiram

Griechische Sklavin

Die anmutige und sorgsam geglättete Statue zeigt eine Frau, die friedvoll nach links schaut. Beim genauen Betrachten bemerkt man, daß ihre leicht abgewandten Hände angekettet sind. Schön wie eine Göttin wartet die griechische Christin auf ihren Verkauf in die türkische Sklaverei. Da die Skulptur zeitgleich zum griechischen Freiheitskampf entstand, wurde sie begeistert aufgenommen. Ihre weiche Haut und die anmutigen Formen strahlen Ruhe und einen poetischen Zauber aus. Powers war einer der führenden amerikanischen Bildhauer im 19. Jahrhundert. Seine »Griechische Sklavin« erntete großen Beifall und wurde vielfach abgegossen. Powers handwerkliche Meisterschaft, emotionale Zurückhaltung und Themenwahl trugen wesentlich dazu bei, die Ideale des Neoklassizismus, die damals in Europa vorherrschend waren, in die amerikanische Kunst einzubringen.

☛ Canova, Donatello, Leighton, Maillol, Moore

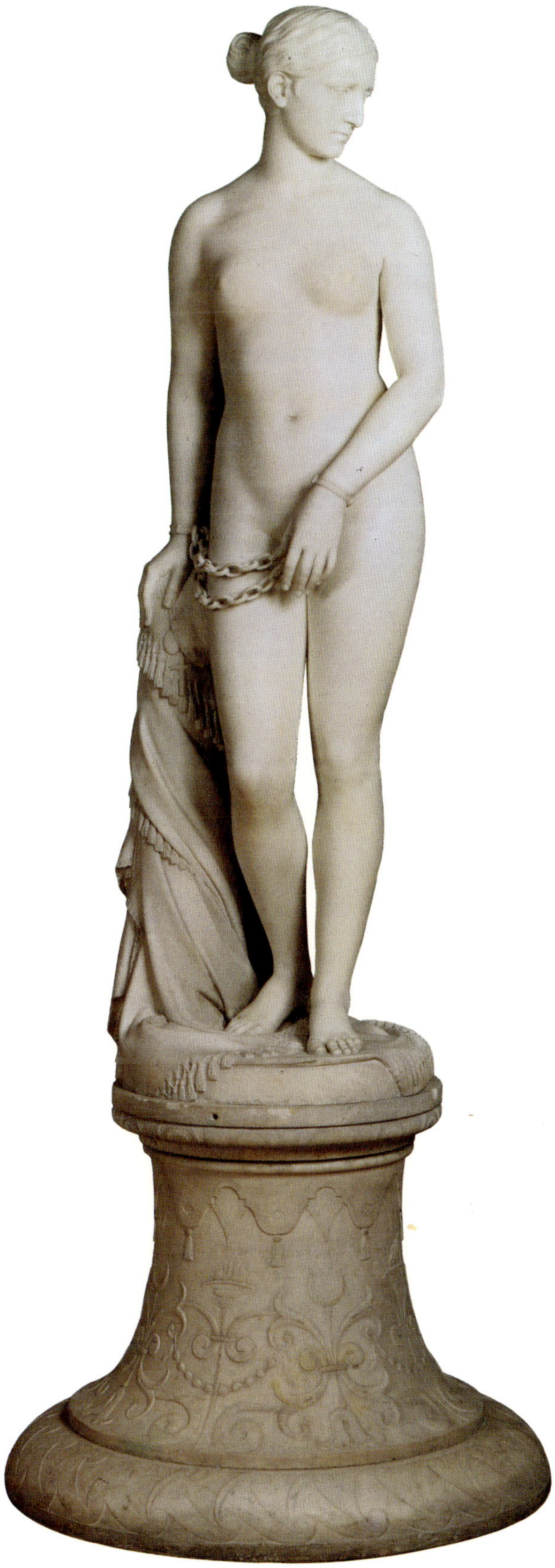

Hiram Powers. * Woodstock, 1805. † Florenz, 1873. Griechische Sklavin. Um 1843. Marmor. H 166,4 cm. Yale University Art Gallery, New Haven.

Primaticcio Francesco

Danaë

In einem verschwenderisch farbigen Zimmer sitzt Danaë nackt auf ihrem Bett. Dienerin und Putten warten auf. Danaë wurde von ihrem Vater Akrisios, dem König von Argos, in einem Turm eingesperrt, da ein Orakel vorhergesagt hatte, der König würde von ihrem Sohn umgebracht. Zeus näherte sich ihr in Gestalt eines Goldregens und verführte sie. 1532 wurde Primaticcio zusammen mit Rosso Fiorentino von Franz I. berufen, das Schloß von Fontainebleau auszugestalten. Dort entwarf er kunstvolle Dekorationen in Verbindung von Malerei und Stuck, so wie auf dieser Abbildung. Primaticcio war zugleich Maler, Bildhauer und Architekt. Sein vielseitiges Talent fand in der Innenausstattung des Schlosses seinen vollen und überschwenglichen Niederschlag. Primaticcio wurde damit zu einem der Wegbereiter der Renaissance in Frankreich.

☛ Cellini, El Greco, Pontormo, Rosso Fiorentino

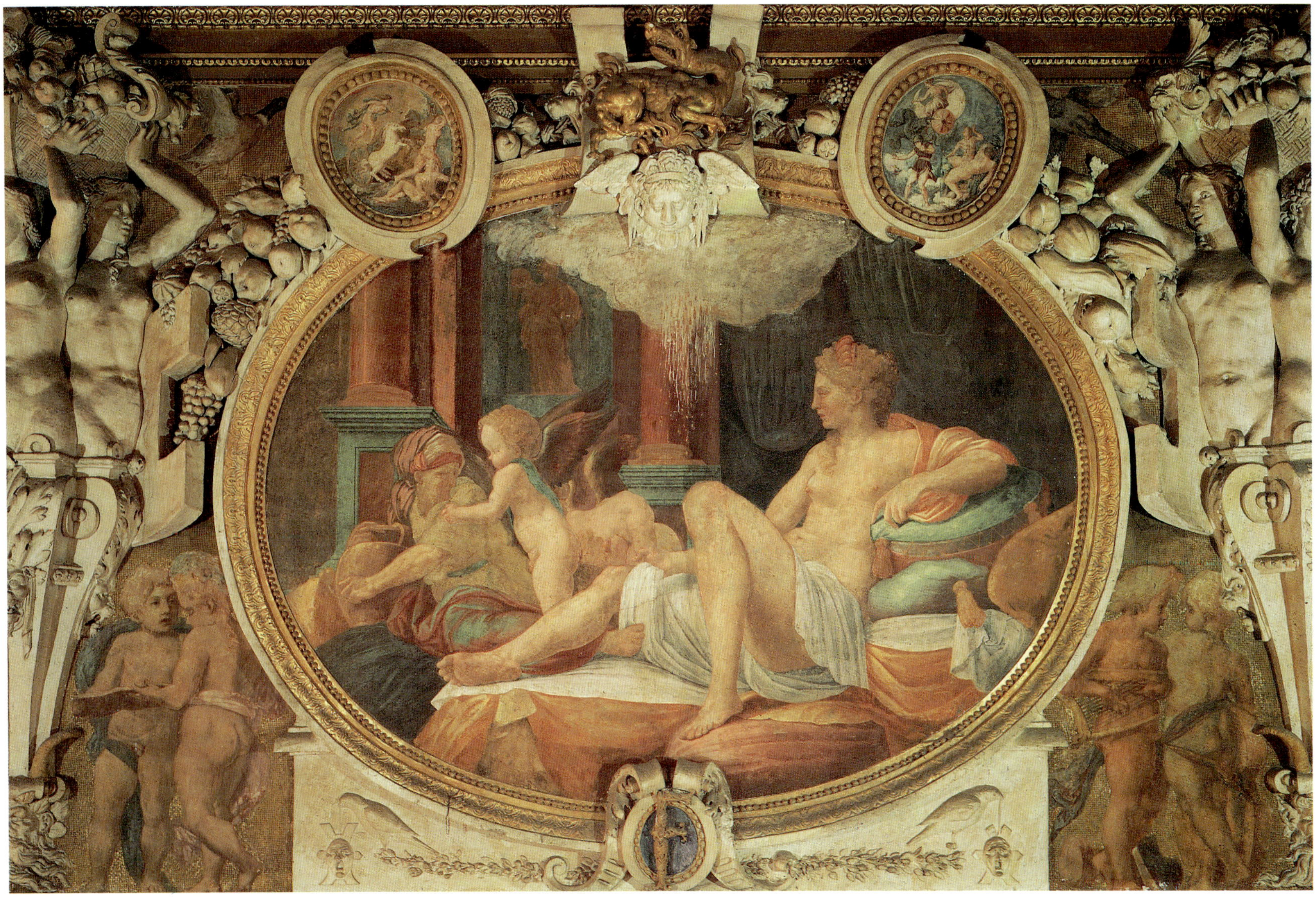

Francesco Primaticcio. * Bologna, 1504. † Paris, 1570. Danaë. Um 1533-40. Öl auf Holz und Stuck. H 105 x B 254 cm. Schloß Fontainebleau.

Prud'hon Pierre-Paul

Die Kaiserin Josephine

Eine schöne und nachdenkliche junge Frau auf einem roten Tuch ruht in einer steinigen Lichtung. Der zierliche Ärmel des Empirekleides ist von der Schulter gerutscht, während sie gedankenversunken ins Leere starrt. Als Witwe eines guillotinierten Vizegrafen heiratete Josephine 1796 Napoleon I. Die von außerehelichen Beziehungen zerrüttete Ehe war leidenschaftlich und unberechenbar. Weil sie keinen Sohn gebar, wurde die Ehe 1810 aufgelöst. Napoleon gab das Porträt unmittelbar nach seiner selbstvollzogenen Kaiserkrönung in Auftrag. Prud'hon unternahm eine Italienreise, wo Canova, Correggio und Leonardo da Vinci großen Eindruck auf ihn machten. Da er von beiden Gattinnen Napoleons sehr gefördert wurde, gelangte Prud'hon in die Rolle eines ernsthaften Rivalen für J.-L. David. Bekannt sind seine Gemälde von romantischen und geheimnisvollen Frauen.

☛ Canova, Correggio, J.-L. David, Leonardo da Vinci

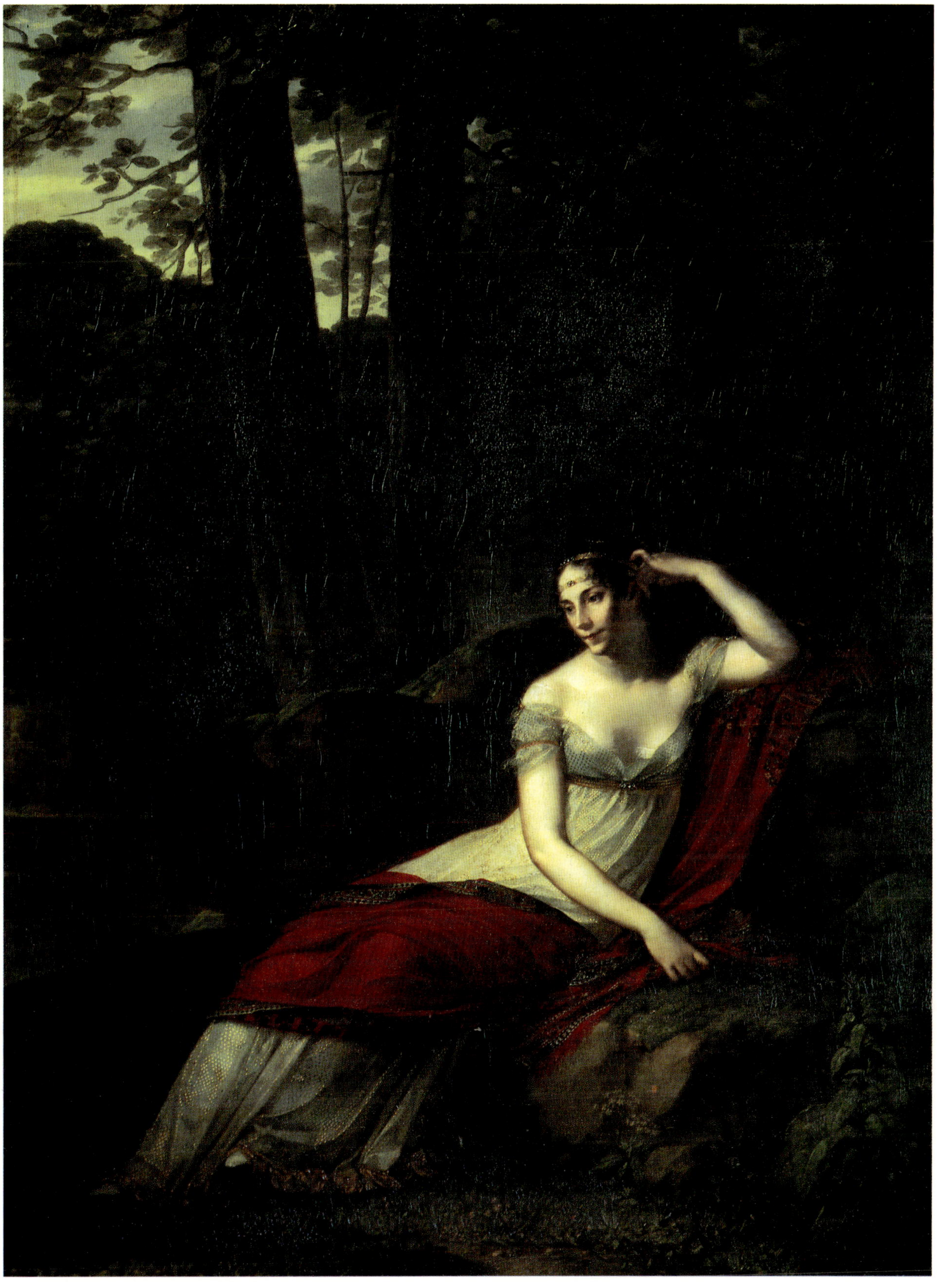

Pierre-Paul Prud'hon. * Cluny, 1758. † Paris, 1823. Die Kaiserin Josephine. 1805. Öl auf Leinwand. H 244 x B 179 cm. Musée du Louvre, Paris.

Della Quercia Jacopo

Madonna mit Kind und Heiligen (Detail)

Diese freistehende Statuengruppe mit Maria, dem Kind und Heiligen ziert den Altar von San Martino in Siena. Marias stark geschwungene Haltung und die schweren Gewandfalten verleihen der Figur große Monumentalität. Sie drückt aber auch Zartheit und Anmut aus. Die graziöse S-Kurve der Marienfigur leitet eine gefühlvolle Bewegung vom geneigten Kopf bis zu den Füßen ein. Der Faltenfluß unterstreicht diese Bewegung, die in abgemilderter Form von den Heiligenfiguren wiederholt wird. Solch schwingende Formen sind typisch für die späte Gotik. Gleichzeitig hat Della Quercia aber die Figuren mit Formen verfestigt, die von den neuen Ideen der Renaissance durchdrungen sind. Della Quercia, der Zeitgenosse Donatellos und Ghibertis, wurde so berühmt, daß sogar Michelangelo für die Decke der Sixtinischen Kapelle eines seiner Werke kopierte.

☛ Cimabue, Donatello, Duccio, Ghiberti, Michelangelo

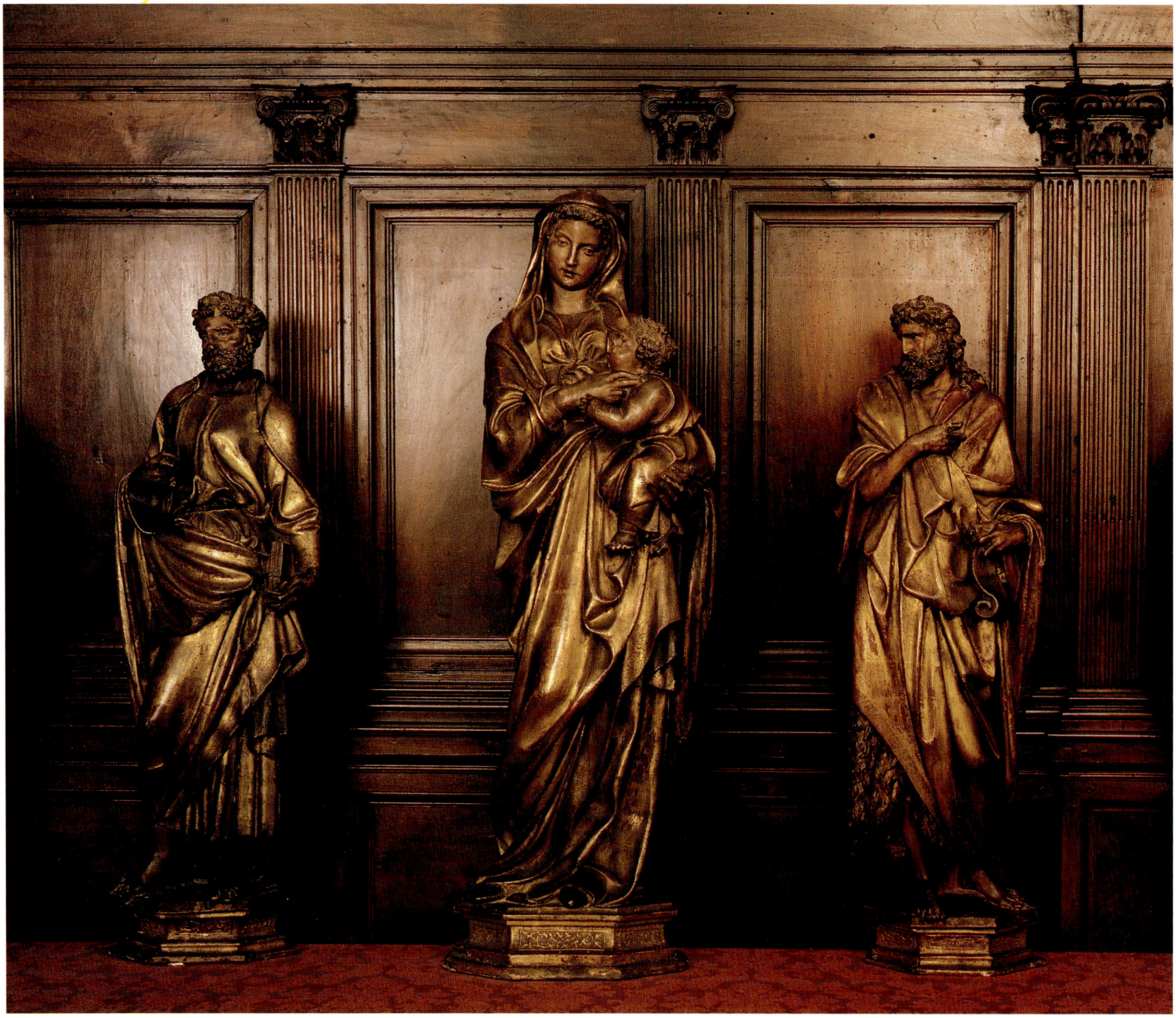

Jacopo della Quercia. * Siena, 1374/75. † Siena, 1438. Madonna mit Kind und Heiligen (Detail). Um 1423-25. Holz vergoldet. H 140 cm. San Martino, Siena.

Raeburn Sir Henry

Reverend Walker beim Schlittschuhlaufen

Beim Genuß des Winterwetters auf einem zugefrorenen Teich einer Edinburgher Vorstadt wird ein ausgelassener Kirchendiener gezeigt, der unbekümmert in übertrieben theatralischer Haltung Schlittschuh läuft. Seine traditionelle schwarze Kleidung sticht scharf von dem verwaschenen Grau des Hintergrundes ab. Die Darstellung eines Geistlichen in dieser Form beweist nicht nur den Humor des Malers, sondern auch seine Vertrautheit mit dem Dargestellten. Der beliebte schottische Maler Raeburn hielt die Persönlichkeiten Edinburghs während des goldenen Zeitalters der Aufklärung in seinen Bildern fest. Allein über tausend Porträts sind bekannt. Dazu gehören Dichter, Philosophen, Gelehrte, lokale Würdenträger und die farbenprächtigen Gutsbesitzer des Hochlandes. 1822 wurde Raeburn von König Georg IV. geadelt und ein Jahr vor seinem Tod sogar zum Wasserverwalter seiner Majestät für Schottland ernannt.

☛ Goya, Mengs, Ramsay, Vigée-Lebrun

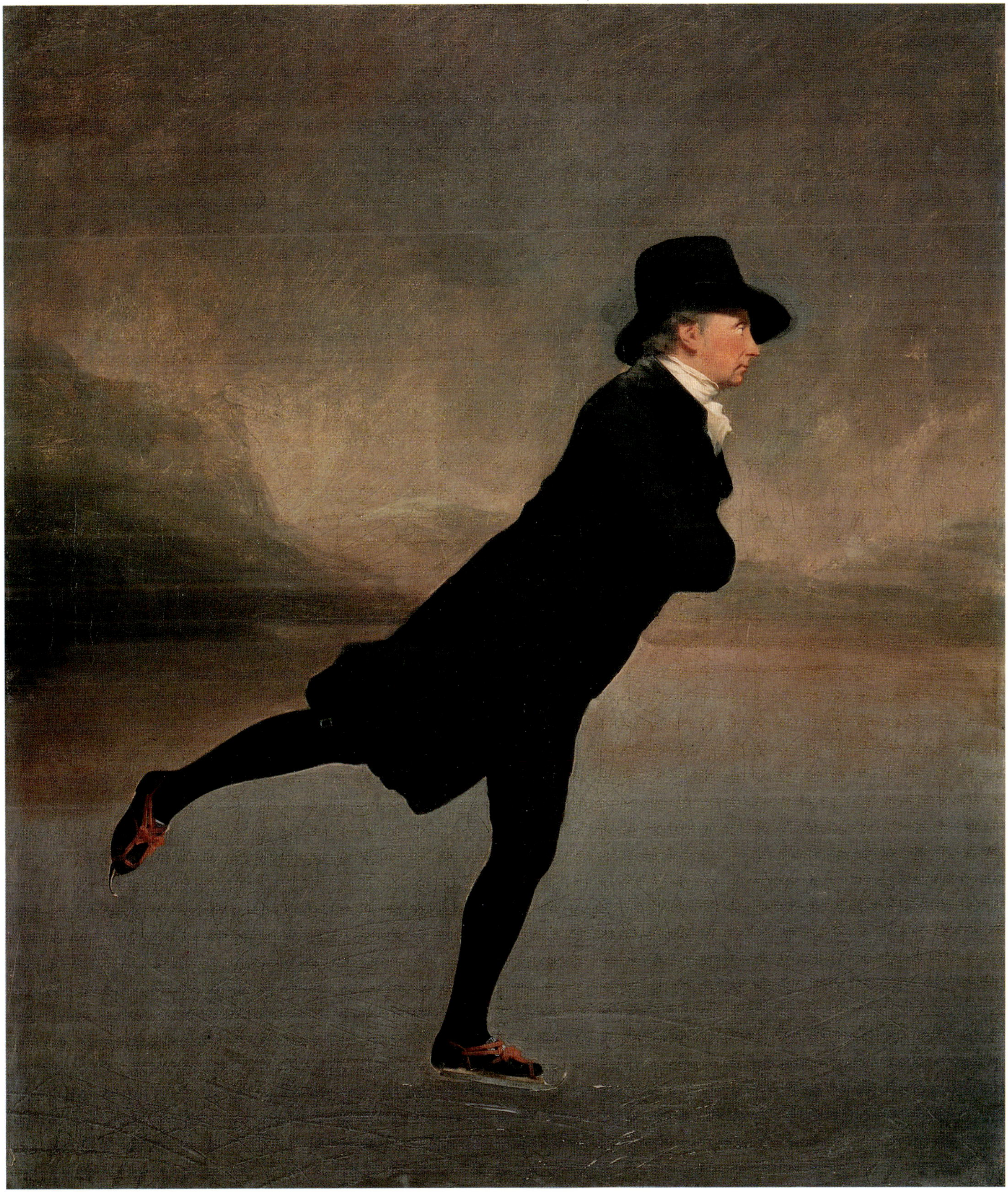

Sir Henry Raeburn. * Stockbridge, 1756. † Edinburgh, 1823. Reverend Walker beim Schlittschuhlaufen. 1784. Öl auf Leinwand. H 76 x B 64 cm. National Gallery of Scotland, Edinburgh.

Ramsay Allan

Lady Robert Manners

In seiner weichen Modellierung steckt dieses exquisite ovale Porträt voller Zartheit und sympathischer Charaktererfassung. Federleicht gemalt und in blassen Pastelltönen ausgeführt, werden Gestalt und Betragen der noblen Dame mit schmeichelnder Finesse vermittelt. Der Dichtersohn Ramsay war ein führender Porträtist – das schottische Äquivalent zu Reynolds und Gainsborough. Als Hofmaler von Georg III. malte er vornehmlich in London. Später machte er eine Studienreise nach Italien. Dort beeindruckte ihn die Eleganz der italienischen Kollegen, besonders Batoni, der Lieblingsmaler der englischen Touristen. Ramsay setzte aber seinen Weg zu einem eigenständigen Porträtstil fort. Gleichzeitig stand er unter dem Einfluß der verfeinerten Malkultur der zeitgenössischen französischen Kunst.

☛ Batoni, Gainsborough, Mengs, Raeburn, Reynolds

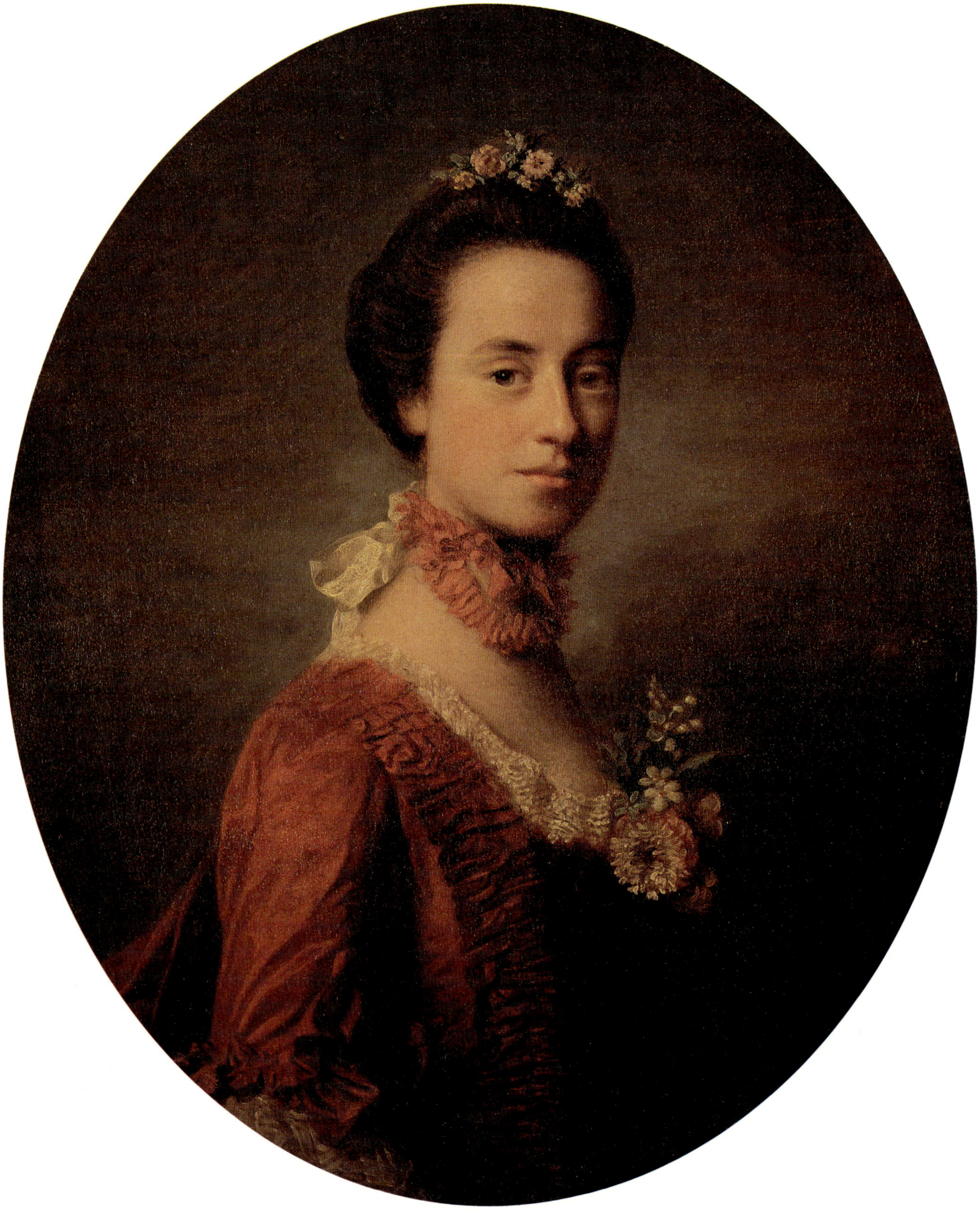

Allan Ramsay. * Edinburgh, 1713. † Dover, 1784. Lady Robert Manners. Um 1756. Öl auf Leinwand. H 74,3 x B 61,6 cm. National Gallery of Scotland, Edinburgh.

Raffael

Die Schule von Athen

Eine Schar junger und älterer Männer tummelt sich in einem weiträumigen Gang. Fünf Personen beugen sich über einen Kompaß und beginnen, über Geometrie zu diskutieren, während andere über Astronomie debattieren. Das Grundthema dieser angeregten Gespräche sind die Sieben Freien Künste. Die zwei mit sicherem Auftreten auf uns zukommenden und eine überirdische Ruhe ausstrahlenden Mittelfiguren sind Plato und Aristoteles. 1508 hatte Papst Julius II. eine Reihe renommierter Künstler damit beauftragt, seine privaten Gemächer neu zu gestalten. Um »Die Schule von Athen« und andere Fresken in der Stanza della Segnatura fertigzustellen, brauchte Raffael etwa drei Jahre. Zusammen mit Michelangelo und Leonardo da Vinci bildet Raffael den künstlerischen Höhepunkt der Renaissance. Er gilt auch als einer der größten Zeichner der westlichen Kunst.

☛ Perugino, Pollaiuolo, Poussin, Leonardo da Vinci, Michelangelo

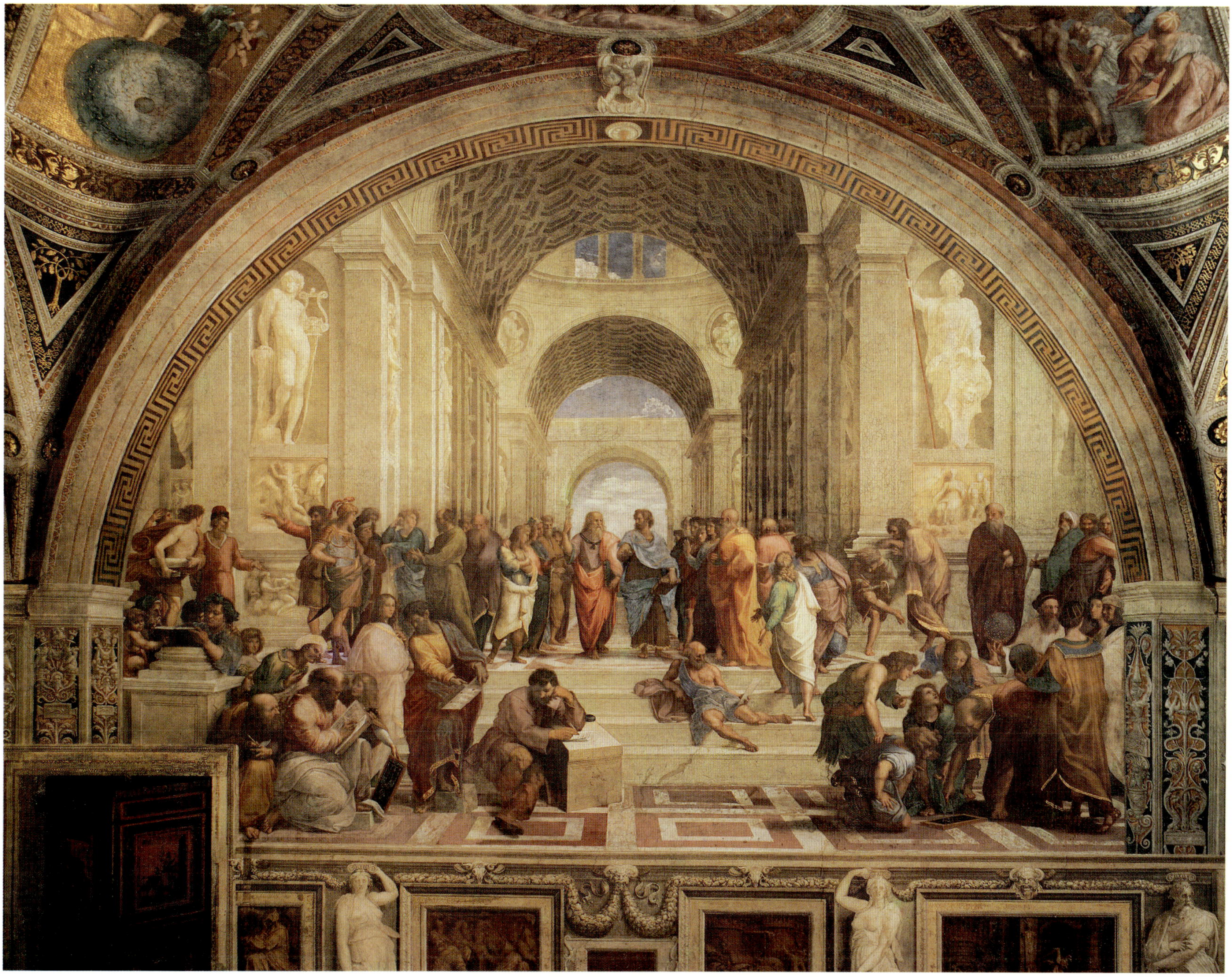

Raffael (Raffaello Sanzio). * Urbino, 1483. † Rom, 1520. Die Schule von Athen. 1508-11. Fresko. B 770 cm. Palazzo del Vaticano, Rom.

Rauschenberg Robert

Reservoir

Ein Sortiment banaler Alltagsgegenstände wird vor einem undefinierbaren Hintergrund ausgebreitet. Die Uhr links oben wurde angebracht, um die Zeit des Werkbeginns, die untere, um die Stunde der Fertigstellung festzuhalten. Dieses zusammengesetzte Bild illustriert Rauschenbergs Methode, verschiedene Bilder und Gegenstände auszuwählen und miteinander in Beziehung zu bringen. Er tut dies, um traditionelle Vorstellungen vom Bildraum aufzubrechen. Er will »in der Lücke« zwischen Kunst und Leben operieren. Er baut banale Gegenstände in das Bild ein, wie andere ihre Farben verwenden. Damit liefert er der amerikanischen Pop Art viele Anregungen. Der selbstbewußte Avantgardekünstler telegrafierte einmal auf die Bitte der Pariser Galeristin Iris Clert um ein Porträt: »Das ist ein Porträt von Iris Clert, weil ich es so bestimme – Robert Rauschenberg«.

☛ Broodthaers, Duchamp, Hamilton, Johns, Schwitters

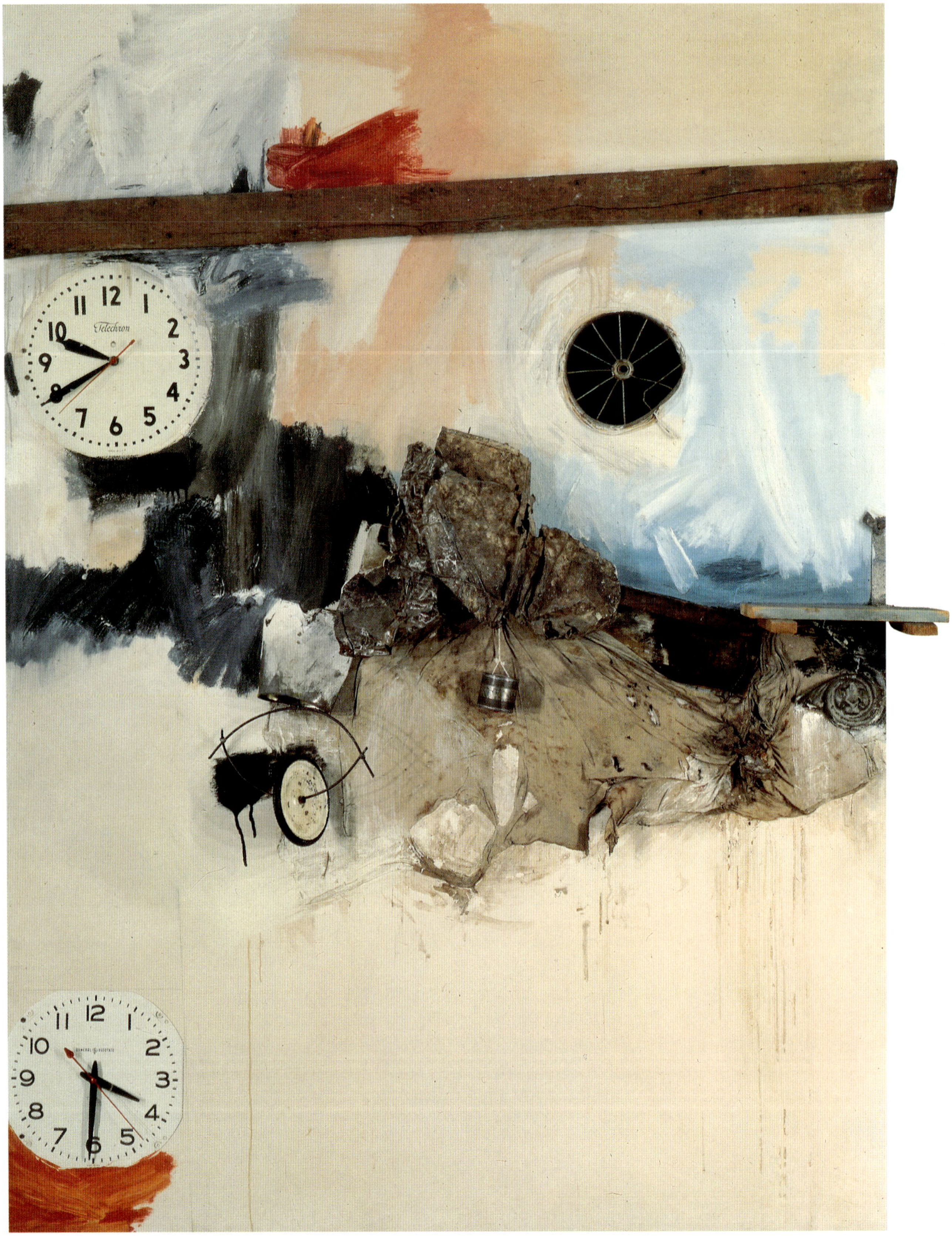

Robert Rauschenberg. * Port Arthur, 1925. Reservoir. 1961. Öl, Bleistift, Stoff, Holz und Metall. H 217,2 x B 158,7 cm. National Museum of American Art, Washington.

Redon Odilon

Der Zyklop

In dieser Szene aus der griechischen Mythologie beobachtet der Zyklop Polyphem hinter einem Felsen die nackte Nymphe Galatea, in die er verliebt ist. Das riesige Auge des Giganten wirft einen schmachtenden Blick auf das Objekt seiner Verehrung. Schrecklicher als Moreaus eher romantische Behandlung des Themas ist Redons Interpretation von beängstigender, alptraumhafter Art. Als Anhänger des Symbolismus wollte Redon mehr die Psyche erforschen als die Realität abbilden. Er suchte nach einer Form des künstlerischen Ausdrucks, die Gedanken und Selbstbeobachtung seitens des Betrachters förderte. Sein Glaube an eine verzauberte innere Schau ließ einfallsreiche Lithographien und Bilder entstehen, meist Themen mit Traumfragmenten. Daneben entstanden aber auch farbenfrohe Landschaften und Blumenbilder. Sein Werk gewann besonders für eine Gruppe jüngerer Symbolisten, Nabis genannt, an Bedeutung.

☛ Bonnard, Denis, Matisse, Moreau, Rouault, Vallotton

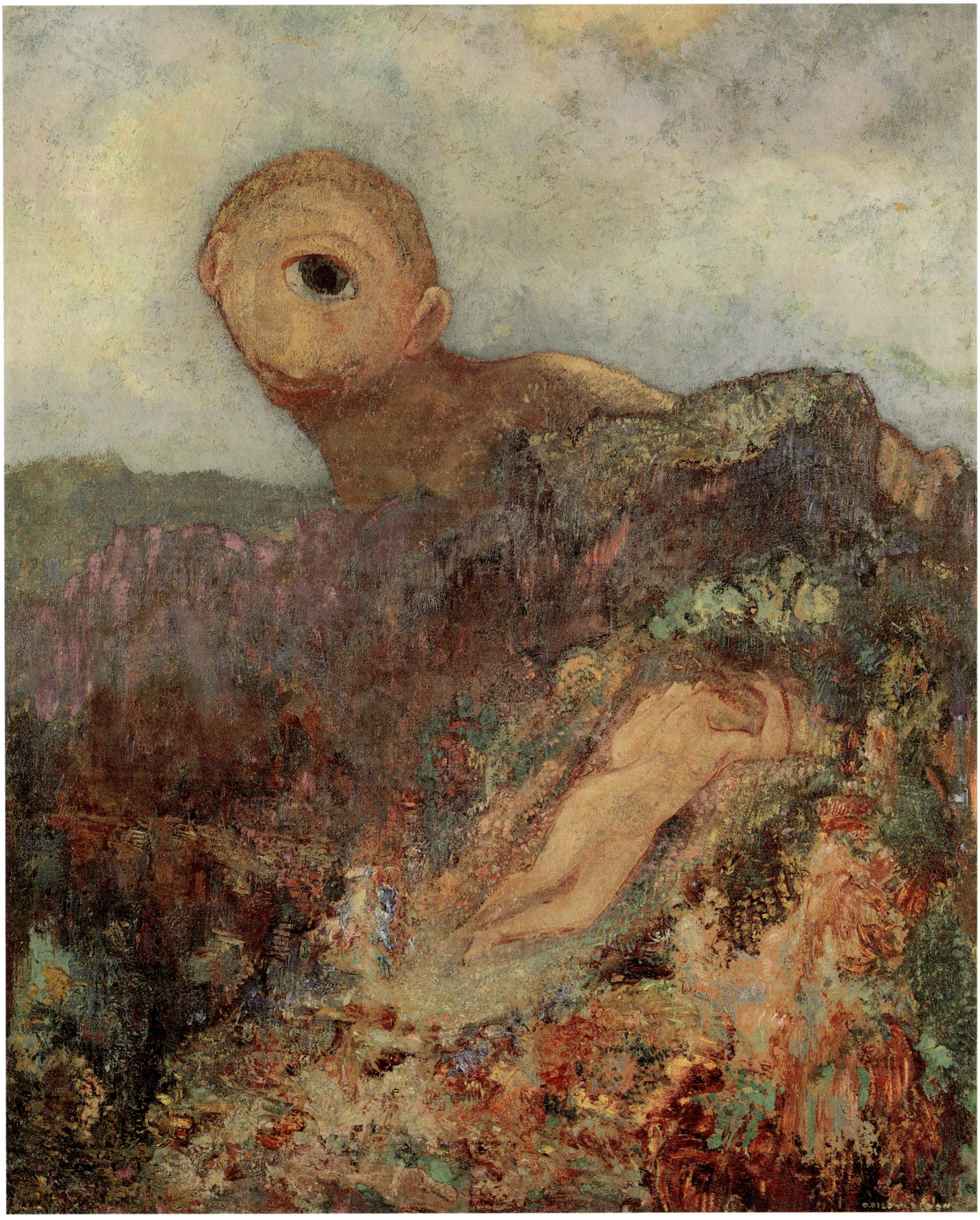

Odilon Redon. * Bordeaux, 1840. † Paris, 1916. Der Zyklop. 1898/1900. Öl auf Holz. H 64 x B 51 cm. Rijksmuseum Kröller-Müller, Otterlo.

Rego Paula

Die Familie

Eine scheinbar unschuldige Familienszene wird durch beunruhigende, sexuell befrachtete Nebenbedeutungen ausgehöhlt. Der Schauplatz ist ein bescheiden ausgestattetes Schlafzimmer. Die Haupthandlung findet zwischen dem sich sträubenden Vater und seiner resoluten älteren Tochter statt, die ihren Unterleib inzestuös gegen das Geschlechtsteil des Vaters drückt und versucht, ihn zu entkleiden. Die Mutter macht sich zur Komplizin der Tochter, indem sie den Vater am Entkommen hindert. Die kleine Schwester steht abseits. Ihre großen Augen starren ins Leere und man kann nur ahnen, was in ihr vorgeht. Widerstand und Beherrschung mit all ihren erotischen Untertönen sind das Thema des Bildes. Es ist typisch für Regos Stil. Ihre einfachen, aber hintergründigen Bilder sind monumental und voller Psychodramen.

☛ Balthus, Modersohn-Becker, Spencer, Weight

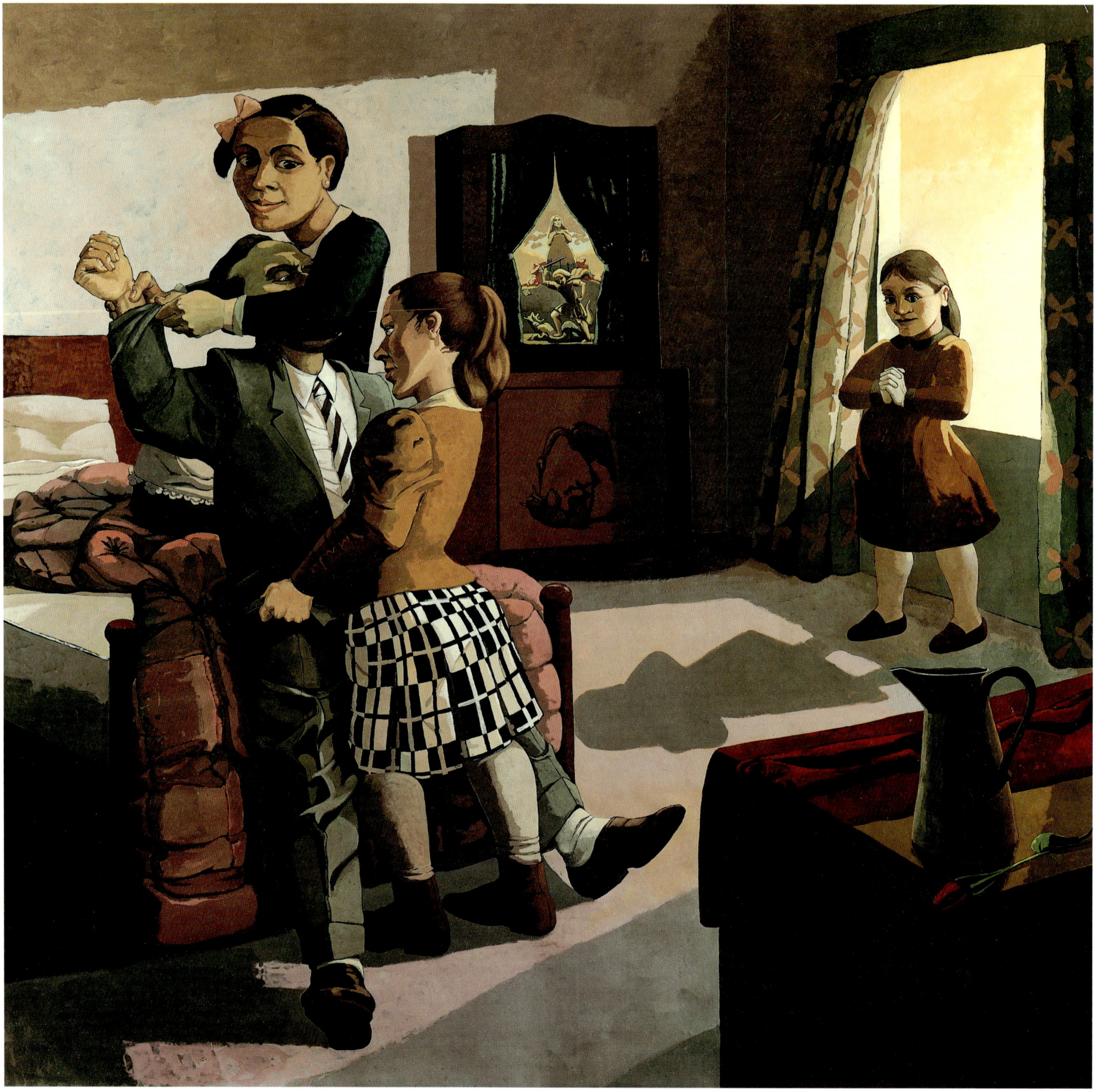

Paula Rego. * Lissabon, 1935. Die Familie. 1988. Acryl auf Papier. H 213,4 x B 213,4 cm. Saatchi Collection, London.

Reinhardt Ad

Abstraktes Bild, 1959

Ein glühender Überzug aus tiefem Rot umhüllt vollständig die gebotene Fläche. Das ausdestillierte und makellose, nur mit einem (in der Reproduktion nicht erkennbaren) Kreuz versehene Bild strahlt, als ob es in seiner Tiefe eine geheimnisvolle Aura verberge. Die Kreuzikone wurde mit den Ausdrucksmöglichkeiten der Farbe abstrakt behandelt. Nichts darf die Intensität des Werkes stören. Reinhardt reduzierte Kunst auf ihre letzte Quintessenz. Als Anhänger des Abstrakten Expressionismus schloß er alle inhaltlichen und malerischen Tendenzen aus, um zum reinsten Ausdruck vorzudringen. Unerbittlich vertrat er als Lehrer und Theoretiker die These, daß Kunst und Leben strikt zu trennen seien: »Kunst ist Kunst als Kunst. Kunst als Kunst ist nichts anderes als Kunst.« Nur gegenstandslose Kunst kann diesem Anspruch genügen.

☛ Kelly, Newman, Rothko, Ryman

Ad Reinhardt. * Buffalo, 1913. † New York, 1967. Abstraktes Bild, 1959. 1959. Öl auf Leinwand. H 274,3 x B 101,6 cm. Privatsammlung.

Rembrandt

Der Segen Jakobs

Die Feierlichkeit dieser Episode aus dem Alten Testament, in der Jakob seine Enkel segnet, wird mit einer kühnen wie schlichten Komposition und mit lichtvollen Tönen zum Ausdruck gebracht. Rembrandts breite und dicke Pinselstriche, die mit Lasuren gehöht sind, geben der Szene zusätzliche Tiefe und Gewicht. Außerdem zeigen alle Personen ein tiefreligiöses Wesen. Jakob ist mit bescheidener, aber überzeugender Würde ausgestattet. Joseph und seine Frau betrachten ihn mit Demut und frommer Ehrfurcht. Das reiche, samtige Rot der Bettdecke im Vordergrund und Josephs bombastischer Turban verleihen dem allgemeinen Ernst der Sache sichtbare Struktur. Viele von Rembrandts Werken spiegeln seine Fähigkeit, Charaktere herauszustellen. Weniger vordergründig dramatisch wie Rubens gibt Rembrandts Werk etwas vom zurückhaltenden und frommen Wesen des calvinistischen Holland wieder.

☛ Caravaggio, Fabritius, Michelangelo, Rubens

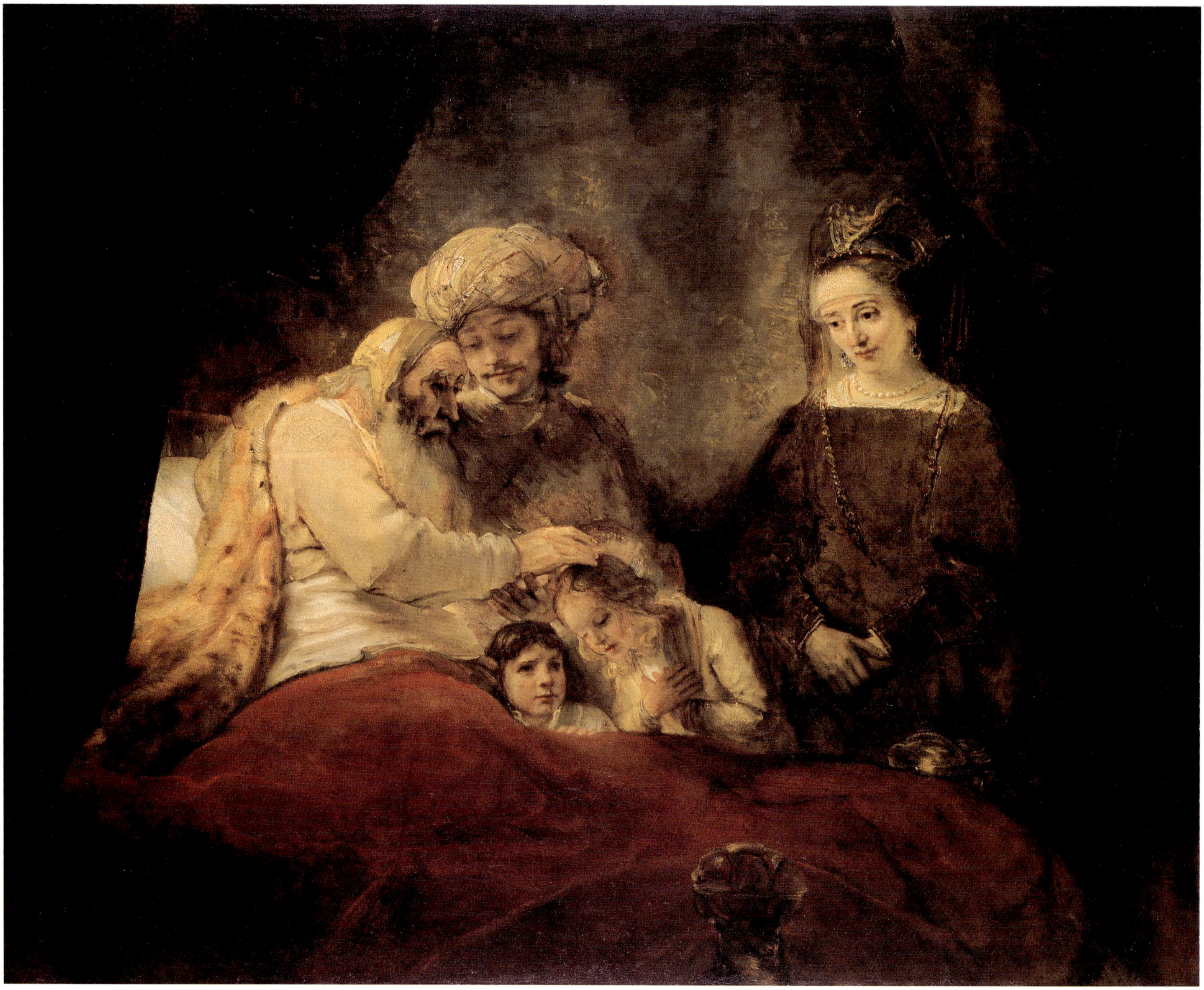

Rembrandt Harmensz van Rijn. * Leiden, 1606. † Amsterdam, 1669. Der Segen Jakobs. 1656. Öl auf Leinwand. H 176 x B 210 cm. Schloß Wilhelmshöhe, Kassel.

Reni Guido

Der hl. Hieronymus und der Engel

Dieses spirituelle Bild zeigt den Asketen Hieronymus in seiner Höhle damit beschäftigt, die Bibel ins Lateinische zu übersetzen. Ein Engel erscheint und hilft ihm, dank göttlicher Eingebung, bei der schwierigen Arbeit. Die imposante, in rote Tücher gehüllte Figur des Heiligen beherrscht das Bild. Renis Gespür für realistische Wiedergabe und Reste von Caravaggios Einfluß sind in den blassen Gesichtszügen und den schlaffen Muskeln zu erkennen. Seine frommen bis ekstatischen Bilder machen Reni zu einem frühen Meister der Barockmalerei. Dennoch sind seine Kompositionsschemata und sein Kolorit eher von klassischen Vorstellungen bestimmt, die er als Schüler der Carracci-Akademie in Bologna mitbekommen hatte. Wahrscheinlich wegen seiner zeitgemäßen Bildthemen war Reni einer der beliebtesten Künstler des 17. Jahrhunderts.

☛ Antonello da Messina, Caravaggio, Carracci, Domenichino, Hals

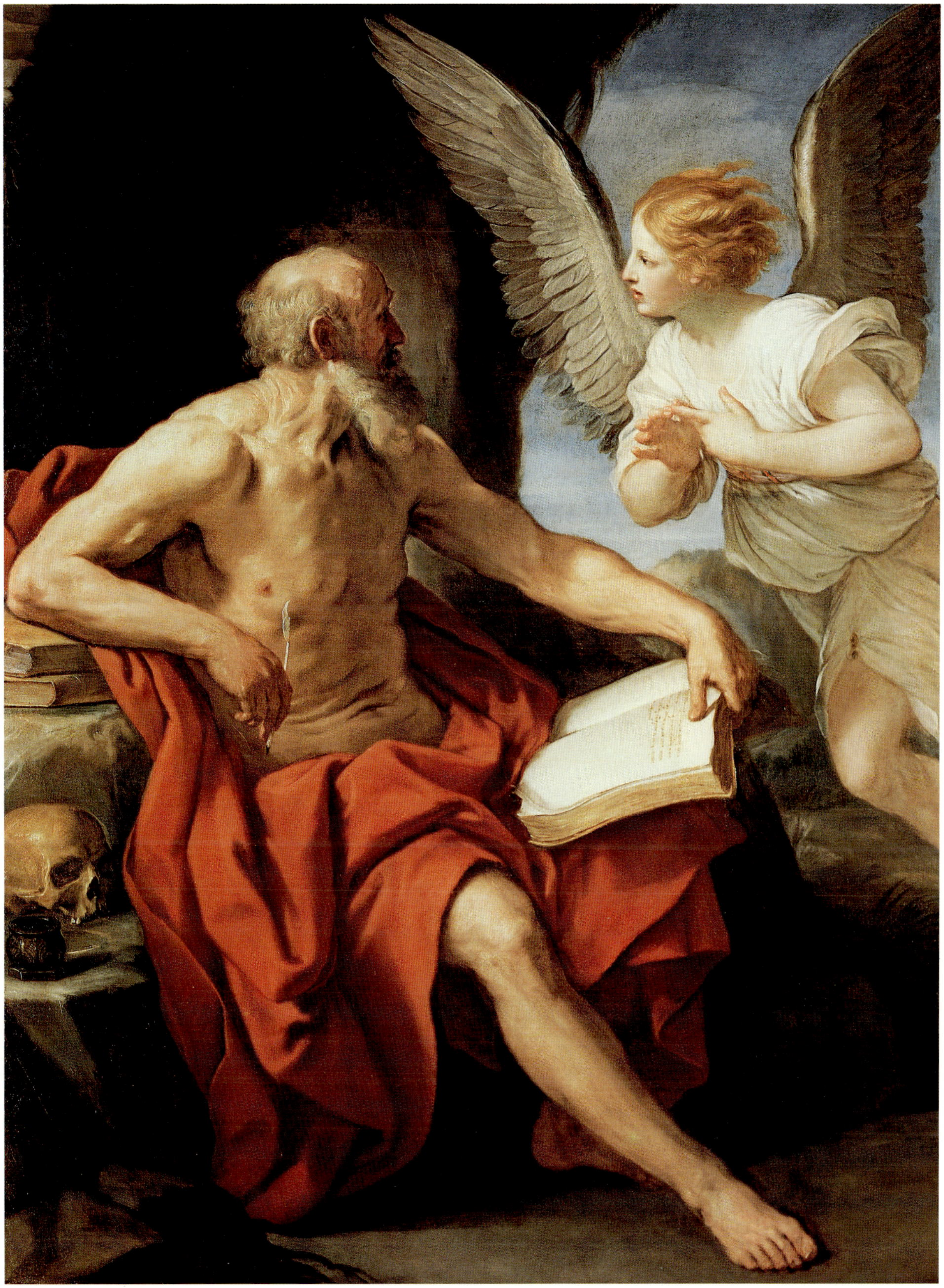

Guido Reni. * Bologna, 1575. † Bologna, 1642. Der hl. Hieronymus und der Engel. 1640-42. Öl auf Leinwand. H 198 x B 149 cm. Detroit Institute of Arts, Detroit.

Renoir Pierre Auguste

Tanz im Moulin de la Galette

Männer mit Zylindern oder Strohhüten und Frauen in hübschen Kleidern plaudern, trinken und tanzen unter den glitzernden Lichtern der berühmten Pariser Tanzhalle. Renoir liebte dieses Motiv und malte es mehrmals. Es ging ihm um die Muster, die das Licht auf den Tanzpaaren erzeugte. Für die Tänzer mußten Freunde von Renoir Modell stehen. Das Paar in der Mitte sind seine Lieblingsmodelle Marguerite Legrand und der spanische Maler Don Pedro de Solares y Cardenas. Wie alle Impressionisten malte Renoir nach dem Leben, wenn er im Tanzgarten von Moulin de la Galette saß. Als das Bild entstand, arbeitete er eng mit Monet zusammen. Sie verbrachten viel Zeit beim Malen unter freiem Himmel, um die wechselnden Wirkungen des Lichts auf die Landschaft einzufangen. Mit seiner »Regenbogenpalette« malte Renoir über 6000 Bilder mit Frauen, Kindern, Blumen und Feldern.

☛ Bazille, Cassatt, Monet, Morisot, Sisley, Toulouse-Lautrec

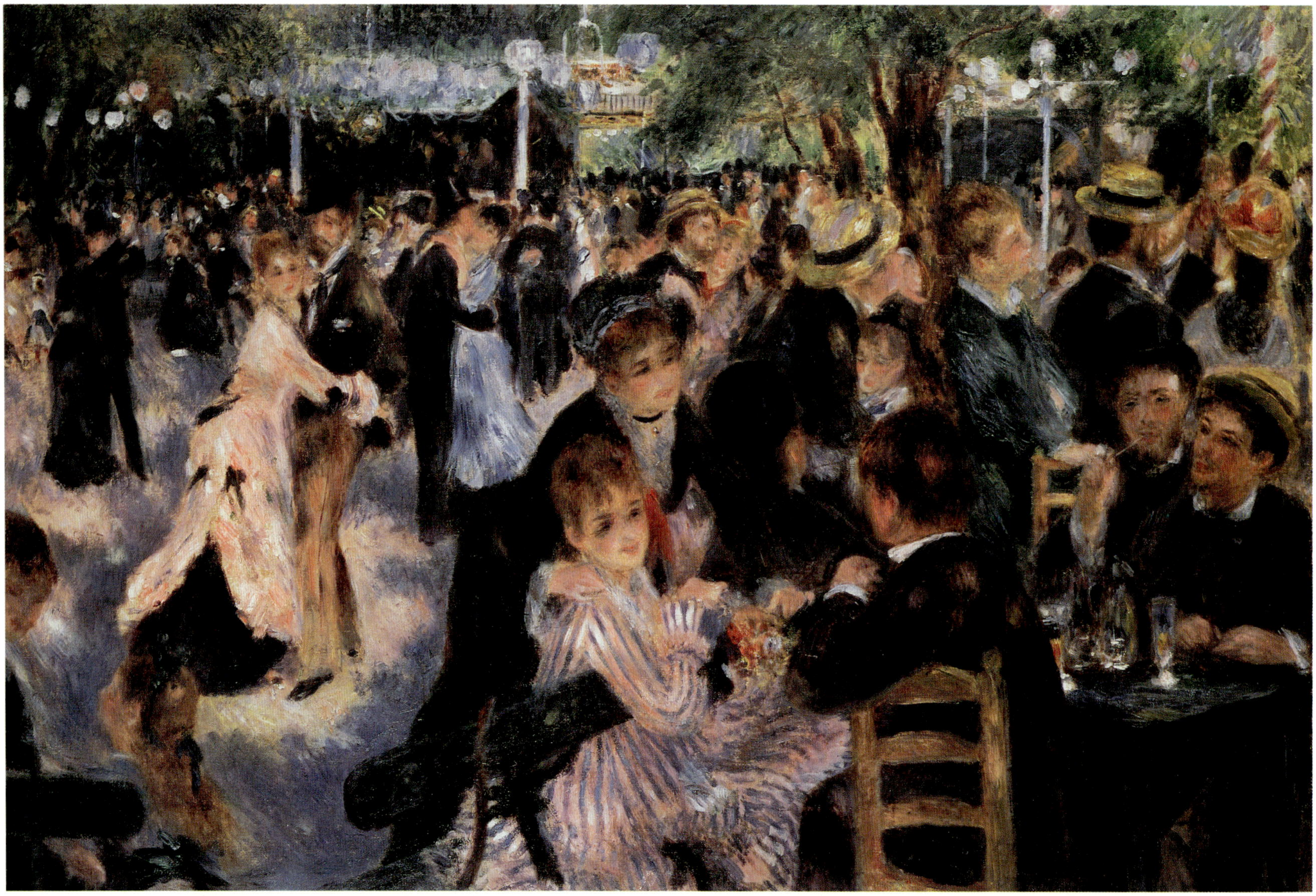

Pierre Auguste Renoir. * Limoges, 1841. † Cagnes, 1919. Tanz im Moulin de la Galette. 1876. Öl auf Leinwand. H 78 x B 114 cm. Privatsammlung.

Reynolds Sir Joshua

Die Gräfin Spencer mit ihrer Tochter Georgina

Die Zartheit dieses bezaubernden Porträts wird noch unterstrichen durch die liebevolle Art, wie die Mutter ihr Töchterchen umarmt. Mit einem Minimum an Pinselstrichen sind Seide und Spitzen des Kleides der Gräfin gemalt. Die lockere Malweise wird auch im zottigen Haar des Hundes und im Wolkenhimmel fortgesetzt. Reynolds gelang es, die »maniera« der großen italienischen Meister mit seinen Porträts des englischen Adels zu vermählen. Obwohl Erhabenheit und Formalismus auf ein Minimum reduziert sind, werden sie im Hintergrund noch durch Säule, Draperie und glühendem Himmel angedeutet. Reynolds hat die englische Porträtmalerei auf das Niveau der großen italienischen Vorbilder gebracht. Sein Ansehen war so groß, daß König Georg III., als er die Royal Academy im Jahre 1768 aus der Taufe hob, Reynolds zum ersten Präsidenten ernannte.

☛ Dobson, Gainsborough, Lely, Morisot, Ramsay

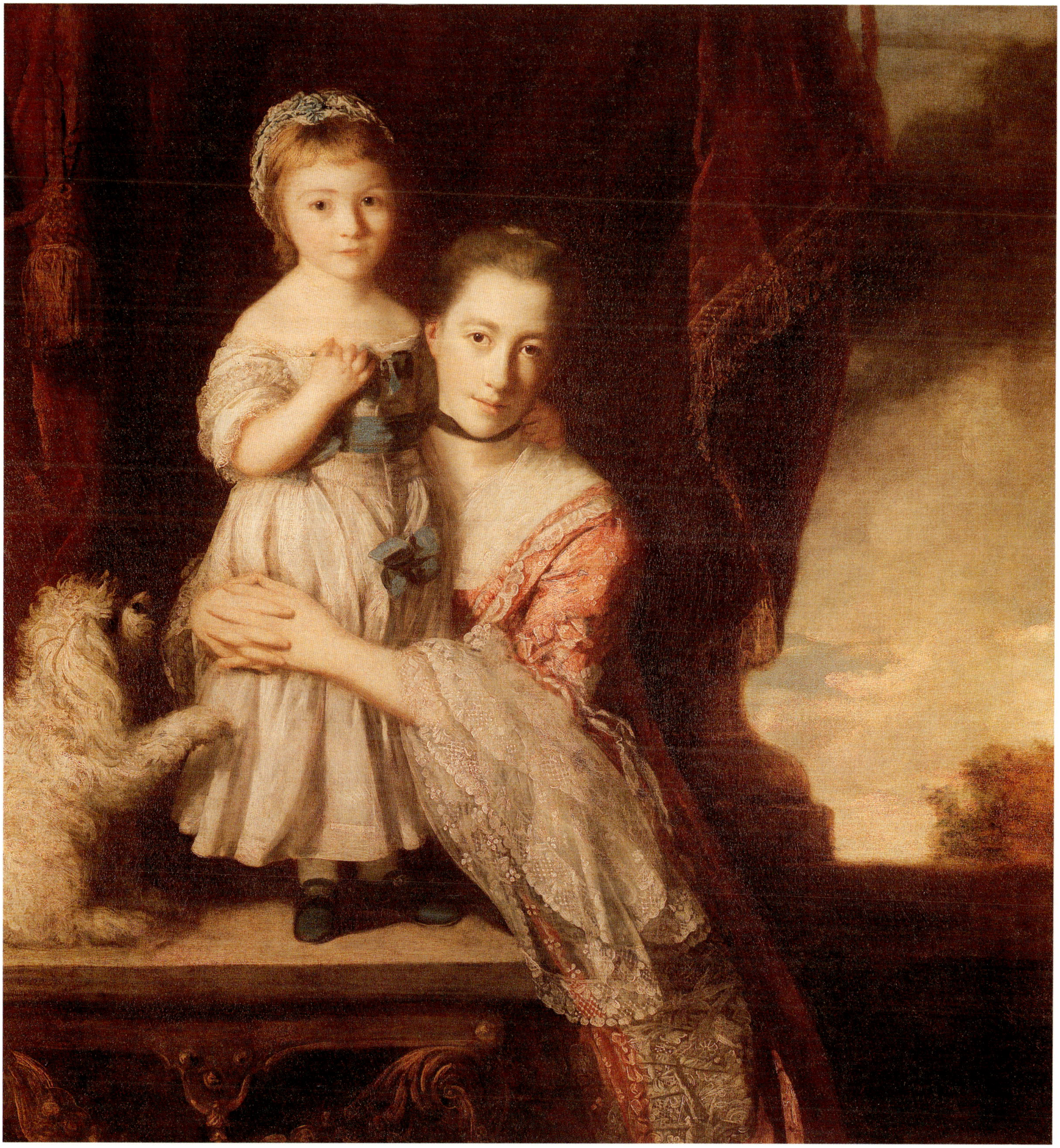

Sir Joshua Reynolds. * Plympton, 1723. † London, 1792. Die Gräfin Spencer mit ihrer Tochter Georgina. 1760/61. Öl auf Leinwand. H 122 x B 115 cm. Collection of The Earl Spencer, Althorp.

Ribera Jusepe

Der hl. Paulus Er.

Paulus der Eremit war der erste christliche Heilige, der ein Leben der Einsamkeit, der Meditation und der Askese suchte. Durch sein asketisches Leben in der ägyptischen Wüste ist er abgemagert. Doch wenn er den Totenschädel, das Symbol der Sterblichkeit betrachtet, fühlt er sich immer noch von der religiösen Inbrunst befeuert. Die harte, bühnenhafte Lichtführung unterstreicht die schlaffen Muskeln, die gefurchte Stirn und die sprechenden Hände, was dem Bild einen verblüffenden Realismus verleiht. In Riberas Kunst erscheint die glutvolle Religiosität Spaniens im 17. Jahrhundert erstmals im Bild, ausgedrückt durch betonte Lichteffekte (Chiaroscuro), die ein Erbe Caravaggios sind. Ribera ließ sich 1616 in Neapel nieder, wo er einen großen Beitrag zur neapolitanischen Barockmalerei leistete. In seinen späten Jahren reduzierte er die Lichteffekte wieder zugunsten der Farbe.

☛ Caravaggio, El Greco, Guercino, Reni, Zurbarán

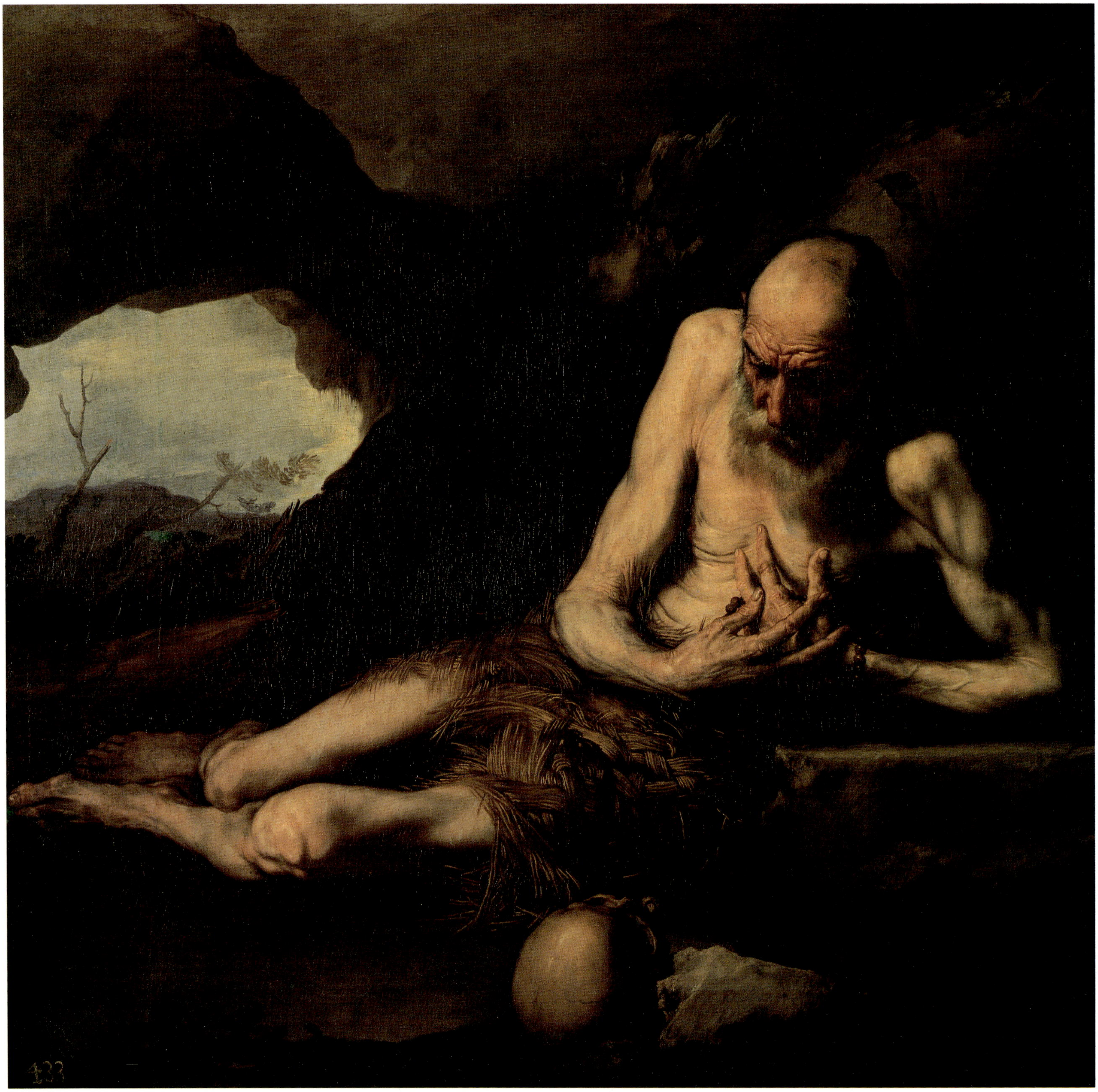

Jusepe Ribera. * Valencia, 1591. † Neapel, 1652. Der hl. Paulus Er. 1640. Öl auf Leinwand. H 143 x B 143 cm. Museo del Prado, Madrid.

Richter Gerhard

Betty

Mit fotografischer Genauigkeit ist Betty, die Tochter des Künstlers, wiedergegeben. Sie sitzt direkt an der Bildfläche, wie bei einer Nahaufnahme. Das Bild kann schlecht ein Porträt genannt werden, da es wenig von Betty erzählt. Richter hat seine Tochter im Moment der Abkehr gemalt, ihr Gesicht ist nicht mehr sichtbar. Stattdessen hat sich Richter auf das Rot, Weiß und Rosa ihres Jackenmusters konzentriert. Indem er uns ein Bild liefert, das wie eine Fotografie aussieht, und ein Porträt realisiert, das sich im wahrsten Sinne des Wortes von uns abwendet, hat Richter herkömmliche Vorstellungen von Malerei und Gegenstandswiedergabe unterhöhlt. Durch die permanente Suche nach neuen Ausdrucksmöglichkeiten ist Richters Werk extrem unterschiedlich. Die Hintergrundwand erinnert an gegenstandslose Werke des Künstlers. Diese monochromen Bilder mit dickem Farbauftrag und traurigen, verzweifelten Tönen waren Antworten auf den Vietnamkrieg.

☛ Dix, Estes, Organ, Schad

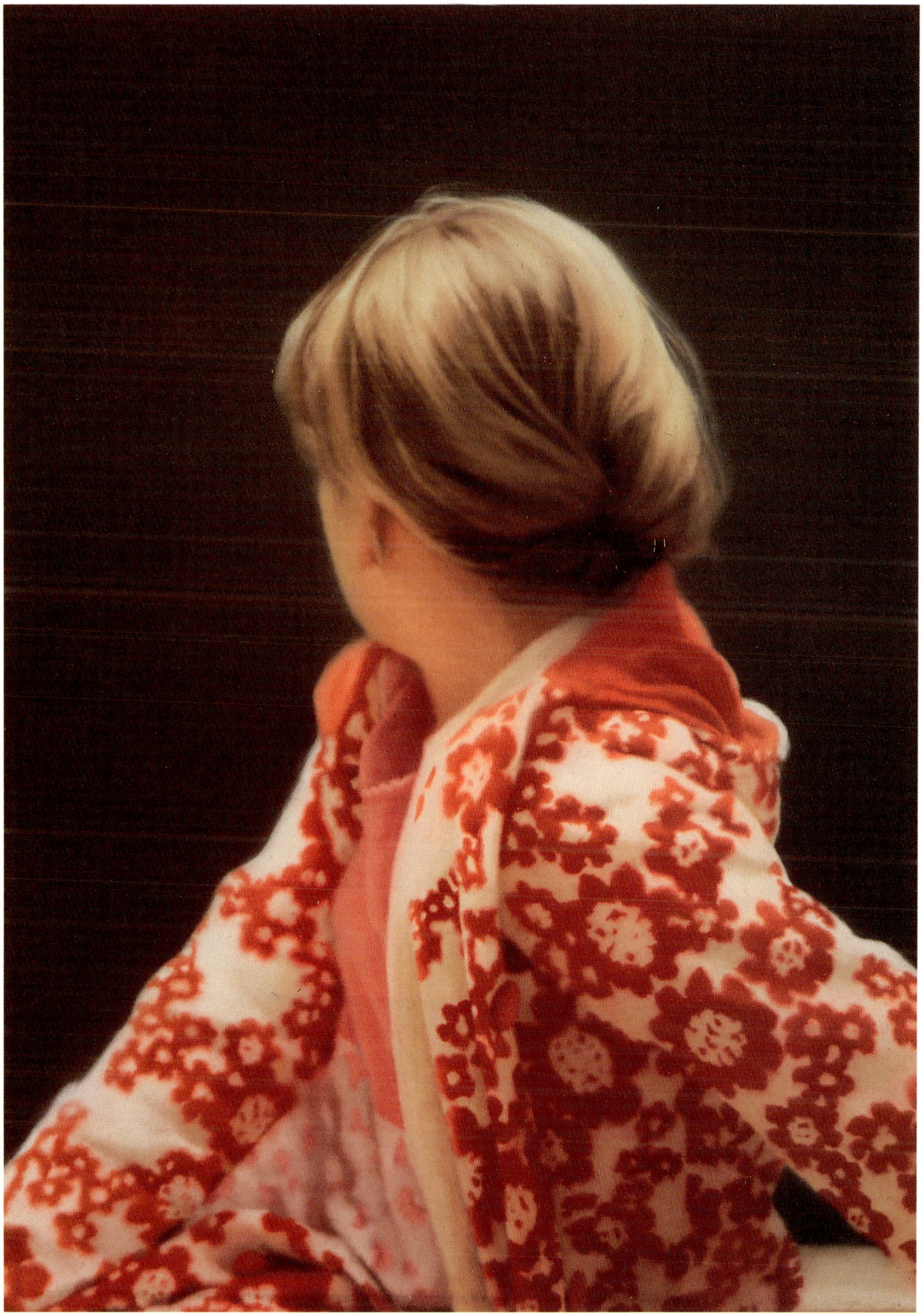

Gerhard Richter. * Waltersdorf, 1932. Betty. 1988. Öl auf Leinwand. H 102 x B 72 cm. Besitz des Künstlers.

Riley Bridget

Katarakt 3

Rote, blaue und grüne Wellenlinien wogen in gleichmäßigen Abständen über die Leinwand und vermitteln den Eindruck von fließender Bewegung. Die Oberfläche erscheint verzerrt, indem die parallelen Farblinien für eine intensive Vibration sorgen. Diese Technik, die sich auf die optische Wahrnehmung und die dabei möglichen Täuschungen beruft, provoziert im Auge des Betrachters ein eindringliches Erlebnis. Im Zusammenspiel von Farben und Linien und in dem damit angestrebten optischen Effekt ist das Bild ein typisches Produkt der Op Art. Riley strebt aber über rein experimentelle Ziele hinaus. Die von ihr gewählten Elemente sieht sie als Teil der Natur wie Bäume oder Wolken. Ihre ersten Arbeiten in den frühen 60er Jahren beschränkten sich fast ausschließlich auf Schwarz und Weiß. In ihren jüngeren Arbeiten entwickelte sie eine stärker farbige Linienstruktur.

☛ Albers, Louis, Vasarely, Vieira da Silva

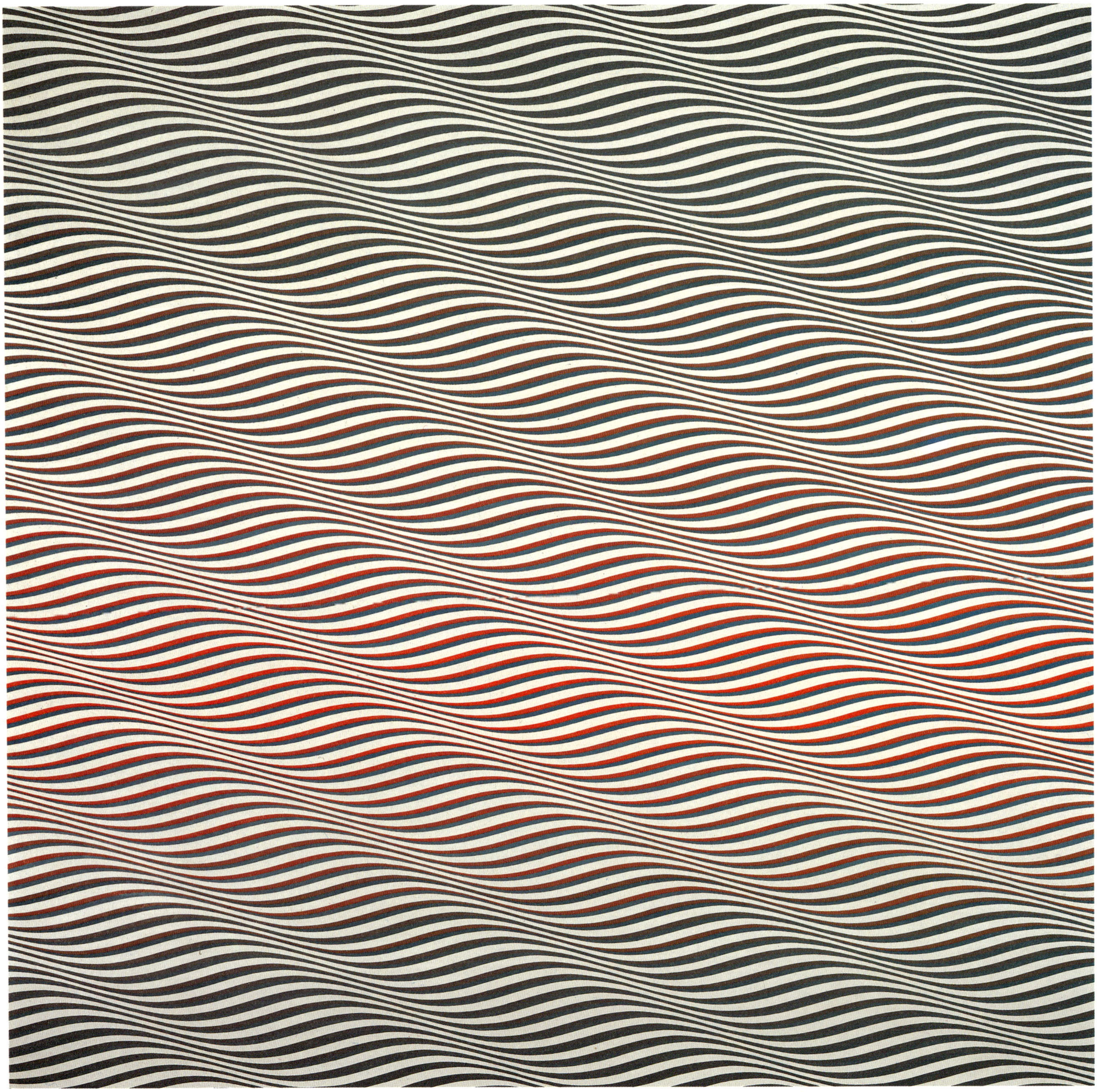

Bridget Riley. * London, 1931. Katarakt 3. 1967. Emulsionsfarbe auf Leinwand. H 221,9 x B 222,9 cm. British Council, London.

Riopelle Jean-Paul

Große Komposition

Unregelmäßig angelegte und lebhafte Farben erzeugen ein Bild wie ein Mosaik aus flackerndem Licht. Die dicht gestaffelte Farbe ist direkt aus der Tube mit dem Spachtel aufgetragen, wodurch kräftige Flächen reiner Farbe entstehen, die mit Pigmentfäden verwoben sind. Die Struktur des Bildes beruht auf der Tinte-Gouache-Technik, die Riopelle einige Jahre zuvor entwickelt hatte. Dabei werden freie, kalligraphische Schwünge mit farbigen Flächen verbunden. Das Bild demonstriert Riopelles kontrollierten Umgang mit dicken Schichten flammender Farbe. Die kräftig strukturierte Oberfläche und die direkte Anwendung der Farbe verbinden das Bild mit dem Art Informel. Riopelle lebt seit 1948 in Paris. Nach seiner Abkehr vom Surrealismus bemüht er sich um abstraktere Formen und lockereren Farbauftrag.

☛ Fautrier, Hartung, Pollock, Tobey, Vieira da Silva

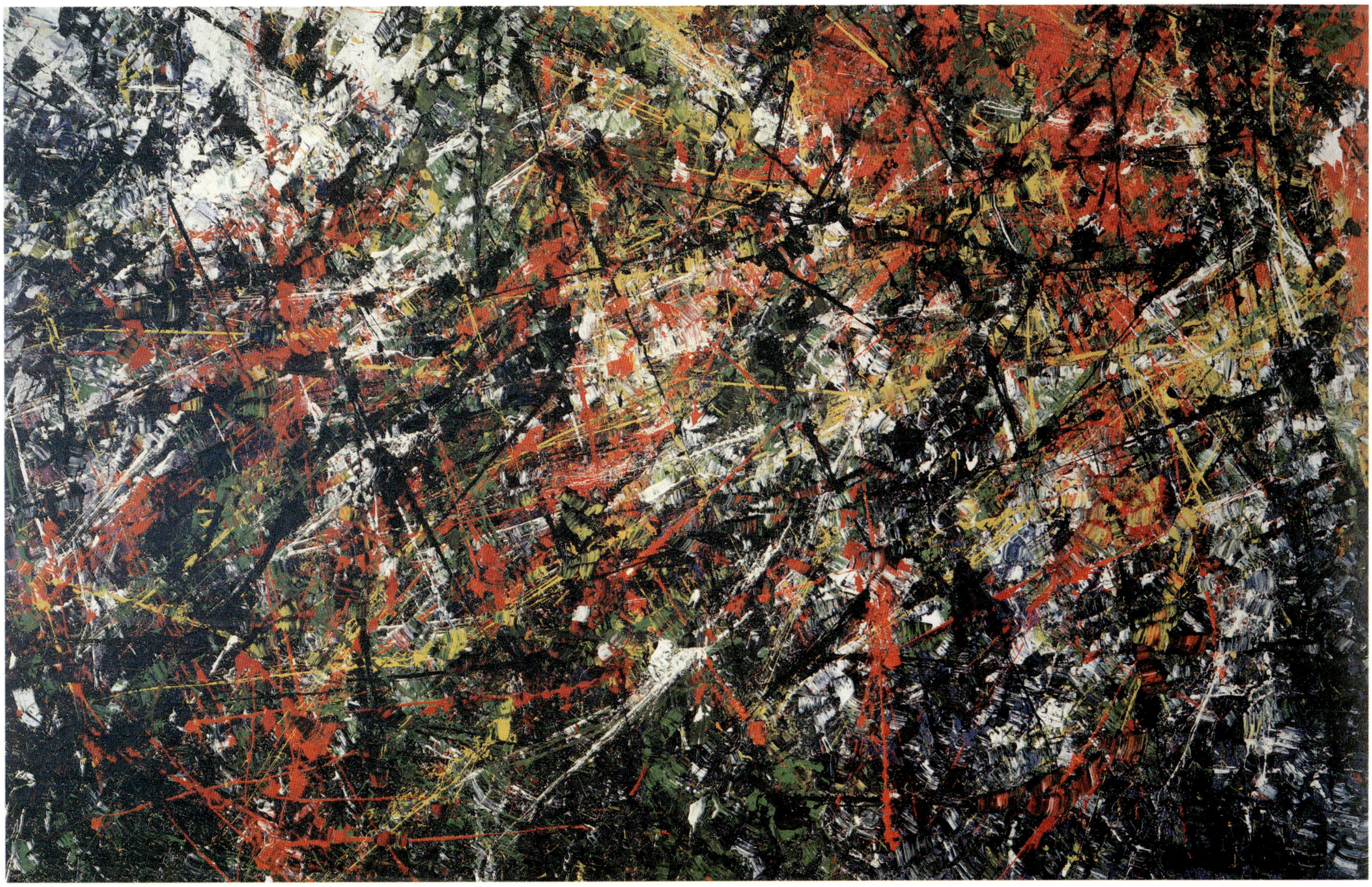

Jean-Paul Riopelle. * Montreal, 1923. Große Komposition. 1949-51. Öl auf Holz. H 170,2 x B 260,6 cm. Privatsammlung.

Der Friede und die Stille dieser Küche, in der Bauersfrauen Tortillas vorbereiten, werden mit einfachsten Farben und Formen vorgetragen. Der Einfluß der Freskenmalerei wird bei diesem Bild im sensiblen Umgang mit warmen, glühenden Farben erkennbar, die Wehmut und Intimität andeuten. Die Bedeutung des Bildes liegt in der Darstellung der mexikanischen Volkstradition und der Art, wie Rivera mit Respekt und Achtung das einfache Leben auf die Leinwand bannte. Trotz vormaligem Hang zum Kubismus zeigt sich hier die Rückkehr Riveras zum klassischen Bildverständnis. Nur so kann er seine Anliegen über mexikanische Themen vermitteln. Die Maya- und Aztekengeschichte inspirierte ihn nachhaltig. Rivera beteiligte sich aktiv an der mexikanischen Revolution und blieb sein Leben lang ein politisch motivierter Künstler. Seine überdimensionalen Wandbilder in Mexico City sind weltberühmt.

☛ Botero, Gauguin, Kahlo, Rego, Spencer, Tamayo

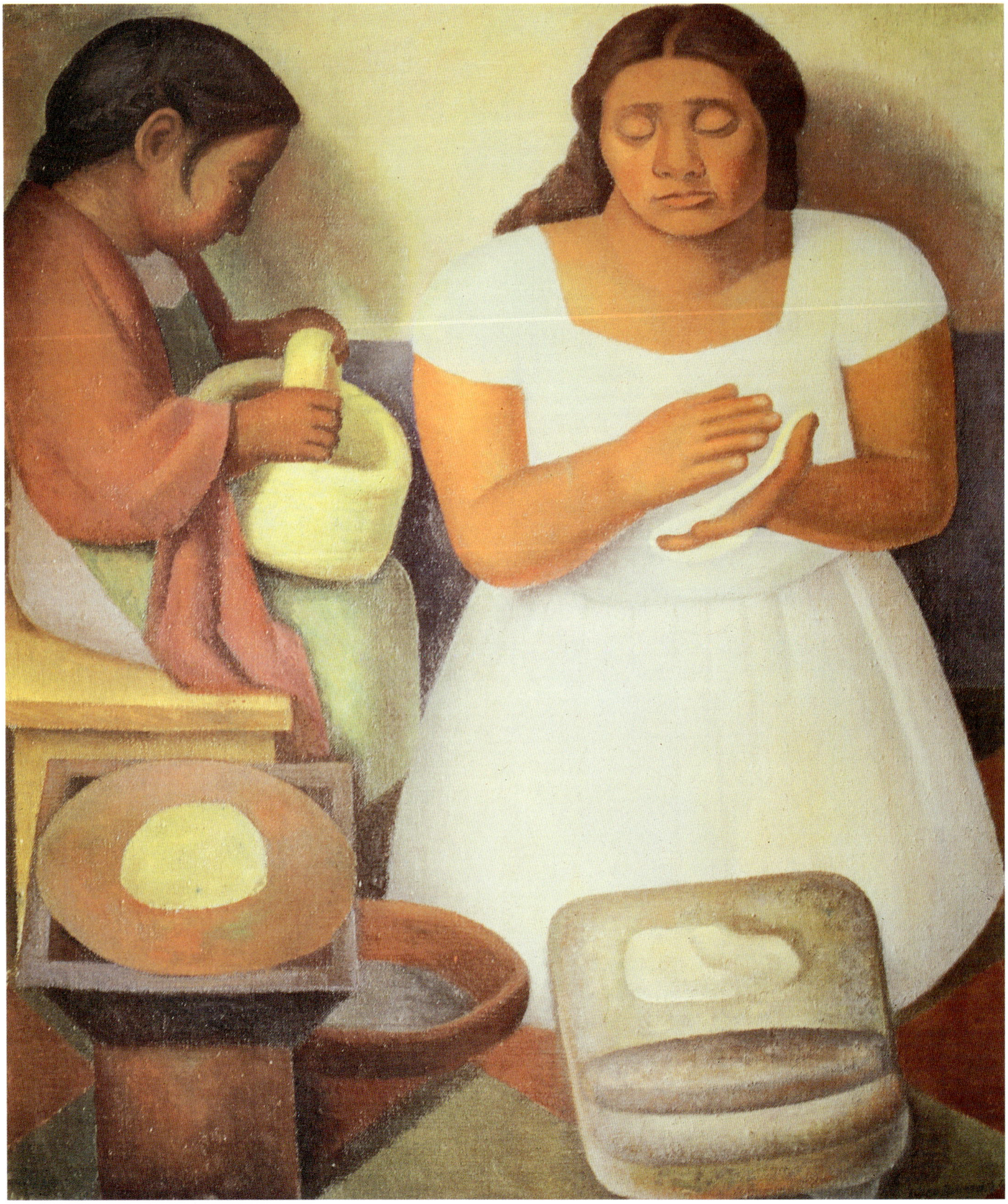

Diego Rivera. * Guanajuato, 1886. † Mexico City, 1957. Die Tortillabäckerinnen. 1926. Öl auf Leinwand. H 107,3 x B 89,5 cm. University of California, San Francisco.

Della Robbia Luca

Madonna mit Kind zwischen zwei Engeln

Della-Robbia-Blau wurde zum Standardbegriff für die von der Della Robbia-Familie entwickelte Glasur. Die Tiefe des Blaus wird noch unterstrichen durch die gleichzeitige Bevorzugung von weißer Glasur. Reliefs dieser Art sind weder Malerei noch Bildhauerei, sie sind ein Zwischenmedium. Wie sein Zeitgenosse Ghiberti beschäftigte sich Luca mit der Darstellung des Raumes auf der Fläche. Durch den Einsatz der Farbe konnte er zusätzlich die Wirkung eines Gemäldes erzielen. Die feine Modellierung und die frischen Linien hatte er sich über die Zeichnung, die Basis für Bildhauerei und Malerei, angeeignet. Schon von den Zeitgenossen wurde Luca als großer Neuerer empfunden. Seine blühende Werkstatt erbte sein Neffe Andrea, der die Terrakottatradition fortsetzte. Bei gleichen Motiven führte Andrea eine größere Vielfarbigkeit ein.

☛ Ghiberti, Fra Filippo Lippi, Pisano, Della Quercia

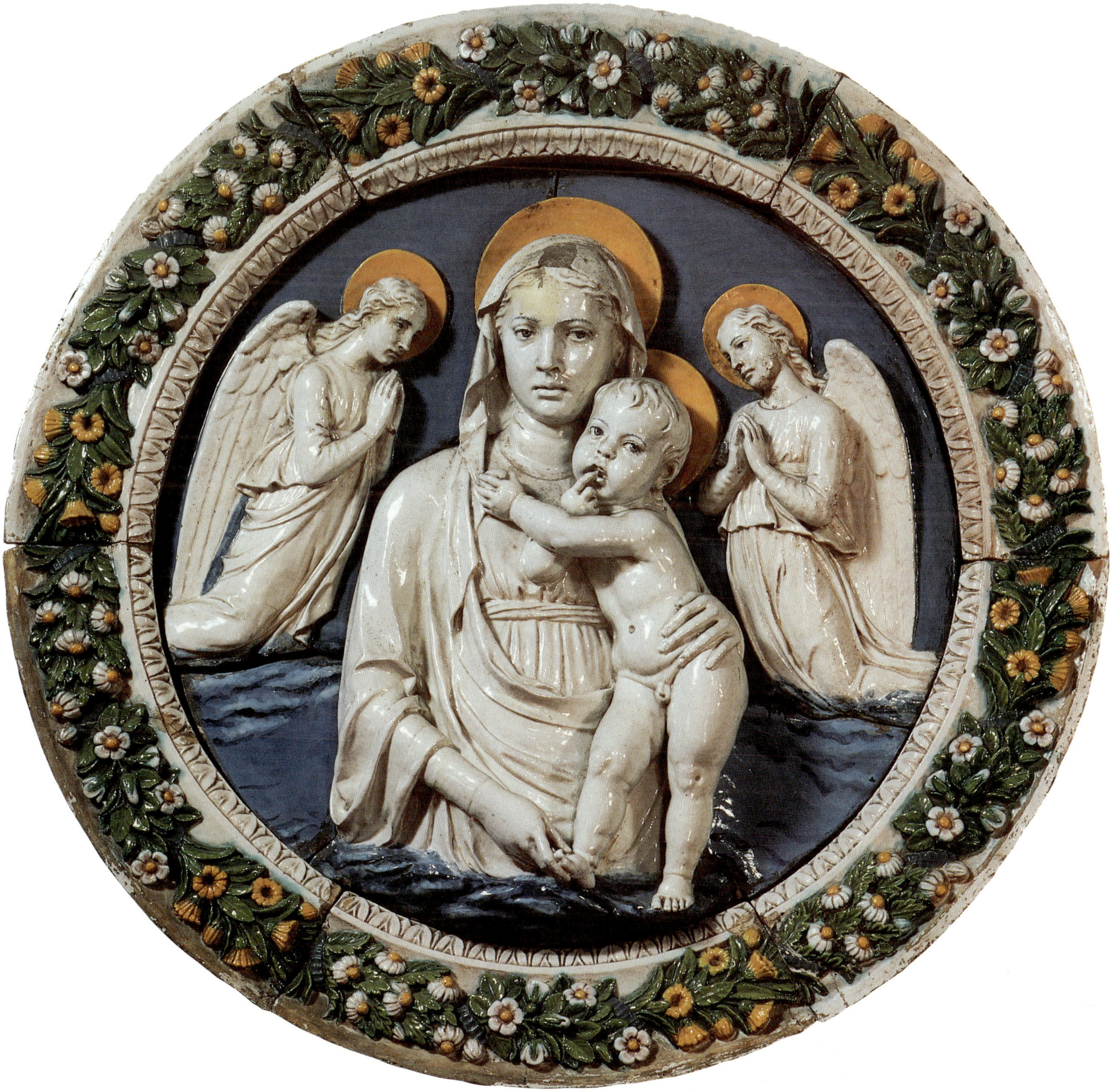

Luca della Robbia. * Florenz, 1400. † Florenz, 1482. Madonna mit Kind zwischen zwei Engeln. 1475/80. Glasierte Keramik. Ø 100 cm. Museo Nazionale del Bargello, Florenz.

Rodchenko Alexander

Komposition (Siegreiches Rot)

Dreiecksformen vor Scheiben erzeugen eine dreidimensionale Illusion, die durch dunkle Schattierungen auf der linken Schrägseite der Dreiecke verstärkt wird. Zusammengesetzt aus reinen, mit Zirkel und Lineal gezeichneten geometrischen Formen, drückt das Bild das Bemühen aus, Elementarformen in reinen Primärfarben zu erzeugen. Im selben Jahr stellte Rodchenko das berühmte Bild »Schwarz in Schwarz« aus, eine direkte Antwort auf die »Weiß in Weiß«-Serie von Malevič. Rodchenkos Bemühen, die Malerei auf ihre abstrakten geometrischen Grundformen zu reduzieren, führte zu seinem Anschluß an die Konstruktivisten. Konsequenterweise gab auch er die Malerei zugunsten von Design und angewandter Kunst auf. In der Fotografie suchte er oft ungewöhnliche Perspektiven und Blickwinkel.

☛ Van Doesburg, Gabo, Lissitzky, Malevič, Tatlin

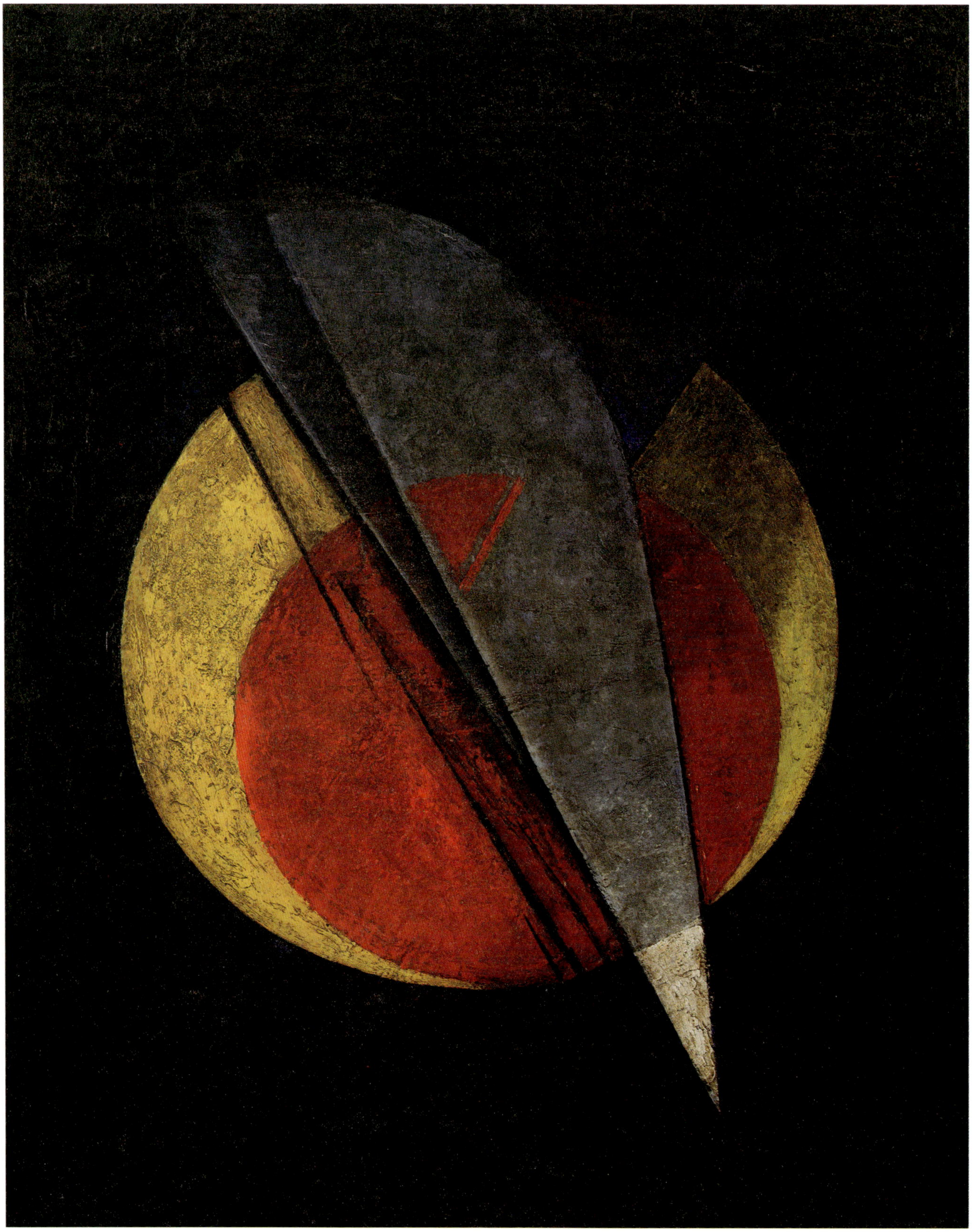

Alexander Rodchenko. * Sankt Petersburg, 1891. † Moskau, 1956. Komposition (Siegreiches Rot). 1918. Öl auf Leinwand. H 78,5 x B 62 cm. Annely Juda Fine Art, London.

Rodin Auguste

Der Kuß

Zwei Liebende sind in einer ewigen Umarmung verklammert. Die Gefühlskraft und Lebendigkeit dieser großen Skulptur haben sie zu einem der bekanntesten Kunstwerke der Welt gemacht. Die sanft fließenden Formen der Liebenden heben sich betont vom nur roh behauenen Sockelblock ab, dem sie verbunden sind: ein Symbol der erdgebundenen Vereinigung. Sowohl Leidenschaft als auch Hoffnungslosigkeit werden von dem Gegensatz von sinnlichem Fleisch und kaltem Stein wachgerufen – ein Kritiker nannte dies »die unmögliche Vereinigung der Seelen durch ihre Körper«. Die Art, die Figuren aus dem Stein zu befreien, erinnert an Michelangelo. Rodin war in seinem Schaffen zugleich das Produkt der späten Romantik und Herold einer neuen Kunst. Die pulsierende Kraft und Form seiner Skulpturen gaben den Bildhauern des 20. Jahrhunderts einen enormen Anstoß.

☛ Bourgeois, Brancusi, Canova, Giambologna, Michelangelo

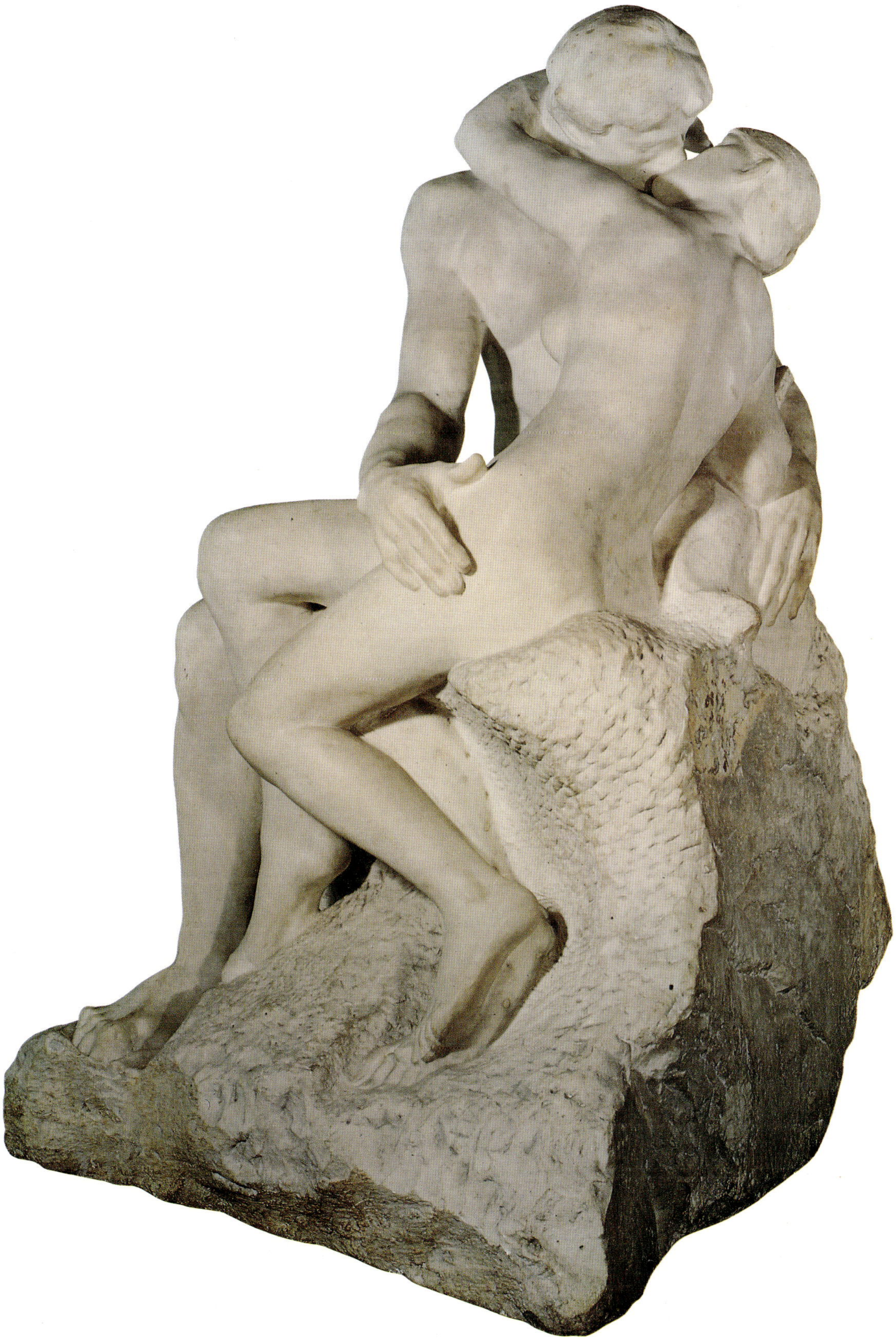

Auguste Rodin. * Paris, 1840. † Meudon, 1917. Der Kuß. 1886. Marmor. H 183,6 cm. Musée National Auguste Rodin, Paris.

Romney George

Frau Mary Robinson, »Perdita«

Selbstbewußt gekleidet in ein modisches, schwarzes Seidencape und einen grauen Muff und das gepuderte Haar versteckt unter einer gerüschten weißen Stoffhaube, blickt uns eine elegante Lady etwas skeptisch an. Ihre hübschen Züge sind trotz des weichen und förmlichen Stils klar umrissen. Frau Mary Robinson verdankte ihren Beinamen »Perdita« der von ihr so oft gespielten Rolle in Shakespeares »Ein Wintermärchen«. Als attraktive und charmante Frau hatte sie eine kurze Liaison mit dem Prinzen von Wales. Reynolds und Gainsborough haben sie ebenfalls gemalt. Viele fanden, daß der Modeporträtist Romney den beiden genannten Malern ebenbürtig sei. Nach einem Rombesuch träumte er von ehrgeizigen Werken im großen Stil, die nie verwirklicht wurden. Als sein Ruhm als Porträtist verblaßte, zog er in seine Heimat Kendal zurück.

☛ Gainsborough, Lawrence, Raeburn, Ramsay, Reynolds

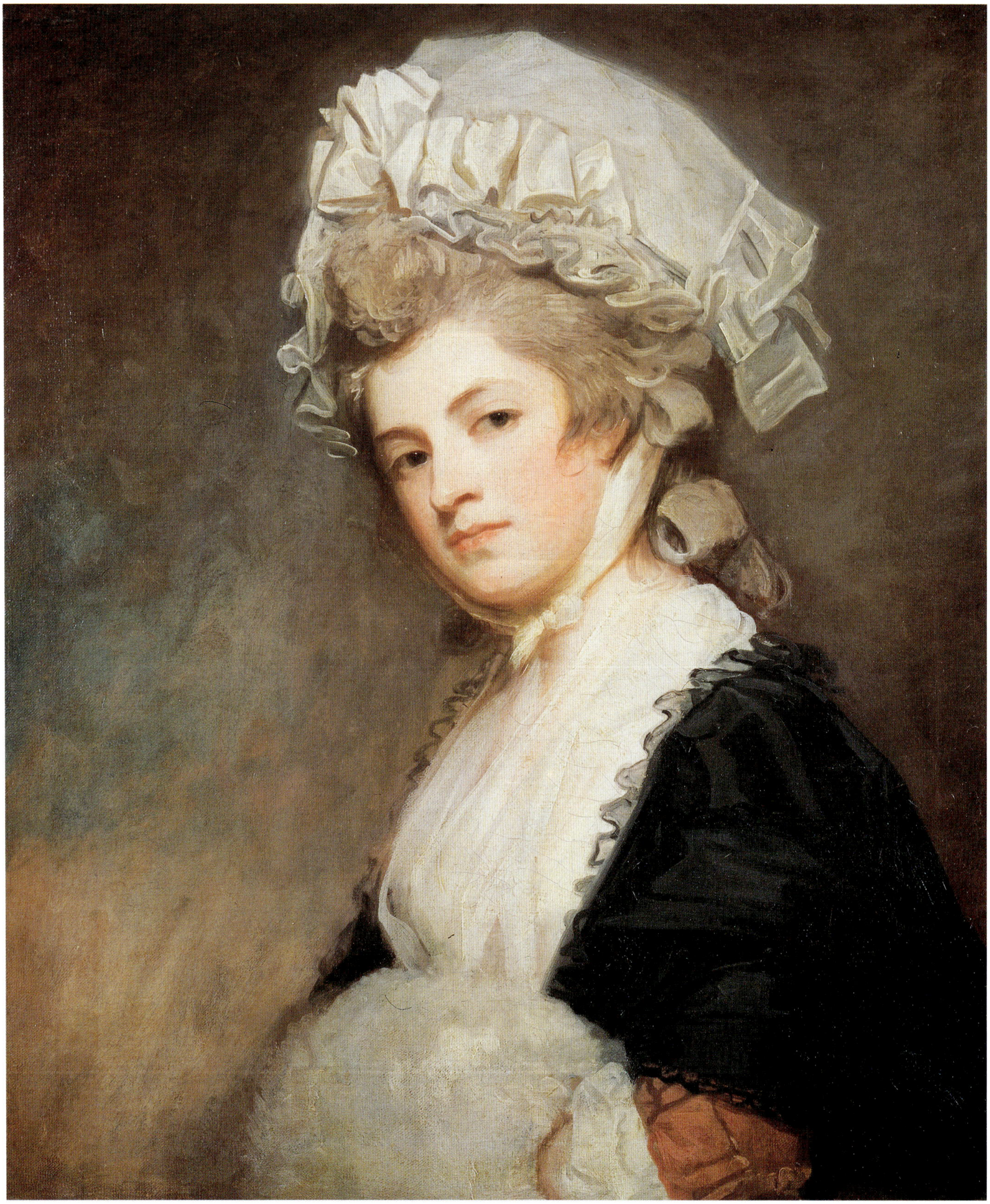

George Romney. * Dalton-le-Furness, 1734. † Kendal, 1802. Frau Mary Robinson, »Perdita«. 1781. Öl auf Leinwand. H 76 x B 63 cm. Wallace Collection, London.

Rosa Salvadore

Selbstporträt

Der Künstler schaut uns über die linke Schulter mit einem bedauernden, ja fast verächtlichen Blick an, als ob er etwas zu beanstanden hätte. Auf der Tafel in seinen Händen steht: »Schweige, es sei denn, was du zu sagen hast, ist besser als schweigen!« Die harte Botschaft dieses finsteren Selbstporträts wird noch unterstrichen durch Rosas dunklen Mantel und Hut. Der eigenartig horizontlose Himmel scheint sich bedrohlich zu nähern. Rosa war von dem brutalen Naturalismus Caravaggios und Riberas beeinflußt, und seine vielbewunderte »Wildheit« ist sogar in seinen Landschaften erkennbar. Diese Besonderheit erlangte im 18. und 19. Jahrhundert für die romantischen Landschaftsmaler Bedeutung. Rosa betätigte sich nicht nur als Maler, sondern auch als Kupferstecher, Dichter, Musiker und Schauspieler.

☛ Caravaggio, Dürer, Kauffmann, Mengs, Ribera, Vigée-Lebrun

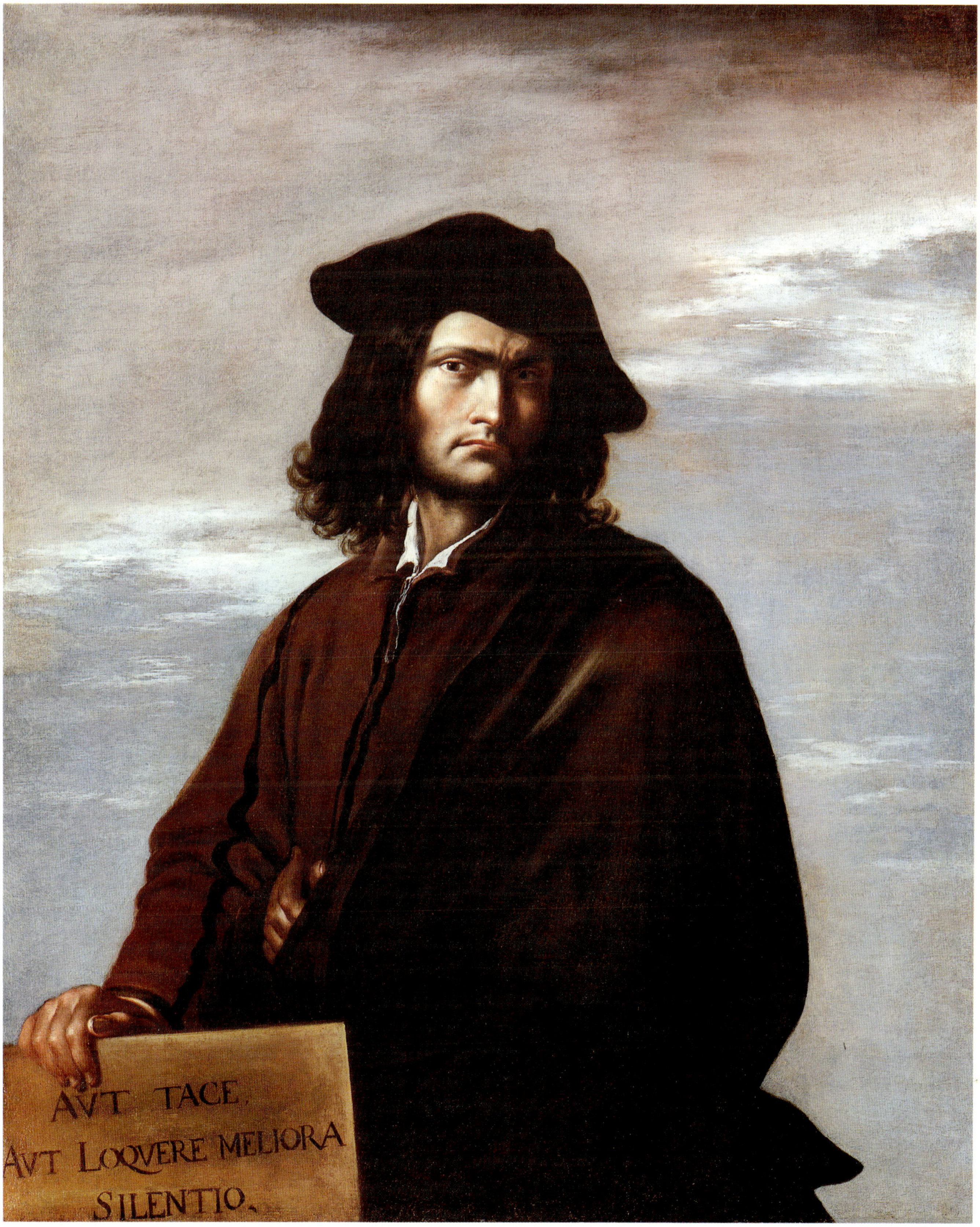

Salvadore Rosa. * Neapel, 1615. † Rom, 1673. Selbstporträt. Um 1640. Öl auf Leinwand. H 116 x B 94 cm. National Gallery, London.

Rosenquist James

Studie für Marilyn

Das bemerkenswerte Bild verführt den Betrachter mit seinen hellen Farben und erotischen Anspielungen. Die optischen Tricks, die Rosenquist angewendet hat, sind jene der kommerziellen Werbung: halbgeöffnete Lippen, perfekt manikürte Nägel und provozierend aufgelegter Lippenstift senden Signale aus, während das kühne Abschneiden des Gesichtes und die flachen Fertigfarben eine unmittelbare Wucht haben. Das einfache Bild wird jedoch unterlaufen durch eine vertrackte Komposition: Warum wird eine Gesichtshälfte (von Marilyn Monroe?) durch ein Glas verdeckt? Das Bild führt die Macht der Werbung in unserer Zivilisation vor Augen. Die Verwendung von banalen Motiven und Gegenständen verbindet das Bild mit der Pop Art. Rosenquist hat in seinen frühen Jahren Reklameflächen bemalt und überall in den USA Ölwerbung gemacht. Der Malerei als Kunstform wandte er sich in den 60er Jahren zu.

☛ De Kooning, Oldenburg, Warhol, Wesselman

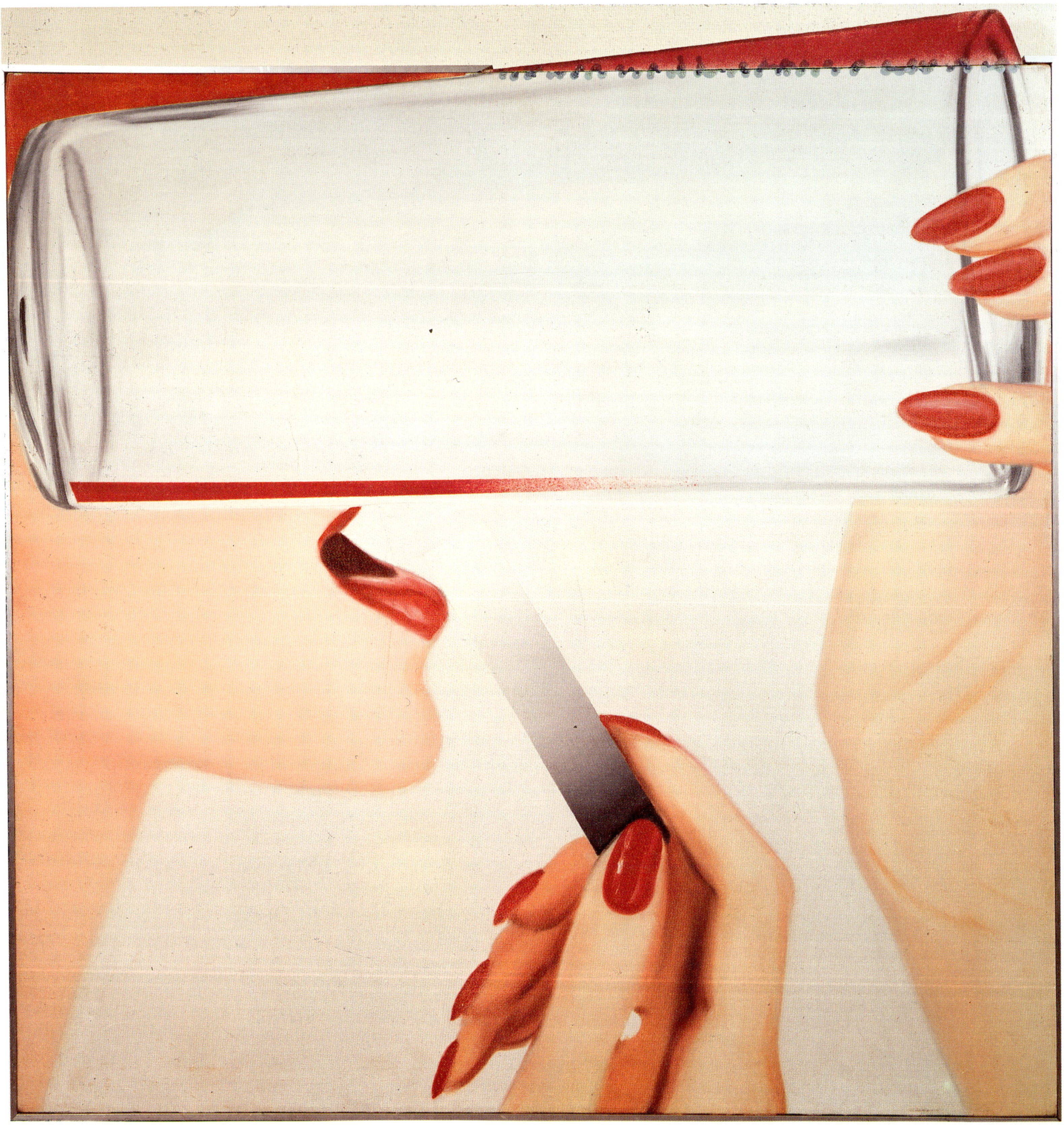

James Rosenquist. * Grand Forks, 1933. Studie für Marilyn. 1962. Öl auf Leinwand. H 95,2 x B 91,5 cm. Privatsammlung.

Madonna mit Kind und Heiligen

Die Harmonie der einfachen Komposition entspricht Florentiner Altarbildtradition. Die Anwesenheit von Johannes dem Täufer und Zenobius (auch ein Stadtheiliger) verrät, daß der Altar in einer Kirche von Florenz stand. Die Wünsche der Renaissanceauftraggeber diktierten meist das Thema des Altarblattes; in diesem Fall wurden Andreas und Batholomäus mit aufgenommen, weil sie wahrscheinlich Schutzheilige der Familie der Auftraggeber waren. Blaue Farbe aus Lapislazuli war das teuerste Pigment. In je größeren Mengen diese Farbe Verwendung fand, um so teurer wurde der Auftrag; es war also reserviert für die wichtigsten Bildteile, z. B. für die Kleider Marias. Die Anwendung der Perspektive war damals Gegenstand intensiver Kunstdebatten in Florenz. Rossellis Gebrauch der Linearperspektive wird hier vor allem in den gemusterten Bodenplatten erkennbar. Zu Rossellis Schülern gehörte Piero di Cosimo.

☛ Masaccio, Piero di Cosimo, Piero della Francesca

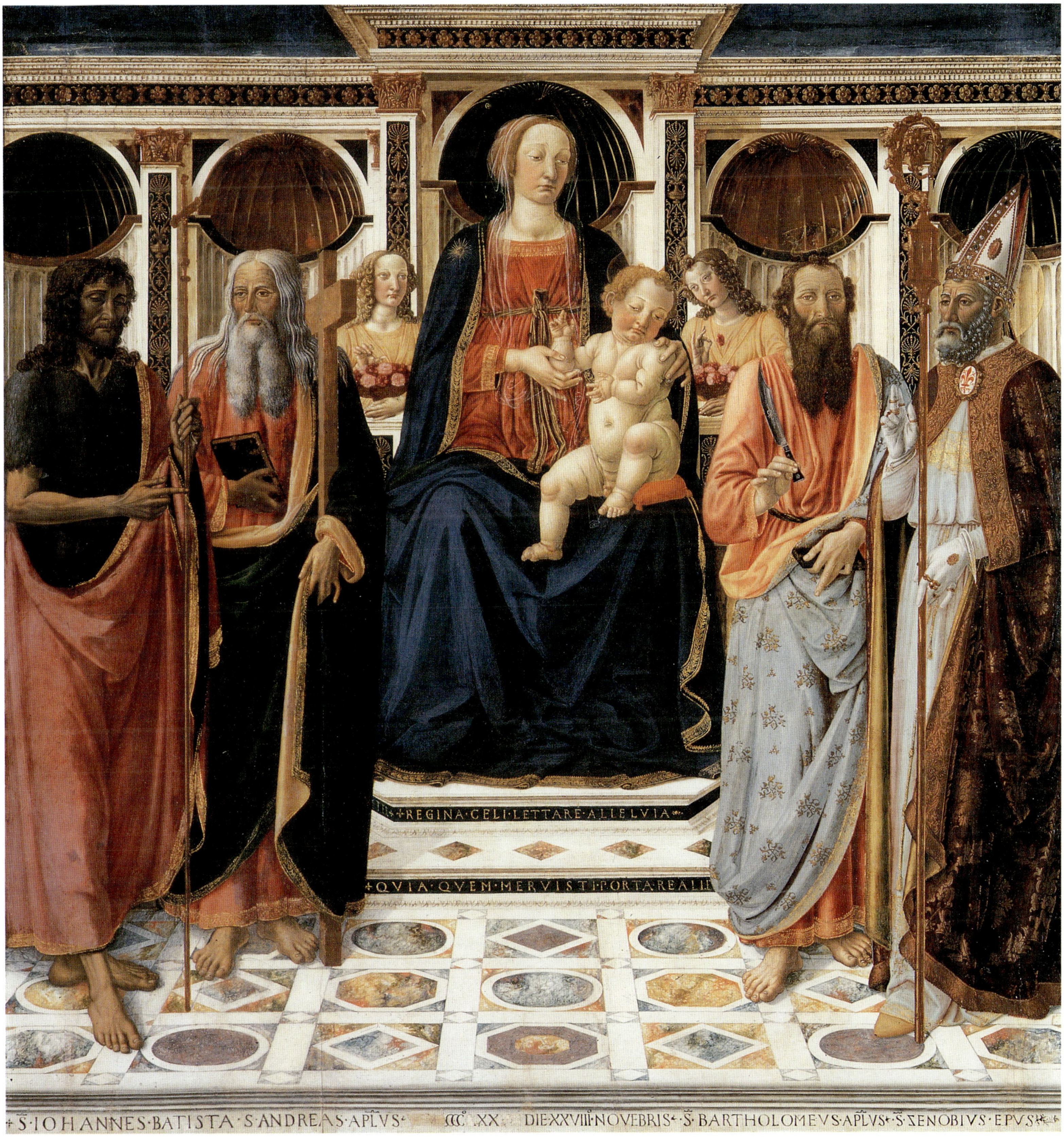

Cosimo Rosselli. * Florenz, 1439. † Florenz, 1507. Madonna mit Kind und Heiligen. Um 1478. Tempera auf Holz. H 190,5 x B 175,2 cm. The Fitzwilliam Museum, Cambridge.

Rossetti Dante Gabriel

Tagtraum

Das Bild selbst liefert keinerlei Aufschlüsse über den Inhalt des fesselnden Tagtraumes dieser schönen Frau, doch er muß so erfüllend sein, daß Buch und Blume vergessen auf ihrem Schoß ruhen. Die vielen Grünschattierungen in ihrem Kleid und die Blätter an den Zweigen, die sie förmlich einschließen, tragen wesentlich zu der Gesamtstimmung des Bildes bei. Wie viele von Rossettis Werken stellt uns auch dieses eine idealisierte Sicht der Frau vor. Rossetti war Mitbegründer der präraffaelitischen Bruderschaft, die als Reaktion auf die viktorianische Kunst zur Schlichtheit der Bilder der Frührenaissance zurückfinden wollte. Das Bild liefert eine Reihe von Merkmalen der präraffaelitischen Malerei: weite lichtvolle Flächen in hellen Farben, penible Detailtreue und Freilichtszenen. Zu den Themen seiner Bilder verfaßte Rossetti auch Gedichte.

☛ Fra Angelico, Botticelli, Burne-Jones, Hunt, Millais, Moreau

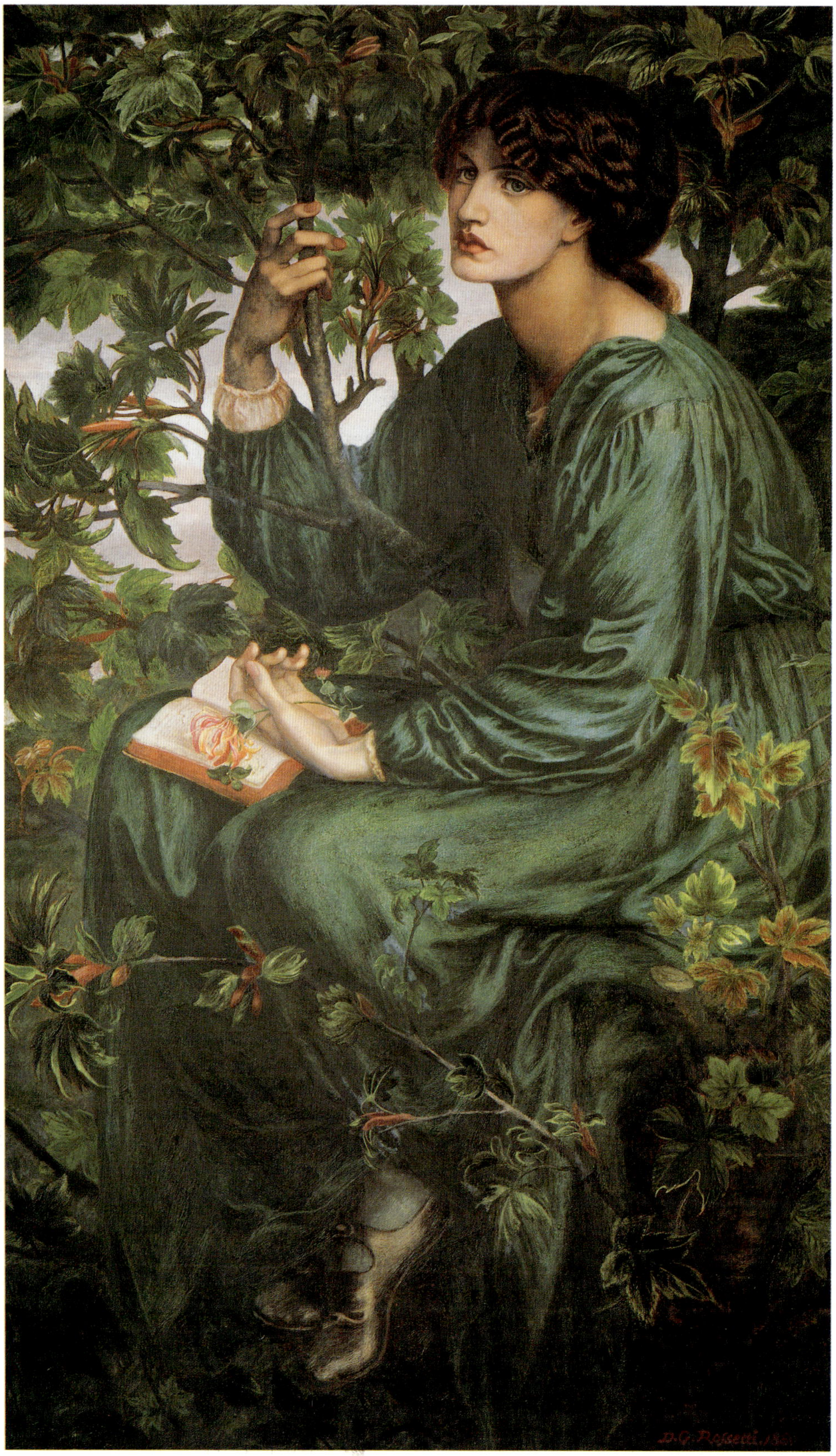

Dante Gabriel Rossetti. * London, 1828. † Birchington-on-Sea, 1882. Tagtraum. 1880. Öl auf Leinwand. H 159 x 93 cm. Victoria and Albert Museum, London.

Rosso Fiorentino

Moses und die Töchter des Jitro

Jitros sieben Töchter werden beim Tränken der Herde ihres Vaters von sturen, widerspenstigen Schäfern behindert, die Moses eigenhändig in die Flucht schlägt. Im Bildmittelpunkt steht Moses, der in wilder Bewegung und muskelbepackt heftig auf einen am Boden liegenden Gegner einschlägt. Die vor Schreck erstarrte Tochter rechts oben, das gebauschte Kleid links oben, die verschlungenen Leiber und die verrenkten Posen zeigen Rosso auf dem Gipfel des Manierismus, der eine Gegenentwicklung zur statischen Ordnung der Hochrenaissance war. Am Ende seiner Karriere arbeitete er für Franz I. an dessen Schloß in Fontainebleau. Rosso, der seinen Namen seinem flammend roten Haar verdankte, soll angeblich Selbstmord begangen haben; wahrscheinlich starb er aber eines natürlichen Todes.

☛ Bourdelle, Bronzino, Giulio Romano, Pontormo, Primaticcio

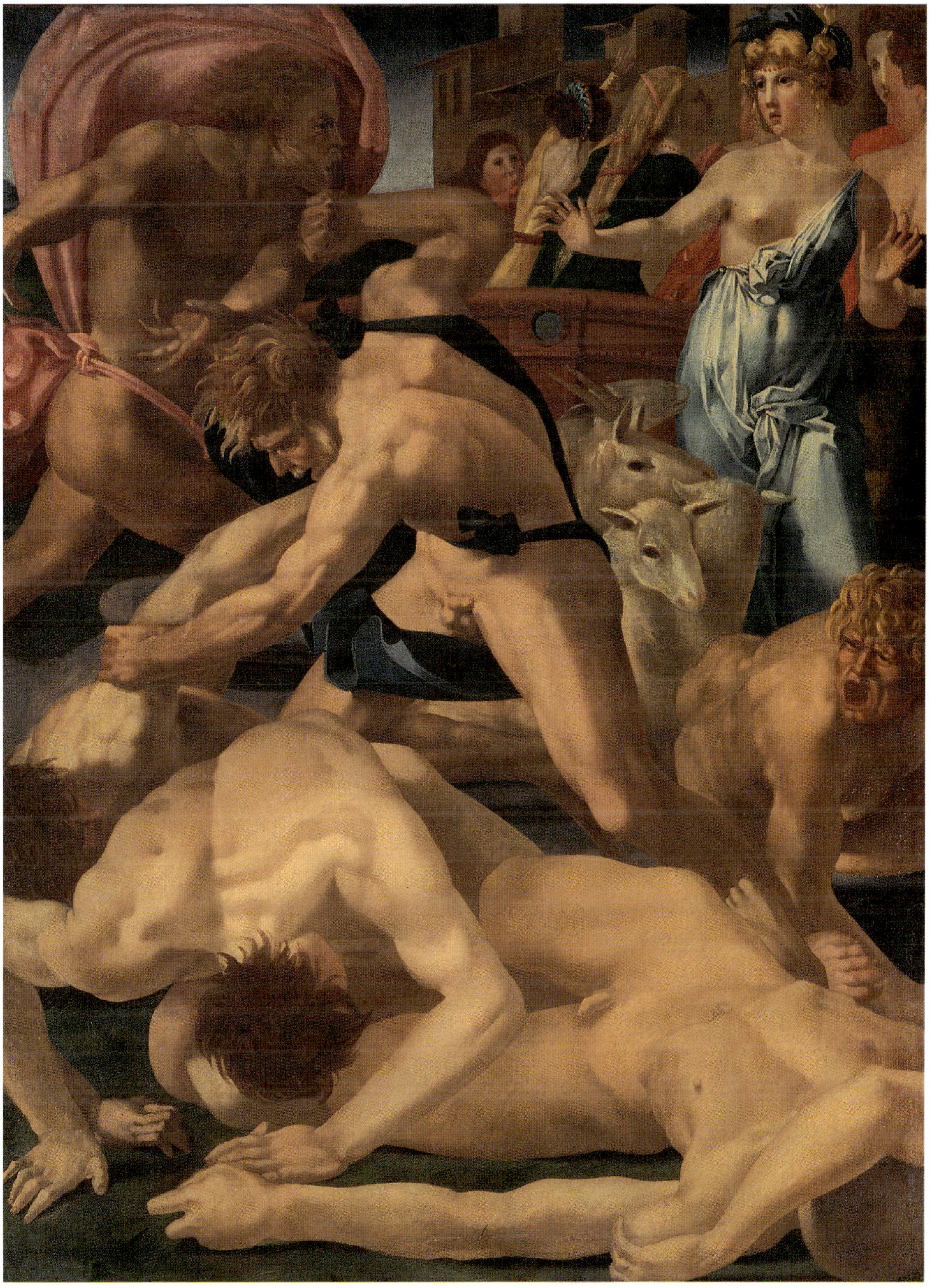

Rosso Fiorentino (Giovanni Battista Rosso). * Florenz, 1494. † Fontainebleau, 1540. Moses und die Töchter des Jitro. Um 1523. Öl auf Leinwand. H 160 x B 117 cm. Galleria degli Uffizi, Florenz.

Rothko Mark

Ohne Titel

Rechteckige Flächen von intensiver Farbe fluten über die Leinwand. Ihre verschwommenen Ränder lassen die Farbe in geheimnisvoller Weise vibrieren. Eine ätherische Lichtfülle, die alle Formen und Farbtöne in ein inneres Glühen auflöst, übergießt das Bild. Zurückhaltend und doch beziehungsreich vermitteln Rothkos Werke das Gefühl, eine brennende Wahrheit zu besitzen, wie die Verdinglichung einer langen und anstrengenden Meditation. 1913 kam Rothko mit seinen Eltern in die USA. Weitgehend Autodidakt, malte er meist an riesigen Formaten. Er wollte den Betrachter in ein pures, einnehmendes Farbenmeer eintauchen: »Ich male Großformate, weil ich einen Zustand der Intimität anstrebe. Ein großes Bild ist eine unmittelbare Übermittlung; es nimmt dich in sich auf.« Rothko wurde zu einem führenden Vertreter des amerikanischen Abstrakten Expressionismus.

☛ Heron, Kelly, Newman, Pollock, Ryman, Serra, Still

Mark Rothko. * Dvinsk, 1903. † New York, 1970. Ohne Titel. 1951-55. Öl auf Leinwand. H 189 x B 101 cm. Tate Gallery, London.

Rouault Georges

Kreuzigung

Christus, das Kreuz und die umgebenden Personen sind in einfachen, aber fest umrissenen Farbflächen wiedergegeben. Das beherrschende Kreuz füllt die ganze Bildfläche aus. Kräftige Farben und grobe Formen tragen zur Aussagekraft dieses heilkräftigen Motivs bei. Besonders die dicken schwarzen Linien, die die Flächen begrenzen, erinnern an Glasmalerei.

Rouault hat tatsächlich Glasmalerei gelernt, bevor er im Atelier von Moreau freie Malerei lernte. In der Druckgraphik hat er lichtvolle Streifen eingesetzt, um seinen Glauben zu verdeutlichen. Bevorzugt arbeitete er in Aquatintatechnik. Der ausdrucksstarke, emotionale Inhalt seines Werkes stellt eine Beziehung zur zeitgleichen Malerei des deutschen Expressionismus her. Trotzdem war Rouaults Stil völlig eigenständig, bestimmt durch leuchtend emotionale Farben und harte schwarze Umrisse.

☛ Grünewald, Kirchner, Nolde, Orozco, Pechstein, Vlaminck

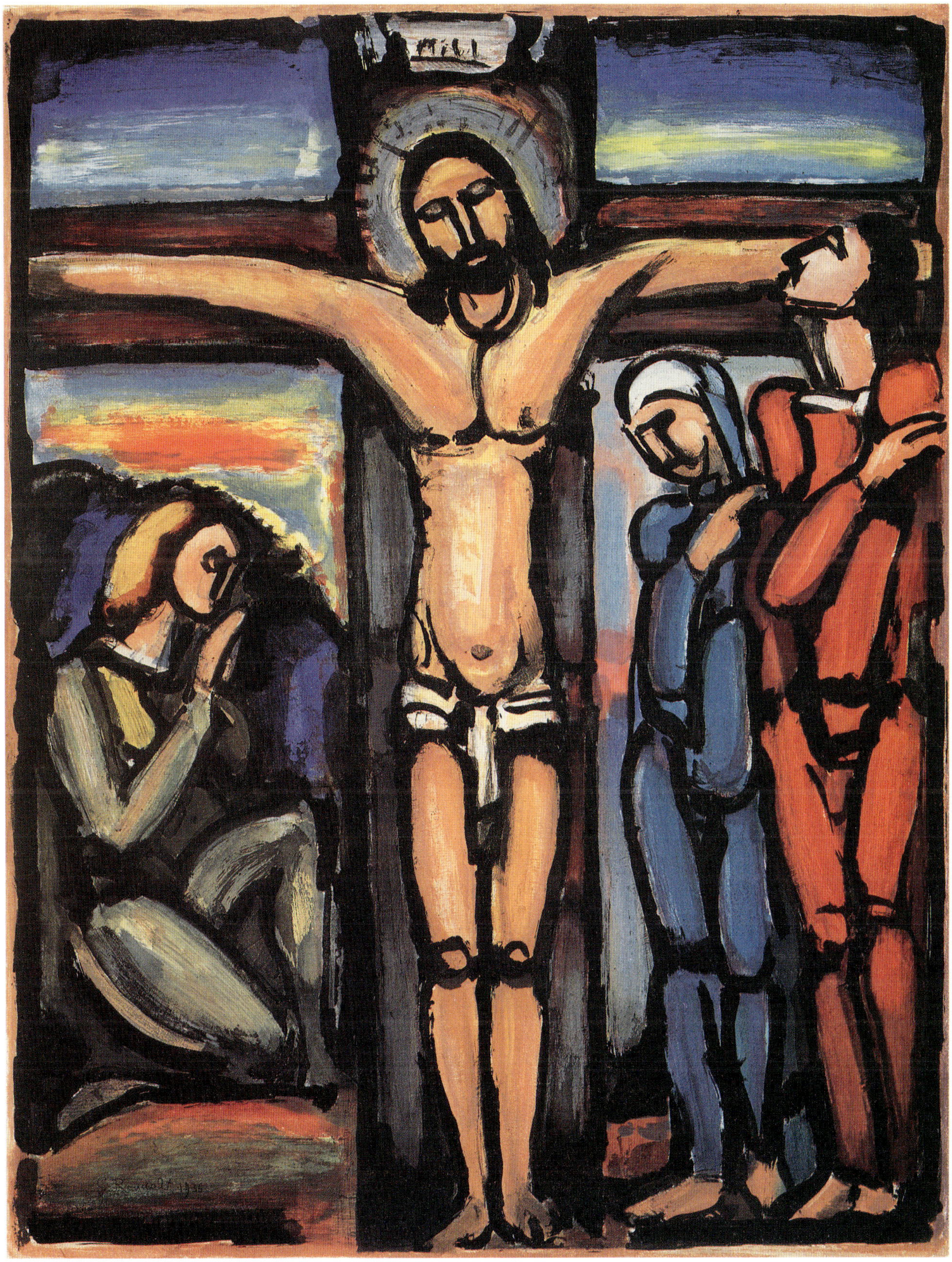

Georges Rouault. * Paris, 1871. † Paris ,1958. Kreuzigung. 1936. Gouache und Druckerfarbe auf Papier. H 64,8 x B 48,7 cm. Privatsammlung.

Roubiliac Louis-François

Sir Isaac Newton

Diese Statue des Mathematikers, Physikers, Astronomen und Philosophen Newton verherrlicht dessen Ruf als einzigartiges Genie. Mit der großartigen Statue will Roubiliac durch turmartige Präsenz eben dieses Genie vermitteln. Seine Gesichtszüge sind höchst lebendig modelliert und zu geglätteter Vollendung gebracht. Das Ergebnis atmet Lebenskraft und zurückhaltende Fülle. Wie es sich für das Zeitalter der Aufklärung schickte, verströmt Roubiliacs Werk die Aura von geistiger Größe. Schon als junger Mann ließ sich Roubiliac in England nieder, wo er sich mit der Händelstatue vor Vauxhall Gardens in London einen Namen machte. Danach blieb er ein vielbeschäftigter Künstler. Die Spanne seines Werkes umfaßt Statuen berühmter Männer der Aufklärung und des Adels, Porträtbüsten und Denkmäler.

☛ Canova, Houdon, Moroni, Powers

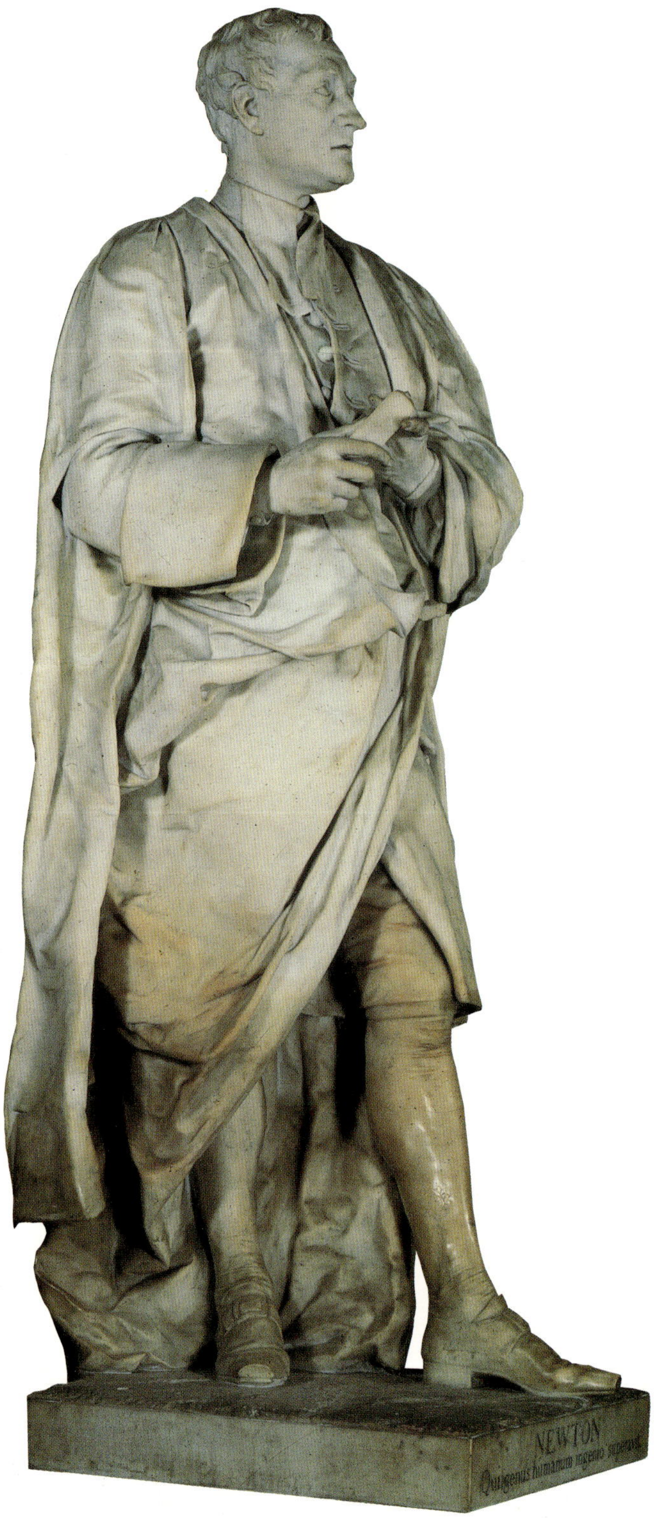

Louis-François Roubiliac. * Lyon, 1702. * London, 1762. Sir Isaac Newton. 1755. Marmor. H 183 cm. Trinity College, Cambridge.

Rousseau Henri

Affenfamilie

Drei Affen schauen aus dem dichten Laubwerk des Dschungels, und auf einem dünnen, von schweren Blättern überladenen Ast sitzt ein eigenartiger Vogel. Die geballte Fantasie der ganzen Szene ist kennzeichnend für Rousseaus Weltsicht. Die kräftigen Farben, die frisch gemalten Formen und die Liebe zum Detail sind Mittel seines naiven Stils. Dieser geträumte Urwald verdankt seine Anregung den zahlreichen Besuchen im Botanischen Garten in Paris (Jardin des Plantes). Rousseau war ein echter Amateurmaler, der anläßlich der Ausstellung im Salon des Indépendants (Ausstellung der Unabhängigen) im Jahre 1885 die Aufmerksamkeit der Avantgardisten auf sich zog. Auch später bewunderten ihn Picasso und dessen Kreis wegen der frischen, von akademischen Regeln unverdorbenen Sehweise. Sein Spitzname »der Zöllner« bezieht sich auf seinen bürgerlichen Beruf.

☛ Ernst, Gauguin, Hicks, Lam, Picasso, Vlaminck

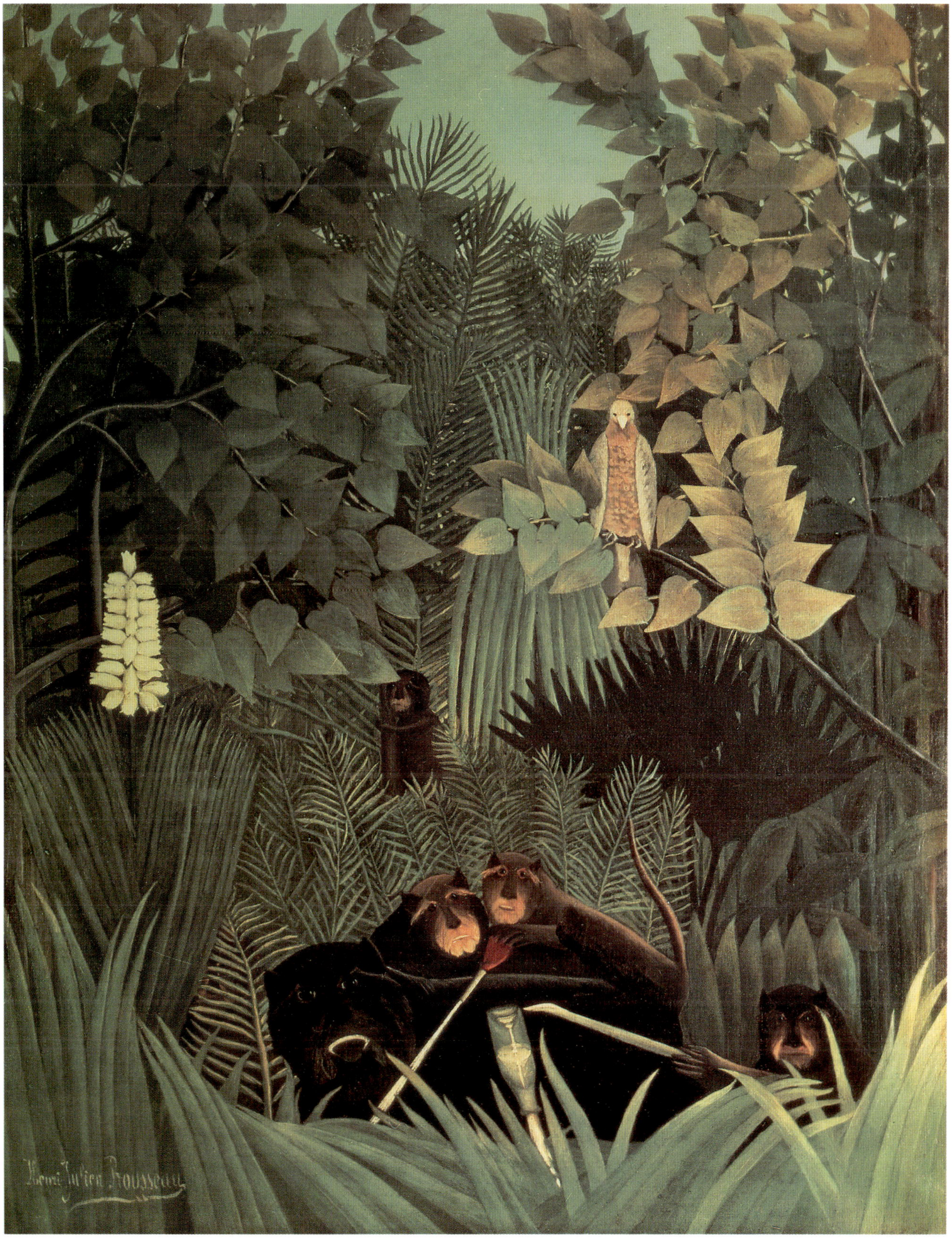

Henri Rousseau (Le Douanier). * Laval, 1844. † Paris, 1910. Affenfamilie. 1906. Öl auf Leinwand. H 145,5 x B 113 cm. Philadelphia Museum of Art, Philadelphia.

Rousseau Théodore

Morgen im Wald von Fontainebleau

In schimmernden und perlenden Tönen ist eine einfache Waldszene wiedergegeben. Das um einen Halbkreis von Bäumen aufgebaute Bild atmet wunderbare Frische und Intimität. Die von der dunstigen Morgenluft eingehüllten Kühe spiegeln sich in dem silbrigen Teich. Viel Sorgfalt hat der Künstler auf die Wiedergabe des feuchten Waldes in seinem blassen, subtil wechselnden Morgenlicht verwendet. Angeregt von Ruysdael und anderen holländischen Landschaftern des 17. Jahrhunderts und von Constable wollte er in Frankreich einen freieren, unakademischeren Landschaftsstil einführen. Dazu quartierte er sich 1840 in dem Dorf Barbizon im Wald von Fontainebleau ein und begann diese Umgebung ganz realistisch und einfühlsam zu malen. Damit wurde er zum Begründer der Schule von Barbizon. Diese wollte die natürliche Umwelt und das ländliche Leben direkt und unverblümt einfangen.

☛ Constable, Corot, Daubigny, Hobbema, Millet, Ruysdael

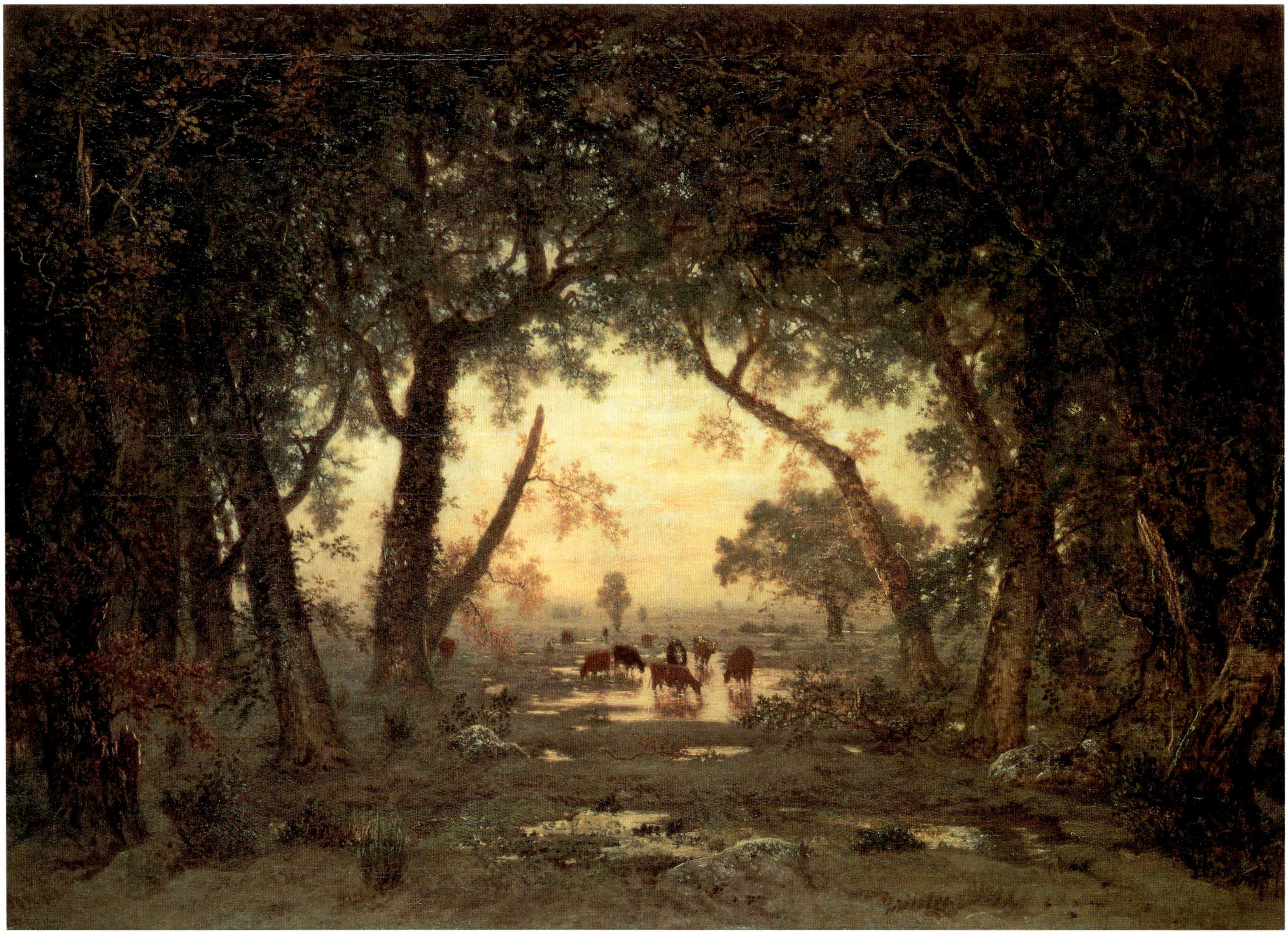

Théodore Rousseau. * Paris, 1812. † Paris, 1867. Morgen im Wald von Fontainebleau. 1850. Öl auf Leinwand. H 98 x B 134 cm. Wallace Collection, London.

Rubens Peter Paul

Das Urteil des Paris

Merkur mit seinem wehenden Mantel hat drei Göttinnen zu Paris geführt: Juno mit dem Pfau, Venus mit Cupido und Minerva mit Helm und Gorgonenschild. Mit Edelsteinen und sonst nichts bekleidet stehen sie vor Paris mit dem Apfel, den er der Schönsten reichen soll. Rubens hat dieses äußerst beliebte mythologische Thema mit Schwung und Virtuosität, die beide so typisch für den Barockstil sind, gemalt. Überschwengliche Farben und beschwingte Pinselstriche bringen die überaus sinnlichen Figuren zum Leben. 1630 heiratete Rubens die erst sechzehnjährige Hélène Fourment. Danach verwandelte sich sein Stil zu größerer lyrischer Zartheit. Zu diesem Zweck eignete er sich die reiche Farbigkeit der Venezianer wie Tizian und Veronese an. Rubens fließender Duktus, das üppige Kolorit sowie die Bewegtheit seiner Kompositionen brachten ihm den Ruf ein, der größte Barockmaler nördlich der Alpen zu sein.

☛ Van Dyck, Jordaens, Maillol, Tizian, Veronese

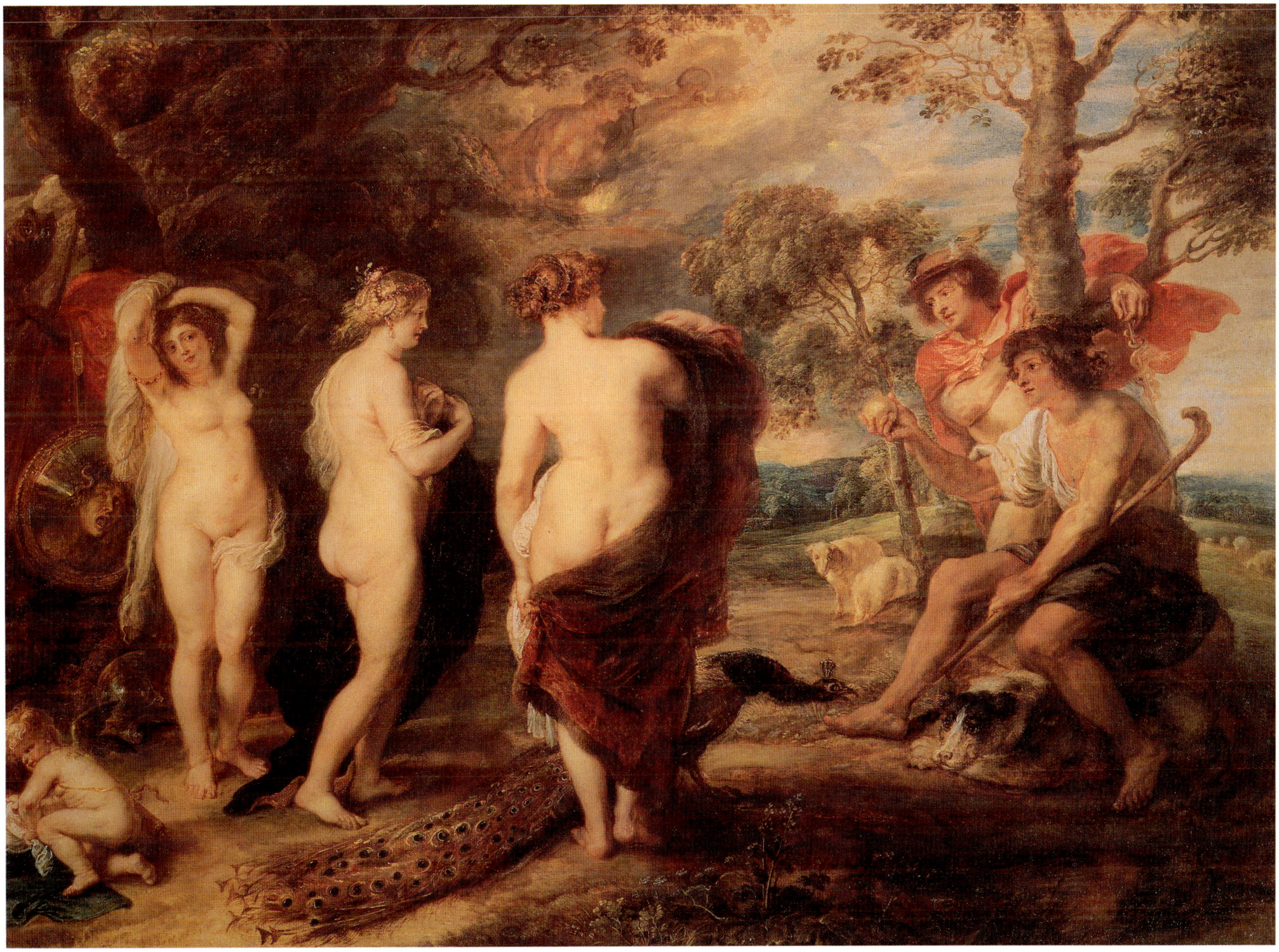

Peter Paul Rubens. * Siegen, 1577. † Antwerpen, 1640. Das Urteil des Paris. 1632-35. Öl auf Holz. H 144,8 x B 193,7 cm. National Gallery, London.

Ruisdael Jacob van

Hügellandschaft mit Wildbach

Mit warmer Tiefe und einer Fülle genau beobachteter Naturdetails feiert diese herbstliche Landschaft die Schönheit der Natur. Es ist eine bewegte und weiträumige Szenerie. Der ruhelos bewegte Himmel läßt auf einen Wetterumschwung schließen, und der sich ergießende Wildbach erinnert uns an die zerstörerische Kraft der Natur. Ruisdael hat Großartigkeit und Dramatik in sein Werk einfließen lassen, das sowohl die flachen Ebenen seiner holländischen Heimat als auch die schroffen und bewegten Zonen Deutschlands schildert. Das Bild zeigt die zunehmende Bedeutung der Ausdrucksmöglichkeit des Himmels mit seiner atmenden Atmosphäre und Räumlichkeit für die holländische Malerei. Der Reiz von Ruisdaels Werken liegt in ihrem unmittelbaren Zugang zur Natur. Vielen gilt er als der größte und vielseitigste holländische Landschaftsmaler des 17. Jahrhunderts.

☛ Claude Lorraine, Constable, Van Goyen, Hobbema

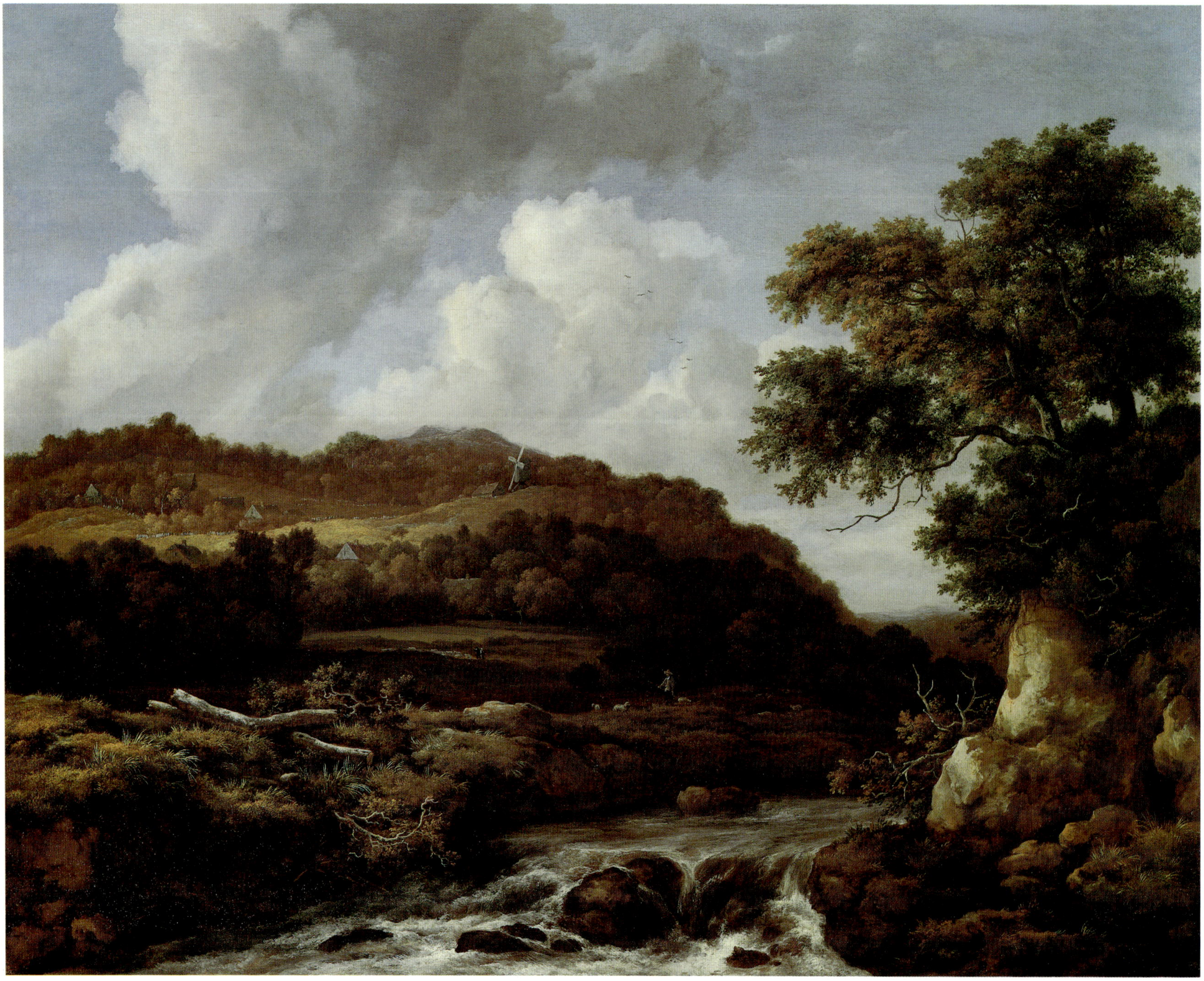

Jacob van Ruisdael. * Haarlem, 1628. † Haarlem, 1682. Hügellandschaft mit Wildbach. Um 1655. Öl auf Leinwand. H 77,5 x B 95 cm. Privatsammlung.

Ruysch Rachel

Blumenstilleben

Vor einem Prospekt klassischer Architektur und einer fernen Statue glänzt lichtvoll eine Vase voller farbenprächtiger Blumen. Die akribisch genaue Wiedergabe der Details in hervorragender Öltechnik verleihen dem Bild zusätzliche Tiefe und Klarheit. Ein Hauch von samtenem Licht fällt sanft auf das weich gemalte Blumenarrangement. Einen weiteren Beweis von des Künstlers technischem Geschick liefern die Insekten auf den Blumen, ein damals gern praktizierter Kunstgriff. Blumenstilleben waren im Holland des 17. Jahrhunderts sehr beliebt. Diese feierten nicht nur die Natur, sie galten zugleich als kleine Memento mori: Auch die Schönheit der Natur muß vergehen. Die Spezialität der erfolgreichen Stillebenmalerin waren solche Blumengebinde. Ihre hohen Bilderpreise entsprachen den juwelenhaften Arrangements, die sie wiedergab.

☛ Fantin-Latour, De Heem, Kalf, Vermeer

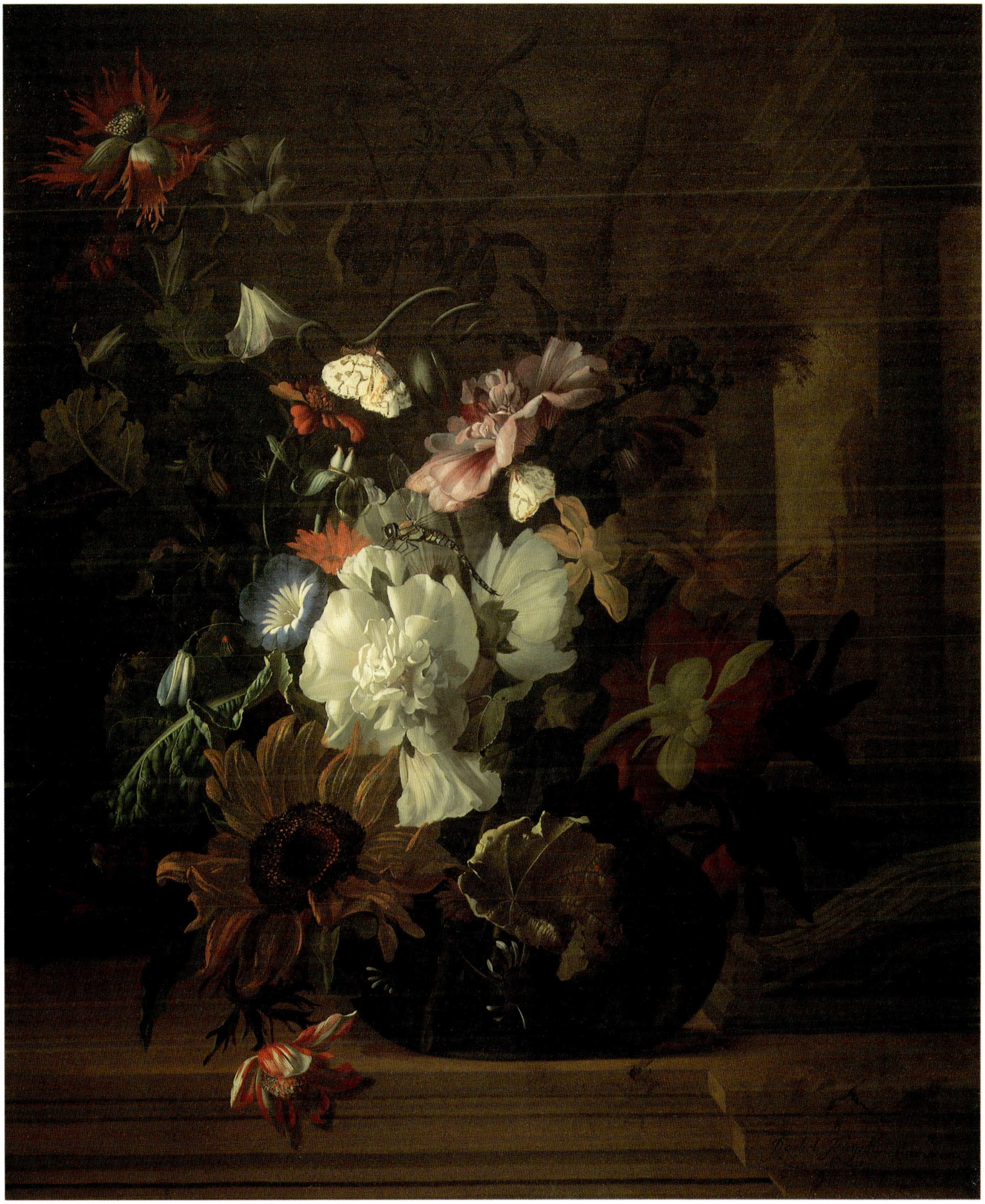

Rachel Ruysch. * Amsterdam, 1664. † Amsterdam, 1750. Blumenstilleben. 1689. Öl auf Leinwand. H 67,2 x B 55,2 cm. Privatsammlung.

Ryman Robert

Kurier II

Auf eine dünne, ungerahmte Metallplatte, die mit Metallschrauben an der Wand befestigt ist, wurde weiße Emailfarbe aufgetragen. Die dunkleren Schrauben bilden einen wesentlichen Akzent der großen weißen Fläche. Sie verhindern jegliche malerische Illusion. Das Werk vermittelt eine ekstatische, in ihrer Intensität gleichbleibende Ruhe. Die Bildfläche korrespondiert mit der dahinterliegenden Wandfläche. Das Fehlen jeglicher malerischer Illusionen stellt klar die Zugehörigkeit zum Minimalismus heraus. Ryman will die Qualitäten des benutzten Materials, sowohl der Farbe als auch der Farbträger (Leinwand, Plastik, Aluminium u. a.), herausstellen. Seit Mitte der 60er Jahre malt er nur in Weiß, um durch nichts von seinem Ziel abzulenken. Er experimentiert desweiteren mit vielen Ausdrucksmitteln und Techniken.

☛ Andre, Kelly, Mangold, Rothko, Serra, Tobey

Robert Ryman. * Nashville, 1930. Kurier II. 1985. Emailfarbe auf Aluminium. H 40,6 x B 40,6 cm. Privatsammlung.

Salviati Francesco

Caritas

Salviati war ein großer Verehrer von Michelangelo und hat die verschlungene Komposition der Figurengruppe auf dem Doni-Tondo für sein Bild übernommen. Aber nicht nur die Komposition als solche, auch die Betonung der Muskelpartien und das Spiel des Lichts auf der Haut sind ein Plagiat. Obwohl Salviati damit eine bestechend skulpturale Qualität des Bildes erreicht, ist dieses selbst in seiner akademischen und selbstbezogenen Malweise kein gleichwertiges Pendant zu Michelangelos Meisterwerk. Trotzdem vertritt das Bild auf typische Weise die damalige Malerei in Florenz, die vom Genius der vorangegangenen Generation zehrte. Da auch Parmigianino zu den von Salviati verehrten Meistern gehörte, wurde er zu einem der frühen Vertreter des Manierismus in Rom. Sein Künstlername ist eine Höflichkeitsbekundung an seinen ersten Förderer und Auftraggeber, den Kardinal Salviati.

☛ Bronzino, Michelangelo, Parmigianino, Signorelli

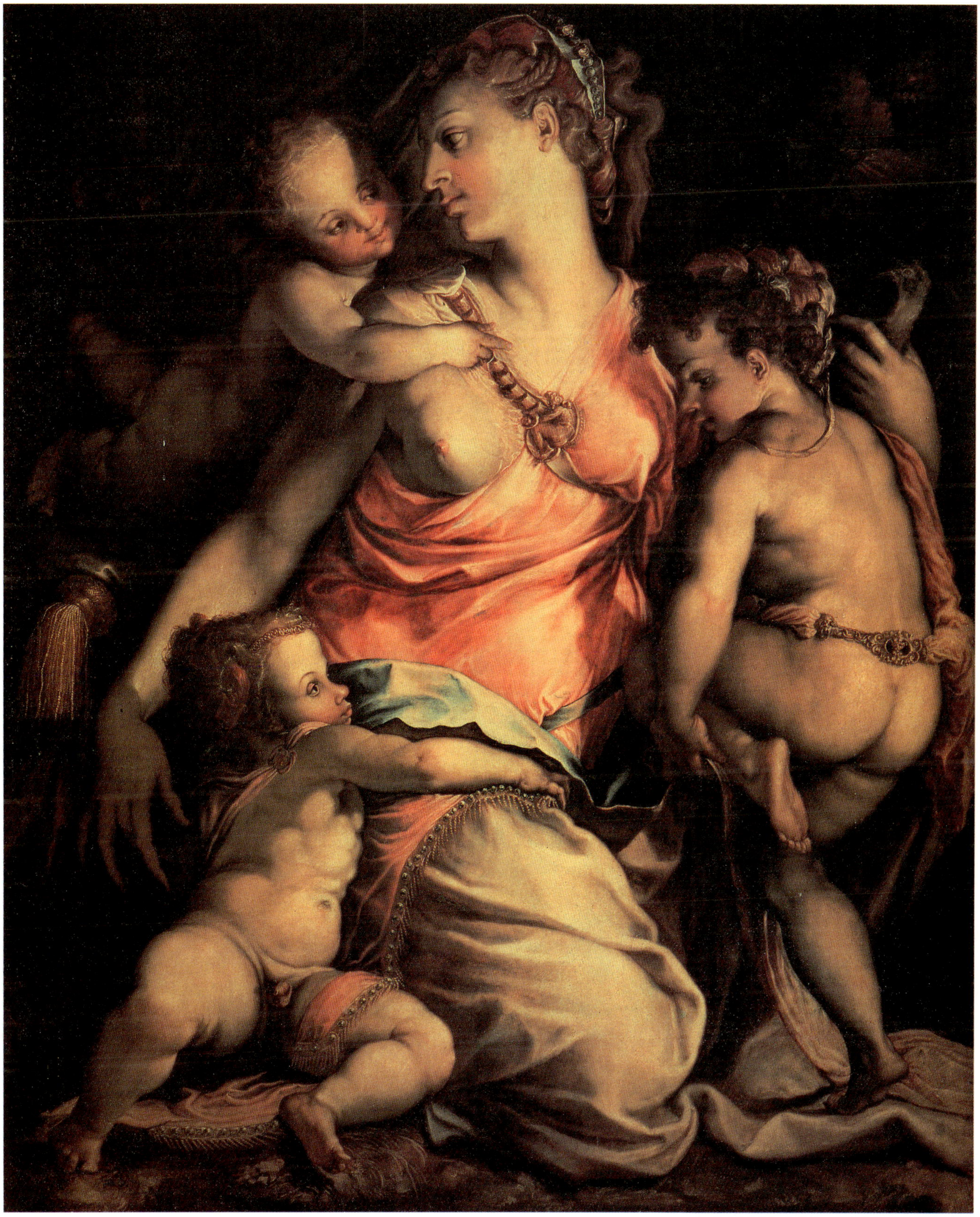

Francesco Salviati. * Florenz, 1510. † Florenz, 1563. Caritas. 1543/45. Öl auf Holz. H 156 x B 122 cm. Galleria degli Uffizi, Florenz.

Sánchez-Cotán Juan

Stilleben

Die erstaunliche Unmittelbarkeit, mit der dieses einfache Stilleben gemalt ist, besitzt eine verblüffende Natürlichkeit. Die aufregende Licht- und Schattenverteilung und die peinliche Genauigkeit verleihen dem Obst und Gemüse eine beachtliche Monumentalität. Die Art ihrer Anordnung ist für die damalige Zeit höchst unkonventionell, besonders im Vergleich mit der nördlichen Stillebenmalerei. Letztere gruppiert ihre sorgfältig komponierten Stilleben auf einem gedeckten Tisch. Hier werden im Gegensatz dazu bescheidene Obst- und Gemüsesorten in ihrer Frische außerhalb des Kontextes, dem Essen dargestellt. Vielleicht soll diese etwas rigide Anordnung mehr ausdrücken. Sánchez-Cotán hat damit seinen Gegenständen und Stilleben einen höheren, nicht nur schmückenden Rang verliehen. 1603 wurde er Kartäusermöch und malte in Granada und Sevilla religiöse Themen.

☛ De Heem, Kalf, Ruysch, Snyders, Zurbarán

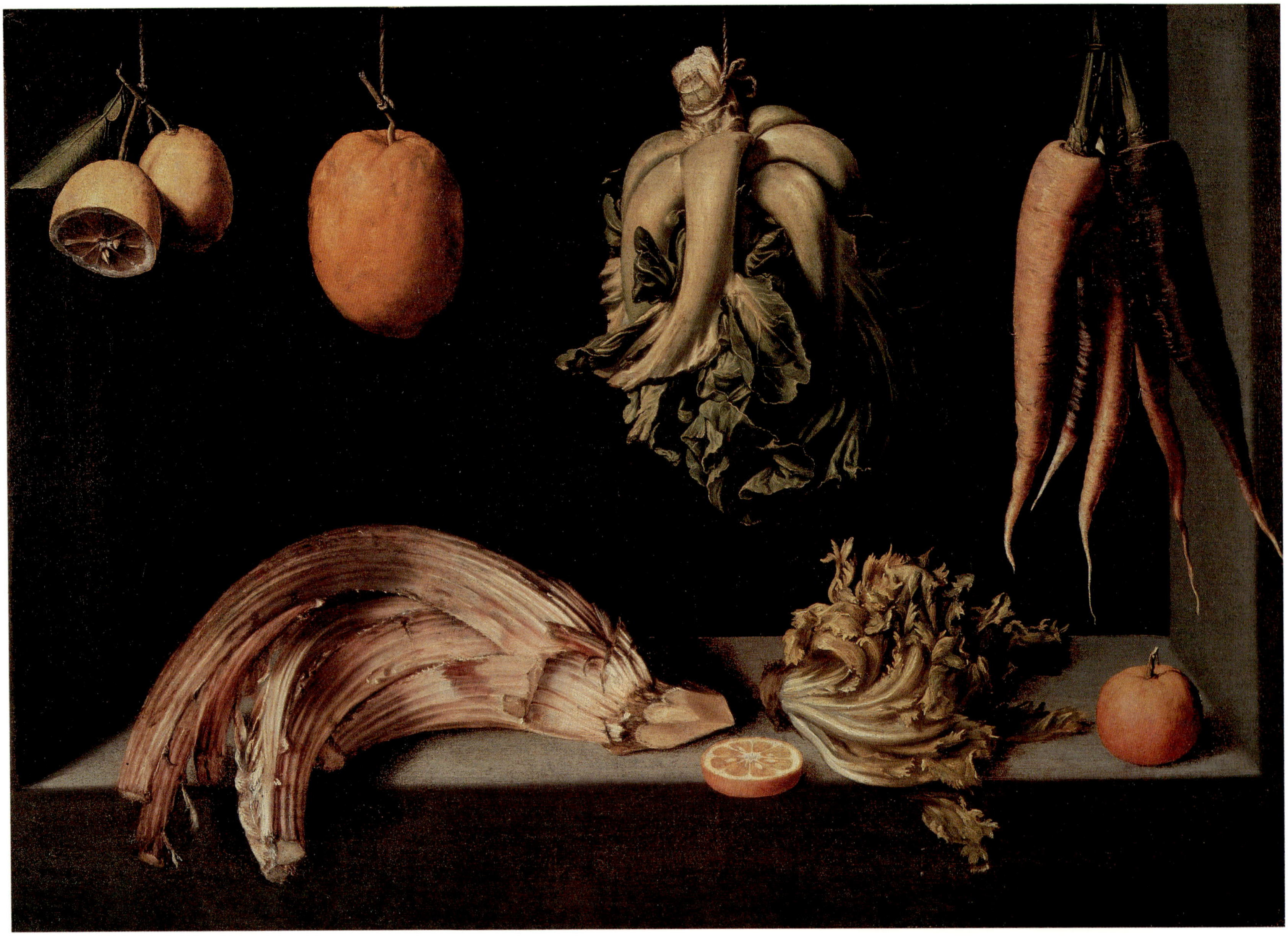

Juan Sánchez-Cotán. * Orgaz, 1561. † Granada, 1637. Stilleben. Um 1600-10. Öl auf Leinwand. H 69,5 x B 96,5 cm. Privatsammlung.

Sargent John Singer

Paul Helleu beim Malen

Der Maler und seine Frau sind zwar bekannt, doch vertreten Motiv und Ausführung mehr ein impressionistisches Bild als ein Porträt. Gleich den Impressionisten sitzt der Maler Helleu in freier Natur und malt. Sargent saß seinem Motiv gegenüber und malte sein Freundespaar aus direkter Anschauung. Auch die Malweise ist ganz impressionistisch. In kurzen, prägnanten Strichen sind Schilf und Gras wiedergegeben, und das an Land gezogene Kanu dient der Darstellung des Lichtes auf seiner roten Oberfläche. Sargent gehörte zwar nicht dem Kreis der Impressionisten an, doch vertrat er deren Malweise und Ideale. Er verehrte aber auch die großen Altmeister wie Hals und Velázquez. Als Sohn von in Italien lebenden Amerikanern ließ er sich später in London nieder, wo er ein vielbeschäftigter Modemaler der edwardinischen Gesellschaft wurde.

☛ Hals, Monet, Orpen, Tissot, Velázquez

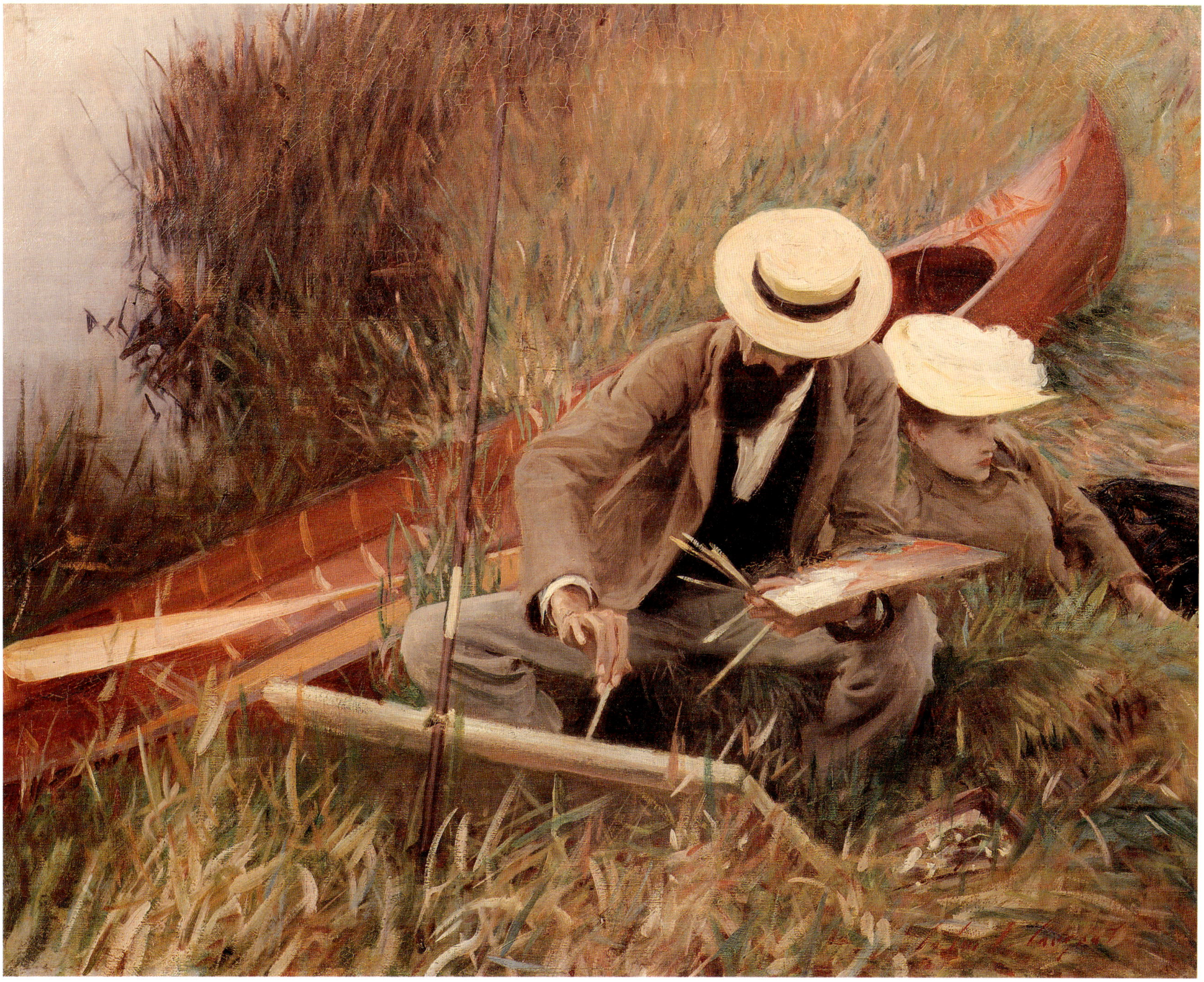

John Singer Sargent. * Florenz, 1856. † London, 1925. Paul Helleu beim Malen. 1889. Öl auf Leinwand. H 66 x B 81,5 cm. The Brooklyn Museum, New York.

Sassetta

Franziskus verleugnet seinen leiblichen Vater

Beschrieben wird der legendäre Vorfall, als Franziskus seine Familie zugunsten seines geistlichen Weges verleugnete. Er hatte sein Familienvermögen der Kirche vermacht, weshalb sich sein Vater an das zuständige Zivilgericht wandte. Franziskus zog seine Kleider aus und erklärte, sie gehörten seinem Vater, und künftig hätte er keinen Vater mehr außer Gott.

Die Szene zeigt den entsetzten Vater mit den Kleidern seines Sohnes zu Füßen und den entkleideten »Sohn« an der Seite des Bischofs, der ihn symbolisch an Vater Statt annimmt. Die Tafel ist Teil des Altardiptychons der Franziskanerkirche in San Sepolcro. Die religiöse Malerei Sienas zeigte noch im 15. Jahrhundert wenig Aufmerksamkeit für die naturwissenschaftliche Perspektive der Florentiner. Dennoch ist sie keineswegs weniger realistisch. Den Mangel an Natürlichkeit glich sie mit anmutiger und gekonnter Farbigkeit aus.

☛ Duccio, Giotto, Piero della Francesca

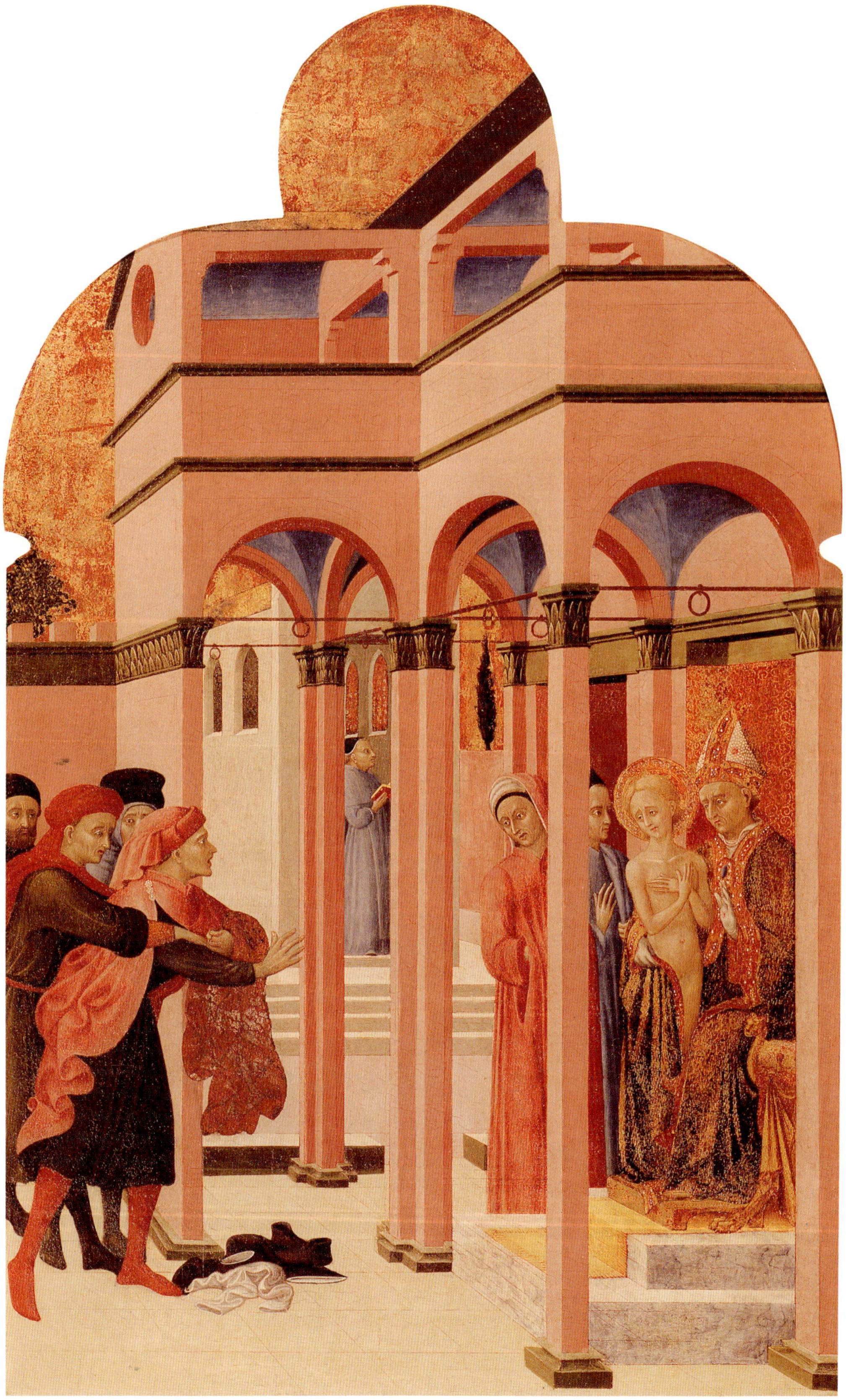

Sassetta (Stefano di Giovanni). * Siena, um 1392. † Siena, 1450. Franziskus verleugnet seinen leiblichen Vater. 1444. Tempera auf Holz. H 87,5 x B 52,5 cm. National Gallery, London.

Orpheus

Orpheus sitzt inmitten einer felsigen Lichtung neben einem Bach. Er wird umringt von einer kunterbunten Ansammlung von Tieren, die von seiner Musik angezogen werden. Er spielt auf einer Geige, der er honigsüße Töne entlockt, von denen die farbenprächtige Schar heimischer und exotischer Tiere verzaubert wird. Savery liebte detaillierte, üppige und schmucke Landschaften mit einer großen Auswahl an Pflanzen und Tieren. Obwohl die erfundene und idealisierte Topographie ganz in der Tradition des Manierismus verankert ist, basiert sie auch auf der Alpenlandschaft, die Savery auf einer Reise nach Italien durch die Schweiz kennenlernte. Er schuf ein Dutzend Bilder von Orpheus und Paradiesgärten, in denen er seine Lust an Zauberwelten zum Ausdruck bringen konnte. In vielen Einzelheiten wird der Einfluß J. Brueghels erkennbar.

☛ J. Brueghel, Patenier, Piero di Cosimo

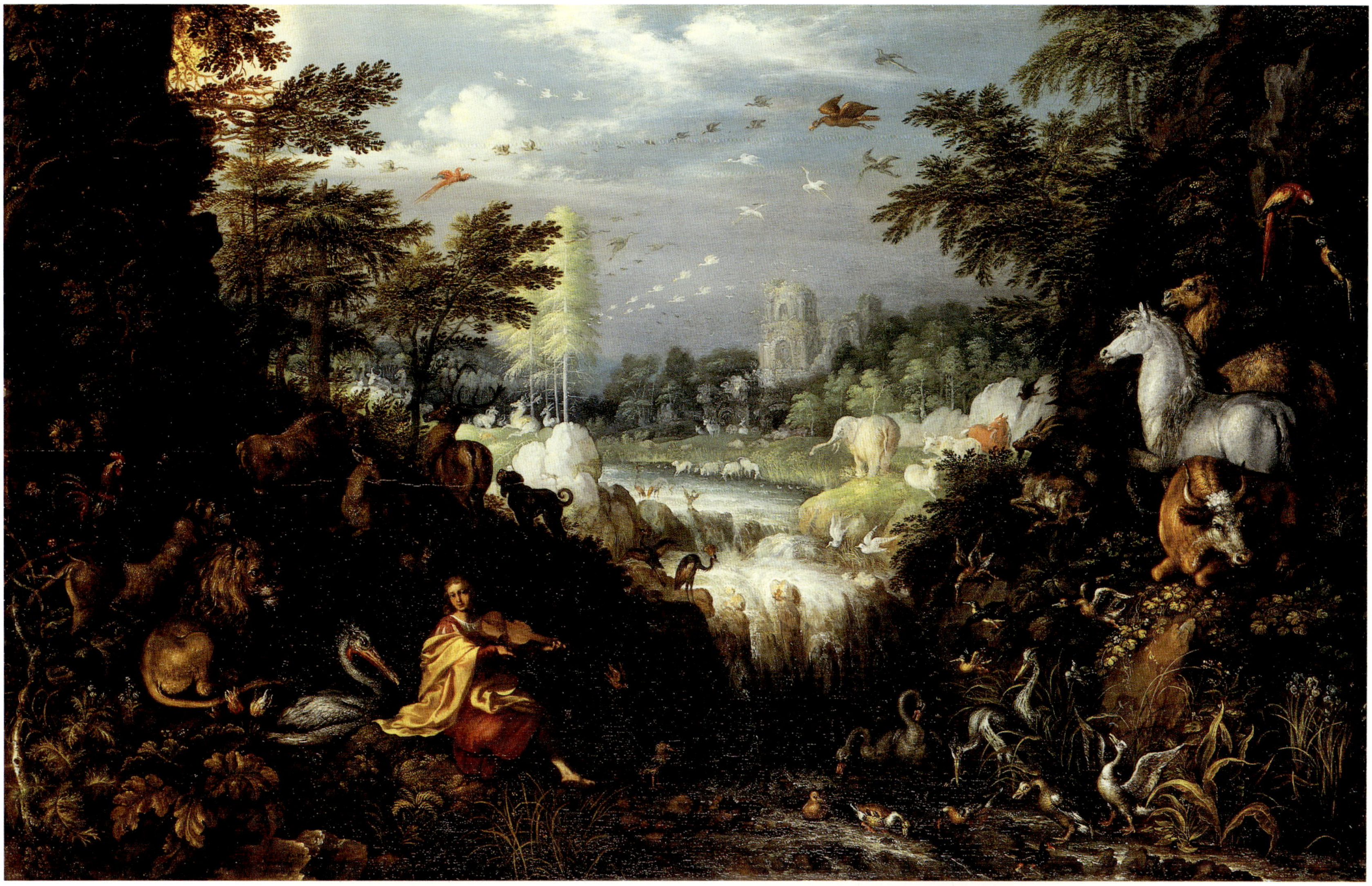

Roelandt Savery. * Kortrijk, 1576. † Utrecht, 1639. Orpheus. 1628. Öl auf Holz. H 53 x B 82 cm. National Gallery, London.

Porträt von Dr. Haustein

Mit einem Katheder in der Brusttasche blickt Dr. Haustein freimütig dem Betrachter in die Augen. Hinter ihm zeichnet sich bedrohlich der Schatten seiner Geliebten, dem Modell Sonja, ab. Die grausige Spannung dieses Bildes war prophetisch: Drei Jahre nach der Entstehung dieses Bildes beging Hausteins Frau wegen ihrer gescheiterten Ehe Selbstmord, und 1933 vergiftete sich Haustein selbst, als er erfuhr, daß die Gestapo ihn verhaften wollte. Schad interessierte sich wenig für Politik, um so mehr für psychologische Probleme und Themen. Seine isolierten und nach innen gerichteten Gesichter nehmen oft eine geradezu halluzinatorische Dichte an. Schad gilt als einer der ersten Maler der Neuen Sachlichkeit, die nach einem neuen Weg für einen unidealisierten und objektiven Realismus suchte. Schads Werk hat die Präzision eines chirurgischen Eingriffs, wie das vorliegende Bild zeigt.

☛ Beckmann, Dix, Grosz, Richter, Sheeler

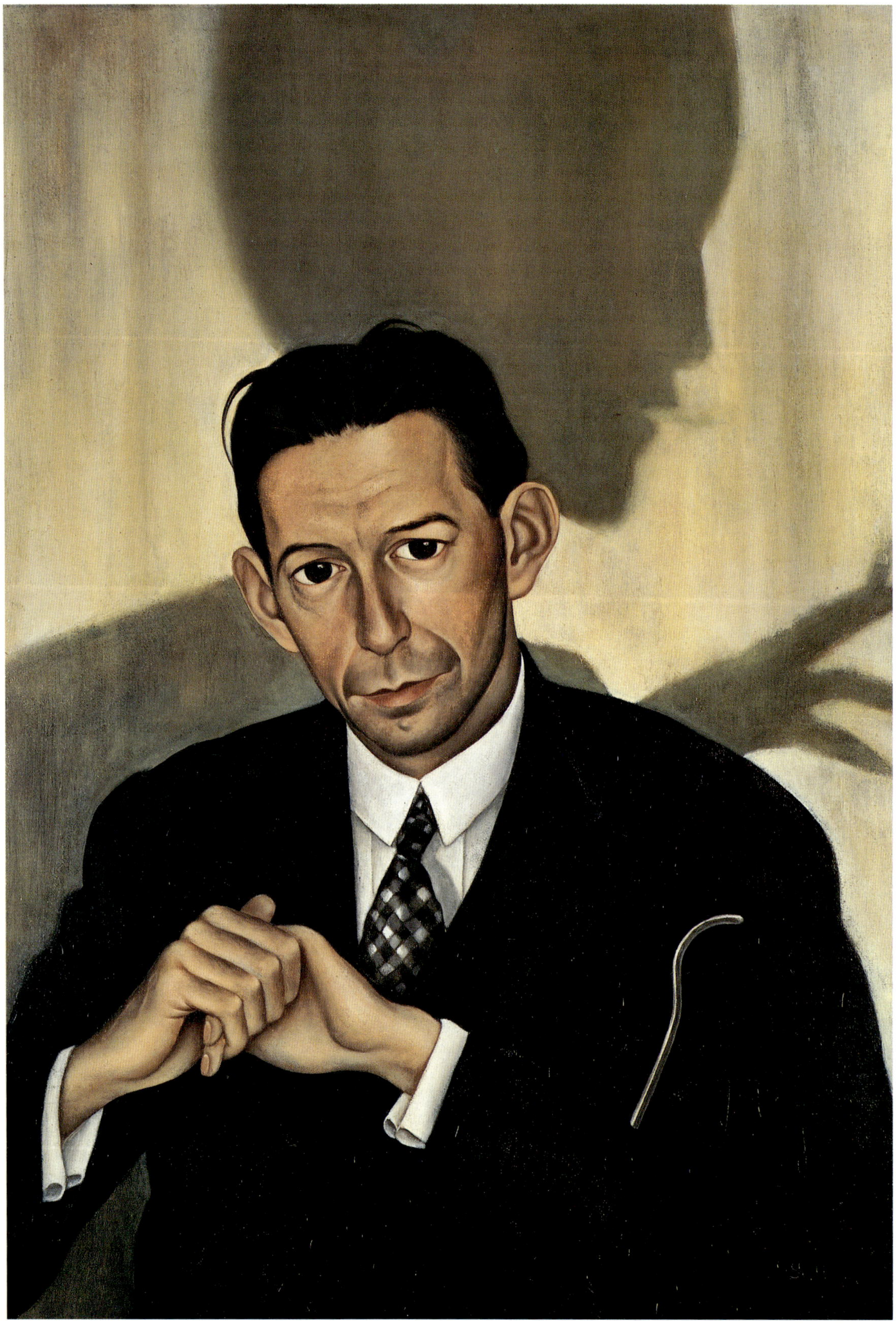

Christian Schad. * Miesbach, 1894. † Keilberg, 1982. Porträt von Dr. Haustein. 1928. Öl auf Leinwand. H 80,5 x B 55 cm. Fundación Colección Thyssen-Bornemisza, Madrid.

Schiele Egon

Sitzende Frau mit angezogenem Knie

Schieles Modell ist mit einer aufregenden Ausstrahlung ausgestattet und sitzt in ungenierter Haltung am Boden. Der Blick der Sitzenden geht zwar in Richtung Betrachter, aber ganz verträumt durch ihn hindurch. Dieses Bild wirkt weniger bedrohlich als viele andere Frauendarstellungen von Schiele. Seine intensiven und deformierten Bilder sind kompromißlos in ihrem Ausdruck menschlichen Fühlens. Tief beeindruckt von Freuds Entdeckung des Unbewußten gab Schiele in seinen Werken viel von seinen Ängsten und Unsicherheiten wieder. Seine Karriere war kurz aber fruchtbar, und viele Werke haben einen ausgesprochen sexuellen Charakter. Wegen »unmoralischer Zeichnungen« wurde er sogar kurz eingesperrt. Die heftige und nervöse Art seiner Ausdrucksmittel machten ihn zu einem der wichtigsten Maler des Expressionismus. Gerade als er als Künstler erste Anerkennung fand, starb er 28jährig an einer Grippe.

☛ Balthus, Baselitz, Klimt, Kokoschka, Munch

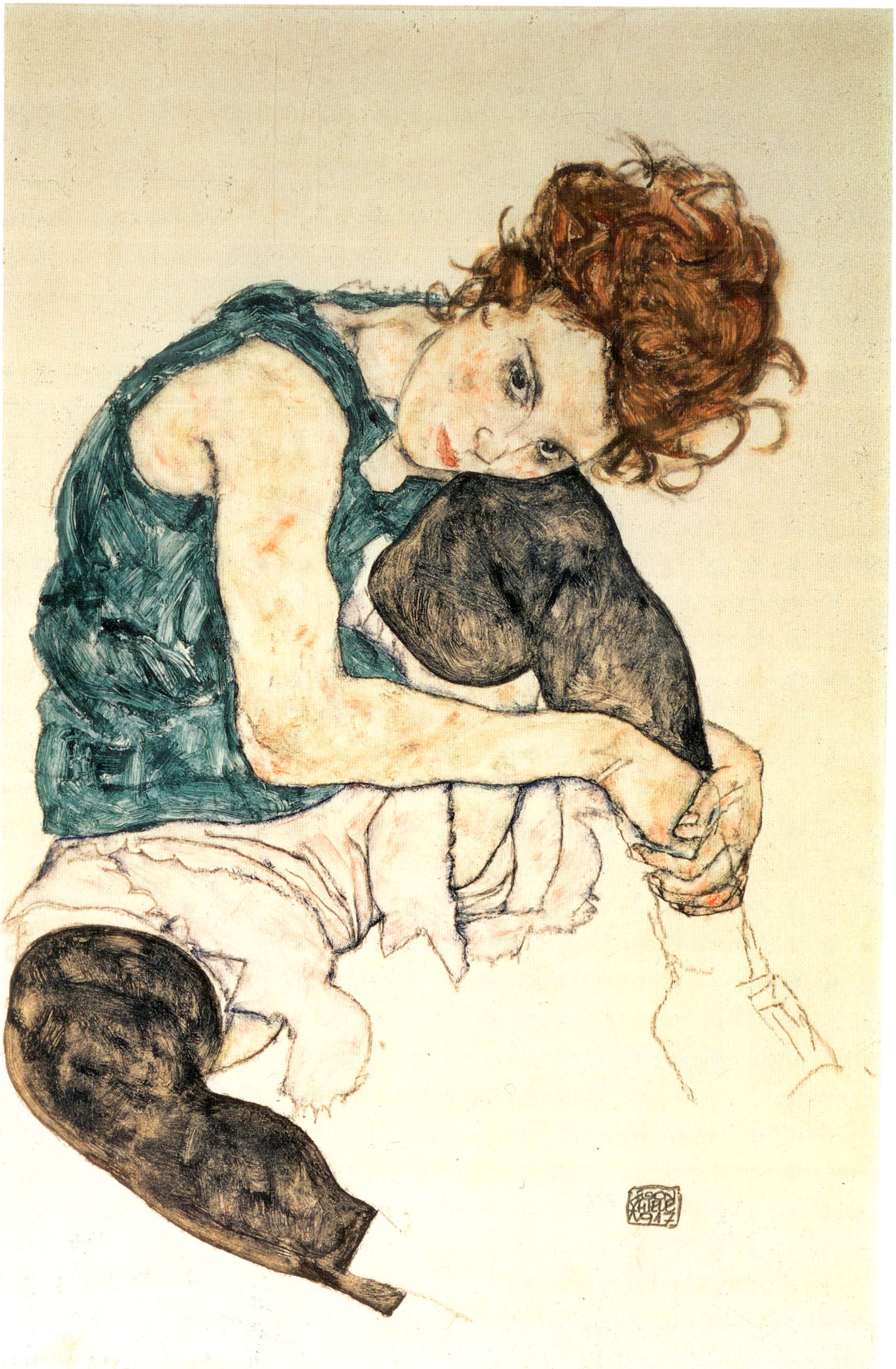

Egon Schiele. * Wien, 1890. † Wien, 1918. Sitzende Frau mit angezogenem Knie. 1917. Gouache, Aquarell und Kreide auf Papier. H 46 x B 30 cm. Národní Galerie, Prag.

Schmidt-Rottluff Karl

Blühende Bäume

Die satten, kräftigen Farben und roh behandelten Formen, wie z. B. der dominante Baum in der Mitte mit seinen robusten Linien, wurden mit kraftvoller und dynamischer Hand gemalt. Sie strahlen eine ungeheure Vitalität aus. Wie Van Gogh zwanzig Jahre zuvor malte der Künstler in schwer mit Farbe gefüllten Pinselzügen, die in gesättigten und kontrastreichen Schichten aufgetragen wurden. Die »unnatürlichen« Farben spiegeln des Malers Gefühle. Das wogende Pulsieren, die Leidenschaftlichkeit des Bildes und die freizügige Ausführung sind charakteristisch für die Bilder des deutschen Expressionismus, dem Schmidt-Rottluff als Gründungsmitglied der »Brücke« zugehörte. Im Dritten Reich wurde der Künstler verfolgt, und seine Bilder wurden entfernt; dazu kam ein striktes Malverbot. Erst nach 1945 durfte der im östlichen Teil Deutschlands lebende Künstler wieder malen.

☛ Van Gogh, Heckel, Kirchner, Nolde, Pechstein

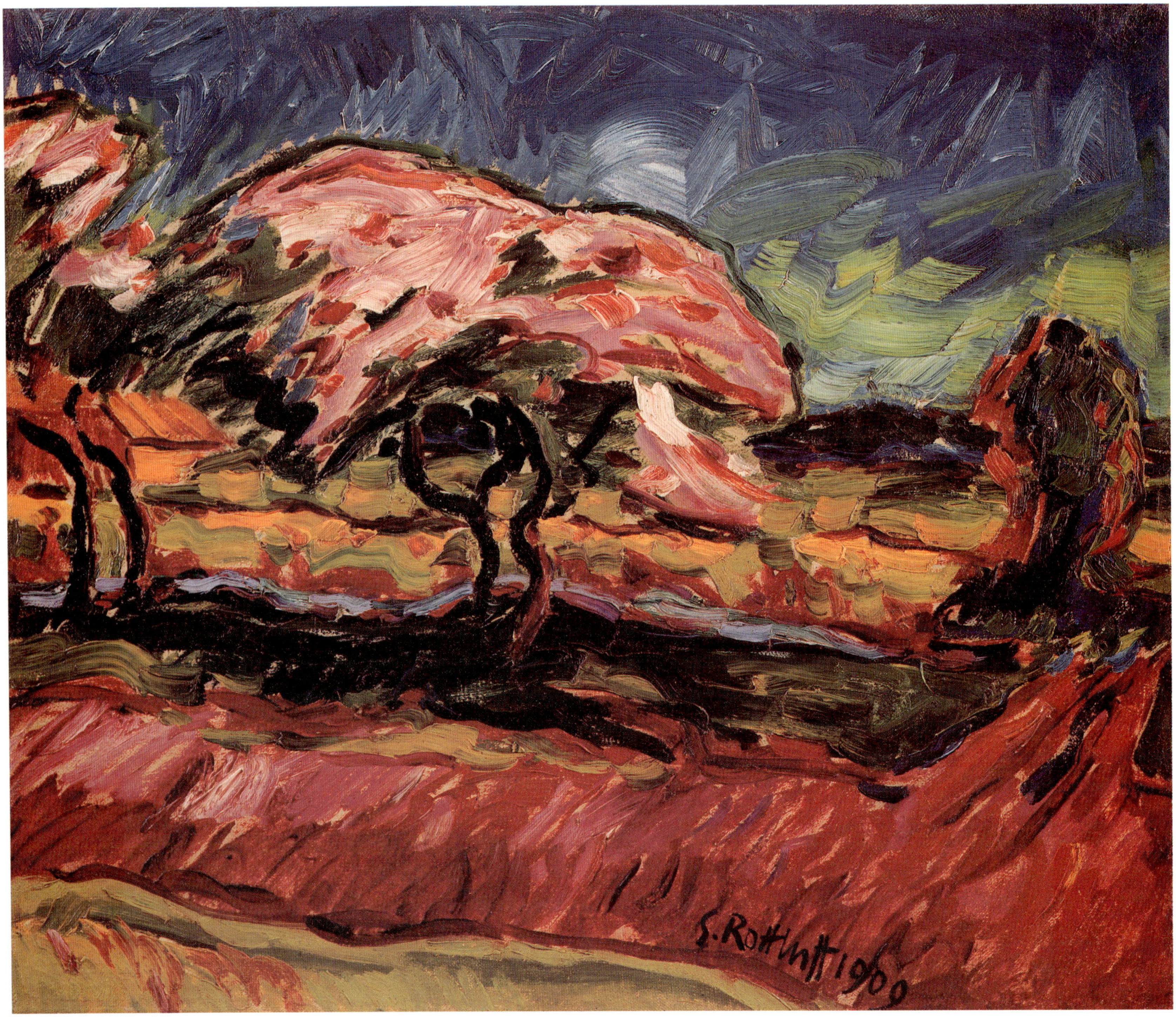

Karl Schmidt-Rottluff. * Rottluff, 1884. † Berlin, 1976. Blühende Bäume. 1909. Öl auf Leinwand. H 69 x B 81 cm. Privatsammlung.

Schnabel Julian

Mele

Die Oberfläche dieses ungewöhnlichen und ausdrucksstarken Porträts besteht aus zerbrochenem Porzellan, auf das das Bild gemalt wurde. Schnabel wurde dazu von einigen Wänden im Guell-Park des Architekten Gaudi in Barcelona angeregt, die mit Keramikscherben übersät sind. Daneben haben ihn die Experimente der Surrealisten mit ihrem »automatischen« Malen fasziniert. Diese Form des Gestaltens sei, so glaubten sie, dem Unbewußten besonders nahe. Schnabels sogenannte Tellermalerei erlaubte ihm, auf der Fläche zu malen, ohne sofort das direkte Endergebnis zu kennen. Die zerstückelte Oberfläche drängt das Bild gelegentlich in den Hintergrund, und das Porzellan dient mehr als Folie denn als Gestaltungsmittel für das Gesicht. Schnabel, das Enfant terrible der amerikanischen Kunst der 80er Jahre, malte auch auf anderen Bildträgern wie Sand oder Wagenplanen.

☛ Motherwell, Rauschenberg, Schwitters, Twombly

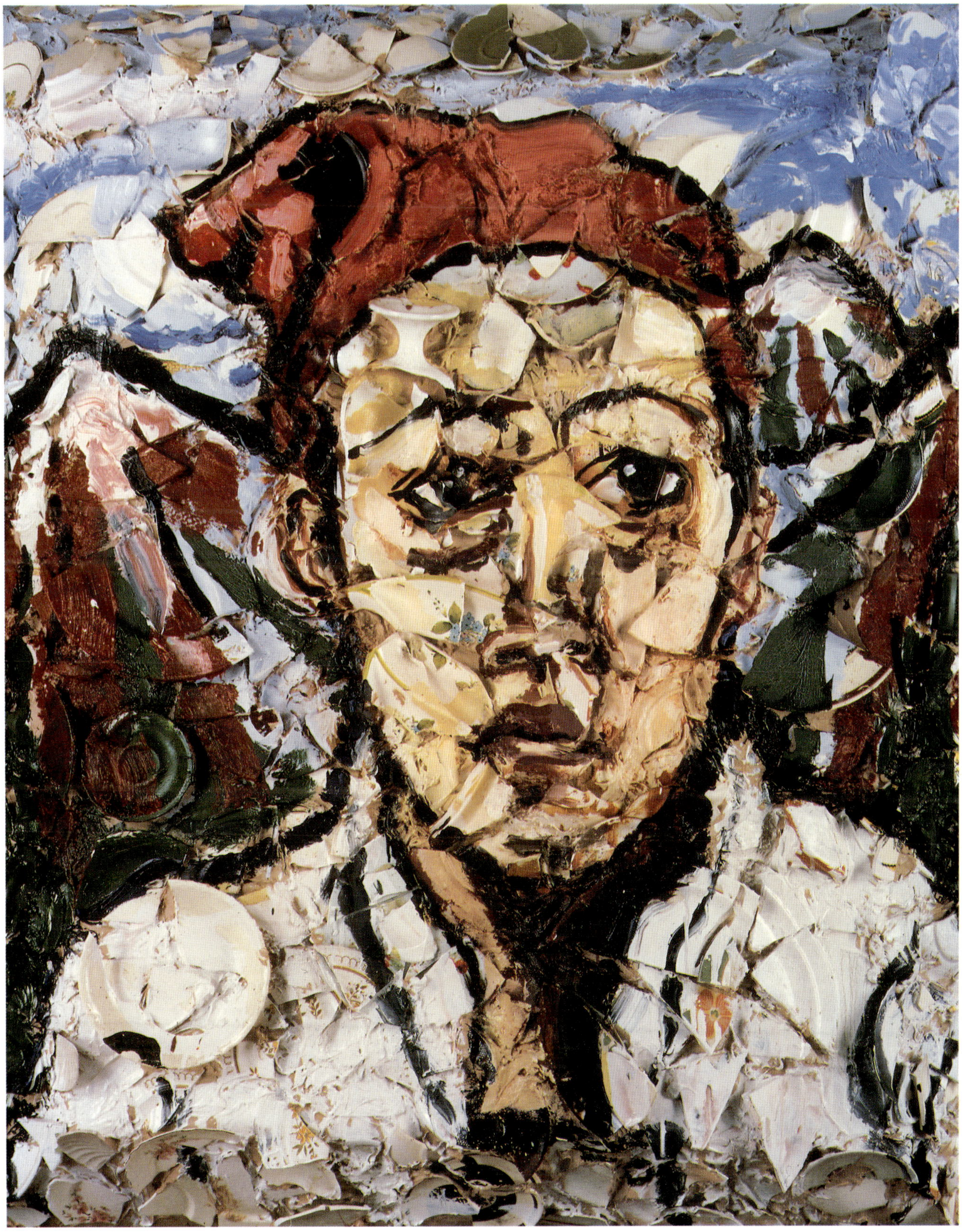

Julian Schnabel. * New York, 1951. Mele. 1987. Öl und Chinaporzellan auf Holz. H 152 x B 122 cm. Privatsammlung.

Schongauer Martin

Maria im Rosenhag

Es überrascht, daß diese Madonna und ihr Kind den Blick voneinander abwenden. Beide scheinen für sich beschäftigt, obgleich Maria ihr Kind sanft in den Armen wiegt und dieses seinen Arm um den Hals der Mutter legt. Der von Dürer sehr bewunderte Schongauer war ein Pionier in der Drucktechnik. Er spezialisierte sich auf Madonnenbilder der vorliegenden Art. Es ist Schongauers einziges authentisches Gemälde. Seine Begabungen als Drucker werden auch hier erkennbar. Die scharfen Gewandfalten, die in Licht- und Schattenflächen aufgeteilt sind, erinnern an die Art, wie Zeichner die Töne modellieren. Da Drucke billig waren, haben diese nicht nur Schongauers Kompositionen, sondern auch seinen Ruhm verbreiten geholfen. Schongauer seinerseits verdankte der flämischen Malerei sehr viel, wie man an der Marienkrone, den Pflanzen und Vögeln leicht erkennen kann.

☛ Bouts, Campin, Dürer, Lochner, Van der Weyden

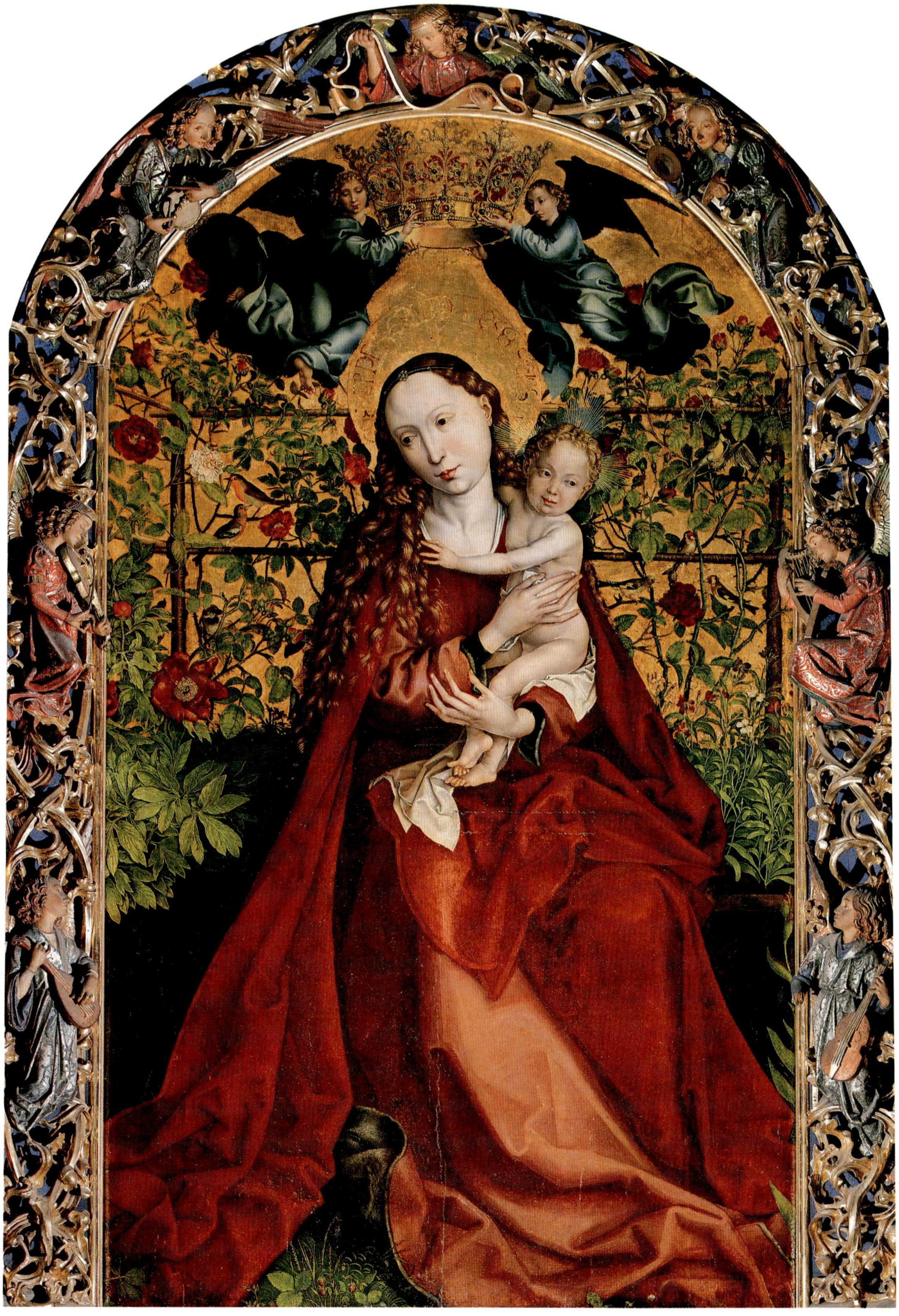

Martin Schongauer. * Colmar, um 1450. † Colmar, 1491. Maria im Rosenhag. 1473. Öl auf Holz. H 200 x B 115 cm. St. Martin, Colmar.

Bild des räumlichen Wachstums – Bild mit zwei kleinen Hunden

Eine Auswahl von Gegenständen – darunter ein gebrauchtes Kuvert, eine Postkarte, weggeworfenes Packpapier und eine Busfahrkarte – wurden auf ein Holzbrett geklebt. Zusammen mit willkürlich aus Zeitungen herausgeschnittenen und mit Farbe bestrichenen Wörtern wurden sie ohne erkennbaren Sinn zu einer Collage zusammengestellt. Das Ergebnis ist eine abstrakte Komposition aus bedeutungslosen Bruchstücken. Schwitters hatte Kunst aus Nicht-Kunst geschaffen. Seine Ansammlung zufälliger Gegenstände unterminiert die herkömmliche Vorstellung, daß Kunst etwas ausdrücken oder bedeuten müsse. Der Dichter und Künstler Schwitters war liiert mit den Dadaisten, die zwischen 1915 und 1922 die bürgerliche Selbstzufriedenheit und Anerkennung traditioneller Werte aufrütteln wollten. Da ihn die Berliner Dadaisten ablehnten, gründete er in Hannover eine eigene Dadagruppe, die er »Merz« nannte.

☛ Duchamp, Ernst, Gris, Hamilton, Man Ray, Schnabel

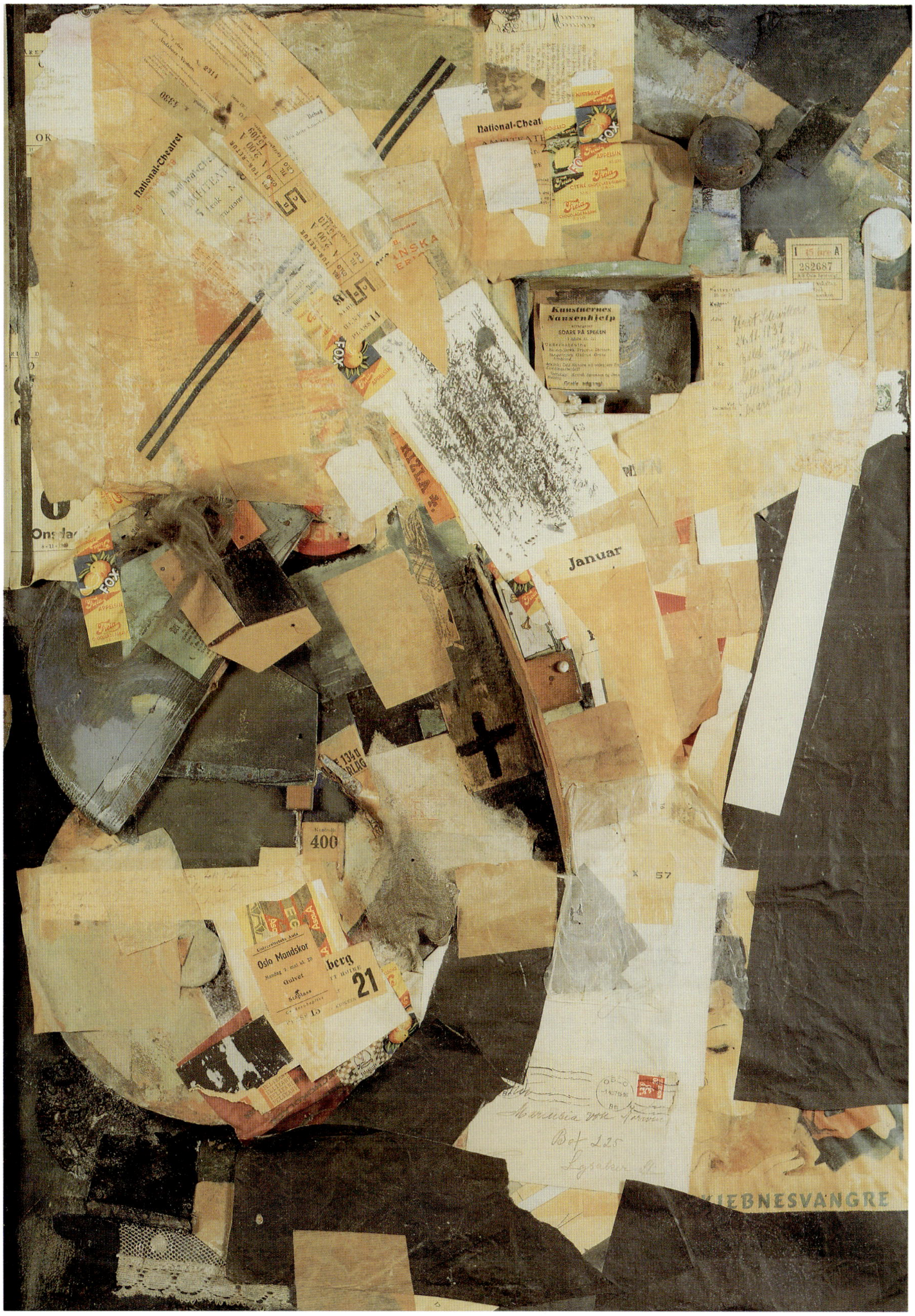

Kurt Schwitters. * Hannover, 1887. † Ambleside, 1948. Bild des räumlichen Wachstums – Bild mit zwei kleinen Hunden. 1939. Collage auf Holz. H 96,5 x B 68 cm. Tate Gallery, London.

Van Scorel Jan

Adam und Eva

Die zwei kräftigen, statuengleichen und von zwei Bäumen eingerahmten Figuren von Adam und Eva stehen vor einer gewundenen Flußlandschaft und dominieren diese Szene aus dem Paradies. Van Scorel war viel gereist. Sein Stil vereint die Kleinteiligkeit seiner niederländischen Vorgänger mit der festen Körperlichkeit der italienischen Kunst. Die kühne Nacktheit und die soliden Formen der Figuren, definiert von einer sicheren Kontur, sind für Van Scorels religiöse Bilder typisch und verraten den Einfluß italienischer Renaissancekünstler wie Michelangelo und Raffael, die er während seines Romaufenthaltes kennenlernte. Seine nordischen Wurzeln ermöglichten ihm die sensible und detailfreudige Landschaftsdarstellung. Van Scorel war Mitte des 16. Jahrhunderts so berühmt, daß man ihn bat, den großen Genter Altar der Van Eyck-Brüder zu restaurieren.

☛ Dürer, Van Eyck, Van der Goes, Massys, Michelangelo

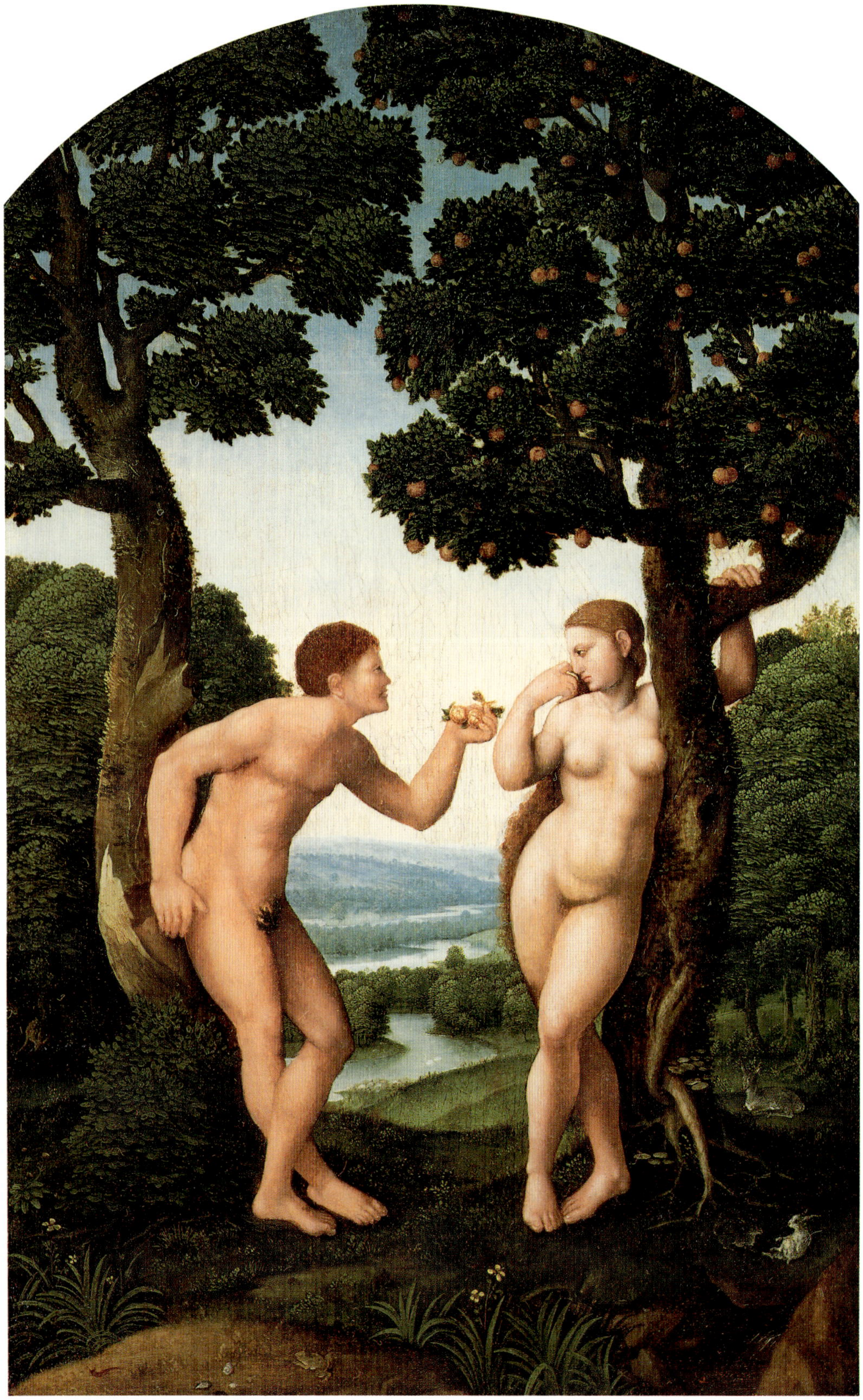

Jan van Scorel. * Schoorl, 1495. † Utrecht, 1562. Adam und Eva. Um 1540. Öl auf Holz. H 47,6 x B 31,8 cm. Privatsammlung.

Sebastiano del Piombo

Der Tod des Adonis

Venus erfährt vom Tod ihres Geliebten Adonis, der von einem Eber angegriffen wurde und nun tot im Hintergrund liegt. Die asymmetrische Komposition mit einer Figurenkonzentration in der rechten Bildhälfte, den weisenden Fingern, den ausgestreckten Armen und verdrehten Köpfen ist typisch für Sebastianos Stil, der frei von der Strenge der vorherigen Renaissancemaler ist. Akte und Umgebung sind in ein zartes Licht getaucht, das seine venezianische Herkunft unterstreicht. Giorgione war Sebastianos Lehrer und Freund. Später arbeitete er in Rom, wo er zu Raffael Kontakt fand. Am meisten beeinflußt hat Sebastiano aber Michelangelo, der ihm Skizzen und Freskenentwürfe zur Ausarbeitung überließ. Die kräftigen Muskelpartien seiner Akte spiegeln sein Verständnis von Michelangelos anatomischen Studien wieder.

☛ Giorgione, Michelangelo, Palma il Vecchio, Raffael, Tizian

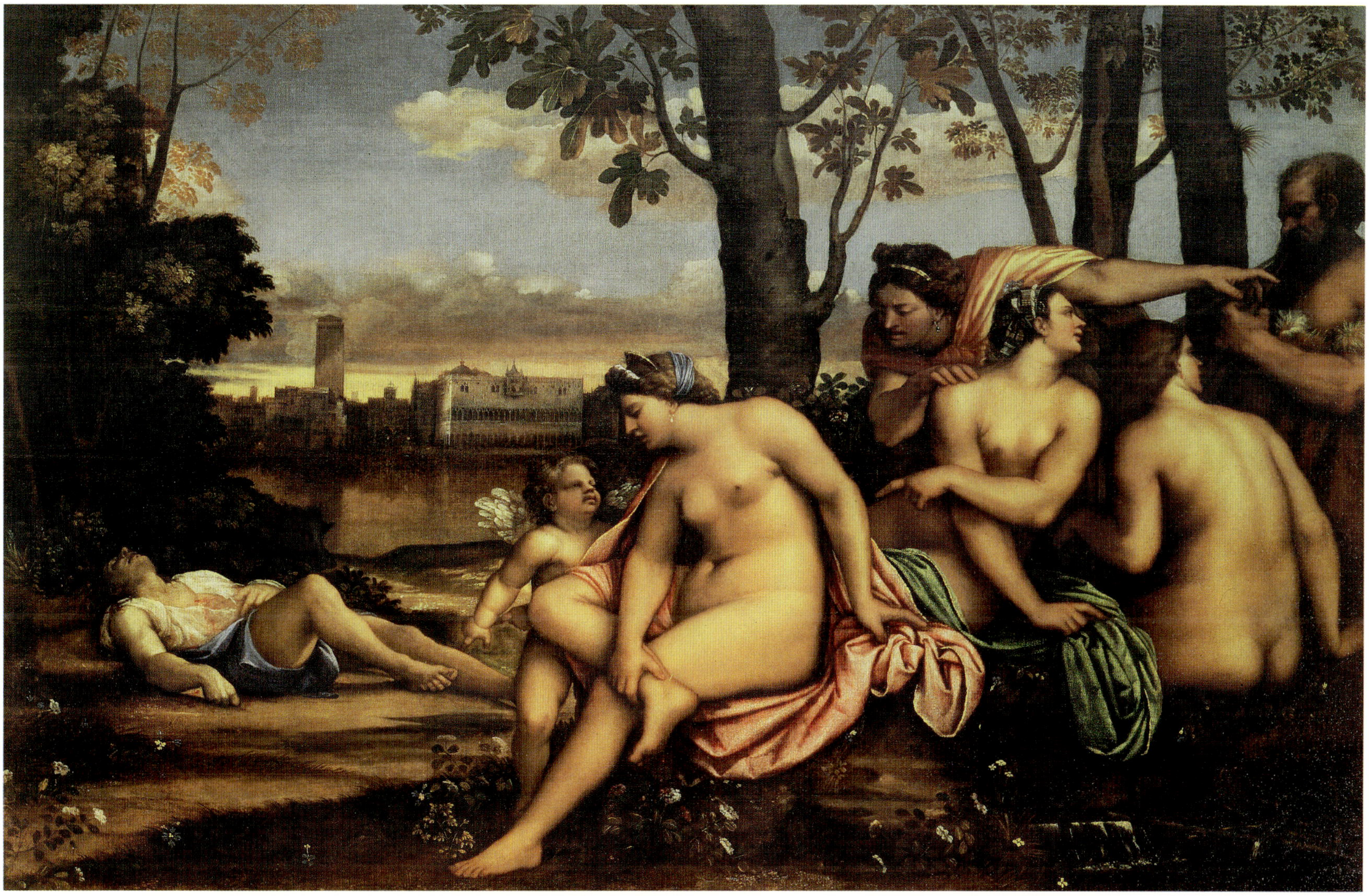

Sebastiano del Piombo. * Venedig, um 1485. † Rom, 1547. Der Tod des Adonis. Um 1511. Öl auf Leinwand. H 189 x B 285 cm. Galleria degli Uffizi, Florenz.

Segal George

Busfahrende

Vier geisterhafte Gestalten scheinen vorzeitig in ihrer alltäglichen Tätigkeit des Busfahrens erstarrt. Segal machte Gipsabdrücke von Freunden und Familienmitgliedern und versetzte sie dann in eine vertraute Umgebung, um die banale aber notwendige Tätigkeit, die wir gewohnheitsmäßig ausüben, zu betonen. Obwohl auf ihrer Außenseite sehr roh belassen, geben die Abgüsse doch ein getreues Abbild vom Äußeren der Modelle wieder. Wie wirkliche Menschen in einem Bus sind alle nur mit sich beschäftigt. Segals Gipsmenschen sitzen auf Stühlen, essen am Tisch und rasieren sich die Beine. Der Künstler will die Anonymität der Alltagswelt mit ihren tausend Beschäftigungen, die uns die Gesellschaft vorschreibt, und die Entfremdung in der heutigen Welt vor Augen führen. Die Darstellung vertrauter Tätigkeiten, in denen sich der Betrachter wiederfindet, ist typisch für die Pop Art.

☛ Dine, Hamilton, Oldenburg, Rosenquist, Wesselman

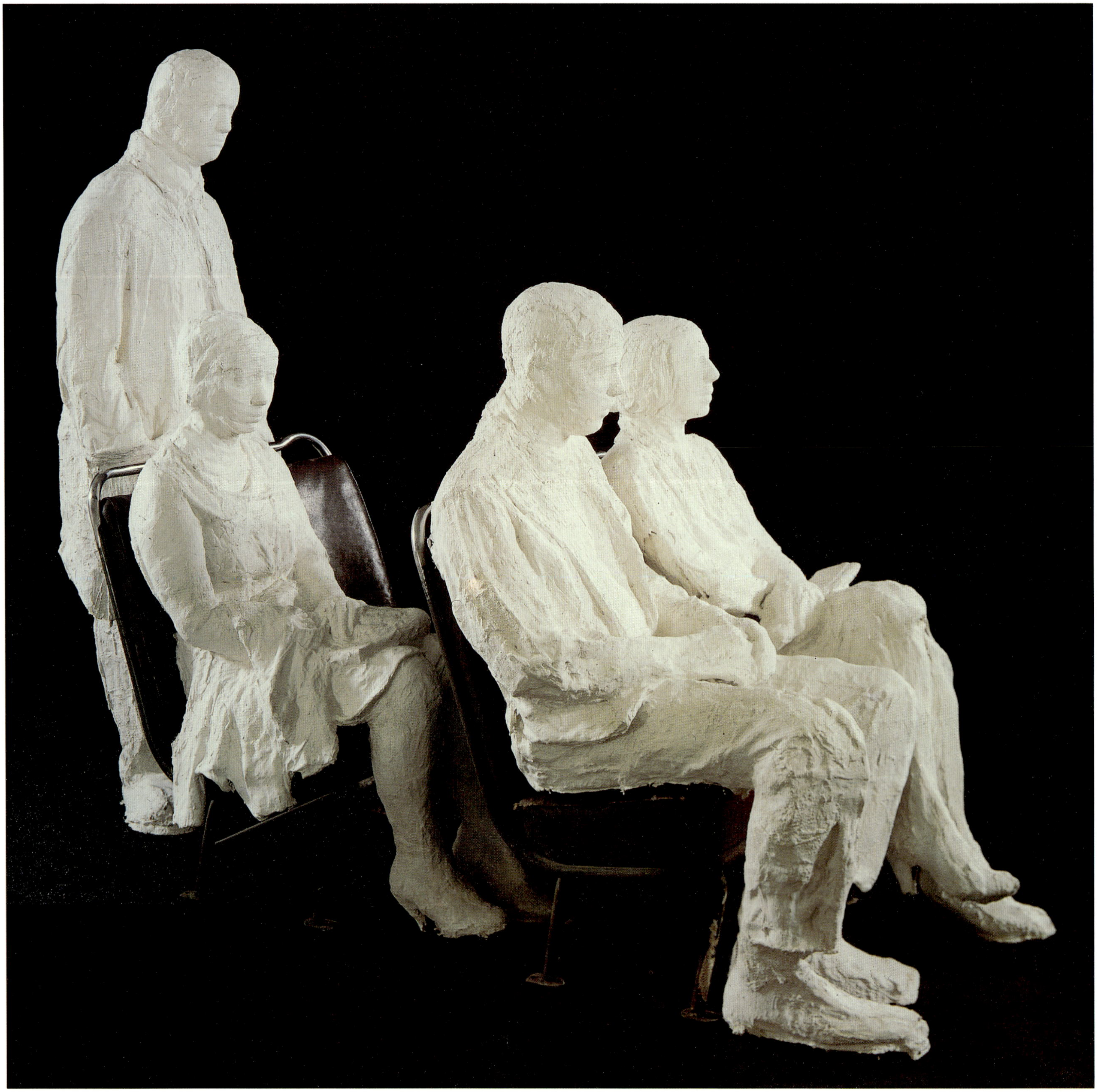

George Segal. * New York, 1924. Busfahrende. 1964. Gips und weitere Materialien. H 175,2 x B 193 cm. Hirshhorn Museum and Sculpture Garden, Washington.

Serra Richard

Clara, Clara

Zwei riesige Stahlplatten krümmen sich wie von unwiderstehlichen Kräften getrieben aufeinander zu. Die Plastik beherrscht mehr den Platz als sie ihn schmückt. Ihre kompromißlose Gegenwart bekräftigt aggressiv die ihnen innewohnende, eiserne Kraft. Der in New York lebende Serra arbeitet mit vielen banalen Alltagsmaterialien wie Metallplatten, Holzscheiten, Ziegelsteinen oder verrosteten Nägeln und zeigt auf konzeptuale Art die Fähigkeit dieser Werkstoffe, Kräfte auszudrücken und Spannungen mit den vorgegebenen Strukturen im Umfeld aufzubauen. Clara, Clara ist der bis zum Äußersten getriebene Minimalismus. Die einfache, ungeschminkte Botschaft der reinen Form wurde zu einer neuen Dimension vergrößert. Serras Werk hat Verehrung, Kritik und Kontroversen ausgelöst. Für manche liefert es einen Blick auf eine funktionslose freie Welt. Seine Werke dürfen nur in Schwarzweiß abgebildet werden.

☛ Andre, LeWitt, Noguchi, Smith

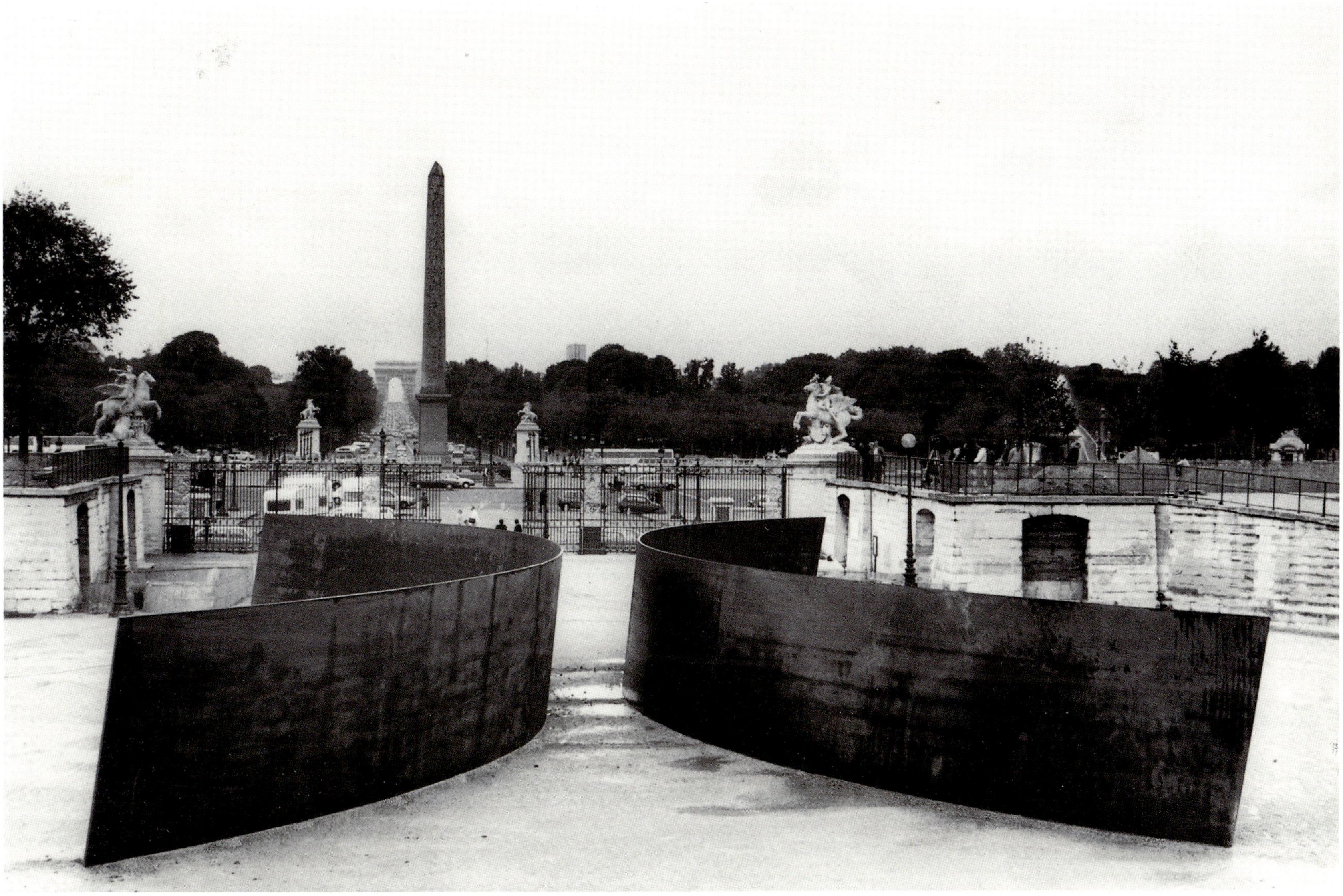

Richard Serra. * San Francisco, 1939. Clara, Clara. 1983. Plattenstahl. H 3,6 x B 36,6 m. Ursprünglich im Garten der Tuilerien, Paris. Jetzt auf der Square de Choisy, Paris.

Seurat Georges

Sonntagnachmittag auf der Grande Jatte

Seurat hat einen ganz normalen Sonntagnachmittag auf der Grand Jatte, einem Platz auf einer Seineinsel nordwestlich von Paris, nachgestellt. Er besuchte sechs Monate lang La Grande Jatte für Vorstudien und um zahlreiche Figuren zu zeichnen, z. B. die Frau mit ihrer modischen Turnüre und die Mutter mit ihrem Kind. Erst danach begann er im Atelier mit dem sorgfältig geplanten Bild. Als das Bild zum ersten Mal der Öffentlichkeit vorgestellt wurde, fand es bei den meisten Kollegen und Kritikern wenig Anklang. Sie mißbilligten Seurats revolutionäre, neue Maltechnik, bekannt als Pointillismus. Die Oberfläche des Bildes ist aufgelöst in tausend Tupfer und Punkte aus reiner Farbe, die sich in der Entfernung zu einem faszinierenden Schleier aus leuchtenden Farben vermischen. Seurat starb gerade erst 32jährig an einer schweren Infektion.

☛ Dufy, Monet, Pissarro, Signac, Vlaminck, Vuillard

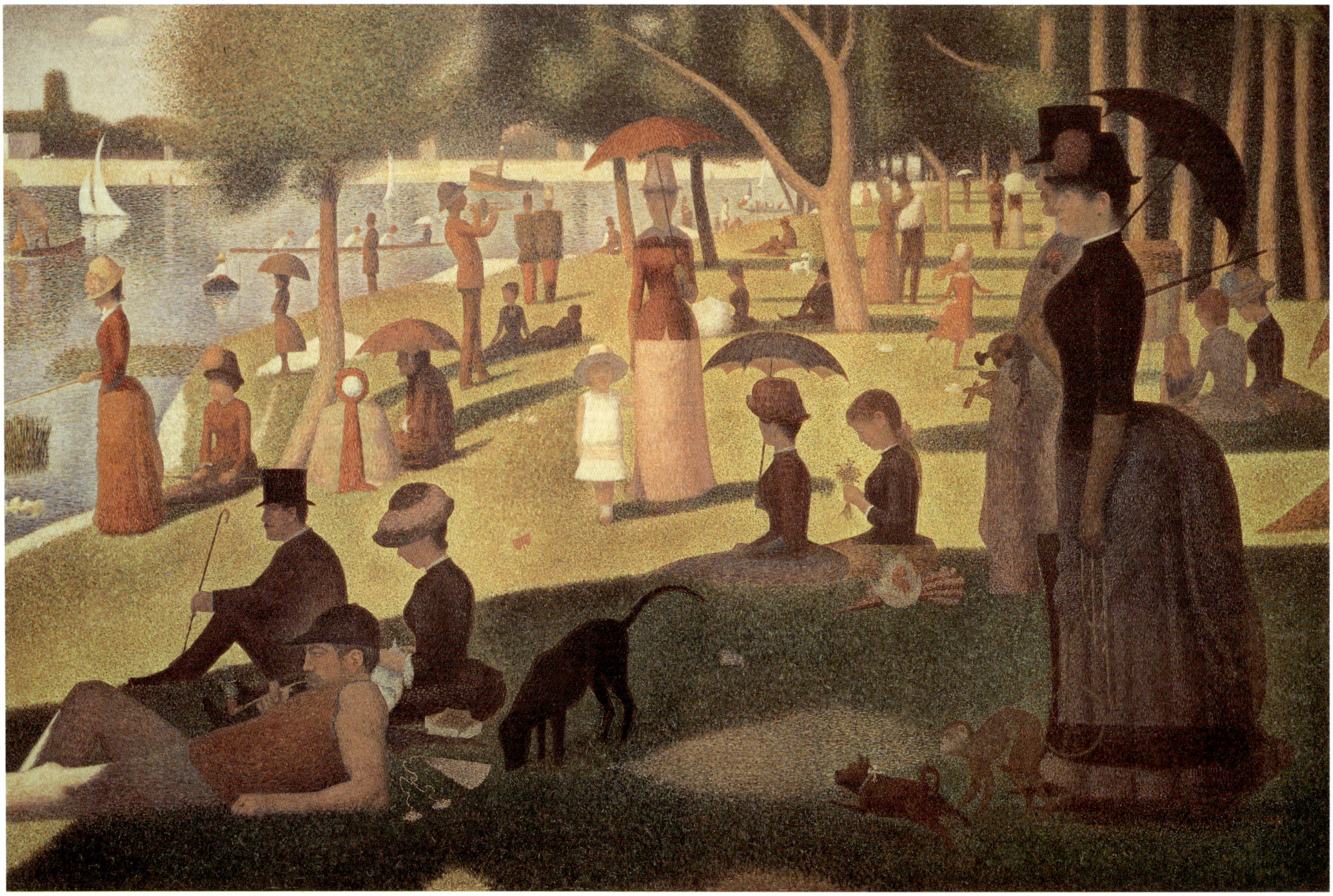

Georges Seurat. * Paris, 1859. † Paris, 1891. Sonntagnachmittag auf der Grande Jatte. 1884-86. Öl auf Leinwand. H 202 x B 30 cm. Art Institute of Chicago, Chicago.

Severini Gino

Pierrot als Musiker

Pierrot der Musiker, gekleidet in ein makellos weißes Kostüm, das mit der schwarzen Maske aus der Comedia dell'Arte kontrastiert, sitzt vor einer bunt gemusterten Tapete. 1910 schloß sich Severini den Futuristen an, eine Gruppe, die die Dynamik der modernen Welt durch sich bewegende Maschinen und Figuren darstellen wollte. In dieser Zeit schuf er einige futuristische Meisterwerke. In der Verwendung reiner Farbe wurde er von Seurat beeinflußt. Außerdem freundete er sich mit einigen Kubisten, darunter Picasso, an. Die ruhige Komposition des Bildes und die Sorgfalt, mit der Severini die Falten von Pierrots Kleid, die weichen Hände und die Gitarre ausgeführt hat, kennzeichnen die Abwendung des Künstlers vom Futurismus und Kubismus und den Schritt in eine neoklassizistische Richtung, die sein Spätwerk bestimmte.

☛ Balla, Boccioni, Greuze, Picasso, Seurat, Terbrugghen

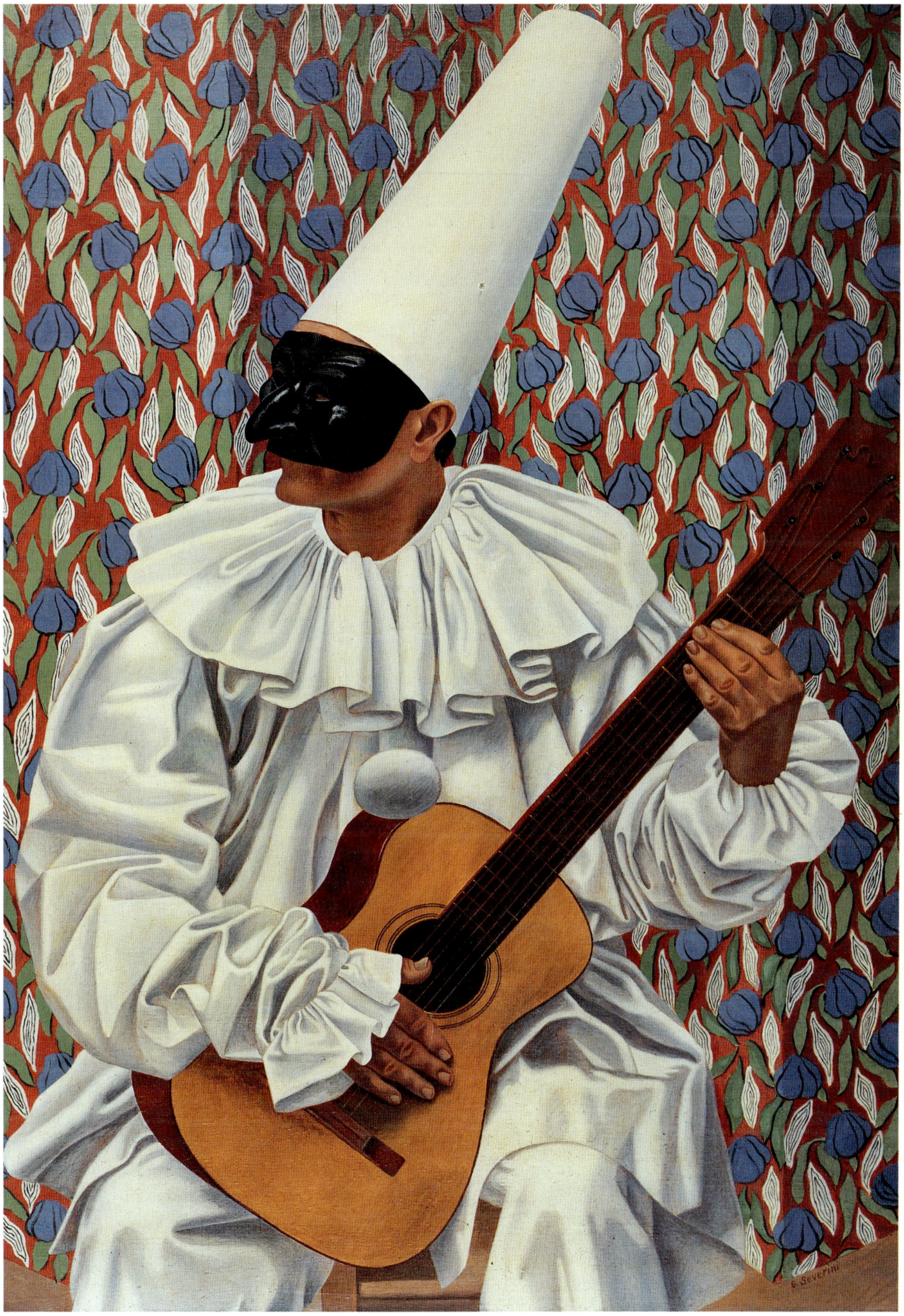

Gino Severini. * Cortona, 1883. † Paris, 1966. Pierrot als Musiker. 1924. Öl auf Leinwand. H 130 x B 89 cm. Museum Boymans-van-Beuningen, Rotterdam.

Fenster

Wolkenkratzer steigen in den Himmel von Manhattan. Die Fenster der 36 Stock hohen Gebäude sollen dem Betrachter keinerlei Hinweise auf die Menschen geben, die dahinter leben und arbeiten, vielmehr liefern sie nur ein abstraktes Muster für die sorgfältig ausgearbeitete Oberfläche eines Bildes. 1920 machte Sheeler eine Serie von Fotos von New Yorker Wolkenkratzern, aus denen er den Film »Mannahatta« zusammenschnitt. Diese Bilder von Gebäuden, Schatten und Fenstern inspirierten ihn zu seinen ersten präzisionistischen Bildern. Zusammen mit Davis, O'Keeffe und anderen brachte Sheeler eine statische, sterile und menschenleere Sicht der nordamerikanischen Umwelt, ausgeführt in verschiedenen Stilen: vom fotografischen Realismus bis zur totalen Abstraktion. Die Spiegelungen dieses Bildes gehen auf Sheelers mehrfach belichtete Fotos zurück.

☛ Davis, Estes, O'Keeffe, Richter, Schad

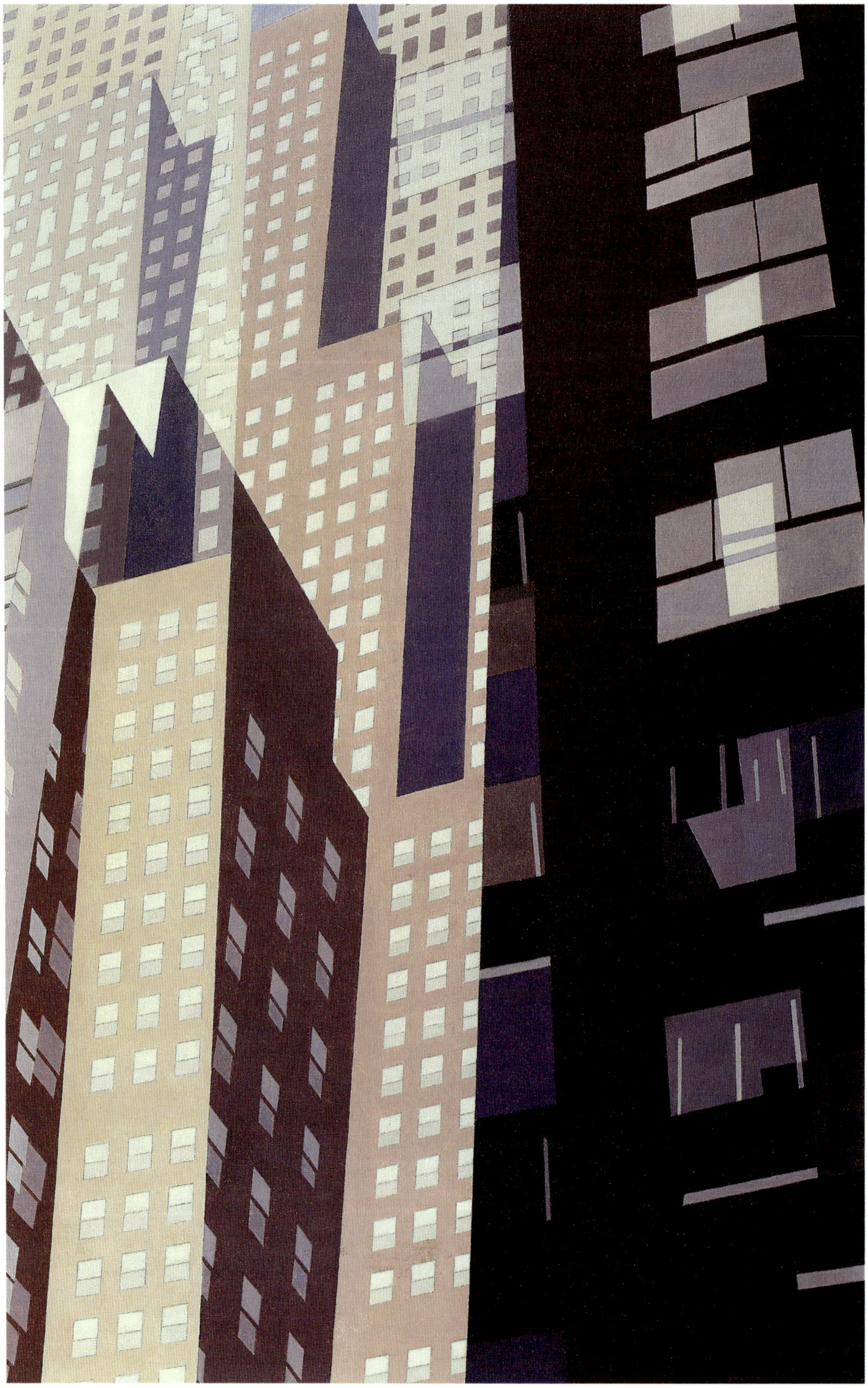

Charles Sheeler. * Philadelphia, 1883. † Dobbs Ferry, 1965. Fenster. 1951. Öl auf Leinwand. H 81,3 x B 51,1 cm. Hirschl and Adler Galleries Inc., New York.

Sherman Cindy

Ohne Titel Nr. 96

Das Bild mit seiner Wiedergabe einer sinnenden jungen Frau erinnert an viktorianische Kunst. Die symbolische Ausstattung der Präraffaeliten wird jedoch ersetzt durch das freche äußere Bild der Gegenwart: das Mädchen wird ein Teenager, der Brief wird ein Ausschnitt aus der Einsame-Herzen-Rubrik einer Tageszeitung, und der kulturelle Hintergrund stammt vom Film. Ohne Titel Nr. 96 ist Teil einer fortlaufenden Serie von sogenannten »tableaux«, die Sherman aufführt, spielt und leitet. In den 80er Jahren wandte sie sich von den kleinformatigen Standfotos ab und großformatigen, malerischen Fotos zu, die alle eine Einzelfigur zeigen, die, ausgestattet mit erzählerischen Hinweisen, immer Selbstporträts sind. In einer Serie spielt Sherman Männer und Frauen nach alten Meisterwerken, ein andermal steht der weibliche Körper im Mittelpunkt. Ihre manchmal humorigen Arbeiten können aber auch düster und nihilistisch ausfallen.

☛ Dine, Estes, Gilbert and George, Man Ray, Millais

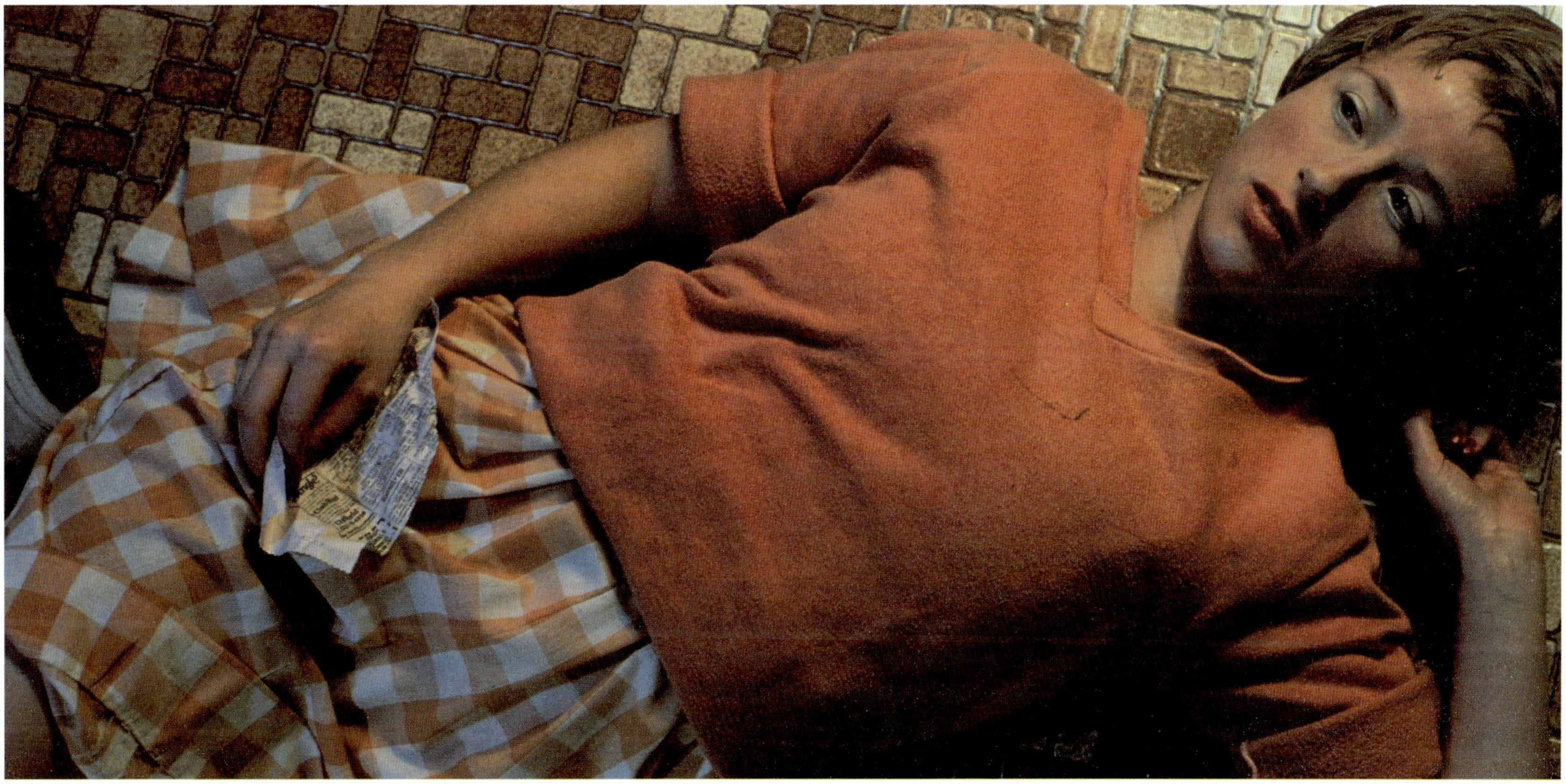

Cindy Sherman. * Glen Ridge, 1954. Ohne Titel Nr. 96. 1981. Farbfotografie. H 61 x B 122 cm. Saatchi Collection, London.

Siberechts Jan

Ansicht von Schloß Longleat

Longleat ist eines der größten und eindrucksvollsten Bauwerke der elisabethanischen Zeit. Siberechts, ein flämischer Landschafter, der seit 1672 in England lebte, spezialisierte sich auf Ansichten von englischen Landschlössern. Als solcher erhielt er den Auftrag, dieses Meisterwerk der englischen Renaissance zu malen, ganz so, wie ein heutiger Fotograf einen Bau dokumentieren würde. Siberechts hat sich für die Vogelperspektive entschieden, doch die fade Symmetrie und der freudlose Stil haben daraus mehr eine steife, topographische Bestandsaufnahme als ein Kunstwerk gemacht. Die Staffagefiguren, die Haus und Grundstück bevölkern, zeigen wenig vom eigentlichen höfischen Leben. Siberechts hat dem Geschmack des Adels im 17. Jahrhundert entsprochen, der zu zurückhaltender Förmlichkeit tendierte.

☛ Canaletto, Guardi, Pannini, Piper

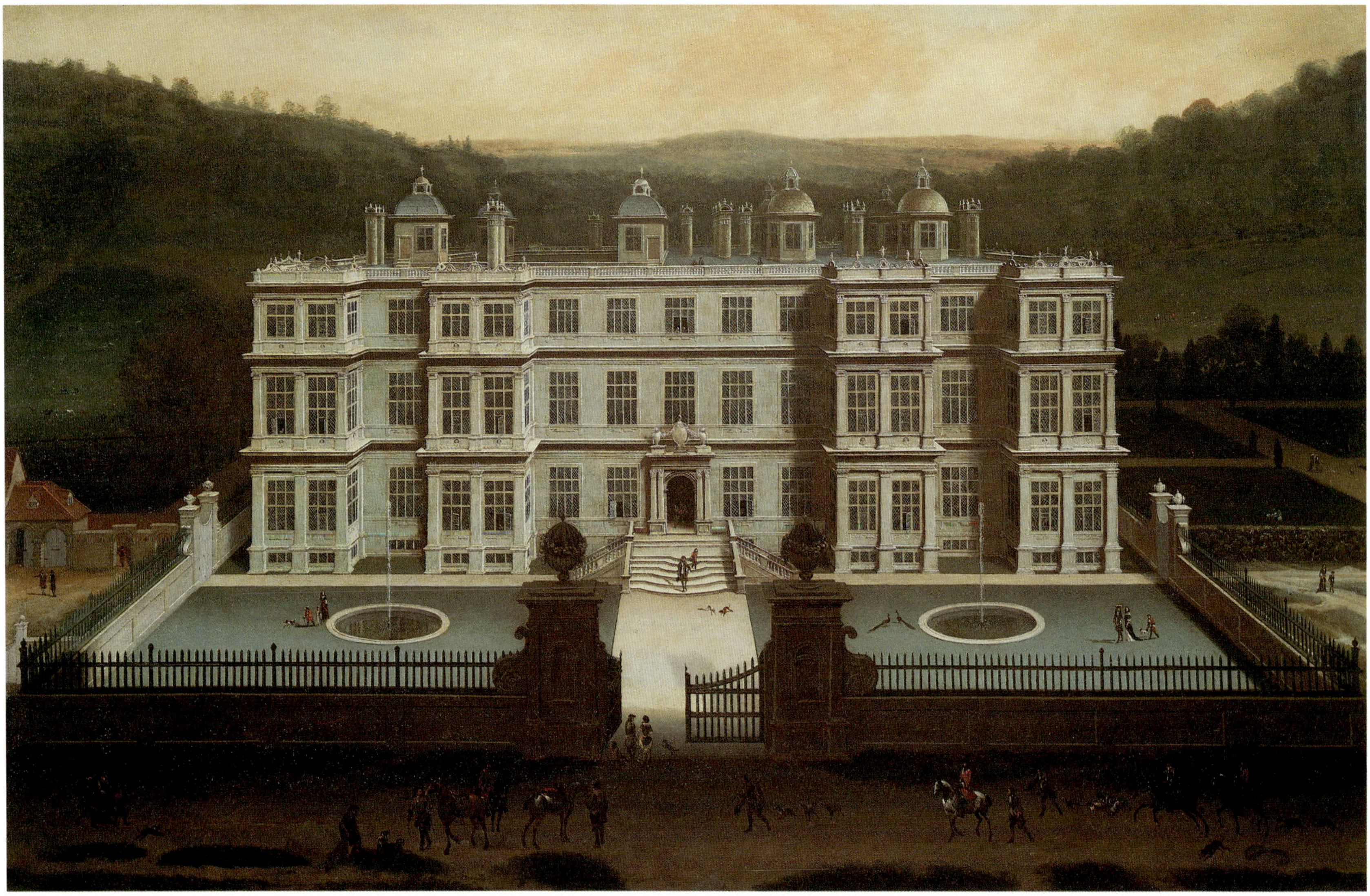

Jan Siberechts. * Antwerpen, 1627. † London, 1703. Ansicht von Schloß Longleat. 1675. Öl auf Leinwand. H 111,8 x B 172,7 cm. Privatsammlung.

Sickert Walter

Langeweile

Die Zeit scheint still zu stehen in dieser tristen Umgebung. Ein Mann zieht an seiner Zigarre und stiert irgendwohin, während eine sich endlos langweilende junge Frau mit aufgestütztem Kopf auf ein Bild an der Wand starrt, das sie sicher schon hunderte Male gesehen hat. Sickert, der Sohn dänischer und irischer Eltern, wurde in Deutschland geboren und in Paris ausgebildet, wo er mit dem Degas-Kreis in Berührung kam. Auch bei Whistler in London hat er studiert. Mit den Pariser Freunden teilte er das Interesse für Landschaften, Stadtansichten und Alltagsszenen. Obwohl sein Werk nicht streng impressionistisch und er selbst nicht britisch war, gilt er als bedeutendster englischer Impressionist. Sein Atelier in Camden Town, London, wurde zum Treffpunkt der Avantgarde seiner Zeit.

☛ Degas, Gilman, Hammershoi, Orpen, Whistler

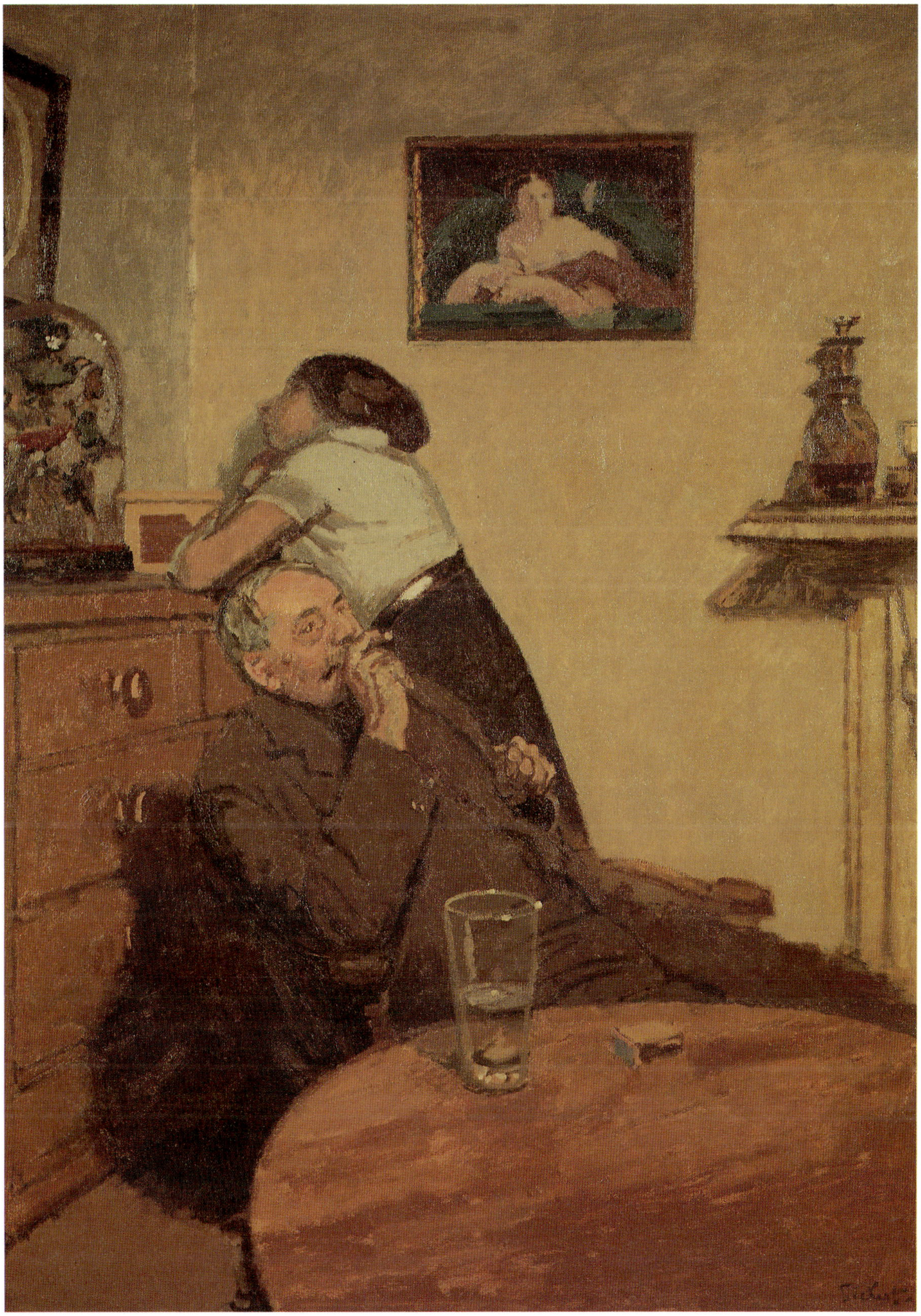

Walter Sickert. * München, 1860. † Bathampton, 1942. Langeweile. Um 1914. Öl auf Leinwand. H 152,4 x B 112,4 cm. Tate Gallery, London.

Signac Paul

Der Papstpalast von Avignon

Kleine Tupfen reinster Farbe werden optisch miteinander verschmolzen, um das Bild vom Papstpalast zu erzeugen. Links unten befindet sich aus grünen Farbpunkten zusammengesetzt die berühmte Brücke von Avignon. Als überzeugter Anhänger von Seurats pointillistischer Technik setzte Signac Komplementärfarben nebeneinander, ohne diese selbst zu mischen. Erst aus der Entfernung mischen sich diese Farben von selbst im Auge. Signac nutzte die Erfahrung der Impressionisten über die Farbveränderung bei verschiedenem Licht. Die Purpur- und Rosafarben ähneln denen, die Monet schon bei seinen Bildern von der Kathedrale von Rouen eingesetzt hatte. Nach Seurats frühem Tod hatte Signac die Möglichkeit, dessen Theorien über Neoimpressionismus und Farbeinsatz verständlicher zu formulieren. Nach 1900 wandte sich Signac vom Pointillismus ab und den Fauvisten zu.

☛ Boccioni, Monet, Pissarro, Seurat

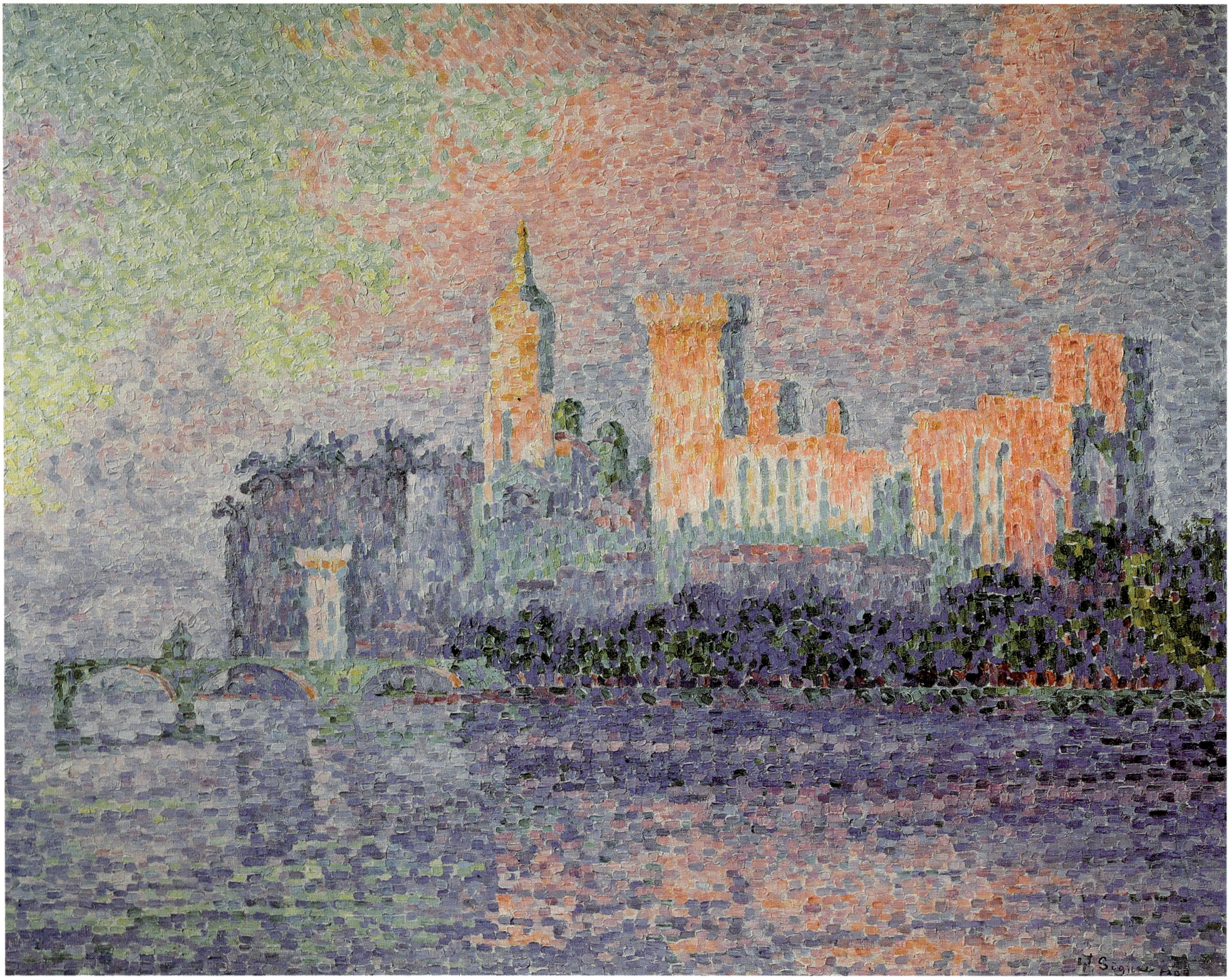

Paul Signac. * Paris, 1863. † Paris, 1935. Der Papstpalast von Avignon. 1900. Öl auf Leinwand. H 73,5 x B 92,5 cm. Musée d'Orsay, Paris.

Signorelli Luca

Die Geißelung Christi

Der an die Säule in der Bildmitte gebundene Christus wird auf Befehl von Pilatus gegeißelt, der nicht glauben will, daß jener der Sohn Gottes ist. Die marmornen Reliefs im Hintergrund, das korinthische Kapitell der Freisäule und der dekorative Fries am unteren Bildrand geben das Interesse der Renaissance an der klassischen Antike wieder. Starkes Schräglicht und die auf den Boden geworfenen Schatten helfen, den dreidimensionalen Raum zu definieren. Die muskulösen Körper und die stark symmetrische Anordnung sind für Signorellis Stil typisch. Er verdankte viel seinem Lehrer Piero della Francesca und den Brüdern Antonio und Piero Pollaiuolo. Seine schönen Kohlezeichnungen von Körpern in Bewegung waren die konsequentesten Aktstudien vor Leonardo da Vinci und Michelangelo.

☛ Perugino, Piero della Francesca, Pollaiuolo, Sassetta

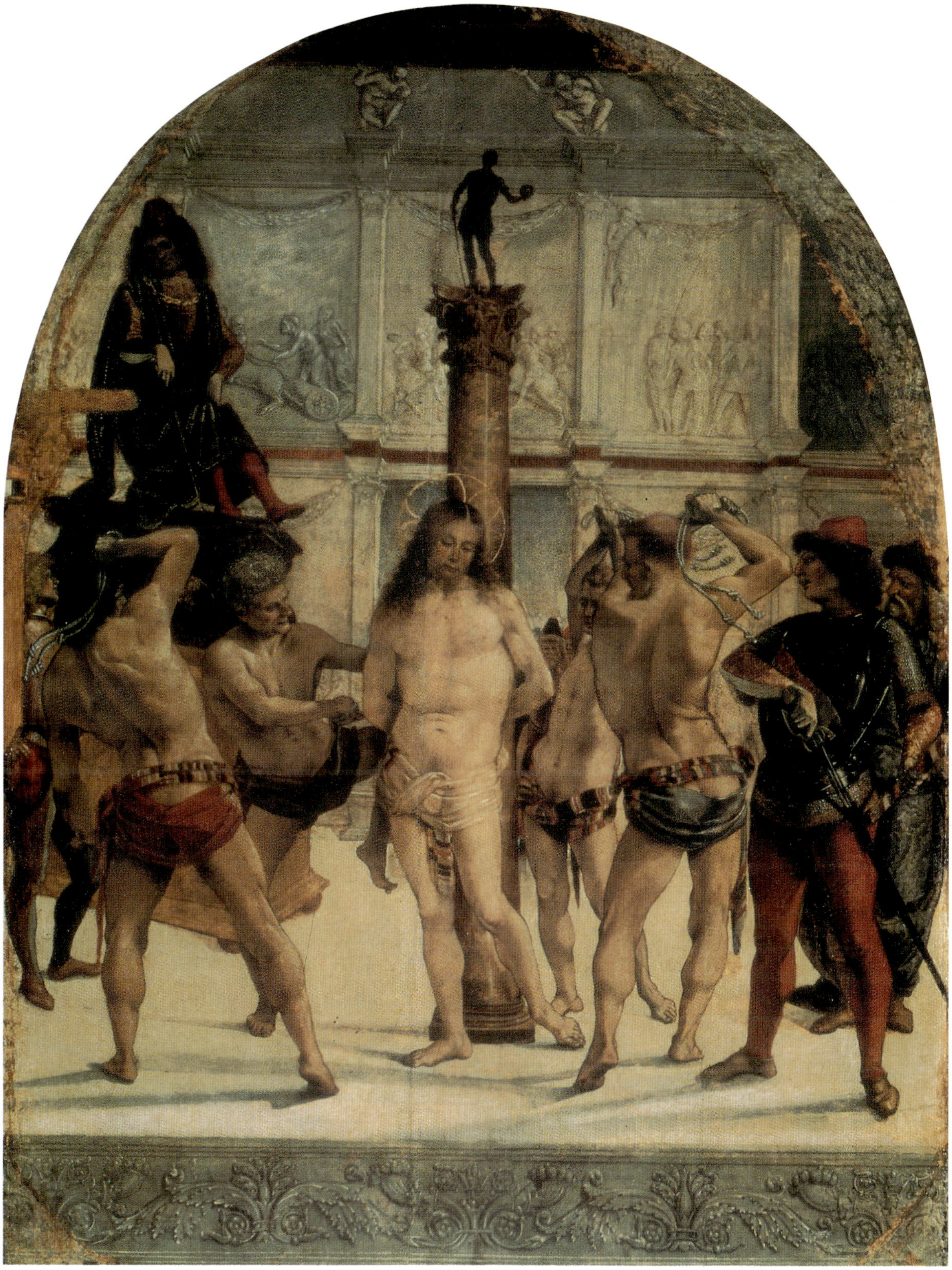

Luca Signorelli. * Cortona, um 1450. † Cortona, 1523. Die Geißelung Christi. Um 1490. Öl auf Holz. H 85,5 x B 62 cm. Pinacoteca di Brera, Mailand.

Siqueiros David Alfaro

Tod und Begräbnis Kains

Menschenmengen haben sich angesammelt, als ob sie an einer großen, wundertätigen religiösen Offenbarung teilhaben wollten – doch stattdessen liegt ein riesiges totes Huhn zusammengesackt auf dem Felsen vor ihnen. Die Unfähigkeit der Masse, die Unsinnigkeit des Gegenstandes ihrer Verehrung zu verstehen, verstärkt noch die Aussichtslosigkeit ihres Vorhabens.

Zusammen mit Orozco und Rivera war Siqueiros einer der Begründer der Muralistenschule, die sich in Mexiko nach der Revolution entwickelt hatte. Die kühne Komposition, der eindrucksvolle Gebrauch der Farbe und die vom Surrealismus beeinflußte freie Mischung aus Wirklichkeit und Fantasie trifft für alle Muralisten zu. Als politisch Aktiver und als Revolutionär war Siqueiros mehrmals eingesperrt und im Exil. Sein leidenschaftlicher Stil verströmt eine ungeheure Lebenskraft und ist angefüllt mit ideologischen Andeutungen.

☛ Orozco, Rivera, Snyders, Tamayo

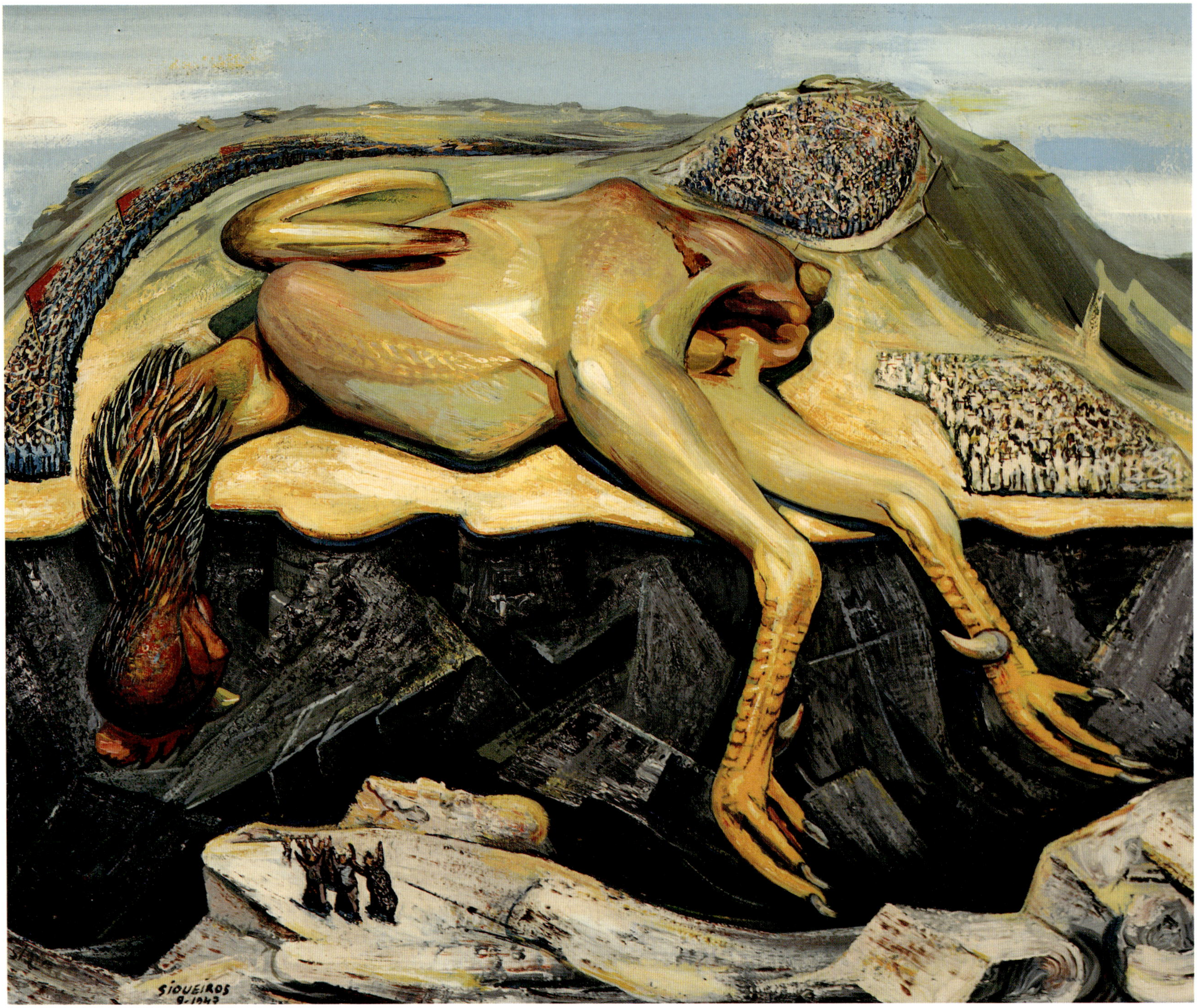

David Alfaro Siqueiros. * Chihuahua, 1896. † Mexico City, 1974. Tod und Begräbnis Kains. 1947. Acryl auf Holz. H 76 x B 96 cm. Museo de Arte Alvar y Carmen T. de Carillo, Mexico City.

Sisley Alfred

Schnee in Louveciennes

Empfindsame Weiß- und Grautöne bilden die farbliche Basis dieser fast monochromen Winterszene. Der pastose und entschiedene Farbauftrag verleiht dem Schnee, den Wänden und Bäumen Tiefe und Schwere. Die schemenhaft gemalte kleine Figur markiert den Mittelpunkt des Bildes. Von ihm aus ist das Bild aufgebaut, hier laufen die Diagonalen zusammen.

Sisleys Streben nach nuancierter Farbe brachte ihn dazu, mit verschiedenen Lichtsituationen zu experimentieren. Mit dem befreundeten Monet entwickelte er den konsequentesten Impressionismus. Ihr Versuch, optische Wahrnehmung in reine Lichteffekte umzusetzen, ist der Ausgangspunkt dieser Bewegung. Sisley war fast ausschließlich Landschaftsmaler. Seine Vorliebe für Landstraßen und Feldwege, die in das Bild hineinführen, wie auch im vorliegenden Fall, zeigen noch den Einfluß von Corot.

☛ Avercamp, Corot, Monet, Pissarro

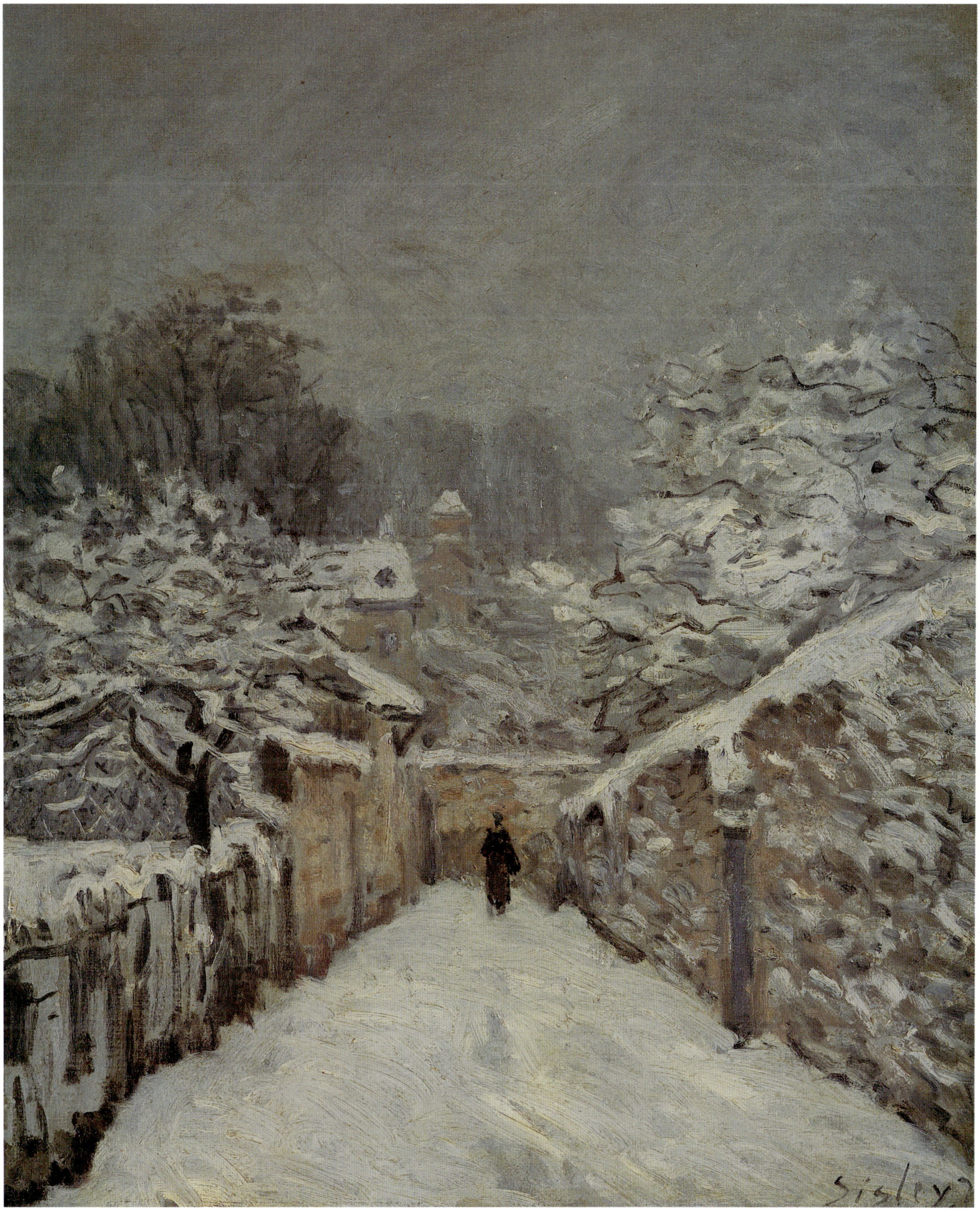

Alfred Sisley. * Paris, 1839. † Moret-sur-Loing, 1899. Schnee in Louveciennes. 1878. Öl auf Leinwand. H 61 x B 50 cm. Musée d'Orsay, Paris.

Katharina von Aragon

Gesenkter Blick, Mittelscheitel, fest angelegter Kopfschmuck und ein Heiligenschein erhöhen die Stimmung dieses sittsamen, ruhigen und nachdenklichen Porträts. Ursprünglich hielt man das Bild für das Porträt einer Heiligen. Doch der Buchstabe »K« und die Rosen auf ihrem Goldhalsband und die Muscheln, die ihren Spenzer rahmen, haben zu der Vermutung geführt, daß es sich bei der Abgebildeten um Katharina von Aragon handelt. Sittow stammte aus Estland und hatte bei Memling in Brügge gelernt. Er setzte auch in Italien und Spanien die gelernte detailfreudige Porträtkunst Flanderns fort. Sein Stil ist sehr glatt und realistisch, und es ist kaum vorstellbar, daß eine Fotografie von der Frau genauer sein könnte als das Bild. Neben einigen hervorragenden religiösen Auftragsbildern in brillanten und feingestuften Farben sind nur wenige von Sittows scharfsichtigen Porträts erhalten.

☛ Anguissola, Clouet, Holbein, Memling

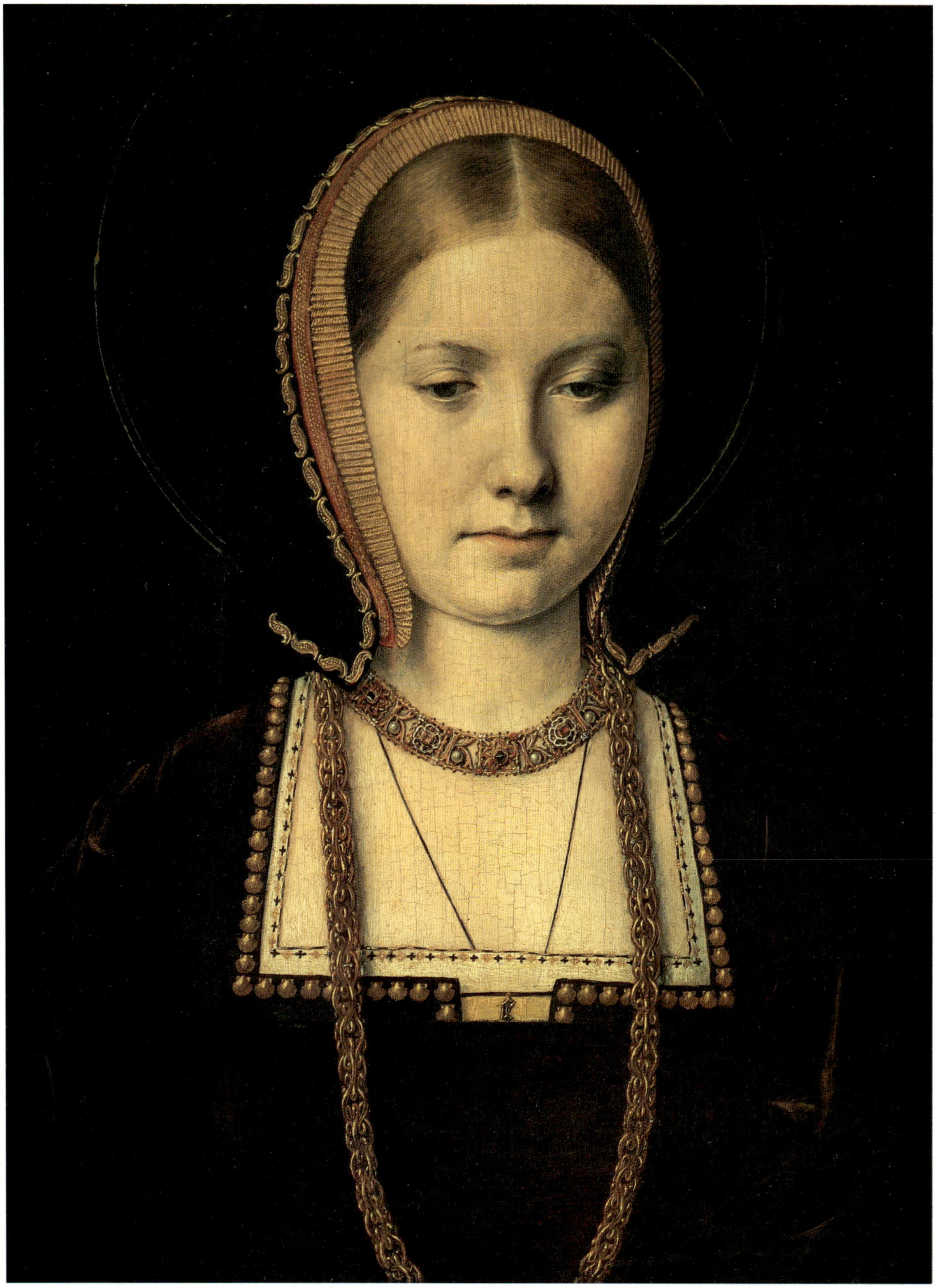

Michiel Sittow. * Reval, 1468. † Reval, 1525/26. Katharina von Aragon. Um 1503/04. Öl auf Holz. H 29 x B 20,5 cm. Kunsthistorisches Museum, Wien.

Sluter Claus

Daniel und Jesaias

Die realistischen Gesichtszüge, die Einzelheiten von Jesaias' zweigeteiltem Bart, die Brokatborten der Kleider und der schwere, kunstvolle Gürtel sind alles bis dahin in der europäischen Skulptur nicht gesehene Elemente. Statt das typologische Bild eines Propheten hat Sluter einen gedankenvollen, intelligenten Menschen voller Individualität geschaffen. 1383 gründete Philipp der Kühne von Burgund die Kartause von Champmol bei Dijon. Ab 1390 beschäftigte er dort die besten Meister seiner Zeit, um Bildwerke für die Kartause zu schaffen. Einer davon war der Haarlemer Bildhauer Sluter. Er schuf unter anderem den sogenannten Mosesbrunnen vor der herzoglichen Kapelle. Dieser Mosesbrunnen umfaßte sechs fast lebensgroße Propheten, die von einem Kalvarienberg überragt wurden. Mit Sluter beginnt die Wende in der abendländischen Skulptur zwischen Mittelalter und Neuzeit.

☛ Donatello, Ghiberti, Della Quercia, Van der Weyden

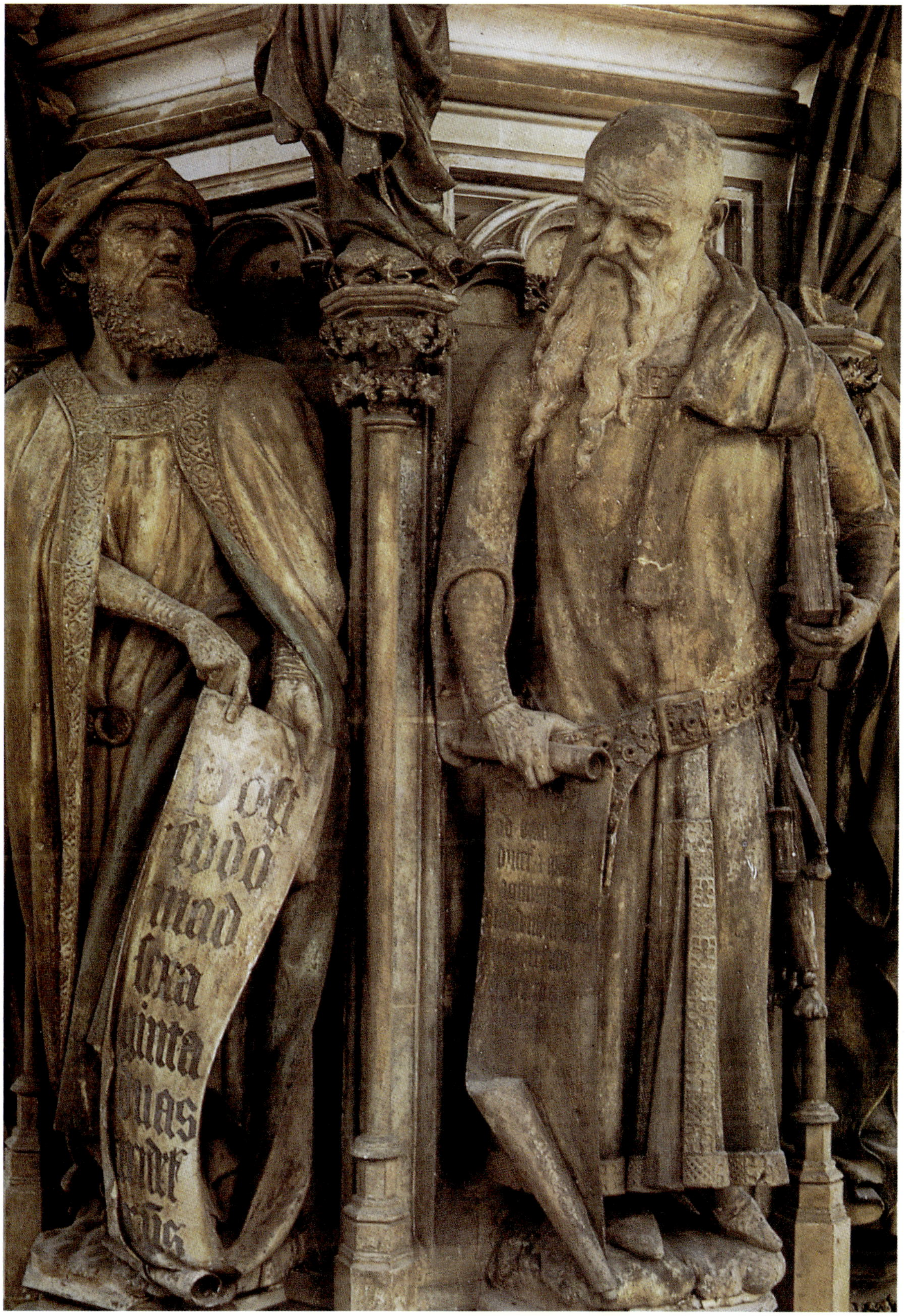

Claus Sluter. Tätig in Haarlem ab 1380. † Dijon, 1405. David und Jesaias. 1404/05. Stein. H 169 cm. Hôpital la Chartreuse, Dijon.

Smith David

VB XVII

Diese Anordnung von Industrieteilen wurde zu einer Folge von instabilen, energiegeladenen Körpern. Smith, der vorher Metallarbeiter in einer Automobilfabrik war, gilt als einer der einflußreichsten Bildhauer Amerikas in der Mitte des Jahrhunderts. Angeregt von den zusammengeschweißten Plastiken Picassos war er der erste amerikanische Bildhauer, der sich die Schweißtechnik für künstlerische Absichten nutzbar machte. Später benutzte er »gefundene Gegenstände« für seine Plastiken. Ab 1950 bestellte er Industrieteile nach Katalogen, die ihm erlaubten, größere Plastiken schneller und leichter herzustellen. Sein Werk repräsentiert Macht, Bewegung, Fortschritt und auch Zerstörung im Industriezeitalter, das ihn faszinierte. Seine dynamischen Kompositionen leiteten ein neues Kapitel in der Bildhauerei ein. Der ständig experimentierende Smith entdeckte auch im Stahl künstlerisch nutzbare Werte.

☛ Caro, Duchamp, Moholy-Nagy, Picasso, Tatlin

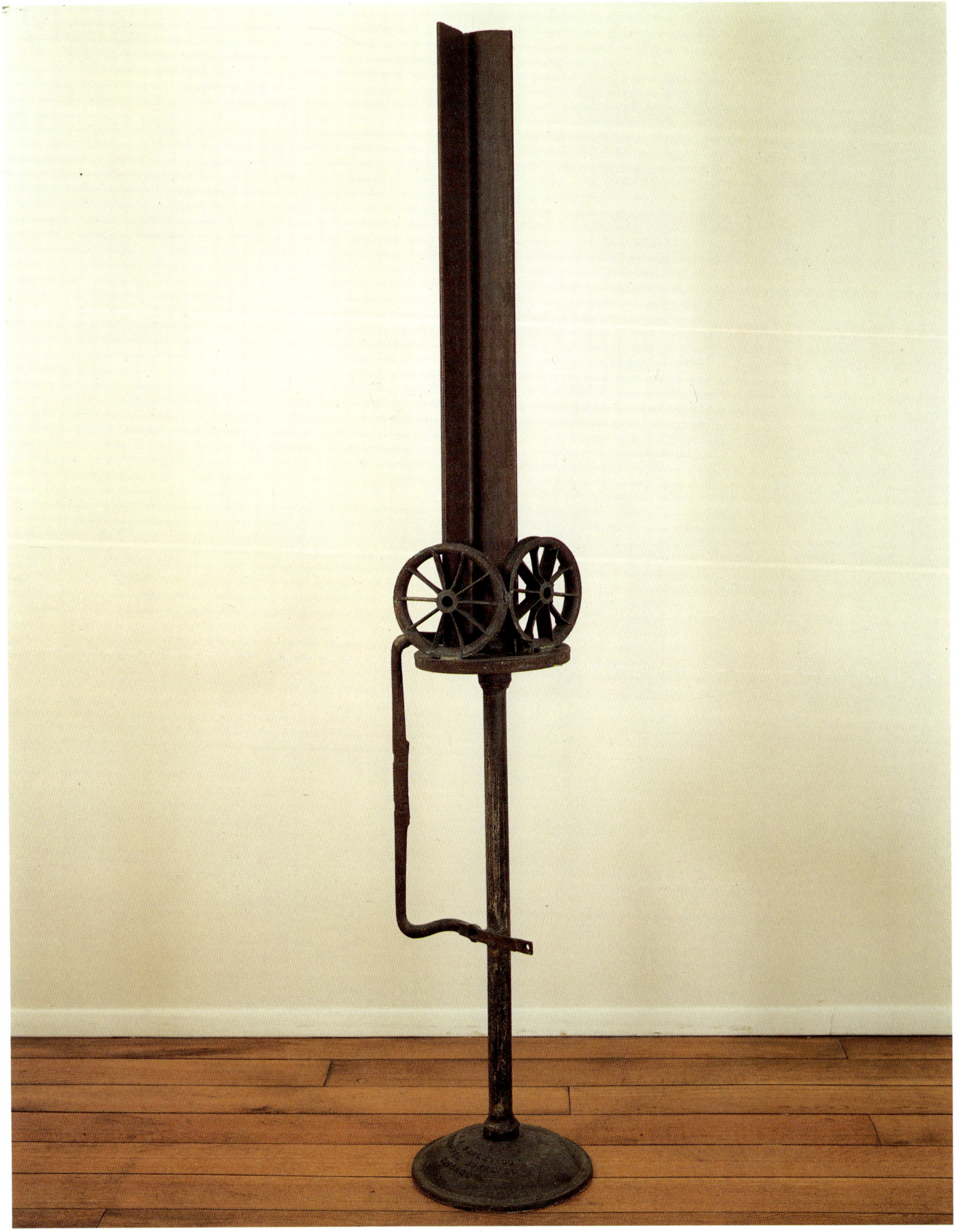

David Smith. * Decatur, 1906. † Bennington, 1965. VB XVII. 1962. Stahl. H 206,4 cm. Collection of Candida and Rebecca Smith.

Snyders Frans

Beim Wildhändler

Ein Mann in Dandykleidern trägt, umgeben von Federvieh und Wild, in diesem Marktstand einen toten Pfau auf den Armen. Seine zwei Hunde schauen begierig auf die ausgestellten schmackhaften Leckerbissen. Snyders interessierte sich für die ganze Bandbreite von Effekten: der Farbe, der Stoffe und der Gefühle. Kaum ein Fleck der Leinwand ist nicht mit akribischen Details ausgefüllt, so daß sich ein Feinschmeckerschauspiel in großer Virtuosität und prächtigen Farben vor unseren Augen abspielt. Snyders malte viele kraftvolle Jagdszenen und war der erste, der sich auf Stilleben mit Tieren spezialisierte. Sein geschickter und lichtvoller Malstil wurde von seinen Zeitgenossen, darunter seine Freunde Jordaens und Rubens, hoch gepriesen. Für die Rubenswerkstatt malte er die Stilleben und Tierpartien der überschwenglichen Jagdszenen.

☛ Fabritius, De Heem, Jordaens, Kalf, Rubens, De Troy

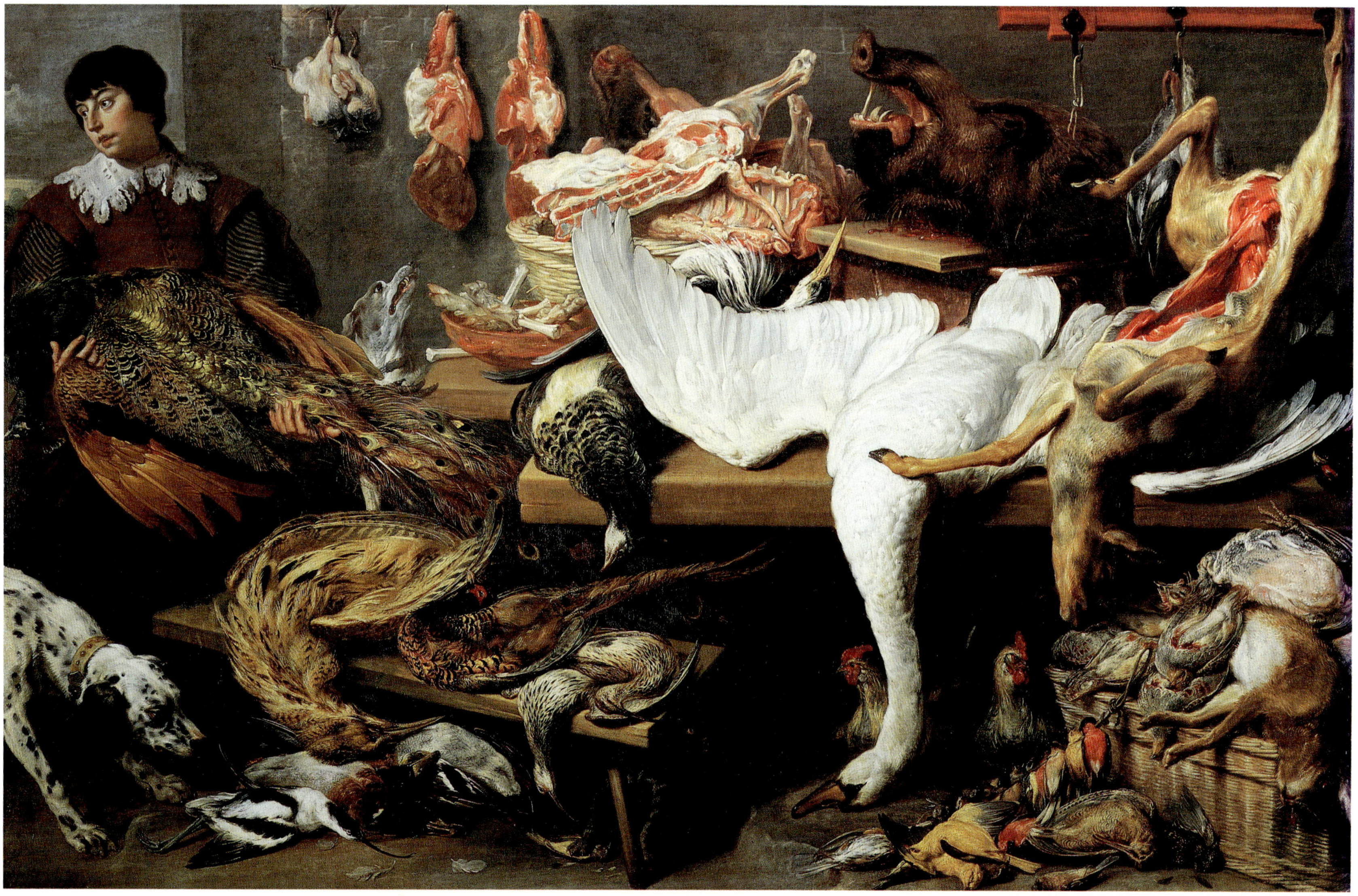

Frans Snyders. * Antwerpen, 1579. † Antwerpen, 1657. Beim Wildhändler. 1620. Öl auf Leinwand. H 170 x B 254 cm. York City Art Gallery, York.

Sodoma

Kreuzabnahme

Wogende Kleider in Rot, Orange, Grün und Blau bringen Dynamik in diese Szene. Sodomas Werk zeichnet sich durch lebhafte Farben, fein abgestimmte Lichtführung und ein poetisches Gefühl für Landschaften aus. Der Hintergrund scheint mehr von flämischen Meistern wie Van Eyck inspiriert, obwohl auch italienische Maler, darunter Leonardo da Vinci, die Landschaft als Hintergrund pflegten. Renaissancebilder wie dieses wurden oft unter der Leitung eines Hauptmeisters von verschiedenen Mitarbeitern einer Werkstatt angefertigt. Der Meister war zuständig für die Gesamtkomposition und die Hauptteile eines Werkes, während Sekundärfiguren und Hintergrund von Mitarbeitern ausgeführt wurden. Trotz der Teamleistung galt das Bild dann als Werk des Hauptmeisters. Der Lombarde Sodoma arbeitete vor allem in Siena und Rom, wo er große Aufträge erhielt.

☛ Van Eyck, Leonardo da Vinci, Memling, Signorelli, Van der Weyden

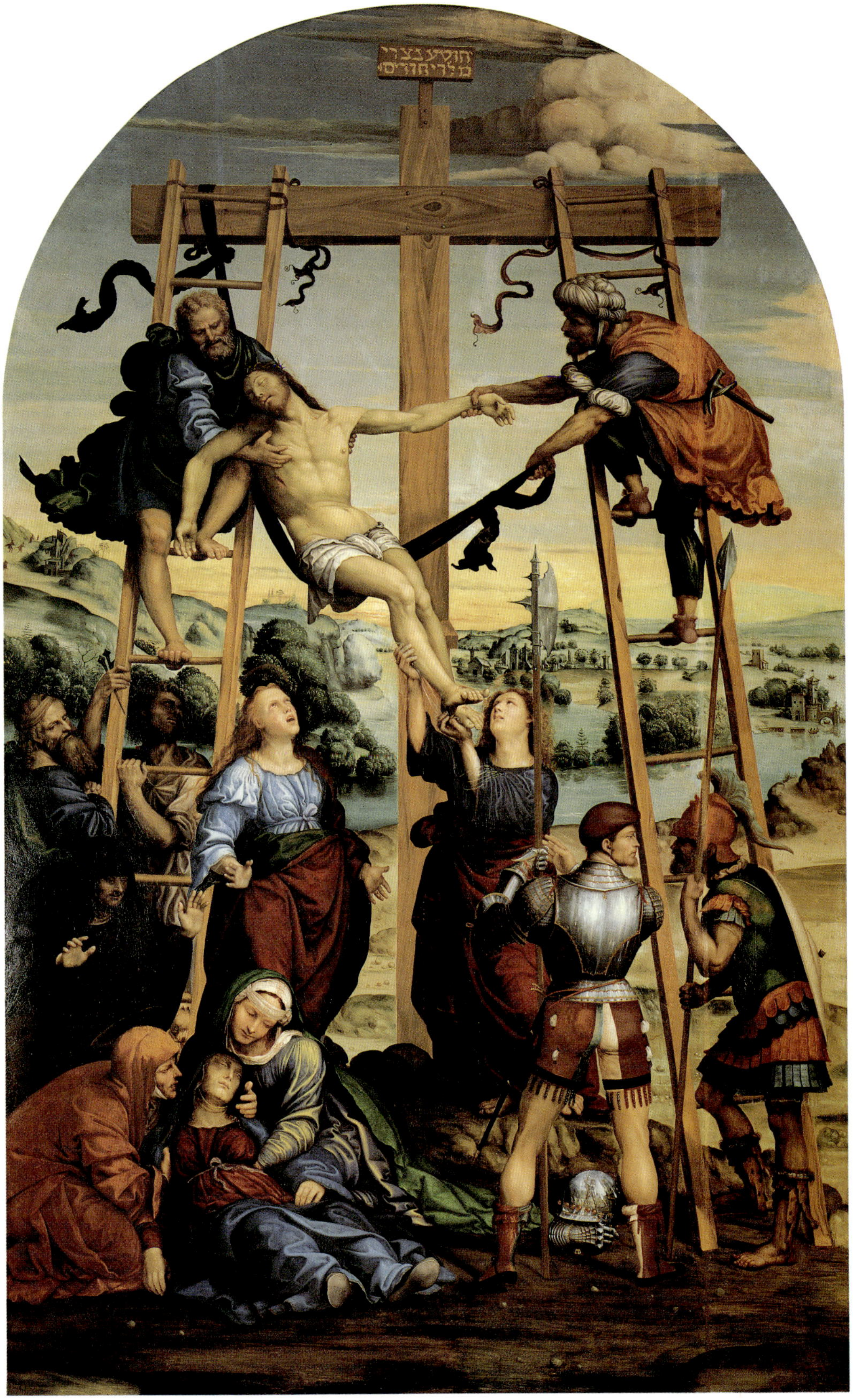

Sodoma (Giovanni Antonio Bazzi). * Vercelli, 1477. † Siena, 1549. Kreuzabnahme. Um 1505/10. Öl auf Holz. H 414 x B 264 cm. Pinacoteca Nazionale di Siena, Siena.

Soulages Pierre

Bild 16

Starke, breite Pinselstriche schwappen über die Leinwand und ergeben eine schwere und kühne Struktur. Die große schwarze Masse, verstärkt durch den Kontrast zu den schmalen Lichtstegen, verleiht dem Bild eine monumentale und klare Note. Gerade diese geschickte Beleuchtung, zusammen mit der bildhauerischen Behandlung der verschiedenen Formen, machen das Bild einmalig. Durch die zwingend freizügige Pinselschrift, die eine mächtige abstrakte Komposition entstehen läßt, stellt sich die Verbindung zum Art Informel her. Der Südfranzose Soulages ließ sich 1946 in Paris nieder und begann mit einer gegenstandslosen Malerei, die Reminiszenzen an prähistorische Steingräber in sich trägt. Die Bilder von Soulages bestehen meist aus breiten Streifen, schwarz und glänzend wie Lackleder, die einander durchdringende Gitterstrukturen gegen leuchtende Farben bilden.

☛ Hartung, Kline, Riopelle, De Staël, Vieira da Silva

Pierre Soulages. * Aveyron, 1919. Bild 16. 1965. Öl auf Leinwand. H 162 x B 130 cm. Privatsammlung.

Soutine Chaim

Der kleine Konditor

Dicke Farbstriemen beleben die Fläche. Die entstellten Formen und die erregte Farbigkeit geben dem Konditor eine nervöse Lebhaftigkeit. Soutines ungestümer Malstil war von den ausdrucksstarken und bewegten Bildern Van Goghs motiviert, obwohl er behauptete, das Werk des Holländers nicht zu mögen. Tatsächlich rief er zur Mißachtung der Arbeiten seiner Zeitgenossen auf und verhielt sich dem Fauvismus und Kubismus gegenüber desinteressiert. Er zog es vor, seinen eigenen Stil zu malen und erklärte sich alten Meistern wie Rembrandt verwandt. Der Litauer Soutine zog 1913 nach Paris. Meist malte er Stilleben, stürmische Landschaften mit dunklen Wolken und bewegten Bäumen und psychologisch enthüllende Porträts von Hausdienern und Bäckern. Die Bewegtheit und der leidenschaftliche Duktus nehmen De Kooning vorweg und sind dem Geist des Expressionismus verwandt.

☛ Bacon, Van Gogh, De Kooning, Rembrandt, Schiele

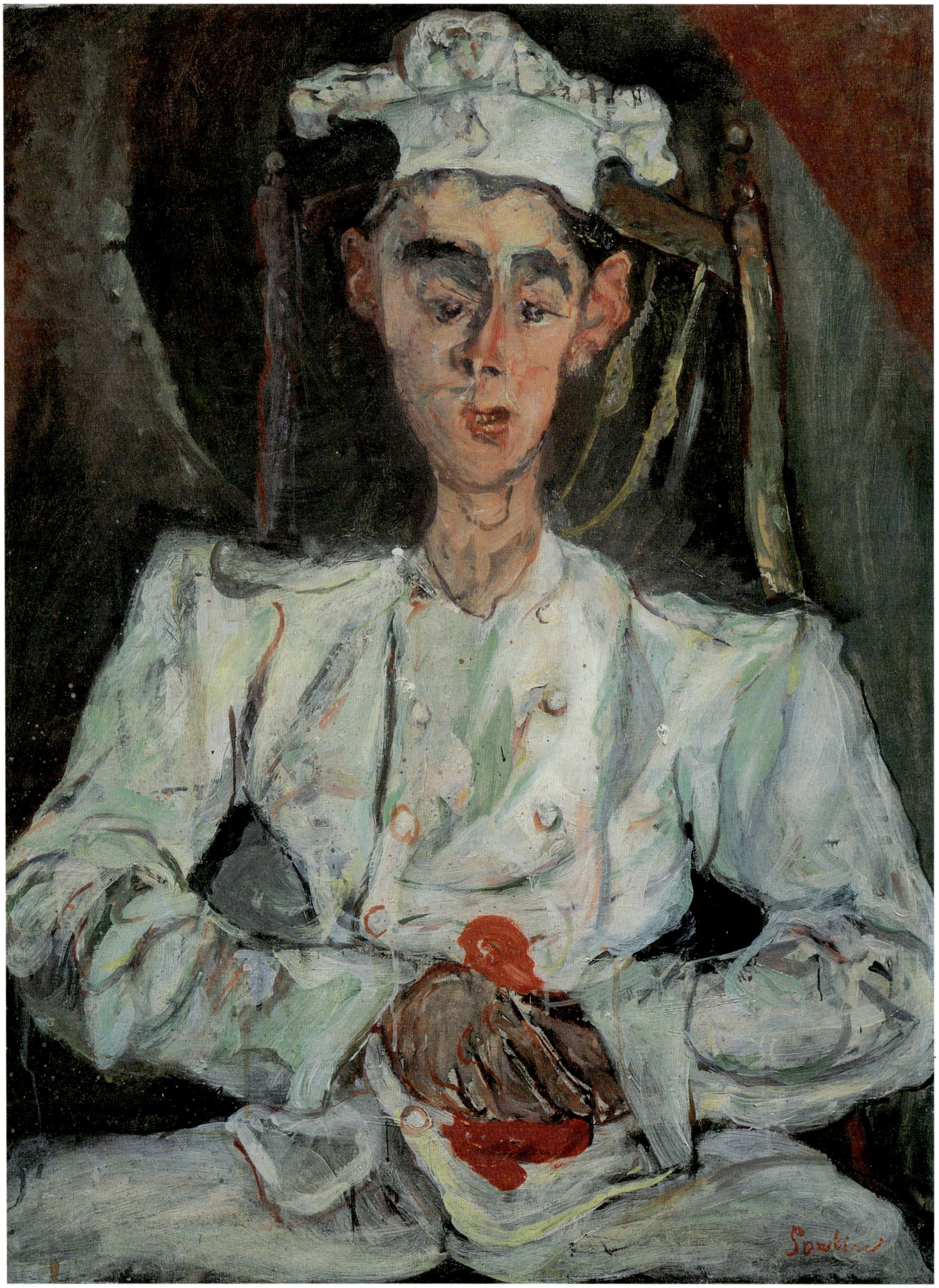

Chaim Soutine. * Smilovitchi, 1893. † Paris, 1943. Der kleine Konditor. Um 1922. Öl auf Leinwand. H 72 x B 54 cm. Musée de l'Orangerie, Paris.

Spencer Sir Stanley

Der heilige Franziskus und die Vögel

Mit dem Rücken zu uns gestikuliert die naive und dicke Figur des Heiligen mit ausgestreckten Armen und himmelwärts gerichtetem Blick. Enten, Hühner und Vögel auf dem Dach schauen ihn ehrfürchtig an. Die große Figur beherrscht das Bild; ihre Hände sind seltsam verdreht. Die Farbe wurde in breiten, flachen Zügen aufgetragen, so daß die Fläche in teppichartige Muster aufgeteilt erscheint und die Einzelfiguren eine feste, kompakte Gestalt annehmen. Das fantasievolle und lebendige Bild wurde von der Royal Academy abgelehnt; wahrscheinlich hatte der frevelhafte Humor die Grenze des guten Geschmacks verletzt. Spencer malte das auf dem Dorf (Cookham in Berkshire, England) gelebte Christentum. Franziskus ist grün statt braun gekleidet, und der Vater mit seinen Pantoffeln und in einen Morgenmantel gehüllt stand dem Künstler Modell.

☛ Botero, Gauguin, Rego, Rivera, H. Rousseau, Sassetta

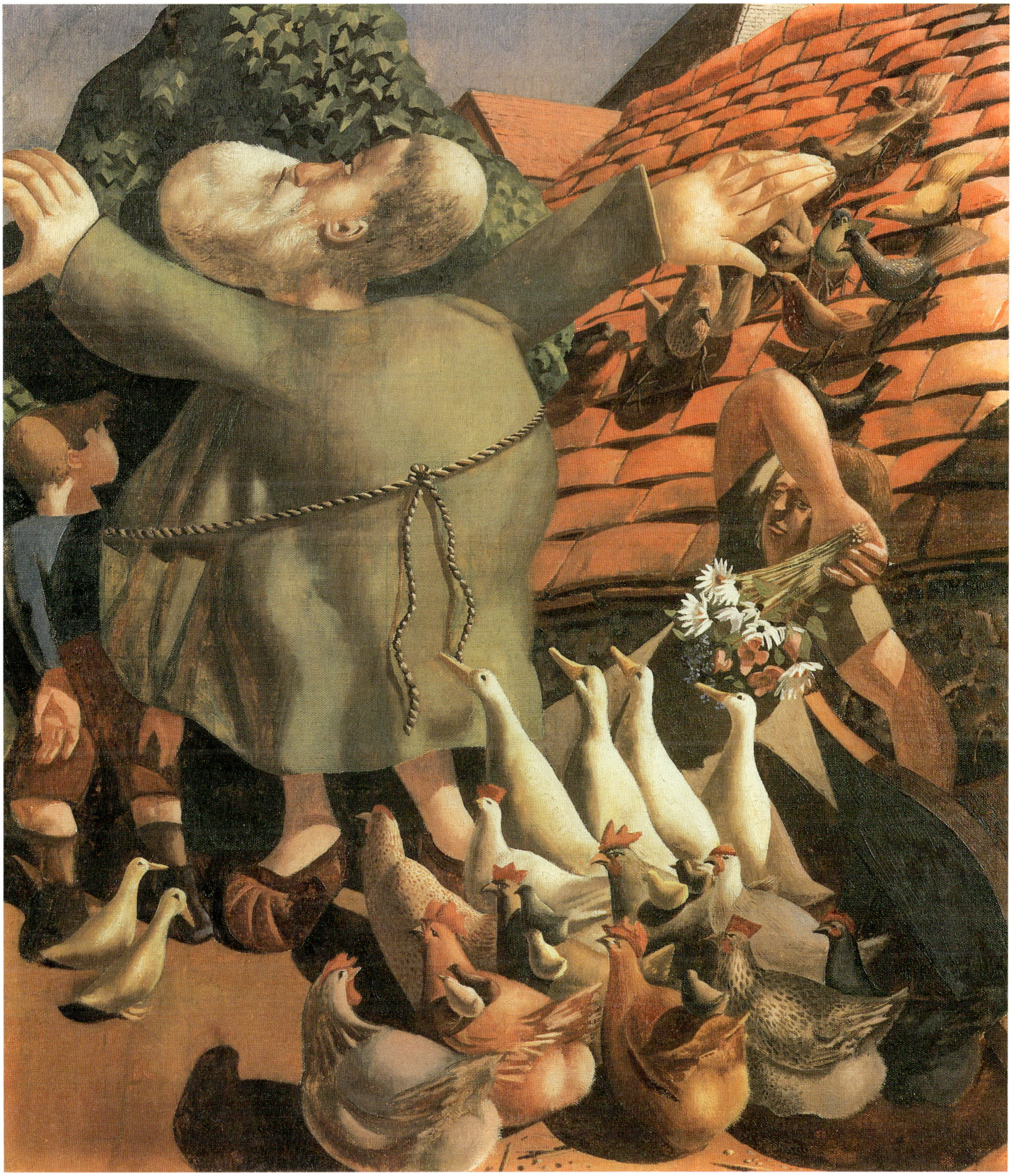

Sir Stanley Spencer. * Cookham, 1891. † Cookham, 1959. Der heilige Franziskus und die Vögel. 1935. Öl auf Leinwand. H 71 x B 61 cm. Tate Gallery, London.

Spilliaert Léon

Strand im Mondlicht

Auf den ersten Blick lassen die breiten, tonigen Streifen auf ein gegenstandsloses Bild schließen. Bei längerem Hinschauen wird jedoch eine Strandszene erkennbar; das durchschlagende blasse Mondlicht hebt die an das Ufer treibenden Wellen und das dunkle Rückwasser hervor. Ähnlich wird auch die zunächst beschränkt erscheinende Farbigkeit reicher, und das Auge beginnt, die feingestuften Töne und das sengende Weiß des aufgehenden Mondes zu würdigen. Der Künstler hat mehr Wert auf die Wirkungen des Mondlichts auf einen nächtlichen Strand als auf eine realistische Schilderung der Szenerie gelegt und somit erfolgreich die Stimmung dieser verlassenen Landschaft eingefangen. Spilliaert ist bekannt für seine sparsamen Formen in beklemmenden Landschaften, die frei von Menschen sind. Die meisten dieser Bilder entstanden bei Ostende.

☛ Grimshaw, Kröyer, Marin, Mucha

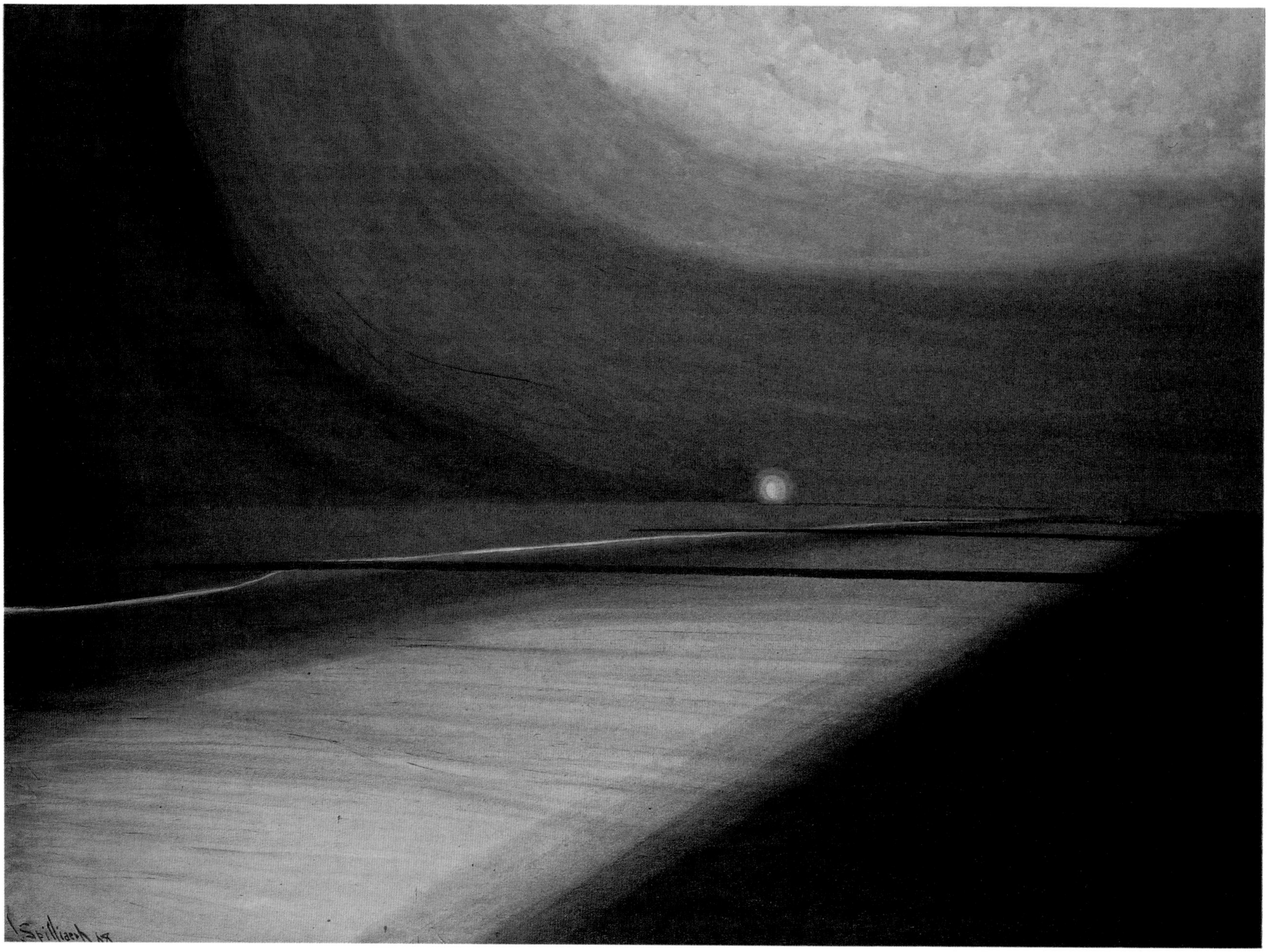

Léon Spilliaert. * Ostende, 1881. † Brüssel, 1946. Strand im Mondlicht. 1908. Tinte, Aquarell und Bleistift auf Papier. H 50 x B 65 cm. Privatsammlung.

De Staël Nicolas

Rote Flaschen

Die vibrierende Pracht der Farben in diesem Stilleben wird von De Staël benutzt, um reine, in sich ruhende Schönheit zu vermitteln. Der Raum zwischen den Farben ist fast so reich wie die Gegenstände selbst, die in der weichen Struktur der Farboberfläche schwimmen und dabei ein Gefühl von Zeitlosigkeit ausstrahlen. Die Bedeutung des Bildes liegt in seiner Balance von Abstraktion und Gegenständlichkeit und im kontrollierten Wechselspiel von mächtigen, exquisiten Farbflächen und ihren Formen. De Staël hat im Hintergrund Ornament und Umriß ausgeschieden, was seinen lyrischen Stil kennzeichnet. Er malte zunächst gegenstandslos, doch als er seine Vorbilder (u. a. Braque) ablegte, begann er figürlich zu arbeiten. Seine bevorzugten Themen waren Musiker, Athleten, Akte und Stilleben. Bald nach diesem Bild beging De Staël Selbstmord.

☛ Braque, Morandi, Nicholson, Vieira da Silva

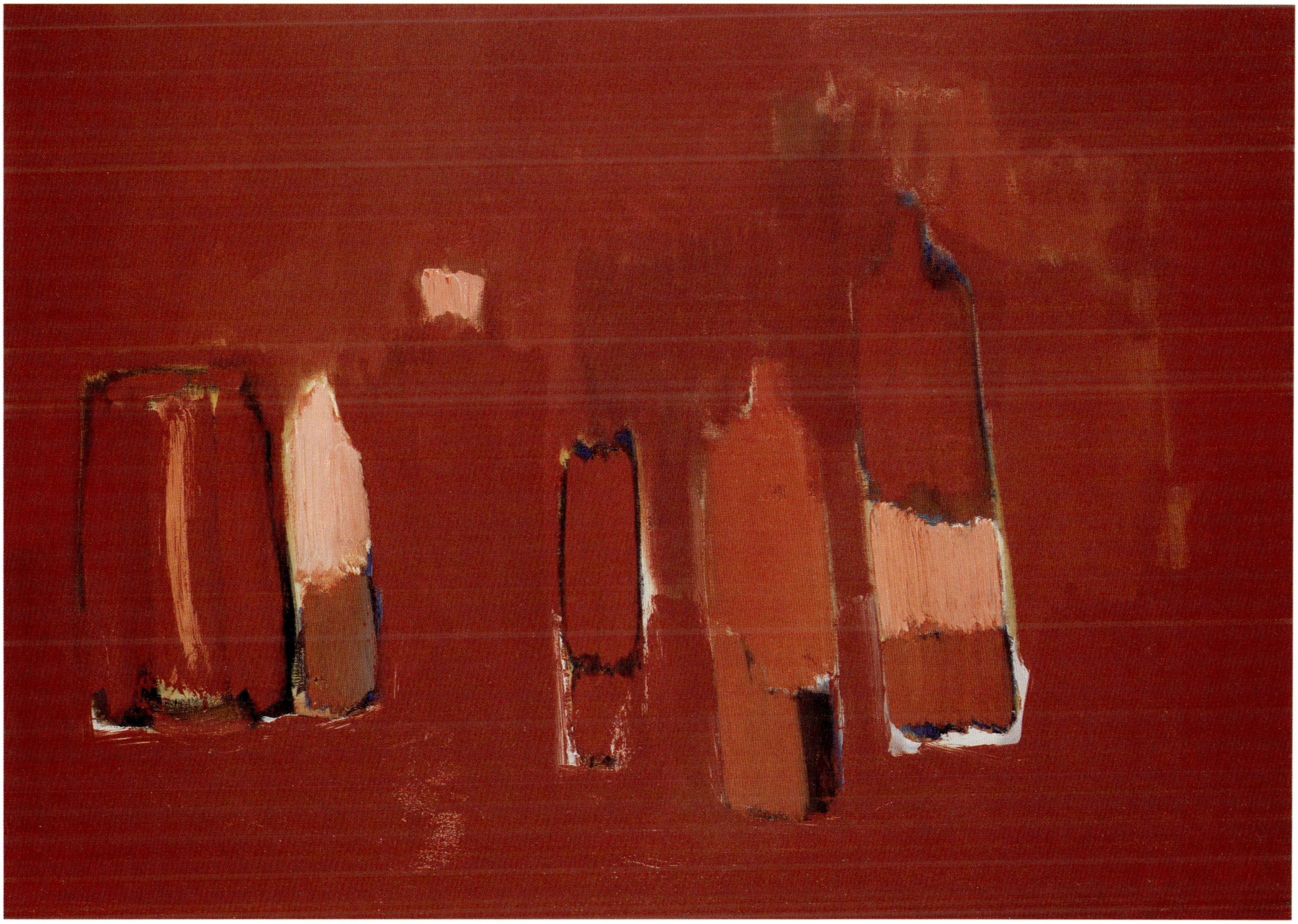

Nicolas de Staël. * St. Petersburg, 1914. † Antibes, 1955. Rote Flaschen. 1955. Öl auf Leinwand. H 73 x B 100 cm. Privatsammlung.

Steen Jan

Die Tauffeier

Ein stolzer Vater hält sein neugeborenes Kind, während sich Freunde und Verwandte zusammengefunden haben, um zu plaudern, das Kind zu bewundern und an der Tauffeier teilzunehmen, die rechts auf dem Bild von den Frauen vorbereitet wird. Das fröhliche und geschäftige Bild beschreibt detailliert eine holländische Haushaltsszene des 17. Jahrhunderts. Im Vordergrund sehen wir aufgeschlagene Eier, ein damals bekanntes Symbol für Sterblichkeit. Es erinnert selbst bei dieser Feier des neugeborenen Lebens jeden an den Tod, der auf ihn wartet. Steen war einer der populärsten holländischen Genremaler. Als Schüler von Van Goyen malte er zunächst Landschaften, wechselte dann aber zu Alltagsszenen aus dem Leben des Mittelstandes über. Steen, Sohn eines Braumeisters, ergänzte sein Künstlereinkommen ab 1654, indem er als Wirt tätig wurde. Die Hochzeiten, die er bei dieser Gelegenheit erlebte, beeinflußten seine Bildthemen.

☛ Dou, Van Goyen, Van Ostade, De Troy, Watteau

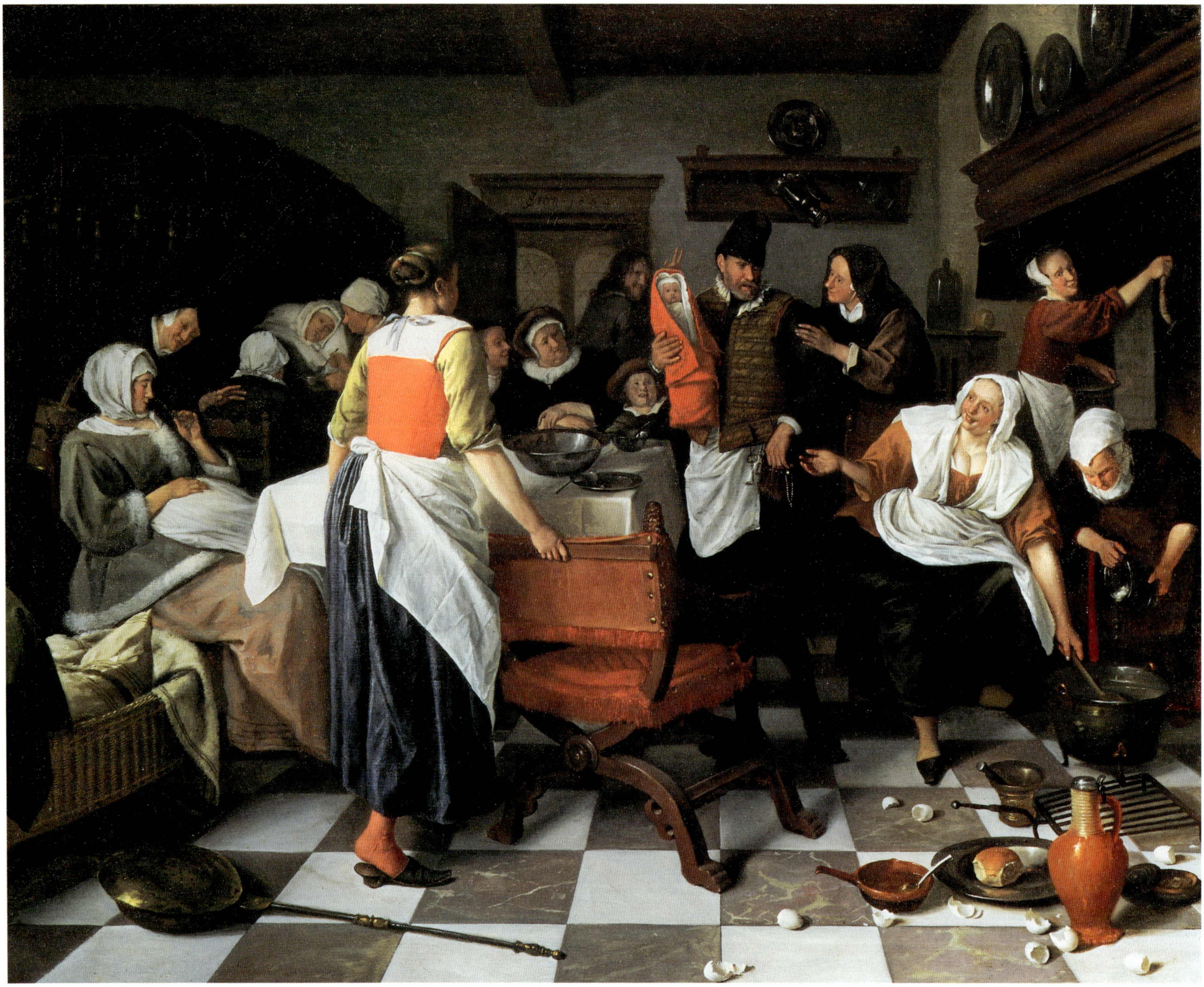

Jan Steen. * Leiden, um 1626. † Leiden, 1679. Die Tauffeier. 1664. Öl auf Leinwand. H 89 x B 109 cm. Wallace Collection, London.

Stella Frank

Kastura

Dieses mächtige Wandrelief besteht aus bunt bemalten Aluminiumteilen, die auf einem rechteckigen Rahmen befestigt sind. Stella hat geschickt die Monumentalität des Werkes ausbalanciert. Er tat dies mit erkennbarer Freizügigkeit gegenüber dem Träger, der aus einem unaufdringlichen Gitter von Kurvenlinealen besteht, durch das man die dahinterliegende Wand sehen kann. Die dreidimensionalen, ausgeschnittenen Formen fordern die herkömmlichen Grenzen eines ebenen Bildes heraus, da die Freizügigkeit der Konstruktion keine festen Grenzen zuläßt. Viele Anregungen sind in das Bild eingegangen, z. B. der Minimalismus mit seinem Gebrauch von massenweise vorgefertigtem Material und der Abstrakte Expressionismus mit seiner freien Anwendung der Farbe. Die Spannweite von Stellas Werk umfaßt auch überaus innovative Drucke in monumentalen Formaten.

☛ Caro, Hofmann, Johns, Kelly, Pollock, Ryman

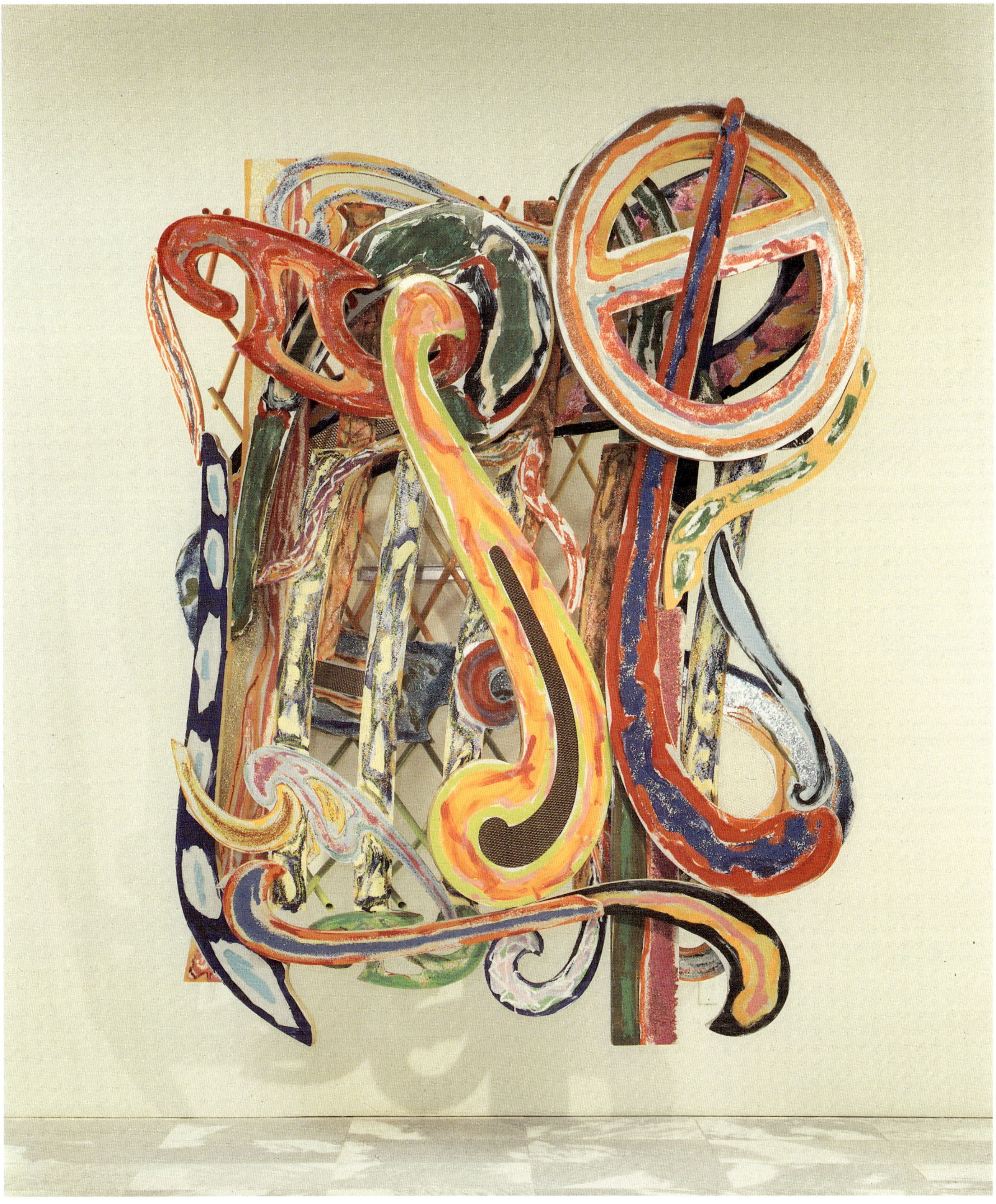

Frank Stella. * Malden, 1936. Kastura. 1979. Öl und Kunstharz auf Aluminium und Drahtnetz mit Metallröhren. H 292,1 x B 233,7 cm. Museum of Modern Art, New York.

Still Clyfford

Bild, 1944

Die weite Fläche aus aufgespachtelter schwarzer Farbe wird durchbrochen von einer gezackten roten Linie, die sie wie ein Blitz durchfährt und ihrerseits von einem weißen und gelben Feuerstreifen durchtrennt wird. Typisch für Stills Malweise ist, daß er dieses Bild in einer gegenständlichen Phase malte, als die meisten Zeitgenossen mit archaischen Motiven, literarischen Themen und mythischen Gestalten beschäftigt waren. Still brach mit seinen gegenstandslosen Flächen aus dick aufgetragener Farbe, die wie Erdplatten aussehen, und seinen unterschiedlich strukturierten Oberflächen zu neuen Ufern auf. Seine Bilder sind frühe Beispiele des Abstrakten Expressionismus, der in Anlehnung an das surrealistische »automatische« Malen durch betonte Spontaneität die schöpferischen Kräfte des Unbewußten freistellen wollte. Ebenso wie Pollock, Barnett, Newman und Rothko tendierte er zum Großformat.

☛ Burri, Motherwell, Newman, Pollock, Rothko

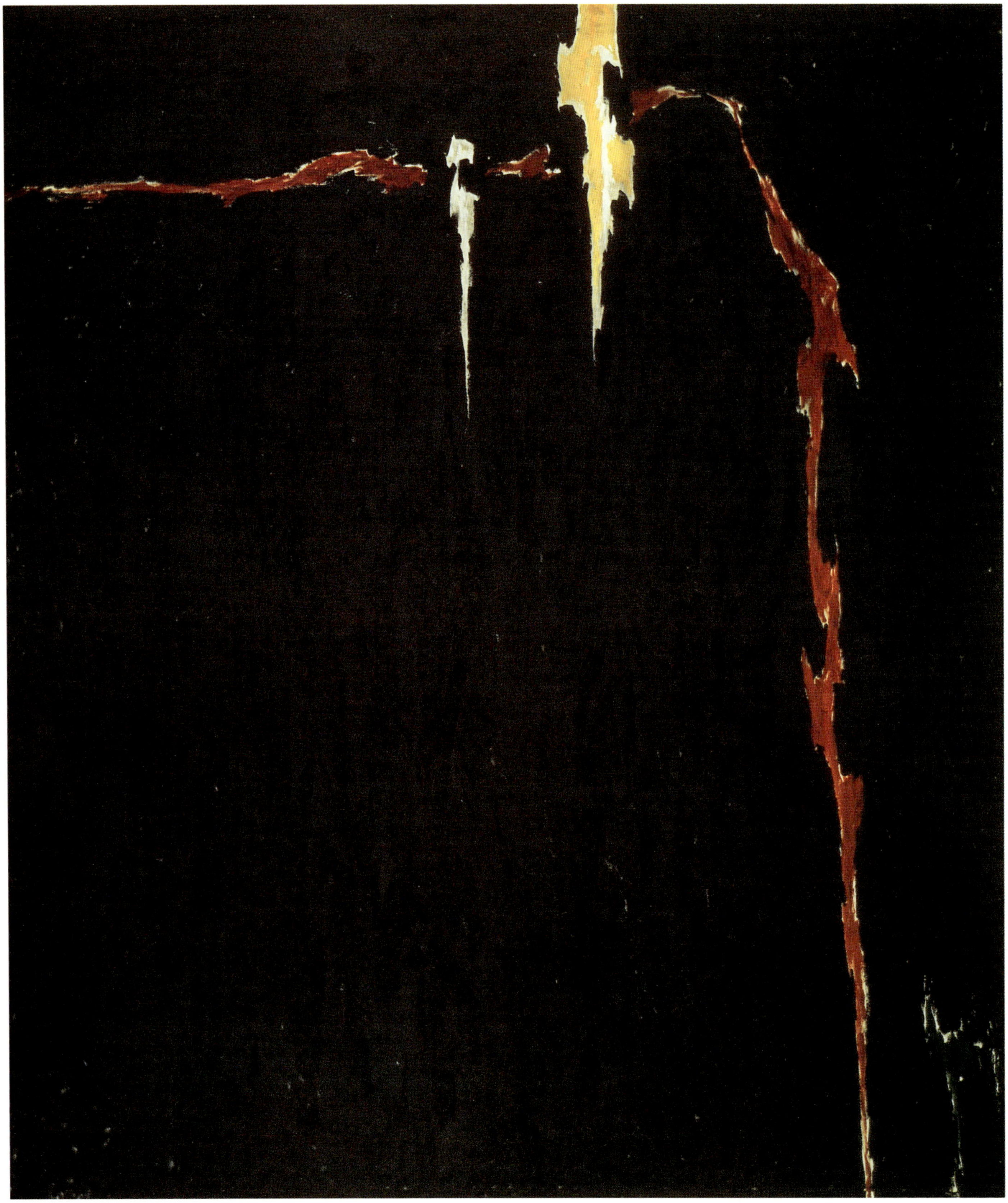

Clyfford Still. * Grandin, 1904. † New Windsor, 1980. Bild, 1944. 1944. Öl auf Leinwand. H 264,5 x B 221,4 cm. Museum of Modern Art, New York.

Stuart Gilbert

George Washington

Dieses Porträt des ersten Präsidenten der Vereinigten Staaten spiegelt die Ideale des Landes wider, das er lenkte, und ist entsprechend als ehrenvolle Repräsentation, doch ohne Prunk ausgeführt. Die ruhigen Farben des Hintergrundes lassen das Gesicht stärker hervortreten, das mit großem Wirklichkeitssinn gemalt ist, um Washingtons vertrauenswürdiges und begabtes Wesen zu würdigen. Anfang des 19. Jahrhunderts war Stuart Amerikas gefragtester Porträtist. Er malte die ersten fünf Präsidenten. Während des Unabhängigkeitskrieges lebte er in London, wo er mit seinem Landsmann, dem späteren Historienmaler West, zusammen studierte. Mit der Kenntnis der Porträtmalerei eines Gainsborough oder Reynolds ging er nach Amerika zurück, wo er seine Vorbilder um die typisch amerikanische Großzügigkeit bereicherte. Sein Porträt des Präsidenten diente als Vorlage für die Dollarnoten.

☛ Gainsborough, Houdon, Lawrence, Reynolds, West

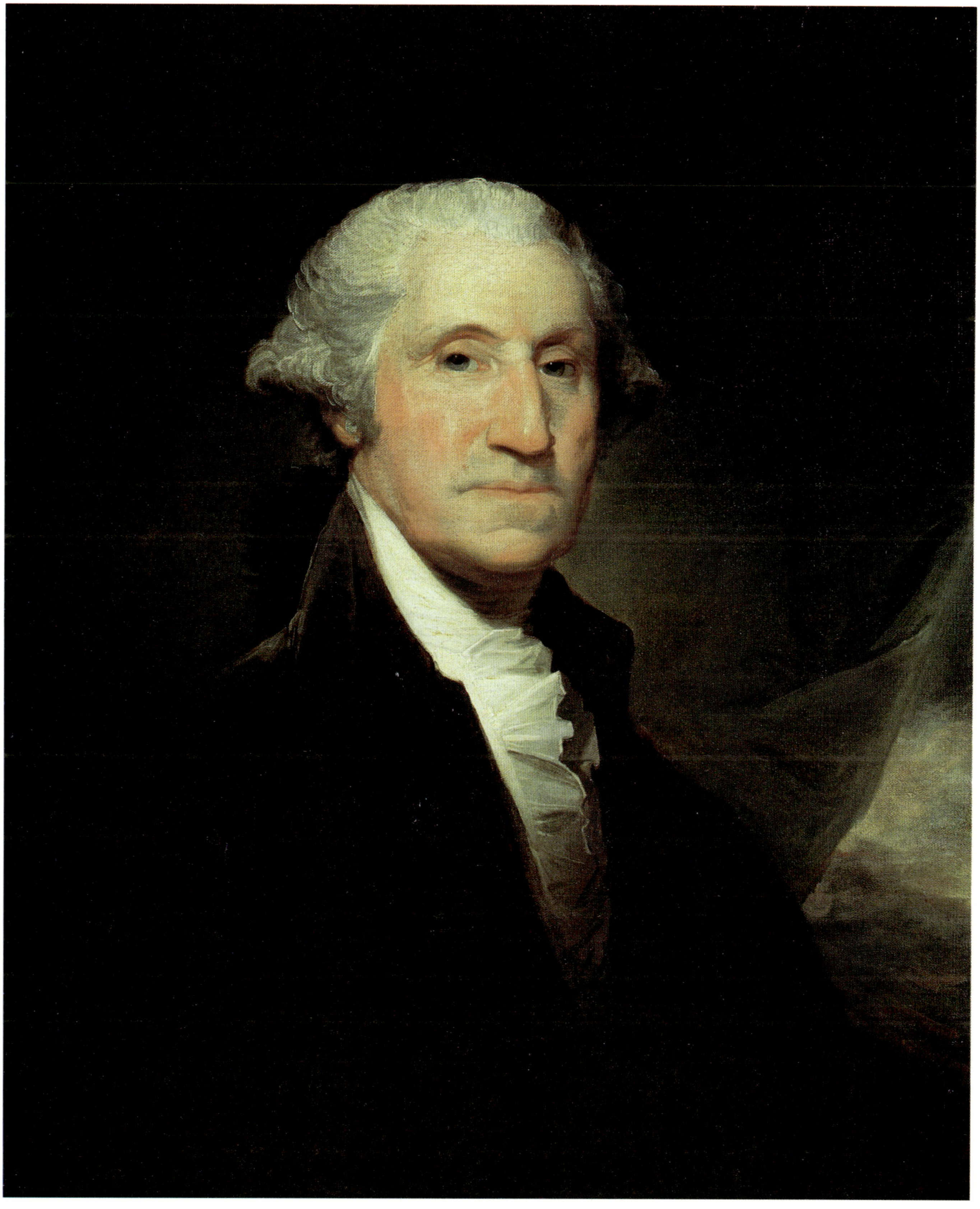

Gilbert Stuart. * North Kingstown, 1755. † Boston, 1828. George Washington. 1795. Öl auf Leinwand. H 76,8 x B 64,1 cm. Metropolitan Museum of Art, New York.

Stubbs George

Stuten und Fohlen

Mit geschickter Hand hat Stubbs getreulich und feinfühlig die Pferde und das Blattwerk über ihnen wiedergegeben. Die minutiös beobachteten Einzelheiten wie Schwanzhaare oder Hufe, die individuelle Farbigkeit eines jeden Pferdes und die zart gemalten Eichenblätter sind mit bemerkenswerter Naturtreue eingefangen. Stubbs genoß bei adligen Auftraggebern ein unbestrittenes Ansehen als führender Maler für Pferde, Hunde und Wildtiere. Als studierter Anatom war er befähigt, die Tiere naturgetreu darzustellen. Zur Unterstützung seiner Arbeit machte Stubbs detaillierte Skizzen über alle erdenklichen Positionen, über Knochenbau und Muskulatur, um den Bewegungsablauf genau zu erfassen. Doch sind seine Bilder mehr als nur anatomische Studien. Sie sind ebenso meisterhaft in ihrer Zeichnung und Komposition.

☛ Agasse, Audubon, Bassano, Marc, Marini

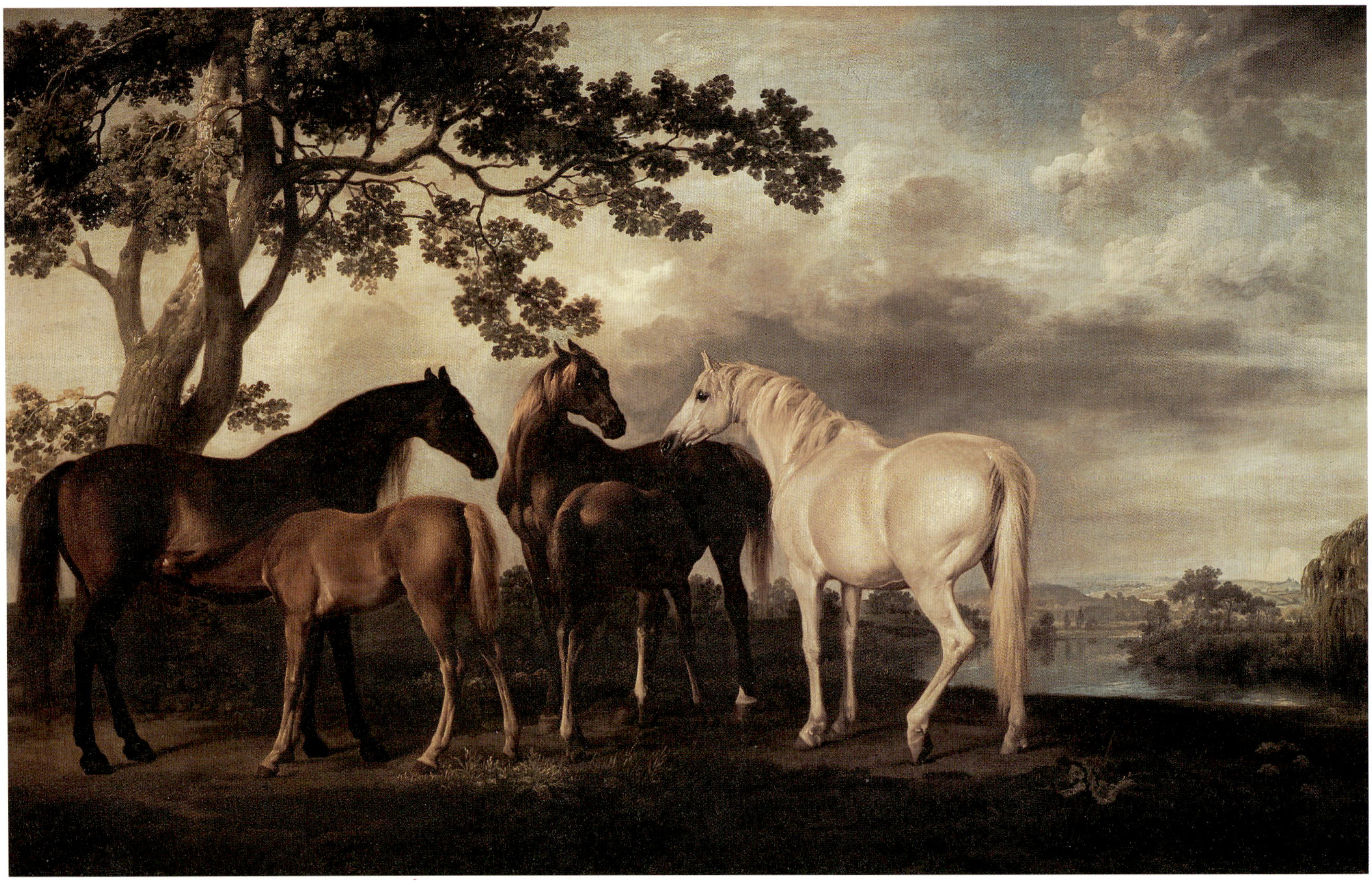

George Stubbs. * Liverpool, 1724. † London, 1806. Stuten und Fohlen. 1763-68. Öl auf Leinwand. H 99,1 x B 158,8 cm. Tate Gallery, London.

Sutherland Graham

Porträt von Somerset Maugham

William Somerset Maugham, der englische Roman- und Bühnenautor, sitzt mit würdevoll zurückhaltendem Blick vor einer grellgelben Wand. Seine Gesichtszüge haben etwas Karikaturhaftes, besonders die Hängebacken und das vorspringende Kinn. Sie rücken das Gesicht aus der Bildebene in Richtung Betrachter. Sutherland war einer der führenden britischen Künstler des 20. Jahrhunderts. Nach vielen Landschaften und religiösen Bildern wurde er in späteren Jahren ein gefragter Porträtist der damaligen Berühmtheiten. Seine halb abstrakter Stil, austariert durch großes zeichnerisches Geschick, blieb den Gesetzen des Realismus treu, doch seine amorphen Formen und seine verzweifelten Bildgestalten, die Bacon stark beeinflußten, lösten manche Kontroverse aus. Lady Churchill z. B. zerstörte nach dem Tod ihres Mannes dessen Porträt von Sutherland.

☛ Auerbach, Bacon, Freud, Organ

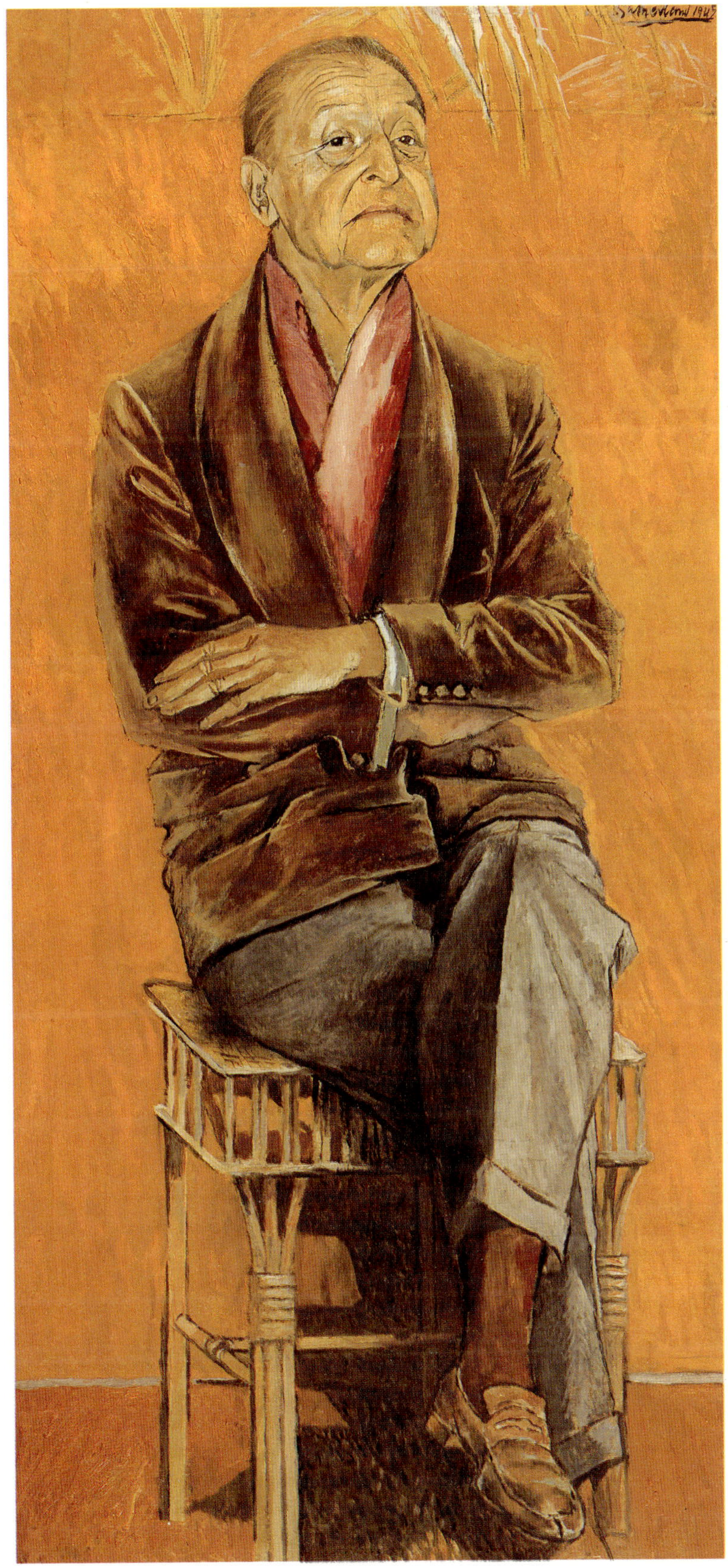

Graham Sutherland. * London, 1903. † London, 1980. Porträt von Somerset Maugham. 1949. Öl auf Leinwand. H 137 x B 64 cm. Tate Gallery, London.

Tamayo Rufino

Frau mit roter Maske

Eine Frau, gemalt in sinnlich glühenden Farben, mit einer roten Maske und einer Mandoline auf den Knien, sitzt aufrecht auf einem Stuhl. Das der Figur anhaftende Geheimnisvolle wird noch unterstrichen durch die bewußt eingeschränkte Farbpalette. Tamayo war zutiefst von Picasso und den anderen Kubisten beeinflußt. Dies ist eines der ersten Bilder, in denen eckige Umrisse auftauchen. Wahrscheinlich wurde es ohne vorbereitende Skizze direkt auf die Leinwand gemalt. Wie sein Landsmann Rivera verband Tamayo mexikanische Volksmotive mit europäischen Stilformen wie Kubismus, Surrealismus und Expressionismus und zeigte damit folgerichtig die bildhaften Werte des mexikanischen Volkes und seines Brauchtums. Das Bild wurde vor Tamayos Europabesuch im Jahre 1950 gemalt. Lange Zeit war er auch in den USA tätig.

☛ Jawlensky, Orozco, Picasso, Rivera, Severini

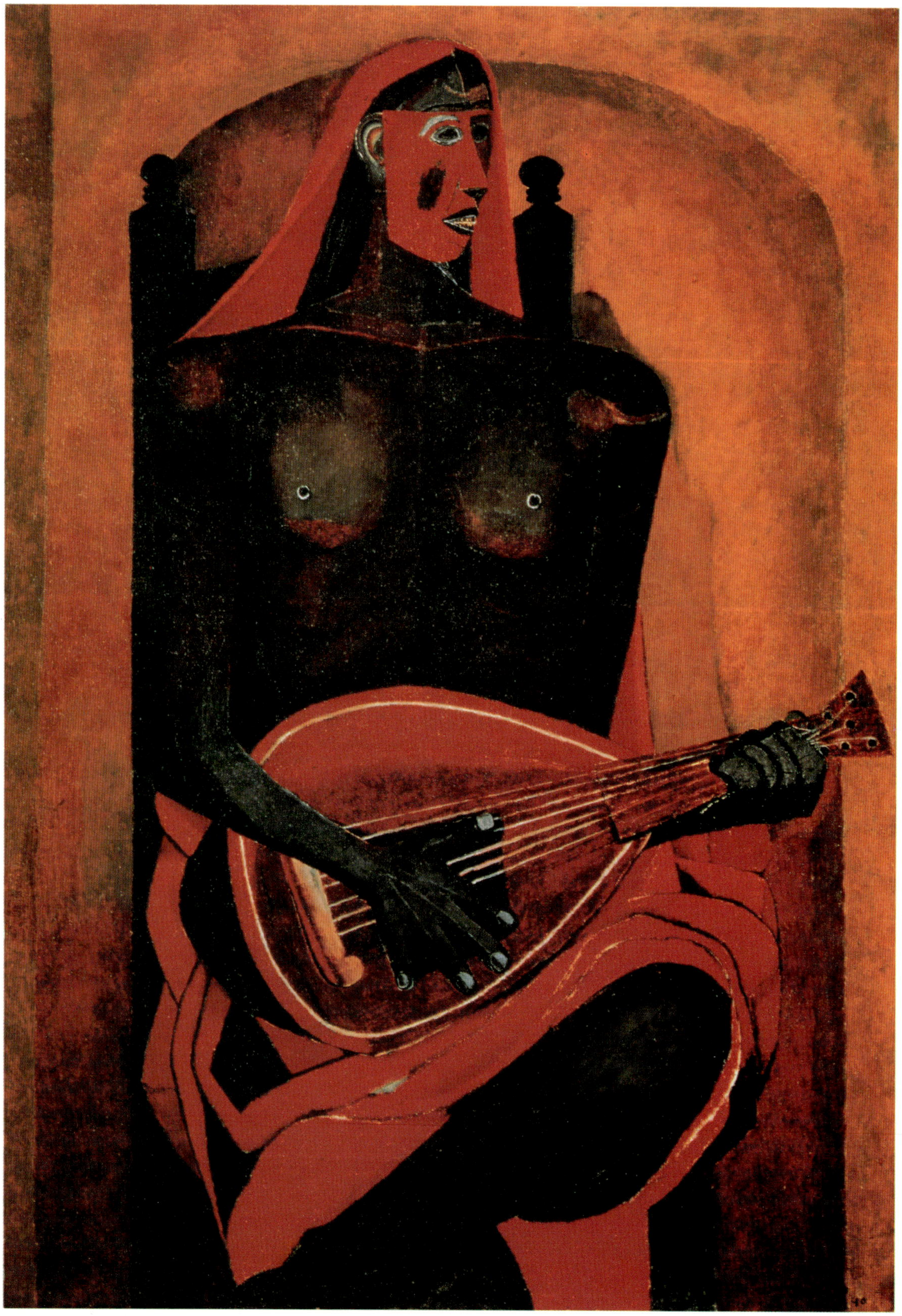

Rufino Tamayo. * Oaxaca, 1899. † Mexico City, 1991. Frau mit roter Maske. 1940. Öl auf Leinwand. H 121 x B 85 cm. Privatsammlung.

Tanguy Yves

Die Unsichtbaren

Abstrakte, halb organische Formen erklettern messerförmige Objekte und scheinen in einen bedrohlich bewölkten Himmel aufzusteigen. Tanguy verehrte De Chirico und schloß sich nach einem Gespräch mit dem Surrealistenautor und -guru André Breton im Jahre 1925 dieser Bewegung an. Titel und Inhalt des Bildes beziehen sich auf Bretons Vorstellung von der Existenz unsichtbarer Tiere, die sich der menschlichen Wahrnehmung entzogen haben. Die visionäre Art des Bildes entspricht voll und ganz der surrealistischen Bildwelt: Tanguy hat seinem Unbewußten erlaubt, diese Wesen zu schaffen, deren Existenz zwar ungewiß aber auch nicht widerlegbar ist. In anderen Bildern versuchen amorphe Wesen erfundene, dürre halluzinatorische Landschaften zu bevölkern. Klarheit und Genauigkeit waren zutiefst in Tanguys Persönlichkeit verankert und werden in seinen Bildern erkennbar.

☛ Bellmer, Brauner, De Chirico, Dalí, Matta, Miró

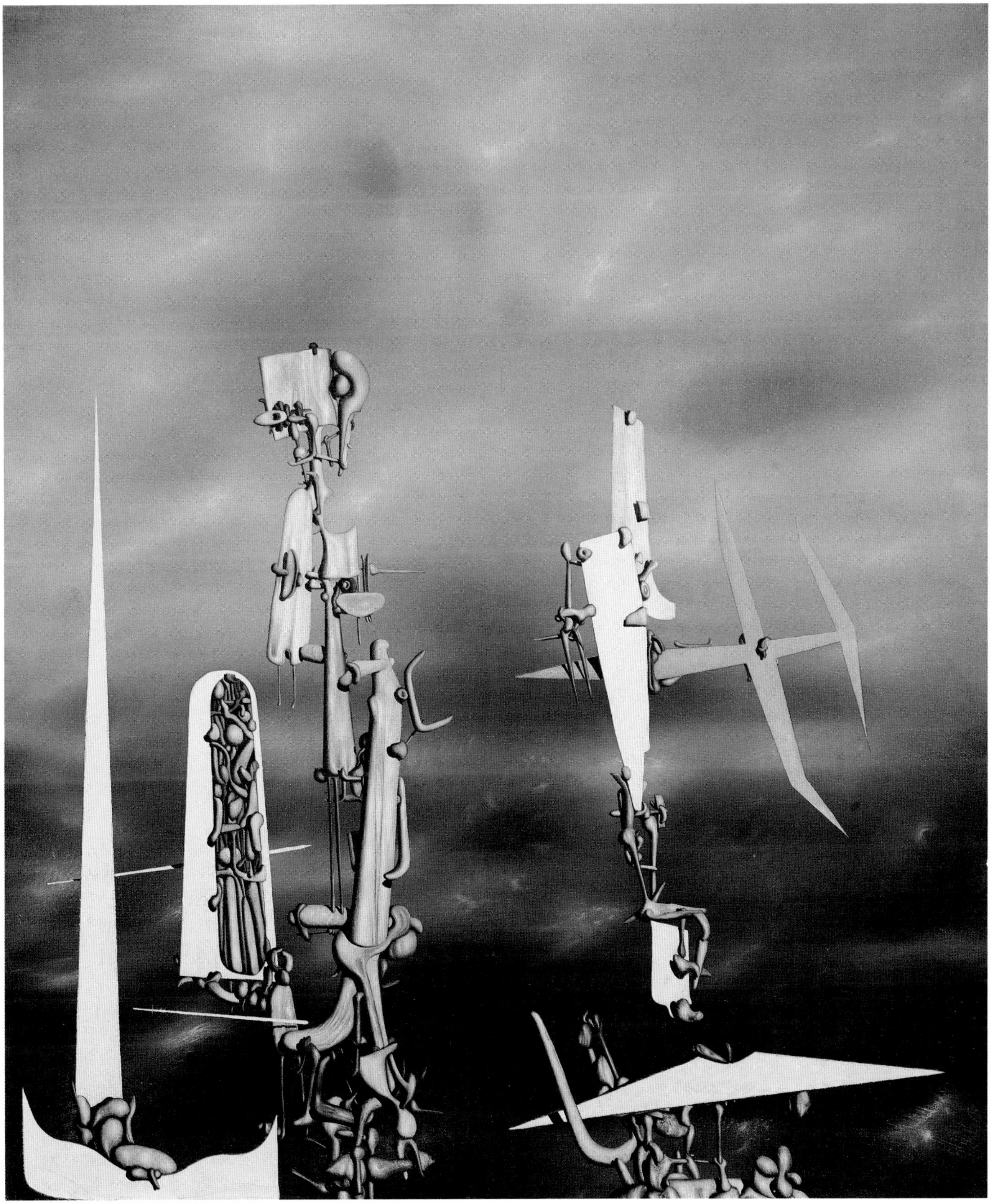

Yves Tanguy. * Paris, 1900. † Woodbury, 1955. Die Unsichtbaren. 1951. Öl auf Leinwand. H 98,5 x B 81 cm. Tate Gallery, London.

Tàpies Antoni

Grauer Ocker

In die dicke Farbschicht des Bildes hat Tàpies geritzt und hineingeschnitten, um seine Gefühle von Einsamkeit und Angst und etwas von den Zerstörungen der Zeit zum Ausdruck zu bringen. Doch auch eine gewisse Ästhetik und Eleganz wird in dieser erdfarbenen Komposition vermittelt. Tàpies experimentiert mit allen möglichen Materialien, er verbindet Ölfarben mit Marmorsand, Pigmentpulver oder Latex, um riesige verwüstete Oberflächen zu schaffen, die er mit Falten, Ritzungen und fossilartigen Abdrücken bedeckt. Ein Hauch von verstrichener Zeit, angedeutet durch die verwilderte Oberfläche, und offensichtlich durch die Zeit mehr als durch des Künstlers Hand gewonnen, ist ein Schlüsselelement seiner Werke.

Tàpies, der bedeutendste spanische Nachkriegskünstler, schuf jüngst schwere Tonplastiken aus Alltagsgegenständen.

☛ Burri, Dubuffet, Fautrier, Hartung, Riopelle

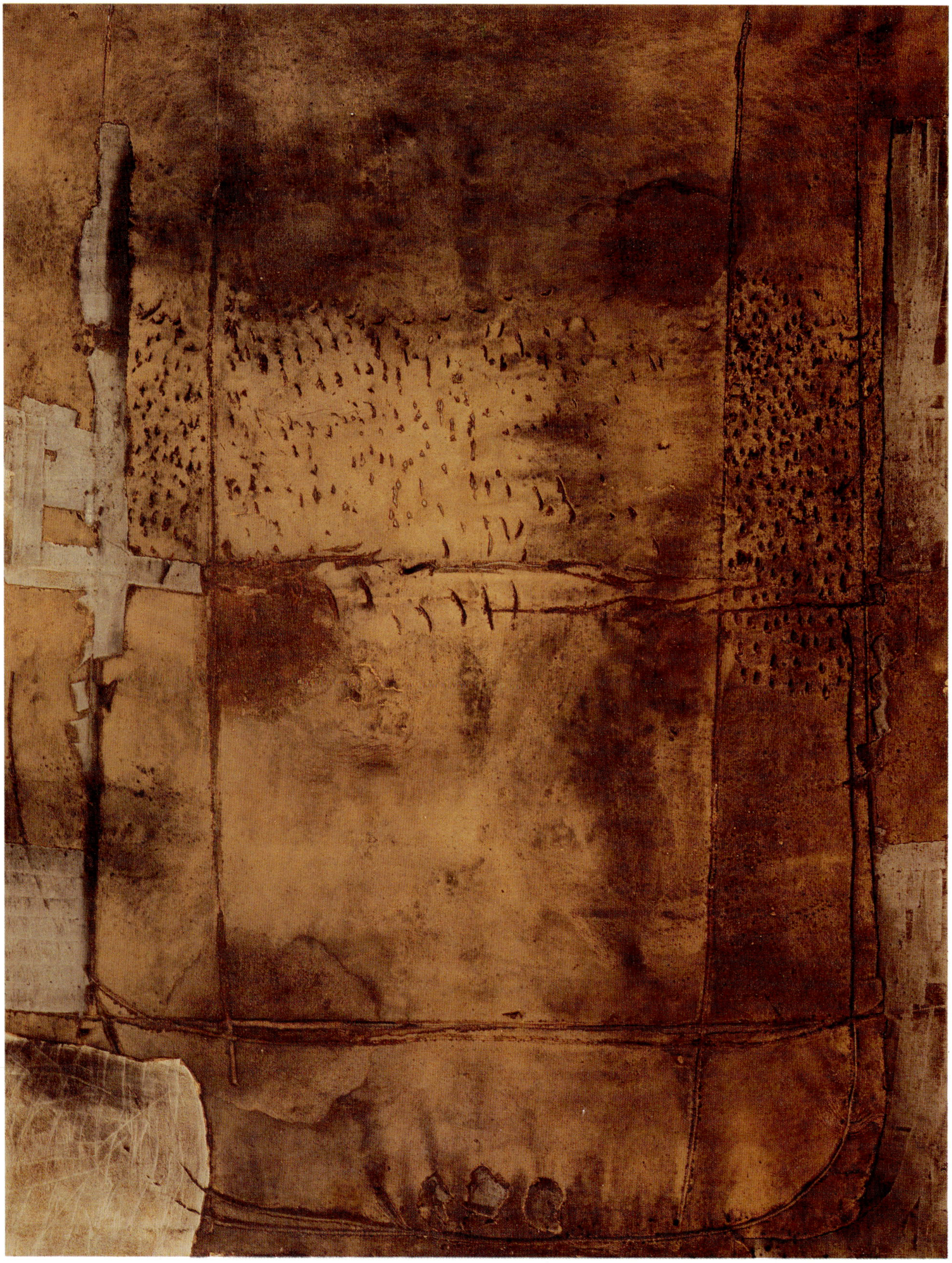

Antoni Tàpies. * Barcelona, 1923. Grauer Ocker. 1958. Öl und Marmorstaub auf Leinwand. H 259,7 x B 194,3 cm. Tate Gallery, London.

Tatlin Vladimir

Monument der 3. Internationale

Dieses Meisterwerk, ein Symbol des Konstruktivismus und die Disziplinen Skulptur und Architektur vereinend, kam nie über das Modellstadium hinaus. In einem Moment politischer Begeisterung entstanden, sollte dieser schiefe Spiralturm das Empire State Building überragen und abwechselnd rotierende Teile in seinem Zentrum enthalten. Der Raum ist in Teilstücke, die wie in einer mathematischen Gleichung zueinander in Beziehung stehen, angeordnet. Tatlin war der Begründer des Konstruktivismus, einer russischen Kunstrichtung, die zunächst aus Experimenten mit der Abstraktion entstand, dann aber mehr praktische Ziele verfolgte. Tatlin verteidigte die Idee vom »Kunstingenieur« und sah die Hauptaufgabe des Konstruktivismus in der Erfüllung sozialer Aufgaben. In Materialien wie Holz, Metall, Glas und Wachs und in rein geometrischen Formen schuf er eine Reihe von hängenden Reliefs.

☛ Gabo, Lipchitz, Malevič, Popova, Rodchenko, Sheeler

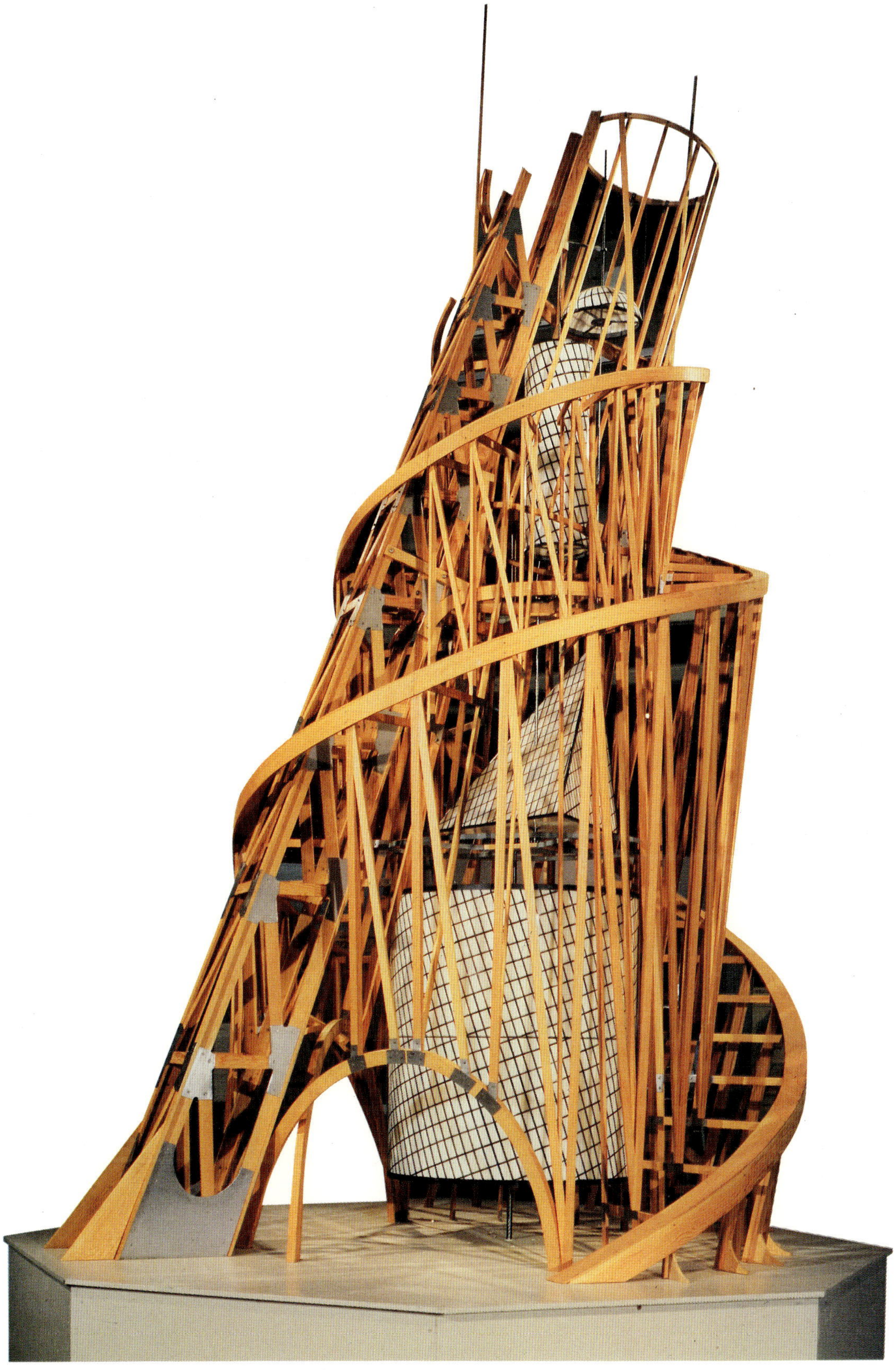

Vladimir Tatlin. * Moskau, 1885. † Moskau, 1953. Monument der 3. Internationale. 1919. Holz, Eisen und Glas. H 420 cm. Musée National d'Art Moderne, Paris.

Teniers David

Die Gemäldesammlung des Erzherzogs Leopold

Wie ein Flickenteppich aus Gemälden breitet sich diese Gemäldesammlung des Regenten der spanischen Niederlande, Leopold Wilhelm von Österreich, aus. Im 17. Jahrhundert wurden vermehrt Bilder gesammelt. Adelige, Bankiers und reiche Bürger häuften immense Schätze aus Renaissance- und Gegenwartskunst an. Der Raum ist vollgestopft mit bekannten Bildern, unter anderem von Tizian, Rubens, Raffael, Giorgione und Carracci. Viele davon befinden sich heute im Kunsthistorischen Museum in Wien. Der großen, bärtigen Gestalt des Erzherzogs werden die Bilder von Teniers gezeigt, der zugleich Hofmaler des Erzherzogs und dessen Bilderverwalter war. Er machte zahlreiche Kopien von den Bildern der Sammlung und malte in seiner langen Karriere an die 2000 Gemälde mit allen erdenklichen Motiven und Themen.

☛ Bazille, Dou, Metsu, Vermeer, Zoffany

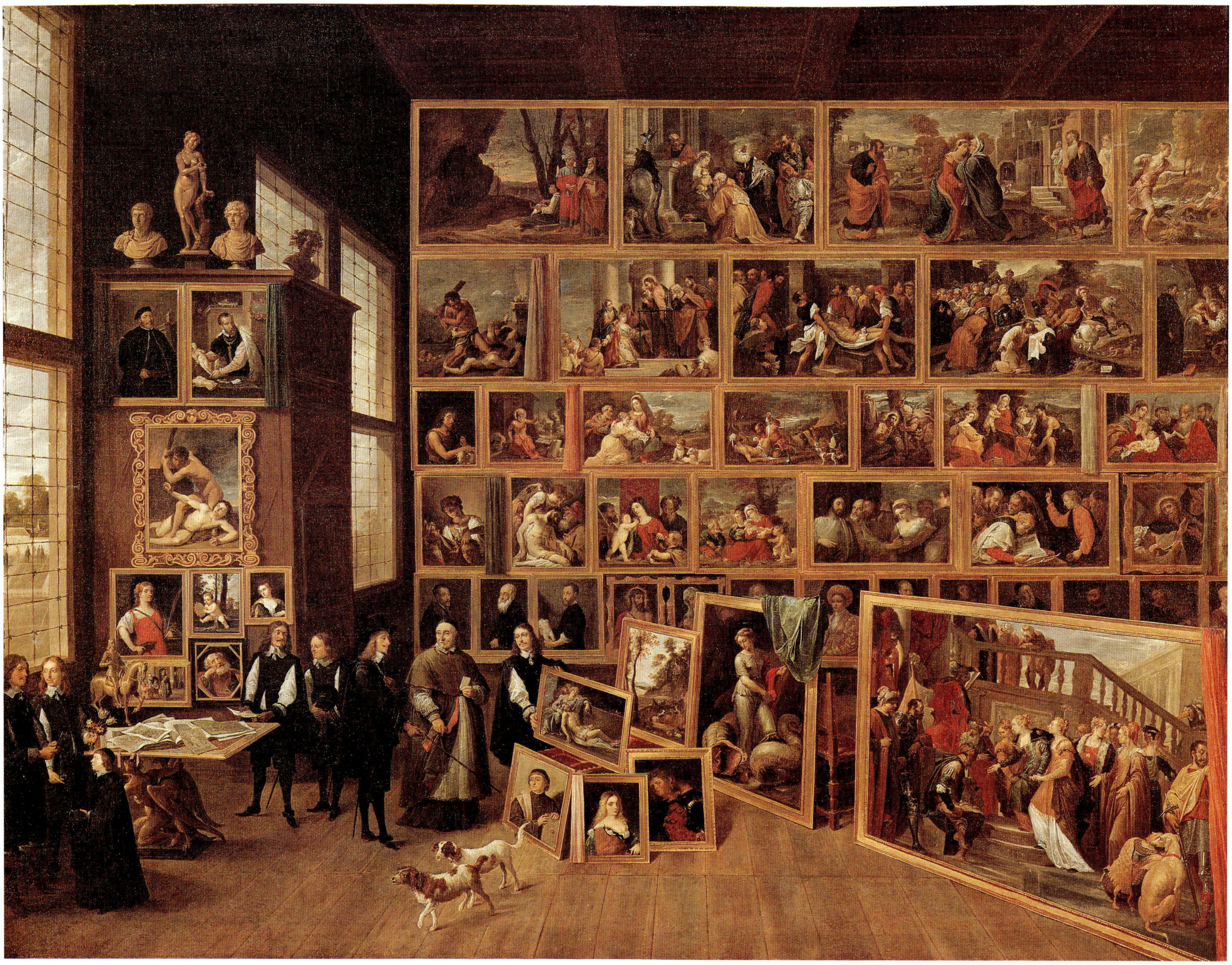

David Teniers (der Jüngere). * Antwerpen, 1610. † Brüssel, 1690. Die Gemäldesammlung des Erzherzogs Leopold. 1651. Öl auf Leinwand. H 127 x B 162,6 cm. Petworth House, Petworth.

Ter Borch Gerard

Aufforderung zum Tanz

Ein stilvoller und ziemlich schelmisch aufblickender Höfling in Uniform bittet eine sittsame junge Dame in einem kostbaren weißen Seidenkleid um einen Tanz. Das Licht fällt auf das Paar, als er gerade ihre Hand berührt; der Rest des sparsam ausgestatteten Raums und die sitzenden Zuschauer bleiben im Schatten. Ter Borch, ein früher holländischer Porträtist und Maler von höfischen Genreszenen, war bekannt für seine intimen, häuslichen Szenen in wohlhabenden Familien und für sein Geschick in der Darstellung kostbarer Stoffe wie Seide oder Satin. Die Details dieser Bilder und der puppenhafte Reiz der Personen entsprach dem Geschmack der bürgerlichen Mittelklasse in Amsterdam und Haarlem. Ter Borch reiste viel durch Europa und kannte vermutlich alle großen Künstler wie Rembrandt oder Velázquez persönlich. Seine Bilder zeigen den Einfluß dieser Meister jedoch kaum.

☛ Dou, Metsu, Rembrandt, Velázquez, Vermeer

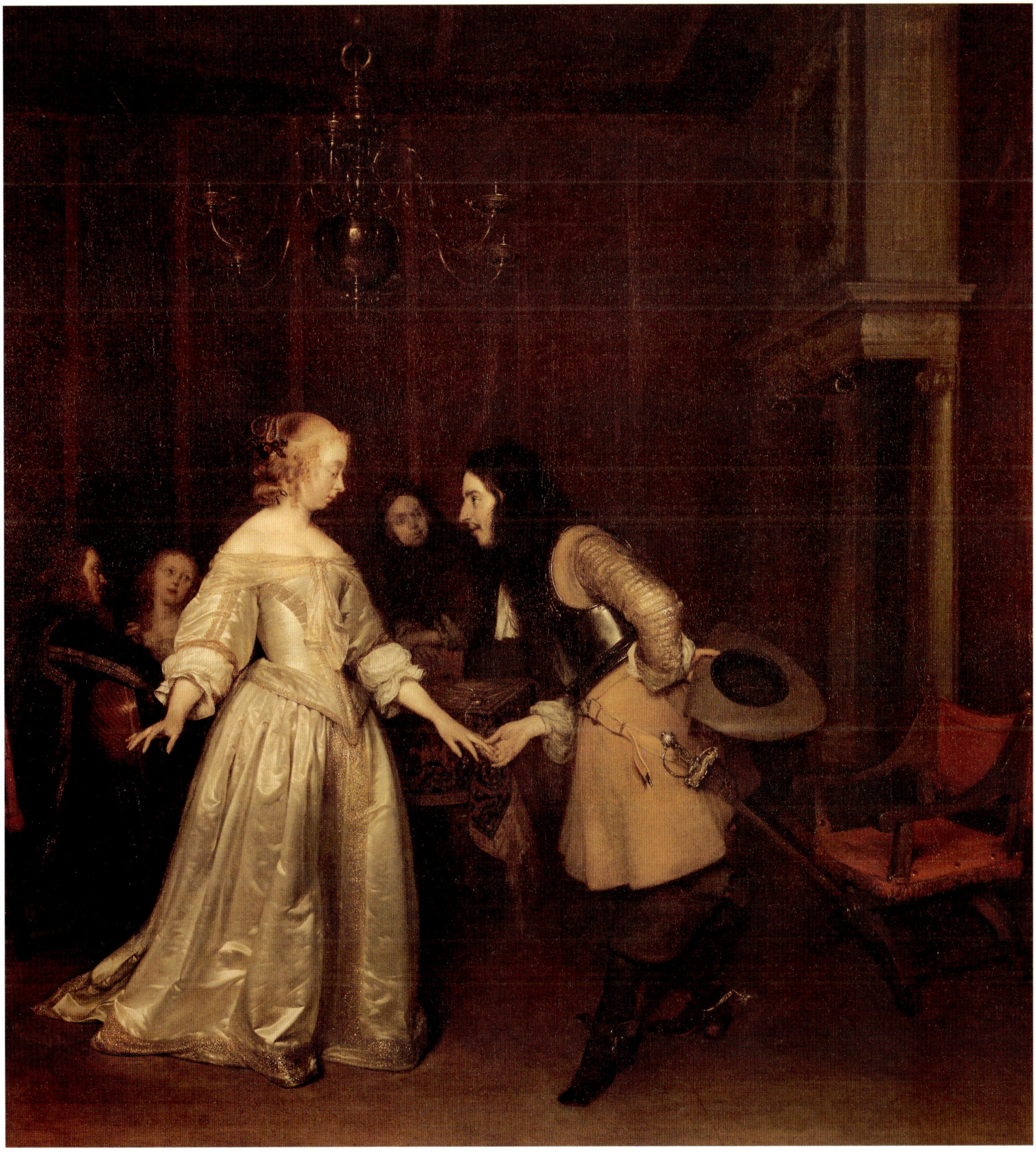

Gerard Ter Borch. * Zwolle, 1617. † Deventer, 1681. Aufforderung zum Tanz. 1660. Öl auf Leinwand. H 76 x B 66 cm. Polesden Lacey, Dorking.

Terbrugghen Hendrick

Der Flötenspieler

Ein junger Stutzer in gestreiftem Brokathemd mit gebauschten Ärmeln spielt auf einer Flöte. Der dunkle Samthut hebt sein Profil hervor. Das Bild scheint frei von literarischen Anspielungen: eine bloß lichtvolle und erfreuliche Erscheinung? Doch die damalige holländische Malerei war voller symbolischer Anspielungen. Das Bild könnte eine Personifikation der Musik sein oder des Hörens schlechthin, also einen der fünf Sinne bedeuten. Das Konzept des Bildes ist ungewöhnlich: Die kühn gemalte Figur ist gegen einen flachen Hintergrund abgegrenzt und füllt allein die linke Hälfte des Formates aus. Diese Monumentalität und der dramatische Gebrauch von Licht und Schatten zeigen den Einfluß von Caravaggio.

Terbrugghen hatte in Rom studiert und bildete zusammen mit Honthorst und anderen die sogenannte Schule von Utrecht, die zu einem wichtigen Vehikel zur Verbreitung von Caravaggios Ideen nördlich der Alpen wurde.

☛ Caravaggio, Greuze, Honthorst, Lotto

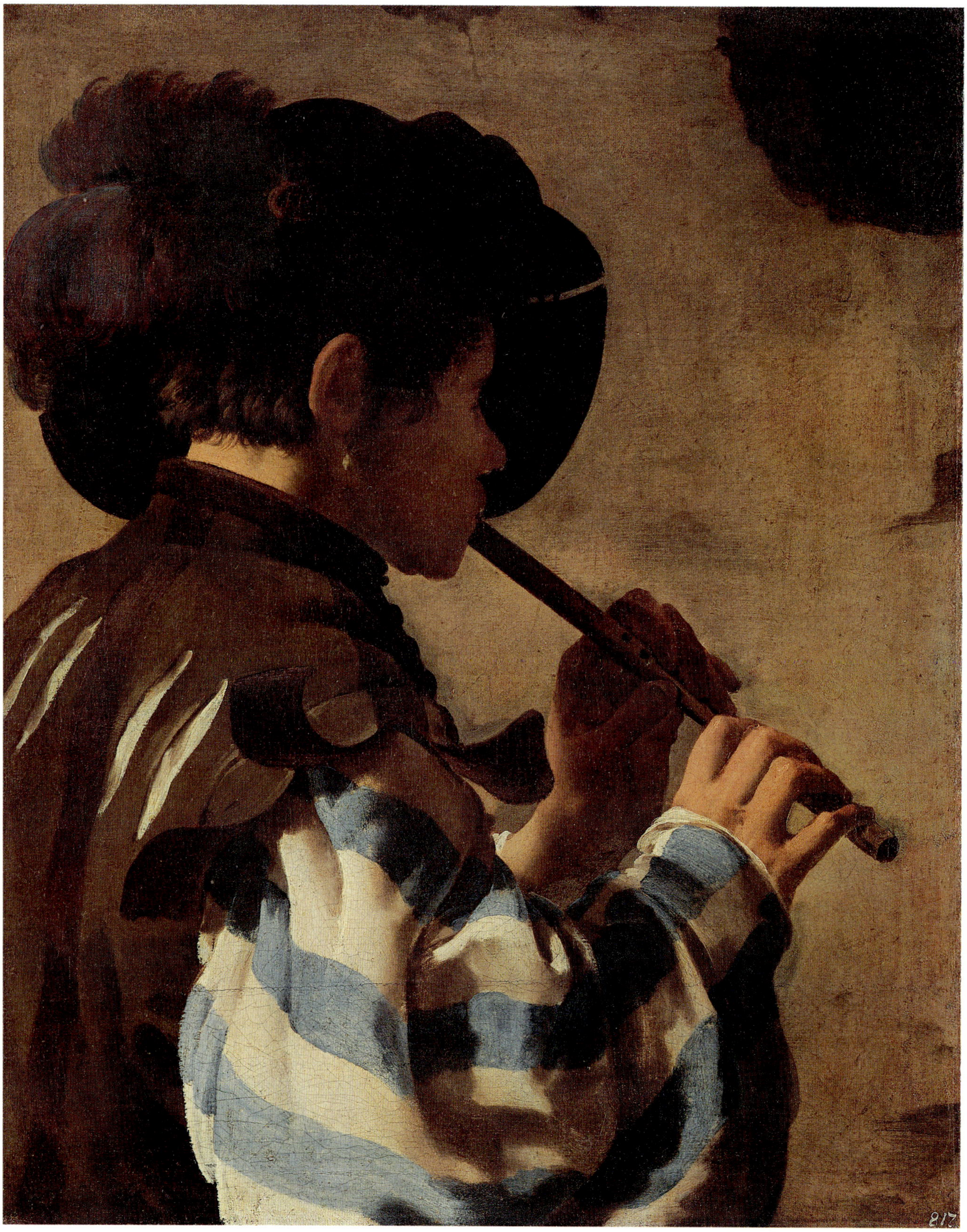

Hendrick Terbrugghen. * Deventer, 1588. † Utrecht, 1629. Der Flötenspieler. 1621. Öl auf Leinwand. H 71,3 x B 55,8 cm. Schloßpark Wilhelmshöhe, Kassel.

Thiebaud Wayne

Verschiedene Kuchen

Ein Arrangement köstlicher Kuchen wurde in leuchtend grellen Farben gemalt, die sie unechter und künstlicher erscheinen lassen, als sie in Wirklichkeit sind. Thiebauds frühes Werk galt der Darstellung in Amerika üblicher Speisen, die er in realistischem Stil mit dicken Farben wiedergab. Er variierte oft ein und denselben Gegenstand. Er fand seine Motive in Kaffeehäusern und bot sie quasi als visuelle Gabe dem Betrachter an. Die marktschreierische Anpreisung unmißverständlicher Konsumgegenstände und die Beschränkung auf Struktur, Farbe und Gestalt machen das Bild zu einem wichtigen Beispiel der amerikanischen Pop Art. Thiebaud arbeitete als freischaffender Karikaturist und Illustrator in New York, bevor er mit 29 Jahren ins Malerfach überwechselte. Heute lebt er in Kalifornien und beschränkt sich mehr auf Landschaften und Stadtansichten seiner direkten Umgebung.

☛ Dine, Morandi, Oldenburg, Rosenquist, Wesselman

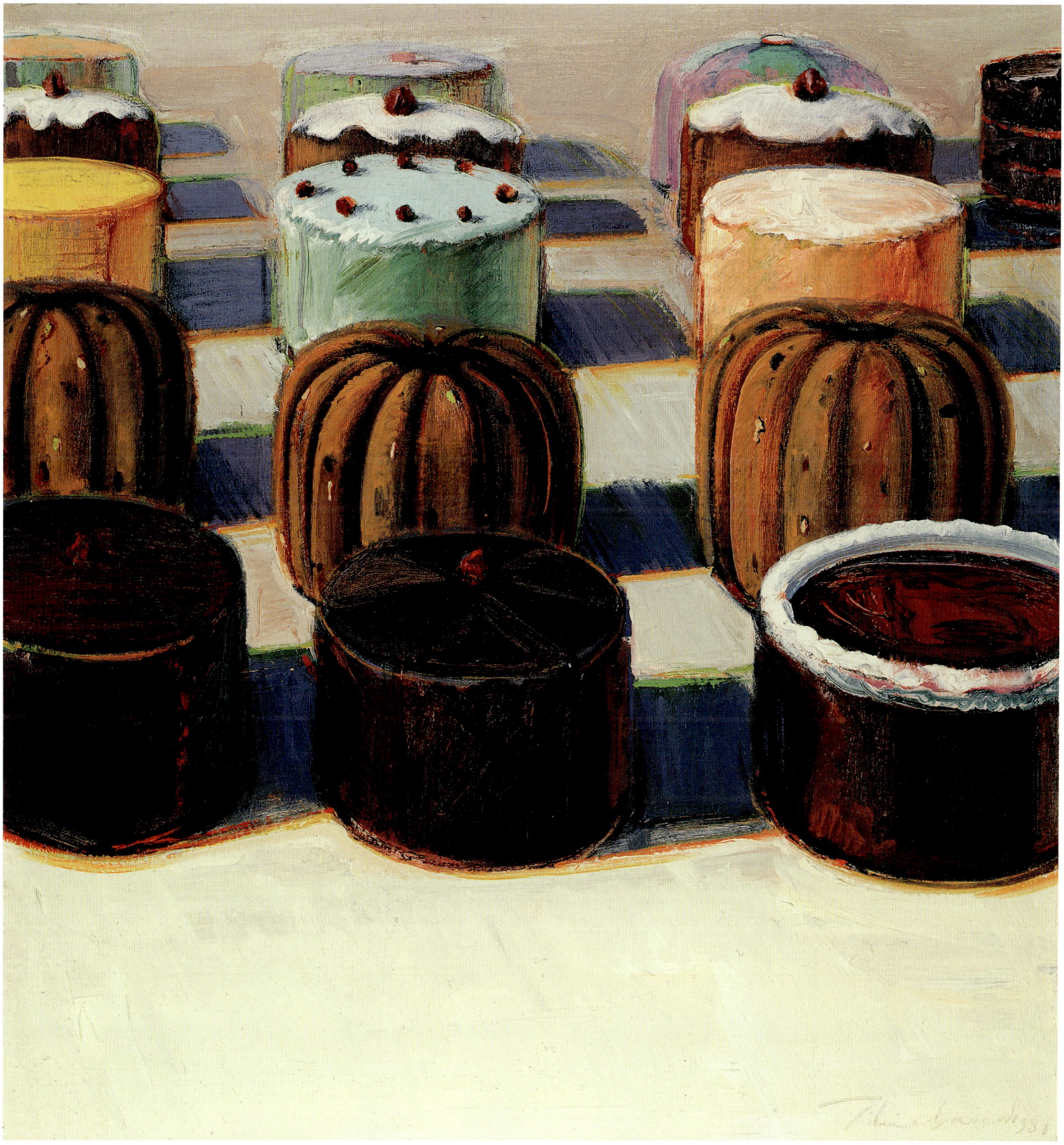

Wayne Thiebaud. * Mesa, 1920. Verschiedene Kuchen. 1981. Öl auf Leinwand. H 63,5 x B 58,4 cm. Privatsammlung.

Tiepolo Giovanni Battista

Die Auffindung des Moseskindes

Pharaos Tochter hat den kleinen Moses in einem Binsenkorb auf dem Nil treibend entdeckt. Umgeben von einer Schar weiblicher und männlicher Bediensteter hat sie das Kind einer barfüßigen Kinderfrau anvertraut. Das Mädchen im blauen Kleid (links), auf das Kindermädchen und Alte zeigen, ist vielleicht Miriam, die Schwester von Moses. Vielen gilt Tiepolo als einer der größten Maler des 18. Jahrhunderts. Er war der führende Vertreter des venezianischen Rokoko, einem Stil, der durch Frivolität, Farbenpracht und verspielte Effekthascherei charakterisiert ist. Tiepolos Werk wird für seine lichtvolle Tonigkeit und fantasievollen Kompositionen gerühmt. Der letzte große venezianische Dekorationskünstler erhielt zahlreiche Aufträge für Deckenmalereien in Kirchen. Eines seiner Hauptwerke ist das große Deckengemälde des Treppenhauses in der Würzburger Residenz. Nur mit Hilfe einer großen Werkstatt konnte er die Menge der Aufträge ausführen.

☛ Amigoni, Boucher, Canova, Fragonard

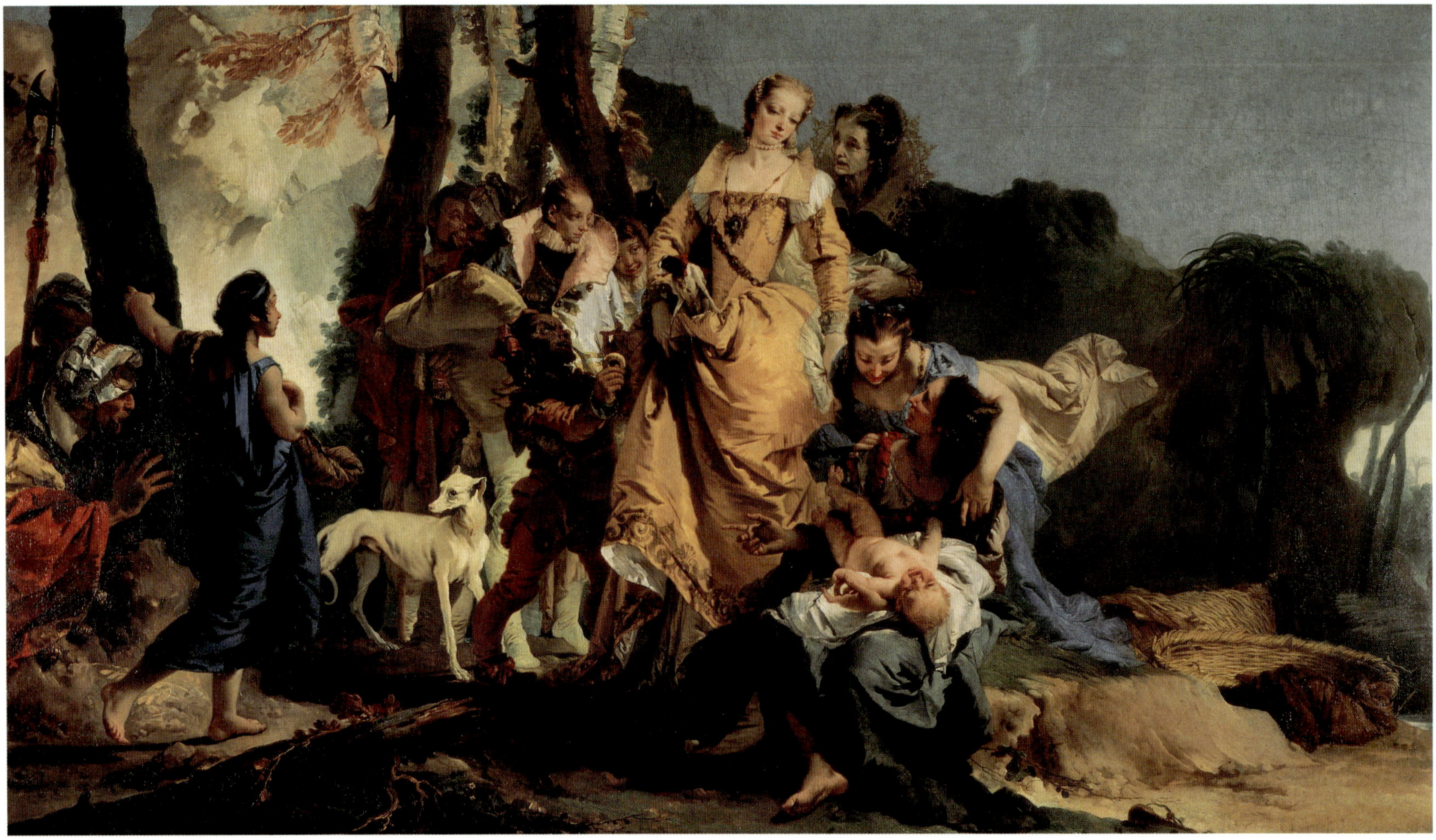

Giovanni Battista Tiepolo. * Venedig, 1696. † Madrid, 1770. Die Auffindung des Moseskindes. Um 1730. Öl auf Leinwand. H 202 x B 342 cm. National Gallery of Scotland, Edinburgh.

Tinguely Jean

Trophäe für die Jagd auf den Golem

Diese klapprige Plastik besteht aus einer Vielzahl von unzusammenhängenden Gegenständen, die miteinander verschweißt sind. Die Anbringung eines Elektromotors erlaubt, das statische Gebilde in ein bewegtes Kunstwerk zu verwandeln. Fließt der Strom, beginnen die Räder ächzend und rasselnd die Assemblage in Bewegung zu setzen. Ihre bewegliche Natur verbindet diese Plastik mit der kinetischen Kunst, die auf der Vorstellung beruht, daß Licht und Bewegung allein ein Kunstwerk hervorbringen können. Die Verwendung von vorgefertigten Gegenständen und seine exhibitionistische Natur machen das Werk aber zu einem Beispiel für den Neuen Realismus. Ab den späten 50er bis in die 60er Jahre konstruierte Tinguely sich selbst antreibende, verzehrbare und musikerzeugende Maschinen. Er organisierte zahlreiche Veranstaltungen mit sich selbst zerstörenden Maschinen, wie z. B. im März 1960 im Museum of Modern Art in New York.

☛ Calder, Klein, Nauman, Viola

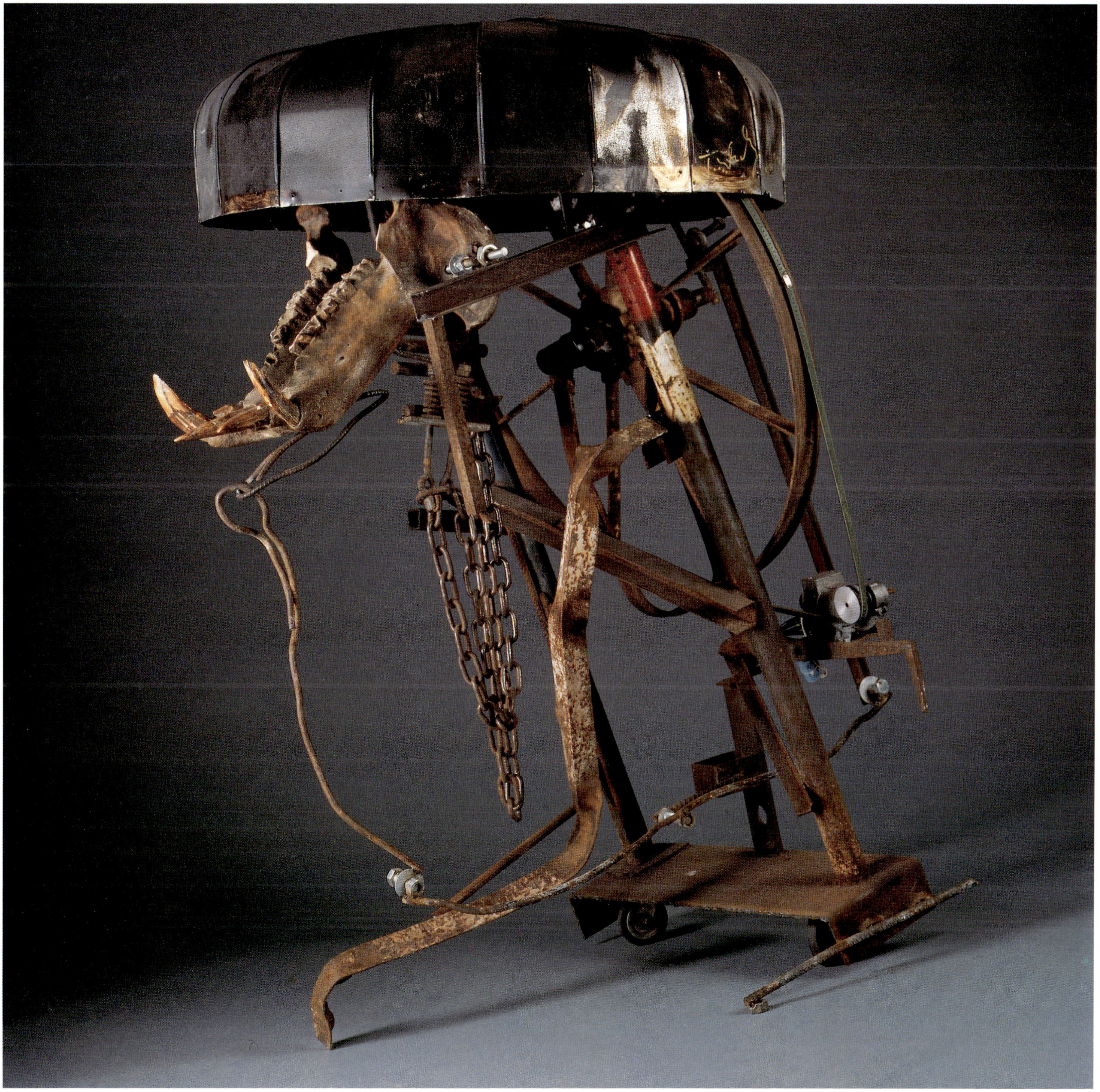

Jean Tinguely. * Freiburg, 1925. † Freiburg, 1991. Trophäe für die Jagd auf den Golem. 1990. Eisen, Stahl, Gummiband, Elektromotor und Nilpferdunterkiefer. H 177,8 cm. Gimpel Fils, London.

Tintoretto Jacopo

Die Verkündigung

Ein von Cherubinen begleiteter Erzengel Gabriel überrascht mit ausladender Geste eine verdutzte Maria. Im Gegensatz zu üblichen Verkündigungsdarstellungen lebt Maria in einem heruntergekommenen, einst prachtvollen Haus und ist in schlichte Gewänder gekleidet. Draußen arbeitet Josef in seiner Zimmerei, ohne das Geschehen wahrzunehmen. Über Tintorettos frühe Jahre ist wenig bekannt. Er behauptete, ein Schüler Tizians zu sein. Auf jeden Fall ist er ein führender Vertreter des italienischen Manierismus. Sein Werk ist von einem außerordentlichen Gefühl für Dramatik gekennzeichnet, das sich durch ungewöhnliche Ansichten, bestürzende Perspektiven, extreme Maßstabsveränderungen und brillante Licht- und Farbeffekte zu erkennen gibt. Tintoretto wurde zur Verkörperung venezianischer Kulturleistungen; er verließ diese Stadt während seines langen und schöpferischen Lebens nur einmal, nämlich für einen kurzen Besuch von Mantua.

☛ Fra Angelico, Bordone, Palma il Vecchio, Martini, Tizian

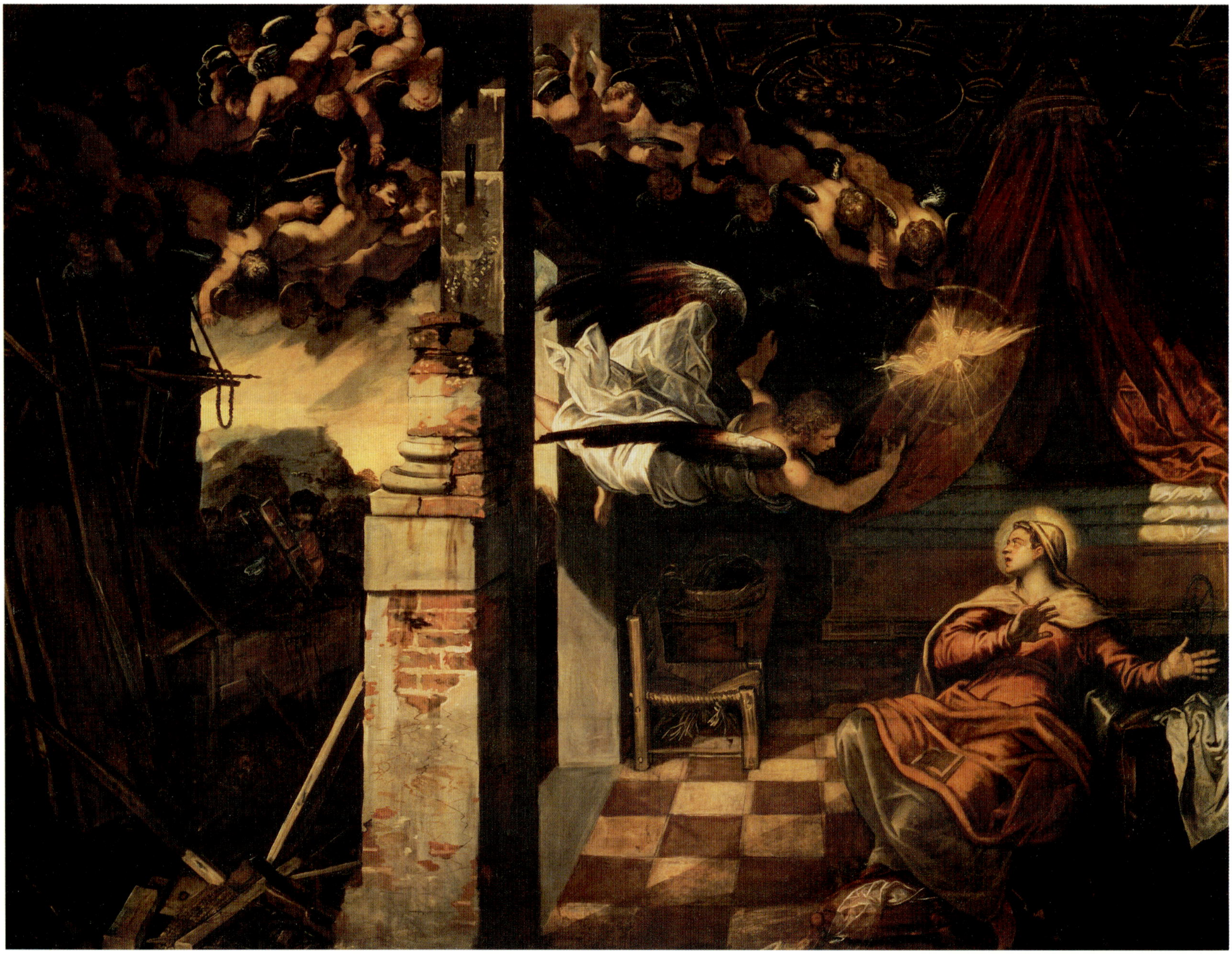

Jacopo Tintoretto. * Venedig, 1518. † Venedig, 1594. Die Verkündigung. 1583/87. Öl auf Leinwand. H 421,6 x B 544,8 cm. Scuola Grande di San Rocco, Venedig.

Tissot James

Das Picknick

Herbstgelbe Blätter eines Kastanienbaumes beschatten eine Gruppe gutgekleideter Männer und Frauen, die sich am Rande eines gefaßten Wasserbassins an einem Picknick gütlich tun. Das Bild wurde im rückwärtigen Hof von Tissots Villa neben Lord Crickets Grundstück gemalt. Es sprüht vor leuchtenden Farben und köstlichen Details. In seinen Szenen im Freien teilt Tissot den Realismus französischer Künstler wie Manet und anderer. Sein Stil ist dem der Impressionisten verwandt, die zur selben Zeit malten, doch Tissots Bilder sind klarer in ihrer Sicht, und er malte die gehobeneren Bürgerschichten. Er konzentrierte sich auf feinbekleidete Frauen, die die letzte Mode trugen und mit ihren Männern das unbeschwerte Leben genossen. Seine Bilder erfreuen sich neuerdings wieder große Beliebtheit; lange Zeit galten sie als Ausdruck der ausgehöhlten und dekadenten spätviktorianischen Gesellschaft.

☛ Dufy, Fragonard, Manet, Renoir, Sargent

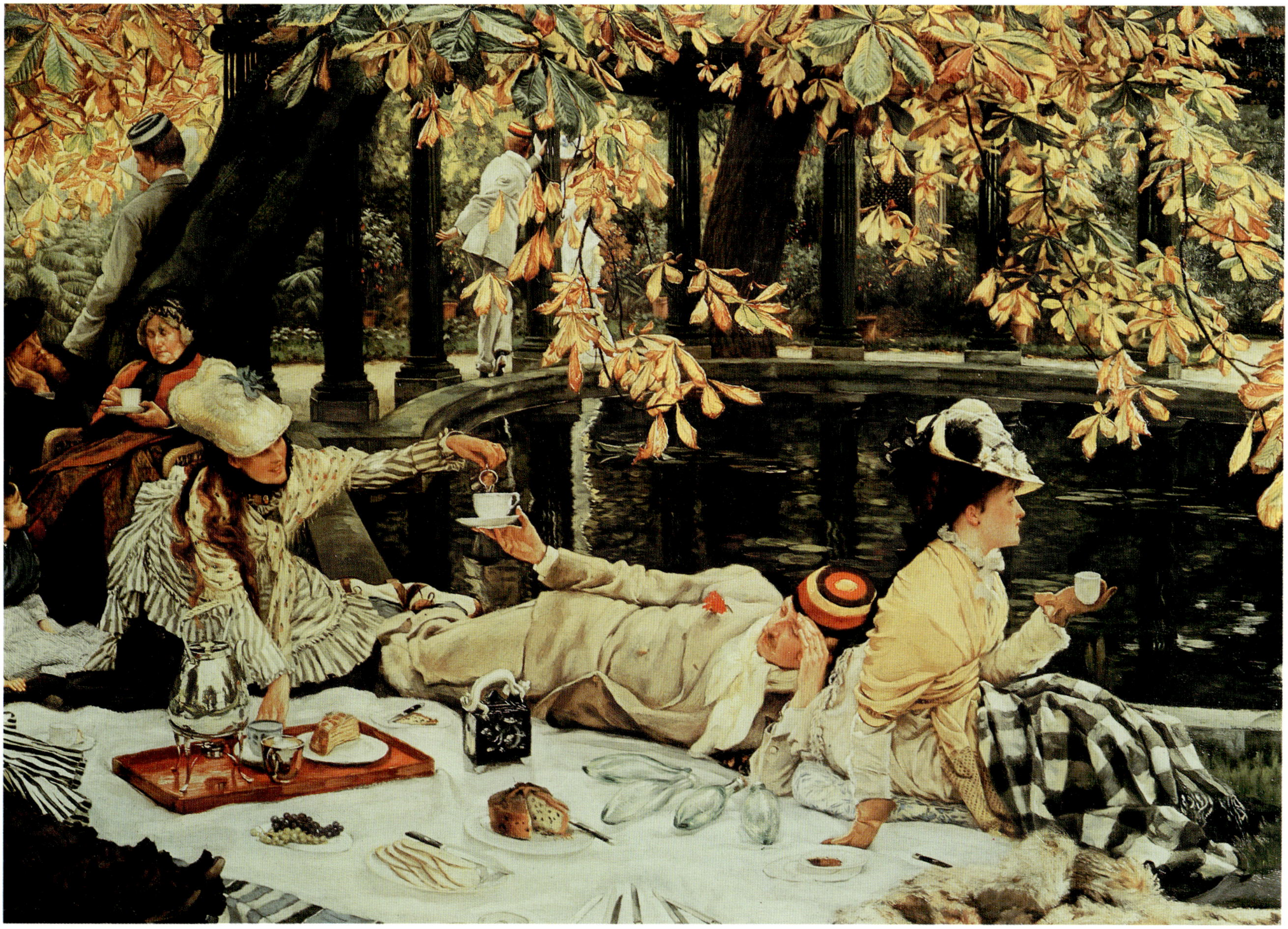

James Tissot. * Nantes, 1836. † Buillon, 1902. Das Picknick. Um 1876. Öl auf Leinwand. H 76,2 x B 99,4 cm. Tate Gallery, London.

Tizian

Diana und Aktaion

Verschwenderische Farben, packende Bewegungen und eine harmonische Komposition kennzeichnen dieses Meisterwerk Tizians. Prinz Aktaion hat Diana, die jungfräuliche Göttin der Jagd und Symbol der Keuschheit (erkennbar am Diadem mit aufgehendem Mond), beim Baden mit ihren Nymphen in einer abgelegenen Grotte des Waldes überrascht. Diana ist darüber, daß Aktaion sie in ihrer göttlichen Nacktheit erblickt hat, so erzürnt, daß sie ihn in einen Hirsch verwandelt, der sogleich von ihren Hunden zerrissen wird. Tizians Vorstellungskraft erreicht ihren Höhepunkt in der Interpretation alter Legenden und klassischer Mythen, die er auf Veranlassung von Phillip II. von Spanien, seinem wichtigsten Auftraggeber, schuf. Tizian war der größte aller venezianischen Maler, der in den letzten Schaffensjahren mit seiner lockeren Malweise in der Behandlung von Licht und Farbe fast impressionistische Wirkungen erzielte.

☛ Guercino, Lotto, Rubens, Veronese, Vouet

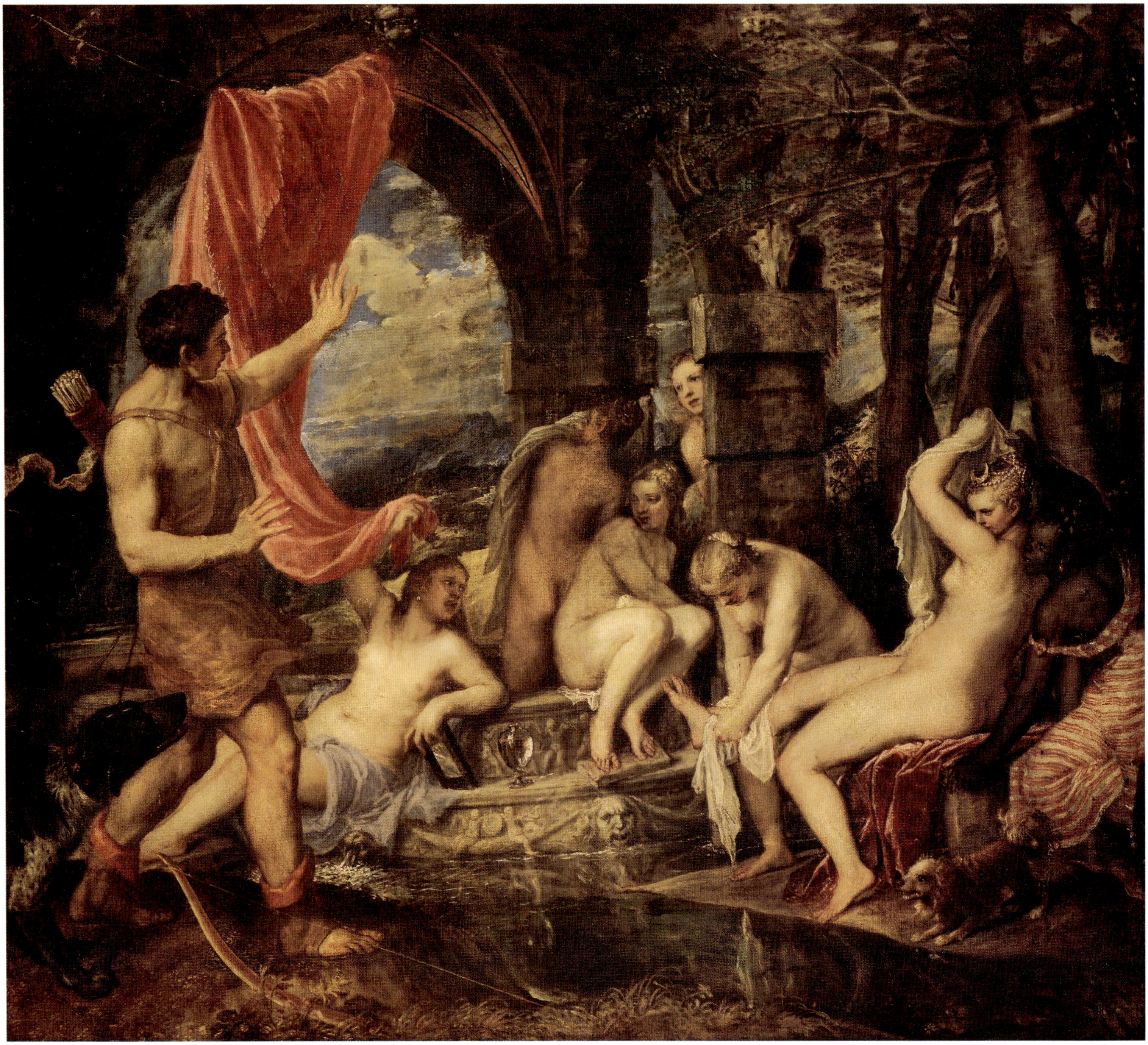

Tizian (Tiziano Vecellio). * Pieve di Cadore, um 1488/89. † Venedig, 1576. Diana und Aktaion. 1556-59. Öl auf Leinwand. H 184 x B 202 cm. Leihgabe an die National Gallery of Scotland, Edinburgh.

Tobey Mark

Weiße Reise

Die Bildfläche wimmelt von winzigen abstrakten Zeichen und Farbkratzern, die ein scheinbar chaotisches Muster erzeugen. Der frenetische Rhythmus, den diese verwickelten und feinen Linien erzeugen, ist typisch für Tobey; gerade diese Raffinesse und Bewegungsdichte machen sein Werk bei Sammlern so beliebt. Obwohl seine Gestaltung durchaus den Bildern des Abstrakten Expressionismus, besonders denen von Pollock, ähnlich ist, verfolgte Tobey als einziger eine parallele Entwicklung: Der Ferne Osten faszinierte ihn, und er war in höchstem Maße von der chinesischen Kalligraphie beeinflußt. Er war der erste amerikanische Intellektuelle, der sich für Zen-Buddhismus interessierte. Tobey erzielte schon in den 50er Jahren internationale Anerkennung als herausragender amerikanischer Maler, in Europa nicht zuletzt durch seinen rührigen Schweizer Kunsthändler Beyeler.

☛ Kline, Pollock, Riopelle, Ryman

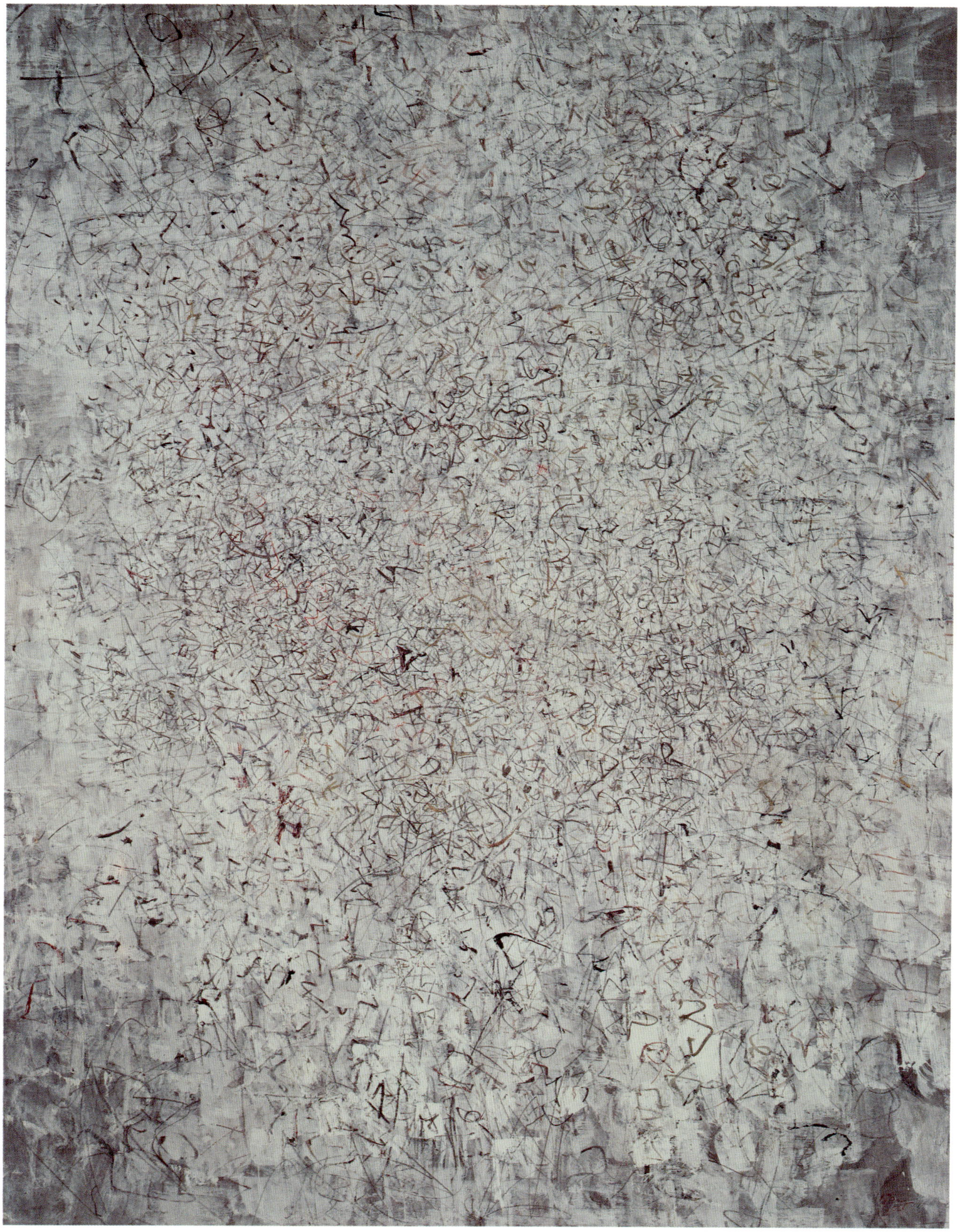

Mark Tobey. * Centreville, 1890. † Basel, 1976. Weiße Reise. 1956. Mischtechnik auf Papier. H 113,5 x B 89,5 cm. Sammlung Beyeler, Basel.

Toulouse-Lautrec Henri de

Tanz im Moulin Rouge

Das Moulin Rouge existiert als Tanzhalle auf dem Montmartre noch heute. Ende des 19. Jahrhunderts war es ein beliebter Treffpunkt für Angehörige des Pariser Bürgertums, die, von halbseidenen Frauen begleitet, dort durch lebenslustige Vorführungen und Tanz unterhalten wurden. Toulouse-Lautrec, heute einer der bekanntesten Künstler seines Jahrhunderts, verbrachte dort ganze Nächte mit Trinken und Zeichnen von Revuestars und adligen Gästen, die in diesem finsteren und heruntergekommenen Milieu kurzzeitig untertauchten. Die schnelle Malweise und die sichtbaren Pinselstriche lassen vermuten, daß er vor Ort gemalt hat. Der gebürtige Hochadelige Toulouse-Lautrec war seit seiner Kindheit ein Krüppel und fühlte sich in seinen Kreisen isoliert. Er bevorzugte die Gesellschaft von Angehörigen der Randgruppen und umgab sich mit Artistinnen, Clowns, Tänzerinnen und Prostituierten, die alle auf seinen Bildern wiederkehren.

☛ Degas, Renoir, Laurencin, Seurat, Severini

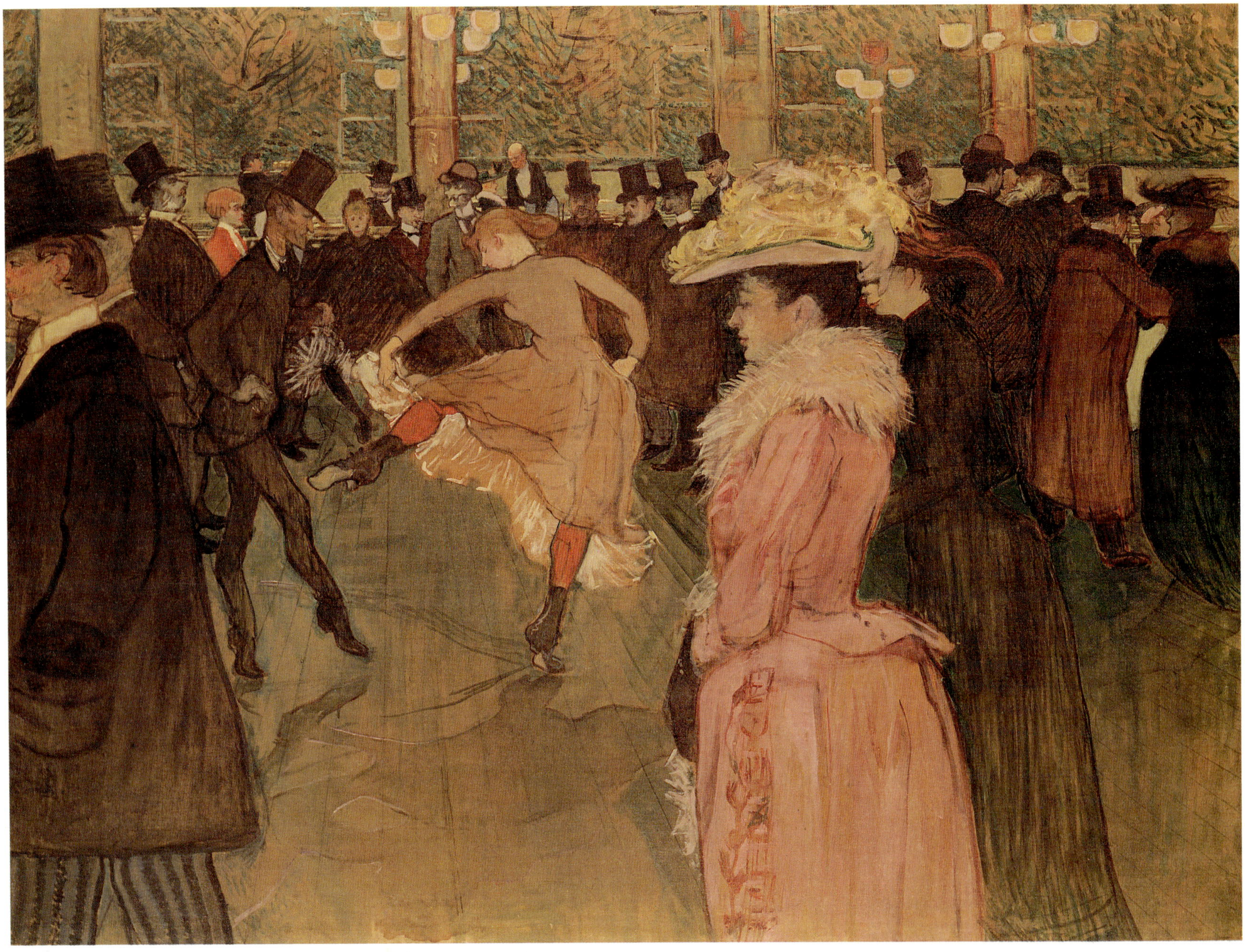

Henri de Toulouse-Lautrec. * Albi, 1864. † Schloß Malromé, 1901. Tanz im Moulin Rouge. 1890. Öl auf Leinwand. H 115 x B 150 cm. Philadelphia Museum of Art, Philadelphia.

De Troy Jean-François

Das Austernessen

In einem prächtig dekorierten Rokokopalais erfreut sich eine Schar von reichen Adeligen und Würdenträgern eines üppigen Gelages mit Austern und Champagner. De Troys reiche Farbigkeit geht auf Tizian und Rubens zurück, und die penible Detailfreude, wie das knackig-knusprige Brot auf dem Tisch, der Austernkorb im Vordergrund und die im Eiskabinett kalt gehaltenen Flaschen, erzählt von der Extravaganz des Ereignisses. Ludwig XIV. hatte das Bild für seine privaten Gemächer in Versailles malen lassen. De Troy genoß hohes Ansehen als geschickter Dekorateur, Porträtist und Genremaler. Er verbrachte viele Jahre in Italien, wo er wichtige gesellschaftliche und künstlerische Aufgaben zu bewältigen hatte, und wurde 1738 zum Direktor der Französischen Akademie in Rom ernannt. Dort soll er aus Kummer darüber gestorben sein, daß er nach Frankreich zurück und seine römische Geliebte verlassen sollte.

☛ De Heem, Kalf, Lucas van Leyden, Rubens, Tizian

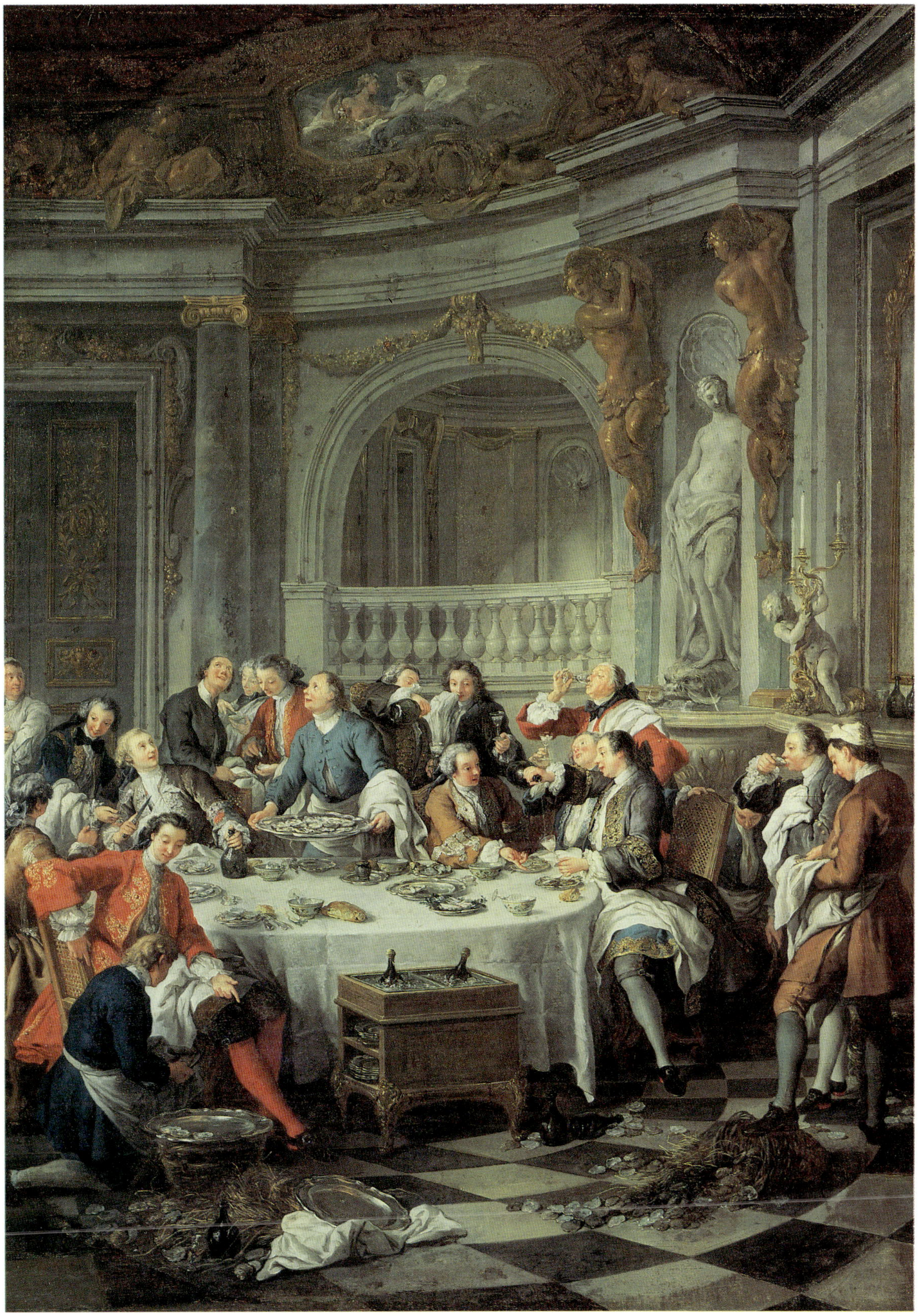

Jean-François de Troy. * Paris, 1679. † Rom, 1752. Das Austernessen. 1735. Öl auf Leinwand. H 186 x B 120 cm. Musée Condé, Chantilly.

Turner J. M. W.

Schneesturm: Dampfschiff vor der Hafeneinfahrt

Ein kleines Schiff trotzt inmitten eines Sturms dem wildgewordenen Wasser. Das Meer, der Schnee und der Maschinenrauch sind in eine einzige Masse aus aufgepeitschtem Wind und Gischt verschmolzen, die Turner mit der ganzen, unzögerlichen Spontaneität eines modernen abstrakten Malers eingefangen hat. Turner war seinen Zeitgenossen als Maler weit voraus, nur wenige verstanden ihn. Doch heute gilt er als der größte aller britischen Maler. Sein Œuvre in Aquarell oder Öl fängt die zauberhaften Wirkungen von Licht, Farbe und Bewegung in fahl glühenden Farben ein. Gegen Ende seines Lebens interessierte er sich besonders für den Kampf der Elemente. Um die atmosphärischen Effekte eines Sturms wahrheitsgetreu wiedergeben zu können, soll sich der damals 67jährige für dieses Bild vier Stunden lang auf der Kommandobrücke eines Dampfers, der den Hafen von Harwich bei Sturm verließ, festbinden haben lassen.

☛ Church, Cozens, Friedrich, Martin, Monet, Pollock

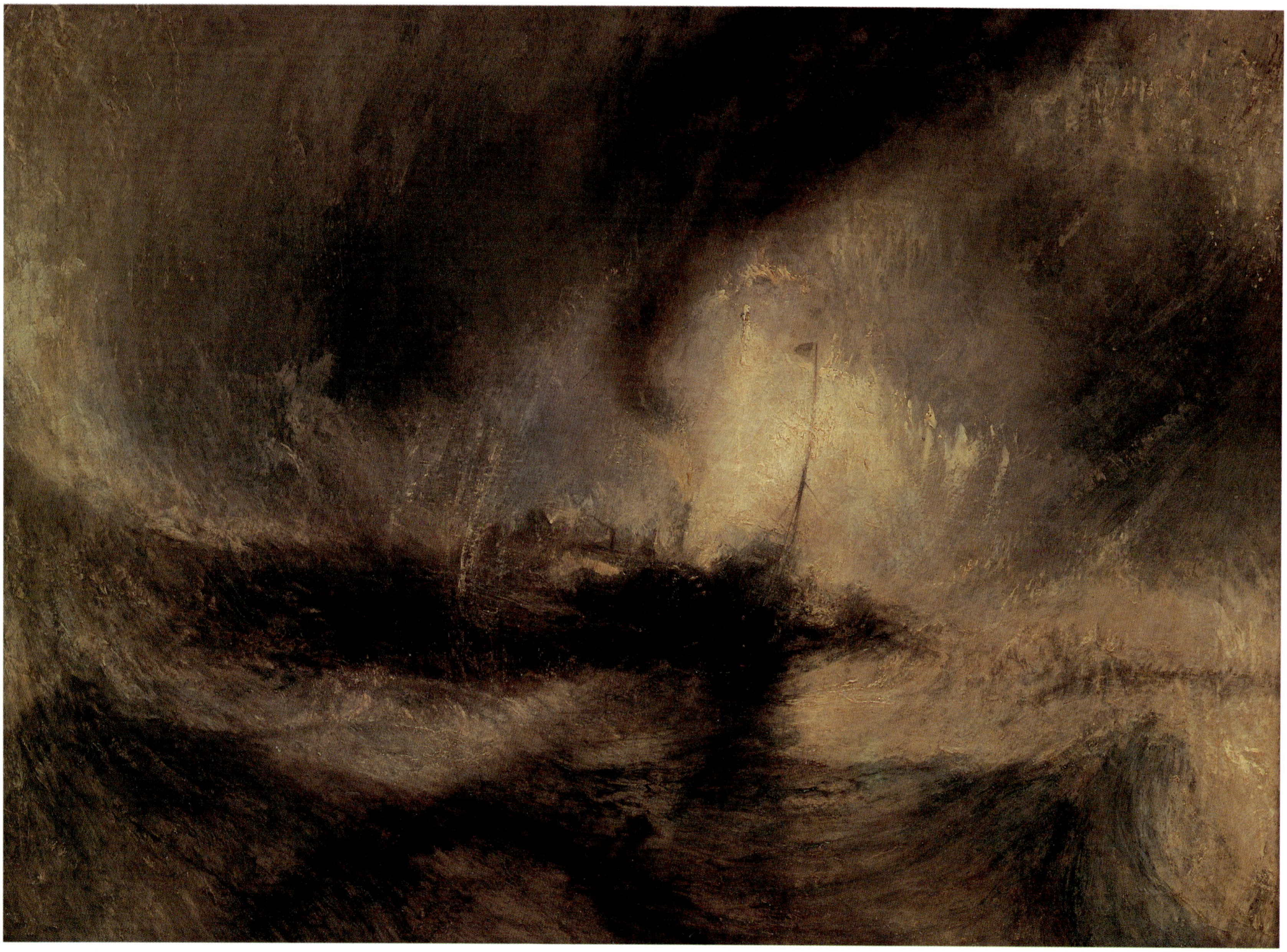

Joseph Mallord William Turner. * London, 1775. † London, 1851. Schneesturm: Dampfschiff vor der Hafeneinfahrt. 1842. Öl auf Leinwand. H 91 x B 122 cm. Tate Gallery, London.

Twombly Cy

Bolsena

Zufälliges Gekritzel und Geschmiere belebt die Fläche dieses Bildes und erinnert an die ungehemmte Art von Kinderzeichnungen. Der lose und ungeordnete Stil gestattet den Formen und Bildern, in die Fantasie einzutauchen und sich mit ihr zu verbinden. Das Liniengefüge hat seine eigene Bedeutung, obwohl diese für den Betrachter unklar ist. Die Bilder von Twombly sollen absichtlich etwas Uneinsichtiges und Unerklärbares vorstellen. Twombly ist völlig frei von überlieferten Formeln und Kompositionsschemata. Wie der Abstrakte Expressionismus bevorzugt er eine formlose Antwort auf kreative Impulse. Linien, Kritzeleien und Zeichen bilden die Substanz seiner Bilder, meist vor weißem oder teilweise weißem Hintergrund. Twombly hat einiges mit Pollock gemein, doch sind seine Arbeiten zusammenhangloser und vorsätzlich provokativ. Es fehlen Pollocks lyrische Elemente und dessen Harmonie.

☛ Basquiat, De Kooning, Dubuffet, Pollock, Schwitters

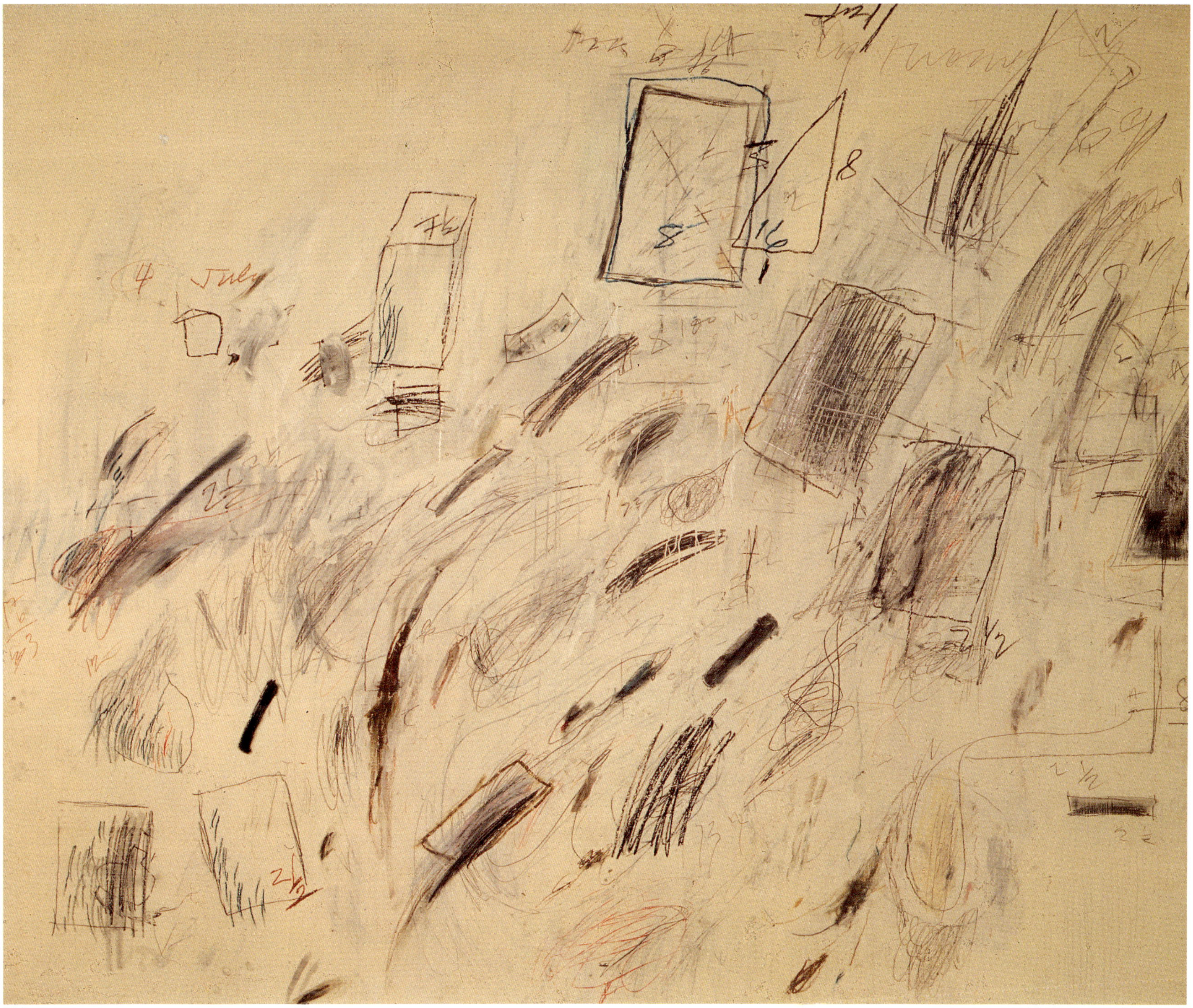

Cy Twombly. * Lexington, 1929. Bolsena. 1969. Öl, Ölkreiden und Bleistift auf Leinwand. H 200 x B 240 cm. Privatsammlung.

Uccello Paolo

Die Schlacht von San Romano

Dies ist eine von drei Tafeln, die den Sieg, den die Florentiner 1432 bei San Romano über die Sienesen davontrugen, verherrlichen. Das Werk hing ursprünglich in der großen Halle des Palazzo Medici. Es zeigt den Führer der Florentiner Truppen, Niccolo da Tolentino, auf einem weißen Roß während der Schlacht. Uccello war fasziniert von der Möglichkeit, den Raum darzustellen und beschäftigte sich mit Perspektive und linearen Verkürzungen. Dies wird besonders ersichtlich in den Rüstungen und den gebrochenen Lanzen, die so auf dem Boden verstreut sind, als ob sie genau in der Fluchtlinie des Bildes lägen. Sein Genie drückt sich hier besonders in der Verteilung von Einzelheiten, in seltsamen Formen und im fantastischen Hintergrund aus. Als Maler, Mosaizist, Dekorateur und Holzeinleger war Uccello einer der begabtesten und gedankenvollsten Künstler seiner Zeit.

☛ Castagno, Gozzoli, Masaccio, Piero della Francesca

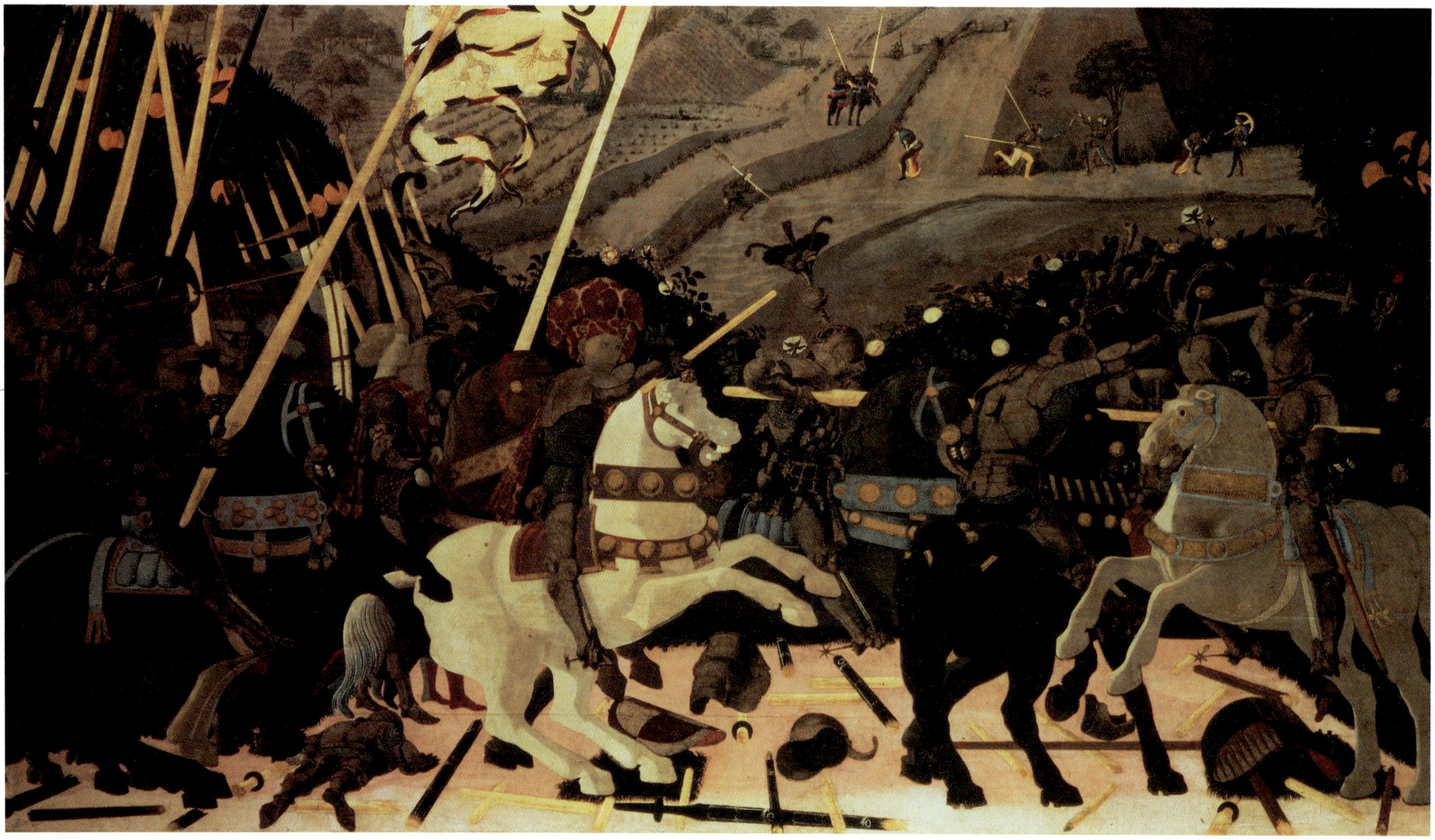

Paolo Uccello. * Pratovecchio, 1397. † Florenz, 1475. Die Schlacht von San Romano. Um 1450. Tempera auf Holz. H 182 x B 320 cm. National Gallery, London.

Utamaro Kitagawa

Liebespaar

Zwei Verliebte mit fast verdeckten Gesichtern umarmen sich in einem Raum, der sich auf eine Gartenterasse hin öffnet. Ihre nackten Körper kann man durch die Wickelungen ihrer Seidenkleider erhaschen. Der Druck wird aus fließenden, stimmungsvollen Linien, die graziös die Formen umreißen, aufgebaut. Es gibt keine Schatten oder Andeutung von Tiefe.

Der Holzschnittmeister Utamaro war der erste japanische Künstler, der im Westen bekannt wurde. Im Gegensatz zur westlichen Kunst beschäftigte er sich nicht mit natürlichen Haltungen und Raumtiefe, sondern mit flachen Formen und Mustern. Sein Zugang zur Kunst beeinflußte im 19. Jahrhundert Maler wie z. B. Degas, die nach neuen Ausdrucksmöglichkeiten und einer neuen, frischen Sicht der Welt suchten. Dieser Druck stammt aus dem »Gedicht des Bettes«, dem vielleicht zartesten von Utamaros erotischen Alben. Dieses Buch beschreibt nebenbei auch amüsante japanische Legenden.

☛ Cellini, Degas, Gauguin, Hokusai, Rodin, Whistler

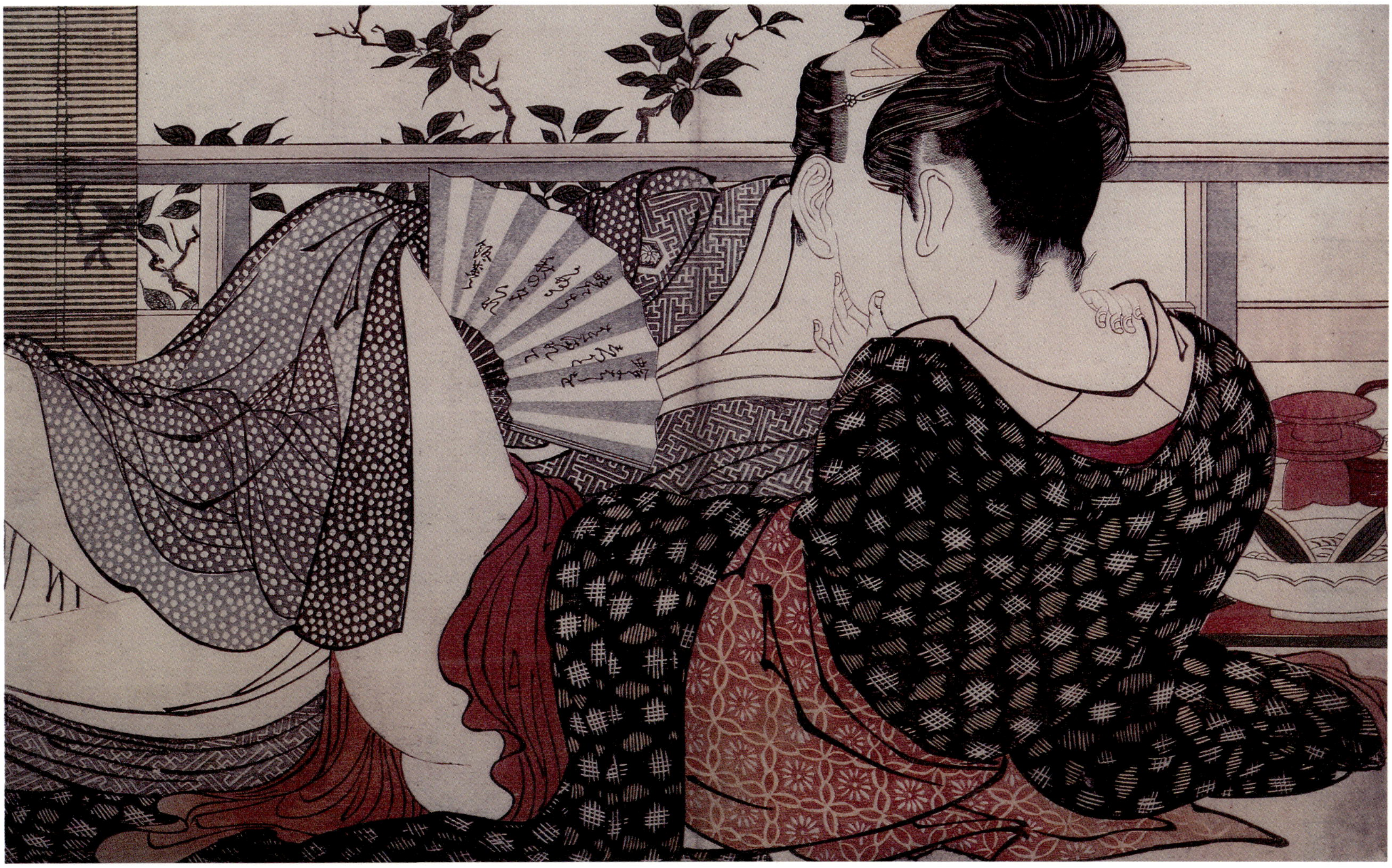

Kitagawa Utamaro. * Tokio, 1753. † Tokio, 1806. Liebespaar. 1788. Holzschnitt. H 24,8 x B 37,4 cm. Victoria and Albert Museum, London.

Utrillo Maurice

Fahne auf dem Rathaus

Stille liegt über dieser simplen Kleinstadtansicht. Vor einer weißgetünchten Gartenmauer ist eine kleine Gruppe von Menschen versammelt. Die französische Trikolore weht über dem Rathaus. Sie ist der einzige kräftige Farbakzent in der ansonsten tonigen Szenerie. Utrillo war der uneheliche Sohn von Suzanne Valadon, einem beliebten Modell von Renoir, Degas und Toulouse-Lautrec. Sie überredete 1902 ihren Sohn, der sein Leben lang von Alkoholismus und Drogenmißbrauch geplagt war, zur Malerei, und dieser zeigte erstaunliches Talent. Seine Bilder zeichnet ein Gespür für Atmosphäre aus, das durch ein sicheres Gefühl für Farben und Töne noch gesteigert wird. Meistens malte Utrillo Stadtansichten, u. a. viele Straßenszenen auf dem Montmartre. Letztere wurden so berühmt, daß sie oft kopiert und gefälscht wurden.

☛ Degas, Dufy, Foujita, Laurencin, Renoir

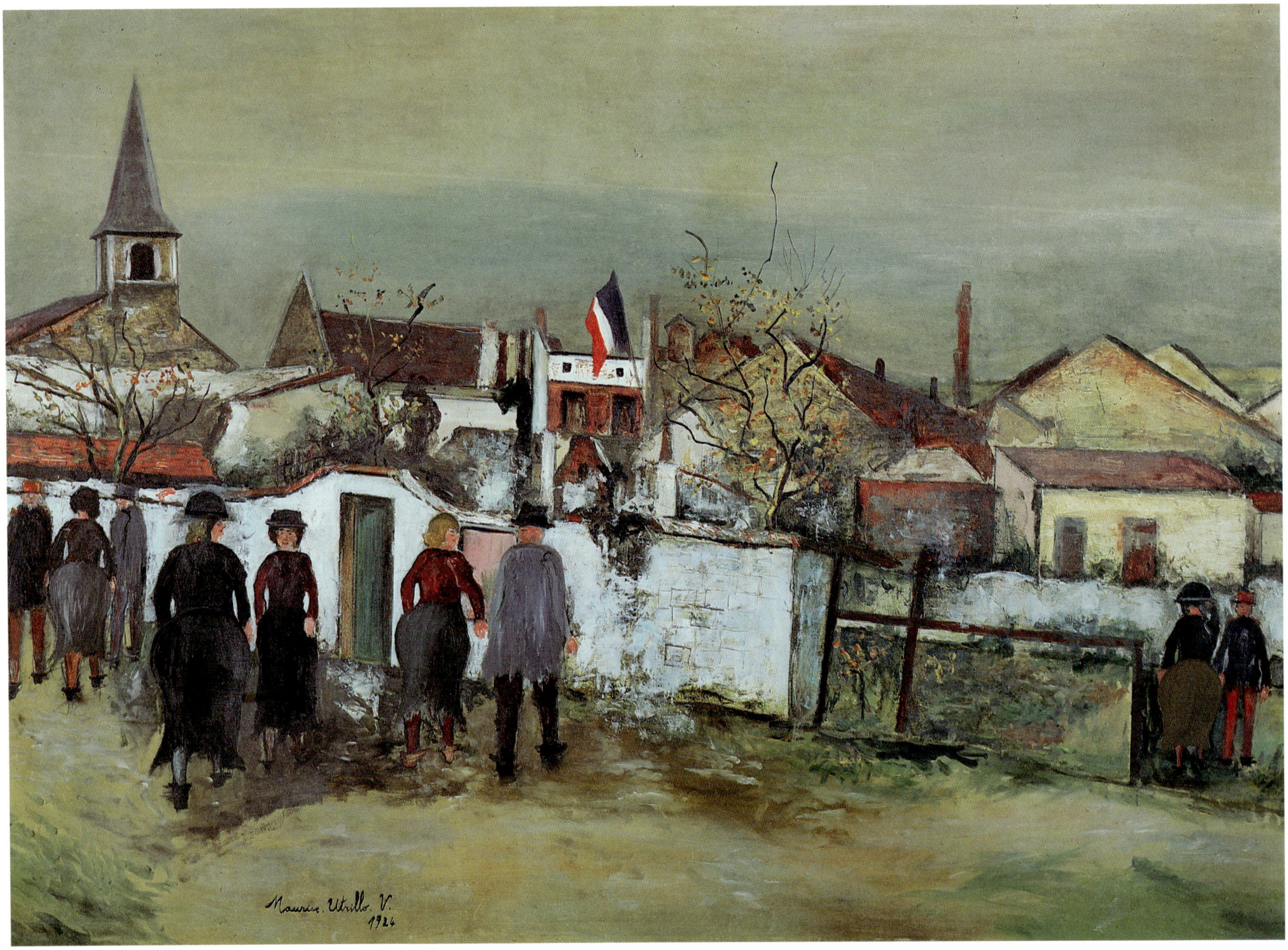

Maurice Utrillo. * Paris, 1883. † Dax, 1955. Fahne auf dem Rathaus. 1924. Öl auf Leinwand. H 98 x B 130 cm. Musée de l'Orangerie, Paris.

Vallotton Félix

Landschaft mit Bäumen

Die gewundenen Linien der Stämme und die geballte Masse der Blattkronen bilden das Zentrum dieser Studie. Die Bäume sind reduziert auf ihre einfachste Gestalt, und das Muster, das die Stämme bilden, sticht vom Abendhimmel ab. Vallotton gehörte zu den Nabis, einer Gruppe von Malern, der auch Bonnard, Vuillard und Denis angehörten. Alle waren von Gauguins Symbolismus und seinen flachen, reinen Farben beeinflußt. Vallotton malte nur nach der Natur. Er teilte nicht das Interesse der anderen Nabis, den fließenden Moment einzufangen. Er wollte die tatsächlichen Formen und Farben, die er vor sich sah, in den Mittelpunkt stellen. Das Ergebnis ist ein peinlich genauer, manchmal brutaler Realismus, durch den seine Landschaften aber auch eine große Gefühlstiefe annehmen. Nach dem Besuch einer Ausstellung von japanischen Holzschnitten im Jahre 1890 wurde Vallotton ein fleißiger Holzschneider.

☛ Bonnard, Denis, Gauguin, Hiroshige, Pissarro, Vuillard

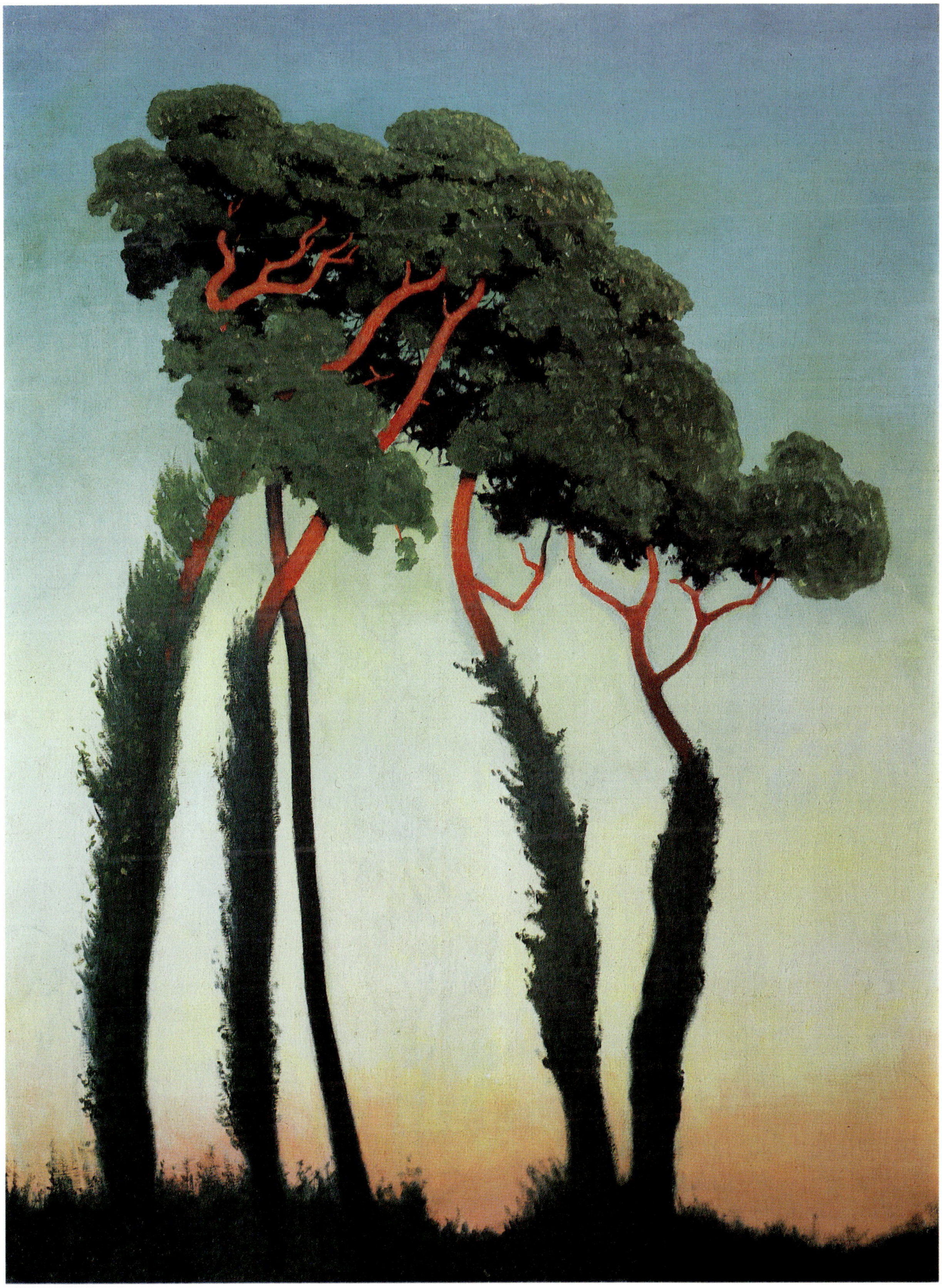

Félix Vallotton. * Lausanne, 1865. † Paris, 1925. Landschaft mit Bäumen. 1911. Öl auf Leinwand. H 100 x B 73 cm. Musée des Beaux-Arts, Quimper.

Vasarely Victor

Pal-Ket

Violette, blaue und grüne geometrische Formen in schachbrettartiger Anordnung scheinen auf der Leinwand zu schwimmen und diese zu verzerren. Durch verschiedene Perspektiven und heftig kontrastierende Farben hat Vasarely absichtlich eine optische Illusion erzeugt, mit der er dem Bild Bewegung einhaucht. Die Formen scheinen sich vor den Augen zu bewegen. Vasarely ist einer der Pioniere der Op Art (Optical Art), die sich parallel zur Pop Art in den 60er Jahren entwickelte. Op Art gründet sich auf die Vorstellung, daß der Künstler, egal ob Maler oder Bildhauer, den Betrachter dazu bringen kann, durch Erzeugung von visuellen Effekten optische Illusionen zu erkennen. Vasarely faszinieren die Wahrnehmungsphänomene und die Möglichkeit, reale oder doppeldeutige Bilder mit einfachen geometrischen Formen herstellen zu können. Das Werk des 1930 nach Paris emigrierten Ungarn umfaßt Malerei, Bildhauerei, Druckgraphik und Zeichnungen.

☛ Albers, Flavin, Hayter, Riley, Vieira da Silva

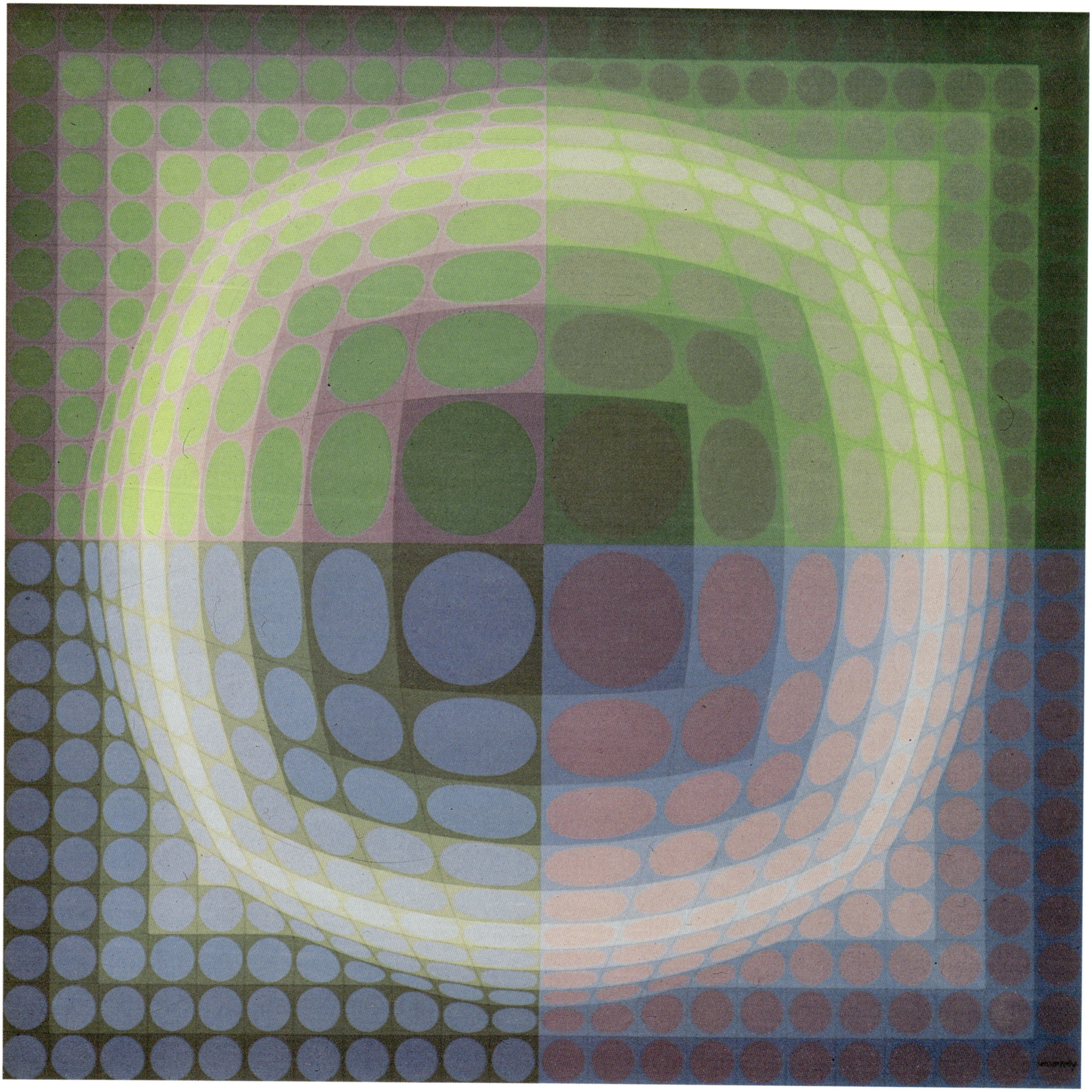

Victor Vasarely. * Pécs, 1908. Pal-Ket. 1973-74. Acryl auf Leinwand. H 151,2 x B 150,8 cm. Museo de Bellas Artes, Bilbao.

Velázquez Diego de Silva y — Las Meninas

Die fünfjährige Tochter König Philipps IV. von Spanien, die Infantin Margaretha-Theresa, steht im Mittelpunkt, umgeben von ihren Bediensteten und Gesellschaftern. Velázquez hat sich selbst links an der Leinwand eingebracht. Er ist gerade dabei, ein riesiges Doppelporträt vom König und der Königin auszuführen. Diese werden im Spiegel direkt hinter der Infantin sichtbar. Das vorliegende Bild gilt als das Vermächtnis seiner späten Jahre. Er war kaum direkt beeinflußt von anderen Künstlern, als er 1623 zum Hofmaler avancierte und dabei Tizian in der königlichen Sammlung für sich entdeckte. Rubens teilte kurze Zeit sein Atelier und hat ihn vielleicht dazu überredet, Italien zu besuchen. Velázquez besaß ein tiefes Einfühlungsvermögen in Charaktere. Seine freizügige Malweise, seine Farbharmonien und eine einzigartige Mischung aus Realismus und Atmosphäre machen ihn zu einem der größten Maler und begabtesten Porträtisten aller Zeiten.

☛ Goya, El Greco, Kirchner, Rubens, Tizian, Zurbarán

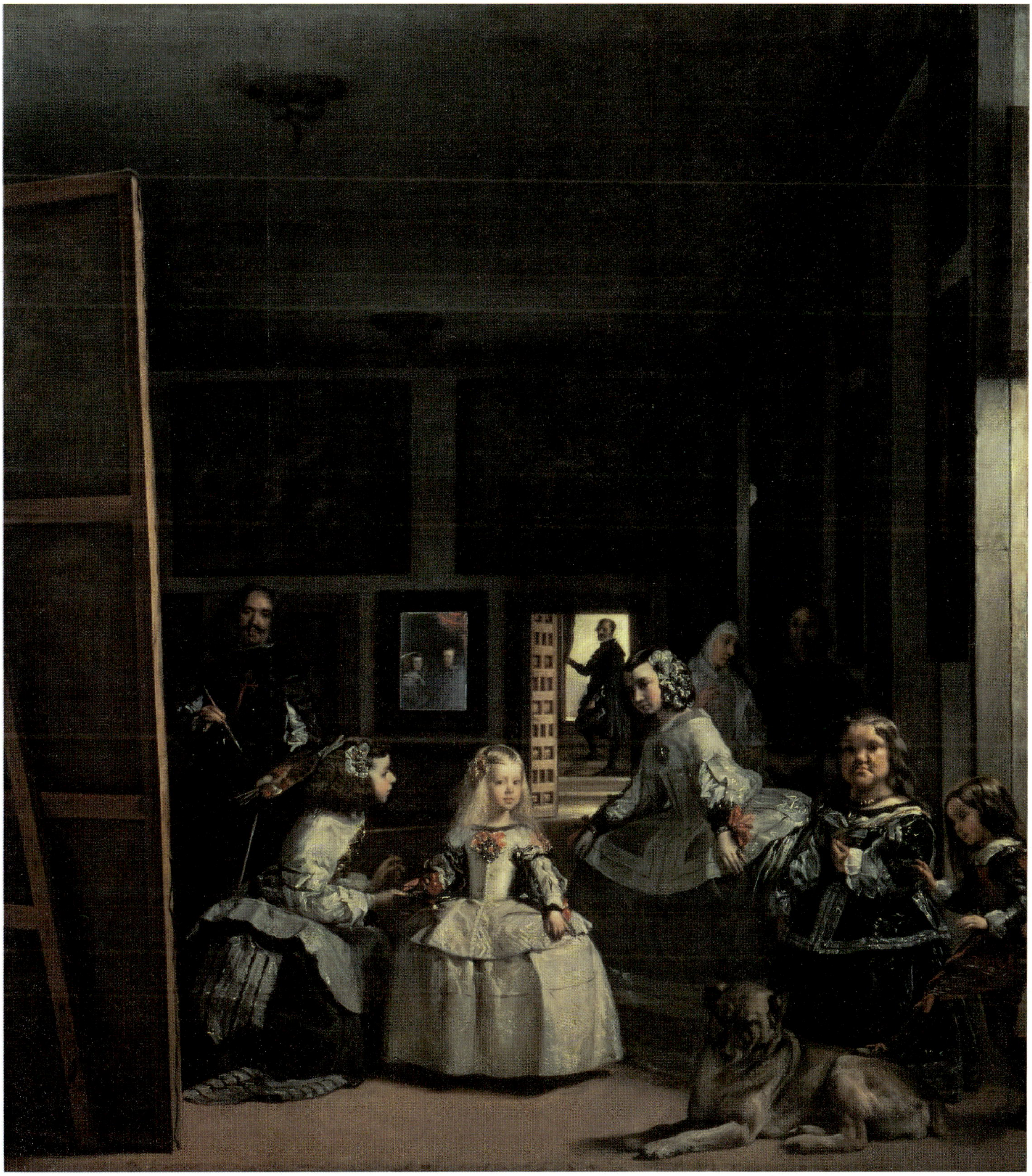

Diego de Silva y Velázquez. * Sevilla, 1599. † Madrid, 1660. Las Meninas. 1656. Öl auf Leinwand. H 323 x B 276 cm. Museo del Prado, Madrid.

Vermeer Jan

Frau am Virginal

In diesem zunächst simpel erscheinenden Bild eines Interieurs sitzt ein Mädchen am Virginal. Links von ihr lehnt eine Viola da gamba und an der Wand hängt ein Bild. Ein tiefes Raumgefühl bestimmt das Gemälde und schafft eine Atmosphäre der Zeitlosigkeit und einer anderen Welt. Nur langsam werden wir die reiche und komplizierte Farbigkeit gewahr. Vermeer war einer der größten holländischen Maler des 17. Jahrhunderts und in seinen Interieurs übertrifft er alle anderen. Die Poesie dieser Ansicht und der leuchtende Glanz des eingefangenen Lichts läßt an seinen großen Landsmann Van Eyck denken. Über Vermeers Leben ist nur wenig bekannt. Seine in sich ruhenden und friedlichen Bilder ziehen ihre Kraft aus der Betrachtung und Deutung seiner eigenen kleinen Welt. Verschuldet starb er mit 42 Jahren und hinterließ eine Witwe mit elf Kindern. Bis in die Mitte des 19. Jahrhunderts blieb er praktisch vergessen.

☛ Dou, Van Eyck, Hammershoi, De Hooch, Metsu

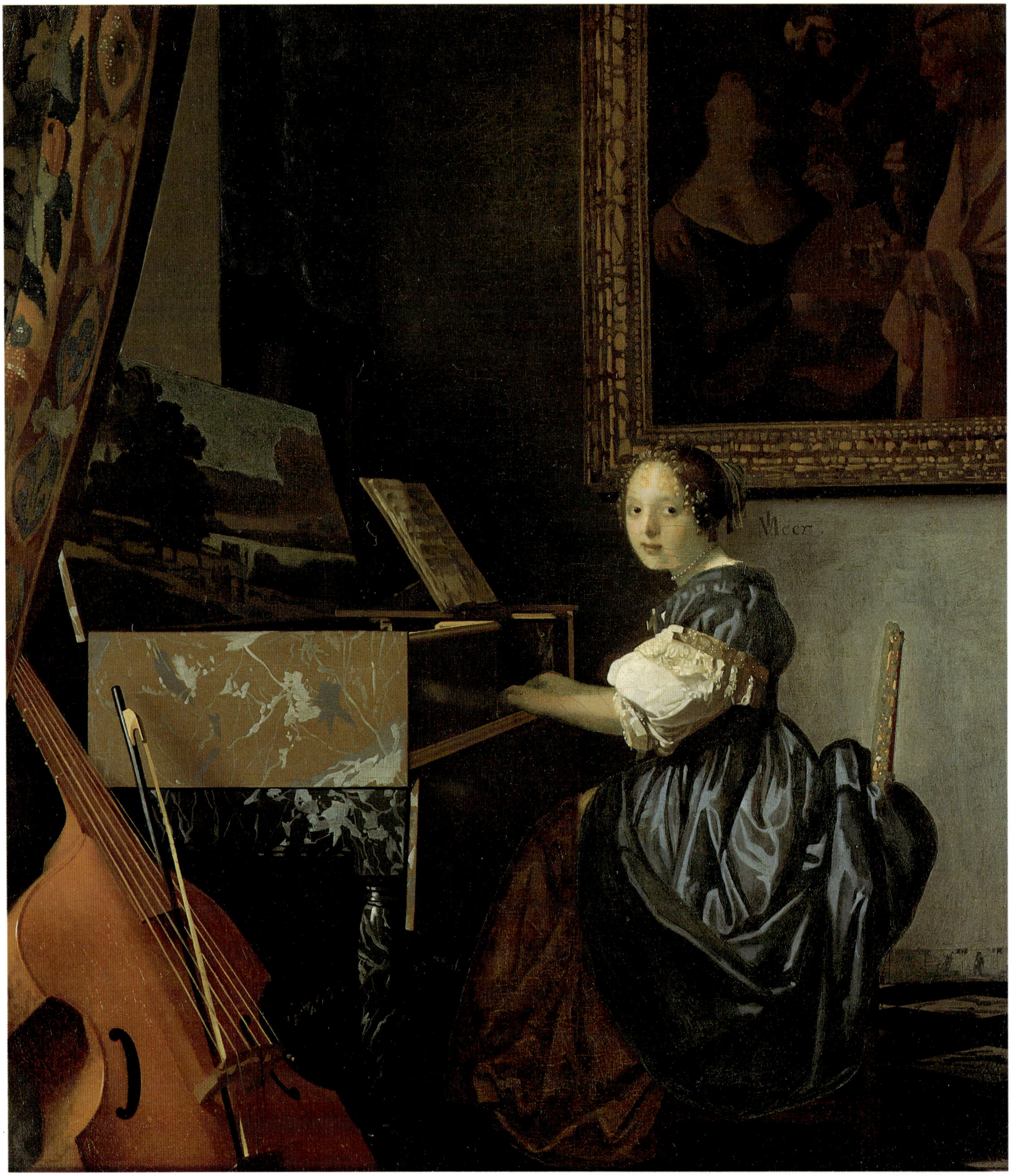

Jan Vermeer. * Delft, 1632. † Delft, 1675. Frau am Virginal. 1674-75. Öl auf Leinwand. H 51 x B 46 cm. National Gallery, London.

Veronese

Die Auffindung des kleinen Moses

Das Seidenbrokatkleid der Hauptfigur ist so knisternd und zart gemalt, daß man es anfassen möchte. Die venezianischen Maler waren alle große Koloristen, aber Veronese war sicher der größte unter ihnen. Die tiefen Blau-, Ocker- und durchsichtigen Grautöne der Kleider zeugen von seiner Vorliebe für eine reiche Palette und leuchtende Töne. In diesem Spätwerk kann auch noch seine Meisterschaft im lockeren Pinselduktus bewundert werden. Veronese war Spezialist für große Historienbilder mit biblischen, allegorischen oder mythischen Inhalten, die angefüllt waren mit elegant gekleideten Figuren, Höflingen, Musikern, Soldaten, Pferden, Hunden oder Affen. Und das alles in monumentalen Architekturen oder vor grünenden Landschaften. Der gebürtige Veroneser (daher sein Künstlername Veronese) Paolo Caliari wurde in Venedig zum Erben und Vollender von Tizians Werk.

☛ Giorgione, Tiepolo, Tintoretto, Tizian

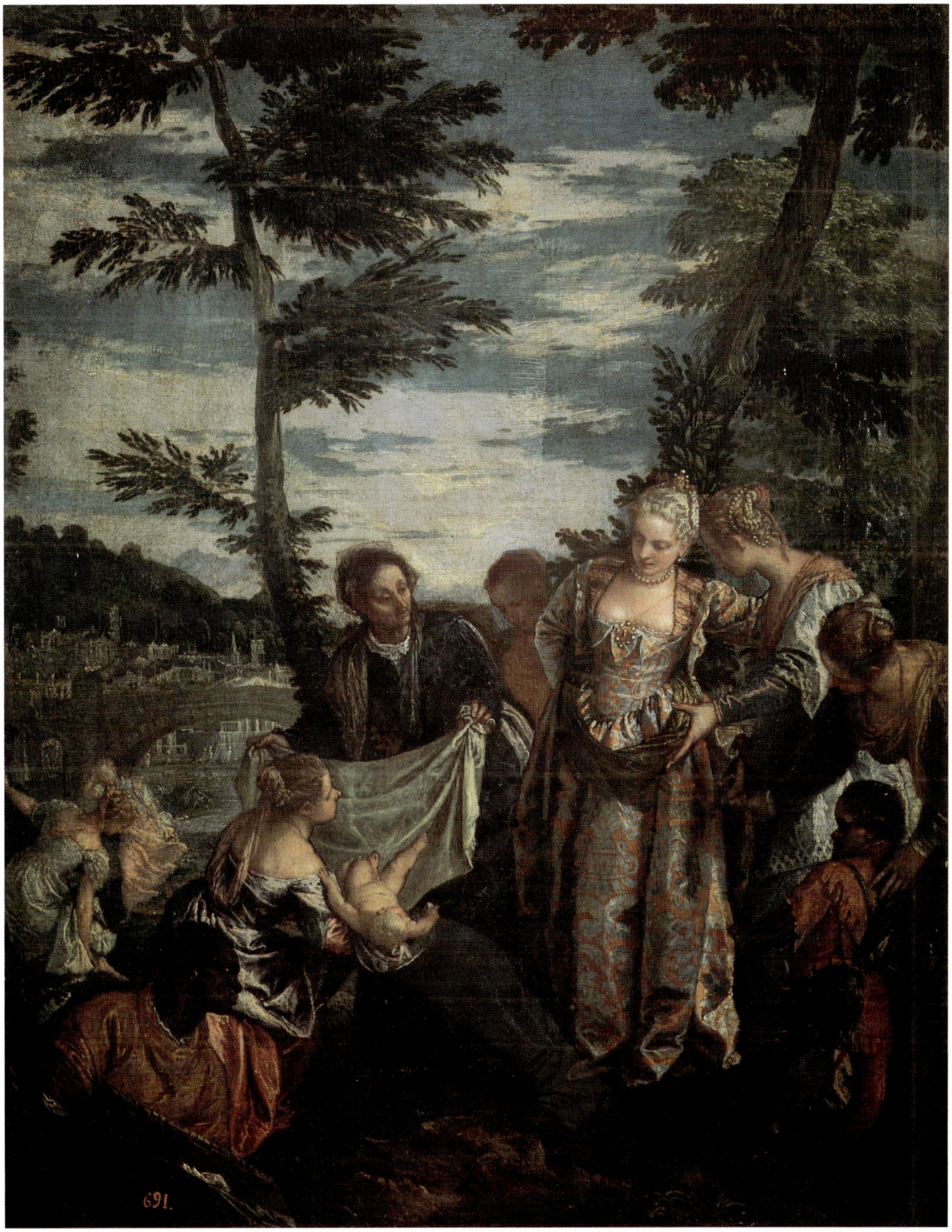

Veronese (Paolo Caliari). * Verona, 1528. † Venedig, 1588. Die Auffindung des kleinen Moses. Um 1580. Öl auf Leinwand. H 50 x B 43 cm. Museo del Prado, Madrid.

Frau mit Sträußchen

Die lebendigen Falten des Kleides wurden von einem Meisterbildhauer skulpiert. Der Blick geht geradeaus bei leicht geneigtem Kopf, und die zum ersten Mal bei einer Porträtbüste gezeigten Hände sind übereinander auf Brust und Leib gelegt. Obwohl die Florentiner Künstler allgemein in vielen Techniken bewandert waren, ist Verrocchios Vielseitigkeit außergewöhnlich. Der gelernte Goldschmied war gleichfalls Maler, Bildhauer und einer der vollkommensten Zeichner der Renaissance. Er führte eine äußerst aktive Werkstatt in Florenz, die viele Goldschmiede, Bildhauer und Maler ausbildete, darunter Perugino. Doch der berühmteste Zögling von Verrocchios Ausbildungstätigkeit war Leonardo da Vinci, dessen Gemälde und Zeichnungen auf Verrocchios Stil gründen. Umgekehrt ist Leonardos Handschrift in einigen Arbeiten seines Meisters erkennbar.

☛ Algardi, Donatello, Ghirlandaio, Leonardo da Vinci, Perugino

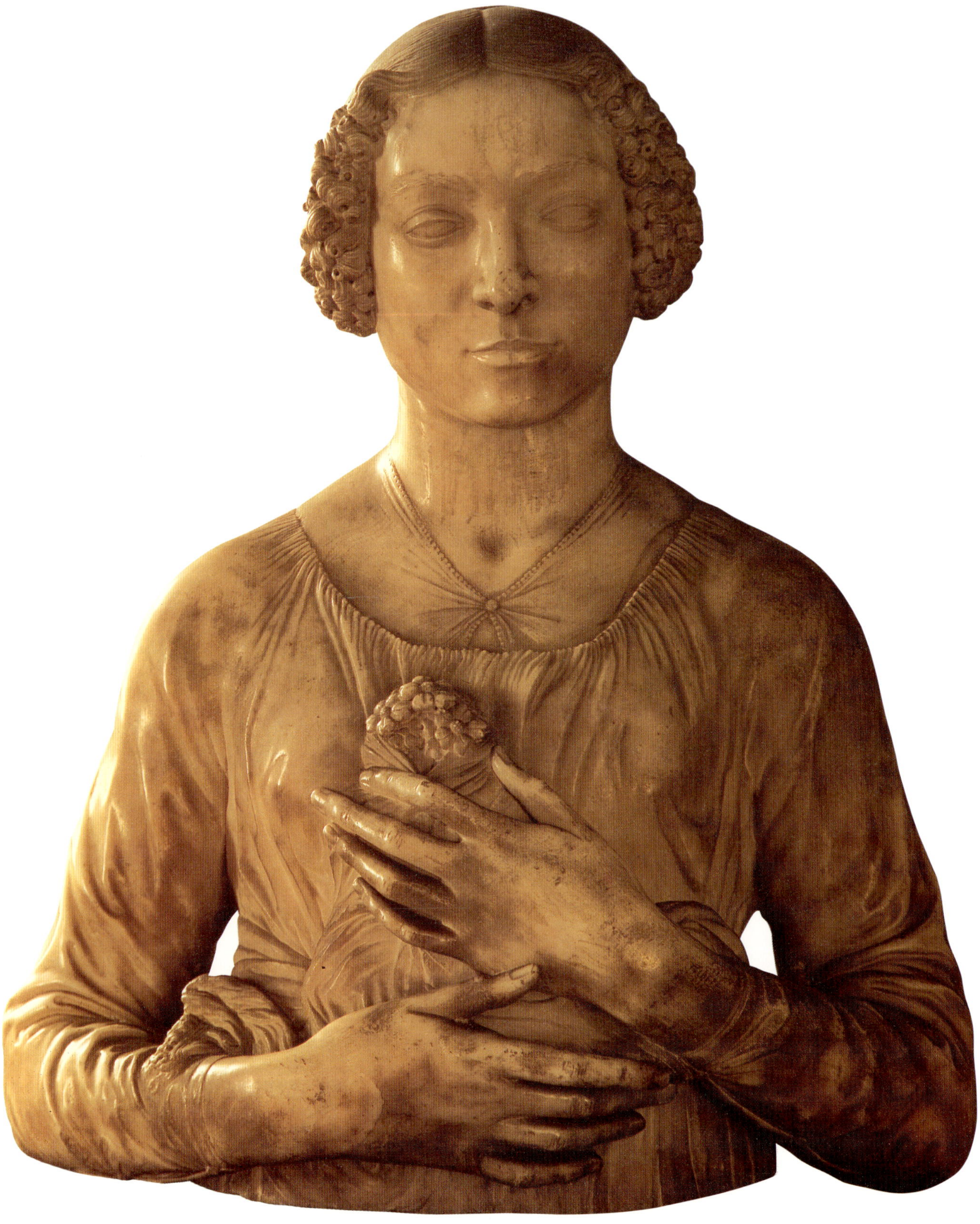

Andrea del Verrocchio. * Florenz, 1435. † Venedig, 1488. Frau mit Sträußchen. Um 1480. Marmor. H 60 cm. Museo Nazionale del Bargello, Florenz.

Vieira da Silva Maria Elena Schachmatt

Nebeneinandergelegte Quadrate, Rechtecke und Rauten in weichen stillen Farben und willkürliche Diagonalstrukturen sind zu einem netzartigen Muster zusammengefügt. Verschiedene Perspektiven sind so angelegt, daß das mittlere Schachbrettmuster sich langsam nach außen verflüchtigt. Die Fläche der Leinwand scheint sich zu drehen und zu wenden, ohne dem Bild die Ruhe zu nehmen. Im Gegenteil: Das sanfte Licht und die weichen Farben schaffen eine friedvolle und geheimnisvolle Atmosphäre. Vieira ist eine französische Malerin portugiesischer Abstammung. Zunächst arbeitete sie als Bildhauerin mit Bourdelle zusammen, dann studierte sie nach ihrem Umzug in die französische Metropole bei Léger Malerei und bei Hayter Graphik. In den 30er Jahren entwickelte sie sich zu einer abstrakten Malerin, für deren Kunst das vorliegende Bild ganz typisch ist.

☛ Bourdelle, Hayter, Léger, Poliakoff, Riopelle, Vasarely

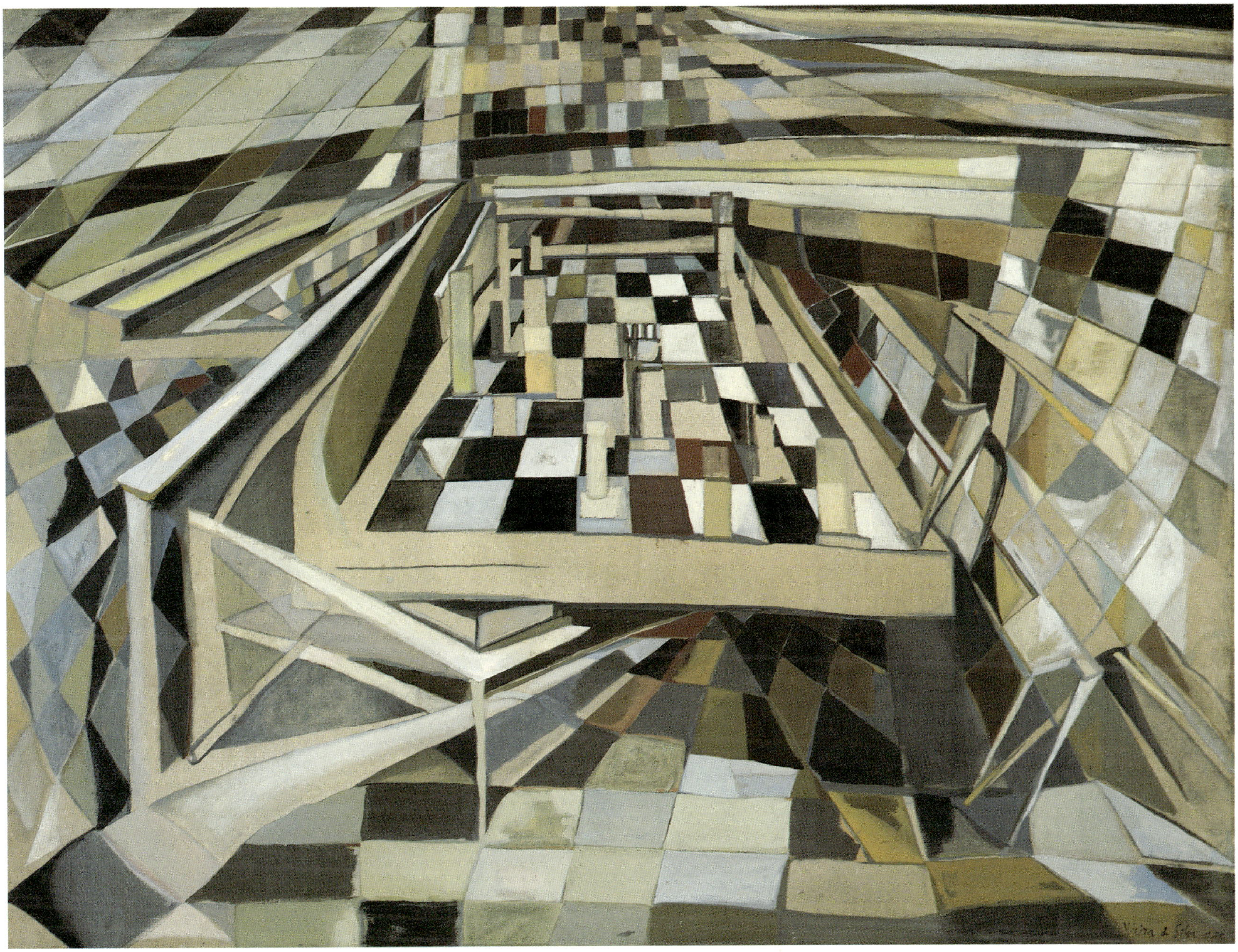

Maria Elena Vieira da Silva. * Lissabon, 1908. Schachmatt. 1949-50. Öl auf Leinwand. H 89 x B 116 cm. Privatsammlung.

Vigée-Lebrun Elisabeth-Louise Selbstporträt

Die Künstlerin sitzt mit Pinseln und Palette in der linken Hand an einem ihrer Porträts, die sie berühmt gemacht haben. Vor einem neutralen Hintergrund bekommt das Selbstporträt Leben durch die strahlenden Gesichtszüge der Künstlerin und das triumphierende Rot ihrer Schärpe, das auf einem der Pinsel wiederkehrt. Vigée-Lebrun war bekannt für ihren Witz und ihre Schönheit, und etwas von ihrer liebreizenden Persönlichkeit wird durch ihren friedvollen Blick und ihr gewinnendes Lächeln wachgerufen. Ein wenig, so scheint es, hat sie sich mit ihren 35 Jahren idealisiert dargestellt. Diese weiche und schmeichelnde Art zu porträtieren machte sie zu einer begehrten Künstlerin in ganz Europa, besonders für Frauen- und Kinderbildnisse. Sie soll Königin Marie-Antoinette allein 25mal porträtiert haben.

☛ Anguissola, Greuze, Mengs, Ramsay, Sherman

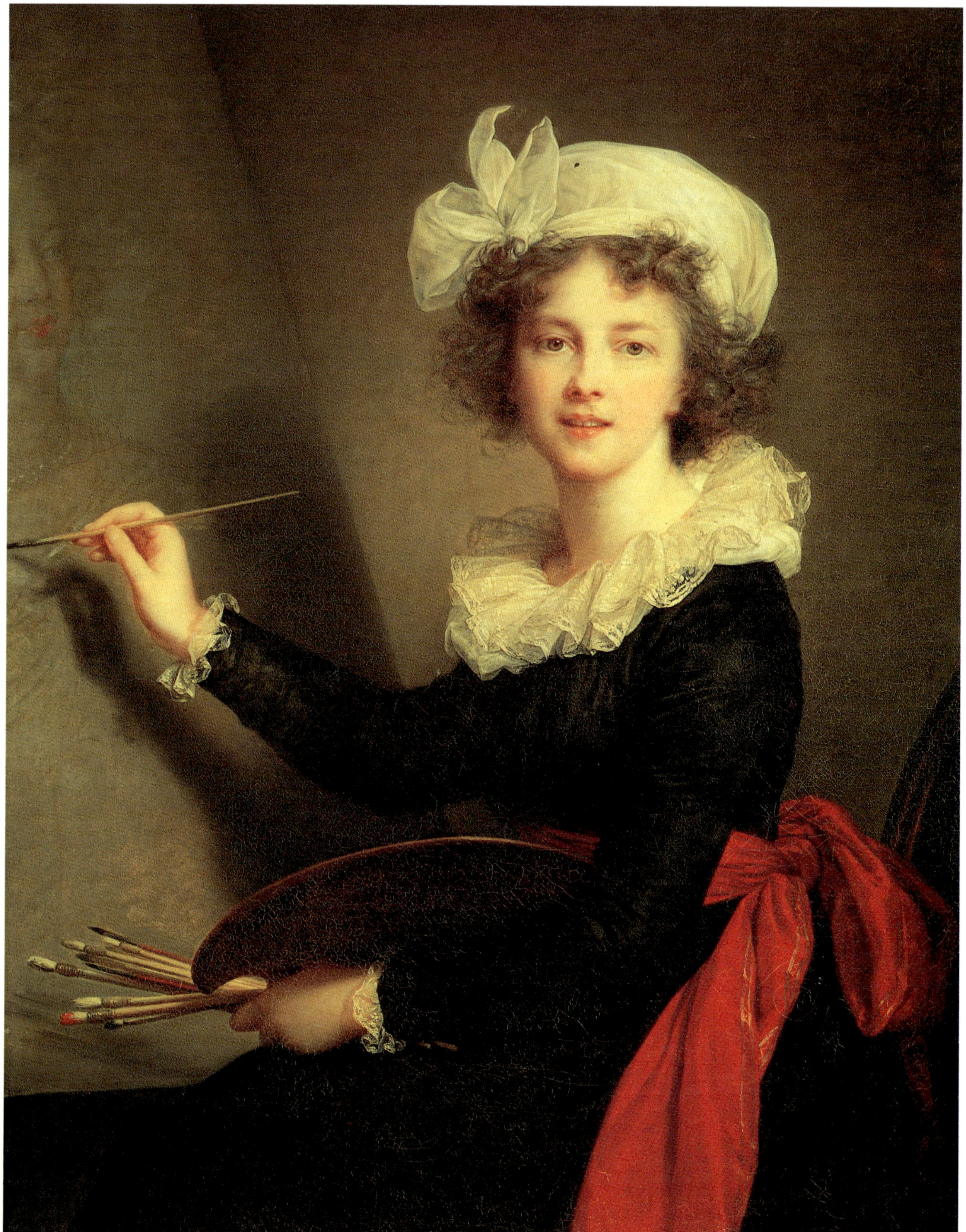

Elisabeth-Louise Vigée-Lebrun. * Paris, 1755. † Louveciennes, 1842. Selbstporträt. 1790. Öl auf Leinwand. H 100 x B 81 cm. Galleria degli Uffizi, Florenz.

Viola Bill

Beten ohne Unterlaß

Der Zyklus des Lebens – von der Geburt bis zum Tod, vom Urknall bis zur totalen Dunkelheit – ist in dieser Videoinstallation auf einen Tag verdichtet. In einem 12-Stunden-Zyklus läuft eine computergesteuerte Bilderfolge zweimal am Tag und insgesamt sieben Tage lang über den Bildschirm. Eine geisterhafte Stimme rezitiert Ausschnitte aus Walt Whitmans Gedicht »Lied vom Ich«. Die Bilder sind nachts am stärksten, doch verwaschen am Tag, und man vernimmt fast nur noch die Stimme. Das Werk präsentiert sich wie eine glühende Ikone, und sein Titel deutet darauf hin, daß es sich um einen Andachtsgegenstand handelt: Es ist fast ein zeitgenössisches Stundenbuch, da sich jedes Bild auf eine bestimmte Tageszeit bezieht. Viola führt Video, Audio und Computertechnik in visionäre Bereiche, indem er so verschiedenartige Lebensäußerungen wie mystisch-antike Lehren bis hin zu den Los-Angeles-Krawallen in eine Erforschung des Unbewußten verwandelt.

☛ Beauneveu, Flavin, Limbourg, Merz, Nauman

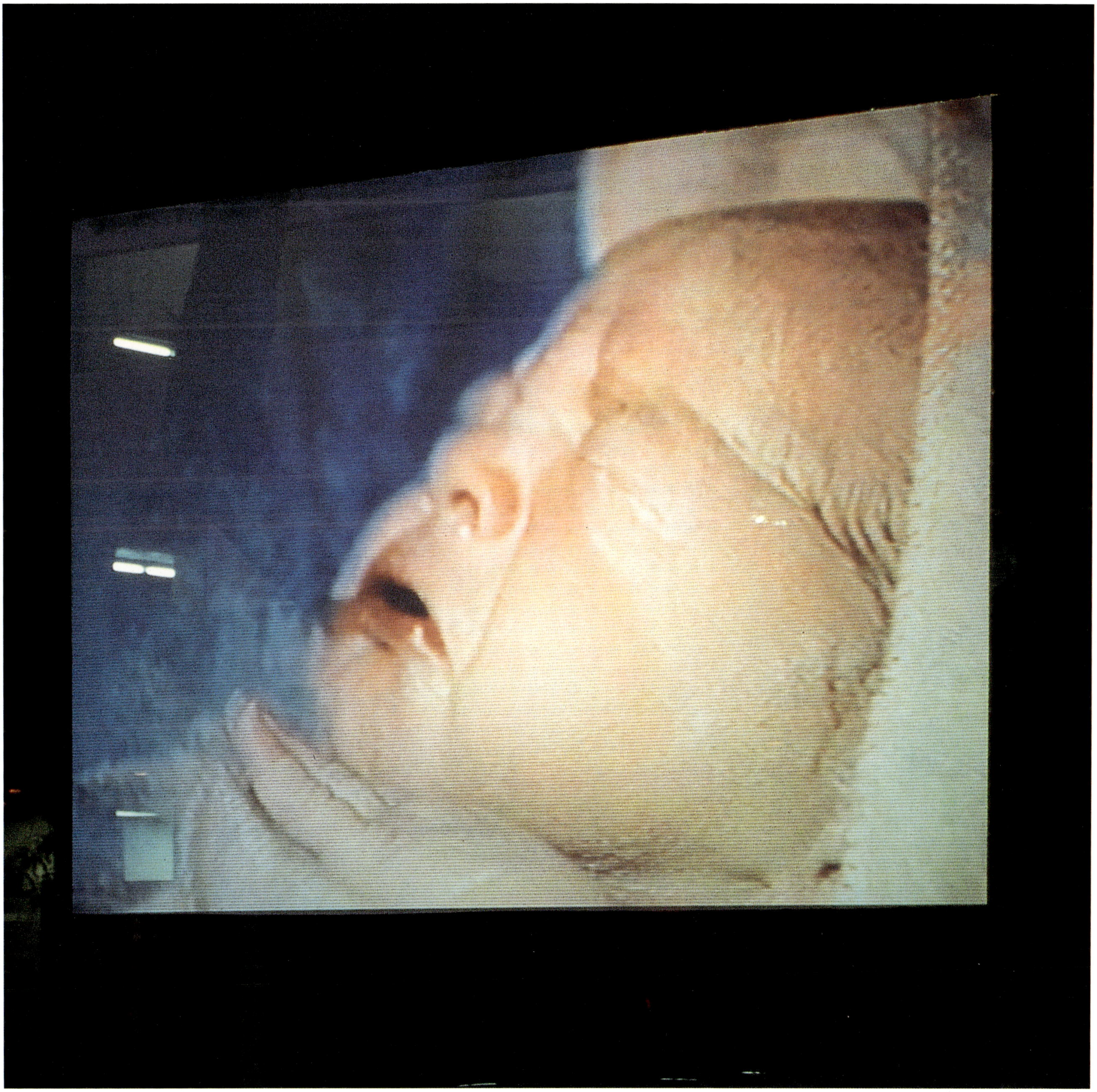

Bill Viola. * New York, 1951. Beten ohne Unterlaß. 1992. Videoinstallation. Privatsammlung.

Vlaminck Maurice de

Der Zirkus

Fegende Striche in Blau, Orange und Rosa haben das Zirkuszelt und die umliegenden Häuser auf Grundformen reduziert. Um eine ausdrucksstarke und bewegte Szene zu schaffen, wurde die Perspektive verzerrt. Vlaminck war Autodidakt und in erster Linie professioneller Radsportler bis zu dem Tag, an dem er 1900 Derain traf und ernsthaft zu malen begann. 1905 schloß er sich den Fauvisten an, einer Gruppe von Künstlern, zu der auch Derain, Matisse und Rouault gehörten, und die zusammen im Pariser Salon ausstellten. Mit ihren verzerrten Formen und flachen Mustern in heftigen Farben lösten sie einen Eklat aus, so daß ein Kritiker sie »Les Fauves« (die Wilden) taufte. Einige von Vlamincks besten Werken stammen aus der Fauve-Periode. Ursprünglich mehr von dem expressiven Malstil Van Goghs angezogen, begann sich Vlaminck 1907 Cézanne zuzuwenden und Palette und Themen zu wechseln.

☛ Derain, Van Gogh, Heckel, Kirchner, Pechstein

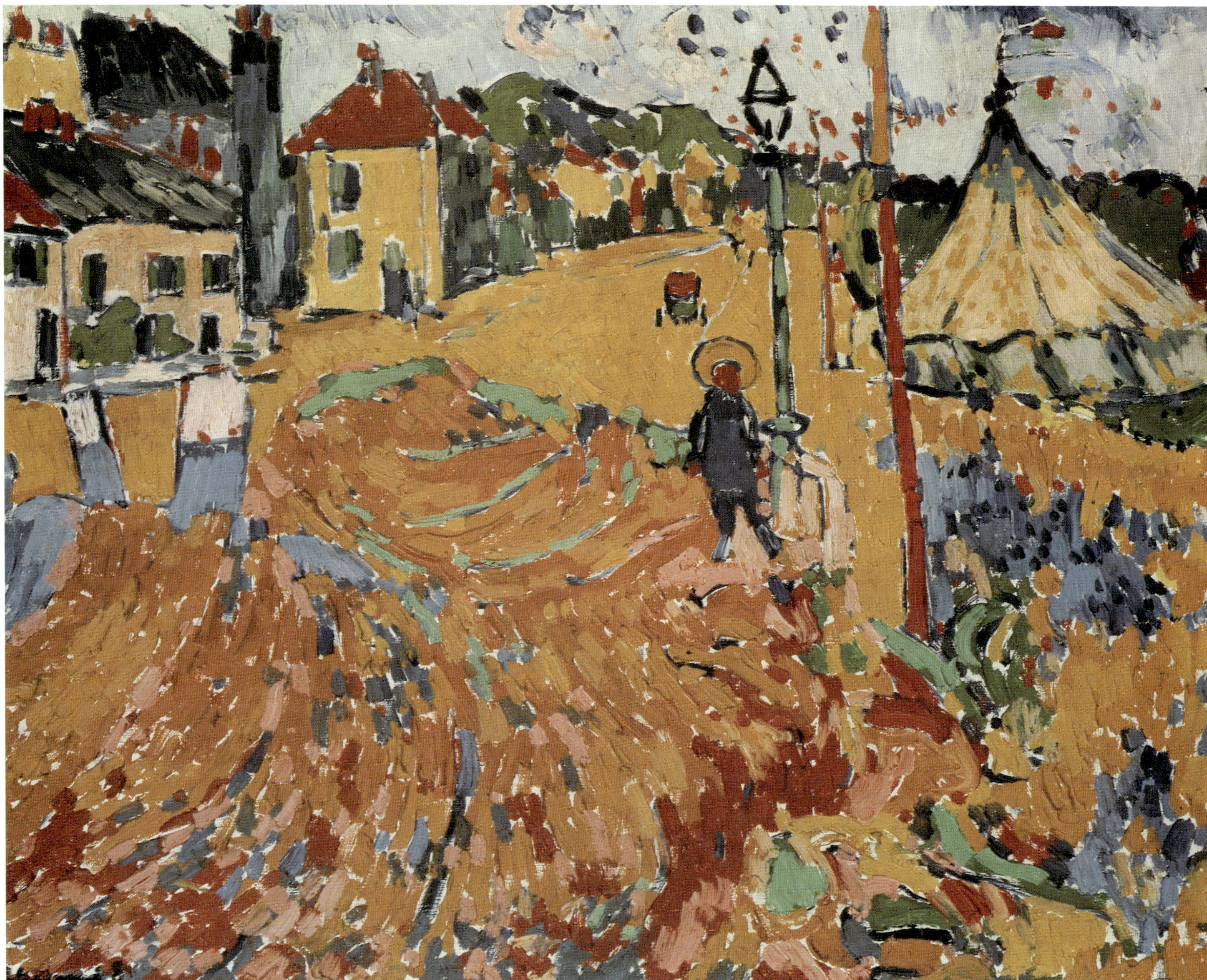

Maurice de Vlaminck. * Paris, 1876. † Rueil-la-Gadelière, 1958. Der Zirkus. 1906. Öl auf Leinwand. H 60 x B 73 cm. Privatsammlung.

Vouet Simon

Die Zeit von Hoffnung, Liebe und Schönheit besiegt

Zwei junge Frauen mit tödlichen Waffen bedrohen einen alten Mann, der verzweifelt versucht, sich zu schützen. Die Sense unter ihm und das Stundenglas in seiner linken Hand verraten uns, daß der alte Mann die Zeit darstellt. Die zwei Frauen sind Personifikationen der Hoffnung (links) und der Schönheit (rechts); zusammen mit der Liebe (das Engelchen Cupido) sieht man sie über den alten Mann Zeit siegen, will sagen: Jugend, Schönheit und Liebe sind ewige und unveränderbare Werte. Die überzogenen Gesten, die flatternden Kleider der sich stoßenden und ziehenden drei Figuren sind Kennzeichen von Vouets klassizistischem Barockstil. Seine farbenprächtigen und höchst dramatischen Szenen, meist religiöse oder allegorische Themen, bestimmten die künstlerische Mode im Paris des 17. Jahrhunderts. Leider sind die meisten der großen Dekorationen Vouets zerstört und damit verloren.

☛ Bronzino, Caravaggio, Carracci, Domenichino, Poussin

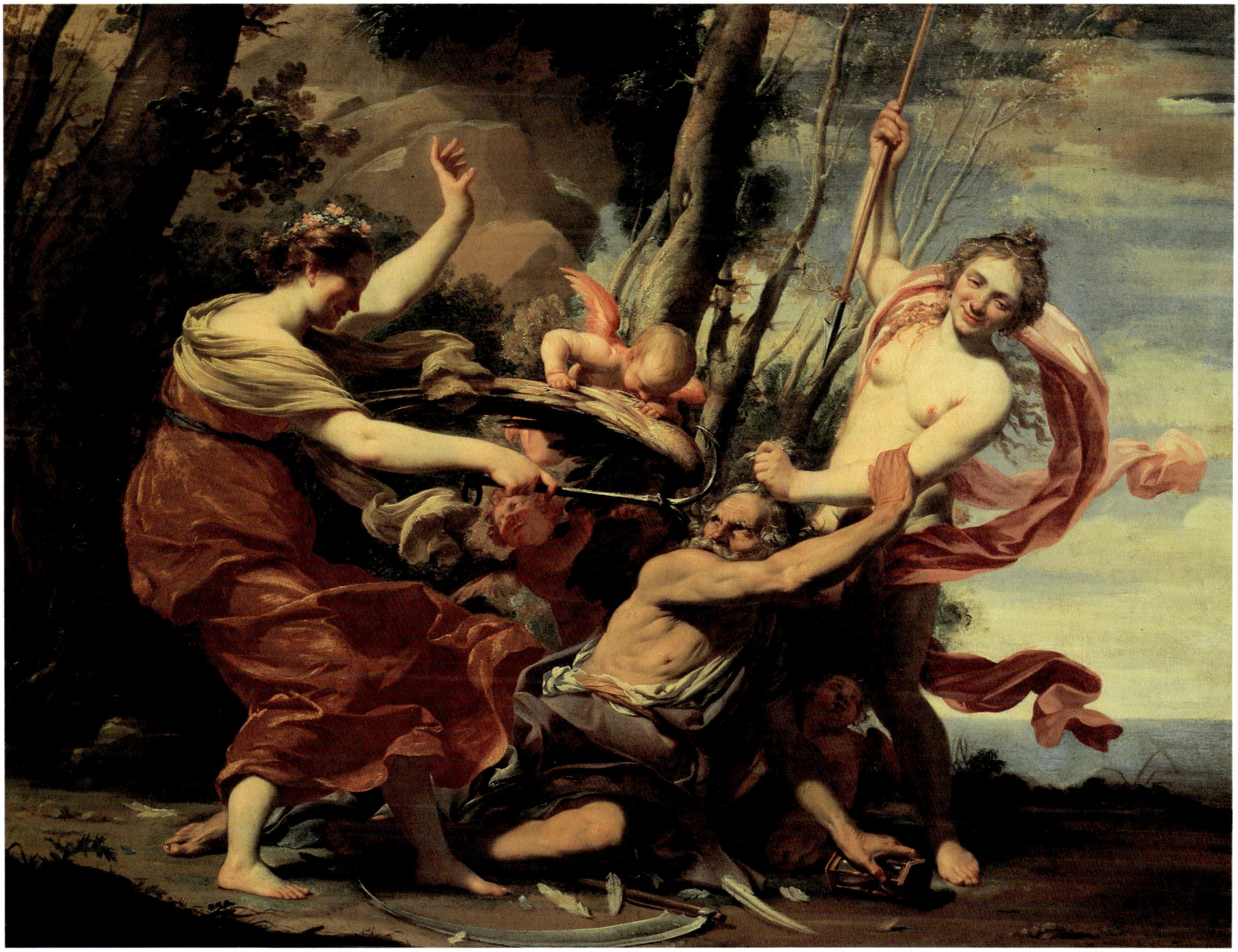

Simon Vouet. * Paris, 1590. † Paris, 1649. Die Zeit von Hoffnung, Liebe und Schönheit besiegt. 1627. Öl auf Leinwand. H 107 x B 142 cm. Museo del Prado, Madrid.

Vuillard Edouard

Zwei Schuljungen

Zwei Knaben spielen in einem Park, den Vuillard in eine verzauberte Traumwelt verwandelt hat. Die gesprenkelten Bänder aus kalkigen Braun- und Grüntönen schaffen Farbharmonien und verleihen der Bildoberfläche eine vibrierende Wirkung. Vuillard hatte einen Auftrag für neun große Wandbilder für das Eßzimmer in einem wohlhabenden Pariser Haus erhalten. Die Tafeln geben seine Eindrücke in Pariser Parks wieder, wo er Kinder zeichnete und die Muster aus Licht und Schatten studierte. Gerade die flimmernde Malweise von Seurat und Monet hatte ihn beeindruckt, und die Wandbilder erinnern etwas an Monets Seerosenbilder. Vuillard war bekannt für die Verwendung gewagter, aber sinnlicher Farbharmonien, für sein Gespür für Strukturen und Gestaltmuster und für seine Fähigkeit, Atmosphäre auf die Leinwand zu zaubern und den geheimnisvollen Charme des Alltäglichen zu enthüllen.

☛ Bonnard, Denis, Homer, Monet, Seurat, Vallotton

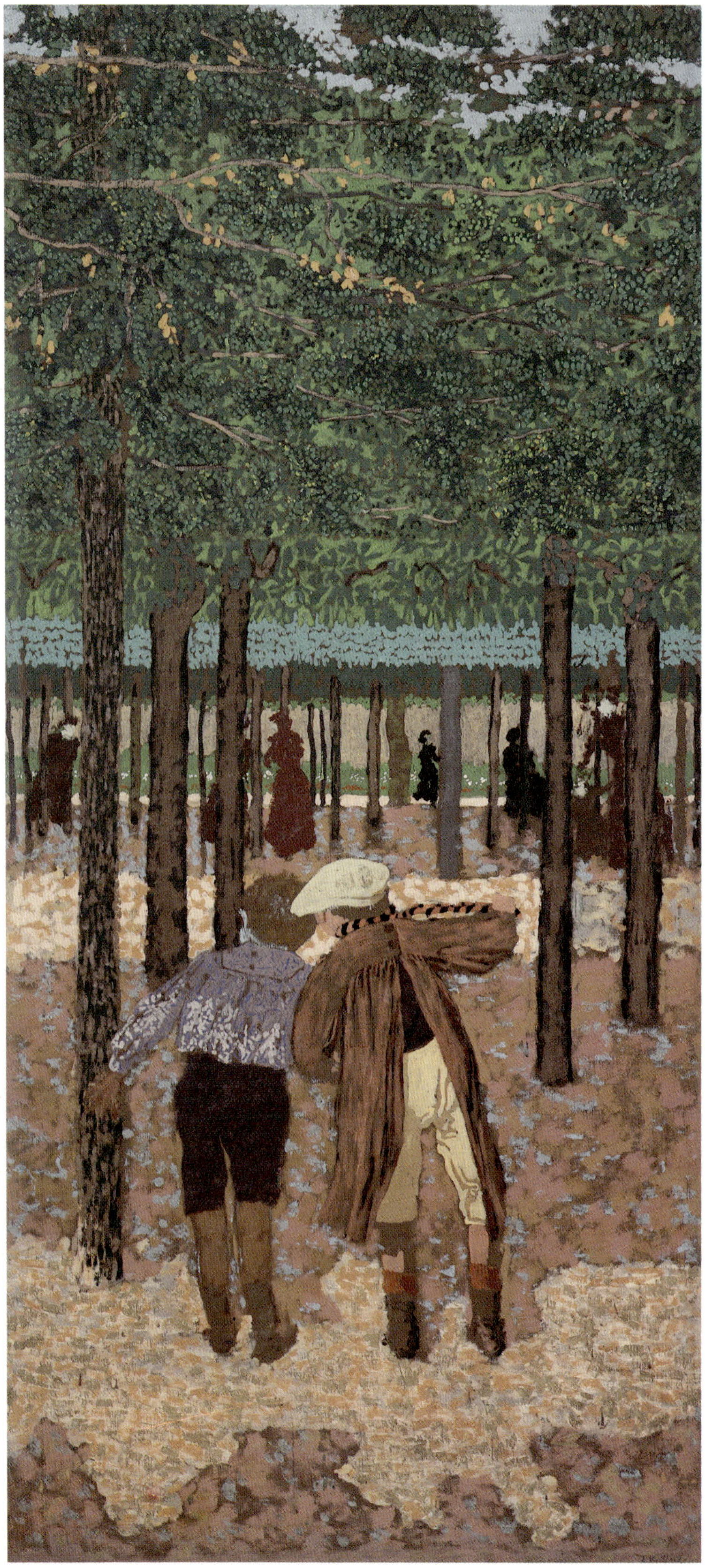

Edouard Vuillard. * Cuiseaux, 1868. † La Baule, 1940. Zwei Schuljungen. 1894. Tempera auf Leinwand. H 212 x B 96 cm. Musée Royaux des Beaux-Arts de Belgique, Brüssel.

Wadsworth Edward

Strandszene

Eine Ansammlung von nautischen Geräten ist in kühnem Relief vor Meer und Sand ausgebreitet. Das Bild zeigt Wadsworths technische Fertigkeit und wirklichkeitsgetreue Zeichenkunst. Die kleinsten Details sind mit verblüffenden Einzelheiten wiedergegeben, und das schwierige Malmittel der Eitempera, die der Künstler selber herstellte, ist geschickt behandelt. Die erfindungsreiche Art der erdachten geometrischen Kreationen vermittelt ein größeres geistiges Vergnügen als übliche Stilleben. Das Bild ist dem Surrealismus verwandt mit seinen unerwarteten Gegenüberstellungen und seiner hyperrealistischen Klarheit. Während des 1. Weltkriegs trat Wadsworth in die königliche Marine ein und malte Tarnungen für Schiffe. Dies führte zu einer Leidenschaft für Meer und Schiffe, die zu ständig wiederkehrenden Motiven seiner Bilder wurden. Für den Luxusliner Queen Mary schuf er die Wanddekorationen.

☛ Carrà, De Chirico, Dalí, Lewis, Nash

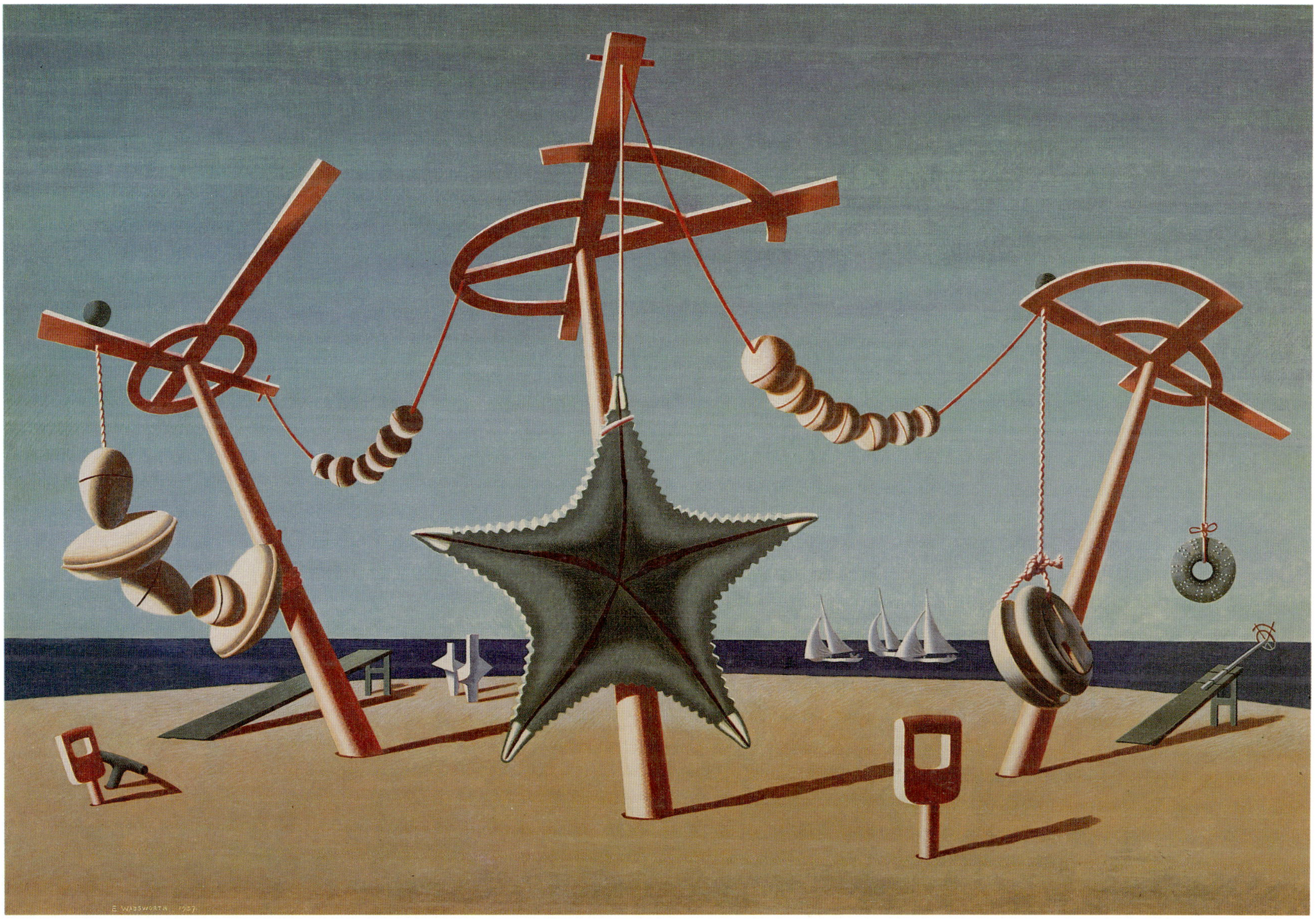

Edward Wadsworth. * Cleckheaton, 1889. † London, 1949. Strandszene. 1937. Tempera auf Leinen. H 71,1 x B 101,6 cm. Tate Gallery, London.

Wallis Alfred

Saint Ives mit dem Godrevy Leuchtturm

Von einem erhöhten Aussichtspunkt sieht man eine Stadt mit ihrem Hafen und Leuchtturm. Das Bild hat eine flache und naive Art, die an Kinderzeichnungen erinnert; es ist völlig frei von optischen Traditionen wie Perspektive oder Fluchtpunkt. Das ockerfarbene Papier scheint überall durch und bildet somit den Grundton des Bildes, dem lediglich Blau, Grün, Schwarz und Weiß zugefügt wurden. Erst mit 60 Jahren begann der Fischer Wallis zu malen. Nicholson hatte ihn entdeckt, und wegen seines Einflusses auf die Saint-Ives-Maler in Cornwall wurde er der einflußreichste naive Künstler Englands. Seine Werke sind spontane Erinnerungsbilder von erfundenen oder tatsächlichen Erlebnissen aus seinem Fischerleben. Wallis malte viel auf Karton oder Packpapier, die in unregelmäßige Stücke zerschnitten waren. Ein Verfahren, das die professionellen Saint-Ives-Maler übernahmen.

☛ Gontscharova, Lowry, Nicholson, H. Rousseau, Wadsworth

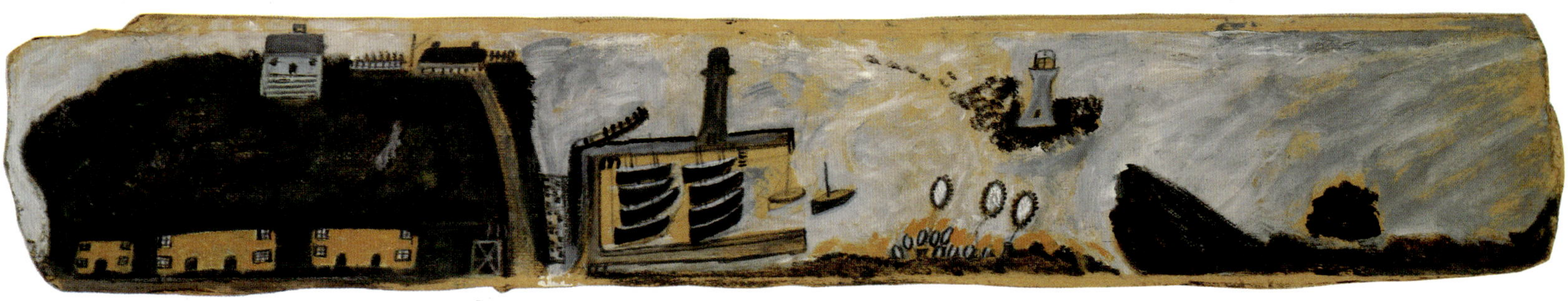

Alfred Wallis. * Devenport, 1855. † Madron, 1942. Saint Ives mit dem Godrevy Leuchtturm. Um 1935. Öl und Bleistift auf Karton. H 17 x B 95 cm. Privatsammlung.

Warhol Andy

Marilyn

Marilyn Monroes Gesicht wird als undurchdringliche Maske in grell leuchtenden Farben vorgeführt. Das vielfarbige Bild wurde in verschiedenen Farbkombinationen als Siebdruck hergestellt, so daß Marilyns Gesicht in überraschend unheimlicher Art erscheint. Marilyn ist vielleicht Warhols berühmtestes Motiv. Er präsentiert die erstarrten Züge des tragischsten aller Hollywoodstars so, wie sie bereits in der Werbung eingefangen wurden. Das Bildnis Marilyns als ein Produkt der Massenkultur, für das Publikum verpackt wie ein Konsumartikel, ist ein wesentlicher Beitrag zur amerikanischen Pop Art. In den 60er Jahren war Warhol bereits eine Kultfigur. Sein Privatleben versteckte er hinter dem Statement: »Wenn Sie etwas über mich wissen wollen, schauen Sie meine Bilder an. Da ist alles, mehr gibt es nicht.«

☛ De Kooning, Lichtenstein, Oldenburg, Rosenquist, Wesselman

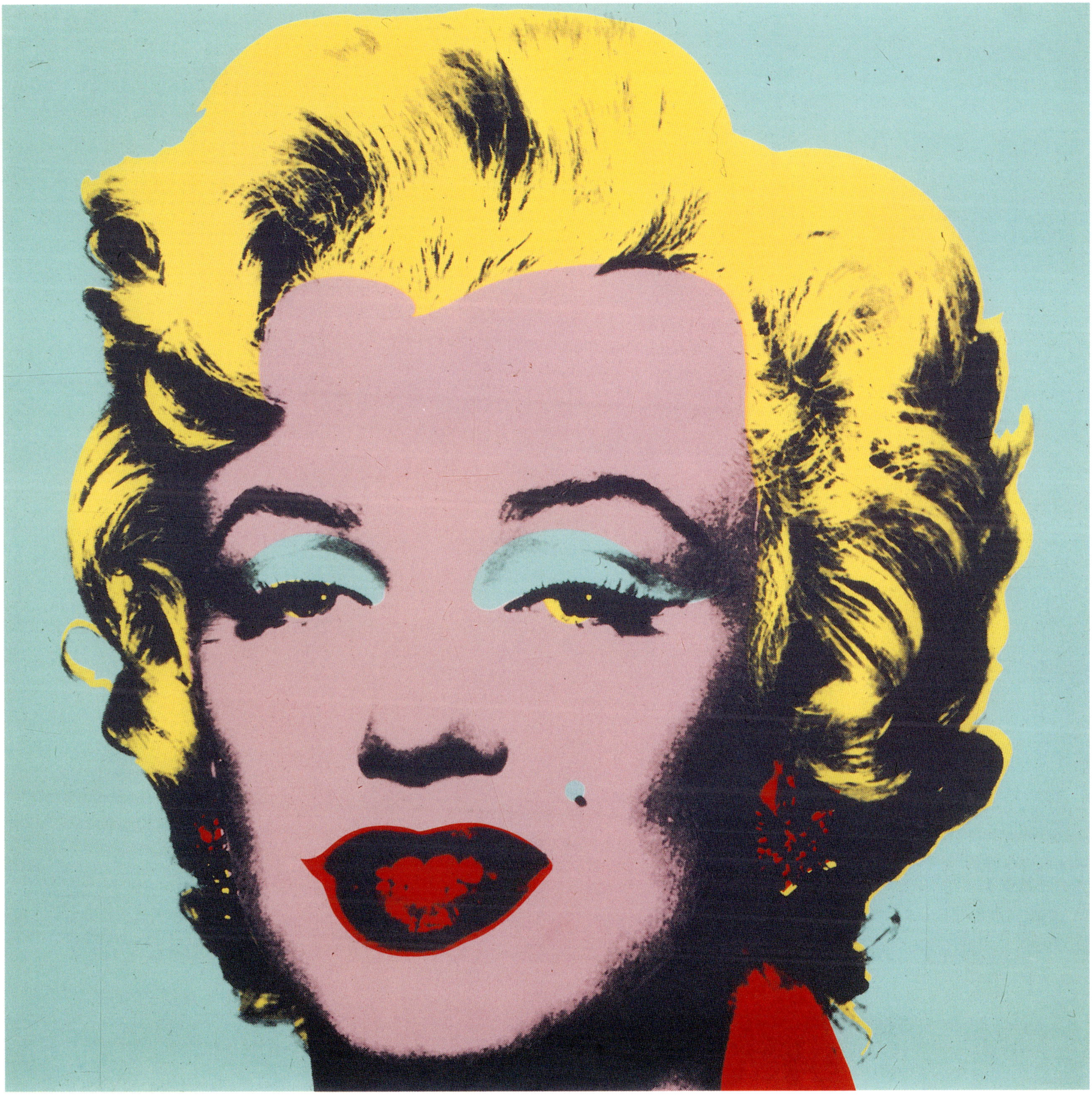

Andy Warhol. * Pittsburgh, 1928. † New York, 1987. Marilyn. 1967. Siebdruck. H 91,5 x B 91,5 cm. Museum of Modern Art, New York.

Waterhouse John William

Die Lady von Shalott

Die Lichtfülle des Bildes und seine Detailtreue vertiefen die Stimmung dieser Episode aus einem Gedicht von Tennyson. Man kann förmlich die Frostigkeit des Tages fühlen, an dem die ihrem Schicksal ausgelieferte junge Frau ihre letzte Reise antritt. Ihre Schönheit erfüllt die Szenerie. Unabhängig von der erzählten Geschichte ist das Bild eine genau beobachtete Naturstudie – jeder Schilf- und Binsenhalm ist gewissenhaft wiedergegeben, und die gleiche Aufmerksamkeit galt der Spiegelung auf dem Wasser. Waterhouse war Anhänger der Präraffaeliten und führte deren Interesse an literarischen Themen fort. Er entfaltete ein sicheres Gespür für den richtigen szenischen Moment, gepaart mit einem feinen Gefühl für Kompositionen und einer überlegenen Maltechnik. Vor allem die Schönheit der wehmütigen weiblichen Modelle (hier seine Frau) trugen zu seiner anhaltenden Beliebtheit bei.

☛ Alma-Tadema, Burne-Jones, Leighton, Martini, Millais

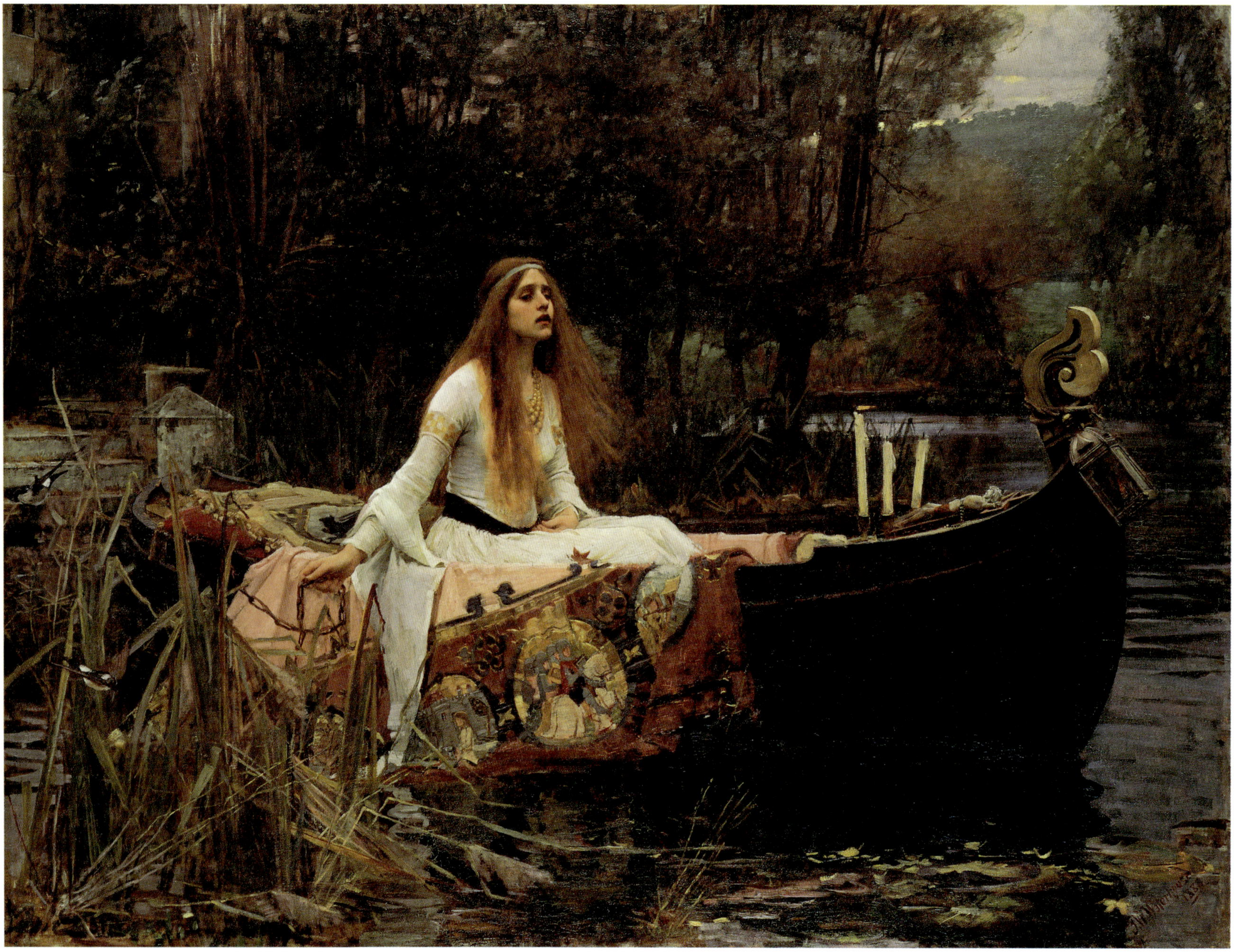

John William Waterhouse. * Rom, 1849. † London, 1917. Die Lady von Shalott. 1888. Öl auf Leinwand. H 153 x B 200 cm. Tate Gallery, London.

Watteau Antoine

Die Einschiffung nach Cythera

Das zarte Grün der Bäume, tolpatschige Putten, verliebte Paare und verschwenderische Seidenkleider zeichnen eine Vision von anmutigen Galanterien. Die geschmückte Statue von Venus und Cupido betont, daß dieses Arkadien der Liebe geweiht ist. Es ist nichts vordergründig Erotisches in diesem Bild, doch strahlt es eine unleugbare Sinnlichkeit aus. Wie viele von Watteaus Bildern birgt der frivole Zauber eine unterschwellige Schwermütigkeit. Die Hauptperson im gelben Kleid blickt sehnsüchtig zurück und scheint auf die Vergänglichkeit von Glück hinzuweisen. Watteau vertrat engagiert diese Art von idyllisch-festlichen Landschaften und führte dieses für das Rokoko so typische Genre auf einen einsamen Höhepunkt. Er verehrte besonder Rubens. Watteaus Abgeklärtheit und Eleganz sind ganz französisch und spiegeln Pomp und Extravaganz am Hofe Ludwigs XIV. in Versaille wider.

☛ Boucher, Fragonard, Giorgione, Lancret, Rubens

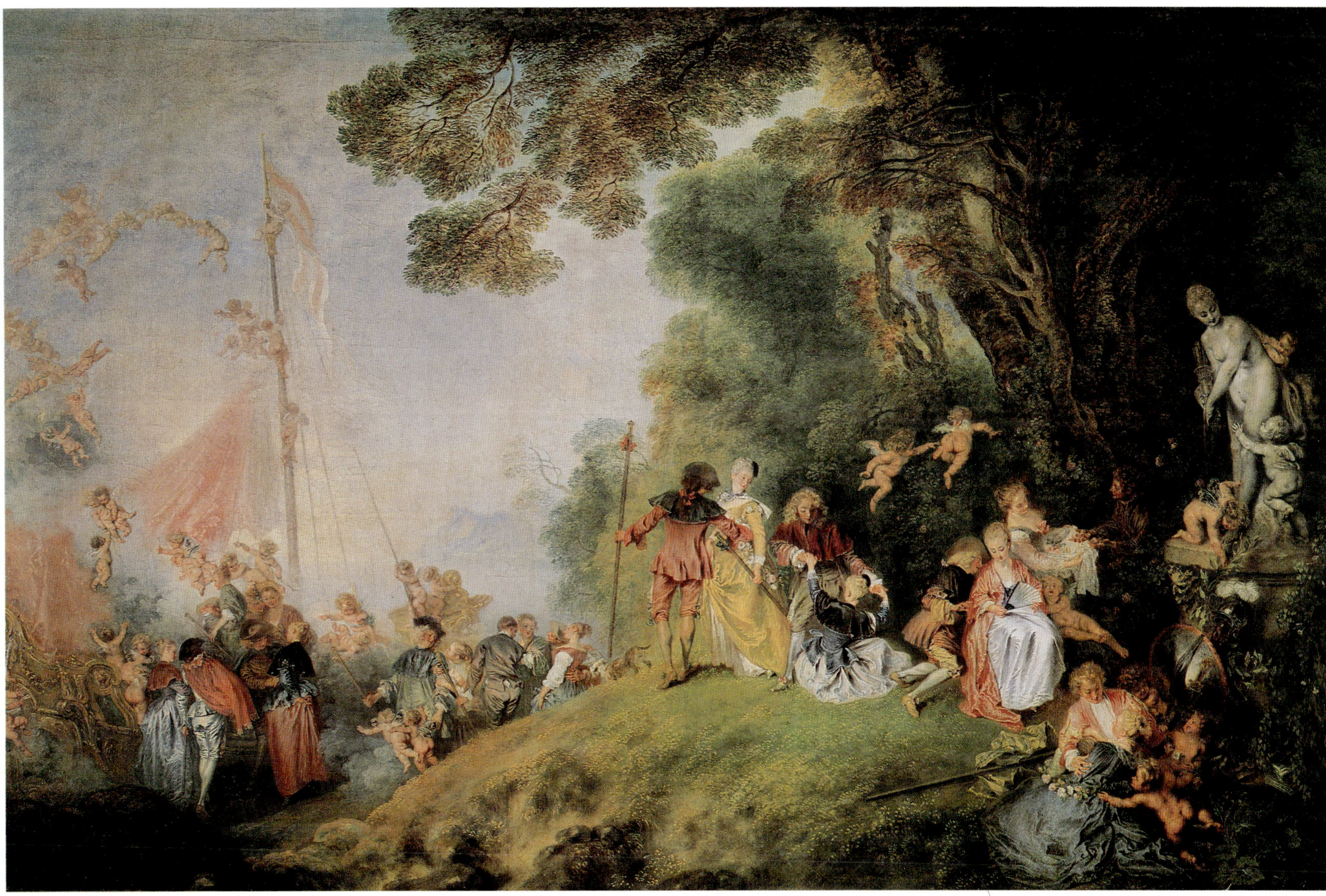

Antoine Watteau. * Valenciennes, 1684. † Nogent-sur-Marne, 1721. Die Einschiffung nach Cythera. 1718. Öl auf Leinwand. H 130 x B 192 cm. Schloß Charlottenburg, Berlin.

Weight Carel

Daisy im Garten

Die erdhafte und bedrückende Stimmung eines typisch städtischen Hintergartens in Südwestlondon an einem bedeckten Tag wurde wirkungsvoll eingefangen. Weights offene Pinselführung verdichtet die Szene; auf geheimnisvolle Weise scheint die kahle und schäbige Umgebung die Einsamkeit der im Garten spazierenden Person noch zu vergrößern. Die Originalität des Bildes zeigt sich in Weights instinktivem Erfassen des Gegenstandes. Weight, der Individualist, der die kommerzielle Kunstwelt meidet, malt persönliche, vom Unbehagen durchdrungene Ansichten des Alltagslebens. Seine Personen sind eingebunden in eine städtische oder ländliche Umwelt und gehen oder rennen brüsk gegen einen Rand des Bildes, als ob sie fliehen wollten. Manchmal tauchen auch Geister und Hexen auf. Die meisten Bilder spielen in Südlondon, wo er lebt und arbeitet.

☛ Freud, Rego, Sickert, Spencer

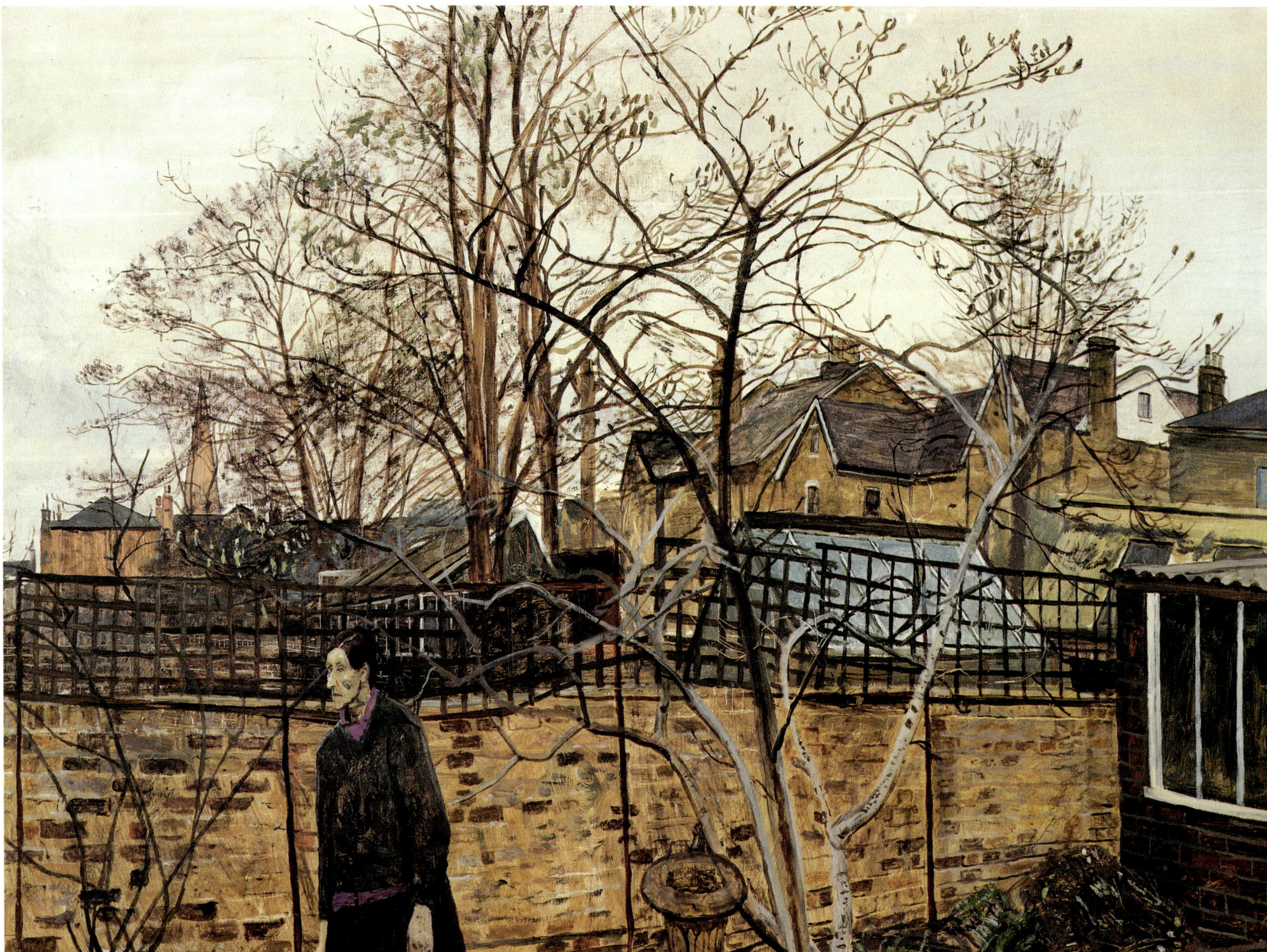

Carel Weight. * London, 1908. Daisy im Garten. Um 1962. Öl auf Leinwand. H 76,2 x B 101,6 cm. Privatsammlung.

Wesselman Tom

Großer amerikanischer Akt, Nr. 27

Dem erotischen Abbild eines Aktes mit geöffneten Beinen – die Gesichtszüge blieben frei, um den Eindruck eines Porträts zu vermeiden – sind ausgeschnittene Bilder von Milchshakes und Eisbechern gegenübergestellt. Dieser Akt ist Teil einer Serie aus den frühen 60er Jahren, in der Wesselman gemalte Akte mit Collageelementen aus Broschüren oder Plakaten kombinierte. Die Bedeutung des Bildes liegt in der auffälligen Demonstration von sexueller Freiheit – gemalt zu einer Zeit, als Nacktheit in amerikanischen Medien noch selten war – und in der Einbindung von Bildern aus der neuen Konsumwelt. Diese Verknüpfung von erotischen Symbolen und der Kultur einer Konsumgesellschaft ist ein wesentlicher Zug der amerikanischen Pop Art. 1983 gab Wesselman das Malen auf Leinwand auf und begann mit der Konstruktion von ausgeschnittenen metallenen Wandstücken aus Filzstift- und Tintenzeichnungen.

☛ Boucher, Jones, Hamilton, Polke, Rosenquist, Warhol

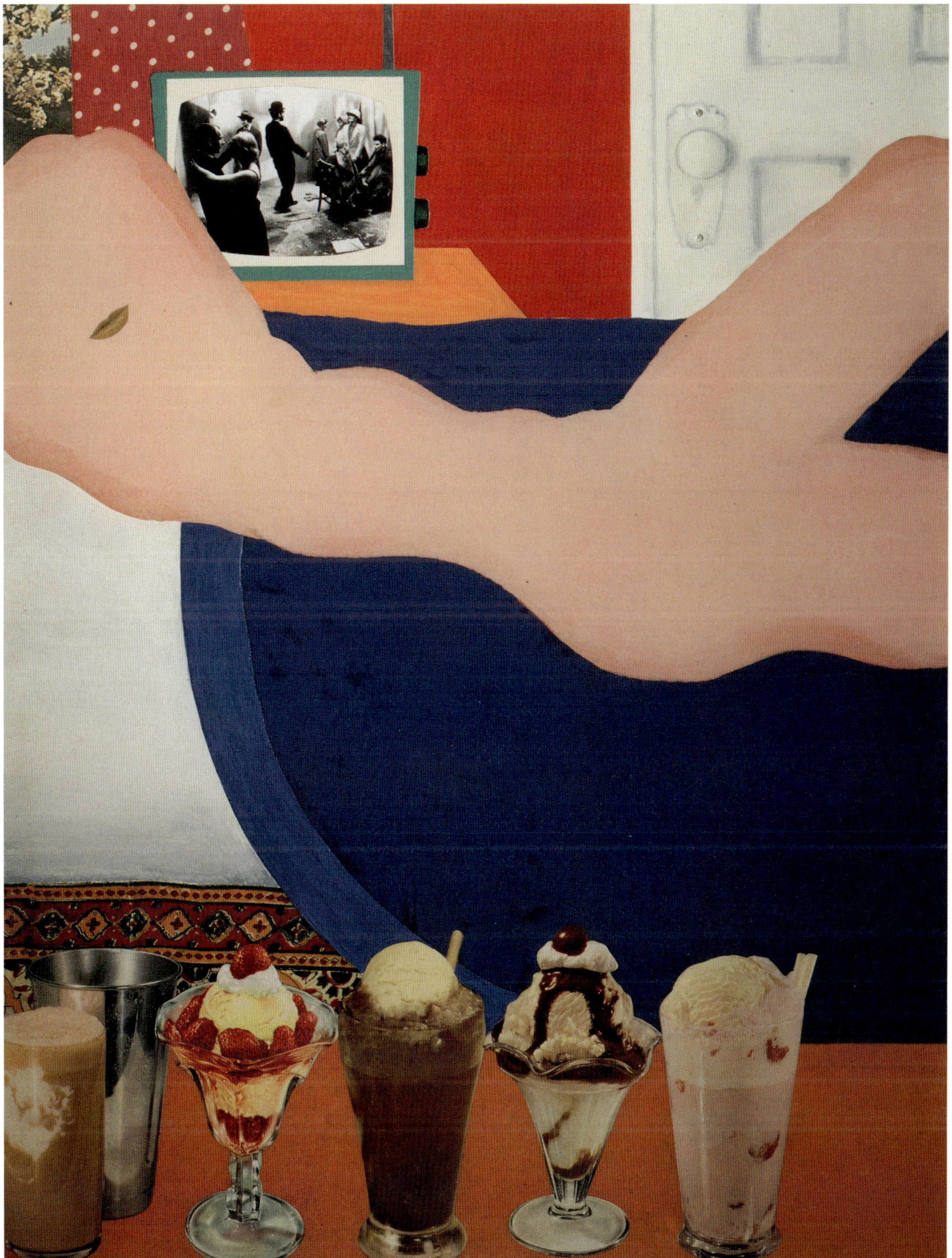

Tom Wesselman. * Cincinnati, 1931. Großer amerikanischer Akt, Nr. 27. 1962. Emailfarbe und Collage auf Holz. H 122 x B 91,4 cm. Mayor Gallery, London.

William Penns Abkommen mit den Indianern

William Penn wird gezeigt, wie er mit den Lenape-Indianern Frieden schließt: ein Meilenstein in der Geschichte Pennsylvanias. Diese etwas romantische und unkorrekte Darstellung eines dokumentarisch belegten Ereignisses, indem West einer klassischen Komposition zeitgenössische Figuren einfügt, ist typisch für die Historienmalerei, der West seine internationale Anerkennung verdankt. Der gebürtige Amerikaner ging zur Ausbildung nach Italien und ließ sich in London als Porträtist nieder. Seine Ausstrahlung und Vielseitigkeit ließen ihn berühmt werden. Er wurde von George III. zum Historienmaler ernannt und folgte Reynolds im Amt des Präsidenten der Royal Academy nach. Für die amerikanische Kunst war West besonders einflußreich. Sein Atelier wurde zur Ausbildungsstätte für einige der berühmtesten amerikanischen Künstler von damals, z. B. für Stuart.

☛ Cole, Hicks, Reynolds, Stuart

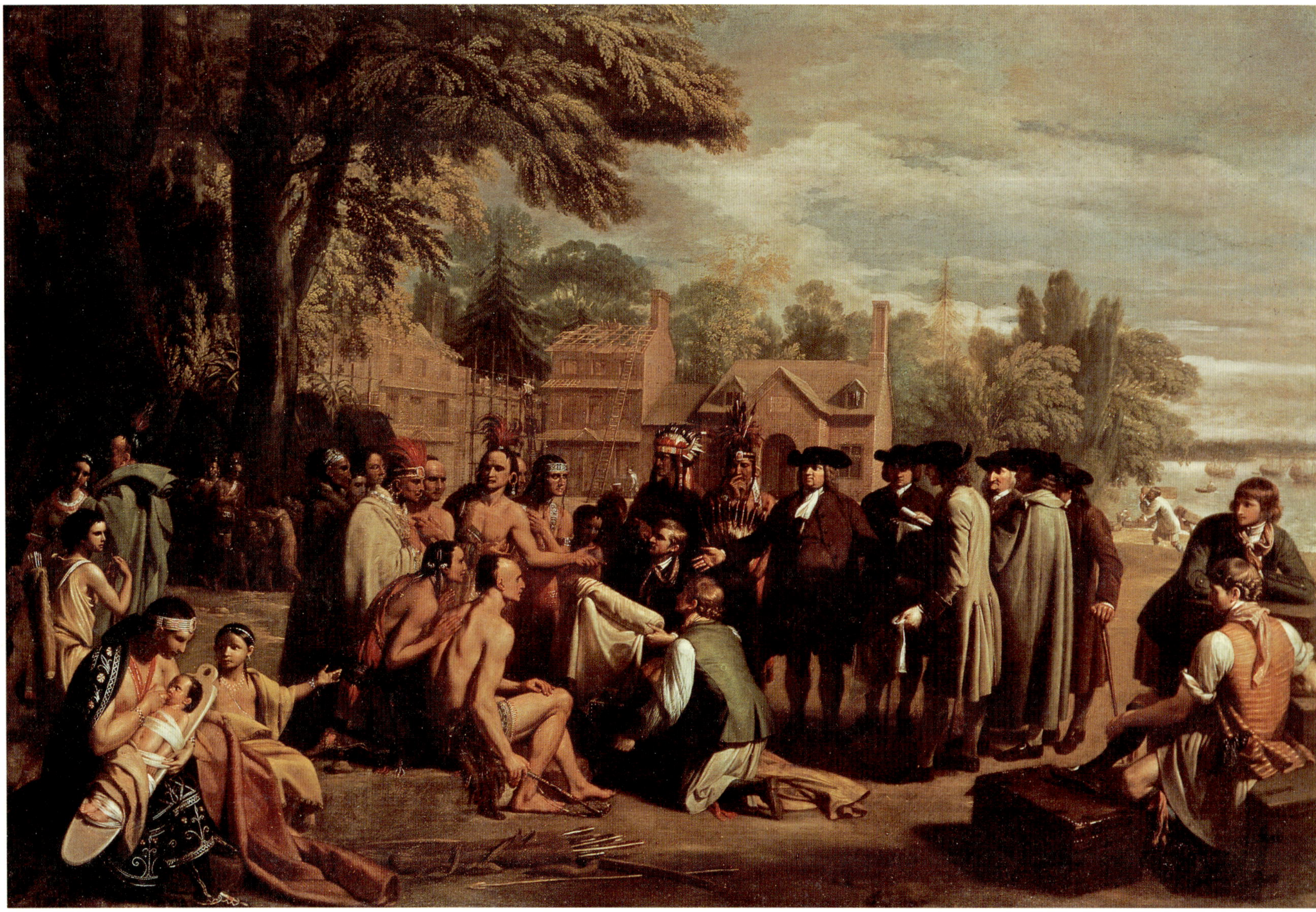

Benjamin West. * Springfield, 1738. † London, 1820. William Penns Abkommen mit den Indianern. 1771/72. Öl auf Leinwand. H 192 x B 273 cm. Pennsylvania Academy of the Fine Arts, Philadelphia.

Van der Weyden Rogier Kreuzabnahme

Die trauernden Gesten der Personen machten das Bild zu einem der ergreifendsten der Kunstgeschichte und zu einem Meisterwerk des 15. Jahrhunderts. Einzelheiten, wie die Tränen, die von Maria Magdalenas Nase tropfen, und die Art und Weise, in der der Stoff ihres Kleides sich auf dem Rücken verschiebt, als sie vor Schmerz ihre Arme ringt, erweisen Van der Weyden als genauen Beobachter des Lebens. Doch die ganze Komposition mit der Einbindung der Figuren in den Altarrahmen wie auf einer flachen Bühne erinnert mehr an einen historischen Umzug als an ein reales Ereignis. Van der Weydens Frühwerk steht noch unter dem Einfluß von Jan van Eyck und von Campini. Van der Weydens großer Erfolg übte noch lange nach seinem Tod einen bedeutenden Einfluß auf die europäische Malerei aus.

☛ Bouts, Campin, Van Eyck, Grünewald, Memling

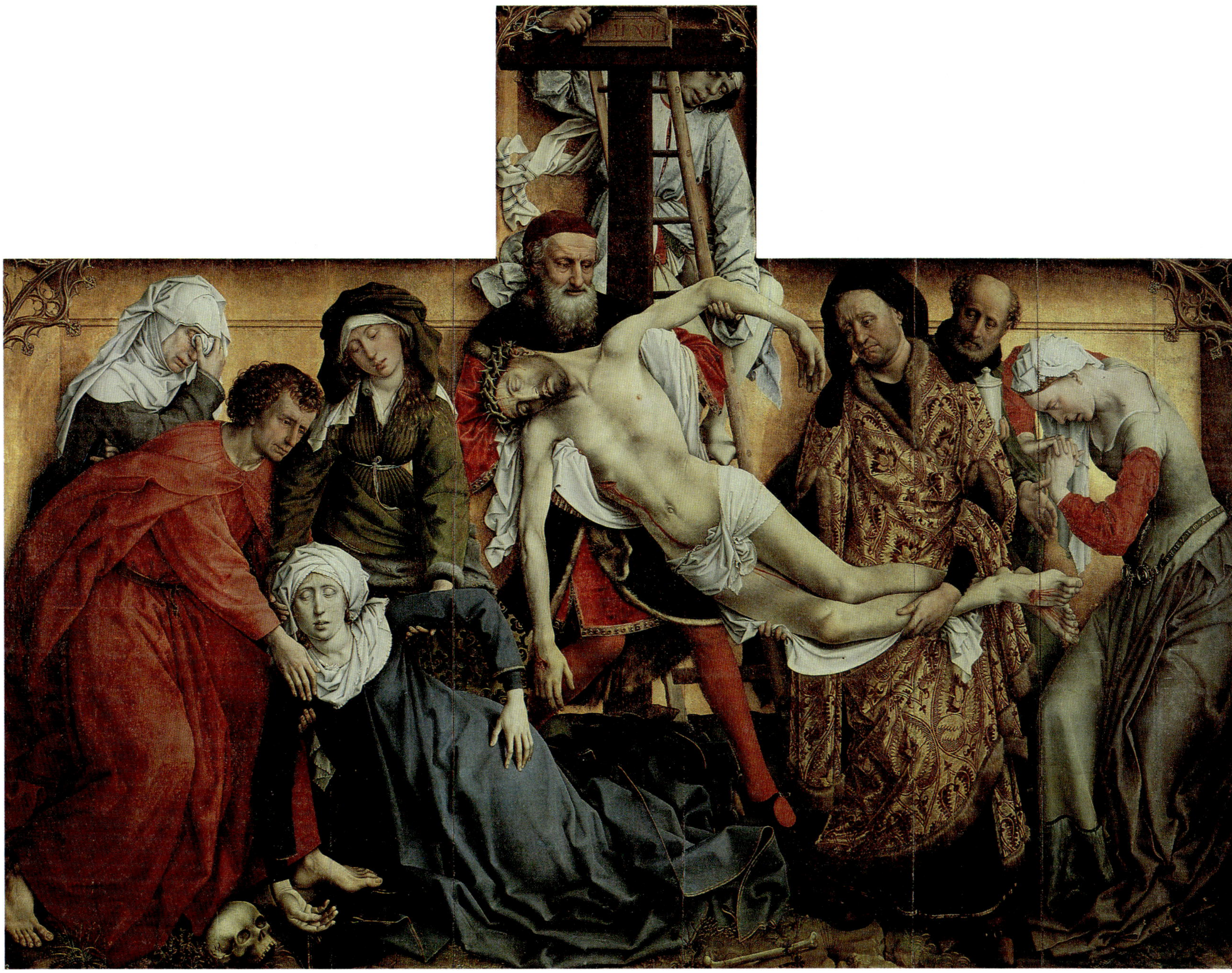

Rogier van der Weyden. * Tournai, um 1399. † Brüssel, 1464. Kreuzabnahme. Um 1435/38. Öl auf Holz. H 220 x B 262 cm. Museo del Prado, Madrid.

Whistler James Abbot McNeill

Symphonie in Weiß Nr. 2: Mädchen in Weiß

Dieses schöne, schwülstige Bild von Whistlers Frau Joanna Hiffernan ist eine Studie über eng verwandte Weißschattierungen. Die asymmetrische Komposition mit der exzentrisch angeordneten und abgeschnittenen Figur und der direkten Beleuchtung, die das Bild auf ein Farbmuster reduziert, offenbart deutlich Whistlers Interesse an japanischer Kunst. Dieser Einfluß, der in den 60er Jahren des 19. Jahrhunderts aufkam, als die japanische Kunst mit ihren Holzschnitten Europa erreichte, wird in dem Fächer, in der Porzellanvase auf dem Kamin und durch die Kirschblüten angedeutet. Das Schema einer Figur vor einem fast freien Hintergrund bleibt Whistlers Standardkomposition. Aus Protest gegen die viktorianische Titelei betonte Whistler die ästhetische Natur seiner Werke, indem er seine Bilder Nachtstück oder Symphonie nannte. Whistler galt als geistreicher Exzentriker.

☛ Chase, Degas, Goya, Hiroshige, Hokusai, Manet

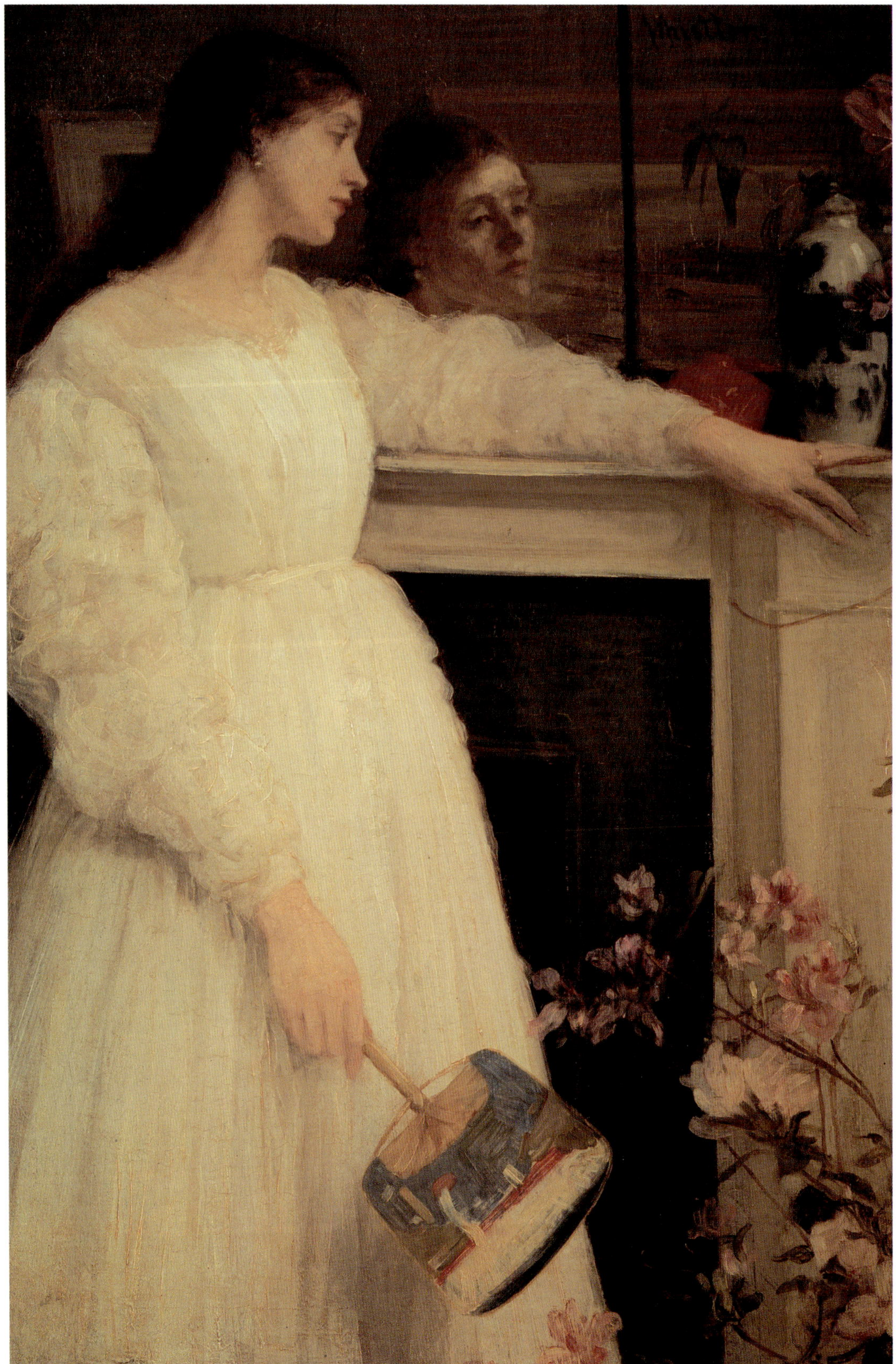

James Abbot McNeill Whistler. * Lowell, 1834. † London, 1903. Symphonie in Weiß Nr. 2: Mädchen in Weiß. 1864. Öl auf Leinwand. H 76 x B 51 cm. Tate Gallery, London.

Wilkie Sir David

Das Empfehlungsschreiben

Ein junger Mann präsentiert einem älteren Herrn, der ihn argwöhnisch mustert – eine Haltung, die auch der Hund einnimmt – ein Empfehlungsschreiben. Dieses feinsinnige Bild konfrontiert die unschuldig ländliche Offenheit des Burschen mit dem schrägen Blick eines skeptischen Mißtrauens, umwittert von einem Leben in einer korrupten Stadt. Wilkie war Spezialist für Bilder von häuslichen Szenen mit moralisierendem Inhalt, ganz in der Art von holländischen Genremalern wie Van Ostade und Ter Borch. Parallel zu Wilkies Kunst finden sich diese Motive in der Dichtung von Robert Burns und Sir Walter Scott wieder. Als Sohn eines Ministers bildet Wilkie zusammen mit Raeburn und Ramsay das große Dreiergespann der schottischen Kunst. Das größte Lob auf ihn war wohl das Bild »Begräbnis zur See«, das der von einer Fernreise zurückgekommene Turner aus Trauer über die Nachricht vom Tode Wilkies schuf.

☛ Lely, Von Ostade, Raeburn, Ramsay, Ter Borch, Turner

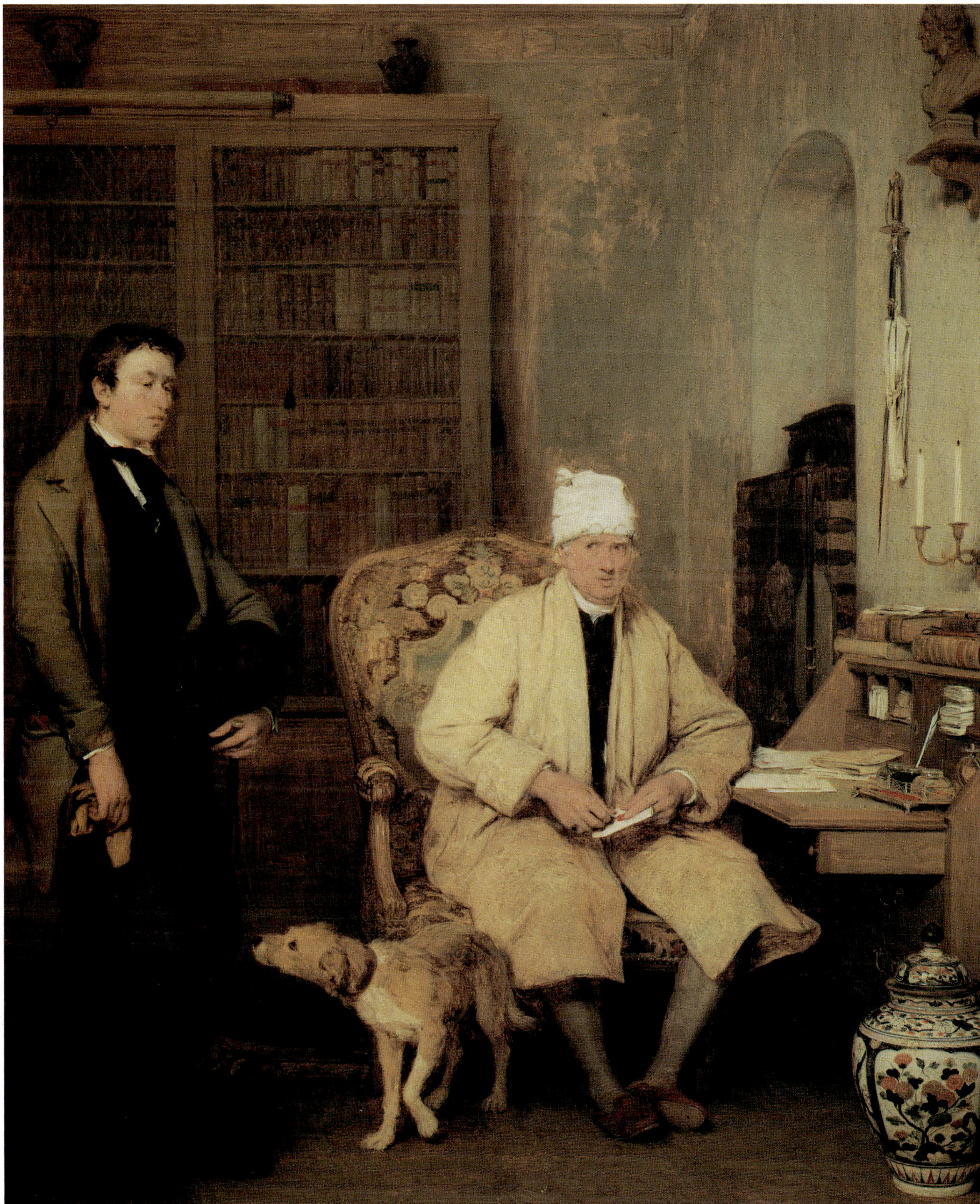

Sir David Wilkie. * Cults, 1785. † Auf See (bei Malta), 1841. Das Empfehlungsschreiben, 1813. Öl auf Holz. H 61 x 50 cm. National Gallery of Scotland, Edinburgh.

Wilson Richard

Blick in den großen Windsor Park

Ländliche Hügel, von Kühen und Hirschwild bevölkert, bestimmen diese Pastorale. Durch den tiefliegenden Horizont hat der bewölkte Himmel die gleiche Gewichtigkeit wie das Land darunter. Die eingestreute Landbevölkerung dient nicht dazu, eine Geschichte zu erzählen, vielmehr ist sie wie die Tiere eine Bestandteil der Landschaft. Wilson arbeitete in London, bevor er nach Italien reiste, wo er Landschaften mit erfundenen antiken Ruinen studierte. Besonders beeindruckt war er von Claude Lorraine und Poussin. Nach seiner Rückkehr malte er weiter italienische Landschaften, doch jetzt auf der Basis seiner englischen und walisischen Umgebung, und Landschlösser, für die er viele Aufträge erhielt. Wilson war zwar ein Gründungsmitglied der Royal Academy von London, doch hatte er in England nie wirtschaftlichen Erfolg und starb in Vergessenheit.

☛ Agasse, Claude Lorraine, Pannini, Poussin, Zuccarelli

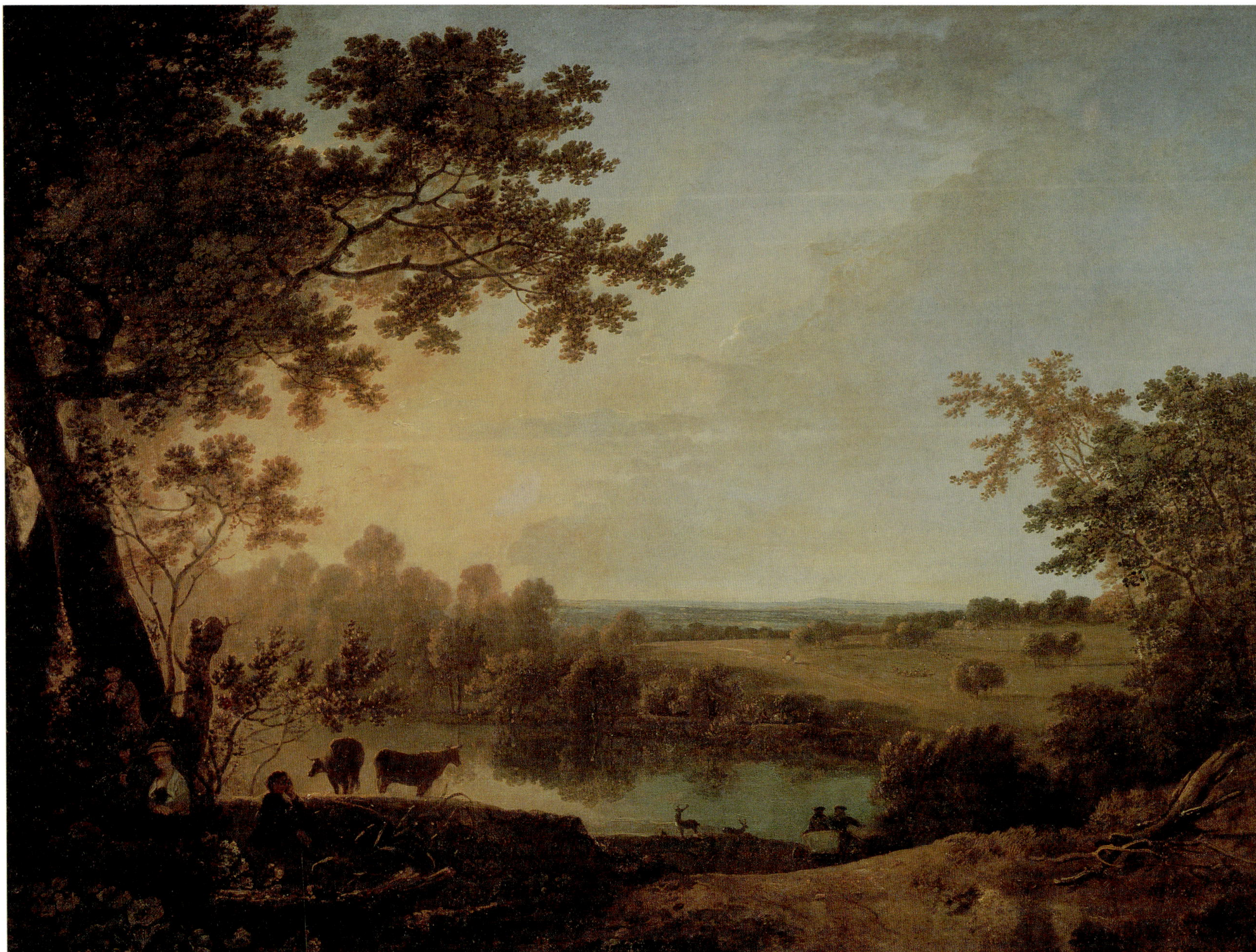

Richard Wilson. * Penegoes, 1713. † Mold, 1782. Blick in den großen Windsor Park. Um 1765. Öl auf Leinwand. H 104 x B 137 cm. National Museum of Wales, Cardiff.

Witz Konrad

Der wunderbare Fischzug

Ziemlich unbeholfene, doch solide und detailliert gemalte Figuren stehen in einer ländlichen Kulisse am Ufer des Genfer Sees. Große Aufmerksamkeit wurde den naturalistischen Einzelheiten der Steine und Pflanzen im seichten Wasser und den Bäumen und Häusern im Hintergrund gewidmet. Die Szenerie besticht durch ihre Klarheit und ist für die Geschichte der Kunst als einer der ersten Versuche eines Malers, die Landschaft vor seinen Augen getreu wiederzugeben, von besonderer Bedeutung. Witz gehört zu den größten Vorrenaissancekünstlern des deutschsprachigen Raumes. Obwohl man wenig über sein Leben weiß, läßt sein realistischer Stil auf die Kenntnis flämischer Meister wie Van Eyck schließen. Die lichtvolle Raumtiefe der Hügel, die weit ins Bild hineinführen, zeigt, daß Witz zur Darstellung von Perspektive fähig war, auch ohne sich mit den Grundlagen der Mathematik beschäftigt zu haben.

☛ Van Eyck, Meister von Moulins, Patenier, Schongauer

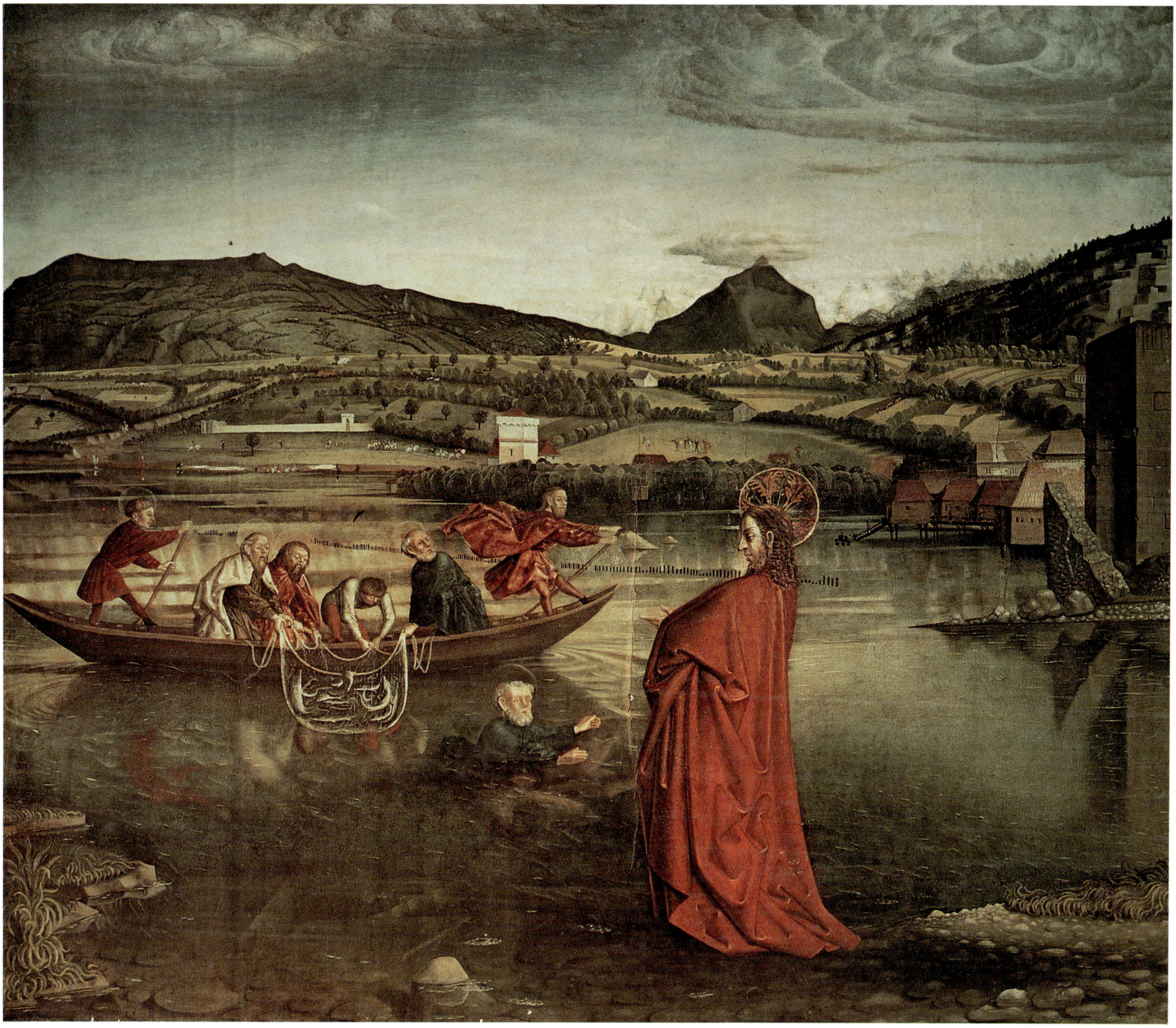

Konrad Witz. * Rottweil, um 1410. † Basel, um 1446. Der wunderbare Fischzug. 1444. Öl auf Holz. H 132,1 x B 153,7 cm. Musee d'Art et d'Histoire, Genf.

Wood Grant

Amerikanische Gotik

Wood war hingerissen von einem einfachen Landhaus im gotischen Stil, das er in einer Kleinstadt in Iowa gesehen hatte, und schuf dieses Bild aus der Erinnerung heraus. Seine Schwester und sein Zahnarzt dienten als Modelle für das Bauernpaar vor dem flachen, weißen Haus. Man warf Wood vor, er würde Werte des Mittelwestens karikieren, doch er behauptete, daß er das Bild in Verehrung der erdverbundenen puritanischen Würde, die er in amerikanischen Kleinstädten angetroffen hatte, gemalt hätte. Der in Iowa wohnhafte Wood vertrat den sogenannten Regionalismus, eine Form des Realismus, der in den 30er Jahren in Nordamerika verbreitet war. Er wollte aufgrund seiner eigenen lokalen Inspiration von der Abhängigkeit europäischer Vorbilder loskommen. Sein frischer und entschlossener Stil leitet sich dennoch von Gotik- und Renaissancemeistern ab, die er in den 20er Jahren in Europa gesehen hatte.

☛ Van Eyck, Hopper, Martini, Wyeth

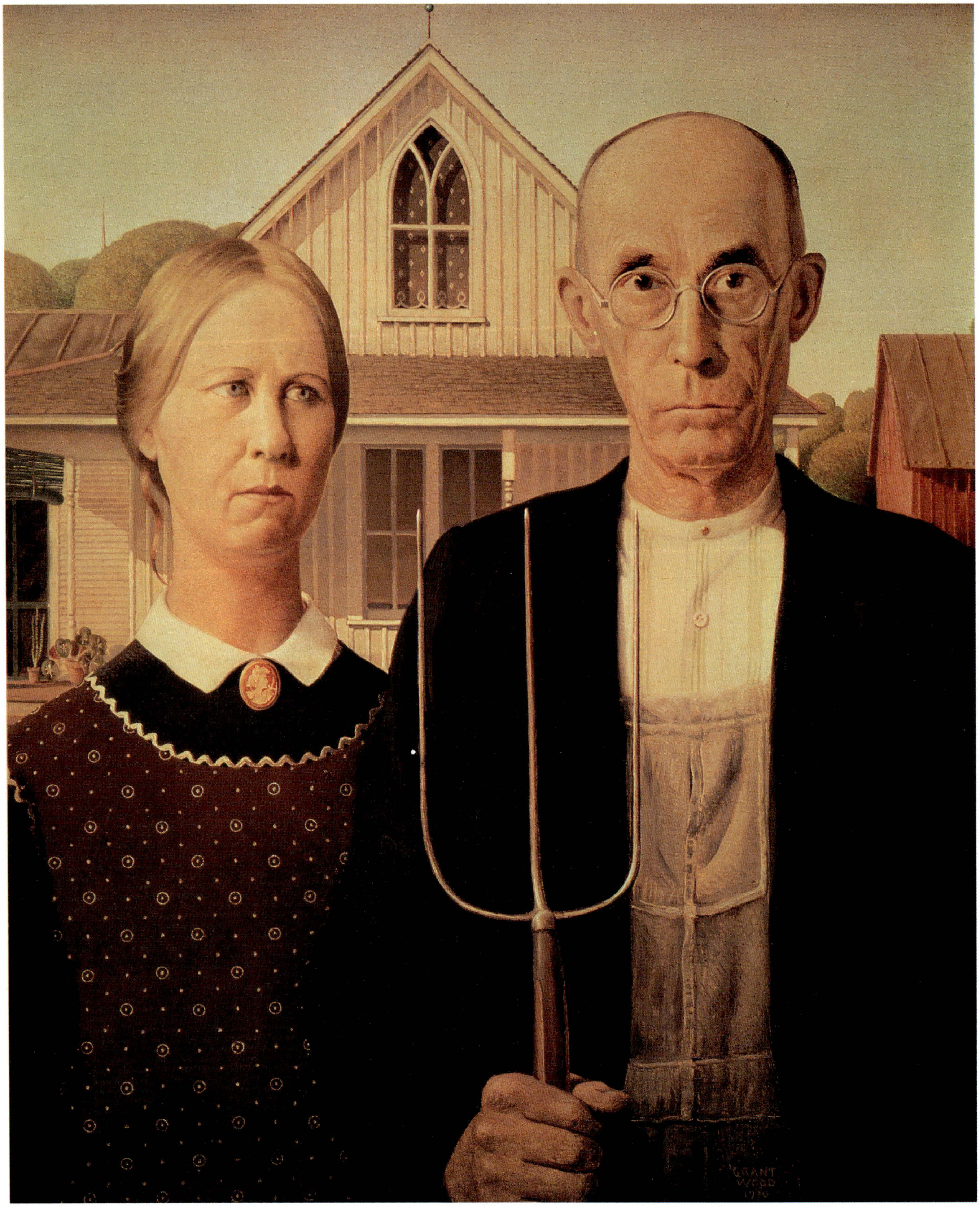

Grant Wood. * Anamosa, 1892. † Anamosa, 1942. Amerikanische Gotik. 1930. Öl auf Holz. H 74,3 x B 62,4 cm. Art Institute of Chicago, Chicago.

Wright of Derby Joseph Die Schmiede

Ein glühender Eisenblock bildet die einzige Lichtquelle in dieser nächtlichen Szene. Das Licht erfaßt den Schmied, seine Familie und seine Mitarbeiter während ihrer Abendtätigkeit. Der riesige Hammer, der den Eisenblock schlägt, wird von einem Wasserrad außerhalb der Schmiede angetrieben, was die Arbeit des Schmiedes erleichtert. Obwohl der Künstler versucht hat, die Szene so naturgetreu als möglich darzustellen, sogar bis zur Wiedergabe des Rauches, der vom glühenden Eisenblock aufsteigt, ist sie eine erdachte Schau von Handwerk, gemalt für einen blühenden Markt. Wright hatte sich auf Lichteffekte spezialisiert, meist ausgehend von einer künstlichen Lichtquelle, die durch starkes Hell-Dunkel den Kontrast von Licht und Schatten ausdrückt. In Derby fand Wright Bewunderer bei einigen Pionieren der Wissenschaft und Industrie, unter anderem bei dem Porzellanfabrikanten Wedgewood.

☛ Brown, Caravaggio, Correggio, Honthorst

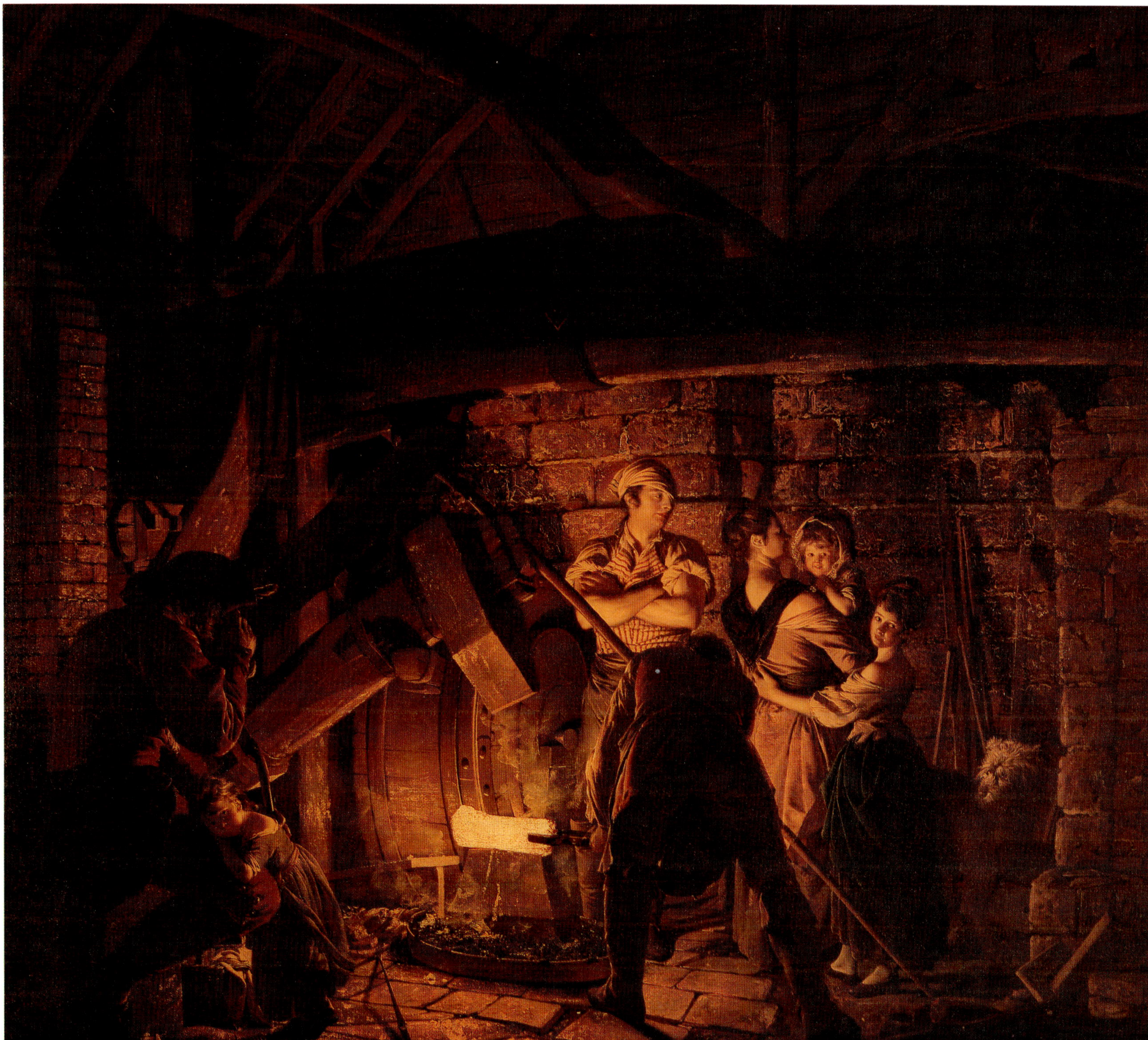

Joseph Wright of Derby. * Derby, 1734. † Derby, 1797. Die Schmiede. 1772. Öl auf Leinwand. H 121,9 x B 132,1 cm. Collection of Lord and Lady Romsey, Broadlands, Romsey.

Wyeth Andrew

Christinas Welt

Ein Mädchen sitzt in einem Feld und blickt auf ein bäuerliches Anwesen oben auf einem Hügel. Ein Hauch von Melancholie und Verlassenheit liegt über dem Gemälde und wird durch den weiten Raum zwischen der Person und den fernen Häusern noch betont. Die fein gemalte Fläche, ausgeführt in gedämpften Tönen, aber mit der warmen Glut hellen Sonnenlichts, ist typisch für Wyeths Malweise. Diese wird von einem minutiösen und klar artikulierten Realismus bestimmt, der wiederum in seiner Detailgenauigkeit und den ungewöhnlichen Ansichten von der Fotografie beeinflußt ist. Normalerweise malt Wyeth verlassene Landschaften und Szenen, die die Gefahren der Einsamkeit vermitteln. Das Werk des in Pennsylvania und Maine lebenden und arbeitenden Künstlers hat eine ungeheuer volkstümliche Ausstrahlung.

☛ Estes, Hopper, Richter, Sheeler, Wood

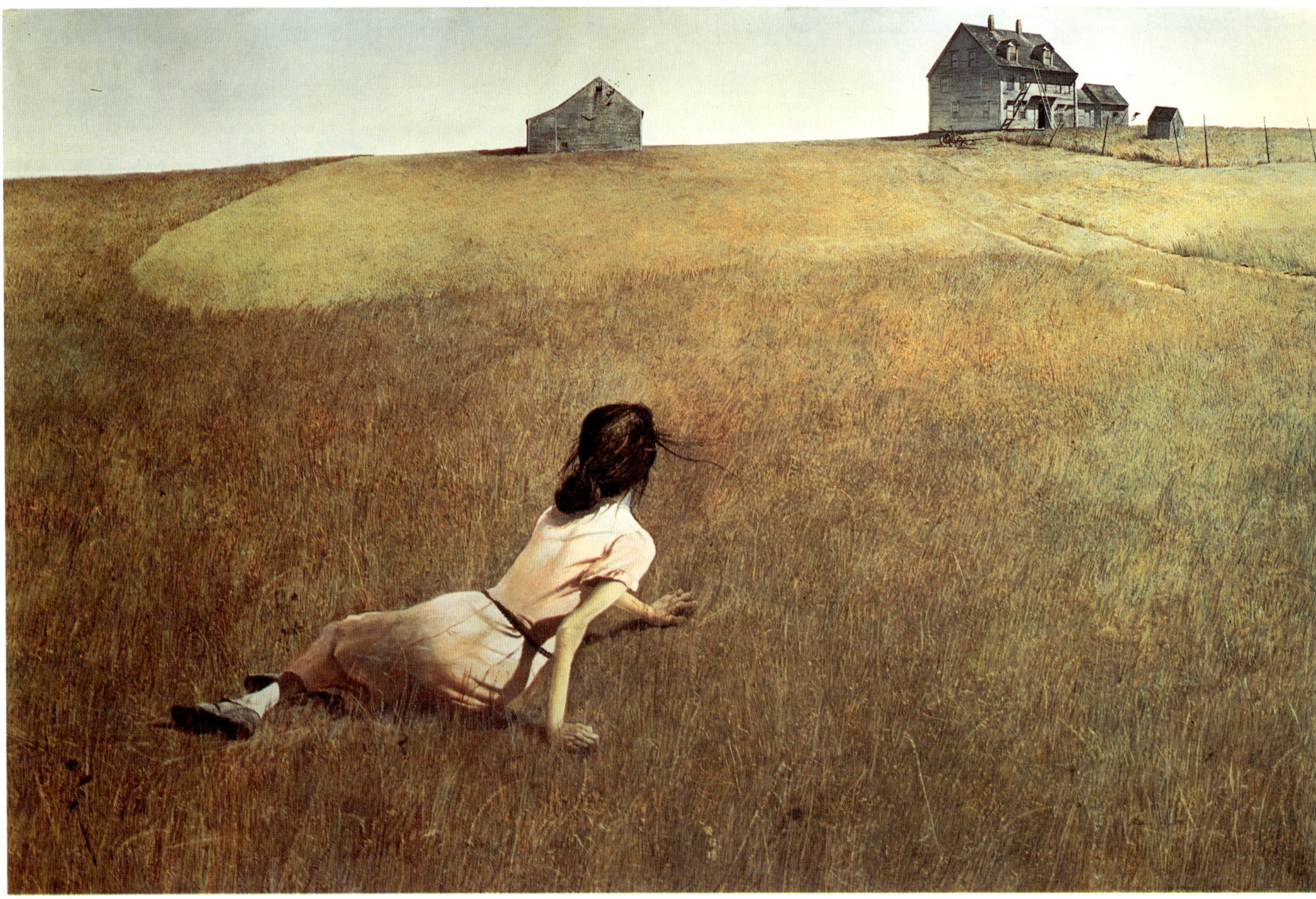

Andrew Wyeth. * Chadds Fort, 1917. Christinas Welt. 1948. Tempera und Kalkmilch auf Holz. H 82 x B 121 cm. Museum of Modern Art, New York.

Yeats Jack Butler

Das Becken, in dem Pilatus seine Hände wusch

Drastische Pinselstriche in leuchtenden Farben wurden spontan in locker expressionistischer Weise auf die Leinwand gesetzt. Die leidenschaftliche Freizügigkeit der Malweise und der gewagte Zugang zum Thema sind beeindruckend. Die Formen verschmelzen und lösen sich gleichzeitig von der nicht differenzierbaren Landschaftsmasse im Hintergrund. Yeats war der Sohn eines Malers und Bruder des Dichters W. B. Yeats. Er begann als Illustrator und Aquarellist und fing mit der Ölmalerei erst 1915 im Alter von 44 Jahren an. Seine Art zu malen wurde ständig freier und heftiger im Gebrauch der Farbe. Yeats war schwer betroffen von den irischen Kämpfen, was in der Themenwahl seiner späten Bilder zum Ausdruck kommt. Kokoschka bewunderte seinen Freund Yeats, und es gibt Parallelen in ihrem Werk. Die Themen von Yeats blieben jedoch immer auf Irland bezogen.

☛ Appel, Gorky, Kokoschka, De Kooning, Kossoff, Pollock

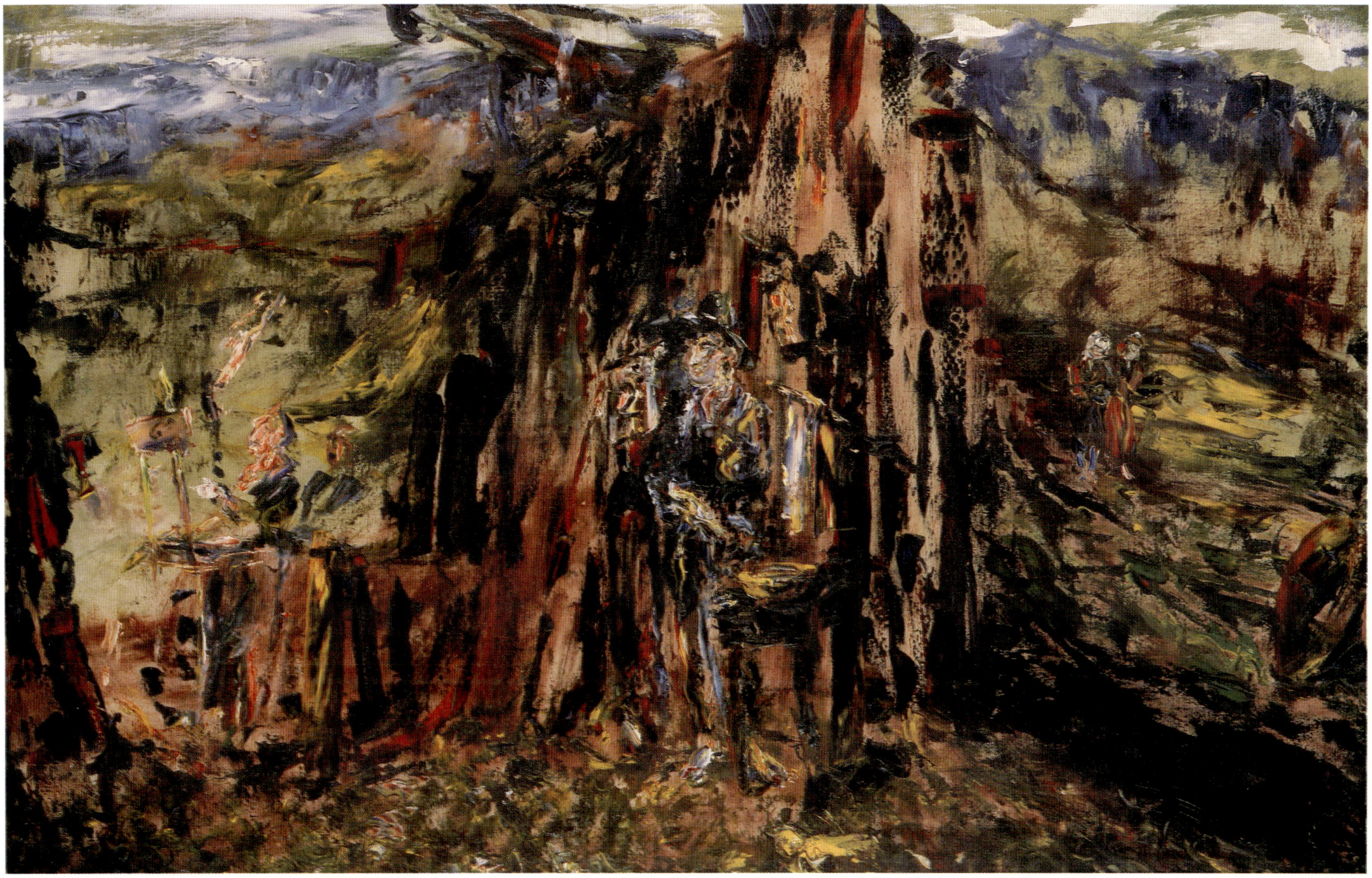

Jack Butler Yeats. * London, 1871. † Dublin, 1957. Das Becken, in dem Pilatus seine Hände wusch. 1951. Öl auf Leinwand. H 101,6 x B 152,4 cm. Waddington Galleries Ltd., London.

Zoffany Johann

Die Towneley-Bibliothek in der Park Street

Marmorne Athleten, Nymphen, Götter, Göttinnen und Porträtbüsten sind in der Bibliothek dieses Sammlers förmlich gestapelt. Der rechts sitzende Towneley mit seinem treuen Hund zu Füßen wird umgeben von anderen Antiquaren und Sammlern. Die elegante Bibliothek ist mit all dem ausgestattet, was im 18. Jahrhundert einen kultivierten Herrn mit raffiniertem Geschmack auszeichnete. Die Büste der Klythia auf dem Schreibtisch soll Towneley so verehrt haben, daß er sie als seine Frau betrachtete. Der Deutsche Zoffany reiste und studierte viel in Italien. Er traf Towneley in Florenz, und beide wurden enge Freunde. Zoffany kam 1760 nach London, wo er als Maler von Porträts, Interieurs und Theaterszenen Erfolg hatte. Der Schauspieler Garrick bestellte bei ihm eine Reihe von Gesprächsstücken. 1783 ging Zoffany nach Indien, wo er als Porträtist ein Vermögen verdiente.

☛ Gainsborough, Hogarth, Kauffmann, Teniers

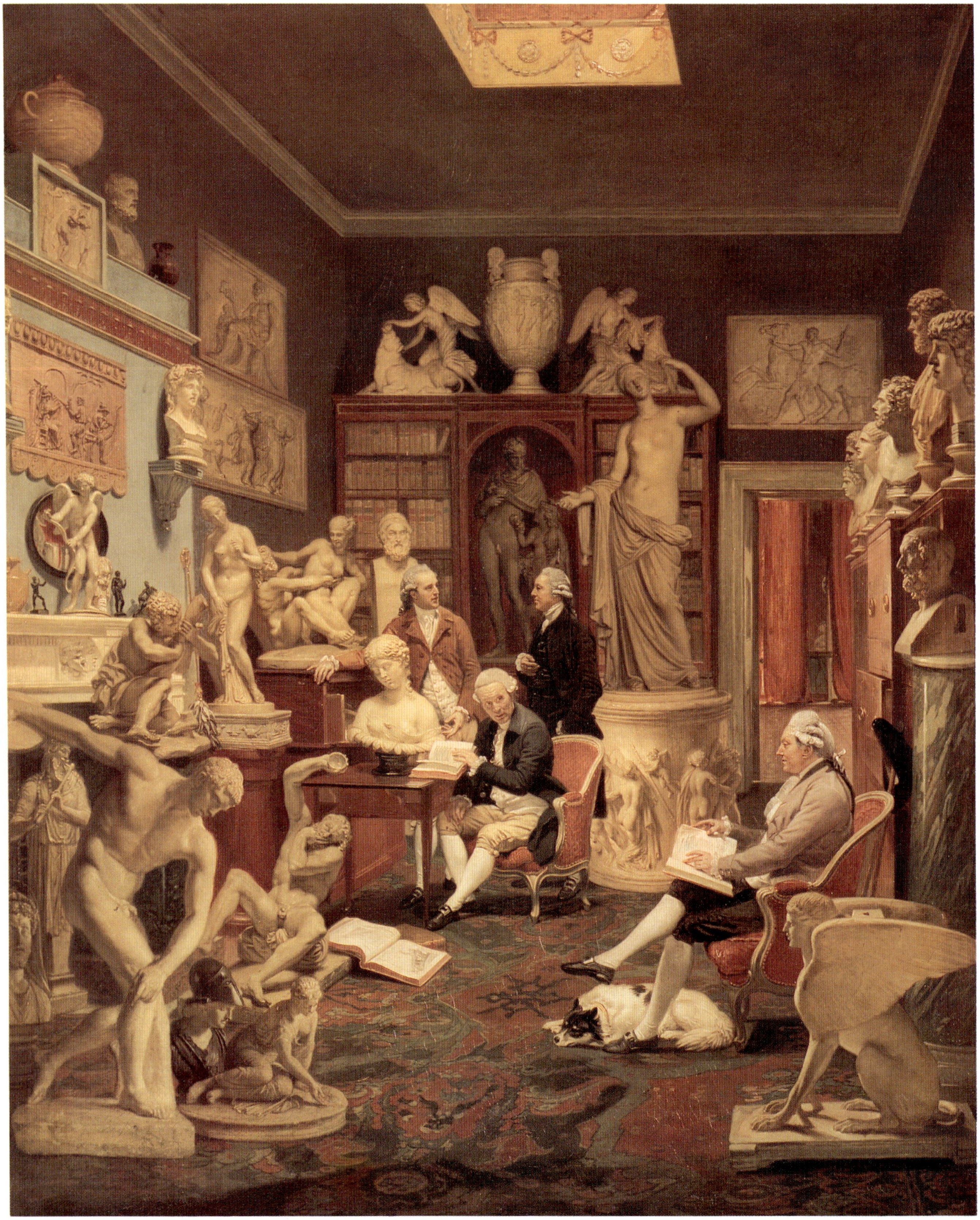

Johann Zoffany. * Frankfurt a. M., 1733. † London, 1810. Die Towneley-Bibliothek in der Park Street. 1783. Öl auf Leinwand. H 127 x B 99 cm. Towneley Hall Art Gallery, Burneley.

Zorn Anders

Dagmar

Wie eine Nymphe, die ihr Spiegelbild im Gekräusel des Wassers beobachtet, sitzt dieses nackte Mädchen gedankenverloren am Rand eines Baches. Ihre rosige Hand wiederholt sich in den Farbtupfern der Steine und wird beantwortet vom Grün des Hintergrundes. Obwohl nichts vordergründig Erotisches in der Gestalt liegt, verlockt ihr sinnlicher Körper den Blick des Betrachters, und in ihrer Haltung liegt gleichfalls eine naiv-sinnliche Unbefangenheit. Zorn war auch Graphiker; er machte einige Radierungen von dieser Komposition und stellte Drucke von seinen anderen Bildern und Skulpturen her. Als echter Kosmopolit reiste er viel in Europa und Nordamerika. Obwohl sein tanzender Pinselstrich und die Bewegung von Licht und Schatten ihn mit dem Impressionismus verbinden, können die festgefügten Formen, die Lichtfülle und Naturnähe als typisch für die skandinavische Malerei um die Jahrhundertwende gelten.

☛ Boucher, Kröyer, Manet, Schiele

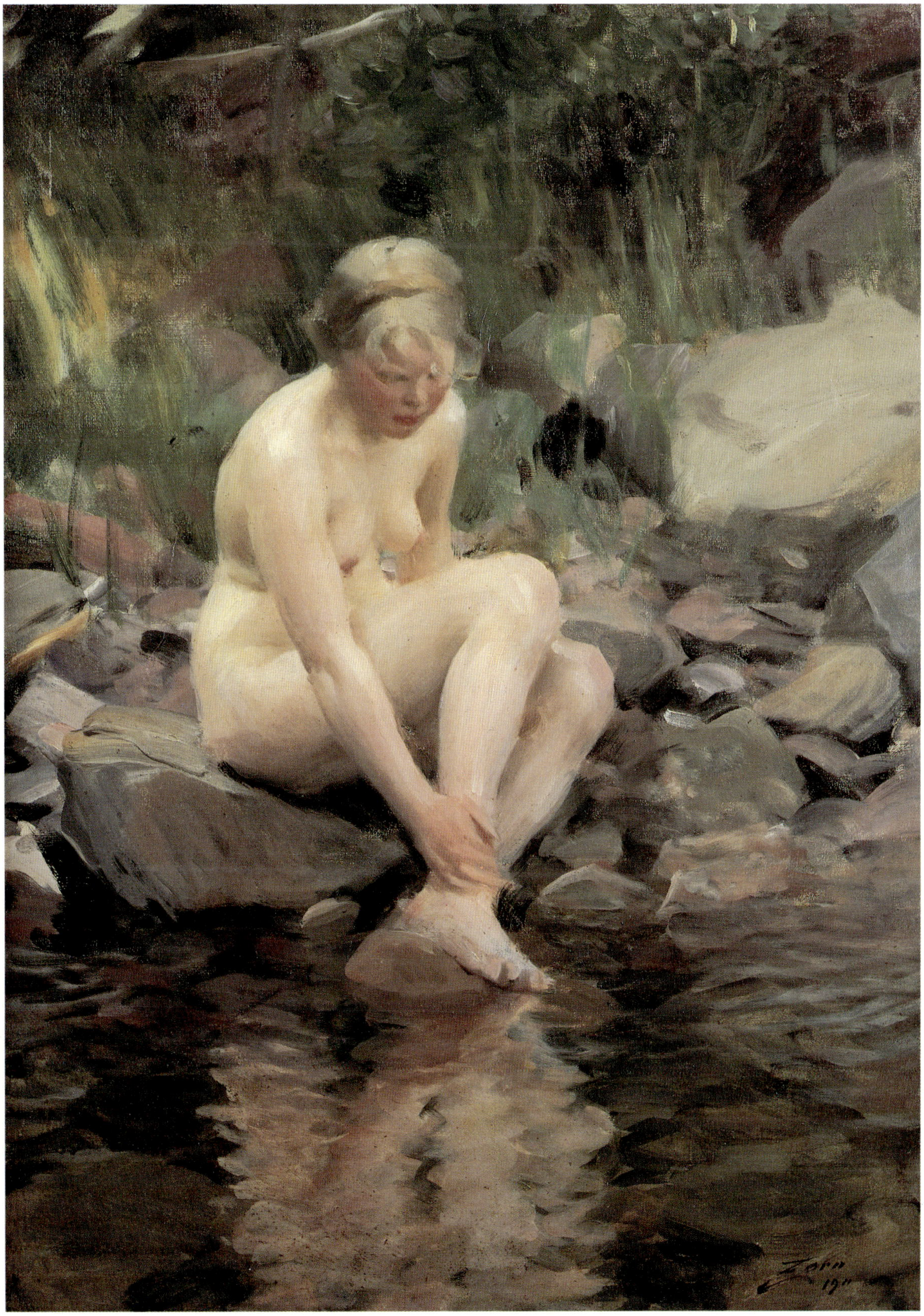

Anders Zorn. * Mora, 1860. † Mora, 1920. Dagmar. 1911. Öl auf Leinwand. H 88 x B 63 cm. Privatsammlung.

Zuccarelli Francesco

Landschaft mit dem Raub der Europa

Große Zartheit und Empfindsamkeit durchzieht diese malerische Landschaft mit ihren eleganten Frauengestalten und verspielten Putti. Zuccarelli hat mit den Motiven einer römischen Stadt und der Geschichte von der Entführung Europas eine arkadisch ländliche Landschaft in der Art von Claude Lorrain geschaffen. Zeus, der sich in einen Stier verwandelt hat, nähert sich dem Ufer, wo Europa spielt. Er überredet sie, auf seinen Rücken zu steigen, und trägt sie fort nach Kreta. Das eigentliche Thema ist in den Hintergrund verlegt und für die Komposition unbedeutend. Der Florentiner Landschaftsmaler Zuccarelli arbeitete fast ausschließlich in Venedig und London, wo er 17 Jahre lang blieb. Sein leichter und gefälliger Landschaftsstil war in England sehr beliebt. Zuccarelli war einer der Gründungsmitglieder der Royal Academy in London.

☛ Allston, Claude Lorrain, Piero di Cosimo, Wilson

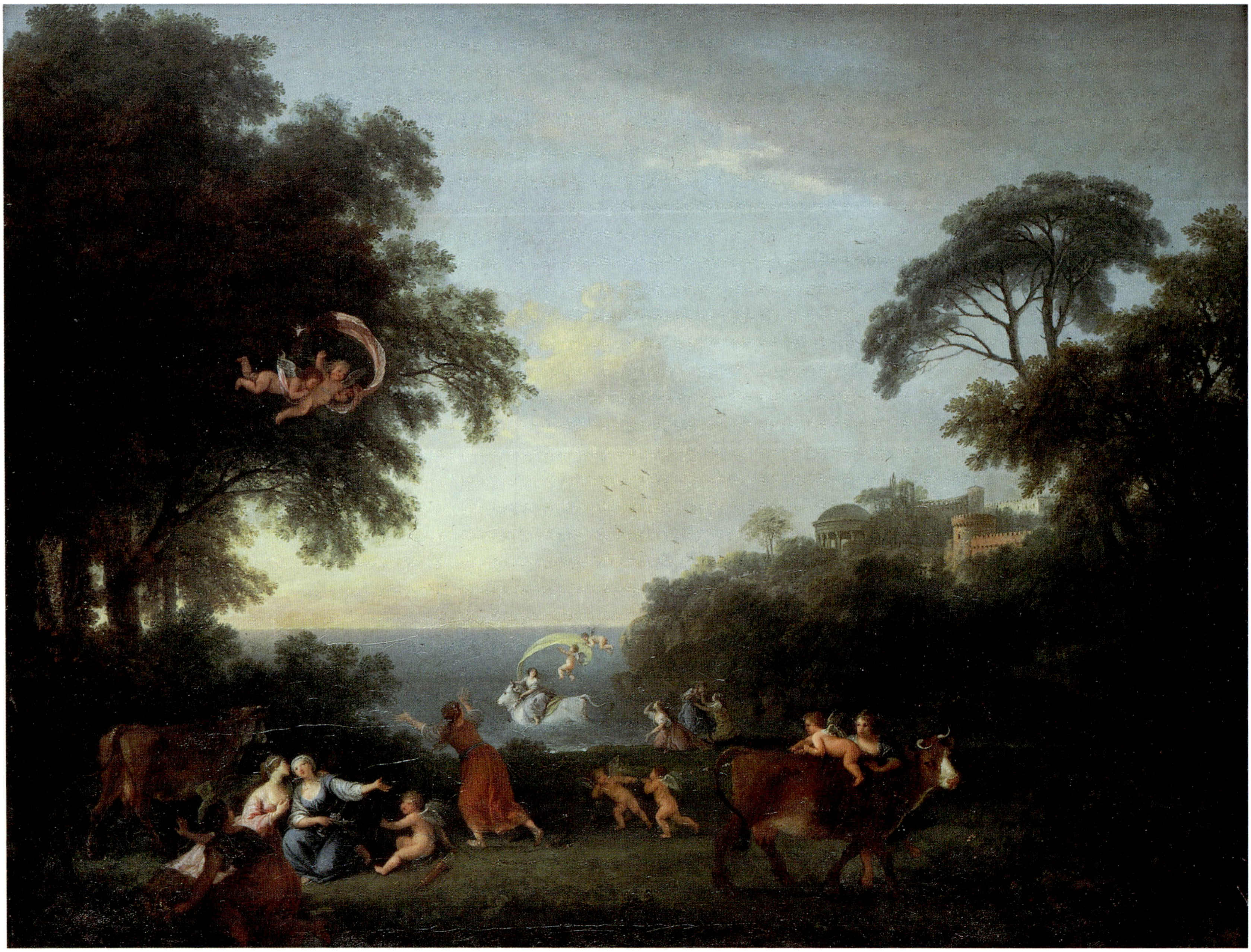

Francesco Zuccarelli. * Pitigliano, 1702. † Florenz, 1788. Landschaft mit dem Raub der Europa. Um 1750. Öl auf Leinwand. H 131 x B 168 cm. Privatsammlung.

Zurbarán Francisco de

Der hl. Franziskus von Assisi

Das Bild vom hl. Franziskus, der in seinem Grabe steht, entstammt einer Legende aus dem 13. Jahrhundert. Besucher der Krypta von Assisi erzählten, sie hätten den Heiligen noch lange nach seinem Tod aufrecht in seinem Grab stehen sehen. Zurbarán vertiefte das Bild des Heiligen noch, indem er von links scharfes Licht einfallen ließ, das seine braune Kutte und seinen ekstatischen Gesichtsausdruck herausstreicht und die rechte Seite in tiefes Dunkel hüllt. Die Lichtführung ist durch Caravaggios Chiaroscuro beeinflußt, doch im Gegensatz zu der in Italien üblichen flammenden Komposition versieht Zurbarán sein Bild mit einer strengen Religiosität, die dem spanischen Barock mehr entspricht. Zurbarán hatte Schwierigkeiten, sich der neuen Mode in der Malerei anzupassen und fand seinen Herausforderer in dem jungen Murillo. Unfähig, sein einst hohes Ansehen als Maler wiederherzustellen, starb er 1665 in großer Armut.

☛ Caravaggio, Murillo, Sassetta, Spencer, Velázquez

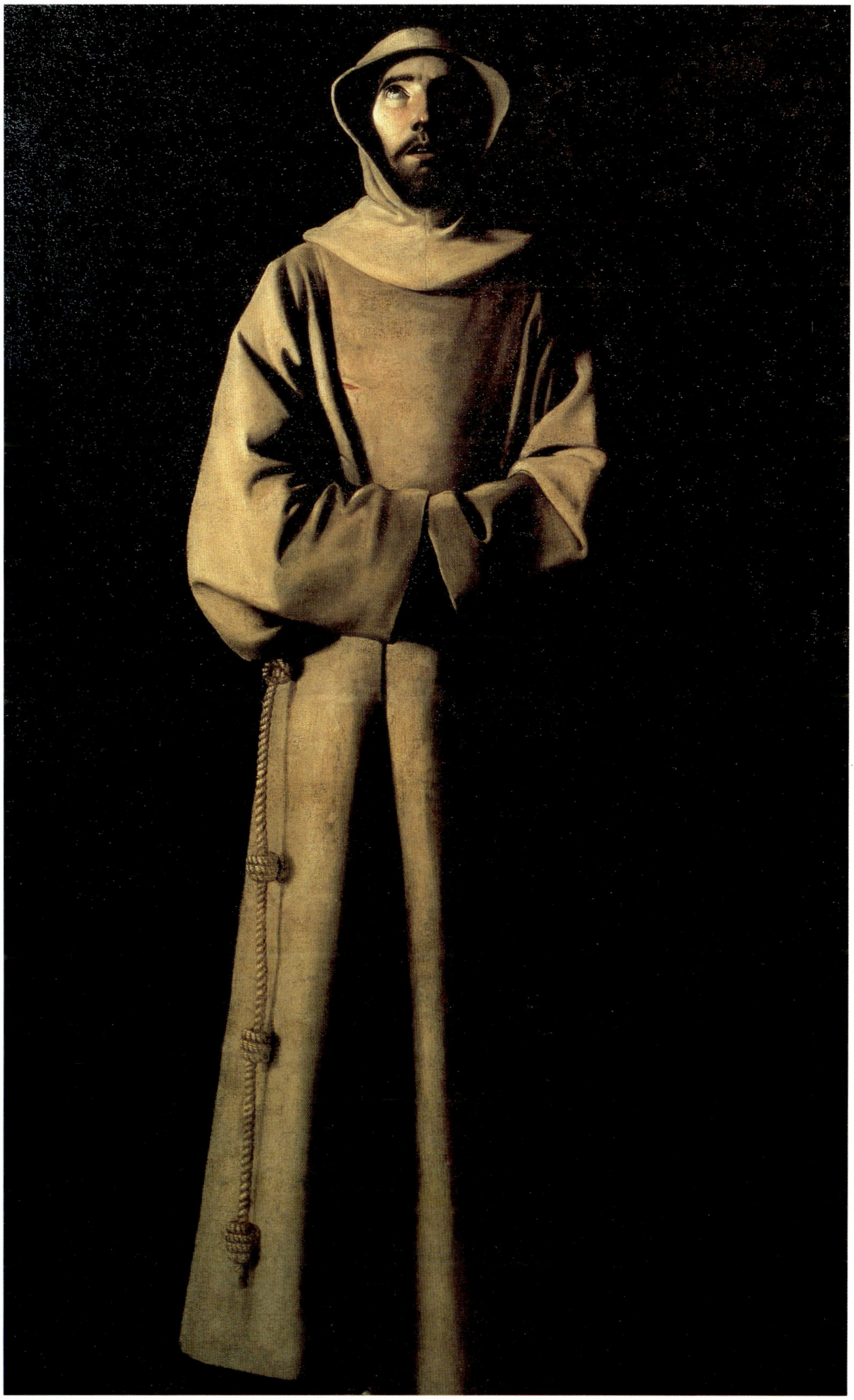

Francisco de Zurbarán. * Fuente de Cantos, 1598. † Madrid, 1664. Der hl. Franziskus von Assisi. Um 1650/60. Öl auf Leinwand. H 209 x 110 cm. Museu Nacional d'Art de Catalunya, Barcelona.

Kunstbewegungen und Epochen

Abstrakter Expressionismus

Diese Bewegung der amerikanischen Malerei nahm seit den 40er Jahren von New York ihren Ausgang. Die meisten Anhänger waren energetische (oder »gestische«) Maler. Sie malten ausschließlich großformatig und trugen die Farbe rasch und gewaltsam auf, manchmal sogar tropfend oder als Bewurf direkt auf die Leinwand. Diese expressive Malweise wurde als genauso wichtig wie das fertige Bild erachtet. Andere Abstrakte Expressionisten wählten einen sanfteren und mystischen Weg zu einem rein gegenstandslosen Bild. Nicht alle Werke dieser Bewegung waren gegenstandslos (De Kooning, Guston) oder expressiv (Newman, Rothko), doch glaubten alle, die Spontaneität der Arbeitsweise würde sie mitreißen und die Kreativität ihres Unbewußten freistellen.

Arte Povera **siehe Konzeptkunst**

Art Informel

Das französische Wort »informel« bedeutet formlos, ohne fest vorgegebene Form. In den 50er Jahren suchten einige Künstler nach neuen Wegen, Bilder zu machen, die frei waren von dem von ihren Vorgängern geschaffenen Formenkanon (Kubismus, Expressionismus). Sie wollten geometrische und figürliche Formgebungen hinter sich lassen und eine neue Bildsprache finden. Sie entdeckten neue Formen und Methoden, die durch momentane Eingebung entstanden. Das Gesamtwerk der Informel-Künstler ist demnach sehr unterschiedlich; sie malten mit freiem Pinselstrich und dicken Farbschichten. Wie der Abstrakte Expressionismus (s. o.), der zeitgleich in den USA entstand, hatte der Informel ein breites Spektrum und schließt figurative (Fautrier) und nichtfigurative (Hartung) Bilder ein. Obwohl in Paris konzentriert, umfaßte der Einfluß des Informel ganz Europa, besonders Deutschland, Italien und Spanien.

Barbizon (Schule von)

Kurz vor der Mitte des 19. Jh. zog es einige französische Maler in das rund 70 km südlich von Paris gelegene Dorf Barbizon am Rande des Forstes von Fontainebleau. Abseits vom Druck des Großstadtlebens konnten die Künstler ihre Staffelei draußen auf dem Feld aufstellen und die ungetrübte Natur mit ihren malerischen Mitteln direkt erfassen. Sie malten sanfte Landschaften und das Landvolk bei seiner Arbeit. Außerdem studierten sie bei dieser Gelegenheit die verschiedenen Wirkungen des Lichts und die Auswirkung der Atmosphäre auf ihre Umgebung. Viele der Barbizonmaler gerieten in Vergessenheit, weil zahlreiche ihrer Entdeckungen von den Impressionisten weiterentwickelt und diesen zugeschrieben wurden.

Barock

Seine künstlerischen Grundlagen wurden bereits im 16. Jh. geschaffen. Der Manierismus, einige regionale Entwicklungen (z. B. Lecceser Barock) und individuelle künstlerische Talente wie Cambiaso, Caravaggio, Correggio, Ribalta, De Siloe oder Torrigiani bereiteten ihn vor. Den ideologischen Überbau lieferte das Konzil von Trient und seine Beschlüsse (1548 bis 1556 und 1562 bis 1563). Zu einem gesamteuropäischen Stil wurde der Barock erst zu Beginn des 17. Jh. Die siegreiche Gegenreformation machte zunächst Rom für Jahrzehnte zum geistigen und künstlerischen Zentrum. Als auch die protestantischen Länder diesen Stil übernahmen, entstanden im Laufe des 17. Jh. regionale und nationale Sonderformen in Spanien, Frankreich, den Niederlanden, Süddeutschland, Österreich, Preußen etc. Der Name kommt vom italienischen »barocco« (= absonderlich, närrisch). Barocke Kunst ist allgemein durch dramatischen Überschwang und Appell an das (religiöse) Gefühl gekennzeichnet. Das typische (religiöse) Bild des Barock zeigt die Heiligen und Maria in einem Schwall von wogenden Draperien und Wolken von Engeln. Mythologische Themen waren beliebt, aber auch klassizistisch strenge (Frankreich, Bologneser Schule), intim besonnene (Chardin, Rembrandt, La Tour, Vermeer) und realistische (Caravaggio, Ribera, Velázquez) Werke gehören gleichwohl zur Kunst des Barock.

Bauhaus

Das Bauhaus (Hochschule für bildnerisches Gestalten) wurde 1919 von Walter Gropius in Weimar gegründet und bald zum Zentrum modernen Gestaltens im Deutschland der 20er Jahre. Von damals gängigen sozialistischen Srömungen in Europa ausgehend, bestand die Bauhausphilosophie darin, Kunst und Design in das tägliche Leben miteinzubinden. Gropius war der Ansicht, daß die Architekten und die bildenden Künstler sich als Handwerker zu verstehen hätten (vgl. Werkbund-Idee) und ihre Werke praktisch und erschwinglich sein sollten. Zum Bauhaus gehörten Maler, Architekten, Keramiker, Weber, Bildhauer und Designer, die, wie seinerzeit in Florenz, in gemeinsamen Werkstätten zusammenarbeiteten. Die Merkmale des Bauhauskonzeptes waren schlicht, geometrisch und sehr kultiviert. 1933 wurde das inzwischen nach Dessau umgesiedelte Bauhaus vom Naziregime geschlossen, weil es angeblich ein Zentrum des kommunistischen Intellektualismus war. Obwohl die ursprüngliche Schule nicht mehr existierte, lebten die Ideen und Lehrer im ausländischen Exil weiter.

Camden Gruppe

Eine englische, 1911 gegründete Gruppe, die sich in Sickerts Atelier im Norden Londons (Camden Town) traf. Ihre Themen bezogen diese Maler meistens aus der Arbeitswelt. Die künstlerischen Vorbilder waren Gauguin und Van Gogh. Ab 1913 taten sie sich mit anderen Künstlern zusammen, vornehmlich mit den Vortizisten, woraus die sogenannte London Group entstand.

Cobra

Ein Zusammenschluß internationaler Künstler in den Jahren 1948 bis 1951. Der Name setzt sich aus den Anfangsbuchstaben der Städte, aus denen die Gründungsmitglieder stammten, zusammen: Kopenhagen, Brüssel und Amsterdam. Sie traten für den freien Ausdruck des Unbewußten ein und malten in freier Pinselführung und in dicken, grellen Farben, um ihren Bildern Lebenskraft und Macht zu verleihen. Sie betonten besonders die Entfaltung einer erfundenen Bildwelt, die vom nordländischen Brauchtum und geheimnisvollen Symbolen des Unbewußten mehr als von rein gegenstandslosen Formen bestimmt wurde.

Dada

Der Name Dada ist vorsätzlich nichtssagend und wurde auf eine Antikunstbewegung übertragen, die von 1915 bis 1922 ihren Höhepunkt hatte. Ausgangspunkt war das Cabaret Voltaire in Zürich, wo sich gleichgesinnte Künstler, Dichter, Schriftsteller und Musiker zusammenfanden, um mit experimentellen Veranstaltungen wie Vortrag von Nonsensdichtungen, mit Lärmmusik oder »automatischem« Zeichnen gegen bürgerliche Kunst zu protestieren. Dada war eine heftige Reaktion auf die versnobten und verkrusteten Rituale des bürgerlichen Kunstestablishments. Seine Mitglieder nutzten jede erdenkliche Art, um die festgefahrene Kunstszene zu provozieren. Ein typisches Dadaprodukt war das sogenannte »ready made«: ein ursprünglich belangloser Gegenstand, der aus seinem angestammten Kontext herausgenommen und als Kunstwerk deklariert wurde. Der Dadaismus schuf mit seinem Kult des Irrationalen die Basis für eine Reihe von Kunstformen des 20. Jh., darunter den Surrealismus.

De Stijl

Eine Kunstbewegung und eine Zeitschrift, die 1917 in Holland von Van Doesburg und Mondrian gegründet wurden. Die beiden Urheber glaubten, daß Kunst in einem permanenten Prozeß nach vollkommener Harmonie, Ordnung und Klarheit streben müsse. Die Kunst der De Stijl-Bewegung war demnach nüchtern, geometrisch und benutzte hauptsächlich Quadrate und rechteckige Kompositionen aus geraden Linien und Primärfarben. Seine Ziele waren philosophischer Art und wurzelten in der Vorstellung, daß Kunst die Ordnung und Gesetzmäßigkeit des Universums wiedergeben müsse. Nach Van Doesburgs Tod 1931 hatte sich die Bewegung zwar totgelaufen, aber sie hatte große Wirkung auf Architektur und angewandte Kunst.

Expressionismus

Eine machtvolle Kunstbewegung, die zwischen 1905 und 1935 vornehmlich in Deutschland beheimatet war. Die Expressionisten wollten Bildformen entwickeln, die nicht nur die äußere Welt abbildeten, sondern auch ihre innersten Gefühle zum Ausdruck brachten. Expressionistische Malerei ist intensiv, leidenschaftlich und höchst persönlich. Farbe und Leinwand waren ein Vehikel, um Gefühle auszudrücken. Kräftige, unnatürliche Farben und dramatische Pinselstriche lassen das typisch expressionistische Bild vor Vitalität erbeben. Es wundert nicht, daß Van Gogh mit seiner frenetischen Maltechnik und extremen Farbigkeit für manchen Expressionisten Vorbild war; gleiches gilt für Ensor und Munch, die ihren geistigen Anliegen ebenfalls entgegenkamen. Eine weitere Bestätigung für ihren Weg war das fast zeitgleiche Auftreten der Fauvisten in Frankreich. Weitere wichtige Vertreter dieser Richtung sind: Beckmann, Campendonck, Heckel, Jawlensky, Kandinsky, Kirchner, Klee, Kokoschka, Macke, Marc, Müller, Nolde, Pechstein, Schiele, Schmidt-Rottluff.

Fauvismus

1905 fand im Salon d'Automne in Paris eine Ausstellung statt, die in einem einzigen Raum Bilder vorführte, die in reinen und scharf kontrastierenden Farben erglühten. Sie waren mit Begeisterung und ungezügelter Leidenschaft gemalt. Ein Kritiker sprach in diesem Zusammenhang von Wilden (les fauves); so kam diese Bewegung zu ihrem Namen. Die monierte Wildheit manifestierte sich vor allem in den starken unvermischten Farben, der dynamischen Pinselarbeit und der ausdrucksstarken Tiefe ihrer Bilder, die eine erfundene, aber von Daseinsfreude erfüllte Welt der Emotionen und Farben zeigen. Weitere Vertreter sind: Braque, Camoin, Derain, Van Dongen, Dufy, Friesz, Manguin, Marquet, Matisse, Rouault, Signac, Vlaminck.

Futurismus

Eine 1909 in Mailand gegründete Avantgardebewegung, die Italien von der Last seiner glorreichen Kunstvergangenheit befreien und die Gegenwart verherrlichen wollte. Die Futuristen waren von der modernen Maschinenwelt und den neuesten Transport- und Kommunikationsmöglichkeiten fasziniert. In Malerei und Bildhauerei werden eckige Formen und machtvolle Linien dazu eingesetzt, um ein Gefühl von Dynamik und Bewegung zu vermitteln und Bewegung und Geschwindigkeit einzufangen. Dies wurde gewöhnlich erreicht, indem in einem Bild mehrere Phasen eines Ablaufs gleichzeitig oder übereinandergelagert dargestellt wurden.

Gotik

Gotik ist zunächst die Kunst hochmittelalterlicher Kathedralbauten. Sie hat gegen 1130/40 ihren Ursprung in der zentralfranzösischen Ile de France. Die Malerei findet meist in Form der Glasmalerei statt. Erst ab dem 13. Jh. kann man von einer gotischen Tafelmalerei sprechen. Die Tafelbilder sind Teil einer gotischen Architektur en miniature. Charakteristisch für gotische Bilder und Skulpturen sind gestreckte Figuren in unnatürlicher, vergeistigter Haltung. Der Goldgrund läßt weder ein Streben nach »richtigem« Hintergrund noch eine systematische Erfassung der räumlichen Umgebung zu. Erst mit dem Aufkommen des spätgotischen Realismus und der Konzilsbewegung um 1400 traten erstmals Ansätze eines landschaftlichen Hintergrundes auf. In Italien, genauer in der Toskana (Cimabue und Giotto schon im 14. Jh.), begann der Umbruch in Richtung Natürlichkeit und »Richtigkeit«. Die internationale Gotik blieb aber noch lange mittelalterlichen Bildkonzepten verhaftet. Lediglich in der Skulptur setzte sich nördlich der Alpen mit Sluter ebenfalls um 1400 ein neuzeitliches Verständnis durch.

Impressionismus

Eine neue Malweise, die sich in Frankreich um 1860 abzeichnete. Die impressionistischen Maler feierten eine überwältigende Sicht der Natur, gesehen im Glanz des natürlichen und im Laufe des Tages wechselnden Sonnenlichts. Als Vorreiter in Richtung einer pleine-air-Malerei (im Freien) sind Bonington, Boudin, Constable, Corot, Courbet, Daubigny, Turner, die Schule von Barbizon und andere (in Deutschland Blechen, Dillis, Spitzweg, Waldmüller) zu nennen. Die eigentlichen Impressionisten waren vom Wechselspiel von Licht und Farbe fasziniert. Letztere wurde in reinen Pigmenten und mit freier Pinselführung eingesetzt. Bislang Vertrautes wie Historienbild und religiöse oder literarische Vorlagen wurden vermieden zugunsten von Landschaft und Alltagsszenen. Der Name entstand, als sich ein Pariser Kritiker über Monets Bild »Impression Sonnenaufgang« (»Impression, soleil levant«) mokierte.

Kinetische Kunst

Bezeichnung für eine Kunst, die versucht, wirkliche oder vorgetäuschte Bewegung einzubeziehen. Bereits in den 20er Jahren gab es dazu erste Ansätze, aber erst in den 50er Jahren erreichte diese Richtung ihren Höhepunkt. Kinetische Kunst kann ganz einfach (Calder), aber auch sehr kompliziert (Tanguely) sein. Der Begriff kann auch auf eine Kunstgattung angewandt werden, die Lichteffekte benutzt, um die Illusion von Bewegung zu erzeugen.

Konstruktivismus

Eine 1913 in Rußland entstandene Richtung der gegenstandslosen Kunst. Der Konstruktivismus verwarf herkömmliche Vorstellungen von Kunst und forderte von dieser, sie müsse die Formen und Prozesse der modernen Technik wiedergeben. Dies traf besonders auf die Bildhauerei zu, die Plastiken aus Fragmenten oder Einzelteilen industrieller Materialien und aus Gegenständen »konstruierte«. In der Malerei wurden im zweidimensionalen Rahmen die gleichen Prinzipien angewandt. Abstrakte Ausgangsformen dienten der Schaffung von Strukturen, die an Maschinen erinnern. Im Raum wurden sie in der Art der Architektur aufgehängt. Obwohl der Konstruktivismus in seiner Reinform zunächst in Rußland während der ersten Revolutionsphase zu Hause war, wurden seine Vorstellungen in den 20er Jahren weitergetragen.

Konzeptkunst

Bei der Konzeptkunst ist die Idee, die Konzeption eines Kunstwerkes, wichtiger als das handwerkliche Können der Ausführung. Konzeptkunst wurde im Laufe der 60er Jahre eine internationale Richtung, und ihre Produkte sind sehr unterschiedlicher Art. Die Ideen oder Konzepte können sich in verschiedensten Materialien oder Medien ausdrücken: Texte, Diagramme, Filme, Video, Fotografie und Aktion (Performance), und werden in Galerien oder eigens dafür geschaffenen Rahmen dargestellt. Manchmal wird eine Landschaft zum Teil der Gestaltung wie z. B. bei Long (land art), der Gruppe Zero, Jürgen Claus oder Christo. Die von der Konzeptkunst ausgedrückten Ideen stammen aus Philosophie, Psychoanalyse, Politik und Filmen. Die Ansicht der Konzeptkünstler, mehr Ideenproduzent als Schöpfer von greifbaren Kunstwerken zu sein, unterminiert herkömmliche Vorstellungen vom Künstler und seinem Werk. Die Arte Povera, eine in den 60er Jahren in Italien entstandene konzeptuelle Richtung, entwickelte die Idee von der Verwendung banaler und wertloser Gegenstände oder Materialien (Beuys, Merz).

Kubismus

Diese revolutionäre Art der Malerei wurde gegen Ende des ersten Jahrzehnts unseres Jahrhunderts von Braque und Picasso erfunden. Obwohl die Bilder abstrakt und geometrisch erscheinen, behandelt der Kubismus reale Gegenstände. In der ersten Phase (analytischer Kubismus) wurden Gegenstände und Personen in geometrische Grundformen aufgelöst und neu arrangiert. Die gleichzeitige Darbietung verschiedener Ansichten ein und desselben Gegenstandes zeichnet die erste Richtung aus. Mit flächigen Kompositionen unter Verwendung verschiedenster Materialien (Holzstücke, Zeitungspapier u. a.) in Collagentechnik entstand dann der synthetische Kubismus. Anstelle der räumlichen Illusion einer Sache – so wie es seit der Renaissance in der westlichen Kunst üblich war – definierten die Kubisten ihre Objekte in zweidimensionalen Formen auf der Bildfläche. Diese Erfindung führte zu einer Neubewertung der Beziehungen von Raum und Form und veränderte grundlegend die abendländische Kunst.

Manierismus

Aus der Hochrenaissance hervorgehend ist der Manierismus der Ausbruch aus dem Korsett von Bildharmonie, Ordnung und Perfektion des 15. und 16. Jh. Bereits um 1520 einsetzend, leitete der Manierismus um 1600 nahtlos in den Barock über. Leuchtende bis aufdringliche Farben, raffinierte Kompositionen, übertriebene Proportionen und dramatische Bewegungen sind seine Kennzeichen. Der Begriff kommt von »maniera«, im Sinne von hochgezüchtet, geschmäcklerisch und modisch. Über die Jahrhunderte hat der Begriff eine Reihe von Sinnveränderungen erfahren, allgemein steht er aber für großes Geschick, Virtuosentum und Einfallsreichtum.

Minimalismus

Ein Trend der Malerei und Bildhauerei, der sich während der 60er Jahre in den USA entwickelt hat. Wie der Name schon verrät, geht der Minimalismus auf das Wesentliche einer Sache, einer Form zurück; er ist gegenstandslos, objektiv und anonym, frei von Oberflächenverschönerung oder expressiver Gestik. Minimalistische Malerei ist monochrom (einfarbig) und nimmt oft die Form von mathematisch errechneten Gittern und linearen Strukturen an. Die Bildhauer benutzen industrielle Verfahren oder Materialien wie Stahl, Plexiglas und sogar Neonröhren, um geometrische Formen, meist in Serien, herzustellen. Solche Plastiken haben keinerlei illusionistische Eigenschaften, sie vertrauen stattdessen auf die körperliche Erfahrung bei der Arbeit selbst und beim Betrachter. Der Minimalismus kann als Reaktion auf den Abstrakten Expressionismus verstanden werden.

Nabis

Eine kleine Gruppe französischer Maler im letzten Jahrzehnt des 19. Jh. ließ sich von Gauguins Methode, in reinen Farben zu malen, inspirieren. Ihren Zugang zur Malerei erläutert ein Ausspruch von Denis: »Bedenkt, ein Bild ist, bevor es ein Streitroß, ein Akt oder eine Geschichte ist, zuallererst eine Fläche, auf der in einer bestimmten Weise Farben angeordnet sind.« Die Bilder der Nabis sind durch breite Flächen und ebenso flache Farben und Muster gekennzeichnet. So wie in der Malerei waren die Nabis in der Graphik, der Plakatkunst, der Buchillustration und im Entwerfen von Stoffmustern und Bühnenbildern engagiert.

Neo(-klassizismus, -expressionismus, -romantik)

Das Präfix »neo« (= neu) bezieht sich auf das Wiederaufleben einer schon einmal dagewesenen Richtung oder Idee. Der Neoklassizismus war beispielsweise eine Bewegung, die ab der zweiten Hälfte des 18. Jh. aufkam und eine Rückkehr zu klassischen Werken und die Wiedergeburt des eleganten Stils der alten Griechen und Römer anstrebte. In der Architektur und bildenden Kunst bedeutete dies eine Bevorzugung von Linie und Ausgewogenheit und eine ständige Anleihe bei antiken Quellen. Neoexpressionismus bezieht sich auf ein Wiederaufleben expressionistischer Wesensmale bei einigen Malern in den USA und vor allem in Deutschland in den 70er Jahren. Neoexpressionistische Werke sind sehr persönlich und mit heftiger Leidenschaft gemalt. Neoromantik bezieht sich auf sehr theatralische Formen der Malerei des 20. Jh., die romantische und surrealistische Elemente miteinander verbinden.

Op Art

Eine Richtung der gegenstandslosen Kunst, die in den 60er Jahren entstand. Op Art (Kurzform für Optical Art) nutzt das Phänomen der optischen Täuschungen. Der Künstler spielt mit dem Betrachter, indem er Bilder produziert, die irritieren und pulsieren. Auch wenn das Bildwerk selbst ruhig bleibt, verursachen die Formen und Farben die Illusion von Bewegung.

Pittura Metafisica

Diese Art zu malen wurde 1917 von De Chirico und Carrà in Mailand begründet. Verdrehte Perspektiven, unnatürliches Licht und bizarre Bilder charakterisieren sie. Statt des menschlichen Körpers werden Statuen und Kleiderpuppen eingesetzt. Indem die Maler der Pittura Metafisica ihre Gegenstände in unwahrscheinlichen Umfeldern ansiedelten, erzielten sie traumhafte und verzauberte Stimmungen, doch unterschieden sie sich von den späteren Surrealisten durch strenge Kompositionsstrukturen und architektonische Werte.

Pop Art

In England und den USA tauchte in den 50er Jahren eine Kunstrichtung auf, die verstärkt oder ausschließlich ihre Vorbilder bzw. Themen aus der Bildwelt der Konsumgesellschaft und der Alltagswelt bezog. Comic strips, Reklame und Massenprodukte spielen in dieser Kunst eine große Rolle, die von einem ihrer Pioniere, Hamilton, wie folgt charakterisiert wurde: »volksnah, vergänglich, entbehrlich, billig, massenweise, jung, witzig, sexy, versponnen, zauberhaft und geschäftstüchtig«. Die Frechheit der Themen wird oft unterstrichen durch hartkantige oder fotoartige Malweisen und minutiöse Genauigkeit in der Plastik. Fotomontage, Collage und Assemblage sind verbreitete Techniken in der Pop Art.

Präraffaeliten

Diese Vereinigung junger englischer Künstler wurde 1848 gegründet. Bestürzt über das, was die in ihren Augen dekadente englische Malerei hervorbrachte, suchten die Präraffaeliten die strenge Gesinnung der italienischen Maler der Frührenaissance, z. B. von Botticelli und Filippino Lippi, wiederzufinden. Präraffaelitische Bilder sind oft nach literarischen, historischen oder religiösen Themen gestaltet, meist mit moralisierenden Kommentaren zu sozialen Verhältnissen und zwischenmenschlichen Beziehungen. Die Maler schufen reich strukturierte und detailfreudige Bilder, die besonderes Interesse an Blumen und Stoffen beweisen.

Renaissance

Im Mittelalter lebten die Menschen in Gottesfurcht und unter der Allgegenwart der Kirche. Die Kunst stellte generell Himmel und Heilige dar und zeigte wenig Interesse an den Geschehnissen auf dieser Erde. Ab dem 14. Jh. begann der Mensch seinen Wert und seine Rolle in der Welt zu entdekken. Diese Wiedergeburt (ital. »rinascitas«) spiegelte sich auch in der Kunst wider: die Figuren wurden naturgetreuer, der Raum realer erfaßt, und die Heilsgeschichte wurde aus dem Blickwinkel des Menschen betrachtet. Mit der Zeit wurden die Künstler immer fähiger, die Welt auf Tafelbildern, Fresken und Altären neu erstehen zu lassen. Mit den noch stilisierten Werken von Giotto und Masaccio beginnend, kulminiert die Renaissance in den großartigen Schöpfungen Leonardos, Michelangelos und Raffaels. Unabhängig von Italien vollzog sich der Wandel des Weltbildes auch nördlich der Alpen in Deutschland und Flandern. Während die italienische Renaissance ihren Schwerpunkt auf die Perspektive und die Raumillusion legte, interessierten sich die deutschen und flämischen Künstler mehr für liebevolle Details und kostbare Darstellungen der Welt um sie herum.

Rokoko

Ein lichtvoller, verspielter und dekorativer Stil, der nach künstlerischen Vorstufen in Spanien und Genua als allgemeine Kunstrichtung um 1700 in Frankreich seinen Ausgangspunkt hatte und schnell seinen Siegeszug über ganz Europa antrat. Das Wort kommt vom französischen »rocaille« und meint die skurrilen und verschnörkelten Muscheldekorationen in künstlichen Grotten und Brunnen. Vorwiegend als Stil der Innendekoration entstanden, wird das Rokoko von Liebreiz, Eleganz und Verspieltheit bestimmt. Die Bilder sind meist in weichen, pastellhaften Tönen gehalten und behandeln den müßigen Zeitvertreib des Adels und delikate Liebesthemen.

Romantik

Eine zu Beginn des 19. Jh. vor allem in Nordeuropa blühende Kulturerscheinung, die sich in Literatur, Philosophie, Theater, Geschichtswissenschaft, Musik und bildender Kunst zwischen Aufklärung, Klassizismus und Realismus durchsetzte und am Anfang vieler späterer Entwicklungen wie Nationalbewußtsein, Individualismus, Ethnologie oder Psychologie steht. Das romantische Gefühl schafft als Gegenwelt zu Rationalismus und zum Rückgriff auf die Antike ein neues Bewußtsein für gewachsene Ganzheiten (Volk, Mittelalter) und Probleme des Einzelnen (Fernweh, Einsamkeit, Abschied, Verhältnis zur Natur, Religionserneuerung). Es fand seine tiefste Ausprägung vor allem in Deutschland, aber auch in Frankreich, England und Nordamerika. Große Maler der Romantik waren in Frankreich Géricault und Delacroix und in Deutschland Carus, Friedrich, Richter, Runge oder Schwind. Nach Epochenrechnung endet die Romantik zwar gegen Mitte des 19. Jh., doch wie in der Musik tauchen ihre Konzepte immer wieder bis ins 20. Jh. auf (Gauguin, Symbolismus, Expressionismus, Surrealismus, Neoromantik).

Surrealismus

Die Anfänge des Surrealismus gehen bis in die 20er Jahre in Frankreich zurück. Nach André Breton, dem federführenden Dichter dieser Richtung, will der Surrealismus »den früheren Widerspruch von Traum und Wirklichkeit auflösen«. Zur Verwirklichung dieses Zieles bediente er sich verschiedener Verfahren. Die Künstler malten unlogische Szenen mit fotografischer Genauigkeit, schufen seltsame Gestalten aus Allerweltsgegenständen oder entwickelten Maltechniken, die dem Unbewußten erlauben, sich selbst auszudrücken. Auch wenn surrealistische Bilder sehr gegenständlich und figurativ sind, zeigen sie eine fremde Welt, deren Spannbreite von erträumter Ernsthaftigkeit bis zu einer Phantastik, die an Alpträume erinnert, reicht.

Symbolismus

Eine literarische und künstlerische Bewegung, die vor allem in Frankreich im späten 19. Jh., aber auch im süddeutschen Raum (Böcklin, Stuck) blühte. Symbolistische Künstler verwarfen den puren Realismus, da sie glaubten, daß die Kunst mehr Ideen und Geisteszustände als einfach die sichtbare Welt wiederzugeben habe. Ihr Stil differierte im einzelnen von juwelenhaftem, malerischem Reichtum bis zu blasser Lässigkeit. Doch das gemeinsame Ziel war die Vermittlung einer anderen, geistigen Welt. Religiöse und mythologische Motive waren beliebt, aber auch Erotik, Tod und Sünde waren allgemeine Themen. Einzelne Elemente des Symbolismus tauchten im Jugendstil und im Surrealismus wieder auf.

Vortizismus

Eine englische Bewegung, die 1914 von Lewis eingeleitet wurde. Ihr Name leitet sich von einer Bemerkung des italienischen Futuristen Boccioni ab, der meinte, daß alle schöpferische Kunst aus einem Strudel (vortex) der Gefühle entstünde. Der Vortizismus bediente sich wie der Futurismus eines harten, eckigen und dynamischen Stils und wollte Tätigkeit und Bewegung festhalten. Obwohl der Vortizismus den 1. Weltkrieg nicht überlebte, war er doch als erster Schritt in Richtung einer englischen gegenstandslosen Kunst von Bedeutung.

Fachbegriffe

Abstrakt

Eine Kunstform, die nicht die gegenständliche Welt abbilden will. Korrekter ist der Begriff gegenstandslos. Der Begriff ist auf jede Kunstform anwendbar, die nicht visuell erkennbare Gegenstände abbildet. Sie bezieht sich auf Kunstformen des 20. Jahrhunderts, bei denen die Nachbildung der Natur aufgegeben wurde. Kandinsky, Mondrian und Malevič waren Pioniere dieser Bewegung.

Acryl

Kunstfarbe zwischen Öl- und Wasserfarbe, die seit den 40er Jahren in Gebrauch ist. Sie kann verdünnt (Louis) oder pastos (Siqueiros) aufgetragen werden.

Antik, klassisch

Begriffe, die sich auf das alte Griechenland oder Rom beziehen, sowie deren Einfluß auf spätere Epochen. Obwohl oft im gleichen Zusammenhang gebraucht, bedeuten die beiden Begriffe jeweils etwas anderes. Antik bezieht sich allgemein auf materielle Reste der antiken Welt, wie z. B. Architektur oder Skulptur; diese waren beliebte Motive im 18. Jh. (Pannini, Zuccarelli). Klassisch meint eine Fortführung im Stil oder in der Anwendung dieser Formen, die direkt der Antike entlehnt sind (J.-L. David, Powers).

Aquarell

Eine Farbe, bei der das Pigment mit einem wasserlöslichen Mittel (Gummi arabicum) gebunden ist. Die feste Aquarellfarbe wird dann wieder mit Wasser im Pinsel gelöst, bis sie eine transparente Konsistenz erreicht. Diese verdünnte Farbe wird mit weichen Haarpinseln auf saugfähiges weißes Papier in beliebig dünnen oder breiten Strichen oder Bahnen aufgetragen. Man kann mehrere Schichten transparent übereinanderlegen. Um reines Weiß (das Weiß des Papieres) zu erhalten, läßt man die entsprechende Stelle frei. Für Landschaftsmaler ist es ein ideales Malmittel im Freien (Dürer, Turner, Bonington, Delacroix, Blechen, Cozens, Cézanne, Klee, Macke). Aquarellmalerei ist aber auch die schwierigste Maltechnik. Da man nichts korrigieren kann, muß der Künstler (ähnlich wie bei der Tempera) sehr sicher in der Ausführung sein.

Chiaroscuro

Aus dem Italienischen für hell-dunkel. Mit diesem Begriff wird die Verwendung von Licht und Schatten beschrieben, besonders wenn beide stark kontrastieren. Für die Erzielung dramatischer Effekte war das Chiaroscuro besonders geeignet. Zentrale Bedeutung hatte die Technik im 17. Jahrhundert (Caravaggio, Ribera, Rembrandt, La Tour).

Collage, Fotomontage

Collage von frz. »coller« (= kleben) ist eine Technik, die Papier, Stoffe oder andere Gegenstände auf eine flache Unterlage klebt. Erstmals nutzten die Kubisten (Braque, Gris, Picasso) diese Technik. Fotomontage wendet die gleiche Technik auf Fotos an. Besonders beliebt im Surrealismus (Ernst) und in der Pop Art (Hamilton).

Drucke

Mit vielen Techniken können Drucke hergestellt werden: Holzschnitt, Linolschnitt, Stich, Radierung, Lithographie, Siebdruck. Der Holzschnitt ist wie der Letterndruck ein Hochruck, d. h. die zum Druck dienende, mit Farbe eingewalzte Fläche bleibt als mehr oder minder breiter Steg reliefartig erhaben stehen. Der nicht zum Druck vorgesehene Rest wird herausgeschnitten. Beim Stich (Kupferstich, Stahlstich) handelt es sich um ein Tiefdruckverfahren, d. h. in eine harte Platte aus Metall werden mit einem Stichel Linien eingeritzt, in die die Druckerfarbe eingerieben wird. Hier wird gedruckt, was der Fläche weggenommen wurde. Eine Sonderform des Stichs ist die Radierung. Auf eine mit Wachs beschichtete Metallplatte werden Linien eingeritzt. In einem Säurebad übernimmt die Chemikalie die Arbeit des Stichels. Bei der Aquatinta kann die Säure ganze Flächen ausätzen und je nach Dauer der Einwirkung verschiedene Dunkelwerte erzeugen. Zwei jüngere Verfahren, die Lithographie (Steindruck) und Siebdruck vertreten eine Flachdrucktechnik. Mit beiden Verfahren können sehr malerische Wirkungen erzielt werden.

Figurativ

Eine Kunst, die erkennbare Bilder von unserer Welt abbildet. Diese Bilder können ganz exakt (Estes) oder verformt (Braque) sein.

Fresko

Korrekter: »affresco« (it. für frisch). Eine spezielle Art der Wandmalerei, bei der reines Farbpulver (Pigment) mit Wasser vermischt auf eine noch feuchte (frische) Putzschicht aufgetragen wird. Diese als echtes Fresko (buon fresco) bekannte Technik unterscheidet sich von der auf trockener Unterlage (al secco) gemalten Art, die weniger haltbar ist, da das Pigment nicht mit der Unterlage chemisch abbindet. Freskomalerei war besonders in trockenen Ländern wie Italien vom Mittelalter (Fra Angelico, Giotto) bis zum 18. Jh. (Tiepolo) sehr verbreitet.

Genremalerei

Malerei mit Szenen aus dem häuslichen oder alltäglichen Leben. Sie war im 17. Jh. besonders in den Niederlanden sehr verbreitet. Oft spezialisierten sich Maler auf bestimmte Themen, wie Wirtshausszenen (Steen), Musik oder Interieurs (Vermeer). Im 18. Jh. verbreitete sich die Genremalerei auch in anderen Ländern: Frankreich (Chardin), Italien (Longhi) und England (Hogarth).

Gouache

Deckende Wasserfarbe. Das Pigment ist mit Leim gebunden; hellere Töne werden durch Zumischung von Deckweiß erzielt; im Unterschied zum Aquarell! Der pastose Farbauftrag der Gouache kann Oberflächeneffekte der Ölmalerei erreichen, doch muß beachtet werden, daß die nasse Farbe beim Eintrocknen heller wird.

Illumination

Bezieht sich auf die vom Mittelalter bis zur Renaissance verbreitete Buchmalerei. Das Wort kommt vom lateinischen »illuminare« (= schmücken). Die aus Pergament (Tierhaut) gefertigten Manuskripte wurden per Hand geschrieben und dann von Spezialisten mit farbigen Miniaturen, reich verzierten Anfangsbuchstaben (Initialen) und Randschmuck versehen (Beauneveu, Limburgbrüder). Mit der Erfindung des Buchdrucks kamen die teuren, illuminierten Bücher aus der Mode. Im 16. Jh. wurden nur noch wenige Exemplare hergestellt.

Ölfarbe, Ölstift

Ölfarbe besteht aus dem Pigment (Farbpulver), das in einer ölhaltigen Substanz, meist Leinöl, gebunden ist. Ihre Erfindung wird allgemein den Brüdern Van Eyck zugeschrieben. Ölfarbe hat gegenüber der Eitempera den Vorteil, daß sie langsam trocknet und sich deshalb gut für Überarbeitungen eignet. Sie kann mit Pinsel oder Spachtel aufgetragen werden, früher auf präpariertes Holz, später auf grundierte Leinwand. Ölstifte (-kreiden) sind eine jüngere Verbindung aus Pastellkreide und Ölfarbe. Ihre Verwendungsmöglichkeiten sind bequem und vielseitig.

Pastell

Ein Zeichenmaterial aus Pigment, das in Harz oder Gummilösung gebunden ist; meist in Stiftform. Man malt damit auf Papier. Verschiedene Wirkungen, von scharfer Linie bis weicher Schattierung, können erzielt werden. Die pulverige Qualität kann bei nicht sachgemäßem Umgang leicht zur Zerstörung der Zeichnung führen. Seine Erfindung verdankt die Pastellkreide dem Umstand, daß alle Farben außer Schwarz, Weiß und Ziegelrot im 16. Jh. in Italien sehr teuer wurden.

Sfumato

Von it. »fumo« (= Rauch, Dunst). Die Technik wurde von Leonardo da Vinci (Mona Lisa) eingeführt. Damit können benachbarte Flächen in feinsten Übergängen miteinander verschmolzen werden, wobei besondere Tiefenwirkungen und atmosphärische Stimmungen entstehen.

Stuck

Mit Leim und Marmorstaub vermengter Gips (manchmal auch mit Haaren oder Draht verstärkt), der in der Bildhauerei und für Architekturdekorationen verwendet wird. Stuck war eine vom 16. bis 18. Jh. weitverbreitete Technik, die vor allem den überschwenglichen Barock- und Rokokodekorationen zu ihrer illusionistischen Wirkung verhalf. Mit Stuck konnte man auch sehr kostensparend Stein und Marmor imitieren.

Tempera

Eine Farbe, bei der ein Naturpigment mit Wasser und Eigelb abgebunden wird. Tempera war bis ins 15. Jh. das gebräuchlichste Malmittel. Um damit auf Holz malen zu können, mußte die Tafel mit einer Kalkmilchsubstanz (gesso) präpariert werden. Wegen der Saugfähigkeit des gesso und dem schnellen Trockenprozeß mußte der Künstler sehr schnell arbeiten und sehr sicher in der Zeichnung sein. Eine nachträgliche Übermalung war nicht möglich. Nach der Erfindung der Ölmalerei verlor die Temperamalerei schnell an Bedeutung.

Wasserfarbe

Nicht zu verwechseln mit Gouache oder Aquarell! Wasserfarbe ist eine moderne Kunstfarbe, die ebenfalls auf Pigment und Wasser basiert, ähnlich der Emulsionsfarbe. Naß hat sie die Wirkung von Ölfarbe, beim Eintrocknen verliert sie aber ihren Glanz und wird matt. Im Gegensatz zu Gouache ist Wasserfarbe sicher vor Rissen und Sprüngen, insofern geeignet für große Flächen. Fontana hat diese Farbe bevorzugt.

Verzeichnis der Museen

Belgien

Koninklijk Museum voor Schone Kunsten
Leopold de Waelplein
2000 Antwerpen
✆ (32 3) 2387809

Ensor, *Zwei Skelette kämpfen um einen Erhängten*
Fouquet, *Madonna mit Kind*

Musées Royaux des Beaux-Arts de Belgique
9 rue du Musée
1000 Brüssel
✆ (32 2) 5083211

J.-L. David, *Der tote Marat*
Vuillard, *Zwei Schuljungen*

Dänemark

Ny Carlsberg Glyptotek
Dantes Plads 7
1556 Kopenhagen V
✆ (45) 33911065

Gauguin, *Frau mit Blume*

Skagens Museum
Eröndumsvej
9990 Skagen
✆ (45) 98446444

Kröyer, *Sommerabend am Südstrand*

Deutschland

Schloß Charlottenburg
Luisenplatz
10585 Berlin
✆ (49 30) 320911

Watteau, *Die Einschiffung nach Cythera*

Ludwig Roselius Sammlung
Böttcherstraße 4
28195 Bremen
✆ (49 421) 321911

Modersohn-Becker, *Alte Frau mit Glasflasche*

Staatliche Kunstsammlungen Dresden
Georg-Treu-Platz 1
PSF 450
01067 Dresden
✆ (49 351) 4953056

Correggio, *Christi Geburt*
Liotard, *Die Schokoladentasse*

Wilhelm-Lehmbruck-Museum
Düsseldorferstraße 51
47051 Duisburg
✆ (49 203) 2832630

Heckel, *Die Windmühle in Dangast*

Städelsches Kunstinstitut und Städtische Galerie
Schaumainkai 63
60596 Frankfurt
✆ (49 69) 6050980

Cranach, *Venus*

Hamburger Kunsthalle
Glockengießerwall
20095 Hamburg
✆ (49 40) 24862612

Friedrich, *Das Eismeer*
Kirchner, *Selbstporträt mit Modell*
Overbeck, *Anbetung der Hl. Drei Könige*

Staatliche Kunstsammlungen Kassel
Schloßpark Wilhelmshöhe
34131 Kassel
✆ (49 561) 36011

Rembrandt, *Der Segen Jakobs*
Terbrugghen, *Der Flötenspieler*

Wallraf-Richartz Museum
Bischofsgartenstraße 1
50667 Köln
✆ (49 221) 2212379

Lochner, *Maria im Rosenhag*

Alte Pinakothek
Barerstrasse 27
80333 München
✆ (49 89) 23805216

Altdorfer, *Alexanderschlacht*

Stiftung Schlösser und Gärten Potsdam-Sanssouci
Bildergalerie (bis voraussichtlich 1996 geschlossen)
Anschrift des Besucherzentrums:
Postfach 60 14 62
14414 Potsdam

Caravaggio, *Der ungläubige Thomas*

Staatsgalerie Stuttgart
Konrad-Adenauer-Strasse 30-32
72076 Stuttgart
✆ (49 711) 2125050

Marc, *Kleine gelbe Pferde*

Kunsthalle Tübingen
Philosophenweg 76
72076 Tübingen
✆ (49 7071) 61444

Hamilton, *Was macht heutige Wohnungen so anders, so ansprechend?*

Frankreich

Musée National Fernand Léger
Chemin du Val de Pome
06410 Biot
✆ (33) 93656361

Léger, *Die Bauarbeiter*

Musée Condé
Château de Chantilly
BP 243
60631 Chantilly
✆ (33) 44570800

Limburg, *Januar*
De Troy, *Das Austernessen*

Musée d'Unterlinden
1 place d'Unterlinden
68000 Colmar
✆ (33) 89418923

Grünewald, *Kreuzigung*

Schloß Fontainebleau
77300 Fontainebleau
✆ (33) 64222740

Primaticcio, *Danaë*

Musée Fabre
39 boulevard Bonne Nouvelle
34000 Montpellier
✆ (33) 67660634

Courbet, *Bonjour, Monsieur Courbet*

Musée des Beaux-Arts
10 rue Georges-Clémenceau
44000 Nantes
✆ (33) 40416565

Greuze, *Der Gitarrenspieler*

Bibliothèque Nationale
58 rue de Richelieu
75084 Paris
✆ (33 1) 47038126

Beauneveu, *Hl. Philipp*

Musée Bourdelle
16 rue Antoine-Bourdelle
75015 Paris
✆ (33 1) 45484727

Bourdelle, *Herkules*

Musée d'Art Moderne de la Ville de Paris
11 ave du Président Wilson
75116 Paris
✆ (33 1) 47236127

Delaunay, *Homage auf Blériot*

Musée de l'Orangerie
Place de la Concorde
75001 Paris
✆ (33 1) 42974816

Soutine, *Der kleine Konditor*
Utrillo, *Fahne auf dem Rathaus*

Musée d'Orsay
1 rue de Bellechasse
75007 Paris
✆ (33 1) 40494814

Bazille, *Das Atelier des Künstlers in der Rue de la Condamine*
Boudin, *Am Strand von Trouville*
Cassatt, *Nähende Frau*
Manet, *Frühstück im Freien*
Millet, *Die Ährenleserinnen*
Morisot, *Die Wiege*
Orpen, *Das Café Royal in London*
Pissarro, *Landschaft bei Chaponval*
Signac, *Der Papstpalast von Avignon*
Sisley, *Schnee in Louveciennes*

Musée du Louvre
Palais du Louvre
75001 Paris
✆ (33 1) 40205050/151

Arcimboldo, *Der Sommer*
Boucher, *Odaliske*
Canova, *Cupido und Psyche*
Champaigne, *Das Letzte Abendmahl*
G. David, *Die Hochzeit von Kanaa*
Géricault, *Reiteroffizier*
De Heem, *Nachtischstilleben*
Honthorst, *Das Konzert*
Houdon, *Büste von Diderot*
Ingres, *Das Bad von Valpinçon*
Jordaens, *Die vier Evangelisten*
La Tour, *Der Betrug mit Karo-As*
Leonardo da Vinci, *Mona Lisa*
Pisanello, *Ginevra d'Este*
Poussin, *Arkadische Schäfer*
Prud'hon, *Die Kaiserin Josephine*

Musée National Auguste Rodin
77 rue de Varenne
75007 Paris
✆ (33 1) 47050134

Rodin, *Der Kuß*

Musée National d'Art Moderne
Centre National d'Art et de Culture Georges-Pompidou
31 rue Saint-Merri
75191 Paris
✆ (33 1) 44781233

Dix, *Die Journalistin Sylvia von Harden*
Tatlin, *Monument der 3. Internationale*

Musée des Beaux-Arts
place Saint Corentin
29000 Quimper
✆ (33) 98954520

Vallotton, *Landschaft mit Bäumen*

Musée des Beaux-Arts
26 bis rue Thiers
76000 Rouen
✆ (33) 35712840

Daubigny, *Die Schleuse von Optevoz*

Musée Départemental du Prieuré
2 bis rue Maurice Denis
78100 Saint-Germain-en-Laye
✆ (33 1) 39737787

Denis, *Yvonne Lerolle*

Musée National du Château de Versailles
78000 Versailles
✆ (33 1) 30847400

Delacroix, *Die Schlacht von Taillebourg*

Großbritannien

Towneley Hall Art Gallery
Burnley
Lancashire BB11 3RQ
✆ (44 282) 424213

Zoffany, *Die Townelley-Bibliothek in der Park Street*

The Fitzwilliam Museum
Trumpington Street
Cambridge CB2 1RB
✆ (44 223) 332900

Rosselli, *Madonna mit Kind und Heiligen*

National Museum of Wales
Cathays Park
Cardiff CF1 3NP
✆ (44 222) 397951

Wilson, *Blick in den großen Windsor Park*

National Gallery of Scotland
The Mound
Edinburgh EH2 2EL
✆ (44 31) 5568921

Bellotto, *Ansicht des Ponte delle Navi, Verona*
Elsheimer, *Die Steinigung des hl. Stephanus*
Massys, *Porträt eines Notars*
Raeburn, *Reverend Walker beim Schlittschuhlaufen*
Ramsay, *Lady Robert Manners*
Tiepolo, *Die Auffindung des Moseskindes*
Tizian, *Diana und Aktaion*
Wilkie, *Das Empfehlungsschreiben*

Scottish National Gallery of Modern Art
Belford Road
Edinburgh EH4 3DR
✆ (44 31) 5568921

Kitaj, *Wenn nicht, dann nicht*
Kokoschka, *Porträt eines »entarteten« Künstlers*
Lichtenstein, *Im Auto*

The Burrell Collection
Pollok Country Park
2060 Pollokshaws Road
Glasgow GA3 1AT
✆ (44 41) 6497151

Degas, *Die Ballettprobe*

Leeds City Art Gallery
The Headrow
Leeds LS1 3AA
✆ (44 532) 478248

Grimshaw, *Abenddämmerung auf der Themse*

British Museum
Great Russell Street
London WC1B 3DG
✆ (44 71) 6361555

Bonington, *An den Kais von Rouen*
Hiroshige, *Mondschein, Nagakubo*
Hokusai, *Der Fudschijama bei klarer Sicht*

Courtauld Institute Galleries
Somerset House
Strand
London WC2R 0RN
✆ (44 71) 8732526

Modigliani, *Akt*

Imperial War Museum
Lambeth Road
London SE1 6HZ
✆ (44 71) 4165000

Lewis, *Batterie unter Beschuß*

National Gallery
Trafalgar Square
London WC2N 5DN
✆ (44 71) 8393321

Antonello da Messina, *Der hl. Hieronymus in seiner Studierstube*
Avercamp, *Treiben auf dem Eis*
Beccafumi, *Tanaquil, die Frau von Lucomo*
Bronzino, *Allegorie mit Venus und Cupido*
Campin, *Madonna mit Kind vor Kamin*
Canaletto, *Der Buzentaurus vor der Abfahrt am Himmelfahrtstag*
Carracci, *Christus erscheint Petrus auf der Via Appia*
Chardin, *Die junge Lehrerin*
Cuyp, *Kühe mit Reiter und Hirten*
Van Dyck, *Reiterbildnis Karls I.*
Van Eyck, *Die Arnolfini-Hochzeit*
Gainsborough, *Das Ehepaar Andrews*
Van Gogh, *Sonnenblumen*
Guardi, *Architektonische Spielerei*
Hals, *Junger Mann mit Totenkopf*
Hogarth, *Das Frühstück, aus: Heirat nach der Mode*
Holbein, *Die Gesandten*
Kalf, *Stilleben mit Hummer, Trinkhorn und Gläsern*
Lancret, *Gartenszene*
Longhi, *Ausstellung eines Nashorns in Venedig*
Lotto, *Eine Dame als Lukrezia*
Mantegna, *Gethsemane*
Metzu, *Die Musikstunde*
Monet, *Seerosenteich*
Patenier, *Der hl. Hieronymus in Felslandschaft*
Piero della Francesca, *Taufe Christi*
Pollaiuolo, *Daphne und Apollo*
Rosa, *Selbstporträt*
Rubens, *Das Urteil des Paris*
Sassetta, *Franziskus verleugnet seinen leiblichen Vater*
Savery, *Orpheus*
Uccello, *Die Schlacht von San Romano*
Vermeer, *Frau am Virginal*

National Portrait Gallery
2 Saint Martin's Place
London WC2H 0HE
✆ (44 71) 3060055

Organ, *Charles, Prinz von Wales*

Saatchi Collection
98a Boundary Road
London NW8 0RH
✆ (44 71) 6248299

Rego, *Die Familie*
Sherman, *Ohne Titel Nr. 96*

Tate Gallery
Millbank
London SW1P 4RG
✆ (44 71) 8878000

Albers, *Huldigung des Quadrates*
Bellmer, *Sich drehende Spitze*
P. Blake, *Auf dem Balkon*
W. Blake, *Erbarmen*
Bomberg, *Das Moorbad*
Braque, *Klarinette und Rumflasche auf Mantel*
Broodthaers, *Topf und geschlossene Muscheln*
Burne-Jones, *König Cophetua und das Bettlermädchen*
De Chirico, *Die Ungewißheit des Dichters*
Copley, *Der Tod von Major Pierson*
Delvaux, *Schlafende Venus*
Derain, *Der Pool von London*
Dobson, *Endymion Porter*
Ernst, *Der Wald*
Francis, *Thema Blau (Around the Blues)*
Freud, *Frau mit weißem Hund*
Gaudier-Brzeska, *Tänzerin aus rotem Stein*
Gertler, *Das Karussell*
Gorky, *Der Wasserfall*
Hausmann, *Der Kunstkritiker*
Hockney, *Ein kräftiger Sprung*
Hunt, *Das erwachende Schamgefühl*
Jones, *Mannfrau*
Kandinsky, *Kosaken*
Klein, *IKB 79*
Leighton, *Das Bad der Psyche*
Lipchitz, *Halb stehende Figur*
Louis, *Alpha Phi*
Martin, *Der Große Tag des Zorns*
Miró, *Frauen, Vogel im Mondschein*
Moore, *Liegende*
Nash, *Totes Meer*
Nicholson, *August 1956 (Val d'Orcia)*
Noland, *Geschenk*
Picasso, *Weinende Frau*
Rothko, *Ohne Titel*
Schwitters, *Bild des räumlichen Wachstums – Bild mit zwei kleinen Hunden*
Sickert, *Langeweile*
Spencer, *Der hl. Franziskus und die Vögel*
Stubbs, *Stuten und Fohlen*
Sutherland, *Porträt von Somerset Maugham*
Tanguy, *Die Unsichtbaren*
Tàpies, *Grauer Ocker*
Tissot, *Das Picknick*
Turner, *Schneesturm: Dampfschiff vor der Hafeneinfahrt*
Wadsworth, *Strandszene*
Waterhouse, *Die Lady von Shalott*
Whistler, *Symphonie in Weiß Nr. 2: Mädchen in Weiß*

Victoria and Albert Museum
Cromwell Road
South Kensington
London SW7 2RL
✆ (44 71) 9388500

J. Brueghel, *Der Paradiesgarten*
Daumier, *Die Graphiksammler*
Hilliard, *Junger Mann an einen Baum gelehnt*
Rossetti, *Tagtraum*
Utamaro, *Liebespaar*

Wallace Collection
Hertford House
Manchester Square
London W1M 6BM
✆ (44 71) 9350687

Fragonard, *Die Schaukel*
Van Ostade, *Bauernstube*
Romney, *Frau Mary Robinson, »Perdita«*
T. Rousseau, *Morgen im Wald von Fontainebleau*
Steen, *Die Tauffeier*

Maidstone Museum and Art Gallery
Saint Faith's Street
Maidstone ME14 1LH
✆ (44 622) 756405

Pannini, *Römisches Capriccio*

Manchester City Art Gallery
Corner of Mosley Street and Princess Street
Manchester M2 3JL
✆ (44 61) 2365244

Brown, *Arbeit*

Laing Art Gallery
Higham Place
Newcastle upon Tyne NE1 8AG
✆ (44 91) 2327734

Landseer, *Wildrinder bei Chillingham*

Salford Museum and Art Gallery
Peel Park
Salford M5 4WU
✆ (44 61) 7362649

Lowry, *Feierabend in der Fabrik*

She Yeld City Art Galleries
The Graves Art Gallery
Surrey Street
SheYeld S1 1XZ
✆ (44 742) 735158

Gilman, *In der Kantine*

The Royal Collection
The Royal Library
Windsor Castle
Berkshire SL4 1NJ
✆ (44 753) 868286

Agasse, *Die nubische Giraffe*

York City Art Gallery
Exhibition Square
York YO1 2EW
✆ (44 904) 623839

Snyders, *Beim Wildhändler*

Italien

Pinacoteca Nazionale
Via Belle Arti 56
40100 Bologna
✆ (39 51) 243222

Perugino, *Madonna mit Kind und Heiligen*

Palazzo Schifanoia
Via Scandiana 23
44100 Ferrara
✆ (39 532) 62038

Del Cossa, *Der Mai*

Galleria degli Uffizi
Piazzale degli Uffizi
50122 Florenz
✆ (39 55) 218341

Botticelli, *Der Frühling*
Catena, *Das Gastmahl zu Emmaus*
Cimabue, *Die Madonna der Dreifaltigkeitskirche, Florenz*
Clouet, *Reiterbildnis Franz I.*
Duccio, *Die Madonna der Rucellai*
Gentile da Fabriano, *Die Anbetung der Heiligen Drei Könige*
Gentileschi, *Judith und Holofernes*
Filippino Lippi, *Bildnis eines alten Mannes*
Fra Filippo Lippi, *Marienkrönung*

Lorenzo Monaco, *Marienkrönung*
Luini, *Der Henker zeigt Herodes das Haupt des Täufers*
Martini, *Verkündigung*
Michelangelo, *Der Doni-Tondo*
Orcagna, *Der hl. Matthäus mit Szenen aus seinem Leben*
Palma il Vecchio, *Hl. Familie mit Maria Magdalena und dem kleinen Johannes d. T.*
Piero di Cosimo, *Perseus befreit Andromeda*
Rosso Fiorentino, *Moses und die Töchter des Jitro*
Salviati, *Caritas*
Sebastiano del Piombo, *Der Tod des Adonis*
Vigée-Lebrun, *Selbstporträt*

Museo Nazionale del Bargello
Via del Proconsolo 4
50122 Florenz
✆ (39 55) 210801

Algardi, *Büste des Kardinals Paolo Emilio Zacchia*
Donatello, *David*
Della Robbia, *Madonna mit Kind zwischen zwei Engeln*
Verrocchio, *Frau mit Sträußchen*

Palazzo Pitti
Piazza Pitti 1
50100 Florenz
✆ (39 55) 210323/6673

Andrea del Sarto, *Himmelfahrt Mariens*
Fra Bartolomeo, *Auferstandener mit Heiligen*
Parmigianino, *Die Madonna mit dem langen Hals*

Pinacoteca di Brera
Via Brera 28
20121 Mailand
✆ (39 2) 808387

Carrà, *Die metaphysische Muse*
Signorelli, *Die Geißelung Christi*

Galleria e Museo Estense
Piazza Sant Agostino 109
41100 Modena
✆ (39 59) 222145

Dossi, *Alfons I. von Este*

Palazzo Barberini
Via Quattro Fontane 13
00184 Rom
✆ (39 6) 4814430/24184

Pietro da Cortona, *Verherrlichung der Regierung Urbans VII.*

Palazzo del Vaticano
00120 Vatikanstadt
Rom
✆ (39 6) 6983333

Raffael, *Die Schule von Athen*

Palazzo Pubblico
Piazza del Campo
53100 Siena
✆ (39 577) 292111

Lorenzetti, *Allegorie von der guten Regierung (Ausschnitt)*

Pinacoteca Nazionale di Siena
Via San Pietro 31
53100 Siena
✆ (39 577) 281161

Sodoma, *Kreuzabnahme*

Galleria dell'Accademia
Campo della Carità 1059A
30121 Venedig
✆ (39 41) 22247

Gentile Bellini, *Das Wunder des Wahren Kreuzes bei der San Lorenzo-Brücke*
Bordone, *Übergabe des Ringes an den Dogen*
Giorgione, *Das Gewitter*

Galleria Internazionale d'Arte Moderna di Ca' Pesaro
Santa Croce 2076
30100 Venedig
✆ (39 41) 5224127

Manzù, *Der Kardinal*

Museo Correr
Piazza San Marco 52
30100 Venedig
✆ (39 41) 5225625

Carpaccio, *Zwei Venezianerinnen auf dem Balkon*

Kanada

Art Gallery of Ontario
317 Dundas Street West
Toronto, ON
M5T 1G4
✆ (1 416) 9770414

Oldenburg, *Riesenhamburger*

Mexiko

Museo de Arte Alvar y Carmen T. de Carillo
Avenida Revolución 1608
01000 Mexico City, DF
✆ (52 5) 5503983

Siqueiros, *Tod und Begräbnis Kains*

Niederlande

Stedelijk Museum
Paulus Potterstraat 13
1071 CX Amsterdam
✆ (31 20) 5732911

Malevič, *Suprematismus*
Merz, *Unwirkliche Stadt*

Mauritshuis
Korte Vijverberg 8
2513 AB Den Haag
✆ (31 70) 3469244

Fabritius, *Der Goldfink*

Rijksmuseum Kröller-Müller
Nationale Park de Hoge Veluwe
Houtkampweg 6
6731 AW Otterlo
✆ (31 8382) 1241

Redon, *Der Zyklop*

Museum Boymans-van Beuningen
Museumpark 18-20
3015 CB Rotterdam
✆ (31 10) 4419400

Dou, *Magd am Fenster*
Severini, *Pierrot als Musiker*

Norwegen

Nasjonalgalleriet
Universitetsgaten 13
0033 Oslo 1
✆ (47 2) 200404

Munch, *Madonna*

Österreich

Kunsthistorisches Museum
Burgring 5
1010 Wien
✆ (43 1) 52177

Giovanni Bellini, *Morgentoilette*
P. Brueghel, *Bauernhochzeit*
Cellini, *Salzgefäß*
Van der Goes, *Der Sündenfall*
Klimt, *Der Kuß*
Mabuse, *Der hl. Lukas malt die Gottesmutter*
Sittow, *Katharina von Aragon*

Portugal

Museu Nacional de Arte Antiga
Rua das Janelas Verdes
1293 Lissabon
✆ (351 1) 3976001/64151

Bosch, *Die Versuchungen des hl. Antonius*

Rumänien

Muzeul de Arta
Calea Unirii 15
1100 Craiova
✆ (40 41) 12342

Brancusi, *Der Kuß*

Rußland

Tretjakoff Galerie
Lavrushensky Per 10
109017 Moskau
✆ (7 095) 2307788/82054

Ivanov, *Christus erscheint vor dem Volk*

Erimitage
Dvortsovaya nab 34
St. Petersburg
✆ (7 812) 3113465

Gros, *Napoleon auf der Brücke von Arcole*
De Hooch, *Herrin und Magd mit Eimer*
Matisse, *Der Eßtisch (Harmonie in Rot)*
Mengs, *Selbstporträt*

Schweiz

Kunstmuseum Basel
St. Alban-Graben 16
4010 Basel
✆ (41 61) 2710828

Böcklin, *Zentaurenkampf*
Klee, *Senecio*

Musée d'Art et d'Histoire
2 rue Charles Galland
1211 Genf 3
✆ (41 22) 3114340

Hodler, *Thunersee*
Witz, *Der wunderbare Fischzug*

Spanien

Museu Nacional d'Art de Catalunya
Palacio National
Parc de Montjuic
08038 Barcelona
✆ (34 3) 3255635

Zurbarán, *Der hl. Franziskus von Assisi*

Museo de Bellas Artes
Plaza del Museo 2
48009 Bilbao
✆ (34 4) 4410154/9536

Vasarely, *Pal-Ket*

Capilla Real
Sacristia de la Capilla
Granada
✆ (34 58) 229239

Memling, *Kreuzabnahme*

Fundación Colección Thyssen-Bornemisza
Paseo del Prado 8
28014 Madrid
✆ (34 1) 4203944

Constable, *Die Schleuse*
Ghirlandaio, *Bildnis der Giovanna Tornabuoni*
Schad, *Porträt von Dr. Haustein*

Museo del Prado
Paseo del Prado
28014 Madrid
✆ (34 1) 4202836

Baldung Grien, *Die drei Lebensalter und der Tod*
Bassano, *Einzug der Tiere in die Arche*
Domenichino, *Das Isaakopfer*
Dürer, *Selbstbildnis mit Handschuhen*
Gaddi, *Der hl. Eligius in der Goldschmiede*
Giordano, *Salomons Traum*
Murillo, *Die Unbefleckte Empfängnis aus dem Escorial*
Ribera, *Dr hl. Paulus Er.*
Velázquez, *Las Meninas*
Veronese, *Die Auffindung des kleinen Moses*
Vouet, *Die Zeit von Hoffnung, Liebe und Schönheit besiegt*
Van der Weyden, *Kreuzabnahme*

Tschechische Republik

Národní Galerie
Hradcanské nám 15
11904 Prag 1
✆ (42 2) 371775

Schiele, *Sitzende Frau mit angezogenem Knie*

Vereinigte Staaten von Amerika

Baltimore Museum of Art
Art Museum Drive
Baltimore
MD 21218
✆ (1 410) 3966300/7100

Andre, *Zink-Magnesium-Ebene*

Indiana University Art Museum
Bloomington
IN 47405
✆ (1 812) 8555445

Duchamp, *Brunnen*

Museum of Fine Arts
465 Huntington Avenue
Boston
MA 02115
✆ (1 617) 2679300

Allston, *Landschaft mit See*

Art Institute of Chicago
Michigan Avenue at Adams Street
Chicago
IL 60603
✆ (1 312) 4433600

Seurat, *Sonntagnachmittag auf der Grande Jatte*
Wood, *Amerikanische Gotik*

Cleveland Museum of Art
11150 East Boulevard
Cleveland
OH 44106
✆ (1 216) 4217340

Church, *Dämmerung in der Wildnis*

Des Moines Art Center
4700 Grand Avenue
Des Moines
IA 50312
✆ (1 515) 2774405

Bacon, *Papst Innozenz X. nach Velázquez*

Detroit Institute of Arts
5200 Woodward Avenue
Detroit
MI 48202
✆ (1 313) 8337900

Feininger, *Segelboote*
Reni, *Der hl. Hieronymus und der Engel*

Wadsworth Atheneum
600 Main Street
Hartford
CT 06103
✆ (1 203) 2782670

Cole, *Szene aus »Der letzte Mohikaner«*

Los Angeles County Museum of Art
5905 Wilshire Boulevard
Los Angeles
CA 90036
✆ (1 213) 8576111

Magritte, *Der Trug der Bilder*

Barnes Foundation
300 North Latch's Lane
Merion
PA 19066
✆ (1 215) 6673067/0290

Cézanne, *Montagne Saint Victoire*

Yale University Art Gallery
1111 Chapel Street at York Street
New Haven
CT 06520
✆ (1 203) 4320600

Powers, *Griechische Sklavin*

The Brooklyn Museum
200 Eastern Parkway
Brooklyn
NY 11238
✆ (1 718) 6385000

Sargent, *Paul Helleu beim Malen*

Solomon R. Guggenheim Museum
1071 Fifth Avenue
New York
NY 10128
✆ (1 212) 3603500

Mondrian, *Place de la Concorde*

Hispanic Society of America Museum
Broadway between 155 and 156 Streets
New York
NY 10032
✆ (1 212) 9262234

Goya, *Die Herzogin von Alba*

Metropolitan Museum of Art
Fifth Avenue at 82nd Street
New York
NY 10028
✆ (1 212) 8795500

Bierstadt, *Die Rocky Mountains*
Bingham, *Pelzhändler auf dem Missouri*
Stuart, *George Washington*

Museum of Modern Art
11 West 53rd Street
New York
NY 10019
✆ (1 212) 7089400

Arp, *Blätter und Nabel, I*
Balla, *Der Schwalbenflug*
Beckmann, *Abreise*
Calder, *Hummerfalle und Fischschwanz*
Lam, *Der Urwald*
Marini, *Reiter*
Noguchi, *Stein des geistigen Verstehens*
Pollock, *Nummer IA, 1948*
Stella, *Kastura*
Still, *Bild, 1944*
Warhol, *Marilyn*
Wyth, *Christinas Welt*

Whitney Museum of American Art
945 Madison Avenue
New York
NY 10021
✆ (1 212) 5703600/76

Johns, *Drei Flaggen*

Pennsylvania Academy of the Fine Arts
118 North Broad Street
Philadelphia
PA 19102
✆ (1 215) 9727600

West, *William Penns Abkommen mit den Indianern*

Philadelphia Museum of Art
26th Street at Benjamin Franklin Parkway
Philadelphia
PA 19101
✆ (1 215) 7638100

Eakins, *Zwischen den Runden*
Hicks, *Das Friedensreich*
Masolino, *Petrus und Paulus*
H. Rousseau, *Affenfamilie*
Toulouse-Lautrec, *Tanz im Moulin Rouge*

Carnegie Museum of Art
4400 Forbes Avenue
Pittsburgh
PA 15213
✆ (1 412) 6223131

Catlin, *Hinterhalt auf Flamingos*

Corcoran Gallery of Art
500 17th Sreet NW
Washington
DC 20006
✆ (1 202) 6383211

Bellows, *Zweiundvierzig Kinder*

Hirshhorn Museum and Sculpture Garden
Independence Avenue at 7th Street SW
Washington
DC 20560
✆ (1 202) 3572700

Deacon, *Fisch auf dem Trockenen*
Newman, *Zusammenfinden*
Segal, *Busfahrende*

National Gallery of Art
6th Street at Constitution Avenue NW
Washington
DC 20565
✆ (1 202) 7374215

Castagno, *Der junge David*
Chase, *Freundlicher Besuch*
Corot, *Ville d'Avray*
Frankenthaler, *Berge und Meer*

National Museum of American Art
Eighth and G Streets NW
Washington
DC 20560
✆ (1 202) 3572700

Rauschenberg, *Reservoir*

Phillips Collection
1600 21st Street NW
Washington
DC 20009-1090
✆ (1 202) 3872151

Bonnard, *Das offene Fenster*
Davis, *Eischläger Nr. 4*
Dove, *Ich und der Mond*
Marin, *Maine-Inseln*

Smithsonian Institution
1000 Jefferson Drive SW
Washington
DC 20560
✆ (1 202) 3572700

Hopper, *Sonnenanbeter*

Butler Institute of American Art
524 Wick Avenue
Youngstown
OH 44502
✆ (1 216) 7431711

Homer, *Aufkommende Brise*